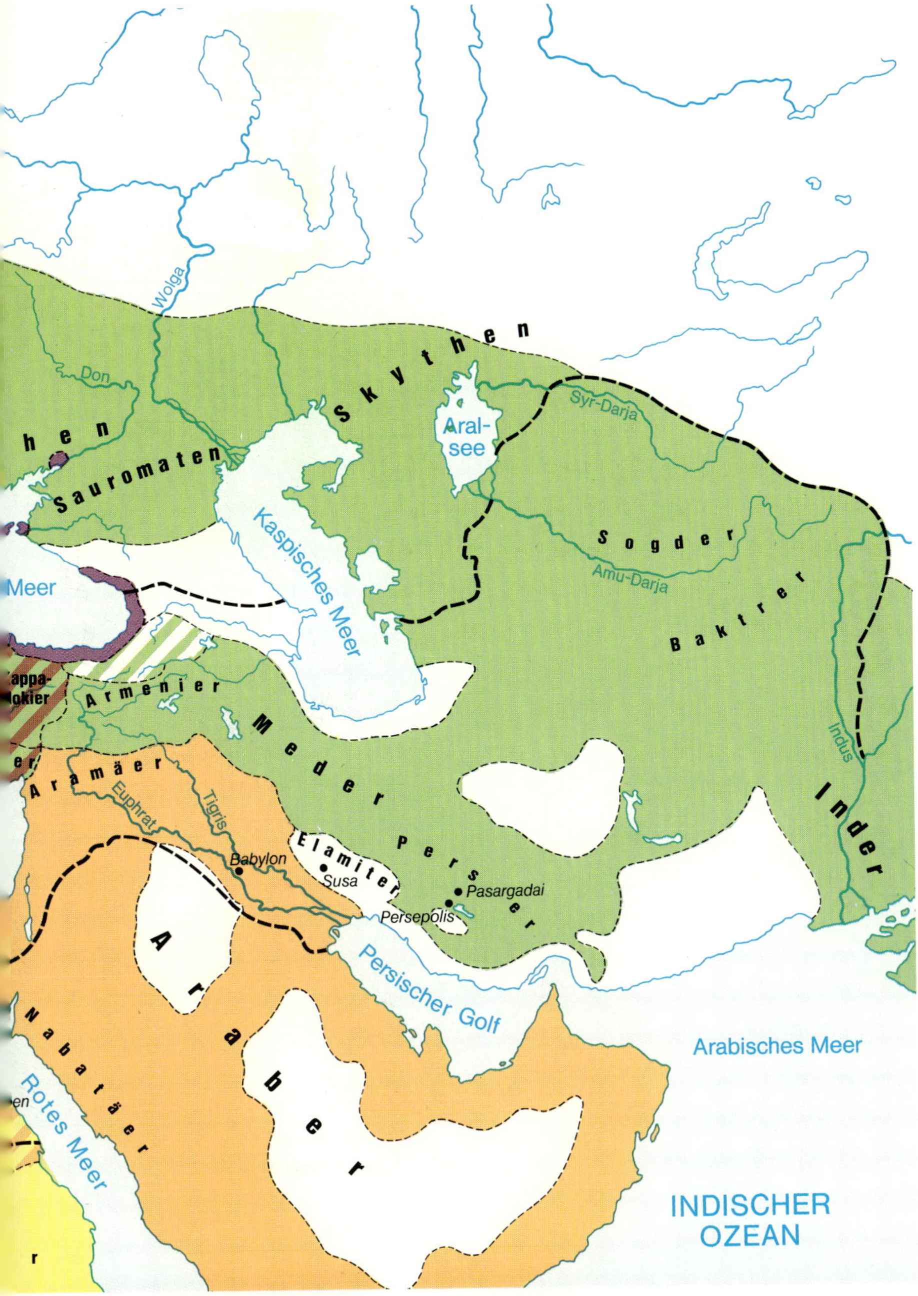
Wolga
Don
Skythen
hen
Sauromaten
Aral-
see
Syr-Darja
Sogder
Amu-Darja
Baktrer
Meer
Kaspisches Meer
appa-
okier
Armenier
Meder
Aramäer
Euphrat
Tigris
Babylon
Elamiter
Susa
Perser
Pasargadai
Persepolis
Indus
Inder
Araber
Nabatäer
Persischer Golf
Arabisches Meer
Rotes Meer
INDISCHER
OZEAN

Dahlheim · Die Antike

Werner Dahlheim

# DIE ANTIKE

Griechenland und Rom
von den Anfängen
bis zur Expansion des Islam

3., unveränderte Auflage

Ferdinand Schöningh
Paderborn · München · Wien · Zürich

Die Deutsche Bibliothek – CIP-Einheitsaufnahme

**Dahlheim, Werner:**
Die Antike: Griechenland und Rom von den Anfängen bis zur
Expansion des Islam / Werner Dahlheim. – 3., unveränd. Aufl. –
Paderborn; München; Wien; Zürich; Schöningh, 1994
  ISBN 3-506-71980-7

1. Auflage Januar 1994
2. Auflage Juli 1994
3. Auflage November 1994

Gedruckt auf umweltfreundlichem, chlorfrei gebleichtem
und alterungsbeständigem Papier ∞

Umschlaggestaltung: Elmar Lixenfeld, Frankfurt am Main

© 1994 Ferdinand Schöningh, Paderborn
(Verlag Ferdinand Schöningh GmbH, Jühenplatz 1, D-33098 Paderborn)

Alle Rechte vorbehalten. Dieses Werk sowie einzelne Teile sind urheberrechtlich geschützt.
Jede Verwertung in anderen als den gesetzlich zugelassenen Fällen ist ohne vorherige schriftliche Zustimmung des Verlages nicht zulässig.

Printed in Germany. Herstellung: Ferdinand Schöningh, Paderborn

ISBN 3-506-71980-7

# Inhalt

Vorwort .................................................... 19
Einleitung: Die Erinnerung an vergangene Welten .............. 21

### TEIL A:
### HERRSCHAFT UND FREIHEIT:
### DIE GESCHICHTE DER GRIECHISCHEN STADTSTAATEN

I. **Ursprung und Beginn der griechischen Geschichte** ........ 29
   1. Das Land und die äußeren Lebensbedingungen ....... 29
   2. Kreta: Die Minoische Welt des dritten und zweiten Jahrtausends ................................... 35
      Die Grundlagen der historischen Rekonstruktion – Die Geschichte des minoischen Kreta
   3. Griechenland: Die Mykenische Welt des zweiten Jahrtausends ................................... 38
   4. Die Einwanderung neuer Völker zu Beginn des ersten Jahrtausends und der Zerfall ihrer stammesstaatlichen Ordnung ........................................ 41
      Die Wanderungen und ihre Ziele – Die Seßhaftwerdung und ihre sozialen und politischen Folgen

II. **Die Städte der Griechen im Mittelmeerraum** ............. 47
   1. Die Gliederung der archaischen Epoche ............ 47
   2. Grenzziehung: Griechen und Barbaren .............. 50
   3. Der Stadtstaat (Polis) als Bürgergemeinschaft ......... 51
      Entstehung und Ausbreitung – Die Wesensmerkmale der Polis
   4. Die soziale Ordnung der Polis ..................... 57
      Die Gliederung der Gesellschaft – Die Unfreien – Das Verhältnis von Mann und Frau
   5. Das Ende des sozialen Friedens .................... 61
      Der Bauer und sein Land – Die Drohung des Bürgerkrieges
   6. Die Ausbreitung der Griechen im Mittelmeerraum .... 67
      Der beanspruchte Raum – Die Gründe des Auszugs: Armut und Fehde – Die Kolonisatoren – Die Gründung der Kolonie – Die Folgen der Kolonisation

## III. Der Krieg und seine Diener ........................... 81
1. Die Allgegenwart und das Gesicht des Krieges ........ 81
2. Piraten und Räuber ................................. 87
3. Die militärische Revolution: Phalanx und Hoplit ...... 90
4. Der Krieg auf dem Meer ........................... 94
5. Die Herstellung und Bewahrung des Friedens ......... 97

## IV. Der geistige Aufbruch ............................... 103
1. Erste Ordnung der Welt und des Lebens: Der Mythos .. 103
   Erzählte Geschichten – Täter und Leidende – Staat und Politik
2. Das Ziel des Lebens: Der Kampf um Ehre und Unsterblichkeit ....................................... 112
   Homer und die Welt des achten Jahrhunderts – Der Zorn des Achill – Odysseus – Das Erbe der Helden – Die bildende Kunst
3. Die Not des Lebens: Herr und Knecht im Spiegel der Dichtung Hesiods .................................. 126
4. Die Erkenntnis des Lebens: Wissenschaft und Philosophie ............................................... 128
5. Götter und Menschen ............................. 130
   Gestalt und Anspruch der Götter – Tod und Jenseits

## V. Tyrannen und Gesetzgeber: Die Griechen auf dem Weg zu einer neuen politischen Ordnung (7./6. Jahrhundert) ...... 137
1. Der Kampf um die staatliche Ordnung als Rechtsordnung ............................................... 137
2. Sparta: Die Gleichheit der Krieger ................... 141
   Die Grundbedingungen der staatlichen und sozialen Existenz – Spartas Weg zum Kriegerstaat – Der Preis der Unterwerfung Messeniens – Die staatliche Ordnung – Symmachie und Hegemonie: Die Herrschaft Spartas über die Peloponnes
3. Solon ............................................ 155
   Das Menetekel des Bürgerkrieges – Die Grundidee vom Staat: Die Herrschaft des Gesetzes
4. Die Tyrannen ..................................... 161
5. Die Reform des Kleisthenes in Athen ................ 163
   Der Anlaß und die Gegenstände der Reform von 508/7 – Die Bedeutung der Reform: Neue Formen der politischen Entscheidung

## Inhaltsverzeichnis

**VI. Der Konflikt mit Persien und der Aufstieg Athens zur Weltmacht** .............................................. 167

1. Das Ende der Isolation der griechischen Welt ......... 167
   Der Orient kehrt sich nach Westen – Vergeltungspolitik einer Großmacht: Der persische Zug gegen Eretria und Athen

2. Die Behauptung der Selbständigkeit ................. 173
   Politische Frontstellungen und militärische Rüstungen der achtziger Jahre – Der Tag von Salamis

3. Die historische Bedeutung der Perserkriege .......... 177
   Sein oder Nichtsein? – Der Aufstieg Athens

4. Athens Weg zur Großmacht ........................ 180
   Die Entscheidung zur Fortsetzung des Krieges – Die Gründung des Seebundes und der Angriff auf das Perserreich

5. Der Charakter der Herrschaft Athens über den Seebund . 183
   Die Entwicklung des Herrschaftssystems – Die Interessen der Mitglieder des Seebundes

6. Der Ruf nach Freiheit und Autonomie ............... 186

**VII. Die Demokratie der Athener** .......................... 189

1. Dauer und Ausdehnung demokratischer Ordnungen ... 189

2. Die Stationen der historischen Entwicklung in Athen .. 192
   Die Reformen bis zum Ende der achtziger Jahre des 5. Jahrhunderts – Die Ausbildung der Demokratie im Schatten von Krieg und Expansion

3. Die Institutionen und die Praxis der Demokratie ...... 197
   Der Souverän des Staates: Die Volksversammlung – Die führenden Politiker – Der Rat und die Beamten der Stadt – Die Geschworenengerichte

4. Die Elite der Demokratie ......................... 202
   Demokratische Politik im Schatten großer Namen – Der Machtanspruch des Adels

5. Der demokratische Gedanke ...................... 208
   Die Ideale der Demokratie – Die Stimme der Opposition

6. Die soziale und wirtschaftliche Ordnung ............ 210
   Die Bevölkerung Attikas – Das Wirtschaftsleben und seine sozialen Auswirkungen – Die ansässigen Fremden (Metoiken) – Die Sklaven

7. Die Frauen ..................................... 214

8. Die Großbauten der Demokratie ................... 216

## VIII. Der Konflikt der Großmächte Athen und Sparta und das Ende der territorialen Einigungsversuche (435–338) ....... 221

1. Der Weg in den Krieg ............................. 221
   Griechenland im Banne des Konflikts zwischen Athen und Sparta – Die Krise der dreißiger Jahre

2. Der Krieg ........................................ 228
   Der Krieg um Bestand und Ausweitung des Seebundes der Athener (431–421) – Der Krieg um alles oder nichts (415–404)

3. Bürgerkriege als Folge des Krieges der Großen ........ 233

4. Der Friede und das Scheitern des Siegers (404–371) ... 235
   Die Aufgaben des Siegers und neue Kriege – Das Verlangen nach einem allgemeinen Frieden und das Ende der spartanischen Vormachtstellung – Die inneren Ursachen des spartanischen Niedergangs

5. Neue Versuche und Formen territorialer Machtbildung 239

6. Die Griechen im Westen des Mittelmeeres ............ 242

7. Kreta, das vergessene Land ......................... 245

## IX. Die Antwort des Denkens auf die Herausforderung des politischen Wandels ............................................ 249

1. Der Mensch als Maß aller Dinge .................... 249
   Die Sophisten – Die Verantwortung des Einzelnen: Sokrates

2. Die religiösen Feste und die Gemeinschaft der Bürger . 256

3. Die dramatische Dichtung und die Grundfragen des menschlichen Daseins .............................. 257
   Die Tragödie – Die Komödie und ihre Helden

4. Die Entdeckung der Geschichte ..................... 262
   Die Entstehung der Historie: Herodot – Geschichte als die Geschichte der Macht: Thukydides

5. Die Philosophen des 4. Jahrhunderts und die Politik .. 269
   Der philosophische Zugriff auf Natur und Politik – Platon und der ideale Staat – Die Unvergänglichkeit der Seele – Aristoteles und die Entdeckung der politischen Wissenschaft

## X. Griechenland und der Orient unter der Herrschaft makedonischer Könige (338–197) .................................. 277

1. Das Gliederungsprinzip der Epoche ................. 277

2. Der Aufstieg Makedoniens unter Philipp II. .......... 280

## Inhaltsverzeichnis

3. Makedoniens Herrschaft über Griechenland und die Entscheidung zum Krieg gegen Persien .............. 282

   Die Professionalisierung des Krieges und der Triumph des Söldners – Die Unterwerfung Griechenlands – Die politische und ideologische Vorbereitung des Krieges

4. Die Eroberung des Orients durch Alexander den Großen  289

   Die Kriege und ihr Motiv – Die Umrisse einer neuen Ordnung – Die historische Leistung und die Macht der Legende

5. Die hellenistische Staatenwelt ....................... 295

   Die Reiche der Diadochen – Der König als die Mitte des Staates – Die Grundzüge des wirtschaftlichen und sozialen Lebens


## TEIL B:
## STADT UND IMPERIUM:
## DIE GESCHICHTE ROMS UND SEINES WELTREICHES

I. **Die Entstehung einer aristokratisch geführten Republik** ... 303

   1. Die Grundlagen der historischen Rekonstruktion ...... 303

      Die Quellen und ihre Besonderheiten – Die römische Sicht des Vergangenen

   2. Das Ende der Könige und der Beginn der Republik ... 310

   3. Patrizier und Plebejer: Der Kampf um politische Mitsprache und soziales Überleben ..................... 312

   4. Der Ausgleich der Interessen ....................... 314

   5. Herrschaft über den Institutionen: Die römische Nobilität und die Zukunft der Republik .................. 317

II. **Die Unterwerfung Italiens und der Sieg über Karthago** .... 321

   1. Die römische Außenpolitik von 450–338 ............. 321

   2. Die Niederwerfung des Samnitischen Bundes und der Griechenstädte ..................................... 325

      Die politische Landschaft Mittelitaliens – Der Krieg – Der Sieg in Unteritalien

   3. Die Organisation der Herrschaft über Italien .......... 329

   4. Die Vorherrschaft Karthagos im westlichen Mittelmeer und ihr Zusammenbruch im Ersten Krieg gegen Rom .. 332

   5. Der Krieg Hannibals gegen Rom .................... 336

      Gegenstände und Ziele der Politik nach 241 – Der Angriff auf Italien und die Ausweitung des Krieges

   6. Die römische Herrschaft im Westen ................. 338

## III. Die rechtliche und gesellschaftliche Verfassung der Republik  343

1. Die Institutionen der staatlichen Ordnung . . . . . . . . . . . .  343
   Senat und Magistrat – Die Beteiligung des Volkes an der Macht – Die Stärken und Schwächen des Systems

2. Die Gliederung der Gesellschaft . . . . . . . . . . . . . . . . . . . .  350
   Bevölkerung und Wirtschaft – Die Bauern – Die Aristokratie – Die Ritter

3. Familie, Ehe und Haushalt . . . . . . . . . . . . . . . . . . . . . . . .  355
   Die väterliche Gewalt (patria potestas) – Familie und Ehe

4. Die Spielregeln des sozialen Miteinander . . . . . . . . . . . . .  358
   Patronat und Klientel – Soziale und moralische Bindungen – Die Leitbilder des politischen und sozialen Lebens

5. Die Sklaven . . . . . . . . . . . . . . . . . . . . . . . . . . . . . . . . . . . .  361

## IV. Der Weg zur Weltmacht . . . . . . . . . . . . . . . . . . . . . . . . . .  365

1. Der Krieg gegen die Könige des Ostens (200–188) . . . . .  365
   Die griechische Welt am Vorabend des Krieges – Philipp V. von Makedonien – Antiochos III.

2. Der Traum des Siegers von der Freiheit der Griechen . .  372
   Wachsender Widerstand gegen Rom – Die Kapitulation Makedoniens und die Neuorientierung der Ostpolitik

3. Die Zerstörung der eigenständigen Welt des Ostens . . . .  374

4. Die Aufstände in Spanien und Nordafrika . . . . . . . . . . . .  377

5. Der Charakter der römischen Herrschaft . . . . . . . . . . . . .  379
   Der Krieg als Rechtsexekution – Der Sieg und seine Folgen – Die Formen der Herrschaftsausübung

6. Die Rückwirkung der Weltherrschaft auf die politische Moral . . . . . . . . . . . . . . . . . . . . . . . . . . . . . . . . . . . . . . . . . .  385

## V. Das Ende des inneren Friedens . . . . . . . . . . . . . . . . . . . . .  387

1. Die Bauern Italiens . . . . . . . . . . . . . . . . . . . . . . . . . . . . . . .  387

2. Reformer und Revolutionäre: Die Gracchen . . . . . . . . . .  392
   Tiberius Gracchus – Gaius Gracchus – Die Not des Staates und sein Anspruch auf Verteidigung

3. Die politischen Gegensätze in den Jahrzehnten der Restauration . . . . . . . . . . . . . . . . . . . . . . . . . . . . . . . . . . . . . . .  399

4. Der Aufstand der italischen Bundesgenossen . . . . . . . . . .  402
   Der Krieg und seine Fronten – Das neue Gesicht Italiens

Inhaltsverzeichnis

**VI. Bürgerkrieg und Revolution (88–42)** .................... 407

1. Sulla im Jahre 88: Der Bürgerkrieg als Mittel der Politik . 407
   Der Staatsstreich – Der Widerstand

2. Der konservative Revolutionär: Die Diktatur und Staatsordnung Sullas ............................. 414

3. Die Erprobung der neuen Ordnung: Politik in den 70er und 60er Jahren ............................. 415
   Der Aufstand des Spartacus – Die Restauration der Adelsherrschaft – Cicero gegen Catilina: Der letzte Sieg des Senats

4. Der Weg in den Untergang ....................... 419
   Das erste Triumvirat – Das Konsulat Caesars und der Herrschaftsanspruch des Pompeius

5. Die Alleinherrschaft Caesars ..................... 424
   Der Bürgerkrieg – Die Diktatur Caesars – Die Iden des März und der Tod der Republik

6. Vergangenheit und Zukunft: Das Erbe der Republik ... 433

**VII. Der Umgang mit der Weltherrschaft im Schatten der Bürgerkriege** ............................. 437

1. Das neue Gesicht des Krieges ..................... 437
   Die Aufgaben des Soldaten – Das Kriegsmonopol des Staates

2. Der neue Soldat ................................. 443
   Der Einzug der Besitzlosen in die Armee und die Folgen – Der neue Offizier – Die Militarisierung des Denkens

3. Die Ausdehnung des Weltreiches .................. 450
   Die Gründung neuer Provinzen – Die Herrschaft über das Meer

4. Pompeius und die Vision einer neuen Welt .......... 456
   Der Aufstieg des Pompeius im Schatten von Krieg und Eroberung – Das Ende der Mithridatischen Kriege und die Neuordnung des Ostens

5. Der Angriff auf Mitteleuropa: Caesars Krieg gegen Gallien ......................................... 460

6. Imperium sine fine .............................. 464
   Die Herren der Welt – Die Welt der Unterworfenen

**VIII. Die Begründung der Monarchie und das erste Jahrhundert des Prinzipats (42 v.–96 n. Chr.)** .................. 469

1. Das Ende der Bürgerkriege ....................... 469

2. Monarchie und Tradition .......................... 472
Res publica restituta – Die ideologische Legitimation – Die sozialen Grundlagen – Die Sicht der Zeitgenossen im Spiegel der Quellen – Die Monarchie als Rechtsordnung – Prinzipat und Thronfolge – Die sakrale Weihe der Macht – Widerstand gegen die Monarchie

3. Die imperiale Außenpolitik ....................... 485
Die Begrenzung der imperialen Ziele – Die Eroberung Mitteleuropas – Die Reorganisation des Heeres

4. Die Julisch-Claudische Dynastie .................. 490
Tiberius – Die Korruption der Macht: Die Zeit von Caligula bis Nero

5. Der Krieg der Grenzarmeen und die Flavische Dynastie . 493

6. Die Kultur der frühen Kaiserzeit ................. 496
Das Selbstverständnis der Zeit und die Geschichtsschreibung – Die imperiale Architektur und Kunst

IX. **Jahrzehnte des Glücks** ............................ 501

1. Visionen eines humanitären Kaisertums: Nerva und Trajan .......................................... 501

2. Das „goldene Zeitalter": Hadrian und Antoninus Pius . 506

3. Scherben des Glücks: Mark Aurel und die Rückkehr des Krieges ......................................... 508

4. Der Stolz des Jahrhunderts: Der Friede und das Recht . 509

5. Die Eliten des Reiches .......................... 512
Die Grundzüge der sozialen Ordnung – Die Senatoren: Der Stand und seine sozialen und politischen Pflichten – Die Ritter: Die Zusammensetzung des Standes und seine Aufgaben in der Reichsverwaltung – Die lokalen Eliten der Städte

6. Bauern und Bürger .............................. 520
Die Grundzüge des wirtschaftlichen Lebens – Grundherr und Bauer – Die städtische Gesellschaft

7. Sklaven und Freigelassene ....................... 526

X. **Die Herrschaft über das Imperium** .................. 529

1. Die Gliederung der beherrschten Welt ............ 529

2. Die Formen der Verstädterung des Herrschaftsraumes . 533

3. Die kaiserliche Reichsverwaltung und die Grundsätze der Herrschaftspraxis ............................ 538

4. Die Außenpolitik des Reiches ..................... 542

5. Die Legitimation des Reiches .................... 543

## XI. Ein Zeitalter „von Eisen und Rost": Zusammenbruch und Reform des Reiches (181–311) ........................ 549
1. Der Charakter der Epoche .......................... 549
2. Die Bedrohung der Grenzen ........................ 553
3. Die Wandlungen der Monarchie .................... 555
4. Die sozialen Veränderungen ....................... 557
5. Die Reform des Reiches ........................... 559

## TEIL C:
## GLAUBE UND ZWEIFEL:
## DIE VERWANDLUNG DER MITTELMEERWELT

### I. Der Aufstieg des Christentums ........................ 567
1. Die alte und die neue Religion ..................... 567
   Heiden und Juden – Jesus und seine Anhänger
2. Die Ordnung der Gemeinden ....................... 577
   Die soziale Zusammensetzung – Die Organisation der Kirche
3. Christ und römischer Staat ........................ 581
   Gegensätze und Frontlinien – Verfolgungen
4. Der Weg zur Einigung von Staat und Kirche .......... 586
   Der öffentliche Dienst und der Krieg – Die Überzeugungskraft des Imperiums

### II. Ecclesia triumphans: Konstantin und die Kirche .......... 595
1. Der Griff zur Macht im Schatten der Bürgerkriege .... 595
2. Die Begegnung mit dem Christengott ............... 600
   Nachrichten über Visionen und Bekehrungen nach dem Toleranzedikt des Galerius – Das Bündnis zweier geschiedener Welten
3. Augustus omnipotens: Konstantins Weg zur Alleinherrschaft und der Triumph des Gekreuzigten ............ 605
   Der Krieg gegen Licinius – Eine neue Welt

### III. Der Sündenfall der Kirche und die Spaltung des Reiches: Die Glaubenskriege des 4. und 5. Jahrhunderts ........... 611
1. Der Streit um den wahren Glauben ................. 611
   Der Ursprung der Ketzerei – Die Bedeutung der konstantinischen Wende

2. Der Staat greift nach dem Dogma .................. 621
   Die Donatisten in Nordafrika – Die Göttlichkeit des Sohnes: Arius und das Konzil von Nikaia – Die Fortsetzung des Glaubenskrieges und das Ende der religiösen Toleranz
3. Orient und Okzident ........................... 630
   Die Bruchstelle zweier Welten – Die Grenzziehung und ihre Väter
4. Die Macht des Kaisers und die Autorität der Kirche ... 637
   „Was hat der Kaiser mit der Kirche zu tun?" – Der byzantinische Weg

IV. **Die Zerstörung der alten Welt** ........................ 643
   1. Warten auf die Barbaren: Der Untergang des Imperiums im Westen ........................................... 643
   2. Die arabisch-islamischen Eroberungskriege und die Spaltung der Mittelmeerwelt ....................... 651

TEIL D:
DIE RÜCKKEHR DER ALTEN:
ERINNERUNGEN EUROPAS AN DIE WELT DER GRIECHEN UND RÖMER

I. **Mittelalter und Renaissance** ........................ 661
   1. Die Erben der Alten Welt ........................ 661
   2. Kontinuität und Erinnerung: Das Mittelalter ......... 665
      Zerstörung und Bewahrung – Funktionen des Rückblicks – Recht und Philosophie
   3. Die Wiedergeburt der Antike, rinascitá ............. 677
      Die Geburtshelfer einer neuen Zeit – Die wiederauferstandene Antike und das neue Menschenbild – Politik, Wissenschaft, Erziehung

II. **„Ainsi faisaient les Romains": Der letzte Triumph der Alten** . 685
   1. Das 18. Jahrhundert ............................. 685
      Die Nähe der Vergangenheit – Frankreich bemächtigt sich der Geschichte Roms
   2. Die Französische Revolution und ihre Helden ....... 693
      Der neue Bürger – Spiel und Ernst
   3. Metaphern imperialer Herrschaft .................. 698
   4. Die Alten kehren in ihre Welt zurück .............. 700

## TEIL E:
## LITERATURVERZEICHNIS

I. Gesamtdarstellungen zur griechisch-römischen Antike . 709
Die natürlichen Grundbedingungen des Lebens – Politik und Zivilisation

II. Allgemeine Hilfsmittel, Handbücher ................ 710

III. Quellensammlungen zur Griechischen Geschichte ..... 710
Deutschsprachige Quellensammlungen – Englischsprachige Quellensammlungen – Inschriften- und Quellensammlungen ohne Übersetzungen, jedoch teilweise kommentiert

IV. Forschungsberichte zur Griechischen Geschichte ...... 713

V. Kapitelübergreifende Literatur ..................... 713
Die Literatur der Griechen – Kultur und Geschichte der Griechen

VI. Der Krieg und seine Diener ....................... 715
Waffen und Kriege – Die völkerrechtlichen Grundlagen von Krieg und Frieden

VII. Das archaische Griechenland ...................... 716
Mythen, Epen und lyrische Dichtung – Die Geschichte des archaischen Griechenland – Adel, Staat und Gesellschaft – Die Kolonisation – Zur Geschichte Spartas und des Peloponnesischen Bundes – Tyrannen und Gesetzgeber

VIII. Die Ordnung von Handel, Wirtschaft und Gesellschaft 720
Allgemeine Darstellungen – Mann und Frau; die Familie

IX. Die Demokratie der Athener ...................... 722
Die Kriege gegen die Perser – Die politische Ordnung – Die Eliten – Die Ideale der Demokratie – Die Opposition gegen die Demokratie – Der Seebund der Athener – Der Peloponnesische Krieg

X. Philosophen, Dichter und Historiker ................ 724

XI. Jahrzehnte des Umbruchs: Das vierte Jahrhundert .... 725
Der Aufstieg Makedoniens – Die politische und soziale Ordnung Griechenlands – Sizilien und Unteritalien – Das neue Gesicht des Krieges

XII. Das hellenistische Zeitalter ........................ 727
Alexander der Große – Die hellenistischen Großreiche – Städtische Freiheit und monarchische Gewalt

XIII. Quellensammlungen zur Römischen Geschichte ....... 728
Allgemeine Sammlungen – Quellen zur Römischen Republik – Quellen zur Römischen Kaiserzeit – Die Christen und ihre Umwelt

XIV. Allgemeine Darstellungen zur Römischen Geschichte .. 731

| | | |
|---|---|---|
| XV. | Die geistige Ordnung Roms .......................... | 732 |

Die Literatur – Die Geschichtsschreibung – Das Recht – Die Kunst

| | | |
|---|---|---|
| XVI. | Die Geschichte der Römischen Republik (500-121) .... | 733 |

Gesamtdarstellungen zur Republik – Zur Bevölkerungsgeschichte – Von den Ständekämpfen bis ins 2. Jahrhundert – Die politischen Eliten – Die Verfassung der Republik – Die Gracchen und das Ende des inneren Friedens

| | | |
|---|---|---|
| XVII. | Der Untergang der Republik ........................ | 735 |

Allgemeine Darstellungen – Die großen Einzelnen

| | | |
|---|---|---|
| XVIII. | Weltreich und Krieg ............................. | 736 |

Der Krieg – Eroberung und Organisation Italiens – Die Eroberung des Weltreiches – Das Völkerrecht – Die römische Herrschaft

| | | |
|---|---|---|
| XIX. | Die soziale Ordnung .............................. | 738 |

Gesellschaft, Wirtschaft, Handel und Verkehr – Die Bauern – Familie, Mann und Frau

| | | |
|---|---|---|
| XX. | Gesamtdarstellungen der Kaiserzeit .................. | 739 |
| XXI. | Die Geschichte der Kaiser ......................... | 740 |

Augustus und die Begründung der Alleinherrschaft – Die monarchische Herrschaftsform – Die Herrscherideologie

| | | |
|---|---|---|
| XXII. | Die soziale Ordnung .............................. | 741 |

Allgemeine Darstellungen – Bauern und Bürger – Sklaven und Freigelassene – Die Wirtschaft

| | | |
|---|---|---|
| XXIII. | Das Imperium ................................... | 743 |

Krieg und Eroberung – Die Außenpolitik – Die Ordnung des Reiches – Legitimationsformeln – Der Widerstand

| | | |
|---|---|---|
| XXIV. | Die Krise des Reiches im 3. Jahrhundert ............. | 745 |
| XXV. | Die Christen .................................... | 745 |

Der Glaube – Die jüdische Umwelt – Der Staat gegen die Christen – Die Gesellschaft und die Christen – Der Staat und das Bündnis mit den Christen

| | | |
|---|---|---|
| XXVI. | Konstantin und der Sieg des Christentums ............ | 747 |

Die urkundliche Überlieferung – Biographien – Die Religionspolitik

| | | |
|---|---|---|
| XXVII. | Staat und Kirche im 4. und 5. Jahrhundert ........... | 749 |

Der Streit um den rechten Glauben – Orient und Okzident

| | | |
|---|---|---|
| XXVIII. | Der Untergang des Imperiums und die islamischen Eroberungskriege ................................. | 749 |

Rom und Konstantinopel im Zeitalter der Völkerwanderung – Die arabische Expansion

XXIX. Die Rückkehr der Alten .......................... 751
Die gesamte Antike – Die Griechen – Die Römer: Politik, Literatur und Kunst – Die Antike in der Amerikanischen und der Französischen Revolution – Das römische Recht – Die Verwissenschaftlichung des Rückblicks in die Antike

**Glossar** .................................................. 755

Personenregister ........................................... 765

Sach- und Ortsregister ..................................... 771

Bildquellenverzeichnis ..................................... 784

## Kartenverzeichnis

Vegetation des Mittelmeerraums ............................. 33
Kreta im 3. und 2. Jahrtausend v.Chr. ...................... 37
Griechenland nach den Wanderungen zu Beginn des 1. Jahrtausends ........ 42
Griechische Dialekte um 400 v.Chr. ......................... 51
Ägäis, Griechenland und Süditalien ......................... 53
Ionische Stadtstaaten an der kleinasiatischen Küste ........ 53
Ansicht von Smyrna im späten 7. Jahrhundert v.Chr. ......... 54
Phoinikien und die phoinikische Kolonisation ............... 68
Die griechische Kolonisation ............................... 68
Die Landaufteilung: Das Beispiel Metapont .................. 76
Griechenland und die Ägäis: Gebirge und Ebenen ............. 84
Sparta und der Peloponnesische Bund ........................ 152
Das Reich der Perserkönige unter Dareios I. ................ 171
Griechenland zur Zeit der Perserkriege ..................... 175
Das Seereich der Athener ................................... 183
Wareneinfuhr nach Athen im 5. und 4. Jahrhundert ........... 185
Attika im 5.-4. Jahrhundert ................................ 193
Athen ...................................................... 193
Athen mit den Häfen Piräus und Phaleron .................... 219
Athen und Sparta mit ihren Verbündeten ..................... 226
Die Dardanellen und das Schwarze Meer ...................... 233
Sizilien und Süditalien (8.-3. Jahrhundert v.Chr.) ......... 243
Der Alexanderzug ........................................... 290
Die hellenistische Staatenwelt um 240 v.Chr. ............... 296
Alt-Italien und seine Indogermanisierung ................... 311
Die Sicherung der Herrschaft über Italien .................. 331
Die karthagische Machtstellung im 3. Jahrhundert v.Chr. .... 333
Griechenland 200-190 v.Chr. ................................ 368
Der griechische Osten nach dem Frieden von Apameia ......... 371
Das westliche Mittelmeer im 2. Jahrhundert v.Chr. .......... 378

Stadtplan der latinischen Kolonie Cosa .................................. 390
Die Aufteilung des flachen Landes von Cosa ............................ 390
Die Ausdehnung des ager publicus vor den Gracchen .................... 393
Das Imperium zur Zeit des Dictators Caesar ............................ 434
Gallien im 1. Jahrhundert v.Chr. ........................................ 461
Der römische Angriff auf Germanien (12 v.–9 n.Chr.) ................... 487
Römische Grenzsicherung an Rhein und Donau ......................... 495
Das Imperium im Osten zur Zeit Trajans ................................ 505
Die Aufteilung des Landes in der Kolonie Arausio ...................... 534
Das römische Trier .................................................... 537
Das Imperium Romanum im 3. Jahrhundert n. Chr. ..................... 554
Die Ausdehnung des Christentums am Ende des 3. Jahrhunderts .......... 585
Die germanische Völkerwanderung ..................................... 646
Die Erneuerung des Römischen Reiches durch Iustinian ................. 650
Die Ausbreitung des Islam .............................................. 653

# Vorwort

Grundlage dieses Buches sind die in der Reihe UTB erschienenen beiden Bände „Die griechisch-römische Antike." Sie wurden gründlich überarbeitet und erweitert. Gänzlich neu hinzu gekommen sind die Kapitel über die Verwandlung der Mittelmeerwelt in der Spätantike und die wichtigsten Phasen der Erinnerung Europas an die Alten, die in den Augen vieler Generationen bis an die Schwelle des 19. Jahrhunderts eine vorbildliche Welt geschaffen hatten.
Ein solches Buch schreibt man nicht von heute auf morgen. Ein Wagnis ist es dazu. Denn ein riesiger Berg von Gelehrsamkeit, gehäuft in zweihundertjähriger Detailforschung, türmt sich vor dem unbeschwerten Blick in die Vergangenheit und fordert Respekt. Zudem: mehr als anderthalb Jahrtausende liegen zwischen dem Ende der antiken Welt und der unseren – ein ungeheurer Abstand. Er ist nur zu überbrücken, wenn die Leitideen, unter denen der gewaltige Stoff geordnet werden muß, überzeugen. Das einleitende Kapitel bemüht sich um Wegweiser, versucht zu erklären, welchen Leitideen der Autor gefolgt ist und aus welchen Gründen er dies getan hat.
„Wer alles im Ganzen überdenkt, kann nicht alles im einzelnen ergründen", schrieb Anselm Feuerbach, als er auf die deutsche Rechtswissenschaft blickte. Dieses Risiko ist tragbar. Mommsen, nach dem Abschluß seiner Römischen Geschichte damit konfrontiert, sagt auch warum: „Wir versperren uns und den anderen mit unseren Baugerüsten mehr und mehr die Fassade, und es tut einmal not, die Sachen selbst in dem ganzen und großen Zusammenhang wirken zu lassen." Diese Aufgabe gilt es zu lösen. Gelingt sie, wird man auch besser verstehen, wie groß (oder klein) der Anteil wirklich ist, den die Griechen und Römer an der Entstehung und besonderen Ausprägung Europas hatten.

Ich schulde Dank: Meinen Tutorinnen Marion Poblotzki und Annette Schaefgen, die sich um Korrektur und Register mühten, Frau Dagmar Rempel, deren sprachliches Feingefühl ich nicht missen wollte, meinem Assistenten Dr. Raimund Schulz, der half, wo immer es not tat, meinem Freund und Kollegen Klaus Meister, mit dem in vielen Jahren harmonischer Zusammenarbeit so manches Problem erörtert werden konnte, und aus dem Paderborner Verlagshaus Herrn Michael Werner, dessen kluge Anregungen hochwillkommen waren.

# Einleitung:
# Die Erinnerung an vergangene Welten

Wer heute als Leser eine Geschichte der Griechen und Römer in die Hand nimmt, weiß vieles nicht mehr, was noch seine Eltern ganz selbstverständlich auf der Schulbank lernten. Darüber zu jammern ist müßig, darauf als Autor zu achten, wichtiger. So macht es zum Beispiel keinen Sinn mehr, den Homer oder die Tragödiendichter zu preisen und ihre Bedeutung für die Griechen und andere zu betonen, wenn man sie nicht selbst zu Wort kommen läßt und ihre Geschichten vorstellt. Selbst die christliche Tradition, obwohl in unzähligen Kirchen gegenwärtig, entgleitet mehr und mehr der genauen Erinnerung oder führt eine schattenhafte Existenz am Rande des Lebens. Also wird man die Leidenschaft, mit der die Kirchenväter einst um den Glauben an den Gekreuzigten gerungen haben, hörbar machen müssen.
Geschichtsschreibung überzeugt zuallererst durch ihre Fähigkeit, längst Vergangenes mit Anschauung zu füllen; also muß sie auch bereit sein, jenseits aller Gelehrsamkeit das Abenteuer des menschlichen Lebens faßbar zu machen. „Sie senden aus die Botschaft unvergänglicher Rede", sagt Hesiod von den Musen. Klio war eine Muse und die Mutter des Orpheus dazu. Sie erinnert daran, daß historische Ereignisse, zu deren Wesen der Wandel gehört, von Menschen reden und auch so dargestellt sein wollen. Anders: Geschichte ist die Summe von Geschichten, und diese fordern die Kunst des Erzählens geradezu heraus.
Wer aber Geschichte erzählt, hat es schwer, wenn er mit seinen Lesern Forschungskontroversen diskutieren will. Er wird sich an Mommsen halten müssen, der schon vor anderthalb Jahrhunderten seinen verdutzten Zeitgenossen erklärte, „daß ein Autor seine Gelehrsamkeit auch einmal in die Tasche stecken kann und nicht immer den Rock mit den Nähten auswendig trägt." Dies kann nicht jedem gefallen, und nicht jeder wird sich von Goethe trösten lassen, der die Historiker nicht liebte, von ihrem Geschäft aber sehr viel verstand: „Die Pflicht des Historikers ist zwiefach: erst gegen sich selbst, dann gegen den Leser. Bei sich selbst muß er genau prüfen, was wohl geschehen sein könnte, und um des Lesers willen muß er festsetzen, was geschehen sei. Wie er mit sich selbst handelt, mag er mit seinen Kollegen ausmachen; das Publikum muß aber nicht ins Geheimnis hineinsehen, wie wenig in der Geschichte als entschieden ausgemacht kann angesprochen werden" (Maximen und Reflexionen, Bd. 5, 2. Heft; 1825).
Nach wie vor ist nicht zu leugnen: Wie groß der aufgewandte Scharfsinn einer zweihundert Jahre alten Forschung auch gewesen sein mag, vieles ist und bleibt umstritten, und man wird dies an zentralen Punkten auch sagen müssen. Jedoch: das Ergebnis wissenschaftlicher Auseinandersetzungen kann nur in der Einsicht bestehen, daß eine Vielzahl historischer Erkennt-

nisse naturwissenschaftlich exakter Beweisführungen gar nicht bedarf. Daß das Weltreich der Römer seinen Schöpfer, die aristokratisch regierte Republik, in den Untergang trieb, ist auch dann evident, wenn sich die Ursachenkette nicht lückenlos schließen läßt. Erforderlich für derartige Einsichten ist eben nicht der perfekte Nachweis, sondern die Plausibilität. Wer mehr will, lädt dem Historiker eine Last auf, die ihn entweder resignieren oder sein Heil in Einzelbeobachtungen suchen läßt; beides führt ihn weit weg von seinem Publikum.

Natürlich stößt Geschichtsschreibung an Grenzen. Diese ziehen zuallererst die Quellen. Denn dort, wo sie schweigen, ist auch das Geschäft des Historikers zu Ende, obwohl historisches Wissen weit mehr ist als ein bloßer Aufguß der Quellen. So wird es niemals gelingen, den bunten Alltag der Griechen und Römer in den Gassen ihrer Städte und damit den ungezwungenen, unmittelbaren Teil ihres Lebens zu rekonstruieren. Ähnliches gilt für die täglichen Ängste und Nöte des kleinen Mannes. Augustinus zeigt am Ausgang der Antike seinen Lesern kopfschüttelnd die Schar der Götter, die das Leben und Sterben der einfachen Menschen dicht umlagerten: Von der Göttin Cunina ist da die Rede, die die Wiegen hütet, von der Fortuna Barbata, die den Jünglingen den Bart verleiht, oder von der Göttin Virginiensis, die der jungfräulichen Gattin den Gürtel löst (Vom Gottesstaat 4,11). Man ahnt nach dieser eher heiteren Aufzählung ansonsten unbekannter Götter, wie unendlich groß die Schar der namenlosen Dämonen und Gespenster gewesen sein muß, die Kinder und Erwachsene behüteten, erschreckten und narrten. Von den dunklen Ufern der Geschichte holen wir sie – und nicht nur sie – nicht mehr zurück.

Gewiß: der Spaten des Archäologen fördert immer wieder erstaunliche Zeugnisse zutage, und jährlich werden neue Inschriften und Papyri gefunden. Wirklich Neues enthalten nur ganz wenige Dokumente; die meisten passen in ein längst erörtertes und bekanntes Schema: Hier eine Grabinschrift, dort ein Ehrendekret, noch eine Quittung oder ein Kaufvertrag und – wenn es hoch kommt – ein literarisches Fragment. Alles dies verändert unsere Erkenntnisgrundlage nicht, lagert sich vielmehr in den Schichten der über 200 Jahre hin publizierten Texte ab. Man muß sich also bescheiden, obwohl die Phantasie die Mutter auch der Historie ist, wie bereits Mommsen wußte.

\*

Das Thema dieses Buches ist die Antike. Daß man von ihr mit einem Namen, ungeachtet ihrer nahezu tausendjährigen Geschichte, sprechen darf, liegt vor allem an der Konstanz der sozialen und wirtschaftlichen Ordnung dieser Welt. Es läßt sich für jede Phase ihrer Geschichte trefflich darüber streiten, ob es den Menschen besser oder schlechter ging. Gegenüber der Tatsache, daß es keine soziale Umwandlung gegeben hat, die etwa mit dem tiefen Einschnitt der industriellen Revolution zu vergleichen wäre, ist dies von sekundärer Bedeutung. In keiner Phase ihrer langen Geschichte haben die Menschen der Antike eine völlig neue Lebensform entdecken müssen: Wer zur Zeit Konstantins des Großen lebte, hätte die

Bürger des demokratischen Athen in ihren Lebensumständen wiedererkennen können.
Trotzdem ist der Stoff gewaltig. Es gilt also, Grenzen zu ziehen und eine Auswahl zu treffen. Um dabei den Verdacht völliger Beliebigkeit gar nicht erst aufkommen zu lassen, muß die Auswahl einer Orientierung gehorchen. Diese wird für die griechische Geschichte durch die Begriffe *Herrschaft* und *Freiheit* und durch die Beschränkung auf die Geschichte der *Stadtstaaten* gegeben. Denn die Stadt war es, die die Griechen als einzige Form politischer Organisation anerkannten, und Städte waren es, die Geschichte schrieben – sei es, daß sie innerhalb ihrer Mauern alle Möglichkeiten staatlichen Zusammenlebens erprobten und diskutierten, sei es, daß sie jenseits davon Herrschaft über andere aufrichteten und nach Formen suchten, dieser Dauer zu verleihen. Die griechischen Stämme vor allem in Mittel- und Nordgriechenland lebten im Schatten und gewannen erst unter den hellenistischen Königen ein besonderes Profil.
Das Gegensatzpaar *Herrschaft und Freiheit* verdeutlicht sofort, daß weder das eine noch das andere Prinzip sich durchsetzte. Im Raum der Außenpolitik bestimmte das ständige Ringen gegeneinander mit unentschiedenem Ausgang das Schicksal der griechischen Städte. Die kleinen unter ihnen, die ihren politischen Willen immer nach dem eines stärkeren Nachbarn ausgerichtet hatten, lernten erst von anderen, mächtigeren, daß Freiheit ein hohes Gut war, das zu verteidigen alle Anstrengungen lohnte. Der Gedanke, daß die souveräne Entscheidung über das eigene Schicksal substantieller Bestandteil des staatlichen Lebens sein müsse, ist erst auf dem langen, blutigen Weg der Kriege entstanden und auch nur dort zu suchen.
Innerhalb der Städte war die Freiheit ein nicht minder schwer erkämpftes und in Bürgerkriegen häufig wieder verlorenes Gut. Denn es war zu entscheiden, wem innerhalb der Bürgerschaft sie zustand – allen oder nur den Besitzenden – und in welchen Formen sie sich dem staatlichen Herrschaftsanspruch anpaßte. Der Seefahrer der Frühzeit hatte die absolute Freiheit, das heißt die Freiheit, die ihm seine persönliche Macht schuf; er lebte wie die mythischen Helden, von denen ihm Homer sang. Der Bürger des demokratischen Athen hingegen kannte Jahrhunderte später die Freiheit als Unterwerfung aller staatlichen Aktion unter seinen Willen, dem er die Gestalt von Gesetzen gab. Herrschaft war damit dem Prinzip nach aufgegeben: „Ein Wesenszug der Freiheit besteht darin, abwechselnd beherrscht zu werden und zu herrschen", beschrieb Aristoteles das Verhältnis zwischen Herrschaft und Freiheit.
Freiheit meint natürlich auch die Freiheit des Geistes, also die Ausbildung der Fähigkeit, mit Hilfe des gesungenen oder geschriebenen Wortes auf die Herausforderungen der Zeit antworten zu können. Der geistige Ausbruch aus der Tradition gehörte ebenso dazu wie die Wahl des richtigen Wortes und die Entscheidung, ob der Vers oder die Prosa, das Gedicht oder die Abhandlung, die Erzählung oder das Drama das geeignete Mittel ist.

\*

Die Geschichte Roms ist eingespannt in die Begriffe *Stadt* und *Imperium*. Beide widersprechen sich zunächst, benennen extreme Pole staatlicher Existenz. Denn die auf Gewalt gegründete imperiale Herrschaft schließt die städtische Selbstbehauptung an sich aus, da diese immer etwas mit politischer Selbst- oder Mitbestimmung zu tun hat. So haben die Großreiche des Alten Orients nur Residenzstädte gekannt, in denen der Monarch seiner göttlich legitimierten Macht äußeren Glanz verlieh und seine Beamtenschaft um sich scharte, die das flache Land für ihn verwaltete und ausbeutete. Die Geschichte der Griechen und Römer jedoch gehorchte einem anderen Gesetz – auch dann noch, als über beide Monarchen herrschten. Städte ohne Herrschersitz, aber ausgestattet mit einem Versammlungsplatz, wo die Bürger zu gemeinsamer Beratung und Entscheidung über ihre Angelegenheiten regelmäßig zusammenkamen, und Dörfer, deren Bewohner verwaltungsrechtlich und wirtschaftlich an die Städte gebunden waren, prägen das Bild des Imperiums. Die Gründe, die dieses notwendig konfliktreiche Miteinander von Stadt und Imperium möglich machten, werden in unserer Geschichte immer wieder zu erörtern sein.

In ihr fordern die Fragen nach den Ursachen des Aufstiegs der Stadt am Tiber zur Herrin eines weltumspannenden Imperiums den ersten, zentralen Platz. Wo immer man über Rom nachdachte, wollte man wissen, welche Leistungen seinem Reich Dauer sicherten. Der Bogen der gefundenen Erklärungen reicht von dem Verweis auf die Besonderheit der römischen Staatsordnung – hier sah schon der Grieche Polybios die Wurzeln der römischen Größe – über die Beständigkeit der moralischen Werte – von diesen sprachen die Römer selber gerne – bis hin zur Überlegenheit der römischen Herrschaftsorganisation, die den Besiegten die Aufnahme in den Bürgerverband des Siegers nicht verwehrte.

Fraglos: Die Dauer des Imperiums ist das eigentliche Geheimnis der römischen Geschichte, das es zu enträtseln gilt. Die Römer waren mit Schwert und Brandfackel in den Fäusten aufgebrochen und in fremde Länder eingefallen, und der Fortbestand ihrer Herrschaft hat niemals auf die Anwendung nackter Gewalt verzichten können. Trotzdem blieb diese kein zentraler Bestandteil der Machtausübung, da sie, wenn sie nach der Beendigung des offenen Kriegszustandes gegen Wehrlose gerichtet wird, weitgehend sinnlos ist. Die Römer haben dies gewußt und immer beteuert, sie hätten jenseits von Tod und Zerstörung Frieden und Ordnung geschaffen und den Besiegten eine neue, bessere Welt gegeben. Ordnung heißt immer Rechtsordnung, führt auf die Spur eines Herrschaftssystems, das in der rechtlichen Einkleidung der Macht die beste Gewähr für seine Zukunft sah.

\*

Die Eroberung des Weltreiches ist die Leistung der Republik gewesen. Ihre Geschichte war zunächst die eines Stadtstaates neben vielen anderen auch, und sie enthielt alle Elemente ihrer griechischen Gegenüber. Die Wege trennten sich, als die Römer das Experiment der Volksherrschaft, das die

Griechen bis zur radikalen Demokratie der Athener getrieben hatten, frühzeitig abbrachen und die staatliche und gesellschaftliche Macht in die Hände ihrer aristokratischen Eliten legten. Dafür gab es vielfältige Gründe. Sie alle markieren den zentralen Punkt in der Frühgeschichte der griechisch-römischen Antike: Die römische Republik war von ihrer ersten Stunde an gezwungen, sich mächtiger äußerer Feinde zu erwehren; am Horizont der Griechen waren diese erst erschienen, als in Athen, Sparta und anderswo die staatliche Ordnung bereits gefestigt und dem Gesetz unterworfen worden war.
So festigte sich in Rom – anders als in den griechischen Poleis – in den langen Jahrzehnten der inneren Kämpfe der Herrschaftsanspruch der Aristokratie, die die Macht mit anderen, plebejischen Eliten teilen mußte, aber die Herrin des Krieges blieb. Ihre Autorität und Lernfähigkeit, erprobt in drei Jahrhunderten Politik und Krieg und gepaart mit der Gier nach Macht, Reichtum und Ehre, unterwarfen der Republik die Länder des Mittelmeerraumes. Erst spät wurde ihnen bewußt, daß ihre Kriegszüge ein Weltreich geschaffen hatten, das alle bestehenden Formen des staatlichen Lebens neu bestimmen mußte. Keiner hat je daran gezweifelt, daß die verfassungsrechtlichen Möglichkeiten des Stadtstaates ausreichten, den Forderungen auch eines Reichsregiments zu genügen. Die Republik setzte für alle den Horizont, innerhalb dessen alle Erscheinungen der Weltherrschaft eingeordnet wurden.
Dagegen begehrte die unterworfene Welt auf: Nicht offen, sondern allein auf Grund ihres Gewichts forderte sie den Abschied von der Republik und ihrer stadtstaatlichen Mißwirtschaft und beugte sich willig nur dem Monarchen, der die eroberten Länder unter seinen universalen Herrschaftsanspruch einte und die adligen Familien das Dienen lehrte. Die Kaiser führten die Politik der Eroberung mit der Unterwerfung Mitteleuropas zu Ende und gründeten für Jahrhunderte eine Herrschaft, von der sie stolz behaupteten, sie habe der Welt den Frieden, das Recht und den Wohlstand gebracht.

\*

Dieser Macht fügten sich schließlich auch die Christen, obwohl ihre Missionare nicht ein Reich von dieser Welt predigten, sondern ein individuelles Glück in einer jenseitigen versprachen, zu der nur der Tod das Tor weisen konnte. Sie knüpften an das Schicksal eines Mannes, der in einem verborgenen Winkel Galiläas aufgewachsen und in Jerusalem gestorben war, den Glauben an einen gekreuzigten Gott und trugen ihn in die Städte des Imperiums. Denn nur dort fanden sie Gehör und trotz aller Verfolgungen Schutz und Sicherheit. Die Majestät des römischen Friedens machte ihnen ihre Aufgabe und schließlich auch das Dienen auf dieser Erde leicht.
Trotzdem war ihr Weg, der sie nach drei Jahrhunderten an das Tor zur Macht führte, ein dornenreicher. Kein heidnischer Lehrer war je so entschlossen wie die Jünger Christi vor die Menschen mit dem Anspruch getreten, allein den Weg zum Heil zu kennen, dem Paradies jenseits des

Horizonts. Und niemand hatte bis dahin mit soviel Verachtung auf das irdische Treiben geblickt wie die Christen, „aus Gnaden Fremdlinge hienieden, aus Gnaden Bürger dort oben" (Augustinus, Gottestaat 15,1). Rom, das fest an die schützende Hand seiner Götter glaubte, hat daher diese Religion lange verfolgt, da sie ihre Diener zu einem Leben abseits von Staat und Gesellschaft zwang. Trotzdem fand es den Weg, diese grundverschiedene Weltsicht mit der seinen zu vereinen, gab es seine Zustimmung, daß die Apostel Petrus und Paulus die legendären Gründer Roms ablösten und nun ihrerseits nicht minder sorgfältig ein neues, christlich gewordenes Reich hüteten.

Zu begreifen, wie es dahin kam, lehrt zu verstehen, warum das im vierten Jahrhundert geschmiedete Bündnis von Staat und Kirche die letzte große Leistung der Römer war. Daran ändern nichts die Zerreißproben, denen es in der Folgezeit ausgesetzt war. Als sich hundert Jahre nach Konstantin die Auflösung der Reichseinheit immer klarer auf der politischen Landkarte abzeichnete, hatte der Kampf der christlichen Theologen bereits schonungslos die Gegensätze eines lateinisch-westlichen und eines griechisch-östlichen Verständnisses der Religion offenbart und vertieft. Im Grunde, so wurde einer verstörten Glaubensgemeinschaft immer deutlicher, konnten die theologischen Streitpunkte wechseln; dort, wo sie sich in Ost und West berührten, kamen jeweils andere Antworten heraus. Der Glaube an den friedfertigen Nazarener begann, Menschen gegen- und auseinanderzutreiben, wie es früher nur Kriege vermocht hatten.

*

Der Sieg der germanischen Völker und der Krieger Muhammads wurde zur Geburtsstunde dreier neuer, im Glauben gespaltener Welten: des orthodoxen Reiches von Byzanz, der islamischen Herrschaft der Kalifen und des katholischen Europa; dessen geistige Einheit wuchs aus der Begegnung der Barbaren des Nordens mit der mittelmeerischen und christlich gewordenen Kultur der Griechen und Römer. Die einen drangen in das universale Imperium ein, wurden dort seßhaft und unterwarfen sich seiner überlegenen Zivilisation. Die anderen, die an seinen Grenzen Fuß gefaßt hatten, hörten auf seine katholischen Missionare, beugten das Knie vor dem Gekreuzigten und lernten im Lauf von vielen Jahrhunderten immer wieder neu von den Alten, die sich in ihre Erinnerungen drängten und nicht sterben wollten. So wurde Europa zur einzigen Zivilisation der Erde, die es dahin brachte, eine ihr voraufgegangene Hochkultur, obwohl sie längst untergegangen war, als in die Pflicht nehmendes Erbe zu verstehen.

Eifernde Christen haben nach ihrem Sieg im 4. Jahrhundert den antiken Statuen den Kopf abgeschlagen, um ihren Geist auszutreiben. In den Jahrzehnten der Renaissance wurde der ehemalige Feind für mehr als fünfhundert Jahre zum Freund und zum Vorbild, nachdem das Mittelalter vergeblich die Wiederherstellung seines Reiches versucht hatte. Wann und vor allem: warum dies so war, mag in einem letzten Kapitel auch erklären, daß die Welt der Antike mehr als nur exotische Neugier verdient.

TEIL A

# HERRSCHAFT UND FREIHEIT:

# DIE GESCHICHTE DER GRIECHISCHEN STADTSTAATEN

# I. Ursprung und Beginn der griechischen Geschichte

| | |
|---|---|
| um 2800-2000 | Entstehung einer eigenständigen Kultur auf Kreta. |
| um 2000-1450 | Zeitalter der großen Palastherrschaften von Knossos, Phaistos, Mallia und Zakros. |
| um 1850-1600 | Einwanderung indogermanischer Stämme in Griechenland. |
| 1600-1200 | Die mykenische Kultur im griechischen Mutterland. Die archäologischen Funde sprechen von einer zentral verwalteten Gesellschaft, über die Könige herrschten. |
| um 1200 | Einbruch der „Seevölker" in das östliche Mittelmeer („Ägäische Wanderung"). |
| bis 800 | Ankunft neuer indogermanischer Völker in Griechenland; Besiedlung der ägäischen Inseln und der Westküste Kleinasiens. |

## 1. Das Land und die äußeren Lebensbedingungen

Die antiken Griechen nutzten nach einer langen Geschichte fortwährender Landnahmen einen geographischen Raum, der sich nahezu über das ganze Mittelmeergebiet erstreckte. Zunächst umfaßte er Mittelgriechenland, die Peloponnes und die sie umgebenden Inseln, die Ägäis und ihre Ostküste, sowie die großen Inseln Rhodos, Kreta und Teile Zyperns. Dann, als griechische Kolonisten über das Meer fuhren, dehnte er sich auf die Küsten der nördlichen Ägäis, der Dardanellen und des Schwarzen Meeres aus. Seit dem Ende des 7. Jahrhunderts schließlich siedelten Griechen auch an den Küsten Siziliens, Unteritaliens (bis hinauf nach Kyme und den Golf von Tarent), Südfrankreichs, Spaniens und der Cyrenaika. Überall konzentrierten sie sich auf die Schwemmlandgebiete der Flußmündungen. Sie lebten dort nicht viel anders als die in der alten Heimat Gebliebenen: Als Bauern von der eigenen Hände Arbeit (oder derer von Hörigen), für die Handel und Gewerbe immer nur an zweiter Stelle kamen und denen der in der nächstgelegenen Stadt lebende Nachbar eher Feind als Freund war.
Die scheinbare Weitläufigkeit des besiedelten Landes, das doch nur das schmaler Küstenstreifen war, hat die Griechen selbst immer wieder in Staunen versetzt: „Es ist schon großartig, daß wir Griechen vom Phasis (also dem südöstlichen Winkel des Schwarzen Meeres) bis zu den Säulen des Herakles (d. h. die Straße von Gibraltar) nur um das Meer herumsiedeln wie Ameisen und wie Frösche um einen Teich sitzen", wunderte sich noch Platon (*Phaidon* 109b).
Das Kerngebiet, das die Griechen seit dem Ende des 2. Jahrtausends und dauernd bewohnten, ist der südliche Vorsprung der Balkanhalbinsel, von

*Zeus entführt Europa, die Tochter des phönikischen Königs Agenor, nach Kreta; Federzeichnung von Johann Heinrich Füssli*

(Ferens Art Gallery, Hull)

Die Geschichte Europas, der schönen Königstochter, die Zeus in der Gestalt eines Stieres raubte und nach Kreta entführte, um mit ihr nahe bei Gortyn Hochzeit zu feiern, erzählten die frühen Griechen, weil es um die göttliche Herkunft und die einzigartige Zeugung zweier ungewöhnlicher Männer ging: Minos, der in der Unterwelt die Toten mit goldenem Szepter richtete, und Rhadamanthys, der seine Heimat im Elysium hatte, wo „die Menschen leicht durch das Leben wandeln" (Odyssee 4,565 f.; 11,569 f.; vgl. Ilias 14,321 f.). Später aber war es Europa allein, der, als sie den Verführungskünsten des stiergestaltigen Zeus erlag, die Zuneigung der Dichter galt:

„Aber so sanft er auch sei, zu berühren ihn scheut sie zunächst sich,
naht ihm dann doch und steckt ihm Blumen zum glänzenden Maul, da
freut sich der Liebende, gibt, bis die Lust, die erhoffte, ihm werde,
Küsse der Hand; schon mit Müh, mit Müh nur verschiebt er das Weitere.
Tummelt sich jetzt auf grünendem Plan in neckenden Sprüngen,
bettet die schneeige Seite dann wieder im gelblichen Sande.
Mählich schwindet so ihre Furcht ...
Und, wen sie beschwere, nicht ahnend
wagt sich die Königsmaid auch auf den Rücken des Stieres zu setzen.
Jählings trägt der Gott die Spur seiner trügenden Füße
fort vom trockenen Ufer ...
Es zagt die Entführte und blickt zum verlaßnen
Ufer zurück, sie hält mit der Rechten ein Horn, ihre Linke
haftet am Rücken, es bauscht ihr Gewand sich flatternd im Windhauch."
(Ovid, Metamorphosen 2,860-875; Übers.: E. Rösch).

Horaz, der ältere Zeitgenosse des Ovid, erzählt die Geschichte zu Ende:

„Die noch Blumen jüngst auf der Flur sich pflückte,
Sie zu Kränzen wand, wie es Brauch, den Nymphen,
Sah beim Dämmerschein in der Nacht jetzt nichts als
Wasser und Sterne.

Als sie Kretas Strand mit den hundert Städten
Kaum berührte, rief sie: ‚Mein Vater, wehe,
Deiner Tochter Namen und Kindesliebe
Tilgte der Wahnsinn!'"

Doch schließlich, nach langem Klagen, tröstet sie Venus und verheißt ihrem Namen die Unsterblichkeit:

„Weißt du nicht, daß Jupiter dein Gemahl ist?
Laß das Schluchzen, lern, wie man trägt mit Würde
Ein so großes Glück! Wird die halbe Welt nach
Dir sich doch nennen."
(Oden 3,27; Übers.: Kayser).

der Wasserscheide zwischen Donau und ägäischem Meer bis zur Insel Kythera vor der Südspitze der Peloponnes. Das Gebiet ist klein (rd. 130 000 qkm), aber wie kein anderes in Europa durch lange und zerklüftete Küstenstreifen mit dem Meer verbunden. Das Land wird von Gebirgsketten durchzogen, die bis zu 3000 m aufsteigen und ins Meer vorstoßen. Sie schnüren die Ebenen ein und lassen nur wenig Raum für Talkessel und Küstenebenen. Dort liegen die wenigen, tiefer ins Land hineinragenden Schwemmländer der großen Flüsse: So in der Argolis, in der Ebene von Athen, an der peloponnesischen Westküste in Elis und Achaia, in Lakonien im Tal des Eurotas, in Mittelgriechenland im Tal des Spercheios und auf Kreta in der Messara-Ebene.

Die Verbindung zwischen den einzelnen Landschaften ist oft – trotz häufig unsteter und widriger Winde – nur zur See oder über für Mensch und Tier halsbrecherische Steilpfade möglich. Menschen, die in einem solchen Land leben, erscheint der Blick auf eine Ebene, deren Grenze das Auge nicht mehr oder nur kaum wahrnehmen kann, wie ein Naturwunder. Thaumakoi hieß denn auch eine Stadt am Nordhang des Othrysgebirges, da sie dieses Wunder gewährte: „Sie liegt, wenn man von den Thermopylen und dem Golf von Malis über Lamia kommt, auf der Höhe in dem Paß und ragt über dem Teil Thessaliens auf, den man Koile nennt. Wenn man diese zerklüftete Gegend und die den Windungen der Täler folgenden Wege durchschritten hat und zu dieser Stadt gelangt ist, breitet sich plötzlich wie die Fläche des weiten Meeres die Ebene in ihrem ganzen Umfang vor einem aus, so daß man mit den Augen nicht leicht eine Grenze des Landes finden kann, das einem zu Füßen liegt. Nach diesem wunderbaren Blick heißt die Stadt Thaumakoi" (Livius 32,4,4 nach Polybios).

Die Ägäis wird auf drei Seiten von ähnlich gearteten Festlandküsten und im Süden von Kreta, Karpathos und Rhodos begrenzt. Sie ist mit Inseln dicht übersät und diente daher als Brücke zu den Ländern Kleinasiens und des Vorderen Orients. Hier kam alles Gute und alles Böse über das Wasser, seit die griechischen Siedler im 9. Jahrhundert v. Chr. die Inseln eine nach der anderen in Besitz genommen hatten: Athen machte sie im 5. Jahrhundert zu seinem Paradeplatz, gotische Flotten überwanden 268/9 n. Chr. zum erstenmal die Dardanellen und stießen plündernd nach Süden vor, Byzanz wehrte hier in der 2. Hälfte des 7. Jahrhunderts die nach Norden drängenden Schiffe der islamischen Kapitäne ab. So blieb das ägäische Meer noch für Jahrhunderte eine griechische See, aber keine Insel war sich ihrer nächsten Zukunft je sicher. Als 1669 die kretische Hauptstadt Candia in türkische Hände fiel, endeten lange Jahrzehnte schwerer Kriege und Raubzüge mit der Herrschaft des türkischen Halbmondes.

Das Klima des Landes ist mediterran: Jeden Sommer zieht sechs Monate lang die trockene Saharaluft nach Norden, und erst ab Oktober setzen sich ozeanische, mit Feuchtigkeit gesättigte Tiefdruckgebiete durch. Wasser ist eine Seltenheit und daher kostbar. Das Land war und ist arm: Weniger als ein Drittel ist landwirtschaftlich überhaupt nutzbar. Seine Bauern konnten nur engräumige (im Inneren z.T. sumpfige) Täler und Küstenebenen zum

1. Das Land

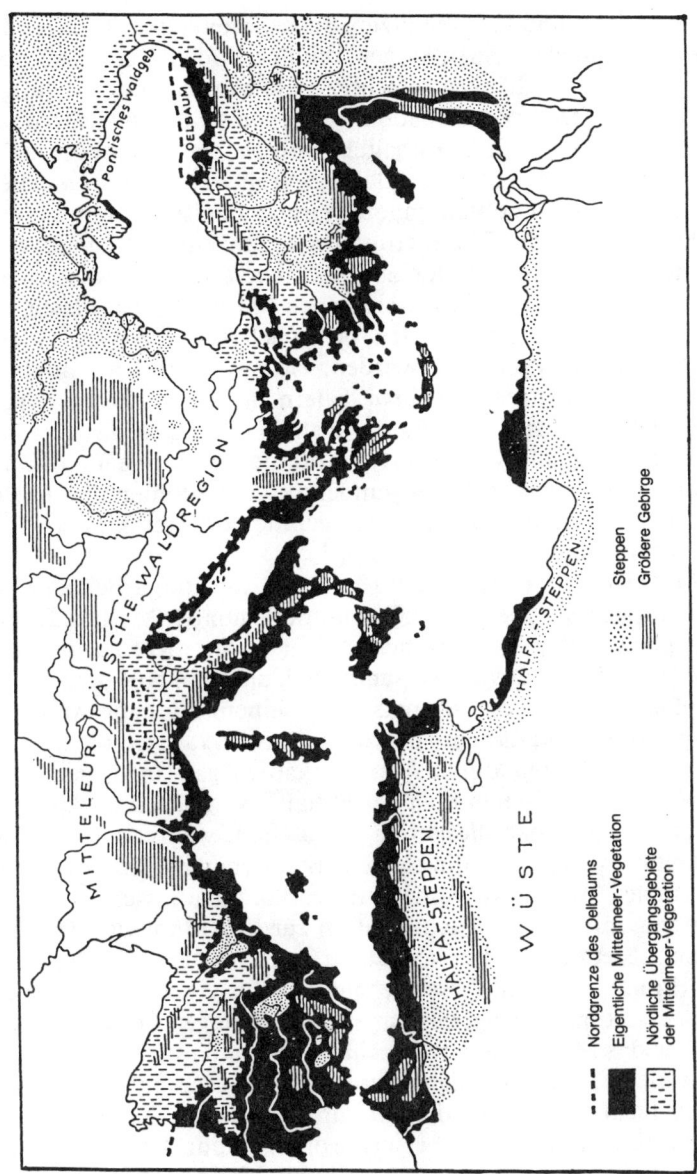

*Vegetation des Mittelmeerraums*

Anbau von Weizen und Gerste nutzen. Sie bearbeiteten mit starren Holzpflügen und Handhacken einen kargen, dünnen Boden, der bei starken Regenfällen von den Berghängen rutschte; diese wurden zudem häufig abgeholzt oder Ziegen fraßen die Schößlinge, bevor sie heranwuchsen, so daß keine Wurzeln die karge Erde festhalten konnten. Das war schon zu Platons Zeiten so, der beklagte, daß im Vergleich zu früher „nur der hagere Leib des Landes zurückblieb." Die Bauernhöfe waren zumeist klein und ernährten nur die Familie. Als die Bevölkerung im 8. Jahrhundert zunahm, waren viele Städte gezwungen, Getreide zu importieren und den Anbau von Oliven und Wein zu fördern, für die sich noch Märkte finden ließen.

Das Gebirgsland gehörte den Hirten, deren Schaf- und Ziegenherden über Hänge und Schluchten getrieben wurden. Viele wanderten mit ihren Tieren im späten Frühjahr aus den heißen Tälern in die frischeren Berge und kehrten im Herbst zurück, sobald der erste Winterregen das Gras wieder sprießen ließ. Die Zucht von Großvieh (Pferde und Rinder) war nur möglich, wenn Wiesen zur Verfügung standen. In Makedonien und Elis hat es sie gegeben; nicht zufällig ließ die Sage gerade dort Herakles den Rinderstall des Königs Augias reinigen.

Die Härte der Natur im Landesinneren, wo die Berge beinahe bis zur Grenze des ewigen Schnees aufsteigen, milderte nur der Mythos. Er siedelte die Götter eben dort an, wo das menschliche Leben nicht zu erhalten war. Über den Wolken des Olymp versammelten sie sich: Auf dem Parnassos herrschte Dionysos mit den Mänaden, an seinem Südhang Apoll als der Herr von Delphi, und auf dem Helikon in Böotien tanzten die Musen; das unwirtliche, von Hirten durchzogene Arkadien gar, in dessen Wäldern Herakles den erymantischen Eber gejagt hatte, verklärten die späteren römischen Dichter zur paradiesischen Landschaft, während in der rauhen Wirklichkeit die schiere Not die kleinen arkadischen Städte längst zu Steinhaufen zwischen Wald und Weide hatte verkommen lassen.

Das Meer trug mit seinem Fischreichtum zur Ernährung der Bevölkerung bei. Der Speisezettel war immer reich an Fisch und arm an Fleisch; wenn die von Homer liebevoll beschriebenen Helden gemeinsam gewaltige Fleischberge vertilgten, zeugt das nur von den wenigen Festschmäusen des Jahres. Über das Meer, das mit unzähligen Buchten tief in das Land eingreift, und nicht auf den wenigen Bergpässen bewegte man sich fort, von einer Talbucht und Küstenlandschaft zur nächsten.

Wer seine soziale Situation verbessern wollte, befuhr das Meer, häufig als Kaufmann, nicht selten als Seeräuber. Thukydides bestätigte am Ende des 5. Jahrhunderts, was bereits die homerischen Helden, allen voran Odysseus, bewegte: „Kaum hatten sie begonnen, mit Schiffen zueinander hinüberzufahren, verlegten sie sich auf den Seeraub. Dabei waren es gerade die tüchtigsten Männer, die sie anführten, zu eigenem Gewinn und zum Lebensunterhalt der Schwachen" (1,5).

Für die meisten Griechen hing das Überleben in der Tat von der Beherrschung des Meeres ab. Ihre Geschichte ist daher zum einen die Geschichte eines Volkes, das das Meer befuhr und auf ihm kämpfte, um die wichtigsten

Seestraßen kontrollieren zu können, über die allein auch Invasionen fremder Mächte zu fürchten waren. Zum anderen ist sie die Geschichte eines in eine Vielzahl kleiner Staaten zersplitterten Landes, dessen geographische Beschaffenheit die Gründung größerer politischer Einheiten erschwerte. Von Zeit zu Zeit mochte es gelingen, einzelne Staaten dem Herrschaftswillen aggressiver und mächtiger Nachbarn zu unterwerfen – aber selbst dann beharrten sie zäh und letztlich meist erfolgreich auf ihrer politischen Selbständigkeit und dem Bestand ihrer der Tradition verpflichteten Einrichtungen.

## 2. Kreta: Die Minoische Welt des dritten und zweiten Jahrtausends

*Die Grundlagen der historischen Rekonstruktion*

Kreta, rd. 250 x 34 km groß, bildet den Südrand der ägäischen Welt. Die Insel ist durch drei große, jeweils über 2000 m hohe Gebirgszüge – Leuka im Westen, Ida in der Mitte und Dikte im Osten – und viele Gebirgsmassive stark gegliedert. Sie begrenzen zahlreiche kleine Ebenen, Täler und für den Ackerbau geeignete Terrassen, die eine vielfältige landwirtschaftliche Nutzung ermöglichen. Griechen und Römer rühmten denn auch die Insel wegen ihrer Eichen- und Zypressenwälder, ihrer fruchtbaren Weiden im Binnenland und ihrer hohen Wein- und Ölkultur. Im Unterschied zum Süden, wo die Berge steil und zerklüftet zum Meer hin abfallen, begünstigte das Nord- und Ostufer mit seinen geschützten Buchten die Entwicklung des Seehandels, der sich dementsprechend vorwiegend nach Norden und Osten und nicht nach Ägypten orientierte.

Die Bezeichnung der auf Kreta zwischen 2500 und 1300 herrschenden Hochkultur als „minoisch" ist modern. Pate bei dieser Begriffsbildung stand die mythische Erinnerung der Griechen. Sie erzählten von König Minos, dem mächtigen Herrn eines kretischen Seereiches, seinem Baumeister Dädalos und seiner schönen Tochter Ariadne, die den Athener Theseus liebte und diesem den Weg durch das Labyrinth des Minotauros wies. Eine historische Auswertung dieser und einer Fülle anderer griechischer Legenden ist nicht möglich. Die Griechen wußten von den Kretern der Frühzeit weniger als wir Heutigen, denen der Spaten der Archäologen seit dem Ende des 19. Jahrhunderts die Kultur der Minoer neu erschloß. Diese kannten zwar die Schrift, jedoch enthalten ihre Zeugnisse nur eine eng begrenzte Botschaft. Seit etwa 1800 existierte eine überwiegend aus Silbenzeichen bestehende Schrift, die der Ausgräber von Knossos, Arthur Evans, *Linear A* nannte; seit etwa 1450 entwickelte sich daraus *Linear B*. Diese fand sich im Unterschied zu *Linear A* auch in den mykenischen Palastburgen des griechischen Festlandes (z. B. Pylos), auf Kreta jedoch allein in Knossos. Soweit diese in größerem Umfang nur auf kleinen Tontäfelchen erhaltenen

Schriftzeugnisse lesbar sind, enthalten sie eintönige und kurze Auflistungen von Abgaben, Opfern, Besitztümern und Lebensmittelzuteilungen. Im Gegensatz zu den anderen Hochkulturen des Alten Orients fehlen erzählende Darstellungen, Tatenberichte oder Rechtssatzungen ebenso wie steinerne Monumentalinschriften. Die Tontafeln sprechen also allein von den Bedürfnissen einer zentralen Verwaltungsbehörde, nicht jedoch von den Menschen und ihrer sozialen und politischen Lebensordnung. Sie öffnen daher nur ganz eingeschränkt den Zugang zur Geschichte des minoischen Volkes, dessen schöpferische Fähigkeiten sie allerdings bereits durch ihr Vorhandensein bezeugen.

Somit bleiben als einzig tragfähige Grundlagen der historischen Rekonstruktion die Siedlungsgeographie und die materiellen Überreste. Die noch erhaltenen Bauten, Brand- und Zerstörungsschichten, Gräber und Bestattungsformen, Veränderungen der Waffentechnik, Keramik, bestimmte Typen bildlicher Darstellung sowie die Größe, Lokalität und Verbreitung menschlicher Siedlungen sind die Materialien, deren Interpretation allein die untergegangene Welt der minoischen Kreter der Vergessenheit entreißen kann.

*Die Geschichte des minoischen Kreta*

Größe, Lage und Fruchtbarkeit der Insel boten die Voraussetzung für die Entstehung einer eigenen Kultur und einer weitgehend selbständigen Geschichte, die bis in die neolithische Zeit zurückreicht und erst mit der Eingliederung in das Weltreich der Römer in den Jahren 68-65 v. Chr. zu Ende ging. Anders als die Griechen, die seit dem Beginn des 1.Jahrtausends die ganze Insel in Besitz nahmen, konzentrierten sich die Kreter des 3. und 2.Jahrtausends auf den Zentral- und Ostteil der Insel, obwohl der Westen ebenso fruchtbar und sogar wasserreicher ist.

Über die Anfänge der minoischen Welt sagt die Siedlungsgeographie, daß die ersten bedeutenden Siedlungen zunächst im Osten der Insel wuchsen und sich von dort auf das Zentrum hin ausdehnten. Die wirtschaftliche Basis des Aufstiegs und des Bevölkerungswachstums wurde eine intensive Nutzung des Wein- und Ölanbaus; aus den Reichen des Alten Orients kam die Metallbearbeitung hinzu. Beide Faktoren förderten Arbeitsteilung, Warenaustausch und Vorratshaltung, was wiederum zur sozialen Differenzierung und zur Ausbildung einer zentralen politischen Gewalt führte. Damit waren am Ende des 3.Jahrtausends die Voraussetzungen für den Bau großer Palastanlagen geschaffen, in denen sich künftig alle politische, wirtschaftliche und kulturelle Macht konzentrieren sollte.

Bis heute gefunden und ausgegraben wurden vier große Paläste: Knossos, Mallia und Zakros im Norden und Osten, Phaistos mit Hagia Triada im Süden, das die über 40 km lange und 6-12 km breite Messaraebene beherrschte. Alle diese Anlagen folgten einem einheitlichen Muster: Um einen immer rechteckigen und von Norden nach Süden orientierten Mittelhof gruppierten sich verschiedene Räume; an der Westfassade schloß sich ein weiterer, keiner architektonischen Norm verpflichteter Hof an. Um die Paläste herum entstanden planmäßig angelegte große Städte; für Knossos z. B. errechneten die Ausgräber eine Bevölkerung von rd. 80 000 Menschen. Befestigungen sind nirgends erkennbar; die Herren der Paläste haben also ganz anders als die Burgherren von Mykene, Tiryns und Pylos auf dem griechischen Festland friedlich nebeneinander gelebt, und sie fürchteten weder innere Aufstände gegen ihre Herrschaft noch äußere Angriffe. Die großen Paläste spiegeln das Ausmaß der politischen und sozialen Konzentration von Macht, der sie ihre Entstehung verdankten. Ihre Regenten, vermutlich mit sakralen Würden ausgestattete Könige, lenkten die gesamte Bevölkerung der Insel. Sie lebten – darin den späteren europäischen Fürsten durchaus ähnlich – inmitten ihrer Untertanen, kontrollierten das gesamte Wirtschaftsleben, teilten Waren und Arbeitskräfte zu und bildeten den glanzvollen Mittelpunkt des religiösen und gesellschaftlichen Lebens. In ihren Palästen entfaltete die Kultur ihren zeitlosen Charme: Die virtuosen Wandfresken, die Beschwingtheit der Vasenmalerei, die eleganten barbusigen Hofdamen in ihren breit ausladenden Röcken, die todesverachtende Akrobatik der kultischen Stierspringer und der Reichtum an Schmuck und Kleinkunst zeugen von einer lebensfrohen und friedlichen Hofhaltung. Um 1750 zerstörten Erdbeben zum erstenmal die kretischen Paläste. Der Wiederaufbau erfolgte jedoch rasch und vor allem in Knossos noch prächtiger und monumentaler als zuvor; der dort errichtete neue Palast bedeckte eine Fläche von 20 000 qm, und seine riesigen Magazine waren geräumiger als die der anderen Paläste zusammen. Daraus läßt sich eine gewisse Vormachtstellung der Fürsten von Knossos ableiten, die wohl am tatkräftigsten ihre zerstörte Macht restauriert hatten. Die Beziehungen zur Außenwelt und vor allem zum griechischen Festland wurden intensiver: Die Zivilisation der mykenischen Burgen verband sich so eng mit der kretischen Tradition, daß heute rückblickend der zusammenfassende Epochenbegriff „Mi-

*Kreta im 3. und 2. Jahrtausend v. Chr.*

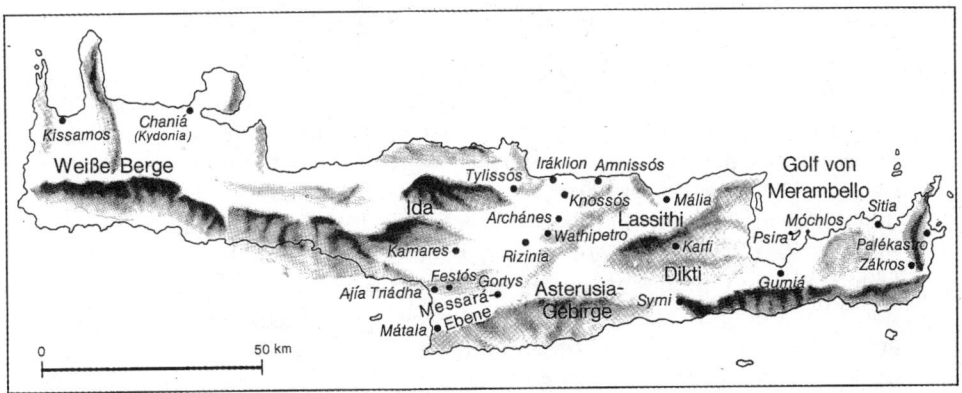

noisch-Mykenisch" gebraucht werden kann. In der Ägäis sind es insbesondere die seit 1967 auf der Insel Thera (heute: Santorin) gemachten Funde, die minoische Siedlungen außerhalb Kretas belegen. Auf den dort entdeckten Fresken finden sich die wichtigsten Zeugnisse einer hoch entwickelten Schiffstechnik, die Handelsbeziehungen bis in die Reiche des Alten Orients (vor allem Syrien und Ägypten) möglich machte.
Irgendwann um 1500 riß ein gewaltiger Vulkanausbruch die Insel Thera buchstäblich in Stücke. Die dadurch ausgelösten Flutwellen trafen die 100 km entfernte Nordküste Kretas und richteten schwere Verwüstungen an. Was verschont blieb, fiel den folgenden Erdbeben zum Opfer. Die Paläste von Mallia, Zakros und Phaistos versanken für immer im Schutt. Allein Knossos widerstand; es mußte sich jedoch mykenischen Eroberern beugen, die Zentralkreta bis um 1350 beherrschen konnten. Aber auch diese letzte Blütezeit endete mit einer Katastrophe. Neue Erdbeben oder Bürgerkriege vernichteten jetzt Knossos und vertrieben die mykenischen Herren aus Kreta. Auch danach ging das Leben auf der Insel gewiß weiter, aber es versank in das Dunkel einer prähistorischen Zivilisation ohne Schrift, ohne große Steinarchitektur und ohne Bildkunst und Plastik.
Der um 1230 einsetzende große Völkersturm, der in Mittelgriechenland und auf der Peloponnes den Zusammenbruch der mykenischen Kultur bewirkte (s. u. S. 39), verurteilte in Kreta zum Untergang, was sich an eigenständiger Kultur über die Wirren der Zeit gerettet haben mochte. Die Welt, die in den ersten drei Jahrhunderten des ersten Jahrtausends von den einwandernden dorischen Stämmen aufgebaut wurde, hatte mit der zerstörten der minoischen Zeit nichts mehr gemeinsam. Diese stand bei aller Eigenständigkeit den zentral gelenkten und bürokratisch verwalteten Reichen des Alten Orients viel näher als der Stadtkultur der griechischen Einwanderer, die nichts mehr vom Glanz der minoischen Kultur und dem Elend ihres Sturzes wußten und ihre eigene Welt jenseits dieser Tradition schufen.

## 3. Griechenland: Die Mykenische Welt des zweiten Jahrtausends

Um die Mitte des 2. Jahrtausends begann die kretische Kultur auf das griechische Festland einzuwirken. Dies fiel zusammen mit dem Zustrom neuer ethnischer Gruppen, die Homer in der Rückerinnerung *Achaier* nannte. Die Siedlungsgeographie und die archäologischen Funde zeigen, daß die neuen Herren Griechenland in Fürstentümer aufteilten: Das mächtigste bildete sich in Mykene aus, dessen Fürst der späteren griechischen Sage nach die Oberhoheit in der Argolis, wo sich auch die gewaltige Burg von Tiryns befand, ausübte; die gefundenen riesigen Kuppelgräber und das auf Mykene ausgerichtete Straßennetz bestätigen dies. In Messenien stand an der Westküste der Palast von Pylos, nördlich davon, im späteren Triphy-

lien, schloß sich die Herrschaft des sagenhaften Nestor an. In Mittelgriechenland erhoben sich Burgen auf der Akropolis von Athen und in den späteren böotischen Städten Theben und Orchomenos; weiter im Norden an der Küste Thessaliens lag das legendäre Jolkos (heute: Volos).
Die dortigen Burgen, seit ca. 1400 umschlossen von gewaltigen Mauerringen, sprechen zusammen mit den Grabfunden (Waffen und Darstellungen von Streitwagen) von einer hierarchisch gegliederten Kriegeraristokratie, die von einem König geführt wurde. An zahlreichen Orten rings um das Mittelmeer fanden die Archäologen große Mengen der für jene Zeit typischen Keramik, so daß weitreichende Handelsbeziehungen der mykenischen Fürsten anzunehmen sind.
Das politische und soziale Gesicht dieser Welt der Fürsten und Paläste erkennen wir nur in Umrissen. Die Entzifferung ihrer Schrift (*Linear B*) hat keine überzeugenden Antworten auf die Fragen nach der Gesellschaftsstruktur oder gar den Lebensbedingungen der kleinen Leute geben können. Die beschriebenen Tontäfelchen, in den Flammen untergehender Paläste um 1200 gebrannt (und nur deshalb überhaupt erhalten), stammen aus den letzten Wochen vor der Katastrophe und sind daher nur Momentaufnahmen einer jahrhundertealten Ordnung. Sie enthalten zudem – vorausgesetzt, ihre Entzifferung unter der Prämisse, es handle sich um einen griechischen Dialekt, ist richtig – nur eintönige Inventare, Personallisten und Opferanweisungen. Zusammen mit den stummen Zeugnissen der Architektur lassen sie die Schatten einer Zivilisation erkennen, die von einer Palastbürokratie zentral verwaltet und von der um den König und die Burgen gruppierten Kriegeraristokratie beherrscht wurde.
Wie die minoische Geschichte Kretas gehört auch die mykenische Geschichte Griechenlands in den größeren Zusammenhang der Staatenwelt des Alten Orients. Die mykenischen Fürsten und ihre Untertanen waren mit den zentral regierten und bürokratisierten Gesellschaften im nördlichen Syrien und in Mesopotamien weit mehr verwandt als mit den Bürgern der griechischen Städte des ersten Jahrtausends. Erhalten blieben ihre technischen Fertigkeiten in der Landwirtschaft und der Metallverarbeitung. Politik, Wirtschaft und Kultur hingegen verschwanden und wurden von einer neuen, grundverschiedenen Gesellschaftsordnung abgelöst.
Der Untergang der mykenischen Welt erfolgte nicht plötzlich, und ihre Fürsten erlitten nicht das Schicksal, das die assyrischen Könige in wenigen Jahren (614-606) ins Nichts stürzen ließ, als eine große Koalition von Medern und Chaldäern ihre Hauptstädte Assur und Ninive berannte. Mykene verließ die historische Bühne zwischen 1200 und 1000 v. Chr. fast lautlos. Die einzelnen Phasen des Abschieds sind im Dunkel der schriftlosen Zeit nur schwach erkennbar: Zuerst ging die Technik der Schreibkunst verloren, dann verschwanden einige Siedlungen, andere wurden verlegt oder richteten sich in den Trümmern einstiger Größe auf ein neues und nunmehr armseliges Leben ein. Die Bevölkerungszahl sank, obwohl nach dem Niedergang der alten Machtzentren Neueinwanderer aus dem Norden seßhaft wurden. Es waren dies vornehmlich dorisch sprechende, griechi-

sche Stämme, von denen niemand mit Gewißheit sagen kann, ob sie aus dem Norden der Balkanhalbinsel oder von weit außerhalb kamen.
Am Ende dieser Entwicklung jedenfalls war der kulturelle Zusammenhalt, der die Überlebenden und die Neuankömmlinge mit den alten mykenischen Palastzentren einmal verbunden hatte, zerrissen. Die neuen, zu lang anhaltender Armut verurteilten Siedlungen hatten nur noch die Möglichkeit, ihren Weg in eine bessere Zukunft aus eigener Kraft und eigener Einsicht zu finden.
Die Ursachen, die den mykenischen Palästen die Kraft zum Überleben nahmen, sind angesichts der allein auswertbaren archäologischen Zeugnisse nicht auszumachen. Die zuständigen Gelehrten, auf ihr Spezialistentum seit langem stolz, diskutieren drei Möglichkeiten:
– Die Zerstörung der mykenischen Burgen und Paläste durch Naturkatastrophen; insbesondere für die Argolis und Messenien sollen Erdbeben die Lebensgrundlagen zerstört haben.
– Die Vernichtung der mykenischen Kultur durch einfallende Stämme aus dem Norden (*Seevölker* nach der Aussage der ägyptischen Quellen), die seit der Mitte des 13. Jahrhunderts den gesamten östlichen Mittelmeerraum verheerten. Einige von ihnen waren auf der Suche nach Land bis nach Ägypten vorgedrungen und hatten dort als „Krieger des großen Meeres des Nordlandes" Furcht und Schrecken gesät; andere hatten Kleinasien überfallen und das Hethiterreich, Ugarit, Charkemisch, Aleppo und andere Städte zerstört und das Gebiet der Levante verwüstet. Ihre Spuren hat die Zeit nahezu vollständig verweht; nur der Stamm der Peleset (Philister) konnte sich an der Wende vom 12. zum 11. Jahrhundert im südwestlichen Palästina behaupten, wo seine Aggressivität die israelitischen Stämme unter Saul zum militärischen und politischen Zusammenschluß zwang.
– Konflikte und Kriege der mykenischen Hochburgen gegeneinander, denen sich auf Dauer die komplizierte Palastwirtschaft der mykenischen Könige nicht gewachsen zeigte.
Am wahrscheinlichsten ist immer noch die Vorstellung, daß durchziehende Scharen der Seevölker die wichtigsten Paläste (Ausnahme: Athen) der unvorbereiteten Mykener brandschatzten und das Land auf dem Seeweg wieder verließen. Die geschlagen Zurückgebliebenen konnten die Trümmer ihrer zentralisierten Herrschaftsorganisation nicht mehr zusammenfügen und verloren die Legitimation, sich weiter als Könige zu gebärden. Damit barst zugleich die wichtigste Säule der gesellschaftlichen Ordnung, die einer zentralen Verwaltungs- und Kontrollbehörde nicht entraten konnte. Am Ende stand das soziale Elend, wuchs Gras auf den zerstörten Burghügeln von Mykene, Tiryns und Pylos, überlebten nur wenige in kleinen dörflichen Gemeinschaften. Und schließlich schwand auch die Erinnerung an Fürsten, Paläste, an Schiffe, an weitgespannte Beziehungen bis nach Kreta, Kleinasien und Sizilien, nachdem die Kenntnis der Schrift, die Zeugnis von großen Tagen für spätere Generationen hätte bewahren können, bereits verloren war.

## 4. Die Einwanderung neuer Völker zu Beginn des ersten Jahrtausends und der Zerfall ihrer stammesstaatlichen Ordnung

*Die Wanderungen und ihre Ziele*

In Griechenland folgten den *Seevölkern* in mehreren Schüben vor allem dorisch sprechende Stämme, die die vorgefundene Bevölkerung teils versklavten – so vor allem in Thessalien und auf Kreta –, teils das Land mit ihr teilten; Attika und Euboia blieben im Besitz der alten Bewohner.

Die nach dem Untergang der mykenischen Welt neu entstehenden Siedlungen sind vor allem durch Keramikfunde bezeugt; an einigen Orten – z. B. in Asine in der Argolis und in Lefkandi auf Euboia – stieß der Spaten der Archäologen auf Gräber mit kostbaren Beigaben und auf besonders große und vergleichsweise prächtig ausgestattete Häuser, die in der Mitte des Ortes lagen. Auf solche Häuser und ihre Herren waren offenbar die Wirtschafts- und Lebensformen der Dörfer ausgerichtet, und der Status ihrer Bewohner wurde durch die Zugehörigkeit zur Familie des Hausherrn bestimmt. Aber noch für lange Zeit wurden viele dieser Siedlungen wieder aufgegeben, und es entstanden anderswo neue, ohne daß sich das Sozialgefüge und die Lebensbedingungen verändert hätten.

In der ersten Hälfte des 8. Jahrhunderts wuchsen hie und da Zentren, die viele Dorfgemeinschaften an sich binden konnten. Es waren insbesondere Kultorte wie Dodona, Delphi und Olympia, deren mächtige Götter und große Tempel Pilger aus dem gesamten bis an die kleinasiatische Küste reichenden Siedlungsgebiet anzogen. Andere Ortschaften ordneten sich kleinere Siedlungen unter. Ihre dichten und wachsenden Wohnsiedlungen, ihre Tempelanlagen und ihre Versammlungsplätze zeugen davon, daß sie zu Zentren der umliegenden, dörflich besiedelten Ebenen aufgestiegen waren.

Viele, die Nachfahren der mykenischen Griechen wie Teile der neu zugewanderten Stämme, flohen in den folgenden zwei Jahrhunderten (11.-9. Jahrhundert) aus dem Chaos des Völkersturms in eine neue Heimat: Auf Schiffen gelangten sie zu den Kykladen, nach Kreta, die Inseln vor der kleinasiatischen Küste und an diese selbst, wo sie das griechische Ionien begründeten (sog. *Ionische Wanderung*). In diesen *Dunklen Jahrhunderten*, in die kaum ein historisches Zeugnis Licht wirft, mußten sie das Meer mit den Phoinikern teilen, die vor allem die nordwestafrikanische Küste kolonisierten und (um 814) Karthago gründeten (s. S. 69).

Die in Griechenland einwandernden Stämme waren ursprünglich Großstämme, zusammengeführt durch die unbekannte Not, die sie aus der alten Heimat vertrieben hatte; zu vergleichen sind sie etwa mit den Sachsen und Franken, die sich am Ausgang der Antike aus einer Vielzahl von Kleinstämmen zwischen Rhein und Elbe gebildet hatten, bevor sie nach Westen vorstießen. Hier wie dort war das Ziel der Wanderung die Landnahme, so daß sich die künftige politische Ordnung der Stämme nach diesem elemen-

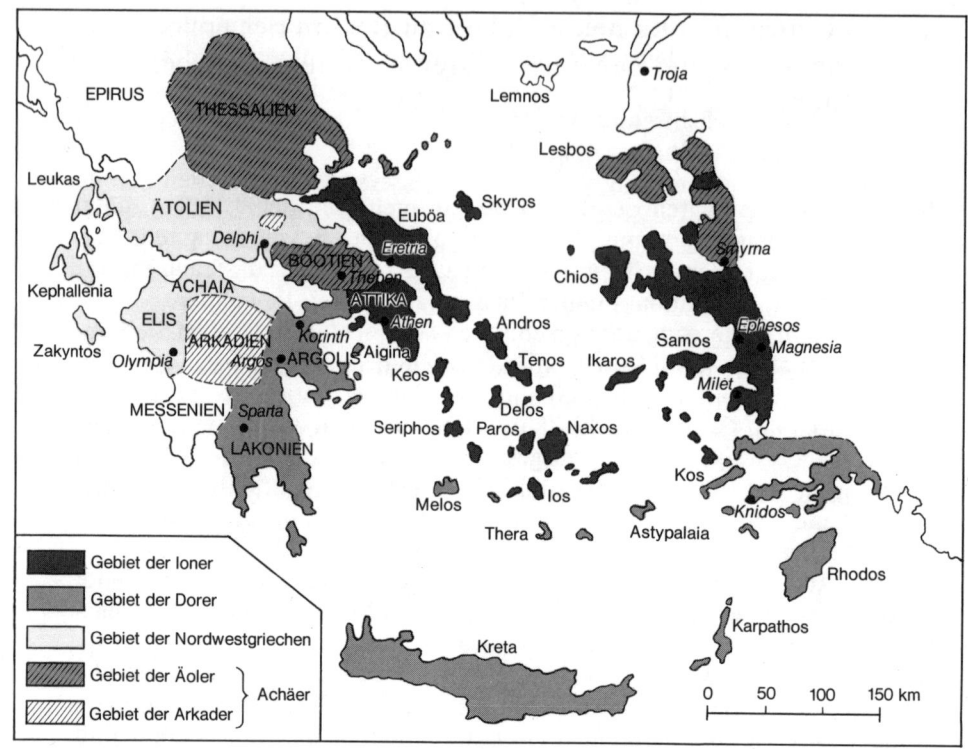

*Griechenland nach den Wanderungen zu Beginn des ersten Jahrtausends*

taren Bedürfnis ausrichten mußte. Geführt wurden sie von Kriegshäuptlingen, deren Macht von ihrem militärischen Erfolg und von der Eroberung siedlungsfähigen Landes abhing. Daher konnten sie ihre monarchische Stellung nach der Seßhaftwerdung nur dort bewahren, wo die äußere Bedrohung den weiteren Zusammenhalt erzwang (wie in Makedonien und Epirus) oder einen neuen notwendig machte (wie in Sparta, s. S. 147).
Die spätere Besiedlungsstruktur beweist, daß nur wenige dieser großen Stämme überdauerten. Die besondere Lage Griechenlands lud dazu auch nicht ein: Das Land ist von Norden her schwer zu erreichen, da keine Heerstraßen über das Balkanmassiv in das nördliche Griechenland führten. Die Eindringlinge konnten sich daher im Gebirge über schwierige Pässe nur langsam vorwärts bewegen, so daß nicht vielköpfige Kriegerscharen Griechenland erobert haben, sondern allmählich und schrittweise einsickernde Familien und Stämme. Häufig spalteten sich die Großstämme also bereits auf ihrem Marsch nach Süden, und viele Einwanderergruppen werden in abgeschiedenen Tälern über Jahre hin ihre Kräfte neu gesammelt haben, bevor sie erneut ihr Glück versuchten. So zerfiel auch der dorische Erobererverband, von dem die spätere Geschichte nur die Spartaner, Messenier,

Argiver und die Nordwestgriechen kennt. Mit der Besitznahme der engräumigen Talkessel und Küstenebenen gewannen die Interessen der seßhaft gewordenen Kleingruppen das Übergewicht über den alten Gesamtverband, der nur noch hie und da bei großen religiösen Festen wieder zum Leben erwachte.

Wie gründlich die Ordnung der Wanderungszeit beseitigt werden konnte, veranschaulicht die Geschichte der Argolis. Die griechische Sage sprach von der Rückkehr der Herakliden, wenn sie die Geschichte der Peloponnes meinte, und sie erzählte, daß die Nachkommen des großen Helden Herakles, beginnend mit seinem Sohn Hyllos, eine Reihe vergeblicher Versuche gemacht hätten, in die Peloponnes einzudringen. Erfolg aber sei erst den Urenkeln beschieden gewesen, die die Halbinsel in drei nahezu gleiche Teile aufgeteilt hätten, wobei der eine, Temenos, die Argolis erlost habe. In der sagenhaften Überlieferung hielt sich also die Vorstellung, daß der erste, auf der Peloponnes gegründete dorische Staat die gesamte Argolis umfaßt haben muß, was durch die führende Position der Stadt Argos in der nördlichen Peloponnes im 8. Jahrhundert unter dem mächtigen König Pheidon bestätigt wird.

Die historische Entwicklung zeigt den Zerfall des Loses des Temenos in einzelne Distrikte, die sich sämtlich zu Sondergemeinden entwickelten. Von der vom Inachos durchflossenen Ebene von Argos spaltete sich der fruchtbare Küstenstrich von Sikyon ab, es folgten Korinth und die Isthmosgebiete, im Osten war es die Gebirgslandschaft von Epidauros, wozu auch Aigina gehörte, und schließlich beanspruchte auch Troizen mit der Insel Kalaureia und der Halbinsel Methana die Eigenständigkeit. Damit längst nicht genug: In historisch heller Zeit spalteten sich auch diese Gebiete weiter auf. Aigina löste sich von Epidauros, Methana von Troizen; die argivischen Gebirgsdörfer Mykene und Tiryns, im 5. Jahrhundert von Argos unterworfen, kämpften beharrlich und zäh um ihre Selbständigkeit. Hier wie andernorts zerfiel also der alte Stammes- und Wehrverband so gründlich, daß von seiner einstigen Größe nur eine schwache Erinnerung blieb. An seiner Bahre stand jene mit schier unbändiger Energie geladene zukunftsträchtige Staatsform, die wir unter dem Begriff *Polis* kennen und die unter ihren aristokratischen Führern die statische und machtarme Ordnung der Stammesstaaten beiseite schob.

*Die Seßhaftwerdung und ihre sozialen und politischen Folgen*

Die Siedlungsweise der Einwanderer orientierte sich an den natürlichen Landschaften; sie teilte die sich herausbildenden Gemeinschaften dementsprechend. Die wirtschaftliche und die soziale Grundlage bildeten der *Oikos* und der *Kleros* (so die Begrifflichkeit bei Homer): *Oikos* meinte das Haus, den Lebensraum der Familie sowie Wirtschaft und Besitz an Vieh, Waffen und allen sonstigen beweglichen Gegenständen. *Kleros* (wörtlich: das Los) bezeichnete den Landanteil, den nach der Eroberung einer Fruchtebene eine Familie, Sippe oder ein einzelner erhalten hatte, und der im

8. Jahrhundert (Homer) als Privateigentum galt. Die Familie gehorchte dem Prinzip der *Autarkie* („Selbstgenügsamkeit"), d. h. sie stand wirtschaftlich auf eigenen Füßen und gehorchte dem Spruch des Familienoberhauptes; eingeschränkt wurde diese Selbständigkeit durch den Sippenverband (*génos*), der zugleich eine Kultgemeinschaft war. Über dem Genos stand die *Phratrie* (eine Vereinigung von „Brüdern"), in der die Bürgerliste geführt wurde. Mehrere Phratrien bildeten schließlich den Stamm (*phyle*). Die politischen Organisationsformen waren wenig ausgeprägt: Zumeist gab es einen Rat der Sippenoberhäupter (*die Ältesten*), die einen Häuptling berieten; die Waffenfähigen mögen hie und da noch zu Versammlungen zusammengekommen sein.

Diese kleinräumige Welt war nicht geeignet, größere politische Energien zu entfalten. Sie gebar jedoch die Adelsherrschaft, die dieser statischen Ordnung schließlich Leben einhauchte. Der Adel bildete sich aus den freien und wehrfähigen Stammesgenossen, die bei der Landverteilung die besten Güter erlost oder als Führer größerer Gruppen beansprucht hatten und die im Ältestenrat Platz nahmen. Sie entmachteten den König (Häuptling), monopolisierten alle Herrschaftsfunktionen (Kriegführung, Kultausübung, Rechtsprechung), und sicherten sich wirtschaftlich ab, indem sie ihren Grundbesitz vermehrten – meist auf Kosten des Gemeindelandes.

Die soziale Ordnung begann, sich nach den neuen Herren auszurichten. Unter ihnen standen die unmittelbaren Familienmitglieder, dann die entfernteren Verwandten, gefolgt von den Angehörigen des *Oikos* im weitesten Sinne: angesehene und geringere Gefolgsleute, bis hin zu den Sklaven. Entscheidend war die persönliche Bindung zwischen Hoch und Niedrig: Der Adlige suchte Gefolgsleute, um seine Ansprüche durchzusetzen, und der Arme bedurfte des Schutzes, den er nur bei seinem mächtigen Nachbarn finden konnte. Die gegenseitige Abhängigkeit verfeinerte sich im Lauf der Zeit und gehorchte neuen Bedürfnissen: Der Adlige brauchte nun Arbeitskräfte und Hilfsdienste der verschiedensten Art und nicht mehr nur die starken Arme seiner Gefolgsleute. Diese wiederum hofften auf rechtlichen und politischen Schutz in einer komplizierter gewordenen Welt. Wer gehorchte, tat es aus gutem Grund, und wo der nicht gegeben war, tat er es, weil er es so von den Vätern gelernt hatte.

In den engräumigen kargen Landschaften fanden die seßhaft gewordenen Bevölkerungssplitter der eingewanderten Völker eine neue politische und soziale Lebensordnung: die Stadt (*pólis*). Meist um eine befestigte Anhöhe herum entstand eine städtische Siedlung, in der der Adel und ein großer Teil der Bevölkerung wohnte und von dort täglich auszog, um die umliegenden Felder zu bearbeiten. Auch diese Gemeinwesen blieben durchweg klein und zählten ihre Einwohner nach Hunderten oder (seltener) nach Tausenden. Und sie wollten selbständig sein, ein Wert, für den sie jederzeit bereit waren, zu den Waffen zu greifen.

Quellen, die die historischen Gründe dieser Entwicklung hin zur städtischen Gesellschaft verdeutlichen können, gibt es nicht. Um so klarer ist die welthistorische Bedeutung des Vorganges, mit dem die europäische Geschichte im eigentlichen Sinne des Wortes beginnt. Denn auch die römische Geschichte war von Anfang an Stadtgeschichte, und auch sie gründete auf der elementaren Einsicht, daß der Bürger (*civis*), sein Wille und seine Freiheit den Staat ausmachen. Was hier wie dort im politischen und geistigen Raum geschaffen und durchprobiert wurde, mündete in die Geschichte des späteren Europa. Eine vergleichbare Entwicklung haben andere Kulturen der Erde nicht durchlaufen.

## II. Die Städte der Griechen im Mittelmeerraum

um 750-550   Gründung von griechischen Kolonien an den Küsten Unteritaliens, Siziliens, der heutigen französischen und spanischen Mittelmeerküste, der Nordküste der Ägäis, den Küsten des Marmara- und des Schwarzen Meeres, der Krim und dem Asowschen Meer.

seit 700   Agrarkrise in fast allen Städten Griechenlands; vor allem die Kleinbauern verschulden sich und geraten in die soziale Abhängigkeit ihrer Gläubiger („Schuldknechtschaft"; lat.: *nexum*). Vielerorts kommt es zu bürgerkriegsähnlichen Konflikten (*Staseis*). Die Teilnahme an einem Kolonistenzug ist für viele die letzte Rettung vor dem Schritt ins offene soziale Elend.

### 1. Die Gliederung der archaischen Epoche

Die griechische Geschichte nach der Wanderung wird häufig in drei Perioden eingeteilt: Die archaische, klassische und hellenistische Zeit. Die Bezeichnungen *archaisch* und *klassisch* sind der Fachsprache der Kunstwissenschaft und der Klassischen Archäologie entnommen (zum Begriff *hellenistisch* s. S. 280). Diese hatten Ende des 19. Jahrhunderts die bildende Kunst der Zeit vor 500 erschlossen und grenzten sie als *archaisch* von der bereits bekannten Kultur des 5. Jahrhunderts ab. Der modernen Geschichtswissenschaft war damit aufgegeben, die Sinnfälligkeit dieser Gliederungsbegriffe für die politische und soziale Geschichte zu prüfen.

Der Begriff *archaisch* erfaßt die Zeit zwischen Homer und dem Konflikt der Griechen mit den Persern (um 750-500). Zu Beginn dieser Zeit lebten die Griechen aus der Sicht der Großreiche des Alten Orients als barbarisches Volk am Rande der zivilisierten Welt. 250 Jahre später waren sie ihrem eigenen Anspruch nach dem Orient kulturell überlegen, und sie zeigten sich politisch und militärisch fähig, den Angriff des persischen Weltreiches abzuwehren.

Auf dem Weg dorthin erfanden die Griechen die Schrift, schufen mit dem Stadtstaat eine dem Stammesstaat überlegene politische und soziale Lebensordnung, kolonisierten weite Küstenstreifen des Mittelmeeres und des Schwarzen Meeres, fanden den Übergang von der Natural- zur Geldwirtschaft, revolutionierten ihre Kriegstechnik zu Wasser und zu Lande, entwickelten eine viele Wissensbereiche umfassende Literatur und machten sich auf den Weg zu demokratischen Staatsordnungen. Sie taten dies bis 500 ungestört von äußeren politischen Einflüssen: Die Staaten des Orients

*Kopf des Odysseus aus der Grotte des Tiberius in Sperlonga*
(Sperlonga, Museo Archeologico Nazionale)

Um 700 traten an den Höfen der adligen Herren in Griechenland und an der kleinasiatischen Küste zum erstenmal Sänger auf, die von dem Schicksal des Odysseus erzählten, der nach dem Fall Trojas zehn Jahre umherirrte, bevor er die Heimat wiedersah. Niemand wird je genau wissen, welche Gegenden des Mittelmeeres Homer seinen Helden befahren ließ. Schon die antiken Geographen suchten danach, und Nachahmer haben sie zu allen Zeiten gefunden. Bereits Erathosthenes (ca. 280–200 v.Chr.) hat über sie den Kopf geschüttelt: Erst müsse man, so notierte er mit feiner Ironie, den Sattler finden, der den Schlauch der Winde für Aiolos genäht hat, bevor man die Route des Odysseus in die Seekarten eintragen könne (Strabon 1,2,15).

Anderes ist wichtiger. Die Welt des Odysseus war eine ganz andere als die der Helden, die vor Troja gekämpft hatten: Hier eine Stadt und eine Ebene, in der die Zweikämpfe adliger Krieger über Sein oder Nichtsein entschieden, dort die Irrfahrten eines Heimkehrers, der das Meer, seine Häfen und die umwohnenden Völker kannte und alle Gefahren bestand, weil er Mut mit List, Ausdauer mit Wissensdurst verband. Die Maler des 7. Jahrhunderts wußten es bereits und schmückten ihre Vasen vornehmlich mit dem Abenteuer, das ihr Held nur unter Aufbietung seiner ganzen Klugheit bestehen konnte: Die Flucht aus der verschlossenen Höhle des einäugigen Riesen Polyphem, der, geblendet von seinem vermeintlich hilflosen Gefangenen, gezwungen wird, mit eigener Hand dem Todfeind den Weg in die Freiheit zu bahnen; helfen kann ihm keiner, da sich Odysseus „Niemand" nannte: „Wenn dir", so schreien seine Riesenbrüder, als er nach ihnen rief, „wenn dir denn niemand Gewalt antut in der einsamen Höhle, ... ist kein anderes Mittel: Flehe zu deinem Vater, dem Meerbeherrscher Poseidon!" (9,410-12).

Der Lügenerzähler, der allzu Listige, der gewalttätige Betrüger – auch dies gehörte zu dem Mann, der das Meer befuhr und dort, wo er an Land ging, nicht mit einem freundlichen Empfang rechnen konnte. „Weh!", so klagt bei Euripides Hekuba, die unglückliche Königin Trojas, „dem abscheulichen, falschen Manne wurde als Sklavin ich zugelost, dem Feind des Rechts, dem frevelnden Wurm, der alles verdreht, von hier nach dort und von dort zurück mit gespaltener Zunge, den früheren Freund als Feind behandelnd in allem." (Die Troerinnen 281 ff.).

So wurde Odysseus nicht nur zum Prototyp einer neuen Welt der Seefahrer, Kolonisatoren und Händler. Seine Tugenden kündeten von einem neuen Menschen, der das Unbekannte als Herausforderung suchte und die Gefahren auf dem Wege dorthin zu ertragen und zu meistern lernte – mit allen Mitteln. Denn er kannte die Grenzen des Glücks:

„Nichts Hinfälligeres ernährt die Erde als den Menschen, denn niemals, meint er, werde ihm hernach ein Übel widerfahren, solange die Götter ihm Gedeihen gewähren und seine Knie sich regen. Wenn dann aber die seligen Götter auch Trauriges bereiten, erträgt er auch das widerwillig in seinem ausdauernden Mut. Denn so ist der Sinn der irdischen Menschen, wie eben der Tag, den der Vater der Menschen und Götter heraufführt. Viel Anmaßliches tat ich, meiner Gewalt und Stärke mich überlassend, pochend auf meinen Vater und meine Brüder."

(Odyssee 18,130-140; Übers.: U. Hölscher).

fanden an der kargen Balkanhalbinsel und ihren Bewohnern nichts, was die Mühe einer genaueren Beobachtung gelohnt hätte; nur die Phoiniker drangen in die Ägäis und darüber hinaus in das westliche Mittelmeer vor, jedoch nicht als Eroberer, sondern als Händler. Die Völker des Nordens blieben ruhig: Den Dorern und Nordwestgriechen folgten keine weiteren Stämme mehr in die südliche Balkanhalbinsel, die zudem durch die Makedonen und Epiroten nach Norden abgeriegelt wurde. Die Völker des westlichen Mittelmeeres fanden erst viel später und unter dem Einfluß der griechischen Kolonialstädte zu politisch effektiven Ordnungen.

Die archaische Zeit kannte keine Geschichtsschreibung, und bei den Historikern des späten 5. Jahrhunderts (s. S. 262 ff.) finden sich meist nur ungenaue, mit Legenden durchsetzte Erinnerungen an die frühe Zeit. Erste Zeugnisse für eine funktionierende Buchkultur gibt es erst ab der Mitte des 6. Jahrhunderts; stofflich konzentrierten sie sich auf die entstehenden Naturwissenschaften und die Philosophie. Die Rekonstruktion der Geschichte der Zeit bis 500 ist daher zunächst nur durch die Auswertung der zeitgenössischen Dichtung möglich, die – neben einigen wichtigen Inschriften – die einzige schriftliche Nachrichtenquelle bildet. In ihren Werken spiegelt sich auch dort, wo mythische Themen behandelt werden, ein lebendiges Bild der sozialen und politischen Gegenwart. Ergänzend treten die Erkenntnisse der archäologischen Forschung hinzu, die insbesondere die Siedlungsformen, Stadtanlagen, Gebrauchsgegenstände und Grabfunde auswertete.

## 2. Grenzziehung: Griechen und Barbaren

Homer beschrieb eine Gesellschaft ohne Schrift. Trotzdem wurde rund hundert Jahre vor seinen Epen, um 850, das griechische Alphabet geschaffen. Es waren griechische Kaufleute, die auf ihren Außenposten an der syrischen Küste von den Phoinikern die Konsonantenschrift übernahmen und durch Vokalzeichen ergänzten, um ihre Geschäfte gewinnbringend dokumentieren zu können. Damit entstand ein alphabetisches Schriftsystem, in dem erstmals alle wichtigen Sprechtöne (Konsonanten und Vokale) einzeln notiert werden konnten. In der Form des Alphabets von Chalkis (auf Euboia) gelangte die Buchstabenschrift über die unteritalische Kolonie Kyme (nördlich von Neapel) in den Westen und wurde dort zum Ausgangspunkt aller italischen Schriften und damit des heutigen westeuropäischen Schriftsystems.

Um 700 setzte sich der Name *Hellenen* – ursprünglich nur die Bezeichnung eines einzelnen nordgriechischen Stammes – für die Griechen aller Stämme und Staaten durch, unabhängig davon, ob sie in Attika oder im fernen Massilia (heute: Marseille) lebten, gleichgültig, welchen Dialekt sie sprachen (die heutige Bezeichnung *Griechen* leitet sich von dem lateinischen Wort *Graeci* ab). Sie alle waren durchdrungen von der Vorstellung, einer einzigen Kultur anzugehören; es verband sie nach den Worten Herodots

*Griechische Dialekte um 400 v. Chr.*

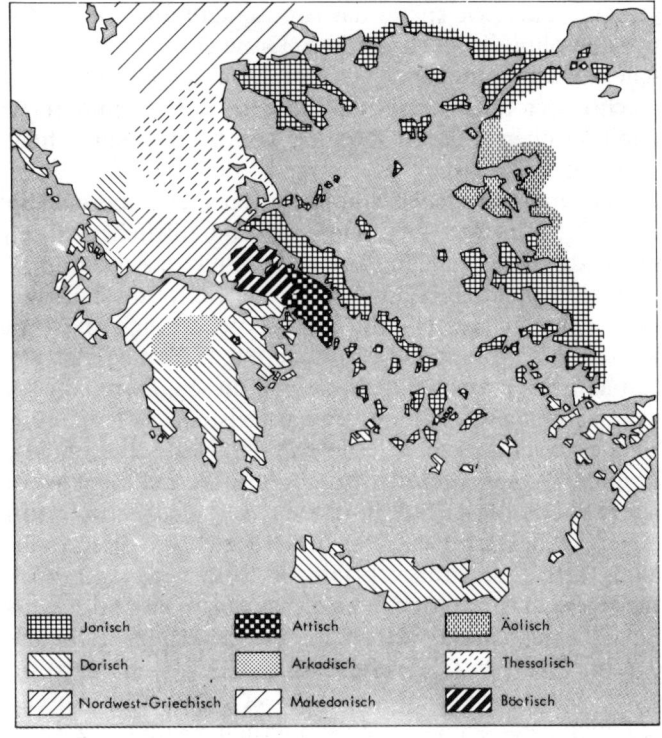

„die Bluts- und Sprachgemeinschaft mit den anderen Hellenen, die Gemeinsamkeit der Heiligtümer, der Opferfeste und Lebensweise." Menschen, die nicht so lebten und die griechische Sprache nicht beherrschten, waren *Barbaren*, da die Laute, die sie ausstießen, in den Ohren der Hellenen wie „bar-bar-bar" klangen. Man verstand sie nicht und respektierte sie auch nicht: Sie galten – von den Kulturvölkern Persiens und Ägyptens abgesehen – als von Natur aus minderwertig und waren nach Aristoteles zur Sklaverei geboren.

## 3. Der Stadtstaat (Polis) als Bürgergemeinschaft

*Entstehung und Ausbreitung*

„Städte" hat es in der Welt des Alten Orients seit langem gegeben. Dort waren sie Palaststädte, wie sie sich auch im minoischen Kreta und im mykenischen Griechenland ausgebildet haben, oder Sitze von Priesterkönigen, wie sie im Zweistromland im 3. Jahrtausend entstanden. Die griechische Stadt ist davon grundverschieden: Sie war von Anfang an eine Bürger-

gemeinschaft (wie später das römische *municipium*). Zu vergleichen ist sie mit den phoinikischen Städten. Diese entstanden in Syrien nach der Ägäischen Wanderung und vor der Machtexpansion der Assyrer in einem machtleeren Raum; seit dem Ende des 9. Jahrhunderts wurden weitere von phoinikischen Kauffahrern an der nordafrikanischen Küste gegründet (s. S. 69f.).
Die ersten griechischen Städte hat der archäologische Spaten an der Küste Kleinasiens ausgegraben, dort, wo ein natürlicher Mittelpunkt einer Landschaft die Bedingungen für eine geschützte Ansiedlung bot, ohne den Zugang zum Meer zu behindern (z. B. Milet, Smyrna, Priene). Am Ende der Entwicklung waren es rund 700 Städte, die sich im Mutterland und an den Küsten des Mittelmeeres ausbreiteten. Von vielen kennen wir nur den Namen, von manchen nicht einmal diesen. Durch die spärlichen Trümmer ihrer immer armselig gewesenen Existenz ziehen heute Hirten mit ihren Schafen oder Ziegen. Diesen gehören heute diese Städte, da kein anderes lebendes Wesen noch Anspruch darauf erhebt, sie mit ihnen zu teilen.
Die meisten dieser Städte nahmen nur den Umfang einer heutigen Dorfmark ein, bei der die Felder in der Reichweite der Siedlung liegen (50-100 qkm). Die Zahl ihrer wehrfähigen Bürger lag irgendwo zwischen 500 und 1500 Männern; je nach der Zahl der Sklaven und Fremden ist die gesamte Bevölkerung auf das vier- bis siebenfache anzusetzen. Einige Städte waren deutlich größer: z. B. Athen, Sparta, Argos, Syrakus oder Akragas (Agrigent); ihre Bevölkerungszahl maß sich nach Zehntausenden. Trotzdem waren auch sie – gemessen an modernen Städten – Zwerge.
Die Folge dieser kleinen und überschaubaren Lebensformen war, daß alle Bürger gesellschaftlich (häufig auch persönlich) miteinander verbunden waren. Politik und Privatleben durchdrangen einander ganz selbstverständlich, Freund- und Feindschaften äußerten und entluden sich im alltäglichen Miteinander auf beiden Ebenen, bewaffnete Konflikte mit der benachbarten Stadt sind nicht selten Familienfehden gewesen. Das ganze politische und gesellschaftliche Leben wurde in der Stadt viel intensiver, als es in der bisherigen stammesstaatlichen Ordnung möglich war: Ständig wurde über alles und vor allem über Politik räsonniert und palavert, man verglich die eigenen Fähigkeiten mit denen der anderen und wetteiferte mit- und gegeneinander. Dabei lernte man unaufhörlich und wurde bald gewahr, daß nur Griechen es waren, die so lebten.
Die Griechen nannten die Stadt *pólis*, ein Begriff, der ursprünglich nur die Burg bezeichnete und erst später auf die dazugehörige Siedlung innerhalb und außerhalb der Stadtmauern übertragen wurde. Ihren Siegeszug trat die neue städtische Lebensform mit der Kolonisation an: Für die Menschen, die in einer fremden und kaum zivilisierten Umgebung heimisch werden mußten, bot die städtische Ordnung die Chance, sich gemeinsam gegen feindliche Barbaren zu behaupten und – isoliert von der fremden Welt – ein Eigenleben in herkömmlicher Weise zu führen. Die Kolonisation machte die Stadt zur politischen und sozialen Ordnung, die sich im gesamten Mittelmeer ausbreitete und von den einheimischen Völkern, die damit in

## 3. Der Stadtstaat (Polis)

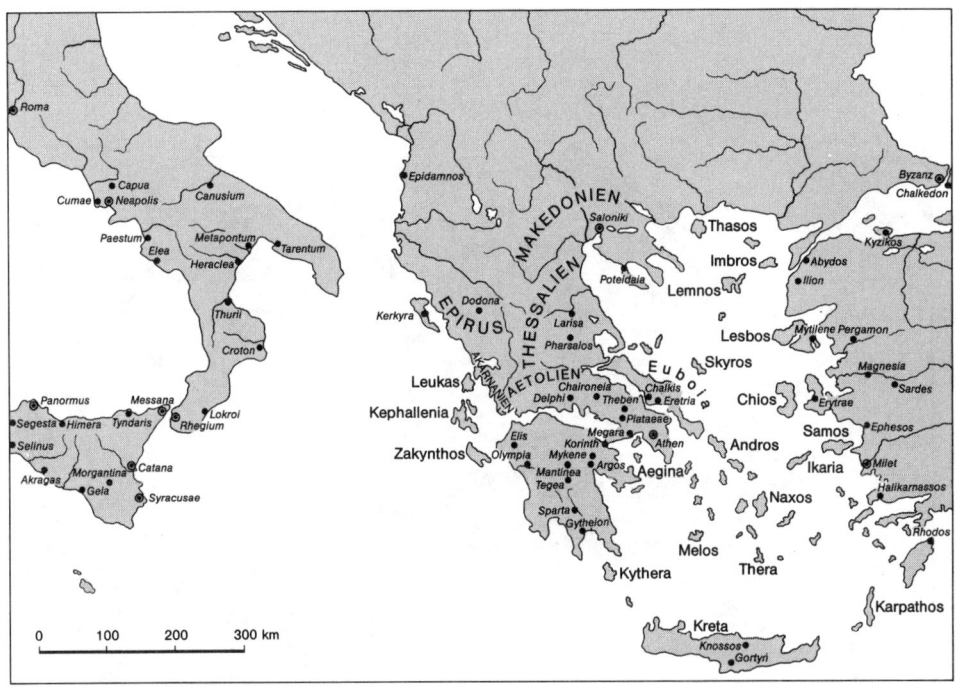

*Ägäis, Griechenland und Süditalien*

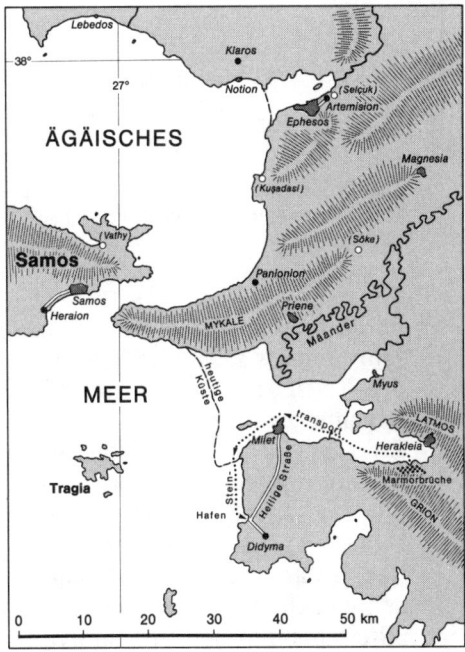

*Ionische Stadtstaaten an der kleinasiatischen Küste.* In der tiefen Meeresbucht, in die sich der Mäander ergoß, lagen bedeutende Städte: Milet, Priene, Herakleia und Myus. Der Fluß machte diese Städte zunächst reich, da seine jährlichen Überschwemmungen die Felder befruchteten, dann arm, als er fiebrige Sümpfe bildete und die lebenswichtigen Häfen der Seestädte verschloß.

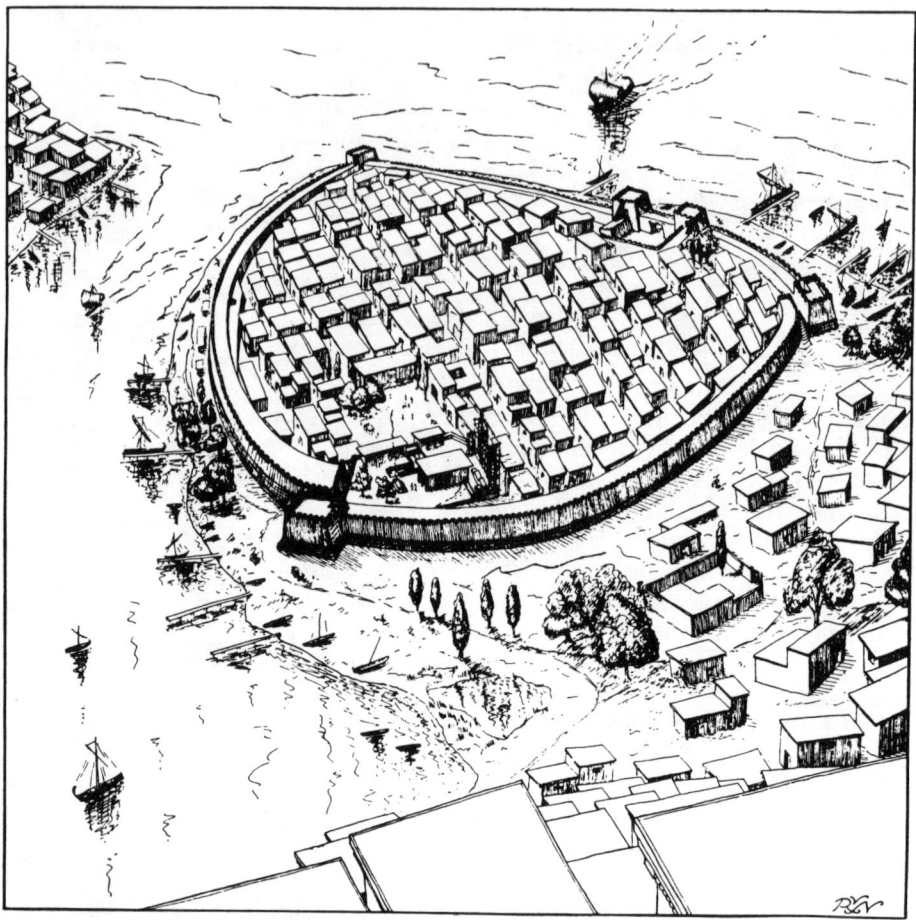

*Ansicht von Smyrna im späten 7. Jahrhundert v. Chr.* (Rekonstruktion nach J. M. Cook). Smyrna war eine der Städte, die von sich behaupteten, Homers Heimat zu sein.

Berührung kamen, mehr und mehr nachgeahmt wurde. Am Ende des 7. Jahrhunderts saßen die Griechen um das Mittelmeer „wie die Frösche um den Teich" (Platon); antike Geschichte war für tausend Jahre Stadtgeschichte geworden.

Zwar gab es weiterhin Stämme und Stammesherrschaften (z. B. bei den Ätolern und den Phokern). Sie entfalteten jedoch – mit Ausnahme Makedoniens – keine politischen Kräfte, die die Existenz der Stadtstaaten hätten bedrohen können. Im Gegenteil: Die Anziehungskraft städtischen Lebens war so stark, daß sich innerhalb der Grenzen eines Stammes Stadtgemeinden ausbildeten, die früher nur Dörfer gewesen waren. Dies reichte zwar selten aus, um den Stammesverband politisch völlig aufzulösen, aber es genügte, um ihm die Fähigkeit zu nehmen, Rivale benachbarter Städte zu werden. So konnte der athenische Stratege Demosthenes auf dem Feldzug gegen Ätolien im Sommer 426 den wohlfeilen Rat hören: „Der Stamm der Ätoler sei zwar groß und streitbar, wohne aber in unbefestigten Ortschaften, die weit auseinanderliegen und sei, da er auch nur leichte Bewaffnung trage, unschwer zu überwältigen, bevor er sich zur Verteidigung sammeln könne" (Thukydides 3,94).

*Die Wesensmerkmale der Polis*

Die Polis als Rechtsbegriff umfaßte das städtische Siedlungszentrum ebenso wie das dazugehörige Land. Dementsprechend konnte es auch keinen Rechtsunterschied geben zwischen denen, die in der ummauerten Stadt, und denen, die in der Umgebung, auf dem Lande wohnten; Athener z. B. war der Bauer im südlichen Attika ebenso wie der Bewohner des Stadtviertels unterhalb des Burgberges, der Akropolis. Für sie alle war die Stadt der Platz der Volksversammlung, das unverrückbare Zentrum aller politischen Entscheidungen. Es gab keine Stadt ohne einen solchen Platz, ohne eine Bürgerschaft, die sich dort versammelte, ohne Politik, die dort stattfand. Man war also nicht Bürger von Athen, weil man in der Stadt wohnte; wohl aber mußte man seine politischen Rechte dort wahrnehmen. Es gab denn auch Städte, deren Bürger zum guten Teil in den umliegenden Dörfern wohnten; das Zentrum war jedoch dort, wo die politische Entscheidung fiel.

So war es ohne jede Bedeutung, ob das Territorium der Stadt klein oder groß war, ob eine Mauer existierte, ob wirtschaftliche Macht (z. B. durch einen Hafen oder einen besonderen Markt) oder kulturelle Ausstrahlung vorhanden war. Alles dies konnte, mußte aber nicht sein. Unverzichtbar hingegen waren der innere Zusammenhalt und die Beteiligung der Bürgerschaft an der Macht: „Die Männer, nicht die Mauern, machen die Stadt aus", sagte Aristoteles, und: „Wem es erlaubt ist, an der beratenden und richterlichen Gewalt Anteil zu nehmen, den nennen wir Bürger (*Politen*) dieser Polis, und die Polis nennen wir die Gesamtheit solcher Leute, die hinreicht zur *Autarkie* [d. h. zur Selbstgenügsamkeit] des Lebens" (Politik 1275b). So konnte eine Stadt auch dann noch bestehen, wenn ihr das Land genommen und ihre vertriebenen Bürger Unterschlupf auf dem Gebiet einer befreundeten Gemeinde gefunden hatten.

Die Polis war also eine Einheit, die sich selbst genügte, und zwar in dreifacher Weise:

(1) Nach innen war sie als Genossenschaft der Bürger geordnet, deren politische Rechte nach Besitz und Wehrkraft abgestuft werden konnten (d. h. in der Frühzeit waren die handlungsfähigen Bürger nahezu ausschließlich die adligen Herren). Die Beziehungen der Bürger untereinander, ihre Verfassung, das Strafrecht und die Regeln des Privatrechts gründeten sich auf Gesetze. Diese beschloß das Volk oder erließen Gesetzgeber,

die die Polis dazu berief. Die politische Verfassung ruhte auf drei Institutionen:
- Der Versammlung der Bürger (Heeres- oder Volksversammlung),
- dem Rat, der der Versammlung Vorschläge unterbreitete (zunächst nur mit den Führern der Adelsfamilien besetzt),
- den Beamten (anfangs noch hie und da Könige, dann gewählte Vertreter, deren Amtszeit auf maximal ein Jahr beschränkt wurde).

Diese Grundelemente der Verfassung wurden in den Jahrhunderten bis Alexander in vielen Städten auf die verschiedenste Weise ausgestaltet und kombiniert.

(2) Kultisch-religiös bildete sie den heiligen Schutzbereich der Stadtgottheit, der zu Ehren alle regelmäßig zu Opfern und Festen zusammenkamen. Diese dienten gleichzeitig dem sozialen Zusammenhalt: Die geschlachteten Opfertiere wurden gemeinsam verzehrt, während der Rauch der verbrannten ungenießbaren Teile zu Ehren der Götter in den Himmel stieg.

(3) Ihre Beziehungen nach außen waren durch den festen Willen bestimmt, Fremdherrschaft nicht zu ertragen. Den idealen Zustand der Unabhängigkeit, den nur wenige Städte tatsächlich erreichen konnten (s. S. 185f.), bezeichnete der Begriff *Freiheit*, das hieß das Recht, nach eigenen Gesetzen zu leben. Dazu gehörte praktisch auch das Freisein von wirtschaftlicher Not und Abhängigkeit, begrifflich gefaßt als *Autarkie* (*autárkos* = sich selbst genügend).

Über die Besonderheit ihrer staatlichen Ordnung in einer Welt der Monarchen, Stammeshäuptlinge und Barbaren waren sich die Griechen früh im klaren. Sie wußten und verkündeten es voller Stolz, daß ihre Ordnung vornehmlich auf Recht und Gesetz beruhte – unabhängig davon, ob Demokraten oder Aristokraten in den Städten regierten: „Sie [gemeint sind hier die Spartaner] sind zwar frei, aber nicht in allem. Über ihnen steht nämlich das Gesetz als Herr, das sie viel mehr fürchten als deine Untertanen dich", erklärte der verbannte Spartanerkönig Demaratos dem erstaunten persischen Großkönig Xerxes (Herodot 7,104,4). Und der Demokrat Perikles sprach für alle Athener: „In öffentlichen Angelegenheiten verwehrt uns tiefer Respekt vor den Gesetzen, sie zu übertreten" (Thukydides 2,37,3). Und sie alle glaubten, daß die Götter ihre schützenden Hände über die Stadt hielten, aber dies nur tun konnten, solange sich die Bürgerschaft nicht in inneren Kriegen (*Staseis*) selbst zerfleischte (Solon, frg. 3,1-6).

Theoretisiert über ihren Staat haben die Griechen seit der Mitte des 5. Jahrhunderts. Sie taten es, indem sie die Frage nach den besonderen Merkmalen der Polis mit der Frage nach ihren Ursprüngen verknüpften. Die Sophisten (s. S. 249ff.) stellten als Wesenselement das Gesetz heraus, das sich die Bürger willkürlich setzten und das im Interesse einer kleinen Gruppe Herrschender oder aller Bürger das städtische Leben regelte. Dieser der historischen Erfahrung abgelesene Gedanke von der zentralen Funktion des Gesetzes blieb vorherrschend: „Denn wie der Mensch in seiner Vollendung das edelste aller Lebewesen ist, so wiederum losgerissen von Gesetz (*nómos*) und Recht (*díke*) das schlimmste von allen" (Aristoteles,

Politik 1253a 33). Die historischen Anfänge der Polis und der menschlichen Gesellschaft sind denn auch untrennbar gebunden an den Akt der Unterwerfung unter das Recht: Nach dem Mythos des Protagoras von Abdera über die Anfänge der gesellschaftlichen Ordnung waren die Menschen – von Zeus gänzlich ungenügend für den Kampf ums Überleben ausgerüstet – nicht fähig, ihre kläglichen Siedlungen zu behaupten, denn es fehlte ihnen die Staatskunst (*Politiké areté*), so daß sie, statt einander zu helfen, einander Unrecht taten; erst als Zeus befahl, ihnen *Aidos* (den Respekt vor den anderen) und *Dike* (den Sinn für Gerechtigkeit) zu bringen, „damit diese den Städten Ordnung und Eintracht stiftende Bande geben möchten", konnte eine stabile Form menschlicher Gemeinschaft entstehen (Platon, Protagoras 320c-322d).

Am Anfang also steht der individuelle Mensch als ein Wesen voller Mängel, die er nur beheben kann, indem er sich mit seinesgleichen zusammenschließt. Der Staat entsteht „um des bloßen Lebens" willen, schrieb Aristoteles, der jedoch sofort ergänzte, „aber er *besteht* um des vollendeten Lebens willen" (Politik 1252b 28). Das heißt, die Polis gewährt weit mehr als nur die Sicherheit des nackten Lebens, wenn sie nach Recht und Gesetz geordnet ist und ihre Institutionen den Bürgern die ihnen gemäße Form der politischen Mitsprache einräumen – was jeweils als „gemäß" zu definieren war, ließ Raum für viele Kontroversen. Für Aristoteles wurde das Streben nach der staatlichen Ordnung, die allein allen das Glück bringen konnte, zum Naturgesetz: „Es ist so, daß der Staat zu den naturgemäßen Gebilden gehört und daß der Mensch von Natur ein nach der staatlichen Gemeinschaft strebendes Wesen (*zóon politikón*) ist ... Denn das ist eben dem Menschen eigentümlich im Gegensatz zu den Tieren, daß er allein fähig ist, sich vom Guten und Schlechten, von Recht und Unrecht Vorstellungen zu machen" (Politik 1253a 1ff.).

## 4. Die soziale Ordnung der Polis

*Die Gliederung der Gesellschaft*

Die Gesellschaft der Bürger gliederte sich in Adlige und Nichtadlige. Der Adel war ausgezeichnet durch den großen Besitz, kriegerische Tüchtigkeit und eine eigene Kultur. Manch einer hatte sein Vermögen auf Kaperfahrten gemacht, von denen sich zuhause trefflich erzählen ließ, wie es etwa Odysseus tat, der am Hofe des Phäakenkönigs mit der Geschichte eines Überfalls auf das thrakische Ismaros aufwartete: „Dort zerstört' ich die Stadt und vertilgte die Männer." (s. S. 88). Sie alle wußten, daß ihre Waffen und die Kunst, sie zu handhaben, ihnen Macht und Reichtum sicherten: „Mein großer Schatz ist Spieß und Schwert, und ein schöner Schild, der den Leib bedeckt; damit kann ich pflügen und ernten, auch lesen süßen Wein", sang ein trunkener kretischer Aristokrat (Skolion des Hybreas). Seine und die Verbindungen seiner Standesgenossen zu den Adelsfamilien anderer grie-

chischer Städte waren eng; man sah sich auf den großen gemeingriechischen Festen und Spielen wie (seit 776) in Olympia, heiratete untereinander und kämpfte gegeneinander, wenn es um Ruhm und Ehre oder schlicht um den Besitzstand ging. Die Nichtadligen setzten sich zusammen aus Bauern, Handwerkern (*Demiourgoi*), Besitzlosen (*Theten*) und Sklaven. Die Bauern besaßen Land, das sie nicht dem Adel verdankten, sondern der kriegerischen Tüchtigkeit ihrer Vorfahren, die es erobert hatten. Trotzdem waren sie der Gewalt der Adligen auf vielfache Weise ausgeliefert. Dort, wo sie lebten, erhob sich im fruchtbarsten Teil des Tales oder der Küstenebene ein stattliches Haus, in dem der Mann lebte, dessen Macht in Krieg und Frieden alles bestimmte. Er war im Krieg der Offizier oder Befehlshaber, im Frieden der Richter, Anwalt, Staatsbeamte und Priester der Götter – zu welchem auch immer man beten wollte. Und er war vor allem der reiche Nachbar, der bei Mißernten als einziger das benötigte Saatgut vorstrecken konnte, und der beim Streit um das knappe Wasser entschied.
Lange Jahrzehnte des Gehorsams und der harten Lebensbedingungen waren kein Nährboden für Widerspruch gegen die, die alle Macht hatten und sich selbst die „Besten" (*aristoi*) oder die Wohlgeborenen (*Eupatriden*) nannten und es gerne hörten, wenn andere von ihnen als den „Fetten" sprachen. Zudem besaßen die Bauern und die wenigen Handwerker keine eigenen Werte und Vorstellungen vom richtigen Leben, die als Alternative zum adligen Verständnis von der Welt getaugt hätten. Im Gegenteil: Der kleine Mann hat sich immer nach der Decke der großen Herren gestreckt und dessen Werte auch als die seinen verstanden.
Es bedurfte also einer tiefgreifenden Veränderung der sozialen und politischen Verhältnisse, um den kleinen Mann gegen den Adligen aufzubringen, in dem er mehr und mehr den „geschenkefressenden König" und den Verkünder „schiefer Urteile" sah, und den er mit dem Habicht verglich, der vor der gefangenen Nachtigall prahlt: „Törin, was schreist du denn so? Ein Stärkerer hält dich gefangen. Gehen mußt du, wohin ich will, trotz deines Gesanges" – so Hesiod (Erga 207f.).

*Die Unfreien*

Die Sklaverei spielte in der Welt der frühen Städte eine untergeordnete Rolle. Es fehlten noch die Voraussetzungen, die den wirtschaftlichen Einsatz von Sklaven lohnend machten:
- Sklaven mußten leicht, also ohne große Kosten zu erwerben sein; dies setzte voraus, daß ein Sklavenmarkt mit einem gut ausgebauten Transportsystem existierte.
- Sklaven mußten rentabel sein. In der Landwirtschaft und im Gewerbe waren sie nur dann gefragt, wenn es sich um Großbetriebe handelte. Deren Entstehung wiederum hing davon ab, daß das hergestellte Produkt auch auf entfernten Märkten begehrt war und dorthin gebracht werden konnte.
- Die Gesellschaft, die sich vor allem männliche Sklaven in größerem

**Die Entstehung und die Rechtsfolgen der Unfreiheit**

*Der Vorgang der Versklavung*

● Die Unterwerfung
Während der Wanderung und teilweise im Verlauf der Kolonisation wurden Teile der vorgefundenen Bevölkerung versklavt; so in Thessalien die Penesten, in Messenien die Heloten, auf Kreta die Klaroten, auf Sizilien Teile der Sikeler.

● Die Schuldknechtschaft
Die Beitreibung von Schulden erfolgte in der Regel durch den Zugriff auf die Person des Schuldners.

● Der Krieg
Eroberung von Städten, Gefangennahme und Kapitulation hatten die Rechtlosigkeit der Besiegten zur Folge.

● Der Kauf
Nach der Überlieferung sollen die Bewohner von Chios um 600 als erste Sklaven von den Barbaren gekauft haben.

● Abstammung, Verkauf durch den Vater, der Selbstverkauf, das Urteil.

*Die Rechtsfolgen*

Die Versklavung der gesamten Bevölkerung; im Unterschied zu den individuell Versklavten blieben sie:
– wirtschaftlich selbständig,
– als Familienverband erhalten,
– Bewirtschafter ihres alten Landbesitzes.

Die Versklavung. Von Solon abgeschafft (in Rom 326 durch die *lex Poetelia Papiria*). Es blieb die Schuldknechtschaft durch Urteilsvollstreckung.

Die Versklavung (in der Frühzeit vor allem das Los der Frauen, da versklavte Männer ein zu großes Sicherheitsrisiko bedeuteten und meist getötet wurden).

Die Versklavung; ökonomisch und gesellschaftlich wird die Sklaverei damit zur bedeutsamen Größe. Pate standen die Interessen des metallverarbeitenden Gewerbes.

Die Versklavung.

Umfang zulegen wollte, mußte bereit sein, solidarisch gegen Sklavenaufstände vorzugehen, auch wenn davon nur einzelne Besitzer direkt betroffen waren.

Die Wanderung hatte in verschiedenen Gegenden (insbesondere in Thessalien, Lakonien und auf Kreta) zur Versklavung der vorgefundenen Bevölkerung geführt. Die Eroberer etablierten sich dort als neue Herrenschicht, die sich bei der Verteilung des Bodens die auf den einzelnen Landlosen sitzenden Bauern als Eigentum (und Rentenquelle) zusprach. Das persönliche Verhältnis zwischen Herren und Sklaven richtete sich nach der wirtschaftlichen Bedeutung dieser Form von Kollektivsklaverei: Anders als Kriegsgefangene und Schuldknechte, die außer Landes gebracht und dort verkauft wurden, lebten diese Sklaven weiter in der alten Heimat. Die Bebauung ihres Landes, das nun einem anderen gehörte, erfolgte im gewohnten Familienbetrieb, was die Anerkennung einer beschränkten Vermögensfähigkeit bedingte. Die wirtschaftliche Stellung ist mit der eines zinspflichtigen Bauern vergleichbar; im Unterschied zu den mittelalterlichen Hörigen etwa, die der Rechtsgemeinschaft als freilich minderberechtigte Glieder angehörten, waren die Unterworfenen der Thessaler, Spartaner und Kreter jedoch Eigentum anderer Menschen.

Aufstände gegen diese Kollektivsklaverei hat es in Messenien immer wieder gegeben (s. S. 143). In Kreta hören wir nichts davon. Offenbar bekamen die Klaroten, so ihre durchgehende Bezeichnung, im täglichen Leben ihre Unfreiheit weit weniger zu spüren als die spartanischen Heloten. Aristoteles betont, die Kreter hätten ihren Sklaven nur den Besuch der Gymnasien und den Besitz von Waffen untersagt. Die Kluft zwischen Sklaven und Freien war damit für jedermann erkennbar markiert, sie war aber nicht tief genug, als daß die Klaroten in einem Aufstand das eigene Leben und das der Familie aufs Spiel gesetzt hätten.

## Das Verhältnis von Mann und Frau

Die Lebenswelt der Frauen stellten die Dichter häufig der männlichen gegenüber. Die vornehme Frau, die in der homerischen Welt der adligen Fehden natürlich häufiger auftrat als die Bäuerin oder die Magd, war die Herrin des Haushaltes, legte aber auch selbst Hand an: Penelope, die Frau des Odysseus, spann und wob ebenso wie Andromache, die Frau des Trojaners Hektor. Den Männern hingegen gebührten der Krieg, die Rede und der Sitz im Rat der Fürsten.

Wohl nur in dieser Atmosphäre adliger Lebensart, die innerhalb ihres Kreises die freie Entfaltung jeder Persönlichkeit tolerierte, war es einer Frau wie der Dichterin Sappho möglich, ihre eigenen Vorstellungen vom Leben zu haben und in wunderbare Verse zu gießen. Auf Lesbos im adligen Hause als frühe Zeitgenossin Solons geboren, für Jahre nach Sizilien in die Verbannung getrieben, führte sie eine Erziehungsanstalt für vornehme Mädchen. Sie sang so eindringlich von Liebe und Leidenschaft, von ihren schönen Freundinnen und von Aphrodite, daß manche sie auf eine Stufe mit Homer stellten – die höchste Auszeichnung, die die Nachwelt zu vergeben hatte. Sie wußte sehr genau, daß sie das männliche Spiel um Krieg und Ehre nichts anging:

„Auf der dunklen Erde, sagen manche, ist das Lieblichste
Eine Reiterschar oder, sagen andere, marschierende Krieger.
Andere wieder sagen es von Schiffen. Ich aber: Was immer
Du liebst."

Sie wußte, was sie liebte:

„Mir geht mehr zu Herzen ihr Gang voll Anmut
Und der Schmerz im strahlenerhellten Antlitz
Als der Lyder Wagen und das bewaffnet
Ringende Fußvolk" (frg. 5; Übers.: Franyó).

Das Verhältnis der Geschlechter zueinander war von der Vorstellung einer harmonischen Ehe geprägt. So wünschte der in seine Heimat aufbrechende Odysseus der weinend zurückbleibenden Nausikaa, der Tochter des Phäakenkönigs, was er für die höchste Gabe der Götter hielt: Einen Mann, ein Haus und die „selige Eintracht, denn nichts ist besser und wünschenswerter auf Erden, als wenn Mann und Weib, in herzlicher Liebe vereinigt, ruhig ihr

Haus verwalten." Gegeben wurde dieses Glück allerdings nur dem, der innerhalb seines Standes heiratete: „Niemand soll zum Himmel fliegen und soll nicht suchen, Aphrodite zu freien", heißt es bei Alkman (frg.1,16; vgl. S. 146), was ihm das Lob des Aischylos (Prometheus 887) eintrug, der die Liebe Ios zu Zeus tadelte und den wahrlich weise nannte, „der dies als erster erkannte und sagte", und der hinzufügte, „daß wer um Lohn arbeitet, nie mit hohen Adels sich rühmendem Stamm Heirat wünschen soll."
Eine andere Welt wird sichtbar, wenn die Dichter nach Homer vom Alltag der kleinen Leute erzählen. Von der gegenseitigen Achtung der Geschlechter, die sich auch in den großartigen Frauendarstellungen der Großplastik spiegelt, ist hier nichts zu spüren. In der bäuerlichen Familie wurde die Frau häufig als üble Verführerin beschimpft, unnütz im täglichen Existenzkampf und überaus gefräßig dazu: „Die einzige Arbeit, die sie recht versteht, ist essen", rief um 600 der Dichter Semonides von Samos. Hesiod hatte ein nicht minder drastisches Bild zur Hand: Während die Frau untätig wie eine Drohne zu Hause sitzt, müht sich der Mann auf dem Felde wie die Arbeitsbiene um das tägliche Brot.
Die Gründe für diese bei den Dichtern erkennbare Mißachtung der Frau und ihrer Tätigkeit lagen in der schwelenden sozialen Krise, in der jeder zuviel geborene erbberechtigte Sohn den Ruin bedeuten konnte. Darüber hinaus hatten die Frauen keinen Anteil an den einschneidenden Veränderungen der Zeit: Sie waren vom Krieg ausgeschlossen, an dem jetzt auch der Bauer schwer gerüstet teilnahm, und wenn es galt, die Heimat zu verlassen und sich einem Kolonisationszug anzuschließen, war der Rat der Frauen nicht gefragt, da sie in der Regel nicht mitzogen.
Aristoteles hat daraus ein folgenreiches Naturgesetz gemacht: „Desgleichen [d. h. ebenso wie bei dem Verhältnis des Menschen zu den anderen Lebewesen] ist das Verhältnis des Männlichen zum Weiblichen von Natur so, daß das eine besser, das andere geringer ist, und das eine regiert und das andere regiert wird" (Politik 1254 b 13). Das Mittelalter hat sich daran orientiert und zur Lehrmeinung erhoben, daß „wegen ihres Standes der Dienstbarkeit die Frau dem Mann in allem unterworfen" sein soll. Thomas von Aquin wußte denn auch nach der Aristoteles-Lektüre, daß Mädchen nur bei „widrigen Umständen" gezeugt würden.

## 5. Das Ende des sozialen Friedens

*Der Bauer und sein Land*

Seit der Mitte des 8. Jahrhunderts gerieten die Bauern in Not; sie verelendeten nicht alle und schon gar nicht sofort, aber die Unzufriedenheit wuchs. Die Gründe waren vielschichtig und wogen nicht überall gleich viel: Wer entfernt von den Küsten oder abseits der alten Paßwege lebte, kannte nur die geschlossene Hauswirtschaft und deckte seinen Lebensbedarf mit wirtschaftseigenen Erzeugnissen; gewerbliche Tätigkeiten übte der Bauer selbst aus. Er blieb Gefangener seines geographischen Horizonts und einer Weltabgeschiedenheit, die auch hier und dort bestehende örtliche Märkte nicht aufbrechen konnten. Andere Bedingungen schufen die Städte, die die selbstgenügsame Eigenständigkeit ihrer Bauern nicht dulden konnten und diese, wenn auch in verschiedenen Abstufungen, vom Markt abhängig machten. Das galt vornehmlich in den Städten, die Seehäfen und Schiffe besaßen und daher auf eine eigenständige Gewerbetätigkeit angewiesen waren. Nur dort blieb auch dem ins Elend geratenen Bauern wenigstens die Hoffnung, vielleicht doch neue Arbeit oder ein Schiff zu neuen Ufern zu finden.

Diese von den Lebensumständen geprägten Unterschiede der griechischen Welt entschieden auch über die Bevölkerungszahl:
- Zentren von Handel und Gewerbe (z.B. Attika und die Argolis) hatten immer eine weit dichtere Bevölkerung als Gebiete mit vorherrschendem Ackerbau bei ansonsten annähernd gleichen Verhältnissen.
- Fruchtbare Ebenen (z.B. Böotien, Thessalien oder die Messara-Ebene auf Kreta) besaßen eine höhere Bevölkerungsdichte als die sie umgebenden Bergdistrikte.
- Landschaften, in denen eine Bevölkerung mit alter und hoher Kultur lebte, waren bei ansonsten gleichen Bedingungen dichter besiedelt als Gebiete, in denen das Kulturniveau noch unausgeprägt war, was insbesondere an der fehlenden Verstädterung abzulesen ist (z.B. Epirus und Ätolien).

Über solche einfachen Einsichten hinaus bleiben dem Historiker allerdings nur wenige Möglichkeiten, die auslösenden Faktoren der sozialen Konflikte zu fassen, mit denen die Geschichte der Griechen erst eigentlich beginnt. Die Quellen führen ihn – wie sollte es auch anders sein – nicht in die entlegenen Gebirgstäler, sondern in einige küstennahe Städte, und sie sprechen nicht die Sprache der Ökonomen, sondern die der Dichter. Diese sangen mit Hesiod von der Not des Bauern und der Ungerechtigkeit der Herren, aber sie wußten nur wenig über periodische Mißernten, Klimaschwankungen, Viehseuchen, Überschwemmungen und andere Naturkatastrophen zu berichten. Vielleicht aber waren es gerade diese, die am Anfang einer Entwicklung standen, die schließlich die Erträge der Landwirte über das Maß des Erträglichen hinaus schrumpfen ließ.

Angesichts des Unvermögens der wenigen Quellen, auf moderne, wirtschaftstheoretisch geschulte Fragen zu antworten, liegt es nahe, den historischen Kontext zu bemühen und sich an allgemeine Lehrsätze zu erinnern, die – ausgebildet an anderen, aber vergleichbaren Krisen – immerhin den Weg zu den Ursachen auch der frühgriechischen Agrarkrise weisen können. Da ist vor allem der erste Lehrsatz des Robert Malthus. Er hatte 1798 seiner aufhorchenden Mitwelt verkündet: „Die Bevölkerung hat die dauernde Neigung, sich über das Maß der vorhandenen Lebensmittel hinaus zu vermehren." Denn auf einer bestimmten Stufe der landwirtschaftlichen Produktion nehme diese nicht mehr in dem Maße zu, wie es angesichts wachsender Bevölkerungszahlen nötig sei. Die erste Folge sei die Aus-

dehnung der Anbauflächen auf Land, das dem Bauer in der ersten Phase der Besiedlung wenig geeignet schien; diese Maßnahme erhöhe jedoch die Risiken der Bewirtschaftung und sei – wenn überhaupt – nur um den Preis höherer Produktionskosten erfolgreich, die wiederum den Preis für Grundnahrungsmittel nach oben trieben (*Essay on the Principles of Population*).
Ein halbes Jahrhundert später hatten sich in Europa diese Lehrsätze, soweit man sie als Prophezeiungen verstand, als falsch erwiesen. Wohl wuchs die Bevölkerung und mit ihr die Nachfrage nach Lebensmitteln. Zugleich aber steigerten die Wandlungen der Anbaumethoden – z.B. die Beseitigung der Brache –, die endgültige Abschaffung der Grund- und Gutsherrschaften und eine weltwirtschaftliche Arbeitsteilung die bäuerliche Leistungskraft. Technische Fortschritte taten das Übrige, damit die Erträge der Landwirtschaft weiter wuchsen und für jedermann bezahlbar blieben. So war es bereits vom ausgehenden 11. bis zur Mitte des 14. Jahrhunderts gewesen. Auch damals verdreifachte sich die Bevölkerung, auch damals verhinderte die Intensivierung des Ackerbaus – z.B. das Aufkommen der Dreifelderwirtschaft und das Erschließen schwerer, fruchtbarer Böden – den Ausbruch ernster sozialer Konflikte. Gewiß blieben Krisen in solchen Zeiten nachhaltiger Veränderungen nicht aus. Mißernten und Hungersnöte, die einzelne Landschaften heimsuchten, oder die Unfähigkeit, die Möglichkeiten der neuen Produktionsformen zu nutzen, trieben bäuerliche Familien wie eh und je in den Ruin und auf die Straßen der Städte, wo sie des Hungers starben. Dies aber erschütterte nicht die Gesellschaft als ganzes, da die Nahrungsmittelproduktion davon nicht betroffen war.
Grundsätzlich anders muß die Entwicklung in den frühgriechischen Landschaften und Städten verlaufen sein. Dort wuchs die Bevölkerung bei gleichzeitiger Stagnation der landwirtschaftlichen Produktion an. Daß dem so war, beweist bereits der Strom der Kolonisten, die zwischen 750 und 550 die Küsten des Mittelmeeres besetzten; ihnen folgte, als äußere Umstände die Kolonisationsfahrten zum Stocken brachten, eine ständig wachsende Schar von Söldnern, Kaufleuten und sonstigen Auswanderern, die der Heimat den Rücken kehrten, als sie dort nur noch den Weg ins offene Elend vor sich sahen. Erst in der Mitte des 2. Jahrhunderts versiegte der Strom: „In der Zeit, in der wir leben," schrieb Polybios, „ist in ganz Griechenland die Zahl der Kinder, überhaupt der Bevölkerung in einem Maße zurückgegangen, daß die Städte verödet sind und das Land brachliegt, obwohl wir weder unter Kriegen von längerer Dauer noch unter Seuchen zu leiden hatten" (37,9; Übers.: H. Drexler).
So war es das Anwachsen der Bevölkerung, das die soziale Krise einleitete. Den in Not Geratenen kam keine agrikulturelle Revolution zu Hilfe, und auch die politische und rechtliche Ordnung bot nichts, was Hilfe oder Linderung versprechen konnte. So stemmte sich niemand gegen die schleichende Verschuldung der Bauern und die Zwänge des geltenden Erbrechts. Vor allem dieses lastete schwer: Der Hof mußte zu gleichen Teilen an die Erben fallen (Realteilung), was nach wenigen Generationen bedeuten

konnte, daß die Urenkel eines Großbauern zu Kleinbauern abgesunken waren, die kaum das Existenzminimum für ihre Familien erwirtschafteten. Angesichts der geringen Erträge – ein in die Erde gesenktes Korn brachte drei oder vier hervor – mußte jede Mißernte gerade solche Höfe am härtesten treffen: Wenn bei einem dreifachen Ertrag der Aussaat auch nur ein Drittel der Ernte ausfiel, halbierte sich die für den Verkauf und die Herstellung von Nahrungsmitteln verfügbare Menge bereits, da der dritte Teil für die nächste Saat zurückbehalten werden mußte.

Hinzu kam nach der Einführung der Geldwirtschaft der Hypothekenzins: Der Kleinbauer hatte, wenn er einmal in Not kam, selten vergeblich bei seinem reicheren Nachbarn angeklopft, von ihm Saatgut geliehen und nach der Ernte zurückerstattet – dabei war denn der eine oder andere Sack mehr dabei. Jetzt aber, wo es für Kapital vielfältige Verwendungsmöglichkeiten gab und auch der große Herr seine Ansprüche an ein standesgemäßes Leben nur mit klingender Münze befriedigen konnte, wurden ein fester Zins und die pünktliche Rückzahlung ausbedungen. Wer beides nicht zu leisten vermochte, verkaufte seinen Hof oder haftete mit seiner Person und wurde als Sklave verkauft. Dort, wo dieses Zugriffsrecht des Gläubigers unwirksam bleiben mußte, weil der Schuldner ins Ausland floh oder sein Verkauf den erwünschten Erlös nicht brachte, stellte der Gläubiger Schuldsteine (*hóroi*) auf und ließ den Schuldner oder seine Familie als Pächter auf seinem Grund und Boden für sich arbeiten.

Die Bauern versuchten, sich zu helfen, so gut es ging. Sie rodeten den Wald und nutzten das Brach- und Weideland, das jedermann (oder niemandem) gehörte. Dabei schoben sie ihre Felder auch die Talhänge hinauf – häufig mit verheerenden Folgen, da die starken Regenfälle im Winter den nun ungeschützten Boden ins Tal schwemmten. Dort, wo die unverteilte Erde gut war, drohte der hoffnungslose Kampf mit dem adligen Nachbarn: Auch dieser, wie der kleine Mann von den Nöten des Erbrechts geplagt, suchte den Mangel an privatem durch die Okkupation von öffentlichem Land auszugleichen. Er tat es mit wachsender Entschlossenheit, als die Märkte hochwertige Agrarprodukte forderten und der Anbau von Öl und Wein und die Herstellung von Wolle Gewinne in ganz neuen Dimensionen versprachen. Vor allem in Elis, Chalkis oder Böotien drängte zudem ein für seine Pferdezucht berühmter Adel nach neuen Weideplätzen. So fiel das noch freie Land vornehmlich in die Hände der Mächtigen, gegen die es vorerst kein Aufbegehren geben konnte. Der Druck nahm zu in einer bäuerlichen Gesellschaft, in der die wirtschaftliche Unabhängigkeit des kleinen Bauernhofes lange Zeit nur gewahrt wurde, weil der Bauer in schlechten Jahren noch freies Land nutzen konnte.

So kehrten sich die Not und ihre Lösungsmuster nach innen, in die Familie der Bauern. Sie heirateten jetzt spät, um die Kinderzahl zu begrenzen, schickten ihre Söhne in die Fremde, verkauften ledige Schwestern und Töchter ins Bordell oder verweigerten den alt und unnütz gewordenen Eltern die Nahrung; wer es sich leisten konnte, hielt sich eine Sklavin, deren Kinder erbrechtlich nicht anerkannt werden mußten. Dann verminderten sie den Anbau von Futtermitteln und nutzten die ehemaligen Viehweiden zum Weizenanbau; so konnte sich in Megara ein gewisser Theagenes zum Tyrannen aufschwingen, indem er die Bauern zum Abschlachten der Viehherden der Reichen aufhetzte, um neue Anbauflächen zu gewinnen.

*Die Drohung des Bürgerkrieges*

Als nichts mehr half, begehrten die Armen in allen Städten auf, in denen es eine sozial differenzierte Gesellschaft gab. Es waren vor allem die kleinbäuerlichen Schichten der freien Bürger, die die Angst umtrieb, angesichts der wachsenden ökonomischen und politischen Gewalt des Adels ihre Höfe und mit ihnen ihren freien rechtlichen Status zu verlieren. Denn die Probleme der Bauern waren nicht die eines von der Stadt weit entfernten flachen Landes; sie entfalteten sich vielmehr innerhalb der Stadtmauern. Der dort ansässige Bürger kämpfte um sein Bürgerrecht zumeist als Grundbesitzer, und die Freiheit seines Hofes von Belastungen war die elementarste Voraussetzung seiner politischen Existenz. Solon verlieh der Verbitterung der Bedrängten Sprache, als er dichtete, „Reichtum kennt keinen Grenzstein, der deutlich jeden verpflichtet, denn wer heute mehr als die anderen besitzt, hastet nach doppeltem Wert. Wer sättigte je einen jeden!" (vgl. S. 157). Nun liefen Parolen um, die die Neuverteilung des Bodens ebenso forderten wie die Schuldenfreiheit, da nur so die Bauern an einen Neuanfang denken konnten.

Die Adligen wehrten sich und schlossen sich in einer Reihe von Städten zu Bünden zusammen, in denen jedes Mitglied schwor: „Ich werde dem Demos feindlich gesinnt sein und ihm mit meinem Rat schaden, soviel ich vermag" (Aristoteles, Politik 1310a, der dies für ganz töricht hielt). Wie hätten sie auch leichten Herzens von einer sozialen Gliederung der Gesellschaft Abschied nehmen können, in der der erste auch der beste war und der Rest wenig oder nichts: „Eins vor allen anderen wählen sich die Besten: den ewigen Ruhm vor den sterblichen Dingen; die große Menge aber ist gesättigt, wie das Vieh" (Heraklit frg. 24 Diels). Wer so dachte, gab nicht kampflos nach. Vielerorts drohte der Bürgerkrieg. Denn mit dem Auftauchen der Phalangen auf den Schlachtfeldern hatte der Adel sein Monopol auf das Kriegshandwerk verloren, und der Bauer, der seinen Platz in der Schlachtreihe der Hopliten einnahm (s. S. 90ff.), begriff, daß Lanze und Schwert zwei Schneiden hatten. Eine konnte ihm den Weg weisen, dem sozialen Elend vielleicht doch noch zu entfliehen, die andere aber, wenn das nicht mehr möglich war, seinen übermächtigen Peinigern heimzahlen, was Angst und Elend aus den Höfen der Bauern gemacht hatten. Die Not begann, die Stadtmauern zu unterhöhlen, wirkungsvoller als es ein äußerer Feind vermocht hätte:

„Unentrinnbar vergiftet den Staat die eiternde Wunde:
Traurige Knechtschaft bricht rasch über alle herein.
Schon entfachen sie selber den Krieg, die schlummernde Zwietracht,

Vielen wird so die Kraft blühenden Lebens verzehrt;
Denn das verhetzte Gesindel vernichtet, willkommene Rache,
Feindlich zu Rotten vereint rasch die geliebteste Stadt."
(Solon frg. 3,17-21; Übers.: Franyó).

Wir hören die Stimmen der ins Elend getriebenen Bauern nicht. Wohl aber hören wir von der Not und dem Haß der adligen Familien, die der innere Streit oder die eigene Mißwirtschaft ins Unglück stürzte oder ins Exil trieb: „Den Adligen, Kyrnos, schlägt die Armut am schlimmsten von allen, schlimmer als graues Alter oder Fieber... Denn ein von Armut bezwungener Mann vermag nicht nach seinem Willen zu sprechen oder handeln, die Zunge ist ihm gebunden" – so ein Lied aus der ersten Hälfte des 5. Jahrhunderts, zugeschrieben dem Theognis von Megara (173 f.; 177 f.). Nicht jeder suchte den Ausweg, der nach der Einführung des timokratischen Prinzips (s. S. 158f.) für viele so nahe lag: Die Heirat mit dem Sohn oder der Tochter eines reichen Emporkömmlings, den die Verbindung mit einer hochadligen Familie das lange ersehnte Ziel, ganz dazu zu gehören, erreichen ließ – wie viel es immer kosten mochte. Die Verachtung der allzu Standesbewußten allerdings wollte ertragen sein: „Bei den Widdern und Eseln und Hengsten bemühen wir uns, Kyrnos, um eine gute Zucht, wählen mit Sorgfalt den Stamm; doch eine schlechte Frau aus schlechtem Hause zu nehmen, macht dem Edlen nichts aus, wenn ihm die Mitgift gefällt. Auch die Frauen verbinden sich willig dem schlechteren Manne, falls er vermögend nur ist; reich soll er sein und nicht gut. Denn das Geld steht in Ehren" (Theognis 183 ff.).
So war es. Die Exklusivität des alten Adels, an dessen Wiege die Götter und die Heroen gestanden hatten, war dahin. Wer für sich bleiben wollte, mochte dafür gute Gründe haben: „Denn von Edlen wirst du Edles lernen; läßt du dich aber mit den Schlechten (*kakoí*) ein, verdirbst du, was du jetzt an Vernunft besitzt" (aaO. 33 ff.). Die Zukunft jedoch gehörte den anderen, denen, die mit den Aufsteigern paktierten und lernten, die Macht im Staate zu teilen und den neuen Bedingungen des Wirtschafts- und Geldverkehrs zu gehorchen.
Für alle wurde die Suche nach einem Ausweg aus der sozialen Krise zur lebenswichtigen Aufgabe. Sie verband sich mit der Suche nach einer neuen politischen Ordnung, in der der erbliche Besitz von Macht, Herrschaft und Reichtum und die besondere Würde, die ihn legitimiert hatte, auf Dauer nicht zu halten waren. Im Zentrum des politischen Konflikts tobte der Kampf um die Phylenordnung, jene gentilizische Organisation der Gemeinde, die die Herrschaft der adligen Herren in allen Erscheinungsformen des sozialen und politischen Lebens absicherte. Sie sollte abgelöst werden durch lokale Ordnungen, in denen sich die soziale Übermacht nicht mehr in politische umsetzen konnte. Daneben galt das Aufbegehren dem Adelsrat, der als Organ der herrschenden Geschlechter die Institutionen der Regierung beriet und kontrollierte. Ihm wurde das Modell eines von den Bürgern und aus ihrem Kreis gewählten Rates (*boulé*) entgegengestellt – und schließlich durchgesetzt –, der alle wesentlichen Kompetenzen des

alten Adelsrates an sich ziehen und in die Mitte des staatlichen Entscheidungsprozesses rücken sollte.
Der Schlachtruf nach der Neuverteilung von Grund und Boden fand keinen Widerhall, auch wenn er in den Städten lange nicht verstummen wollte. Daß die damit verbundenen Konflikte nicht zu verheerenden Bürgerkriegen führten, lag nicht zuletzt daran, daß der Adel einen eigenen Weg zur Lösung der sozialen Krise gefunden hatte: die Kolonisation.

## 6. Die Ausbreitung der Griechen im Mittelmeerraum

*Der beanspruchte Raum*

Mehr als 200 Jahre lang, von um 750 bis gegen Ende des 6. Jahrhunderts, bestiegen in den Hafenstädten des Mutterlandes Männer ihre Schiffe, um anderswo eine neue Heimat zu finden. Vorausgegangen war der Aufstieg von Seestädten, die zunächst an den natürlichen Brennpunkten des innergriechischen Seeverkehrs aufblühten: Dem Isthmos von Korinth, wo sich das Ägäische Meer bis auf wenige Kilometer dem Ionischen nähert, und die schmale Seestraße am Euripos, die Euboia vom Festland trennt und eine gefahrlose Fahrt zwischen Nord- und Südgriechenland gewährt. Am Isthmos waren es Korinth und Megara, am Euripos Chalkis und Eretria, aus deren Häfen die ersten Schiffe in die Ferne ausliefen. In der Mitte des saronischen Golfs gelegen, stieg Aigina auf, dessen Bürger als die tüchtigsten Seeleute ganz Griechenlands gerühmt wurden. An der kleinasiatischen Westküste schließlich wuchsen Milet und Phokäa: Sie kontrollierten die Mündungen des Mäander und des Hermos und damit die wichtigsten Handelsstraßen, die von der Ägäis ins Landesinnere führen.
Entdecker und Aussiedler fuhren zunächst nach Westen, nach Sizilien und Süditalien. Dort gründeten die Chalkidiker, angeblich 736, Naxos, am Fuße des Ätna, und von dort weitere bedeutende Kolonien wie Leontinoi und Rhegion. Die Korinther besetzten Korkyra, das Tor zur Adria, und gründeten Syrakus, das sich im 7. Jahrhundert die ganze Südspitze Siziliens unterwarf und neue Städte baute. Bald folgten andere dem Beispiel der ersten Seestädte: die Rhodier und Kreter gründeten Gela, die Achäer Kroton und Sybaris, die Spartaner Tarent. Im späten 7. Jahrhundert erreichten Schiffe der Phokäer Südfrankreich (Gründung von Massilia am Rhone-Delta), und Siedler von der Insel Thera gründeten Kyrene als einzige Kolonie auf afrikanischem Boden.
Seit 650 landeten Siedler aus Chalkis an der thrakischen Küste, während Schiffe aus Milet durch das Marmarameer ins Schwarze Meer fuhren und dessen Küsten besetzten. Im 6. Jahrhundert stießen die Perser aus den Bergländern Kleinasiens nach Westen an die Küste vor und zwangen manchen Griechen zur Auswanderung; bis um 500 zogen ionische Flüchtlinge bis nach Sardinien und Korsika. Die Athener, lange Zeit teilnahmslose Beobachter der Kolonistenzüge, setzten sich Anfang des 6. Jahrhunderts im

A II. Die Städte der Griechen

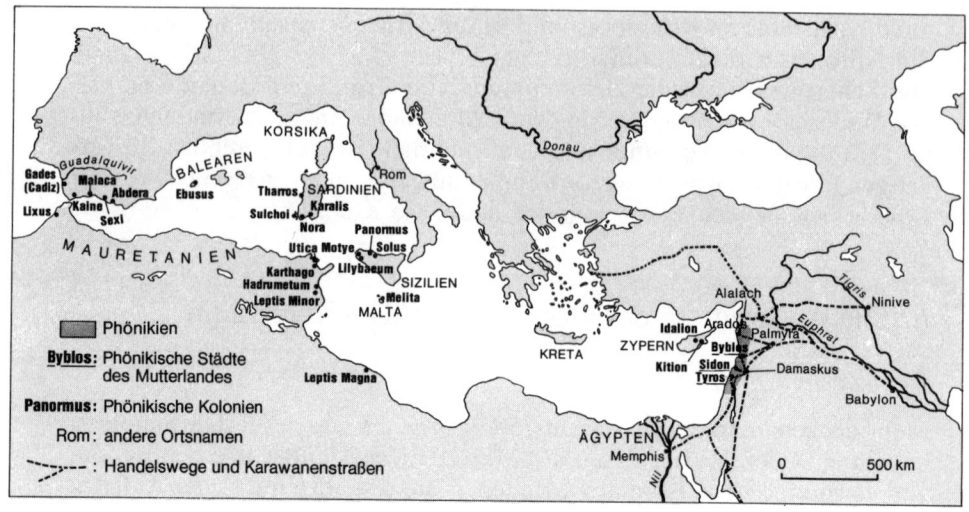

*Phoinikien und die phoinikische Kolonisation*

*Die griechische Kolonisation (750–550 v. Chr.)*

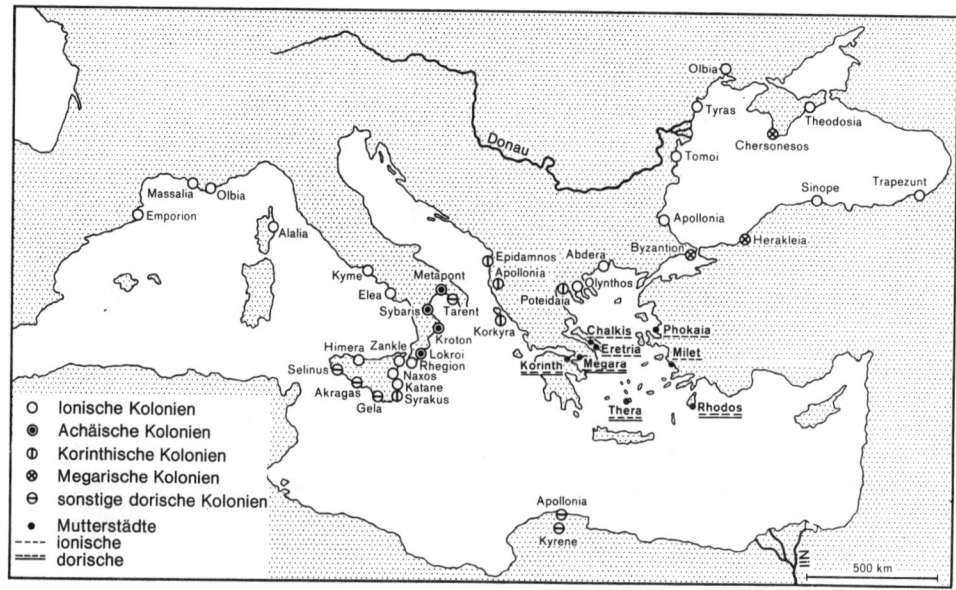

hellespontischen Sigeion fest; um 550 führte der ältere Miltiades auf Geheiß des delphischen Orakels Siedler nach der Chersones. Nahezu alle Kolonien nahmen Nachzügler auf und gründeten selbst neue Kolonien. So z. B. Massilia, das in schneller Folge ca. 12 Städte gründete, die von Nizza bis Barcelona das Tyrrhenische Meer säumten.

Die Kolonisationsfahrten endeten, als alle günstigen Küstenstreifen besetzt waren und die historische Entwicklung den Griechen andere Aufgaben stellte. Die Versuche, über die Straße von Gibraltar hinaus und nach Tartessos an der Mündung des Guadalquivir – Herrin reicher Silberminen und Hauptumschlagplatz von Zinn aus Cornwall – zu segeln, scheiterten an Karthago. Die Konflikte mit der groß gewordenen phoinikischen Gründung nahmen seit der Mitte des 6. Jahrhunderts stetig zu und führten zu militärischen Auseinandersetzungen auf Sizilien, die schließlich in einem langen Ringen um den alleinigen Besitz der Insel mündeten (s. S. 242ff.). Im griechischen Mutterland absorbierten die Kriege gegen die Perser und der daraus folgende Machtanspruch der Athener über das Ägäische Meer alle Energien.

Die Kolonisten zogen also fast ausnahmslos nach Norden und Westen. Sie hatten auch keine andere Wahl: Die Küsten der Levante, Ägyptens und Nordafrikas wurden von den Reichen des Alten Orients bzw. den Phoinikern und ihren Kolonien beherrscht, und diese waren nicht gewillt, das vorhandene Siedlungsland mit anderen zu teilen. Zwingen konnte man sie dazu nicht, da von einer technologischen oder militärischen Überlegenheit der Griechen – vergleichbar etwa der der späteren europäischen Eindringlinge in die Neue Welt – keine Rede sein konnte. Aber auch im Westen und Norden gab es Grenzen. Sie zog der feste Wille, die gewohnten Klima- und Ernährungsbedingungen nicht zu verlassen, und sie zog die Entschlossenheit, die Verbindung zur Heimat nicht abreißen zu lassen. So blieb man an den Meeresküsten, suchte die Schwemmlandgebiete in deren Nähe und überließ die fruchtbaren Binnenebenen den einheimischen Stämmen.

Auch die Adria entzog sich weitgehend dem Zugriff der Kolonisten, nachdem Korinth an der südwestlichen Balkanküste Korkyra, Apollonia und Epidamnos gegründet und die Handelsrouten nach Norden unter seine Kontrolle gebracht hatte. Erst im 4. Jahrhundert werden zaghafte Versuche erkennbar, Niederlassungen am Ostufer der mittleren Adria und auf den vorgelagerten Inseln (z. B. Issa und Korçula) zu gründen; aber sie konnten niemals zu zusammenhängenden Arealen verbunden werden. Dementsprechend gering waren die Kenntnisse dieses Raumes. Im homerischen Epos verschwimmen seine Küsten und ihre Bewohner im Nebel wundersamer Geschichten: Dort liegt das Märchenreich der Phäaken, die die Fremden schützen und sie – wie den gestrandeten Odysseus (s. S. 118f.) – nach Hause begleiten; dort verstümmeln aber auch barbarische Könige, erfüllt von Fremdenhaß, Unglückliche, die es an ihre Küsten verschlug.

Die Gründe, warum die Griechen gerade die Adria fast ängstlich mieden, obwohl diese durch ihren Verlauf von Südosten nach Nordwesten den Einflüssen des Orients in ihrer späteren Geschichte immer offen war, sind

**Die Entdeckung der Welt**

| Zeitraum | Entdecker | Geographische Räume |
|---|---|---|
| um 900-750 | Phoinikische Händler | Nordafrikanische Küste bis zum Atlantik; die Südküsten Spaniens |
| um 640 | Kolaios von Samos | Südwestküste Spaniens; Gades und Tartessos (Herodot 4,152) |
| 600-500 | Phokäische Siedler | Die Südküste Galliens und das Hinterland; die Nordostküste Spaniens |
| um 600 | Phokäische Seefahrer und Siedler aus Korinth | Der Adriaraum (Herodot 1,163; Thukydides 2,47); die Po-Ebene |
| um 700-600 | Milesische Siedler | Der nordpontische Raum; das skythische Hinterland; die Donaumündung (Herodot 4,17-58) |
| um 500 | Skylax aus dem karischen Karyanda; verfaßte einen Reisebericht (*Periplus*) | Umsegelung Arabiens (nach Herodot 4,44 im Auftrag des persischen Großkönigs) |
| um 500-450 | Expedition des Karthagers Hanno; Verfasser eines *Periplus* | Die westafrikanische Küste; Vorstoß bis an die Küste Guineas |
| um 350-300 | Pytheas aus Massilia; Verfasser einer Schrift *Über das Weltmeer* | Umfahrung der iberischen Halbinsel; Vorstoß bis nach Cornwall; Umfahrung Britanniens; Erkundung der festländischen Nordseeküste |
| 325 | Nearchos, Admiral Alexanders | Seeweg vom Indus bis zum Persischen Golf (Arrian, Indische Nachrichten 18-42, nach dem Schiffsjournal) |
| um 10-30 n. Chr. | Hippalos, griechischer Seefahrer | Festlegung der Umrisse des Arabischen Meeres; Beobachtung der Regelmäßigkeit der Monsun-Winde |
| 1. Jhdt. | Handelsschiffe | Der gesamte indische Küstenbereich bis zum Ganges-Delta (Strabon 2,5,12; *Periplus des Erythräischen Meeres* eines unbekannten Autors) |
| um 60 n. | Römische Militärexpedition | Erkundung der Nilquellen (Seneca, Physikalische Untersuchungen 6,8) |
| um 166 n. | Römische Gesandte | China |

vielfältig. Da ist zunächst die Geographie: Die fjordartigen illyrischen Küsten luden keine Ackerbauern ein. Das Meer stößt hier schnell auf eine Kette gebirgiger Inseln, die unmittelbar vor den hohen Gebirgsketten des Balkanfestlandes liegen. Jene endlose Mauer der Dinarischen Alpen liegt am Rand eines riesigen Karstplateaus, dem die dalmatinische Küste den Rücken zukehrt. Da waren weiter die Seeräuber: Die besondere Gestalt der Küsten hat zu allen Zeiten die Piraterie gefördert. Selbst in den Glanzzeiten der venezianischen Herrschaft, viele Jahrhunderte später, rissen die Klagen darüber nicht ab; ein venezianischer Senator mochte wohl recht haben: es sei immer leichter gewesen, die Vögel mit bloßen Händen am freien Flug zu hindern, als den Piraten den Seeweg zu versperren. Mit anderen Worten: Wer der Piraten Herr werden wollte, mußte die gesamte dalmatinische Küste kontrollieren; dazu reichten die griechischen Kräfte nicht. Und schließlich Korkyra (Korfu): Im Süden führt die Straße von Otranto in das Ionische Meer; eine schmale Straße, die Seekarten messen 72 km. Den Schlüssel hierzu hält die Insel Korkyra in Händen, die gedeckt von der armen, aber bergigen Ostküste wie ein Sperriegel vor dem Eingangstor zur Adria liegt. Wer in die Adria ein- oder ausfährt, muß an Korkyra vorbei, das als Kolonie Korinths dessen Interessen geschickt mit den eigenen zu verbinden wußte, und dazu zählte als erstes die Sicherung des Handelsmonopols in der Adria.

*Die Gründe des Auszugs: Armut und Fehde*

Die Menschen, die über 200 Jahre hinweg in den Hafenstädten des Mutterlandes die Schiffe bestiegen, um anderswo eine neue Heimat zu finden, hatten zuallererst ihre Furcht vor dem Unbekannten zu überwinden. Diese vermischte sich mit der Angst vor dem Meer, das viele Erzählungen und Vasenbilder mit Ungeheuern, gefährlichen Piraten und dem Gott Poseidon, unberechenbar in seiner Herrschaft über Wind und Wellen, bevölkert hatten. Der Sohn des Phäakenkönigs Alkinoos, der den gestrandeten Odysseus „zermürbt von der Fülle der Leiden" in der Halle sitzen sah, sprach aus, was die ganze Epoche bewegte: „Ich meine ja immer: Übel gibt es gewiß, doch kein andres vergleicht sich dem Meere; dieses zerrüttet den Mann, und hätte er riesige Kräfte" (Odyssee 8, 137 ff.).

Viele Generationen mutiger Seefahrer haben an dieser Gewißheit nichts ändern können. Denn zu der elementaren Angst vor den Schrecken des Meeres gesellte sich die Furcht vor den Göttern, die jeden bedrohten, der den Menschen verschlossene Gefilde betrat. Seneca wußte von einem gewissen Albinovanus Pedo zu berichten, der zur Zeit des Augustus an einer Expedition in die Nordsee teilnahm und von der Angst der Männer erzählte, als ihr Schiff in unbekannte Gewässer vordrang: „Und schon sehen sie in ihrem Rücken Tag und Sonne verschwunden, längst schon vertrieben aus den bekannten Grenzen des Erdkreises ... Jetzt meinen sie, jener Ozean, der unter seinen trägen Wellen gewaltige Ungeheuer, der überall wütende

Haie und Seeungeheuer birgt, erhebe sich und ergreife die Schiffe ... sich selbst vermeinen sie schon wehrlos den wilden Tieren ausgeliefert, zerrissen zu werden in unheilvollem Lose." Der Mann am Ausguck, so fährt der glücklich heimgekehrte Seemann fort, habe zu schreien angefangen: „Wohin treiben wir? Es flieht selbst der Tag, und den Erdkreis, den wir verließen, schließt in ewige Finsternis die Natur an der Grenze der Welt.... Die Götter fordern Rückkehr und verbieten menschlichem Auge, das Ende der Welt zu erkennen. Warum verletzen wir mit unsern Rudern fremde Meere und heilige Gewässer und stören der Götter ruhige Sitze?" (Seneca, Suasorien 15; Übers.: Schmitt). Auch die folgenden Jahrhunderte haben den Völkern des Mittelmeeres diese Ängste nicht nehmen können. Noch die arabischen Krieger, die seit 640 n. Chr. die Tore von Konstantinopel berannten und nach Sizilien griffen, überwanden ihre Furcht nur durch den Glauben an einen besonderen Lohn: „Ein Kriegszug zur See ist gleichwertig mit zehn Kriegszügen zu Land, und wer seekrank wird, ist wie einer, der sein Blut um Gottes Willen vergoß", lautet ein dem Propheten Muhammad früh zugeschriebener Satz (Lewis, Der Islam, Bd. 1, S. 300).

Aber auch in der neuen Heimat lauerten auf die Griechen unvorhersehbare Gefahren. Derjenige, den es in die Reichweite der Könige und Satrapen der Großstaaten verschlug, sah sich gnadenlos verfolgt: „Wie Fische fing ich die Iawâni (sc. die Ioner) inmitten des Meeres", triumphierte der assyrische König Sargon, der gegen Ende des 8. Jahrhunderts eine Kolonistenschar vor der kilikischen Küste aufgespürt hatte. Auch im Westen drohten Tod und Verderben im Kampf gegen Stärkere: Als um 540 die Etrusker und Karthager die Phokäer bei Alalia (Korsika) schlugen, wurden die Gefangenen wegen fortgesetzter Piraterie verurteilt und gesteinigt (Herodot 1,166 f.).
Das Motiv der Kolonisation kann demnach nicht zweifelhaft sein: Nur die nackte Not war stark genug, Griechen, dazu noch meist ortsgebundene Bauern, auf schwankende Schiffe zu treiben. Die meisten teilten das Schicksal des Vaters von Hesiod (s. S. 126), den es nach Böotien verschlagen hatte: „Das aiolische Kyme verließ er in schwärzlichem Seeschiff. Nicht aus reicher Habe noch Wohlstand entwich er, nein, aus bitterer Armut, wie Zeus sie den Menschen gegeben." Die Zunahme der Bevölkerung also, verbunden mit einer weit um sich greifenden Agrarkrise, zwang über Generationen Menschen in die Ferne, deren Bodenbesitz die Familie nicht mehr ernährte, und die ihren Lebensunterhalt in Handel und Gewerbe nicht finden konnten.
Häufig war Gewalt nötig, um die Verzweifelten, die sich an ihre Heimat und ihre Familie klammerten, zur Ausfahrt zu zwingen. So wie in Thera, wo niemand dem Rat des Apollon folgen wollte, nach Afrika auszuwandern. Also bestimmte das Los aus jeder Familie und jedem Ort die Männer, die die Insel verlassen mußten, um den Zurückbleibenden das Überleben zu ermöglichen. Als Angst und Hilflosigkeit die Ausgefahrenen zur Umkehr zwangen, wurden sie in der Heimat mit einem Geschoßhagel empfangen und aufs Meer zurückgetrieben: Es gab keine Hoffnung, alle hungrigen

Mäuler auf der kargen Insel stopfen zu können (Herodot 4, 150-159). Ähnliches trug sich in Phokäa zu, als der vergebliche Widerstand gegen die Perser die Bemannung der Schiffe notwendig machte: Ein Eid, abgelegt in strengen religiösen Formen, sollte die Kolonisten verpflichten, niemals wieder nach Phokäa heimzukehren; Viele jedoch, schreibt Herodot (1, 165), überfiel auf der Fahrt das Heimweh, und über die Hälfte der Auswanderer kehrte zurück.

*Die Kolonisatoren*

Den Siedlern vorausgefahren waren Abenteurer, Händler und Seeräuber; die meisten Kapitäne waren alles zusammen. Ihre Namen hat niemand bewahrt, aber die Abenteuer, die sie bestehen mußten, wurden zum beliebten Stoff der epischen Dichter. Sie leben bis heute in den Erzählungen von den Leiden und Irrfahrten des Odysseus, dem ein zorniger Gott zehn Jahre lang die Heimkehr aus dem Krieg verwehrte (s. S. 117). Die erste mißtrauische Frage des einäugigen Kyklopen an Odysseus, als dieser sich mit seinen Gefährten in der Höhle des ungastlichen Gesellen häuslich einrichten wollte, spiegelt die Empfindungen, die jedermann im Mittelmeer hatte, wenn Fremde ihre Schiffe an Land zogen: „Fremde, wer seid ihr? woher kommt ihr die feuchten Pfade gefahren? eines Geschäftes wegen? oder schweift ihr nur so hin über die Salzflut wie Seeräuber, die da umher schweifen und ihr Leben wagen, um Anderen Böses zu bringen?" (Odyssee 9, 251-254).
Männer dieser Art hatten sich bereits um 750 in Ischia und Kyme an der Bucht von Neapel niedergelassen, während andere nach Al Mina an die nordsyrische Küste gefahren waren, wo an der Mündung des Orontes die Hauptkarawanenstraße aus Mesopotamien das Meer erreichte. Auch dies mußte sein, daß sich zu den Scharen der Verzweifelten, die neues Land suchten, die Abenteurer und Konquistadoren gesellten. Denn die soziale Not und die politischen Kämpfe um Macht und Überleben hatten auch eine große Zahl von Desperados und Kriegern entlassen, die das Meer als Seeräuber befuhren und keine Scheu hatten, mit der Waffe neue Siedlungsplätze zu erobern. So fuhr eine Schar Messenier, als ihr Land in Spartas Hände fiel, nach Kleinasien, ein Zug, den Mimnermos, Zeitgenosse Solons und Nachfahre der Gründer Kolophons, schilderte:

„Pylos, des Aipytos und des Neleus Feste, verlassend
Kamen zu Schiff in die lieb lockende Asia wir,
Ließen uns dreist als mächtige Landesbeherrscher im schönen
Kolophon nieder, erfüllt böse von ruchlosem Sinn.
Danach brachen wir auf von dem Ufer des Flusses und nahmen,
Folgend dem göttlichen Rat, Smyrna in Aiolis ein."
(12. Elegie; Übers.: Franyó).

Kein Zweifel: Raub und Gewalt prägten viele Kolonistenzüge. In Thasos fand sich „der Abschaum aller Hellenen ein", schrieb der Dichter Archilochos (um 650; frg. 54 Diehl), der seine Heimat Paros als armer Mann verlassen hatte und sein Leben als Söldner fristete. Er mußte es also wissen, und er kannte auch das Ethos, dem solche Männer gehorchten:

„Hier der Speer gibt mir Brot,
und den Wein von Ismaros gibt mir
hier mein Speer, und ich trink,
auf meinen Speer hier gelehnt."
(frg. 2 D; Übers.: M. Treu).

Andere trieben die unterschiedlichsten Motive. So waren die Griechen, die in Naukratis an der Mündung des Nils an Land gingen, zumeist Händler, Reisende oder Söldner. Gerade hier lohnte sich der Handel: Die ägyptische Überproduktion an Getreide konnte mit hohen Gewinnen in den hungernden Städten des Mutterlandes verkauft werden; als Rückfracht luden die Schiffe hochwertige landwirtschaftliche Produkte, Waffen und Keramik. Den Pharaonen waren diese Männer so willkommen, daß sich ihre Siedlung schnell zu einem dicht bevölkerten Handelsplatz entwickelte. Von einem gewissen Charaxos aus Mytilene, der dort sein Glück versuchte, wissen wir mehr: Dieser Kauffahrer, der in Naukratis vermutlich Wein aus Lesbos losgeschlagen hatte, verliebte sich in die schönste Kurtisane des Ortes, die thrakische Sklavin Rhodopis, und kaufte sie um einen stolzen Preis frei. Währenddessen kniete im heimatlichen Lesbos seine Schwester, die Dichterin Sappho, vor Aphrodite und erbat die glückliche Heimkehr des Bruders (Herodot 2, 135; Sappho, frg. 5,1).
Neben diesen Händlern waren es vor allem Söldner, die das Gesicht der Kolonie und ihre Geschichte bestimmten. Sieben von ihnen, vermutlich Dorer aus Rhodos, die in Abu Simbel an der Grenze zum Sudan Dienst taten, ritzten im Jahre 591 ihre Namen in das linke Bein einer Kolossalstatue von Ramses II. und verkündeten stolz, daß sie, „welche fremder Zunge waren", den Nil aufwärts gefahren waren, „soweit es der Fluß zuließ" (Meiggs-Lewis nr.7 A). Wie zahlreich diese Söldner waren, zeigte sich Jahrzehnte später. 525 stemmte sich Ägypten unter dem Griechenfreund Amasis und seinem Sohn Psammetich vergeblich gegen die drohende Unterwerfung durch die Perser. Herodot (3,1 ff.) überliefert, daß Tausende griechischer Söldner in den Kampf zogen; aber auch sie konnten nicht verhindern, daß der Perserkönig siegte und für viele Jahrhunderte die eigenständige Geschichte Ägyptens beendete.
Alle diese Beispiele – nunmehr bezogen auf den Gründungsvorgang einer Kolonie – zeugen von einem Höchstmaß an privatem Wagemut und Eigennutz. Der Staat traf aktiv nicht in Erscheinung. Wie sollte er auch: Er war angesichts der tiefgreifenden gesellschaftlichen Krise gänzlich unvorbereitet und darauf angewiesen, daß andere an seiner Stelle handelten. Diese fanden sich in einer Schar adliger Männer, die in den gerade anhängigen Fehden um Macht und Ehre unterlegen oder bereit waren, für die Aussicht, als Städtegründer göttliche Verehrung zu genießen, jedes Risiko einzugehen. Sie sammelten die Männer aus der Stadt und den umliegenden Dör-

fern um sich, sorgten für Schiffe, Waffen, Landmesser und die sonstige Ausrüstung. Und sie nahmen aus der Stadt mit, was sie als mitnehmenswert erachteten, und dies waren die entscheidenden Accessoires der Heimat: Das Modell einer Stadt, ihre politischen Institutionen, die Grundsätze des sozialen Miteinanders, die Götter. Damit bekam die private Initiative der Kolonistenführer ihren welthistorischen Rang, da sie die politische und gesellschaftliche Ordnung des Mutterlandes über das Meer trugen und sich selbst deren Spielregeln unterwarfen. Dies wiederum öffnete den Städten die Möglichkeit, die aus ihren Häfen auslaufenden Schiffe als die ihren zu verstehen und dem ganzen Unternehmen den staatlichen Segen nicht zu versagen. Später, als sich der ungeahnte Erfolg einstellte, schmückte sich die Stadt mit dem Titel Metropolis (Mutterstadt) und gab vor, selbst für den Auszug und den Erfolg der Kolonisten alles getan zu haben. Dies war zwar so nicht richtig, wurde von den späteren Generationen, die in gefestigten und selbstbewußten Stadtstaaten lebten, jedoch gerne hingenommen.

*Die Gründung der Kolonie*

Die Gründung der Kolonie, an der selten mehr als etwa 200 Menschen beteiligt waren, erfolgte dort, wo es bebaubares Ackerland gab und die Ansiedlung von niemandem behindert wurde. Thukydides (6,2) und die Berichte über die Gründung Kyrenes (s.o.) bezeugen, daß die Griechen nicht anders vorgingen als die Phoiniker: Sie setzten sich zunächst auf Vorgebirgen oder kleinen, vor der Küste liegenden Inseln fest, von denen aus vorsichtig und häufig erst nach Jahren des Zuwartens der Schritt auf das Festland und in die weiten Fruchtebenen gewagt wurde. Erst als dieser gelang, begann die eigene Geschichte der Kolonie und deren Loslösung von der verlassenen Heimatstadt.
Natürlich hatte man vorher Erkundigungen eingezogen. Dazu gehörte der Weg nach Delphi, wo das Orakel des Apoll Weisungen gab: Im tiefergelegenen Ende des Tempels, über dem Abgrund auf einem Dreifußkessel sitzend, umhüllt vom aufsteigenden Dunst und einen frisch geschnittenen Lorbeerzweig schüttelnd, blickte die *Pythia*, als Mädchen gekleidet, in die Zukunft. Ihre in Trance ausgestoßenen Worte hüllten die Priester in Hexameter. Diese enthielten nicht nur Voraussagen, sondern boten Entscheidungshilfen für die Auswahl des Zielortes und der Wegstrecke. Die Priesterschaft in Delphi gewöhnte sich daran, Informationen von heimkehrenden Kapitänen und Oikisten zu sammeln, um die Pythia immer treffsicherer orakeln zu lassen. Daran hatte Delphi ein kräftiges Eigeninteresse, da seine Geltung und sein materielles Wohlergehen davon abhingen. Auch der Oikist hatte auf seine Vorteile zu achten: Seine Gefährten folgten ihm leichter auf die Schiffe, wenn Apollon dies befohlen hatte und göttlicher Segen auf dem Unternehmen ruhte. Selbst wenn er dem Inhalt des Orakels gründlich mißtrauen mochte, so konnte er doch in Delphi die Männer treffen, die sich mit denselben Problemen wie er herumschlugen oder diese in einem anderen Winkel der Welt bereits gelöst hatten.

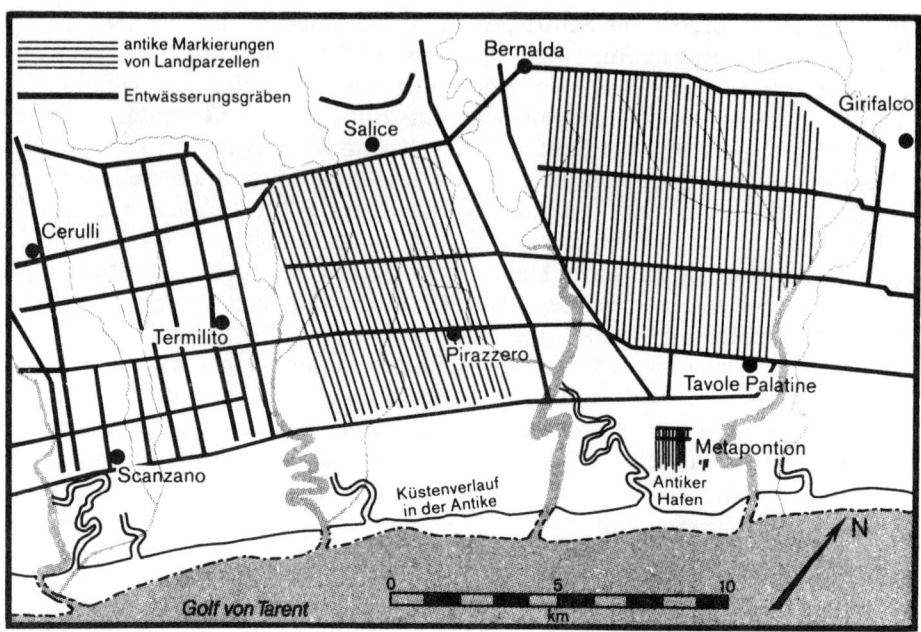

*Die Landaufteilung: Das Beispiel Metapont (Unteritalien).* Die Grundlage jeder neuen Siedlung war die Inbesitznahme und gerechte Aufteilung des Bodens unter den Neuankömmlingen. Im unteritalienischen Metapont, um 700 v. Chr. von Achaiern aus der Peloponnes gegründet, konnten Archäologen mit Hilfe von Luftbildaufnahmen ein regelmäßiges System der Landaufteilung entdecken.

Gelang die Landung im fremden Land und war der erste Winter gnädig gewesen, verteilte der Anführer die Felder. Dabei wurden die Grundstücke – wie bei der Erbteilung in Griechenland – nach vergleichbarer Größe und Qualität aufgeteilt und dann verlost. Wer ein solches Los gezogen hatte, erhielt das Bürgerrecht der Kolonie. Auf die Landlose müssen bereits zu Beginn der Reise Anwartschaften bestanden haben. Dafür spricht der Sinn des ganzen Unternehmens und nicht zuletzt die launige Nachricht, daß ein Kolonist auf der Fahrt und schwer des Weins seine Anrechte gegen einen Honigkuchen tauschte (Athenaios,4,62,167). Waren die Äcker verteilt, sollte niemand mehr an den Eigentumsverhältnissen rütteln dürfen: „Wenn aber jemand eine (neue) Landverteilung beantragt oder (dazu) seinen Stimmstein abgibt im Rat der Alten, in der Polis oder im Ausschuß oder wenn er einen Bürgerkrieg wegen der Landverteilung anzettelt, soll er samt seiner Nachkommenschaft verflucht sein für alle Zeit, sein Vermögen soll an das Volk (die Gemeinde) fallen und sein Haus soll niedergerissen werden" (IG IX$^2$ 1,3, nr. 609; Übers.: Gehrke). Als die Lokrer dieses Gesetz erließen, hatten sie gerade verteilt, was sie anderen abgenommen hatten.

Ihre Furcht, daß selbst unter den eigenen Bürgern Neid und Mißgunst alles Gewonnene wieder gefährden könne, spricht von den Nöten, die die Kolonisten auch nach gelungener Stadtgründung plagten.
Die neue Siedlung wurde als Stadt gegründet und so eingerichtet, wie man dies aus der Heimat kannte. Homer hat die landläufigen Motive einer Koloniegründung und den Gründungsvorgang selbst in der Geschichte der Phäaken erzählt, die – bedrängt von den Kyklopen – ihre Heimat aufgaben und die Stadt Scheria gründeten. Alle wesentlichen Züge eines erfolgreichen Kolonistenzuges sind vorhanden: Die Not als treibendes Motiv, die Initiative eines adligen Anführers, der Bau von Mauern und Tempeln und die Aufteilung des Bodens:

„Die [Phäaken] bewohnten voreinst Hypereias breitere Tanzflur,
Nahe den übermütig rohen kyklopischen Männern
Und von ihnen beraubt; sie waren stärker an Kräften.
Da erhob Nausithoos sich, der Göttliche, führte
Hin nach Scheria sie, weit weg von erwerbsamen Männern.
Mauern zog um die Stadt er und baute die Häuser,
Schuf den Göttern die Tempel und teilte für alle den Acker."
(Odyssee 6,2 ff.; Übers.: F.G. Jünger).

Das Gros der Siedler waren Witwer oder unverheiratete waffenfähige Männer, die aus Familien mit mehr als einem Erben stammten; für ihre aristokratischen Führer galt dies natürlich auch, wenn man sie nicht ohnehin wegen eines fraglichen Stammbaums oder politischer Querdenkerei gerne ziehen ließ. Nach der Verteilung der Äcker und dem Bau der Stadt mußte es also das nächste Ziel sein, Frauen unter der einheimischen Bevölkerung zu finden oder aus Griechenland nachkommen zu lassen. Die Legende von der Gründung Massilias ist nicht zufällig die wundersame Geschichte einer Hochzeit: Die Phokäer, hingerissen von der Schönheit und dem Reichtum des Landes, an dessen Ufer nun ihre Schiffe lagen, baten den König des benachbarten Stammes um Freundschaft.
„Zufällig war jener," so berichtet Iustin (43,3,5), „gerade damit beschäftigt, die Hochzeit seiner Tochter Gyptis auszurüsten, welche er nach der Sitte seines Stammes dem beim Festmahl auserwählten Schwiegersohn zur Frau zu geben gedachte. Als alle Freier zur Hochzeit geladen waren, wurden auch die Griechen als Gastfreunde zur Tafel gebeten. Als nun das Mädchen in den Saal geführt und vom Vater aufgefordert wurde, demjenigen, den sie zum Mann begehre, das Wasser zu reichen, da hatte sie für niemanden einen Blick übrig. Sie wandte sich allein den Griechen zu und reichte Protis, ihrem Anführer, das Wasser... So wurde denn Massilia gegründet."
Verbindungen dieser Art wird es häufig gegeben haben – ebenso wie Raubzüge, deren wichtigste Beute Frauen waren. Wer auch dann leer ausging, wartete auf das nächste Schiff aus der fernen Heimat. Denn der Kontakt zur Mutterstadt war niemals ganz abgerissen; das schnelle Anwachsen vieler Kolonien ist nur dadurch zu erklären, daß nach einer erfolgreichen

Gründung Hunderte der in der Heimat Verbliebenen nun auch den gefahrvollen Weg über das Wasser wagten.

## Die Folgen der Kolonisation

Die neu gegründete Kolonie (*apoikía* = Auswanderung) wurde als selbständige, von der Mutterstadt (*metrópolis*) unabhängige Stadt mit eigenem Bürgerrecht eingerichtet. Die religiöse, soziale und politische Ordnung kopierte die mutterländischen Verhältnisse. So lag wenige Jahrzehnte nach der Gründung die Macht hier wie dort in den Händen einer Gruppe aristokratischer Familien, die den überwiegenden Teil des Reichtums, d. h. des Grund und Bodens, besaßen; der Adel in Syrakus z. B. nannte sich *Gamoroi*, das heißt „Leute, die das Land unter sich aufgeteilt hatten." Sie bemächtigten sich auch der politischen Institutionen, sprachen Recht und übten die priesterlichen Funktionen aus.
Verbindungen zwischen Mutterstadt und Kolonie hat es zu allen Zeiten gegeben. Sie waren naturgemäß besonders eng, solange ein Strom von Nachzüglern aus der Heimat in die Kolonien zog. Dauerhafte Herrschaftsansprüche allerdings konnte nur Korinth begründen: Die Stadt entsandte jährlich Kommissare (*Epidemiurgen*) in ihre Kolonien an der Adria (s.o.) und nach Poteidaia auf der Chalkidike (s. S. 226). Ansonsten entschied jede Kolonie selbst über das, was ihre Sicherheit und ihren Besitz mehren konnte – angesichts der großen Entfernungen und der begrenzten Möglichkeiten, sie zu überwinden, auch nicht verwunderlich. Viele Kolonien waren zudem längst mächtiger als ihre Gründerstadt geworden, so daß diese, selbst wenn sie ihre weit in die Ferne verschlagenen Söhne hätte disziplinieren wollen, dabei kläglich gescheitert wäre. Die häufig zwischen Mutterstadt und Kolonie ausgetauschten Bürgerrechte bezeugten ebenso wie Gesandtschaften und Festdelegationen besondere Bindungen, die jedoch den harten Kern wesentlicher politischer Entscheidungen nicht betrafen. Im Grunde wußte jeder, der an der Küste Südfrankreichs oder Unteritaliens lebte, daß dies eine neue, eigenständige Welt war und nicht mehr Griechenland; so sprachen die Kolonisten in Italien von Großgriechenland (*Magna Graecia*), wenn sie von ihrer neuen Heimat erzählten. Es lief denn auch kein einziges Kriegsschiff aus den Häfen der Kolonien, als 480 der persische Angriff die Selbständigkeit der mutterländischen Städte bedrohte. Letztlich blieb es der Initiative des einzelnen überlassen, wie er die Verbindung zur alten Heimat aufrechterhielt; Anlässe zu Besuchen boten vornehmlich die großen Feste und Spiele, wo ohnehin alle zusammenkamen, die Rang und Namen hatten oder danach strebten. Dort wurden alte Beziehungen gepflegt und neue gesucht. Und manch großer Herr in den alten Städten des Mutterlandes war bereit, familiäre Bande über das Meer mit Familien zu knüpfen, die in der Fremde reich und mächtig geworden waren.
Die wirtschaftlichen Folgen der Kolonisation waren dieselben wie zu allen Zeiten: Der Handel blühte auf und wirkte seinerseits befruchtend auf das Handwerk. Alles, was in die Kolonien eingeführt wurde, konnte mit Wei-

zen, Oliven, Wein, Bauholz und Produkten der Weidewirtschaft (Häute, Pelze) bezahlt werden. Die Küche, in der bisher nach den Rezepten von Bauern und Hirten gekocht wurde, wurde nun auch eine Küche von Seefahrern, und die Eßtische füllten sich mit Fischen und Gewürzen; die Zuschauer der Komödien des Aristophanes kannten Sizilien auch als das Land, wo es den besten Käse gab. Häufig verkauften die Griechen aus Sizilien und Unteritalien ihre Produkte nach Nordafrika, Italien und Gallien; der sizilische Historiker Timaios führte z. B. den unermeßlichen Reichtum von Akragas (heute: Agrigent) auf die Wein- und Ölexporte nach Karthago zurück. Importiert wurden vor allem Metalle, Keramik und Luxusgüter. Im Handel mit den Schwarzmeerstädten bestand die Rückfracht des griechischen Händlers für die gelieferten Töpferwaren im wesentlichen aus Weizen, ohne den in Griechenland vielerorts Hungersnöte ausgebrochen wären. Jedermann ging es im Grunde besser: Dem Töpfer, der am Hafen bessere Preise als früher auf dem Marktplatz erzielte, dem Bauern, der seine Felder nicht mehr an alle Söhne verteilen mußte, dem Händler, der überall im Mittelmeer willkommen war, und dem Adligen, dem in der Ferne neue Möglichkeiten winkten, Ruhm und Reichtum zu erwerben.
Sie alle erweiterten ihren Horizont, wurden aus alten Gewohnheiten herausgerissen und verglichen die neu sich auftuenden Welten jenseits des Wassers mit der Armut und Rückständigkeit der Heimat. Statt Angst und Hoffnungslosigkeit, mit der die Kolonisten das Land ihrer Geburt verlassen hatten, herrschte mehr und mehr die Gewißheit, die Bewährungsprobe bestanden zu haben und auch künftig Neues und Unerhörtes leisten zu können. Die Begegnung mit den fremden Völkern, mit denen man sich auseinanderzusetzen hatte, sei es als Händler, sei es als Krieger, hatte mehr gebracht als nur neue Erfahrungen und Reichtümer: Man hatte gelernt, schneller und anders zu denken und war bereit, dementsprechend zu handeln.
Am Ende ihrer Fahrten hatten die Kolonisatoren die Welt des Mittelmeeres gründlich verändert und die elementaren Voraussetzungen der Geschichte Europas geschaffen. Wer um 500 Umschau hielt, sah die Ägäis als griechisches Meer, sah griechische Städte an den früher unzugänglichen Küsten Makedoniens und Thrakiens, sah die Ufer des Schwarzen Meeres besiedelt, sah in Ostsizilien und Unteritalien Weltstädte wie Syrakus, Sybaris oder Tarent, sah Ionier von Nizza bis Barcelona und auf den Inseln Sardinien und Korsika, und wer das Meer befuhr, begegnete griechischen Schiffen, die über Gibraltar, die sagenumwobenen Säulen des Herakles, hinausfuhren und längst begonnen hatten, weite Teile des Mittelmeeres in Interessensphären aufzuteilen. Nichts war mehr so, wie es früher war: Wo immer griechische Kriegs- oder Lastschiffe landeten, brachten sie neue Techniken, veredelte Pflanzen, nautische Kenntnisse und Zeugnisse ihrer geistigen Bewältigung der Welt mit sich, die in der neuen Umgebung eine Revolution des Denkens und Handelns auslösten.
Und vor allem: Sie führten weiten Teilen des Mittelmeeres vor Augen, wie die politische Organisationsform der Zukunft aussah. Der Stadtstaat hatte

seine entscheidende Bewährungsprobe bestanden, und er war damit zum allein handelnden politischen Körper der Griechen (und später der Römer) geworden, der den Stammesstaaten für lange Jahrhunderte jede eigenständige Entfaltungsmöglichkeit nahm. Dabei wiesen die Anfänge nicht in diese Richtung: Was Armut und Fehde in den hungernden Hafenstädten des Mutterlandes freigesetzt hatten, war ein Höchstmaß an persönlicher Initiative adliger Herren gewesen, die die ungeregelte Flucht vor dem Hunger in erfolgreiche Kolonistenzüge verwandelten. Pate hatte der schiere Eigennutz gestanden, nicht Moral und Gewissen; anders: Die wachsende Schar verzweifelter Bauern, von in Blutfehde hoffnungslos ineinander verkrallten Aristokraten und von auf Taten und Kampf erpichten Abenteurern bot dem adligen Machtstreben ein neues Feld, Ehre und Reichtümer zu gewinnen. Aber sie lernten, daß ihrem Tatendrang der höchste Lohn winkte, wenn sie Städte nach dem Muster der heimatlichen Ordnung gründeten. So siegte letzten Endes die staatliche Ordnung, in der wenig später der Machtanspruch des Adels gründlich erschüttert werden sollte.

Wer seinen Blick über das Mittelmeer hinaus schweifen ließ, entdeckte bald, daß sich auch die Welt jenseits des direkten griechischen Zugriffs veränderte. Die überlegene südliche Zivilisation begann, weit nach Norden auszustrahlen und die Kulturen der dort lebenden Völker zu beeinflussen. Insbesondere waren es die Kolonien im ostmediterran-pontischen Raum und im westlichen Mittelmeer, die Kontakt und Austausch mit ihren barbarischen Nachbarn intensivierten. Seit etwa 500 traf auf die Randzonen nördlich des Mittelmeerraumes bis in die Gebiete jenseits der Alpen hinein das später von Cicero (de re publica 2,4,9) geprägte Wort zu, daß „den Barbarenländern gewissermaßen ein griechischer Saum angewebt zu sein scheine." Dies bedeutete auch, daß nun Nachrichten über die Völker des Nordens nach Süden gelangten, die sich bei Herodot mit Mythen und märchenhaften Ausschmückungen mischten. Niemals jedoch hat ein Grieche daran gedacht, Eroberungszüge in den barbarischen Norden für erstrebenswert zu halten. Selbst die hellenistischen Könige, dazu wohl am ehesten in der Lage, entfalteten ihren Tatendrang in ganz andere Richtungen und sahen sich auf dem Gipfel des Ruhms, wenn ihre Reiterei die Pferde im Indus, nicht aber in der Donau tränkte. Erst die Römer versuchten eine offensive Sicherung der mitteleuropäischen Großräume: Augustus führte ihre Legionen in breiter Front über den Rhein und an die Donau und lehrte seine Nachfolger, auch den Norden des Mittelmeeres als zu diesem gehörenden einheitlichen Raum zu begreifen (s. S. 486 ff.).

# III. Der Krieg und seine Diener

## 1. Die Allgegenwart und das Gesicht des Krieges

„Ganz Hellas ging einst in Waffen wegen der mauerlosen Siedlungen und der unsicheren Straßen, und das Leben mit dem Schwert war ihnen vertraut wie den Barbaren", schrieb rückblickend Thukydides (1,6,1), als er sich um 400 anschickte, mit dem Peloponnesischen den größten Krieg zu beschreiben, den Griechen je geführt hatten. Die so beschworene Allgegenwart des Krieges folgte aus den geographischen und politischen Grundbedingungen des griechischen Lebens. Eingezwängt zwischen hoch aufsteigenden Bergen und darauf angewiesen, den wenigen Fruchtebenen möglichst viel an Nahrung zu entreißen, existierten mehrere hundert Städte, die eifersüchtig auf ihre Unabhängigkeit bedacht waren und doch gleichzeitig auf allen Gebieten im regen Austausch miteinander verkehrten. In dieser Welt wurde man sehr schnell zum Feind, wenn es um die Kontrolle der wenigen fruchtbaren Äcker ging. Krieg bedeutete denn auch in Griechenland zuvörderst Krieg um jeden Fetzen des benachbarten Landes, auf dem bereits ein anderer Bauer seinen Pflug führte oder seine Schafe weiden ließ. Kriege um ferne Länder, große geopolitische Ziele oder überseeische Märkte ließen die innergriechischen Rivalitäten vor dem Ende des 5. Jahrhunderts erst gar nicht zu: „Denn sie fügten sich nicht in Gruppen unter das Gebot der mächtigsten Städte, noch zogen sie selbständig und gleichberechtigt zu gemeinsamen Fahrten aus, sondern gegenseitig bekämpften sich die einzelnen Nachbarstädte" (Thukydides 1, 15).
So bekriegten z. B. die Phoker jahrhundertelang die Westlokrer, da sie beide die gleiche Schafweide begehrten. Nicht wesentlich anders sah der Zwist Spartas mit Argos aus, in dem es um die Beherrschung der zwischen beiden Städten liegenden kynurischen Ebene ging. In den jahrzehntelangen Streit der Städte Chalkis und Eretria auf Euboia um die lelantische Ebene griffen adlige Kämpfer vieler griechischer Städte ein. Noch zu der Zeit, als die Athener mit Alkibiades von der Eroberung Siziliens träumten (s. S. 231), sahen sie sich bereits in Gedanken die Ländereien der großen Insel „durch das Los" verteilen. Sie alle dachten und handelten ganz anders als die Helden Homers: Als diese ihre Schiffe mit der Beute beluden und das niedergebrannte Troia verließen, kam niemand auf die Idee, das fern von der Heimat liegende Land in Besitz zu nehmen.
So war der Krieg in der griechischen Welt allgegenwärtig. Er führte sein hartes Regiment in drei Gestalten:
– als *Landkrieg*. Sein Gesicht prägten festgefügte Schlachtreihen, die in der Ebene aufeinanderprallten, und Festungsanlagen. Das bedeutete, daß der Gewinn einer offenen Feldschlacht Vorteile, aber nicht den endgültigen Sieg brachte. Dieser forderte die Erstürmung der Stadtmauern, die

*Domenico Cunego (1726-1803) nach Gavin Hamilton: Achill schleift den Leichnam Hektors um die Mauern Trojas*

(Kupferstich, London, British Museum, Dep. of Prints)

Das Schicksal der im Krieg um Troja gefallenen Helden hat bis in das 20. Jahrhundert hinein die Vorstellung von der Größe und dem Elend des Krieges geprägt. Der Haß des Siegers und die Verzweiflung des Besiegten spiegeln sich für alle Zeiten in den Gestalten von Achill und Hektor, umschlungen im tödlichen Zweikampf: Der eine, besiegt und auf den Knien, fleht um ein würdiges Begräbnis, der andere, triumphierend über den Sterbenden gebeugt, droht mit der endgültigen Vernichtung:

„Hund, beschwöre mich nicht bei meinen Knieen und Eltern.
Möchten doch Zorn und Wut mich treiben, in Stücke dich reißend,
Roh dein Fleisch zu verschlingen dafür, daß du Böses mir tatest.
Niemand soll dir von deinem Kopf die Hunde verscheuchen,
Wenn sie auch zehnmal so viel und zwanzigmal Schätze zur Sühnung
Brächten und stellten hierher und anderes noch mir versprächen,
Nicht, wenn dich selber mit Gold auch aufzuwägen geböte
Priamos, Dardanos' Sohn, auch dann soll die würdige Mutter
Nicht auf die Bahre dich betten, den leiblichen Sohn zu beklagen,
Sondern es werden dich ganz die Hunde und Vögel zerreißen."
(Ilias 22,345 ff.; Übers.: H. Rupé).

Aber auch der Sieger zahlte einen hohen Preis. Seine Krieger, so verkündete auf der Bühne des Euripides Kassandra, die gefangene Tochter des trojanischen Königs, seine Krieger starben in der Fremde und um ein sinnloses Ziel:

„Und als sie an die Ufer des Skamandros kamen,
da fielen sie, nicht zur Verteidigung der Heimat,
nicht für die hochgetürmte Stadt; und wen der Kriegsgott
errafft, den sahen nicht die Kinder, den umhüllte
der Gattin Hand nicht mit dem Grabgewand: Er ruht
in fremder Erde. Und daheim das gleiche Leid:
Da starben Witwen, Männer auch, zu Hause vereinsamt,
weil sie für andre nur die Kinder großgezogen.
Kein Mensch besucht ihr Grab, wird Blut der Erde spenden.
Fürwahr, solch eines Ruhmes ist der Feldzug wert."
(Euripides, Die Troerinnen 374 ff.; Übers.: D. Ebener).

Als die Athener diese Sätze hörten, schrieb man das Frühjahr 415, und die Stadt rüstete sich zur Expedition nach Sizilien, von der nur wenige zurückkehren sollten (s.S. 231 f.). Ungehört verhallte die Stimme des Gottes Poseidon, der auf derselben Bühne ausrief:

„Ein Narr ist jeder Mensch, der Städte auslöscht, Tempel
und Gräber, Heiligtümer der Entschlafenen
veröden läßt und selbst danach zugrunde geht!" (94 ff.).

*Griechenland und die Ägäis: Gebirge und Ebenen*

daher mit immer größerem Aufwand ausgebaut wurden. Erst als der römische Friede den Griechen gewaltsam die Möglichkeit nahm, gegeneinander Krieg zu führen, verwandelten sich die Mauern in Steinbrüche, und auf ihren Resten begann Gras zu wachsen.

– als *Seekrieg*. Sein Gesicht bestimmten die Küsten, da alle großen Seestraßen ihre schützenden Schatten suchten. Kriegsschiffe verließen die Häfen nur in den Sommermonaten, in denen allein die Gefahren des Meeres zu bestehen waren. Alle größeren und längeren Unternehmungen zwangen zur Mitnahme von Versorgungsschiffen und – abhängig vom Kriegsziel – Truppentransportern. Landungsunternehmungen führten nie tief ins Hinterland; keine griechische Stadt hat sich je an der Eroberung größerer territorialer Binnenräume versucht. Die Gründe für dieses – jedenfalls im Vergleich zur römischen Geschichte – erstaunliche Phänomen – sind vielfältig, zwei davon gravierend: Zum einen konnte der

Druck der Überbevölkerung durch die Kolonisationsfahrten nach außen abgeleitet werden, zum anderen zwangen bis zu den Perserkriegen keine äußeren Herausforderungen zur Konzentration der eigenen Kräfte oder zur Besetzung zusammenhängender Räume.
- als *unerklärter Kleinkrieg*. Sobald der große Krieg ruhte, regierten die vielfältigen Formen des unerklärten Krieges: Seeräuberei und Bandenkriege zu Lande.

Gänzlich fremd war die Spielart des Krieges, die später für Jahrhunderte die europäische Geschichte prägen sollte: *Religionskrieg* und Kreuzzug. In den Jahren des Perserkrieges hörte man zwar den Ruf, es gelte die Freiheit der Griechen zu bewahren, doch wollte niemand damit fromme Werke für Hera oder Zeus tun.

Gewiß: jeder Sieg war ein Geschenk der Götter, um deren Hilfe vor der Schlacht Tausende beteten, und die Götter hatten Anspruch auf Dank für den Sieg. „Nicht wir haben dies zustande gebracht, sondern die Götter und Heroen", schrie der stolze Themistokles nach der Schlacht von Salamis (Herodot 8, 109). Obsiegt aber, dessen waren sich die Griechen gewiß, hatten die Menschen und ihre Interessen und nicht ein Gott, der über andere falsche Götter und ihre Gläubigen triumphierte und von seinen Dienern verlangen konnte, den Gegner um der einen Wahrheit willen zu vernichten.

Der Mann, der im Kampf fiel, starb also auf See, als Räuber auf dem Land oder als Verteidiger seiner Heimatstadt. So begrüßte Odysseus in der Unterwelt den toten Fürsten der Achäer, Agamemnon, mit der Frage:

„Welches Los des schmerzlichen Todes hat dich getroffen?
Bist du auf deinem Schiff dem Herrscher Poseidon erlegen,
als er die Wut der entsetzlichen, heillosen Winde erregte?
Oder töteten dich auf dem Lande feindliche Männer,
als du Rinder geraubt und Herden glänzender Schafe?
Oder bist du im Kampf für die Stadt und die Frauen gefallen?"
(Odyssee 11, 398 ff.).

Mit dem Ausbau der Städte und ihrem stärker werdenden Zugriff auf ihre Bürger fiel der Krieg in die Hände des Staates. Die Stadtmauern, die Phalanx (s.u.) und schließlich auch die Kampfschiffe wiesen den Weg dazu: Diese wichtigsten Instrumente des Krieges forderten ohne Wenn und Aber viele und loyale Diener, die zeit ihres Lebens bereit sein mußten, zu zahlen und zu kämpfen, sobald es die Stadt – und nicht ihr jeweiliges Eigeninteresse – forderte. Am Ende der Entwicklung regierte der Grundsatz, daß die Verteidigung des Staates Recht und Pflicht eines jeden Bürgers und nur des Bürgers sei.

Jedoch: ganz gelang die Verstaatlichung des Krieges nie, da die Interessen und Denkgewohnheiten der frühen Zeit bestehen blieben und dem staatlichen Anspruch nur bis zu einem gewissen Grade unterworfen werden konnten (vgl. zu den Denkgewohnheiten S. 122f.). Dies galt natürlich und vor allem für die Familien des Adels, die auf die Eigenständigkeit ihrer

Häuser pochten und es seit langem gewohnt waren, jenseits der Stadtgrenzen selbständig zu handeln und eigene, persönliche Beziehungen zu knüpfen. Ihr Spielraum war anfangs schier grenzenlos: Seeraub, Handel und nicht zuletzt die Gründung von Kolonien wiesen Wege zu Reichtum, Ehre und öffentlicher Bewunderung weit über die engere Heimat hinaus, die Verdienste um den Staat nur ergänzen, aber nicht ersetzen konnten. Ein weiter Weg also, den die homerischen Helden wie Odysseus zurücklegen mußten, um in der Existenz eines Staatsbeamten, Generals und Offiziers eine erstrebenswerte Lebensaufgabe zu entdecken. Am Ziel waren sie erst, als das Ende der Kolonisationsfahrten und die Bedrohung jeder Stadt durch den persischen Angriff dem privaten Tatendrang immer engere Grenzen gezogen hatte, während die Städte aus denselben Gründen Macht gewannen; diese machte sie als Feld adliger Bewährung aufregend und attraktiv und verschaffte ihr zugleich die Mittel, Widerstrebende notfalls mit Gewalt unter das Joch des staatlichen Interesses zu zwingen.

In der Welt am Rande der bedeutenden Staaten hat der Krieg sein ursprüngliches Gesicht als Privatfehde weitgehend behalten. Dort, wo – wie in den Landschaften Nordwestgriechenlands oder Kretas – viele kleine Städte und Dörfer um ihre wenigen Habseligkeiten haderten, waren die Bürgermeister geradezu darauf angewiesen, daß große Herren und Krieger die Fehden der Stadt zu ihrer Privatsache machten. So konnte gegen Ende des 3. Jahrhunderts das dankbare Megalopolis auf der Peloponnes dem jungen Philopoimen huldigen, weil es ihm beliebte, „bei den Kriegszügen seiner Mitbürger, die sie mit Einfällen in Lakonien auf Raub und Beute unternahmen, immer der erste der Ausziehenden und der letzte der Heimkehrenden zu sein" (Plutarch, Philopoimen 4,1). Als ihm dies nicht mehr genügte, verdingte er sich als Söldnerführer auf Kreta und anderswo und kehrte sporadisch in die Heimat zurück, die den verlorenen Sohn hochleben und ihn sofort an den nie aufhörenden Scharmützeln mit den Nachbarstädten teilhaben ließ. Männer wie diese dachten wie Achill und waren besessen vom Krieg, der ihnen alles versprach, was das Leben lohnte: „Denn offenbar war dieser Mann über das Maß des Notwendigen hinaus für die soldatischen Dinge begeistert, schätzte den Krieg als das vielseitigste Betätigungsfeld der Tugend und verachtete diejenigen, die da versagten" (Plutarch aaO. 4).

Die Bürgerschaften der Städte zogen fast Jahr für Jahr zu Feld, und dies im Sommer und nicht etwa zur besten Erntezeit. Da der Gegner meist eine der Nachbarstädte war, dauerte der Krieg ein paar Tage, höchstens ein paar Wochen, dann war man wieder zu Hause – oder tot. In der Regel ging es ja nicht um Sein oder Nichtsein, sondern um die Acker- und Weideflächen und das Vieh: Der Sieger erntete die Felder ab, brannte die Hütten der Bauern und ihre Wohnhäuser nieder, schleppte davon, was als Kriegsbeute überhaupt transportierbar war, und trieb natürlich auch das Vieh weg, wenn es der Gegner nicht rechtzeitig hinter seinen Stadtmauern in Sicherheit gebracht hatte.

Alle Kriege begleitete ein Rechtssatz, den Sieger wie Besiegte gleicherma-

ßen anerkannten: Aller Besitz des Besiegten und sein Grund und Boden gehörten dem Sieger. Fiel eine Stadt im Sturmangriff oder durch Überrumpelung, so führte der Sieger Frauen und Kinder in die Sklaverei und erschlug die Männer, wenn sie nicht auf auswärtigen Märkten und einzeln verkauft werden konnten. Kapitulierte eine bedrängte Stadt, so ließ der Sieger die Bewohner meist abziehen – ohne alle Habe, die wie die Äcker und Herden ihm zufiel. Häufig genug erfreute sich der Eroberer seines neuen Besitzes nicht lange. Fanden die vertriebenen alten Besitzer gastliche Aufnahme und militärische Hilfe bei einem mächtigen Nachbarn, so kam es nach Jahren oder Jahrzehnten wieder zum Krieg, in dem die neuen Besitzer, die inzwischen die Felder der alten bestellten, nun ihrerseits das Los von Vertriebenen zu tragen hatten.
Kriege dieser Art machten Besitz zu einer höchst unbeständigen Ware. Wenn ein und dasselbe Stück Land mehrmals den Besitzer gewechselt hatte und der jüngste Erwerber immer wieder durch Ansprüche der vorhergehenden Eigentümer gestört werden konnte, gab es keinen festen Rechtstitel auf äußeren Besitz. Konsequenterweise trat denn auch Herrschaft meist ungeschminkt als das Recht des Stärkeren auf (s. S. 269).

## 2. Piraten und Räuber

Dort, wo der Krieg ständig anwesend war oder jederzeit ausbrechen konnte, machte er den Raubzug zur Gewohnheit. Auf dem Lande zogen Viehräuber aus, von denen Homer sagte, daß sie wie Löwen die Herden angreifen und gegen Bauern und Hunde kämpfen müssen. Dies füllte den Tag vor allem der jungen Krieger, die noch nicht in der großen Schlacht gefochten hatten und das Kriegshandwerk erst erlernen mußten. So räsoniert der greise Nestor vor Troja – erbittert über Achill, der das Schwert nicht aufnehmen will – über die Taten seiner Jugend, in der er sich mit den Eleiern um Viehherden schlug:

„Beute trieben wir zusammen vom Feld, reichliche, viele:
Fünfzig Herden von Rindern, ebenso viele Haufen von Schafen,
Ebenso viele Schweineherden, ebenso viele Herden verstreuter Ziegen,
Und falbe Pferde hundert und fünfzig ...
Da freute sich im Sinne Neleus [der Vater], weil mir vieles zugefallen, der ich als Neuling in den Krieg ging."
(Ilias 11, 670 ff.).

Das Meer gehorchte dem gleichen Gesetz. Beide, Pirat und Räuber, lebten im Verständnis der Frühzeit gefährlich, aber nicht unehrenhaft. Thukydides sah, als er in die Anfänge der griechischen Seefahrt zurückblickte, die Besten der Griechen auf Kaperfahrt: Kaum blühte die Schiffahrt auf, „als sie sich auch schon auf den Seeraub verlegten. Dabei waren es gerade die tüchtigsten Männer, die sie anführten, zu eigenem Gewinn und um Lebensunterhalt für die Schwachen. Sie überfielen die unbefestigten Städte und offenen Dorfsiedlungen und lebten so fast ganz vom Raub. Dies Handwerk brachte damals noch keine Schande, eher sogar Ruhm ..." (1, 5,1).

Piraterie wurde betrieben nicht bloß an bestimmten Küstenabschnitten. Gewiß, es gab bevorzugte Gegenden wie die reichen Küstenstädte in der Levante. Dorthin fuhren die Kühnsten wie Menelaos, der mit behäbigem Stolz dem Sohn des Odysseus erklärte, woher der große Reichtum seines Palastes kam: „Ich litt viel, und auf vielerlei Weltfahrt brachte ich vieles aufs Schiff, bis im achten Jahre ich heimkam. Meine Weltfahrt ging zu den Kyprern, Phoinikern, Ägyptern, ja ich kam zu Erembern, Sidoniern, Athiopen, Lybien sah ich ... Ich nun erraffte mir dort auf der Weltfahrt Güter in Menge" (Odyssee 4,82 ff.). Andere fuhren nach Westen oder an die thrakische Küste, wo sie wie Odysseus Städte berannten, die Männer totschlugen, die Weiber und Kinder fingen und die Beute an Vieh und Waren gerecht verteilten: „Zu kurz sollte keiner mir kommen" (Odyssee 9, 41 f.). Dies waren große Unternehmungen, zu denen viele Schiffe zusammengezogen werden mußten. Daneben, und dies auch an den armseligen Küsten des Meeres, gab es die kleine, versteckte Seeräuberei, zumeist von Küstenbewohnern ausgeübt, die tagsüber ihrem Beruf nachgingen und sich nachts, in der schützenden Dunkelheit, in Seeräuber verwandelten. Sie waren kleine Raubtiere mit kleinen Schiffen und bescheidenem Ehrgeiz: Hier ein Fischerboot kapern, dort einen Kornspeicher plündern oder einige Schafe stehlen – alles dies mußte den Einsatz des Lebens lohnen und war gebunden an die Hoffnung, eines Tages doch den großen Fang machen zu können. Es war also auch keine bestimmte Gruppe für die Seeräuberei verantwortlich. Sie ist so allgegenwärtig gewesen wie der Krieg: Die Elenden und die Mächtigen, die Reichen und die Armen verfingen sich gleichermaßen in den Maschen eines Netzes, das über alle Küsten geworfen war. Rücksichten auf bestimmte Personen oder Städte gab es nicht. Selbst der Göttermythos sprach von Seeräubern: Der Hymnos auf Dionysos (s. S. 131) erzählt, diesen hätten tyrrhenische Piraten an der Küste aufgegriffen und gefesselt auf ihr Schiff geschleppt, „denn sie meinten, den Sohn eines Zeus entsprossenen Königs", einen vornehmen Mann also, gefangen zu haben, der gewaltiges Lösegeld versprach. Diesmal täuschten sie sich: Der Gott verwandelte sich in einen Löwen und jagte sie ins Wasser, wo sie als Delphine einer traurigen Zukunft entgegen schwammen. Zumeist jedoch wurde ihre Kühnheit mit reicher Beute belohnt, da Götter selten unterwegs anzutreffen waren und die Arme der Menschen oft zu schwach, um sich zu wehren.

Seeräuberei treiben hieß unter diesen Vorzeichen nichts weiter als Krieg führen, Krieg vornehmlich gegen Städte, Dörfer, Menschen und Herden, denn an der Küste war die Beute leichter zu fassen und größer als auf dem Meer, wo die Handelsschiffe vielleicht nur Bausteine geladen hatten oder selbst nichts weiter als verkappte und gefährliche Konkurrenten waren. Als unbescholtene Männer fanden alle dort Zuflucht und Versorgung, wo sie zuhause waren. Hier saßen die Kaufleute, die die geraubten Waren und

Menschen problemlos abnahmen, hier fanden sich auch Männer genug, die bereit waren, für das Abenteuer auf dem Meer anzuheuern. Niemand mußte besondere, versteckte Zufluchten ausstatten oder stille Umschlagsplätze suchen, wo die Beute verstohlen und weit unter Wert hätte verkauft werden müssen. Alles dies geschah in der Heimatstadt und vor den Augen aller, von denen viele das heimkehrende Schiff am Hafen erwartungsvoll begrüßten. Denn Thukydides hatte recht, als er schrieb, daß gerade die tüchtigsten Männer auf der Brücke standen und neben ihrem eigenen Gewinn auch die Nahrung für die Schwachen im Laderaum gestapelt hatten (s.o); vielen verarmten Familien muß der Sohn auf dem Schiff, der seinen Anteil an der Beute an Land trug, wie ein Lebensretter erschienen sein.

Die moralische Verurteilung solchen Tuns konnte sich erst entwickeln, als die Kolonisation dem sozialen Elend ein Ventil schuf und die Städte so stark waren, daß sie den Krieg verstaatlichen konnten. Das war erst der Fall, als die Seestädte gefestigt und reich genug waren, sich hinter Mauern einzuschließen und vom Staat ausgehobene Truppen oder Schiffe bereitstanden, um die Ächtung jeder privaten Initiative zu Krieg und Fehde durchzusetzen. Dies kostete Geld, das nunmehr auch die aufbrachten, die – wie das reiche Heiligtum des Apollon auf Delos – nicht selbst zur See fuhren, aber unter der Piraterie genug gelitten hatten. Thukydides, der die Macht der athenischen Flotten und ihre Funktion als Seepolizei kannte, hat auch die verschiedenen Versuche geschildert, die Piraterie einzudämmen: Vom legendären kretischen König Minos bis zu Korinth, Samos und Athen reichen die herangezogenen Beispiele (1, 13 f. u.ö.). Wirklich erfolgreich – und auch dies nur für kurze Zeit – waren lediglich die Athener. Sie eroberten unter Kimon um 475 die Insel Skyros (östlich von Euboia), vertrieben die vom Seeraub lebende Bevölkerung und bauten die Insel zum Militärstützpunkt aus, von dem aus die Route ins Schwarze Meer überwacht werden konnte.

Wenige Jahrzehnte später machte der Krieg mit Sparta alles zunichte (s. S. 228 ff.). Beide Kontrahenten lernten schnell, daß angeheuerte Kaperschiffe die Gebiete des Feindes wirkungsvoll verheeren konnten und Verträge, die man nicht offen brechen wollte, durch den unerklärten Krieg der Desperados leicht auszuhöhlen waren (vgl. Thukydides 5,115 z.J. 416). Da half es wenig, daß die Athener in ihre Bündnisverträge einen Passus aufnahmen, der dem Partner verbot, Plünderungszüge zu organisieren oder anderen Seeräubern Ankerplätze anzubieten (StV II 167, Z. 7; 184, Z. 8 ff.). Zu verlockend war die Versuchung, im Schatten des großen Krieges wieder wie in alten Zeiten auf dem Meer zu jagen und die Küsten nach leichter Beute abzusuchen. Als der spartanische Admiral Lysander in der letzten Phase des Krieges begann, neue Geschwader für den Endkampf aufzustellen, sammelte sich unter seinen Fahnen alles, was Schiffe und Mannschaften für klingende Münze anzubieten hatte. Es sagt genug, daß die Nachricht vom letzten großen Triumph Lysanders im Hellespont (405: Seeschlacht von Aigospotamoi) ein Seeräuberschiff nach Sparta trug.

Von diesem Tag an war die für kurze Zeit gewonnene Sicherheit der Meere dahin. Viele kehrten zu den alten Gewohnheiten zurück, die sie nicht moralischer Skrupel wegen, sondern aus Angst vor den schnellen Trieren der Athener aufgegeben hatten. So auch die Ätoler, „die immer daran gewöhnt waren, von Seeraub und ähnlichen völkerrechtswidrigen Handlungen zu leben. Und solange es ihnen freistand [d. h. bis zur Herrschaft der Römer], die Griechen auszuplündern und zu brandschatzen, bestritten sie damit ihren Lebensunterhalt; jedes Land galt ihnen als Feindesland" (Polybios 30, 11). Wer jetzt noch gegen Piraten kämpfte, glich wohl dem tyrannischen Polykrates von Samos (um 538-522), der Seeräuber und Seepolizist zugleich war und nach dem Motto verfuhr, „man werde sich bei seinem Freunde beliebter machen, wenn man ihm Geraubtes wiedergibt, als wenn man ihm überhaupt nichts genommen hat" (Herodot 3, 39,4).

## 3. Die militärische Revolution: Phalanx und Hoplit

Der Krieg war stets eine Sache der Waffen und der Technik. Und er verpflichtete immer neue Diener, wenn die Kämpfe heftiger und für die Städte bedrohlicher wurden. Der Krieg fiel mit der Einführung der Phalanx in die Hände der besitzenden Mittelschichten, die in der neuen Heeresordnung zum erstenmal sichtbar für die Existenz des Gemeinwesens eintraten und offizielle Anerkennung für ihre Taten heischten und erhielten. Danach konnte es nur eine Frage der Zeit sein, bis diese Schichten politisches Selbstbewußtsein erlangten. Als sie es gefunden hatten, erhoben sie Anspruch auf die Teilhabe an der politischen Macht, und sie waren bereit, ihr Interesse mit dem der Armen zu verbinden und für beide zu kämpfen, wenn ihren Forderungen nicht nachgegeben wurde.
So verschwand in Griechenland der ritterliche Kampf, den die Helden Homers genauso Mann gegen Mann ausgetragen hatten wie die Adligen, die zu Beginn des 7. Jahrhunderts in den Krieg zwischen Chalkis und Eretria um den Besitz der lelantischen Ebene wie zu einem Turnier ausgezogen waren. Mit ihm verschwanden der Streitwagen und die ungeordneten Haufen von Gefolgsleuten, die sich um die ritterlichen Kämpfer geschart hatten. An ihre Stelle traten Hunderte schwerbewaffneter Männer, die eine Phalanx bildeten, deren Angriffselan, gestützt auf den Zusammenhalt und die gleichmäßige Bewegung aller, jetzt die Schlacht entschied. In dieser Phalanx standen nebeneinander der Aristokrat, der vom Streitwagen gestiegen war, und der Bauer, dessen Einkommen niemals für Roß, Wagen und Diener ausgereicht hätte, wohl aber für die Rüstung eines Schwerbewaffneten (Hoplit). Damit war auch die alte Regel außer Kraft gesetzt, „daß einer, der sich durch Körperkraft auszeichnet, wenn er auch einem Gegner überlegen wäre, von zweien doch zurückgedrängt würde" – so die sprichwörtliche Weisheit des adligen Zweikampfs (Archilochos; Übers.: Treu, Archilochos 2, 1979, S. 13). Die neue Lehre sprach von der Überlegenheit der geschlossenen Front:

### 3. Phalanx und Hoplit

„Wahrlich, die Wackeren, die sich gedrängt in geschlossenen Reihen
Wehren und im Gefecht tapfer den Nahkampf bestehen,
Fallen in minderer Zahl und retten das hintere Fußvolk,
Aber den Fliehenden sind Tugend und Ehre dahin!"
(Tyrtaios 8,11-14; Übers.: Franyó).

Es verschwand auch der Feldherr, der seinen Gefolgsleuten voranstürmte und durch heldisches Gebaren auffiel. Die Männer, die jetzt in der Schlachtreihe gemeinsam dem Tod ins Auge sahen, verlangten den sachkundigen Strategen und Führer, der den Krieg studiert hatte und seinen Soldaten Mut und Vertrauen gab: „Einen Feldherrn, der, von hohem Wuchs, spreizbeinig vorwärts stapft, sich mit Locken brüstet und den Schnurrbart abschert, mag ich nicht. Sei er bloß ein Zwerg und trage krumme Beine er zur Schau: Wenn er sicher nur auf seinen Füßen steht und Mut bewährt", dichtete schon Archilochos (frg. 60 D; Übers. nach Murray, S. 135 f.; vgl. S. 285). Am Ende dieser Ahnenreihe großer Feldherrngestalten sollten Krieger stehen, die professionell ausgebildet waren und „die Kriegskunst als die einzige, die sich für Könige schicke", achten gelernt hatten (Plutarch, Pyrrhos 8). Sie griffen schließlich selbst zur Feder und lehrten andere ihre Kunst: „Wie du ein Heer in Schlachtordnung zu stellen, wie du bei Tage und Nacht, wie du auf schmalen und breiten Wegen im Gebirge und in der Ebene zu marschieren, wie du ein Lager aufzuschlagen ..., welche Stellung du einzunehmen hast, wenn du in Kolonnen auf die Feinde stößt, oder wie du der Feinde Absichten am leichtesten durchschauen oder ihnen die deinigen am besten verbergen kannst" – dies alles mußte ein Soldatenführer lernen, der niemals vergessen durfte, „daß alle, von denen du Gehorsam verlangst, auch ihrerseits etwas von dir verlangen werden, nämlich daß du ihr guter Berater bist" (Xenophon Kyrupädie 1,6; vgl. die Lehre von der Kunst des Krieges bei Polybios 9, 12-21).

Häufig entschied die erste Schlacht den Krieg, da man zumeist den Nachbarn nicht vernichten, sondern ihm nur seine Reichtümer entreißen konnte. Reserven oder gar ein letztes Aufgebot, stark genug, das Blatt doch noch wenden zu können, gab es in der Regel nicht: Die Männer, die ihrem Feldherrn auf das Schlachtfeld gefolgt waren, machten die gesamte Schar der aufbietbaren Hopliten aus. Die Verluste hielten sich damit in Grenzen, so hart der Kampf selbst getobt haben muß; zur Verfolgung des geschlagenen Feindes war der in Eisen gehüllte und erschöpfte Hoplit ohnehin nicht mehr fähig. Langwierige Belagerungen waren selten, da die nötige technische Ausrüstung für die meisten Städte unerschwinglich war und der Bauer spätestens zur Erntezeit zuhause sein mußte: Der sichere Gewinn einer erfolgreich eingebrachten Ernte wog mehr als alle Versprechungen des Kriegsglücks.

Das Ethos, das die Soldaten ermutigte, war zunächst der Appell an die Heimat, der Gedanke, Frauen und Kinder schützen zu müssen. Die Aussicht auf private Beute, die noch die Helden Homers beflügelt hatte, spielte keine Rolle - jedenfalls nicht unmittelbar. Denn jetzt ging es um die Sicherung oder die Mehrung des Besitzes der Gemeinschaft, und diese setzte der Habgier des einzelnen enge Grenzen. Als Agamemnon und seine reich mit Beute beladenen Kampfgefährten das niedergebrannte Troja verließen, hatten sie alle ihre eigenen Geschichten zu erzählen, und die Erfolge und Siege, mit denen sie prahlten, waren ihre persönlichen oder die ihrer Gruppe. Der Bürger der Stadt hingegen sprach von den Siegen seiner Polis. Sie hatte ihm auch den Grund für den Krieg genannt und den Rechtstitel geschaffen, der seine Führung erlaubte. „Ziehen wir nach Salamis hin und kämpfen um die geliebte Insel, zu tilgen die Schmach, die uns entehrt und bedrückt", feuerte Solon seine Landsleute an, als sie Ende des 7. Jahrhunderts über den Krieg gegen Megara berieten (frg. 2,7 f.; Übers.: Franyó). Er sprach nicht wie Achill von Besitz und Beute (Ilias 9,325 ff.), sondern von einer gerechten Sache, von einem Krieg aller Athener und von einer Insel, die es für die Gemeinschaft zurückzugewinnen galt.

Dies alles bedeutete auch, daß nun der Staat die Normen formulierte, denen der einzelne im Angesicht des Feindes gehorchen mußte. Archilochos, rund hundert Jahre vor Solon geboren, hatte noch arglos davon singen können, daß sein Schild an einem Busch hängen blieb, als er in der Schlacht gar zu eilig Reißaus genommen hatte: „Retten konnt' ich mein Leben: was schert jener Schild mich noch länger! Kaufen will ich mir bald einen, der ebenso gut" (frg. 5 West; Übers.: Treu). Der Hoplit der Polis gehorchte einem anderen Gesetz: „Entweder mit ihm oder auf ihm" wollte die spartanische Mutter ihren Sohn heimkehren sehen, dem sie gerade seinen Schild übergeben hatte (Plutarch, Apophthegmata Lacaen. 241F). Die Gesetze Athens und Spartas wollten es im Grunde ebenso: Sie drohten dem, der die Phalanx ohne Befehl verließ und seinen Schild wegwarf, mit der *Atimie*, dem Ausschluß von „gehegten Stätten", was praktisch den Verlust aller wichtigen Bürgerrechte bedeutete und dem Schuldigen das Recht zur Klage vor Gericht nahm (Ruschenbusch, Solons Nomoi, F 110). Wer so den Feigling von staatswegen verfolgte, war auch gehalten, die Trauer um den gefallenen tapferen Mann zu einer Angelegenheit aller zu machen. Die nüchterne Einsicht des Archilochos, „keiner ist bei seinen Bürgern nach dem Tode angesehen und geehrt" (frg. 64 D), wich dem pathetischen Bekenntnis des ganzen Gemeinwesens, es werde den Gefallenen ehren, sein Grab hüten und für seine Familie und Kinder sorgen (Tyrtaios, frg. 9,23 ff.; Platon, Menexenos 234c-235b). In einer Welt, in der niemand vom Paradies sprach und der Staat allein ewige Dauer verhieß, war die Erinnerung der Bürger ein Wert, dem nichts gleichkam.

Schließlich trieb die Kämpfer in einem schwer zu bestimmenden Ausmaß die ebenso banale wie hellsichtige Einsicht, daß der Tod ohnehin unvermeidlich sei und besser in der Gewißheit ertragen werden könne, von anderen gerühmt und betrauert zu werden:

„Keinem Sterblichen ist es vergönnt, dem Tod zu entrinnen,
Selbst nicht ihm, der dem Stamm göttlicher Ahnen entsproß.
Oft ist einer, der Schlacht und dem Krachen der Speere entronnen,

Glücklich nach Hause gekehrt; dort aber trifft ihn der Tod.
Dennoch weckt er im Volk nicht Liebe, weckt auch kein Sehnen;
Jenen beweint, wenn er fällt, jeder, ob klein oder groß."

So Kallinos von Ephesos (1,9-21; Übers.: Franyó), der um die Mitte des 7. Jahrhunderts die ersten Kriegslieder dieser Art schrieb. So redeten bereits die Helden Homers, als sie um Troja kämpften (vgl. Ilias 12, 322-328); auch sie wußten, daß es ein Zurückweichen nicht geben durfte: „Nur der gemeine Mann weicht aus dem Kampfe; wer aber erster ist in der Schlacht, muß stehen, ganz gleich, ob es ihn trifft oder den anderen treffe" (Ilias 11, 408). Nun stand auch der gemeine Mann in der ersten Reihe und gehorchte dem Gesetz, genauso beflügelt von der Hoffnung auf den Sieg, der neben der Beute das kaum auszumessende Gefühl gab, für Augenblicke vergessen zu können, daß der Mensch nur „Traum eines Schattens" ist (Pindar, Pyth. Oden 8,95 f.).

Geboren wurde dieses Pathos, in das die Griechen und später auch die Römer den Tod für Heimat und Vaterland für lange Jahrhunderte einhüllten, aus der Not der frühen Städte. Sie waren bei Strafe des Untergangs gezwungen, ihre Bürger zu Kriegern zu machen und vom Gleichschritt in der Phalanx das Maß an sozialer und staatlicher Anerkennung abzuleiten, ohne das der Bürger nicht Bürger sein konnte. Die Städte Messeniens, die Sparta niederrang (s. S. 143), und viele andere wußten, was es bedeuten konnte, zu unterliegen:

„Bitterstes Los auf der Welt aber ist, wenn einer davon muß,
Lässet zurück seine Stadt, nährende Scholle und Hof,
Streichet umher, seine Mutter dabei und der Vater, der alte,
Bei ihm die Kindlein klein, bei ihm sein ehrbares Weib;
Lästig ist er den Leuten, vor welche Tür er auch kommt,
Ihn aber treibt und drängt Armut und bittere Not,
Schande macht er der Sippe, die edle Gestalt ist verkommen,
Jämmerlich, elend, gehöhnt, lebt er, verfemt und in Schimpf."

Tyrtaios, der so sang (frg. 6,3 ff.; Übers: R. Harder), beschrieb nicht das ferne Schicksal Troias und seiner Helden. Er dichtete von der täglich erfahrbaren Not und er leitete daraus ab, was die Ehre eines Heeres bestimmte, in dem nicht der Gefolgsmann für seinen König oder der Söldner für seinen Führer, sondern der Bürger für seine Stadt kämpfte:

„Wenn denn also den flüchtigen Mann ein jeder gering hält,
Niemand ihn ehrt und liebt, ihn nicht und nicht sein Geschlecht,
Lasset uns streiten um Heimat und Land und laßt für die Kinder
Tapfer uns sterben und nicht geizen mit Leben und Leib."
(aaO. 6,11-14).

## 4. Der Krieg auf dem Meer

Seit dem 6. Jahrhundert ist der Krieg auf dem Meer durch die schmalen Silhouetten der Trieren geprägt. Sie beherrschen im Sommer die Küsten und lagen im Winter in den trockenen Schiffshäusern, bis im Frühjahr die Kalfaterer ihre Wände und Decks neu abdichteten und die Kapitäne die Rudermannschaften aus Bürgern und Söldnern zusammensuchten. Kriegsschiffe hat es schon vor der Triere gegeben, und sie waren längst das Instrument des Krieges schlechthin für jede Stadt geworden, die Handel auf dem Meer trieb oder ihre Macht über andere ausdehnen wollte. Aber sie verlangten einen hohen Preis, Verschwendung von Geld im großen Stil für Bau, Unterhalt und Bemannung, vor allem, als man begann, in Flottenstärken zu rechnen. Die Stadt, die sich dies leisten wollte, brauchte Geld und Menschen, brauchte Häfen, Werften und ein spezialisiertes Handwerk, brauchte die Einsicht der Bürger, daß sich dieser ganze ungeheure Aufwand lohnen würde.

Und sie mußte ertragen lernen, daß Herrschaft zur See früher oder später die Seeleute in die Politik hineinzog und sie zu Herren der Stadt machen konnte. Denn das Ausmaß der Aufwendungen und des Engagements des kleinen Mannes für den Seekrieg konnte schnell an den Punkt führen, wo auch das letzte finanzielle und politische Opfer gefordert werden mußte: „Das Handwerk des Seemannes ist eine Kunst (*téchne*) wie nur eine, die man nicht nur so gelegentlich nebenher treiben kann, sondern auf die man sich mit ganzer Kraft verlegen muß" (Thukydides 1, 141,5-9). Daß dies den politischen Umsturz nach sich ziehen konnte, war den scharfsinnigen Kritikern der Demokratie früh klar geworden, die das Treiben der kleinen Wichtigtuer in der Volksversammlung tief verachteten, aber sehr genau wußten, daß es deren Arme und deren Mut waren, die die Trieren trieben und Athen zur Großmacht erhoben: „Mit Recht", gestand um 430 zähneknirschend ein unbekannter adliger Athener, „mit Recht sind in Athen die Armen und der Demos bevorrechtigt und haben den Vorzug vor den Vornehmen und Reichen, weil nur das Volk es ist, das die Schiffe treibt und dadurch der Stadt ihre Machtstellung verschafft, wenigstens viel eher als die Hopliten und die Edlen und die Tüchtigen" (Pseudo-Xenophon, Staat der Athener 1,2). Zu entrinnen war dieser ehernen Logik des Seekrieges nicht, da sie dem ältesten Grundsatz gehorchte, auf dem der griechische Stadtstaat gegründet war: Wer als Bürger im Krieg die Waffe für die Stadt führte, hatte das Recht erworben, über ihre Politik mitzuentscheiden.

Die Zahl der Städte, die Kriegsschiffe auf Kiel legen und weiträumige Interessensphären abstecken konnten, war von vornherein begrenzt. Zum Kreis der Privilegierten gehörten vornehmlich Korinth, Korkyra, Aigina, Samos, Milet, Syrakus und schließlich Athen.

Die erste Schlacht auf See schlugen nach Thukydides (1, 13) die Korinther gegen die Korkyräer. Die Kampfschiffe, die beide Kontrahenten um die Mitte des 7. Jahrhunderts zu Wasser gelassen hatten, waren Langschiffe, an deren Bug ein Rammsporn angebracht war und die im Gefecht allein von

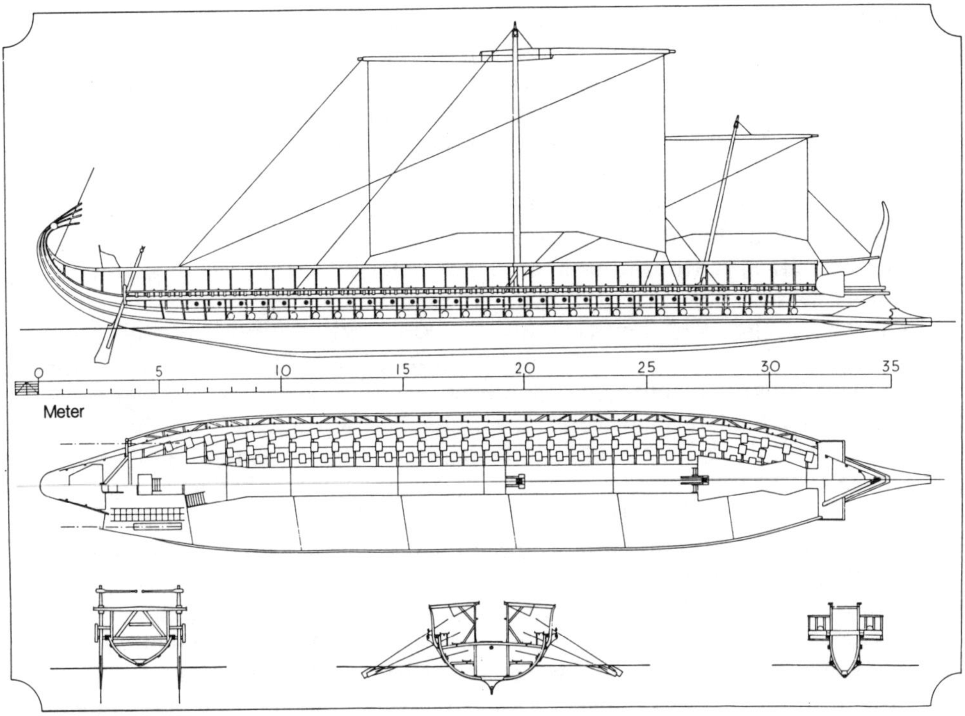

## 4. Der Krieg auf dem Meer

*Triere* (Seitenansicht, Aufsicht, Querschnitte Heck, mittschiffs, Bug)

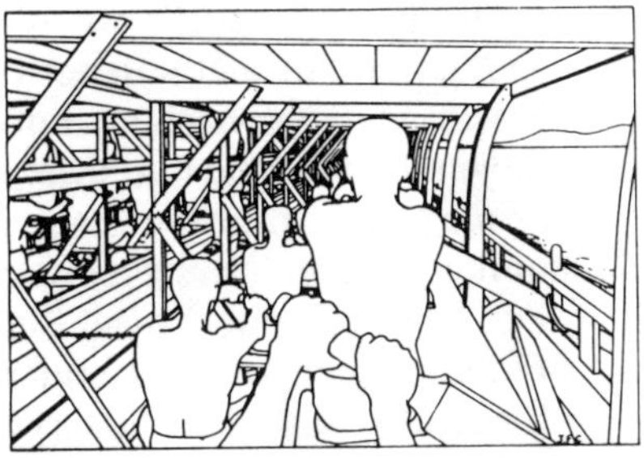

Rechts und rechts unten: *Sicht eines Ruderers der obersten und der untersten Reihe (Backbord)*

Links unten: *Querschnitt mit der Anordnung der Ruderreihen*

(Zeichnungen von John F. Coates, dem Designer der Triere *Olympias*, Trireme Trust, England.)

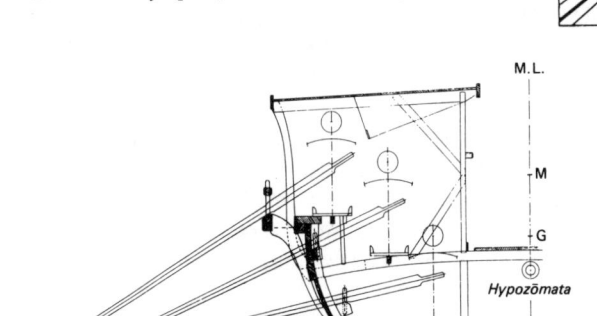

Ruderern vorangetrieben wurden. Die militärische Revolution hatte sich damit auch auf See vollzogen: Kämpften noch die homerischen Helden mit langen Lanzen auf Schiffen, die Bordwand an Bordwand lagen, und hatte der gewonnen, der das feindliche Schiff entern konnte, so fuhren jetzt Schiffe gegeneinander, die selbst zur Waffe geworden waren. Nunmehr entschieden schnelle und taktisch geschickt ausgeführte Manöver über Sieg oder Niederlage. Oder anders: Das Herz dieser Kampfmaschinen schlug auf ihren Ruderbänken. Der Kapitän, der dort die meisten und geübtesten Männer sitzen hatte und sich ihrer Entschlossenheit sicher sein konnte, wenn er Rammkurs befahl, führte sein Schiff zum Sieg.

Die technische Weiterentwicklung des Kriegsschiffes war damit vorgezeichnet: Die Werften erhielten den Auftrag, Schiffe zu bauen, die im Getümmel der Schlacht jedes Manöver ausführen konnten und von möglichst vielen Ruderern angetrieben wurden. Das Ergebnis war der *Dreiruderer*, die Triere (lat.: *Trireme*): 170 Ruderer, in versetzten Dreierreihen auf jeder Seite sitzend, trieben den schlanken, etwa 38 Meter langen und nur 4,5 Meter breiten Schiffskörper mit hoher Schlagfrequenz auf eine Geschwindigkeit bis zu 30 km/h, während der Steuermann auf das feindliche Schiff zuhielt, um es zu rammen oder durch die Zerstörung seiner Ruder manövrierunfähig zu machen. Alles, was diesem Ziel hinderlich war, wurde aus dem Schiff verbannt: Proviant, Ersatzteile, Hopliten; um das Schiff auf den Kampfplatz zu bringen, blieben ein Mast und ein Rahsegel, aber auch diese wurden vor dem Gefecht nach Möglichkeit noch an Land gebracht. Die Seetüchtigkeit dieser Kampfmaschinen war gering – vor allem dann, wenn sie lange im Einsatz waren und sich die Balken mit Wasser vollgesogen hatten. So suchte jeder Flottenkommandant die schützende Nähe der Küste, wo er seine Männer verproviantieren und die Schiffe zum Austrocknen an Land ziehen konnte; längere Fahrten über das offene Wasser wagte er nur, wenn ihm die Stadt Begleitschiffe unterstellt hatte, auf denen die umfangreichen Versorgungsgüter verladen waren.

Der ungeheure technische und finanzielle Aufwand, der nötig war, um Flotten bauen und bemannen zu können – 100 Trieren bedeuteten 17 000 Ruderer –, gab dem Seekrieg sein spezifisches Gepräge. Dem Gegner in einer großen und verlustreichen Seeschlacht den Garaus zu machen, war die eine, und meist zu teure, Seite des Krieges. Die andere zeigt sich in schnellen Überfällen auf die feindlichen Kriegshäfen, um die Werften und Holzlager zu zerstören, und in langfristig geplanten Störungen der Nachschubwege, auf denen Schiffsbauholz herangeschafft wurde; jedermann im 5. Jahrhundert wußte z. B., daß die Athener Holz von Thrakien bis Unteritalien kauften, um ihre Flottenstärke zu halten, und daher besonders empfindlich auf jedes Kriegsschiff reagierten, das auch nur in die Nähe dieser Routen kam.

In einer Welt, in der seit den ersten Kolonisationsfahrten die wichtigsten und reichsten Siedlungen an den Küsten lagen, mußte im Kampf um Macht und Reichtum die Beherrschung der Seewege entscheiden. Thukydides (1, 3-15) hat denn auch die Geschichte der griechischen Poleis bis zu den

Perserkriegen als eine Geschichte des Kampfes um die Seeherrschaft gegliedert, denn „einen Landkrieg, durch den ein Staat zur Macht gelangt wäre, gab es nicht; alle Kriege, wenn sie ausbrachen, waren Grenzhändel der einzelnen" (1, 15). In der Tat: Läßt man Sparta beiseite, traten nur diejenigen griechischen Städte in das helle Licht der Geschichte, denen es gelungen war, auf dem Meer bestimmte Einflußzonen abzustecken und für längere Zeit zu behaupten. Und nur sie erfuhren in ihrer Geschichte, daß Eigenständigkeit und Freiheit Werte waren, für deren Erhalt sich der Einsatz aller Bürger lohnte. Herodot (5, 83) wußte noch, daß Aigina lange von Epidauros abhängig war und sogar auf die Gerichtshoheit hatte verzichten müssen; frei wurde die Insel – so Herodot –, als ihre Bürger Kriegsschiffe bauten, und nun, „weil sie das Meer beherrschten," ihrerseits in Epidauros die Äcker verheerten, die Kultbilder verschleppten und in ihrer Heimat aufstellten.

Im Westen des Mittelmeeres, für die Griechen jenseits Siziliens zunächst ein Gebiet von vager Ausdehnung, hatten die Phoiniker und die Karthager bereits die Handelsstraßen auf dem Meer bis zu den Säulen des Herakles abgesteckt, als die ersten griechischen Schiffe dort auftauchten. Diplomaten aus Karthago waren an allen wichtigen Küstenstrichen gelandet und hatten vertraglich abgesichert, was vorher die Kampfgeschwader zu kontrollieren gelernt hatten (die beiden ersten Verträge, die Karthago mit Rom im 5. und 4. Jahrhundert schließen sollte, bezeugen die Einzelheiten: Polybios 3, 22-24). Damit war im Westen ein Kampfplatz abgesteckt, auf dem bis in die Mitte des dritten Jahrhunderts Griechen aus Syrakus, aus Messana und Rhegion und aus den phokäischen Kolonien mit den Karthagern und den mit diesen meist verbündeten Etruskern um die Beherrschung der westlichen Handelswege rangen. In der Adria behauptete Korinth mit seinen Kolonien die Kontrolle über die See, die kleinasiatischen Städte, allen voran Milet, konzentrierten sich auf die Zufahrtsstraßen ins Schwarze Meer, und die kleineren Seemächte wie Aigina und andere Inselstaaten in der Ägäis versuchten wenigstens den näheren und weiteren Umkreis zu kontrollieren.

Herodot (3, 122) nennt Polykrates von Samos den ersten, der sich zum Herrn des Meeres machen wollte, und er fügte auch den Grund hinzu, warum dies dauerhaft nicht gelang: Der ungeheure Bedarf an Geld trieb den Tyrannen in die Arme des persischen Satrapen Oroites, der ihn verriet und im Angesicht seiner Heimat Samos kreuzigen ließ, ohne daß sich dort eine Hand zur Rache rührte. Die Lehre war unüberhörbar für jeden Griechen: Nur Geld und der Opfer- und Wagemut ihrer Bürger verschafften einer Stadt einen Platz auf dem Meer.

## 5. Die Herstellung und Bewahrung des Friedens

„Am verhaßtesten bist du mir von den Göttern, die den Olymp bewohnen, immer ist dir Streit lieb und Krieg und Schlachten", schilt Zeus seinen

Sohn, den Kriegsgott Ares (Ilias 5, 890 f.), und er meint es ernst. Was „den Göttern lieb" ist, was am Ende des Streites der Menschen stehen muß, weiß Zeus : „Sie sollen miteinander Freundschaft halten, wie vorher, Reichtum und Friede soll zur Genüge vorhanden sein" (Odyssee 24, 484-486). Und: „Laßt ab vom schmerzhaften Krieg, ihr Leute von Ithaka", ruft die Göttin Athene den Verwandten der von Odysseus getöteten Freier zu, als sie sich, „dem Mentor gleichend an Gestalt und Stimme", aufmacht, Frieden statt Blutrache zwischen den verfeindeten Lagern auf der geschundenen Insel zu stiften (Odyssee 24, 531). Auch sie, die Göttin, folgt der Einsicht, daß das heroische Pathos der Krieger den Blick vor der furchtbaren Wirklichkeit des Krieges nicht verstellen kann: „Süß aber ist der Krieg für die, die ihn nicht kennen; doch wer ihn kennt, den schaudert's, wenn er naht, im Herzen über alle Maßen", schrieb Pindar am Beginn des 5. Jahrhunderts, und als es zu Ende ging, fügte Herodot hinzu, „niemand ist so töricht, Krieg dem Frieden vorzuziehen; denn im Frieden begraben die Söhne die Väter, im Krieg aber die Väter die Söhne" (1, 87,4).

Angesichts dieser Gewißheit und der ihr widersprechenden Alltäglichkeit des Krieges, der das Jahr einteilte, muß das Nachdenken über eine geordnete Wiederherstellung des friedlichen Zustandes früh eingesetzt haben. Gewiß nicht überall und schon gar nicht gleichzeitig, da die schiere Existenznot kein tauglicher Ratgeber für vertragliche Abmachungen sein kann. Wo es um den Besitz einer Wasserstelle oder um die Behauptung eines schmalen Streifens Weide- oder Fruchtlandes geht und die Existenz aller davon abhängt, kommt niemand auf die Idee, daß auch der fremde Stamm oder die benachbarte Stadt Rechte haben. Dies charakterisiert nicht zuletzt die griechischen Kolonisten, denen der Rückweg in die Heimat versperrt war und die alle Mittel gebrauchen mußten, um einen neu gewonnenen Platz auch zu behaupten. Ihnen mochte es manchmal gehen wie den Israeliten, die auf der Wanderung durch die Wüste mit den Amalekitern auf Leben und Tod zusammengestoßen waren und ihren in der Not geborenen Haß nie überwinden konnten: „Jahwe führt Krieg gegen Amalek von Geschlecht zu Geschlecht" (Mose 17,16).

Dort aber, wo die nackte Angst um das tägliche Leben nicht ständig umging, schlug die Stunde der Diplomatie – zumal nur wenige Mächtige, wie Sparta, das Vorrecht der Starken besaßen, zum selbstgewählten Zeitpunkt Krieg zu führen oder Frieden zu schließen. Alle anderen brauchten Glück und gute Diplomaten, um den Frieden zu möglichst günstigen Bedingungen auszuhandeln. Sicherheit boten allein vertragliche Abmachungen. Diese wurden in der Regel nicht schriftlich, sondern zunächst in einem mündlichen Schwurakt geschlossen: Den Göttern allein traute man zu, daß sie als übergeordnete Instanz den Willen und die Macht hatten, alle Beteiligten zur Einhaltung der eingegangenen Verpflichtungen zu zwingen. Was Zeus, Athene und die anderen Götter zum Frieden beitrugen, waren die *spondaí*, die Trankopfer, mit denen ein Vertrag besiegelt wurde. Denn das Ausgießen des Weins, als Geste immer dazu bestimmt, den Schutz der Götter bei gefahrvollen Unternehmungen zu erlangen, bot nun, verbunden mit dem

Eid der Vertragschließenden, allen die Gewähr, daß der Himmel selbst den Vertragsbrüchigen strafen würde.
Im Zentrum aller Bemühungen standen die Art und Weise der Kriegführung, die Suche nach Hilfe und Bundesgenossen und die Unterbrechung oder Beendigung der Kämpfe. Der Weg zu den Anfängen solcher Regelungen führt in das achte Jahrhundert und stößt dort auf Verbindungen, die die adligen Clans über die Grenzen ihrer Heimatstädte hinaus mit ihresgleichen eingingen. Diese hatten natürlich keine Rechtsexperten zur Hand, die bereits ein System von rechtlich stimmigen Regelungen für die zwischenstaatliche Begegnung zweier oder mehrerer Partner entworfen hätten. Aber es existierte eine Vielzahl von Regeln und Normen, die sich in jahrzehntelanger praktischer Übung herausgebildet und bewährt hatten. Dazu zählten Formen der Kriegserklärung, Vereinbarungen über Zweikämpfe, Abmachungen über die Bergung von Toten auf dem Schlachtfeld. Was immer besprochen und ausgehandelt wurde, es durfte das Licht der Öffentlichkeit nicht scheuen. Als Hektor den griechischen Heerführern einen Zweikampf zwischen Menelaos und Paris, den Kontrahenten um die Gunst der Helena, vorschlug, legte er die Modalitäten in Anwesenheit beider versammelten Heere vor (Homer, Ilias 3, 68-75). Nicht anders sah dreihundert Jahre später der Abschluß des Waffenstillstandes zwischen Athen und Sparta 423 aus. Der Grund ist hier wie dort derselbe: Dort, wo eine kunstvolle Rechtfertigung des Vertragsbrechers die Götter täuschen und ihn von ihren Strafen befreien mochte, sollte die öffentliche Meinung den Delinquenten aus der Gemeinschaft der Griechen ausschließen.
Ein ausgebildetes Völkerrecht verlangt jedoch mehr als Vereinbarungen zwischen Adelsfamilien. Die innerstaatliche Ordnung vor allem muß so beschaffen sein, daß einem weiteren Kreis von Staatsbürgern gesicherte Rechte zugestanden worden sind: Solange im eigenen Haus noch überwiegend willkürlich verfahren wurde, konnte sich in den griechischen Gemeinden der Gedanke nicht festigen, in einem fremden Gemeinwesen einen Partner zu sehen, dessen Ansprüche rechtlich anerkannt werden können. So waren es erst die selbstbewußt gewordenen Städte, die den entscheidenden Schritt tun konnten. Sie hatten gelernt, ihre Staatsgrenzen sorgsam zu hüten und die selbstherrlichen Beziehungen ihrer Eliten nach außen den Interessen der Gemeinde zu unterwerfen; so zwangen sie auch den zwischenstaatlichen Verkehr in das Korsett dauerhafter Rechtsformen.
Die wichtigste Verbindung von Städten im Krieg wurde seit dem frühen 6. Jahrhundert die Kampfgemeinschaft (*Symmachie*). Ihre rechtliche Form blieb lange unverändert: Der sie begründende Vertrag wurde zweiseitig formuliert, hielt die Gleichberechtigung der Partner fest und richtete sich in einem schon herrschenden oder drohenden Krieg gegen einen bekannten Feind. Ein Bündnis antwortete also auf einen unmittelbaren Angriff und konnte formal die Gleichrangigkeit der Partner festschreiben, auch wenn es dem schwächeren Vertragsgegner drückende Bedingungen auferlegte. Damit ist ein zentrales Problem beschrieben, das sich immer dann einstellte,

wenn der Symmachie-Vertrag dazu dienen mußte, Abhängigkeitsverhältnisse dauerhaft festzulegen und inhaltlich zu bestimmen.
Bereits der erste, inschriftlich erhaltene Beistandspakt aus der Zeit Solons ringt um eine Lösung. Damals hatten sich die peloponnesischen Städte Elis und Heraia vertraglich verbunden und zu wechselseitiger Hilfe verpflichtet (StV II 110): „Abmachung zwischen den Eleiern und den Heraiern. Es soll von jetzt an Symmachie bestehen für hundert Jahre. Wenn etwas nottut, sei es Wort oder Tat, sollen beide in jedem Fall und besonders für den Krieg sich verbinden. Verbinden sie sich nicht, so sollen die, die gegen diese Verpflichtung verstoßen, dem Zeus von Olympia ein Talent Silber als Sakralbuße erstatten" (Übers.: Bickerman). Keine Frage: der Vertrag ist paritätisch aufgesetzt und enthält eine umfassende Beistandsformel, die beide Städte gleichermaßen band. Erst die historischen Umstände des Vertragsabschlusses zeigen, daß Heraia in einem militärischen Konflikt Elis unterlegen war und zum Bündnisabschluß gezwungen wurde. Nunmehr fallen auch innerhalb des Vertragstextes Formulierungen auf, die nur dem stärkeren Elis nützen können: So die fixierte Dauer des Vertrages, die den Schwächeren auf ewig an Elis binden sollte, und die Bindung der Sakralbuße an den Tempel des Zeus in Olympia, das zu dieser Zeit von Elis kontrolliert wurde.
Generelle Festlegungen einer umfassenden militärischen Zusammenarbeit über den konkreten Konfliktfall hinaus entwickelten sich, als die Großmachtpolitik einiger Städte, zu denen vor allem Athen und Sparta zählten, dauerhafte Abhängigkeiten anstrebte. Die allgemein gehaltene und an die Zeit der Vereinbarungen homerischer Helden erinnernde Klausel, „dieselben Freunde und Feinde haben", mit der die militärische Partnerschaft begründet wurde, sicherte nunmehr dem jeweils Bedrohten die sofortige und umfassende Hilfe seines Bundesgenossen, gleichgültig, von wem die Bedrohung ausging. Sie war damit am besten geeignet, den Großmächten Sparta und Athen als Kernformulierung ihrer Verträge zu dienen, mit denen sie ihre großen Bünde zusammenhielten (s. S. 150 ff.; 181 ff.).
In ihrem praktischen Vollzug hatte sie viele Gesichter. Sie konnte das direkte militärische Eingreifen ebenso wie die Verpflichtung bedeuten, keinen Sonderfrieden zu schließen oder den Feind nicht zu begünstigen. „Wir werden die Freunde und Feinde der Athener als unsere Freunde und Feinde betrachten, und wir werden die Feinde der Athener weder durch Subsidien noch auf andere Weise begünstigen", schworen die Bottiaier, die 432 von Athen abgefallen waren und 422 in das Bündnis zurückkehren mußten, um der Strafe des übermächtigen Athen zu entgehen (StV II 187). Und die Einwohner von Halieis, einem Fischerdorf zwischen Hermione und Argos, gelegen in Feindesland, schworen während des Peloponnesischen Krieges den Athenern, eine Besatzung in ihr Dorf aufzunehmen, solange der Krieg dauerte, und „nichts Schädliches" gegen die Athener zuzulassen (StV II 184). Sie taten dies in der resignierenden Einsicht, daß nichts und niemand und schon gar nicht Sparta ihre Fischerboote vor dem Zugriff der athenischen Trieren schützen konnte und es daher besser war, mit dem Teufel zu paktieren als seine Drangsalierungen zu ertragen.

Athen garantierte in diesem Vertrag die Sicherheit des Dorfes und seinen Besitzstand auch für die Zeit nach Kriegsende (Z. 12 ff.). Dies war neu und das Ergebnis einer politischen Entwicklung, in der das ausufernde Bündnissystem der Großmächte in der letzten Hälfte des 5. Jahrhunderts die kleinen Staaten zwang, den Schutz einer Großmacht zu suchen, um in ihrem Schatten – was immer es kosten mochte – die staatliche Autonomie zu wahren. Denn wenn die Großmacht von Schutz sprach, so war damit auch der Verzicht auf Übergriffe gegen den schwächeren Partner ausgesprochen. Die Großmächte beugten sich mit diesem Zugeständnis nicht zuletzt der für sie peinlichen Entwicklung der öffentlichen Meinung in Griechenland. Sie sprach, je länger der Krieg der Großen gegeneinander dauerte, immer lauter von der Autonomie jeder griechischen Stadt und erklärte diese zum eigentlichen Sinn und Ziel der Geschichte aller Griechen (vgl. S. 185f.). Die Verdichtung der zwischenstaatlichen Beziehungen während des Peloponnesischen Krieges und die schließliche Unfähigkeit des überforderten Siegers Sparta, die Verhältnisse in Griechenland und in der Ägäis neu zu ordnen, weiteten das Instrumentarium des Völkerrechts weiter aus. Insbesondere der Friede (*Eirene*) und seine vertragliche Herstellung erhielten jetzt neben der Symmachie einen eigenständigen Wert. Zusätzlich kamen multilaterale Verträge auf, die anstelle der früheren religiösen Bindungen der Vertragsgegner kollektive Sanktionsbestimmungen enthielten. Zu lange hatte man erfahren müssen, daß die Götter gegen kunstvolle Rechtfertigungen von Vertragsbrüchen machtlos waren; also mußte neben dem Fluch der Götter auch die Rache der Menschen den treffen, der die Eide brach. Im 4. Jahrhundert regelten dies vornehmlich die sogenannten „allgemeinen Friedensverträge" (s. S. 236f.), die die gängig gewordene Formel von der Autonomie der Städte aufgriffen und auf dieser Grundlage eine Friedensordnung für ganz Griechenland schaffen wollten – vergebens.
Es war dies auch das Jahrhundert, das eine weitere Form zwischenstaatlicher Beziehungen fand: die *Isopolitie*. Was damit im formalen Rechtssinn gemeint war, ergibt sich bereits aus vereinzelten Nachrichten über derartige Vereinbarungen aus dem 6. und 5. Jahrhundert. So berichtet Herodot (1, 54), der lydische König Kroisos sei über das Orakel des Apoll, er, Kroisos, werde ein großes Reich zerstören, so erfreut gewesen, daß er jedem Bürger Delphis zwei Statere Gold übersandt hätte; daraufhin sollen die dankbaren Delpher beschlossen haben, „jeder Lyder sollte Bürger von Delphi werden können für ewige Zeiten." Wer also die Isopolitie – sei es ein- oder wechselseitig – vereinbarte, der verpflichtete sich, jeden Bürger des Partnerstaates bei sich als Bürger aufzunehmen, sobald dieser es begehrte.
Praktisch wirksam wurden derartige Vereinbarungen nur selten; schon gar nicht bestand die Gefahr, daß ein gewaltiger Zustrom von Neubürgern einen Vertragspartner in Schwierigkeiten gebracht hätte. Der Sinn solcher Abmachungen war denn auch ein anderer: Es kam den Kontrahenten darauf an, in einer überaus unsicher und gewalttätig gewordenen Welt freundschaftliche Beziehungen mit anderen Städten herzustellen, da davon ausgegangen werden konnte, daß Staaten, deren Bürger potentiell jeweils auch

dem anderen Staate angehörten, diesen nicht mit Krieg überziehen würden. Tatsächlich verschwand dieses Instrument der Friedenssicherung, als das Ziel obsolet geworden war: Ende des 2. Jahrhunderts hatte die Weltmacht aus dem Westen ihre schwere Hand auf die griechischen Städte gelegt und ihnen als allererstes verboten, was sie über Jahrhunderte hin so leidenschaftlich betrieben hatten: den Krieg.

# IV. Der geistige Aufbruch

| | |
|---|---|
| 750 – 700 | Als frühestes Zeugnis der griechischen Dichtung entsteht die „Ilias" des Homer; etwa 30 Jahre später folgt die „Odyssee"; beide gehen auf eine lange mündliche Tradition zurück. Hesiod (um 700) schildert das bäuerliche Leben in „Werke und Tage" und beschreibt in seiner „Theogonia" die Entstehung der olympischen Götterwelt. |
| 700 – 500 | Die große Zeit der griechischen Lyrik. Am Anfang stehen Archilochos von Paros (um 650) und Semonides aus Samos (um 600), die in Iamben kritisch die eigene Zeit schildern. Elegien schreibt der Spartaner Tyrtaios (um 620), der im 2. Messenischen Krieg Kampf und Tod für die Heimat preist. Liebeslieder singt Sappho auf Lesbos (um 600), während ihr Landsmann Alkaios Trink- und Kampflieder verfaßt. Seit dem späten 7. Jahrhundert entsteht eine Sammlung von 33 Gedichten („Homerische Hymnen"), die der Verehrung einzelner Gottheiten dienten (bedeutsam: Demeter- und Apollohymnus); Thukydides schrieb sie Homer zu. Die Chorlyrik des Pindar (um 520 – um 446) beherrscht die Tradition der Mythen. |
| 650 – 500 | Bau großer Tempel in Stein nach der dorischen, in Kleinasien nach der ionischen Säulenordnung. Parallel dazu entsteht die Großplastik. |

## 1. Erste Ordnung der Welt und des Lebens: Der Mythos

*Erzählte Geschichten*

Die Mythen herrschten in der griechischen Kultur auf fast einzigartige Weise: Sie zogen ein dichtes Netz von Geschichten über Dichtung und Bildkunst, Religion und Philosophie, Politik und Geschichte, und ihre Formeln prägten die Weltsicht des großen und des kleinen Mannes. Hunderte von Namen und Schicksalen, in denen sich immer neu die Wege der Götter, Menschen, Fabelwesen und Tiere kreuzten, lebten in den klassischen Texten ebenso wie in den Dichtungen der hellenistischen Zeit und selbst in den frommen Schriften der frühchristlichen Kirchenväter. Sie sind in unzähligen Bruchstücken erhalten geblieben, und ihre mächtigste dichterische Gestaltung in der attischen Tragödie des 5. Jahrhunderts hat sie bis heute zum unverzichtbaren europäischen Bildungsgut erhoben, deren Inhalte ihre Faszination nie verloren haben und durch die Jahrhunderte auf vielfältige Weise immer wieder rezipiert wurden.

Das griechische Wort *mythos* heißt „Rede, Erzählung"; den kritischen Geistern des 5. Jahrhunderts wie Xenophanes (gest. um 470), die gegen die

*Rosso Fiorentino (1494-1540), Pandora*
(Federzeichnung, École des Beaux-Arts, Paris)

Die Frage, wie das Böse in die Welt kam, und warum sich Götter und Menschen entzweiten, quälte nicht nur die Christen (s.S. 614 f.). Bereits die frühen Griechen wollten wissen, wie es zuging, als die paradiesische Urzeit endete, in der die Menschen auf Erden lebten, „allem Elend fern und ohne beschwerliche Mühsal, ohne Krankheit und Schmerzen ..." (Hesiod, Erga 90 ff.).

Auskunft gab der Mythos, gab die Geschichte von Pandora und Prometheus: Dieser brachte das Feuer auf die Erde, Inbegriff aller Zivilisation, jene alle Übel. Den Menschen habe Prometheus, so erzählt Hesiod, wider göttliches Gebot geholfen, worauf Zeus rachsüchtig beschloß, nun selbst ein besonderes Geschenk den Irdischen zu senden: Pandora. Sie formte Hephaistos aus dem Staub der Erde, und alle Götter beschenkten sie: Die einen mit der Gabe der überirdischen Schönheit, die anderen mit den Lastern der Täuschung und des Betrugs. Von Hermes zur Erde gebracht, wird sie von Epimetheus, dem Bruder des Prometheus, aufgenommen – allen Warnungen zum Trotz, „nie eine Gabe anzunehmen von Zeus, dem Olympier." So kam das Unheil über die Welt, durch die Hand einer schönen Frau: Pandora hob den Deckel eines Gefäßes, in dem alle Übel verborgen waren, so daß sie sich über die ganze Erde verbreiten konnten:

„Einzig die Hoffnung blieb da in unzerstörbarer Wohnstatt,
Innen unter dem Rande des Kruges, und flog nicht ins Freie
Auf und davon ...
Aber die andern durchschweifen, unzählbare Plagen, die Menschheit;
Nämlich voll ist die Erde von Übeln, voll auch die Salzflut."
(Hesiod, Erga 57-101 und – kürzer – Theogonie 570-590; Übers.: W. Marg; vgl. zur kunsthistorischen Rezeption D. und E. Panofsky, Die Büchse der Pandora, Frankfurt 1992).

Hesiod erzählt seine Version des Sündenfalls, der den Menschen dazu verdammte, „im Schweiße seines Angesichts sein Brot zu essen." Der Bauer aus Böotien liebte die Frauen nicht (s.S. 61) und machte nicht zufällig die nebst Helena Schönste zur Mutter aller irdischen Leiden und Laster. Jahrhunderte später, um 200 n.Chr., schrieb der Römer Babrius den alten Mythos um und lud alle Schuld auf den unstillbaren Wissensdrang des Menschen: Zeus, so lautete seine Geschichte, habe alle guten Dinge, versiegelt in einem Faß, den Menschen anvertraut; diese, getrieben von ihrer Neugier, brachen schließlich den Deckel auf und mußten hilflos zusehen, wie alles Gute zu den Göttern zurückkehrte und ihnen nur die Hoffnung blieb:

„Da flog denn alles Gute zu den Göttern auf,
weil er es losgelassen: fort war's aus der Welt.
Als wieder er den Deckel aufgesetzt, da blieb allein
zurück die Hoffnung. Darum blieb auch diese nur
noch bei den Menschen – Hoffnung, welche uns
verspricht die Segnungen, die uns entflohen sind."
(Schnurr, Fabeln der Antike, 2. Aufl. 1985, S. 283).

Tradition der Dichter zu Felde zogen (s. S. 129), diente es zur Bezeichnung alter Geschichten vornehmlich von Göttern, die niemand ernst nehmen sollte. Keine literarische Form band sie: Sie waren Erzählungen, die als Sagen, Legenden, Märchen oder Schwänke in Prosa, Gedichten und Liedern vorgetragen wurden und – immer wieder gehört und erzählt – modifiziert und weitergesponnen werden konnten. Anders als die Personen im Roman, die immer nur auf eine Handlung festgelegt sind, lebten die Gestalten der Mythen viele Leben und erlitten viele Tode. So z. B. die kretische Königstochter Ariadne, die mit dem fremden Helden Theseus geflohen und von diesem auf Naxos verlassen worden war: Dort erhängte sie sich oder floh schwanger nach Zypern, wo sie in den Wehen starb, oder Dionysos befreite sie, feierte mit ihr göttliche Hochzeit, ehe sie zum Himmel aufstieg, wo sie noch heute als Stern zu sehen ist, oder sie verwandelte sich in einen Stein auf dem Feld, als ihr Theseus im Kampf gegen Dionysos das todbringende Haupt der Medusa entgegenstreckte.
Die Mythen unterhielten und verzauberten – auch die Späteren, die ihren Wahrheitsgehalt zu wägen wußten:

„Fürwahr, es gibt der Wunderdinge viel;
Doch täuschen oft auch Fabeln
Mit Lügen ausgeschmückt
Der Menschen Seelen über Wahrheit selbst.
Die Charis, die den Sterblichen
Anmutig alles macht,
Gibt jenen Sagen Wert und macht Unglaubliches
Glaublich gar oft."
(Pindar, Erste Olympische Ode, geschr. 476, Übers.: Goethe).

Anfangs und vor allem dienten sie dazu, fremdartige Erscheinungen und Vorgänge zu erklären, indem sie diese in Geschichten hüllten. Verstand, Phantasie und Gefühl nahmen dramatische Ereignisse auf, die Grauen, Bewunderung und Vergnügen wachriefen. Dabei waren überall Götter und Heroen, Geister und Fabelwesen am Werk, während die Phantasie den Zuhörer in die dunklen Gefilde der Vorzeit, in die goldenen Paläste der Götter und in die Abgründe der menschlichen Seele führte. Die allzuhäufig mit dem Verstand nicht zu durchschauenden Bedingungen des Lebens begannen sich zu ordnen und erhielten ihren tieferen Sinn. So erläuterten die Mythen den Ursprung der Welt, sprachen von der Erschaffung von Göttern und Menschen, gaben der Furcht Gestalt, machten verständlich, warum Heiligtümer und Gräber, Feste und Rituale an einem ganz bestimmten Ort heimisch waren, begründeten Familien- und Stammesansprüche, legitimierten überkommene Herrschaftsformen, erklärten die Gründung und den Untergang von Städten. Mit einem Wort: Sie verknüpften die Gegenwart mit der Vergangenheit, banden das Unbekannte an das Bekannte und faßten in Worte und Geschichten, was der Erklärung bedurfte.

## 1. Der Mythos

*Täter und Leidende*

Die meisten Mythen folgen mehr oder weniger feststehenden Handlungsfolgen. So tritt in immer neuen Gestalten der Held auf, der eine bestimmte Aufgabe zu lösen hat und ferne Welten durchstreifen und viele Abenteuer und Kämpfe bestehen muß, bevor er heimkehren kann. Herakles war der größte dieser Helden: Als Sohn der Alkmene, die Zeus in der Gestalt ihres Gatten geliebt hatte, von der eifersüchtigen Hera zeitlebens verfolgt, diente er auf Weisung des delphischen Apoll dem mykenischen König Eurystheus und vollbrachte Taten, deren Größe ihn schließlich an den Tisch der Unsterblichen führen sollte. Wie er fuhren Jason und Perseus in die fernsten Winkel der Welt, um Abenteuer zu bestehen: Jason, der das Schiff Argo baut und seine Gefährten auf der Suche nach dem goldenen Vließ in das ferne Sonnenland Aia führt, besteht mit Hilfe der Königstochter und Zauberin Medea alle Proben, die ihm der Herr des goldenen Vließes stellt; er stirbt nach Jahren glücklicher Ehe in den Flammen eines vergifteten Gewandes, das die verlassene Medea seiner neuen Gemahlin trügerisch zugesandt hatte. Perseus hingegen wird glücklich: Er gewinnt mit Hilfe verzauberter Flügelschuhe und einer Tarnkappe das Haupt der Medusa, das alle seine Gegner zu Stein werden läßt, befreit die Königstochter Andromeda, die einem Seeungeheuer geopfert werden soll, heiratet sie und wird König von Mykene.
Das Muster dieser Heldenerzählungen mit Suche, Probe und Kampf als Voraussetzung von Glück, Hochzeit und Herrschaft ließ wenig Raum für eine Predigt. Für viele dieser gewaltigen Streiter traf sogar zu, was Plutarch über sie schrieb: „Niemals benutzten sie ihre körperlichen Vorzüge, um Gutes zu tun oder anderen zu helfen, sondern sie gefielen sich in ihrer brutalen Eitelkeit und freuten sich, wenn sie ihre Kraft für wilde, bestialische Unternehmungen einsetzten, indem sie die, die ihnen in die Hände fielen, unterjochten, mißhandelten und umbrachten. Achtung, Aufrichtigkeit, Gerechtigkeit und Menschlichkeit waren für sie Tugenden, die von denen geachtet wurden, die nicht den Mut besaßen, Böses zu tun" (Theseus 6,4). Aber die Zeiten änderten sich und es betraten andere Helden die mythische Bühne. So etwa Theseus und Herakles: Sie bekämpften die Ungeheuer Plutarchs wie Wegelagerer, gründeten Städte und lehrten die Menschen bestimmte Künste. Alle jedoch wiesen sie durch ihre verschlungenen Lebenspfade den Weg, die Größe und Grenzen menschlichen Tuns – und sei es nur durch den Kontrast – verständlicher zu machen.
Blutige Familiendramen taten dies noch eindringlicher und erlaubten zudem, alle verbotenen Beziehungen von Vater, Mutter, Sohn und Tochter durchzuspielen. Inzest und Mord zerstören da die Familien: Der Sohn erschlägt den Vater, heiratet die Mutter und verflucht seine Söhne, die sich im Kampf gegenseitig töten – so das Schicksal des Hauses Oidipus –; oder: Der Vater opfert dem eigenen Ehrgeiz und dem Staat die eigene Tochter, die Mutter wendet sich einem neuen Manne zu und mordet den Vater, der Sohn rächt mit Hilfe seiner Schwester den Vater und tötet die Mutter – so das Schicksal des Hauses Agamemnon.

Auch der Zug der „Sieben" gegen Theben, zeitweilig so beliebt und bekannt wie der Kampf um Troja, beginnt mit einer Familientragödie und dem Untergang eines Geschlechts: Als er sich in seinem Palast zum Kampf rüstete, wußte einer der Sieben, der Seher Amphiaraos, daß er selbst und seine Gefährten bis auf einen die Heimat nie wiedersehen würden. Und er war sich sicher, daß nur der Verrat seiner bestochenen Gattin Eriphyle ihn in den Krieg und den sicheren Tod trieb. Also befahl er seinem kleinen Sohn Alkmaion, seinen Tod zu rächen, was dieser – erwachsen geworden – auch tat. Getrieben von den Rachegöttinnen, den Erinyen, floh er von Land zu Land, bis ihn Phegeus, der König des arkadischen Psophis, von der Blutschuld reinigte und ihm seine Tochter Arsinoë zur Frau gab. Wenig später peinigte eine Hungersnot Psophis, und so zog der Muttermörder aus, ein Land zu suchen, das die Sonne nicht beschienen hatte, als er seine Tat vollbrachte. Er fand es im Schwemmland eines Flußes und heiratete eine neue Frau: Kallirrhoë, die Tochter des Flußgottes. Diese forderte von ihm das Halsband, das Hephaistos selbst geschmiedet und Kadmos seiner Braut Harmonia, der Tochter der Aphrodite, geschenkt hatte. Es war eben dies, mit dem Polyneikes, ein Nachfahre des Kadmos, Eriphyle bestochen hatte, um ihren Gatten Amphiaraos in den sicheren Tod zu schicken. Es sollte auch ihm zum Verhängnis werden: Als er es Phegeus, der es verwahrte, entwenden wollte, wurde er von dessen Söhnen getötet.

Andere Mythen erzählten von der Zeugung und Geburt von Göttern und Heroen. Ihre göttlichen Mütter brachten sie zumeist versteckt und in Höhlen zur Welt, um sie vor dem Haß und der Angst des Vaters, von seinen Nachkommen gestürzt zu werden, zu retten. So hielt die älteste aller Mütter, Gaia, die Göttin Erde, ihre Kinder vor den Augen des Vaters Uranos in ihren Höhlen verborgen, bis ihr Sohn Kronos mit der von der Mutter geschmiedeten Sichel dem Vater Gemächt und Macht raubte und seine Geschwister befreite. Aber auch diese Generation war durchaus nicht besser als der entmannte Unterdrücker: Auch Kronos stellte seinen Kindern nach und verschlang sie aus Furcht, an sie seine Macht zu verlieren; den Sohn Zeus jedoch, der Kronos stürzen sollte, gebar die Göttin Rhea heimlich in einer Höhle auf Kreta und schob dem Vater statt des Kindes einen Stein unter, den dieser hastig hinunterwürgte. Die Mythen begleiteten das gefahrvolle Schicksal des Neugeborenen, der versteckt bei Hirten und Tieren und genährt von einer Ziege aufwuchs, bevor seine große Stunde schlug. Ähnlich wie Zeus wuchs Dionysos, verfolgt von Hera, im fernen Nysa bei den Nymphen auf. Auch diese Mythen folgten einem weit verbreiteten Muster: Die jüdische Geschichte kennt die wunderbare Rettung des in einem Korb auf dem Nil treibenden kleinen Moses, die römische Legende erzählt von den Zwillingen Romulus und Remus, die eine Wölfin rettete und säugte, Griechen berichten vom persischen Großkönig Kyros, er sei, ausgesetzt von seinem Großvater, heimlich von einer Hündin oder einer Kuh großgezogen worden. Was diese Geschichten beweisen wollten, ist klar: Die auf wunderbare Weise bestandenen Gefahren kündeten von der Berufung zu Ungewöhnlichem.

Dies bezeugen auch die Schicksale von Mädchen, die aus der Geborgenheit der Familie herausgerissen werden und, von einem Gott oder Heros übermannt, Götter oder Helden gebären. Bereits der Akt der Zeugung erscheint als phantasievoll ausgestaltete Ungeheuerlichkeit: Leda begegnet einem Schwan, Europa einem Stier, die in eine Stute verwandelte Demeter vereinigt sich mit dem stiergestaltigen Poseidon. Danaë, die Tochter des Königs von Argos, eingeschlossen in einem Turm, wird von Zeus in Gestalt eines goldenen Regens geschwängert, zusammen mit ihrem neugeborenen Sohn Perseus in eine Truhe gesperrt und ins Meer geworfen, das sie erst auf der fernen Insel Seriphos wieder freigibt. Oder die unglückliche thebanische Königstochter Antiope, die, nachdem Zeus sie in Satyrgestalt überfallen hatte, Zwillinge gebar und viele Jahre als Sklavin dienen mußte, bis ihre herangewachsenen Söhne ihre Peinigerin Dirke an die Hörner eines wilden Stieres banden und die Mutter befreiten.

Und da war Persephone, meist einfach „das Mädchen", *Kore*, genannt, deren Schicksal das alljährliche Kommen und Gehen der Jahreszeiten und Ernten erklärte. In der Homerischen Hymne an Demeter, geschrieben im späten 7. Jahrhundert, wird sie, die Tochter Demeters, von Hades, dem einsamen Gott der Unterwelt, geraubt. Die verzweifelte und schwer gekränkte Mutter eilt von Land zu Land, um ihre Tochter zu finden:

„Brennende Fackeln trug sie in Händen, in leidvoller Stimmung
Wies sie ambrosische Speise zurück, verschmähte des Nektars
Honigsüßes Getränke und badete niemals den Körper" (48 f.).

Die Ernten verkamen, die Aussaat fiel nutzlos in die Erde, und das Geschlecht der Menschen wäre umgekommen, hätte Zeus nicht einen Kompromiß gefunden: Den Winter verbrachte Persephone von nun an unter der Erde, den Sommer dagegen oben bei ihrer Mutter.

Der alljährliche Wachstumszyklus war damit hinreichend erklärt: Persephone ist das Korn, das unter die Erde gebracht werden muß, damit aus dem scheinbaren Tod neue Frucht keimen kann; das Aufsprießen des Getreides ist die Rückkehr, ist die Wiederkehr des Lebens. Die Freude der Mutter, wenn sie ihre der Unterwelt entstiegene Tochter jährlich neu umarmte, entsprach der Freude der Menschen über das Frühjahr und die erwarteten großen Ernten. Zugleich mahnte der Ratschluß des Zeus, Persephone habe ihre Zeit zwischen dem Gatten und der Mutter zu teilen, an das Wechselspiel von Leben und Tod, dem kein Sterblicher entrinnen konnte. Auch dies prägte die Vorstellung von Demeter und ihrer Tochter, die das Leben geben und denen die Toten gehören: „Demétreioi" nannten die Athener die Toten und besäten die Gräber mit Getreide.

Und schließlich erklärte der Mythos Ort und Ritual der Mysterien in Eleusis, wo die trauernde Göttin die Nähe der Menschen gesucht und wo sie ihre Tochter wiedergefunden hatte: Die Mysten trugen wie Demeter Fackeln in den Händen, fasteten in ihrer Trauer und vollzogen alle Handlungen der Suche nach der verlorenen Tochter und des göttlichen Aufenthalts am Hof von Eleusis nach, bis mit der auferstehenden Kore die Hoffnung auf Erlösung erfüllt schien.

Es bleibt Helena, die schönste unter den Frauen und selbst eine Göttin. Sie war die Tochter der Leda oder der Nemesis, die Zeus durch alle Verwandlungen als Fisch, Landtier und Vogel verfolgt hatte. Von Theseus entführt und vergewaltigt, als sie fast noch ein Kind war, nahm Helena schließlich die Hand des spartanischen Königs Menelaos, nachdem alle berühmten Helden Griechenlands um sie geworben hatten. Ihr Schicksal wurde der Trojaner Paris: Er hatte einst als Hirt auf dem Berge Ida entscheiden müssen, welche Göttin die Schönste sei: Hera, Athena oder Aphrodite, und er gab den Preis Aphrodite, die ihm als Lohn die schönste Frau der Welt versprochen hatte, Helena. Nach Homer lebte sie in den zehn Jahren des ihretwegen entbrannten Krieges um Troja dort; der Dichter Stesichoros, dem Euripides in seinem 412 aufgeführten Drama *Helena* folgte, versetzte sie nach Ägypten, wo sie keusch und geborgen lebte, während Paris mit einem Phantom, geschaffen von den Göttern, schlief. Als Göttin verehrt wurde sie in Sparta und anderswo, und immer gab der Mythos die Antwort auf die Frage, warum gerade dort. So auch in Rhodos, wo ein Baumheiligtum der Helena durch eine jedermann einleuchtende Geschichte erklärt wurde: Helena sei, nach Menelaos' Tod aus Sparta vertrieben, hilfesuchend an den Hof der Königin von Rhodos geeilt; diese jedoch, Witwe eines vor Troja gefallenen Kriegers, habe ihre Dienerinnen als Rachegöttinnen (*Erinyen*) verkleidet, Helena im Bade ergreifen und an einen Baum hängen lassen. „Daher" – so schließt der Bericht des Pausanias (3, 19,9 f.) – „haben die Rhodier ein Heiligtum der Helena des Baumes."

*Staat und Politik*

Auch Staat und Politik waren durchzogen von Mythen, die Institutionen und Herrschaftsansprüche verständlich machten und legitimieren sollten. Es gab kein Adelsgeschlecht, das seine Vorfahren nicht auf einen Gott oder einen großen Heroen der Vorzeit zurückgeführt hätte, und jede Stadt war stolz auf einen eigenen Gründungsmythos, der über Jahrhunderte hinweg gepflegt und ausgestaltet wurde. Man tat dies auch dort, wo man – wie in den Kolonien des westlichen Mittelmeeres – im Grunde genau wußte, wie sich der tatsächliche Gründungsvorgang abgespielt hatte, und man schrieb Gründungsmythen auch für nichtgriechische Völker und Städte, die erst nach und nach in den griechischen Gesichtskreis traten. So wurden auch die trojanischen Urahnen der Römer von Griechen erfunden und auf ihre gefahrvolle Reise nach Italien geschickt, wo ihr Anführer Aeneas zum Stammvater Roms und des Geschlechts der Julier und – wunderbar genug – zum Ur- und Idealbild des Römers wurde.

Alle diese Mythen zeichnen sich dadurch aus, daß sie die Gründung der jeweiligen Stadt möglichst weit in die heroische Zeit zurückverlegen und ihnen damit ein höheres Alter bescheinigen, als sie tatsächlich hatten. Die Stadt erhielt damit ein Ansehen, das sie über andere erhob und das Zusam-

mengehörigkeitsgefühl ihrer Bürger stärkte. Vor allem aber konnten die Mythen beweisen, daß man zu Recht den Platz behauptete oder forderte, den andere einem streitig machen wollten: Die ständigen und wechselvollen Kämpfe um größere oder kleinere Territorien hatten Besitz zu einem unsicheren Gut gemacht, so daß bestehende Ansprüche um so gerechtfertigter erschienen, je eindeutiger sie als uralt und bereits von einem großen Heroen verfochten vorgestellt werden konnten. Der spartanische Prinz und Abenteurer Dorieus etwa brach im Jahre 411 auf, um auf Sizilien nahe der Stadt Eryx eine Kolonie zu gründen, weil das Land einst sein Stammvater Herakles im Zweikampf mit dem eponymen Stadtgründer Eryx als Siegespreis gewonnen hatte. Wie intensiv über solche mythologischen Legitimationen nachgedacht wurde, lehrt der immer wieder umgeschriebene Mythos von der Rückkehr der Herakliden auf die Peloponnes. Er führt zurück in die Zeit der Entstehung der dorischen Machtzentren und des großen Konflikts zwischen Sparta und Messenien (s. S. 143), indem er erzählt, wie die Nachfahren des Herakles, nachdem sie nach jahrzehntelangen Kämpfen auf die Peloponnes zurückkehren konnten, als die neuen Herren das gewonnene Land verlosten: Argos, Lakedaimon und Messenien. Damit war für die Griechen zunächst die Frage hinreichend beantwortet, was aus den alten, von Homer geschilderten Königshäusern des Agamemnon, Menelaos und Nestor geworden war, wer diese Herrscher ersetzt hatte, wie die neue Machtverteilung aussah und warum der Machtanspruch der neuen dorischen Herren, die ihr Geschlecht auf Herakles zurückführten, gerecht war. Nun weist die Überlieferung des Losvorganges eine besondere Variante aus: Einer der Herakliden, Kresphontes, habe bei der Verlosung betrogen und so Messenien unrechtmäßig in seine Hand gebracht. Dieser deutlich den Messeniern feindliche Zusatz entzog den Herren, die im 8. Jahrhundert in Messenien als Nachfolger des Kresphontes herrschten, die Legitimität ihres Herrschaftsanspruches und rechtfertigte den spartanischen Überfall auf Messenien als Wiedergutmachung eines an den spartanischen Herakliden begangenen Unrechts. Es blieben die Korinther, die – nach dem Untergang Messeniens – dritte Großmacht auf der Peloponnes. Sie bemächtigten sich des Herakliden Hippotes, den das delphische Orakel zur Sühne für die Ermordung eines Sehers für zehn Jahre in die Verbannung geschickt haben soll; dort habe er, so erzählten plötzlich die Korinther, mit einer ansonsten unbekannten Frau einen Sohn gezeugt, und dieser, mit Namen Aletes, habe das Geschlecht des Sisyphos aus der Stadt gejagt und die Herrschaft der Bakchiaden begründet, mit denen der Aufstieg Korinths begann. Nur: dieser Aletes, ein korinthischer Lokalheld, hatte ursprünglich nichts mit den Herakliden gemein. Als sich jedoch die anderen dorischen Machtzentren rüsteten, Herakles selbst und seine Nachfahren die Legalität ihrer Ansprüche bezeugen zu lassen, schlug auch die Stunde der korinthischen Sagenschreiber: Aletes wurde zum Nachfahren des Herakles, wobei die zehnjährige Verbannung des Hippotes Raum genug bot, dies hinreichend zu begründen.
Was den Städten recht, war ihren Lehrmeistern, den großen aristokrati-

schen Familien, billig. Ihre Genealogien ordneten sie den Göttern und Heroen zu und verliehen ihrer Herrschaft so Glanz und Autorität. „Ihr seid des unbesiegten Herakles Geschlecht", rief vielerorts der Anführer, wenn er seine adligen Genossen in den Kampf führte (Alkaios frg. 129); war der Sieg gewiß und wurde das Preislied angestimmt, begann es mit einer Hymne auf die mythischen Vorfahren, deren großen Taten der Enkel nachgeeifert hatte. Der Meister dieser Gesänge, Pindar, kleidete jedes Lob in mythische Reflexionen und Kommentare, und seine Lehren hüllten sich in Geschichten, wie die märchenhafte vom Kinde Achill, das schon im Alter von sechs Jahren Löwen erwürgte. Zumeist genügten bereits Andeutungen, um die Zuhörer in eine pralle Welt immer wieder beschworener mythisch-heroischer Vorbilder eintauchen zu lassen. So konnte sich Solon durch wenige Anspielungen als zweiter Odysseus, listig, überlegen und pragmatisch wie dieser, vorstellen. Oder er schlüpfte in die Rolle eines zweiten Stadtgründers, indem er die Mutter Erde, Gaia, zum Zeugen seiner Befreiungstat aufrief (F 24) und damit vielfältige Assoziationen an den Gründungsmythos Athens auslöste: So wie Gaia den Gründer der Stadt, Erechthonios, in ihrem Schoß heranwachsen ließ, wird sie jetzt Zeugnis ablegen für den zweiten Erechthonios: Solon. Nichts anderers taten die Demokraten Athens, als sie ihre Ordnung mit Theseus, dem heroischen König und Stadtgründer, verbanden, um durch den Beweis des hohen Alters der Demokratie ihre Gegner mundtot zu machen. Sie alle wußten, welchen Wert ihre Mitbürger der heroischen Vergangenheit beimaßen. So versteht man denn auch, daß Kleisthenes von Sikyon die Epen Homers aus der Stadt verbannte, da sie allzu laut den Ruhm der Helden von Argos priesen, mit dem Sikyon im Krieg lag (Herodot 5, 67).

## 2. Das Ziel des Lebens: Der Kampf um Ehre und Unsterblichkeit

*Homer und die Welt des achten Jahrhunderts*

So wie Zeus immer unbestritten der höchste der Götter blieb, war Homer der Vater der griechischen Dichtung, ja der Vater alles griechischen Denkens. Wer als Grieche die höchste Autorität anrief, zitierte keine heiligen Schriften, sondern Homer, und wer den Nachkommen den Sinn des Lebens erklären wollte, las aus der Ilias oder der Odyssee. Mit diesen beiden Epen begann die literarische Überlieferung, und von dieser Stunde an blieb für rund drei Jahrhunderte Literatur Dichtung: Sie bot im Epos erzählende Dichtung, in den Texten Hesiods Alltagsgeschichte in poetischer Form und in Elegie, Hymnus und Lied das, was die neuzeitliche Poetik als „Lyrik" zu bezeichnen pflegt. Diese poetische Kultur beruhte, obwohl die Schrift als Hilfsmittel zur Verfügung stand, noch lange Zeit auf der mündlichen Überlieferung: Epen und Gedichte, Lieder und Dramen blieben durch ihre ständige Darbietung im Gedächtnis der Menschen.

## 2. Das Ziel des Lebens

Den Rahmen der Epen Homers steckte ein Kreis von Sagen, die den Überfall der Griechen des Festlandes auf das kleinasiatische Troja, die Zerstörung der Stadt und die Heimkehr der siegreichen Helden behandelten. Die Ilias handelt vom Zorn des Helden Achill im zehnten Kriegsjahr und dem Tod seines Gegners, des Fürsten Hektor. Die Odyssee verfolgt die Abenteuer des Helden Odysseus, den es nach dem Untergang Trojas nach Westen verschlug, und der erst nach zehnjähriger Irrfahrt seine Heimat in Ithaka erreichte, wo eine ungestüme Schar von Freiern die Hand seiner Frau Penelope und mit ihr den Besitz des Odysseus begehrte. Berufsmäßige Sänger und die adligen Herren selbst rezitierten an ihren Höfen jene Geschichten aus einer heroischen Vergangenheit, so wie dies Achill getan hatte, als es für ihn nichts mehr zu kämpfen gab:

„[So] fanden sie ihn, wie er grade sein Herz an der künstlichen, schönen,
Klingenden Leier vergnügte, geschmückt mit silbernem Stege,
Die er gewonnen, nachdem er Eetions Feste vernichtet.
Damit erfreut' er sein Herz und besang die Taten der Männer."
(Ilias 9, 186-189; Übers.: H. Rupé).

Was immer sie hören sollten, die Zuhörer waren davon überzeugt, daß sich alles so und nicht anders abgespielt hatte. Die Geschichten, die ihr adliges Herz bewegten, sprachen von ihren Idealen und von ihrem Leben, und die Tränen, die sie dabei weinten, waren Ausdruck ihres Gefühls, das sie nicht mit jedermann teilen wollten.

In Wirklichkeit waren diese Geschichten Erfindungen. In ihnen mischten sich umlaufende Abenteuer- und Kriegergeschichten mit einer schwachen, substanzlosen Erinnerung an die mykenische Zeit, deren zerstörte Paläste noch bestaunt und als Requisiten für die Ausstattung der Szenerie und der Akteure benutzt werden konnten. Die Gesellschaft jedoch, in der diese Geschichten spielten, war die der eigenen Zeit, auch wenn sie in den Kostümen eines vergangenen Schauspiels auftrat und ihre Helden etwa mit Waffen aus Bronze und auf Streitwagen kämpften, obwohl das Eisen im 8. Jahrhundert längst im Gebrauch und der Streitwagen verpönt war. Im Epos herrschten Könige und Adlige, die viel Land und Vieh besaßen und das Leben von Kriegshelden und Kaperfahrern führten. Den Mittelpunkt des sozialen Lebens bildete der Hof des adligen Großbauern, der zugleich Kriegsherr, Richter und Priester war und die Macht forderte, weil er reich, tapfer und Sohn eines Mannes war, der auch so gelebt und geherrscht hatte.

Das Volk blieb stumm. Im Gegensatz zu den großen Helden bildet es eine unbestimmte Masse, deren genauer Status (Rechtsstellung, soziale Gliederung) nicht bestimmt wird. Die Arbeit auf den Feldern wird häufig zusammen mit dem adligen Herren verrichtet; einige wenige Handwerker scheinen einen höheren Stand zu haben. Der Handel liegt in den Händen des Adels oder bleibt Ausländern (Phoinikern) überlassen. Die Meinung des kleinen Mannes ist nicht gefragt, und äußert er sich ungebeten, trifft ihn der Zorn der Fürsten: So lehrt es die Geschichte des armen Thersites, der in der

Heeresversammlung, die über Fortführung oder Abbruch des Krieges gegen Troja entschied, die Heimkehr gefordert hatte und dafür von Odysseus erbärmlich verprügelt und dem Spott des ganzen Heeres preisgegeben worden war:

„Zum Nachbarn gewandt, sprach mancher die folgenden Worte:
Meiner Treu, unzählige Taten vollbrachte Odysseus,
Glänzte voran mit trefflichem Rat und erweckte die Kriegslust;
Jetzt aber tat er das Meisterstück vor allen Argeiern,
Daß er den lästernden Frechling so rasch zum Schweigen gebracht hat!"
(Ilias 2, 271-275).

*Der Zorn des Achill*

Die Ilias des Homer endet mit dem Begräbnis eines Mannes, des Königssohnes Hektor, um den geschlossen seine Familie, das Königshaus und die ganze Stadt Troja trauern. Als der Scheiterhaufen angezündet wird, brach der 51. Tag des Geschehens an, das Homer die Geschichte vom Zorn des Achill nannte, und man schrieb das zehnte Jahr jenes Krieges, der mit der Zerstörung Trojas enden sollte.

Ausgebrochen war dieser Krieg wegen einer schönen Frau. Helena, die Tochter des Zeus, war dem trojanischen Prinzen Paris in seine Heimat gefolgt, woraufhin ihr Gatte, der spartanische König Menelaos, zusammen mit seinem Bruder Agamemnon alle griechischen Helden zum Kampf gegen Troja aufbot. Aber nicht um diese Fabel ging es Homer. Er besang das tragische Geschick des Helden Achill, des Sohnes der Meeresgöttin Thetis, der einzig am Fuß verwundbar war, und dem seine Mutter einst geweissagt hatte, er habe zwischen zwei Schicksalen zu wählen: Entweder jung vor Troja zu sterben und dabei immerwährenden Ruhm zu gewinnen, oder aber zuhause ein langes, aber unrühmliches Leben zu genießen (Ilias 9, 410 f.). Dieser Mann, der bei der Wahl seines Lebensweges nur einen Augenblick gezögert hatte, verweigert im zehnten Kriegsjahr, durch den Anführer Agamemnon gedemütigt, die weitere Teilnahme am Kampf und schickt damit seinen Freund Patroklos und unzählige Helden in den Tod. Reue und der Wunsch nach Rache treiben ihn zurück in die Schlacht, wo er alle Gegner und schließlich auch Hektor niederwirft und im Augenblick des Triumphes den vor ihm Sterbenden höhnisch zurufen kann, er, Achill, sei ein besserer Mensch als sie. Den dunklen Fleck auf seiner Ehre jedoch kann er nicht mehr tilgen.

In diese Geschichte hineingewoben ist die Tragödie des Prinzen Hektor, der seine Heimat nicht vor dem Untergang bewahren kann und dessen geschändete Leiche der Sieger um die Mauern Trojas schleift. Um beide Helden entfaltet sich ein großes Spiel um Ehre und Verblendung, Freundes- und Gattenliebe, grausame Rache und Erbarmen. Handlung und Personen werden immer vielfältiger: Lange Kampfszenen (11.-18. Gesang) wechseln mit Schilderungen der Verhältnisse in Troja, Rückblenden führen weit in die Vorgeschichte des Krieges, neue Helden mit eigener Geschichte und eigener Würde treten auf: So Aias, der unverwundbare Riese, der nur durch sich selbst zu Fall gebracht werden konnte, oder Diomedes, der – selbst unsterblich – die Götter herausforderte, oder der listenreiche Odysseus, der das hölzerne Pferd erfand und Troja damit den Eroberern öffnete. Hineingerissen auch die Götter: Partei für die eine oder andere Seite ergreifend, stürzen auch sie sich in den Kampf und bangen und weinen um das Los ihrer Helden. Über allem Zeus, Gemahl der vom Trojaner Paris beleidigten Hera, lange gebunden an sein Thetis gegebenes Versprechen, die Trojaner zu begünstigen, bis die Demütigung ihres Sohnes Achill an Agamemnon gerächt sei.

Die Zuhörer, denen die längst geläufigen Geschichten vom Krieg um Troja plötzlich als Fabel vom Zorn des Achill vorgetragen wurden, müssen aufgehorcht haben: Hier sang einer nicht mehr in bekannter Reihenfolge von Entführung, Krieg, Zerstörung und Heimkehr, sondern vom sinnlosen und für viele verderblichen Zorn eines Helden. Ein seelischer Konflikt, heraufbeschworen durch eine schwere Demütigung, beherrschte jetzt den Krieg und stürzte den Haupthelden in Schuld und Verstrickung, bis ihm der Tod des Freundes den Weg zurück zu seiner eigentlichen Bestimmung wies: dem Kampf. Alles dies, gepreßt in 51 Tage des letzten Kriegsjahres, verlangte Antworten auf die Frage, wie es zu diesem verfluchten Zorn hatte kommen können und und was er für alle jene mit sich brachte, die im weitesten Sinne davon betroffen waren.

Dabei war gerade das Lebensideal des Helden Achill immer klar gewesen: „stets der Beste zu sein und die anderen überragend" (Ilias 11, 784). Das Kriegsziel wog demgegenüber nichts: Als die Gesandten Agamemnons nach den ersten schweren Niederlagen Achill bitten, auf das Schlachtfeld zurückzukehren, lehnt er ab:

„Nicht um der Trojer willen der lanzenschwingenden, kam ich
Mit hierher in den Streit; sie haben ja nichts mir verschuldet.
Niemals haben sie mir die Rosse geraubt noch die Rinder,
Nie in Phthias schollicgen, männernährenden Fluren
Mir die Früchte verletzt, indem uns waldige Berge
Trennen im weiten Raum und des Meeres tönende Brandung."
(Ilias 1, 153-157).

Seine Ehre war die Ehre Achills, und sie bedurfte ebensowenig wie seine Taten eines übergeordneten Ziels, um sich zu entfalten. Ein Mann wahrte und mehrte sie als großer Krieger: „Wann immer wir beratschlagten ..., lief er weit vor der Menge ... und tötete viele Männer in der grausigen Feldschlacht; alle möchte ich jetzt nicht nennen mit Namen, die er erschlagen ..." (Odyssee 11,515-517). Als dies in der Unterwelt Odysseus dem besorgt nach seinem Sohn Neoptolemos forschenden Geist des Achill berichtete, glitt dieser stolz zurück in das Reich der Schatten: Sein Sohn war wie er.

Anders der große Gegenspieler Hektor – auch er ein Held und Krieger. Er erfüllte im Kampf seine Pflicht und wußte warum:

„Ein Zeichen nur gilt uns: das Vaterland zu retten" (Ilias 12,243). Denn:
„Nicht ruhmlos ist's, für das Vaterland kämpfend,
Unterzugehn; denn es bleiben gerettet ihm Gattin und Kinder,
Unversehrt auch Erbe und Haus, wenn dann die Achaier
Heimwärts ziehen mit den Schiffen zum lieben Lande der Väter."
(Ilias 15, 496-499).

Der Gegensatz könnte nicht klarer sein: Hier der Verteidiger von Haus und Hof, der auch dann noch kämpft, als er weiß, daß Troja fallen wird, dort der halbgöttliche Held, der als gewaltiger Krieger persönlichen Ruhm über die Zeiten hinweg in einem Konflikt erringen will, dessen Ziele ihm gleichgültig sind. Hier der Sohn eines alten Vaters, einer alten Mutter, Bruder von Brüdern und Schwestern, Schwager, Gatte, Vater, dort der an niemanden gebundene Sohn der Meeresgöttin Thetis, dem an Kraft und Schönheit keiner gleichkam. Beiden gemeinsam ist das Streben nach Ehre, die der Kampfpreis für allerdings unterschiedliche Tugenden sein kann. Diese werden nicht individuell, sondern im gesellschaftlichen Leben bestimmt, und sie entfalten sich nur in der Öffentlichkeit: Vor aller Augen muß sich der Held bewähren, so wie Hektor, der den flehenden Bitten seiner Gattin Andromache, den Gegner hinter den sicheren Mauern der Stadt zu erwarten, nicht nachgeben kann:

„Mich auch kümmert das alles, mein Weib, allein ich verginge
Wohl in Scham vor den Troern und Frauen in Schleppengewändern,
Wenn ich hier wie ein Feiger entfernt vom Kampf mich hielte.
Das verbietet mein Herz, denn ich lernte, tapferen Mutes
Immer zu sein und unter den ersten der Troer zu kämpfen,
Schirmend zugleich des Vaters erhabenen Ruhm und den meinen!"
(Ilias 6, 441-446).

Dieser Mann, an dessen Leiche ganz Troja weinte, hatte keine Aussicht, den Krieg siegreich zu bestehen. Zwar schien ihm im Verlauf der Kämpfe endlich seine Stunde gekommen und der Sieg greifbar vor Augen, als er nach unaufhaltsamem Vormarsch die Brandfackeln in die griechischen Schiffe warf. Als jedoch die Götter ihn und seine Stadt verließen, blieben ihm nur ein bitterer Tod und die furchtbare Erkenntnis, keinen der Seinen retten zu können. Die Gewißheit aber, als großer Krieger zu sterben, raubte ihm auch der nahe Tod nicht; bewaffnet nur noch mit seinem Schwert stürmte er gegen den übermächtigen Achill, „daß nicht kampflos in den Staub ich sinke, noch ruhmlos, nein, erst Großes vollendend, wovon auch Künftige hören!" (22, 304 f.).
Das Epos schließt nicht zufällig mit dem Begräbnis des geschlagenen Mannes. Der Zorn des Achill, der selbst den endgültigen Sieg über Troja nicht erleben durfte, endet mit dem Tod Hektors und verwandelt sich in Mitleid, als der Vater Priamos im Zelt des Siegers niederfällt und um den Leichnam seines Sohnes fleht: „Denn ich dulde, was noch nie ein Mensch auf Erden

erduldet, daß ich die Hände des Mannes, der die Söhne mir mordete, küßte." Achill, selbst laut das Schicksal seines Vaters und seines Freundes Patroklos beklagend, zog den knieenden Greis in die Höhe, „tief sich erbarmend des weißen Haupts und des weißen Kinnes":

„Komm und setze dich her auf den Sessel; wir wollen vor allem
Ruhen lassen, so traurig wir sind, im Herzen die Sorgen.
Gar nichts richten wir aus mit unserem schaurigen Jammer.
So bestimmten die Götter das Los für die kläglichen Menschen,
Immer in Sorge zu leben; allein sie selber sind sorglos."
(Ilias 24, 505-526).

*Odysseus*

Aristoteles (Poetik 1455b17-23) sah die Geschichte des Odysseus so: „Ein Mann irrt viele Jahre hindurch in der Fremde umher, weil ihn Poseidon verfolgt. Er ist allein. Zu Hause steht es so, daß von den Freiern seine Habe aufgezehrt und das Leben seines Sohnes bedroht wird. Nach stürmischer Fahrt erreicht er die Heimat, gibt sich einigen Personen zu erkennen und wagt den Kampf. Er wahrt sein Leben, die Feinde vernichtet er. Dies ist der Kern der Geschichte. Alles andere sind Episoden." Kein Wort von der Gattin, kein Gedanke an das Wiedersehen mit Penelope: Der Mord an den Freiern und damit – so ist hinzuzufügen – die Wiederherstellung des rechtmäßigen Königtums in Ithaka ist für Aristoteles das Ziel der epischen Handlung.

Aristoteles hat mit seiner Interpretation wenig Freunde finden können. Zu eindringlich scheinen den modernen Interpreten die Passagen, die die Rückkehr des Helden an seinen angestammten Hof mit der Heimkehr zu seiner Familie und seiner Ehefrau verbinden. Odysseus selbst drängt es, als er nach 23 Jahren wieder neben seiner Frau liegt, von den Leiden zu sprechen, „die er den Menschen getan, und von jenen, die selbst er erduldet" (Odyssee 23, 306 f.), und Homer will singen von dem Mann, der auf der Heimfahrt vom Wege abirrte und verfolgt vom Zorn der Götter Poseidon und Helios „viel erduldete auf dem Meer mit traurigem Herzen, als um sein Leben er rang und die Heimkehr seiner Gefährten" (1, 1-5). Es ist derselbe Mann, der vor den Phäaken weinte, als ihn die Erinnerungen übermannten, und von ihnen den Trost erhielt, sein Unglück werde den Nachgeborenen als Stoff für Geschichten dienen.

Seine Geschichte beginnt Homer mit einer Schilderung der Zustände auf Ithaka. Dort hatten sich am Hofe des vermißten und von den meisten für tot gehaltenen Fürsten Freier eingenistet, die den königlichen Besitz verpraßten und die Hand der Königin begehrten. Als ihr Mann in den Krieg zog, hatte er ihr gesagt, was gesagt werden mußte: Nicht jeder kehre von Troja heim, und es sei dann an ihr, das Nötige zu tun:

„Denk im Hause wie jetzt an den Vater, denk an die Mutter.
Und wenn du siehst, daß unser Sohn zum Manne heranwächst,

Dann vermähle dich dem, den du wünschst, und geh aus dem Hause."
(18, 259 f.).

Dieser Tag war nun gekommen und die Hochzeit festgesetzt. Da entschließt sich der herangewachsene Sohn Telemach, einen letzten Versuch zu wagen und Spuren zu finden, die auf das Schicksal des verlorenen Vaters hinweisen. Er macht sich auf den Weg nach Pylos und Sparta, um die alten Kampfgefährten zu befragen. Diese wissen von bestandenen Gefahren und von unendlichem Leid vieler zu erzählen, aber nur Menelaos erinnert sich an einen Satz des weissagenden Meeresgottes Proteus, der Hoffnung läßt: „der Sohn des Laertes – ihn sah ich auf einer Insel, Tränen vergießend, im Hause der Nymphe Kalypso . . ." (4, 555 f.).
Die Szene wechselt: Odysseus, an der Insel der Kalypso im fernen Westen schiffbrüchig geworden, teilt mit der ihn liebenden Nymphe Leben und Lager, weigert sich aber seit sieben Jahren, Ambrosia und den roten Nektar zu kosten, die ihn unsterblich gemacht hätten. Der Held fordert von den Göttern die Heimkehr, doch erst als seine Erinnerungen an die Heimat zu verblassen drohen, erhören sie ihn. Auf einem selbst gebauten Floß bricht er auf, scheitert im Sturm und kann nur mit Hilfe der Nixe Leukothea, deren Schleier ihn über Wasser hält, halb ertrunken und nackt das Land der sagenumwobenen Phäaken erreichen, deren Schiffe pfeilschnell und ohne Steuermann jedes Ziel erreichen. Als er dort am Strand niedersinkt, ist er am Ende und bar jeder Hoffnung. Einen Tag später wird er auf dem Bankett, das die Phäaken ihm zu Ehren geben, einen Trinkspruch ausbringen auf die Freuden des Trinkens, des Essens, des Singens und des allgemeinen Wohlseins, über die hinaus es nichts Schöneres im Leben gäbe (9,5). Wenig später wird er von dort wieder abfahren, erholt, gepflegt, bewundert von allen und geliebt von einer Frau, die er zurückläßt: Nausikaa, die Tochter des Königs Alkinoos. An dessen Hof hatte er seine Selbstachtung wiedergefunden, hatte endlich erzählen können, wer er war, welche großen Taten er vor Troja vollbracht und welche Not er nach dessen Fall erlitten:

„Ich bin Odysseus, der Sohn des Laertes. Es rühmen die Menschen
Meine Klugheit und List, und mein Ruhm steigt auf bis zum Himmel.
Von Ilios trug mich der Wind zu den Kikonen, nach Ismaros,
Und ich zerstörte die Stadt und tötete ihre Bewohner . . ."
(9, 20 f.; 59 f.).

Ein Schiff der Phäaken bringt ihn in wenigen Stunden nach Ithaka. Um dort das Schicksal des Agamemnon zu vermeiden, den dessen Frau und ihr Liebhaber am Tage seiner Rückkehr im Bade erschlagen hatten, kriecht Odysseus bei seinem alten Schweinehirten Eumaios unter, täuscht jedermann in der Verkleidung eines Bettlers und tötet schließlich die in der Halle des Herrenhauses eingeschlossenen Freier. Als diese Bluttat in Ithaka einen Bürgerkrieg auszulösen droht, empfiehlt Zeus Vertragsschluß, Frieden und allgemeine Amnestie: Seine Tochter Athena eilt herbei, das Gebot des Vaters auszuführen. Odysseus, „der sich nach Heimkehr sehnte und nach seiner Frau" (1, 13), besteht die Probe, die die mißtrauische Penelope als letztes Zeichen verlangt: Er nennt die Konstruktion seines Ehebettes und widerlegt den letzten Zweifel an seiner Identität. Dort, auf Ithaka, umgeben von seinem Volk, hatte ihm in der Unterwelt der Seher Teresias auch seinen Tod prophezeit:

„... Der Tod aber wird dir kommen
Fern von der See, gar sanft, und solchergestalt, daß du scheidest
Matt von strotzendem Alter, umgeben von glücklichem Volke."
(11,134 ff.; Übers. U. Hölscher).

Diese Geschichte eines Kriegers und Abenteurers, der kraft seiner Erfindungsgabe alle Gefahren überstand und nach über zwanzig Jahren zurückkehrte vom Rande der Welt, hat viele Gesichter. Auf den ersten Blick ist sie die Geschichte eines listenreichen Helden, der mit anderen ausgezogen war, einen Räuber und Ehebrecher zu bestrafen, und nicht heimkehren konnte und wollte, weil ihn widrige Geschicke und die eigene Lust an immer neuen Erfahrungen daran hinderten. In diese Geschichte wurden eine Reihe ursprünglich eigenständiger Erzählungen eingelegt. Viele ihrer Gestalten und Schauplätze führen in die Märchenwelt der Zauberer und Ungeheuer: Der einäugige und menschenfressende Kyklop, den Odysseus als „Niemand" übertölpelt, die Zauberin Kirke, die die Besucher ihrer Insel in Schweine verwandelt, Seeungeheuer wie Skylla und Charybdis, riesige Tintenfische, die Sirenen, deren Gesang die Seefahrer in den Untergang lockt, die schwimmende Insel des Windgottes Äolos, die paradiesische Landschaft der fern im Westen liegenden Insel der Nymphe Kalypso, der Abstieg des Helden in die Unterwelt – alles dies waren Geschichten, die der Erinnerung nicht entschwinden wollten, weil sie der menschlichen Phantasie und Fabulierlust hinreißenden Stoff boten.

Aber da ist noch die Geschichte eines Seemannes und Spätheimkehrers: Ausgefahren, von Unwettern verschlagen, in der Fremde verarmt und heruntergekommen, mittellos und außerstande, die Heimfahrt zu betreiben, bleibt der Gatte und Vater länger und länger aus. Schließlich hält man ihn für verschollen oder gar tot. Also geraten die Dinge zuhause durcheinander: Freier umschwärmen die schöne Witwe und ihren Besitz, der Sohn, der seinen Vater nie gesehen, muß an seine eigene Zukunft denken. Schweren Herzens macht sich die verlassene Ehefrau daran, den Vermißten für tot zu erklären und eine neue Heirat einzugehen. Just in diesem letzten Moment kehrt der Verschollene doch noch heim und muß eine Reihe von Proben seiner Intelligenz, Kraft und Ausdauer bestehen, um endlich wirklich zu Hause sein zu können.

Und da ist noch mehr: Der Held bewegt sich zwischen den Polen der Welt, die die Erfahrungen der ersten Kolonistenzüge weit geöffnet hatten. Das gesamte Mittelmeer mit seinen Inseln und Völkern, Kriegen und Gefahren, Händlern und Seeräubern wird zum Schauplatz. Die Ägäis mit ihren Küsten und Inseln, im östlichen Mittelmeer Kreta, Zypern, Phoinikien, Ägypten und Libyen, im Westen Sizilien, Italien und die Straße von Gibraltar werden bis hin zu den Segelrouten und Fahrzeiten beschrieben. Dort zählten andere Tugenden als in der Ebene des Skamandros, wo die Helden, eingezwängt zwischen den Stadtmauern der Trojaner und den Schiffen der Griechen, ihr heroisches Schicksal erfüllten. Als Odysseus am Wendepunkt seiner Irrfahrten an der Küste der Phäaken strandet, besitzt er nichts mehr als den geschundenen, salzverkrusteten Leib. Trotzdem bleibt er, was er immer war: schlau, zäh, ausdauernd und „von allen Sterblichen der weitaus Beste in Plan und Wort." So sah ihn auch seine Schutzgöttin Athena, die den Heimgekehrten am Strand von Ithaka, verkleidet als junger Herr, empfängt und von dem mißtrauischen Helden gleich mit einer schaurigen Lügengeschichte getäuscht werden soll:

„Schlau müßte sein und diebisch, wer dich überholen wollte
In allen Listen – und träte selbst ein Gott an gegen dich!
Du Schlimmer, Buntes Sinnender, an Listen unersättlich
Hast also selbst im eigenen Land von Tricks nicht lassen wollen
und nicht von Schwindeleien, die von Grund auf dein sind! ...
Darum kann ich im Unglück niemals ganz dich verlassen,
Weil du besonnen stets bist und schnell im Geiste und weise."
(Odyssee 13, 291-295; 331 f.).

Das waren Eigenschaften, die Odysseus zum Symbol der Unzerstörbarkeit des Menschen machten, dem auch seine äußerste Gebrechlichkeit nichts anhaben kann. Der vor Nausikaa niedergesunkene nackte Schiffbrüchige erschien seinen späteren Bewunderern eingehüllt in den Mantel seiner Würde und seiner Tugenden. Am Ende seines Weges hatte er alle Kämpfe des Lebens bestanden und alle Leidenschaften besiegt. Der Held rüstete sich, Sinnbild nützlicher Lebensweisheit zu werden. In dieser Rolle mußte er Abschied nehmen von den anderen Helden, mit denen er nach Troja gezogen war. Denn diese – so lasen die Leser der Horaz'schen Epistel an Lollius Maximus, eines der beliebtesten Gedichte des Mittelalters und der Renaissance – denn diese frevelten vor und hinter den Mauern der eingeschnürten Stadt, blieben befangen in Verbrechen und rasender Liebe, verstrickt in Zwietracht und Betrug. Dagegen habe Homer mit Odysseus anderes im Sinn gehabt:

„Dafür jedoch, was Tugend und was die Weisheit bedeutet,
Hat er als nützliches Beispiel den Odysseus uns geboten,
Trojas Bezwinger, der Städte und Sitten von vielerlei Menschen
Sorgsam geschaut und im weiten Meer viel Unbill erduldet,
Immer bedacht, wie er sich und den Seinen verhülfe zur Heimkehr,
Und in den feindlichen Wogen des Schicksals niemals versinkend."
(Horaz, Briefe 1,2,17-21; Übers.: R. Helm).

Aber auch die dunklen Seiten des Helden – Haß und Rachsucht –, von denen Homer in der Odyssee nichts mehr wissen wollte, blieben nicht verborgen. Sie entdeckten erst die Dramatiker des 5. Jahrhunderts, die –

wie Euripides in seiner *Hekuba* (um 425) oder Sophokles in seinem *Philoktet* (409) – den Lebenskünstler zum bedenkenlosen und kaltblütigen Intriganten machten. Sie nutzten dabei die Geschichte des Palamedes, der Odysseus wider seinen Willen in den Krieg nach Troja gelockt hatte: In dessen Zelt vergrub der Listenreiche, der seinen Haß lange und geschickt verborgen gehalten hatte, Gold, fälschte einen Brief des Priamos an ihn und bezichtigte ihn des Verrats; das ahnungslose Opfer wurde daraufhin verurteilt und gesteinigt (Apollodor, 6,7–8).

Odysseus hat die Phantasie der Menschen nicht ruhen lassen. Homer verließ ihn in Ithaka und wollte über sein weiteres Schicksal nichts sagen. Für die Leser machte seine Heimkehr Sinn, solange er die Freier niederwarf und um seine Ehre als König von Ithaka kämpfte; nach Sieg und Freudentränen aber wieder die Banalität des Alltags, der Held als grau werdender Hausvater an der Seite der treuen Gemahlin – dieser Gedanke war zu ernüchternd, um ihn auf Dauer zu ertragen. Allein Platon war sich sicher, daß der Heimkehrer bei der Wahl eines zweiten Lebens, „im Angedenken der früheren Mühen von allem Ehrgeiz erholt", die friedliche Existenz und die Geborgenheit eines Lebens wählen würde, das keine Versuchungen zu Ausfahrt, Krieg und Abenteuer bereit hielt (Politeia 620c-d).

Anders viele spätere Dichter. Sie warfen die Lose neu und beschieden dem listenreichen Helden ein neues, ihm gemäßeres Schicksal. Sie schickten Odysseus erneut auf Reisen, wobei der Anlaß leicht zu finden war, da er in der Logik der homerischen Geschichte eines zu spät Heimgekehrten lag: Penelope hat dem Drängen der Freier nachgegeben und aus dem Hof des verschollenen Fürsten ein Bordell gemacht (so Lykophron), oder der tierischste der Götter, Pan, hatte sich die keusche Penelope zur Mutter auserkoren und lag neben ihr, als Odysseus heimkehrte.

Andere, wie Eugammon aus Kyrene, erzählten sein Leben als das eines Abenteurers zu Ende und machten aus seinem Tod eine Tragödie, indem sie die Geschichte vom Vater, der gegen seinen Sohn kämpft, erfanden: So habe Odysseus mit Kirke einen Sohn, Telegonos, gezeugt, der – wie es bei Homer Telemach getan hatte – sich auf die Suche nach dem Vater machte, den er nur aus Erzählungen kannte. Nach Ithaka verschlagen, das er plündernd durchzog, stieß er auf Odysseus, der den gewalttätigen Helden zum Kampfe forderte und ihm unterlag; seine Leiche brachte der reuige Sohn dahin, wo seine eigentliche Heimat war: auf die Insel der Märchenfee Kirke, Aiaia, von der Homer wußte, daß dort die Morgenröte ihre Wohnung und Tanzplätze habe und die Sonne ihren leuchtenden Aufgang (Odyssee 12, 3 f.).

Die Christen taten sich schwer mit diesem Seefahrer und Abenteurer aus Ithaka. Als großer Dulder, der selbst als Bettler seine Würde nicht verlor, war er ihnen seltsam vertraut. Der an den Mast seines Schiffes Gebundene, der den Lockrufen der Sirenen standhält, schien gar ihr Schicksal zu teilen: Mit starken Fesseln an den (Kreuz-)Mast des Schiffes (der Kirche) gebunden, segelten auch sie ihrer Heimat zu, auch sie ständig bedroht von den Sirenen, d.h. den Versuchungen des Unglaubens und der Lust der Sinne.

Fremd wurde er ihnen wegen einer Eigenschaft, die Cicero noch gepriesen hatte: Den unstillbaren Wunsch, alles zu erfahren und alles zu wissen. So war Odysseus von der Insel der Zauberin Kirke weiter zu den Sirenen gefahren (Odyssee 12,36 ff.), allen Warnungen zum Trotz, allein der Gier nach Erkenntnis (*discendi cupiditate*) folgend. Denn diese, so glaubte Cicero, und ewige Wahrheit dazu versprachen die schönen Nymphen jedem, der an ihrem Eiland strandete, betört von ihrem Gesang (Über die Ziele des menschlichen Handelns, 5,49).

In den Augen des christlichen Mittelalters war diese Sehnsucht nach umfassendem Wissen Frevel, und wer danach strebte, ein Magier. Denn er zerstörte die Familie und forderte Gott heraus. So verbannte Dante Odysseus in die Hölle. Dort hörte er von ihm selbst seine Geschichte nach der Flucht aus Ithaka als Beichte eines Mannes, der keine Grenzen hatte anerkennen wollen:

„Da fesselte mich nichts mehr. Vaterglück
und Sohnesdankbarkeit und Gattenliebe,
wie sie Penelope um mich verdiente,
ward alles aufgezehrt in meiner Brust
vom heißen Drang, durch alle Länder hin
der Menschen Wert und Narrheit zu erfahren."

So fährt er hinaus aufs hohe Meer, passiert die Säulen des Herakles und wendet sich nach Süden, bis im fernen Dunst ein riesiger Berg auftaucht, den er jubelnd begrüßt, ohne zu wissen, daß es der Berg des Fegefeuers ist. Hier jedoch, jenseits der Grenzen, die menschlichem Wissensdrang nach göttlichem Willen gesetzt sind, im Angesicht des Läuterungsberges, scheitert der unstillbare Trieb nach Wissen:

„Die Lust ward bald zunichte,
denn von dem fernen Lande kam ein Wirbel,
der faßte an der Spitze gleich das Schiff
und dreht es dreimal um im Strudelkreise,
beim vierten hob er's hinten auf – und köpflings,
wie fremde Macht es wollte, fuhr's hinab.
Dann schloß sich langsam über uns das Wasser."
(Dante, Inferno, 26, 85-142; Übers.: Karl Vossler).

*Das Erbe der Helden*

Homer beherrschte das Denken der Griechen – auch dort, wo man ihn bekämpfte wie Xenophanes, der den Mythos verwarf und beklagte, daß „Homer und Hesiod den Göttern all das zusprachen, was bei den Menschen verachtet und getadelt wird – Diebstahl, Ehebruch und Betrügerei" (frg. B 11/Diels). Tatsächlich aber bewirkten die Epen Homers eine geistige Revolution:
– Sie gaben den Griechen eine gemeinsame Geschichte, einen gemeinsa-

men Glauben und gemeinsame Wertvorstellungen und schufen damit das Bewußtsein von einer eigenen, griechischen Identität und gaben ihr festen Halt.
- Sie füllten mit Anschauung, was die Griechen von den anderen, den „Barbaren", trennte. Zwar zählten bei Homer selbst die Trojaner nicht zu den Barbaren (allenfalls ihre Bundesgenossen), und eine Definition des Begriffes sucht man bei ihm vergebens, da er – wie Thukydides bereits notierte (1,3) – auch den Komplementärbegriff *Hellenen* nicht kannte. Als aber die Erfahrungen der Kolonisation und vor allem der Konflikt mit den Persern eine scharfe Abgrenzung provozierten, diente der Krieg um Troja Literaten und Künstlern dazu, die Auseinandersetzungen mit den Nichtgriechen in Ost und West verständlich zu machen. Noch Alexander knüpfte daran an, als er seinen Eroberungszug gegen das Perserreich durch den Besuch Trojas und des Grabes seines Ahnherrn Achill einleitete und mit dem Opfer für Priamos verband. Selbst im fernen Westen wurden die Veneter an der Mündung des Po, die Etrusker und vor allem die Römer als die Nachkommen der Trojaner bezeichnet und damit der Geschichte der Griechen zugeordnet: Die Wirklichkeit erfährt im Mythos ihre historische Erklärung.
- Sie führten ihren Zuhörern vor Augen, daß Sieg oder Niederlage nicht über den Wert eines Menschen entscheiden. Die Taten der besiegten Trojaner werden nicht weniger gepriesen als die der siegreichen Achäer, und Hektor ist so groß wie Achill. Dieser Grundgedanke, daß dem Überwundenen wenigstens im Urteil des Feindes Gerechtigkeit widerfahren muß, blieb den Griechen: Herodot schrieb seine Geschichte, um „die großen und wunderbaren Taten der Griechen und der Barbaren" zu schildern (s. S. 262), und Aischylos brachte den Sieg von Salamis aus der Sicht der unterlegenen Perser auf die Bühne Athens (s. S. 175 f.).
- Sie begründeten eine Götterwelt, die nach dem Maß des Menschen gestaltet wurde, und zeigten eine Welt nach dem Tod, die erst die christliche Revolution beseitigen konnte (s. unten).

Am erstaunlichsten ist auf den ersten Blick das Weiterleben des Kriegerideals. Es kennzeichnete den Lebensinhalt des adligen Mannes und wurde bestimmt von dem festen Willen, durch große Taten Ehre vor den Zeitgenossen und der Nachwelt einzulegen. Groß zu sein und auf dem Weg zur Unsterblichkeit, hieß, überlegene Körper- und Geistesgaben bis zum äußersten zu nutzen, um sich auszuzeichnen. Wer dies tat, gewann ein zweites Leben im Bewußtsein der jeweils Gegenwärtigen. So hatte Helena das ihr und Paris auferlegte Schicksal verstanden: „damit wir noch künftig bei den späteren Menschen besungen werden" (Ilias 6, 357). Auch Hektor sah sich weiterleben, wenn ein Wanderer an der Küste Ilions den Grabhügel eines seiner Gegner sehen und sich erinnern würde: „Das ist das Grab eines vor Zeiten gefallenen Mannes, den der strahlende Hektor erschlug" (Ilias 7, 86).

Die Demokratien des 5. und 4. Jahrhunderts dachten nicht anders. Sie übertrugen den Ruhm des einzelnen auf das ganze Volk, dem die Fähigkeit

zu heroischer Haltung versichert wurde. Die Toten vor allem der Perserkriege forderten den alten aristokratischen Lohn für ihre Tapferkeit. So pries denn auch Aischylos die Männer, die 480 vergeblich in den Ebenen Thessaliens versucht hatten, den Vormarsch der Perser aufzuhalten: „Auch diese Männer, standhaft im Speerregen, hat das finstere Schicksal vernichtet, da sie ihr an Schafen reiches Land verteidigten; obwohl sie tot sind, lebt ihr Ruhm weiter, der ihre Gebeine bewahrt und in den Staub des Ossa gehüllt hat" (frg. 248 W; Übers.: Bowra). Vierzig Jahre später klang es nicht anders, als Perikles die namenlosen Toten betrauerte, die in den ersten Kämpfen des Peloponnesischen Krieges gefallen waren: „Im Kampfe hielten sie es für ehrenvoller, standzuhalten und den Tod zu erleiden, als zu weichen und das Leben zu retten. Damit entrannen sie den Vorwürfen der Menschen, erduldeten mit Leib und Leben die Hitze der Schlacht und wurden uns entrissen in einem kurzen Augenblick, auf dem Höhepunkt ihres Daseins, auf dem Gipfel des Ruhms, aber nicht der Furcht" (Thukydides 2, 42). Dies war die Sprache, die der Demokratie ziemte – aber sie gehorchte der alten Vorstellung, daß ein Mann, der in der Schlacht sein Bestes gibt, das Höchste getan habe, was von ihm verlangt werden könne.
Der Grund dafür ist leicht zu erkennen: Wo das nackte Überleben der Stadtstaaten letztlich vom Mut und der Stärke seiner Bürger abhing, und wo jedermann Städte hatte brennen und Menschen in die Sklaverei hatte gehen sehen, weil sie mächtigen Nachbarn unterlegen waren, kamen Zweifel an der Notwendigkeit kriegerischer Tugenden nicht auf. Diese wurden jedoch an Staat und Bürgerschaft gebunden: Der Trojaner Hektor, der für seine Stadt gekämpft und dessen Leben nur in der unauflöslichen Bindung an Troja und sein Schicksal Sinn erhalten hatte, wies der adligen Tugend des Kriegers den Weg in die demokratisch regierten Städte.
Dies gelang nicht immer. Männer, die wie Achill dachten und denen ihre persönliche Ehre mehr als alles andere galt, gab es genug. So schlossen sich in den Perserkriegen der verbannte König von Sparta, Demaratos, und der entthronte Tyrann von Athen, Hippias, den Persern an. Wenig später folgte ihnen Themistokles, der Sieger von Salamis, nachdem ihn die Athener verbannt und zum Tode verurteilt hatten. 414 lief Alkibiades zu den Spartanern über: Auch er war wie seine Vorgänger bereit, die Feinde gegen die Heimatstadt zu unterstützen. Herodot überliefert, wie Demaratos seinen Groll gegen Sparta dem erstaunten Perserkönig erklärte: „Du weißt sehr gut, wie wenig mein Herz jetzt für jene schlägt, die mir meine Ehre und die Rechte meiner Vorväter geraubt und aus mir einen heimatlosen Mann gemacht haben, der in der Verbannung leben muß" (7, 104,2). Und – nicht minder eindrucksvoll – Alkibiades in Sparta: „Das Athen, das ich liebe, ist nicht das, welches mir jetzt Unrecht getan hat, sondern jenes, in welchem ich früher einmal unangefochten meine Bürgerrechte besitzen durfte. Das Land, das ich angreife, scheint mir nicht mehr das meine zu sein; es ist eher so, daß ich ein Land zurückzuerobern versuche, welches aufgehört hat, das meine zu sein" (Thukydides 6,92,4; Übers.: Bowra). Der Maßstab des Ur-

teils und das Motiv des Handelns sind hier wie dort die gleichen: Die persönliche Ehre entschied über Treue und Verrat, Wert und Unwert einer staatlichen Ordnung. Die Einhegung des Krieges durch den Staat (s. S. 85) hatte Hektors Idealen zum Sieg verholfen; auslöschen konnte sie die Erinnerung an Achill nicht.

*Die bildende Kunst*

Die bildende Kunst folgte der epischen Dichtung. Es begann mit den Vasenmalern, die ähnliche Szenen wie Homer schilderten: Seeschlachten, Kämpfe, Schiffbrüche, Wagenrennen und Leichenverbrennungen (seit um 725). Auch für sie ist der Held, der gewaltige Taten vollbringt, die Idealfigur: So etwa Achill, der die Amazonenkönigin Penthesilea tötet, Herakles im Kampf mit dem nemeischen Löwen oder Theseus, der Andromeda befreit. Auch die Götter treten in mythischer Aktion auf: Geburt, Kampf und ihr Erscheinen als Götter bestimmten den Handlungsablauf etwa auf den Friesen und Giebeln der Tempel. Dort kämpften sie auch gegen die Giganten, die ihnen die Herrschaft streitig machen wollten. Diese Darstellungen erhielten unter dem Eindruck der Kriege gegen die Perser im Osten und gegen die Karthager im Westen einen neuen, zeitbezogenen Sinn: Es ist der Krieg gegen die Barbaren, transportiert in das Reich der Götter, der auf den Friesen der Tempelwände tobte. So wie die Griechen sich des Überfalls der Perser erwehren mußten, so kämpften die Götter einst gegen die Mächte der Finsternis. Beide hatten das gleiche Ziel: die bestehende Kultur zu schützen, zu bewahren. Noch die hellenistischen Herrscher verherrlichten mit dieser Analogie ihre Taten. So etwa die Könige von Pergamon, die durch Eumenes II. in die Wände des Athena und Zeus geweihten Altars den Sieg der Götter über die Giganten meißeln ließen und damit ihren Triumph über die keltischen Stämme Galatiens feierten (164-156; heute auf der Museumsinsel in Berlin).

Die Großplastik (seit um 650) schuf den stehenden, nackten Jüngling (*Kuros*), das stehende, bekleidete Mädchen (*Kore*) und das Sitzbild. Sie differenzierte nicht zwischen Götter- und Menschendarstellung: In der gleichen Gestalt erschienen die Götter, die Heroen, ein herausragender Sterblicher, der Bringer von Weihegeschenken und der große Tote. Damit war bereits für die Griechen die Deutung der vorgefundenen Statuen nur anhand des Aufstellungsortes oder mit Hilfe der auf der Basis angebrachten Inschrift oder durch beigegebene Attribute (z.B, die Leier des Apoll, der Adler des Zeus) möglich. In Stein geschlagen wurde immer ein Leitbild, das Schönheit und Kampf verkörperte.

Im Zentrum aller künstlerischen Bemühungen stand der Tempel. Er bezeugte die Verbundenheit mit dem jeweiligen Stadtgott ebenso wie Macht und Reichtum des Bauherrn. Seine Funktion war denkbar einfach: Er war der Wohnsitz, das Haus der verehrten Gottheit, das die Sterblichen nicht betraten. Somit konnten sich die Architekten ganz auf seine äußere Erscheinung konzentrieren, und diese wurde beherrscht durch die Säulenhalle

(*Peripteros*), die um den Wohnraum des Gottes (*Cella*) gelegt wurde und eine rein ästhetische Funktion hat. Losgelöst von praktischen Zwecken verwandelt sie das Gotteshaus in einen allseitig plastischen Baukörper.

## 3. Die Not des Lebens: Herr und Knecht im Spiegel der Dichtung Hesiods

In eine ganz andere Welt führt die Dichtung Hesiods (um 700), obwohl sie, was Sprache und Versbildung angeht, der gleichen Tradition verpflichtet ist wie Homer: Wie Ilias und Odyssee kleiden sich die Gedichte Hesiods in epische Hexameter und benutzen denselben Wortschatz. Es entspricht dies der Neigung der gesamten antiken Literatur, einmal gefundene gültige Muster immer wieder nachzuahmen. Erst hundertfünfzig Jahre später hören wir von dem ersten Prosabuch, der *Theologia* des Pherekydes von Syros. Hesiod ist der erste Dichter der Griechen, der als Person faßbar wird. Alles, was wir von ihm wissen, stammt von ihm selbst, aus seinen *Werken und Tagen* (*erga kai hemerai*). Seinen Vater, einen wenig erfolgreichen Kaufmann aus dem kleinasiatischen Kyme, hatte die Armut an den Fuß des Helikon, nach Askra in Böotien, verschlagen, einem Ort, „übel im Winter, im Sommer verwünscht, und angenehm niemals." Dort wuchs der Sohn als Hirte auf, dort hörte er die Musen singen, dort folgte er ihrem Ruf und wurde selbst zum Sänger und Verkünder von Wahrheiten (*Theogonie* 22-34). Aber auch als umherziehender Rhapsode blieb er Bauer, und das Hauptthema seiner *Werke und Tage* war das Leben auf dem Land. Statt kriegerischer Heldentaten, statt Sport, Spiel, Festgelagen und schönen Frauen nun die alltägliche Mühsal des Bauern, seiner Tagelöhner und seiner Ochsen und – über allem gelagert – die schleichende Angst vor Armut und Unheil.

Was ihm die Musen zuerst eingaben, war die *Theogonie*, eine Art Schöpfungsgeschichte. Sie fragte, wie alles kam, als sich zuerst das Chaos als gähnender Abgrund bildete, und wie alles weiterging, als Eros, der Gott der Liebe, Paarung möglich machte; so entstanden Himmel und Erde, deren Umarmung sechs göttliche Paare zeugte. Am Ende stand die Allmacht des Zeus, der alle Mächte des Bösen besiegte und sich mit *Eunomia* (die gute Ordnung), *Dike* (das Recht) und *Eirene* (der Frieden) vermählte: „Und diese hegen der hinfälligen Sterblichen Wirken" (903 f.).

Daß damit nicht das Paradies geschaffen war, sagten Hesiod die Musen, als sie ihm erneut „Stimme einhauchten" und ihn auf die Erde wiesen, wo die Werke und Tage der Menschen zu schildern waren. Das Gedicht, das daraus wurde, ist ein Lehrgedicht. Der Anlaß war nach eigener Aussage ein Streit mit seinem Bruder Perses um das väterliche Erbteil; den anhängigen Prozeß entschieden die Richter des benachbarten Thespiai zugunsten des Bruders, was ihnen Hesiod mit dem – bis heute kritiklos kolportierten – Vorwurf der Bestechlichkeit heimzahlte. Auch Perses soll seines Sieges nicht froh geworden sein: Verarmt habe er Hesiod mal mit einem neuen

Prozeß gedroht, mal mit Bitten um Hilfe überhäuft. Wie immer die Wahrheit ausgesehen haben mag: Hesiod schrieb ein Gedicht, um seinen wenig geliebten Bruder zu einem arbeitsamen Leben anzuhalten und ihn die Achtung vor der wahren Gerechtigkeit zu lehren.
In beide Themen – Arbeit und Gerechtigkeit – führen direkte Unterweisungen oder Mythen ein, wie sie schon Homer erzählt hatte (vgl. z. B. Ilias 9, 502 ff.). Es folgt eine Art Bauernkalender (*Erga* 383–617): Die Sorgen um die richtigen Methoden der Bewirtschaftung, um die Ausrüstung – beim Pflügen einen Ochsen, einen vierzigjährigen Tagelöhner, zwei Pflüge für den Fall eines Mißgeschicks –, um die richtige Zeit für die Feldarbeit – man pflügt und sät, wenn die Kraniche ziehen –, und um den Bestand des Hofes – „Laß dich von keinem Weib mit prunkenden Hüften betören" (373) – beherrschen den Tagesablauf. Die Bauern, die hier zu Wort kommen, wirtschaften am Rande des Ruins: „Arbeite, damit du nicht für Weib und Kind das Brot vom Nachbarn erbetteln mußt" (398 ff.).
Damit nicht genug. Der kleine Mann sieht sich bedrückt von adligen Richtern, die „die Geschenke verzehren", ohne als Gegenleistung gerechte Urteilssprüche zu fällen, und die mit ihrer Übermacht prahlen wie der Habicht, der die Nachtigall in seinen Fängen hält: „Törin, was schreist du denn so? Ein Stärkerer hält dich gefangen. Gehen mußt du, wohin ich will, trotz deinem Gesange" (207 f.). Wieviel von dieser Kritik an den adligen Herren privater Groll gegen die Richter im eigenen Verfahren ist, bleibt offen. Unüberhörbar ist jedoch die Forderung nach nachbarschaftlichem Zusammenhalt: „Schlechter Nachbar ein Kreuz, so sehr wie ein guter ein Segen" (342 ff.). Denn der gute ist der beste Helfer in der Not: „Sollte sich nämlich bei dir auf dem Hof einmal Schlimmes ereignen, kommen die Nachbarn im Hemd."
Die Stadt hingegen und ihr politisches Treiben, beherrscht von übermächtigen Adligen und eigensüchtigem Gewinnstreben, bleiben außerhalb des bäuerlichen Lebens, das mit den Nöten des Hofes genug zu schaffen hat. Unüberhörbar ist die leidenschaftliche Mahnung zur Gerechtigkeit. Wie diese aber herstellen? Hesiod kennt nur den frommen Verweis auf die Götter und vor allem auf Zeus, der den Ungerechten heimsucht und den Gerechten mit Wohlstand segnet und ihm erspart, auf Schiffen ausfahren zu müssen (*Erga* 213–273). Sehr überzeugend konnte diese fast alttestamentarische Weissagung nicht sein, da jedermann wußte, daß das Leben andere Antworten gab, und der Halunke allzuhäufig reich in seinem Bette starb, während der Gerechte in Dreck und Armut verreckte. Spätere Dichter hatten keine Hemmungen, dies den Hütern der Gerechtigkeit auch mitzuteilen: „O lieber Zeus, ich staune: du bist über alle der Herrscher, du hast die Ehre allein, hast die gewaltige Macht, weißt von jeglichem Menschen den Sinn und kennst seine Triebe; König, dein Regiment hat über alles Gewalt. Wie denn wagt es dein Geist, Kronide, frevelnde Männer und den Gerechten genau gleich zu behandeln, o Zeus?" (Theognis 373–378).
Da half es auch nicht, wenn der Zorn der Götter über die individuelle Schuld dem ganzen Land angedroht wurde – auch dies deckte sich nicht mit

der allgemeinen Lebenserfahrung. Spätere suchten den Ausweg in dem Gedanken, Zeus strafe die Nachkommen für die Sünden der Väter: „Einer büßt sie [die Strafe] sogleich, der andere später; und wer sich selber der Strafe entzieht, rächenden Göttern entgeht: Unerbittlich kommen die Moiren, und schuldlose Kinder oder die Enkel sogar büßen die frevelnde Tat" (Solon, Elegien 1, 29 ff.). Die Tragödie des 5. Jahrhunderts hat daraus Dramen furchtbaren Inhalts geschmiedet (s. S. 257 ff.); in der Zeit Hesiods blieb nur die vage Hoffnung, daß die Menschen eines Tages den Göttern zu Hilfe kämen und sich selbst Recht setzten. Sie taten es bekanntlich (s. S. 137 ff.).

## 4. Die Erkenntnis des Lebens: Wissenschaft und Philosophie

Für Aristoteles (Metaphysik 982) stand am Anfang der Philosophie das Sichverwundern. Es richtete sich zunächst „auf das Nächstliegende unter den unerklärlichen Erscheinungen", dann auf die Gestirne und die Entstehung des Weltalls. Die Suche danach, was die Dinge eigentlich sind (Wasser, Luft oder Feuer), und was ihren Wandel ordnet, konnte nach Aristoteles keinen praktischen Nutzen haben, so daß der, der nach solchen Erkenntnissen strebte, „das Wissen um des Wissens willen" liebte. Daß es solche Männer gab, bot die Möglichkeit, Wissenschaft als ein Teil der menschlichen Freiheit zu definieren: „So wie wir sagen, daß nur der Mensch frei ist, der um seiner selbst willen da ist und nicht um eines anderen willen, so ist auch diese Wissenschaft allein frei; denn sie allein trägt ihren Zweck in sich selbst."

Die Erfindung der mit so hohem Anspruch beladenen Wissenschaften hängt zusammen mit der wachsenden Bereitschaft, Gedanken und Empfindungen in Prosa auszudrücken und dabei überkommene mythische Erklärungen beiseite zu lassen. Prosatexte gab es zunächst nur als praktische Anweisungen und als staatliche Gesetze. Nun kam es darauf an, zu prüfen, ob so auch kompliziertere Zusammenhänge jenseits der vergleichsweise banalen Bedürfnisse von Politik und Handel ausgedrückt werden konnten. In der ersten Hälfte des 6. Jahrhunderts war es soweit: Thales und sein Schüler Anaximandros mühten sich um eine natürliche Erklärung der Welt; sie schrieben Prosa und verwarfen den Mythos als Erklärungsmodell. Beide hatten als Bürger des kleinasiatischen Milet wahrscheinlich Mathematik und Astronomie sowie manches andere von den vorderasiatischen Kulturen gelernt und machten sich daran, dem Funktionieren von Welt und Natur (*physis*) auf die Spur zu kommen. „Anfang und Ursprung der seienden Dinge ist das *ápeiron*", das Unendliche, das Ewige und das Ungeschiedene, schrieb Anaximandros, und in diesem Urgrund allen Seins herrscht das Gleichgewicht aller Elemente, die sich in der endlichen Welt gegenseitig verdrängen und Grenzen setzen. Am Ende der Zeit kehren alle Dinge wieder an den Ursprung, in das *ápeiron*, zurück „nach der Notwendigkeit;

denn sie zahlen einander Buße und Strafe für das Unrecht nach der Ordnung der Zeit" (frg. B 1 Diels). Dieser Gedanke ist ganz dem menschlichen Rechtsdenken verpflichtet, demzufolge Unrecht Sühne fordert und nur diese das Gleichgewicht wiederherstellt, ohne das Ordnung nicht denkbar ist.

Es folgten Anaximandros andere, und nahezu alle waren kleinasiatische Ioner: Darunter Pythagoras aus Samos (um 560-480), Heraklit aus Ephesos (ca. 550-480), Xenophanes aus Kolophon (ca. 570-475). Einen Namen hatten sie für sich und ihre Unternehmungen nicht; der später geläufige Begriff *Philosophie* ist eine Wortprägung Platons. Daß aber wichtig war, was sie trieben, bestritt keiner: Der Mensch war Teil der Natur und verstand ihren Gesetzen, und der Mensch allein war in der Lage, die Abläufe in der Natur zu schildern.

Mit dieser Hinwendung zur Prosa war die mythische Darstellungsform nicht aus der Welt. Die Wahrheit über die Natur, das Sein und den Menschen ließ sich auch mythisch beschreiben. Als Parmenides aus dem unteritalischen Elea (um 500) der Frage nachhing, wie *Sein* zu denken sei, begann er mit einem Mythos: Begleitet von den Sonnentöchtern fährt er wie ein Halbgott in einem Wagen durch den Himmel, und als die Achsen seines Gefährts zu lodern beginnen, gelangt er an ein großes Himmelstor, dessen Schlüssel „die rächende Gerechtigkeit" hütet; jenseits davon begrüßt ihn eine Göttin und erläutert ihm das Wesen der Wirklichkeit und des Seins („einer wohlgerundeten Kugel ähnlich") : „So höre denn ..., welche Wege des Suchens allein zu denken sind. Der eine, daß (etwas) ist, und daß nicht sein unmöglich ist, ist der Weg der Überzeugung, denn die geht mit der Wahrheit. Der andere: daß (etwas) nicht ist, und daß nicht zu sein richtig ist, der, zeige ich dir, ist ein Pfad, von dem keinerlei Kunde kommt" (frg. 2; Übers.: U. Hölscher).

Platon verband in seinem Dialog *Protagoras* beide Darstellungsformen: Der Sophist Protagoras aus Abdera macht sich dort anheischig, die Gerechtigkeit in einem Mythos und in einem Logos vorzustellen. Der Mythos, den er erzählt, und der von den Anfängen der menschlichen Gesellschaft spricht, zeigt die Befreiung des Menschen durch den Geist, berichtet von der Ausbildung von Recht und Gesetz und preist den Anteil, den beide am menschlichen Fortschritt hatten. Die anschließende rational-logische Begründung gab der Kernthese nicht mehr Gewicht als der Mythos: Gerechtigkeit und Besonnenheit, so schloß Protagoras, seien bürgerliche Tugenden, die keine Spezialisierung zuließen, so daß jeder im Raum der Politik Gehör finden dürfe, „in der Meinung, daß jeder an dieser Fähigkeit teilhaben müsse, wenn Städte überhaupt Bestand haben sollen" (323a).

Das Weiterbestehen des an mythische Formen gebundenen Denkens verdeutlicht das ohnehin Einsichtige: Das alte Weltverständnis ist nur schrittweise weiterentwickelt und nicht durch eine geistige Revolution gestürzt worden. Dies zeigen auch die Fragen, die sich die ersten Philosophen stellten. Die Suche nach dem Anfang (*arché*), die Erklärung der Dinge, die am Himmel geschehen (*metéora*), die Gewißheit von Gesetzmäßigkeiten in der

Natur (*physis*), die die Menschen nicht beeinflussen können – alles dies hatte auch die Zeit Homers und Hesiods bewegt. Das 6. Jahrhundert fand neue Antworten und neue Darstellungsformen, aber es stürzte kein Weltbild und ersetzte es durch ein neues. Am radikalsten traf die Kritik den anthropomorphen Götterhimmel Homers: Könnten sie zeichnen, „würden Pferde ihre Göttergestalten Pferden ähnlich, Rinder Rindern ähnlich malen", höhnte Xenophanes (B 15/6), und das Gebet des Frommen vor den Götterstatuen war für Heraklit so, „als ob einer mit Häusern Unterhaltung pflegen wollte" (frg. B 5 Diels).

Die Welt allerdings war mit den Fahrten der Kolonisten anders geworden. Sie galt es jetzt auch geographisch zu erkunden und kartographisch zu erfassen, nachdem Entdecker, Abenteurer und Landsucher immer genauere Kenntnisse über das Mittelmeer mit nach Hause brachten und dort Hunderte an ihren Lippen hingen, um selbst den Sprung über das große Wasser mit gesichertem Wissen wagen zu können. Die Irrfahrten des Odysseus standen auf ihre Weise Pate: Auch sie weckten die Neugier, einen Plan, eine Geographie zu entwerfen, in die sich die Geschehnisse eintragen ließen. Um die Wende zum 5. Jahrhundert befaßte sich Hekataios aus Milet mit einer *Erdbeschreibung*, wobei er sich an den eigenen Erfahrungen und älterer Periplus-Literatur (*periplus*: Umsegelung) orientierte (s. S. 263 f.); die Erdkarte, die er dazu entwarf, war rd. 70 Jahre später für Herodot allerdings nur noch Quell hämischer Heiterkeit – auch dies ein Zeichen für das rapide Tempo, das die wissenschaftliche Erfassung aller Gegenstände im Verlauf des 5. Jahrhunderts anschlug: „Ich muß lachen, wenn ich sehe, wie sie ihre Erdkarten zeichnen, viele Leute schon, aber keiner mit rechtem Verstand bei der Ausführung, die den Okeanos auf ihrer Zeichnung rings um die Erde fließen lassen, kreisrund wie abgezirkelt, und einige machen Asien gleich groß wie Europa" (4, 36).

Alle Wissensgebiete des Lebens zu erfassen und sytematisch zu gliedern, blieb dem fortgeschrittenen 5. Jahrhundert vorbehalten. Ethik, Physik, Mathematik, Musik, Medizin, Landwirtschaft und Strategie fanden jetzt erst ihre eigenen Spezialisten. Sie bildeten die Disziplinen vor, die sich später zu dem System der *artes liberales* zusammenschließen sollten.

## 5. Götter und Menschen

### Gestalt und Anspruch der Götter

Die griechische Religion war eine polytheistische, d. h. die Gemeinschaft und jeder einzelne verehrten viele Götter, deren Gesamtheit erst die göttliche Welt ausmachte. Jede Landschaft, jede Stadt und jeder Stamm hatte seine eigene, zäh festgehaltene Tradition. Trotzdem waren diese Götter nicht eifersüchtig, wie der christliche oder der jüdische Gott, die keine anderen Götter neben sich dulden. Jeder griechische Gott hatte jedoch Anspruch auf Verehrung, und er pflegte dessen Mißachtung unnachsichtig zu verfolgen.

In die Vielzahl der vorgefundenen und von den Einwanderern mitgebrachten Götter brachten schon nach der Auffassung der Griechen zwei Autoritäten eine gewisse Ordnung: „Homer und Hesiod sind es, die den Griechen eine Genealogie der Götter geschaffen haben, den Göttern ihre Beinamen gegeben, ihre Ehren und Zuständigkeiten eingeteilt und ihre Gestalt geprägt haben" (Herodot 2, 53). Hinzu traten die homerischen Hymnen (seit um 700), die je einen besonderen Gott anriefen und ihn vorstellten, indem sie seine Geschichte erzählten, von der Geburt bis zur göttlichen Erscheinung (die umfangreichsten Hymnen galten Dionysos, Demeter, Apoll und Aphrodite). In der Dramatik der erzählten Götterhandlungen wuchsen diese Götter zu Charakteren, zu Personen, die man zu kennen und zu verstehen glaubte; sie wurden unverwechselbar.

Die Götter Homers und Hesiods waren unsterblich. Sie geboten über die Elemente und die Menschen, und sie gingen, wohin es ihnen beliebte. Aber ihr Körperbau, ihre Haltung und ihr Gesicht waren den Menschen gleich, so daß man bei ihrer bildlichen Darstellung bestimmte ikonographische Attribute zu Hilfe nehmen mußte. Und vor allem: Sie dachten und handelten, liebten und haßten, stritten und fürchteten sich wie Menschen. Ihr Verhalten war daher nicht auszurechnen, und die Menschen taten gut daran, durch reichliche Opfergaben gleichsam ein geschäftliches Partnerverhältnis zu ihnen einzurichten. Wenn dies nichts half, so hatte nicht ein Naturereignis Leid und Tod über die Menschen gebracht, sondern ein vorstellbares Subjekt, das man namhaft machen und über dessen Motive man hadern oder wenigstens spekulieren konnte.

Besonders gefährdet war, wer zu hoch stieg und wem alles gelang. Er hatte den Neid der Götter zu fürchten. Die Griechen banden diese Einsicht an das Schicksal des samischen Tyrannen Polykrates, der – frühzeitig gewarnt – vergeblich versucht hatte, die Götter durch ein großes Opfer mit seinem märchenhaften Glück zu versöhnen (s. S. 264). Nach Herodot (3,120-125) trieb ihn seine Habgier in die schlau errichtete Falle des persischen Satrapen Oroites, der ihm die Schätze der Welt zeigte und ihn damit auf das kleinasiatische Festland lockte. Dort starb der mächtige Mann auf elende Weise und der triumphierende Satrap schlug den Leichnam ans Kreuz. An ihm erfüllte sich die Prophezeiung der Tochter, die vor seiner Abreise im Traum den Vater sah, wie er in der Luft schwebte, von Zeus gebadet, von Helios gesalbt. Jetzt, am Kreuz, „wurde er gebadet, wenn es regnete, und gesalbt, wenn die Hitze den Schweiß aus seinem Körper trieb" (Herodot 3,125). Für den einst Glücklichen gab es kein Erbarmen und keinen göttlichen Trost, wie er etwa in einem späteren Jahrhundert dem gestürzten Großmeister des Templerordens, Jaques de Molay, zuteil wurde: Dieser durfte seinen Henker bitten, ihn so auf den Scheiterhaufen zu binden, daß er über die Gärten seines königlichen Gegners Philipp hinweg die Türme von Notre-Dame sehen und so, zur Mutter Gottes gekehrt und von ihr getröstet, sterben konnte. Von Polykrates hatten sich die neidvollen Götter für immer abgewandt – er starb ohne Hoffnung, begleitet von ihrem Hohn, der ihm im Traumgesicht der eigenen Tochter offenbart worden war.

In allen Quellen erscheinen die olympischen Götter als übersichtliche Familiengemeinschaft, zusammengefaßt in der traditionell heiligen Zwölfzahl. Es gab eine um das zentrale Paar Hera und Zeus gruppierte Elterngeneration, zu der Poseidon und Demeter als Onkel und Tante zählten; Demeter sorgte gleich einer Witwe allein für ihre Tochter Persephone. In der Kindergeneration unterschieden sich die Töchter durch ihre Einstellung zur Sexualität: Aphrodite als Göttin der Liebe auf der einen, die überzeugten Jungfrauen Athena und Artemis auf der anderen Seite. Diesen Göttinnen stand je einer der göttlichen Söhne nahe: Apoll, der Zwillingsbruder der Artemis, wurde zum Ideal von Schönheit und Weisheit, Hephaistos, der hinkende und linkische Bruder der Athena, galt als Handwerker nicht viel. Ares, der Kriegsgott, war ein unberechenbarer Außenseiter, der mit Aphrodite intime Kontakte pflegte.

Die kultische Verehrung der Götter fand vor den Tempeln, den Wohnsitzen der Götter, statt. Dort, unter freiem Himmel, hob der Priester die Hände im Gebet, während er dem Tempel und dem Standbild des Gottes den Rücken und den Menschen sein Gesicht zukehrte. Auf Altären, die man umstand, wurden den Göttern Tiere geschlachtet, die anschließend von der Festgemeinde gemeinsam verzehrt wurden: Im Zentrum der kleine privilegierte Kreis derer, die von den Eingeweiden kosten durften, dann der weitere Kreis derer, die zum Essen geladen waren und je nach Würde bedient wurden, und schließlich jenseits davon die breite Masse des Volkes. Der Tempel blieb Fassade, er öffnete sich nur selten den Gläubigen, die dann die Statue des Gottes bestaunen, den Innenraum aber nicht betreten durften. Ab und an wurde der Gott auch aus dem Tempel und in feierlicher Prozession über die Felder und durch die Stadt getragen. In den Tempel zurückgekehrt, blieb er sich selbst überlassen.

Es gab keine verbindliche Offenbarung in der Gestalt eines heiligen Buches, wie es später die Christen oder die Anhänger des Propheten Muhammad besitzen sollten. Es gab auch keine Priester (oder Mönche), die christlichen vergleichbar wären. Die Priester der Griechen waren Staatsbeamte, die für den ordnungsgemäßen Vollzug der Kulte verantwortlich waren, aber nicht eigens dazu ausgebildet wurden oder heiligmäßig zu leben hatten. Sie waren Beamte, so wie andere Generäle oder Schatzmeister waren, und die Regeln, denen sie Folge leisten mußten, waren die Gesetze des Staates.

Dieser allein bestimmte auch, zu wem und in welchen Formen gebetet wurde, wenn man dies offiziell tat; eine die Städte übergreifende Autorität in religiösen Angelegenheiten hätte das Prinzip der Freiheit verletzt. Wohl aber gab es Heiligtümer, die alle Griechen gleichermaßen verehrten und zu denen man pilgerte: Dazu gehörten der Tempel des Apoll in Delphi und der des Zeus in Olympia. Bei der Priesterschaft von Delphi fragte man regelmäßig an, wenn es galt, Ziel und Ausstattung eines Kolonistenzuges festzusetzen, und in Olympia traf sich zu Ehren des Zeus alles, was im gesamten griechischen Raum Rang und Namen hatte, um im sportlichen Wettkampf die Kräfte zu messen, Politik zu treiben und die Bedeutung der Familie, des Staates oder des Tyrannengeschlechts zur Schau zu stellen.

*Tod und Jenseits*

Von ihrer hohen Warte aus maßen die Götter dem menschlichen Leben einen eigenen Wert zu – allerdings nur solange es dauerte. Danach gab es nur eine einheitliche Schattenexistenz für alle. Geleitet von Hermes und aufgescheucht durch seinen Stab, „den Schönen, Goldenen, mit dem er die Augen der Männer bezaubert", flogen nach dem Tod die Seelen der Menschen hinab in die Unterwelt. Vorbei am Okeanos und dem „leukadischen Felsen", an den Toren der Sonne und dem Land der Träume gelangten sie zur Asphodelos-Wiese und in das Reich des Hades – so Homer (Odyssee 24, 1 ff.). Dieses Reich besaß nichts, was Hoffnung versprach, und sein Herrscher lebte in der ständigen Furcht, die Erde könnte aufbrechen und sichtbar werden, was gräßlich und den Menschen verhaßt war (Ilias 20, 61 ff.).

Dort, unter der Erde, überdauerten die Seelen, wenn die toten Körper der Ordnung gemäß bestattet worden waren. Als ungreifbare Schatten, „Häupter ohne Lebenskraft", war von ihren Stimmen nur ein Fledermausschrei zu hören und von ihrem Geist ein wirres Murmeln. Dorthin war Odysseus auf der Suche nach seinem Schicksal abgestiegen, dort hatte er den flatternden Seelen das Blut der mitgeschleppten Opfertiere zu trinken gegeben, damit ihnen für kurze Zeit die Erinnerung und der Geist zurückkehren konnten. Und was sie begriffen, war zuallererst der Gegensatz zwischen dem, was sie auf Erden einst waren und dem, was sie nun waren: „Lieber wäre ich auf der Erde ein Tagelöhner bei einem anderen, einem Armen, der nicht viel zum Leben hat, als Herrscher über alle dahingeschwundenen Toten", rief zornig der Schatten des Achill, als Odysseus ihn als den ersten aller Helden preisen wollte (11, 489 ff.). Der Geist des Agamemnon beginnt beim Anblick des Odysseus zu weinen und streckt seine Arme nach ihm aus, obwohl er doch keine Kraft hat, irgendetwas zu tun. Und als beide reden, kreisen ihre Gedanken nur um ihr vergangenes Leben und die Hoffnung, daß ihre Söhne noch leben und wie sie Ruhm gewinnen.

Die Phantasie der Menschen hat das Reich der Toten im Laufe der Zeit immer reicher ausgestattet und mit allerlei düsterem Volk besiedelt. Jenseits des Ozeans oder direkt unter der Erde markieren Flüsse seinen Eingang: Der Acheron bildet die Grenze, die ein alter und mürrischer Totenfährmann auf seinem Schiff überquert; sein Name ist Charon und sein Begleiter der Höllenhund Kerberos. Beides zusammen: die genaue Topographie des Jenseits und die Beschreibung der Seelen als kraftlose Schatten, reichten aus, um die Toten gründlich vom Bereich des Lebens zu trennen. Das düstere Land, in dem sie hausten, war ein Land ohne Wiederkehr, und wer seine Pforten durchschritt, vermochte niemandem mehr Schaden zuzufügen.

Dieses Land unter der Erde gab dem kurzen Leben einen besonderen Glanz und verlieh ihm einen Wert, der mit nichts vergleichbar war. Das einzige Gegengewicht zu der Vernichtung, die der Tod brachte, gewährte allein die Erinnerung der Menschen an vergangene, ruhmreiche Taten. Diese

Gewißheit leitete die Helden Homers, deren heroisches Leben nach einem dramatischen Finale, einem besonderen Tod drängte, in dem die letzten und größten Taten vollbracht werden konnten. Diese Gewißheit leitete aber auch die Athener im 5. Jahrhundert, wenn sie den Haß der von ihnen Unterworfenen an dem Gedanken maßen, dadurch Ruhm und Ehre zu gewinnen: „Haß währt nicht lange, aber der Glanz von heute ist der Ruhm von morgen, im Gedächtnis der Menschen für ewige Zeit bewahrt. An euch Athenern liegt es, diesen künftigen Ruhm zu sichern und nichts zu tun, was unehrenhaft wäre" (Thukydides 2,64,5). Perikles, der dies seinen Landsleuten zurief, wußte genau, wovon er sprach: Seine Sätze fielen in die Tage, da die Pest in Athen gerade abklang, Tage, in denen es schwer war, die Bürger zu mahnen, daß Ehre und Ruhm für die Stadt hohe, alle anderen Güter überragende Werte seien.

Das Totenreich, das die epischen Dichter erforscht hatten, blieb nicht allgemeingültig. Die Spannung zwischen der Kürze eines von Freud und Leid geprägten Lebens und der immerwährenden jenseitigen Trostlosigkeit konnte nicht durchgehalten werden. Die Gleichgültigkeit insbesondere, mit der nach dem Tode jedermann, ob hoch oder niedrig, ob gut oder böse, das gleiche Schicksal zugeteilt bekam, forderte den ersten Widerspruch heraus. Bereits Homer und Hesiod ließen erkennen, daß ihnen der Gedanke an eine individuelle Verantwortlichkeit nicht fremd war. So gab es im homerischen Hades einen furchtbaren Abgrund, den Tartaros, „so weit unter der Erde, wie der Himmel über der Erde ist" (Ilias 8, 13; Hesiod, Theogonie 720 ff.). Dorthin stürzten die Feinde der Götter, die Titanen, und dort war Platz für weitere Opfer. So auch für die Büßer: Tantalos, der nach den Früchten greift, ohne sie je zu erreichen, Sisyphos, der den immer zurückrollenden Stein wieder und wieder nach oben zu stemmen versucht (Odyssee 11, 576 – 600). Von ihrer Schuld ist nicht die Rede, aber daß es für schlimme Vergehen unerhörte und ewige Strafen im Jenseits geben konnte, bewies allein die Existenz der ewigen Folter, unter der sie litten. Und schließlich gab es einige Auserwählte wie Menelaos, dem die Götter versprachen, ihn zum Elysium zu geleiten, dorthin, wo kein Schnee oder Regen fällt; es war nicht der Lohn für gute Taten, der ihm verkündet wurde, sondern „weil du Helena hast und Schwiegersohn des Zeus bist" (Odyssee 4, 561 ff.).

Von dieser Begründung bis hin zu der Hoffnung, daß der Gute und Gerechte die Seligkeit schauen und der Böse seine Strafe finden muß, war es noch ein weiter Weg. Aber seine Topographie zeichnete sich ab: Der Tartaros und das Elysium werden an ein System jenseitiger Strafen und Belohnungen gebunden, und der Zugang zu ihnen führt über ein Totengericht, da eine willkürliche Verteilung von ewigem Glück und Unglück sinnlos ist. Die frühen Christen haben diese Topographie geerbt. Bei der Wahl zwischen einer einförmigen Totenwelt – etwa dem jüdischen Scheol entsprechend – und einer zweigeteilten Welt nach dem Tode – Hades und Elysium – entschieden sie sich für das dualistische Modell.

Paradoxerweise sperrten sich gegen die Ausbildung einer neuen Vorstellung von Tod und Jenseits die, die es am besten hätten wissen müssen: die Götter. Ihnen stand frei, zu tun, was ihnen paßte, und darum trugen sie auch keine Verantwortung, hatten keine Pflichten und folgten keiner erkennbaren Moral. Nach welchen Kriterien hätten sie die Menschen in gute und böse einteilen sollen? Zudem hatten sie mit dem Tod nichts zu schaffen, und das Haus des Hades war ihnen verhaßt. So gerne sie sich in das Leben der Sterblichen einmischten, so entschieden kehrten sie sich von ihnen ab, wenn es ans Sterben ging. So verließ Apollon Hektor, als dessen Schicksal entschieden ist, und Artemis wandte sich von dem sterbenden Hippolytos, obwohl er ihr so nah wie niemand sonst gestanden hatte und eben darum untergeht. Euripides hat beide kurz vor dem Tod des Hippolytos noch einmal zusammengeführt:

Hip.: „Siehst du, o Herrin, wie es um mich Armen steht?"
Art.: „Ich seh's, doch Tränen sind mir nicht erlaubt...
 Leb' wohl. Ich darf Verblichene nicht seh'n, das Aug' nicht trüben mit dem Aushauch Sterbender, und diesem bösen Ausgang seh ich jetzt dich nah."
Hip.: „Du gehst. Leb' wohl auch du, Glückselige. Von langer Freundschaft lösest du dich leicht." (Hippolytos 1437 ff.).

Wo beide – Götter und Tote – nichts miteinander zu schaffen haben, kann es keine alle Gläubigen überzeugende Vorstellung vom Leben nach dem Tode geben. Die Kriterien der Zumessung von Lohn und Strafe – z. B. anwendbar in einem himmlischen Gerichtsverfahren –, die Dauer von Strafen, die Beschaffenheit der Seele (kann sie überhaupt gezüchtigt werden?) und ihre Unsterblichkeit bedürfen für ihre genaue Bestimmung der göttlichen Autorität. So blieb das Land ohne Wiederkehr noch lange Zeit und für die Mehrheit der Menschen ein Reich trostloser Schatten. Das möglicherweise letzte Gedicht des Kaisers Hadrian, noch heute vor seiner Urne zu lesen, läßt keine Hoffnung:

„Seele, Du, schweifende, zärtliche,
Leibes Gefährtin und Gast,
Nun führt ins düstere Reich
fröstelnder Schatten dein Weg,
Und nie scherzest du fürder wie einst."
(Übers.: F. Jaffé).

# V. Tyrannen und Gesetzgeber: Die Griechen auf dem Weg zu einer neuen politischen Ordnung (7./6. Jahrhundert)

| | |
|---|---|
| um 720 | Sparta dringt nach der Inbesitznahme Lakoniens in Messenien ein und erobert die nördliche Pamisos-Ebene mit der Festung Ithome. |
| um 650-620 | Die Messenier versuchen vergeblich, die spartanische Herrschaft abzuschütteln. Im Verlauf des Aufstandes wird ganz Messenien unterworfen; das eroberte Gebiet wird in Landlose aufgeteilt und die Bevölkerung zu Hörigen (Heloten) gemacht. |
| um 650-550 | Die Zeit der großen Gesetzgeber: Lykurg in Sparta, Drakon und Solon in Athen. |
| 594 | Die solonischen Gesetze: Schuldenerlaß; Abstufung der politischen Rechte nach dem Vermögen (timokratisches Prinzip). |
| um 650-467 | Die Herrschaft von Tyrannen in vielen Städten des Mutterlandes, Kleinasiens, der ägäischen Inseln, Siziliens. |
| 508/7 | Die Reformen des Kleisthenes in Athen: Das Ende der sozialen Bindungen des Volkes an den Adel. |

## 1. Der Kampf um die staatliche Ordnung als Rechtsordnung

Die Kolonisation hatte die Probleme in der Heimat entschärfen, aber nicht lösen können. Nach wie vor forderten die Armen eine Neuverteilung des Landes und die Streichung der Schulden, und der Ruf nach politischer Mitsprache derer, die als Hopliten für die Stadt ihre Haut zu Markte trugen, ertönte zunehmend lauter. Der Adel selbst war sich nicht einig. Gestützt auf ihre wachsende wirtschaftliche und soziale Macht verschärften die aristokratischen Familien in den großen Städten den Kampf um die Macht: Einige nutzten die inneren Wirren, um sich zu Tyrannen aufzuschwingen, andere traten als Gesetzgeber auf, um die Probleme mit Hilfe gesetzlich verordneter Regelungen zu lösen.
Der erste dieser Gesetzgeber amtierte in der ersten Hälfte des 7. Jahrhunderts in Sparta, und sein Beispiel machte Schule. Seine Identität hat ein Wust von Legenden begraben; selbst sein Name, Lykurgos, bleibt unsicher. Das Wesentliche seiner Leistung liegt auch nicht so sehr in der Verfassung, die er Sparta gab, sondern in dem einfachen Tatbestand, daß er die anstehenden Probleme mit Hilfe von Gesetzen regelte, d. h. die neue soziale und politische Ordnung mit einer Autorität versah, die über allen sozialen Schichten und streitenden Parteien stand. Seinem Beispiel folgten viele. Wir kennen vor allem die Athener Drakon und Solon (s. unten), Zaleukos

*Solon: Französische Spielkarte aus den Jahren der Revolution*
(Bielefeld, Deutsches Spielkarten-Museum)

Die Französische Revolution holte ihre Helden aus der grauen Vorzeit der Antike und zeigte sie jedermann und bei jeder Gelegenheit. So mußten sich seit dem Jahr II der Revolution selbst die Müßiggänger an neue Spielkarten gewöhnen, auf denen die ehemaligen Könige die Plätze mit den Großen der Antike getauscht hatten: So stach jetzt Publius Decius Mus, als Retter des Vaterlandes mit der Aufschrift *Pour la Patrie* ausgezeichnet, den Mucius Scaevola, der seine Rechte im Feuer schmoren läßt, und Hannibal, der eine Legionsstandarte zertritt, kämpfte mit dem älteren Cato, der auf einer Buchrolle die Zerstörung Karthagos pries. Die Rolle des Herzkönigs übernahm der einzige Grieche, der sich in die Schar der erlauchten Helden Roms einreihen durfte: Solon.

Ansonsten stand er dort, wo er auch hingehörte: in der Reihe der großen Gesetzgeber und vor allem neben dem Spartaner Lykurg. Als die Revolution fortschritt, riß sie beide Männer in ihre Machtkämpfe. Dabei hofften die einen, wie Desmoulins, mit Solon die gewalttätige Überzeugungskraft der Guillotine eindämmen zu können, indem sie den Mann der Mitte priesen, der stolz von sich behauptet hatte, „ich aber stellte zwischen beide Lager mich." Die anderen, wie Saint-Just und Robespierre, schauten auf Sparta („Sparte brille comme un éclair dans des ténèbres immenses"; Oeuvre X, S. 444) und schworen auf den unerbittlichen Lykurg, dessen bei Plutarch überliefertes Erziehungsprogramm ganz ihrem ungeduldigen Willen zur raschen Vollendung des neuen Menschen entsprach (vgl. S. 693 ff.).

Lykurg ist eine Gestalt der Sage. Die ihm zugeschriebene Gesetzgebung gehorcht – anders als dies die Revolutionäre in Paris glaubten – derselben Einsicht wie die Solons: Die Einheit der sozialen und politischen Ordnung und damit das Überleben des Gemeinwesens kann nur das Gesetz geben, das zugleich den freien Bürger zum Herrn des Staates macht:

„Endlos mit Jammer beschwert Ungesetz [Dysnomie] unsere Stadt;
Wohlgesetz aber schafft Wohl und Heil für jegliches Wirken,
Und den Gesetzlosen legt zügelnde Fesseln sie an,
Trotziges mildert, Gelüste beschwichtigt und Übermaß dämpft sie;
Eh noch es aufwächst, vertilgt sie das Verhängnis im Keim.
Recht, das gebeugt war, richtet sie grad, und von Leidenschaft tolle
Herzen besänftigt sie rasch, Aufruhr zwingt sie in die Knie,
Streites unreine Gluten erstickt sie. Auf das Gesetz [Eunomie] nun
Gründet das Gute der Mensch, baut er Beständiges auf."
(Solon, F 3 D; Übers.: Preime).

Hundertfünfzig Jahre später war allen Griechen selbstverständlich, daß das Gesetz die Grundlage ihrer Gesellschaftsordnung war. So konnte bei Ausbruch des Peloponnesischen Krieges der Demokrat Perikles im Namen Athens erklären, „in öffentlichen Angelegenheiten verwehrt uns tiefer Respekt vor den Gesetzen, sie zu übertreten", und sein Gegner, der König Spartas, konnte mit demselben Recht sein Volk preisen, als er es „allzu streng in der Selbstbeherrschung erzogen" nannte, „um gegen die Gesetze verstoßen zu können."

Als 1815 in Frankreich die Könige nach Paris zurückkehrten, verschwand mit den Helden aus der römischen Requisitenkammer auch Solon von den Spielkarten. Seine Vorstellung vom wohlgeordneten Staat blieb jedoch, was sie immer war: Ein Kernstück europäischer Rechtstradition.

aus Lokroi in Unteritalien und Charondas aus Katane (heute: Catania) auf Sizilien. Die Probleme waren in jedem Fall die gleichen: Es ging um die Kodifizierung des Rechts und eine abgestufte Zuweisung politischer Rechte an die Bürgerschaft, zu der auch der Adel gehörte.

Ursprünglich betrachteten die Griechen die rechtlich geregelte Lebensordnung als göttliche Stiftung. Der Gesetzgeber wurde daher auch nur als Gesetzesvermittler verstanden, wie Lykurg, der der frommen Überlieferung zufolge seine Ordnung vom Gott Apoll in Delphi empfangen hatte. Zu vergleichen ist dies etwa mit der alttestamentlichen Tradition, die Gott am Berge Sinai zu Moses sprechen ließ und alle Rechtsnormen nur als Forderungen Gottes an das Volk Israel anerkannte. Hier wie dort wurde eine über mehrere Generationen hinweg entwickelte Rechtsordnung auf einen göttlichen Akt der Gesetzgebung zurückgeführt.

Der Inhalt der Gesetzgebung beschränkte sich häufig auf die Aufzeichnung und die systematische Erfassung des Rechts (Kodifikation), das gewohnheitsrechtlich bereits seit längerem galt. Trotzdem taten die griechischen Gesetzgeber etwas Neues und ungemein Wichtiges: Sie faßten nur die Rechtssätze schriftlich, die ihren Gerechtigkeitsvorstellungen und denen ihrer Zeit noch entsprachen. Insofern reformierten sie das Recht und die in ihm verkörperte soziale Lebensordnung.

Und vor allem: Sie nahmen mit ihrer praktischen Tätigkeit Abschied von dem Gedanken, daß das Recht auf einer unverbrüchlichen, von den Göttern gestifteten Ordnung beruhen müsse. Statt dessen entwickelten sie die Vorstellung von einer autonomen gesetzlichen Ordnung, die von Bürgern geschaffen wird und deren Zwecken zu dienen hat. Dem entsprach, daß im Straf- und Privatrecht die Rechtsfindung mittels irrationaler Entscheidungsverfahren (z. B. Gottesurteile) nach und nach aufgegeben und durch die Anwendung von Gesetzen abgelöst wurde. Am Ende der Entwicklung stand das Verständnis vom Recht als der einzig legitimen Grundlage des Verfassungsstaates: Für Aristoteles bedeutete Staat (*politeia*) die Herrschaft der Gesetze. Die Römer haben diesen Grundgedanken übernommen, ausgebildet und an die späteren europäischen Rechtsordnungen weitergegeben.

Die Urheber dieser Entwicklung hatten derartige Konsequenzen nicht vor Augen. Sie wollten das alte Recht zur Geltung bringen und Konflikte lösen. Ob sich ihre mit wenigen Strichen skizzierten staatlichen Ordnungen durchsetzen und bewähren würden, hing von der Einsicht der streitenden Parteien ab. Nur wenn diese bereit waren, ihre Auseinandersetzungen im nunmehr vorgegebenen Rahmen auszutragen, wiesen sie einen Weg in die Zukunft. „Wenn eine Verfassung Bestand haben soll, so müssen alle Teile des Staates wollen, daß sie existiere und dauere", notierte trocken Aristoteles (Politik 1270 b 21f.). Insofern formulierten die Verfassungen der Frühzeit mehr die Ziele einer künftigen staatlichen Ordnung, als daß sie diese bereits schufen.

Nach den ersten Bewährungsproben hatte sich der zukunftsweisende Kerngedanke allerdings schnell und allerorten durchgesetzt: Es galt, die Regierungsgewalt in die Hände der Bürger zu legen. Spätere Generationen definierten den Bürger denn auch als Teilhaber an der Regierung: „Der Staatsbürger schlechthin läßt sich durch nichts anderes genauer bestimmen als dadurch, daß er am Richten und an der Regierung teilnimmt" (Aristoteles, Politik 1275 a 22 f.). Dies tat er durch die unbegrenzte Mitgliedschaft in der Volksversammlung und durch die zeitlich befristete Wahrnehmung eines politischen Amtes.

Unterschiedliche Antworten fanden die einzelnen Verfassungen auf die Frage, ob alle oder nur bestimmte, nach den Auswahlkriterien des Besitzes und der Leistung für den Staat ausgesuchte Bürger an der Regierungsgewalt teilhaben sollten. In Athen wiesen die Perserkriege und die durch sie beförderten Flottenbauprogramme der Verfassung den Weg zur Teilhabe auch der grundbesitzlosen Schichten an der politischen Macht (s. S. 197 ff.). In Sparta hingegen, wo seit der Eroberung Messeniens die Bürger von der Rente des ihnen zugelosten Landes und den Erträgen der auf ihm arbeitenden Heloten lebten, blieb das Bürgerrecht an den Besitz von Grund und Boden gebunden, so daß selbst eine Differenzierung der politischen Mitwirkungsrechte nach dem Zensus, wozu sich viele andere Stadtstaaten – wie später auch Rom – entschieden, nicht möglich war.

## 2. Sparta: Die Gleichheit der Krieger

*Die Grundbedingungen der staatlichen und sozialen Existenz*

Die Geschichte der Stadt Sparta verlief in vielem anders als die der sonstigen griechischen Städte. Nicht, weil sie andere Probleme hatte: Auch Sparta litt wie jede andere Stadt früh unter der sozialen Not, hörte die Rufe nach neuem Land oder Neuverteilung des vorhandenen, kämpfte um das rechte Maß an politischen Rechten für seine Schwerbewaffneten und lernte wie die meisten seiner nahen und fernen Nachbarn, daß die politische Ordnung schriftlich zu fixieren war, um als Rechtsordnung die Zustimmung seiner Bürger zu finden. Aber es ging von Anfang an einen eigenen Weg, um seine Probleme zu lösen. Das Ergebnis war ein Staat, der Haß und Bewunderung herausforderte und dessen besondere Merkmale in historisch heller Zeit deutlich hervortraten:
(1) Die Spartaner behielten einige, durch ihr Alter geheiligte dorische Stammessitten bei, wie etwa die gemeinsamen Mahlzeiten aller grundbesitzenden und wehrfähigen Bürger und die Erziehung der Jugend im Stamm statt im Elternhaus (Vergleichbares kennen wir aus den dorischen Städten Kretas).
(2) Die Monarchie überlebte als politische Institution, obwohl sie in ihrer speziellen Form der Kollegialität und der latenten Feindschaft ihrer Königshäuser höchst ungewöhnlich war. Diese führten die Kriege und boten die bewaffneten Mannschaften auf, zu denen auch die Aufgebote der Perioikengemeinden gehörten, die die Könige als Heerführer anerkannten.

Tyrannen wurden in Sparta nicht heimisch – sie hätten angesichts der königlichen Macht ihr Regiment nur um den Preis des völligen Umsturzes der bestehenden Ordnung einrichten können.
(3) Sparta war für Jahrhunderte von einer Anzahl nichtdorischer Gemeinden umgeben, die es besiegt hatte und auf Dauer als Unterworfene (*Heloten*) behandelte und ausbeutete. Diese Entscheidung, die Sparta in einen Rentnerstaat verwandelte, dessen Krieger von der Arbeit anderer lebten, traf die spartanische Aristokratie im Einvernehmen mit den beiden Königshäusern bereits im 8. Jahrhundert. Einzigartig war diese Einrichtung nicht: Dererlei fand sich auch in Thessalien, auf Kreta, auf Sizilien und – höchstwahrscheinlich – in den meisten Kolonien an der Donaumündung und am Schwarzen Meer. Einzigartig war allerdings die Größenordnung: Nur Sparta herrschte über Unterworfene, deren Zahl die der freien Bevölkerung um ein Vielfaches übertraf.
(4) Dementsprechend waren der gesamte Staatsaufbau, die Außenpolitik und die gesellschaftliche Ordnung darauf ausgerichtet, gegenüber den Unterworfenen ständig kampfbereit zu sein und notfalls Hilfe gegen Aufstände auch von außen zu erhalten. Militärische Effektivität und ständige Präsenz bestimmten die Lebensführung, die Erziehung und das Ethos jedes Spartaners, der die Bewahrung dieser auf Unterdrückung aufgebauten Ordnung als seine höchste bürgerliche Pflicht zu verstehen lernte: „Keinem stand es frei zu leben, wie er wollte, sondern sie lebten in der Stadt wie in einem Feldlager nach strengen Vorschriften für all ihr Verhalten und ihre Beschäftigung in der Öffentlichkeit, und überhaupt glaubten sie nicht sich, sondern dem Vaterlande zu gehören" (Plutarch, Lykurgos 24,1).

*Spartas Weg zum Kriegerstaat*

Am Anfang der spartanischen Geschichte stehen dorische Kriegerverbände, die sich zu gemeinsamer Wanderung und Landnahme zusammengeschlossen hatten. Sie waren seit dem ausgehenden 10. Jahrhundert, aus der Argolis kommend – meist wohl in Gruppen von nur wenigen hundert Personen –, in das fruchtbare Eurotastal eingesickert. An der Besetzung des ganzen Tals hinderte sie für lange Zeit das vordorische Amyklai, so daß der Kriegerverband bestehen blieb und sich über Generationen hinweg – gewiß unterbrochen von Phasen friedlichen Einvernehmens – vergeblich mühte, die widerspenstige Stadt zur Aufgabe zu zwingen. An seiner Spitze behaupteten sich zwei Heerkönige, die die ursprünglich angelegten vier Dörfer zur Siedlung Sparta zusammenfaßten. Unter ihrer Führung gelang es schließlich, den Widerstand Amyklais zu brechen, dessen Bewohner in Sparta heimisch wurden; das Tor zur Eroberung der südlichen Eurotasebene war damit aufgestoßen. Hier fanden die Sieger, was sie am meisten begehrten: fruchtbares Land, das sie als erbliche Landlose unter sich aufteilten.
Damit war der künftige Weg Spartas zur Lösung auftretender sozialer Probleme vorgezeichnet: Nicht die Fortsetzung der Wanderung oder Kolonisationsfahrten – Sparta sollte nur eine Kolonie, das unteritalische Tarent,

## 2. Sparta

gründen –, sondern Krieg und Unterwerfung verschafften neues Land. Als die Eurotasebene erobert wurde, bildeten sich innerhalb der unterworfenen Bevölkerung zwei Gruppen: Die Heloten, die als Zwangsarbeiter die Rücken krümmten und die Felder der neuen Herren bestellten, und die *Perioiken* (= Umwohner), die ihre persönliche Freiheit und ihre eigene Gemeindefreiheit behielten und im Heer dienten.

Als die Bevölkerung wuchs und das Land in Lakonien knapp wurde, überschritt um 720 der spartanische Heerbann den Taygetos und fiel in Messenien ein, das – vor allem im Westen – zu den dichtest besiedelten und reichsten Landschaften Griechenlands gehörte. Nach schweren Kämpfen fiel die Festung Ithome, und in weiten Teilen des eroberten Landes verwandelten sich die freien Bauern in Hörige:

„So wie die Esel, vom Joch mächtiger Lasten gedrückt,
Tragen auch sie, gebückt von traurigem Zwange, die Hälfte
Sämtlicher Früchte des Landes in seine Scheuern dem Herrn."
(Tyrtaios frg. 5).

Die Messenier wehrten sich, wann immer sich eine Gelegenheit dazu bot. Um 650 standen sie nahezu geschlossen gegen ihre Herren auf und verwickelten sie 17 Jahre lang in einen Kampf um Sein oder Nichtsein. Als er verloren war, verließen viele das Land, das bis zum Jahr 370, als der Thebaner Epaminondas die in der griechischen Welt verstreuten Messenier zurückrief (s. S. 237), die spartanische Besetzung ertrug.

Die Tatkräftigsten suchten in Unteritalien und Sizilien eine neue Zukunft. Dort wurden sie vor allem in Metapont und in Rhegion aufgenommen; einer ihrer Nachkommen, Anaxilaos, stürzte 494 die oligarchische Herrschaft der tausend Besitzenden in Rhegion und warf sich zum Tyrannen der Stadt auf. Die in der Heimat Gebliebenen wurden helotisiert, ihr Land an die spartanischen Hopliten verteilt; die Küstenstädte verödeten oder wurden, wenn sie dem Aufstand ferngeblieben waren, wie Asine und Methone als Periökenpoleis eingerichtet. Über Messenien fiel der Schatten eines allgegenwärtigen Terrors, dessen Erfindungsreichtum der nüchterne Thukydides kommentarlos in folgender Episode festhielt: „Auch weil ihnen die Mißgunst und die Menge der Heloten Sorgen machten (das Verhältnis der Spartaner zu den Heloten war immer schon von der Absicherung gegen sie bestimmt), unternahmen sie auch das Folgende: sie verkündeten, daß jeder Helote, der der Meinung war, sich in vergangenen Kriegen höchste Verdienste erworben zu haben, seine Ansprüche geltend machen sollte. Und nach deren Prüfung könnte er dann mit der Freiheit belohnt werden. Tatsächlich handelte es sich um ein Experiment, weil diejenigen, die sich stolz für die Würdigsten hielten, zugleich auch diejenigen waren, die am leichtesten einen Aufruhr anzetteln konnten. Rund zweitausend gehörten zu den Auserwählten, sie wurden bekränzt und zogen von Tempel zu Tempel, so als wären sie freigelassen worden. Kurze Zeit später ließen die Spartaner sie verschwinden, und niemand weiß, auf welche Weise jeder von ihnen zu Tode gebracht wurde" (4, 80,3-4).

Hoffnung auf Besserung innerhalb des Systems gab es – auch dies zeigt der Bericht des Thukydides – nur für wenige und erst dann, als Sparta seit dem Beginn des fünften Jahrhunderts in auswärtige Kriege verwickelt wurde. In ihnen vermehrte sich die Zahl der Heloten, die ihren Herren als Burschen und Ordonnanzen in den Krieg folgten und für sie zum Schwert griffen, wenn Not am Mann war. Der als Gegenleistung erwartete Lohn – die Freiheit – konnte ihnen auf Dauer nicht verweigert werden: Das eherne Gesetz des antiken Stadtstaates, wonach kriegerische Leistung die Freiheit und das Bürgerrecht begründete, durfte und wollte auch Sparta nicht auf Dauer brechen. So gab es den Heloten, die im Sommer 421 mit den siegreichen Truppen des Brasidas aus Thrakien zurückkehrten, die Freiheit und das Recht, zu wohnen, wo sie wollten; wenig später wurden sie mit anderen Freigelassenen an der Grenze zu Elis ansässig – offenkundig, um als Militärkolonisten dem streitbaren Nachbarn die Lust an Grenzhändeln zu nehmen (Thukydides 5, 34,1).

Der Status der freigelassenen Heloten verbirgt sich hinter ihrer Bezeichnung: *Neodamodeis*. Damit konnte nur die Mitgliedschaft in der Bürgerschaft gemeint sein – inwieweit und worin gegenüber den Vollbürgern zurückgesetzt, ist nicht auszumachen. Ihre militärische Bedeutung für den Staat, der in den Kriegen seit 430 seine Kräfte mehr und mehr überdehnte, wuchs ständig: Als 396 König Agesilaos im Krieg gegen Persien (s. S. 236) den Oberbefehl auf dem kleinasiatischen Kriegsschauplatz übernahm, folgten ihm 30 Spartiaten, 2000 Neodamoden und 6000 Bündner. Sie blieben jedoch ungeliebte Kinder der militärischen Not Spartas, und ihr Kampfwert war dementsprechend gering: Ein Hilfegesuch des Polydamos von Pharsalos an Sparta (374) enthielt den lapidaren (und bezeichnenden) Wunsch, man möge ihm keinesfalls nur Neodamoden schicken, lieber verzichte er auf jede Hilfe (Xenophon, Hellenika 6, 1,15).

*Der Preis der Unterwerfung Messeniens*

Die endgültige Niederwerfung Messeniens verdoppelte das Ackerland Spartas. Nun erhielt jeder Spartaner soviel Land und hörige Bauern, daß er mit seiner Familie künftig als jederzeit zu Krieg und Kampf bereiter Rentier leben konnte. Der Ertrag reichte zudem, um die Beiträge für die gemeinsame Lebensführung der Männer aufzubringen. Denn nur wer seinen Platz in deren Tischgemeinschaften (*Syssitien*) einnahm, gehörte zum Kreis der Spartiaten, die sich stolz die Gleichen (*Homoioi*) nannten, sich die Haare lang wachsen ließen und nach der späteren Legende kalt badeten, grobes Brot aßen und schwarze Suppe schlürften (Plutarch, Alkibiades 23,2). In diesen Männerbünden, die die Familie als Zentrum von Liebe und Autorität weitgehend ersetzten, lebten uralte Formen des Gemeinschaftslebens weiter: Je etwa 15 Männer bildeten eine Speisegemeinschaft, ergänzten ihren Kreis durch Kooptation, vertrieben sich gemeinsam die Zeit und übernahmen die Erziehung der Heranwachsenden. In diesen Zirkeln regierte die Kameradschaft ebenso wie die Konkurrenz: Der Reichere spendierte der gemeinsamen Tafel besondere Leckerbissen und ließ sich dafür feiern, der Tapfere forderte Gefolgschaft und Unterordnung. Niemand jedoch war von diesem Gemeinschaftsleben ausgenommen, und der dort herrschende Geist war geprägt von den Tugenden des Krieges.

Sparta war nach der Verteilung des messenischen Landes an seine Hopliten gerüstet, für die Zukunft alle Energien darauf zu richten, diesem Zustand Dauer zu verleihen. Handel zu treiben, war nun auch nicht mehr nötig; das wenige, was man von jenseits der Grenzen brauchte, lieferten ausländische Kauffahrer. Alle Spartaner waren und blieben Bauern. Nur bestellten sie ihr Land nicht selbst, sondern dies tat eine versklavte Bevölkerung unter ihrer Aufsicht. Deren Zahl kann nur annähernd geschätzt werden; sie überstieg in jedem Fall die Zahl der Spartaner um ein Vielfaches.

Jedoch: Der Sieg forderte einen hohen Preis. Er verwandelte Sparta in ein bewaffnetes Heerlager und seine Bürger in Krieger. Diese verrichteten ihr Handwerk als Polizisten und Berufssoldaten, da ihre Aufgabe in der Zähmung und Bewachung der Heloten ebenso wie in der Führung auswärtiger Kriege bestand. In den Eroberungszügen des 6. Jahrhunderts und in den Perserkriegen wurde der spartanische Soldat und Offizier geboren, dem auf den Schlachtfeldern Griechenlands der Mythos der Unbesiegbarkeit vorauseilte. Lange Jahrzehnte zurecht: Die Professionalität der Kriegführung, begründet in der Ausbildung, körperlichen Verfassung und Disziplin, machte den spartanischen Soldaten besser als jeden anderen.

Es geschah dies alles nicht mit einem Mal. Aber es geschah so gründlich, daß die soziale, politische und ideologische Ordnung des spartanischen Staates seit dem 6. Jahrhundert in Griechenland als einzigartig galt. Von Kind an zur militärischen Tüchtigkeit erzogen, lebten die Spartiaten auf Kosten ihrer Heloten und waren jederzeit bereit, gegen diese oder einen feindlichen Ausländer loszuschlagen. Ihr Ethos und ihr soziales Ansehen lebten von Krieg und Todesverachtung. Formuliert hatte es bereits in den Nöten des messenischen Aufstandes ihr Dichter Tyrtaios, den eine spätere Legende nicht zufällig zum Feldherrn machte:

„Wenn aber einer entrann dem Rachen des grausamen Todes
Und im Lanzengefecht strahlende Siege errang,
Wird er von allen geehrt, von Jungen wie auch von den Alten;
Freude erfährt er zuhauf, bis ihn der Hades empfängt.
Kommt dann das Alter,
so glänzt er im Kreise der Bürger, und keiner
Weigert die Achtung ihm oder mißgönnt ihm sein Recht.
Alle machen ihm Platz, die Jungen, die Altersgenossen,
Selbst die Betagtesten stehn vor dem sich Nahenden auf."
(11,35 ff.).

Berauscht von solchen und anderen grimmigen Sentenzen und getrieben von der ständigen Furcht, es könnte der Tag kommen, an dem alle militärische Wachsamkeit und Professionalität vergeblich sein würden, vergaßen die Herren Spartas mehr und mehr die Künste und die Wissenschaften. Die

Musen hatten sich den erzieherischen Idealen zu unterwerfen, die von Gemeinschaft, Unterordnung, Kampf und Tod sprachen. Auch dies geschah nicht von heute auf morgen: Noch Pindar sang von Sparta wie von anderen griechischen Städten auch:

„Wo der Ratschlag der Alten,
junger Männer Lanzenkraft vortrefflich sind und
Reigen, Kunst der Musen und Freude des Fests." (frg. 166/Werner).

Es blieb nicht so. Als sich Thukydides die ferne Zukunft Griechenlands vorstellte und die Nachfahren auf die Ruinen Athens und Spartas blicken ließ, kündete nichts mehr von der einstigen Größe der Stadt, der doch zwei Fünftel der Peloponnes gehört und die den Rest beherrscht hatte: „Wenn Sparta verödete und nur die Tempel und Grundmauern der Bauten blieben, würden gewiß die Späteren nach langer Zeit an der vielgerühmten Macht der Stadt gründlich zweifeln." (1,10,2). Und doch hatte einst in ihren Mauern der Dichter Alkman gelebt, der verzaubert die Leukippiden-Mädchen besungen hatte, die wie Fohlen am Eurotas entlangliefen, und der die Demut, die das Alter und die Einsamkeit schaffen, in unvergängliche Verse gießen konnte:

„Nicht mehr ihr Mädchen, die ihr so erregend und süß euer Lied singt,
Wollen die Füße mich tragen. O daß ich ein Eisvogel wäre,
Der überm Schaum der sich wälzenden See auf den Schwingen der Weibchen
Furchtlosen Herzens sich wiegt, der geheiligte, meerdunkle Vogel."
(Übers. Hausmann; die weiblichen Eisvögel trugen nach griechischer Vorstellung die alternden männlichen).

Die weitgehende Konzentration der bürgerlichen Pflichten der Männer auf die ständige Bereitschaft zum Kampf wirkte sich nachhaltig auf die gesellschaftliche Stellung der spartanischen Frauen aus. Die antiken Autoren sprachen einhellig von der großen Freizügigkeit, die sie genossen und die eine Folge der langen Abwesenheit der Männer gewesen sei; Aristoteles tadelte gar die „Weiberherrschaft" in Sparta. Tatsächlich gab es auch während der Anwesenheit des Ehemannes wenig Gemeinsames, da dieser bis zu seinem dreißigsten Lebensjahr weiterhin bei seiner militärischen Einheit lebte und seine junge Frau nur nachts und heimlich besuchte. Außereheliche Beziehungen der Frauen waren denn auch keineswegs geächtet, und die Frage nach der ehelichen Geburt der Kinder wurde erst gar nicht gestellt. Platon und Aristoteles beklagten sich, daß das Leben der Spartanerin nicht wie das der Männer organisiert gewesen sei und daher den Weg in die „Zügellosigkeit" wies, was wiederum den Verfall Spartas mitbewirkt habe (Platon, Gesetze 637c; Aristoteles, Politik 1269 b 13 ff.). Die Tugend der Frauen wird also mit der Stärke des Staates verknüpft – ein Einfall, den später besonders die Römer pflegen sollten.

Weniger um die Moral besorgte Athener priesen mit dem Dichter Ibykos die spartanischen „Frauen, die ihre Schenkel zur Schau stellen" (frg. 65); vor Augen hatten sie das Kleid der Spartanerin, den dorischen Peplos, dessen geschlitzter Rock den Oberschenkel freiließ.
Besonders auffällig war, daß die Frauen und Mädchen der Spartiaten an der öffentlichen Erziehung teilnahmen, wobei die sportlichen Übungen durch Tanz und Gesang ergänzt wurden. „Ich turne regelmäßig und mit den Füßen tret' ich mir fleißig den Hintern", antwortete die Spartanerin Lampito der Athenerin Lysistrate, als diese in der gleichnamigen Komödie des Aristophanes den kräftigen Körper ihrer Freundin pries (83). Vergleichbares gab es in den anderen griechischen Städten nicht; dort konzentrierte sich das Leben der Frauen auf das Haus und den Haushalt (s. S. 214 f.). Nicht minder bedeutsam war die vermögensrechtliche Stellung der Spartanerin: Aristoteles notierte mißbilligend, daß zu seiner Zeit zwei Fünftel des spartanischen Landes Frauen gehörten. Und schließlich blieb es weitgehend den Frauen überlassen, sich um die erfolgreiche Bewirtschaftung des Haushaltes und die Verwaltung des Vermögens zu sorgen.
Die Perioiken, die wie die Spartaner Lakedaimonier waren und in ihren Dörfern nach ihren Regeln lebten, blieben auch in schwierigen Zeiten an der Seite Spartas. Ihre militärischen Aufgebote kämpften in der spartanischen Phalanx und waren eine unverzichtbare Stütze der spartanischen Großmachtstellung. In der Regel besaßen sie keine Heloten, sondern sorgten selbst für ihren Lebensunterhalt. Sie betrieben Handel und Gewerbe und dachten an den Frieden, den ihnen die spartanischen Waffen für viele Jahrhunderte sicherten; der Verzicht auf alle politischen Rechte innerhalb der Polis Sparta wog dagegen leicht.

*Die staatliche Ordnung*

Spartas Verfassungsgeschichte beginnt mit der ältesten und zugleich umstrittensten Urkunde des frühen Griechenland, der sogenannten „Großen Rhetra" (*rhetra* = Übereinkunft, Konstitution, Gesetz). Sie hat Plutarch höchstwahrscheinlich in einer von Aristoteles verfaßten und später verlorengegangenen Geschichte der spartanischen Verfassung gefunden und in seiner Lebensbeschreibung des legendenhaften Staatsgründers Lykurg bewahrt. Der erhaltene Text spricht von einem delphischen Orakelspruch an Lykurg; auch den Griechen galt wie anderen Völkern die vorhandene Lebensordnung (*nomos*) als göttliche Stiftung und der Gesetzgeber dementsprechend nur als Gesetzesvermittler. Die an die Könige Spartas erteilten Weisungen waren umfassend: Sie sollten dem Zeus Syllanios und der Athena Syllania ein Heiligtum bauen, Phylen und Oben einrichten, einen Rat der Dreißig (*Gerusie*) unter Einschluß der Könige konstituieren, von Zeit zu Zeit die Volksversammlung (*Apella*) einberufen und ihr Anträge zur Abstimmung vorlegen. Ein späterer Zusatz soll folgende Regelung getroffen haben: „Wenn aber das Volk eine krumme Entscheidung trifft, sollen die

Ältesten und die Fürsten es abtreten lassen", d. h. sie sollen auf diese Weise die Versammlung auflösen (Plutarch, Lykurg 6,2).

Apollo selbst wies also die Könige an, bestimmte Einrichtungen zu schaffen – ein Heiligtum, Phylen und Oben, den Rat – und für die richtige Beteiligung der einzelnen Verfassungsorgane Sorge zu tragen. Dazu gehörte, daß die Gerusie „krumme" Entscheidungen der Apella kassieren konnte – was praktisch bedeutete, daß Beschlüsse für null und nichtig erklärt wurden, die nach der Auffassung der Ratsmehrheit dem Staate nicht nützlich waren. Von einer solchen, göttlichem Gebot folgenden Ordnung sprechen auch die Verse des Tyrtaios (frg. 3a), die – wie später die Elegien Solons – die politischen Nöte der Zeit beschworen und den Boden für Reformen vorbereiteten:

„Herrschen sollen im Rat die Könige, gottbegnadet,
Denen am Herzen die Stadt Sparta, die ewige, liegt,
Herrschen die würdigen Greise, mit ihnen die Bürger des Volkes,
Wahrend das gültige Recht, wie es der Satzung entspricht;
Sollen Geziemendes reden und alles Gerechte erwirken,
Nie unredlichen Rat geben der heimischen Stadt,
Und die Versammlung soll durch den Sieg der Stimmen entscheiden."

Beide Quellen sprechen also von einer Verteilung der Macht. Sie gewährte der königlichen Gewalt, die ohnehin über die Exekutive verfügte und nach freier Entscheidung Krieg führen konnte (Herodot 6,56,1), das alleinige Recht zur Initiative und die Leitung von Rat und Volksversammlung. Deren Kompetenz ist nicht beschrieben; festgelegt wurde nur, daß sie regelmäßig einberufen werden mußte. Dies genügt jedoch bereits, um zu verstehen, daß von jetzt an der Kampf um die politische Macht in Sparta dieselbe Zielrichtung hatte wie anderswo in Griechenland auch: Es ging künftig um die Durchsetzung des Anspruchs der Volksversammlung, alle wesentlichen, Staat und Gesellschaft betreffenden Entscheidungen an ihre Zustimmung zu binden; in Sparta lief dies darauf hinaus, die Macht der durch das Herkommen und ihre militärischen Erfolge legitimierten Königshäuser mehr und mehr einzuschränken. Auch der historische Kontext läßt keinen anderen Schluß zu: In der Apella saßen die Männer, die ihre Waffen nach Messenien getragen und die Aufstände der Unterworfenen in schweren Kämpfen niedergeworfen hatten. Sie forderten neben der Verteilung von Land nun das, was alle Hopliten in den griechischen Städten forderten: die Teilhabe an der politischen Macht.

Diesem Ziel diente auch der neu konstituierte Rat aus dreißig Mitgliedern, in dem die Könige Sitz und Stimme hatten. Er ersetzte einen bereits vorhandenen Adelsrat, ohne daß wir erfahren, nach welchen Kriterien die neuen Mitglieder ausgesucht wurden – die Möglichkeit, daß sie aus dem Kreis aller Bürger gewählt wurden, ist nicht auszuschließen. Die Tatsache der Neukonstituierung allein und die Aussage des Tyrtaios sprechen jedoch bereits von einer Institution, die sich von der Teilhabe an der Macht nicht abdrängen lassen wollte. Um sie ganz in Besitz zu nehmen – wie dies in

Rom der Senat tun sollte –, fehlte ihr jedoch die Kraft; allein die Bestimmung, daß die Ratsmitglieder bei ihrer Bestellung das sechzigste Lebensjahr überschritten haben mußten, machte jede personale Kontinuität zunichte, ohne die der Griff nach der Macht kraftlos bleibt.

Schließlich wurde auch die Bürgerschaft – der Damos der Spartiaten – neu konstituiert. Was im einzelnen mit der Einteilung in Phylen und Oben gemeint war, ist schwer auszumachen. In dieser frühen Zeit beruhte jeder politische und gesellschaftliche Zusammenschluß auf dem personalen Prinzip, das später durch lokale Ordnungsprinzipien ersetzt wurde. Wiederum spricht die Neuordnung für sich genommen von Verschiebungen der politischen Gewichte zugunsten des Damos.

Um ihm die Macht zu geben und die Apella zum Zentrum aller staatlichen Entscheidungen zu machen, mußte jedoch das Recht der Könige fallen, allein die politische Initiative ergreifen zu können. Irgendwann im 6. Jahrhundert war es soweit: Die fünf Ephoren („Aufseher"), die seit langem jährlich von der Volksversammlung gewählt worden waren und dem Jahr seinen Namen gaben – mehr wissen wir von ihnen nicht –, verdrängten die Könige von den Schalthebeln der Macht, indem sie die Leitung von Rat und Volksversammlung übernahmen. Als letzten Schritt unterwarfen sie schließlich die ureigenste königliche Machtdomäne, die Führung des Krieges, ihrer Kontrolle. Damit waren die Könige mißtrauisch beäugte Beamte des Staates geworden, die im monatlichen Ritual der Begegnung mit den Ephoren den neuen Herren des Staates zu huldigen hatten:

„Alle erheben sich beim Eintreffen eines Königs von ihrem Sitz, nur die Ephoren nicht, wenn sie auf ihrem Amtsstuhl sitzen. Und die Ephoren und die Könige schwören sich jeden Monat gegenseitig einen Eid, die Ephoren für die Stadt, die Könige für sich selbst. Der Eid des Königs besagte, daß er seine Herrschaft nach den bestehenden Gesetzen der Stadt ausüben werde; der Eid der Stadt besagte, daß sie, solange jener seinen Eid hielte, das Königtum unangetastet lassen werden."
(Xenophon, Staat der Lakedaimonier 15,6-7).

Die Könige haben ihre von den Herakliden verliehene Macht nicht kampflos preisgegen. Gegen Ende des 6. und zu Beginn des 5. Jahrhunderts haben die tatkräftigsten unter ihnen wie Kleomenes, der in Athen die Tyrannis stürzte (Herodot 5,64) und 494 den Erbfeind Argos bei Sepeia schlug, und Leotychidas, der 479 bei Mykale Heer und Flotte der Perser vernichtete, das Blatt zu wenden versucht. Sie endeten schmählich: Kleomenes, in die Verbannung gejagt, starb unter mysteriösen Umständen, als er versuchte, mit Hilfe des arkadischen Heerbannes die Herrschaft wiederzugewinnen; Leotychidas, in Sparta der passiven Bestechung angeklagt, ging 476 nach Tegea ins Exil. Selbst der Sieger von Plataä, Pausanias, der als Vormund des unmündigen Königs Pleistarchos regierte, entkam der Inquisition der Ephoren nicht: Auf dem Höhepunkt seiner militärischen Erfolge vor Byzanz enthoben sie ihn seines Kommandos und klagten ihn der Konspiration mit den Persern an. Freigesprochen ereilte ihn Jahre später sein Schicksal, als ihn die Ephoren aus dem kleinasiatischen Kolonai, wo er sich zum Herrn der Stadt gemacht hatte, nach Sparta zurücklockten. Dort verhungerte 467/66 der Sieger über die Perser im Tempel der Athena, wohin er geflüchtet war, als er sich der Anklage wegen staatsfeindlicher Umtriebe mit den Heloten und hochverräterischer Beziehungen zu den Persern nicht mehr zu erwehren wußte.

Jetzt endlich waren die Ephoren und die von ihnen geleitete Apella die uneingeschränkten Herren des Staates. Hegel hat sich ihrer angesichts des Wohlfahrtausschusses der Französischen Revolution erinnert: „Ihre Gewalt wurde tyrannisch, der ähnlich, welche Robespierre und seine Anhänger eine Zeitlang in Frankreich ausgeübt haben" (Vorlesungen über die Philosophie der Geschichte, hg. Moldenhauer, S. 319). Plutarch hatte nahezu 2000 Jahre früher vergleichbare Assoziationen, als er berichtete, die Spartaner hätten der Furcht (*Phobos*) einen Tempel in der Nähe des Speisehauses der Ephoren errichtet, „als sie diese Obrigkeit so aufbauten, daß sie der Monarchie ganz nahe steht" (Kleomenes 9,2).

Aristoteles nannte die spartanische Ordnung eine Demokratie. Er hat gewiß recht, wenn man darunter versteht, daß die Volksversammlung der Träger der letzten Entscheidungsgewalt ist. Dies war sie in Sparta, auch wenn sie die Ausübung der Macht den Ephoren überließ. Denn diese wurden jährlich gewählt und waren zur Rechenschaftslegung verpflichtet. Anders als in Athen jedoch war der Wille der Bürgerschaft nicht allgegenwärtig. Das dafür zu hinterlegende Pfand – die Schwächung und Zersplitterung der exekutiven Gewalt, wie sie die Athener praktizierten (s. S. 201) – war Sparta nicht bereit zu erbringen: Ein Staat, der wie dieser seine Herrschaft nach innen wie nach außen durch die ständige Bereitschaft zum Kampf behaupten mußte, konnte ohne eine jederzeit handlungsfähige und starke Regierung nicht bestehen.

Der Erfolg gab den Spartanern lange Zeit recht. Die Griechen bewunderten nahezu einstimmig die Stabilität der spartanischen Ordnung, die weder Tyrannen noch Bürgerkriege duldete: „Sparta, das nach seiner Gründung durch die noch jetzt dort ansässigen Dorier von allen Städten, die wir kennen, die längste Zeit von Aufständen erschüttert wurde, kam doch am frühesten zu Gesetz und Ordnung (*eunomia*) und war immer tyrannenfrei; denn es mögen gut vierhundert Jahre sein bis zum Ende dieses Krieges [404], daß die Spartaner dieselbe Verfassung haben; und das gab ihnen die Stärke, auch in den anderen Staaten einzugreifen" (Thukydides 1,18,1).

*Symmachie und Hegemonie: Die Herrschaft Spartas über die Peloponnes*

Nach der endgültigen Niederwerfung Messeniens schien es, als sei der Landhunger der Spartiaten unersättlich. Dem mächtigen Argos entrissen sie die Fruchtebenen der Thyreatis und der Kynuria an der Südostküste, während ihre Flotten die Insel Kythera besetzten; die eroberten Landstriche verteilten sie wie gewohnt unter sich. Über die Fortsetzung der Expansionspolitik entschieden jedoch die Ereignisse im Norden der Peloponnes. Irgendwann um 550, so berichtet Herodot (1,66), zogen die Spartaner gegen Tegea und sie führten, ihres Sieges gewiß, die Ketten mit sich, in die sie die Besiegten zwingen wollten. Denn ein Spruch des delphischen Apoll hatte ihnen zwar die Eroberung Arkadiens verwehrt, jedoch hinzugefügt, „trete Tegea dir ab zum Tanze mit stampfenden Füßen /Und die herrliche Flur, das Land mit der Leine zu messen." Es kam anders als das trügerische Orakel verhieß: In den Bergen und Wäldern der „eichelfressenden" Arkader, deren unbeugsame Wildheit Homer den Telemach schildern ließ, konnten die spartanischen Hopliten ihre Phalangen nicht entfalten. Sie unterlagen und trugen nun selber die mitgeführten Ketten und „maßen mit der Leine die Flur der Tegeaten, wenn sie deren Felder bestellten" (Herodot 1,66,4).

Der Drang nach Eroberung und Versklavung war damit vor den Toren Arkadiens gebrochen worden. In den autonomen Welten der von Bergen umringten Hochtäler, zu denen nur steile und gewundene Pfade führten, war der Weg zum Ruhm bitter und der materielle Gewinn bescheiden. Die Spartaner waren an Grenzen gestoßen, die nur mit äußerster Anstrengung zu überwinden gewesen wären. Dazu jedoch war der Staat, der seine messenische Beute genoß und sie sorgsam zu hüten gedachte, nicht bereit. Es blieb ihm das Völkerrecht und sein wichtigstes Instrument, das Bündnis, um zwar nicht zu weiterem Landgewinn, wohl aber zur Ausdehnung des eigenen Machteinflusses zu kommen.

Noch Aristoteles (frg. 592) hörte von einer alten Stele, die am Ufer des Alpheios stand und von der Pflicht der letztlich doch besiegten Tegeaten sprach, alle Messenier aus dem Lande zu treiben, nicht einen von ihnen in die eigene Bürgerschaft aufzunehmen und keinen Tegeaten zu verfolgen, der in seiner Heimatstadt für Sparta sprach. Weitere Nachrichten fehlen, aber das Wenige läßt erkennen, daß Sparta nach schweren Kämpfen in Arkadien dazu übergegangen war, durch den Abschluß von Bündnissen mit den Städten und Stämmen der nördlichen Peloponnes seine messenischen Eroberungen zu sichern und seine militärische Vormachtstellung auszubauen. *Symmachos*, Bundesgenosse, heißt wörtlich Kampfgefährte, und möglichst viele davon auf der Peloponnes zu gewinnen, wurde das Ziel der spartanischen Außenpolitik für den Rest des 6. Jahrhunderts. An seinem Ende gehörten dazu die Korinther, Tegeaten und weitere arkadische Gemeinden, sowie Sikyon und vielleicht auch Elis; Achaia und Argos blieben außerhalb – Argos dazu in lauernder Feindschaft und jederzeit bereit, den Fehdehandschuh aufzunehmen, um den Verlust der Kynuria zu rächen.

Das Formular der Verträge, die Sparta einzeln mit seinen neuen Symmachoi – häufig nach einem vorangegangenen Krieg – schloß, ist nicht erhalten. Die überlieferten Bruchstücke einiger dieser Verträge lassen jedoch unschwer das Grundmuster erkennen, das die spartanischen Diplomaten ihren Verhandlungen mit den peloponnesischen Städten zugrundelegten: Zentral war die Verpflichtung zum wechselseitigen militärischen Beistand

*Sparta und der Peloponnesische Bund*

im Falle eines Angriffs; von Fall zu Fall verboten Sonderklauseln wie im Vertrag mit Tegea, Flüchtlingen aus dem spartanischen Hoheitsgebiet Aufnahme oder Unterstützung zu gewähren. In ihrer Gesamtheit bildeten die nur an Sparta vertraglich gebundenen Peloponnesier einen militärischen Verband, der gemeinhin als „Peloponnesischer Bund" bezeichnet wird, obwohl er keine Bundessatzung kannte.

Die Ausdehnung der spartanischen Macht, auch wenn sie mit den Instrumenten des Völkerrechts befördert wurde, verlangte eine überzeugende Legitimation. Die Spartaner gruben tief, um das Urteil der Geschichte für sich sprechen zu lassen: In Tegea fanden sie unter einer Schmiede den Leichnam des Orestes und überführten ihn als Schutzpatron ihrer peloponnesischen Herrschaftsansprüche nach Sparta (Herodot 1,67 f.). Dieser unglückliche Sohn des mythischen Agamemnon zeugte nun von der fernen Herrschaft des Königs Menelaos und seines Bruders Agamemnon, der als König von Mykene alle Achaier in den Kampf vor Troia geführt und seinen Anspruch auf die Führungsrolle auf der Peloponnes über seinen Sohn Orestes an Sparta vererbt hatte. Mythische Legitimationen dieser Art waren den Spartanern keineswegs fremd. So hatte bereits die Sage von den Herakliden in den Jahren der Eroberung Messeniens eine besondere Variante erhalten: Bei der Aufteilung der Peloponnes unter die Urenkel des Herakles soll Temenos Argos, Aristodemos Lakonien und Kresphontes Messenien erhalten haben; der letzte – so lautete der spartanische Zusatz zur Geschichte – habe jedoch bei der Verlosung Messenien durch Betrug in seine

Hand gebracht, so daß der Krieg Spartas gegen seine Nachfahren als ein Akt später Gerechtigkeit erscheinen mußte.

Im 6. Jahrhundert haben das politische und militärische Übergewicht Spartas und die Beschränkung der außenpolitischen Ziele auf die Peloponnes die Frage, wer über Krieg oder Frieden zu entscheiden habe, von selbst beantwortet: Sparta. Dies wurde erst anstößig, als der ehrgeizige König Kleomenes am Ende des 6. Jahrhunderts versuchte, das Bündnissystem über den Isthmos von Korinth hinaus auszudehnen. Sein wichtigstes Ziel war Athen. 510 fiel der spartanische Heerbann in Attika unter einer Losung ein, die auf allgemeinen Beifall rechnen konnte: Es gelte, so verkündeten Spartas Herolde, Athen von der Tyrannis des Peisistratos zu befreien und der Stadt eine wohlgeordnete Verfassung (*eunomia*) zu geben.

Der König erreichte, was er propagierte, nicht jedoch, was er eigentlich wollte: Zwar warfen die spartanischen Truppen die Peisistratiden aus der Stadt, jedoch zeigten die Erben der politischen Macht keine Neigung, dem spartanischen Drängen nachzugeben und mit Sparta einen Bündnisvertrag abzuschließen. Als die Neuordnung der inneren Verhältnisse die Athener in erbittert ausgetragene Querelen stürzte (s. S. 163), bot sich Kleomenes ein willkommener Anlaß zur erneuten militärischen Intervention. Diesmal jedoch begehrten die peloponnesischen Bundesgenossen auf. Allen voran Korinth, das kurz vor der Schlacht, die vor Eleusis drohte, seine Truppen zurückzog; die Stadt war nicht gewillt, gegen das befreundete Athen zu kämpfen, nur weil Spartas König die neue Ordnung des Kleisthenes als in Rechtsregeln gegossene Unordnung interpretierte.

So sah sich Sparta 505 genötigt, die Repräsentanten der Verbündeten zu einem Kongreß zu laden, auf dem über das weitere Vorgehen gegen Athen gesprochen werden sollte (Herodot 5,91 ff.). Der Vorschlag, den vertriebenen Tyrannen Hippias mit einem gemeinsamen Heer nach Athen zurückzuführen, fand keine Anhänger: In einer ordentlich durchgeführten Abstimmung votierten die Bundesgenossen einstimmig gegen den Kriegszug.

Das Ergebnis aller hochfliegenden Pläne von der Ausweitung des Peloponnesischen Bundes war letztlich die Einführung einer zweiten Rechtsquelle des Bundes. Neben den Bestimmungen der Einzelverträge zählten jetzt auch die Mehrheitsbeschlüsse der Bundesversammlung, von denen später Thukydides (5,30,1) sagte, daß sie alle Mitglieder des Bundes in die Pflicht nahmen, wenn kein sakralrechtliches Hindernis im Wege stand. Dies war als Ergebnis auf dem Kongreß des Jahres 505 weder angestrebt worden noch vorhersehbar, da nur eine Entscheidung im Einzelfall und nicht die Verabschiedung einer Bundessatzung auf der Tagesordnung stand. Gleichwohl entschied der Präzedenzfall. Er gab den Bundesgenossen künftig das Recht, über Krieg und Frieden auf einer Bundesversammlung nach der Entscheidung der spartanischen Apella ein gewichtiges Wort mitzureden (s. S. 227 zum Ausbruch des Peloponnesischen Krieges).

Der unbestrittene Führer (*Hegemon*) des Bundes war und blieb natürlich Sparta. Seine Könige führten das Kommando über das gemeinsame Aufgebot, seine Schatzmeister zogen die Kriegskosten ein, seine Organe setzten die Kriegsziele fest und seine Offiziere verteilten die bewegliche Beute. Und vor allem: Sparta eignete sich die Städte an, die von den vereinten Kräften der Verbündeten erobert worden waren. Ende des 5. und im frühen 4. Jahrhundert verpflichteten die erhaltenen Verträge die Bundesgenossen, den Spartanern Heeresfolge zu leisten, „wohin auch immer sie führen würden." Wir wissen nicht, wann diese Pflicht zur unbedingten Heeresfolge, die die Pflicht zur Hilfe im Verteidigungsfall erweiterte, zum erstenmal durchgesetzt wurde. Sicher ist jedoch, daß sie der klarste Ausdruck des Hegemonialanspruches ist, den Sparta von Anfang an mit seiner Bundesgenossenpolitik durchzusetzen gedachte.

Der Bund blieb auf die Peloponnes beschränkt. Dies gab ihm sein besonderes Profil, auch wenn Argos eigensinnig und erfolgreich seine Selbständigkeit behauptete. Außenstehende wie Herodot und Thukydides sprachen denn auch vereinfachend von „die Peloponnesier", wenn sie Sparta und seine Symmachoi agieren sahen. Der offizielle Name dieser Wehrgemeinschaft lautete nach Thukydides: „die Lakedaimonier und die Bundesgenossen" (1,91,4 u.ö.), wobei der Begriff „Lakedaimon" den Staat einschließlich seiner Perioiken benannte. Jenseits der Peloponnes hat es seit dem Sieg über die Perser auch andere Symmachoi Spartas gegeben. Sie hatten jedoch in der Versammlung der Verbündeten weder Sitz noch Stimme und waren von einer Kampfgemeinschaft ausgeschlossen, deren geographische Beschränkung die einzelnen Mitglieder in besonderer Weise zu einer Interessengemeinschaft verschmolzen hatte.

Zu Beginn des Peloponnesischen Krieges kommandierten die spartanischen Könige etwa 40 000 Hopliten, zu denen die Seestreitkräfte der verbündeten Seestädte hinzukamen. Niemand in Griechenland zweifelte vor dem Tag von Leuktra 371, daß diese Streitmacht jeder Herausforderung gewachsen war. Nicht zuletzt diese Gewißheit hatte dem griechischen Widerstand gegen die persische Invasion den Mut zum Durchhalten gegeben, als nach der Eroberung Athens im Frühherbst 480 der Krieg verloren schien (s. S. 176). Sie band auch die Bundesgenossen widerspruchslos an die Vormacht, solange diese keine Neigung zeigte, die innere Autonomie, also die Verfassung, Verwaltung, Rechtspflege und Religion seiner Symmachoi anzutasten. Selbst außenpolitischen Alleingängen seiner Bündner sah Sparta gelassen zu, wenn sie den Zusammenhalt des Bundes nicht gefährdeten. Es gehörte zur Weisheit derer, die sich die „Gleichen" nannten und innerhalb ihrer Staatsgrenzen ein System brutaler Ungleichheit aufrecht erhielten, daß sie von ihren Bundesgenossen niemals mehr als Männer und Waffen forderten. Dafür gewährten sie Sicherheit, gegebenenfalls Schutz und die Freiheit, so zu leben, wie man wollte. Erst der Sieg über Athen 404 und die daraus resultierende Vormachtstellung über Griechenland und die Küsten der Ägäis sollten ein spartanisches Herrschaftssystem gebären, das die Autonomie der Bundesgenossen nach den Mustern untergrub, mit der der geschlagene Gegner seinen Seebund beherrscht und seinen Untergang selbst heraufbeschworen hatte (s. S. 236).

## 3. Solon

*Das Menetekel des Bürgerkrieges*

Um 630 hatte ein gewisser Kylon, Sieger in Olympia und Schwiegersohn des Tyrannen Theagenes von Megara, in Athen versucht, sich zum Herren der Stadt aufzuschwingen; er scheiterte, als sich unter der Führung der Familie der Alkmeoniden der Adel gegen ihn stellte und ihn samt seinem Anhang tötete (Herodot 5,71). Der Schock dieser auf dem Markt ausgetragenen blutigen Fehde, die weitere Kämpfe zwischen den Familien der Getöteten und den Tätern ausgelöst haben muß, und die schwelenden sozialen Gegensätze führten um 624 unter Drakon zur Kodifizierung wenigstens von Teilen des bestehenden Rechts und insbesondere zur Einführung des Gerichtszwanges bei vorsätzlicher Tötung. Das bedeutete, daß erst dann zur Selbsthilfe gegriffen werden konnte, wenn zuvor ein Gericht das Recht dazu ausdrücklich bestätigt hatte. Eine neue politische Ordnung war durch diese schriftliche Fixierung bestimmter Rechtsregelungen nicht geschaffen worden. Aber jetzt konnte auch in Athen jeder nachlesen, was dort etwa über die Aufgaben des Richters oder die Macht der Amtspersonen gesagt oder nicht gesagt wurde, und jeder durfte sich die Möglichkeit von Verbesserungen vorstellen und mit anderen diskutieren.

Die soziale Not konnte so allerdings nicht kuriert werden. Der Druck der stetig wachsenden Bevölkerung und die damit unvermeidlich verbundene Aufsplitterung der Höfe mußten ein Land, das noch nicht an der Kolonisation teilgenommen hatte, an den Rand des Klassenkampfes drängen. Wie dramatisch sich die Not und mit ihr der Hunger ausgebreitet haben muß, zeigt das von Solon verfügte Verbot, Lebensmittel auszuführen (F 65 Ruschenbusch). Die späteren Quellen – allen voran Aristoteles (Staat der Athener 2,5) und die späte Solon-Biographie des Plutarch – nannten zwei vordringliche Probleme: Zum einen die ausufernde Verschuldung vieler Bauern, denen der Verkauf als Sklave durch den Gläubiger drohte, und die Bindung einer großen Zahl kleiner Bauern an einen reicheren Grundherrn. Sichtbares Zeichen dieser Bindung waren die „Horoi", Grenz- und Hypothekensteine, die eine Verfügung über den Boden ohne Zustimmung des Gläubigers verhinderten. Die auf derart gebrandmarkten Feldern lebenden Grundbesitzer wurden als „Hektemoroi" bezeichnet, ein Ausdruck, mit dem sich außer der allgemeinen Feststellung, daß er etwas mit der Versklavung des Bodens zu tun hat, wenig anfangen läßt; optimistischere Interpreten glauben zu wissen, daß die Hektemoroi ihren Gläubigern ein Sechstel der jährlichen Ernte abzuliefern hatten. Wie auch immer: Der neue Herr dieser ehemals freien Bürger hat sein Zugriffsrecht auf die Person des säumigen Schuldners um den Preis bestimmter Leistungen ausgesetzt. Er war offenbar sicher, daß der zu erzielende Erlös aus der Arbeit des versklavten Bauern größer war als der Preis, den der ausländische Sklavenhändler hätte bieten können.

Zu Beginn des 6. Jahrhunderts geriet der Staat zwischen die Mühlsteine dieses sozialen Konflikts: Auf der einen Seite standen die verelendeten Bauern, deren Führer wirtschaftlich ebenfalls bedrängte Adelsfamilien gewesen sein müssen, auf der anderen Seite die Schar der meist adligen Reichen, die „auf der Jagd nach Reichtum" (Solon frg. 1,9 ff.) alle Kniffe des Bauernlegens studiert hatten und ihr Geld in Landbesitz investieren wollten. Unter ihnen müssen viele Gläubiger gewesen sein, die jetzt, bedroht von aufbegehrenden Schuldnern, die Angst um die Sicherheit ihrer gewährten Darlehen umtrieb. Sie hatten Geld auch dann noch verliehen, wenn offenkundig war, daß den unter seiner Schuldenlast schier zusammenbrechenden Bauern nur noch ein Wunder retten konnte. Daran allerdings war der Gläubiger nicht interessiert; denn kam es erst dahin, daß der Bauer mit seiner Person für seine Schulden haften mußte, so war auch der Weg zu seinem Hof geebnet: Drohungen und Gewalt zwangen den nunmehr zum Sklaven gewordenen Mann, sein Land doch noch zu verkaufen oder den übermächtigen Gläubiger zum Erben einzusetzen.

Als Parolen umliefen, die eine radikale Bodenreform mit dem Ziel predigten, allen Höfen die gleiche Größe zu geben (Solon frg. 24,5), obsiegte die Einsicht. Die tief verfeindeten Parteien einigten sich auf den Versuch, einen Schlichter und Schiedsrichter (*Aisymnet*) zu beauftragen, der den offenen Bürgerkrieg verhindern sollte. Die großen Familien werden sich dabei bewußt geworden sein, daß ihr öffentliches Ansehen immer auch davon abhing, andere an ihrem Wohlstand teilhaben zu lassen und ihnen Fürsorge zu gewähren. Gewiß: die gesellschaftliche Distanz der Vornehmen zu den sozial Untergeordneten war und blieb unüberbrückbar und die Moral, der sie gehorchten, war eine Moral der sozialen Exklusivität. Diese jedoch verlangte mehr und mehr den bleibenden und engen Bezug auf das Wohl der Polis, bedurfte der öffentlichen Anerkennung, forderte den Beifall aller. Was wog demgegenüber der vielleicht mögliche militärische Sieg über die eigenen Bürger, die Hunger und Verzweiflung in Wölfe verwandelt hatten?

Den Athenern war das Schicksal gnädig. 594 taten sie, was andere Städte ihnen vorgemacht hatten, und wählten Solon zum Archon mit besonderen, diktatorischen Vollmachten. Sie fanden einen ungewöhnlichen Mann, der überzeugt war, den besten Weg zu kennen, und der die Tyrannen haßte. Er war kein Unbekannter: Von ihm wußte man, daß er aus einem verarmten Adelsgeschlecht stammte, jedoch als Handelsherr neues Vermögen erworben hatte. Aus seinen Gedichten (Elegien), in denen er die Not der Stadt und ihrer Bauern für jedermann eingängig beschrieben hatte, wußte man weiter, daß er in der Habgier und der Ungerechtigkeit der adligen Herren die Wurzeln des Übels sah: „Wir werden euch nicht gehorchen, und die Dinge werden für euch nicht unverändert bestehen bleiben", hatte er ihnen gedroht. Aber man wußte auch, daß dieser Adlige nicht den revolutionären Umsturz oder den Bürgerkrieg, sondern den Ausgleich und die Verständigung wollte.

## 3. Solon

*Die Grundidee vom Staat: Die Herrschaft des Gesetzes*

Den Weg dorthin wies ihm das Gesetz. Von der Grundidee her ein konservativer Weg, den bereits der Bauer Hesiod und adlige Dichter gepriesen hatten. Wie sie sang auch Solon:

„Mir gibt das Herz den Befehl, die Athener so zu belehren:
Gilt kein Gesetz, wird viel Übel dem Staate zuteil.
Gilt das Gesetz, – es fügt zu schöner Ordnung das Ganze;
Die aber Unrecht tun, legt es in Fesseln zugleich" (frg. 3,30 ff.).

Nur das Gesetz also konnte die Eunomie, die gute Ordnung des Staates, wiederherstellen. In einem Rechenschaftsbericht, der zugleich ein großes politisches Manifest sein wollte, schwor Solon den Bürgern Athens, daß seine Aufgabe darin bestanden habe, Gesetze (thesmoí) zu geben, die für den kleinen wie für den vornehmen Mann zu gelten haben; denn hätte er auf die verfeindeten Parteien und ihre Führer gehört, hätte er gar den Parolen „des verhetzten Gesindels" nachgegeben, so wäre die Stadt im Chaos versunken:

„Denn durch meine Macht
Hab ich Gewalt zugleich und Recht in eins gefügt,
Und redlich hab ich ausgeführt, was ich versprach.
Gesetze schrieb für Edle ich und Niedere,
Bestimmte jedem so das Recht, das ihm gebührt. . . .
Hätte damals ich getan,
Was unsere Gegner wünschten, oder hätte ich
Getan, was unsere Freunde sich von mir erhofft –
Verwaist, geprellt um manchen Mann wär' diese Stadt!"
(Solon frg. 24 D, 15 ff.; Übers.: Franyó).

Der Kampf zwischen Unterdrückung und Rebellion wird übersetzt in die Auseinandersetzung um die richtigen Gesetze. Dort, wo der Ruf nach Gerechtigkeit und Rache die direkte Aktion verlangte, setzten die Gesetze das gerade Gegenteil: Die zu lösenden Probleme wurden dem geschriebenen und allgemeingültigen Gesetz unterworfen, das interpretierbar war und korrigiert werden konnte, wenn die gesellschaftlichen Konflikte dies forderten. Deren Gestalt wurde damit auch für die Zukunft beherrschbar, nachdem der Entscheidungskampf zwischen arm und reich zunächst vermieden worden war. Das konnte nicht jedem gefallen, schon gar nicht denen, die nach der revolutionären Veränderung gerufen hatten, und die in den erlassenen Gesetzen nur Reste ihrer Parolen wiedererkannten.
Solon wußte dies. „Ich aber stellte zwischen beide Lager mich" (25,8) – diese stolz verteidigte Position wollte nur den sozialen und politischen Kompromiß, den Ausgleich, erzwungen durch das Gesetz und nicht durch den politischen Kampf der Bürger. Diese hatten nun zu wählen: Entweder

sie beugten sich dem Gesetz oder das Knie vor einem Tyrannen, der drohend am Ende fortgesetzter politischer Gewalttaten stehen mußte. Als es 561/0 dahin kam, als Peisistratos nach der alleinigen Macht griff, blieb dem greisen Gesetzgeber, den seine Gegner für verrückt erklärt hatten, nur noch die Verachtung für seine Landsleute. Sie hatten nicht verstanden, daß er für sie sein Bestes gegeben hatte. So stürzten sie sich blind in die Arme des Tyrannen, den die Fehden der Adelsfamilien schließlich gebaren:

„Wenn ein erbärmliches Los euch traf durch eigene Verfehlung,
rechnet die eigene Schuld nicht den Unsterblichen zu.
Habt ihr doch selbst diese Leute geholt, habt ihnen geholfen,
Dafür ward euer Lohn bitteres Sklavengeschick. ...
So zerstören die Großen den Staat, so fällt in die Knechtschaft
Der Tyrannengewalt in seiner Torheit das Volk" (F 8 ff.).

Als es soweit war, hatte sich vieles durch Solon verändert. Die für die Vision vom sozialen Frieden wichtigsten Gesetze, ohne die die Eunomie keinen Bestand haben konnte, werden die ersten gewesen sein, die auf Tafeln geschrieben und öffentlich aufgestellt wurden. Sie verboten den Zugriff auf die Person des Darlehensschuldners und strichen alle bestehenden Darlehensschulden; in der leidenschaftlichen Sprache Solons: Die Grenzsteine (horoi), die Zeichen der Schuldenlast, wurden aus dem Boden gerissen. In der Konsequenz dieser Maßnahme lag, daß nun athenische Gesandte in die Nachbarstädte eilten, um die verkauften Opfer, die mit ihrer Person für die Schulden hatten haften müssen, auf Staatskosten wieder zurückzuholen. Und nicht minder konsequent war, daß der hemmungslose Erwerb von Land unterbunden und Ausländern das Bürgerrecht in Aussicht gestellt wurde, wenn sie „zur Ausübung eines Handwerks" nach Athen übersiedeln wollten: Ein aufblühendes Gewerbe sollte den verarmten Bauern, die Haus und Hof bereits verloren hatten, neue Arbeitsplätze schaffen. Damit waren die bestehenden Eigentumsverhältnisse nicht angetastet worden („an dem reichen Heimatland/ gleichen Anteil den Gemeinen und den Edlen gab ich nie"; 23,20 f.). Wohl aber gab es Hoffnung für viele, die den Schritt ins offene Elend noch nicht hatten vollziehen müssen. Ihre bürgerliche Existenz jedenfalls war gesichert: Ihre persönliche Freiheit war zum unverlierbaren Bestandteil ihres Bürgerrechts geworden.
Auf dem Feld der Politik war Solon weit entfernt von dem Glauben, jeder Bürger, ob arm oder reich, sei zur Teilnahme am politischen Geschäft berufen. Die Herrschaft des Demos, gegründet auf die Forderung nach Gleichheit, lag außerhalb seiner Vorstellung und wäre ihm auch höchst zuwider gewesen: „Einfluß gab ich dem Volke soviel wie gerade genug ist/wollte nicht schmälern noch auch mehren ihn über Gebühr" (frg. 5,1 f.). Wohl aber fielen die Privilegien der Geburt: Die politischen Rechte wurden nun nach dem Vermögen abgestuft. Künftig entschied das timokratische Prinzip in Griechenland wie später in Rom über das Maß an politischer Mitsprache. Seine Einführung setzte voraus, daß ein Verfahren der-

Einkommensschätzung (römisch: *Census*) entwickelt wurde. Das Vorrecht des ererbten Adels war damit durch das Vorrecht des ererbten oder erworbenen Reichtums ersetzt worden.
In der praktischen Durchführung bedeutete dies, daß die Bevölkerung in vier Klassen geteilt wurde. Auch dies ein Kompromiß: Die vorhandene soziale (und möglicherweise bereits institutionalisierte) Ordnung kannte nur drei Klassen: Die Habenichtse, das mittlere und reiche Bauerntum – in der solonischen Ordnung die „Zeugiten" – und den Adel, die „Hippeis", also die, die zu Pferd in den Krieg zogen. Ihnen voran stellte Solon die Klasse der „Fünfhundertscheffler", die über 500 Scheffel Ertrag nachweisen konnten. Es war dies ein Zugeständnis und eine Verbeugung vor den großen grundbesitzenden Familien, denen mit der Annullierung der Schulden und der Reform der politischen Ordnung ein großes Opfer abgetrotzt worden war. Ihre vornehme Rolle sollte für alle sichtbar unterstrichen werden, und nur aus ihren Reihen durften die obersten Staatsbeamten, die Archonten gewählt werden. Trotzdem: Die Zeit ihrer alleinigen Herrschaft über den Staat neigte sich dem Ende zu. In der Volksversammlung, die alle Beamten wählte, stimmten nun alle Bürger mit einem Mindestvermögen von mehr als 200 Scheffeln Ertrag, und das waren alle, die mit eigener Ausrüstung als Schwerbewaffnete in den Kampf zogen. Der Krieg hatte sie geadelt, und die Politik vollzog das daraus folgende Gesetz der Mitsprache in allen zentralen Angelegenheiten des Staates.
Wer jetzt Macht im Staate ausüben und in seinen Diensten Ruhm ernten wollte, mußte zur höchsten Steuerklasse drängen. Dorthin strebten nun auch viele, die als Handelsherren oder Besitzer von Manufakturbetrieben ihr Geld gemacht hatten. Es blieben jedoch die alten Formen der sozialen Bindungen, die den Herrschaftsanspruch des Adels sicherten, in dessen Reihen sich Emporkömmlinge lange schwer taten. Erst Kleisthenes beseitigte die sich daraus ergebenden Abhängigkeiten (s. unten).
Das auf das Gesetz gestellte Gemeinwesen kam ohne den Willen seiner Bürger nicht aus, alle Angelegenheiten des Staates zu ihren eigenen zu machen. Dies wollte gelernt sein – von denen, die bisher staatliche Behörden nur als Instrumente der Unterdrückung erfahren hatten, ebenso wie von denen, die den Staat als ihre Beute betrachtet und „weder des Tempels Besitz, noch das Vermögen des Staates" geschont hatten (frg. 3,12). Jetzt sollten die Organe des Staates erkennbar für den Schutz jedes einzelnen da sein. Dazu bedurfte es der Gewißheit, auch für den Schwachen, dem Unrecht geschah, wirkungsvoll und jederzeit eintreten zu können. Die Möglichkeit dazu schuf die Popularklage im öffentlichen und privaten Strafrecht. Dieses Gesetz rief jeden, auch wenn er am Streit anderer völlig unbeteiligt war, dazu auf, Klage zu erheben, wenn der Verletzte nicht imstande war, sein Recht selbst zu suchen. In einer Gesellschaft, in der bis dahin allein der Geschädigte das Recht hatte, die staatliche Verfolgung bestimmter Delikte einzuleiten, mußte dies das Bewußtsein von der Funktion des Rechtswesens umstürzen. Denn es waren die Schwachen, z. B. die Waisen, die Witwen, die Erbtöchter, die Schuldner, die rechtlich oder fak-

tisch auf Hilfe angewiesen waren, da sie sich selbst Recht nicht zu verschaffen wußten; für sie trat jetzt jeder Bürger ein und erstattete Anzeige beim zuständigen Beamten ausschließlich im Interesse des Verletzten. Das Gesetz lehrte unausgesprochen Verantwortung, lehrte zu begreifen, daß das Recht für alle Geltung haben muß, und lehrte Gerechtigkeit zu verstehen als die Durchsetzung der Gesetze, für die alle verantwortlich waren.
Eine dauerhafte Befriedung des sozialen Konflikts hat Solon nicht erreicht. Wie sollte er auch, da er an das Grundübel der Überbevölkerung nicht herankam. Erst im 5. Jahrhundert gab es auf dieses Problem vorübergehende Antworten: Die Gründung von Kolonien, die Flotte, die Tausenden in den Werften und auf den Ruderbänken auf Kosten aller Seebundsmitglieder Arbeit und Brot gab, und schließlich die Pest und der Krieg verdeckten für einige Jahrzehnte, daß es gegen zu viele Menschen in einem von der Natur nicht gesegneten Land nur einen Ausweg gab: die Auswanderung oder die Eroberung.
Es blieb zu Solons Zeiten auch das Mißtrauen der Bauern, die sich in schwierigen Zeiten lieber hinter dem Hoftor verschanzten, als sich auf dem öffentlichen Markt, wo der große Herr Respekt und Schweigen gebot, das Maul zu verbrennen. Zudem lernten sie jetzt eine Schattenseite der Schuldenstreichung und der Abschaffung der Schuldknechtschaft kennen, die zunächst niemand bedacht hatte: Die Darlehensangebote verschwanden vom Markt, da niemand Sicherheiten von einem in Not geratenen Bauern erwarten konnte. So gingen weiterhin viele ins offene Elend und hofften auf einen neuen Erlöser, und nur die wendigsten unter ihnen nutzen die Chancen, die Handel und Gewerbe, die dank den Förderungsgesetzen Solons aufblühten, boten.
Auch viele der vornehmen Herren dachten nach der ersten Euphorie über den vermiedenen Bürgerkrieg gerne an alte Zeiten. Vor allem waren sie nicht gewillt, den Kampf um die Macht im Staate mit den gewohnten Mitteln von Fehde und Gewalt aufzugeben. So kam, was Solon immer gefürchtet hatte. Bereits wenige Jahre, nachdem er freiwillig Athen verlassen hatte, brachen neue, heftige Auseinandersetzungen aus. Sie führten schließlich zur Herrschaft von Tyrannen, vor deren Machtgier Solon seine Mitbürger lange und eindringlich gewarnt hatte. Eine spätere Legende erzählt, Solon habe sich, als seine Mitbürger dem Peisistratos eine Leibwache zubilligten, bewaffnet vor seinem Haus aufgestellt und geschrien, alle mögen seinem Beispiel folgen und der Stadt nach besten Kräften helfen (Aristoteles, Staat der Athener, 14,2). Seine Rufe verhallten ungehört. Der Jubel um den neuen Tyrannen, der sie erstickte, hat dem greisen Mann wohl nur die alte aristokratische Lehre bestätigt, „Große Taten – noch nie waren sie allen genehm" (frg. 5,11). Aber vielleicht hat er geahnt, daß seine Tat seiner Heimatstadt am Ende doch den Weg in die Zukunft wies – ungeachtet aller tyrannischer Zwischenspiele. Denn drei Dinge waren unumkehrbar geworden:
– Die Gewißheit, daß allein das Gesetz die Grundlage der Staats- und Gesellschaftsordnung sein dürfe und die Achtung vor dem Gesetz allen

Bürgern gemeinsam sei: „Ein Gesetz muß das Volk ebenso tapfer verteidigen wie einen Wall", schrieb Jahrzehnte später Heraklit.
- Das Bewußtsein, daß jeder Bürger für seinen Staat verantwortlich sei und diese Verantwortung im Raum der Politik an der ihm zugemessenen Stelle auch tragen müsse.
- Der Siegeszug des Staates, dem mit dem Gesetz das Mittel an die Hand gegeben war, seine Bürger immer enger an sich zu binden. Dabei blieb prinzipiell kein Bezirk des Lebens vom Zugriff des Gesetzes ausgespart; Solon hat familienrechtliche Angelegenheiten mit derselben Leidenschaft dem Gesetz unterworfen wie Fragen der Kultausübung oder Einschränkungen des privaten Aufwandes, und die späteren Generationen sind ihm dabei gefolgt. Freiheit sollte sich niemals als Freiheit vom Gesetz, vom Zugriff des Staates auf bestimmte Lebensbereiche verstehen. Im Gegenteil: Sie herrschte im allgemeinen Verständnis nur dort, wo das Gesetz regierte.

## 4. Die Tyrannen

Dieselbe Not, dieselben adligen Machtkämpfe, die Gesetzgeber gebaren, schufen auch Tyrannen. Nur die letzteren aber behielten die Macht, solange sie nur konnten. Denn der Staat war die Beute, die sie in schweren Fehden ihren adligen Standesgenossen abgetrotzt hatten und der sie um des eigenen Ruhmes willen Glanz verleihen wollten: „Hätte ich die Macht besessen, hätte Schätze mir gerafft,/ Wär' Athens Tyrann gewesen nur für einen kurzen Tag:/ Willig ließ ich mich häuten, ließe morden mein Geschlecht"; dies war für Solon das Glaubensbekenntnis all derer, die „beutelüstern, voller Hoffnung auf Gewinn" nach der Alleinherrschaft griffen (frg. 23,5 ff.; 13).
So rissen seit der Mitte des 7. Jahrhunderts in vielen Städten des Mutterlandes, Kleinasiens, der ägäischen Inseln und – seit der Mitte des 6. Jahrhunderts – auch Siziliens Aristokraten die Alleinherrschaft an sich. Sie wurden „Tyrannen" (sing.: *tyrannos*) genannt, was ursprünglich nicht negativ verstanden wurde. Das Wort, das anfangs nichts anderes bedeutet haben mochte als „König", drückte aus, daß sich ein Adliger ohne Ermächtigung durch die bestehenden staatlichen Institutionen die Macht im Staate genommen hatte und gewillt war, sie auf Dauer und notfalls mit Gewalt zu behalten. Der Tyrann unterschied sich damit von einem König, den Tradition, Erbfolge, Wahl oder die Götter legitimierten.
Aristoteles hat in seiner Staatstheorie die bis heute wirksame Vorstellung entwickelt, der Tyrann habe während und nach seiner Machtergreifung als Führer der Volksmassen – vergleichbar etwa einem Diktator modernen Zuschnitts – die Herrschaft der Aristokraten bekämpft und damit letztlich der Demokratie den Weg gebahnt. Dieser Gedanke ist eine unhistorische Konstruktion. Sie beruhte auf der unzulässigen Verallgemeinerung der Geschichte Athens, in der auf die Herrschaft der Peisistratiden die Ordnung

des Kleisthenes folgte, dem in der antiken Tradition eine Schlüsselrolle bei der Begründung der Demokratie zugeschrieben wurde (s. unten).
Tatsächlich war die Tyrannis die äußerste Steigerung aristokratischer Macht. Zu erkennen ist dies an der sozialen Herkunft der Tyrannen, ihrer Lebensführung und der Art und Weise ihrer Machtausübung. In der Regel großen aristokratischen Familien entstammend, pflegten die Tyrannen einen Lebensstil, der gekennzeichnet war durch adlige Prachtentfaltung und weitverzweigte Beziehungen zu ihresgleichen, mit denen sie weit über die Grenzen ihrer Stadt hinaus gesellschaftliche und politische Kontakte knüpften. Ihre Macht sicherten sie wie andere aristokratische Familien auch – nur effektiver und umfassender – durch bewaffnete Gefolgschaften (Söldner, abhängige Bauern, abhängige kleinere aristokratische Familien), die Mehrung ihres Reichtums und durch persönliche Beziehungen zu anderen Tyrannen und aristokratischen Familien in der ganzen griechischen Welt. Die Hochzeiten ihrer Töchter und Söhne wurden zu glanzvollen Festen, zu denen von nah und fern herbeieilte, was Rang und Namen besaß, und auf denen es zu bestaunen gab, was Macht und Reichtum bedeuten konnten.
Überregional bedeutsame Tyrannenherrschaften wurden in Korinth (seit 650; um 600: Herrschaft des Periander), in Sikyon (650-550), auf Samos (um 530: Polykrates), in Athen ( 561/60-510: Peisistratos und seine Söhne) und in Syrakus (490-467: Gelon und Hieron) begründet. Die zeitliche Erstreckung dieser Herrschaftsform auf nahezu 200 Jahre verdeutlicht bereits, daß ihre Voraussetzungen vielfältig und an keine bestimmte Entwicklungsphase der Poleis gebunden waren. Innere Konflikte (z. B. der Tyrann als Vorkämpfer des in seinen tradierten Rechten bedrohten Adels oder als Sachwalter der um ihre Existenz bangenden Bauern), äußere Bedrohungen, die nur durch die Bündelung aller Kräfte in einer Hand zu meistern waren (z. B. die Abwehr des karthagischen Angriffs auf den griechischen Teil Siziliens), oder Eroberungszüge bereits etablierter Tyrannen (z. B. die Adria-Politik der korinthischen Herren) hatten mächtigen Aristokraten die Alleinherrschaft verschafft.
Jeder von ihnen suchte nach der Ergreifung der Macht den eigenen Vorteil, den daran gebundenen Ruhm, die Mehrung von Reichtum und Ansehen. Dies hat viele nicht daran gehindert, gute Regenten zu werden. Unter ihnen beansprucht Peisistratos den ersten Platz. Während seiner langen Herrschaft schwächte sich die soziale Abhängigkeit der Bauern von ihren adligen Nachbarn spürbar ab. Er und andere stützten den bedrohten Bauernstand, zentralisierten die Rechtssprechung, traten als große Bauherren von Tempeln, Häfen und Wasserleitungen auf, führten Steuern ein und förderten die zentralen Kulte ihrer Städte. Sie entwickelten dabei die Fähigkeit zur systematischen Planung und zur Zusammenfassung aller Kräfte in einem Ausmaß, das den griechischen Städten bis dahin unbekannt war. Beides trug zur inneren Befriedung und zum wirtschaftlichen Aufschwung wesentlich bei. Nicht von ungefähr erschien im Rückblick vielen Athenern die Tyrannis des Peisistratos als goldenes Zeitalter.

Insgesamt jedoch stieß die Tyrannis als Herrschaftsform auf Haß und Ablehnung. Das 5. Jahrhundert hat sie nahezu durchgängig als Willkürherrschaft geächtet, und das vierte sprach von der Korruption der Macht und von Männern, die die alten Bräuche schändeten, Frauen vergewaltigten und Menschen ohne ein ordentliches Gerichtsverfahren hinrichteten. Natürlich war dies nur ein Zerrbild der Wirklichkeit, aber als solches gut geeignet, die eigenen Gedanken über den guten Staat vor dunkler Folie besser leuchten zu lassen. Tatsächlich hatten es die Tyrannen nicht verstanden, ihre Herrschaft rechtlich zu umhüllen, und es ist sehr die Frage, ob solche Versuche überhaupt möglich waren. Deswegen fielen sie zumeist in der zweiten Generation. Zu heftig war der Widerstand der von der Macht verdrängten adligen Familien, und zu unbeugsam artikulierte sich der Freiheitswille der übrigen Bevölkerung, die die Willkür des tyrannischen Regiments nach der Beseitigung einer akuten Bedrohung ebenso ablehnte wie den Bruch mit der Tradition, in die sich der Tyrann nicht einordnen konnte. Die Stärkung des Freiheitswillens in den Bürgerschaften war ein wichtiges Ergebnis der Tyrannis, die die Griechen rückblickend als eine vorübergehende Aufhebung der gesetzlich geregelten Staatsordnung verstanden.

## 5. Die Reform des Kleisthenes in Athen

*Der Anlaß und die Gegenstände der Reform von 508/7*

511/10 vertrieben die Athener unter tatkräftiger Mithilfe der Spartaner ihren letzten Tyrannen, Hippias. Wenig später gerieten zwei adlige Dynasten aneinander, beide unterstützt durch Adelsgefolgschaften. Der eine, Isagoras, setzte sich durch und wurde für das Jahr 508/7 zum Archon gewählt; der andere, Kleisthenes, Führer des lange verbannten Geschlechts der Alkmeoniden, wandte sich daraufhin an das Volk, das er mit Reformvorschlägen auf seine Seite zog. Für eine Neuordnung sprach vor allem die antiquierte Militärordnung, die ungeeignet war, alle zu rekrutieren, die als Schwerbewaffnete (Hopliten) für die Stadt kämpfen konnten. Kleisthenes löste dieses Problem; darüber hinaus änderte er grundlegend die Bedingungen, unter denen politisches Handeln in Athen künftig möglich war. Er tat dies nicht als Führer einer demokratischen Partei – es gab weder diese noch überhaupt ausformulierte politische Programme –, sondern als Oberhaupt seiner Familie, die unter der alten Ordnung nie den ersten Platz im Staate hatte erobern können. Also galt es – bei aller Einsicht in das dem Staate nützliche –, vor allem den Widersachern seines Geschlechts die Machtbasis zu entziehen.
Wie Kleisthenes dabei vorging, hat bereits in der Antike den Gedanken genährt, er sei der eigentliche Urheber der Demokratie in Athen gewesen. Aristoteles hat sich auf ihn berufen, als er schrieb, eine Demokratie könne

nur so eingerichtet werden, „daß soweit möglich alle mit allen vermischt und die früheren Verbindungen zerrissen werden." Der letzte Halbsatz definiert präzise, worauf die Maßnahmen des Alkmeoniden hinausliefen. Zunächst teilte er Attika in drei territoriale Zonen: das Stadtgebiet, den Küstenbereich und das Binnenland. Innerhalb dieser Zonen bildeten *Demen* (insgesamt 139) die kleinste organisatorische Einheit. Diese waren kleine lokale Siedlungseinheiten (Dorf oder Stadtbezirk) Attikas, die nun eine eigene Verwaltung (Magistrate, Priesterschaft, Versammlung der ansässigen Bürger) erhielten und künftig als unterste Instanz der staatlichen Ordnung Athens arbeiteten. Sie wurden zuständig für die Pflege der örtlichen Kulte und Feste, führten die Bürgerlisten und beteiligten sich an der Aushebung der Wehrpflichtigen. In einem zweiten Schritt wurden die Bürger der Demen auf dreißig *Trittyen* („Drittel") so verteilt, daß jede Trittye die ungefähr gleiche Zahl erwachsener Männer auswies. Die Trittyen waren vor allem Rechengrößen und dienten der Durchmischung der Bevölkerungsteile: Jeweils aus einer Trittye der Stadt, der Küstenzone und des Inlandes wurde – in einem dritten Schritt – eine *Phyle* gebildet, insgesamt zehn. Die einzelnen Phylen repräsentierten also kein geschlossenes Siedlungsgebiet mehr; sie vereinigten vielmehr in sich Gemeinden der verschiedenen Landesteile.

Die Beamten wurden künftig nach Phylen gewählt, ebenso der neue Rat (*boulé*) der 500, in den jede Phyle 50 Vertreter entsandte. Die Wehrverfassung paßte sich dieser Ordnung an: Jede Phyle stellte eine eigene Hoplitenabteilung (zunächst wohl 1000 Mann) mit je einem Strategen an der Spitze. Unverändert blieben die Aufgaben des Archontats, um das sich weiterhin nur Angehörige der höchsten Gesellschaftsschicht bewerben durften: neun jährlich gewählte Archonten leiteten die Staatsgeschäfte (im einzelnen: der leitende Archon, der auch dem Jahr den Namen gab, der oberste Feldherr, der Verwalter der wichtigsten religiösen Angelegenheiten und sechs Richter). Auch der Areopag amtierte wie bisher, überwachte die Magistrate und übte seine gewohnte richterliche Tätigkeit aus.

### *Die Bedeutung der Reform: Neue Formen der politischen Entscheidung*

Vor Kleisthenes waren alle Athener (einschließlich der kleinen Adelsfamilien) auf die eine oder andere Weise Gefolgsleute der adligen Geschlechter. Keiner von ihnen konnte Bürger oder Angehöriger einer Kultgemeinschaft werden, ohne Mitglied einer Phratrie zu sein, die von adligen Geschlechtern kontrolliert wurde. Jetzt wurde das wirre Mosaik der alten Ordnung ersetzt durch eine einzige logisch vertikal gegliederte Hierarchie von Verwaltungseinheiten. Ganz unten, für das engste örtliche Leben, rangierten die Demen als neue Institution der Selbstverwaltung; jeder Stadtteil, aber auch das kleinste Dorf in Attika hatte eine. Sie und die in den beiden folgenden Ebenen gezielt durchgeführte Mischung des athenischen Volkes in den neu gegründeten Phylen zerstörten die alten Abhängigkeiten. Die Adligen verloren ihre festen und lokal überschaubaren Gefolgschaften. Wer

## 5. Die Reform des Kleisthenes

von ihnen jetzt noch im politischen Spiel mithalten wollte, mußte sich von Fall zu Fall seine Anhänger neu suchen.
Damit stürzte Kleisthenes die Grundlagen der bisherigen politischen Ordnung, die die Herrschaft der überkommenen Adelsfamilien festgeschrieben hatte. Seine Motive waren die Stärkung des Staates und die Schaffung von Entscheidungsformen, die seiner Familie den lang ersehnten Weg zur Macht öffnen sollten – was auch für einige Jahre gelang. Gleichzeitig barg diese neue Ordnung jedoch Möglichkeiten der Demokratisierung der gesamten Staatsordnung. Diese zeigten sich allerdings erst, als im Krieg gegen die Perser bis dahin unbekannte Probleme zu lösen waren.

**Die territoriale Gliederung Attikas**

| Demen | Trittyen | | Phylen |
|---|---|---|---|
| 139 lokale Selbstverwaltungseinheiten  So auf die Trittyen verteilt, daß jede etwa die gleiche Zahl erwachsener Männer umfaßte. → | 10 städtische  10 aus dem Binnenland  10 aus der Küstenzone | Rechengröße zur Durchmischung der Bürgerschaft; je 1 Trittye aus den drei Zonen bilden eine neue Phyle. → | 10 Phylen  – wählen je 50 Mitglieder des Rates;  – die Beamten;  – stellen je eine Hoplitenabteilung mit 1 Strategen. |

Die Bedingungen, unter denen künftig Politik in Athen getrieben wurde, gaben den vorhandenen staatlichen Institutionen und insbesondere der Volksversammlung eine neue Bedeutung. Da die alten Gefolgschaften gesprengt waren, mußten die Adligen ihre Kämpfe um die Macht vornehmlich dort austragen. Damit konzentrierte sich das politische Leben nunmehr auf die Stadt Athen, und da die neuen Phylen nicht mehr an bestimmte attische Landschaften gebunden waren, verkümmerten deren lokale Probleme.
Die Mehrheit der Athener stand hinter den Reformen. Sie brachten den Bürgern politische Mitspracherechte in den Demen und verliehen ihrer Stimme in der Volksversammlung Gewicht. Dies entsprach ihrem nach dem Sturz der Tyrannen gewachsenen Selbstvertrauen. Die politische Leitidee der neuen Ordnung spiegelte sich in dem Gedanken von der hergestellten *Isonomie* (ísos: gleich, némein: verteilen). Gemeint war mit diesem wenig präzisen Wort die Gleichheit derer in der Volksversammlung, die gemeinsam mit den Aristokraten als Hopliten für die Stadt in den Kampf zogen.
Der Begriff, der in der politischen Literatur seit Herodot häufig und nicht ohne Pathos gebraucht wurde, entstand wahrscheinlich, als der Adel unter

dem Druck tyrannischer Machtansprüche zu begreifen begann, was ihm jenseits aller Machtkämpfe immer eigen war: der Anspruch auf politische Gleichheit unter den sozial Gleichen. So pries ein zeitgenössisches Trinklied die Tyrannenmörder Harmodios und Aristogeiton, weil sie Athen „isonom" (nicht etwa: frei) gemacht hätten (Scolia anonyma 10-13 D). Einmal in der Welt, erfaßte „Isonomie" auch die Gleichheit der Schwerbewaffneten und rühmte – als sich diese Vorstellung bewährt hatte – dieses Prinzip bis hinein in alle Lebensbereiche. So lehrte der Arzt Alkmaion im unteritalischen Kroton, daß auch der Körper nur bei strikter Wahrung der Isonomie gesund bleiben könne: „Gesundheitsbewahrend sei die Gleichberechtigung (*isonomia*) der Kräfte ... Die Alleinherrschaft (*monarchia*) hingegen sei krankheitserregend" (frg. 24,4 D).
Die soziale und politische Wirklichkeit allerdings folgte noch lange ihrer eigenen Gesetzmäßigkeit: Der Adel behielt seine wirtschaftliche Überlegenheit, sein soziales Prestige und seine politische Führungsrolle. Denn diese gründete auf immer noch unantastbaren Voraussetzungen: Reichtum, Bildung, Erfahrung, Beziehungen und die ständige Verfügbarkeit für alle staatlichen Aufgaben.

# VI. Der Konflikt mit Persien und der Aufstieg Athens zur Weltmacht

| | |
|---|---|
| 500–494 | Der Aufstand kleinasiatischer Griechenstädte unter Führung Milets gegen die persische Vorherrschaft scheitert. Die griechische Geschichte gerät für Jahrhunderte in den Sog der Außenpolitik. |
| 490–479 | Unter Führung von Athen und Sparta wehrt eine griechische Koalition den Versuch Persiens ab, Griechenland zu erobern; 490 Schlacht von Marathon, 480 Schlacht von Salamis, 479 Schlacht von Plataä. |
| 478/77 | Bündnis Athens mit Städten in der Ägäis zur Fortsetzung des Perserkrieges (Seebund); in den folgenden Jahrzehnten Ausbau des Bundes zum Herrschaftsinstrument Athens. |
| um 465 | Athen erstickt gewaltsam die ersten Versuche (Naxos und Thasos), den Seebund zu verlassen. |

## 1. Das Ende der Isolation der griechischen Welt

*Der Orient kehrt sich nach Westen*

Am Ende des 7. Jahrhunderts vollzog sich in den Ländern des Euphrats ein Drama, das die Welt des Alten Orients binnen weniger Jahre veränderte und dessen Auswirkungen zwei Menschenalter später die Küsten des östlichen Mittelmeeres erreichten: Das assyrische Großreich, das seit Jahrhunderten die Vormacht in Asien gewesen war, erlag den verbündeten iranischen Medern und Babyloniern; 606 fiel der letzte assyrische König bei dem vergeblichen Versuch, wenigstens das nordmesopotamische Charan zu halten. Die Meder trugen ihre siegreichen Waffen nach Westen und erreichten 585 den Halys und damit die Grenzen des lydischen Reiches. Ihre Herrschaft hatte keinen Bestand. Um 550 erhob sich der König der Persis, Kyros, der zweite seines Namens aus dem Geschlecht der Achaimeniden, gegen seinen medischen Lehnsherrn Astyages und nahm die Hauptstadt Ekbatana ein. Fast über Nacht hatte der Sieger damit eine Macht zusammengeballt, die von den Bergen Armeniens bis an die Ränder der Wüsten Gedrosiens reichte. Sie kehrte der Achaimenide, dem Krieg und Eroberung zum einzigen Lebensziel geworden waren, nach Westen, gegen das lydische Reich des Kroisos, der sich berufen sah, als Verbündeter der Meder in die Kämpfe einzugreifen. 547 fiel Sardes in die Hände der persischen Armeen, die ihren Siegeszug an die kleinasiatische Küste fortsetzten, wo sie die dortigen Griechenstädte sowie Karer und Lykier dem Spruchrecht ihres Königs unterwarfen. Wenige Jahre später, nach einem großen

*Jacques-Louis David, Leonidas an den Thermopylen; Federzeichnung, 1813*

(Paris, Musée du Louvre, Cabinet des Dessins)

Zwei Wochen, nachdem er aus der Verbannung zurückgekehrt war, im April 1815, stand Napoleon vor dem Leonidas des David und sah nachdenklich auf den nackten Haupthelden, der inmitten seiner Soldaten steht und über das kommende Ende sinniert, dessen Sinn ein Soldat mit dem Griff seines Schwertes in die Felswand schlägt: „Wanderer, kommst du nach Sparta, so sage, du habest uns hier liegen gesehen, wie das Gesetz es befahl." Der Maler versäumte nicht, seinem Kaiser zu erklären, was er zum Ausdruck bringen wollte: „Je veux caractériser ce sentiment profond, grand et religieux qu'inspire l'amour de la patrie." Allein: der Kaiser sprach zwar noch davon, Kopien des Bildes in die Militärschulen zu senden, um die künftigen Offiziere durch eines ihrer großen Vorbilder zu begeistern, aber die Nation wandte sich ab. Von langen Kriegen erschöpft, vor zu vielen Gräbern ihrer Söhne kniend und im Angesicht der unabwendbaren Niederlage bot ihr der Anblick pathetisch gestikulierender und Kränze schwingender Krieger keine Hoffnung mehr (zur Bildgeschichte s. Th. Gaethgens, in: Ideal und Wirklichkeit der bildenden Kunst im späten 18. Jahrhundert, hg. H. Beck, S. 211-251).

Den Ruhm des Leonidas hat dies nicht schmälern können. Der spartanische König, der bei den Thermopylen mit 300 Spartiaten und einigen Thebanern und Thespiern den Rückzug des griechischen Heeres deckte und nach zwei Tagen Kampf mit seinen Soldaten fiel (Herodot 7,201 ff.), war bereits einen Tag nach der Schlacht zum Symbol des Widerstandes gegen den Angriff eines Tyrannen auf die Freiheit des griechischen Volkes geworden. Demgegenüber spielte die bange und begründete Frage, ob Leonidas seine Männer in den Tod führte, weil er die militärische Lage falsch beurteilte, keine Rolle. In der Erinnerung blieben der tapfere Spartaner, der Held und sein Tod, früh umrankt von Legenden, in denen die lakonische Kürze seiner Aussprüche eine wichtige Rolle spielte: „Frühstück, Abendessen im Hades", soll sein letzter Befehl gelautet haben (Plutarch, Apophthegmata Laconica 225 D).

Sparta, das zusammen mit Athen die Hauptlast des Krieges gegen die Perser getragen hatte, genoß es sichtlich, daß es sein König war, dessen Ruhm den aller anderen überstrahlte. Den schönsten Hymnus auf die Gefallenen der Thermopylen schrieb jedoch kein Spartaner, sondern ein Dichter, der in Keos geboren wurde und 468 in Sizilien starb: Simonides.

„Die ihr erlagt an den Thermopylen,
Im Tode gewannt ihr das herrlichste Lob!
Ein Altar ist das Grab euch, Gedächtnis die Trauer
Und die Klage Triumphlied.
Dies Heldenmal deckt nimmer das Moos
Mit Vergessenheit zu
Noch tilgt es die Allverderberin Zeit.
Denn es wohnt ja mit euch im dunklen Gewölbe
Der Ehrenhort des Hellenengeschlechts,
Mit euch auch Leonidas, Spartas König,
Der das leuchtende Vorbild männlicher Tat
Und unsterblichen Ruhm uns nachließ."
(Frg. 5 D; Übers.: Emmanuel Geibel, Classisches Liederbuch, 1875).

Kriegszug in den Nordosten gegen Baktrien und Sogdien, ergab sich fast kampflos auch die babylonische Dynastie, und der triumphierende Sieger zog 539 als erwählter Sohn des babylonischen Gottes Marduk in Babylon ein. Dieser ergriff die Hände des Siegers, sprach seinen Namen als Erwählten aus und „berief ihn zur Herrschaft über das All" (so die Ehreninschrift der babylonischen Priesterschaft für Kyros). Der so Erhöhte stürzte sich auf die Länder des alten Chaldäerreiches und stieß bis zur Grenze Ägyptens vor.
Als Kyros 529 im Kampf gegen die Massageten in der aralischen Steppe, weit im Norden, den Tod des Kriegers in der Schlacht fand, waren die Grenzen eines riesigen Herrschaftsraumes abgesteckt. Er umfaßte von der kleinasiatischen und syrischen Küste über Armenien und das iranische Hochland nordwärts bis zum Oxus (Amu-Darja) und ostwärts bis zum Indus eine gewaltige, in dieser Dimension nie gekannte Ländermasse, über die ein von Gott dazu berufener König als universaler Monarch, als *König der Könige* herrschte. Daran konnten auch die Jahre innerer Machtkämpfe nach dem Tod des Nachfolgers Kambyses (522), die die zentralen und östlichen Provinzen erschütterten, nichts ändern. Der lange Kriegszug des Königs in Ägypten und Nubien hatte den Magier Gaumata, einen Angehörigen der medischen Priesterkaste, ermutigt, selbst den Griff nach der Krone zu wagen. Er wurde niedergeworfen von einem jungen Mann aus der Seitenlinie des Königshauses, Dareios, der die Geschichte seines Triumphes über seine Widersacher in den Felsen von Behistun (Bagistana) in Wort und Bild einschlagen ließ: Über dem siegreichen König, dessen Fuß den Körper des besiegten Gaumata in den Staub tritt, thront der Reichsgott Ahuramazda mit dem Ring der Weltherrschaft, thront der Gott, vom dem der König bekannte: „Nach dem Willen Ahuramazdas wurde ich König, Ahuramazda verlieh mir das Königtum" (R.G. Kent, Old Persian, 2. Aufl. 1953, S. 116 ff.). Dies war kein Mann, der seinen universalen Herrschaftsanspruch durch Aufstände in Frage stellen ließ – mochten sie auch noch so fern sein und auf der Landkarte eines Weltreiches unbedeutend erscheinen.
In den ionischen Städten am westlichen Rand ihres Reiches beobachteten die Perser mit gemischten Gefühlen die innenpolitischen Querelen, in die sich die kleinasiatischen Griechen mit derselben selbstzerstörerischen Lust stürzten wie ihre Landsleute jenseits des Meeres. Hier wie dort kämpften Oligarchen gegen Demokraten, hier wie dort war der jeweils Unterlegene bereit, auswärtige Mächte in den Streit hineinzuziehen, wenn so das Blatt noch zu wenden war. Die Satrapen des Großkönigs mußten sich für eine Generallinie entscheiden, und das konnte nur heißen, daß sie die oligarchischen Regime und die Tyrannen stützten, die als Vasallen die persischen Interessen weit eher zu wahren versprachen als eine demokratische Regierung. Einer von ihnen, Aristagoras von Milet, machte sich im Jahre 500 daran, mit Hilfe des Satrapen von Lydien Naxos zu gewinnen, das soeben bei einem demokratischen Umsturz die Oligarchen vertrieben hatte. Als der Versuch fehlschlug und sich daraufhin in Milet die Opposition kräftig rührte, riskierte der Bedrängte alles, um an der Macht zu bleiben: Er verbündete sich mit den Demokraten und wagte den Aufstand gegen die Perser.

# 1. Das Ende der Isolation

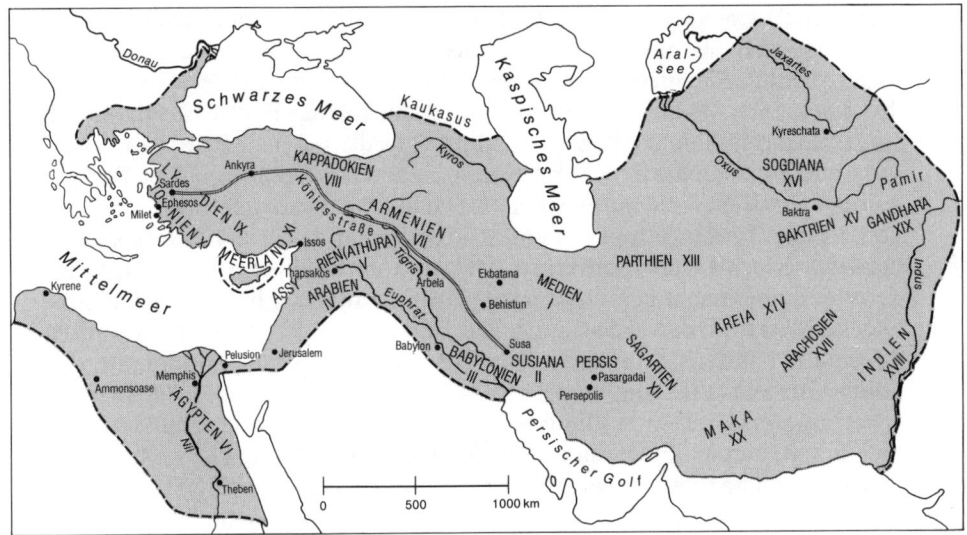

*Das Reich der Perserkönige unter Dareios I. (522–486).* Die Satrapien (20) sind nach ihrer offiziellen Reihenfolge beziffert.

Zu Hilfe kam ihm der Drang nach politischer Selbstbestimmung, den auch die kleinasiatischen Griechen nicht gegen die Vorteile einer noblen Fremdherrschaft aufrechnen wollten. So war es nicht schwer, in einigen ionischen Städten Bundesgenossen zu finden, denen sich nach ersten Erfolgen und einem siegreichen Schlag gegen die lydische Hauptstadt Sardes auch Städte des Hellespont, Kariens, Lykiens und des fernen Kypros (Zypern) anschlossen. Das so herausgeforderte Imperium schlug zurück: Milet wurde im fünften Jahr des Krieges eingeschlossen, und eine phoinikische Kriegsflotte forderte die Flotte der vereinigten Ioner zum Kampf. Der Aufstand brach zusammen und endete 494 mit der militärischen Katastrophe. In Milet blieb kein Stein auf dem anderen; die überlebende Bevölkerung wurde deportiert. Der persische Sieger stellte die alten Verhältnisse wieder her und zwang die ionischen Städte, Verträge miteinander abzuschließen: „Streitigkeiten sollten künftig auf gütlichem Wege beigelegt werden, und die gegenseitigen Plünderungen sollten aufhören" (Herodot, 6, 42).

Diese Geschichte eines gescheiterten Abfalls trug alle Züge einer tragischen Episode. Sie wäre es wohl auch geblieben, wenn da nicht die 25 Schiffe gewesen wären, mit denen Athen und das euböische Eretria den Aufständischen zu Hilfe gekommen waren. Diese Herausforderung nahm der Großkönig an. Seine Hoffnung, in Griechenland auf wenig Widerstand zu stoßen, war gut begründet: Die oligarchischen Kreise, vor allem in Mittelgriechenland, waren perserfreundlich, und der Adel Thessaliens, der den ersten Stoß einer von Norden einfallenden Invasionsarmee auffangen mußte, gewiß nicht gewillt, sich bedingungslos für die Städte im Süden zu schlagen. Am persischen Hof hatte sich zudem eine Schar griechischer Emigranten

versammelt, die sich vom Großkönig die triumphale Rückkehr in die Heimat versprach und alles getan haben wird, die persischen Erwartungen auf einen leichten Sieg nach Kräften zu nähren.
491 erschienen die Gesandten des Königs der Könige in Griechenland und forderten von allen Städten Erde und Wasser als Zeichen der Unterwerfung. Viele kamen dieser Aufforderung nach; einige rechneten sich Vorteile bei den Streitigkeiten im eigenen Hause aus (so erwartete der aus Athen vertriebene Tyrann Hippias seine Rückkehr), andere erhofften das Ende der innergriechischen Kleinkriege, die meisten fürchteten den Kampf gegen einen übermächtigen Gegner. Sie konnten in der milesischen Tragödie nur bestätigt finden, was Hekataios aus Milet (s. S. 130) seinen Landsleuten vorgehalten hatte, als sie seinen Rat begehrten: „Er riet ab, mit dem Perserkönig Krieg anzufangen. Er nannte alle Volksstämme, über die Dareios gebot, und erklärte ihnen die Größe der persischen Heeresmacht. Als das nichts half, riet er ihnen, sich dann wenigstens zu Herren des Meeres zu machen; er sähe nicht ab, wie das Unternehmen anders Erfolg haben könnte" (Herodot 5,36,2). In Athen und Sparta fanden solche Erkenntnisse keinen Widerhall. Dort wurden die Sendboten aus Persien getötet, denn die Unterwerfung wäre nutzlos gewesen: Athen mußte eine harte Bestrafung fürchten, und Sparta wußte, daß, was immer die Perser vorhaben mochten, die Anerkennung der spartanischen Herrschaft über den Peloponnesischen Bund nicht dazugehören konnte.
Als die ersten Schiffe der persischen Flotte ihre Heimathäfen verließen und Kurs nach Westen nahmen, war die seit dem 8. Jahrhundert währende Zeit der äußeren Isolation der Griechen zu Ende (s. S. 47). Von nun an sollte ihre Geschichte bis zu ihrer Eingliederung in das Weltreich der Römer von Konflikten mit der sie umgebenden Welt bestimmt werden.

*Vergeltungspolitik einer Großmacht: Der persische Zug gegen Eretria und Athen*

Im Visier des persischen Zorns lagen Eretria und Athen. 490 überquerte eine persische Flotte mit Reiterei und Landungstruppen an Bord die Ägäis, unterwarf die Kykladen, eroberte und zerstörte das allein gelassene Eretria und landete schließlich in der Bucht von Marathon. Dem Kriegszug angeschlossen hatte sich der greise Hippias, 510 aus Athen vertriebener Tyrann, der noch immer zahlreiche Anhänger in seiner Heimatstadt besaß und auf eine Erhebung zu seinen Gunsten rechnete.
Dazu kam es nicht. Die große Mehrheit der athenischen Bürger war selbst angesichts des persischen Aufmarsches nicht gewillt, die politischen Einrichtungen des Kleisthenes den Versprechungen einer sicheren, aber unmündigen Existenz unter einem Tyrannen zu opfern. Ihr Führer wurde der Philaide Miltiades, ein Neffe des älteren Miltiades, der – wie andere große Aristokraten auch – unter Peisistratos Athen verlassen und auf der thrakischen Chersones (heute: Gallipoli) ein eigenes Fürstentum gegründet hatte. Nach dem Scheitern des ionischen Aufstandes war seine Familie nach

Athen zurückgekehrt, reich beladen mit den in Thrakien gesammelten Schätzen und entschlossen, keine Kompromisse mit den Persern zuzulassen. 490 zum Strategen gewählt, erzwang der jüngere Miltiades den Beschluß der Volksversammlung, nicht der Festigkeit der Stadtmauern, sondern der Kampfkraft der Hopliten zu trauen und die persischen Landungstruppen in offener Feldschlacht zu stellen.
So marschierten die Hopliten Athens mit dem Mut der Verzweiflung nach Marathon, wo sie an der Straße nach Athen biwakierten, um die in der Ebene gelandeten persischen Truppen am Vormarsch zu hindern. Als ihnen die Stadt Plataiai jeden verfügbaren Mann zu Hilfe schickte und die Perser Anstalten machten, ihre Truppen zu einem direkten Vorstoß auf Athen umzugruppieren, griffen die Schwerbewaffneten an. Weder durch Reiter noch Bogenschützen gedeckt, keuchten sie in die Ebene von Marathon und warfen sich auf den Feind. Die Perser, so notierte Herodot, „hielten es für ein ganz tolles selbstmörderisches Beginnen, als sie die kleine Schar heranstürmen sahen. ... Aber während die Barbaren solche Gedanken hegten, kamen schon die Haufen der Athener heran" (6, 122). Nach langem, heftigem Kampf unterlagen die Flügel der persischen Schlachtordnung, und wer noch konnte, floh auf die Schiffe. Der Tag gehörte den Athenern. Eine in Gewaltmärschen herangeführte spartanische Kampfgruppe traf zu spät ein, beseitigte jedoch jeden Zweifel: Sparta war wie Athen entschlossen, die politische Selbständigkeit der Griechen zu verteidigen.
Der athenische Sieg – für das persische Großreich eine Schlappe am Rande der Welt – veränderte das bestehende Ungleichgewicht der Kräfte nicht. Er machte jedoch für den persischen Hof das griechische Problem plötzlich zur wichtigsten Aufgabe, die der Großkönig Dareios nun mit aller Energie zu lösen gedachte. Der verletzte Stolz eines den Göttern nahen Monarchen begann, Weltgeschichte zu schreiben. Seine Antwort auf Marathon waren gewaltige Rüstungen; „drei Jahre erdröhnte von ihnen Asien", schrieb Herodot. Der Tod, der Dareios 485 ereilte, verschaffte den Griechen eine Atempause, nicht mehr. Der Sohn und Nachfolger Xerxes setzte die Anstrengungen seines Vaters fort. Nichts wurde jetzt mehr dem Zufall überlassen: Große, in Thrakien und Makedonien angelegte Versorgungsdepots sollten einen kombinierten Angriff vom Lande und zur See ermöglichen.

## 2. Die Behauptung der Selbständigkeit

*Politische Frontstellungen und militärische Rüstungen der achtziger Jahre*

Eine nationale Bewegung zum Erhalt der Freiheit – vergleichbar etwa den Befreiungskriegen zu Beginn des 19. Jahrhunderts – gab es in den griechischen Städten nicht. Im Gegenteil: Die Zahl derer, die ihren Frieden mit den Persern zu machen gedachten, war unverändert hoch, und die allzulange gegeneinander ausgetragenen Erbfeindschaften und Nachbarschaftsfehden verdrängten den Gedanken an einen Zusammenschluß. Insbesondere die einflußreichen Priester des delphischen Apoll ließen jedermann wissen, daß Widerstand gegen die persische Großmacht sinnlos sei. Die Angst vor den riesigen Heeren des Großkönigs, durch allerorten kursierende Gerüchte ins Maßlose gesteigert, ging um, und die Hoffnung fand willige Ohren, daß man nur die Oberhoheit des Großkönigs anerkennen müsse, um weiter wie bisher leben zu können.

Trotz dieser weit verbreiteten Mutlosigkeit war die Situation eine ganz andere als 490. In Sparta und Athen hatte man nach wie vor keine Wahl: Hier drohte der Verlust der Vorherrschaft über den Peloponnesischen Bund, dort die Wiederaufrichtung der Tyrannis und die Rache für Marathon. Beide Städte waren daher zum Widerstand entschlossen, und ihr Vorbild verfehlte seine Wirkung auf kleinere Staaten nicht. Die Rüstungen begannen nun auch in Griechenland auf Hochtouren zu laufen. Sparta konnte nahezu die gesamte militärische Kraft der Peloponnes mobilisieren, darunter die des mächtigen Korinth mit seinen abhängigen Städten im Westen Griechenlands.

In Athen setzte Themistokles, der seit 493 Seerüstungen gefordert hatte, 483/82 den Bau einer Flotte durch. Dabei kam ihm zu Hilfe, daß schon in den neunziger Jahren die Mehrzahl der Athener entschlossen war, dem Konkurrenten auf der seemächtigen Nachbarinsel Aigina den Garaus zu machen. Dies ging nicht ohne Kriegsschiffe, so daß bei der entscheidenden Abstimmung der eine an das nahegelegene Aigina, der andere an den fernen Großkönig gedacht haben wird; zusammengezählt ergab das eine Mehrheit. Die Gelder für die Flotte flossen aus den Erträgen der Silberminen von Laureion an der Südküste Attikas und dem erhöhten Steueraufkommen der Vermögenden. Binnen zwei Jahren bauten die Werften über 100 Kriegsschiffe, und zwar Linienschiffe des neuen Typs, sogenannte Trieren, die auf jeder Seite von drei Reihen Ruderern getrieben wurden (s. S. 95 f.). Auf den Ruderbänken saßen – pro Triere etwa 170 Mann – die Angehörigen der unteren Bevölkerungsschichten, die Theten, die bis dahin vom Wehrdienst freigestellt waren (vgl. S. 195).

Über den Ausgang des Krieges entschied jedoch – wie zumeist – die Politik. Es gelang den Spartanern, die zum Widerstand entschlossenen Städte zu einem Kampfbund zusammenzuschließen (Herodot 7, 145 ff.). Im Herbst 481 trafen sich ihre Abgesandten in Sparta und schlossen einen Vertrag mit dem Ziel, dem Angreifer gemeinsam entgegenzutreten. Die Vertragsbestimmungen regelten, daß alle zwischen den Mitgliedsstaaten anhängigen Streitigkeiten ruhen sollten – dies galt vornehmlich dem Konflikt zwischen Athen und Aigina – und Sparta als Führer im Kampf (Hegemon) anzuerkennen sei; alle schwuren, „Sparta zu folgen, wohin immer es führe." Gesandte eilten nach Argos, Korkyra, Syrakus und Kreta und forderten (vergeblich) den vertraglichen Anschluß an den Bund. Im Frühjahr 480 konstituierte sich in Korinth ein Bundesrat der verbündeten Städte, der die militärischen Operationen lenken sollte; er übertrug seine Kompetenzen auf dem Höhepunkt des Krieges den Ratsversammlungen der Strategen, also der militärischen Gewalt.

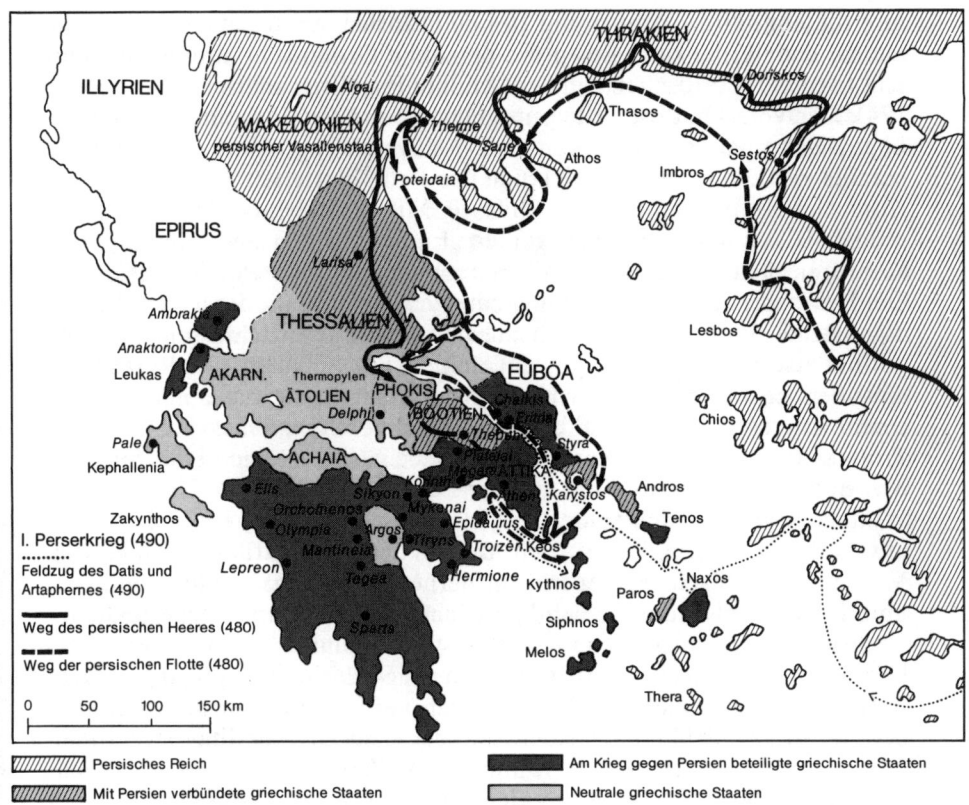

*Griechenland zur Zeit der Perserkriege*

Sparta hatte mit seiner diplomatischen Tat nachdrücklich unter Beweis gestellt, was von seiner Elite immer behauptet worden war: die erste Macht in Griechenland zu sein. Es war der von Sparta begründete politische Zusammenschluß, zu dem sich die Städte der Peloponnes (außer Argos), Athen, Chalkis, Eretria und Aigina sowie die mittelgriechischen Platäer, Phoker und Thespier entschlossen, der dem griechischen Widerstand seine militärische Kraft und den dringend nötigen moralischen Rückhalt lieh. Dieser war stark genug, die Allianz trotz schwerer Niederlagen zu Beginn des Krieges am Leben zu halten.

*Der Tag von Salamis*

Griechenland besitzt gegen einen Angriff von Norden drei natürliche Verteidigungslinien: Das Tempe-Tal im Norden Thessaliens, den Thermopylen-Paß zwischen Thessalien und Mittelgriechenland und endlich den Isthmus, der die Peloponnes mit Mittelgriechenland verbindet. Als die Perser

im Frühjahr 480 zu Wasser und zu Lande anrückten, gaben die Verbündeten die erste Linie kampflos preis, obwohl dies den zur Verteidigung entschlossenen thessalischen Adel zwang, die Front zu wechseln (Herodot 7, 174). Der Versuch, die zweite unter dem Kommando des Spartanerkönigs Leonidas zu halten, endete mit einer schweren Niederlage, während die parallel zur Landarmee operierende persische Flotte vor Euboia die griechischen Schiffe nach Süden abdrängte. Mittelgriechenland war verloren, ebenso Attika. Athen wurde evakuiert; Frauen, Kinder und Greise fanden auf den benachbarten Inseln und an der peloponnesischen Küste Zuflucht. Der Heerbann des Bundes bezog Stellungen am Isthmos, der letzten Verteidigungslinie, die überhaupt noch zu halten war. Die Schiffe sammelten sich vor der attischen Küste, in der Meerenge zwischen Salamis und dem Festland. In den dortigen engen Gewässern konnte die persische Flotte bei einem Angriff ihre Überzahl nicht zur vollen Geltung bringen.
Trotzdem entschloß sich Xerxes zum Handeln. Man schrieb Ende September, und wenn eine Invasion auf der Peloponnes vor dem Einbruch des Winters gewagt werden sollte, mußte die noch intakte griechische Flotte ausgeschaltet werden. Der Angriff mißlang. Ohne Spielraum für taktische Manöver, auf engem Raum früh in verheerende Nahkämpfe verwickelt, unterlagen die phönikischen und persischen Seeleute den Athenern, die im Angesicht ihrer evakuierten und verwüsteten Heimat um alles oder nichts kämpften. Aischylos hat acht Jahre nach der Schlacht ihre Rufe im Gefecht in Verse gegossen: „Söhne der Hellenen, auf,/ Befreiet unser Vaterland, befreiet auch/ Die Kinder, Frauen, und der Heimatgötter Sitz,/ Der Ahnen Gräber; jetzt um alles geht der Kampf!" (Die Perser, 402 ff.). Als die Nacht einbrach, blickte auch der Sieger tief erschüttert auf sein Werk: „Mit Toten füllten Küsten, Klippen füllten sich./ Wild flieht, wie's kommt, ein jedes Schiff und rudert los,/ Soviel noch übrig war von unsrer Heeresmacht./ Die – wie beim Thunfisch- oder anderer Fische Fang – / Mit Ruderstücken, Splittern von der Schiffe Wrack/ Schlugen und spießten sie, und Weheruf zugleich/ Und Jammerschrei umfing die salzge Meeresflut,/ Bis dann die Nacht, der dunklen, Aug ein Ende schuf" (aaO. 420 ff.).
Der Rückzug des Xerxes nach Kleinasien war bereits das Eingeständnis der Niederlage, auch wenn im folgenden Sommer das persische Landheer Attika erneut verheeren konnte. In Böotien schließlich fiel die Entscheidung: Bei Plataiai verlor der persische Feldherr Mardonios Schlacht und Leben; die Reste seines Heeres räumten Griechenland. Die Sieger zogen nach Theben und zwangen die dortigen Perserfreunde zur Aufgabe; ihre Führer wurden als Verräter an der griechischen Sache öffentlich hingerichtet. Der schwerbewaffnete Hoplit hatte nach Marathon ein zweitesmal seine Überlegenheit über den persischen Bogenschützen bewiesen. Der nach Asien geflohene Xerxes tritt auf der Bühne des Aischylos daher als waffenloser Soldat auf, der vor seinen Feinden lediglich den leeren Köcher retten konnte.
Die frommen Zeitgenossen konnten die Ereignisse nur als die Strafe der Götter für die Hybris des Xerxes deuten. So erscheint bei Aischylos der

Geist des großen Dareios, um sein Volk zu belehren, „daß übers Maß ein Mensch nicht heben soll den Sinn..... Wenn solche Schuld ihr schaut und Strafe solcher Schuld, gedenkt Athens und Griechenlands, daß keiner je, mißachtend seines Daseins gottgesandtes Los, Fremdes begehrend, fortgießt eignes großes Glück. Denn Zeus, Zuchtmeister über allzu unbezähmt hochmütigen Sinn, waltet des Rechts, ein strenger Wart" (aaO. 820 ff.).

Dem Sieger aber blieb der Ruhm, ganz so, wie er den Helden Homers gehörte, die vor Troja um Ruhm und Ehre gekämpft hatten. So feierte Aischylos die gefallenen Männer, die den persischen Vormarsch in Thessalien nicht hatten aufhalten können: „Auch diese Männer, standhaft im Speerregen, hat das finstere Schicksal vernichtet, da sie ihr an Schafen reiches Land verteidigten; obwohl sie tot sind, lebt ihr Ruhm weiter, der ihre Gebeine bewahrt und in den Staub des Ossa gehüllt hat."

## 3. Die historische Bedeutung der Perserkriege

*Sein oder Nichtsein?*

Das 19. hat unter dem Eindruck der Griechenbegeisterung des 18. Jahrhunderts der griechischen Kultur eine zeitlose und allgemein verpflichtende Bedeutung zugeschrieben. Dementsprechend verstanden seine Historiker den Krieg der griechischen Städte gegen die Perser als Existenzkampf des Griechentums, dessen politische und geistige Schaffenskraft auf dem Spiel gestanden habe. Der Engländer John Stuart Mill (1806-1873) sollte auf die griffige Formel bringen, was die historische Betrachtung bestimmte: „Die Schlacht von Marathon ist selbst als ein Ereignis der englischen Geschichte wichtiger als die Schlacht bei Hastings" (mit der 1066 die normannische Herrschaft über England begann). Damit war dem Gedanken Anschauung verliehen, daß die griechischen Abwehrkriege gegen das persische Großreich auch um die geistige Zukunft Europas geführt worden waren.

Das 20. Jahrhundert urteilte, dem Zuschnitt seiner Historiker durchaus entsprechend, vorsichtiger oder brach ganz mit dieser Vorstellung. Kaum jemand wollte noch an die zeitlose Größe der Griechen und ihrer Geschichte glauben, niemand mehr wollte in den persischen Großkönigen orientalische Despoten erkennen. Deren Siegesmeldungen dampfen in der Tat nicht von Blut, wie noch die der assyrischen Könige, deren Keilinschriften im Tone trockener Protokolle von Mauern eroberter Städte berichten, die der siegreiche König mit abgezogenen Menschenhäuten überzogen hatte. Eroberer jedoch waren auch die Perserkönige, und der Kriegszug nach Griechenland lag in der Konsequenz ihres universalen Herrschaftsanspruches, von dem ihr Titel „König des Alls, König der vier Weltgegenden" zeugt. Auch der Idee nach kannten sie keine geographischen Grenzen ihrer Herrschaft, und ihre Forderung an die Griechen, Erde und Wasser als äußere Zeichen der Unterwerfung auszuhändigen, entsprach ihrem Herrschaftsverständnis. Tatsächlich aber haben sie niemals versucht, die Kultur und Gesittung ihrer Untertanen auszulöschen.

Diese Könige waren natürlich Fremdherrscher, und an Übergriffen ihrer Statthalter, an Korruption, Erpressung und Ausbeutung der Untertanen wird es gewiß nicht gefehlt haben. Aber sie waren klug genug, sich auf die wesentlichen Vorteile ihrer Herrschaft zu beschränken: Tribut und Heeresfolge. Ansonsten lebten die Babylonier weiterhin nach babylonischem, die Ägypter nach ägyptischem Recht; dieses hatte Dareios selbst neu aufzeichnen und 503 in ägyptischer Volkssprache und in aramäisch kodifizieren lassen. Innerhalb des Reiches gab es keine Grenzen, die unüberwindlich gewesen wären. So kehrte das Volk der Juden nach langer babylonischer Gefangenschaft nach Palästina und Jerusalem zurück und baute den Tempel Salomons wieder auf. Die an den Ufern des Euphrat Zurückgebliebenen erinnerten sich dankbar ihres Befreiers, in dem sie den Abgesandten Jahwes erkannten: „So spricht Jahwe zu Kyros: ‚Mein Hirte!' und all mein Vorhaben soll er vollführen und zu Jerusalem sagen: ‚Werde gebaut!', und zum Tempel: ‚Werde gegründet!'" (Jesaja 44, 26 ff.). Der Gedanke an den von Gott berufenen König hatte in den Ländern des Alten Orients weitverzweigte Wurzeln, wie man sieht.

Was die Herrschaft der Perser bedeutet hätte, wußte man also in Griechenland: Die jährliche Zahlung von Tributen, der Verzicht auf eigene außenpolitische Aktivitäten und allgemeine Bekundungen der Loyalität. Dies hätte nicht das Ende der griechischen Geschichte bedeutet und schon gar nicht das Ende der griechischen Zivilisation. Viele Städte und Stämme bedachten das und waren – wie die Böoter und Thessaler – durchaus bereit, auch unter persischem Dach Wege in die Zukunft zu suchen.

Trotz allem: Die erfolgreiche Abwehr des persischen Angriffs veränderte die Welt. Ihre universalhistorische Bedeutung liegt in seinem ersten und wichtigsten Ergebnis offen zutage: der Größe Athens. Diese Stadt hätte gewiß auch unter einem persischen Herrn weiter existiert – zunächst unter einem Tyrannen, dann als gemäßigte Oligarchie, und weiter geschunden von seinen sozialen Problemen. So aber fand sie im Widerstand zu einer Entfaltung ihrer Kräfte, die ihr im 5. Jahrhundert eine zentrale Stelle innerhalb des Griechentums einräumen sollte. Die radikale Demokratie, die attische Tragödie, die Geschichtsschreibung, die prachtvolle Baukunst auf der Akropolis, die stilbildende Kraft der Klassik überhaupt ebenso wie die politische Rationalität, die in der Person des Themistokles ihren reinsten Ausdruck gefunden hat, waren samt und sonders Epiphänomene des Sieges von Salamis. Nichts davon hätte es in einem Athen geben können, das – militärisch gedemütigt – von den Persern nur als eine Stadt unter vielen geduldet worden wäre.

Gemeinsam und pathetisch feierten die Griechen den Sieg als Behauptung ihrer Freiheit. Sie erhielt als Teil der griechischen Ordnung nun klare Konturen und wurde zum wesentlichen Bestandteil eines weitreichenden Überlegenheitsgefühls. „Hydarnes" – ließ Herodot zwei spartanische Herolde das Angebot zurückweisen, als Vasallen des Großkönigs reich und mächtig zu werden – „Hydarnes, dein Rat an uns geht nicht von der gleichen Erfahrung aus ... Du verstehst das eine: Sklave zu sein; von der Freiheit aber hast du noch nicht erfahren, ob sie süß ist oder nicht. Hättest du sie gekostet, du würdest uns raten, nicht nur mit der Lanze, sondern auch mit Beilen um sie zu kämpfen" (7, 135,3).

*Der Aufstieg Athens*

Die Perserkriege verwandelten mehr oder minder alle griechischen Städte. In Athen jedoch bewirkten sie eine Revolution. Binnen fünf Jahren wuchs die Stadt zur Weltmacht, obwohl sie in den vorangegangenen Jahrhunderten relativ unbedeutend gewesen war. An der Kolonisation hatte sie kaum teilgenommen, und als Sparta im 6. Jahrhundert die Städte der Peloponnes in ein Bündnissystem zwang und die Korinther die Adria zu ihrem Meer machten, holten sich die Athener im Kampf um die nahegelegenen Inseln Salamis und Aigina schwere Niederlagen. Die einzige Erfahrung mit der Welt jenseits der Grenzen Attikas verdankten sie Peisistratos. Er hatte sie an den Hellespont geführt, wo Sigeion gewonnen und in langen Kämpfen gegen die Mytilenäer behauptet wurde. Seine Intervention in der Ägäis, wo er seinen Freund Lygdamis zum Tyrannen von Naxos machte und Einfluß auf das diesseits und jenseits des Meeres bedeutsame Apolloheiligtum auf Delos gewann, blieb zwar Episode, aber sie hatte den Horizont so manchen Atheners weit über das Meer hin ausgedehnt.

Am Anfang der kurzen Wegstrecke zur Weltmacht stand die Entscheidung für den Flottenbau, mit dem drei Jahre vor Salamis begonnen wurde. Es folgte die Schlacht selbst, deren Ausgang athenische Politiker und Trieren entschieden. Ein Jahr später gelang die Gründung des Seebundes, in dem Athen die Führung des weiteren Kampfes gegen das persische Reich entschlossen an sich riß und den es bald in ein Herrschaftssystem umformte, das weitreichenden imperialen Zielen dienen konnte. Binnen fünf Jahren sah sich eine Bürgerschaft, die in ihrer bisherigen Geschichte nur selten über die engere Nachbarschaft hinausgeblickt hatte, mit der Politik des gesamten östlichen Mittelmeerraumes konfrontiert. Dort wurde sie zu Entscheidungen herausgefordert, die das Gesicht der ganzen griechischen Staatenwelt verändern mußten.

Parallel dazu ergaben sich einschneidende Umwälzungen der inneren Ordnung der Stadt. Die wichtigste wurde die 462/61 vollzogene Entmachtung des alten Adelsrates auf dem Areopag (vgl. S. 196 f.). Dieser Rat, dessen aristokratische Mitglieder die kompliziert gewordene Welt noch am besten kannten, verlor mit der Macht auch die Autorität seines Votums, dem das Volk lange und widerspruchslos gefolgt war. Künftig war es die Bürgerschaft allein, die über das Schicksal des Gemeinwesens entschied. In ihm sollten Beamte und Rat (*boulé*) möglichst schwach sein, damit die Volksversammlung als Träger des Willens aller Bürger stark sei.

Wie diese Stadt und ihre Bevölkerung im 5. Jahrhundert von außen gesehen wurde, legte der Athener Thukydides einem korinthischen Gesandten in den Mund: „Die Athener sind Neuerer, leidenschaftlich, Pläne auszudenken und Beschlossenes wirklich auszuführen . . .; sie sind Draufgänger über ihre Macht, waghalsig über jede Vernunft. Wer sagen wollte, sie seien geschaffen, selbst keine Ruhe zu haben und den anderen Menschen auch keine zu lassen, der spräche recht" (1,70). In der Tat: Eine berstende Vitalität erfüllte die Athener für den Rest des Jahrhunderts. Ihr Selbstvertrauen ließ auch das schier Unmögliche machbar erscheinen. Lokale Grenzen waren dabei nur hinderlich. Ihre Kampfschiffe durchpflügten ein Jahrzehnt nach Salamis das gesamte östliche Mittelmeer, und ihre Hopliten kämpften selbst in Ägypten, wo ein präzise zu beschreibender Nutzen jenseits des reinen Eroberungswillens nicht mehr erkennbar war. Perikles rührte an elementare Gefühle, als er seinen Mitbürgern zurief, „unsere Abenteuerlust hat uns den Zutritt zu jeglichem Meer und zu jeglichem Lande verschafft, und überall haben wir unsterbliche Andenken an das Gute, das wir unseren Freunden erweisen, und die Leiden zurückgelassen, die wir unseren Feinden zufügen." Dieser unwiderstehliche Drang, über alle Grenzen hinauszugehen, machte die Stadt zur drohenden Gefahr für die Freiheit der Griechen, die nach Salamis reinen Herzens die Athener mit Pindar gefeiert hatten: „O du salbenglänzendes, veilchenbekränztes, im Sange gepriesenes, Schutzwehr von Hellas, weitgerühmtes Athen; vom Gotte erfüllte Stadt!" (frg. 76).

## 4. Athens Weg zur Großmacht

*Die Entscheidung zur Fortsetzung des Krieges*

Am Morgen nach der Schlacht von Plataiai stand Sparta im Zenit seiner Macht. Unter seiner Führung war der gemeinsame Abwehrkampf gegen die Perser gewonnen worden, und der Mythos von der Unbesiegbarkeit des spartanischen Heerbanns war gefestigter denn je. Trotzdem: Eine Fortsetzung des Krieges mit dem Ziel, den Gegner in Kleinasien herauszufordern, erschien unnütz und drohte die eigene Machtstellung auf der Peloponnes zu gefährden. Das dort im Laufe des 6. Jahrhunderts geschmiedete Bündnissystem diente dem Erhalt des machtpolitischen Status quo und sollte insbesondere die Heloten von Aufständen abschrecken; mit diesen Zielen war eine überseeische Kriegspolitik nicht zu vereinbaren. So erklärten im Spätsommer 479 auf der letzten gemeinsamen Konferenz der verbündeten Griechen in Samos spartanische Gesandte, daß die gesteckten Ziele nunmehr erreicht seien; den weiterhin bedrohten ionischen Griechen sollten neue Siedlungsplätze auf mutterländischem Boden angeboten werden. Der Widerspruch der Betroffenen kam sofort und heftig: Auch ihre Freiheit müsse für immer und in ihrer angestammten Heimat gesichert werden, und dies verlange die Fortsetzung des Krieges.

Es wurde die Stunde der Athener. Ihre Häuser und Tempel waren von den persischen Besatzungstruppen zerstört, ihre Felder verwüstet worden; viele lebten noch in den Evakuierungsgebieten. Das Selbstvertrauen jedoch und das hohe Ansehen, das ihnen der Sieg von Salamis verliehen hatte, wog alle Verluste auf. Nun, da Sparta den Angriff auf die persischen Besitzungen in Übersee ablehnte, setzte Athen sein neu gewonnenes Überlegenheitsgefühl und seine junge Flotte für eine groß angelegte Bündnispolitik ein. Unter seiner Führung vereinigte sich eine Vielzahl von Städten der Ägäis, der Meerengen und Kleinasiens, „um durch Verwüstung der Länder des Großkönigs Rache für die eigenen Leiden zu nehmen" – so die offizielle Verlautbarung.

Sparta zog sich zurück, beobachtete aber mit wachsendem Mißtrauen und in Sorge um die mühsam erworbene Vormachtstellung die ehrgeizigen Pläne der Athener. Der Argwohn wurde offenkundig, als 478 spartanische Gesandte gegen die Befestigung Athens durch eine starke Mauer protestierten. Sparta erkannte hellsichtig, daß die junge, aufstrebende Seemacht mit dieser Ummauerung den Schritt zur eigenständigen Großmacht in Griechenland zu vollziehen gedachte. Der Protest blieb denn auch wirkungslos.

### *Die Gründung des Seebundes und der Angriff auf das Perserreich*

Als auf griechischem Boden noch gekämpft wurde, segelte die erste Flotteneinheit der Griechen bereits nach Kleinasien und wurde dort mit offenen Armen empfangen. Als es gelang, die Reste der persischen Flotte beim Vorgebirge Mykale, nördlich von Milet, zu vernichten, erhoben sich alle Städte Ioniens und des Hellespont und forderten ihre Aufnahme in den in Sparta geschmiedeten Kampfbund gegen die Perser. Alle Einwände der zögernden Spartaner halfen angesichts der sich verselbständigenden Dynamik des Krieges nichts: Die Athener, längst begierig, den Krieg nicht ruhen zu lassen, setzten die Aufnahme der zum Beitritt Entschlossenen durch und schufen sich damit eine eigene Klientel innerhalb des Bündnisses. Diese suchte einen immer engeren Anschluß an die Athener, nachdem niemand mehr zweifeln konnte, daß Sparta das Kriegsziel als erreicht ansah und seinen Truppen früher oder später den Befehl zum Rückzug geben wollte. Als es soweit war, hatte Athen freie Hand und nutzte die Gelegenheit zur Gründung eines neuen Bundes, der auf seine Interessen zugeschnitten war.

Das Bündnis, das Athen als Anwalt ihrer Interessen mit den Städten der Ägäis zur Fortsetzung des Krieges schloß, umfaßte alle, die vormals von Persien abhängig gewesen waren. Die Bündner verpflichteten sich, Schiffe, Soldaten oder Geld für den Krieg zur Verfügung zu stellen; eine gemeinsame Bundesversammlung (*Synhedrion*), in der jeder eine Stimme hatte, tagte auf Delos, wo auch – bis 454 – die Bundeskasse deponiert wurde. Ihre Verwaltung oblag athenischen Schatzmeistern, und athenische Strategen führten die Bundestruppen – ein deutliches Zeichen für die Anerkennung der Führungsrolle (*Hegemonie*) der Athener.

Mit diesem Seebund war das Instrument zur bedingungslosen Offensive geschmiedet. Nahezu zwanzig Jahre lang stand jetzt die athenische Politik

ganz im Banne der Außen- und Kriegspolitik. Die dort errungenen Erfolge und der Ruhm, den sie gewährten, beherrschten Denken und Handeln der Athener. Ihre Kriegsschiffe befreiten die noch unter persischer Herrschaft stehenden Städte Kleinasiens, das lange ebenbürtige Aigina beugte sich und wurde Mitglied des Bundes, und als Persien Mitte der sechziger Jahre an der kleinasiatischen Südküste zur Gegenoffensive rüstete, überfiel eine athenische Flotte unter Kimon am Eurymedon in Pamphylien Heer- und Schiffslager und vernichtete beide.
Später mußten auch bittere Niederlagen verkraftet werden. In den fünfziger Jahren schlug der Versuch fehl, in Ägypten Fuß zu fassen; nach Thukydides gingen rund 250 Trieren des Bundes verloren, viele tausend Männer bezahlten den Griff nach dem reichsten Land der damaligen Welt mit ihrem Leben. Die Bundeskasse wurde aus Furcht vor einem persischen Zugriff eilends nach Athen geschafft. 449 konnte bei Salamis (Hafenstadt auf Zypern) zwar noch einmal eine persische Flotte zerstört werden, die Insel Kypros (Zypern) selbst aber war nicht zu halten. In diesem Krieg starb auch der Philaide Kimon, Sohn des Miltiades und einer thrakischen Prinzessin und der mächtigste Fürsprecher einer aggressiven Kriegspolitik gegen Persien. Seit 478 war er als ein gewaltiger Kriegsherr auf allen Kriegsschauplätzen zu finden gewesen, auf denen gegen die Perser gekämpft wurde. Sein Tod markierte den Wendepunkt des nunmehr jahrzehntelangen Krieges.
Die neuen demokratischen Herren Athens – angeführt von Perikles – setzten neue Prioritäten. Das Verhältnis zu Sparta hatte sich kontinuierlich verschlechtert und verlangte die Rückkehr der Politik nach Griechenland. Der Krieg gegen die persische Weltmacht schlief ein. Die Quellen sprechen für das Jahr 448 von einem Vergleich, dem sogenannten *Kalliasfrieden*: Athen soll demnach die Versuche aufgegeben haben, Persien zur Gänze von den Küsten des Mittelmeeres zu vertreiben; im Gegenzug soll der Großkönig die Freiheit der kleinasiatischen Griechen anerkannt und sich verpflichtet haben, künftig keine Kriegsschiffe in die Ägäis einlaufen zu lassen. Daß dies in irgendeiner Form schriftlich paraphiert wurde, ist ganz unwahrscheinlich: Die Athener hätten damit ihrem Seebund, dessen Ziel allein der Krieg gegen Persien war, selbst die Rechtsgrundlage entzogen, und der persische Großkönig hätte vor aller Augen eingestanden, daß sein universaler Herrschaftsanspruch zur leeren Worthülse verkommen war. Beides war nicht möglich. Der Krieg jedoch erhielt angesichts sich wandelnder Interessen ein anderes Gesicht: Statt spektakulärer Flottenexpeditionen mit Hunderten von Schiffen und Seesoldaten nun kleine Gefechte, kaum der Erwähnung wert, Drohgebärden, lauernde Vorsicht und die latente Bereitschaft zum Krieg, wenn der Moment günstig schien.
Insgesamt 50 Jahre lang herrschte Athen über ein Reich, das nahezu alle griechischen Städte der Ägäis und ihrer Küsten, den Hellespont (Dardanellen), den Bosporus, Teile des Schwarzmeergebietes und die Südküste Kleinasiens bis zum Golf von Antalya umfaßte. Einige der beherrschten Städte, z. B. Chios, Lesbos und Aigina, waren zu der Zeit, als der Seebund geschlossen wurde, nicht unbedeutender gewesen als Athen selbst.

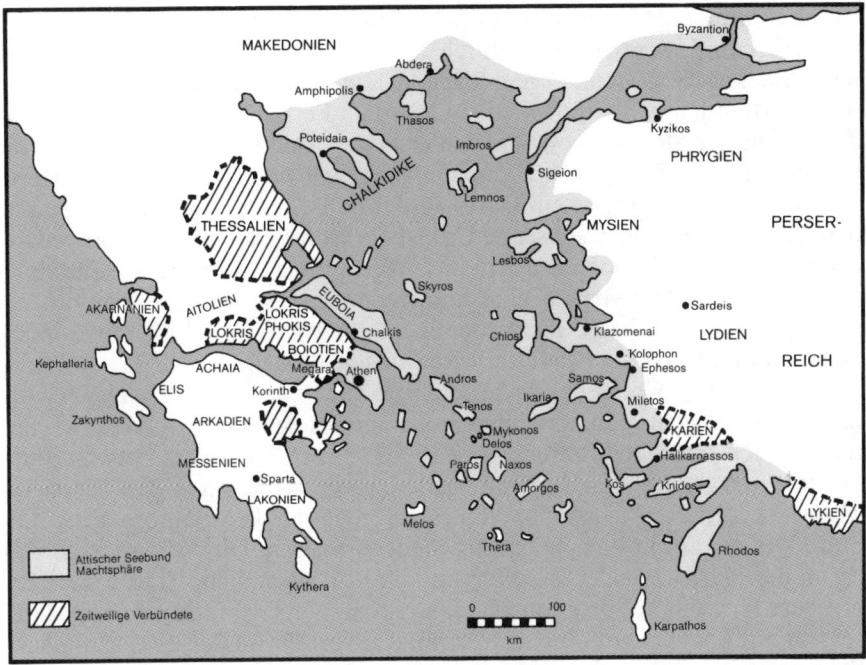

*Das Seereich der Athener*

## 5. Der Charakter der Herrschaft Athens über den Seebund

*Die Entwicklung des Herrschaftssystems*

Viele Zeitgenossen und die spartanische Kriegspropaganda zu Beginn des großen Peloponnesischen Krieges haben die Herrschaft der Athener als Unterdrückung ihrer Bundesgenossen beschrieben. Selbst die Athener sprachen von „Herrschaft" (*arché*) und von „Untertanen", wenn die Rede auf den Seebund kam, und Perikles nannte den Sachverhalt unverhohlen eine Tyrannis über die Bündner. Dies war sie gewiß, wenn man darunter nicht mehr versteht als die Beherrschung eines Staates durch einen anderen. Zwei Faktoren waren im wesentlichen dafür verantwortlich, daß sich der anfangs freiwillige Zusammenschluß griechischer Städte zur Fortsetzung des persischen Krieges in ein Herrschaftsinstrument Athens zur Mehrung seiner Macht verwandelte: zum einen die Dauer des sich über Jahrzehnte hinziehenden Krieges, zum anderen die früh einsetzenden Abfallbewegungen bedeutender Mitglieder des Seebundes. Gerade sie ertrugen die Arroganz und Härte nicht, mit der die Athener die Bündner ständig an ihre Verpflichtungen erinnerten (Thukydides 1, 99).
Die antiken Quellen berichten, Athens Flotte habe sich ständig vergrößert,

da die Bündner, des Kriegführens müde, auf die Ausrüstung eigener Schiffe verzichtet und diese Aufgabe durch die Zahlung eines Tributs den Athenern überlassen hätten. Ferner habe Athen abgefallenen Bündnern ihre noch vorhandenen Kriegsflotten entzogen und mit den Geldern, die fortan die Pflicht zur Stellung von Schiffen ersetzten, den Bau der eigenen Flotte vorangetrieben. Bezogen auf die Verwandlung des Bundes in ein Herrschaftssystem ergibt dies ein klares Bild: Die Leidenschaft, mit der Athen den Krieg betrieb, die wachsende Unlust der Bundesgenossen, daran teilzunehmen, und schließlich die Art und Weise, in der abgefallene Bündner bestraft wurden, bewirkten eine kontinuierliche Steigerung des militärischen Potentials Athens. Es wurde nach außen und innerhalb des Bundes eingesetzt und ließ die Stadt zur Großmacht aufsteigen.
Der Wille, das gewonnene Machtpotential auch zur Beherrschung der vormals gleichberechtigten Bundesgenossen einzusetzen, entwickelte sich bereits in den siebziger Jahren. Er war die Antwort auf die Entscheidung kriegsmüder Städte, den Seebund wieder zu verlassen: Naxos fiel zuerst ab, Thasos revoltierte 465, Aigina kämpfte vergeblich 457, Samos wurde 439 und Mytilene auf Lesbos 427 blutig niedergeworfen. Die Athener rechtfertigten die Härte, mit der sie diese und andere abgefallene Städte straften, mit dem Hinweis auf den von allen beschworenen Gründungsvertrag: Dieser war auf unbegrenzte Zeit abgeschlossen worden, so daß ein eigenmächtiger Austritt automatisch Abfall hieß und als solcher geahndet werden konnte.
Das Los der niedergeworfenen Aufständischen war hart. Sie mußten alle Schiffe ausliefern, Kriegsentschädigungen und Tribute zahlen, die Mauern ihrer Städte niederreißen, Land für Kolonisten aus Attika abtreten und ihre Verfassungen nach der demokratischen Ordnung Athens ausrichten. Ihre Rechtsstellung gegenüber Athen wurde neu bestimmt: An die Stelle des früheren völkerrechtlichen Vertrages traten athenische Dekrete, deren Einhaltung beschworen werden mußte und die in der Sache die künftige Innen- und Außenpolitik auf Athen ausrichteten. Die offiziellen, in Stein geschlagenen Dokumente Athens beschrieben bündig den künftigen Status dieser Staaten: „Städte, über die die Athener die Gewalt haben."
Trotzdem hat der Seebund seine rechtliche Gestalt nicht grundlegend gewandelt. Nach wie vor galten für die treu gebliebenen Mitglieder des 478 geschlossenen Bundes dessen ursprüngliche Vereinbarungen. Seine neue Qualität ergab sich aus den veränderten Machtverhältnissen. Athen war durch den langen Krieg gegen Persien zur Großmacht aufgestiegen, und dieser Tatbestand gab den überkommenen Regelungen einen neuen Sinn: Die ursprünglich freiwilligen Beiträge der Bundesgenossen wurden zu Tributen, über die Athen selbstherrlich und nach Gutdünken verfügte, und die athenische Flotte, die zunächst nur ein Teil einer gemeinsamen Streitmacht war, wuchs zu einem Instrument der Herrschaft und der imperialen Expansion heran.

## 5. Der Charakter der Herrschaft Athens

### Die Interessen der Mitglieder des Seebundes

Die Kritik der Zeitgenossen an der Umwandlung des Seebundes in ein Instrument Athens hat dort keine Gegenwehr ausgelöst. Niemand sah sich ernsthaft herausgefordert, die Vorteile des Bundes für seine Mitglieder zu formulieren oder gar propagandistisch aufzubereiten. Allein auf dem 448 einberufenen panhellenischen Kongreß sprach Perikles vom Wiederaufbau der von den Persern zerstörten Tempel und von der Sicherheit und dem Frieden der Meere. Ein politisches Programm wurde daraus nicht.

Dabei gab es keine Zweifel an der Richtigkeit dieser Aussage. Die Städte der Ägäis hatten sich vertraglich an Athen gebunden, um vor einem erneuten Zugriff der Perser sicher zu sein; sie wurden nicht enttäuscht. Auch gegen andere Bedrohungen schützte die Stadt. So gründeten z. B. athenische Kolonisten 447 auf der Chersones eine Kolonie, der es unter dem Beifall der umliegenden Städte binnen kurzer Zeit gelang, die jahrzehntealte Plage thrakischer Einfälle zu bannen. Für die Seeräuber, gegen die in der archaischen Zeit kein Kraut gewachsen schien (s. S. 87 ff.), brachen im ganzen östlichen Mittelmeer schlechte Zeiten an; athenische Flotten sagten ihnen den Kampf an und zerstörten ihre Schlupflöcher. Der Handel blühte

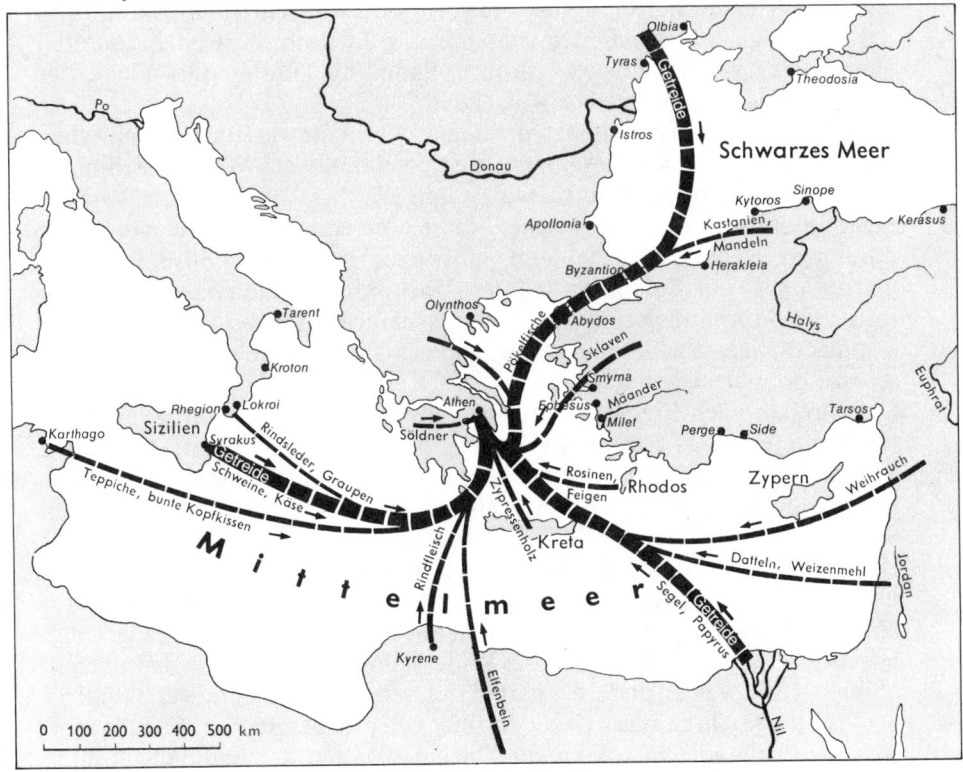

*Wareneinfuhr nach Athen im 5. und 4. Jahrhundert*

auf. Von Südrußland bis in das Westmeer, von Thrakien bis nach Ägypten bildete sich ein verzweigtes und sicheres Verkehrsnetz aus. Die (wenn auch nicht vollständig durchgesetzte) Währungseinheit innerhalb des Bundes, die die attische Drachme zur Weltwährung machte, wirkte wie ein Magnet auf den Handel. Dessen Vorteile wogen für viele Bündner den Verlust des Hoheitsrechts, eigene Münzen prägen zu können, mehr als auf. Die Geschäfte der Bündner gediehen, und ihr Wohlstand wuchs. Auch wenn die Athener den meisten Nutzen aus all dem zogen, so war es billig, ihnen dies vorzuwerfen: Ohne sie hätte man vielerorts nichts oder viel weniger gehabt.

Welche Widerstände konnte es also geben, und welche Ziele verfolgten sie? Welcher Mißstand wurde als so schwer empfunden, daß die Existenz des ganzen Herrschaftssystems an den Pranger geriet?

## 6. Der Ruf nach Freiheit und Autonomie

Zu Beginn und während des Peloponnesischen Krieges (s. S. 228 ff.) war – geschürt von der spartanischen Kriegspropaganda – der Ruf nach Freiheit (*eleuthería*) und Autonomie (wörtlich: sich selbst die Gesetze geben) für die von Athen „versklavten" Griechen immer lauter geworden. Die Auflösung des Seebundes nach der Niederlage Athens 404 wirkte auf viele wie eine längst überfällige Befreiungstat. Jetzt wurde im öffentlichen Bewußtsein das Begriffspaar *Freiheit und Autonomie* zum untrennbaren Bestandteil einer Polis und durchzog wie ein roter Faden die künftige Geschichte der Griechen bis in die römische Kaiserzeit.

Einschneidende Folgen blieben nicht aus: Nunmehr waren die griechischen Städte bereit, für die in diese Begriffe eingeschmolzenen Wertvorstellungen energisch einzutreten. Künftig wurde von griechischer Seite kein Versuch mehr unternommen, den ägäischen Raum, dessen zivilisatorische Einigung durch den Seebund entscheidend gefördert worden war, politisch zusammenzufassen. Die Zersplitterung der griechischen Welt erwies sich in den folgenden Jahrhunderten als ein kalkulierbarer Faktor der Politik, auf den alle auswärtigen Eroberer von Alexander bis zu den Feldherrn der römischen Republik setzen konnten.

Das Streben nach Freiheit und Autonomie um nahezu jeden Preis hatte nicht von jeher das griechische Denken bestimmt. Der Begriff *Autonomie* entstand als politisch brisantes Schlagwort erst, als immer mehr Städte dagegen aufbegehrten, daß Athen als Vormacht den von ihm abhängigen Seebundstaaten Gesetze gab. Sein Inhalt hatte im 6. Jahrhundert nur für eine kleine Zahl von Städten Bedeutung, die – wie Athen und Sparta – groß und mächtig genug waren, um aus ihrer Geschichte den Schluß ziehen zu können, daß Eigenständigkeit ein hoher Wert sei. Es war kein Zufall, daß Sparta und Athen das Rückgrat des Widerstandes gegen die Perser bildeten: Nur sie – und wenige andere – hätten sich selbst aufgegeben, wenn sie dem persischen Begehren nach Unterwerfung entsprochen hätten. Für die meisten anderen Städte galt dies nicht. Die einen hatten immer auf die Stimme ihrer mächtigeren Nachbarn hören müssen, die anderen – wie die Arkader, Böoter, Ätoler oder Achäer – lebten, solange sie zurückdenken konnten, auf die eine oder andere Weise zusammengeschlossen in Bünden. Sie waren daher nicht grundlos geneigt, ihren Frieden mit den mächtigen Persern um den Preis der Übergabe von Erde und Wasser zu machen.

Dieser Zustand längst eingewöhnter Abhängigkeit galt auch für viele Städte des Seebundes, die auf sehr verschiedenen Stufen der politischen Entwicklung und des politischen Bewußtseins standen. Für die kleineren Städte in Karien, Pamphylien, Lykien, Thrakien, am Schwarzen Meer und anderswo war es selbstverständlich, Athen als herrschende Vormacht anzuerkennen. Sie hatten Freiheit als politischen Wert nie real erfahren, und die Vorteile des Seebundes ließen das Gefühl, eine drückende Herrschaftslast zu tragen, gar nicht erst aufkommen. Anders sah die Welt für die großen Seestaaten wie Samos, Chios, Thasos, Naxos, Aigina oder Milet aus. Sie hatten eine eigene Geschichte, einen eigenen politischen Willen, spezifische wirtschaftliche Interessen, die denen Athens durchaus zuwiderlaufen konnten; kurz: Der politische und ökonomische Wert von Freiheit und Autonomie war bereits Teil ihres Lebens, als sie dem Seebund beitraten.

Dieser zerbrach an ihrem Widerstand, als Sparta, um den Krieg gegen Athen überhaupt mit Aussicht auf Erfolg führen zu können, sich zum Sachwalter ihrer Interessen aufschwang. Die Parole der Freiheit, die den Krieg begleitete, benannte erst nach seinem Ende ein für alle Griechen behütenswertes Gut.

# VII. Die Demokratie der Athener

| | |
|---|---|
| 487/86 | Änderung der Bestellung der Archonten (Losverfahren). Erste Anwendung des „Scherbengerichts" (*Ostrakismos*). |
| 462/1 | Die Reformen des Ephialtes und der Bruch mit Sparta. Beginn der Demokratisierung des gesamten öffentlichen Lebens. |
| 448-406 | Wiederaufbau der von den Persern zerstörten Tempel auf der Akropolis. |
| 322 | Die makedonische Vormacht beseitigt die Demokratie in Athen. |

## 1. Dauer und Ausdehnung demokratischer Ordnungen

Staatsordnungen, die sich mit mehr oder minderem Recht Demokratien nannten, hat es in den griechischen Städten des Mutterlandes und der Kolonien von etwa 500 bis weit in das 2. Jahrhundert v. Chr. gegeben. Unter ihrem Einfluß führten kleinasiatische ebenso wie italische Städte demokratische Institutionen ein. Das beste Beispiel bietet das republikanische Rom, in dessen Verfassung bereits die griechischen Beobachter demokratische Züge entdeckten. Rom beweist allerdings auch, daß die äußerliche Entlehnung demokratischer Elemente nicht zwingend zu einer demokratischen Staatsordnung führen muß.
Mit der Festigung der römischen Herrschaft über die griechische Welt starben dort die Demokratien. Nur aus der literarischen Überlieferung konnte man noch etwas über sie erfahren; politische oder gesellschaftliche Institutionen, aus deren Anschauung hätte gelernt werden können, überlebten nicht. Der Begriff „Demokratie" verschwand aus dem öffentlichen Bewußtsein und führte für lange Zeit ein Schattendasein in der Gelehrtensprache; tatsächlich vorhandene Verfassungs- und Regierungsformen, auf die der Begriff anwendbar gewesen wäre, gab es vor der Amerikanischen und Französischen Revolution kaum. Dort, wo Vergleichbares existierte, verwandte man in der Diskussion den von Rom entlehnten Begriff *Republik*. Die heutige Wortbedeutung entstand erst am Ausgang des 18. Jahrhunderts. Die in dieser Zeit ausbrechenden revolutionären Umwälzungen hauchten dem Wort *Demokratie* wieder Leben ein und machten es erneut zu einem leidenschaftlich umkämpften politischen Begriff, der ebenso Verfassungseinrichtungen wie bestimmte politische Gruppierungen bezeichnen konnte.
Die Demokratie der Athener begann nach ihrem eigenen stolzen Verständnis einmal mit Kleisthenes (so Herodot), ein andermal mit Solon (so Aristoteles) und für manche bereits mit Theseus, dem sagenhaften Stadtgründer. Solon bedeutete zwar das Ende des alten Adelsstaates, und die Phylenreform des Kleisthenes stürzte die überkommene politische Organisation

*J.A.D. Ingres, Oidipus und die Sphinx, 1864*
(Baltimore, The Walters Art Gallery)

Aristoteles hat in seiner Poetik dem Oidipus des Sophokles den ersten Rang unter allen Tragödien zuerkannt und sich mit dieser Ansicht bis ins 18. Jahrhundert hinein durchgesetzt. In dieser Geschichte eines thebanischen Fürsten, der klug und beharrlich den Mann sucht, der in die Häuser der Stadt durch eine Untat die Pest brachte, gab es nichts, was nicht unerbittlich logisch und menschlich zugleich war: „Ich will alles ans Licht bringen", sagt der König, den der Priester des Zeus angefleht hatte, „sei Heiland uns und ende unsre Not!" Oidipus ist sich sicher: dazu braucht er nichts außer Mut und Verstand.

So war es bereits gewesen, als er nach Theben kam und sich mit der Sphinx, einer geflügelten Löwin mit menschlichem Antlitz, maß, welche die Stadt plagte und jeden, der ihre Rätsel nicht lösen konnte, in einen Abgrund warf. „Der Flug meiner eigenen Vernunft traf das Ziel", kommentierte der König nüchtern seine Befreiungstat, als er sich auf seine Lösung des Rätsels berief; er tat es just in dem Augenblick, als ihn der Seher Teiresias als Mörder und Schänder der eigenen Mutter anklagte: „Du bist die Pest, der Greuel dieser Stadt." Dagegen half noch einmal die nüchterne Analyse, die die Kunst der Weissager als nutzlos erwies:

„Als die Mißholdin [die Sphinx] ihre Rätsel sang,
Sprachst etwa du der Stadt das Lösungswort?
Und war ein Rätsel doch, das nicht der erste
Und beste lösen konnt, nein, nur ein Seher!
Da zeigt es sich: kein Vogel wollt dir helfen,
Kein Gott. Da mußt ich kommen, Oidipus,
der Ungelernte, und ein Ende machen
Allein mit meinem Kopf, mir half kein Vogel" (374 ff.).

Damit war die Tugend genannt, die das demokratische Athen groß gemacht hatte. Perikles pries sie in seiner Leichenrede und die Korinther verdammten sie in den Beratungen vor dem Ausbruch des Großen Krieges. Und sie entfaltete sich in leidenschaftlicher Hingabe für das Wohl der Stadt: „Tag für Tag", predigte Perikles, „müssen wir die Macht unserer Stadt in der Wirklichkeit betrachten und mit wahrer Leidenschaft lieben", und die Korinther warnten: „Ein Feiertag ist für sie [die Athener] ein Tag, an dem man tut, was zu tun ist. Mühsal und Tätigkeit ziehen sie dem Frieden und der Stille vor. Mit einem Wort: sie sind von Natur aus außerstande, sei es, selber ein stilles Leben zu führen, sei es, anderen ein solches Leben zu gönnen" (Thukydides 2,43; 1,70).

Oidipus, die dramatische Verkörperung der Energien der Athener, erfährt, daß seine Tatkraft und Ermittlungskunst die Wahrheit ans Licht bringen. Diese aber vernichtet ihn: Er selbst, der Ankläger und Richter, ist der Mörder seines Vaters und der Schänder seiner Mutter. Als die Athener am Ende des Stücks die letzten Worte des Unglücklichen hörten, führten sie bereits Krieg gegen Sparta und hatten die Pest in ihren Häusern ertragen müssen:

„Bürger meines Landes Theben! Schaut, dies hier ist Oidipus. Der das Wunderrätsel wußte, und der erste Mann im Land. Den kein Bürger sehen konnte ohne Neid auf solches Glück. Bis wie tief zum Grund des Elends furchtbar stürzte er hinab! So ein Sterblicher noch jenem letzten Tag entgegenblickt, hütet euch, sein Los zu preisen, eh er nicht gewonnen hat seines Lebens Ziel und Ende" (1525 ff.; Übersetzungen H. Weinstock).

gründlich um (s. S. 165); beides war jedoch nicht die Demokratie. Deren Beginn setzt die heutige Forschung in die Zeit, in der alle von den Athenern für wesentlich erachteten Elemente vorhanden waren. Dies führt in die Jahre kurz nach 461; wenig später ist denn auch der Begriff, der die neue Staatsform kennzeichnen sollte, zum erstenmal nachweisbar: Demokratie (*demokratía*), Herrschaft des Demos. Sie überdauerte die Katastrophe von 404 und endete 322 v. Chr., als der makedonische Reichsverweser Perdikkas die Stadt erneut zur bedingungslosen Kapitulation zwang. Der äußere Feind, nicht die innere Opposition stürzte die Demokratie.

Demokratische Reformen hat es seit dem 6. Jahrhundert in vielen anderen griechischen Städten auch gegeben. Aber keine Stadt hat die Idee der Demokratie so weit getrieben wie Athen. Etwas anderes wäre auch nicht möglich gewesen. Die Radikalität, mit der die Athener die demokratische Grundidee von der Gleichheit der Bürger in praktische Politik umsetzten, war untrennbar gebunden an die Flotte und die Geldquellen, die der Krieg und der Seebund boten. Die Geschichte der Demokratie ist daher die Geschichte Athens.

## 2. Die Stationen der historischen Entwicklung in Athen

*Die Reformen bis zum Ende der achtziger Jahre des 5. Jahrhunderts*

Aristoteles hat in seiner Schrift *Vom Staat der Athener* dessen Geschichte als einen Entwicklungsprozeß geschildert, der die Athener seit den Tagen Solons zielgerichtet zur Demokratie des Perikles geführt habe. Viele Forscher sind dieser Interpretation gefolgt, glaubten an einen „Sonderweg" Athens und sprechen auch heute vom „Demokratisierungsprozeß" Athens. Tatsächlich lassen sich nur Stationen der athenischen Geschichte feststellen, die in keinem zwingenden historischen Zusammenhang standen. Diesen stellt erst der historische Rückblick her: Kleisthenes' Reformen waren nicht die logische Folge der Gesetzgebung Solons, sondern das Ergebnis einer bestimmten historischen Konstellation nach der Vertreibung der Peisistratiden; aber ihre besondere Gestalt war auch abhängig von der solonischen Ordnung, soweit sie die Jahrzehnte der Tyrannenherrschaft überdauert und die Vorstellungen von Politik über die Generationen hinweg geprägt hatte. In dieser Weise hat der Historiker die zentralen Ereignisse der athenischen Geschichte mit der Frage zu traktieren, ob und wieweit sie als Voraussetzungen für die seit 460 bestehende demokratische Ordnung gelesen werden müssen.

Am Anfang standen keine politische Theorie oder das Modell eines demokratischen Staates, die die Menschen in ihren Bann geschlagen und zu einem bestimmten Handeln angeleitet hätten. Die ersten Hinweise auf eine in Athen geführte Diskussion um die beste Verfassung führen in die Mitte des 5. Jahrhunderts, also in die Zeit der ausgebildeten Demokratie. Es gab auch keinen Kampf zwischen den etablierten Trägern der Macht und den

## 2. Die Stationen der Entwicklung 193

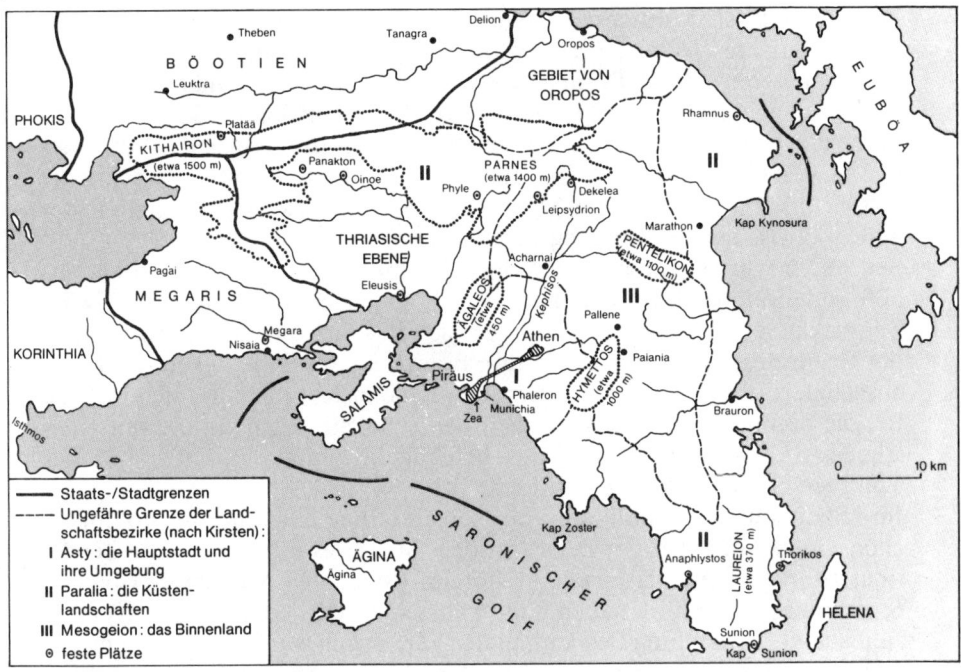

*Attika im 5.–4. Jahrhundert*

Athen (vgl. S. 219)

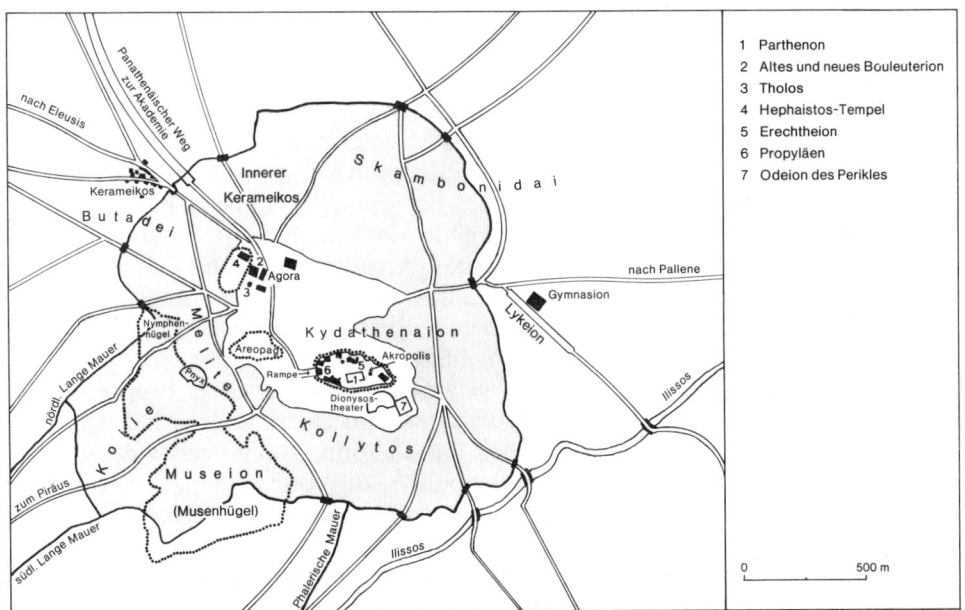

1 Parthenon
2 Altes und neues Bouleuterion
3 Tholos
4 Hephaistos-Tempel
5 Erechtheion
6 Propyläen
7 Odeion des Perikles

von der Herrschaft ausgeschlossenen Klassen, die bewußt und organisiert für eine bessere Welt eingetreten wären. Soziale Konflikte und Veränderungen begleiteten alle Reformen, sie wurden jedoch in keinem Fall „von unten" eingeleitet. Dies gilt insbesondere für die von Solon und Kleisthenes vorangetriebene Auflösung der gesellschaftlichen Bindungen des Volkes an die adligen Geschlechter; es gilt aber auch für die Reformen der achtziger Jahre, die – anders als die Solons und Kleisthenes' – im Schatten der außenpolitischen Entwicklung stattfanden.

Seit 487/6 wurden die höchsten Staatsbeamten, die neun Archonten, aus 500 vorgewählten Kandidaten ausgelost; gleichzeitig ließ man die zweite Zensusklasse zur Bewerbung zu. Faktisch lief dies auf eine Entmachtung der Regierungsspitze hinaus, da ihre Besetzung der Beliebigkeit des Loses ausgeliefert wurde. Angesichts des schwelenden Konflikts mit den Persern fiel die heimatlos gewordene Macht den zehn Strategen zu, die seit Kleisthenes die Aufgebote der Phylen befehligten und auch künftig von der Volksversammlung gewählt wurden.

Im selben Jahr verbannte die Volksversammlung einen gewissen Hipparchos, einen Anhänger der Peisistratiden. Sie tat es durch ein Scherbengericht (*ostrakismós*), das nach Aristoteles (Staat der Athener 22) bereits Kleisthenes eingeführt haben soll, wahrscheinlich jedoch erst im ersten Jahr seiner Anwendung Bestandteil der Verfassung wurde. Von diesem Tag an bis zum Jahr 417 befragte ihr Vorsitzender einmal im Jahr die Volksversammlung, ob eine Abstimmung mittels Scherben (*óstraka*) durchgeführt werden solle; bejahte das Volk, und kam es zur Abstimmung, mußte der Bürger, auf den die meisten Stimmen (besser: Scherben) entfielen, für zehn Jahre die Stadt verlassen, ohne sein Vermögen und seine Ehre einzubüßen (der Vorgang ist mit einem parlamentarischen Mißtrauensvotum ungefähr vergleichbar).

Seine Bewährungsprobe bestand dieses Verfahren der Konfliktsteuerung in den ersten Jahren nach seiner Erfindung. Dem Hipparchos folgten bis 483 vier weitere große Aristokraten, die als Mitglieder oder als Anhänger der Peisistratiden oder Alkmeoniden dem dumpfen Verdacht der Massen ausgeliefert wurden, sie wären Anhänger der Tyrannis und der Perser. Die hinter diesen Anwürfen stehenden Fehden innerhalb der politischen Elite sind im einzelnen nicht rekonstruierbar. Aristoteles sprach von einer Sicherheitsmaßnahme gegen die Tyrannis, gegen das Übermaß adliger Macht, gegründet auf weitreichenden politischen und sozialen Einfluß. Wahrscheinlich ist dies nicht. Vielmehr zeugt die Einführung eines derart ungeheuerlichen Vorganges in die Verfassung von wachsender Erbitterung in der politischen Auseinandersetzung und von einem leidenschaftlichen Willen, einer bestimmten politischen Entscheidung von großer Bedeutung die Bahn frei zu machen. Die Außenpolitik, die Aufrüstung zur See, die Persergefahr und der Name des Themistokles geben den Rahmen dieser Machtkämpfe.

Jenseits der Tagespolitik jedoch wiesen die Scherben in den Händen der Bürger einen gangbaren Weg, politische Konflikte von größerer Bedeutung in der Stadt abzubrechen, wenn ihre endgültige Austragung Bürgerkrieg bedeutet oder verbitterte Besiegte auf Dauer geschaffen hätte. „Es gebe kein Heil für die Athener, wenn sie nicht Themistokles und ihn in den Abgrund stürzten", soll Aristides der Volksversammlung zugerufen haben, als er einen auch für ihn vernünftigen Antrag seines Kontrahenten zu Fall gebracht hatte, um diesen nicht allzu mächtig werden zu lassen (Plutarch Aristides 3). Dahinter steht die Einsicht, daß die adligen Machtkämpfe sehr schnell in Konflikte ausarteten, in denen es um das politische Überleben der einen oder anderen Seite ging, was wiederum dazu führen mußte, das Wohl des Staates oder auch nur die Sinnfälligkeit eines Gesetzesvorschlags der politischen Überlebensstrategie unterzuordnen. Der Ostrakismos kürzte die Austragung der Gegensätze ab – und dies war für die Stabilität des Staates wichtiger als die Antwort auf die Frage, wer von den Kontrahenten gehen müsse.

*Die Ausbildung der Demokratie im Schatten von Krieg und Expansion*

483 fiel die lange umkämpfte Entscheidung zum Flottenbau (s. S. 174). Sie bedeutete sozialpolitisch, daß die frei geborenen Männer der Stadt, die sich die Ausrüstung eines Hopliten nicht leisten und daher nicht in der Phalanx kämpfen konnten, zu Tausenden die Ruderbänke der Trieren zu füllen begannen. In den Zensuslisten wurden sie seit Solon als *Theten* geführt. Diese armen und verachteten Teufel, denen gegenüber sich jeder Bauer wie ein Aristokrat vorkam, und die im Krieg nur die Kraft und Geschicklichkeit ihrer Arme einsetzen konnten, ruderten ihre Schiffe bei Salamis zum Sieg und machten in den folgenden zwei Jahrzehnten – nun mehr und mehr durch angeworbene, ausländische Ruderer verstärkt – Athen zur Herrin der Ägäis.
Seit den Zeiten, in denen der Bauer als Hoplit in der Schlachtreihe neben den Aristokraten getreten war (s. S. 90 ff.), hatte sich als Grundregel des politischen Handelns durchgesetzt, daß Militärdienst den Anspruch auf politische Mitsprache ausreichend begründe. Dies galt seit dem Tag von Salamis nun auch für die Theten, und jedes Kriegsjahr, das die Flotte Athens erfolgreich sah, machte jedermann offenkundiger, daß das auf den Ruderbänken geübte Kriegshandwerk dem eines Hopliten ebenbürtig war. Sicherheit, Macht und Reichtum der Stadt hingen von der Flotte und damit von den Theten ab. Sie gliederten sich daher in den Status des in der Volksversammlung abstimmenden Bürgers ein, ohne daß es darüber zum offenen Streit gekommen wäre. Dies veränderte – zunächst ohne spektakuläre Entscheidungen – die politische Landschaft und schuf Raum für Veränderungen, die in der alten Volksversammlung aus kleinen und großen Grundbesitzern, reichen und weniger reichen Händlern und Handwerkern nicht durchzusetzen gewesen wären.
462/61 war es soweit. Auf Antrag eines gewissen Ephialtes, der in den Jahren zuvor viele Mitglieder des Areopags wegen Korruption vor Gericht gezogen hatte, beschnitt die Volksversammlung die Rechte des Areopags.

Sie entzog ihm insbesondere die allgemeine Aufsicht über die Beamten, die bei Verdacht auf fehlerhaftes Verhalten belangt werden konnten, und legte sie in die Hände der Geschworenengerichte. Damit ging die Kontrolle der Exekutive auf die Masse der athenischen Bürger über. Gleichzeitig bewirkte diese Entscheidung auch eine Schwächung der Exekutive selbst, da sie nun endgültig von Gremien (Rat, Volksversammlung, Gerichte) abhängig wurde, in denen die große Masse der Athener das Sagen hatte.

Die Anlässe und Motive, die zu der Reform des Ephialtes und seines Erben Perikles geführt haben, sind nicht zweifelsfrei aufzuklären. Der einzige zusammenhängende Bericht des Aristoteles (Staat der Athener 25; 27) läßt zu viele Fragen jenseits der allgemeinen Feststellung offen, „Perikles lenkte das Staatsinteresse besonders auf die Seemacht, was zur Folge hatte, daß das Volk ermutigt wurde, auf allen Gebieten des Staatswesens die Dinge mehr selbst in die Hand zu nehmen." Dies immerhin weist auf die Spur der Außenpolitik. Deren Forderungen hatten seit dem Tag von Salamis weiter zugenommen, und sie verlangten mehr und mehr Entscheidungen, die nicht nur die aggressive Kriegspolitik gegen Persien und den Ausbau des Seebundes, sondern auch das angespannte Verhältnis zu Sparta berührten.

Seit Salamis standen der Areopag und Kimon, Sohn des Miltiades und gefeierter Held das Angriffskrieges gegen Persien, für den Fortbestand der Freundschaft mit dem verbündeten Sparta, das man zugleich bewunderte und fürchtete. Für sie war es 462 Pflicht und Ehre, einem Hilfegesuch Spartas nachzukommen, das 464 durch ein schweres Erdbeben weitgehend zerstört worden war und seitdem seiner aufständischen Heloten nicht Herr wurde. Sie hörten den spartanischen Gesandten, der „an den Altären sitzend bleich im Purpurkleid um Kriegsvolk flehte" (Aristophanes), und setzten (nach Plutarch Kimon 16, 8 ff.) gegen erhebliche Widerstände des Ephialtes die Entsendung eines Hilfskorps durch. So führte Kimon 4000 Hopliten auf die Peloponnes und verstärkte dort den Belagerungsring um die messenische Festung Ithome. Das Unternehmen wurde zum Debakel: Die Spartaner, nach Thukydides (1, 102) beunruhigt über die Unternehmungslust der Athener und besorgt, diese könnten mit den Aufständischen eines Tages gemeinsame Sache machen – vielleicht auch nur, weil sie zwischenzeitlich wieder Herr der Lage waren –, schickten Kimon und seine Mannen wieder nach Hause.

Während der Abwesenheit Kimons und seiner Hopliten brachte Ephialtes seine Reform durch. Wenig später wurde der heimgekehrte Kimon verbannt und die Rücksendung seiner Truppen durch Sparta als ehrenrühriger Affront propagandistisch ausgeschlachtet. Athen kündigte das antipersische Bündnis mit Sparta und schloß neue Verträge mit Argos, dem Erbfeind Spartas, und den Thessalern. 460 begann die Stadt mit dem Bau der langen Mauern, die Athen mit seinem Hafen Piräus zu einer Festung verbanden; in der Ägäis wurde der Ausbau des Seebundes vorangetrieben.

Angesichts dieser Zusammenhänge lautet die entscheidende Frage: Hat Ephialtes ein innenpolitisches Programm zur Demokratisierung Athens verfolgt und die günstige außenpolitische Konstellation (die Abwesenheit

Kimons und der 4000 Hopliten) genutzt, um seine Gesetze durchzubringen? Oder verfolgte Ephialtes ein außenpolitisches Programm, das auf die Expansion des Seebundes und den Konflikt mit Sparta zielte und das nur durchzusetzen war, wenn es gelang, die Macht des Areopags und der dort versammelten Spartafreunde zu brechen? Wahrscheinlicher ist das letztere, da seit Salamis Athen ganz im Banne der Außenpolitik und des Expansionskrieges gegen Persien stand und in den Jahren vor Ephialtes keine Versuche, demokratische Reformen einzuleiten, zu beobachten gewesen sind.

## 3. Die Institutionen und die Praxis der Demokratie

Die Aufnahme der Theten in den Kreis der politisch berechtigten Bürger und die Umformung der politischen Ordnung hin zur Demokratie sind nicht zu trennende Vorgänge. Jedem Athener war durchaus bewußt, daß vor allem die Theten die neue politische Ordnung trugen. Perikles hat als politischer Erbe des 461 ermordeten Ephialtes weitere Neuerungen eingeführt, die drei wesentliche Ziele hatten:
– die Beteiligung aller Bürger am politischen Leben,
– die Schwächung der exekutiven Gewalt,
– die absolute Geltung der Gesetze.

*Der Souverän des Staates: Die Volksversammlung*

Die Aufteilung der politischen Macht in den antiken Stadtstaaten in Beamte (Magistrate) – Rat (Senat) – Volksversammlung ist der modernen in Regierung – Parlament – Wählervolk grundsätzlich vergleichbar. Die Gerichte sind hier wie dort unabhängig. Anders ist die Gewichtung: Im Unterschied zum modernen Wähler, der alle vier oder fünf Jahre zur Wahlurne geht, hielten die Bürger Athens in der Volksversammlung tatsächlich und jederzeit alle Entscheidungen in ihren Händen.
Die Volksversammlung war im strengen Wortsinn der Souverän des Staates. Sie tagte regelmäßig und nicht nach Laune eines Beamten oder anderer Institutionen. Ihre Kompetenz erfaßte am Ende alle Bereiche des öffentlichen Lebens: die Wahlen, die Gesetzgebung, die Entscheidung über Krieg und Frieden, die Steuern, die Verleihung des Bürgerrechts, die Organisation der öffentlichen Kulte sowie soziale Maßnahmen für die Bevölkerung wie die Einfuhr von Getreide und die Vergabe öffentlicher Arbeiten. Abgestimmt wurde durch Handaufheben, was die Verantwortung jedes einzelnen – etwa im Unterschied zur Akklamation – für die gefällte Entscheidung öffentlich dokumentierte. Auch dies erzeugte zusammen mit den umfassenden Kompetenzen Selbstbewußtsein, das der kleine Mann, immer gewohnt, das Wort des Großen als Befehl zu hören, erst lernen mußte.
Zutritt zu den Abstimmungen hatte jeder freie und mündige athenische Mann, der in einer Deme (s. S. 163 f.) eingetragen war und den Nachweis

## A VII. Die Demokratie der Athener

### Leben und Tod im demokratischen Athen

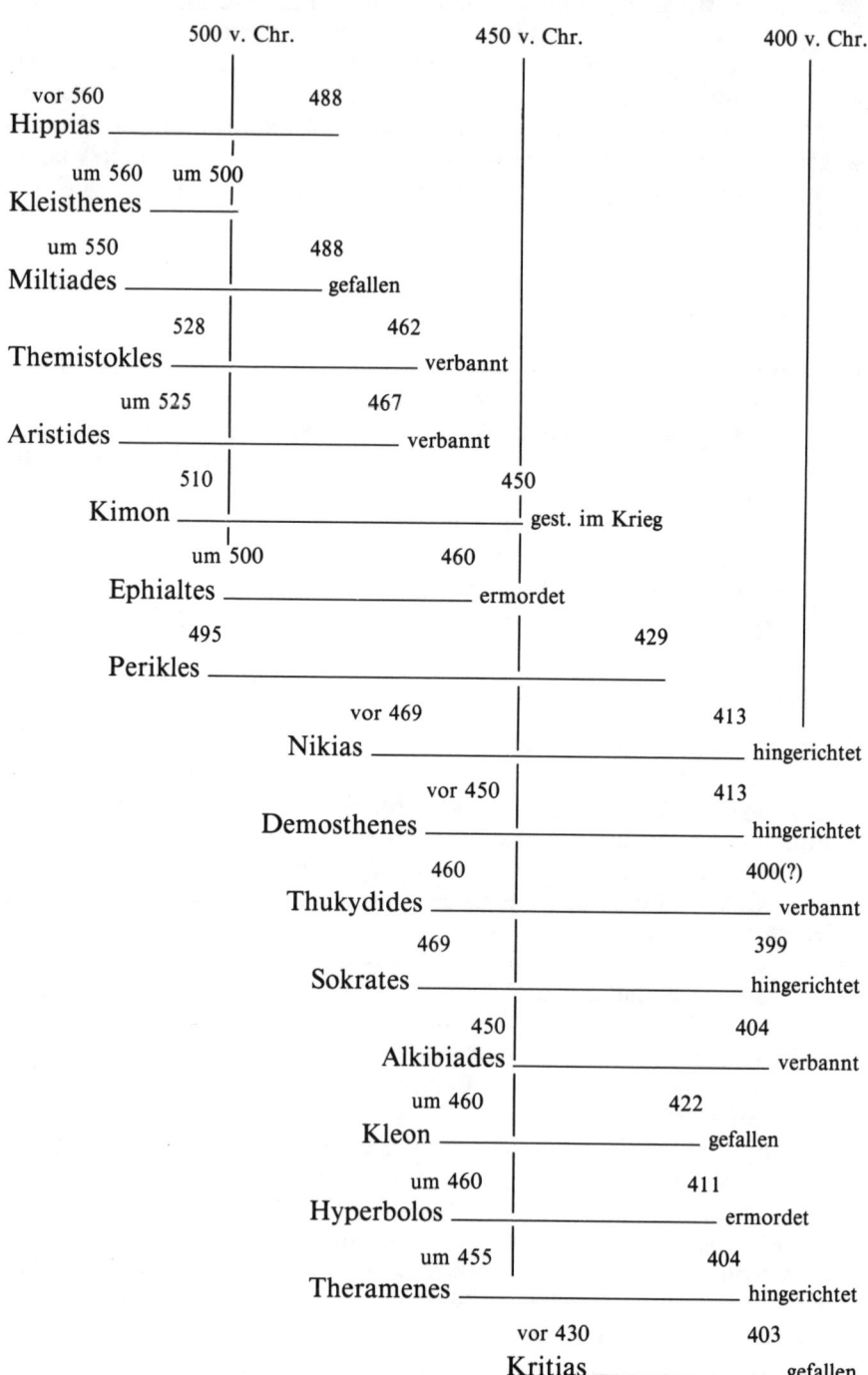

erbrachte, daß Vater und Mutter Athener waren. Die Demokratie hatte damit ihren zentralen Punkt erreicht, der für alle ihre Gegner zum ersten Stein des Anstoßes wurde: Es zählte die Zahl und nicht die Leistung, und es galt das Wort des Armen, da er die Mehrheit besaß.
In der politischen Realität war das keineswegs immer so. Der Besuch der Volksversammlung kostete Zeit, die nicht jeder hatte. Der im Süden Attikas wohnende Bauer konnte nicht beliebig oft seine Hacke fallen lassen und den langen Weg in die Stadt antreten, und der Gemüsehändler, der seinen Stand auch nur für einen Tag schloß, riskierte, daß seine Kunden am nächsten Tag anderswohin gingen. Daß ein normales Arbeitsleben nicht zur politischen Betätigung einlud, wußte schon Hesiod: „Wenig Zeit bleibt nämlich zum Zanken und Reden am Marktplatz,/Wenn nicht daheim ein Vorrat fürs Jahr zum Leben bereitliegt,/Ernteertrag, wie die Erde ihn bringt, der Demeter Kornfrucht" (Erga 30-33).
Zudem interessierte sich nicht jeder für Politik, und nicht jeder Beratungsgegenstand fand angestrengt lauschende Zuhörer. Dies galt besonders in guten Zeiten und dann, wenn keine existentiellen Entscheidungen anstanden. Für gewöhnlich besuchten die Volksversammlung die Bauern der näheren Umgebung, die stadtansässige Bevölkerung (darunter viele Alte und Arbeitslose) und aus entfernteren Gegenden alle die, denen der Gegenstand der Beratung am Herzen lag; so ist es z. B. verständlich, daß eine Debatte über den weiteren Ausbau der Flotte die in Piräus wohnenden Bürger in Scharen in die Stadt strömen ließ.
Zwei Grundsätze prägten die Willensbildung in der Ekklesie: Jeder Athener hatte das Recht, Anträge zu stellen, und jeder Antrag mußte im Rat der 500 vorberaten werden. Er gelangte also nur als Vorschlag des Rates vor die versammelte Bürgerschaft, die jedoch – anders als in Rom – das Recht besaß, den Vorschlag abzuändern oder mit Streichungen oder Zusätzen zu verabschieden. Die Initiative blieb also ganz bei der Bürgerschaft.
Dies verschaffte dem Redner, der ihren Willen in die richtigen Worte faßte, ein besonderes Gewicht. Seine Autorität speiste sich nicht aus einem Amt – dies brauchte er gar nicht –, sondern aus seiner Kompetenz (z. B. bei militärischen Entscheidungen) und aus der Gewalt der Rede, über die er verfügte. Ihre verführerische Kraft kannte (und liebte) jeder Athener: „Der Hörlust preisgegeben tut ihr, als säßet ihr im Theater, um Redekünstler zu genießen, und hättet nicht das Heil des Staates zu bedenken", rief Thukydides seinen Landsleuten zu, obwohl er in seinem Geschichtswerk selbst alles Wichtige in Reden kleidete. Ein anderer, der Redner Demades (380-319), berühmt wegen seiner Schlagfertigkeit, führte vor, wie man seinem Publikum die Langeweile und die Teilnahmslosigkeit austrieb: „Demades bat, eine Fabel erzählen zu dürfen ... Einmal zogen Demeter, eine Schwalbe und ein Aal desselben Wegs. Als sie nun an einen Fluß kamen, flog die Schwalbe hinüber, und der Aal schwamm hindurch." Hiermit hörte er mit der Geschichte auf. Sie fragten: ‚Und was war mit Demeter?' Er antwortete: ‚Sie ist euch böse, weil ihr die Staatsbelange vernachlässigt, aber einer Fabel Äsops eure Aufmerksamkeit schenkt." (Schnur, Fabeln d. Antike, S. 83).

## Der Rat und die Beamten der Stadt

Im Zentrum der staatlichen Geschäftigkeit stand der von Kleisthenes geschaffene Rat (s. S. 164 f.). Seine jährlich neu bestellten 500 Mitglieder berieten nahezu täglich und erhielten eine Aufwandsentschädigung. Um angesichts seiner großen Mitgliederzahl geschäftsfähig zu sein, besaß der Rat einen fünfzigköpfigen Ausschuß (*Prytanie*), dessen täglich wechselnder Vorsitzender auch die Volksversammlung leitete. Zu ihrer Beratung konnte die Boulé weitere Ausschüsse einrichten.

Der Rat faßte zu allen Anträgen, die dem Volke zur Entscheidung vorgelegt werden sollten, einen Beschluß (*Probouleuma*; s.o.). Darüber hinaus beriet und beaufsichtigte er die Beamten, empfing auswärtige Gesandte und beschwor völkerrechtliche Verträge, nachdem die Bürgerschaft darüber entschieden hatte. Seine Funktion kann mit der einer modernen Regierung verglichen werden; anders als diese besaß er jedoch keine vom Willen der Volksversammlung unabhängige Macht.

Die Beamtenschaft des demokratischen Athen war ebenso zahlreich wie ohnmächtig. Sowohl ihre politische Funktion als auch ihre Bedeutung für die Handlungsfähigkeit des Staates wurde von folgenden Grundsätzen bestimmt:

– Die Bestellung der Beamten erfolgte (bis auf wenige Ausnahmen) durch das Los;
– ihre Kompetenzen verteilten sich auf eine Vielzahl von kurzfristig amtierenden Amtsträgern;
– alle unterlagen der Pflicht der ständigen Rechenschaftslegung.

Nach Aristoteles hatte die Demokratie ihre Beamtenschaft nach dem Prinzip gestaltet, daß ein ständiger Wechsel zwischen Regieren und Regiertwerden möglich sein müsse. In der politischen Praxis bedeutete dies, daß (wieder mit wenigen Ausnahmen) jeder Bürger jede Beamtenposition besetzen konnte. Um dies zu ermöglichen, wurde die Amtszeit auf maximal ein Jahr begrenzt, eine zweite Kandidatur auf dasselbe Amt ausgeschlossen und die Bestellung durch das Los verbindlich. Jeder freie Athener, der dies wollte, konnte sich dadurch mehrmals in seinem Leben an der Führung der Staatsgeschäfte beteiligen, unabhängig von seinem Vermögen und seiner Bildung.

Für bestimmte Positionen hielt man aus sachlichen Gründen an der Wahl fest, obwohl diese, da sie nach dem Besten suchte, in den Augen der meisten Athener aristokratisch und nicht demokratisch war. Es galt dies in erster Linie für die militärischen Kommandostellen. Auch der eifrigste Demokrat war nur dann bereit, im Krieg seine Haut zu Markte zu tragen, wenn seine Kommandeure ihr Handwerk verstanden; solche fand man nicht mit dem Los, sondern nur mit dem Stimmzettel. Andere Positionen durften nur mit Bewerbern besetzt werden, die Vermögen besaßen. Dies galt für die höchsten Finanzbeamten, die aus dem Kreis der Hochvermögenden gewählt wurden, da nur sie bei einem fehlerhaften Verhalten haftbar gemacht werden konnten. Die Kandidaten für das Strategenamt hingegen mußten

Grundbesitz in Attika und in rechtmäßiger Ehe gezeugte Kinder nachweisen; Abenteurer und andere Randexistenzen sollten von diesem Amt ferngehalten werden, das – seiner Natur gemäß – ein hohes Maß an Eigenständigkeit verlangte.

Die Demokratie mißtraute ihren Amtsträgern gründlich. Sie bewies es nachdrücklich durch die Konsequenz, mit der sie die Aufgaben der Staatsverwaltung auf ein Heer von rund 700 Beamten mit kleinen und kleinsten Geschäftsbereichen übertrug. Und sie bewies es durch die Härte und Penetranz, mit der sie von ihren Beamten während und nach der Amtszeit Rechenschaft forderte; zehnmal im Jahr setzte allein die Volksversammlung die Amtsführung der Beamten auf die Tagesordnung und gab jedermann Gelegenheit, Beschwerden vorzutragen. Die Folge war, daß sich als Kandidat um eines der zahlreichen Ämter nur bewarb, wer von vornherein gewillt war, die bestehenden Gesetze buchstabengetreu zu erfüllen. Dies galt nicht immer für das Strategenamt. Es bot ehrgeizigen Männern in den Jahren des Krieges Gelegenheiten genug, ihre Unentbehrlichkeit für den Staat unter Beweis zu stellen. Die Demokratie hat dies nicht immer vermeiden können. Aber sie hat ihre Strategen mißtrauisch belauert und kontrolliert und rachsüchtig jede Eigenmächtigkeit verfolgt: Bereits der Verdacht auf Ungehorsam oder eine Niederlage bedeuteten Anklage, Tod oder Verbannung.

*Die Geschworenengerichte*

Durch Gerichte verfolgte Klagen gliederten sich – formal dem modernen Recht vergleichbar – in private und öffentliche. Das Kriterium, nach dem beide Bereiche unterschieden wurden, war jedoch nicht der Gegenstand der Klage, sondern die Berechtigung dazu: Privatklagen durften nur die unmittelbar Interessierten (bei Diebstahl z. B. der Geschädigte) anstrengen, eine öffentliche (die sogenannte Popularklage) hingegen jeder Athener. In jedem Fall wurde der Rechtsuchende an einen bestimmten Gerichtshof verwiesen, der für den anstehenden Fall zuständig war; insgesamt gab es zehn Gerichtshöfe, aufgeteilt nach den Prozeßgegenständen, über die sie entschieden (Mordprozesse z. B. fanden vor dem Areopag statt). Dort, wo es noch andere Behörden und Beamten gab, die in Bagatellfällen Recht sprachen, konnten die Geschworenengerichte als Berufungsinstanz angerufen werden.

Die umfassende Zuständigkeit der Gerichtshöfe führte dazu, daß die richterliche Tätigkeit sehr viel Zeit kostete. Um trotzdem jedem Athener die Bewerbung um einen Sitz in den Gerichten zu ermöglichen, führte Perikles die Zahlung von Diäten ein, die den Lebensunterhalt einer Person deckten. Die Folge war nicht unerwünscht: In der Bewerberschlange um die Geschworenensitze standen vorne die Alten, die aus dem Erwerbsleben ausgeschieden waren, dahinter der kleine städtische Handwerker und der Tagelöhner, dicht gefolgt vom kleinen Bauern, der seinen Gemüsegarten und seine Schafherde schon einmal seiner Frau und den Kindern anvertrauen konnte. Mit deutlichem Abstand folgten die Händler und die Vornehmen, die anderes und (nach ihrer Einschätzung) besseres zu tun hatten. Zu Richtern bestellt wurden alle durch ein ausgeklügeltes System von Losungen unter den Bewerbern, die über dreißig Jahre alt und athenische Bürger sein mußten. Jahr für Jahr amtierten 6000 Athener als Richter; bei wichtigen Prozessen wurden 1500 oder mehr zu einem Gerichtshof zusammengerufen.

Während des Prozesses blieben die Richter völlig passiv. Sie besaßen ohnehin keine speziellen Sachkenntnisse. Nur die streitenden Parteien trugen vor und zitierten die anwendbaren Gesetze und Rechtsregeln. Danach stimmten – ohne Beratung – die Geschworenen geheim über schuldig oder nichtschuldig ab, wobei sich ihr Urteilsspruch nach dem Wortlaut des einschlägigen Gesetzes zu richten hatte.

Die historische Entwicklung der Geschworenengerichte ist nicht mehr rekonstruierbar. Hingegen sind die Aussagen der Quellen über die Bedeutung dieser Gerichtshöfe für die Demokratie eindeutig: „Wenn das Volk bei der Abstimmung im Gericht Herr ist über den Stimmstein, ist es Herr über die staatliche Ordnung", schrieb Aristoteles, und die zeitgenössischen Komödien des Aristophanes sprechen dieselbe Sprache. Wenn diese Einschätzung richtig ist, stellt sich sogleich die Frage nach dem Verhältnis der Gerichte zur Volksversammlung, dem Souverän des Staates. Oder anders: Was machte die Richter zu den eigentlichen Demokraten?

Zum einen ihre Masse: 6000 aus den Bewerbern erloste Laienrichter waren praktisch identisch mit der gesamten Bürgerschaft, soweit sie politisch aktiv war; dies entsprach dem athenischen Verständnis, wonach 6000 Personen die Masse des Volkes repräsentierten. Zum anderen ihre Bestellung und ihre Kompetenzen: Zum Richter wurde man durch das Los, und die Materie, mit der man sich beschäftigte, griff tief in das politische Leben ein. So kamen die Beamten ihrer Rechenschaftspflicht in der Regel vor den Gerichten nach. Politische Anklagen reichten von dem Vorwurf des Landesverrates bis hin zur Verfassungsklage wegen rechtswidrig zustande gekommener Gesetze. Gerichtsurteile hingegen konnten von der Volksversammlung nicht aufgehoben werden. Und schließlich: der Richter war zugleich Bürger der Volksversammlung und wie dieser nicht verantwortlich für das, was er tat. Hier wie dort war der Bürger der Souverän.

## 4. Die Elite der Demokratie

### Demokratische Politik im Schatten großer Namen

Alle Politiker des demokratischen Athen waren nur mit dem Segen der Volksversammlung handlungsfähig. Also mußten sie kompetent und große Redner sein. Darüber hinaus waren sie reiche Männer, da nur die Reichen Zeit und Geld hatten, um über viele Jahre hin Politik mit hohem Einsatz zu spielen. Die meisten von ihnen stammten aus wohlhabenden und vornehmen Familien, wie z. B. Miltiades, Themistokles, Kimon, Perikles, Thukydides oder Alkibiades. Emporkömmlinge gab es seit dem Ausbruch des großen Krieges gegen Sparta, aber auch sie waren reich, wie Kleon, der eine Gerberei besaß, oder Hyperbolos, der Lampen herstellte. Keiner von ihnen war einfacher Bürger und nach oben gekommen, weil er bestimmte Ämter durchlaufen hätte oder gar Mitglied einer politischen Gruppierung war. Alle verdankten vielmehr ihre überragende Stellung in der Demokratie ganz oder teilweise Qualifikationen, die ihnen in die Wiege gelegt bzw. dort versprochen wurden: Vermögen, ein großer Name, Beziehungen und besondere Erfahrungen und Fähigkeiten, die man wiederum nur als Besitzer eines großen Vermögens erwerben konnte.

Einer von ihnen war Perikles, dessen Stellung so überragend schien, daß Thukydides davon sprechen konnte, daß in Athen nur dem Namen nach eine Demokratie, in Wirklichkeit aber die Herrschaft eines Mannes bestanden habe. Dieser Großneffe des Kleisthenes, mütterlicherseits hochadliger Sproß der Alkmeoniden, war als Gefolgsmann des Ephialtes aufgestiegen. Er besaß als Geburtshelfer der Demokratie und Initiator vieler volksfreundlicher Gesetze besonderes Ansehen in der Stadt. Das Volk wählte ihn viele Male und 443–429 ohne Unterbrechung zum Strategen. Es verehrte ihn wohl auch, obwohl (oder gerade weil) dieser Hocharistokrat, der seine Herkunft aus der höfisch-adligen Welt nie verleugnete, auf strenge Distanz hielt. Seine Macht beruhte nicht darauf, daß er so häufig zum Strategen gewählt wurde. Er erhielt dieses Amt vielmehr, weil er professioneller Politiker und beeindruckender Redner war und die daraus fließende Autorität durch Erfolge immer neu erwerben konnte. Sein Stern sank denn auch erst, als 430 die Pest in Athen ausbrach und sein Kriegsplan gegen Sparta gescheitert schien (s. S. 228 ff.).

Die Geschichte des Perikles macht deutlich, daß sich in den ersten Jahrzehnten der Demokratie die alten adligen Eliten dank ihrer Sachkompetenz und ihrer geschulten Rednergabe besonders hervortaten. Aristoteles notierte es dankbar und setzte die Wendemarke zum Schlechten mit dem Aufstieg des Kleon (Staat der Athener 28). Tatsächlich kam unter dem Druck des Krieges, dessen Lasten die breiten Massen trugen, ein anderer Typ von Politiker auf, den die Athener *Demagoge* (wörtlich: „Volksführer") nannten. Zu ihnen zählte Kleon (gefallen 422), vermögend, hochbegabt und ehrgeizig. Aristophanes hat ihn in seiner Komödie *Die Ritter* (424) als einen betrügerischen Sklaven karikiert, der nur darauf aus ist, sich auf Kosten seines Herrn, des Demos, die eigenen Taschen zu füllen. Nun ist die Karikatur immer nur ein Zerrspiegel der Wirklichkeit, und der wahre Kleon ist nicht minder gut als eifriger Demokrat und leidenschaftlicher Anwalt der Interessen Athens bezeugt. Er hatte in den erlauchten Kreisen des alten Adels allerdings keine Freunde – das hatten dort Aufsteiger nie (vgl. S. 159). Aristoteles machte dies voreilig zum Kriterium seines Urteils: „bei den Angesehenen stand er in keinem guten Ruf" (aaO. 28,1). Diese gut aristokratisch gedachte Mißbilligung besagt nicht viel; auch Themistokles war in den Augen des alten Adels halb und halb ein Emporkömmling, ein

Mann der zweiten Garnitur gewesen (Herodot 7, 143,1). Sie bezeugt jedoch, daß die demokratische Ordnung bisher unbekannte adlige Familien und solche, die ihr Vermögen in Handel und Gewerbe erwarben, in die Politik hineinzog.

Neu an ihnen war der politische Stil, den sie pflegten. Thukydides sagte es sehr deutlich, als er die nach Perikles führenden Politiker beschrieb: „Untereinander eher gleichen Ranges und nur bemüht, jeder der Erste zu werden, gingen sie sogar so weit, die Führung der Geschäfte den Launen des Volkes auszuliefern." So hatte sich auch Kleon nach oben gekämpft, indem er den Launen und Feindbildern der durch die Wechselfälle des Krieges verunsicherten breiten Masse Wort und Stimme lieh. So setzte er 427 in einer maßlos erregten Volksversammlung den Beschluß durch, alle männlichen Bewohner des abgefallenen Mytilene (auf Lesbos) hinzurichten. Diese Entscheidung wurde anderntags abgemildert, und eine Triere, besetzt mit ausgesuchten Ruderern, fing das bereits mit dem Mordbefehl ausgelaufene Schiff ab; so starben auf Mytilene weniger als tausend Männer. Der Vorgang demonstriert jedoch, wie die Gefühle verunsicherter Massen im skrupellosen Kampf um die persönliche Macht zu mißbrauchen waren.

Ein Demagoge besonderen Zuschnitts war Alkibiades. Aufgewachsen im Hause des Perikles und beseelt von dem Willen, es diesem gleich zu tun, erschien er seit dem Ende der zwanziger Jahre im Mittelpunkt einer Reihe von großen Unternehmungen; insbesondere stiftete er die Athener zum Eroberungszug gegen Sizilien an, der ihn an die Spitze des Staates bringen sollte (s. S. 231). Sein politisches Glaubensbekenntnis hat Thukydides überliefert: Es sei ihm und seinesgleichen, so erklärte der geflohene Alkibiades in Sparta, immer darauf angekommen, die Größe und Freiheit Athens zu bewahren; die demokratische Staatsordnung sei für ihn und seine politische Freunde eine notorische Torheit, die man nur deswegen nicht beseitigt hätte, weil Krieg war (6, 89).

Ein Mann, der so handelte und dachte, wäre in keine Ordnung einzubinden gewesen – wie immer sie aussehen mochte. Sein abenteuerliches Leben bewies den Zeitgenossen einmal mehr, wie groß der Spielraum immer noch war, den sich aristokratische Tüchtigkeit selbst schaffen konnte. Alkibiades war unter diesen Vorzeichen den Helden der Perserkriege sehr ähnlich. Der Sieger von Marathon, Miltiades, beschwor ein Jahr nach dem Sieg die Athener, den Krieg nach Paros zu bringen, denn dort locke reiche Beute; in Wirklichkeit, so berichtet Herodot (6, 132 f.), habe er sich an dem Parier Lysagoras rächen wollen, der ihn beim Großkönig verleumdet hatte. Dieser Wunsch wie die Gier nach Gold scheiterten an dem entschlossenen Widerstand der Parier, und Miltiades wurde in Athen als Betrüger vor Gericht gestellt. Aber der Kriegszug hatte stattgefunden und sein Führer den Namen Miltiades getragen.

Das Beispiel zeigt, wie schwer sich die Demokratie mit ihrer aristokratischen Erbschaft tat und wie unverzichtbar zugleich ihre Annahme war. Das Schicksal des Themistokles sagt nichts anderes: Als dieser leidenschaftliche Anwalt des gemeinsamen Widerstandes gegen die Perser – noch 476 auf den Olympischen Spielen von allen Griechen hymnisch gefeiert – 471 zunächst verbannt, schließlich wegen Hochverrats zum Tode verurteilt wurde, floh er an den Hof des Perserkönigs und residierte als persischer Lehnsherr in Magnesia am Mäander. Ein antiker Biograph schrieb, Themistokles habe sich auf allen Gebieten von allen anderen unterscheiden wollen. Dies traf ins Herz. Kein Wunder, denn es war das über Jahrhunderte gehütete Glaubensbekenntnis aller Aristokraten, deren unbändiger Tatendrang die Grenzen ihrer Stadt immer wieder durchbrach, und dies nach Auffassung der kleinen Leute gewiß nicht zu ihrem Nutzen. So konnte die Komödie unter brüllender Zustimmung auch den Ausbruch des Großen Krieges gegen Sparta als Akt privater Rache auf die Bühne bringen: Wegen zwei entführter Huren Aspasiens, der milesischen Ehefrau des Perikles, habe dieser „im Zorn mit Blitz und Donner Hellas durcheinander geworfen" (Aristophanes, Acharner, 496 ff.; 425 v. Chr.).

Miltiades, Kimon, Perikles, Kleon und Alkibiades verkörpern nicht die landläufige Erscheinung eines Politikers im demokratischen Athen; da gab es viele Namenlose, die mit derselben Leidenschaft Politik trieben und sich der Demokratie mit Haut und Haaren verschrieben hatten. Von ihnen berichtet unsere auf die großen Täter fixierte Überlieferung nichts, und die Komödie verbog ihre Charaktere. Für die Zeitgenossen verband sich die Vorstellung von der Größe Athens immer mit den Taten Einzelner. Auch wenn sie vielleicht nur die Bandbreite der Möglichkeiten bezeugen, die das Zusammenspiel zwischen der Volksversammlung und ihren führenden Politikern eröffnen konnte, so sind es ihre Namen, die die Zeiten überdauerten. Und auch dies gehört zum Wesen der Demokratie der Athener.

*Der Machtanspruch des Adels*

Adlige Herren als zentrale Figuren auf einem demokratischen Spielbrett muten auf den ersten Blick seltsam an. Um dies richtig zu verstehen, wird man sich erinnern müssen, daß kein einmaliger revolutionärer Akt – vergleichbar dem Sturm auf die Bastille – die Unteren zum Angriff auf die Festungen der herkömmlichen Macht angespornt hat. Die Demokratie kam auf leisen Sohlen und im Schatten von Krieg und Expansion: Nur nach und nach fiel die Macht einer immer umfangreicheren Klasse zu, die zuletzt sämtliche Bürger umfaßte. Der Adel hatte also Zeit, sich auf eine Entwicklung einzustellen, in die seine führenden Geschlechter immer selbst, mal hemmend, mal fördernd, eingegriffen hatten. Was am Ende dabei herauskam, hat niemand wissen können, aber der Weg dorthin war durch Meilensteine gekennzeichnet, die das Signum großer Adelsfamilien trugen. Besonders dort, wo die Geschichte zu dramatischen Sprüngen neigte, tat sie es unter dem Primat von Außenpolitik und Krieg und rührte damit an die klassischen Domänen aristokratischer Betätigung, die andere auch mit den besten Vorsätzen gar nicht hätten übernehmen können. Ausdehnung der demokratischen Macht auf alle Bürger hieß denn auch zugleich Ausdeh-

nung längst erprobter aristokratischer Spielregeln der Machtbegründung und der Machtausübung. Dazu zählten:
- die *Wahl* für die zentralen Staatsämter, dem Grundgedanken adligen Denkens entsprechend, das immer nach dem Besten Ausschau hielt (nicht zufällig von den radikalen Demokraten mit dem Losverfahren als dem eigentlich gleichmachenden Prinzip konfrontiert);
- der *Mehrheitsbeschluß*, der alle Stimmen als gleichwertig zählte und einen klar formulierten politischen Willen binnen kurzer Fristen zustande bringen konnte;
- das *Prinzip der Gleichheit* (*Isonomie*) als ursprünglich alle aristokratischen Familien einigende Idee, wenn es um die Abwehr tyrannischer Machtansprüche ging;
- die *öffentliche Zurschaustellung der Macht* innerhalb des Staates, nun allerdings an ein Publikum gerichtet, das nicht mehr aus wenigen Auserwählten, sondern aus der ganzen Bürgerschaft bestand;
- die *Bewahrung eines Tugendkataloges*, der den aristokratischen Werten von Kampf, Bewährung und Ehre auch dort verpflichtet blieb, wo der heroische Gedanke mit den sozialen Pflichten verbunden wurde (s. S. 122 ff.).

Gewiß: allen diesen Spielregeln verlieh die Demokratie einen neuen Sinn und weitete ihren Horizont. Und sie band sie konsequent an das Wohl des Staates, dessen Gesetze grenzenlosen Gehorsam forderten. Aber die Bindungen an die Tradition bildeten die tragfähige Brücke, über die der Adel seinen Weg zur Unterordnung unter eine Verfassung finden konnte, die sich betont als die Herrschaft des Demos ausgab, und dazu zählte der Adel gerade nicht. Vieles geriet dabei zur Gratwanderung, da der politische Umsturz zuviel Unvorhersehbares freigesetzt hatte. Oft war Vorsicht angezeigt, wollten viele Risiken richtig abgewogen sein. Aber es lohnte immer den Versuch, eine gut aristokratische Absicherung in die Zukunft einzubauen, und natürlich kam es darauf an, die politische Macht, den Schlußstein im Gewölbe der neuen politischen Ordnung, möglichst selbst zu setzen und zu behaupten. Die Chance dazu verlieh der Krieg, verlieh der eiserne Wille auch und gerade des kleinen Mannes, die materiellen und ideellen Gewinne des Seereiches zu steigern, wo immer sich eine Möglichkeit dazu bot.

Zwar waren die Gleichmacherei des Militärdienstes, zu dem jeder Bürger herangezogen werden konnte, und das Zusammenstehen in der Phalanx längst eingeübt. Zwar ruderten auf den Galeeren die Habenichtse und die Söldner mit wachsendem Selbstbewußtsein und steigenden Ansprüchen. Geblieben aber war der adlige Offizier, Kapitän und Feldherr. In Athen trug kein Gemeiner den Marschallstab im Tornister. Wo immer der Offizier in den Quellen auftritt, trägt er einen großen Namen oder ist Angehöriger eines vermögenden Hauses. Verwunderlich auf den ersten Blick. Denn gerade der ständige Krieg auf dem Meer hätte den Weg für viele Tüchtige frei machen können. Aber es standen eben doch nicht allen alle Wege offen. Die Gleichheit der Bürger und das eherne Gesetz des Staates, das alle Bürger auch zu Soldaten machte, hatten die Milizarmee geschaffen. Dies

aber bedeutete, daß jeder zwar das Waffenhandwerk einübte, aber nicht professionell, sondern nur soweit es nötig und angesichts der ständigen Sorge um die wirtschaftliche Existenz auch möglich war. In einem Krieg der komplizierten Techniken und der weit entfernten Schauplätze reüssierte nur der Berufssoldat. Dessen Zukunft begann erst mit der Söldnerarmee, und dort stieg dann auch der kleine Mann nach oben (s. S. 282 ff.).
So blieb also der Krieg die Domäne des Adels, der die Flotten und die Phalangen der Hopliten befehligte. Als 412 auf Samos der Putsch gegen die Demokratie in Athen geplant wurde, waren es bezeichnenderweise die Kapitäne der vor Samos ankernden Flotte, die ihn betrieben (Thukydides 8, 47). Nicht minder bezeichnend aber auch, was folgte: Als die Flottenmannschaften vom Sturz der Demokratie in Athen hörten, warfen sie sich auf die Schiffe und begehrten, gegen die Oligarchen in Athen geführt zu werden (8, 86). Die Lehre für ihre Kommandeure war unüberhörbar: Ihre Autorität endete dort, wo das Wohl der Demokratie auf dem Spiel stand.
Neben dem Krieg war es die Macht des Geldes, die den aristokratischen Anspruch auf die Führung im Staate unterstützte. Herrschaft in den Städten Griechenlands hatte für viele Menschenalter bedeutet, daß der Adel nicht nur regierte, sondern auch zahlte, und zwar alles, was für den Staat unerläßlich war, und vieles darüber hinaus. Aristoteles rühmte die noble Gesinnung des Kimon, der jedermann aus seinem Demos empfing und ihn unterstützte, wenn es not tat, und der sein Gut nicht einzäumen wollte, „so daß jeder von seinen Erzeugnissen nehmen konnte" (Der Staat der Athener 27,3). Solche königlichen Gesten konnte die Demokratie nicht verbieten, aber sie räumte gründlich mit dem System auf, indem sie die Staatsfinanzen dem Gesetz und den staatlichen Behörden unterwarf und die Steuer an die Stelle der freiwilligen Leistung setzte.
In diesem Rahmen jedoch entfaltete die *Leiturgie*, die öffentliche Dienstleistung, ihre die Massen beeindruckende Wirkung. Denn es waren die Vermögenden, die die Schiffe der Flotte ausrüsteten und unterhielten, und ihnen oblag die Finanzierung der religiösen Feste: sie suchten vornehmlich die Chöre für die Theateraufführungen zusammen und übten sie ein (vgl. S. 256 f.). Beide Aufgaben verschlangen Unsummen, und so mancher wird auf diese Weise sein Vermögen verschleudert haben. Aber was wog dies Risiko gegen den Beifall der Bürger, die zu Tausenden begeistert aus einer großen Inszenierung des Sophokles strömten und den reichen Mann feierten, der ihnen dies ausgerichtet hatte? Und was konnte mehr zählen als ein Schiff, das sich im Kampf ausgezeichnet hatte und dessen Ruderer ihren Kapitän, der das Schiff umsorgt hatte, lauthals priesen? In solchen Augenblicken des Triumphs legitimierte sich soziale Macht und erhob berechtigten Anspruch auf die Führung des Gemeinwesens.
Diese war allerdings nur um den Preis einer Tugend zu bewahren, die dem Edelmann nur selten in den Sinn kam: des Dienens. Aischylos ließ um 460 einen höchst ungewöhnlichen König diese neue aristokratische Tugend auf der Bühne verkünden. Umringt von einer Schar, die seinen Schutz erfleht,

antwortet dieser mit einem ganz unköniglichen Gedanken: „Ihr steht nicht als Bittende vor meiner Tür allein; die ganze Stadt läuft die Gefahr der Befleckung, die ganze Stadt muß euch Antwort geben." Als die Schutzflehenden dies nicht wahr haben wollen – „aber du bist die Stadt!" –, wendet er sich ab: „Ich habe es schon gesagt. Wie mächtig ich auch bin, dies kann ich nicht ohne den Demos tun" (Hiketiden 365-401).

## 5. Der demokratische Gedanke

*Die Ideale der Demokratie*

Die Demokratie entstand nicht, weil es ein Modell für sie gab oder weil revolutionär gestimmte Massen politische Mitsprache und soziale Gerechtigkeit gefordert hätten. Ihr komplexer Entstehungsprozeß hat einen ganz anderen festen Kern: die Untrennbarkeit von Waffenfähigkeit und politischen Rechten. Der Odysseus des Homer verprügelte noch einen Mann des einfachen Volkes und schrie: „Halte dich still und warte auf Befehle von denen, die besser sind als du, der du kein Krieger bist, sondern ein Schwächling, der weder im Krieg noch im Rat mitzählt." Perikles sah sich Jahrhunderte später, als sich die Theten über die Ruder ihrer Trieren beugten, dem einfachen Athener gleich gestellt: „Jeder von uns ist fähig, Recht zu sprechen, jeder von uns ist bereit, (für Athen) zu kämpfen und zu sterben."
Die theoretische Durchdringung dieser Entwicklung setzte spät ein; angesichts der glänzenden Erfolge der Demokratie von der Abwehr der Perser bis hin zum Ausbau der Herrschaft über die Ägäis erübrigte sich das Nachdenken über den Wert der Demokratie im Vergleich zu anderen Lebensordnungen. Zudem fehlte dem athenischen Demokraten – im Unterschied zum modernen – die Überzeugung, eine für alle Menschen vorbildliche Staatsordnung geschaffen zu haben. So blieb der Entwurf einer Theorie, die das Phänomen „Demokratie" vergleichend erfassen sollte, den Staatsphilosophen des 4. Jahrhunderts vorbehalten. Von ihnen fand Aristoteles die klassische Formel, und er faßte sie im Ideal der Freiheit. Diese sei, so führte er aus, zum einen dadurch bestimmt, daß das Regieren und Regiertwerden reihum gehe und der Beschluß der Mehrheit gelte; zum anderen gebe sie jedem die Möglichkeit, innerhalb der gesetzlich geregelten Ordnung so zu leben, wie er will.
Dieses Verständnis vom Wesen der Demokratie ist dem modernen vergleichbar, auch wenn heute die Freiheit des Bürgers vor allem als Freiheit *vom* Staat verstanden wird. Die Vergleichbarkeit gilt mit Einschränkung auch für den zweiten Schlüsselbegriff: Gleichheit. Die Athener lasen daraus die Gleichheit vor dem Gesetz, die politische Gleichberechtigung aller Bürger und ihre Redefreiheit; davon ausgeschlossen waren (wie in der ganzen antiken Welt) die Frauen, Sklaven und Fremde. Die politische Gleichheit bezog sich auf die Masse des Demos, dem Arme und Reiche ohne Unterschied des Standes und der Bildung gleichermaßen angehörten.

Demokratie hieß auch die Herrschaft der Mehrheit über eine Minderheit, wer auch immer sich darunter befand: „Das demokratische Recht ist nämlich die Gleichheit nach der Zahl, nicht nach dem Ansehen, und wo dies als Recht gilt, da muß die Menge die entscheidende Gewalt haben und muß das, was der Mehrheit gut dünkt, auch das Endziel und das Recht sein" (Aristoteles). Das Gegenargument der Widersacher lag auf der Hand: Die Demokratie sei dumm, da sie dem Verdienst, der Erfahrung und der besseren Einsicht keine zusätzliche Stimme gewähre. Dagegen stand die Gewißheit der Demokratie, daß das Gesetz den Staat ausmache und der Gehorsam vor ihm oberstes Gebot eines geordneten Staatswesens sein müsse: „Minder gute Gesetze, die felsenfest stehen, sind besser als vortreffliche, die aber nicht eingehalten werden. Schlichte und einfache Menschen regieren ihren Staat im allgemeinen besser als klügere und gebildete; denn die wollen immer klüger sein als die Gesetze" (Kleon nach Thukydides 3,37).

*Die Stimme der Opposition*

Die Quellen geben kein repräsentatives Bild von der öffentlichen Meinung im 5. Jahrhundert. Dort, wo sie sich in Pamphleten, Komödien, politischen und philosophischen Traktaten spiegelt, überwiegen die Stimmen der Gegner der Demokratie. Verwunderlich ist das nicht. Die Demokratie war eine junge Staatsordnung, und wer sich in der Vergangenheit auskannte, der hatte gelernt, daß die Eignung zum Regierungsamt aus der Bildung, aber auch aus der Unabhängigkeit erwächst, die nur ein gewisser Wohlstand gewähren kann. Zudem glaubte man aus Erfahrung zu wissen, daß in der Politik das Eingreifen des Volkes eher zum Exzeß als zum Kompromiß führt; die blindwütige Truppe, die den Demagogen folgte, als die gesamte männliche Bevölkerung von Mytilene den Henkern ausgeliefert werden sollte, mochte als Anschauungsmaterial dienen. Überhaupt die Demagogen. Aristoteles schrieb dem großen Fabeldichter Äsop den Satz zu, daß es sinnlos sei, einen Demagogen zum Tode zu verurteilen; ebensogut könne man den Versuch machen, einen Fuchs von seinen Flöhen zu befreien, da jeweils neue, noch nicht gesättigte auf ihre Chance warteten.

Der zentrale Vorwurf richtete sich gegen die Grundidee von der politischen Gleichheit: Diese orientiere sich an der Zahl, schön und gut; wo aber blieben erprobte Prinzipien wie Leistung, Herkunft, Reichtum und Ansehen? Wer sie vergesse, schaffe Unrecht. Zudem erfordere das politische Geschäft Erfahrung, Bildung und Sachverstand – Eigenschaften, die die breiten Massen nicht besäßen, so daß ihnen die Urteilsfähigkeit abzusprechen sei: „Wie sollte sie's (die Menge) denn auch wissen, wo sie im Rechten weder unterwiesen ist noch es von selbst aus eigener Kraft je sah, sondern sie fällt über die Angelegenheiten her und stößt sie vor sich hin, ohne Verstand, einem Sturzbach im Unwetter gleich", rief der Gegner der Demokratie in der von Herodot überlieferten Auseinandersetzung um die beste Verfassung (3,81).

Weiter lehre die Geschichte, daß die Massen zügellos und egoistisch seien; dies zeige sich insbesondere in der Gier nach Bereicherung auf Kosten besitzender Bürger durch die Steuergesetzgebung sowie in der Einrichtung der Diäten, die für Ratsherrn, Richter und Beamte und (ab 403) auch für die Besucher der Volksversammlung gezahlt werden müßten. Schließlich fehle der Menge jede ethische Bindung: Es herrsche daher in der Demokratie nicht das Recht, wie die Demokraten behaupten, sondern die Laune der Massen in der Volksversammlung und in den Gerichtshöfen; dies könne durch Beispiele auffälliger Willkürjustiz leicht belegt werden.

Zum Gegenpol der so geschmähten Demokratie wurde Sparta. Dessen politische Ordnung ruhte für viele auf jahrhundertealten Gesetzen, denen es zu danken war, daß innerhalb der sozialen Rangordnung jeder seinen unverrückbaren Platz hatte. Die starre Bindung Spartas an die Tradition, die soldatische Lebensweise der Spartiaten und ihre Herrschaft über viele Tausend Heloten boten keinen Ansatz zur Kritik, da das Streben nach Macht nicht verwerflich war.

## 6. Die soziale und wirtschaftliche Ordnung

*Die Bevölkerung Attikas*

Zu einem nicht näher bestimmbaren Zeitpunkt wurde ganz Attika mit einer Fläche von rd. 2500 qkm zu einer einzigen Polis vereinigt. In ihr gab es keine Statusunterschiede zwischen den Bewohnern der Stadt Athen, den Bürgern von Marathon oder den Hirten des Pentelikon-Gebirges. Der Stadtstaat Athen besaß damit ein Territorium und eine Bevölkerungszahl, die von keiner anderen Polis auch nur annähernd erreicht wurde, Sparta mit seinen durch Eroberungen gewonnenen Gebieten ausgenommen. Die ertragreichen Silberminen von Laureion im Südosten Attikas sicherten der Stadt zudem ein kontinuierliches Einkommen.

Jede moderne Wirtschafts- und Sozialgeschichte beherzigt den Grundsatz, daß die Anzahl der Menschen, über die ein Staatswesen verfügt, sowohl Ursache als auch Auswirkung des materiellen Fortschritts oder Niedergangs sein kann; statistische Untersuchungen sind daher heute in jedem Handbuch zu finden. Die antiken Historiker kannten dererlei nicht, und keiner von ihnen machte sich darüber Gedanken, welchen Nutzen über einen längeren Zeitraum hinweg gesammelte Daten und Zahlen haben könnten. So führte man in griechischen Städten zwar Listen der Wehr- und Steuerpflichtigen sowie der anerkannten Bürger; ein offiziell und kontinuierlich fortgeschriebenes Verzeichnis der Bürger über 17 Jahre, in das auch die Besitzlosen aufgenommen wurden, existierte jedoch nur in Rom.

Jeder Versuch, die Bevölkerungszahl Attikas zu bestimmen, basiert daher auf zufällig erhaltenen Zahlen, die nur grobe Schätzungen zulassen. Diese sagen, daß vor dem Ausbruch des Peloponnesischen Krieges in Attika zwischen 250 000 und 300 000 (maximal 200 000 erwachsene) Menschen gelebt haben. Davon waren etwa 80 000 Sklaven und 25 000 Metoiken

(s. S. 213). Politische Rechte besaßen ca. 30-50 000 Männer. Für ganz Griechenland (ohne Kreta, Epirus und Makedonien) werden für diese Zeit 2 250 000 Einwohner, darunter 850 000 Sklaven, geschätzt (zum Vergleich: das Königreich Griechenland, dem antiken Gebiet an Flächeninhalt nahezu gleich, besaß Ende des 19. Jahrhunderts 2 065 000 Einwohner). Davon lebten rd. 700 000 auf der Peloponnes (nicht weniger als im 16. und 17. Jahrhundert).

Die Seegeltung Athens nach den Perserkriegen bot vielen neue Existenzmöglichkeiten; die Stadt und ihr Hafen Piräus wirkten wie ein Magnet auf die umwohnende Bevölkerung und die zuziehenden Fremden. So konzentrierten sich dort 30% aller Bürger, und der größte Teil der Metoiken und Sklaven arbeitete dort; in der Stadt ist also das Zahlenverhältnis zwischen Bürgern und Nichtbürgern mit 1:1 anzusetzen. Verheerende Auswirkungen hatten der Peloponnesische Krieg und die Niederlage: Am Ende des Jahrhunderts war die Bevölkerungszahl etwa halbiert und stieg im 4. Jahrhundert nur langsam wieder an.

*Das Wirtschaftsleben und seine sozialen Auswirkungen*

Attika blieb auch im 5. Jahrhundert ein Land, in dem der kleinbäuerliche Grundbesitz dominierte, und es bildete immer ein Gegengewicht zur aufstrebenden Weltstadt. Seine Bauern bewirtschafteten ihre Höfe, die weniger als 20 ha umfaßten, zumeist im Familienbetrieb, da der kärgliche Boden den Unterhalt für einen Sklaven oder den Lohn für einen Landarbeiter nicht hergab. In den Ebenen gab es größere Güter, auf denen auch mit Sklaven und Arbeitern gewirtschaftet wurde; sie verdrängten jedoch den kleinbäuerlichen Betrieb nicht. Diese Bauern zogen wie eh und je als Hopliten in den Krieg, und ihre Stimme in der Volksversammlung war – wenn es darauf ankam – immer noch die gewichtigste.

Die handwerklichen Berufe profitierten wie der Handel am meisten von der Seeherrschaft und expandierten spürbar. Das Gros der Erzeugnisse ging in den Export, wie die zahlreichen Funde attischer Produkte im gesamten Mittelmeerraum zeigen. Viele Betriebe spezialisierten sich schnell; in Athen und im Piräus konzentrierten sich in bestimmten Vierteln die Werkstätten der Töpfer, Waffenschmiede, Möbelhersteller und Gerber. Die Rüstung trug viel zum wirtschaftlichen Aufschwung bei: Vor allem der Flottenbau mit seinen Werften und Schiffshäusern wirkte wie ein Programm zur Arbeitsbeschaffung und sicherte einer Vielzahl von Zulieferungsbetrieben Vollbeschäftigung und Ausbaumöglichkeiten. Gespart wurde hier nicht: Für Rüstungsausgaben wurde die Kasse des Seebundes voll herangezogen.

Trotzdem blieben die handwerklichen Betriebe alle klein. Wer mehr als zwanzig Arbeiter beschäftigte, führte schon einen Großbetrieb. Die ganz Reichen besaßen mehrere kleinere und mittelgroße Werkstätten, keiner jedoch rüstete diese zu umfassenden Großbetrieben um; offenkundig überstieg dies die vorhandenen Fähigkeiten der Arbeitsorganisation und des Kapitaleinsatzes (s.u.).

Eine besondere Bedeutung kam den Marmorbrüchen des Landes und den Silberminen von Laureion zu, die zeitweilig bis zu 20 000 Arbeiter beschäftigten. Vergeben wurden die Gruben an kleine Pächter, die mit Sklaven und freien Lohnarbeitern wirtschafteten. Dies führte dazu, daß reiche Athener Hunderte von männlichen Sklaven kauften, die sie an die Grubenpächter kurz- oder langfristig vermieteten. Auf diese Weise konnte das Risiko bei der Erschließung neuer Vorkommen vermindert werden, da die Pächter den Kostenfaktor Arbeit flexibel halten konnten. Beide Erwerbszweige – Handwerk und Bergbau – beschäftigten im großen Umfang Sklaven und Fremde. Auch auf den großen öffentlichen Baustellen der Stadt, den Festungsanlagen, den Schiffshäusern und den Tempeln auf der Akropolis, arbeiteten neben den Freien immer auch Sklaven und Metoiken, die als Spezialisten z.T. von weit her geholt wurden. Dies war weniger ausgeprägt im Handel, der nunmehr Weltgeltung erlangte. Er war Seehandel, wie in Griechenland überhaupt, da der Transport über Land angesichts der geographischen und politischen Zersplitterung jenseits der attischen Grenzen zu teuer und weitaus mehr gefürchtet war als der gefährliche Wasserweg. Die Quellen sprechen davon, daß Athen Sammelplatz für alle Produkte der Welt wurde. Die Handelskapitäne trieben also Umschlags- und Kommissionshandel ebenso wie Export- und Importgeschäfte. Ihre Schiffe nahmen Fracht aus den einheimischen landwirtschaftlichen (Öl und Wein) und handwerklichen Produkten auf und brachten zurück, was die Stadt brauchte (vor allem Getreide) oder was in andere Gebiete des Mittelmeeres verkauft werden konnte.

Das Geschäft machten in der Regel einzelne Schiffseigner; große Handelsgesellschaften, wie sie in Rom seit dem 2. Jahrhundert üblich wurden, gab es noch nicht. Dazu fehlte vor allem das Kapital, da es nur wenige Athener gab, die als Geldverleiher – den heutigen Banken vergleichbar – ihren Reichtum zu mehren gedachten. Wer reich war, suchte dies ohnehin nach Möglichkeit zu verbergen: Der Staat forderte von seinen vermögenden Bürgern häufig die Übernahme von Leistungen (Leiturgien) wie z. B. den Bau von Kriegsschiffen oder die Stellung von Festchören. In Notzeiten wurden auf diese Weise große Vermögen binnen weniger Jahre aufgezehrt. Unter allen Erwerbsarten verhieß der Seehandel den höchsten Gewinn, eine Folge der Seemachtstellung Athens, das die Meere im Osten des Mittelmeerraumes sicher gemacht und neue Märkte erschlossen hatte (s. S. 185). Mit modernen Maßstäben (etwa: Gewinnung von Absatzmärkten, Marktstrategien, Investitionen u.ä.) gibt es hier jedoch nichts zu messen. Auch das seemächtige Athen hat die überkommenen Wirtschaftsformen nicht revolutioniert. Dies lag nicht zuletzt daran, daß sich kein dem modernen vergleichbarer Geschäftssinn entwickelte, der den Gelderwerb um seiner selbst willen zu schätzen gelernt hat. In diesem Punkt waren sich alle Athener, ob arm oder reich, einig: Der eigentliche Wert des Lebens war nur im Raum der Politik zu finden, und dort errungene Erfolge wogen wirtschaftliche Gewinne um ein Vielfaches auf.

## 6. Die soziale und wirtschaftliche Ordnung

*Die ansässigen Fremden (Metoiken)*

Die Metoiken (wörtlich: Mitbewohner) waren dauernd in Athen ansässige Fremde, deren Rechtsstatus klar umrissen war: Als persönlich Freie genossen sie Rechtsschutz wie alle Bürger und gingen ihren Geschäften ohne Beschränkungen nach. Sie zahlten für das gewährte Wohnrecht und den Rechtsschutz eine geringe Kopfsteuer (*Metoikion*) und trugen alle öffentlichen Lasten einschließlich des Wehrdienstes wie alle anderen auch. Sie durften allerdings wie alle Fremden keinen Grundbesitz erwerben; ansonsten trennten sie weder soziale noch berufliche noch religiöse Schranken von den Bürgern der Stadt. Trotzdem kam es zu keiner nennenswerten Verschmelzung beider Gruppen: Zu eifersüchtig wachten die Bürger in der Volksversammlung über die Exklusivität ihrer Rechte. Viele der Metoiken waren auch nur in der Stadt seßhaft geworden, um ihr Glück zu machen und die Zukunft ihrer Kinder zu sichern. Ihren Fähigkeiten und ihrem Unternehmungsgeist, der sich auf Handel und Gewerbe konzentrierte, verdankte Athen viel.

*Die Sklaven*

Keine griechische Stadt hatte (von den Heloten Spartas abgesehen) so viele Sklaven wie Athen im 5. Jahrhundert. Viele wurden bereits als Sklaven geboren, andere kamen als Kriegsgefangene, die die siegreiche Flotte oder die Seeräuber aufgebracht hatten, wieder andere führten Sklavenhändler ins Land, die ihre Menschenware aus aller Herren Länder bezogen. Die meisten Sklaven waren keine Griechen, da diese in der Regel von ihren Angehörigen zurückgekauft wurden. Sie stammten vornehmlich aus dem barbarischen Hinterland der griechischen Kolonisationsgebiete: Illyrer, Thraker, Kleinasiaten und Bewohner des Schwarzmeergebietes, aber auch Syrer und Iraner waren unter ihnen. Und die meisten waren – anders als in der Frühzeit (s. S. 59) – Männer, wie man sie für schwere Arbeiten benötigte. Sie leisteten Arbeiten aller Art als Handwerker, Bergarbeiter, Staatssklaven (Amtsdiener, Straßenarbeiter, Polizisten) oder Hausgehilfen. Nur in der Landwirtschaft waren sie wenig gefragt: Hier mühte sich der kleine Bauer meist allein mit seiner Familie und hörte mißtrauisch auf den schlechten Ruf, der den Sklaven vorausging.
Die Tüchtigen und Gebildeten unter ihnen stiegen im Handel auf; mancher war bald selbständig tätig und lieferte einen bestimmten Prozentsatz vom Verdienst an seinen Herrn ab. Andere wurden als Lohnsklaven vermietet und arbeiteten zumeist in den Minen, den Steinbrüchen, auf Baustellen oder in Werkstätten neben Freien und Fremden. Ihr Los und ihre soziale Stellung hingen von der Tätigkeit ab, die verlangt wurde, und vom Charakter ihres Herrn. Ihre ökonomische Bedeutung ließ „die Sklaven üppig werden", notierte bitter ein Gegner der Demokratie um 430. Er dachte dabei an ihre rechtliche Situation, die sich verbesserte: Sie wurden als juristische Personen anerkannt, konnten etwa als Zeugen vor Gericht aussagen und selbständig Verträge schließen. So gab es unter ihnen, die teils als Sklaven

geboren, teils aus ganz verschiedenen Ländern herbeigetrieben worden waren, auch keine Solidarität, und Revolten bedurften eines Anstoßes von außen.
Einige ihrer Herren hatten von den Sophisten gelernt, daß die Sklaverei ungerecht und naturwidrig sei (s. S. 252). Die meisten hielten sich an die Gedankengänge des Aristoteles, der unter Berufung auf die in der Natur bestehenden Herrschaftsverhältnisse die Sklaverei bereits dort begründet sah. „Von Natur aus sind Barbar und Sklave dasselbe", schrieb er, so daß jeder Krieg gegen Barbaren gerecht sei, da er gegen die geführt werde, „welche durch die Natur zum Regiertwerden bestimmt sind" (Politik 1254a ff.). Daß Sklaven gefährlich werden konnten, wußte natürlich jeder. Der Philosoph Platon tadelte die hartgesottenen Sklavenbesitzer, denen er vorwarf, sie könnten nur deswegen im vollen Gefühl ihrer Sicherheit leben, weil sie wüßten, daß ihre Mitbürger ihnen im Notfall zur Hilfe kommen würden. Die Waffen also hielten die Sklaven im Joch.
Die Freilassung war selten, aber möglich. Es genügten die formlose und öffentlich bekundete Willenserklärung oder das Testament des Eigentümers. Der Freigelassene wurde – im Unterschied zur römischen Praxis – nicht Bürger, sondern Fremder, der in der Stadt leben durfte. Er blieb zumeist zu lebenslangen Dienstleistungen gegenüber seinem alten Herrn verpflichtet.
Die wirtschaftliche Bedeutung der Sklaverei für das demokratische Athen war hoch, dies beweisen bereits die Zahlen (s.o.). Selbst wenn es nur wenige Wirtschaftszweige waren, in denen Sklavenarbeit unersetzlich war, so räumte insgesamt die Arbeit ihrer Sklaven den Herren das Maß an Zeit ein, ohne die das von der demokratischen Ordnung geforderte Ausmaß an politischer Aktivität schwerlich möglich gewesen wäre.

## 7. Die Frauen

Die Erforschung der Rolle der Frau in Gesellschaft und Politik der griechischen Stadtstaaten läßt noch keine zusammenfassenden Ergebnisse zu. Die lange geübte Beschäftigung mit den großen Frauengestalten des griechischen Epos, der Tragödie und der hellenistischen Königshäuser wurde bereits im 19. Jahrhundert um eine Kulturgeschichte der Frau erweitert. Seither sind die Äußerlichkeiten des täglichen Lebens besser bekannt: Wohnen, Ernährung, Kleidung, Geburt, Tod und Krankheit. Später folgten Untersuchungen vor allem zum Eherecht und zur Geschäftsfähigkeit der Frauen, deren familienrechtliche Stellung besser erkannt werden konnte.
Die heutige Forschung stellt neue, umfassendere Fragen: Untersucht werden die Arbeit von Frauen und ihr sozialer Rang, also die Bedeutung ihres häuslichen Einflusses bis hin in den Raum der Politik (z. B. über Heiratsbeziehungen), ihre Rolle im religiösen Kultvollzug und insgesamt das Ausmaß ihrer sozialen Beweglichkeit. Gedacht ist damit an weit mehr als die Aufarbeitung bisheriger Defizite. Es geht um eine neue Perspektive, die

beide Geschlechter im Blickfeld hat und von hierher neue Erkenntnisse auch zur allgemeinen Geschichte gewinnen will.

Vor kaum lösbaren Schwierigkeiten stehen Untersuchungen, die die sozialen Unterschiede berücksichtigen wollen. Die Quellen differenzieren so nicht, und die Gelegenheiten, bei denen sie die Frauen der unteren Schichten zu Wort kommen lassen, sind zu selten, um allgemeine Rückschlüsse zuzulassen. Wenig Verlaß ist auf die Komödie, deren Spiegel die Dinge bis zur Unkenntlichkeit verzerrt. So war es in einer Gesellschaft, die jede politische und administrative Verantwortung den Männern zuwies, bereits komisch, wenn Frauen die Bühne betraten, die diese Ordnung auf den Kopf stellten. Aristophanes hatte solche Einfälle, als er in „Lysistrate" und der „Weibervolksversammlung" Frauen Pläne für den Umsturz schmieden ließ: Verschanzt auf der Akropolis verwehrten sie ihren lüsternen Männern, ihre Körper zu berühren, um so den Frieden zu erzwingen. Eine derart verkehrte Welt war zwerchfellerschütternd genug – da bedurfte es weiter keiner zusätzlichen komischen Einfälle.

Auch auf die Literaten ist wenig Verlaß. Sie sprachen gerne von den häuslichen Tugenden ihrer Frauen, die – zurückgezogen in ihren Gemächern – ihren hausfraulichen Aufgaben nachgehen, die Kinder aufziehen und die edle Eigenschaft des Stillschweigens pflegen. Solche Behauptungen sind nicht wörtlich zu nehmen, da sie allzu häufig ein Wunschtraum und ein Gegenbild zu Spartas Frauen waren, die im Gymnasium wie Männer trainierten und ihre Schenkel zeigten. In der Tragödie treffen Frauen große Entscheidungen, übernehmen harte Pflichten und äußern ihre Meinung pointiert und vernehmbar. Es sind vor allem die Vasenbilder, die dieses Bild bestätigen und ein viel reicheres Frauenleben zeigen als das, was die Literaten so gerne als Ideal vorstellten. Die Darstellungen erzählen von einem breiten öffentlichen und kulturellen Betätigungsfeld, das kaum den alltäglichen Erfahrungen widersprochen haben dürfte.

Ein weiteres Problem kommt hinzu: Die Quellen sprechen vornehmlich von der Stellung der Frau in Athen. Sie lassen am deutlichsten die rechtliche Abhängigkeit von einem Vormund (meist der Vater oder Ehemann) erkennen: So konnte der Gatte nicht frei gewählt werden, und die Geschäfte, die Frauen tätigten, überwachte der Vormund. Erbberechtigt waren die Athenerinnen nicht; sie durften allenfalls als Erbtöchter das zu vererbende Familiengut an ihre Söhne weitergeben. Auf der anderen Seite waren sie persönlich frei, hatten einen rechtlichen und moralischen Anspruch auf Versorgung und genossen Klageschutz bei schlechter Behandlung.

Das soziale Ansehen der Frau ist von ihrer rechtlichen Stellung her nicht ausreichend erfaßbar. Die lange gültige Vorstellung von der sozialen Bewegungslosigkeit der an das Haus gebundenen Frau ist heute aufgegeben. Ein Vergleich mit der orientalischen Haremswirtschaft ist weniger ergiebig als ein Blick auf die Stellung der Frauen in der europäischen frühen Neuzeit. In jedem Fall weit darüber hinaus weist die Bedeutung der Athenerin beim Vollzug der staatlichen Kulte. In bestimmten Priesterschaften und bei wichtigen Festen war ihre Rolle dominierend und unersetzbar (s. S. 256 f.).

Viele erinnerten sich zeit ihres Lebens und stolz an die verschiedenen priesterlichen Aufgaben, die sie schon im Mädchenalter erfüllt hatten: „Arrhephore war ich schon, als ich grad sieben Jahr;/Als ich zehn, mahlte für Athena ich das Korn;/Dient im Safrankleid als ‚Bärin' Artemis Brauronia;/Trug den Korb als schönes Mädchen unsrer Göttin/Bei den Panathenän/Sollt ich da der Stadt nicht dienen, wenn ich kann, mit gutem Rat?" (Aristophanes, Lysistrate 643 ff.). Eben so wird es auch gewesen sein – jenseits der Volksversammlung und der Schranken des Gerichts. Nur dank der wichtigen sozialen und religiösen Position ihrer Frauen war es möglich, daß sich die Athener die Grundprobleme menschlicher Existenz anhand der Schicksale handelnder und leidender Frauen verständlich machten. Dies gilt z. B. für die Iphigenie des Euripides (aufgeführt 406), die sich den Erfordernissen der staatlichen, über die Familie hinausreichenden Moral beugt und sich um des Kriegserfolges der Griechen willen zum Opfertod bereit findet. Und dies gilt unter ganz anderen Vorzeichen für die Antigone des Sophokles (s. S. 258 f.). Ihr bedeutet die Bindung an die Familie und das menschliche Recht auf Bestattung der Toten mehr als die staatlich gebotene Pflicht zur Solidarität der Bürger, die Aufrührer gegen die bestehende Ordnung zu strafen haben. Die beiden Pole, zwischen denen Rechte und Pflichten des Bürgers verankert waren, gewannen damit in Frauengestalten für alle Athener lebendige Anschauung.

## 8. Die Großbauten der Demokratie

Das fünfte war auf dem Gebiet der Künste das Jahrhundert der Tragödiendichter, der Historiker (zu beiden S. 257 ff.) und der Baumeister. Das demokratische und herrschsüchtige Athen schmückte sich mit Bauten, die für Jahrtausende Menschen in ihren Bann schlagen sollten: „Was aber Athen am meisten zum Schmuck und zur Zierde gereichte, was den anderen Völkern die größte Bewunderung abnötigte und heute allein noch dafür Zeugnis ablegt, daß Griechenland einstiges Glück, daß der Ruhm seiner früheren Größe nicht leeres Gerede sei, das waren seine prachtvollen Tempel und öffentlichen Bauten" (Plutarch, Perikles 12). Ihr architektonisches Glanzstück wurde die Neugestaltung der Akropolis, die die Perser 480 niedergebrannt hatten, und deren Felsplateau seit Urzeiten die Mitte der attischen Ebene war. Auf ihm standen bereits die Paläste der mythischen Könige, und als diese den adligen Herren weichen mußten, trat an ihre Stelle der Tempel der neuen Herrin der Stadt, Pallas Athene.
Perikles leitete selbst die Baukommission, als 448, nach dem Ende des Krieges gegen die Perser, das Volk den Wiederaufbau der immer noch verwüstet daliegenden Burg beschloß. Sie wurde wie einst durch hohe Mauern als Raum der Götter gegen die Stadt abgegrenzt. Im Inneren war der ganze Bereich bevölkert mit Götter- und Menschenbildern und mit Weihgeschenken der verschiedensten Art. Die Bauten und Bilder leuchteten in genau abgestimmten Farben. Im Zentrum der Anlage entstand der im dori-

## 8. Die Großbauten der Demokratie

schen Stil errichtete Parthenon (*Jungfrauengemach*), das Heiligtum der Stadtgöttin, die dort, verkörpert in einem 12 Meter hohen Kultbild des Phidias, ihren Wohnsitz nahm. Der Grundstein wurde 447 gelegt, und bereits neun Jahre später, am Geburtsfest der Stadt, den großen Panathenäen (s. S. 257), konnte der Bau der Stadtgöttin übergeben werden. Der Marmorbau widerstand 2000 Jahre allem, was ihm eine wechselvolle Geschichte zumutete. Erst während der Belagerung des türkischen Athen durch die Venezianer unter Francesco Morosini (1687) brachte ein „glücklicher Meisterschuß" – *fortunato colpo*, notierte einige Tage später Morosini tief befriedigt – Teile des Bauwerks zum Einsturz, das damals die türkischen Pulvervorräte bewahrte und bis heute als Inbegriff der griechischen Baukunst gilt. Wer der Geschützmeister war, ist nicht auszumachen: Der Florentiner Agent in Venedig, Matteo del Teglia, schrieb den fatalen Schuß, der später in der ganzen Welt nachhallen sollte, seinem Freund Rinaldo de la Rue zu – offenkundig, um ihn zu ehren, und nicht, weil er es genau wußte.
In den Jahrzehnten von 448–406 schmückte man den Burgberg mit weiteren Bauwerken: 432 wurden der Torbau und die Propyläen mit weit ausgreifenden Flügeln vollendet. 421- 408 entstand das Erechtheion dort, wo die mythischen Könige Attikas begraben lagen und wo ältere vorgriechische Gottheiten fortlebten, wie Erechtheus, den Poseidon im Zorn erschlug und mit sich verschmolz. 406 schließlich wurde der Tempel der siegbringenden Athene (*Athena Nike*) fertiggestellt.
Auch in der Stadt herrschte eine rege Bautätigkeit: Die Agora erhielt Bauten für die Gerichtshöfe und die Boulé (das *Bouleuterion*); die Festungsbaumeister zogen acht Kilometer lange Mauern nach Westen, um die Stadt mit ihrem Hafen sicher zu verbinden; zwischen ihnen konnte die gesamte Bevölkerung Attikas im Kriegsfall Schutz finden. Auf dem südlichsten Kap (Sunion), das Attika in die Ägäis streckt, dort, wo es schon immer notwendig war, den Gott des Meeres durch Opfer zu besänftigen, erhielt Poseidon seinen Tempel.

*Monumente der Akropolis in klassischer Zeit:* Blick durch die Propyläen (Rekonstruktion von G. P. Stevens)

*Der Parthenon:* Blick von den Propyläen (Rekonstruktion von G. P. Stevens)

## 8. Die Großbauten der Demokratie

*Die Akropolis von Athen.* Gesamtanblick am Ende des 5. Jahrhunderts v. Chr. (Rekonstruktion): 1 Propyläen (Eingangshallen zur Akropolis), 2 Athena-Statue des Phidias, 3 Parthenon, 4 Erechtheion und Korenhalle, 5 Nike-Tempel

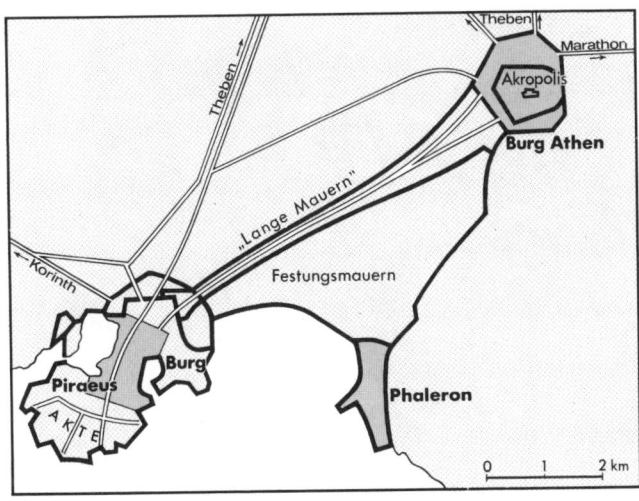

*Athen mit den Häfen Piräus und Phaleron und den Befestigungsanlagen*

# VIII. Der Konflikt der Großmächte Athen und Sparta und das Ende der territorialen Einigungsversuche (435-338)

| | |
|---|---|
| 461-446 | Athen verläßt das antipersische Bündnis mit Sparta; in den folgenden Jahren kommt es immer wieder zu militärischen Auseinandersetzungen, die 446 durch einen Friedensvertrag beendet werden. |
| 431-404 | Peloponnesischer Krieg. Der Kampf um die Vormachtstellung in Griechenland und der Ägäis endet mit der Niederlage Athens. |
| 415-413 | Der Versuch Athens, Syrakus zu erobern und auf Sizilien Fuß zu fassen, scheitert. Persien beginnt, Sparta massiv mit Geldmitteln zu unterstützen. |
| 406 | In Sizilien beginnt die Auseinandersetzung mit Karthago um die Herrschaft auf der Insel, in deren Westteil ein geschlossener karthagischer Herrschaftsbereich entsteht. |
| 387/6 | Unter Beteiligung Persiens wird der Versuch unternommen, vertraglich den Frieden in Griechenland unter Wahrung der Autonomie der griechischen Städte herzustellen. |
| 371 | Sparta unterliegt Theben und verliert seine Vormachtstellung. |
| 359-338 | Makedonien steigt unter Philipp II. zur Großmacht auf und erlangt die Vorherrschaft über Griechenland. |

## 1. Der Weg in den Krieg

*Griechenland im Banne des Konflikts zwischen Athen und Sparta*

Der Konflikt, der 462 zwischen Sparta und Athen ausgebrochen war (s. S. 196 f.), führte in den folgenden Jahren zu offenen militärischen Auseinandersetzungen, die zeitweise parallel zum Perserkrieg der Athener ausgetragen wurden. Auf dem Spiele standen Megara, Aigina und die Vorherrschaft in Mittelgriechenland und in Böotien. 457 kapitulierte Aigina und wurde in den Seebund gepreßt; alle anderen Unternehmungen Athens stockten, als 454/3 die Nachricht von der verheerenden Niederlage des athenischen Expeditionskorps im Nildelta Griechenland erreichte. In diesen Kriegen um den beherrschenden Einfluß auf Mittelgriechenland wurde die Grundmaxime der spartanischen Außenpolitik deutlich: Sparta war unter keinen Umständen bereit, ein Übergreifen Athens auf die Peloponnes oder die nachhaltige Schädigung der Interessen seiner Bundesgenossen hinzunehmen.

*Baron Antoine-Jean Gros, Der Tod des Timophan, 1798*
(Paris, Musée du Louvre, Cabinet des Dessins)

Gros, der als Maler der großen Schlachten Napoleons auf seine Weise zum Homer des napoleonischen Epos geworden war, dramatisierte 1798 im Schicksal des Griechen Timoleon den Konflikt zwischen Familie und Staat, persönlichem Ehrgeiz und demokratischer Ordnung, der die Jahre der Revolution geprägt hatte (vgl. S. 694 f.). Er fand die Geschichte in der Vita des Plutarch: In Korinth, so wird dort erzählt, sei im Jahre 365 v.Chr. vom Volk die Anwerbung von vierhundert Söldnern beschlossen worden, um die Stadt vor Übergriffen allzu mächtiger Nachbarn schützen zu können; mit dem Kommando habe man Timophanes, den Bruder des Timoleon, betraut, um dann hilflos mitansehen zu müssen, daß dieser, „unbekümmert um Ehre und Pflicht, sofort alles tat, um sich die Stadt unterwürfig zu machen, viele der ersten Bürger ohne gerichtliches Urteil hinrichten ließ und sich zum Tyrannen aufwarf" (Kap. 4). Der verzweifelte Timoleon, so fährt Plutarch fort, habe nichts unversucht gelassen, um seinen Bruder zur Umkehr zu bewegen; als aber alle Bitten und Drohungen nur auf Hohn und Spott stießen, blieb nur der Brudermord, befohlen vom Vaterland und zur Rettung seiner demokratischen Ordnung:

„Als die Tat bekannt wurde, lobten die edelsten Korinther Timoleons Haß gegen das Böse und seine Hochherzigkeit, daß er, obschon ein guter und treuer Sohn seines Hauses, doch das Vaterland höher gehalten habe als dieses Haus und Pflicht und Recht höher als den Nutzen, indem er seinen Bruder ... tötete, als er dem Vaterlande feind wurde und es knechtete" (Kap. 5; Übers.: Ziegler).

Plutarch hat in diesem Drama, dessen Hauptheld nach langen Jahren der Einsamkeit und der Trauer zum großen demokratischen Reformator der Stadt Syrakus werden sollte (s.S. 244), alles genannt, was nach dem Krieg der Großmächte Sparta und Athen das Schicksal der griechischen Städte prägen sollte: Das Hineinregieren der Starken in die innere Welt der Schwachen, politische Konflikte, die häufig in Bürgerkriege umschlugen, das Auftreten von Tyrannen und Söldnern und die latente Bedrohung der demokratischen Ordnungen. Aristoteles hat das fünfte Buch seiner Politik dazu genutzt, um die Gründe der Verfassungsumstürze zu analysieren und fand sie in den unterschiedlichen Argumenten, mit denen in den Städten die einen auf Gleichheit, die anderen auf Ungleichheit pochten. Isokrates, hier sein konservativer Kontrahent, verwies hingegen auf den Zerfall der Bündnissysteme, der den vermeintlich befreiten Städten nur Elend beschert hätte:

„Denn es ist ihnen", so läßt er im Jahre 366 den spartanischen König sinnieren, „nichts von dem zuteil geworden, was sie erwarteten. Statt der Freiheit fanden sie das Gegenteil; ihre Besten nämlich haben sie verloren und fielen dann den Schlechtesten unter den Bürgern in die Hände. Statt der Selbstbestimmung (*autonomia*) sind sie vielen und schrecklichen ungesetzlichen Zuständen (*anomiai*) anheimgefallen. In früherer Zeit von uns gewohnt, gegen andere in den Krieg zu ziehen, sehen sie nun, wie die anderen gegen sie zu Felde ziehen, und die inneren Auseinandersetzungen, von denen sie früher hörten, daß es sie bei den anderen gäbe, die entstehen nun beinahe täglich bei ihnen selbst. ... Keine Stadt ist nämlich unversehrt, keine, die nicht Nachbarn hätte, die ihr Schlechtes zugefügt haben, so daß das Land verwüstet ist, die Städte zerstört sind, die Einwohner vertrieben aus ihren eigenen Häusern, so daß die Verfassungen dem Umsturz anheimfallen und die Gesetze ihre Gültigkeit verloren haben, unter denen sie als Glücklichste der Griechen gelebt haben" (Isokrates, Archidamos 64-67).

Im Winter 446/5 kam es zu Friedensverhandlungen. Getreu seiner Maxime forderte Sparta als erstes die Räumung aller Stützpunkte, die Athen in den vorangegangenen Kriegsjahren auf der Peloponnes gewonnen hatte. Darüber hinaus machten beide Kontrahenten den energischen Versuch, die zwischen ihnen chronisch gewordenen Spannungen auszuräumen. Dementsprechend griff der ausgehandelte Vertrag (StV II 156) alle Probleme auf, die künftige Konflikte provozieren konnten. Angesichts der Herrschaftsbereiche, die die Vertragschließenden kontrollierten, mußte dies bedeuten, daß alle griechischen Städte auf die eine oder andere Weise von den vertraglichen Regelungen betroffen wurden. Die Geltungsdauer wurde auf dreißig Jahre festgelegt; eine ungewöhnlich lange Zeit, die aber verdeutlicht, wie entschlossen man war, sich dem Bannkreis des Krieges zu entziehen. Die zentralen Einzelregelungen unterstreichen dies:
- Beide Kontrahenten verpflichteten sich, an bestehende Besitzstände nicht zu rühren. Eine Liste der jeweiligen Verbündeten grenzte die Herrschaftsbereiche voneinander ab und sollte als fester Bestandteil des Vertrages die Aufnahme und die Unterstützung der Bundesgenossen des anderen unterbinden.
- Den neutralen griechischen Staaten blieb es freigestellt, ob und welchem Bündnissystem sie sich anschließen wollten. Ihre Existenz wurde damit sicherer, da nunmehr eine zwangsweise Eingliederung in einen der beiden Bünde ausgeschlossen war.
- Über etwaige Streitigkeiten sollte ein Schiedsgericht entscheiden.

Der Vertrag legte also Einflußzonen auf der Basis des Status quo fest und gliederte die griechische Welt in zwei festgeschriebene Machtsphären einer- und den Bereich der neutralen Städte andererseits; nur diesen wurde Koalitionsfreiheit zugestanden. Damit war zum erstenmal im Rahmen eines zweiseitigen Vertrages der Versuch gemacht, eine Friedensordnung für ganz Griechenland zu schaffen. Sie konnte aufgrund ihrer Vertragsstruktur nur Bestand haben, wenn Sparta und Athen in der Lage waren, ihre jeweiligen Bundesgenossen im Zaum zu halten; faktisch lief dies auf etwas hinaus, was den Griechen bis dahin zwar bekannt, aber den meisten höchst zuwider war: den Verzicht auf eine eigene Außenpolitik. Die tyrannische Hand des demokratischen Athen mochte dies in der Ägäis durchsetzen können; ob es auch Sparta gelingen konnte, war angesichts der besonderen Struktur seines Bundes zweifelhaft.

Der Friede hielt knapp fünfzehn Jahre, in denen sich Sparta – wie nicht anders zu erwarten – mit dem Erreichten zufrieden gab, während Athen seinen Einfluß in den Gebieten um das Schwarze Meer (Getreidehandel) und an der thrakischen Küste ausdehnen konnte. Als der Friede zerbrach, sprach Thukydides davon, daß die Furcht vor der seit Salamis stetig wachsenden Macht Athens die Spartaner in den Krieg getrieben habe (s. S. 266). Inwieweit jedoch hatte Sparta 432 noch freie Hand, über Krieg und Frieden zu entscheiden? Wo war die 446 erhoffte friedenssichernde Wirkung der Bündnissysteme geblieben? Allein deren Vorhandensein dämpfte die Kriegsgefahr – allerdings nur dann, wenn beide Vormächte ihre Bünde als den Endpunkt einer Entwicklung und nicht als Ausgangspunkt für die weitere Ausdehnung ihrer Hegemonie verstanden. War dies der Fall – und gar wie hier einseitig –, so nährten die Bünde den Krieg, da sie zusätzliche Abhängigkeiten schufen und damit den Machtbereich ihrer Hegemone vergrößerten. Die in Griechenland bislang häufigen, aber lokal geführten Kriege wurden nunmehr – wenn sie nicht sofort von Sparta oder Athen erstickt werden konnten – in die Bündnissysteme eingebunden und entwickelten sich damit fast zwangsläufig zu Großkriegen. Zudem wuchsen innerhalb und außerhalb der Bündnisse die Hoffnungen der kleinen Staaten, mit Hilfe des großen Bundesgenossen ansonsten nicht realisierbare Ziele verwirklichen zu können. Insbesondere Athen trat an den Grenzen seines Einflußbereiches mit fast schrankenloser Hilfsbereitschaft auf, um neue Bundesgenossen zu gewinnen und damit letztlich seine Macht auszuweiten. Damit wurde eine Mechanik der Expansion in Gang gesetzt, die keine natürlichen Grenzen kannte. Hier ist denn auch der Grund dafür zu suchen, warum die Ereignisse, die zum Krieg führten, und dieser selbst der Kontrolle der beiden Großmächte entglitten.

*Die Krise der dreißiger Jahre*

Die Krise, die zum Krieg führte, wurde durch einen Hilferuf an Athen ausgelöst. Sein Anlaß war ein lokaler Konflikt in der Adria: In Epidamnos (heute: Durazzo), einer gemeinsam von Korinth und Korkyra gegründeten Kolonie an der illyrischen Küste, führten Parteienkämpfe zum Bürgerkrieg, in dessen Verlauf eine Partei in Korkyra, die andere in Korinth um Hilfe rief. Beide Hilfsgesuche wurden angenommen, beide, Korinth und Korkyra, verstrickten sich in einen Krieg, in dem, als es wirklich ernst wurde, das bis dahin neutrale Korkyra Gesandte nach Athen schickte und den Abschluß eines Defensivbündnisses anbot. Auf Vorschlag des Perikles griffen die Athener zu – trotz der energischen Proteste Korinths, das in dem Bündnis eine Verletzung des Vertrages von 446/5 sah, der die Unterstützung abtrünniger Bundesgenossen durch die jeweils andere Seite verbot. Athens Diplomaten lasen die entscheidenden Vertragspassagen anders: Korkyra sei eine neutrale Macht, und daher berechtigt, sich Athen anzuschließen; eine Bedrohung Korinths, die in der Tat den Vertrag verletzt hätte, schlösse die Symmachie mit Korkyra aus, da diese nur den gegenseitigen Schutz im Falle eines feindlichen Angriffs regele.
Korkyra schien in der Sicht des Perikles einen schweren Konflikt wert. Die Insel verfügte über eine der stärksten Flotten Griechenlands und kontrollierte den Handel in der Adria mit den Häfen der Poebene. Die Gelegenheit, mit Hilfe der Korkyräer in der Adria Fuß zu fassen und dort dem Erzrivalen Korinth Paroli bieten zu können, erschien zu verlockend, um sie vorübergehen zu lassen. Gelang es, dort dauerhaft Fuß zu fassen, war der Weg in den Westen weit offen. Im Spätsommer 433 standen sich zum erstenmal athenische und korinthische Trieren kampfbereit gegenüber.
Der Konflikt spitzte sich zu und weitete sich aus: An der thrakischen Küste,

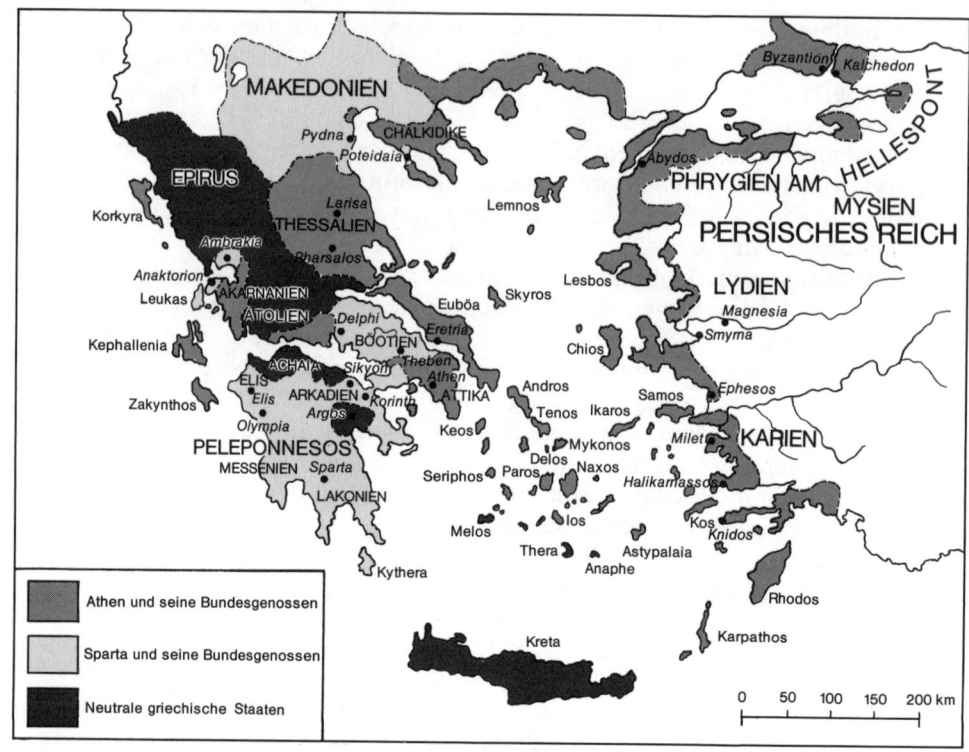

*Athen und Sparta mit ihren Verbündeten*

auf der Halbinsel Pallene der Chalkidike, lag die korinthische Kolonie Poteidaia, zugleich Mitglied des athenischen Seebundes. Ihre alten Verbindungen zu Korinth sollten jetzt gekappt werden: Athen verlangte als Zeichen der Loyalität ultimativ die Entlassung der Jahr für Jahr von Korinth entsandten Oberbeamten der Stadt, die Schleifung eines Teils der Festungsmauer und die Stellung von Geiseln (Thukydides 1, 56,2). Als diese Forderungen den Aufstand auslösten und mit Unterstützung Korinths Hilfstruppen in die Stadt geworfen wurden, schlossen athenische Hopliten Poteidaia ein (Frühjahr 432).
Der nächste Schlag Athens traf Megara. Die Stadt stand in den Konflikten um Korkyra und Poteidaia auf Seiten Korinths, und es ist denkbar, daß sie ihre pontischen Kolonien, darunter Byzanz, Chalkedon und Herakleia Pontica, animiert hat, dem bedrängten Poteidaia auf die eine oder andere Weise zu helfen. Vielleicht sahen die Athener dies auch nur als drohende Gefahr; wie immer: Alle diese pontischen Städte waren Mitglieder des Seebundes, und dieser Status vertrug sich nach Auffassung der athenischen Politiker nicht mehr mit der Pflege alter Verbindungen zur Mutterstadt; just dies war ja auch der Anlaß des harten Vorgehens gegen Poteidaia.

## 1. Der Weg in den Krieg

Diesmal sollte die Mutterstadt selbst zur Raison gebracht werden: Ein athenischer Volksbeschluß trieb die Megarer aus der Stadt und untersagte jeden Verkehr zwischen Megara und den Häfen des Seebundes – darunter fielen natürlich auch die pontischen Städte (Thukydides 1, 67,4). Als offizieller Grund wurde angegeben, Megara hätte aus Athen entlaufene Sklaven aufgenommen und heiliges Land ebenso wie strittige Grenzstreifen unter den Pflug genommen.

In Korinth und Megara hatte man keine Wahl und tat das Nächstliegende: Gesandte eilten nach Sparta und verlangten den Krieg. Sparta zögerte. Die Rechtslage war nicht eindeutig, auch wenn die Verbündeten aus Korinth das Gegenteil behaupteten; zudem hatten die Athener angeboten, alle Streitigkeiten einem Schiedsgericht vorzulegen, ganz so, wie es der Vertrag von 446/5 vorsah. Und noch weit Wichtigeres war zu bedenken: „Wir haben weder im Staatsschatz Geld, noch können wir es leicht von den Bürgern erheben", beschwor der König Archidamos seine Landsleute und empfahl, das athenische Angebot zu prüfen. Es war jedoch längst zu spät: Das schwer bedrängte Korinth drohte, bei anhaltender spartanischer Passivität den Bund zu verlassen und sich mit Argos zu verbünden. Dieser Schritt hätte die Vormachtstellung Spartas auf der Peloponnes möglicherweise beendet. Im Sommer 432, auf dem Kongreß des Bundes, gab Sparta dem Drängen seiner Bundesgenossen nach und erklärte wenig später Athen den Krieg, das sich vergebens darauf berief, durch seine Aktivitäten den Frieden von 446 dem Buchstaben nach nicht gebrochen zu haben.

Viele Zeitgenossen äußerten die Überzeugung, der alternde Perikles habe den Krieg gesucht, den er über kurz oder lang für unvermeidlich hielt. Gewiß unternahm er nichts, um ihn zu vermeiden. Die aggressive Politik im Korkyra-Konflikt und gegen die Tochterstädte Korinths und Megaras war Ausdruck eines festen Willens, den Seebund auszudehnen und zu festigen, wann immer sich eine Gelegenheit dazu bot. Daß mit dieser Politik die letzte große Seemacht im griechischen Mutterland, Korinth, früher oder später zweitklassig werden mußte, schien nützlich. Zudem strotzte die Stadt vor Kraft: Warum also den Kampf um die alleinige Vormachtstellung im östlichen Mittelmeer nicht gleich austragen, jetzt, wo ein Konflikt ohnehin den Weg zum Krieg wies und Nachgeben die Aufsässigen innerhalb des Seebundes ermutigen mußte? Sparta seinerseits wollte der Herr in der Peloponnes bleiben. Also entschied es sich ausschließlich im Interesse seiner Bündner und schweren Herzens für den Krieg. Daß es behauptete, ihn für die Befreiung der Griechen von der Tyrannis Athens zu führen, war nichts weiter als Propaganda.

## 2. Der Krieg

*Der Krieg um Bestand und Ausweitung des Seebundes der Athener (431–421)*

„Kriege werden zum größten Teil mit dem Verstand und mit den finanziellen Mitteln gewonnen", erklärte Perikles, und jeder wußte, daß damit auch gemeint war, Athen könne angesichts seiner überlegenen Geld- und Hilfsmittel den Krieg nicht verlieren, wenn es diese richtig einsetze. In der Tat: Die Flotte war ausgebaut und einsatzbereit, und in der Kriegskasse auf der Burg lag ein Schatz von 6 000 Talenten – eine für griechische Verhältnisse ganz ungeheure Summe. So sah der Kriegsplan vor, bei jedem Einfall des Gegners Attika nicht zu verteidigen, sondern die Bevölkerung hinter die Mauern der Stadt und des Piräus zu evakuieren; zugleich sollte die Flotte die Küsten der Peloponnes verheeren und Sparta von jedem Nachschub abschneiden. Nach einigen Jahren kostspieliger und vergeblicher Mühen würde sich, so hoffte man, Sparta zu einem Frieden bequemen müssen, der einer weiteren Ausdehnung des Seebundes die Bahn freimache.
Perikles beugte sich mit diesem Plan der Einsicht, daß der Krieg in den vorangegangenen Jahrzehnten sein Gesicht verändert hatte. Zwar kämpften immer noch Schwerbewaffnete, aufgestellt in Phalangen, auf dem Lande gegeneinander, und wie bei Salamis stießen auf See Trieren auf andere, technisch nicht minder gut gerüstete Schiffe. Aber der Krieg hatte begonnen, immer weitere Räume zu umfassen und die ständige Vermehrung der Schar seiner Diener zu fordern. Vom Schwarzen Meer bis nach Zypern und im Nildelta hatten athenische Flotten gegen Perser und abgefallene Bundesgenossen gekämpft und die einfache Lehre nach Hause gebracht, daß nur die Herren der See Ruhm, Macht und Reichtümer in bisher nicht bekannten Ausmaßen erringen konnten. „Ihr meint" – rief Perikles in seiner letzten Rede den Athenern zu – „Ihr meint, ihr herrschtet nur über eure Verbündeten, ich aber will euch zeigen, daß von den zwei Reichen, die den Menschen zum Gebrauch verliehen sind, Erde und Meer, ihr über das eine völlig und alleine Gewalt habt, soweit ihr es jetzt befahrt und wenn ihr noch weiter wolltet" (Thukydides 2, 62). Der Preis, der dafür zu zahlen war, wurde nicht verschwiegen: „Euch drohen der Verlust eures Reiches und die Gefahren des Hasses, der euch aus der Herrschaft erwuchs. Aus der zurückzutreten, steht euch nicht mehr frei, falls einer in der Angst dieser Stunde sogar so tugendhaft und friedfertig werden wollte; denn die Herrschaft, die ihr übt, ist jetzt schon Tyrannis; sie aufzurichten, mag ungerecht sein, sie aufzugeben, ist gefährlich" (63).
Mit diesen Sätzen, die das politische Testament des greisen Volksführers verkündeten, wurde auch die neue Dimension des Krieges hellsichtig erfaßt: Er konnte erstens nur zur See entschieden und zweitens nicht auf halbem Wege beendet werden, da er angesichts der tyrannischen Herrschaft Athens über viele Griechenstädte keinen Kompromiß mehr vertrug und die bedingungslose Kapitulation des Gegners gebieterisch forderte. Das uner-

hörte Ausmaß der Leiden, das er den Athenern zumutete, war unvermeidlich, da die Niederlage mit weit Schlimmerem drohte. Trost in der Not gaben die Gewißheit, im Falle des Sieges schier unvorstellbare Reichtümer zu gewinnen, und der Ruhm, errungen für viele Jahrhunderte: „Denkt ..., daß bei der Nachwelt die Erinnerung lebendig bleiben wird, weil keine anderen Hellenen über so viele Hellenen geherrscht haben wie wir, so schwere Kriege bestanden mit einzelnen oder gegen alle zusammen, und weil die von uns bewohnte Stadt in einer solchen Fülle aller Dinge und Größe dastand" (64).

Sparta hatte solche hochfliegenden Pläne nicht. Nun, nach Ausbruch des Krieges, war man jedoch entschlossen, ihn mit Nachdruck zu führen. Großräumige strategische Überlegungen schienen nicht angezeigt: Man wollte den Stier bei den Hörnern packen, und dazu schien es richtig, im Sommer mit dem gesamten Heerbann in Attika einzufallen, Getreidefelder, Baumkulturen und Dörfer niederzubrennen und im übrigen darauf zu hoffen, daß sich die Athener doch noch zu einer Feldschlacht provozieren lassen würden. Spätestens zur Erntezeit mußten die eingesetzten Truppen wieder auf die Peloponnes zurückgekehrt sein, da im Aufgebot der Bündner vornehmlich Bauern dienten, die sich um die eigene Ernte sorgten. Fünfmal, 431-427 und 425, fiel der spartanische Heerbann in Attika ein, hieb die Bäume ab, riß die Weinstöcke aus dem Boden, steckte Scheunen und Höfe in Brand, während sich die attische Landbevölkerung mit ihren Herden und dem geretteten Hausrat in den Straßen Athens drängte und in Barakkenlagern schlief. Jedesmal hofften die spartanischen Kommandeure vergebens, daß die Athener die Wut über den Ruin ihres Bauernstandes auf das Schlachtfeld treiben würde. Dann war endgültig klar, daß diese Invasionen nicht der richtige Weg waren, die Seemacht Athen in die Knie zu zwingen. Auch eine Seuche (möglicherweise die Pest), die 430 in der mit Flüchtlingen überfüllten Stadt ihren furchtbaren Tribut forderte, zerstörte den Willen zur Fortführung des Krieges nicht.

Im Grunde hatte sich der Krieg schnell festgefahren. Sparta versuchte vergeblich, die Überlegenheit seiner Hoplitentechnik auszuspielen und Athen hatte noch kein Konzept gefunden, die Flotte als kriegsentscheidende Waffe richtig einzusetzen. Daß es dabei nicht bleiben konnte, ergab sich fast von selbst. 425 setzten sich die Athener bei Pylos in Messenien fest, wobei es ihnen unter der Führung Kleons gelang, die Flotte Spartas und 300 Hopliten, die zum Teil den ersten Familien der Stadt angehörten, in die Hand zu bekommen. Im Gegenzug marschierte ein spartanisches Heer nach Thrakien und versuchte, die dortigen Bündner Athens zum Abfall zu zwingen; selbst Amphipolis, die Hauptstadt des athenischen Thrakiens, öffnete dem spartanischen Kommandeur Brasidas die Tore. Der Stratege Thukydides, der mit seinem Geschwader den Auftrag bekam, den Verlust der Stadt zu verhindern, scheiterte und ging für zwanzig Jahre in die Verbannung (s. S. 266).

Beide Gegner hatten also gelernt: Die Einkreisungsstrategie Athens dehnte den Krieg räumlich aus, und der spartanische Einfall in Thrakien gehorchte dem erklärten Ziel, das athenische Bündnissystem zu sprengen. Der Krieg begann, sich seine eigenen Gesetze zu geben. Grenzen fand er nur noch in den Teilen der Welt, wo die Interessen der barbarischen Stämme überwogen oder die griechische Welt – wie z. B. auf Kreta – in archaischer Abgeschlossenheit vor sich hindämmerte.

421 kam noch einmal ein unsicherer Frieden (Frieden des Nikias) zustande, nachdem eine Reihe von Mißerfolgen in Athen die Friedenspartei unter Nikias an die Macht gebracht hatte und Kleon im fernen Thrakien gefallen war. Der Vertrag sollte den Besitzstand vor dem Krieg soweit wie möglich wiederherstellen: Amphipolis und die thrakischen Städte sollten von Sparta, Pylos und die Insel Kythera von Athen geräumt werden. Worauf es den Kontrahenten ankam, war ebenso einfach wie undurchführbar: Zehn Jahre Krieg, geführt mit aller Erbitterung, ungeheuren Opfern und von Sparta als Freiheitskrieg propagiert, sollten aus der Geschichte gestrichen werden.

Dagegen sträubten sich zunächst die spartanischen Bundesgenossen, allen voran Korinth. Keines der Ziele, für die sich die Stadt zum Krieg gerüstet hatte, war erreicht worden, im Gegenteil: Athen blieb im Besitz der ursprünglichen Streitobjekte Korkyra und Poteidaia. Folglich weigerte sich Korinth zusammen mit Böotien, dem Vertrag beizutreten. Sparta nahm diese Entscheidung hin – was blieb ihm auch anderes übrig: Im Unterschied zu Athen führte es den von ihm gegründeten Bund als Hegemon, beherrschte ihn aber nicht, so daß die einzelnen Mitglieder ihre außenpolitische Handlungsfähigkeit weitgehend bewahrt hatten.

Dagegen wehrten sich auch Spartaner wie Klearidas, der als Kommandant der Entsatztruppen in Amphipolis nicht bereit war, die Stadt gegen den Willen ihrer Bewohner den Athenern auszuliefern. Dagegen opponierte schließlich auch in Athen die alte Kriegspartei, deren Führer Alkibiades 420 zum Strategen gewählt wurde und ein Bündnis mit Argos zustande brachte, dem sich Mantineia und Elis, beide demokratisch regiert, anschlossen. Dieses und andere Bündnisse hatten keine Dauer: Auf der Peloponnes und im Felde war Sparta immer noch unbesiegbar, was seine Hopliten 418 unter den Mauern von Mantineia gegen Argos und seine Verbündeten nachdrücklich unterstrichen. Aber das schauderhafte Durcheinander bei der Durchsetzung des Nikias-Vertrages hatte die Grenzen Spartas gegenüber seinen Bundesgenossen schonungslos aufgedeckt und den Vertrag schnell zu einem wertlosen Schriftstück werden lassen. Es war nur eine Frage der Zeit, wann es zerrissen werden sollte.

*Der Krieg um alles oder nichts (415-404)*

In Athen waren die Wunden von Pest und Krieg vernarbt, und seine Seeherrschaft stand fester denn je, als ein Hilferuf des verbündeten Segesta auf Sizilien im Jahre 415 die Stadt erreichte. Dorthin hatte man bereits 427 eine stattliche Streitmacht entsandt, die das verbündete Leontinoi schützen und das sizilische Getreide von Sparta fernhalten sollte; Thukydides erkannte darin allerdings nur einen Vorwand für weiterreichende Ziele (3,

86,4). Man erinnerte sich nur ungern daran, daß man dort in drei Jahren Kleinkrieg wenig erreicht hatte, da die sizilischen Kampfhähne ihren Streit schließlich selbst schlichteten. Die Situation des Jahres 435 wiederholte sich: Auch diesmal sagte Athen zu. Und diesmal wagte es den Griff zur Weltmacht. Zwischen 415 und 413 fuhren über 200 Kriegsschiffe, Hunderte von Lastschiffen, bemannt mit 30 000 Mann, sowie 3 000 athenische und mehrere Tausend bundesgenössischer Hopliten in das westliche Mittelmeer und griffen in die Kämpfe ein, die sich auf das belagerte Syrakus konzentrierten.

Getrieben wurde der einfache Mann von der Gier nach unermeßlicher Beute und nach Land auf einer Insel, die ihm Alkibiades und andere Demagogen als märchenhaft reich geschildert hatten. Alle erhofften sich die Ausweitung der Macht ins westliche Mittelmeer, wo Reichtum, Ruhm und Ehre winkten: „Eine förmliche Sucht befiel alle gleicherweise, die Fahrt mitzumachen; die Älteren, weil sie die Hoffnung hegten, sie würden die niederwerfen, gegen die sie ausliefen, oder wenigstens würde eine solche Kriegsmacht unter keinen Umständen scheitern; die streitbare Jugend, weil sie es verlangte, die Fremde zu erschauen und zu erleben, und weil sie guter Hoffnung waren, heil davonzukommen; den gemeinen Mann aber, weil er erwartete, als Soldat zunächst einmal Geld zu verdienen, dann aber auch der Stadt neue Macht zu gewinnen, aus der auf ewig Sold käme" (Thukydides 6,24). Plutarch (Alkibiades 17) malte sich die jungen Athener aus, die sich an den wundersamen Erzählungen der Alten vom Reichtum Siziliens gar nicht satthören konnten: „Ja viele saßen in den Ringschulen und auf den Ruhebänken der öffentlichen Anlagen und zeichneten die Umrisse von Sizilien oder die Lage von Afrika und Karthago in den Sand."

So bestiegen denn an einem Sommertag des Jahres 415 Tausende tatendurstiger Männer die Schiffe. Seit Sonnenaufgang waren sie mit ihren Familien und unzähligen Schaulustigen zum Piräus gezogen, „mit Hoffnungen zugleich und Klagen, was sie alles erobern würden, ob sie sich je wiedersähen." Der prachtvolle Anblick der geschmückten und kampfbereiten Flotte machte auch jenen wieder Mut, die Eroberung und Tod im Glanz ihrer Waffen gespiegelt sahen – an einem Morgen, von dem sie nicht wußten, daß er der letzte glückliche ihres Lebens war. Als alle Schiffe beladen waren und die Ruderer auf ihren schmalen Bänken auf das erlösende Kommando warteten, gebot eine Trompete Stille. Ein Herold sprach für alle Schiffe die Gebete der Vorfahren und Soldaten, Offiziere und Heerführer hoben die goldenen und silbernen Becher zum Zeichen des Trankopfers, das die Götter gnädig stimmen sollte. „Und in den Ruf stimmte der ganze übrige Haufe vom Lande mit ein, die Bürger, und wer sonst dabei war und ihnen Gutes wünschte" – Thukydides, der nüchternste der Athener, konnte noch Jahre später seine innere Bewegung nicht verbergen, als er auf die Schar der Verlorenen zurückblickte, die in ihrem Übermut nach dem Auslaufen ein Wettrennen bis Aigina veranstaltete (6, 30-32).

Hinter dieser lärmenden, allgemeinen Begeisterung für den Krieg verbarg sich das eherne Gesetz der auf die Beherrschung anderer Griechenstädte aufgebauten athenischen Demokratie: Die Theten drängten zum Krieg, da er ihnen politische Mitsprache, ein sicheres Auskommen und soziale Anerkennung gegeben hatte und noch weit mehr versprach; der Seebund war von seiner ersten Stunde an ein Kriegsbund, und er bedurfte der ständigen kriegerischen Bewährung, um nicht auseinanderzufallen. Und schließlich die Eliten der Demokratie: Die einen, die wie Nikias den Krieg gegen Syrakus als gefährliches Abenteuer ablehnten, wollten ihren Standpunkt nicht um den Preis des Machtverlustes durchhalten; die anderen, wie Alkibiades, glaubten an die Lehren des Perikles und hielten sich und Athen für unbezwingbar.

Das planvoll ins Werk gesetzte Unternehmen scheiterte, als Sparta begriff, daß unter den Mauern des schwer bedrängten Syrakus auch über das Schicksal des Peloponnesischen Bundes entschieden wurde. Unter der Führung des Gylippos sammelte sich an der Nordküste Siziliens eine Truppe von 3 000 Mann, die in das bedrohte Syrakus einrückte. Jetzt strömte Hilfe aus allen Richtungen nach Sizilien: Korinth schickte Kampfschiffe und übernahm den Transport von peloponnesischen und böotischen Hopliten; Gela und weitere sizilische Städte erwachten aus ihrer Lethargie und griffen zu den Waffen. Im Frühjahr 413 fiel das Heer des Peloponnesischen Bundes wieder in Attika ein und errichtete auf den Höhen von Dekeleia, rund 20 Kilometer nördlich von Athen, ein befestigtes Lager, in dem nach dem Abzug des Hauptheeres eine starke Besatzung zurückblieb und die Bauern der umliegenden Dörfer drangsalierte. Im September kapitulierte auch die athenische Expeditionsarmee auf der Flucht vor dem übermächtig gewordenen Gegner. Die Feldherrn wurden hingerichtet, und die überlebenden Hopliten und Flottenmannschaften starben zwischen den kahlen Steinwänden der Steinbrüche in Syrakus, nur notdürftig verpflegt und den Unbilden des Winters hilflos preisgegeben.

Die Athener hatten den Griff nach den Sternen mit der furchtbarsten Katastrophe bezahlt, die je ein griechisches Heer heimgesucht hat. Zehntausende hatten ihr Leben verloren, viele Tausend sollten ihnen folgen, bevor der Krieg zu Ende war. „Dies war das wichtigste Ereignis des ganzen Krieges, meiner Meinung sogar der ganzen griechischen Geschichte, für die Sieger der größte Ruhm und für die Besiegten das größte Unglück. Auf der ganzen Linie besiegt und unter Leiden, von denen keines geringfügig war, waren sie buchstäblich vernichtet worden und hatten Fußvolk, Schiffe und überhaupt alles verloren, und von so vielen kehrten nur wenige nach Hause zurück" – noch Jahre nach der Niederlage schwingt die Trauer in den Sätzen des Atheners Thukydides (7, 87,5 f.).

Auf die Nachricht von der Niederlage Athens sahen auch die Satrapen des persischen Großkönigs die Stunde gekommen, längst zerrissen geglaubte Fäden der griechischen Politik neu knüpfen zu können. 412 schloß der Satrap von Ionien in Sardes mit Sparta einen Vertrag, in dem er sich zu großzügigen Kriegsanleihen verpflichtete; im Gegenzug erkannten die Spartaner die Oberhoheit des persischen Großkönigs über die Griechenstädte in Kleinasien an. Gleichzeitig bauten die Spartaner in Attika ihr

*Die Dardanellen und das Schwarze Meer.* Nach dem Scheitern der Invasion in Sizilien fielen die wichtigsten Städte der Propontis (Marmarameer) von Athen ab (411). Damit war die für Athen lebenswichtige Getreidezufuhr aus den Städten des Schwarzen Meeres (vor allem: Olbia) gefährdet. Die letzte Schlacht des Krieges fand 405 am Hellespont bei Aigospotamoi („Ziegenflüsse", gegenüber der Stadt Lampsakos) statt.

Lager in Dekeleia zur Festung aus; von dort aus konnten sie ganzjährig weite Gebiete Attikas kontrollieren. Die Versorgung Athens hing nun völlig von den Getreideschiffen ab, die die Dardanellen passierten.
Kriegsentscheidend wurden die unerschöpflichen Geldquellen des Perserkönigs. Sie ermöglichten Sparta den Bau immer neuer Kriegsflotten, die die Mitglieder des Seebundes zum Abfall bewegen und die Getreidezufuhr aus dem Schwarzmeergebiet in das bedrängte Athen an den Dardanellen abschneiden sollten. Die militärische Entscheidung fiel folgerichtig auch dort: 405 wurde bei Aigospotamoi die letzte athenische Flotte vernichtet. Ein Jahr später wurde Athen eingeschlossen, ausgehungert und zur Kapitulation gezwungen.

## 3. Bürgerkriege als Folge des Krieges der Großen

Die innere Ordnung der meisten griechischen Staaten ist immer labil gewesen. Zwei Gründe waren dafür verantwortlich:
– Viele Städte waren auf Grund ihrer geographischen Lage, ihrer wirtschaftlichen Schwäche und ihrer geringen Bevölkerungszahl nicht stark

genug, um das ständige Hineinregieren stärkerer Nachbarn in ihre inneren Angelegenheiten verhindern zu können. Ihre äußere Abhängigkeit schlug auf ihre innere Ordnung durch.
– In den Städten standen sich in der Regel zwei streitende Parteien gegenüber: die eine war demokratisch, die andere oligarchisch ausgerichtet. Das Erstarken der hegemonialen Bünde Spartas und Athens und ihr Konflikt haben die Einmischung der Starken in die innere Welt der Schwachen verstärkt. So hat Athen seinen Bundesgenossen fast durchgehend die demokratische und Sparta den abhängigen Staaten die oligarchische Ordnung aufgezwungen. Dies ging immer Hand in Hand mit Vertreibungen und Enteignungen des politischen Gegners zugunsten der neu an die Macht gebrachten Partei. Der Krieg hat diese Entwicklung vorangetrieben und in vielen Städten den inneren politischen Zank in offenen Bürgerkrieg umschlagen lassen. Das Schicksal von Korkyra, das Athen im Konflikt mit Korinth um Hilfe gerufen hatte (s. S. 225), zeigt, daß diese Bürgerkriege ohne Gnade bis zur physischen Vernichtung des politischen Gegners ausgetragen werden konnten.
Das Bündnis mit Athen war von der korkyräischen Oberschicht mißtrauisch verfolgt worden. Ihr alsbald unternommener Versuch, die völkerrechtliche Neutralität der Stadt mit legalen Mitteln wiederherzustellen, scheiterte jedoch. Daraufhin griff man zur Gewalt: Die Führer der demokratischen Partei wurden im Rathaus überfallen und umgebracht. Dies löste einen Volksaufstand aus, in dessen Verlauf die Sklaven bewaffnet und illyrische Söldner in die Stadt gerufen wurden; in schweren Kämpfen gingen der Markt und die umliegenden Häuser in Flammen auf. Bald zeigten sich auch die Kriegsschiffe der Großmächte am Horizont. Der athenische Geschwaderführer schickte eine Einheit messenischer Marineinfanterie in die Stadt, die den Demokraten den Sieg brachte. Thukydides beschrieb, was folgte:
„Die meisten [Aristokraten] gaben sich im Heiligtum gegenseitig den Tod, manche hängten sich dort an den Bäumen auf oder nahmen sich auf andere Weise das Leben. Sieben Tage brauchten die Korkyräer, um alle umzubringen, die sie für ihre politischen Gegner hielten. Die Schuld, die sie ihnen vorwarfen, lautete: Sturz der Demokratie. Es mußten aber auch manche um persönlicher Feindschaft willen oder als Gläubiger unter den Händen ihrer Schuldner sterben. In all seinen Gestalten trat der Tod auf: Der Vater brachte den Sohn um, von den Altären riß man sie und tötete sie auf den Stufen" (3,81,4 f.).
Thukydides betont, daß dieser Vorgang typisch war für viele, die noch folgen sollten. Die inneren Konflikte gerieten mehr und mehr in den Sog des Krieges der Großmächte und verdichteten sich zu Bürgerkriegen, in denen keine Partei ohne die Hilfe der auswärtigen Schutzmacht die Kraft hatte, den inneren Gegner zu überwinden. Am Ende einer tödlichen Spirale von Intervention, Verfolgung, Mord und militärischer Gewalt stand nicht selten die unerbittliche physische Vernichtung des Gegners.

## 4. Der Friede und das Scheitern des Siegers (404-371)

*Die Aufgaben des Siegers und neue Kriege*

Nach der Kapitulation Athens forderten Korinth, Theben und viele andere die Zerstörung der Stadt, die in der Stunde der vollständigen Niederlage für alle ihnen zugefügten Leiden büßen sollte: jetzt gelte es, „daß man die Athener in die Sklaverei verkaufen und ihr Gebiet als Weideland lassen solle wie die Krisäische Ebene", rieten die Thebaner (Isokrates 14, 31). Sie erinnerten damit an das furchtbare Schicksal der Stadt Krisa, die um 585 nach langer Belagerung die Waffen vor dem Heer der Amphiktyonen gestreckt hatte. Ihre Stadtmauern waren damals geschleift, die Einwohner versklavt worden und die Ebene, in der Krisa gebaut und zerstört worden war, hatte man als unbebautes Ackerland brach gelassen; sie galt vielen Jahrhunderten als „verdammt und verflucht" (Aischines 3,107). Vom Erdboden getilgt war damit eine Stadt, die die Bewohner des Umlands grausam und gewalttätig drangsaliert und die zum Heiligtum des Apoll nach Delphi ziehenden Pilger überfallen und ausgeraubt hatte. Diese Erinnerung kam keineswegs spontan: Sie muß lange vor der Kapitulation des als Unterdrücker und Rechtsbrecher allgemein verhaßten Athen in Umlauf gesetzt worden sein.
In diesem kritischen Augenblick retteten die Spartaner die Athener. Sie verwiesen auf den gemeinsamen Kampf gegen den persischen Angriff und gewährten der dezimierten und halb verhungerten Bevölkerung einen Vertrag, wie er den Umständen nach besser nicht sein konnte: Athen behielt seine Unabhängigkeit und den Besitz seines attischen Landgebietes; alle auswärtigen Besitzungen hingegen mußten (bis auf unbedeutende Ausnahmen) aufgegeben, die Kriegsschiffe ausgeliefert, die langen Mauern geschleift und die Verbannten zurückgerufen werden. Der Eintritt in den Peloponnesischen Bund band die künftige Außenpolitik an den Willen Spartas. In der Stadt selbst übernahmen mit Spartas Hilfe Oligarchen die Macht, deren Führungsgruppe der *Dreißig* unter Kritias eine brutale Säuberungswelle einleitete, die viele Demokraten dem Henker auslieferte oder ins Exil trieb.
Sparta hatte das über drei Jahrzehnte angestrebte Ziel erreicht: Das athenische Seereich war zerschlagen, und ganz Griechenland erkannte die neue Vormacht an. Es galt nun, eine neue Ordnung zu finden, die einerseits den Griechen die versprochene Autonomie nicht vorenthielt, andererseits den Herrschaftsanspruch Spartas dauerhaft sicherte. Es zeigte sich bald, daß diese Aufgabe die Kräfte Spartas überstieg. Weder gelang es, die im Krieg siegreiche Allianz zusammenzuhalten, noch konnten die befreiten Städte des ehemaligen Seebundes durch eine neue politische Vision – vergleichbar etwa dem Perserkrieg der Athener – an Sparta gebunden werden.
Insbesondere war das vor und während des Krieges propagierte Ziel, die Freiheit und Autonomie aller Griechen, nicht damit erfüllt, daß man die von Athen geforderten Tribute und die aufgezwungenen Rechtsordnungen

beseitigte. Auf die eigenen Taten kam es nicht minder an, und diese wiesen in eine andere Richtung. In allen Städten stürzte Sparta die Demokratie und legte die Regierung in die Hände der Vermögenden, die ihr Interesse am Erhalt der Macht auf Gedeih und Verderb an Sparta band. Auch die spartanischen Besatzungen, die während des Krieges in die wichtigsten Plätze gelegt worden waren, blieben; neue zogen nach Kriegsende in zahlreiche Städte des Mutterlandes, der Inseln und Kleinasiens. Der Komödiendichter Theopomp konnte sich daher des Beifalls vieler sicher sein, als er die Spartaner mit Wirtinnen verglich, die den Griechen den süßen Trank der Freiheit zwar versprochen, aber dann nur sauren Wein eingeschenkt hatten.

Auch die alten Verbündeten auf der Peloponnes murrten. Sie hatten die Last des Krieges mitgetragen und mußten nun zusehen, wie Sparta dessen Gewinn allein einstrich. Vor allem aber dachte der König der Perser nicht daran, seinem Verbündeten in Griechenland völlig freie Hand zu lassen. Sein Geld hatte Sparta zum Sieg verholfen, und es diente nun dazu, wechselnde Koalitionen zu unterstützen, die für ein rivalisierendes Gleichgewicht der griechischen Staaten sorgten. Auch gab es immer noch den alten Streit um die kleinasiatischen Griechenstädte. Sie preßte man zu Anfang des neuen Jahrhunderts wieder unter das persische Joch; obwohl Sparta dies in den Jahren 400-394 durch massive militärische Interventionen, die zuletzt der spartanische König Agesilaos selbst führte, zu verhindern suchte. Eine mit persischen Geldern in Griechenland aufgebaute zweite Front, getragen von Theben, Argos, Korinth, Athen und den mittelgriechischen Staaten, zwang zum Rückzug und verwickelte Sparta in einen neuen, fast zehn Jahre anhaltenden Krieg auf griechischem Boden.

*Das Verlangen nach einem allgemeinen Frieden und das Ende der spartanischen Vormachtstellung*

Vor dem Hintergrund der auch nach 404 tobenden Kriege wurde der Ruf nach Frieden in ganz Griechenland immer lauter. Im allgemeinen politischen Bewußtsein verband sich die alte Forderung nach Autonomie mit dem Wunsch nach Frieden. Dieser sollte nun für alle gelten und von allen getragen werden, und alle sollten bereit sein, für ihn notfalls mit militärischen Mitteln einzutreten. Das völkerrechtliche Instrument wurde in einem Friedenspakt gefunden, der den programmatischen Namen *Allgemeiner Friede* (*koiné eiréne*) trug und für ein halbes Jahrhundert alle Vertragsabschlüsse in Griechenland bestimmen sollte. Entsprechend seiner umfassenden Zielsetzung wurde er nicht zwischen zwei Kontrahenten abgeschlossen, sondern umfaßte alle Teilnehmer in gleicher Weise. Als sein Ziel wurden die Autonomie, die Freiheit aller Vertragsteilnehmer und der Friede für die Zukunft festgelegt.

Der erste dieser Friedenspakte kam auf Initiative des persischen Großkönigs (der sog. *Königsfriede*) 387/6 zustande. Zunächst schlossen Sparta und der Großkönig einen Friedensvertrag, der die persische Herrschaft über

Kleinasien und Kypros (Zypern) anerkannte und die Autonomie der übrigen Griechenstädte festschrieb. In einem zweiten Schritt verkündete der Abgesandte des Großkönigs den in Sardes versammelten Griechen den erwirkten Frieden, als dessen Garant der Großkönig auftrat. In einem dritten Schritt wurden auf einem Friedenskongreß in Sparta die noch Zögernden zum Beitritt genötigt.

Der Friede litt unter zwei Schwächen: Die kleinasiatischen Griechen wurden den Persern ausgeliefert, was mit der Forderung nach der Freiheit aller Griechen unvereinbar war und blieb. Und: im Zeichen der verkündeten Autonomie lösten sich viele Bünde und Herrschaften auf, nicht jedoch die Vormachtstellung Spartas. Trotzdem war jetzt der Peloponnesische Krieg endgültig zu Ende. Der Friede festigte den Sieg Spartas, das die Hilfe Persiens letztlich nur durch die Preisgabe der kleinasiatischen Griechen sichern konnte. Die Interessen Spartas geboten denn auch, überall als Garant des Königsfriedens aufzutreten und unter Berufung auf die Autonomie-Vereinbarung gegen jede Machtkonzentration vorzugehen. Dies gelang bis zu dem denkwürdigen Tag des Jahres 371, an dem der thebanische Heerbann bei Leuktra in Böotien unter seinem Führer Epaminondas das spartanische Aufgebot vernichtend schlug. Der Mythos von der Unbesiegbarkeit Spartas zerstob; zwei Jahre später stürzte seine Machtstellung auf der Peloponnes wie ein Kartenhaus zusammen. Im Herbst 370 erschien ein thebanisches Heer vor Sparta, das, solange Menschen zurückdenken konnten, keinen Feind mehr gesehen hatte. In Messenien rief der Sieger die Heloten zur Freiheit auf und gründete am Fuße des Ithome-Berges eine feste Hauptstadt: Nach 300jähriger Knechtschaft kehrte Messenien in den Kreis der freien griechischen Staaten zurück. Sparta hatte ein Drittel seines Gebietes eingebüßt, und, eingeengt zwischen Argos im Osten, Messenien im Westen und dem arkadischen Bund im Norden, erwies es sich als zu schwach, die Vorherrschaft auf der Peloponnes zurückzugewinnen.

Sein Platz in der griechischen Staatenwelt blieb verwaist: Weder Theben noch Athen hatten die Kraft, Spartas Aufgaben zu übernehmen. Auf der Peloponnes regierten nun wie anderswo der innere Umsturz und der Krieg – soweit darf man Isokrates trauen, der Archidamos, den künftigen König Spartas, das Los seiner Heimat beklagen ließ: „Keine Stadt ist mehr unversehrt, keine, die nicht Nachbarn hätte, die ihr Schlechtes zugefügt haben, so daß das Land verwüstet ist und die Gesetze ihre Gültigkeit verloren haben, unter denen sie als Glücklichste der Griechen gelebt haben ... Statt der Eintracht, die unter unserer Führung herrschte, sind sie zu einer derartigen Uneinigkeit gekommen, daß diejenigen, die Vermögen besitzen, ihren eigenen Besitz lieber ins Meer werfen würden, als den Bedürftigen zu Hilfe zu kommen" (Isokrates, Archidamos 64 ff.). Gewiß übertrieben und von sentimentalen Erinnerungen an das verehrte Sparta durchtränkt, aber sachlich richtig. Auch diese chaotischen Verhältnisse, die der spartanische Abschied von der Macht gebar, ebneten dem Anspruch der neuen makedonischen Großmacht auf die Vormachtstellung den Weg (s. S. 286 f.).

Das allgemeine Verlangen nach Frieden konnte nicht ungeschehen machen, daß seit den Tagen Homers der Krieg in Griechenland heimisch geworden war und hier seine besten Vorkämpfer gefunden hatte. Also galt es, ihn neu zu definieren und ihm neue Ziele zu setzen. Platon entsprach dem um sich greifenden Verständnis der Zeit, als er seine Forderungen nach humaner Kriegführung unter den Griechen mit der Unterscheidung schloß, als „Kriege" (*pólemoi*) dürften überhaupt nur Feldzüge gegen Barbaren bezeichnet werden, Kämpfe unter Griechen hingegen als *stáseis*, innerer Aufruhr, Bürgerkrieg (Politeia 469 ff.). Dies bedeutete eine Ächtung der innergriechischen Kriege und war zugleich ein Aufruf, die kriegerischen Energien nach außen, aufs Barbarenland zu richten, dem man sich seit der erfolgreichen Abwehr des Perserangriffs militärisch und kulturell weit überlegen fühlte. Isokrates, der zum leidenschaftlichen Prediger eines Eroberungskrieges gegen Persien werden sollte, sprach von wilden Tieren, gegen die jeder Kampf gerecht und nötig sei, und Aristoteles redete von potentiellen Sklaven, die zu ihrem eigenen Nutzen einem Herren (*despótes*) zu gehorchen hätten. Die seit dem 5. Jahrhundert nicht aufzuhaltende Idee, alle Nichtgriechen seien unter dem Namen *Barbaren* richtig erfaßt, und an ihrer Unterlegenheit auf allen Gebieten könne niemand zweifeln, blähte sich zur Legitimationsformel für Kriege außerhalb der engen griechischen Welt. Sie war in den Jahrzehnten vor und während der makedonischen Expansion vor allem Ausdruck der wachsenden Einsicht, den Krieg nicht zähmen zu können. So wies man ihm ein neues, gewaltiges Feld, das sein Fleisch gewordener Sohn Alexander mit Leben und Tod zu füllen begann.

*Die inneren Ursachen des spartanischen Niedergangs*

Der Sturz Spartas kam für die damalige Welt plötzlich und überraschend; für den Rückblickenden jedoch geschah er nicht aus heiterem Himmel. Er war die Konsequenz einer jahrzehntelangen Überdehnung der Kräfte und einer tief sitzenden sozialen Krise. Ihr sichtbarstes Zeichen war allen antiken Historikern aufgefallen: Der Schwund der Zahl der Vollbürger (Spartiaten, s. S. 141 ff.). Zählte man zur Zeit der Perserkriege noch 8 000, so waren es um 420 noch die Hälfte, und im 4. Jahrhundert sank ihre Zahl auf 1 500 ab.
Die Ursachen waren vielfältig, und sie reichten vom Geburtenrückgang über die Kriegsverluste bis hin zum sozialen Abstieg verschuldeter Spartiaten. Ausschlaggebend war jedoch, daß niemals der Versuch gemacht wurde, den in der Frühzeit begründeten Zusammenhang zwischen Vollbürgerrecht und Klarossystem, d. h. die Aufteilung des lakonischen und messenischen Landes unter die Spartiaten, zu reformieren. Bereits Aristoteles notierte, daß eine Neuverteilung des Grundbesitzes unter Beteiligung der Perioiken eine Armee von 30 000 Hopliten und 1 500 Reitern hätte schaffen können. Die damit verbundene Neufassung des Bürgerrechts stand jedoch niemals auf der Tagesordnung. Es wäre einem Zeitgenossen auch sehr schwer gefallen, sich mit einem solchen Vorschlag verständlich zu machen – zu bedeu-

tend waren die mit der Ordnung der Väter erzielten Erfolge, und zu einhellig tönte der Chor der Bewunderer spartanischer Lebensweise.
So wurde auch nicht kritisch vermerkt, daß von den Spartiaten, die nach außen betont als die *Gleichen* auftraten, einige in Olympia und anderswo Rennwagen laufen ließen, während andere nur mit Mühe die geforderten Beiträge für die *Syssitien*, die gemeinsamen Mahlzeiten (s. S. 141), aufbrachten. Die *Gleichen* waren sozial alles andere als gleich, und die Gründe dafür finden sich in der schleichenden Konzentration des Grundbesitzes (vor allem durch Vererbung) in den Händen weniger und in der Zersplitterung der sonst noch vorhandenen Güter, deren Besitzer sich über mehrere Generationen den Luxus einer stattlichen Zahl von zu versorgenden Söhnen (Erben) und Töchtern (Mitgift) geleistet hatten. Einige suchten dem drohenden Abstieg zu entgehen, indem sie als hochbezahlte Söldner im Ausland Dienst taten, andere wollten den Familienbesitz durch eine Begrenzung ihrer Kinderzahl retten, was auf Grund der hohen Kindersterblichkeit häufig mit dem Aussterben der ganzen Familie endete. Viele verloren ihre Bürgerrechte, als sie die Aufwendungen für die gemeinsamen Mahlzeiten nicht mehr zahlen konnten. Der Verlierer war in jedem Fall der Staat, da er die Schar seiner Vollbürger schwinden sah und mit ihr die politische und militärische Macht nach außen.
Als nach der Niederlage von Leuktra die Boten in Sparta den Tod von 350 der insgesamt 700 kämpfenden Spartiaten meldeten, untersagten die Ephoren sämtliche Trauerfeierlichkeiten, weil die Stadt gerade ein Fest mit vielen auswärtigen Gästen feierte. Sparta rüstete sich unauffällig für den Weg in die historische Bedeutungslosigkeit.

## 5. Neue Versuche und Formen territorialer Machtbildung

Athen hatte am Ende des Großen Krieges nahezu die Hälfte seiner Bevölkerung eingebüßt; die andere Hälfte war halb verhungert, geschlagen mit der Tyrannei der *Dreißig* (s.o.) und genötigt, Tausende von zurückgekehrten Flüchtlingen wieder einzubürgern. Die Wirtschaft, seit Jahrzehnten auf die Märkte einer Großmacht eingestellt, mußte umdenken, konnte aber nach wie vor sicher sein, daß Athen das wirtschaftliche Zentrum Griechenlands blieb. Intakt war die Landwirtschaft: Das kleine und mittlere Bauerntum hatte die Katastrophe überlebt und ging seiner Arbeit nach, unbedrängt von expandierenden Großgütern, die es in Attika nicht gab. Grundlegende soziale Veränderungen fanden nicht statt, und die Wertmaßstäbe des wirtschaftlichen und gesellschaftlichen Lebens blieben die alten.
Materiell und politisch erholte sich Athen schnell. Die Demokratie wurde bereits 403 wiederhergestellt und blieb stabil. Im Verlauf der neunziger Jahre konnte die Stadt sich der drückenden Bestimmungen des Friedens von 404 entledigen und die langen Mauern wieder aufbauen. Alte, im Krieg verschüttete Verbindungen in die Ägäis wurden neu geknüpft, attische Kriegsschiffe fuhren wieder durch den Hellespont und den Bosporus.

377 wurde der Seebund wieder errichtet. Allerdings nun unter Bedingungen, die der im Königsfrieden verankerten Autonomie der Griechenstädte Rechnung trugen. Verboten wurde unter den wachsamen Augen Spartas alles, was eine erneute Herrschaft Athens über seine Bundesgenossen befördern konnte: Die Einziehung von Tributen, die Einflußnahme auf die Verfassungen der Bündner, athenische Besatzungen oder Beamte, die Anlage von Kolonien und der Erwerb von Landbesitz durch Privatleute auf bundesgenössischem Gebiet. Es lag in der Tradition und in der Natur des Bundes, daß Athen in der Folgezeit versuchte, die alten Abhängigkeiten des 5. Jahrhunderts wieder zum Leben zu erwecken. Doch es fehlte die Kraft dazu, zumal in Thrakien und auf der Chalkidike Makedonien immer energischer eigene Interessen geltend machte. Als sich 357 Chios, Rhodos und Kos zum Abfall entschlossen und Verbündete entlang der ganzen kleinasiatischen Küste gewannen, zerfiel der Bund. Am Ende des Aufstandes 355 erstreckte sich die Macht Athens nur noch auf die Kykladen und Teile der nördlichen Ägäis.

In der Stadt resignierte man: Der Blick zurück schien nun endgültig zu beweisen, daß imperiale Machtpolitik früher oder später ihre Träger selbst zugrunde richtet. In einer Politik des Friedens, die den Prinzipien der Gerechtigkeit folge, glaubten nun viele, den Ausweg suchen zu müssen: „Ohne Zweifel betrachtet man jene Staaten als die glücklichsten, welche die längste Zeit in Frieden verbringen. Und von allen Städten ist Athen am besten in der Lage, durch friedliche Politik einen Aufschwung zu nehmen ... Wenn einige Leute wollen, daß unsere Stadt die Leitung der Griechen wiederzugewinnen trachte, und meinen, daß das mehr durch kriegerische als durch friedliche Mittel erreicht werden könnte, so sollen sie zuerst an die Perserkriege denken und sich fragen, ob wir damals als Unterdrücker oder als Wohltäter der Griechen die Führung zur See erlangten; und weiterhin sollen sie sich daran erinnern, daß wir, als wir in den Ruf gekommen waren, wir würden unsere führende Stellung allzu brutal mißbrauchen, diese verloren, jedoch später, nachdem wir uns von ungerechten Prinzipien abgewandt hatten, von den Inselstaaten im Ägäischen Meer freiwillig wiederum den Oberbefehl zur See übertragen erhielten" (Xenophon, Staatseinkünfte 5,2; 5 f.).

Der Seebund als Vereinigung von Bundesgenossen unter einer führenden Macht war auf Dauer ebensowenig wie der ähnlich strukturierte Peloponnesische Bund dem Druck der Forderung nach Autonomie gewachsen. Es bildeten sich daher neue Formen der Machtkonzentration heraus:
- Die Zukunft gehörte vor allem den Staatenbünden (*koiná*), die meist landschaftlich zusammengehörige Stämme und Städte vereinigten. Sie wurden geführt von Bundesversammlungen, in denen alle Mitglieder vertreten waren und die umfängliche exekutive Befugnisse erhielten. Derartige Bünde wurden in Arkadien (370), Ätolien (366), Euboia (341) und Achaia (281) gegründet; sie sollten die Geschichte Griechenlands bis zur Unterwerfung durch Rom maßgeblich bestimmen.
- Es mehrten sich die Versuche, durch die Zusammenlegung mehrerer

kleiner Orte zu einer großen Stadt (*Synoikismos*) die Chancen des politischen und militärischen Überlebens zu verbessern. So hatte bereits Theben während des Peloponnesischen Krieges die nördlich gelegenen kleinen Poleis, da sie unbefestigt waren, entvölkert und ihre Bewohner nach Theben verpflanzt; die alten Dörfer verödeten, aber Theben hatte seine Einwohnerschaft und damit die Schar seiner Krieger verdoppelt. 408/7 schlossen sich auf der Insel Rhodos die dortigen Städte zusammen und legten ohne Rücksicht auf das bergige Gelände an der Nordspitze eine neue Hauptstadt an, in die das Gros der Bevölkerung umgesiedelt wurde. Gebaut als geplante Stadt, d. h. mit rechtwinkelig sich schneidenden Straßen und drei künstlichen Häfen, reich an Menschen und Tatkraft, war sie bald in der Lage, mit Kriegsschiffen und Handelsflotten die große Handelsstraße am ägäischen Meer nach dem Osten zu kontrollieren. 369 war es die von dem Thebaner Epaminondas betriebene Gründung der arkadischen Stadt Megalopolis, die die Menschen von 39 Gemeinden aufnahm und zusammen mit der gleichzeitig für die messenischen Heloten gegründeten Polis Ithome Sparta in Schach hielt.
- In dieselbe Richtung wiesen die Verbindungen lange bestehender Städte zu einem Staat. So vereinigten sich zu Beginn des Jahrhunderts für einige Jahre Argos und Korinth, und auf der Chalkidike schlossen sich die dortigen Orte unter der Führung Olynths zu einem Staat zusammen.

Das Ziel aller dieser Zusammenschlüsse war, angesichts der zunehmenden politischen Zersplitterung und der wachsenden Kriegsgefahr die wirtschaftliche und militärische Überlebenschance der kleinen und mittleren Staaten zu wahren – auch auf Kosten der Autonomie, die dort, wo es um Sein oder Nichtsein ging, keinen Wert mehr besaß. Jetzt zeigte sich, daß der Verfall der einst mächtigen Bünde Spartas und Athens den Spielraum für nahezu endlose innergriechische Kriege ausgeweitet hatte. Nun blieben selbst die Heiligtümer nicht mehr verschont: 356 besetzten die umwohnenden Phoker Delphi und nutzten die Schätze des Apoll, um ein Söldnerheer von 10 000 Mann anzuwerben und damit Großmachtpolitik zu treiben. Isokrates hat 380 eine Festrede anläßlich eines griechischen Nationalfeiertags verfaßt und die Zustände seiner Zeit angeklagt, die weit schlimmer seien als das, was der Seebund des Perikles und der Demokraten Athens den Griechen angetan habe: „Denn wer möchte sich nach einem solchen Zustand sehnen, wo Seeräuber das Meer beherrschen, vagabundierende Söldner die Städte überfallen und die Bürger statt gegen Auswärtige für ihr Land, in ihren Mauern gegeneinander kämpfen, wo mehr Städte mit Waffengewalt erobert worden sind, als je vor dem Frieden [von 386]?" Der Zusammenschluß in Städtebünden erschien als der eine, schlechtere Ausweg aus dieser Krise; der andere, bessere hieß, die Waffen gegen das Land zu kehren, wo sich im Falle des Sieges – und wer wollte daran zweifeln? – alle Probleme in Nichts auflösen mußten: „So müßt ihr nun selber mit bedenken, welchen Wohlstand wir erringen würden, wenn wir den Krieg, der jetzt unter uns wütet, gegen die Asiaten führen und den Wohlstand Asiens nach Europa herüberholen würden..." (Isokrates, Panegyrikos 115;

187). Visionen einer besseren Welt auf Kosten anderer, Träume von ungeheurer Macht und legendärem Reichtum – wirkungsvoll schon immer, aber besonders dann, wenn alle anderen Auswege versperrt schienen.

## 6. Die Griechen im Westen des Mittelmeeres

Die Geschichte der Griechen in Sizilien und Unteritalien (der *Magna Graecia*) ist mit der Geschichte des Mutterlandes nie zu einer verwachsen. Es gab viele Verbindungen, und die sozialen, politischen und kulturellen Strukturen waren hier wie dort die gleichen. Aber die Griechen des Mutterlandes wandten ihr Gesicht nach dem Ende der Kolonisation zumeist nach Osten; in Sizilien und Unteritalien blickte man notgedrungen nach Süden (Karthago) und nach Norden (Italiker, Etrusker), denn dort lauerten Gefahren, die mit der Bedrohung des Mutterlandes durch die Perser vergleichbar waren. Die innere Geschichte von Syrakus, der wichtigsten griechischen Stadt auf der Insel, war denn auch nur bis zum Ende des 5. Jahrhunderts mit der Entwicklung einer griechischen Polis vergleichbar; seit 406 ging die Stadt eigene, verworrene Wege.

Die großen Jahrzehnte Siziliens waren im Verständnis der damaligen wie der heutigen Zeit die der Tyrannenherrschaften in Akragas, Gela, Rhegion, Himera und – alle anderen überstrahlend – Syrakus, wo die Deinomeniden Hof hielten wie Könige (485-466). Reicher als der frühere Adel regierten sie als gewalttätige Kriegsfürsten ebenso wie als freigebige Förderer der Künste. Auch Pindar genoß neben vielen anderen Dichtern ihre Gastfreundschaft und war von der Atmosphäre königlicher Majestät tief berührt, die er auf Orthygia, der Burg der Tyrannen, kennenlernte. Ihr Los erschien ihm wahrhaft bewundernswert:

„Einer ist groß in dieser, ein anderer in jener Art,
aber allen an der Spitze
stehen die Könige. Blicke nicht darüber hinaus!
Ich bete zum Himmel, du mögest erhaben schreiten
all diese Tage dein Leben lang."

Nun, so schritten sie nur für kurze Zeit. Auch sie verstanden es ebensowenig wie ihre Vorbilder im Mutterland, ihre Herrschaft in den Städten zu legalisieren, so daß sie dem Haß der Oberschichten und des Demos erlagen, als die Gefahr, die von Karthago ausging, gebannt schien und die angeworbenen Söldnerheere entlassen oder angesiedelt wurden. Mit ihrem Ende veränderten sich die inneren und äußeren Lebensbedingungen auf der Insel:

– Die den Tyrannen folgende Demokratie blieb ein Zwischenspiel (466-405).
– Nach dem Scheitern des athenischen Angriffs auf Syrakus begannen die Auseinandersetzungen mit Karthago um die Beherrschung der ganzen Insel. Sie dauerten bis 241 und wurden von den Römern entschieden.

*Sizilien und Süditalien (Magna Graecia); 8.–3. Jahrhundert v. Chr.*

- Die Griechen in Unteritalien sahen sich einem kontinuierlich zunehmenden Druck der lukanischen und oskischen Bergvölker ausgesetzt, die nackte Not in die Küstenebenen trieb.

Die Zeit der Tyrannen endete in Kriegen und Revolutionen, von denen der zur Zeit des Augustus schreibende Historiker Diodor, unsere einzige Quelle, nur ein einförmiges Bild überliefert: Immer wieder seien es brutale Despoten gewesen, die verzweifelte Volksmassen in den Aufstand trieben. Nun erforderte der Übergang zur Demokratie mehr als den bewaffneten Kampf gegen einen Tyrannen, und die Griechen Siziliens hatten in ihrer eigenen Geschichte wenig Erfahrung mit dieser neuen Staatsordnung sammeln können. Es ist daher wahrscheinlich, daß sich die nach dem Sturz des letzten Tyrannen in Syrakus (466) überall ausbreitende Demokratie am athenischen Vorbild orientierte. Einzelheiten sind nur für Syrakus überliefert. Demnach sah die Regierung nicht wesentlich anders aus als in Athen: Die Volksversammlung war der Souverän, für den der Rat die Vorarbeiten leistete.

Anders sah die soziale Grundlage und damit die Stabilität der Demokratie aus. Soziale Konflikte waren in Syrakus häufiger und ihre Ursachen schwer zu beseitigen: Auf der einen Seite stand die Macht der Großgrundbesitzer (die es in Athen nicht gab) und auf der anderen eine bunt gemischte Bevöl-

kerung, die durch große Umsiedlungsaktionen der Tyrannen erst geschaffen worden war. Alkibiades traf den Nerv, als er 415 den Überfall auf die Insel mit Blick auf die inneren Verhältnisse befürwortete: „Denn ihre Städte sind von zusammengewürfelten Massen bevölkert. Veränderungen und Zulassungen neuer Bürger kommen da jederzeit vor. Folglich ist keiner bereit, sich zu verteidigen wie im angestammten Vaterland" (Thukydides 6, 17).
Das demokratische Zwischenspiel ging zu Ende, als die Karthager 406 mit ihrer bisher größten Armee im Süden an Land gingen und die ganze Insel in ihre Gewalt zu bringen suchten. In Syrakus stürzte sich daraufhin die verängstigte Volksmasse wieder in die Arme eines Tyrannen (Dionysios: 406-367), dem sie die Fähigkeit zur Zusammenfassung aller Kräfte und die Abwehr des Feindes zutraute, der bereits die Stadttore berannte. Trotz jahrzehntelanger Anstrengungen hat Dionysios letztendlich nicht verhindern können, daß die Griechen aus dem westlichen Teil Siziliens völlig verdrängt wurden und die Karthager dort einen geschlossenen Herrschaftssprengel (*Epikratie*) einrichteten. Große Städte im Süden, wie Selinunt und Akragas (heute: Agrigent), sanken zu dörflichen Siedlungen herab. Die Flüsse Halykos und Himeras markierten künftig eine Grenze, die niemand anerkennen wollte, aber jeder respektieren mußte.
Syrakus blieb bis 344 in der Hand von Tyrannen. Dann nahm die Mutterstadt Korinth die Dinge in die Hand: Ein Söldnerheer unter der Führung des Timoleon, eines Demokraten reinsten Wassers, landete in Sizilien und stürzte den letzten Tyrannen Dionysios II., der im Besitz seiner Schätze in Korinth den Rest seines Lebens als Rentner genoß. Timoleon hingegen machte sich als bevollmächtigter Stratege (*strategós autokrátor*) daran, seine der des Sisyphos vergleichbare Aufgabe zu bewältigen: Die Wiedereinführung der Demokratie in Syrakus und anderen sizilischen Städten und die Sicherung Ostsiziliens vor dem Zugriff der Karthager. Beides gelang ihm für zwei Jahrzehnte, wofür ihn die Bürger des dankbaren Syrakus als zweiten Gründer der Stadt über seinen Tod hinaus verehrten.
317 war alles vorbei. Erneut griff in Syrakus ein Tyrann, Agathokles, nach der Macht, die er 305 ganz im Stile der großen Generäle Alexanders mit dem Diadem des Monarchen zu legitimieren suchte. Erneut flammten die Kämpfe mit Karthago auf und weiteten sich bis nach Afrika und vor die Tore Karthagos aus. Entschieden wurde nichts: Karthagos Machtanspruch auf der Insel war durch eine lose Koalition griechischer Städte, die immer und zu Recht ängstlich auf ihre Autonomie bedacht waren, nicht zu brechen. Auch der Triumph der mit Timoleon zurückgekehrten Demokratie versank im Morast der endlosen Fehden demokratischer und oligarchischer Parteiführer, die allesamt zu schwach waren, die Probleme, welche ihre Stadt niederdrückten, zu lösen: Da waren zunächst die Verbannten, die nach jedem Umsturz kamen und gingen, da waren weiter die von den Tyrannen zwangsweise Umgesiedelten, die keine gesicherten Eigentumsverhältnisse zuließen, und da gab es vor allem die Söldner, Griechen ebenso wie Fremde, die mit Geld und Land versorgt werden wollten und immer

präsent waren, wenn einer ihrer Führer nach der Alleinherrschaft griff. Gerade sie waren auf Dauer nicht in die Bürgergemeinde zu integrieren, so daß sie sich letztlich immer wieder an die Tyrannen hielten. Wege in die Zukunft waren in einer Welt nicht zu finden, die seit Alexander dabei war zu lernen, wie man die Rückkehr der Monarchen von Makedonien bis Ägypten ertragen und zugleich große Territorialstaaten in Italien und dem östlichen Mittelmeer schaffen konnte.

In Unteritalien wuchs der Druck der italischen Bergstämme, die aus der Enge ihrer kargen und unwirtlichen Bergtäler ausbrachen und in die von den Griechen besiedelten weiten und fruchtbaren Küstenebenen strömten. Die griechischen Städte schlossen Abwehrbündnisse, zogen Mauern, begruben zeitweise ihre eigenen Streitigkeiten und holten aus dem Mutterland Hilfe, von wem immer sie zu haben und zu bezahlen war. Trotzdem gingen mehr und mehr Gebiete verloren, und in Städte mit einst glanzvollem Namen zogen Einwanderer aus den Bergen. Kyme (lat: Cumae), die älteste griechische Kolonie, wurde Opfer der Invasion und von den Oskern neu besiedelt. Im fruchtbaren Kampanien fiel Poseidonia Ende des 5. Jahrhunderts in die Hände der Lukaner und lebte unter dem Namen Paestum fort. Vor seinen großen Tempeln beteten, kurz nachdem sie fertiggestellt waren, lukanische Frauen und Männer, die dem verbliebenen griechischen Bevölkerungsrest einmal im Jahr erlaubten, dort ein griechisches Fest zu feiern.

Die endgültige Austragung des Konflikts blieb den Griechen wie den italischen Stämmen erspart: Die neue italische Großmacht aus dem Norden, Rom, löste das Problem auf ihre Weise.

## 7. Kreta, das vergessene Land

Die umwälzenden Ereignisse der Perserkriege, die Kämpfe um die Hegemonie über ganz Griechenland, die tiefgreifenden Veränderungen des Denkens – alles dies fand ohne die kretischen Städte statt, und die Kunde davon klang in ihren Mauern wie Nachrichten aus einer fernen Welt. Dabei war es früher ganz anders gewesen: Homer sprach von Schiffen und Helden, die am Krieg um Troja teilgenommen hatten (Ilias 2, 645 ff.), Odysseus stellte sich seinem ahnungslosen Schweinehirten Eumaios als kretischer Abenteurer vor (14, 199 ff.), die Theräer waren sich sicher, daß sie ein Kreter nach Kyrene geführt hatte (Herodot 4, 151), die Mythen und Gründungssagen wußten von kretischen Kolonistenzügen, und der archaische Apollonhymnus sang von der Entscheidung des Apoll, Kretern das pythische Heiligtum anzuvertrauen (387 ff.; 452 ff.). Im 6. Jahrhundert jedoch gab es nur noch dünne Rinnsale, die die Griechen der Insel mit dem Festland verbanden. Der belebende Handel mit den Phoinikern verschwand, und die maritimen Verkehrslinien führten jetzt an Kreta vorbei. Die Insel versank in einen archaischen Dämmerzustand, in dem die Dinge so blieben, wie sie waren. Die geographische Entfernung vom Mutterland erwies sich als zu groß und der Reichtum Kretas als zu gering, um das mutterländische Interesse an den Bewohnern der fernen Insel wachhalten zu können.

Die geographischen Gegebenheiten Kretas, beherrscht von den gewaltigen Höhenzügen seiner drei Gebirge (s. S. 35, 37), ließen Siedlungen nur auf engstem Raum zu. So waren es allein die in den weiten Fruchtebenen angelegten Städte Knossos und Gortyn, die überregionale Bedeutung beanspruchen konnten. Die übrigen rund 60 Poleis drängten sich, zieht man die unbesiedelbaren Gebirgsmassive ab, auf einem Areal von durchschnittlich 100 km². Ihr städtisches Zentrum lag im Landesinneren: Die Bedrohung durch Seeräuber, zu denen man sich nicht ohne Stolz selbst zählte, ließ an der Küste nur die Anlage leicht aufzugebender Häfen und Kontore zu.

Dies war kein Ort, um eine Staatenbildung zuzulassen, die die ganze Insel erfassen konnte. Die Schwäche der Kleinstaaten führte sie in immer neuen Symmachien zusammen, sobald einer der ihren mächtig zu werden drohte. Sie alle wollten autark leben, so armselig die Lebensbedingungen auch immer sein mochten. Ähnliches (und vergleichbares) fand auf dem Festland in Arkadien, Akarnanien und Ätolien mit demselben Ergebnis statt: Zusammenschlüsse dienten der Abwehr der Großen, und sie zerfielen, sobald das gesteckte Ziel erreicht war. Konflikte untereinander um die wenigen Fruchtäcker und Weideflächen waren an der Tagesordnung; noch Polybios sprach im 2. Jahrhundert davon, daß Kreta eine Brutstätte unaufhörlicher Kriege sei (6, 46,9). Das Kriegerdasein wurde so zur selbstverständlichen Gewohnheit und bestimmte die gesamte Sozialordnung.

Diese war beherrscht vom Vorhandensein von Hörigen, die aus der Zeit der Eroberung der Insel stammten. Die einwandernden Dorier hatten die Insel nach Osten fortschreitend in Besitz genommen und die einheimische Bevölkerung, soweit sie nicht zu einem friedlichen Nachgeben bereit war, mit dem Schwert in die dauernde Hörigkeit gezwungen; als *Klaroten*, d. h. als in private Verfügungsgewalt Geratene, oder als *Mnoiten*, d. h. als Staatssklaven dienten sie ihren neuen Herren. Diese Aufteilung folgte dem Prinzip der Landverteilung: Nur ein Teil des speererworbenen Landes wurde als Privateigentum verteilt; ein gewichtiger Rest blieb Staatsland.

Diese besondere Form der Unfreiheit trug notwendig ein anderes Gesicht als die Sklaverei, die auf Kriegsgefangenschaft oder Schuldknechtschaft gründete. Zwar glich die Rechtsstellung prinzipiell der anderer Sklaven; aber anders als diese wirtschafteten die Klaroten auf eigenem Grund und Boden, den sie wie seit Urzeiten im Familienbetrieb beackerten. Sie ermöglichten den freien waffentragenden Bürgern in den Städten ein mehr oder minder sorgenfreies Rentnerdasein und gaben ihnen die Arme frei, die sie desto emsiger zu Krieg und Piraterie rühren konnten. Von Aufständen sprechen die Quellen – ganz anders als bei den Heloten Spartas – nicht. Sie waren auf der waffenstarrenden Insel, wo kein auswärtiges Land Hilfe bringen konnte, ohnehin aussichtslos.

Trotz des Fleißes der Hörigen waren die landwirtschaftlich nutzbaren Flächen zu gering, um bei wachsender Bevölkerung soziale Krisen zu verhindern, wie sie auch in den griechischen Mutterstädten an der Tagesordnung waren. So ehrte Pindar einen Kreter namens Ergoteles, der, durch innere Kämpfe aus Knossos vertrieben, Bürger von Himera und Olympiasieger geworden war: „Sohn des Philanor, dem Hahn gleich, der im Stall nur kämpft, an dem Herde der Deinen wäre deines Laufens Ruhm ungefeiert längst schon entblättert, hätt' Aufruhr dich nicht von Mann gegen Mann aus der Heimat Knossos ehmals losgerissen" (Olympische Ode 12). So muß es vielen ergangen sein, die im vierten Jahrhundert ihre Dienste als Söldner auf allen Kriegsschauplätzen des Mittelmeeres in Scharen feilboten.

Die Staatstheoretiker des 4. Jahrhunderts, die einen Ausweg aus den politischen Krisen des Mutterlandes suchten, entdeckten Kreta neu, da die Verfassungen seiner Städte ebenso wie die Spartas auf dem Status der archaischen Zeit stehengeblieben waren. Der Traum, doch noch den Idealstaat finden zu können, wies immer wieder in die Vergangenheit, und diese war in Kreta in der Tat höchst lebendig. Aber es war und blieb eine Illusion: Der Staat der Krieger, die auf Kosten ihrer Hörigen gemeinsam schmausten und kämpften, war eine Erscheinung am Rande der Welt, in deren Zentrum sich die Monarchen zu einem Siegeszug rüsteten, der in der Eroberung der weltumspannenden römischen Republik mit Augustus seine triumphale Krönung erfuhr.

# IX. Die Antwort des Denkens auf die Herausforderung des politischen Wandels

| | |
|---|---|
| 480-405 | Die Blütezeit der tragischen Dichter (Aischylos, Sophokles, Euripides), der Sophisten und der Geschichtsschreiber. |
| um 425 | Herodot schreibt „Historiai" (Erkundungen) über die Auseinandersetzungen der Griechen mit den Persern. |
| um 400 | Thukydides legt die Geschichte des Peloponnesischen Krieges vor. |
| 399 | Sokrates wird in Athen angeklagt, die Götter zu leugnen und die Jugend zu verführen. |
| 427-388 | Die Herrschaft des Aristophanes auf der Bühne der Komödie; erhalten blieben elf vollständige Stücke. |
| 387 | Platon gründet die Akademie in Athen und entwickelt seine Ideenlehre. |
| 335 | Aristoteles gründet in Athen eine eigene Schule und erforscht insbesondere die Grundlagen der Politik. |

## 1. Der Mensch als Maß aller Dinge

*Die Sophisten*

Die Athener haben sich an den spekulativen Versuchen der Philosophen, dem Urgrund allen Seins auf die Spur zu kommen, nicht beteiligt, obwohl sie einigen großen Naturphilosophen wie Anaxagoras Gastrecht gewährten. Heimisch wurden bei ihnen die Sophisten. So nannte man herumziehende Gelehrte und Lehrer, die aus allen Teilen der griechischen Welt kamen und deren Wege im demokratischen und weltstädtischen Athen zusammentrafen, wo sie die besten und zahlungskräftigsten Schüler um sich sammeln konnten, Athener wie Ausländer: „Protagoras zieht sie mit sich in jeder Stadt, durch die er kommt, er verzaubert sie mit seiner Stimme wie Orpheus, und sie folgen ihm wie gebannt" (Platon, Protagoras 314b-316a). Die einen mag er an die alten Rhapsoden aus der fernen Zeit des Homer erinnert haben, die anderen an Gestalten, die die spätere Legende vom Rattenfänger von Hameln unsterblich machte.
Dort, wo sie sich länger aufhielten, boten sie Unterricht in allen Disziplinen an, deren Beherrschung Erfolg im Leben und in der Politik versprach oder auch nur Pläsier und Unterhaltung. „Die Leute möchten gerne von den Genealogien der Heroen und Menschen, von der frühen Gründung von Städten hören", wußte Hippias von Elis, also mußte man „diese Dinge aufs sorgfältigste erforschen und lehren" (Platon, Hippias 285d). Platon hat ihm diese vielseitige Geschäftigkeit übel genommen und ihn zum Prototyp ei-

*Jacques-Louis David, Der Tod des Sokrates, Skizze, 1782*
(Paris, Musée du Louvre)

Auch die Demokratie hatte ihre dunklen Seiten. Der Prozeß gegen Sokrates und seine Verurteilung zählen dazu (s.S. 254 f.), und es verwundert nicht, daß die Nachwelt mit den Richtern dieses Mannes nun ihrerseits scharf ins Gericht ging. Nicht zufällig zählten die christlichen Apologeten dazu. Sie verglichen das Sterben des Sokrates mit dem christlichen Martyrium: Der Tod für die eigene Überzeugung, aufgezwungen von verständnislosen Staatsorganen, erschien hier wie dort gleich. Sehr viel später, in der Renaissance, hat Marsilio Ficino, der Verfasser der *Theologia platonica* (1482), gar die Parallele zum Tode Jesu gewagt, und Erasmus von Rotterdam sprach ihn als Heiligen an: „Sancte Socrates, ora pro nobis."

Einen ganz anderen Sokrates hatte die Aufklärung im Sinn; aber auch sie dachte vornehmlich an den Tod des Philosophen. Denn bei ihrem letzten Auftritt, so waren sich die aufgeklärten Geister sicher, zeigen die wahren Philosophen noch einmal alle ihre Tugenden, mußten Wort und Tat eins werden. Sokrates war ihr Edelster: „Das edelste Leben, das jemals gelebt ward / krönt' er mit einem Tode, der selbst dies Leben erhöhte" (Klopstock, Messias, 7,399 ff.). Für die *Encyclopédie* zählte er zu den großen Erlösern der Menschen, denn er hatte ihnen die Freiheit des Denkens gezeigt und sie dadurch mündig gemacht: „Il tira nos ancêtres de l'ombre & de la poussière, & il en fit des citoyens, des hommes d'état" (XV, S. 261). Aber er war auch der Mann, dessen Tod man sich ins Gedächtnis rief, um für den Widerstand gegen kirchliche Bevormundung – 1759 schrieb Voltaire einen antikirchlichen *Socrate* – und staatliche Unterdrückung, gegen Fanatismus und Intoleranz gerüstet zu sein.

Der Maler David zeigt einen athletischen Sokrates, der majestätisch in der Mitte seiner verzweifelten Schüler doziert; seine Rechte greift nach dem dargebotenen Gift, ohne ihm irgendeine Beachtung zu schenken, seine Linke weist nach oben, erinnert an die Unsterblichkeit der Seele. Hier geht – so will es David – ein Philosoph gelassen in den Tod, der, obwohl im Gefängnis, frei ist, und der das tut, was der Inhalt seines Lebens war: Lehren.

Neben der Apologie Platons waren es Xenophons Erinnerungen an Sokrates, die das Bild der letzten Stunden des Sokrates prägten. Darin sind auch die Sätze enthalten, die für Xenophon das Glaubensbekenntnis seines greisen Lehrers enthielten:

„Nun denn, wenn ich ungerechterweise sterbe, dann ist das wohl schimpflich für die, welche mich ungerechterweise hinrichten. Denn, wenn das Unrechttun nun einmal schimpflich ist, wie sollte es dann nicht schimpflich sein, daß die anderen meiner Person gegenüber das Gerechte weder erkennen noch tun? Wie ich sehe, wird der Ruhm für die Übeltäter und die Dulder bei der Nachwelt recht ungleich verteilt. Ich weiß, daß die Erinnerung an meine Person gepflegt werden wird, auch wenn ich jetzt sterbe, und zwar auf andere Art als das Andenken an die, welche mich hinrichten. Denn ich bin überzeugt, daß mir immer das Zeugnis ausgestellt werden wird, daß ich niemals einem Menschen Unrecht getan habe, noch daß ich jemanden schlechter gemacht habe, daß ich im Gegenteil meine Zuhörer immer zu bessern versuchte" (4,9-10; Übers.: R. Preiswerk).

nes schwadronierenden und ein wenig betrügerischen Intriganten gemacht. Nun ist richtig, daß Hippias nichts „über den Staat" oder „über die Wahrheit" geschrieben hat, sondern wie viele andere seines Schlages die praktischen Dinge des Lebens dem großen theoretischen Entwurf vorzog und sich gar rühmte, seine Schuhe selbst nähen zu können (368c). Verdächtig macht ihn dies nur von der besonders hohen Warte des ex cathedra predigenden Philosophen aus.

Die bekanntesten unter den Sophisten waren Protagoras aus dem thrakischen Abdera (ca. 480-410) und Gorgias aus dem sizilischen Leontinoi (ca. 485-380). Ihre Spuren in der Geschichte sind markant, auch wenn ihre Lehren im wesentlichen nur durch ihre Nachwirkung und die Schriften Platons rekonstruiert werden können, der sie in mehreren seiner Dialoge auftreten ließ und ein sehr eigenwilliges Bild von ihnen hatte. An ihrer Bedeutung ändert die Tatsache nichts, daß ihr Ruf nicht immer der beste war – vor allem nicht unter den Schülern des Sokrates: „Die Sophisten reden, um zu betrügen; sie schreiben zu ihrem eigenen Gewinn und nützen niemandem etwas. Denn niemand von ihnen war oder ist weise, sondern es genügt einem jeden von ihnen, *Sophist* zu heißen, ein Wort, das wenigstens bei allen anständigen Menschen als Schimpfwort gilt" (Xenophon, Buch von der Jagd 13,8).

Eine feststehende Lehrmeinung vertraten die Sophisten nicht: „Doch weiß ich nun gar nicht, angesichts der vielen Gestalten, in denen sich der Sophist gezeigt hat, wie man nun wahrhaft bestimmen und bezeichnen soll, was er tatsächlich ist" (Platon, Der Sophist, 231b9). Man versteht diese Verlegenheit Platons, da das erste auffallende Merkmal der Sophisten ihre Vielseitigkeit ist – in diesem Punkt wie in anderen auch sind sie den großen Geistern der europäischen Aufklärung vergleichbar. Kritias etwa, eben der Oligarch, der nach 404 in Athen im Kampf für die Oligarchie starb, schrieb Dramen, Elegien, Reden, Dialoge, Aphorismen und über die Verfassungen ebenso wie über die Natur und die Liebe. Gemeinsam war ihnen, daß sie an eine vernünftige Ordnung der Welt glaubten und sich dementsprechend sicher waren, alles erkennen und alles tun zu können. Für viele mündete dies konsequent in Atheismus und in den Gedanken, daß die Götter die Erfindung eines klugen Menschen seien: „Irgendein geistreicher und erfahrener Mann erfand für die Menschen die Gottesfurcht, damit den Bösewichtern auch für das, was sie im Verborgenen täten, sagten oder dächten, ein Schreckgespenst vor Augen stehe" (Kritias frg. 25).

Gemeinsam war ihnen auch, daß sie nicht über die Struktur des Seins und die Erscheinungswelt der Natur (*physis*), sondern über den Menschen und die Ordnung der menschlichen Gesellschaft (*nómos*) nachdachten. Ausgangspunkt war die Beobachtung, daß die Natur eine andere Wirklichkeit zeigt als die, die sich die Menschen durch Verfassungen und Gesetze geben. So verwies die Natur auf die physiologische Gleichheit aller Menschen, während die soziale und politische Ordnung scharfe Trennungslinien zog. Diese Einrichtung war also ebenso wie andere Unterscheidungen zwischen den Menschen nicht natürlich; sie mußte daher die Konsequenz historischer Entwicklungen und Konventionen sein. Oder: Die Natur zeigte als Normalfall Lebensformen, in denen die Stärke allein den Ausschlag gab und der Machttrieb allgegenwärtig war; dagegen hatten die Menschen die Tyrannis der Gesetze errichtet und nach eigenen, willkürlichen Normen zwischen Recht und Unrecht unterschieden. Wollte man beides – Natur und Gesetz – miteinander versöhnen, mußte man nach der Auffassung der Sophisten dem in sozialen und politischen Konflikten jeweils Stärkeren auch das Recht zubilligen, seine Ansprüche durchzusetzen.

Was die Sophisten gerade in Athen, der „Hochburg der Weisheit" (Platon), begeisterte Anhänger finden ließ, waren die praktischen Fertigkeiten, die sie vermittelten. Insbesondere die Fähigkeit, den Gegner durch die Kunst (*téchne*) der Rede zu besiegen, wurde in einer politischen Welt begierig gelernt, in der die Volksversammlung unter großer öffentlicher Anteilnahme über alle Angelegenheiten von Bedeutung und über die politischen Karrieren entschied. Protagoras brachte auf einen Nenner, worum es ging und was die große Wirkung der Sophisten ausmachte: Mein Unterricht „zielt auf die praktische Klugheit sowohl in den eigenen Angelegenheiten, damit einer sein Haus möglichst gut verwalten kann, als auch im öffentlichen Leben, damit einer möglichst fähig wird, in den Angelegenheiten der Stadt mitzuhandeln und mitzureden" (Platon, Protagoras 318e-19a).

Jedermann wußte, daß dies ein gefährlicher Weg war, wenn es nur noch um den Sieg im Streit der Argumente und nicht mehr um das eigentliche Ziel, die beste Ordnung des Staates, ging. Kallikles, ein Schüler des Gorgias, gab denn auch in einem heftigen Disput mit Sokrates zu, viele Redner in der Volksversammlung dächten keineswegs daran, „daß die Bürger durch ihre Reden möglichst gut werden"; vielfach wären sie nur darauf aus, „sich den Bürgern gefällig zu machen, und behandeln, ihres eigenen Vorteils wegen den gemeinsamen vernachlässigend, das versammelte Volk wie Kinder, indem sie ihm nur Vergnügen zu machen suchen" (Platon, Gorgias 502e). Damit war ein Kernproblem der demokratischen Ordnung getroffen, und als diese den unverzeihlichen Fehler machte, den Peloponnesischen Krieg zu verlieren, hatten die Kritiker leichtes Spiel, mit ihr auch ihre gewichtigsten Lehrmeister, die Sophisten, zu verdammen.

*Die Verantwortung des Einzelnen: Sokrates*

Der Widerstand gegen die Sophistik formierte sich also, als die von ihr vermittelte Kunst in den Verdacht geriet, alles Recht, alles Herkommen, die gesamte sittliche Ordnung auf den Kopf zu stellen. Ihre rein physikalische Naturerklärung, die ohne göttliche Schöpferkraft auskam, erschien als Gotteslästerung, und ihre auf den Vorteil und Erfolg des Individuums zielende Ethik sowie deren wichtigstes Instrument, die Manipulation der Menschen mit den Mitteln der Rhetorik, drohten in den Augen vieler das Rechtsbewußtsein und die darauf ruhende staatliche Ordnung aufzulösen. Platon hat die in seinen Dialogen auftretenden Sophisten in vielfachen Variationen das Grundthema vom Recht des Stärkeren vertreten lassen, das die Natur vorgegeben und das das individuelle Glück als das eigentliche Ziel eines kraftvollen Lebens bestimmt habe: „Luxus, Ungebundenheit und Freiheit, darin bestehen, wenn jemand die Fähigkeit hat, sich zu helfen, Tugend und Glück; das andere aber ist äußerer Putz, widernatürliche, von den Menschen aufgestellte Abmachungen und nutzloses Geschwätz" (Gorgias 491e-92c).

Der Komödiendichter Aristophanes hat in seinem 423 aufgeführten Stück *Die Wolken* Sokrates (469-399) als Prototyp eines verdorbenen und gefährlichen Sophisten auf die Bühne gebracht. Dieser stürzt dort einen durch eine ehrgeizige Heirat zugrunde gerichteten Bourgeois ins Elend, der von ihm die Kunst lernen will, die Rechte seiner Gläubiger zu verdrehen, um den eigenen Ruin abzuwenden. Als dies an der Einfalt des Schülers scheitert, wird dessen Sohn verführt, der – nur allzu gelehrig – die erlernte Kunst gegen den Vater kehrt, diesen schließlich verprügelt und ihm auch noch beweist, daß er hierzu berechtigt sei. Als der rasende Vater daraufhin das Haus des Sokrates in Flammen aufgehen läßt, entlädt sich gewalttätig der Haß auf alles, was die überlieferte Ordnung zerstörte.

Mehr als zwei Jahrzehnte später, im Jahre 399, wurde der nunmehr siebzigjährige Sokrates vor Gericht angeklagt, die Götter zu leugnen und die Jugend zu verführen; Sokrates habe dabei die Fähigkeit gelehrt, „die schwächere Rede zur stärkeren" zu machen. Rechtsgrundlage der Anklage war ein in den ersten Jahren des Peloponnesischen Krieges verabschiedetes Gesetz, das jeden, der nicht an die Götter glaubte oder von überirdischen Dingen handelte, mit dem Tod bedrohte. Zum Zeitpunkt seines Erlasses zielte das Gesetz gegen den Philosophen Anaxagoras, der eine rationalistische Lehre von der Entstehung der Welt vertrat. Es traf Sokrates, der mehr als drei Jahrzehnte lang in Athen ohne Honorar junge Menschen unterrichtet hatte und so bekannt war, daß man dorthin reiste, nur um ihn zu sehen.

Sokrates hat seine Tätigkeit sehr persönlich und theologisch gerechtfertigt: Schon als Knabe glaubte er eine göttliche Stimme (*Dämonion*) gehört zu haben, die ihn durch sein ganzes Leben begleitete. Ihr folgte er und gab das vom Vater erlernte Handwerk eines Steinmetzen auf, um künftig tagaus, tagein auf dem Markt und in den Straßen Athens Menschen zu finden, mit denen sich Gespräche über beliebige Themen anknüpfen ließen. Viele liefen ihm zu, vor allem aus der jeunesse dorée, die ihm Zugang zu den besten Kreisen verschafften, in deren Häusern er als Gesellschafter ein- und ausging. Am Ende seines Lebens war er arm, was nicht immer so gewesen sein kann, da er, zeitlebens loyaler Bürger, im Heer als Hoplit diente. Naturwissenschaften lagen ihm nicht – dafür fehlte ihm die nötige Ausbildung; auch glaubte er mit einem gewissen Recht, daß eine intensive Beschäftigung mit ihnen den Glauben an die Götter gefährden müsse.

Das Auffallendste an der Lehrtätigkeit des Sokrates war das angewandte Mittel des Dialoges: Durch Fragen, die er, der wirklich oder scheinbar nichts Wissende, stellte, sollte der Gesprächspartner selbst zum Wissen um die richtige Lebensform geführt werden. „Ein Leben ohne Selbsterfor-

## 1. Der Mensch als Maß aller Dinge

schung ist nicht wert, gelebt zu werden", verkündete der Greis seinen Richtern und erläuterte unter Hinweis auf seine Methode, er sei „nie irgendjemandes Lehrer gewesen." Was er statt dessen getan haben wollte, kleidete er in einen launigen Vergleich: Er sei die Stechfliege, die Athen wie einem großen und edlen Pferd beigegeben sei, das – träge geworden – zu seinem eigenen Besten angetrieben werden müsse.

Sokrates hat keine Zeile geschrieben, und kein Zeitgenosse hinterließ authentische Aufzeichnungen über diesen Sohn einer Hebamme und eines Steinmetzen, dessen Ehe mit Xanthippe unerschöpflicher Quell von Hohn und Spott war, und der schon zu Lebzeiten zur Legende wurde. Insbesondere ist nicht zu klären, wieviel sein Schüler Platon von ihm übernommen hat. Niemand kann genau sagen, was er lehrte und wie er wirklich gesprochen hat, obwohl neben Platon auch andere Schüler, wie Xenophon und Aischines, Dialoge schrieben, in denen er die Hauptrolle spielt. Die der ganzen Antike geläufige Vorstellung, er habe die Philosophie vom Himmel herab und ins Leben der Menschen hineingeholt, trifft jedoch den Kern: Sokrates sprach zu jedermann, den er in ein Gespräch verwickeln konnte, vom Menschen und seinen ethischen Pflichten. In diesem Punkt war er einer der Sophisten. Andererseits tadelte er, sie betrieben ohne Interesse an der Sache Wortklauberei, und spottete über ihre Überheblichkeit und ihren Wissensdünkel, den sie sich fürstlich vergolden ließen. Seine große Wirkung spiegelt sich in der Selbstverständlichkeit, mit der sich alle großen griechischen Philosophen nach ihm als seine Schüler bezeichneten, und in der Anteilnahme, mit der über die Zeiten hinweg Menschen sein Schicksal verfolgt haben.

Der Schuldspruch, den ein athenischer Gerichtshof mit 281 gegen 220 Richterstimmen gegen ihn fällte, ist nur vor dem Hintergrund der Katastrophe von 404 zu verstehen. Eine von fast 30 Jahren Krieg geschlagene Bürgerschaft sah in der Niederlage das Wirken rächender Götter, deren Existenz leichtfertige Philosophen geleugnet hätten. Als „Lehrer der Weisheit" hätten sie zudem die Jugend zur Mißachtung von Herkommen und Gottesverehrung verführt und seien verantwortlich für die Taten eines Alkibiades oder Kritias, der nach der Niederlage die Schreckensherrschaft der Oligarchen errichtet hatte. So ging Sokrates in den Tod, nicht weil der geistige Terror in das demokratische Athen Einzug gehalten hätte, sondern weil eine tief verunsicherte und gedemütigte Stadt glaubte, Religion und Moral der Väter für das eigene Überleben schützen zu müssen.

Der Prozeß bewirkte das Gegenteil von dem, was sich die Ankläger erhofft hatten. Sokrates wurde zum Märtyrer, und eine über seinen Tod hinaus wachsende Schar von Verehrern pries ihn wie einen Heiligen. Den Grund, warum der Meister sterben mußte, fand der Schüler Platon in der Unwissenheit der Menschen und in ihrer Verachtung für die Philosophie. Am Ende seines Höhlengleichnisses (Politeia 7,515a-517a), wenn der von seinen Fesseln befreite Philosoph vom einsamen Flug in den Himmel der Erkenntnis des Wahren und Guten zurückkehrt in die Dunkelheit der Höhle und zu seinen früheren Leidensgenossen, ist sich Platon sicher, daß die dort Gebliebenen, wenn sie nur könnten, Hand an den Philosophen legen und ihn töten würden: „In der Höhle würde er [der Heimgekehrte] jene Schatten zu erkennen haben, im Wettbewerb mit den für immer Gefesselten ... Müßte er sich da nicht zum Gespött machen und sich nachsagen lassen, er käme von seinem Aufstieg mit verdorbenen Augen zurück und es könne sich nicht lohnen, sich an diesem Aufstieg zu versuchen? Wollte er nun Hand anlegen, andere zu befreien und hinaufzuführen, würden sie dann, sofern sie sich seiner bemächtigen und ihn umbringen könnten, ihn nicht wirklich töten?" (Übers.: Blumenberg, Höhlenausgänge, 1989).

Das Schicksal des zur wahren Erkenntnis Fähigen, den in der Menge der Unwissenden nur Hohn und Gewalt erwarten, ist das Schicksal des Sokrates. Platon hat dem Gedanken von der gefahrvollen Einsamkeit des Philosophen – „wie ein Mensch, der unter die wilden Tiere gefallen ist" (Staat 494a) – auch sonst gerne nachgesonnen. Die Wirklichkeit beschrieb er damit nicht, schon gar nicht die des demokratischen Athen, das auch im vierten Jahrhundert Heimat und nicht Ort der Verfolgung für viele Denker war. Die Mehrzahl der Athener wird es mit seinen Philosophen wohl so gehalten haben wie das thrakische Bauernmädchen, das in Gelächter ausbrach, als es den großen Thales in einen Brunnen fallen sah, während er den Himmel und die Bewegung der Gestirne studierte; „sie meinte, er habe die Dinge am Himmel kennenlernen wollen, aber es sei ihm entgangen, was... unmittelbar zu seinen Füßen lag." Platon, der die Geschichte erzählt, fügt mit erhobenem Zeigefinger und völlig humorlos hinzu: „Jeder, der sein Leben der Philosophie widmet, ist solchem Spott ausgesetzt ... Der ganze Pöbel wird mit dem Bauernmädchen über ihn lachen" (Theaitetos 174a-d).

Trotzdem: Platons Deutung des Prozesses gegen Sokrates hat tiefen Eindruck auf die Nachwelt gemacht. Dem jungen Hegel schien der Vergleich mit Jesus der einzig angemessene, und für viele andere gebührte Sokrates in der Reihe der großen Märtyrer der vornehmste Platz, da ihm keine göttliche Natur zu seiner Tat verhalf, als er die mögliche Flucht ablehnte und den todbringenden Schierlingsbecher leerte (vgl. S. 251).

## 2. Die religiösen Feste und die Gemeinschaft der Bürger

Die Demokraten haben die religiösen Feste in Athen, das immer als fromme Stadt galt, vermehrt und prächtig ausgestattet. Die Aufwendungen bestritten die Stadt und die wohlhabenden Bürger, die etwa die Chöre der Tragödie samt ihrer Ausstattung finanzierten (*Choregie*). Die meisten Feste gipfelten nach Umzügen, Wettspielen, Musik und Tanz in großen Opfern für die Götter, wobei die geschlachteten Opfertiere der Festgemeinde ein großes Gelage bescherten. Für die Ärmeren war es zumeist die einzige Gelegenheit, einmal in den Genuß von Fleisch zu kommen. Gemeinsam mit den Bessergestellten und den Mächtigen, auf gleicher Ebene, standen sie um den Altar, ehrten die Unsterblichen, aßen zusammen und erfuhren

miteinander in einer tief beeindruckenden Stimmung, daß sie alle Bürger einer Stadt waren.
Ein Teil der Feste vereinte ausschließlich die männlichen und erwachsenen Bürger und bekräftigte ihre exklusive, hervorgehobene Stellung gegenüber den Nichtbürgern, den Sklaven und auch gegenüber ihren Frauen. Andere Feste waren wiederum nur diesen zugänglich, wie etwa die Thesmophorien (nach *Thesmophóros*, Beiname der Göttin Demeter und ihrer Tochter Kore). Dieses in Griechenland weit verbreitete Fest wurde zur Zeit der Aussaat gefeiert. Um Demeter, die Göttin des Ackerbaus, zu ehren und die eigenständige Verantwortung der Frauen für die Fruchtbarkeit von Gemeinde und Ackerland zu demonstrieren, feierten sie drei Tage in der strengen Abgeschiedenheit eines Heiligtums und blieben unter sich.
Die bedeutendsten Feste fanden zu Ehren der zentralen Gottheiten statt: Die Panathenäen für die Stadtgöttin Athena und die großen Dionysien für Dionysos, den Gott der rauschhaften Ekstase. Beide Feste waren von den Peisistratiden gegen den Widerstand der lokalen, um die einzelnen Kultstätten konzentrierten Adelsherrschaften geschaffen worden, und beide verkörperten daher in besonderer Weise die politische Einheit Attikas. Darüber hinaus gab es Anlässe genug, um Feste zu feiern. Im fernen Tarent soll es mehr Feste gegeben haben als das Jahr Tage hat, sagten die Leute bewundernd; dies war gewaltig übertrieben, aber daß dort und natürlich auch im reichen Athen mit Festlichkeiten nicht gegeizt wurde, ist gewiß. Sie boten auch eine gute Gelegenheit, Geld unter das Volk zu bringen, zunächst durch reiche Mäzene, dann durch den Staat selbst. 354 führte Eubulos, beauftragt mit der Sanierung des Staatshaushaltes, „Schaugelder" (*Theorika*) als staatliche Zahlung ein, die auch den Armen den Besuch der großen Theateraufführungen schmackhaft machen sollten. Das hat im vierten Jahrhundert, als die Gürtel enger geschnallt werden mußten, zu viel Streit geführt: „Wenn aber ein Fest", wetterte Demosthenes 349, „und jeder Vorwand gut genug sein soll dafür, daß man Gelder verteilt, ihr dann aber nicht von dem hören wollt, was man dafür tun soll, dann hütet euch, daß ihr nicht eines Tages für einen schlimmen Irrtum halten werdet, was ihr jetzt für eine richtige Entscheidung anseht" (Über die Organisation 1-3).

## 3. Die dramatische Dichtung und die Grundfragen des menschlichen Daseins

*Die Tragödie*

Die großen Dionysien wurden Ende März, zum Beginn der Schiffahrt in der Ägäis, gefeiert und waren für alle Welt offen. Zu ihnen gehörte, daß an den drei zentralen Tagen des Festes drei Dichter im Wettstreit gegeneinander je drei Tragödien und ein Satyrspiel aufführten. Tragödie, das hieß „Bocksgesang", und die Anfänge dieser Kunst finden sich in den Chorgesängen, mit denen Dionysos gepriesen wurde; ein Ziegenbock, der das

Schicksal des Gottes verkörperte, wurde dabei zerrissen und dem besten Gesang als Preis zugesprochen. Hie und da trat aus dem Chor der Sänger ein Sprecher hervor, um das besungene heroische oder mythische Ereignis zu dramatisieren. Es war dies die Geburt der Tragödie, die die überkommene Form nicht sprengen, sondern nur weiterentwickeln konnte: Immer wurde der Chor beibehalten, und es traten nie mehr als fünf Darsteller auf.

Im 5. Jahrhundert entschied über den Sieg im Wettstreit der Dichter ein Richterkollegium, das durch ein kombiniertes Wahl-Los-Verfahren gebildet wurde. Es zeichnete nicht nur den Dichter, sondern auch die Choregen (s. oben) und den Chor aus. Zu den Aufführungen, die tagsüber am südlichen Abhang der Akropolis stattfanden, kamen 10-14 000 Menschen zusammen. Ein Repertoire- bzw. Programmtheater war unbekannt: Die Dramen und die seit 486 in das Festprogramm aufgenommenen Komödien wurden von Haus aus für einen einmaligen Zweck geschaffen, d. h. sie waren allesamt Uraufführungen.

Die Athener müssen ihre Dichter bemerkenswert gut verstanden haben – was nicht nur an ihrer Intelligenz lag. Sie waren von Kindesbeinen an dazu erzogen worden: Nicht Fremdsprachen, Ökonomie oder Naturwissenschaften bestimmten den Stundenplan in der Schule, sondern Homer, Dichtung überhaupt und Musik. So war kein Tragiker gezwungen, sich mit Präliminarien aufzuhalten oder seine Zeit damit zu vergeuden, den dramatisch aufbereiteten Stoff zu explizieren; er wußte sich in allen wesentlichen Fragen einig mit seinem sachkundigen Publikum und konnte stets sein Bestes geben. Im Verlauf des 5. Jahrhunderts entstanden über tausend Tragödien. Davon schrieben rd. 300 jene attischen Dichter, deren Namen bis heute ihren Glanz nicht verloren haben: Aischylos (ca. 525-455), Sophokles (497-405) und Euripides (ca. 485-406); erhalten blieben sieben Stücke des Aischylos, sieben des Sophokles und 19 des Euripides, die das Hauptrepertoire der späteren Bühnenpraxis bildeten.

Den Stoff der Tragödien lieferten keine Erfindungen der dichterischen Phantasie, sondern Ereignisse der Vergangenheit. „Scheiben von Homers Mahl" nannte Aischylos seine Stücke, und er meinte damit alle bekannten Epen seiner Zeit (Athen. 8,347 E; vgl. Aristoteles, Poetik 1453 a-b). Die Erinnerung war immer noch beherrscht von Helden und Heroen, so daß diese – von wenigen Ausnahmen wie den Persern des Aischylos abgesehen – auch die Bühne bevölkerten. Dort jedoch stieß sie der Dichter in Konflikte, in denen sie handelten, litten und starben wie Menschen. In ihrem tragisch geschürzten Schicksal spiegelte sich die Grundauffassung der Zeit von der menschlichen Existenz und verlieh der Gewißheit dramatische Anschauung, daß der Mensch in jedem Augenblick von dem unerforschbaren Willen der Götter abhängig sei und binnen kürzester Frist vom Gipfel des Ruhms in den Abgrund tiefster Schmach stürzen könne.

So das Schicksal des Oidipus, dessen Mythos jedem Athener von Jugend an vertraut war und den Sophokles in den Jahren vor Ausbruch des Peloponnesischen Krieges, zwischen 436-433 auf die Bühne brachte. Diesem Thebaner war es bestimmt, seinen Vater zu töten und seine Mutter zu heiraten, um mit ihr im blutschänderischen Ehebett Kinder zu zeugen, denen er am Ende kein liebevoller Vater sein durfte: „Der ich, ihr Kinder! sehend nicht und fragend nicht/Euch Vater dort ward, wo man selber mich hineingepflügt" (1484 f.; Übers.: W. Schadewaldt). Oidipus tat beides, ohne zu wissen und zu wollen, was er tat: Die Tötung des königlichen Vaters, den er nicht kannte, war kein Mord, sondern Notwehr, und die Hand der verwitweten Königin von Theben, die seine Mutter war, nahm der Unwissende als Lohn für die Befreiung von der Sphinx, die von Theben Menschenopfer verlangt hatte, bis einer ihr Rätsel löste. Als die Götter wegen des befleckten neuen Königs die Stadt mit der Pest schlugen, machte sich dieser im Auftrag des delphischen Apoll auf, den verborgenen Schuldigen zu finden. Auf der Suche muß er, Retter und König seiner Stadt, erkennen, daß er selbst der Schuldige und von den Göttern Verfluchte ist. „O Zeus, was gedenkst du mit mir zu tun?" – dieser Schrei der Verzweiflung verhallt in der Stunde der furchtbaren Wahrheit ungehört. Geblendet von eigener Hand und vom eigenen Fluch aus der Stadt getrieben, bleibt dem Gestürzten nur die ungewisse Hoffnung auf die Gnade der Götter.

Es ist dies kein Drama von Schuld und Sühne. Denn der König, der hier ins Unglück stürzt, hat gewiß allzu eigensinnig und selbstherrlich die Spuren einer verborgenen Bluttat verfolgt, deren schreckliche Wahrheit ihm erst bewußt wurde, als alles ausgesprochen und nichts mehr verborgen geblieben war. Aber ein Verbrecher war er nicht. Ein Richter späterer Jahrhunderte hätte denn auch mit Hegel milde geurteilt: „Das Recht unseres heutigen, tieferen Bewußtseins würde darin bestehen, diese Verbrechen, da sie weder im eigenen Wissen noch im eigenen Wollen gelegen haben, auch nicht als die Taten des eigenen Selbst anzuerkennen; der plastische Grieche aber steht ein für das, was er als Individuum vollbracht hat, und zerschneidet sich nicht in die formelle Subjektivität des Selbstbewußtseins und in das, was die objektive Sache ist" (Vorlesungen über die Ästhetik III, 3. Kapitel, C III, 3 c).

Ein zweites großes Thema gab die politische Entwicklung den Dramatikern vor. Die 461/60 vollzogene Entmachtung des Areopags (s. S. 195 f.) bedeutete einen radikalen Bruch mit der Vergangenheit. Damit war das künftige Verhältnis zwischen Staat und Bürger neu zu bestimmen: Wie weit durfte der Zugriff des Staates auf seine Bürger reichen, wo endete die Gehorsamspflicht gegenüber staatlichen Befehlen – insbesondere dort, wo göttliches mit dem von Menschen gesetzten Recht in Widerspruch geriet? Dieses Thema wurde anhand der Pflicht, seine Toten zu bestatten, in der *Antigone* des Sophokles auf die Bühne gebracht: Kreon, auch er ein gefeierter Held und Herr der Stadt Theben, verbietet die Bestattung des Polyneikes, der ein Verräter war und dafür den Tod fand; Antigone, die Schwester des Toten, verrät das Gesetz ihrer Stadt für eine barmherzige Geste gegenüber einem erschlagenen Mann, der Waffen gegen seine Heimat getragen hatte. Heimlich streut sie Erde über den Leichnam und folgt damit den Pflichten der Familie, die die ungeschriebenen Gesetze der Götter fordern, wenn der

Mensch tot und damit unwiderruflich ohnmächtig und auf andere angewiesen ist – von Menschen festgelegtes Recht wiegt dagegen nicht schwer:

„Nicht Zeus war es, meine ich, der dieses Gebot erließ,
noch die Gerechtigkeit, die bei den Göttern wohnt
und den Menschen die Gesetze gab.
Und mich dünken auch deine Befehle nicht so stark,
daß irgendein Sterblicher sich hinwegsetzen dürfte
über die ungeschriebenen und·unsterblichen Gesetze der Götter.
Ihr Leben ist nicht von heute und nicht von gestern,
sondern ewiglich, und niemand weiß, woher sie kommen.
Ich will nicht vor den Göttern dafür büßen,
jene übertreten zu haben aus Furcht vor eines Menschen Zorn."
(450-460; Übers.: Bowra).

Der tragische Konflikt zwischen dem Recht des Staates, den Landesverräter zu verfolgen, und dem göttlich sanktionierten Anspruch der Familie endet tödlich: Antigone stirbt, da die Gebote der Götter keine Kompromisse zulassen; Kreon wünscht sich den Tod, da ihn sein Beharren auf die Ansprüche des Staates zum gewalttätigen Tyrannen gemacht hat und seine Maßlosigkeit von den Göttern mit dem Tod aller ihm Nahestehenden bestraft wurde.

## Die Komödie und ihre Helden

Auch die Komödie, die in dem Athener Aristophanes ihren genialen Hauptvertreter fand, war ein Kind des Dionysos und der ihm geschuldeten Verehrung; an den Lenaien des Jahres 486 soll der erste komische Wettstreit ausgefochten worden sein. Am Anfang stand ein Fruchtbarkeitsritus, zu dem eine ausgelassene Truppe gehörte, die mit phallischen Symbolen und aufreizenden Reden über die Äcker tobte, um das Wachsen der neuen Frucht anzuregen. Anders als bei der Tragödie, die der Erinnerung an den alljährlichen Tod des Gottes ihr Leben verdankte, war es diesmal seine alljährliche Wiedergeburt, die Pate stand.
Formal war die Komödie der Tragödie verwandt. Die Komposition der komischen Handlung lehnte sich an den Bau der Tragödien an, und hier wie dort standen sich Chor und Schauspieler gegenüber. Anders war der Gegenstand der Komödie. Ihren Stoff bildeten nicht die düsteren Geschichten der mythischen Vergangenheit, sondern die Nöte und Possen des gegenwärtigen, alltäglichen Lebens: Politiker, Philosophen und besonders der kleine Mann wurden ungeniert und zügellos verhöhnt. Das tägliche Leben floh auf der Bühne häufig in eine absurde Welt, in der die Menschen Flügel bekamen, auf Mistkäfern in den Himmel ritten, wo die Vögel redeten, der Demos als alter habgieriger Narr auftrat oder ein Chor von Greisen, vor lauter Geilheit schwindlig, um die Frauen tanzte, die die Akropolis besetzt und ihre Hände fest auf ihre Scham gepreßt hielten. Empfindlich durfte

hier niemand sein: Es waren die derben Scherze des Marktplatzes und nicht der Witz des Salons, die hier regierten.
Natürlich hatte auch die Komödie ihren Helden, der am Schluß des Stückes als Sieger triumphierte. In den *Acharnern*, dem *Frieden* und den *Vögeln* beispielsweise tritt er in verschiedenen Gestalten, doch mit einheitlichen Zügen auf: Mittvierziger, an harte Arbeit gewöhnt, etwas philisterhaft, schlau, trinkfest und voll Tatendrang im Bett oder Stroh, weiß er, was er will und wer seine Gegner sind: Die geleckten Affen des Adels und die ewig besserwisserischen Philosophen. Und er liebt den Frieden, da er den Krieg aus einer Reihe von Feldzügen kennt und weiß, daß dieser seinen bescheidenen, hart erarbeiteten Wohlstand gefährdet. So der Weinbauer Trygaios, der im Frühjahr 421 im *Frieden* die Bühne betritt: Fluchend über die Götter, die tatenlos zusehen, wie der endlose Krieg das attische Land und ganz Griechenland verheert, läßt er sich von einem Mistkäfer in den Himmel tragen, um nach dem Rechten zu sehen. Er findet im Olymp einen neuen Herrn, den Krieg (Pólemos), der in seinem Mörser die griechischen Städte zerstampft, während sich die Götter in einen fernen Winkel des Himmels zurückgezogen haben, voll Trauer über die Griechen, die vom Kampf nicht lassen wollen. Glücklicherweise ist der Krieg ein Tölpel: Seine beiden Mörser – gemeint sind Kleon und Brasidas, die gefallenen Haupthelden der letzten Kriegsjahre – sind zerbrochen, so daß es gelingen kann, die Friedensgöttin Eiréne aus der Höhle zu befreien, in die sie der Krieg gesperrt hatte. Alles dies ist vollgestopft mit Harlekinaden, allerlei Bewährungsproben des Haupthelden, Prügelszenen und vielem mehr, was den Handlungsstrang zur brüllenden Heiterkeit der Zuschauer immer wieder unterbrach.
Unüberhörbar bleiben die Lehren; es sind die eines Konservativen: Er kennt die Demokratie, aber er liebt sie nicht – so wie die beiden alten Athener, die, der Prozeßsucht und des Parteienhaders der Athener herzlich müde, in das Reich der Vögel auswandern, um mit ihren neuen gefiederten Freunden ein Zwischenreich zwischen Himmel und Erde, einen Wolkenstaat, zu gründen (die *Vögel*, aufgeführt 414). Aristophanes versteht den attischen Bauern, der unter den Verwüstungen des Krieges anders leidet als die Theten der Stadt und des Piräus, die die Nutznießer der imperialen Triumphe sind. Und er mag die Sophisten und sonstigen Philosophen nicht, die alle Tugenden, die Athen zum Sieg über die Perser geführt haben, unter ihren rhetorischen Künsten begraben.
Alles dies, das hemmungslose Karikieren von Staat, Politik, Parteien und Bildung, überlebte die Katastrophe von 404 nicht. Eine von Krieg, Niederlagen und Hunger aufgestörte Gesellschaft ertrug die burleske Art nicht mehr, in der ihre sozialen Nöte und ihre staatlichen Einrichtungen auf der Bühne vorgeführt wurden. Man wollte die gewählten Beamten und die Generäle, denen man zu gehorchen hatte, nicht in der Rolle von Schwachköpfen, Schiebern und Dieben sehen, und erst recht nicht Götter, die sich vor Schreck in die Hosen machten (*Frösche* 479 ff.). Es ist dieselbe Grundstimmung, die Sokrates vor seine Richter, die Tragödie ins Repertoire-

theater und die Komödiendichter zum biederen Lustspiel führte. Dort konnte jetzt der listige Sklave mit seinem etwas einfältigen Herren Spiele um Mitgift, Freilassung oder familiäre Intrigen treiben – auch das war komisch und lohnte das Zusehen, doch es konfrontierte nicht mehr mit den zentralen Konflikten um die richtige Ordnung des Staates, um die Grenzen philosophischen Nachdenkens oder den Sinn imperialer Flottenzüge.

## 4. Die Entdeckung der Geschichte

*Die Entstehung der Historie: Herodot*

Die dramatischen Veränderungen ihrer Welt seit dem Konflikt mit den Persern hatten die griechischen Kleinstaaten aus einem scheinbar geschichtslosen Zustand aufgeschreckt. Die Abwehr des persischen Angriffs, der Siegeszug einer neuen Staatsordnung in Athen, die Unterwerfung der Ägäis und ihrer Anrainerstaaten unter den Herrschaftsanspruch Athens und der 430 offen ausgebrochene Konflikt der Großmächte Athen und Sparta machten die Dynamik und die Unberechenbarkeit geschichtlicher Vorgänge schmerzhaft bewußt. So entstanden nicht zufällig im letzten Drittel des 5. Jahrhunderts die ersten großen Geschichtswerke, und sie eroberten gleich im ersten Versuch einen geistigen Rang, den spätere Jahrhunderte nur noch in Ausnahmefällen erreichen sollten.
Die Beschreibung vergangener Ereignisse haben auch andere Kulturen gekannt. Dort beschränkten sie sich jedoch – wie in Ägypten und Mesopotamien – auf die Aufzählung königlicher Dynastien und Berichte über deren Leistungen. Allein die israelitische Geschichtsschreibung versuchte, vornehmlich in der Geschichte Davids und Salomons, historische Fakten in übergeordnete Zusammenhänge zu stellen. Das Geschehen hatte seinen Mittelpunkt jedoch nicht auf der irdischen Bühne; weder Könige noch Völker waren die eigentlich Handelnden, sondern Jahwe allein bestimmte die Abfolge der Ereignisse zum Heile Israels. Mit Herodot und Thukydides erklomm die Entwicklung des historischen Denkens eine neue Stufe: Beide rekonstruierten historische Abläufe aus einer Vielfalt von Ereignissen, handelnden Personen, deren Motiven und aus den Konflikten, die langfristige Machtverschiebungen hervorriefen. Dieser breit angelegten Ursachenforschung entsprach die Methode: Die genaue Kenntnis der Geographie, der fremden Völker, die Befragung von Zeugen ebenso wie die kritische Überprüfung von Quellenzeugnissen der verschiedensten Herkunft sollten das Dunkel der Vergangenheit durchdringen helfen.
Der „Vater der Geschichtsschreibung" und „zugleich Erzähler unzähliger unwahrer Geschichten"- so der Römer Cicero (de legibus 1,1,5) – wurde Herodot, geboren um 485 im kleinasiatischen Halikarnassos, politischer Flüchtling, Weltreisender und gefeierter Vortragsredner, Wahlathener und Bürger der italischen Kolonie Thurioi; er starb wenige Jahre nach Ausbruch des Peloponnesischen Krieges. Sein Werk nannte er *Darlegung seiner Er-*

*kundung* (*historíes apódexis*), und er schrieb es, um die großen Taten der Griechen und Barbaren der Vergessenheit zu entreißen und die Ursachen ihrer Auseinandersetzung zu entschlüsseln: „Dies ist die Darlegung der Erkundung des Herodot aus Halikarnaß, auf daß, was von Menschen geschehen, nicht mit der Zeit verblasse, noch Taten, groß und des Staunens wert, vorgewiesen von Hellenen wie von Barbaren, ihres Raumes verlustig gehen – manches andere und so auch die Ursache bzw. Schuld (*aitíe*), weshalb sie Krieg geführt miteinander" (1,1; Übers.: Marg). Das erste Motiv war auch das Homers gewesen: Odysseus, der vor den Phäaken weint, übermannt von der Erinnerung an die eigenen Leiden und die seiner verlorenen Gefährten, erhält den Trost, sein Unglück werde den Nachgeborenen im Gedächtnis bleiben und als Stoff für Geschichten dienen (Odyssee 8,522 ff.; 580; vgl. S. 118).

Das zweite Ziel – der Krieg gegen die Perser und seine Ursachen – verlangte anderes, als bei Homer zu finden war: Zum einen die Prosa, zum anderen Tatsachen statt Phantasien. Beide Forderungen hatte bereits Hekataios von Milet (s. S. 130) erhoben und in seiner *Erdbeschreibung* und seinen vier Büchern *Genealogien* erprobt: „Dieses schreibe ich, wie es mir wahr zu sein scheint; denn die Reden der Hellenen sind vielfältig und nach meinem Eindruck lächerlich" (FGrHist 1, frg. 1). Gemeint waren damit die umlaufenden Erzählungen zur Vorgeschichte Griechenlands und anderer, den Griechen vertrauter Länder, so wie sie die Dichter und Lokalhistoriker bisher berichtet hatten. Kritik daran hielten viele Zeitgenossen für unzulässig: Zwar beanspruchte die griechische Legende nicht die Autorität der Heiligen Schrift, aber man wandelte in ihren unzähligen Geschichten doch mit Ehrfurcht. Nicht minder aufregend war die Wahl der Prosa als Mittel der Darstellung: Bis dahin hatten die Dichter die Vergangenheit in Versen heraufbeschworen, und sie waren von der Gewißheit erfüllt, das Wissen vom Vergangenen sei von den Musen inspiriert. Nun trat an ihre Stelle ein wissenschaftliches Ideal: Sachlichkeit und die Fähigkeit, Beweise kritisch zu prüfen und Augenzeugen wie ein Ermittlungsrichter zu verhören.

So schob auch Herodot die in Mythen und Sagen überlieferten Konflikte der Griechen und Perser resolut beiseite, um mit dem Barbarenkönig zu beginnen, dessen Krieg gegen die Griechenstädte Kleinasiens sicher zu rekonstruieren war: dem Lyderkönig Kroisos (s. S. 167). Die Haupterzählung folgt anschließend von Kyros bis Xerxes den Perserkönigen, die mit den Griechen Krieg führten; sie endet mit dem Beginn der griechischen Gegenoffensive, der die persische Flotte bei Mykale 479 zum Opfer fiel. Weitläufige Exkurse unterbrechen immer wieder die Darstellung und erzählen von den Völkern, die Ziele persischer Eroberungszüge wurden, von der Natur ihres Landes, ihren Sitten und ihrer Geschichte. Der Mann, der wie Hekataios auf seinen Reisen durch die Welt unendlich viel gelernt hatte, konnte sein Interesse an allem, was Menschen betraf, gar nicht unterdrücken.

Aber auch Unterhaltendes durfte in einem Werk nicht fehlen, das dem Leser neben Belehrung auch Vergnügen schaffen wollte. So etwa die Novel-

le vom Ring, den der Tyrann Polykrates ins Meer warf, um mit diesem Opfer den Neid der Götter auf sein übergroßes Glück zu versöhnen; ein Fisch verschlang, was vernichtet bleiben sollte, ein Fischer überbrachte dem König den gefangenen Fisch als Geschenk, die Köche stürzten mit dem dem Fischbauch entrissenen Ring herbei, und der erbleichende Tyrann mußte erkennen, daß es vor dem Schicksal kein Entrinnen gab (3, 40-45). Thukydides hat solche erzählenden Einschübe gerügt, da der Unterhaltung nicht der Vortritt vor der Belehrung gebühre.
Was den Historiker auszeichnet, ist seine Methode. Für Herodot bestand sie im direkten Augenschein und – nicht ganz so zuverlässig – in der Sammlung von Berichten vertrauenswürdiger Augenzeugen. In seinem Abriß der Geschichte Ägyptens liest sich das so: „Was ich bisher erzählt habe, beruht auf eigener Anschauung oder eigenem Urteil oder eigenen Erkundungen. Nunmehr will ich mitteilen, was ich von der ägyptischen Geschichte erfahren habe. Doch kommen auch weiterhin noch Dinge vor, die ich selbst gesehen habe" (2, 99,1). Sehen, Hören, Befragen: Dies zusammen ergibt das methodische Prinzip seiner historischen Forschungsarbeit.
Es blieb das Problem zu lösen, die auf diese Weise gewonnene Erkenntnis zu verarbeiten, was immer und zugleich auf eine Interpretation des zusammengetragenen Materials hinausläuft. Herodot tat dies sehr selbstbewußt. So werden etwa die gesammelten Berichte der Einheimischen über die ursprüngliche Versumpfung Unterägyptens folgendermaßen geordnet und gewichtet: „Mir schien dieser Bericht über das Land ganz richtig. Denn es ist klar und der Verständige sieht es, ohne daß man es ihm sagt, daß die Gebiete Ägyptens, die von den Hellenen besucht werden, neu gewonnen und ein Geschenk des Stromes [Nil] sind" (2, 5,1). Die Autopsie und das kritische Zuhören, wenn andere berichten, werden zu einer eigenen Interpretation verbunden. Die Beschreibung des Moirisees (heute: Birk el Karoun) sagt uns genau, wie Herodot dabei vorging (2, 149 f.): Er beginnt mit einer Schilderung des Sees und seiner Wasserquellen, so wie er sie gesehen hat. Es folgen Berichte verschiedener Anwohner, die etwas über den künstlichen unterirdischen Abfluß des Sees und den Abtransport der bei den Arbeiten ausgegrabenen Erde zu sagen wußten. Diese Aussagen werden kritisch gewichtet und für glaubwürdig erklärt, nachdem ein Vergleich mit ähnlichen Erdbewegungen in der assyrischen Stadt Ninos ergeben hat, daß dererlei möglich war.
Derartige Einblicke in seine Arbeitsweise gestattet Thukydides seinen Lesern nicht. Für sein Werk erhob er den Anspruch, der „Tatsächlichkeit" nahe zu kommen, womit auch gemeint war, daß er ebensowenig wie sein ungeliebter Vorgänger auf das Mittel der Autopsie verzichten wollte (s.u.). Die Darstellung selbst gibt jedoch nicht preis, in welchen methodischen Schritten das recherchierte Material der eigenen Reflexion und Interpretation unterworfen wurde. Dinge, denen er keinen Glauben schenken konnte, ließ er einfach weg.
Einig waren sich beide, daß ihre Methode, die die eigene Anschauung und die Befragung von Zeugen der Interpretation schriftlicher Beweisstücke

vorzog, nur einen Blick in die jüngstvergangene oder zeitgenössische Geschichte gestattete. Über Solon etwa wäre auf dem eingeschlagenen methodischen Weg nichts herauszufinden gewesen, da niemand mehr dazu befragt werden konnte. Erst die attischen Lokalhistoriker (*Atthidographen*; Mitte des 4. Jahrhunderts) und Aristoteles, auf die sich später Plutarch in seiner Biographie Solons berief, hatten gelernt, aus den erhaltenen Gedichten und Gesetzen Solons sowie aus den ältesten Teilen der athenischen Verfassung die Frühgeschichte Athens zu rekonstruieren.
Auch über die zentralen Gegenstände des historischen Interesses waren Herodot und Thukydides einer Meinung: Es waren die Veränderungen in der Geschichte, also Kriege, Revolutionen, Verfassungsbrüche, die den Historiker herausforderten. Und es mußte das Schicksal ganz Griechenlands und nicht nur einzelner Städte sein, um das es ging: Das Studium von Genealogien, Sitten, ausgewählten Ländern oder einzelner Städtegründungen und Verfassungen – ein durchaus begehrter zeitgenössischer Themenkatalog – konnte ebensowenig die Aufgabe des Historikers sein wie das Schreiben von Lokalchroniken – auch sie gab es bereits.
Herodot suchte nach Gründen für das, was so und nicht anders eingetreten war. Und er wollte erklären: Die Ursachen des griechisch-persischen Konflikts und des schier unglaublichen Sieges der Griechen. Dabei galt es Distanz zu gewinnen zu der volkstümlichen und dem täglichen Leben vordergründig ablesbaren Erfahrung, daß die Götter oder die persönlichen Motive einzelner den Gang der Dinge bestimmten. Herodot – in vielen Episoden seines Werkes weit mehr Dichter als Analytiker – hat, anders als Thukydides, diese Distanz nicht immer gewollt und dem menschlichen Streben nach persönlichem Glück seinen Platz in der Geschichte gelassen. Dies durchaus an wichtigen Wegmarken der Entwicklung: Der Tyrann von Milet, Histiaios, etwa löst den Ionischen Aufstand aus, weil er am persischen Hof festgehalten wird und an dem Gedanken verzweifelt, „das Meer niemals wiederzusehen" (5, 35). Aber es gibt auch andere Einsichten, und sie wurden wegweisend. Dazu zählt, daß der Angriff des Xerxes auf Griechenland nicht nur der Rache für die Toten von Marathon galt, sondern dem Anspruch des Großkönigs auf die Weltherrschaft Genüge tun mußte (7, 5 ff.). Dazu zählt, daß Sparta die Perser ohne die athenischen Rüstungen für den Seekrieg nicht hätte abwehren können (7, 139). Und dazu zählt vor allem, daß der Grund für den Sieg der Griechen in ihrer freien Gesellschaftsordnung gefunden wurde, in der – anders als im despotisch regierten Persien – die Bürger gleichberechtigt den Gesetzen unterstanden, die sie sich selbst gaben.
Nationalgriechische Begeisterung mischte sich in diese Erkenntnis nicht. Sachlich und unvoreingenommen werden die Leistungen der Perser und anderer Barbarenvölker beschrieben, deren Lebensformen Herodot dem Leser ausführlich vorstellt. Wie die großen Tragödiendichter wußte auch er, daß dem Menschen das „Göttliche" als undurchschaubare Macht gegenüberstand und ihn jederzeit zum Spielball höherer Fügung machen konnte. In dieser Sicht war kein Platz für die Selbstgefälligkeit des Siegers. Sie ließ

nur die Einsicht in die Unbeständigkeit menschlicher Leistungen zu: „Ich will die Geschichte der großen und der kleinen Städte erzählen. Denn viele Städte, die einst mächtig waren, sind klein geworden, und die zu meiner Zeit mächtig waren, sind früher klein gewesen. Ich weiß, daß menschliche Größe und Herrlichkeit nicht beständig sind; so will ich denn der Schicksale beider in gleicher Weise gedenken" (1, 5,4).

## *Geschichte als die Geschichte der Macht: Thukydides*

Thukydides, großer Herr aus dem Geschlecht der Philaiden, Staatsmann und General, geboren um 460, Athener, ausgestattet mit reichen Besitzungen und Pachtungen in Thrakien, kommandierte 424 als Stratege jene Flotteneinheit, die vergeblich versuchte, Amphipolis auf der Chalkidike gegen ein spartanisches Expeditionskorps zu halten (s. S. 229). Ob seines Versagens verbannt, schrieb er die Geschichte des Peloponnesischen Krieges, den er bis in das Jahr 411 verfolgt hatte, als ihm wenige Jahre nach der athenischen Niederlage der Tod die Feder aus der Hand nahm; das achte Buch, das dem Kriegswinter 411/0 galt, bricht mitten im Satz ab. Eben dort nimmt der eine Generation jüngere Xenophon den Faden der Erzählung wieder auf: seine *Hellenika* schildern die folgenden Ereignisse bis weit über das Ende des großen Krieges hinaus, bis zu jener Schlacht von Mantineia (362), in der der Thebaner Epaminondas fiel.

Das Werk des Thukydides ist die Geschichte eines Krieges, der „bei weitem die gewaltigste Erschütterung für die Hellenen und einen Teil der Barbaren, ja sozusagen unter den Menschen überhaupt war" (1,1). Es geht um „große Dinge" und damit – wie bei Herodot – um „der Rede werte" Taten, die aus der Masse der weniger bedeutenden auszuwählen und zu verkünden allein der Historiker berufen ist. Das Ideal der kriegerischen Bewährung („allen voran der Beste zu sein und der Erste"; s. S. 115) und die Suche nach Ruhm und Unsterblichkeit, von denen Homer sang, sind auch die Themen des Thukydides.

Sein Werk beginnt mit einem Rechenschaftsbericht über die angewandte Methode und Gedanken zur Frühgeschichte Griechenlands (*Archäologie*), die nach den Phasen des Kampfes um die Seeherrschaft gegliedert wird (1, 1-23). Es folgen die Analyse der Anlässe und Ursachen des Krieges (1, 24-146) und die Schilderung der Kriegsereignisse in strikt chronologischer Reihung (ab 2,1). Der Krieg, so belehrte der Autor, hatte verschiedene zufällige Anlässe. Seine Ursache jedoch sei nur in einer unaufhaltsamen Kettenreaktion zu finden, die ausgelöst wurde, als Athen während der Abwehr der Perser zur Seemacht aufstieg und allmählich eine mächtige Rivalin Spartas wurde: „Den wahrsten Grund freilich, zugleich den in der Debatte am meisten verborgen gebliebenen, sehe ich im Wachstum Athens, das die erschreckten Spartaner zum Krieg zwang" (1, 23).

Mit anderen Worten: Die Handelnden der Jahre 432/31 waren verstrickt in eine Situation, die sie nicht gesucht hatten, und sie wurden verantwortlich für eine Lage, die ihnen die Geschichte aufgenötigt hatte. Sie wurden schuldig, ohne daß ihre Taten sie schuldig sprachen. Denn die Macht, einmal begründet, folgt ihren eigenen Gesetzen, gegen die eine Berufung auf das Recht nichts verschlägt. Die Geschichte kann denn auch keine Geschichte von Schuld und Sühne sein: In ihr walten keine immanente Gerechtigkeit oder ein alttestamentarischer Gott, der dafür sorgt, daß – auch wenn es Generationen dauert – Unrecht bestraft und Verbrechen gesühnt werden. Herodot hat dies ganz anders gesehen, und der Unterschied könnte nicht größer sein. Für ihn war die Welt voller wirkungsmächtiger Götter, und ihr Neid ebenso wie ihr Zorn wiesen den Menschen den Weg zu Glück oder Unglück. Thukydides verbannte den Willen der Götter aus der Geschichte und setzte an ihre Stelle das Streben des Menschen nach Macht, Besitz und Geltung, Kräfte, gegen die andere nichts bewirken konnten, auch nicht rechtliche oder sittliche Bindungen: „Wir (Athener) glauben, daß bei den Göttern vermutlich, ganz sicher aber bei den Menschen, überall aus einem Zwange der Natur heraus das Mächtige über das gebietet, dessen es Herr wird. Dieses Gesetz haben wir nicht gegeben, auch nicht als erste angewandt; wir wenden nur das Vorgefundene an und hinterlassen es als ein künftiges für ewige Zeiten, wohl wissend, daß auch ihr und andere, wenn sie zu derselben Macht kommen sollten wie wir, wohl das gleiche tun würden" (5,105; Übers.: Horneffer).

Der Krieg zerbrach denn auch gründlich die Werte, die Gesetz und Moral im Frieden geschaffen und die die Bürger zusammengeführt hatten. Er zerriß den dünnen Schleier, mit dem Recht und Ordnung die Herrschsucht des Individuums nur verhüllt hatten. Im Feuer der von den Großen geschürten Bürgerkriege übernahmen nun auch in den Städten die ungezügelte Machtgier und – ihr folgend – die Anarchie die Herrschaft: „Denn die führenden Männer in den Städten, auf beiden Seiten mit einer bestechenden Parole, sie seien Verfechter staatlicher Gleichberechtigung der Menge oder einer gemäßigten Herrschaft der Besten, machten das Gemeingut, dem sie angeblich dienten, zu ihrer Beute, und in ihrem Ringen, mit allen Mitteln einander zu überwältigen, vollbrachten sie ohne Scheu die furchtbarsten Dinge und überboten sich dann noch in der Rache" (3, 82).

Der Peloponnesische Krieg wurde für Thukydides so zu einem Drama, das mit lebendiger Anschauung auf die Weltbühne brachte, was es bedeutete, daß das Streben nach Macht der stärkste Trieb menschlichen Handelns war: Der Krieg gegen die Perser wies Athen den Weg zur Seemacht; als sie errungen war, verführte sie zur Expansion und Unterwerfung anderer; dies wiederum mobilisierte die noch unabhängigen Städte, damit sie nicht selbst zu Opfern wurden; auf diese Weise wuchs der Druck auf die Athener, um der eigenen Sicherheit willen jedes Aufbegehren innerhalb des ägäischen Herrschaftsraumes gewaltsam zu ersticken; am Ende hatte sich der „Retter Griechenlands" (Herodot), das auf seine Freiheit und Demokratie stolze Athen, in einen Tyrannen verwandelt, gegen den aus Furcht vor der Bedrohung auch seiner Existenz Sparta, die zweite Großmacht Griechenlands, zu den Waffen griff. Der Krieg schließlich trieb alle menschlichen

Empfindungen und Fähigkeiten zu äußerster Anspannung und enthüllte, je länger er dauerte, daß Recht und Gesetz, Frömmigkeit und Moral der menschlichen Herrschsucht keine dauerhaften Fesseln anlegen können.
Thukydides schildert also den Machtkampf von Staaten, Parteien und Individuen; Geschichte ist identisch mit Politik und Krieg. Die dort wirksamen Ursachen und Zusammenhänge will er so wahrheitsgetreu berichten, daß sein Werk für künftige Generationen einen praktischen Nutzwert haben kann. Ein Lehrbuch der Politik soll es für alle sein, die mit ihm überzeugt sind, daß die menschliche Natur sich immer gleich bleibt und daher die Geschichte der Menschen immer wieder gleichartige oder ähnliche Situationen hervorbringen wird. Diese Konzentration des geschichtlichen Ablaufs auf die Politik war eine Leistung, die auf keine Vorbilder zurückgreifen konnte und die – bezüglich ihrer Originalität und Wirkung – seinen Autor unsterblich gemacht hat.
Die Methode, über die er einleitend Rechenschaft gibt (1, 20 ff.), ist weitgehend die des Herodot, auch wenn sie fraglos weiterentwickelt wurde: Die eigene Anschauung und die kritisch geprüfte mündliche Überlieferung sind es, aus denen Thukydides das Bild des Krieges zusammengesetzt hat: „Ich habe es mir zum Grundsatz gemacht, nicht die erstbeste Geschichte, die mir begegnet, niederzuschreiben, und mich nicht einmal von meinen eigenen allgemeinen Eindrücken leiten zu lassen. Entweder war ich selber bei den von mir geschilderten Ereignissen anwesend, oder ich habe sie aus dem Mund von Augenzeugen gehört, deren Bericht ich möglichst gründlich überprüft habe. Oft war die Wahrheit nicht leicht zu finden: Verschiedene Augenzeugen haben von ein und demselben Ereignis verschiedene Berichte geliefert, entweder weil sie für die eine oder die andere Partei eingenommen, oder aber weil ihre Erinnerungen lückenhaft waren" (1,22; Übers.: Bowra).
Eine besondere Aufgabe übernahmen die fiktiven Reden. Sie sollten sich „möglichst eng an den Gesamtsinn des in Wirklichkeit Gesagten" halten und zugleich die Motive der politischen Führer und die Stimmungen der öffentlichen Meinung spiegeln. Man versteht diese Entscheidung des Thukydides nur angesichts der Leidenschaft, mit der die Griechen Reden genossen – wann und wo immer sie gehalten wurden. Als Odysseus in Troia die Herausgabe der Helena forderte, „stand er da, die Augen auf die Erde gerichtet, und bewegte den Stab nicht rückwärts und nicht vorwärts, sondern hielt ihn starr, einem linkischen Manne gleichend ... Doch sobald er die Stimme, die gewaltige, aus der Brust entsandte und Worte, Schneeflocken gleichend, winterlichen, dann hätte es mit Odysseus kein anderer Sterblicher aufgenommen" (Ilias 3, 204 ff.). So war es natürlich erst recht in der Demokratie, wo in der Volksversammlung und vor Gericht ein großes Publikum unmittelbar zu einer meist unumkehrbaren Entscheidung aufgerufen werden mußte; da mochte es in dramatischen Augenblicken den Zuhörern eines Perikles tatsächlich scheinen, „daß die Überredung mit seinen Lippen verwachsen war, solch einen Zauber strahlte er aus. Und er war der einzige Redner, der in seinen Zuhörern einen Stachel zurückließ"

(Eupolis, frg. 94). Eben dies wollte auch Thukydides; er war sich ganz sicher, daß sein Publikum den Stachel fühlte, wenn es die zentralen Gedanken der Handelnden, gesättigt mit der Analyse des Historikers, in der Form von Reden und nicht durch ein Probleme wälzendes, nüchternes Traktat erfuhr. Auf Authentizität kam es dabei nicht an. Sie hätte die erstrebte Reflexion über die Probleme und Zustände, die der Krieg erst geschaffen hatte, nur zerstört.

Die historische Rückschau des Thukydides ist gewiß einseitig. Daß Menschen ihr Handeln immer und überall dem Nutzen und dem Machttrieb unterwerfen, ist eine Hypothese und ungeachtet aller historischen Erfahrung keine Gewißheit. Ihre unbedingte Anwendung auf die Geschichte hat in zahlreichen Einzelfällen der tatsächlichen historischen Wahrheit fraglos Gewalt angetan. Ebenso führte die immer wieder beschworene Zwangsläufigkeit historischer Abläufe dazu, die dort wirksamen Zufälligkeiten und kurzfristig ausbrechenden Konflikte gering zu achten. Trotzdem: Die Entdeckung der politischen Geschichte durch Thukydides bedeutete einen Erkenntnisfortschritt, an den mit den Schriften des Florentiners Machiavelli (gestorben 1527) erst die frühe Neuzeit wieder anknüpfen konnte.

## 5. Die Philosophen des 4. Jahrhunderts und die Politik

*Der philosophische Zugriff auf Natur und Politik*

Seit der Mitte des 5. Jahrhunderts diskutierte nahezu jedermann die Vorzüge und Mängel der von Menschen erprobten politischen Ordnungen. Demokratie oder Oligarchie, die Herrschaft aller in der Volksversammlung und den Gerichten oder die Herrschaft nur der Besten, die Bezahlung für eine Amtstätigkeit (Diäten) oder die Qualifikation durch Vermögen, Autonomie aller Staaten oder territoriale Herrschaftssysteme – alles dies war Gegenstand von Gesprächen und Abhandlungen, deren Argumente wir kaum kennen, da sie meist mündlich vorgetragen wurden. Das änderte sich im 4. Jahrhundert: Nun machten sich die Philosophen – allen voran Platon und Aristoteles – daran, eine Analyse von Staat und Politik vorzunehmen und alle ihre Erscheinungsformen systematisch zu ordnen.

Zwei auffällige Voraussetzungen bestimmten ihre Bemühungen: Beide verurteilten die Demokratie, und beide hatten nicht die Absicht, mit den Ergebnissen ihrer Analysen die politische Wirklichkeit zu verändern. Sie schrieben Theorie (*theoría*) und keine Lehrstücke zum politischen Gebrauch. Es entsprach dies dem Grundzug der antiken Philosophie, der Naturwissenschaft und der Spekulation: Eine Umsetzung der theoretisch gewonnenen Erkenntnisse in die Praxis lag außerhalb des Interesses, das befriedigt war, wenn Zweck, Funktion und Ursachen aller in der Natur existierenden Erscheinungen durchschaut waren. So hat Aristoteles z. B. ein reiches Wissen über die Erträge von Pflanzen und die Aufzucht von

Tieren gesammelt; weder er noch seine Leser verfielen jedoch auf den Gedanken, dieses Wissen im Ackerbau oder in der Viehzucht anzuwenden. So gab es unter den Philosophen auch keine Sympathien für die Historiker. Diese steckten ihre Nase in die vergängliche Welt des Ehrgeizes und der Leidenschaft, von der die Philosophen die Menschen so gerne befreit sehen wollten. Ihre Vorliebe galt da schon eher den Dichtern, die „philosophischer und bedeutender" als die Historiker schrieben: „Denn die Dichtung redet eher vom Allgemeinen, die Geschichtsschreibung vom Besonderen. Das Allgemeine besteht darin, darzustellen, was für Dinge Menschen von bestimmter Art reden oder tun nach Angemessenheit oder Notwendigkeit, das Besondere aber, zu berichten, was Alkibiades tat oder erlebte" (Aristoteles, Poetik 1451a36 ff.).

Die Feindschaft gegen die Demokratie war in den intellektuellen Kreisen der Zeit vorherrschend. Platon und Aristoteles lehnten den sophistischen Satz vom Recht des Stärkeren strikt ab, den sie als den ersten Lehrsatz der Demokratie verdammten. Beides gehörte in ihren Augen untrennbar zusammen und mußte daher auch gemeinsam fallen. Dies hatte mit der Niederlage Athens 404 zu tun, die vielen als Beweis für die Untauglichkeit der demokratischen Staatsform genügte. Und es hing zusammen mit den verderblichen Folgen der Seeherrschaft, die die Bürger demoralisiere und die Schlechtesten unter ihnen an die Macht bringe: „Landherrschaft wird gepflegt durch Ordnung, Nüchternheit, Disziplin und ähnliches; die Herrschaft zur See wird durch diese nicht vermehrt, sondern durch die Gewerbe, die mit dem Schiffsbau zusammenhängen und durch die Männer, die ihren eigenen Besitz verloren haben und es gewohnt sind, ihren Unterhalt aus dem Besitz anderer zu beziehen" (Isokrates, Panathenaikos 115-116). Isokrates meinte es dann doch nicht so wörtlich und erklärte wenig später, für Athen sei die Herrschaft über die See ein notwendiges Übel, da nur so fremde Herren vermieden werden könnten.

Für diese nachgiebige Haltung des Politikers hatte Platon nichts übrig. In den *Gesetzen* (Buch 4) stellte er kategorisch fest, ein auf Frieden bedachter Staat dürfe sich nicht einmal in Sichtweite des Meeres befinden. Denn das undurchsichtige Treiben in einem Hafen „erzeugt eine verschlagene und mißtrauische Seelenhaltung und macht die Bürger unzuverlässig und lieblos gegeneinander sowie auch gegen andere Menschen" (705a). Auch hier ist der Grundgedanke die Summe der von Platon gemachten Erfahrungen. Er hatte in seiner frühen Jugend den Fall Athens miterlebt, und diese bittere Erfahrung verfolgte ihn sein Leben lang. Schuld am Untergang hatten alle, nicht nur die korrupten Demagogen, die auf Perikles folgten, sondern dieser selbst ebenso wie Themistokles oder Kimon: „Sie haben die Stadt mit Häfen und Werften und Mauern und Tributen angefüllt statt mit Rechtschaffenheit und Mäßigung." Also durfte der neue Staat nicht so sein wie Athen, das der Anmaßung der Macht, gestützt auf seine Herrschaft über die See, nicht hatte widerstehen können.

Aristoteles zeigte sich versöhnlicher. Er wußte besser als Platon, daß die Seeherrschaft mit mehr als einer politischen Ordnung vereinbar war. Also wog er die platonischen Übel gegen die wirtschaftlichen Vorteile einer am Meer gelegenen Stadt auf und fand einen Kompromiß: Hafen und städtischer Markt müßten strikt voneinander getrennt werden, und wenn eine Flotte nötig sei, dürften den Seeleuten keine bürgerlichen Rechte zugestanden werden; vielmehr gehöre die Befehlsgewalt über die Matrosen den mit dem Bürgerrecht ausgestatteten Hopliten (Politik 1327a11-b15). Das Mißtrauen gegenüber den Plebejern in den Seestädten führte hier wie dort die Feder – so verschieden die Lösungsvorschläge auch waren. Es gründete in den Vorbehalten gegen die Demokratie der Athener, in der nicht nur die Philosophen die Habgier und Anmaßung der Besitzlosen an der Macht sahen.

Ihr eigenes Bild von Recht und Gerechtigkeit malten die Philosophen so, daß es mit keiner der bekannten Staatsformen verbunden werden konnte. Platon sah in der Gerechtigkeit die höchste aller Ideen. Diese existierte für ihn unabhängig von und jenseits der menschlichen Existenz, und sie verkörperte die absolute Wahrheit. Zugänglich war sie nur wenigen, über lange Jahre geschulten Philosophen. Wollte die Politik also gerecht sein, so mußte sie in die Hände solcher Männer gelegt werden, die – mit absoluter Macht ausgestattet und in asketischer Genügsamkeit – als *Wächter* über die Bauern und Gewerbetreibenden zu herrschen hatten. Von dieser Vorstellung führte kein gangbarer Weg in die Niederungen der Politik oder zum praktischen positiven Recht des Staates.

In einem weiteren wesentlichen Punkt waren sich die Philosophen einig: Die Natur habe es so eingerichtet, daß die Menschen ungleich beschaffen seien; nicht nur, was ihre körperliche Beschaffenheit (schön oder häßlich) und ihre gesellschaftliche Stellung (frei oder Sklave) angeht, sondern auch was ihre Moral und den Grad ihrer verfügbaren Intelligenz betrifft. Nur einigen weise die Natur die Fähigkeit zu, sich völlig vernünftig und damit zugleich moralisch richtig zu verhalten; die überwiegende Mehrheit sei dazu nicht in der Lage.

Am auffallendsten bleibt die Bindung der Philosophie an die Politik, die in tiefgreifenden Analysen und in all ihren Erscheinungsformen erfaßt wurde. Dies wurzelte in der für den Bürger eines Stadtstaates selbstverständlichen Erkenntnis, daß der Mensch in erster Linie ein politisches Wesen sei (*Zóon politikón*, lat.: *homo politicus*; Gegensatz: *homo oeconomicus*). Als Aristoteles 322 starb, war die Glanzzeit der Polis vorbei und mit ihr ein Menschenbild, das die Existenz des Menschen von seiner Tätigkeit im Raume des Staatlichen her definierte. Die nachfolgenden Generationen setzten in der Philosophie andere Akzente: Für sie wurde nicht das Dasein als Bürger bestimmend für den Menschen, sondern seine individuelle Seele, um die es sich Sorgen zu machen galt.

*Platon und der ideale Staat*

Platon (427-347), Aristokrat und Athener, Schüler des Sokrates, gründete 387 in seiner Heimatstadt eine Philosophenschule (die Akademie), an der er bis zu seinem Tode lehrte, und die bis 529 n. Chr. bestand. Er formulierte die Grundlagen seiner Philosophie in ständiger Auseinandersetzung mit den Sophisten. Die Form, in der dies geschah, war der Dialog, in dem Sokrates in der Diskussion mit wechselnden Gegnern auftrat. Zentrales Anliegen war der Kampf gegen die Auflösung aller sittlichen Werte. Die Antwort auf die sophistischen Lehren war die Entdeckung der objektiven Existenz von Ideen, die das absolute Gute verkörpern und denen daher die höchste Autorität zukommt; sie können in mühsamen Lehrjahren von wenigen Menschen erkannt werden.

Über den Wert einer staatlichen Ordnung entschied dementsprechend nur ein Kriterium: Machte sie die Menschen besser, als sie vorher waren, oder nicht? Das Ziel jeder öffentlichen Tätigkeit und Einrichtung war damit festgelegt: Sie mußten tugendhafte Bürger schaffen. Ein gut regierter Staat war nur der, für den das sittlich gute Leben seiner Bürger im Zentrum aller Mühen stand. Gerade dies hatten nach Platon alle demokratischen Führer von Themistokles bis Perikles versäumt: Sie hätten im Kampf um die persönliche Macht allen Wünschen und Gelüsten des Volkes Vorschub geleistet und sich wie Kuchenbäcker gebärdet, die eine unwissende Masse mit den Süßigkeiten der Macht (Schiffe, Diäten u.ä.) an sich gefesselt hätten, statt sie wie Ärzte zur Einsicht und zum besseren Leben anzuleiten. Das Grundübel der Demokratie, welche die Macht in die Hände Unwissender gelegt habe, sei durch den Machthunger ihrer Führer noch verstärkt worden.

Wie aber kann der Staat eine gerechte Ordnung schaffen? Zunächst durch Gesetze, denen zu gehorchen sei, antwortete auch Platon, aber nicht durch die absolute Herrschaft des Gesetzes, wie es die Demokraten eingeführt hatten. Denn Gesetze sind notwendig für alle da und können nur mechanisch angewandt werden; die vielfältigen Einzelschicksale der Menschen hingegen erfassen sie nur unvollkommen. Ihre Anwendung muß daher unter die Kontrolle einsichtiger Weiser gestellt werden, welche die Idee der Gerechtigkeit geschaut haben, die zugleich das höchste Gute ist. Sie allein können die mechanische Starrheit der Gesetze durch deren souveräne (d. h. nicht rechenschaftspflichtige) Handhabung vermeiden. Daraus folgte für Platon die entscheidende Frage, wie solche weisen Männer oder Frauen geschaffen werden können und auf welche Weise sie leben und regieren müssen. Die Möglichkeit, durch die Einrichtung von Institutionen und deren ständige Verbesserung das angestrebte Ziel einer gerechten Staatsordnung zu erreichen, hat er nicht erwogen.

Zentral wurde für Platon die Frage nach der Gerechtigkeit. Sein Werk *Der Staat* (*Politeia*) beginnt mit der Frage: Warum sollte jedermann gerecht sein, obwohl das Leben tagtäglich bewies, daß der Erfolg in keinem Verhältnis zur moralischen Beschaffenheit der Menschen steht? „Zeige uns also in deiner Antwort nicht nur, daß die Gerechtigkeit besser ist als die Ungerechtigkeit, sondern auch, was für eine Wirkung die beiden auf den ausüben, der sie hat, und wie deshalb die eine an und für sich etwas Schlechtes, die andere dagegen etwas Gutes ist; den guten oder schlechten Ruf aber lasse beiseite." Die so fragen, sind die Brüder Platons, Glaukon und Adeimantos, und sie waren sich sicher, daß der Ungerechte jeder Strafe entgehen könne, da die Künste der Rede vor Gericht und Volksversammlung jeden Freispruch erwirken konnten, und die Götter durch Opfer und Geschenke leicht zu betören waren.

Auf der Suche nach der Antwort entwarf Platon das Bild eines gerechten Staates, der die Erfüllung der menschlichen Bedürfnisse sichern muß, da Menschen nur in gegenseitiger Abhängigkeit voneinander existieren können. Gerechtigkeit wird definiert als der Zustand, in dem jeder das tut, „wozu seine Natur sich am geschicktesten eignet." Dies wiederum kann nur der mit Vernunft begabte Weise herausfinden, der auch allein in der Lage ist, sich um das Wohl aller und nicht nur um sein eigenes zu kümmern; ein Privat- und Familienleben darf ihm, der nur dem allgemeinen Wohle zu leben hat, nicht gestattet werden.

Platon entwarf einen idealen Staat, der mit der menschlichen Natur vereinbar sein muß. Ihn in der tatsächlichen Welt, die so ganz anders war, zu verwirklichen, lag außerhalb seiner Überlegungen. Dies hat sein Werk vor Aneignungen durch Extremisten nicht geschützt. So haben britische Imperialisten und deutsche Elitedenker des zwanzigsten Jahrhunderts die platonischen Lehren von der Wächterfunktion der Weisen für die Legitimation ihrer Interessen ausgebeutet. Andere, wie Karl Popper, haben Platon leidenschaftlich angeklagt, der große Lehrmeister totalitärer Regime gewesen zu sein und darauf verwiesen, daß die Philosophenkönige seiner *Politeia* und der *Gesetze* ihre Untertanen zu ihrem Wohle täuschen, in eine Besserungsanstalt schicken oder töten konnten, wenn sie halsstarrig blieben. Die Autorität der Weisen trat an die Stelle der freien Entscheidung: „Niemand, weder Mann noch Weib, sollen jemals ohne Führer sein" (Gesetze 942a).

## Die Unvergänglichkeit der Seele

Seit und durch Platon ist Religion wesentlich verschieden von dem, was sie zuvor war. Für die Griechen Homers schloß sie Körperlichkeit und Vergänglichkeit ein: Die Götter herrschten über die Menschen und mischten sich in ihr Leben ein, aber sie versprachen keinen Trost dem, der aus dieser Welt scheiden mußte; ihn erwartete ein düsteres Reich wesenloser Schatten (s. S. 133). Wer von dort entkommen wollte, mußte zu Lebzeiten etwas geleistet haben, das der Erinnerung der Menschen wert war, da diese allein die Grenzen der Zeit aufheben konnte. Die Verherrlichung in Gesängen und Monumenten, die fernen Generationen Kunde von erstaunlichen Taten brachte, verlieh einen Abglanz jener Unsterblichkeit, die nur den Göttern eignete. An diesem Schicksal hatten bereits die Mysterienreligionen gerüttelt, als sie die Lehre von der Seelenwanderung entwarfen. Dieser Gedanke setzte voraus, daß im Menschen ein individuelles, beständiges Etwas existiert, ein Ich, das seine Identität unabhängig vom vergänglichen Körper bewahren kann. Die Unsterblichkeit, die bisher allein die

Götter auszeichnete, wurde damit zum Wesensmerkmal auch des Menschen.

Woher die Unsterblichkeit der vom Körper geschiedenen Seele kommt, war auf verschiedene Weise zu erklären. Entweder stammte sie von den Göttern und kehrte nach mehrfacher Bewährung in verschiedenen Leben zu diesen zurück. Oder sie war als lichte Himmelssubstanz, obwohl abgestürzt in die Zone irdischer Vergänglichkeit, Teil des ewigen Kosmos und durchlief alle seine Bereiche; über die jeweilige neue Körperlichkeit entschieden der Zufall oder ein Totengericht. Amtierte dies, so erhielt das bessere Los und endlich einen Platz im Himmel, wer ein moralisch untadeliges Leben vorwies oder aber durch eine besondere Mysterienweihe von aller Schuld befreit worden war. Der himmlische Kosmos und die Hoffnung des Menschen auf Erlösung begegneten sich und begannen ihren Siegeszug durch die folgenden Jahrhunderte.

Auch Platon hat jenseits der faßbaren Realität eine unkörperliche, unveränderbare Überwelt gesehen. Außerhalb von Raum und Zeit existierten die *Ideen*, das „wahrhaft Seiende." Was in der Welt ist, ist dies durch Teilhabe an der Idee. Fähig im Menschen, das ewig Seiende zu erkennen, ist die Seele. Sie trägt ein Wissen in sich, das sie nicht in dieser Welt gewonnen hat: Wissen ist Erinnerung (*anámnesis*). Das konnte nur bedeuten, daß alles Wissen um die Ideen angeboren ist; die Sinne jedenfalls erfaßten sie nicht, und durch das Experiment waren sie auch nicht nachweisbar. Damit überragt die erkennende Seele das Dasein zwischen Geburt und Tod. Denn wenn es zwei Gattungen des Seienden gibt, das unveränderliche, wahre und das, was wird und vergeht, dann steht die Seele auf der Seite des Höheren, Bleibenden, das sie allein sehen kann.

Was der Mysterienpriester nur im Ritual glaubhaft machen konnte, wird bei Platon zur Gewißheit höchster Rationalität. Denn die Ideen, die bestimmen, was das *Gerechte*, das *Schöne* und das *Gute* ist, sind der Seele des Menschen als Gegenstand der Erkenntnis unverlierbar gegeben. Sie kann also von den Göttern nicht mehr im Stich gelassen werden, da sie zum Aufstieg durch Erkenntnis berufen ist. Auf diesem Weg ist der Körper mit seinen Leidenschaften nur hinderlich; er wird zum Gefängnis, in dem die unsterbliche Seele gefangen ist und aus dem sie zur Freiheit der Anschauung des Ewigen fliehen muß. Den höchsten Gipfel der Erkenntnis, jenseits des Himmelsgewölbes, erreichen nur wenige. Er wird im *Phaidros* in fast hymnischer Verehrung beschrieben: „Den Ort über dem Himmel hat noch keiner der hiesigen Dichter besungen, und nie wird ihn einer nach Gebühr besingen... Das ungefärbte, ungeprägte, unberührte Sein, das wahrhaft ist, das nur vom Noûs, dem Lenker der Seele zu schauen ist, mit dem es die Art wahren Wissens zu tun hat, dies ist es, was diesen Ort einnimmt" (246a-249b).

Wie die Götter konnte der Mensch niemals sein – auch für Platon nicht. Aber er war, gemessen an seinem homerischen Ausgangspunkt, weit gekommen: Zusammengesetzt aus Unendlichem und Sterblichem, strebte jetzt ein Teil von ihm danach, sich vom Sterblichen zu lösen, was durch eigene Kraft oder durch die Hilfe der Götter möglich war. Grundsätzlich dachten Jahrhunderte später die Christen nicht anders: Auch für sie war der Mensch in dieser Welt nicht zuhause, vielmehr führte ihn sein göttlich bestimmter Weg weit über das Irdische hinaus und am Ende aller Tage zu Gott. Dies allerdings war – anders als bei Platon – nicht möglich ohne die unmittelbare Hilfe Gottes, der seinen Sohn auf die Erde senden und zum Tod am Kreuz verurteilen mußte, um den Menschen den Zugang zu Gott und zum Paradies, den die Sünde Adams verschüttet hatte, wieder zu öffnen.

*Aristoteles und die Entdeckung der politischen Wissenschaft*

Aristoteles (384-322), geboren als Sohn eines Arztes in Stageira (Chalkidike), Schüler Platons und Metoike in Athen, gründete dort eine eigene Schule. 343 übernahm er am makedonischen Hof für drei Jahre die Erziehung des damals 13jährigen Königssohnes Alexander. Zeitlebens hielt er das Streben nach Wissen um des Wissens willen für die höchste Form menschlicher Betätigung und den schönsten Weg zum Glück. Denn die Philosophie allein, so glaubte er, genügt sich selbst, während alle anderen Tätigkeiten sich der bohrenden Frage nach ihrem Nutzen unterwerfen lassen müssen.
In langen Auseinandersetzungen mit seinem Lehrer Platon entwickelte er eine Staatslehre, die die Ideen als Endpunkt aller Erkenntnis ablehnte. Seine Neugier auf alle Erscheinungen der Natur und der menschlichen Existenz war unersättlich: Die antiken Verzeichnisse seiner Schriften führen nahezu 200 Titel, deren Themen von der Erkenntnistheorie, Logik und Naturwissenschaft bis hin zur Politik und Poetik reichten. Das gesamte literarische Werk ist verloren gegangen; erhalten blieben die Vorlesungsmanuskripte, die für den eigenen Gebrauch und für die Schule abgefaßt worden waren. Sie gelangten als lateinische Übersetzungen (zunächst aus arabischen, später aus griechischen Quellen) im 12. Jahrhundert in den Westen, wo sie die christliche Theologie des Mittelalters (Scholastik, Thomas von Aquin) beeinflußten (s. S. 676).
Die Philosophie des Aristoteles ruhte auf der Überzeugung, daß man den Menschen nur verstehen könne, wenn man in die Welt der Erfahrung eintauche; mit dieser müsse auch jede Forschung beginnen. Die politische Wissenschaft entstand denn auch in zwei Schritten: Zunächst trugen Lehrer und Schüler Verfassungen verschiedener griechischer Poleis zusammen, die sie miteinander verglichen; insgesamt soll Aristoteles 158 von ihnen beschrieben haben, von denen der *Staat der Athener* 1890 im ägyptischen Sand wiedergefunden wurde. Dann wurden Kriterien entwickelt, nach denen die Qualität von Verfassungen bestimmt werden sollte (bis heute berühmt ist die Analyse der Tyrannis in der *Politik*, s. S. 161 f.). Die dabei aufgeworfenen Fragen kreisten um die Anlage der Stadt (Größe des Territoriums, Bevölkerungszahl), die soziale und politische Beschaffenheit ihrer Bürger und ihre Erziehung zum Staatsbürger.

Große, weiterwirkende Bedeutung erhielt das entworfene Modell einer Mischverfassung, die zwei Jahrhunderte später der Historiker Polybios in Rom tatsächlich verwirklicht sah. Gedacht war an eine Mischung monarchischer, oligarchischer und demokratischer Elemente in den Kernbereichen der staatlichen Institutionen (Volksversammlung, Gerichte, Regierungsämter). Dazu gehörte ein Ausgleich der sozialen Gegensätze, die latent jede politische Stabilität bedrohten: Die Mitte des Staates sollte von den Bürgern mit mittlerem Besitz eingenommen werden. Dies mußte keineswegs das Ende der demokratischen Ordnung bedeuten. Sie konnte aber nur bestehen, wenn die Regierung in die richtigen Hände geriet: „So ist es ... zuträglich und kommt auch öfter vor, daß zwar die Behörden gewählt werden, und daß alle Recht sprechen und zur Rechenschaft ziehen, daß aber die höchsten Behörden aufgrund der Steuereinschätzung gewählt werden, und zwar die höheren aufgrund der höheren, oder auch daß gar kein Amt nach der Steuereinschätzung vergeben wird, sondern gemäß der Fähigkeit. Eine solche Staatsverfassung muß gut sein, denn die Ämter werden immer durch die Besten verwaltet" (Politik 1318b27 ff.). Nur sie glaubte Aristoteles gefeit vor der Gier nach dem Besitz anderer, und nur bei ihnen fand er die Bereitschaft, die Interessen aller nüchtern abzuwägen – anders als die Reichen, die nur despotisch über andere herrschen, anders als die Armen, die nur ihre eigene elende Situation verbessern wollten.

Der ideale Staatsbürger mußte dazu erzogen werden – dies sah Aristoteles wie sein Lehrer Platon. Die Erziehung sollte für alle gleich sein, da in der besten Verfassung die besitzenden und wehrfähigen Bürger abwechselnd regieren. Die Hauptgegenstände der Erziehung reichten von der frühkindlichen Ausbildung über das Lesen und Schreiben bis hin zur allseitigen Schulung des Intellekts und des Körpers (Gymnastik); letzteres dürfe nicht übertrieben werden: die Spartaner hätten so „ihre Kinder durch übermäßige Anstrengungen tierisch gemacht, als ob dies der geeignete Weg zur Tapferkeit wäre." Die im Schlußsatz der *Politik* genannten Erziehungsgrundsätze: „das Mittlere, das Mögliche und das Passende" könnten als Motto über der gesamten politischen Philosophie des Aristoteles stehen.

# X. Griechenland und der Orient unter der Herrschaft makedonischer Könige (338-197)

| | |
|---|---|
| 402-400 | Ein griechisches Söldnerheer dringt unter Führung des Thronprätendenten Kyros tief in die Stammlande des persischen Großreiches ein und schlägt sich auf dem Rückmarsch bis zum Schwarzen Meer durch („Zug der Zehntausend"). |
| 338 | Vereinbarung einer Symmachie zwischen Philipp II. und den griechischen Städten (ohne Sparta) mit dem Ziel, den allgemeinen Frieden (*koiné eiréne*) zu bewahren. Faktisch sichert der Bund die Vormachtstellung des makedonischen Königs über Griechenland und zwingt es zur Heeresfolge gegen das Perserreich. |
| 334-323 | Der Makedonenkönig Alexander der Große erobert das Perserreich und dringt bis nach Indien vor. Der Orient bleibt bis zur Expansion des Islam (7. Jahrhundert n. Chr.) unter griechischem Einfluß. |
| 306/5 | Die rivalisierenden Generäle Alexanders nehmen den Königstitel an; die Einheit des Alexanderreiches ist damit endgültig zerstört. |
| 281-148/5 | Die hellenistische Staatenwelt verharrt in einem labilen Gleichgewicht der Großmächte (Makedonien, Ptolemäer- und Seleukidenreich). An den Höfen ihrer Könige werden die Wissenschaften umfassend gefördert. |
| 263-133 | Auf dem Boden des zerfallenden Seleukidenreiches breiten sich Kleinstaaten aus; der bedeutendste wird Pergamon unter dem Herrschergeschlecht der Attaliden. |

## 1. Das Gliederungsprinzip der Epoche

Die Forschung hat lange von einer Krise der griechischen Polis im 4. Jahrhundert gesprochen, auf die das Zeitalter des Hellenismus gefolgt sei. Ausgelöst worden sei sie durch die Erschütterungen des Peloponnesischen Krieges und den Zusammenbruch Athens. Beides habe zu grundlegenden Veränderungen geführt, die nicht nur den sozialen und wirtschaftlichen Bereich des Lebens, sondern auch die geistige Einstellung der Bürger zu ihren Städten betroffen habe. Das 19. Jahrhundert sprach von einem Nachlassen der geistigen und moralischen Kräfte, das zu einem Rückzug gerade der fähigen Bürger aus dem politischen Leben geführt habe: Die mißratenen Söhne seien nicht mehr vom politischen Geist der Väter getragen worden und hätten sich ihrer privaten Welt zugewandt. Das 20. Jahrhundert erörterte den sozialen und wirtschaftlichen Bereich und hat dort eine

*Alexander der Große im Kampf mit Drachen und anderen Fabelwesen*
(Miniatur aus einer Handschrift des Pfaffen Lamprecht [13. Jhdt.], Brüssel)

Ausgräber in Nordwestindien fanden, geschnitzt in Elfenbein, die Liebesgeschichte von Amor und Psyche (s. S. 531) – ein unscheinbares Zeugnis für die historisch bedeutsamste Leistung des makedonischen Königs: Er hatte durch seine Kriegszüge der griechischen Kultur Weltgeltung für tausend Jahre verschafft.

Oder: noch in unserem Jahrhundert zogen afghanische Kriegshäuptlinge mit der roten Fahne in den Krieg, die sie für das Banner Alexanders des Großen hielten – ein kleines Beispiel für die Faszination, die der zur Legende gewordene König bis in die entlegensten Winkel der Erde ausüben sollte.

In Europa waren es die Kreuzfahrer des 12. Jahrhunderts, die die orientalischen Geschichten und Märchen heimisch machten, die sich seit dem 3. Jahrhundert n.Chr. in immer neuen Versionen um den antiken Welteroberer rankten. Zwar kannte man bereits die lateinischen Übersetzungen des Alexanderromans von Iulius Valerius (um 300) und des Archipresbyters Leo (um 900); jetzt aber wurde Alexander zum Kristallisationspunkt aller sagenhaften Überlieferung, die die Wunder des Orients einfing: Fabeltiere und Pflanzen, seltsame Menschen wie die Amazonen, die indischen Brahmanen oder die Völker Gog und Magog beschäftigten immer von neuem die Phantasie. Für die Frommen zeugte das abenteuerliche Leben Alexanders von der Eitelkeit (*vanitas*) menschlichen Strebens, und immer ist es das Unmaß an Tatendurst und Wißbegier, das Anstoß erregt. Ein namentlich nicht bekannter Fortsetzer des Pfaffen Lamprecht (um 1180; Straßburger Handschrift), der 1140/50 seinerseits das Alexander-Epos des Alberich von Besançon bearbeitet hatte, wußte, wohin das führt und wo das endet: Als Alexander über die Grenze der Welt hinausdrang, so schreibt er, und sich auch das Paradies mit den Chören der Engel und den Seelen der Gerechten unterwerfen wollte, sich also an dem vergriff, was nur Gottes ist, habe ihn dieser „als tobenden Wüterich" in die Schranken gewiesen. Am Tor des Paradieses – in dieses schöne Bild kleidet der Verfasser den Gedanken von der Vergänglichkeit allen Tuns – habe ein alter Mann Alexander einen Stein gegeben, der in der Hand des mächtigen Königs schwerer als Gold und zugleich leichter als Staub wog.

Und schließlich das Vorbild der unbegrenzten Macht, dem alle großen Krieger und Universalherrscher auf ihre Weise huldigten. So auch Augustus, der Erbe Caesars und wie dieser ein Welteroberer. Ihn feierte nach dem Sieg von Aktium der Osten in derselben Sprache der liturgischen Anbetung, in der man einst Alexander gefeiert hatte. Doch damit nicht genug: Nach dem Tod des Antonius und der Kleopatra ließ in Alexandrien der neue Herr der Welt den Sarg des Makedonenkönigs aus der Grabkammer tragen, um dem Toten auf seine Weise zu huldigen:

„Er blickte lange auf den Toten, legte dann eine goldene Krone auf den Sarg und streute Blumen darüber, um ihn zu ehren. Als man fragte, ob er auch die Fürstengruft der Ptolemäer sehen wolle, entgegnete er: ‚Einen König, nicht Leichen wollte ich sehen.'" (Sueton, Augustus 18,1).

wachsende Not der Bauern (Eigentumskonzentration auf dem Land) und der Handwerker (Verlust von Absatzmärkten außerhalb Griechenlands als Ergebnis des langen Krieges) erkannt.

Die heutige Forschung hat die Diskussion über die Tragweite dieser Prozesse – Bruch der Entwicklung seit 404 oder lokale und auf bestimmte Bereiche beschränkte Veränderungen – wieder aufgenommen. Sie verweist insbesondere auf die unterschiedliche Beschaffenheit unseres Quellenmaterials: Während das 5. Jahrhundert die Zeit der großen Historiker, der Tragödien und der politischen Komödie gewesen ist, bieten die Quellen des 4. Jahrhunderts ein vielfältigeres Bild: Hier sind es vor allem die Redner, die philosophischen Schriften und in zunehmendem Maße Inschriften, die es auszuwerten gilt.

Bis heute unstritig ist die begriffliche Erfassung der griechischen Geschichte von Alexander bis Augustus und Jesus als die Epoche des *Hellenismus*. Die Forschung folgt damit dem Historiker Johann Gustav Droysen (1808-1884), dessen christlich geprägtes Weltbild in der Stiftung des Christentums Ziel und Zentrum der Menschheitsgeschichte sah. Die entscheidende Voraussetzung für die Ausbildung des Christentums sah Droysen im Vorhandensein einer von griechischen, orientalischen und jüdischen Gedanken geprägten Kultur, die seit den Kriegszügen Alexanders langsam zum Leben erwacht sei. Die folgenden rund 300 Jahre dieser neuen Kultur grenzte Droysen durch den Begriff *Hellenismus* vom Zeitalter der griechischen „Kleinstaaterei" einerseits und vom Zeitalter der römischen Monarchie andererseits ab; unter dieser wuchs die christliche Heilslehre, die seit Paulus in der Sprache der Griechen gepredigt wurde.

Die unter dem Einfluß nationalstaatlicher Begeisterung entstandene negative Bewertung der Welt der griechischen „Kleinstaaterei", die zur Bildung eines geeinten Nationalstaates nicht fähig gewesen sei, gilt heute nicht mehr. Anderes hingegen scheint weit wichtiger. In den Jahrhunderten ihrer Existenz gelang den Griechen, was den Menschen in der Geschichte nicht häufig widerfuhr: Sie erprobten im Raum der Politik die Möglichkeiten einer vom Willen der ganzen Bürgerschaft getragenen politischen Ordnung und durchmaßen im Raum der geistigen Auseinandersetzungen alle Regungen und Ausdrucksformen, deren der menschliche Geist fähig ist. Sie sind damit zum wesentlichen Ausgangspunkt und zugleich integralen Bestandteil der Geschichte Europas geworden.

## 2. Der Aufstieg Makedoniens unter Philipp II.

Die weiten Landschaften im Norden Griechenlands, Epirus und Makedonien, hatten an der Geschichte der griechischen Welt so gut wie keinen Anteil. Hier lebte eine bäuerliche Bevölkerung verstreut in Dörfern und in dünn besiedelten Gegenden, in denen sich noch endlose Wälder dehnten. Der Dialekt, der hier gesprochen wurde, war den übrigen Griechen ebenso wie die altertümlichen Sitten nahezu unverständlich. Wer von ihnen in diese Gebiete kam, glaubte sich im Barbarenland.

Die politische und soziale Ordnung dieser Welt im Norden wirkte nicht minder fremd. An der Spitze des Staates stand ein König, der seine Stellung in den ständigen Kämpfen gegen die illyrischen und thrakischen Nachbarstämme als Führer des militärischen Aufgebots immer neu legitimieren mußte. Ohne daß es den Griechen zunächst bewußt war, lag dieser so rückständig wirkende Staat wie ein schützender Sperriegel vor den aus dem Norden andrängenden Völkern und sicherte Griechenland über viele Jahrhunderte seine Entwicklung in der ägäischen Welt. Als dieser Riegel Mitte des 2. Jahrhunderts im Ansturm der Legionen Roms zerbrach, erbte der Sieger für weitere Jahrhunderte diese Aufgabe der makedonischen Könige, deren letzter, Perseus, 167 mit seiner Familie im Triumphzug durch die Straßen der neuen Weltstadt am Tiber getrieben wurde. Die 149 v. Chr. eingerichtete Provinz Makedonien übernahm die Grenzsicherung gegen die Völker des Balkans, also vor allem gegen Skordisker, Dardaner und Thraker.

Seit den Jahren des Peloponnesischen Krieges konnte sich Makedonien der Dynamik der griechischen Politik nicht mehr entziehen; nun wandten auch seine Könige ihr Gesicht nach Süden. Den Durchbruch schaffte Philipp II., der als 23jähriger 359 als Usurpator an die Regierung gekommen war. Drei Aufgaben hatte er zu lösen, wenn Makedonien als Macht in Griechenland anerkannt werden wollte:

- Die politische Einigung des Landes, was gleichbedeutend war mit einer völligen Neugestaltung der monarchischen Gewalt, die sich aus der Abhängigkeit des makedonischen Adels befreien mußte.
- Die Unterwerfung der griechischen Städte in Thrakien und auf der Chalkidike, die Makedonien von der Küste abschnitten.
- Die Eroberung Epirus' und Thessaliens, die den Zugang nach Mittelgriechenland blockierten.

Der makedonische König war der Führer des Heerbanns und verkörperte in seiner Person den Staat. In seinem Namen schloß er Verträge und amtierte als oberster Priester und Richter. Seine Macht war institutionell begrenzt durch die Heeresversammlung, die bei der Wahl des Königs mitwirkte und in Hochverratsprozessen entschied, und sie war sozial gefährdet durch einen selbstbewußten Adel, der über weitgehend selbständige Fürstentümer herrschte. Beide Schranken sprengte Philipp: zum einen durch seine Eroberungspolitik, zum anderen durch die Anpassung seiner Königsstellung an das Vorbild des persischen Großkönigs.

Die gewalttätige Ausdehnung Makedoniens gelangte Ende der vierziger Jahre zu einem ersten Abschluß: Epirus ordnete sich unter, die Chalkidike und Thrakien wurden eingegliedert (348-342), und 344 wählte der thessalische Bund Philipp II. zum obersten Beamten auf Lebenszeit (Archon). Durch diese Eroberungen war Makedonien zum Vielvölkerstaat geworden, für dessen Organisation es in der griechischen Vergangenheit keine Vorbilder gab.

Diese fanden sich im benachbarten Reich der Perser. So wurde Thrakien wie eine persische Satrapie eingerichtet: Das Land gehorchte einem Strategen, der für den König den Zehnten einzog sowie die zu stellenden Truppen aushob und befehligte. Thessalien wurde in Personalunion (Philipp als König und Archon) ebenso wie später Griechenland (Philipp als König und Hegemon des hellenischen Bundes, s.u.) beherrscht – vergleichbar dem Herrschergebaren des Großkönigs, der König der Perser und zugleich Stadtkönig von Babylon und ägyptischer Pharao war. Die Regierbarkeit des neuen Reiches sicherte eine Kanzlei, die für den ausgedehnten Schriftverkehr des Königs mit seinen Beamten und den auswärtigen Völkern zuständig war.

Für die Stabilität der Monarchie sorgten Veränderungen in der Führungselite sowie neue Institutionen wie die Einführung von Leibwächtern, einer Leibgarde und des Pagenkorps. Schon in früherer Zeit kommandierte der König das Aufgebot der zu Fuß kämpfenden freien Bauern (*Pezhetairoi* = Gefährten zu Fuß) und eine berittene Gefolgschaft, die den Namen *Hetairoi* trug und die den gesamten makedonischen Reiteradel umfaßte. Dieser wurde durch Nichtmakedonen (Thessaler, andere Griechen, gelegentlich auch Barbaren) erweitert; sie erhielten vom König umfangreiche Ländereien und drängten den Einfluß des alten Adels am Hofe, in der Verwaltung und im Krieg zurück. Die Söhne des Adels wurden im höfischen Pagenkorps im Sinne des Königs erzogen und bürgten als Geiseln zugleich für das Wohlverhalten ihrer Väter.

Alle Maßnahmen dienten dem Aufbau des neuen Reiches und der Festigung der Monarchie. Sie war angesichts ihrer weitgespannten Kriegspläne der Loyalität der aristokratischen Führungselite auf Gedeih und Verderb ausgeliefert. Unter Philipp II. tat der makedonische Volkskönig den ersten Schritt auf dem Weg zum universalen Monarchen von Gottes Gnaden.

## 3. Makedoniens Herrschaft über Griechenland und die Entscheidung zum Krieg gegen Persien

*Die Professionalisierung des Krieges und der Triumph des Söldners*

„Es ist eine abgeschmackte Behauptung, womit man die Stadt [Athen] zu beruhigen gedenkt, daß Philipp ja noch nicht so mächtig sei als es einst die Lakedaimonier waren, die über alles Land und Meer geboten.... Allein wie beinahe alles seitdem so mächtig vorwärts geschritten ist, daß die gegenwärtigen Zustände den vergangenen nicht mehr ähnlich sind, so hat meines Erachtens nichts in so hohem Grade sich verändert und solche Fortschritte gemacht als das Kriegswesen. ... Ihr hört, es ist nicht ein Heer schweren Fußvolks, an dessen Spitze Philipp jede beliebige Bewegung ausführt, sondern ein aus Leichtbewaffneten, Reitern, Bogenschützen, Söldnern und anderem Volke zusammengesetztes Heer, das sein Gefolge bildet. Greift er dann eine Stadt an, so läßt er Geschütze auffahren und beginnt die Belage-

rung – ganz davon zu schweigen, daß ihm Sommer und Winter gleich ist und er keine Jahreszeit ungenutzt verstreichen läßt" (Dritte Philippika 47-50).
Als der Athener Demosthenes, gewiß ein Mann, der mehr über die vergangene Größe Athens als über eine künftige Neuordnung der Welt nachsann, im Mai 341 seinen Zuhörern mit diesen Worten ins Gewissen redete, sollten bis zur Schlacht von Chaironeia noch drei Jahre ins Land gehen, in der über die griechische Freiheit neu entschieden wurde. Drei Veränderungen des Krieges waren es, die den Redner beunruhigten: Die Vielzahl der Truppengattungen, die an die Stelle der einförmigen Hoplitenphalangen getreten waren, die Technisierung der Belagerungskunst und die Fortsetzung der Kämpfe über die Sommermonate hinaus, in denen über viele Jahrhunderte hinweg ausschließlich gekämpft worden war. Geprägt war dieses neue Gesicht des Krieges durch
– den Söldner, angeworben vornehmlich in den griechischen Städten und Stämmen,
– den Berufsoffizier, vergleichbar dem Kondottiere des 15. und 16. Jahrhunderts
– und den Ingenieur, der Sturmböcke baute, um Breschen in die Mauern zu schlagen, und Geschütze und bewegliche Holztürme, die den Angriff an jedem Punkt der Front unterstützen konnten. Die Festungen, die früher nur eingeschlossen und ausgehungert werden konnten, verloren damit ihre frühere Bedeutung (vgl. S. 81), und die Strategen konnten jetzt großräumige Kriegszüge planen, die sich nicht mehr an der nächsten Stadtmauer festbissen.
Alles dies: der Söldner, der Kondottiere, der Ingenieur und die vielfältige Ausstattung der Armeen trieben die Kriegskosten in astronomische Höhen; sie konnten nur noch auf dem Wege der direkten Kriegssteuer oder des unerbittlichen Eintreibens von Kontributionen bei Freund und Feind zusammengekratzt werden.
Angefangen hatte alles im Peloponnesischen Krieg, der ein ums andere Mal bewies, daß Reiter und gut ausgebildete leichte Truppen (*Peltasten*, so genannt nach ihrem Schild *Pelte*) dem schwergerüsteten Fußvolk überlegen sein konnten. In den letzten Kriegsjahren waren nahezu alle griechischen Staaten in den Konflikt hineingezogen worden und als er zu Ende ging, standen Tausende kampferprobter Männer bereit, sich und ihre Waffen an den Meistbietenden zu verkaufen.
Aus den inneren Querelen und der chronischen sozialen Not eines armen, übervölkerten Landes hatte es weder für die Großen noch für die Kleinen je ein Entrinnen gegeben: man fügte sich oder wanderte aus. Jetzt tat sich ein neuer Weg zu Reichtum und Ansehen auf, den der kleine Mann auf den Flotten der Kriegsparteien bereits beschritten hatte. Die militärische Überlegenheit des griechischen Soldaten in allen Schlachten seit Marathon schuf vor allem im Ausland einen schier unerschöpflichen Markt für griechische Söldner. An erster Stelle stand das Perserreich, gefolgt von Ägypten, wo die immer neu aufflammenden Kämpfe und sämtliche Versuche, das persische Joch abzuschütteln, auf beiden Seiten Tausende griechischer Söldner im

Kampf sahen. Nicht anders im westlichen Mittelmeer: Dort fochten Söldner vor allem unter den Bannern der Tyrannen von Syrakus, die sich der Karthager und der eigenen Bürger zu erwehren hatten. Karthago selbst, das seine Kriege seit dem Ende des 5. Jahrhunderts niemals mit seinen eigenen Söhnen geführt hat, konnte gar nicht anders, als in seine aus aller Herren Länder zusammengewürfelten Truppen auch Griechen einzugliedern; ihre Kampfkraft war in den Kriegen auf Sizilien gegen die dortigen Griechenstädte unverzichtbar.

Und es gab natürlich noch die Kriegsschauplätze im griechischen Mutterland selbst: So übernahm im sogenannten Korinthischen Krieg (395-386) der Athener Iphikrates das Kommando über eine angeworbene Söldnertruppe aus Peltasten, mit denen er bald auf allen Schlachtfeldern des Krieges auftauchte. Sein Name wurde bis in die 50er Jahre zum Symbol eines erfolgreichen und begehrten Truppenführers, dessen Leidenschaft für den Krieg ihn vom Hellespont bis nach Ägypten Dienste nehmen ließ und ihm die Hand der schönen Tochter des thrakischen Königs Kotys verschaffte. Männer wie dieser wurden zum großen Vorbild für viele, und sie veränderten das Gesicht des Krieges. Unsere Quellen lassen vermuten, daß in der Zeit von 400-375 nie weniger als 25000 griechische Söldner irgendwo unter Waffen standen und ihre Zahl später bis auf 50000 stieg; in dem Heer, mit dem die Perser 343 das abgefallene Ägypten zurückeroberten, marschierten zehntausend Griechen, und in der Schlacht bei Issos 333 kämpften allein 30000 von ihnen auf beiden Seiten. Sie anzuwerben machte keine Schwierigkeiten: Die Behörden der griechischen Städte ließen den auswärtigen Werbern freie Hand, offenbar froh, auf diese Weise einen Teil ihrer unruhigen Bürger mit Lohn und Brot in die Fremde ziehen zu sehen. Natürlich kamen die meisten aus den Gebieten, deren Armut nahezu sprichwörtlich geworden war. So kämpften bereits 413 vor Syrakus auf beiden Seiten arkadische Reisläufer, von denen Thukydides mit verwundertem Kopfschütteln notierte, daß sie „gewohnt waren anzugreifen, wo man ihnen jeweils den Feind zeigte" (7, 57,9).

Der Triumphzug des Söldners hatte mit dem Auftritt des berühmtesten aller griechischen Söldnerheere begonnen: Den Zehntausend, die der persische Satrap Kyros 402 angeworben und bis an den unteren Euphrat geführt hatte; ihnen huldigte der Athener Xenophon in einem autobiographischen Kriegstagebuch, der *Anabasis* (wörtlich: das „Hinaufsteigen", der „Marsch ins Landesinnere"). Er tat es zu Recht, denn höchst Ungewöhnliches hatte sich ereignet: Diese Armee von annähernd 13000 Mann hatte sich bis nach Kunaxa, 70 km nördlich von Babylon am Ufer des Euphrat, vorgekämpft, dort den Großkönig zum Kampf gestellt, jedoch mit ihrem Anführer Kyros, der im Handgemenge fiel, Ziel und Lohn des Unternehmens verloren. Es kam noch schlimmer: Ihre Kommandeure wurden vom persischen Feldherrn Tissaphernes in eine Falle gelockt und getötet. Die Hoffnung jedoch, nun mit dem führerlosen Söldnerhaufen leichtes Spiel zu haben, trog. Die Truppenführer der zweiten Reihe rückten auf und übernahmen das Kommando: Offenkundig verfügte diese Armee über ein Reservoir an fähigen

Offizieren, das in der damaligen Welt ganz ungewöhnlich war. „Wer leben will, muß versuchen zu siegen" (Anabasis 3,2,39) – mit dieser Parole rüstete sich der scheinbar verlorene Haufe zum Rückzug. Bedrängt von persischen Reitertruppen und wilden Bergstämmen überquerte er die verschneiten armenischen Hochlande und erreichte im Februar 400 bei Trapezunt endlich das Schwarze Meer: „Als das Geschrei [der Vorhut] immer lauter wurde und näher rückte ... hörten sie die Soldaten rufen: ,Das Meer, das Meer', und der Ruf ging durch die Reihen. Da liefen nun alle heran, auch die Nachhut, Zugtiere und Pferde wurden herangetrieben. Als alle auf die Berghöhe gekommen waren, da umarmten sie einander unter Tränen" (Anabasis 4,7,21 ff.).

Dieser Zug der Zehntausend hatte kein unmittelbares Ergebnis. Aber er hat Freund und Feind nachhaltig beeindruckt und bisher Undenkbares zum Greifen nahe gerückt: Zum erstenmal war ein griechisches Heer bis in die Kernlande des persischen Reiches vorgestoßen und hatte die militärische und organisatorische Schwäche der persischen Zentralgewalt schonungslos aufgedeckt. Und zum erstenmal kam eine Truppe aus der Fremde zurück, die sich nicht auflöste, sondern neue Kriegsherren suchte: 399 musterte der größere Teil bei dem thrakischen Dynasten Seuthes, dem Herrn der Propontis, an; später traten 5 000 von ihnen in Spartas Dienste und kämpften gegen den persischen Zugriff auf die kleinasiatischen Griechenstädte; die letzten von ihnen führte der aus Kleinasien abrückende Spartaner Herippidas in die Schlacht von Koroneia (Böotien: 394), wo sie die gegnerischen Thebaner im ersten Ansturm zum Weichen brachten.

Die Heimkehrenden trugen eine faszinierende Lehre im Gepäck: Die Griechen – so schrieb Xenophon – seien selbst schuld an ihrer Armut; denn wer in Griechenland Not leide, brauche nur nach Asien zu gehen, wo der Sold ausschließlich in schweren Goldmünzen ausgezahlt würde. Es bedarf kaum der Phantasie sich vorzustellen, daß solche Kunde viele Männer auf die Beine brachte, zumal in Gegenden, wo jeder, der ging, in seiner Heimatstadt als ehrenwerter Mann und künftiger Wohltäter gefeiert wurde.

So fiel der Krieg in die Hände der Berufssoldaten. Ihre Offiziere machten ihn zum hoch spezialisierten Handwerk und entwickelten immer neue Techniken, um ihn zu vervollkommnen. Viele verschrieben sich ihm auf Dauer und mit Haut und Haaren: „Offenbar war dieser Mann über das Maß des Notwendigen hinaus für die soldatischen Dinge begeistert, schätzte den Krieg als das vielseitigste Betätigungsfeld der Tugend und verachtete diejenigen, die da versagten, als Untätige ganz und gar" (Plutarch, Philopoimen 4). Dieses Psychogramm eines Soldaten, der den Krieg zeitlebens liebte, trifft auf viele Hunderte bekannter und namenloser Söldnerführer zu. Diese sprengten denn auch die früher selbstverständliche Identität von Staatsmann und Feldherr. Gewiß stiegen auch jetzt noch siegreiche Generäle in hohe Staatsämter auf; aber ein militärischer Laie, so engagiert er in der Politik sein mochte, konnte nicht mehr daran denken, diese neue, hoch komplizierte Kriegsmaschinerie zu bedienen und Männer zu führen, die nur noch die militärische Tüchtigkeit gelten ließen.

Dies mußte zu Konflikten führen und die Bereitschaft der Bürger mindern, wie gewohnt als Hoplit für die Heimat in einen Krieg zu ziehen, dem man nun auch in den Wintermonaten nicht länger entrinnen konnte und gegen dessen professionelle Diener keine Siegeslorbeeren mehr zu ernten waren. „Herrschen wollen wir [Athener] zwar über alle, aber in den Krieg ziehen wollen wir nicht, und es fehlt nur wenig, daß wir gegen die ganze Menschheit den Krieg aufnehmen; aber dazu bemühen wir uns nicht etwa selbst, sondern Menschen, die sich teils als Heimatlose, teils als Überläufer, teils aufgrund anderer Missetaten miteinander verbunden haben, die, sobald ihnen jemand einen höheren Sold zahlt, mit jenem gegen uns ziehen werden." Isokrates, der so sprach (Über den Frieden 44-48), hatte keine Sympathie für die Söldner, „die gemeinsamen Feinde aller Menschen." Aber er glaubte den Weg zur Lösung des Problems zu kennen. Dieser wies erneut auf die Spur der Zehntausend, die fast bis vor die mächtigen Tore Babylons gezogen waren: „Wie hoch muß, König der Makedonen, dein Ruhm reichen, wenn du versuchst, das ganze Reich des Großkönigs zu erobern, oder doch wenigstens so viel Land wie möglich davon abzutrennen? Wenn du darüber hinaus versuchst, Städte in diesem Gebiet zu gründen und die anzusiedeln, die jetzt aus Mangel am täglichen Auskommen umherirren und schädigen, auf wen sie treffen? Wenn wir sie nicht daran hindern, sich zusammenzurotten, indem wir ihnen genug zum Leben geben, werden sie, ohne daß wir es bemerken, so viele werden, daß sie den Griechen nicht weniger Schrecken einflößen werden als die Barbaren" (Philippos 120 f.).
Der Krieg selbst und die beliebige Einsatzbereitschaft seiner Getreuen drängte die Griechen nach Osten, dorthin, wo neues Land, große Reichtümer und das Ende der Söldnerplage winkten. Dagegen standen unverrückbar wie ein Fels immer noch die Autonomie und die Freiheit der griechischen Städte, die lieber mit ihren Übeln leben als sich unter der harten Hand eines einzelnen beugen wollten – wie schön die Welt auch immer sein mochte, von der er sprach.

*Die Unterwerfung Griechenlands*

Ende der vierziger Jahre begann für die einen der Absturz, für die anderen die Zukunft: Der makedonische König pochte an die Tore Mittelgriechenlands; sein Staat war zur führenden Macht auf der Balkanhalbinsel aufgestiegen. 340 marschierten seine Truppen auf die Meerengen (Bosporus und Hellespont) zu und fingen die Schiffe ab, die Athen mit dem lebensnotwendigen Getreide versorgten. Der Krieg war damit unvermeidbar geworden. In ihm führte Athen zum letztenmal eine große Koalition der noch freien Griechenstädte an. 30 000 ihrer Bürger und Söldner marschierten an der Nordgrenze Böotiens auf, um den Vormarsch des makedonischen Königs zu stoppen, der das phokische Amphissa bereits genommen hatte. Alle Tapferkeit war vergeblich: Am 2. August 338 durchbrach auf dem Schlachtfeld von Chaironeia die makedonische Phalanx unter Führung des Königs-

sohnes Alexander die Reihen der Verbündeten; die Koalition zerfiel, in die Burg des Kadmos in Theben zog eine makedonische Besatzung ein.
Griechenland gehorchte zum erstenmal in seiner Geschichte *einer* Stimme. Sie kam von draußen, und sie war die Stimme eines Despoten; dieser war jedoch geschickt genug, die Abhängigkeit Griechenlands in eine politische Form zu kleiden, die das griechische Selbstgefühl nicht zerbrach und zugleich die Kräfte des Landes an ein neues, großes Expansionsziel zu binden wußte.
Der makedonische Angriff traf die Griechen, als ihre Fähigkeit zur Abwehr nur noch gering war. Ein politischer Zusammenschluß der Stadtstaaten zu größeren Gebilden lag nach 404 ferner denn je: Sparta, Athen, Theben und andere hatten ihre Karten im Spiel um die Vormachtrolle ausgespielt und dabei alles verloren. Das innenpolitische Leben vieler Städte war durch politische Machtkämpfe zerrissen, die unter dem Einfluß größerer Nachbarn häufig in Bürgerkriegen endeten. Der soziale Konfliktstoff nahm zu, auch wenn die Verhältnisse in Athen weitgehend stabil blieben und in Sparta der äußere Niedergang (noch) keine sozialen Konflikte provozierte. In zahlreichen anderen Poleis jedoch verschärften sich die Gegensätze zwischen arm und reich; mancherorts wurde wieder die Forderung nach Neuverteilung des Bodens und nach Erlaß der Schulden gehört.
Untrügliche Symptome einer Verschärfung der sozialen und politischen Auseinandersetzungen waren Tausende von Verbannten, die eine neue Heimat suchten. Als kurz vor Chaironeia der Korinther Timoleon aus dem fernen Sizilien zur Neubesiedlung des im Karthagerkrieg weitgehend entvölkerten Syrakus aufrief (s. S. 244), kamen Zehntausende aus allen Teilen der griechischen Welt – auch dies ein Zeichen sozialer Heimatlosigkeit, die auf Dauer zu weiteren Konflikten führen mußte.
Die Geschichte hatte den Griechen zwei Wege zur Lösung sozialer Probleme gezeigt: Der eine führte nach innen, zum Umsturz oder zum Ausgleich, der andere nach außen, zur Besiedlung entfernter, spärlich bevölkerter Landstriche (Kolonisation). Der neue Herr Griechenlands hatte eigene, neue Pläne, die den Griechen einen dritten Weg, den zu Krieg und Eroberung, wiesen. Der Gedanke war hie und da schon aufgetaucht und hatte vor allem die Phantasie des Isokrates beflügelt (s.o.). Es entsprach dies offenbar den schon damals gehegten politischen Wünschen des Makedonen, der jetzt, nach der Unterwerfung Griechenlands, daran ging, sie in die Tat umzusetzen. Dabei durfte er davon ausgehen, daß der Haß der Städte auf alle Tyrannen und Monarchen angesichts der sozialen Not schwächer wurde, ja viele davon sprachen, daß der Monarch Rettung bringen könne. Der Söldnerführer Xenophon, inzwischen Privatier und Gutsherr in der Nähe von Olympia, hatte einen historischen Roman über die „Erziehung des Kyros" (*Kyrupädie*) geschrieben, dessen Held, der ältere Kyros (s. S. 167, 170 f.), als vorbildlicher König und Feldherr auftrat; das Buch wurde ein durchschlagender Erfolg, was besser als vieles andere belegt, daß weite Kreise durchaus bereit waren, an den guten Monarchen zu glauben und auf ihn zu hoffen.

*Die politische und ideologische Vorbereitung des Krieges*

Nach der Schlacht von Chaironeia rief der Sieger die Besiegten zu einem Kongreß nach Korinth, um sie dauerhaft an sich zu binden. Er griff das mit dem Königsfrieden eingeführte Modell der Friedensgenossenschaft auf (*koiné eiréne*, s. S. 236 f.), das in den zurückliegenden Jahrzehnten immer wieder zur Herstellung friedlicher Zustände gedient hatte. Dieser Pakt, der seinem Wortlaut nach die gegenseitige Beherrschung ausschloß, erwies sich als geeignetes Instrument, um den Griechen die Illusion von Freiheit und Autonomie zu belassen und sie zugleich für die Ziele des Königs zu gewinnen.

In Korinth wurde ein Bund geschlossen, in dem alle Griechen mit Ausnahme der Spartaner untereinander und mit dem makedonischen König verbündet waren (StV III nr. 403). Er wurde geleitet von einem Bundesrat, in den die Städte proportional zu ihrer Größe Abgeordnete entsandten. In gemeinsamen Kriegen sollte ein bevollmächtigter Stratege (*strategós autokrátor*) gewählt werden, der nach Lage der Dinge nur der makedonische König sein konnte. Als Ziel des Bundes wurde die Sicherung des *Allgemeinen Friedens* festgelegt, womit nicht nur der Schutz gegen äußere Feinde, sondern auch die Sicherung der bestehenden Verfassungen gegen Aufruhr und Umsturz gemeint war: Nirgendwo sollte „die Beschlagnahme von Vermögen, die Umverteilung von Land, die Streichung von Schulden, die Befreiung von Sklaven zum Zwecke des Umsturzes" möglich sein, wie ein anonymer Chronist berichtet.

337 beauftragte die Bundesversammlung Philipp mit dem Krieg gegen Persien; im Frühjahr 336 überschritt ein aus Makedonen und Griechen zusammengestelltes Heer den Hellespont und begann, die griechischen Städte Kleinasiens zum Abfall zu bewegen. Die Öffentlichkeit wurde in Anlehnung an Isokrates propagandistisch auf einen gemeinsamen (panhellenischen) Krieg vorbereitet, in dem die Griechen für die Zerstörung ihrer Tempel durch Xerxes vor beinahe anderthalb Jahrhunderten Rache nehmen sollten. Dieser Schlachtruf mag in einer Welt, die den Rächer von Unrecht und Entehrung achtete, schwerer gewogen haben, als dies unsere Vorstellung, geprägt vom römischen Recht und vom christlichen Gedanken einer übermenschlichen Gerechtigkeit, nachvollziehen kann. Er verbrämte kaum das eigentliche Ziel, die Ausweitung der Macht der makedonischen Könige. Er reichte jedoch aus, einer an Krieg und Eroberung, Unterwerfung und Ausbeutung gewöhnten Welt ein erstes, gemeingriechisches Ziel vorzugeben, das die Herrschaft des allmächtigen Makedonen erträglicher machte.

Eben dies, das allen Griechen Gemeinsame, das, was sie im eigenen Verständnis von dem persischen Barbar trennte, führte aber noch viel weiter und war am nachhaltigsten programmatisch zu formulieren. Platon (Politeia 469 ff.) hatte bereits davon gesprochen, daß als Kriege nur Konflikte mit Barbaren gelten dürften, hingegen Kämpfe unter Griechen als Staseis, innere Fehden, zu bezeichnen seien. Aufgabe der Griechen müsse es sein, ihre Feindschaften wie Krankheiten zu kurieren, damit man sich gegen die Barbaren wenden könne, mit denen die Griechen „von Natur aus" in Feindschaft lägen. Nur auf die Welt der Poleis und ihr eisernes Festhalten an der eigenen Autonomie bezogen, konnten solche Gedanken allenfalls zu den Koine-Eirene-Verträgen führen, welche die Sicherung des Friedens mit der überkommenen Eigenständigkeit verbinden wollten. Im Falle des Eroberungskrieges gegen Persien sah alles anders aus: Hier wurde der Traum vom innergriechischen Frieden zur Voraussetzung eines gerechten und von der Natur geforderten Kampfes gegen jene wilden Tiere, von denen Isokrates sprach, wenn er die Barbaren meinte, oder gegen geborene Sklaven, wie Aristoteles wissen ließ. Überlegen fühlte man sich – gestützt auf die historische Erfahrung seit Marathon – in jedem Fall, und es kam nur noch darauf an, die Ursache dieser Überlegenheit in Erfahrung zu bringen.

Aristoteles fand sie in der geographischen Mittellage, welche die Griechen zwischen den Völkern in den kalten Ländern des Nordens und den Völkern Asiens beanspruchten. Die einen, so philosophierte er, hätten im Norden wohl den Mut, nicht aber die Fähigkeit zu denken gelernt; die anderen im Osten wohl das Denken, aber nicht den Mut. „Das Geschlecht der Griechen endlich, wie es örtlich die Mitte zwischen beiden einnimmt, vereinigt auch die Vorzüge beider, denn es ist voll Mut und zugleich mit Denkvermögen begabt. Daher erhält es sich nicht bloß fortwährend frei, sondern auch am meisten in staatlicher Ordnung und würde die Herrschaft über alle anderen Völker zu gewinnen imstande sein, wenn es zu einem einzigen Staat verbunden wäre" (Politik 1327b22-33).

Da ist sie, die Vision von der Einheit der Besten, ausgezeichnet durch Freiheit und staatliche Ordnung, berufen zur Herrschaft. Die so dachten, konnten nicht ahnen, daß der Monarch, der sie bis an den Indus führen sollte, ganz anderes im Sinn hatte: Seine Politik gegenüber den Unterworfenen (s. S. 292) gehorchte der Vorstellung von einer anderen Weltordnung, in der Orient und Okzident verschmolzen sein sollten. Beides blieb ein Traum.

## 4. Die Eroberung des Orients durch Alexander den Großen

*Die Kriege und ihr Motiv*

Nach der Ermordung Philipps 336 hob die makedonische Heeresversammlung seinen zwanzigjährigen Sohn Alexander auf den Thron. Dieser beseitigte alle potentiellen Nebenbuhler und schlug den Versuch griechischer Städte, die verlorene Freiheit zurückzugewinnen, mit berechnender Grausamkeit nieder. Insbesondere Theben zählte zu den Spänen, als gehobelt wurde: Die Stadt wurde dem Erdboden gleich gemacht und ihre Bevölkerung auf die Sklavenmärkte getrieben; es war, so ein zeitgenössischer Redner, als ob der Mond am Firmament ausgelöscht worden wäre. Niemand dachte jetzt mehr an Widerstand. Der neue König konnte sich rüsten, den von seinem Vater ererbten Krieg gegen Persien aufzunehmen. Im Frühling 334 fiel er mit offizieller Billigung des hellenischen Bundes in Asien ein, gefolgt von einem Heer von 35 000 Mann, etwa zur Hälfte Makedonen, zur Hälfte griechische Bundesgenossen und Söldner; hinzu kam eine Flotte von 160 Schiffen.

Der Eroberungszug vollzog sich in vier Phasen. In der ersten (334-331) wurden Kleinasien, die Städte an der syrischen Küste und Ägypten erobert, das die Eindringlinge aus dem Norden als Befreier begrüßte. Anschließend fielen die Stammlande Persiens; der Großkönig Dareios starb auf der Flucht, verraten und ermordet von seinen eigenen Gefolgsleuten. Die Königsburg der Achämeniden in Persepolis ging in Flammen auf. Der Kreuzzug der Griechen gegen die Zerstörer ihrer Heiligtümer wurde offiziell für beendet erklärt, die Truppen des griechischen Bundes kehrten in die Heimat zurück.

In der zweiten Phase (330-327) marschierte Alexander in die östlichen Teile des Perserreiches; sie ging mit der Eroberung Baktriens zu Ende.

In der dritten (327-325) fiel Alexander in das Wunderland Indien ein; sein Versuch, bis zum Ganges und darüber hinaus an die Küste des unbekannten östlichen Ozeans vorzustoßen, scheiterte am Widerstand seiner überstrapazierten, meuternden Truppen.

In der vierten Phase (325-323), nach qualvollen Rückmärschen seiner erschöpften Armee aus dem Osten, begannen die Vorbereitungen für einen neuen Feldzug, der mit einer Flottenexpedition nach Arabien eingeleitet werden sollte.

Im Sommer 323 riß der Tod den König, noch keine 33 Jahre alt, aus allen hochfliegenden Plänen. Geboren im Jahre 356, wurde der Sohn Philipps

*Der Alexanderzug*

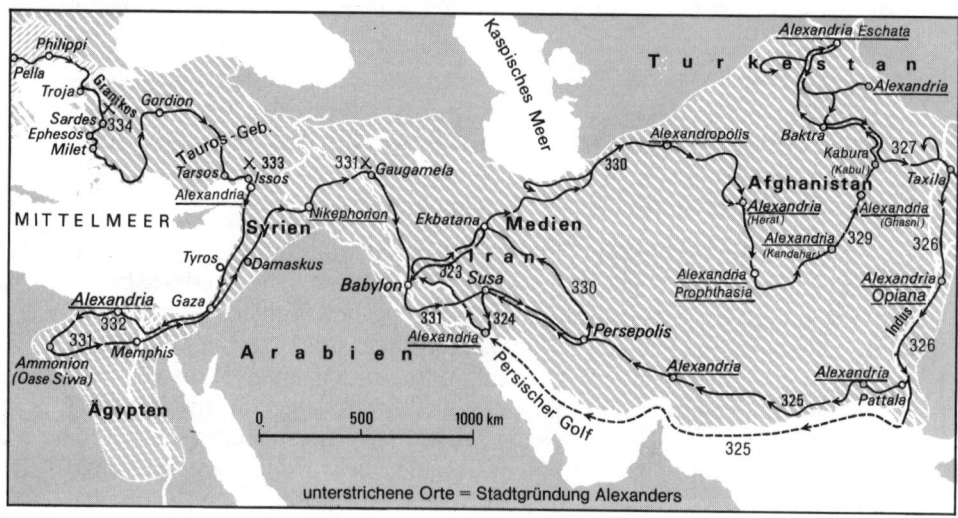

mit zwanzig Jahren König, und in den dreizehn Jahren, die ihm blieben, trug er seine Waffen von der Donau bis zum Nil, vom Euphrat bis zum Indus und im Süden bis an die Küsten des Ozeans. Er starb nicht im Kampf wie Achill, sondern am Fieber. Am Tage seines herannahenden Todes verlangten seine Soldaten, ihn noch einmal zu sehen. Schweigend zogen sie an seinem Lager vorbei. Sie nahmen damit auf ihre Weise Abschied von einem Eroberer, dem sie alles gegeben und der ihnen mit Lohn, Beute und Ruhm gedankt hatte. Auch seine Feinde, wie die Athener, nahmen Abschied: Man könne die Kunde nicht glauben, sagten sie, denn wenn es wahr wäre, hätte der Geruch seines Leichnams bereits die ganze Erde durchdrungen.
Die wahren Motive der Eroberungszüge Alexanders erfaßte weder die offizielle Propaganda, die von einem Rachefeldzug gegen die persischen Tempelschänder sprach, noch vermochten die Vorstellungen eines Isokrates ihnen gerecht zu werden, der glaubte, die Eroberung Persiens könne die sozialen Probleme Griechenlands lösen. Kein Makedone, vom General bis zum Bauernsoldaten, war bereit, für die Interessen anderer zu Felde zu ziehen. Ihnen ging es um Ruhm und Beute, die sie in die Heimat zurückzuschleppen hofften, und um den Gehorsam ihrem König gegenüber. Dieser selbst fand im Krieg den Sinn seines Daseins: Dort lebte er seine ganze Leidenschaft und Phantasie aus; in Feldlagern, Schlachten und Märschen fand er eine Selbsterfüllung, der nichts sonst gleichkam. Der Historiker Arrian sprach von der Sehnsucht (*póthos*) des Königs, die ihn immer tiefer in unbekannte Länder vordringen ließ. Er verwies damit auf die irrationalen Züge im Handeln des Makedonen, dem die Quellen durchaus glaubhaft den Plan zuschrieben, auch die Völker des westlichen Mittelmeeres erobern zu wollen.
Asien kapitulierte nicht zuletzt deshalb so schnell, weil Alexander als geborener Krieger seine Soldaten zu Leistungen anspornte, die das normale, Menschen zumutbare Maß überstiegen. Der König nutzte zudem entschlossen aus, daß das Bündnis mit den Griechen hielt, die in der ersten Phase des Krieges an den Erfolgen entscheidenden Anteil hatten. Aber auch der Schwäche des Gegners war der Erfolg zu danken. Das persische Großreich hatte das Streben der beherrschten Völker nach Selbständigkeit niemals völlig unterdrücken können. Erst 356 war es dem Großkönig nach zehnjährigen Kämpfen gelungen, einen großen Aufstand der westlichen Satrapien niederzuwerfen; das 408 abgefallene Ägypten war erst 343 dem Reich wieder eingegliedert worden. In Kleinasien und Ägypten wurden die einmarschierenden makedonischen Truppen daher vielerorts als Befreier begrüßt.

*Die Umrisse einer neuen Ordnung*

Alexander starb als Herr von Makedonien, Griechenland, Ägypten und Westasien; sein Wort galt von der Adria bis Indien, vom Kaukasus bis zum Nil. Sein kurzes Leben wurde von seinen Feldzügen so ausgefüllt, daß ihm wenig Zeit geblieben war, die eroberten Länder neu zu ordnen. Er herrschte denn auch über kein einheitliches Reich, sondern über ein Konglomerat von Ländern, die unterschiedlichen Rechtsstellungen gehorchten: Da war das makedonische Stammland mit seiner archaischen Sozialordnung und der von Philipp reformierten Königsstellung, da waren die griechischen Städte, die in einem Bund zusammengefaßt den makedonischen König lediglich als obersten Feldherrn anerkannten, da waren die persischen Stammlande, die allein durch die Fortsetzung der Herrschaftspolitik der gestürzten Achämeniden zusammengehalten werden konnten, da war Ägypten, das in seiner über zweitausendjährigen Geschichte Herrschaft ausschließlich in der Gestalt des Pharao kennengelernt hatte, und da gab es (z. B. in Phönikien und auf Zypern) eine Vielzahl kleiner Bünde, Tempelstaaten (Kleinasien; die Herrschaft der Hohepriester in Judäa) und Stammesverbände, mit denen zunächst nur vertragliche Abmachungen getroffen worden waren. Ob und wie sich Alexander die Organisation dieses gewaltigen Herrschaftsraumes vorgestellt hat, ist mit ihm ins Grab gesunken. Rekonstruierbar sind nur einzelne Maßnahmen, bei denen es unklar bleibt, ob sie Teile eines planvollen Herrschaftskonzepts waren.

Das Reich der Großkönige sollte wie bisher regiert werden; daher trat Alexander die Nachfolge der Achämeniden und der Pharaonen an. Damit rückte Makedonien an die Peripherie und hörte auf, Kernland des Reiches zu sein. Dem entsprach, daß der alte persische Adel als Träger der Reichsorganisation neben die Makedonen trat und die Armee durch persische Truppen ergänzt wurde. Dieser unter heftigem Widerstand der makedonischen Eliten vorangetriebene Prozeß gipfelte nach der Rückkehr aus dem Osten in dem Versuch, Makedonen und Perser physisch zu verschmelzen. Alexander selbst hatte sich bereits in Baktrien mit Roxane, der Tochter eines dortigen Fürsten, vermählt und heiratete nach dem Indienfeldzug 324 in Susa eine Tochter des ermordeten Großkönigs; am gleichen Tag gaben 80 seiner engsten Gefolgsleute persischen Fürstentöchtern widerstrebend das Jawort, und 10 000 seiner Soldaten heirateten Frauen aus dem Volke. Gescheitert war zu diesem Zeitpunkt bereits der Versuch, das persische Satrapen-System unverändert weiterzuführen: Von achtzehn eingesetzten Satrapen mußten zehn wegen Untauglichkeit oder schwerer Vergehen hingerichtet und durch Makedonen ersetzt werden.

Besonders problematisch blieb das Verhältnis zu Griechenland, das Alexanders Befehlen nur zähneknirschend gehorchte. Zwar erklärten ihn die Städte des hellenischen Bundes 324 für göttlich und richteten Kulte ein. Dahinter verbarg sich jedoch zunächst nur die politisch motivierte Absicht, den geforderten Loyalitätsbekundungen eine geeignete Form zu verleihen und nicht die Idee, durch die reichsweite und einheitliche Verehrung Alexanders als Gott die nur lose zusammengefügten Länder des neuen Weltreiches zu einer festen Einheit zu verknüpfen.

Aber dieser Gedanke wies weit in die Zukunft: Auch die römischen Kaiser haben drei Jahrhunderte später die kultische Verehrung ihrer Untertanen gefordert. In Rom und Italien war dies zwar nicht möglich, da Augustus seine persönliche Herrschaft in die überkommene republikanische Rechtsordnung eingefügt hatte, und diese ließ eine sakrale Überhöhung eines Menschen nicht zu. Die Provinzen jedoch sahen dies ganz anders. Der Osten des Imperium Romanum hatte die Götter und Heilande inzwischen schon lange kommen und gehen sehen und daher nur zu fragen, ob die längst gegenwärtigen Formen der kultischen Verehrung eines Monarchen auch auf den Sieger in Rom anwendbar waren. „Der leibhaftig erschienene Gott und der Retter des Menschengeschlechts" (Syll.³ 760) – so sollte der Landtag Asiens Caesar begrüßen. Damit war der Weg frei, die lange umlaufende Vorstellung von der göttlichen Erscheinung auf Erden und von einem universellen Wohltäter an die Person eines mächtigen Römers zu binden.

*Die historische Leistung und die Macht der Legende*

Von allen Versuchen Alexanders, zu einer neuen Ordnung zu kommen, ist wenig geblieben. Mit dem Tod des Königs zerfiel die mit dem Schwert gewonnene Ländermasse politisch wieder in ihre Einzelteile und trotzte allen Bemühungen, sie noch einmal unter den Befehl eines Einzelnen zu bringen. Was blieb, war eine Welt, die durch die Gewalttätigkeit und das Ausmaß der in ihr angerichteten Zerstörungen nicht mehr zu ihrer früheren Ordnung zurückfinden konnte. Alexander ging in die Geschichte also nicht als Neuordner der Welt – vergleichbar etwa dem Römer Augustus – ein. Daß er in ihr trotzdem eine fast einzigartige Stellung einnimmt, resultierte einzig aus seinen Kriegszügen: Der gesamte Vordere Orient und Ägypten wurden hellenisiert. Damit erhielt die griechische Kultur Weltgeltung, und das Mittelmeer wuchs mit allen seinen Randgebieten für tausend Jahre zu einem einheitlichen Kulturraum zusammen.
Erst mit Muhammad und den Eroberungszügen der arabischen Stammeskrieger unter dem grünen Banner des Propheten ging diese Einheit des Mittelmeeres im 7. Jahrhundert n. Chr. verloren. Der erfolgreiche Ausbruch der zum Glauben an Allah bekehrten Nomaden aus der Wüste traf auf eben die Regionen, in denen die Völkerwanderung der Nordvölker die geringsten Verheerungen angerichtet und die das Erbe der griechisch-römischen Prosperität am besten bewahrt hatten. Wenig davon überlebte: Die nomadischen Sieger drängten die städtische Lebensform und mit ihr die Seßhaftigkeit zurück, und ihre Religion hob die von den Christen erkämpfte Trennung von Staat und Kirche auf. Der bloße Gedanke an eine säkulare Autorität und Rechtsprechung, an einen Bereich des Lebens jenseits des religiösen Gesetzes und seiner Hüter, erschien bereits als Gottlosigkeit und Verrat am Islam.
Bis es soweit war, gehorchte die Welt des Orients den Griechen und deren Vorstellung von Staat und Bürger. Denn die neue Ordnung, welche die von Alexander zerstörte Welt zum Überleben brauchte, konnte nur eine griechische sein, und sie lag in den Händen der Generäle Alexanders. Ihre vordringliche Aufgabe ergab sich aus ihrem Status: Sie mußten die monarchische Gewalt neu begründen und ihr eine tragfähige machtpolitische und ideologische Grundlage schaffen. Denn keiner von ihnen konnte sich auf

das ehrwürdige Erbe einer monarchischen Tradition berufen: Außer ihrem Schwert gab es keinen Rechtstitel, auf den zu verweisen war.

Als Monarch blieb Alexander das große Vorbild. In der politischen Praxis wie in der theoretischen Diskussion wurde in der griechischen und später in der römischen Welt Alexander zum Symbol unbegrenzter Macht. Er verkörperte in idealer Form die Möglichkeit, durch die individuelle Tat alles auf Erden erreichen und damit Unsterblichkeit erlangen zu können. Insbesondere die römischen Feldherren des letzten Jahrhunderts der Republik, die die Grenzen des römischen Imperiums bis an das Ende der bekannten Welt ausdehnten, suchten von sich aus die Verbindung zu Alexander. Ihre großen Kriege im Orient, zu denen Sulla, Lucullus und Pompeius aufgebrochen waren, boten den äußeren Anknüpfungspunkt, um die neu gewonnene Machtfülle durch die Angleichung an Alexander jedermann verständlich zu machen. Augustus schmückte 30 v. Chr. in Alexandria die Leiche des Makedonenkönigs mit Kränzen und Blumen und siegelte mit dessen Ring.

Den toten Alexander hüllten bald Legenden ein und verliehen ihm ein neues, von Wundern erfülltes Leben. Am Anfang standen gewiß ernsthafte biographische Versuche, aber sie waren offen für allerlei Geschichten, deren Autoren ihren amüsierten Zeitgenossen vortäuschten, sie hätten neues Urkundenmaterial aufgestöbert. So entstanden Briefwechsel zwischen Alexander und Dareios, dem indischen Fürsten Poros und den Amazonen; Briefe des Königs an seine Mutter Olympias und seinen Lehrer Aristoteles sprachen von den Wundern Indiens, und Protokolle tauchten auf, die Gespräche mit Brahmanen und Gymnosophisten vermeintlich authentisch festhielten. Schließlich bemächtigte sich die Sage der Person Alexanders und verlieh ihm das Weltreich, das er zu Lebzeiten nur zu Teilen hatte gewinnen können. In den Himmel fuhr er auf in einem Wagen, den Greifen zogen, und die Tiefe des Meeres erkundete er in einem Faß aus Glas, das seine Soldaten an Eisenketten geschmiedet hatten. Mehr als achtzig Versionen des Alexanderromans, der im 3. Jahrhundert entstandenen Zusammenfassung aller Legenden um den großen König, kursierten in 24 Sprachen; keine andere Geschichte der Welt ist so weit verbreitet worden: Sie drang bis nach Indien und Java, in die Mongolei und bis nach Island vor und erschloß sich auf ihrem Wege immer phantasievollere Welten.

So erzählte die griechisch-ägyptische Legende von siegreichen Kriegszügen gegen Karthago und Rom, in der jüdischen kündigte der Hohepriester den König nach Daniels Prophezeiung als Herrscher des vierten Weltreiches an, und nach persischen Erzählungen unterwarf Alexander Indien, China und Rußland, bis er das Land der Finsternis erreichte. Die Kreuzfahrer des 12. Jahrhunderts brachten die Geschichte des Welteroberers nach Europa, wo der Held bald als dämonischer Weltherrscher, bald als Vollstrecker des göttlichen Heilswillens in immer neuen, märchenhaften Geschichten und Bildern auftrat. So etwa im Alexanderlied des Pfaffen Lamprecht (um 1170), in dem der kühne Entdecker ferner Länder zugleich auch warnendes Beispiel für menschliche Unrast und Vergänglichkeit ist. In diesem Buch schlug im Abendland in den Jahrhunderten vor der Landung der Portugiesen jedermann nach, was es in Indien an Wissenswertem zu bestaunen gab. Unheimliches war dabei ebenso zu studieren wie Großartiges, und Taten wurden vollbracht, die jedes Herz höher schlagen ließen – mit einem Wort: Es war eine Welt voller Wunder, von der die ferne Stimme des makedonischen Königs sprach, und sein Leben war ein wunderbares Schicksal, das es mit Ergriffenheit zu lesen galt.

## 5. Die hellenistische Staatenwelt

*Die Reiche der Diadochen*

Alexander starb, ohne einen Nachfolger zu hinterlassen. Damit fiel die Herrschaft in die Hände seiner Generäle – ungeachtet der nach schweren Konflikten in Babylon gefundenen Regelung, die Arrhidaios, den schwachsinnigen Sohn Philipps II., und den noch ungeborenen Sohn Roxanes, den späteren Alexander IV., zu Königen machte, um die Rechte des makedonischen Königshauses formal zu wahren. 310 war es auch damit vorbei: Gedungene Mörder der tatsächlichen Machthaber beseitigten die Dynastie Philipps und Alexanders, ohne daß dieser Vorgang nachhaltige Erschütterungen auslöste. Die neuen Herren im Lande standen längst fest, fraglich war nur, wer welchen Teil der riesigen Ländermasse, die einst das universale Reich Alexanders bildete, auf Dauer erhielt.
Alexander hatte die Ordnung des Reiches in Satrapien beibehalten. Diese teilten die bedeutendsten Generäle nun unter sich auf. Denn sie waren gewiß: Ohne sie hätte es die Siege der vergangenen Jahre nicht gegeben, und ohne daß ihnen der verdiente Lohn zuteil wurde, konnte die Welt nicht neu geordnet werden. Also kämpften sie: Die einen um die alleinige Herrschaft, wie sie Alexander besessen hatte, andere – wie Ptolemaios und Seleukos – um die wichtigsten Territorien, wieder andere um die Behauptung einer möglichst unabhängigen Stellung in ihrer jeweiligen Satrapie. Sie alle waren makedonische Adlige, Männer der Tat, die ihr Ziel nur erreichen konnten, wenn sie möglichst viele Truppen und Offiziere, die nominell dem König allein unterstanden, auf ihre Seite zogen oder eigene, nur ihnen verpflichtete Heere aufstellten. Dafür war es häufig nötig, den eigenen Machthunger zu tarnen und als Sachwalter der Interessen des Königshauses aufzutreten. Ferner mußten mächtige Freunde geworben werden, die ihrerseits Teilhaber an der Macht sein wollten, so daß man gut daran tat, sich an Olympias' Rat an ihren Sohn Alexander zu erinnern, die gewonnenen Freunde nicht so mächtig zu machen, daß sie ihrerseits eigene Gefolgschaften aufbauen konnten. Auf andere Gruppen, die Griechen und die einheimische Bevölkerung, kam es nicht an: Sie waren Untertanen und zum Gehorsam verpflichtet.
In den darüber ausbrechenden Kämpfen zerfiel das Reich, auch wenn es nach dem Aussterben der Dynastie immer wieder Männer gab, die für die Einheit des Reiches kämpften und nach dem Diadem Alexanders als Zei-

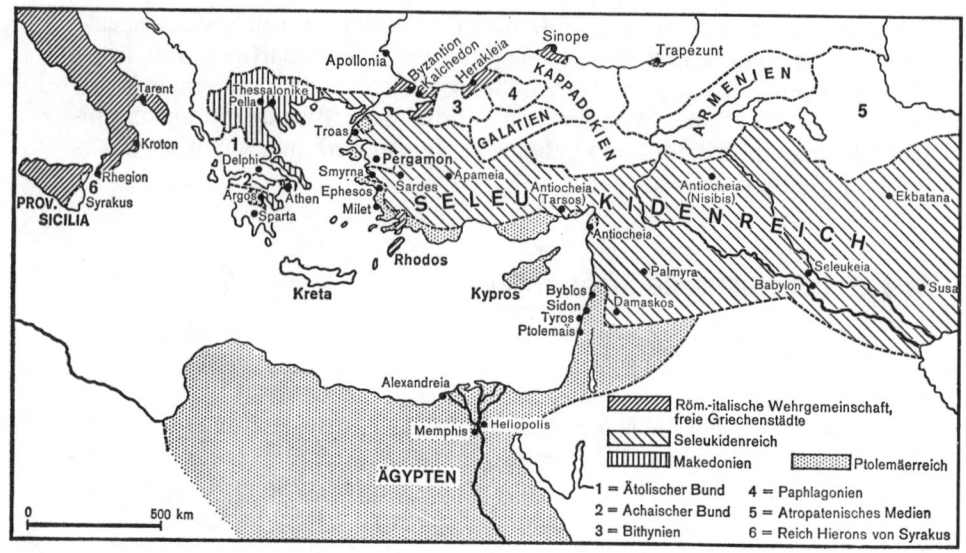

*Die hellenistische Staatenwelt um 240 v. Chr.*

chen der alleinigen Herrschaft griffen. Nach vierzigjährigen Kriegen beanspruchten zunächst drei Staaten das Erbe: Makedonien, Ägypten (mit Süd-Syrien, der Cyrenaika und Zypern) und das Reich der Seleukiden, das von Kleinasien bis nach Indien reichte. Sie alle mußten sich unablässig, den Rivalen einen möglichst großen Teil von deren Beute wieder abzujagen. Angesichts ihrer ungefähr gleichen Machtmittel pendelte sich dabei ein labiles Gleichgewicht der Kräfte ein, das drei Faktoren nachhaltig bestimmten:
- Alle Großmächte orientierten sich zum östlichen Mittelmeer. Die dortige Inselwelt und die Küstenstreifen Syriens und Kleinasiens bildeten die Drehscheibe der machtpolitischen und wirtschaftlichen Interessen.
- Die Städte des Mutterlandes, der Inseln und Kleinasiens wurden zu heftig umworbenen Bundesgenossen, da ihre Handlungsfreiheit durch den Zusammenbruch der zentralen Reichsgewalt weitgehend wiederhergestellt worden war. Der Preis für ihr Engagement für einen der Diadochen war in jedem Fall das Versprechen von Freiheit und Autonomie.
- Das faktische Gleichgewicht der drei Großen erwies sich schließlich als derart labil, daß das Entstehen hellenistischer Kleinstaaten nicht verhindert werden konnte.

In Makedonien, das einmal mehr, einmal weniger große Teile Griechenlands beherrschte, behauptete sich ab 280 die Dynastie der Antigoniden; sie endete mit Perseus, der 167 v. Chr. den Römern unterlag, die das Land 148 als Provinz einrichteten. Ägypten hatte sich der General Ptolemaios bereits 323 als seinen Anteil an der Beute gesichert (Hauptstadt war das von Alexander gegründete Alexandria); die Außenbesitzungen im südlichen Syrien, auf Zypern, in der Ägäis und in der Cyrenaika gingen nach und nach verloren. Die Dynastie der Ptolemäer endete, als Augustus nach dem Tode Kleopatras 30 v. Chr. das Land provinzialisierte. Die Dynastie der Seleukiden, die seit 312/1 die alten persischen Kernlande bis an die indische Grenze regierte, verfiel einem langsamen Auflösungsprozeß. Im dritten Jahrhundert löste sich im Norden Kleinasiens Bithynien, es folgten an der Nordküste Pontos, im Inneren Kleinasiens Kappadokien und (seit 261) an der Westküste das kleine Reich von Pergamon unter der Dynastie der Attaliden. Im äußersten Nordosten des Reiches machte sich Baktrien nördlich des Hindukusch selbständig. Gegen 250 setzten die Einfälle des iranischen Stammes der Parther ein, die aus den Steppen östlich des Kaspischen Meeres kamen und bis um die Mitte des 2. Jahrhunderts ganz Iran eroberten. Als im Jahre 64 v. Chr. der letzte Seleukiden-König in arabischer Gefangenschaft starb, bestand sein Reich nur noch aus Teilen Syriens, nachdem die Juden in Palästina seit 168 unter Führung der Makkabäer ihre Selbständigkeit erkämpft hatten.

*Der König als die Mitte des Staates*

Alle Könige der Diadochenreiche waren als Usurpatoren zur Macht gekommen, die die von Alexander eroberte Welt in unerhörten Machtkämpfen unter sich aufgeteilt hatten. Die Legitimation ihrer Besitzansprüche leitete sich daher notwendig zunächst aus dem Recht des Siegers ab: Das eroberte Gebiet war als „speererworbenes Land" (*Chóra doríktetos*) Eigentum des Königs, der nach Gutdünken über Grund und Boden verfügte und mit jedermann, vom Niedrigsten bis zum Höchsten, nach Belieben verfahren konnte. Die Herrschaft war in solchem Maße auf die Person des Königs zugeschnitten, daß das Land, über das er herrschte, in der offiziellen Amtssprache keinen Namen hatte. Rechtlich lag alle Verfügungsgewalt einschließlich der richterlichen allein beim König, der sein Reich durch schriftliche Erlasse und Briefe regierte und die Gesetze erließ. Eine Verfassung, die die königliche Souveränität einschränkte, gab es nicht.
Die Legitimation des Königstitels hing mit der kriegerischen Inbesitznahme der Herrschaft zusammen: Nur die im Krieg bewiesene Fähigkeit zu ungewöhnlichen Leistungen konnte den Anspruch auf das Königsdiadem allgemein verständlich machen. In einem Lexikon der Zeit heißt es unter dem Stichwort „Königtum" (*basiléia*), König werde man weder kraft Natur und Abstammung noch durch Gerechtigkeit, sondern durch die Fähigkeit, ein Heer zu führen und die Staatsgeschäfte vernünftig zu handhaben.
Die militärische Großtat stand denn auch Pate, als sich kaum 20 Jahre nach dem Tode Alexanders die ersten Diadochen zu Königen ausriefen: Die Generäle Antigonos und sein Sohn Demetrios, der den bezeichnenden Beinamen Poliorkétes, *der Städtezerstörer*, trug, setzten sich das Diadem als Zeichen ihrer monarchischen Würde aufs Haupt, nachdem sie 306 bei Salamis auf Zypern einen großen Sieg über ihren mächtigen Widersacher Ptolemaios errungen hatten. Allein der Sieger und Eroberer hatte es ver-

dient, König zu sein, und er durfte erwarten, von seinen Untertanen, insbesondere seinen Soldaten, als solcher anerkannt zu werden. Diese Legitimation monarchischer Herrschaft bedurfte der ständigen Bewährung. Nicht zuletzt dies erklärt, warum die politische Geschichte der hellenistischen Staaten überquoll von Kriegen und Dynastenkämpfen. Der Gedanke der Erblichkeit der Königsstellung setzte sich zwar durch, entband jedoch den jeweils neuen König nicht von der Pflicht, seine kriegerischen Fähigkeiten immer wieder vorzuführen.

Zum Beweis der Leistungsfähigkeit des Herrschers gehörte auch die ständige Zurschaustellung der königlichen Macht und des königlichen Reichtums. So errichteten die makedonischen Herren gewaltige Paläste (in Alexandria mit seinen rd. 80 000 Einwohnern nahmen die Palastanlagen ein Drittel der bebauten Fläche ein) und inszenierten in öffentlichen Auftritten ihre Macht und ihre Tugenden: Feste und Paraden, spendable Gastmähler für Tausende, der Bau von Heiligtümern und Bibliotheken, geförderte Wissenschaftler und Künstler, Spiele und Prozessionen, reich beschenkte Beamte und Soldaten bezeugten die von einem König erwarteten großen Leistungen.

Die Titel *Wohltäter* (*euergétes*) und *Retter* (*sotér*) – von vielen als Bestandteil des Namens geführt – spiegelten sehr genau die Wünsche aller Untertanen. Die Griechen erwarteten darüber hinaus den König als *Befreier*, d. h. sie gehorchten, soweit sie dies in der Hand hatten, nur dem, der in einer feierlichen Proklamation ihre Autonomie und Freiheit verkündet hatte. Die militärische Tat blieb jedoch immer das eigentliche Fundament. So lobte der zeitgenössische Historiker Polybios den makedonischen König Philipp V., weil er „in herausragender Weise über Geistesgegenwart, Gedächtnis und Charme, dazu über eine königliche Erscheinung und Fähigkeit, und, was das Wichtigste war, über militärische Leistungskraft und Mut" verfüge.

Die Untertanen erkannten die Stellung ihrer Könige an, indem sie sie kultisch verehrten. Den Göttern gleich wurden ihnen Altäre gebaut und Kulte eingerichtet; Opfer, Spiele und Prozessionen dienten ihrer Verehrung. Widerstand dagegen war selten, und wo er auftrat, wurde er als politisches Vergehen, als Bedrohung der königlichen Herrschaft, nicht als Blasphemie oder Ketzerei verfolgt. Das politische Ziel des Herrscherkultes – regelmäßige Bekundungen von Gehorsam und Loyalität – enthielt jedoch nicht die ganze Wahrheit. An der kultischen Verehrung der Könige beteiligten sich Millionen Menschen aller sozialen Schichten, und sie spendeten riesige Summen für Weihgaben und Opfer. Viele taten dies gläubigen Herzens. Die Welt, in der man so handelte, war es gewohnt, übermenschlich erscheinende Leistungen mit dem Nimbus des Heiligen zu umgeben. Die Ägypter und die Menschen des Vorderen Orients hatten ihre Könige ohnehin immer nur als Götter oder Söhne von Göttern gekannt. Die Frömmigkeit insbesondere der einfachen Menschen richtete sich daher ganz natürlich auf die Herrscher, die alles besaßen und die die Macht zu allem hatten. Begrifflich ging dies in den Beinamen *Heiland* ein, der einen königlichen Erlöser von allen Übeln beschrieb.

## Die Grundzüge des wirtschaftlichen und sozialen Lebens

Das Siegerrecht hatte den König zum Besitzer des Landes gemacht, es war *Königsland (Chóra basiliké)*. Der König herrschte also als ein riesiger Großgrundbesitzer mit den Vorrechten eines Souveräns. Viele Ländereien wurden als Schenkungen abgetreten: Der Adel, die hohen Offiziere und die führenden Beamten erhielten Landgüter (nicht selten ganze Landstriche und kleine Provinzen) als Lohn für die erwiesene Treue. Das verbliebene Königsland stellte das größte Wirtschaftspotential dar. Seine Erträge und die Einkünfte aus den Steuern, Zöllen und Naturalabgaben füllten die königlichen Kassen. Weitere große Gewinne brachte der Handel ein, von dem wichtige Zweige (vor allem im Ptolemäerreich) staatlich gelenkt wurden, so z. B. der Handel mit Wein, Öl, Papyrus und anderen hochwertigen Luxusartikeln. Die Entscheidung Alexanders, die gehäuften Schätze der Achämeniden in Umlauf zu bringen, hatte die verfügbare Geldmenge spürbar gesteigert und die Wirtschaft in einem Lande belebt, das bis dahin den Geldverkehr kaum kannte. Die geknüpften Handelsbeziehungen reichten schließlich vom westlichen Mittelmeer bis nach Indien und China.

Das Zentrum des Handels lag jedoch in der Ägäis. Die dortigen griechischen Städte stellten den Absatzmarkt für die Exportgüter insbesondere des Ptolemäerreiches. Nur sie hatten einen ständigen Bedarf an Getreide, und nur ihre Bürger kamen als Käufer jener Luxuswaren in Frage, die über die Karawanenstraßen aus dem Osten nach Syrien gelangten. Auch Papyrus, Glaswaren und Textilien, Hauptexportartikel Ägyptens, fanden lediglich dort ihre zahlungskräftige Kundschaft. Ziel des königlichen Wirtschaftens war eine aktive Außenhandelsbilanz, mit der die hohen Ausgaben für das Heer und die Beamten ausgeglichen werden sollten.

Angesichts der Ausdehnung der Reiche war der König auf eine große Beamtenschaft angewiesen. Alle hohen Verwaltungsposten nahmen Makedonen und Griechen ein. Einheimische arbeiteten nur in der unteren lokalen Verwaltung; soweit sie Bauern waren, blieben sie an die Scholle gebunden. Die Generäle Alexanders hatten mit dessen Vermischungspolitik gründlich aufgeräumt und die beherrschte Welt in die privilegierte fremde Oberschicht und die politisch und wirtschaftlich benachteiligten *Barbaren* aufgeteilt.

Persönlich frei und privilegiert waren zunächst die Angehörigen des herrschenden Volkes, die Makedonen. Sie dienten am Hofe, erhielten die Offizierspatente oder siedelten als erbliche Bauernsoldaten in geschlossenen Dörfern, die dem Heer die neuen Rekruten lieferten. Ebenfalls frei waren die Griechen, die rechtlich Bürger ihrer Heimatstadt waren und blieben. Teils standen auch sie auf die verschiedenste Weise in königlichen Diensten, teils lebten sie als selbständige Siedler, Gutsbesitzer, Kaufleute oder Handwerker. Sie kamen zu Zehntausenden als Soldaten oder Einwanderer ins Land und bildeten dort zusammen mit den Makedonen eine neue Herrenschicht, die über Macht und Reichtum verfügte, während die Eingeborenen Untertanen blieben. In Griechenland ließ der Bevölkerungsdruck nach, die einsetzende wirtschaftliche Erholung war jedoch nur von kurzer Dauer. Der Historiker Polybios machte dafür die unaufhörlichen Kriege verantwortlich, die mit dem Eingreifen der hellenistischen Mächte an Härte zugenommen hatten und durch die ständigen Verwüstungen den grundbesitzenden Mittelstand ruinierten.

Ein ganz anderes Bild boten die von Alexander und seinen Nachfolgern neu gegründeten Städte, etwa 300, die nach griechischem Recht eingerichtet wurden und ein neues, nun weltweites Kapitel der griechischen Kolonisation aufschlugen. Sie reichten bis zum Hindukusch und verließen den Bereich der Mittelmeervegetation, blieben jedoch in der Regel Ackerbaustädte, und waren dementsprechend nur dort zu finden, wo der Anbau von Getreide, wie z. B. in den Oasen-Ketten am Steppenrand der syrischen Wüste, möglich war.

Alle Städte übernahmen die typischen Erscheinungsformen einer Polis: die Volksversammlungen, den Rat, die Behörden, die Tempel und die in ihnen wohnenden Götter, die Agora und die Gymnasien. Die Bewohner und ihre Nachkommen sprachen griechisch in einem modifizierten attischen Dialekt, der sich über den ganzen Osten ausbreitete (die Evangelien des jungen Christentums zeugen von ihm). Einige der Neugründungen entwickelten sich zu Weltstädten, wie Alexandria, Antiochia in Syrien oder Seleukeia am Tigris. Sie übertrafen das klassische Athen an Größe, Bevölkerungszahl und Wohlstand bei weitem und sind nur mit dem Rom der frühen Kaiserzeit vergleichbar. Alle Städte waren rechtlich in jeder Beziehung frei: Ihre Bürger waren frei und das Territorium Eigentum der Stadt oder der Bürger. Sie unterschieden sich also in Nichts von den Städten im Mutterland und an der Westküste Kleinasiens. Politisch waren sie mehr oder weniger vom König abhängig, dessen militärischen Schutzes sie bedurften, und der sich im Konfliktfall auch nicht scheute, Besatzungen in die Städte zu legen.

Was König und Städte verband, war der Gegensatz zur orientalischen Bevölkerung. Denn diese war vom Bürgerrecht ausgeschlossen, und nur ihre sprachlich und kulturell angepaßte Oberschicht konnte auf die Verleihung des Bürgerrechts und damit auf den sozialen Aufstieg hoffen. Die Herrschaft der hellenistischen Könige blieb immer eine Fremdherrschaft. Die breiten Massen der einheimischen Bevölkerung haben denn auch mit Gleichgültigkeit reagiert, als der römische Eroberer der Welt der Diadochen den Garaus machte.

TEIL B

# STADT UND IMPERIUM:

# DIE GESCHICHTE ROMS UND SEINES WELTREICHES

# I. Die Entstehung einer aristokratisch geführten Republik

| | |
|---|---|
| um 575/550 | Gründung der Stadt Rom durch die Etrusker; Beginn der etruskischen Königsherrschaft. |
| 505/504 oder um 470 oder um 450 | Beginn der römischen Republik nach der modernen Forschung; die schriftliche Überlieferung Roms nennt das Jahr 509/507. |
| ca. 450-287 | Die Zeit der sogenannten „Ständekämpfe". In der Auseinandersetzung mit den Patriziern erreichen die Plebejer die politische Mitbestimmung, die zivilrechtliche Gleichstellung und die Beteiligung am wirtschaftlichen Gewinn der Expansion. |
| im 5. Jhdt. | Die Plebejer schaffen sich eine eigene Organisation: Die Volkstribune *(tribuni plebis)* und eine eigene Versammlung *(concilium plebis)*. |
| um 450 | Zwölftafelgesetzgebung: Die Kodifikation des geltenden Rechts. |
| um 367 | Das höchste Staatsamt (Konsulat) wird den plebejischen Eliten zugänglich gemacht. Die Folge ist die Herausbildung einer neuen politischen Elite (plebejisch-patrizische Nobilität). |
| 300 | *Lex Valeria de provocatione:* Jeder Bürger, der von einem Oberbeamten mit der Todesstrafe bedroht wird, kann die Hilfe der Volksversammlung anrufen. |
| 287 | *Lex Hortensia:* Die Beschlüsse der von den Volkstribunen geleiteten Versammlung der Plebejer werden für das Gesamtvolk bindend. |

## 1. Die Grundlagen der historischen Rekonstruktion

*Die Quellen und ihre Besonderheiten*

Livius, der sich als gelehrter Archivar aus Padua keine Illusionen über den Wert seiner Quellen zur Frühgeschichte Roms machte, schrieb trotzdem *ab urbe condita*. Er fand dafür eine Begründung, die bis an die Schwelle des 19. Jahrhunderts jedermann einleuchtete: „Was vor der Gründung der Stadt oder dem Plan zu ihrer Gründung mehr mit dichterischen Erzählungen ausgeschmückt als in unverfälschten Zeugnissen überliefert wird, das möchte ich weder als richtig hinstellen noch zurückweisen. Man sieht es der alten Zeit nach, daß sie den Anbeginn der Städte verklärt, indem sie das Menschliche mit Göttlichem vermischt. Und wenn es in der Ordnung ist, daß ein Volk seine Ursprünge mit einem wohlwollenden Nimbus umgeben und sie auf göttliche Ahnen zurückführen darf: Der Kriegsruhm des römischen Volkes ist so groß, daß die Völker der Erde es ebenso gelassen hinnehmen, wenn es als seines und seines Gründers Vater gerade den Mars nennt, wie sie die römische Herrschaft ertragen" (Praefatio 6 f.).

*Nicolas Poussin, Venus zeigt Aeneas seine Waffen, die sie am Vorabend der Entscheidungsschlacht gegen Turnus von Vulkan hat schmieden lassen (Vergil, Aeneis, 8,597 ff.); 1639*

(Rouen, Musée des Beaux-Arts)

Die Römer wußten nichts von den Anfängen ihrer Stadt. Aber die Lust am Fabulieren, das sie wie so vieles von den Griechen lernten, half, im verklärten Rückblick die eigene Frühgeschichte mit Leben zu füllen. „Man sieht es der alten Zeit nach, daß sie den Anbeginn der Städte verklärt, indem sie das Menschliche mit Göttlichem vermischt", seufzte Livius (Vorrede 7), um sich dann doch mit Lust auf den Weg zu machen, seinen Vorgängern in das Reich der Legende zu folgen. Diese hatten schon früh die griechische Sage von dem trojanischen Helden Aeneas übernommen, der nach dem Fall seiner Heimatstadt nach Westen floh. Vergil, der ältere Zeitgenosse des Livius, machte aus dieser Flucht und der ihr folgenden Landnahme das Epos Roms schlechthin. Dabei knüpfte er an die Verheißung an, die im 20. Buch der Ilias dem trojanischen Prinzen gegeben wurde:

„denn ihm ist es bestimmt, zu entkommen,
auf daß nicht ohne Samen das Geschlecht und spurlos vergehe
des Dardanos, den der Kronide liebte vor allen Söhnen,
die aus ihm geboren wurden und sterblichen Frauen" (302-305).

So flieht er aus dem brennenden Troja, den alten Vater Anchises auf dem Rücken und die Schutzgötter der Stadt in Händen. Er macht sich auf den Weg über das Meer, um die Schar der Überlebenden zu retten und eine neue, von den Göttern verheißene Heimat zu finden. Er besteht die schwerste Probe, die ihm auferlegt wird, die Liebe zu der karthagischen Königin Dido, die den Geliebten halten will und doch nicht kann, da Iupiter die Landnahme in Italien, nicht aber die Königskrone Karthagos versprochen hatte. Dido, das erste Opfer des welthistorischen Plans, gibt sich den Tod, als die Götter den Verzicht fordern und den Trojaner wieder auf sein Schiff zwingen.

Am Ende einer langen Irrfahrt ist Aeneas schließlich am Ziel: Er landet in dem von den Göttern verheißenen Land, besiegt in einem großen Krieg um Latium mit Hilfe seiner Mutter Venus seinen Gegner Turnus und macht den Weg frei für die Gründung der Stadt Lavinium, aus der sein Sohn aufbrechen wird, um Alba Longa zu gründen; dort regieren seine Nachfahren 300 Jahre, bis Romulus Rom gründet, die Stadt, deren Herrschaft über die Welt keine Grenzen in Zeit und Raum kennen wird.

Ein gewaltiges Epos göttlicher Weltplanung: Aus dem zerstörten Troja wuchs neues Leben, das von Romulus gegründete Rom unterwarf sich die Welt, und das Geschlecht der Julier, die Nachfahren der Venus und des Aeneas, gaben in der Herrschaft des Augustus der Erde den Frieden und brachten die goldenen Zeiten des Saturn zurück nach Italien. Aeneas weiß dies alles seit der Nacht, in der er in der Unterwelt seinen Blick weit in die Zukunft richten darf und die lange Reihe der Männer sieht, die Rom zur Herrin der Welt machten. Am Ende dieser Reihe steht Augustus:

„Der, ja der ist der Mann, der dir so häufig verheißen,
Caesar Augustus, des Göttlichen Sohn, die goldenen Zeiten
bringt er nach Latium wieder, wo einst Saturnus regierte.
Fern über Garamanten und Inder wird er des Reiches
Grenzen dehnen, das Land liegt außerhalb der Gestirne,
außer der Jahresbahn der Sonne, wo Atlas den Himmel trägt
und auf den Schultern läßt kreisen das Himmelsgewölbe."
(Vergil, Aeneis 6,790 ff.; Übers.: Th. von Scheffer).

Nichts davon vermag heute noch zu überzeugen. Als Barthold Georg Niebuhr 1811 in seinen Vorlesungen zur römischen Frühgeschichte in Anwesenheit des preußischen Hofes den Quellen kritisch-philologisch zu Leibe rückte und ihre innere Logik wissenschaftlich exakt überprüfte, wurde schnell zur Gewißheit, was Livius nicht hatte bestreiten können: Die römische Überlieferung über die Anfänge der Stadt, über die dort regierenden Könige, über ihren Sturz und schließlich über die aufblühende junge Republik ist das Produkt frommer Fabulierkünste, die die römischen Historiker seit Beginn des zweiten Jahrhunderts immer extensiver betrieben. Die Nachfolger Niebuhrs, allen voran Theodor Mommsen und seine Schüler, erhärteten und vertieften seine Erkenntnisse und zerstreuten die letzten Zweifel: Die Geschichte Roms, von der Gründung der Stadt bis hinein in das vierte Jahrhundert, liegt unter einem Dickicht von Fälschungen verborgen, das zu durchdringen die historische Kritik bisher lediglich in Einzelfällen in der Lage war; dort, wo sie es schaffte, konnte sie nicht mehr als nüchterne Fakten und strukturelle Entwicklungen präsentieren, deren Lektüre sehr bald nur noch Spezialisten das Herz wärmte, die den aufgewandten intellektuellen Scharfsinn nachvollziehen konnten.

Man versteht die Trauer Goethes, der mit derlei nichts anzufangen wußte: „Bisher glaubte die Welt an den Heldensinn einer Lukretia, eines Mutius Scaevola und ließ sich dadurch erwärmen und begeistern. Jetzt aber kommt die historische Kritik und sagt, daß jene Personen nie gelebt haben, sondern als Fiktionen und Fabeln anzusehen sind, die der große Sinn der Römer erdichtete. Was sollen wir aber mit einer so ärmlichen Wahrheit!" (an Eckermann, 15.10.1825). In der Tat: Die historische Kritik zerstörte für immer das klassische Idealbild der Antike, das seit Winckelmann und der deutschen Klassik selbst der letzten Schulbank als leuchtendes Vorbild für jedes menschliche Handeln galt. Niebuhr hatte noch eine Zeitlang glauben wollen, daß dort, wo wie in England jedermann die Schriften der Antike lese, der Einzug der Freiheit auf Dauer nicht verhindert werden könne (Briefe I, S. 438). Es durfte und konnte so aber gar nicht mehr sein: Die Alten mußten nach dem Willen der Historiker herunter „von dem phantastischen Kothurn, auf dem sie der Masse des Publikums erscheinen; es gilt doch in allem sie in die reale Welt, wo gehaßt und geliebt, gesägt und gezimmert, phantasiert und geschwindelt wird, zu versetzen" (Mommsen). Als sie dort ankamen, Fleisch und Blut angenommen hatten, forderten sie Haß und Bewunderung, aber keine Nachahmung mehr heraus.

Die Römer haben erst rund dreihundert Jahre nach der Gründung ihrer Republik das Bedürfnis verspürt, sich mit ihrer eigenen Geschichte zu beschäftigen. Erst als sich ihre führenden Familien am Ende des dritten Jahrhunderts v. Chr. nach dem schwer erkämpften Sieg über Hannibal anschickten, die römischen Interessen auch auf den griechischen Osten auszudehnen, begann einer der ihren, Fabius Pictor, eine Geschichte Roms von den Anfängen bis in die eigene Zeit zu schreiben. Was er an Nachrichten finden konnte, waren in Rom selbst zunächst nur die dürftigen Aufzeichnungen der Priesterkollegien. Über ihre Wertlosigkeit eiferte sich

## 1. Die Grundlagen der historischen Rekonstruktion

bereits Cato, als er über seiner „Urgeschichte" Roms und Italiens, den *origines*, saß: „Ich habe keine Lust aufzuschreiben, was auf der Tafel des *pontifex maximus* steht: wie oft Teuerung herrschte, wie oft sich dem Lichte des Mondes oder der Sonne Finsternis oder sonst was entgegenstellte" (frg. 77). Catos Zorn war verständlich, wenn auch nicht ganz gerechtfertigt, wie wir von Cicero wissen, der Einzelheiten über die Aufzeichnungen des Priesterkollegiums eruiert hatte: „Um die Erinnerung an die öffentlichen Geschehnisse festzuhalten, legte der *pontifex maximus* vom Anfang der römischen Geschichte an bis auf die Zeit des *pontifex maximus* P. Mucius Scaevola (Konsul 133 v. Chr.) alles, was in den einzelnen Jahren geschehen war, schriftlich nieder und trug es auf einer weißen Tafel ein, die er in seinem Hause aufstellte, um dem Volk die Möglichkeit zu geben, sie einzusehen" (Über den Redner 2,52 f.).

Was immer im einzelnen auf diesen Tafeln stand, es konnte nicht ausreichen, eine Frühgeschichte Roms zu schreiben. Auch die daneben heranzuziehenden privaten Sammlungen von Familiennachrichten, die der ebenso fromme wie ruhmsüchtige Sinn der adligen Familien bewahrt hatte, halfen nicht wirklich weiter: Sie dienten nur der Erinnerung an große Taten und vermischten nach Belieben alles, was sich an Informationen auftreiben ließ, zu einem grandiosen Lob der eigenen Familie. Selbst Livius – ansonsten brennend an Heldentaten interessiert – stocherte nur lustlos in ihnen herum: „Ich glaube, daß die Überlieferung verdorben ist durch die Lobreden bei den Bestattungsfeiern und durch falsche Inschriften der Ahnenbilder, da jede Sippe mit lügenhafter Täuschung den Ruhm großer Taten und hoher Ehrenämter an sich riß. Das ist sicher der Grund, daß die Taten der einzelnen und Aufzeichnungen über die öffentlichen Ereignisse so verwirrt sind" (8,40). So blieben dem Rückblickenden als halbwegs verläßliche Zeugnisse nur noch die sporadischen Notizen jener griechischen Historiker, die den Aufstieg Roms zur ersten Macht in Italien aufmerksam verfolgt hatten.

Jeder Sachkundige in Rom wußte also, daß zu wenig Material vorlag, um die ferne Vergangenheit wirklich erfolgreich erforschen zu können. Fabius Pictor und alle seine Nachfolger bis herunter zu Livius, die nach den Amtszeiten der Konsuln gegliederte Annalen (*annales*: „Jahrbücher") verfaßten, versuchten es trotzdem und malten in immer breiter werdender Ausführlichkeit die Geschichte Roms und seiner Anfänge aus. Das meiste wurde erfunden oder ausgeschmückt: Dort, wo es galt, den Ruhm der ewigen Stadt und die Großtaten ihrer führenden Familien, Feldherrn und Soldaten zu schildern, half notfalls die Phantasie, wenn das vorhandene Material nur dürre Fakten lieferte. Allein für die Institutionen waren die Fundamente besser. Dies hat nichts mit der Aufrichtigkeit der Autoren bei der Betrachtung gerade dieses Gegenstandes zu tun; vielmehr war es sein besonderer Charakter, der ihn weitgehend fälschungssicher machte. Institutionen wandeln sich langsam, und besonders ihre äußere Form erweist sich als erstaunlich stabil; Änderungen, die in längeren Zeiträumen eintreten, betreffen zumeist nur die Funktion und nicht die Form. Wie emsig die römischen

Historiker auch fälschten, sie konnten ihre Bewunderer nur dann überzeugen, wenn die erzählten Geschichten dem allen Lesern bekannten Gerüst der Institutionen keine Gewalt antaten.

Die Neugier des modernen Betrachters hat eine weitere, schier unüberwindliche Barriere zu durchbrechen: Fabius Pictor ist ebenso wie jeder seiner annalistischen Nachfolger nur in wenigen Fragmenten greifbar. Erst das Werk des Livius (59 v.-17 n. Chr.) blieb in nennenswertem Umfang erhalten (die Bücher 1-10 und 21-45, die die Geschichte von der Gründung Roms bis 293 sowie den Zeitraum von 219 bis 167 v. Chr. enthalten). Neben seinem Werk ist es vor allem das des Griechen Polybios (ca. 200-120 v. Chr.), auf das sich die historische Rekonstruktion stützen muß. Dieser 168 v. Chr. als Geisel nach Rom verschleppte griechische Staatsmann hatte es sich zur Aufgabe gemacht, die Ursachen der römischen Weltreichsbildung herauszufinden und zu beschreiben; er begann mit dem Ausbruch des Ersten Punischen Krieges und verfolgte sein Thema bis in die Jahre der Provinzialisierung Makedoniens und Griechenlands (149-145 v. Chr.).

*Die römische Sicht des Vergangenen*

Der Wert der Aussagen der Quellen hängt hier wie überall von den Motiven ab, die ihre Urheber veranlaßten, ihre Aufzeichnungen anzufertigen. Denn auch für sie galt, was für alle Historiker gilt: Wer sich der Vergangenheit zuwendet, sieht zuerst das eigene Spiegelbild, bevor er die Welt der anderen erkennen kann. Denn das, was der Vergangenheit abgerungen wird, ist von dem nicht zu trennen, was der Historiker erfahren will, und das wiederum hängt davon ab, was er schon weiß.

Livius, Polybios und alle anderen antiken Geschichtsschreiber waren davon überzeugt, daß jedes historische Ereignis das Ergebnis menschlicher Tätigkeit ist und durch den Charakter der jeweils Handelnden bestimmt wird. Ihre historische Darstellung verfolgte daher die Absicht, die Taten und deren Konsequenzen zu erfassen. Dies war zudem eine Aufgabe, die jedermann Nutzen brachte. Denn unabhängig von der Tragweite und der geschichtlichen Wirkung eines Ereignisses hatte die moralische Substanz historischer Vorgänge – vergleichbar etwa dem ästhetischen Rang eines Kunstwerkes – Bedeutung: Der moralisch beispielhafte Charakter einer Handlungsweise war bereits Grund genug, sie als denkwürdiges und geschichtsträchtiges Ereignis zu überliefern. Dies galt natürlich um so mehr für die welterschütternden Ereignisse wie etwa den Siegeszug der Römer durch die Länder des Mittelmeeres: „Denn ersichtlich muß sich daraus [sc. aus der Darstellung der Ereignisse] für die Lebenden ergeben, ob die römische Herrschaft abzulehnen oder im Gegenteil zu bejahen ist, für die Nachwelt aber, ob man ihr Reich für lobens- und nachahmenswert oder für tadelnswert halten soll. Der Nutzen, den unsere Geschichte sowohl für die Gegenwart wie für die Zukunft bringt, wird wesentlich auf diesem Punkt beruhen" (Polybios 3,4). Zu einer solchen Geschichtsbetrachtung gehörte es, ständig Ethik und Moral der Handelnden zu beobachten. So konnten

## 1. Die Grundlagen der historischen Rekonstruktion

z. B. soziale oder politische Mißstände durch moralische Fehler (etwa Habgier oder Verschwendungssucht) und verlorene Kriege durch menschliches Versagen oder die Korruption der Feldherrn für jedermann verständlich erklärt werden.

Durchschaubar wurden – wie sollte es auch anders sein – alle Ereignisse in den Faktoren, die dem antiken Lebensverständnis bedeutsam waren: die bestaunenswerte Tat, die Einzigartigkeit der näheren Umstände, das Fremdartige und das Militärische. Das Alltägliche hingegen, die allgemeinen Lebensumstände, die Sorgen von jedermann – alles dies fand nur in diesem vorgegebenen Rahmen seinen Platz, wenn seine Erwähnung überhaupt Sinn machte. Denn viele Regeln, nach denen sich das politische und soziale Leben richtete, waren für die Zeitgenossen selbstverständliche Voraussetzungen des täglichen Lebens, die eben darum kaum je genannt wurden. Einer unter ganz anderen Verhältnissen lebenden Welt wie der unsrigen können diese völlig fremd geworden sein, so daß das Schweigen der Quellen darüber die Rekonstruktion nahezu unmöglich macht. Denn die Menschen jener vergangenen Zeit haben nicht wie wir gelebt, gefühlt und gehandelt. Diese Einsicht schärft den Blick auf Angaben in den Quellen, die uns rätselhaft oder anstößig erscheinen: Für sich genommen ergeben sie kein klares Bild, richtig zusammengesetzt jedoch können sie gesellschaftliche Spielregeln von besonderer Bedeutung enthüllen.

Ein wesentliches Merkmal antiken Daseins war die Macht der Tradition, die über jeder Tätigkeit wachte. Wer den Blick in die Zukunft richtete und diese gestalten wollte, wappnete sich mit der Berufung auf die Herkunft. Die Toten und ihre Taten waren die Instanz, vor der alles Gegenwärtige und Künftige zu bestehen hatte: „Die goldenen Zeiten bringt er nach Latium wieder, wo einst Saturn [der Gott des untergegangenen Goldenen Zeitalters] regierte", feierte Vergil Augustus (Aeneis 6,790 ff.), und dies war in den Augen jedes Römers die größte Tat, die ein Mensch vollbringen konnte (vgl. auch S. 593). Im Umgang mit der Zukunft gab es die Möglichkeit nicht, sich aus Herkunft, Dauer und überkommenen Verantwortungen zu lösen; jeder war immer und überall Erbe eines anderen, vergangenen Menschen oder längst festgelegter Gegebenheiten. Die Maßstäbe der Vergangenheit maßen die Schritte aus, die der Gegenwärtige in die Zukunft tat. So konnte auch die größte Leistung Roms, die Herrschaft über den *orbis terrarum*, nur von den fernen Vorfahren ausgegangen sein: „Von Anfang an, gleich nach der Gründung, begann Rom, sich die Nachbarvölker einzuverleiben, die ebenso zahlreich wie kriegerisch waren; es schob seine Grenzen ständig vor und unterwarf alle Nebenbuhler." Diese Verkündigung ist nicht von Dionysios von Halikarnaß (1,3,4) erfunden worden – sie war offizielle Lehre in Rom.

Die Toten als Quelle der Wahrheit und als Weggefährten in die Zukunft zu verstehen, bedeutete also zugleich, das Goldene Zeitalter in der Vergangenheit und nicht in der Zukunft zu suchen. Das hatte nicht zuletzt mit der Einsicht in die Kürze des Lebens zu tun, die sich immer an der Dauer des Gewesenen messen lassen mußte. Und es beruhte auf der Gewißheit, in den

Toten über die Abgründe der vergangenen Zeit hinweg Verbündete zu haben, die dem eigenen Handeln Orientierung und Anschauung gaben. Denn das Beständige ist das, was war, nicht, was ist.

## 2. Das Ende der Könige und der Beginn der Republik

Die römische Tradition war sich sicher: Rom wurde am 21. April 753 von Romulus gegründet und gehorchte dann 244 Jahre lang sieben Königen, die alle wesentlichen öffentlichen Einrichtungen des Staates geschaffen und den Machtanspruch der Tiberstadt auf die Herrschaft über Latium und darüber hinaus vortrefflich vertreten haben. Der Letzte der Könige, Tarquinius Superbus, soll seinen Vorgänger ermordet, seine Herrschaft mit Gewalt begründet und ohne die Zustimmung von Senat und Volk regiert haben. Als sein Sohn Sextus die tugendhafte Lucretia, die Gattin eines Patriziers, vergewaltigte und diese sich entehrt den Tod gab, habe die Familie unter Führung eines gewissen Lucius Iunius Brutus Rache genommen und den Tyrannen aus Rom vertrieben. Brutus ließ daraufhin das Volk schwören, niemals wieder einen König zu dulden, und übergab seine eigenen Söhne dem Henker, als sie sich verschworen, die Rückkehr der Königsfamilie aus dem Exil zu betreiben (Livius 2,5,5-8) – eine mörderische Tat im Dienste des Staates, die die Nachwelt – wie in der Französischen Revolution – immer dort feierte, wo es galt, Menschen dem Gedanken zu unterwerfen, daß dem Staat alles geschuldet werden müsse (s. S. 687).
Es sind Heldengeschichten, die wir lesen. Sie verkündeten Tugenden und Ideale, die zeitlos sind und sein wollten, und sie versprachen Ruhm den Geschlechtern, die sich dort verewigen konnten. Mit dem tatsächlichen Gang der Ereignisse haben sie nichts zu tun. Dieser liest sich, gestützt auf archäologische Funde und die überlieferten Institutionen, etwa so: Um 575/50 besetzten die Etrusker die dörflichen Ansiedlungen am Unterlauf des Tiber, entwässerten die Forumssenke durch einen Abflußkanal (die *cloaca maxima*) und gründeten ein städtisches Gemeinwesen, das nach dem herrschenden Geschlecht der etruskischen Rumlna den Namen *Roma* erhielt. Der etruskische König (*rex*) regierte gestützt auf etruskische und latinische Adelsfamilien, und er führte das Aufgebot der Stadt im Krieg. Er wurde schließlich gestürzt (oder langsam entmachtet), als die Herrschaft der Etrusker in Kampanien und Latium nach der Niederlage gegen die Griechen bei Kyme 474 schwächer geworden war. Diejenigen, die die königliche Macht übernahmen, waren die Oberhäupter der führenden Familien, und die Freiheit, der sie zu dienen versprachen, war ihre eigene. Ihr Griff zur Macht entsprach der allgemeinen historischen Entwicklung in Mittelitalien: Sobald ein Thron vakant oder sein Inhaber schwach war, ergriff der kriegsgewohnte Adel die Gelegenheit, die Regierung des Gemeinwesens zu übernehmen.
Die königliche Gewalt ging auf einen Jahresmagistrat (*praetor maximus*) über, den der Senat, der alte Adelsrat des Königs, aus dem Kreis der

## 2. Der Beginn der Republik

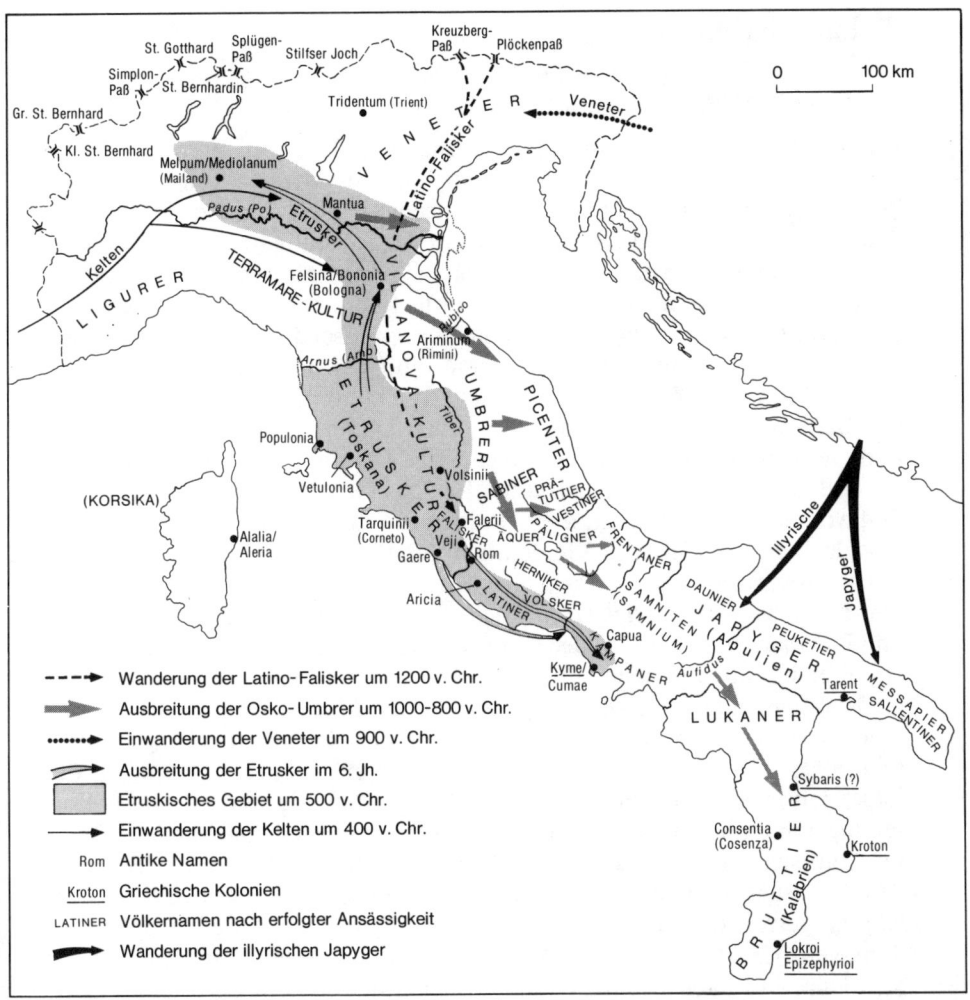

*Alt-Italien und seine Indogermanisierung* (Italien in den Grenzen zur Zeit des Augustus)

führenden Familien wählte. Diese gehorchten damit der Einsicht, daß sie die Regierungsgeschäfte nicht gemeinsam ausüben konnten, sicherten jedoch durch die Einführung der Annuität jeder Familie die Chance, einmal das höchste Staatsamt zu bekleiden. Die Einführung des Konsulats, also die verfassungstechnische Umsetzung des Gedankens der Kollegialität, gehört in eine spätere Zeit (s. S. 316).

## 3. Patrizier und Plebejer: Der Kampf um politische Mitsprache und soziales Überleben

Das Rom der Frühzeit war eine Bauerngemeinde. In ihr dominierte eine kleine Zahl von Adelsfamilien (*patricii*), die den größten Teil des Bodens besaßen, die Reiterei als die schlachtentscheidende Truppe des römischen Aufgebotes stellten und die Herrschaft in der Stadt für sich beanspruchten. Ihr Zusammenhalt gründete sich darüber hinaus auf einen gemeinsamen Namen (z. B. Fabius, Julius), eine straffe Familienorganisation, gemeinsame Kulte und ein Netz von politischen Freundschaften. Die ihnen gegenüberstehenden Plebejer bildeten keine einheitliche soziale Schicht. Der ärmere Teil rekrutierte sich aus wirtschaftlich und privatrechtlich abhängigen Bauern (Klienten der Patrizier); dazu kamen einige wenige Händler und Gewerbetreibende, denen die günstige Lage der Stadt am schiffbaren Tiber Brot und Auskommen verschaffte. Das Gros bestand aus freien, zum Teil wohlhabenden Bauern; diese wurden durch zuziehende fremde Adelsgeschlechter benachbarter Gemeinden verstärkt, denen der Zugang zum Patriziat versagt blieb.

Der Sturz der Könige hat vermutlich die Gegensätze zwischen Patriziern und Plebejern verstärkt, da der König niemals ganz Partei für nur eine Seite ergreifen konnte und daher aufkommende Konflikte entschärft haben dürfte. Nunmehr allein im Besitz der politischen Macht, werden die patrizischen Geschlechter ihre plebejischen Klienten schärfer bedrängt haben. Die Folge waren schwere Konflikte, die die ganze innere Geschichte der folgenden zwei Jahrhunderte durchziehen sollten; sie werden in der Forschung gemeinhin unter dem Begriff „Ständekämpfe" abgehandelt.

Die römische Geschichtsschreibung kann nur ein legendenhaftes Bild von den Gründen, dem Ausbruch und den führenden Männern der Ständekämpfe vermitteln. Deutlicher sprechen die immer wieder erhobenen Forderungen der Plebejer von den Nöten der Zeit: Der Ruf nach Erlaß der Schulden und nach der Verteilung von Land weist auf eine umfassende Sozialkrise, das Verlangen nach Rechtssicherheit – vorab nach der Aufzeichnung des Rechts – zeugt vom Mißbrauch der politischen und rechtsprechenden Macht, und die Parole von der politischen Gleichberechtigung von Plebejern und Patriziern spiegelt ein wachsendes Selbstbewußtsein der plebejischen Führer, die nicht weniger als die Teilhabe an der staatlichen Macht forderten.

Am Anfang des Kampfes stand eine tiefe Verschuldung größerer Teile des Bauernstandes. Die Bauern liehen sich Saatgut, Vieh oder Nahrung gegen Zinsen; konnten sie diese nicht aufbringen, bemächtigte sich ihrer Person der Gläubiger, der sie gefangennehmen, töten oder in die Sklaverei verkaufen lassen konnte. Meist drohte jedoch die Schuldknechtschaft: Der Bauer wurde Knecht des Gläubigers und arbeitete auf seinem Hof für den neuen Herrn. Die Ursachen dieser Entwicklung sind vielschichtig: Wirtschaftliche Einbußen infolge des Rückgangs der römischen Macht in Latium nach dem

Sturz der etruskischen Könige, die Zersplitterung der bäuerlichen Güter durch Erbteilung sowie eine zu rasche Vermehrung der Bevölkerung waren dafür verantwortlich. Eine weitere Ursache findet sich paradoxerweise dort, wo zugleich der Grund für den Sieg der Plebs gesucht werden muß: der Wandel der Kriegführung und die damit verbundene Aufstellung der Hoplitenphalanx.

Denn auch in Rom löste um die Mitte des 5. Jahrhunderts der Kampf in der Schlachtreihe den adligen Einzelkampf ab. Das schwer bewaffnete Fußvolk (Hopliten), das in langer Front (Phalanx) dem Gegner gegenüberstand, wurde zum Hauptträger des Krieges und entschied über Sieg oder Niederlage. Es rekrutierte sich aus den plebejischen Bauern, die die teure Rüstung des Hopliten bezahlen konnten und dies auch wollten, da die Zugehörigkeit zur Phalanx im Kampf die größere Überlebenschance und in der Öffentlichkeit ein soziales Prestige verschaffte, das den kleinen Mann im Krieg neben den großen Adligen stellte. Dafür lohnte es sich, Schulden für den Kauf der Rüstung zu machen, und dies ließ die Härte der eisernen Disziplin ertragen, die die Übung und der Kampf in einer festgefügten Schlachtreihe verlangten. So wuchs die Zahl derer, die für die begehrten Waffen ihr Vieh und ihre Ernte verpfändeten; zugleich aber entstand ein neues Selbstbewußtsein der Bauern, die, gestützt auf ihre Waffen und die damit vollbrachten Leistungen, auf politische Rechte und eine Verbesserung ihrer sozialen Situation pochten. Dies bedeutete nicht die Revolution von Staat und Gesellschaft. Die plebejischen Führer hatten weder die Beseitigung des patrizischen Adels noch den Umsturz der Eigentumsverhältnisse an Grund und Boden im Visier. Es bedeutete jedoch eine Auseinandersetzung auf Biegen und Brechen mit den Patriziern, die die Institutionen des Staates als die ihrigen verstanden und nicht gewillt waren, an diesem Zustand kampflos etwas ändern zu lassen.

Die staatliche Gewalt wurde zum wichtigsten Kampfmittel der Patrizier. Die militärische Kompetenz (*imperium*) der Oberbeamten wurde im innenpolitischen Kampf ebenso eingesetzt wie die ergebenen Massen der Klienten und Schuldknechte. Auch die Befragung der Götter (*auspicium*), die jeder staatlichen Aktion ihre Zustimmung geben mußten, wurde als ausschließlich patrizisches Recht beansprucht, um die Forderung nach Teilung der Macht mit den Eliten der Plebejer abwehren zu können.

Die Plebejer, auf diese Weise gänzlich von der staatlichen und religiösen Macht ferngehalten, schufen sich eine eigene Organisation, um politisch aktiv werden zu können: Eine Versammlung aller Plebejer (*concilium plebis*), die Beschlüsse (*plebiscita*) faßte, und das Volkstribunat als Exekutivorgan. Gegliedert nach den lokalen Bezirken Roms (*tribus*) formulierte die Versammlung den politischen Willen und die programmatischen Ziele der Plebs.

Das Volkstribunat war in erster Linie ein Kampforgan. Seine ursprüngliche Funktion bestand in der Durchsetzung des Willens der Plebejer, die sich gegen die patrizisch kontrollierte Staatsmacht stellten. Dementsprechend beanspruchten die Volkstribunen (ursprünglich zwei, schließlich zehn) insbesondere Kompetenzen, die den Widerstand wirkungsvoll auszuüben gestatteten. Dazu gehörte in erster Linie die Fähigkeit, die ordentliche Amtsgewalt im Konfliktfall behindern zu können (*intercessio*). Dies geschah, indem der Volkstribun sich zwischen den um Hilfe rufenden Plebejer und den mit polizeilicher Gewalt vorgehenden Magistrat stellte (*intercedere*), diesem das Einschreiten verbot und ihn, falls er nicht gehorchte, in seinen sonstigen Amtsgeschäften behinderte; äußerstenfalls konnte er ihn gewaltsam vor das Gericht der Plebs führen. Seiner politischen Führungsrolle wurde der Tribun dadurch gerecht, daß er die *concilia plebis* leitete, Beschlüsse formulierte, zum Antrag erhob und gegenüber den Patriziern vertrat.

Diese gegen die offizielle Staatsgewalt gerichteten Tätigkeiten verlangten einen besonderen Schutz des Tribunen. Er wurde ihm in Form einer religiösen Verpflichtung zuteil: Die Unantastbarkeit (*sacrosanctitas*) seiner Person sicherte ein von allen Plebejern vor dem Ceres-Tempel auf dem Aventin geleisteter heiliger Eid, eine Verletzung des Tribunen in jedem Fall und mit allen Mitteln rächen zu wollen. Die Wirksamkeit dieses Schwurs wie die der beanspruchten tribunizischen Kompetenzen war allerdings eine Frage der Macht: Nur wenn die Plebs geschlossen hinter ihrem Tribunen stand, konnten ihre usurpierten Rechte politisch effektiv eingesetzt werden.

Der Aufbau der plebejischen Organisation wurde ergänzt durch die Entwicklung besonderer Kampfformen. In erster Linie waren dies politische Streiks, über die unsere Quellen in der Form von Auszügen der Plebs aus der Stadt (*secessio plebis*) berichten. Gemeint sind damit vor allem die Verweigerung des Wehrdienstes, die Einstellung jeder Tätigkeit (Generalstreik) sowie nächtliche Zusammenrottungen (*coetus nocturni*). In extremen Situationen konstituierte sich das *concilium plebis* als Gerichtshof und urteilte über einen gewaltsam vorgeladenen Oberbeamten, der z. B. die Interzession eines Tribunen mißachtet hatte.

## 4. Der Ausgleich der Interessen

Die einzelnen Stationen des Ständekampfes sind durch zwei Dinge geprägt: Mit den wachsenden militärischen Lasten stiegen die politischen Ansprüche der Plebejer, und: Alle Konflikte endeten in einem Kompromiß über die Verteilung der politischen Rechte. Insbesondere die plebejischen Eliten, aus deren Reihen die Volkstribune kamen und die sich als Offiziere bewährt hatten, forderten ihren Anteil am aktiven politischen Regiment und schließlich den Zugang zum höchsten Staatsamt. Demgegenüber wogen die sozialen Probleme vergleichsweise leicht. Die Eroberungen der Republik stillten den Landhunger der Bauernmassen und bewahrten den Staat vor der Sprengkraft ungelöster sozialer Forderungen.

Die erste Phase des Ausgleichs der Interessen begann 450 mit der Aufzeichnung des Gewohnheitsrechts auf zwölf Tafeln, die auf dem Forum aufgestellt wurden (Zwölftafelgesetzgebung). Bis dahin war die genaue Kenntnis des Rechts ein Privileg der patrizischen Priester gewesen. Die Aufzeichnung enthielt umfassende Regelungen des Privat- und Strafrechts (*ius civile*), während die politische Ordnung wie die Gerichtsverfassung ausgeklammert blieb. Entscheidend war jedoch nicht der Inhalt, sondern die Kodifikation an sich: Nunmehr hatte auch der kleine Mann im Umgang mit dem Recht und der Justiz die Möglichkeit, die Normen zu kennen, nach denen der Gegenstand des Rechts bestimmt und das Rechtsverfahren durchgeführt wurde.

Wenige Jahre später wurde die gesetzlich verfügte Aufhebung des Heiratsverbots zwischen Patriziern und Plebejern erreicht (*lex Canuleia*, um 445 v. Chr.; römische Gesetze wurden immer mit dem Namen des Antragstellers, hier also eines Canuleius, bezeichnet). Die privatrechtliche Gleichstellung mit den Patriziern war damit vollzogen.

Die Revolutionierung der Kriegstechnik (s. S. 313) führte etwa um dieselbe Zeit zu einem weiteren Zugeständnis der Patrizier. Den plebejischen Schwerbewaffneten, die die Schlachten entschieden, konnte die Mitsprache bei der Wahl des Feldherrn, der zugleich der höchste Staatsbeamte war, nicht verweigert werden. So konstituierte sich das in Hundertschaften (*centuriae*) gegliederte Heer als Volksversammlung (*comitia centuriata*). In ihr hatten die einzelnen Waffengattungen (Reiter, Schwer- und Leichtbewaffnete) entsprechend dem Vermögen, das für die jeweils erforderliche Ausrüstung aufgebracht werden mußte, unterschiedliches Stimmrecht. Ihre Zuständigkeit erstreckte sich zunächst auf die Kernfragen des Krieges: die Wahl des Feldherrn und die Entscheidung über Krieg und Frieden (zum weiteren Ausbau der Centuriatscomitien s. S. 346 f.). Ungebrochen blieb der Anspruch der Patrizier, allein für das höchste Staatsamt kandidieren zu können; die militärischen Erfolge des 5. Jahrhunderts (s. S. 321 ff.) ließen an den besonderen Fähigkeiten der Patrizier auch keinen Zweifel aufkommen.

Die Dinge änderten sich gründlich, als 387 plündernde keltische Heerhaufen Rom eroberten und mit einem Schlag alle mühsam errungenen außenpolitischen Erfolge der Stadt zunichte machten. Diese Katastrophe bedeutete zugleich das Ende der Gewißheit, daß der auf die patrizische Tradition und Führungsqualität gebaute Staat der beste sei. Zu beredt sprach das von den Kelten gebrandschatzte Rom vom Gegenteil. Als die größte Gefahr unter Einsatz aller militärischen Kräfte gebannt werden konnte, brachen die politischen und sozialen Spannungen erneut mit äußerster Heftigkeit auf.

Jetzt verlangten die plebejischen Führer, gestützt auf ihre großen Leistungen im Krieg, den Zugang zu den staatlichen Ämtern. Um dieses Ziel durchzusetzen, boykottierten die Volkstribune jahrelang die Wahlen der patrizischen Beamten und weiteten ihre Hilfeleistungen für bedrängte Plebejer zu einem allgemeinen Einspruchsrecht gegen die Amtshandlungen der Staatsbeamten aus (*ius intercessionis*). Die plebejische Versammlung rief wieder zum politischen Streik auf und tagte als Revolutionstribunal, vor das hartnäckig auf die alten Rechte pochende Patrizier geschleppt wurden. In diesem Kampf gab es kein Pardon. Die Patrizier setzten entschlossen die militärische Macht (*imperium*) der Oberbeamten im innenpo-

litischen Streit ein, und die Beile in den Fasces der Amtsdiener (Liktoren) drohten jedem widerspenstigen Plebejer mit dem Tod.
Erneut rettete ein Kompromiß die Stadt. Ihn hat die römische Geschichtsschreibung, die staatliche Veränderung grundsätzlich auf Gesetze zurückführte, als Licinisch-Sextische Gesetze für das Jahr 367 überliefert. Die Kontrahenten einigten sich darauf, künftig drei höchste Staatsbeamte mit *imperium* für jeweils ein Jahr zu wählen, von denen zwei als Konsuln (*consules*) die Legionen ins Feld führen und einer als Prätor (*praetor*) in Rom Recht sprechen sollte. Einer der beiden Konsuln konnte und sollte plebejischer Herkunft sein. Der Staat hatte damit politisch und rechtlich ein neues Gesicht erhalten: Die Konsuln als Kriegsherren wurden die eigentliche Exekutive des Staates, und der Ehrgeiz der plebejischen Führer hatte nunmehr das ihm gemäße Betätigungsfeld gefunden. Sie zählten jetzt zur politischen Elite des Staates, füllten zusammen mit den Patriziern die Bänke des Senats, in dem die Häupter der großen staatstragenden Familien versammelt waren, und häuften als Feldherren Ruhm und Ansehen. Mit den führenden Familien der Patrizier verschmolzen sie zu einer neuen Adelsschicht (*nobilitas*), die die Republik für mehrere Jahrhunderte führen sollte.
Nach der Eroberung des höchsten Staatsamtes konnte der Einzug der Plebejer auch in die niederen Staatsämter und schließlich in die Priesterschaften nur eine Frage der Zeit sein. Am Ende des 4. Jahrhunderts waren den Plebejern alle wichtigen Ämter zugänglich. Damit blieben im Raum der Politik nur noch zwei Probleme zu lösen: Das Ausmaß der strafrechtlichen Gewalt der Oberbeamten mußte festgelegt werden, und es galt, die künftige Aufgabe der plebejischen Versammlung zu bestimmen. Zunächst regelte ein vom Konsul Marcus Valerius Corvus eingebrachtes Gesetz aus dem Jahr 300 (*lex Valeria de provocatione*), daß jeder von einem Magistrat bedrohte Bürger „die Hilfe des Volkes" (*provocatio ad populum*) anrufen konnte. Die Republik hat dieses Gesetz, das der Volksversammlung die Funktion des Gerichtshofes zugestand, immer als Magna Charta ihrer Ordnung verstanden: Die Existenz eines römischen Bürgers wurde von da an identisch mit dem Schutz vor dem schrankenlosen Zugriff der staatlichen Autorität.
Das Jahr 287 schließlich entschied über die künftigen Aufgaben der plebejischen Kampforgane, deren revolutionärer Ursprung durch die lange Dauer ihrer Existenz überlagert worden war. Das Volkstribunat, de facto als plebejische Exekutive von den Patriziern längst anerkannt und wie das Konsulat kollegial organisiert, wurde jetzt Teil der staatlichen Ämter. Die plebejische Versammlung erhielt durch eine *lex Hortensia* das Recht, Entscheidungen mit einer das Gesamtvolk bindenden Wirkung zu fällen: Das Plebiszit galt von nun an soviel wie ein Gesetz (*lex*) der Centuriatskomitien.
Dies sieht auf den ersten Blick wie die Begründung der Herrschaft der plebejischen Organisation über den Gesamtstaat aus. In Wirklichkeit ist es die Einbindung der Plebejer in die Verantwortung für das Schicksal des Gesamtvolkes. Ermöglicht wurde dies durch die einzelnen Stationen des

allmählichen Interessenausgleichs, den vor allem die außenpolitischen Bedrohungen des 4. Jahrhunderts bei Strafe des Untergangs erzwungen hatten. Das Feuer der Revolution war ausgebrannt. Die politischen Ziele der Plebs waren alle erreicht: Ihre Führer, die wie gewohnt die Volkstribune stellten, saßen im Senat und regierten gemeinsam mit den patrizischen Adelsgeschlechtern die Stadt, und die Siege an allen Fronten Italiens lösten das soziale Problem für lange Zeit (s. S. 387).

## 5. Herrschaft über den Institutionen: Die römische Nobilität und die Zukunft der Republik

In der sehr einfachen Sozialordnung der frühen Republik schritt die Differenzierung der Gesellschaft nur langsam fort, so daß die Not der Kleinbauern das Gesicht der sozialen Auseinandersetzung allein prägte. Auf seinem Hof wirtschaftete der Bauer noch weitgehend autark, und was er auf den naheliegenden städtischen Märkten verkaufte, reichte gerade aus, um den Lebensunterhalt für die Familie zu bestreiten und kleine regelmäßige Zahlungen, wie Steuern und Pachten, aufzubringen. Vermögensreserven waren so nicht zu bilden. Unvorhersehbare Lasten waren gleichbedeutend mit dem Weg in die Verschuldung, aus der ein sehr hoher Zinsfuß kein Entkommen zuließ. Da der Schuldner mit seinem Körper haftete und bei Zahlungsunfähigkeit die dauernde Schuldknechtschaft, die Sklaverei oder den Tod fürchten mußte, war der Ruf nach Schuldenerlaß der Ausdruck tiefster sozialer Not.

Die Kriege der ersten Jahrzehnte des 4. Jahrhunderts gegen etruskische Städte, in Latium und gegen die Kelten verschärften das Problem. Sie legten den Bauern schwere Kriegslasten auf, verwüsteten das Land und zwangen sie dazu, nach dem Abzug der keltischen Horden 387 Rom mit einer Mauer zu umgeben, was zusätzliche Arbeitsleistungen und Steuern forderte. Den Ausweg wiesen schließlich die militärischen Erfolge. Bereits die siegreichen Kämpfe gegen Fidenae und Veji (426 und 396) endeten mit der Einverleibung des eroberten Territoriums und verdoppelten nahezu das römische Staatsgebiet. Das vitale Interesse des verarmten Bauern an neuem Land, auf dem er selbst und seine auf dem eigenen Hof nicht mehr zu ernährenden Söhne sich eine neue Zukunft erhofften, konnte jetzt befriedigt werden. Nicht die Neuverteilung des eigenen Landes – gegen die patrizischen Grundherren nur um den Preis des Umsturzes der Eigentumsverhältnisse durchzusetzen –, sondern das Land der Feinde befreite die Republik von dem drückendsten sozialen Problem.

Richtig zum Tragen kam diese Politik erst nach 340, als die jahrzehntelangen Kriege gegen die Samniten in Mittelitalien die rasche Vermehrung des verteilbaren Staatslandes sicherten. Die Jungbauern Roms erhielten auf dem annektierten Land, das dem römischen Staatsgebiet einverleibt wurde, neue Höfe oder wurden als Bürger einer von Rom gegründeten Kolonie angesiedelt (s. S. 327). Der städtischen Bevölkerung gaben Kriegsaufträge ebenso zusätzliche Arbeitsmöglichkeiten wie die Großbauten der Wasserleitungen und der Heerstraßen, die seit dem Ende des 4. Jahrhunderts entstanden (312: Beginn des Baus der *via Appia* von Rom nach Capua). In diesem Klima wirtschaftlicher Prosperität konnte schließlich die Abschaffung der Schuldknechtschaft problemlos erfolgen. Die *lex Poetelia Papiria*, die 326 diese Reform herbeiführte, trug entscheidend dazu bei, daß der Haß der Geschundenen und damit die Schärfe der Auseinandersetzung besänftigt werden konnten.

Die Expansion Roms in Italien hat also verhindert, daß sich die sozialen Nöte und Emotionen während des Ständekampfes gewaltsam Bahn brachen. So blieb das gesellschaftliche Gefüge bestehen und paßte sich den politischen Veränderungen an. Unterhalb der patrizisch-plebejischen Oberschicht differenzierte sich die Masse der Plebs nach der Größe und Art des Besitzes. Reiche Bauern in Rom und in den Kolonien, Kleinbauern, Landarbeiter, eine durch Krieg und Handel ständig wachsende Zahl von Handwerkern und Kaufleuten sowei freigelassene Sklaven, die vorwiegend in städtischen Berufen arbeiteten, bildeten neue gesellschaftliche Schichten. Seit dem 3. Jahrhundert kamen verstärkt Sklaven hinzu, die auch außerhalb der Familien fronten. Von ihnen abgesehen einte alle das gemeinsame Interesse an der Expansion, deren Gewinne sämtlichen Schichten zugute kamen. Niemand war bereit, dies durch eine Fortführung der sozialen Kämpfe aufs Spiel zu setzen.

Seit der Vertreibung der etruskischen Könige war das römische Volk vor die gleiche Aufgabe wie die Griechen am Eingang ihrer Geschichte gestellt. Angesichts einer tiefgreifenden sozialen Konfrontation im Inneren und einer ständig zunehmenden kriegerischen Auseinandersetzung mit den Nachbarstaaten mußte ein sich selbst regierendes und verwaltendes Gemeinwesen geschaffen werden. Was dabei herauskam, war innerhalb der stadtstaatlich aufgebauten Welt der Antike einzigartig und ein Vorgang, ohne den die römische Weltreichsbildung nicht hätte stattfinden können. Der Ausgleich der Interessen beendete in Rom die Entwicklung zur Volksherrschaft, die unter dem Druck der sozialen Probleme in den griechischen Stadtstaaten vorherrschend wurde. Am Ende der nahezu 150 Jahre dauernden Konfrontation zwischen einem rechtlich privilegierten Patriziat und den wirtschaftlich und politisch aufsteigenden Plebejern stand die langfristige Stabilisierung der Macht einer neuen politischen Elite, der Nobilität. Ihre jeder Kritik enthobene Autorität, ihre Erfahrung und Lernfähigkeit, ihre Moral und ihre Beharrlichkeit führten den römischen Stadtstaat in den kommenden zwei Jahrhunderten zur Herrschaft über das Mittelmeer.

Das seit 287 stabile innere Herrschaftsgefüge rühmten die griechischen Beobachter als Harmonie von Monarchie, Aristokratie und Demokratie. Sie erkannten damit richtig, daß das im politischen Raum gefundene Entscheidungsverfahren die im Ständekampf dem Patriziat abgetrotzten volksherrschaftlichen Elemente (Gesetzgebungsrecht der Komitien, Volkstribunat) ebenso dem Staatsinteresse unterworfen hatte wie den latenten Willen der aristokratischen Familien, den Kampf um die Führungsrolle im

Staat untereinander gewaltsam auszutragen. Eine feste Ämterlaufbahn (*cursus honorum*) sowie ein ständiger Zuzug neuer aufsteigender Familien (*homines novi*) boten dem politischen Ehrgeiz der Aristokratie Raum und Disziplin. Die Republik besaß damit ein fast unerschöpfliches Reservoir von erfahrenen Militärs und Administratoren.

## II. Die Unterwerfung Italiens und der Sieg über Karthago

| | |
|---|---|
| seit 650 | Karthago wird Seemacht und Schutzherrin der phoinikischen Kolonien im westlichen Mittelmeer. Westsizilien wird gegen alle Angriffe der Westgriechen behauptet. |
| seit 470 | Rom wird Mitglied des Bundes der latinischen Städte. Der Bund behauptet sich gegen die an die Küste vorstoßenden oskisch-sabellischen Stämme und gründet Kolonien zum Schutz des latinischen Gebietes. |
| 340-338 | Krieg mit den latinischen Städten: der Bund wird aufgelöst, ein Teil seines Gebietes von Rom annektiert. Die latinischen Kolonien und einige Städte behalten ihre Selbständigkeit. Die kampanischen Städte werden Munizipien. |
| 326-290 | In mehreren Kriegen werden die Samniten unterworfen. In den Kernlanden der Unterworfenen angelegte latinische Kolonien sichern die römische Herrschaft. Mit den samnitischen Stämmen werden Bundesgenossenschaftsverträge geschlossen. |
| 282-270 | Krieg mit den süditalischen Stämmen und Tarent, auf dessen Seite König Pyrrhos von Epirus erfolglos eingreift. 272 kapituliert Tarent, 270 Rhegion. |
| 264-241 | Der Erste Punische Krieg. Er bricht als lokaler Konflikt um Messana aus und endet mit der Vertreibung Karthagos aus Sizilien. |
| 237-218 | Das karthagische Adelsgeschlecht der Barkiden erobert Spanien bis zum Ebro und ermöglicht dadurch die Wiederaufnahme des Krieges gegen Rom. |
| 227/225 | Sizilien, Sardinien und Korsika werden als römische Provinzen eingerichtet. |
| 218-201 | Der Zweite Punische Krieg. Nach glanzvollen Siegen Hannibals in Italien (216: Cannae) weitet sich der Krieg auf Sizilien, Griechenland, Spanien und Nordafrika aus. Hier fällt 202 bei Zama die militärische Entscheidung zugunsten Roms. |
| 197 | An der Ostküste Spaniens werden zwei Provinzen eingerichtet. |

### 1. Die römische Außenpolitik von 450-338

Die Außenpolitik Roms im 5. Jahrhundert wird von den Folgen des Zusammenbruchs der etruskischen Macht in Kampanien und Latium bestimmt. Das dadurch entstandene Machtvakuum versuchten die Bergstämme der Aequer, Volsker und Auruncer zu füllen, die ihren kargen Lebensbedingungen und der Not der Überbevölkerung entrinnen wollten und in die fruchtbaren latinischen Ebenen drängten. Gegen diesen Ansturm konnten

*Sebastiano Conca, Die Großmut des Scipio (Livius 26,50); um 1720*
(Köln, Wallraf-Richartz-Museum)

Den Göttern und den eigenen Tugenden – so glaubte jeder Römer – verdankte man die Herrschaft über den Erdkreis. Ihre Geschichtsdarstellungen muten daher auf weiten Strecken wie Rundgänge durch ein Museum an, in dessen Räumen liebevoll die Bilder der Männer und Frauen aufgehängt waren, deren Mut und Verzicht Größe und Würde des Populus Romanus verkörperten. „Ich wünsche", schrieb Livius in der Vorrede zu seinem monumentalen Geschichtswerk, „ich wünsche, daß jeder einzelne scharf darauf acht hat, wie damals die Lebensform und wie der sittliche Zustand gewesen ist, was für Männer und was für Wandel in Krieg und Frieden das Reich zustande gebracht und groß gemacht haben" (Vorrede 8 f.). So stehen neben unzähligen Heldentaten nicht minder eindrucksvolle Schilderungen nobler Gesten gegenüber den Besiegten. Sie enthalten alle eine einfache Lehre: Der Anspruch Roms auf die Weltherrschaft besteht zu Recht, da sie mit reinen Händen errungen wurde.

So liest man es auch in der Geschichte, die in Spanien vor den Toren Neu-Karthagos (heute: Cartagena) spielt, das Cornelius Scipio im Jahre 209 erobert hatte (vgl. S. 337): Unter den Gefangenen, erzählt Livius, sei ein wunderschönes Mädchen gewesen, das mit einem jungen Mann aus vornehmem Hause verlobt war; der Sieger, bewegt durch die Liebe der beiden und die Bitten der Eltern, habe auf seine Beute verzichtet und den Liebenden die Freiheit zusammen mit den Schätzen gegeben, die die besorgten Eltern als Lösegeld bereits vor dem Sieger aufgehäuft hatten. Eine Bedingung nur habe er, erklärte der junge Feldherr, jetzt ganz Römer, dem überglücklichen Bräutigam:

„Sei ein Freund des römischen Volkes! Und wenn du glaubst, ich sei ein anständiger Mensch, wie die spanischen Völker schon früher meinen Vater und meinen Onkel kannten, dann sollst du wissen: Solche Männer wie uns gibt es im römischen Volk noch viele. Man kann dir jetzt kein Volk auf Erden nennen, das du dir und den deinen weniger zum Feinde oder lieber zum Freunde wünschen wolltest." (26,50,8-9).

Die erbauliche Moritat endet wie spätere christliche Heiligenlegenden: Der ehemalige Feind wird bekehrt, verbreitet daraufhin den Ruhm Roms und seines Feldherrn unter seinen Landsleuten und kehrt nach wenigen Tagen mit 1400 Reitern zurück, um fortan an der Seite der römischen Legionäre zu kämpfen.

Spätere Jahrhunderte rührte diese Geschichte von tugendhafter Liebe und nobler Gesinnung ebenso wie die darin ausgebreitete Lehre vom Nutzen der Großmut. Im Barock wurde sie in immer neuen Formen in Erinnerung gerufen und sollte den Königen und Fürsten wie ihren Untertanen beweisen, daß ein gutes Regiment auch ein gnädiges sein muß. Das Gegenbeispiel war jedermann geläufig und fand sich in der Ilias des Homer: Dort hatte Agamemnon dem Apollonpriester Chryses die Freigabe seiner Tochter verweigert und sich dann – als die von Apoll gesandte Pest die Herausgabe erzwang – an Achill schadlos gehalten und dessen Mädchen Briseis in sein Zelt tragen lassen. Die Folgen waren Streit, Haß und der Tod unzähliger Männer (s. S. 112 ff.).

sich die latinischen Städte und Rom nur behaupten, indem sie sich zu einem militärischen Schutzbund zusammenschlossen (s. S. 329 f.). Mit seiner Hilfe war man stark genug, nicht nur den Widerstand zu koordinieren, sondern an den bedrohten Grenzen Latiums auch befestigte Städte zu bauen, die die Fruchtebenen wirkungsvoll zu schützen vermochten. Die Reihe der Kolonien, die Rom und die latinischen Städte als selbständige Gemeinwesen gründeten, begann mit Ardea noch auf latinischem Gebiet und setzte sich gegenüber den Volskern südöstlich von Rom mit Velitrae, Cora, Norba, Circeii und Setia fort.

Die am Ende des 5. Jahrhunderts spürbaren Erfolge der Abwehrkriege machten Rom den Rücken frei, um sich auf seine etruskischen Gegner zu stürzen, die nur 20 km nordöstlich von Rom in der Stadt Veji ihren mächtigsten Stützpunkt geschaffen hatten. Der 396 nach jahrelangen Kämpfen schwer errungene Sieg führte zur Einverleibung des gesamten Gebietes von Veji, dessen Bewohner man tötete, vertrieb oder versklavte; ihre Felder verteilte eine Kommission an bedürftige römische Bauern. Rom wurde durch diese Annexion zur größten Stadt im westlichen Mittelitalien und schickte sich an, die Vormacht über den latinischen Bund zu gewinnen.

387/86 stellten der Einbruch der Kelten nach Italien und die Eroberung Roms alles Erreichte in Frage, obwohl die plündernden Horden unter ihrem König Brennus bald wieder nach Norden abzogen. Daß sich Rom schnell erholte, war einzig der Sorge der benachbarten latinischen Städte zu danken, die, bedrängt von Volskern und Etruskern, auf die militärische Hilfe Roms angewiesen waren.

Diesmal begnügte man sich nicht mit einem Militärbündnis, sondern rückte auch privatrechtlich näher zusammen: Im Ehe- und Handelsrecht wurden die Latiner den römischen Bürgern gleichgestellt. Erneut nahm man den Kampf mit den Volskern im Süden und den Etruskern im Norden auf. 351 fiel das etruskische Caere und wurde als erste stammesfremde Gemeinde in den römischen Staat integriert. Die Neubürger erhielten jedoch nicht das volle Bürgerrecht, sondern nur die privatrechtliche Gleichstellung und die Pflichten eines römischen Bürgers; alle politischen Rechte blieben ihnen zunächst verwehrt.

Aus der Kooperation zog der stärkste Partner den größten Nutzen. Der territoriale Gewinn der gemeinsam geführten Kriege floß zum größten Teil den Römern zu, die innerhalb des Bundes energisch auf ihre Vormachtrolle pochten. Dies führte 340 zum Bruderkrieg, in dem fast alle Latiner gegen Rom Front machten. Trotzdem hieß der Sieger nach zwei Jahren unerbittlichen Kampfes Rom, das nunmehr daran ging, fast alle latinischen Städte und deren Bevölkerung seinem Territorium einzuverleiben, um das anstehende Problem ein für allemal in seinem Sinne zu regeln. Rom verdreifachte damit sein Gebiet (auf ca. 6100 qkm) und verdoppelte sein Wehrpotential. Bei aller Härte, die dieses Vorgehen auszeichnete, wurde doch nur eine Politik mit letzter Konsequenz fortgesetzt, die mit der privatrechtlichen Gleichstellung der Latiner bereits begonnen worden war. Die jahrzehnte-

lang gemeinsam durchgestandenen Kriege hatten zudem das Zusammengehörigkeitsgefühl gestärkt, für das die alte Stammesverwandtschaft ohnehin den besten Nährboden abgab.
Im einzelnen enthielt die Regelung von 338 bereits das gesamte Spektrum der Möglichkeiten, das die römische Behandlung der Besiegten typisch kennzeichnet. Im Krieg treu gebliebene Städte wie Tibur und Praeneste behielten ihre Souveränität und schlossen mit Rom einen Bundesgenossenschaftsvertrag. Das Gros der aufständischen Städte wurde dem römischen Staatsgebiet zugeschlagen oder unter Bewahrung der städtischen Selbstverwaltung als Munizipien (s. S. 330) angegliedert (z. B. Capua). Dort, wo die alten vertraglichen Regelungen erneuert wurden, verlangte der Sieger die Abtretung fruchtbarer Gebiete, auf denen er seine Bauern einzeln oder in Kolonien ansiedelte. Der alte Bund wurde aufgehoben und jede Verbindung unter seinen ehemaligen Mitgliedern verboten. Für die Besiegten sollte es nur noch eine Zukunft geben: Rom.

## 2. Die Niederwerfung des Samnitischen Bundes und der Griechenstädte

*Die politische Landschaft Mittelitaliens*

Die Geschichte Italiens ist nicht nur von Etruskern, Römern und Griechen bestimmt worden, sondern vor allem von den italischen Stämmen indogermanischer Abstammung (s. S. 311). Diese waren zwischen 1200 und 1000 v. Chr. aus dem Raum nördlich der Alpen in zwei Wellen in Italien eingebrochen: Die erste schwemmte neben den Faliskern die Latiner nach Italien, die sich auf dem Boden des späteren Rom und des südlichen Latium niederließen; die zweite führten die Umbrer, die sich in den Landschaften östlich des Tibers festsetzten, und die Stämme der Osker. Diese schoben sich in den Längstälern des Apennin nach Süden, wo sie schließlich den Golf von Tarent und die Südspitze Italiens erreichten; auch im Westen und Osten versuchten sie dem Hochgebirge zu entkommen. Die wiederholte Aussendung der Jungmannschaft eines Stammes als *ver sacrum* (der „geweihte Frühling") in fremdes Gebiet trieb die Expansion voran und kündete zugleich von der sozialen Not, die die oskischen Gebirgsvölker in die fruchtbaren Küstenregionen Kampaniens und schließlich seit dem Ende des 5. Jahrhunderts nach Paestum und in die Ebenen Apuliens drängte. Die griechischen Kolonien Apuliens hatten in ihrer Not bei den Königen Makedoniens Hilfe gesucht, zunächst bei Alexander dem Molosser (330), dem Onkel Alexanders des Großen, dann, fünfzig Jahre später, bei Pyrrhos (s.u.); sie waren jedoch geschlagen worden.
Die wenigen archäologischen Zeugnisse der oskisch-samnitischen Kultur sprechen von Hirtenstämmen, die gut bewaffnet waren, um sich und ihre Herden, mit denen sie im Wechsel der Jahreszeiten wanderten, verteidigen zu können. Einer der großen Herdenwege – kontinuierlich bis in unser

Jahrhundert genutzt – führte sie durch das Hochtal des heutigen Piano delle Cinquemiglia (südlich von Sulmona) nach Luceria, wo sie mit ihren Herden überwinterten. Diese zeitlose Welt wandernder Hirten hat die ökonomische und soziale Struktur Mittelitaliens für viele Jahrhunderte bestimmt. In ihr waren Lebensweisheiten zuhause, die in einfachen Formeln zur Solidarität aufriefen: „Ich warne die Männer; mißtraut euch nicht selbst", beschwor noch auf seinem Grabmonument der Anführer die Hirten, die – so die bildliche Darstellung – mit ihren Herden und den auf Karren geladenen Habseligkeiten den Weg zogen, der wohl immer derselbe war (das Monument befindet sich im Museo Civico von Sulmona). Viele lebten in ständigem Mißtrauen vor Fremden, die an ihren Gehöften vorbeizogen und in denen sie – meist zu Recht – Räuber vermuteten, gegen die sie sich mit ihren Hunden zu Wehr setzten. So berichtet noch Apuleius klagend von den Prügeln, die eine Schar durch ein Dorf ziehender harmloser Fremder erhielt, weil die Bauern in ihnen streunende Plünderer vermuteten. Auf das Wehgeschrei der Wanderer hin, man tue ihnen Unrecht, riefen die Bauern, nachdem sie sich von der Unschuld der Reisenden überzeugt hatten: „Wir treiben ja nicht Raub voller Gier, euch Beute abzunehmen, sondern wollten gerade dies Unglück von eurer Seite uns fernhalten." (Der goldene Esel 8,17-18). Die städtische Kultur, die nach dem römischen Sieg auch in ihren Gebieten Einzug hielt, hat diese Menschen nicht erreichen können.

Um die Mitte des 4. Jahrhunderts kam Bewegung in diese Welt. In Mittelitalien war eine Entwicklung zum Abschluß gekommen, die der Auseinandersetzung um die Führungsrolle in Italien eine bis dahin nicht gekannte Dimension geben sollte: Die oskischen Bergstämme schlossen sich unter der Führung der Samniten zu einem festen Bund zusammen. Vom Adriatischen Meer bis an die Grenzen Latiums und Kampaniens hatte sich damit eine Macht herausgebildet, die an Gebietsumfang und Volkszahl den Römern und ihren Bundesgenossen überlegen war. Die Organisation dieses Bundes konzentrierte sich ausschließlich auf seine militärische Leistungsfähigkeit: An der Spitze stand ein Magistrat (*meddix tuticus*), der das Heeresaufgebot führte und als Gerichtsherr in allen Angelegenheiten tätig wurde, die den Bund betrafen. Eine Bundesversammlung entschied über Krieg und Frieden, die zu schließenden Verträge und wählte den Feldherrn.

Der Grund dieser Machtzusammenballung in Mittelitalien spiegelt sich in den angestrebten Zielen. Die blühende kampanische Ebene mit ihren beherrschenden Städten Capua, Nola und Nuceria sowie den alten griechischen Kolonien Kyme und Neapel lockte auch diesmal die Bergstämme, die ihre materielle Not immer wieder auf die fruchtbaren Küstenebenen zutrieb (vgl. S. 245). Die römischen Erfolge in Latium und Kampanien und insbesondere die Kolonisationspolitik des latinischen Bundes hatten den Stämmen keine Hoffnung mehr gelassen, die Ebenen im Alleingang besetzen zu können. Ihrer gebündelten Kraft sollte nun gelingen, wozu nur noch wenig Zeit blieb: die Eroberung neuer Siedlungsplätze für ihre darbenden Völker.

*Der Krieg*

Der Krieg mit Rom, der darüber unvermeidlich geworden war, dauerte – von wenigen Friedensjahren unterbrochen – über fünfzig Jahre. Er begann als Auseinandersetzung um die kampanischen Städte, die Rom zu Hilfe riefen, und entwickelte sich zum großen Hegemonialkrieg, in den nach und nach alle italischen Völker hineingerissen wurden; entschieden war er erst, als die Samniten als die Hauptgegner um Frieden baten. Vergleichbares hatte die antike Welt bis dahin nur im Peloponnesischen Krieg der griechischen Antipoden Sparta und Athen gekannt.

In den ersten Jahren des Krieges zeigte sich, daß Rom den neuen Formen des Kampfes, die der Krieg in den Bergen des Apennin forderte, nicht gewachsen war. Seine Heere, formiert in der schwerfälligen Phalanx und ausgerüstet mit einem langen Spieß (*hasta*) als Hauptwaffe, wurden für die in kleinen Formationen angreifenden und Schwert und kurze Wurflanze (*pilum*) handhabenden Samniten eine leichte Beute. 321 kapitulierte ein römisches Heer in den Caudinischen Pässen und mußte zum Gespött des Siegers durch das Joch kriechen, das die triumphierenden Samniten aus Speeren zusammengestellt hatten.

Rom lernte daraus: Seine Diplomaten schlossen im Rücken des Feindes mit den apulischen Stämmen Bündnisse, und seine Festungsbaumeister legten an der kampanisch-samnitischen (Fregellae, Suessa) und an der apulischen Grenze (Luceria) eine Kette von latinischen Kolonien an. Diese boten den eigenen Heeren Rückhalt, und an ihnen biß sich der in der Kunst der Belagerung wenig geübte Gegner die Zähne aus. Die Bewaffnung und Kampftechnik wurde der des Gegners angepaßt (Einführung des Manipels als eigene taktische Einheit), Straßen bahnten den Weg in die Bergtäler, und die Heerführer lernten, Strategie und Bündnisabschlüsse aufeinander abzustimmen.

In der entscheidenden Phase des Krieges, als ganz Italien gegen Rom aufzustehen schien und im Norden Sabiner, Etrusker und Kelten, im Süden die Lukaner den Samniten zu Hilfe kamen, entschieden nicht die spektakulären Schlachten, sondern die latinischen Kolonien den Krieg, die den Bewegungsspielraum des Gegners immer weiter einschnürten. 291 wurden nicht weniger als 20 000 Siedler nach Venusia, ins Grenzland zwischen Samnium, Apulien und Lukanien geschickt und machten fürderhin jede Verbindung der Stämme untereinander unmöglich. 290 gab der größte Teil der samnitischen Völker den Kampf auf und schloß Verträge mit Rom, die sie auf immer zur militärischen Hilfe verpflichteten und an die Stadt am Tiber banden.

Gebietsannexionen, darauf systematisch angelegte Festungskolonien und vertragliche Bündnisse waren die Mittel, die die Überlegenheit des Siegers kennzeichneten. Diese wiederum sprechen von der Überlegenheit der politischen Organisation des Stadtstaates, dem der Stamm nur die allein auf den militärischen Zweck zugeschnittene Föderation hatte entgegenstellen können.

**Die wichtigsten Koloniegründungen in Italien**

*Bürgerkolonien*

| | |
|---|---|
| 338 | Antium |
| | Ostia |
| 329 | Terracina |
| 295 | Minturnae |
| 289 | Sena Gallica |
| 245 | Fregenae |
| 194 | Salernum |
| | Croton |
| 183 | Parma |
| | Mutina |
| | Potentia |
| 177 | Luna |

*Latinische Kolonien*

| | |
|---|---|
| 328 | Fregellae |
| 314 | Luceria |
| 291 | Venusia |
| 273 | Paestum |
| 268 | Beneventum |
| | Ariminum |
| 244 | Brundisium |
| 241 | Spoletum |
| 218 | Cremona |
| | Placentia |
| 189 | Bononia |
| 181 | Aquileia |

*Der Sieg in Unteritalien*

Die griechischen Seestädte Süditaliens waren in den vorangegangenen Kriegen die natürlichen Verbündeten Roms gewesen, da sie den Landhunger der Bergstämme am meisten zu fürchten hatten. Eine Ausnahme machte das mächtige Tarent, das in den römischen Bündnissen mit den Städten des Südens zu Recht eine Gefährdung seiner Vormachtstellung sah. 280 kam es zum offenen Krieg, als einige römische Schiffe vertragswidrig im Golf von Tarent kreuzten und von den erbosten Tarentinern ohne Federlesen versenkt wurden. Ein mächtiger Bundesgenosse war allerdings nötig, um das siegesgewohnte Rom von den Toren der Stadt fernzuhalten. Er fand sich in König Pyrrhos von Epirus, einem Meister moderner hellenistischer Kriegführung. Er landete mit einem kampferfahrenen Söldnerheer, in dem er auch Elefanten mitführte, und gewann sofort samnitische, lukanische und bruttische Stämme als Bundesgenossen; noch hatten viele die Hoffnung nicht aufgegeben, das Blatt doch noch gegen Rom wenden zu können.

Der Ehrgeiz des Königs war auf einen schnellen Sieg aus. In Italien und Sizilien wollte er seine Soldaten das Reich erobern lassen, das ihn zum Alexander des Westens machen sollte. Es zeigte sich sehr bald, daß dies ein Traum bleiben mußte. Zwar schlug er den römischen Gegner, wo immer er auf ihn traf, aber er besiegte ihn nicht. Wiederum waren es die Bundesgenossen und die latinischen Festungen, die auf Gedeih und Verderb zu Rom hielten und einen kurzen Eroberungszug im Stile Alexanders des Großen von vornherein zum Scheitern verurteilten. Hinzu kam die Überlegenheit der Zahl: Dem glänzend geführten, aber von Verlusten ausgezehrten Heer der Epiroten stellten sich immer neue Legionen entgegen, die die Siege des Pyrrhos in den Schlachten mehr als ausglichen. 275 gab der König auf und warf sich wieder in den Kampf um die Königskrone der Makedonen; 272 traf in Argos im Straßenkampf ein Ziegel den barhäuptig kämpfenden Haudegen und machte seinem abenteuerlichen Leben ein Ende.

Rom hatte nur wenig Mühe, Rache zu nehmen und den Krieg zu beenden. Der Samnitische Bund wurde endgültig aufgelöst, die restlichen Stämme schlossen Bündnisse mit Rom, und die fruchtbarsten Teile ihres Landes besetzten römische Kolonisten, die die Festungen Benevent und Aesernia bauten. Das gleiche Schicksal traf die Lukaner, über deren künftige Loyalität die latinische Kolonie Paestum in der alten griechischen Stadt Poseidonia wachte. Tarent öffnete 272 die Stadttore und schloß wie alle anderen Städte Unteritaliens ein Bündnis mit Rom. Zuletzt kapitulierte 270 Rhegion. Überall wurde das Land systematisch durch Kolonien und Straßen gesichert. 264 erreichte die *via Appia*, die seit 312 als große Heerstraße durch Kampanien und Samnium nach Süden getrieben worden war, Brundisium.

Rom war für viele Jahrhunderte die Herrin Italiens geworden.

## 3. Die Organisation der Herrschaft über Italien

Die Römer beschrieben ihr Herrschaftssystem, indem sie seine drei Grundpfeiler nannten: Römer, Bundesgenossen und Latiner der Kolonien (*cives Romani, socii et nomen Latinum*). Kenntlich gemacht waren damit Formen der Herrschaft, die zum einen der Tatsache Rechnung trugen, daß Rom als Stadtstaat eine effektive Verwaltung zur direkten Beherrschung großer Untertanengebiete gar nicht aufbauen konnte, und die zum anderen so mannigfach waren wie die politischen Situationen, denen sie ihre Entstehung verdankten. Das in jedem Fall wirksame Prinzip waren abgestufte Bindungen der Besiegten an den Sieger, so daß es keine gemeinsame Frontstellung gegen Rom geben konnte. *Divide et impera* nannten rückblickend die Gelehrten der Renaissance diese Politik und sie hatten – ungeachtet mancher moderner Einsprüche – recht mit dieser Einschätzung.

Das Hauptinstrument der römischen Politik war die unauflösliche Militärallianz. Der Vertrag (*foedus*), der sie begründete, regelte ausschließlich die Pflicht zur Gestellung von Truppen, die Rom im Kriegsfall zuzuführen waren. Die Bundesgenossen (*socii*) verloren mit dieser Verpflichtung ihre außenpolitische Unabhängigkeit, blieben im übrigen aber völkerrechtlich souveräne Staaten mit eigenem Bürgerrecht und eigener Verwaltung; ihre überkommene Sozialordnung wurde nicht angetastet. Sie umfaßten den weitaus größten Teil Italiens (etwa fünf Sechstel). Das System der römischen Hegemonie beruhte also zum größeren Teil auf friedlichem Anschluß und nur zum kleineren auf Unterwerfung und Annexion.

Das römische Bürgergebiet, d. h. die Stadt Rom und ihr unmittelbares, von römischen Beamten verwaltetes Territorium (*ager Romanus*), dehnte sich seit der Eroberung von Veji kontinuierlich in Mittelitalien aus. Bis 241 wurden ständig neue Landbezirke des römischen Bürgergebietes (*tribus*) eingerichtet, in welche die römischen Neusiedler oder die mit dem römischen Bürgerrecht belehnten Bewohner eingeschrieben wurden. Umfangreicher als dieses Kerngebiet Roms waren die ursprünglich stammesfremden Gebiete, die zwar dem Bürgergebiet einverleibt wurden, deren Bürger sich aber weiterhin selbst verwalteten, eine eigene Zivilrechtspflege besaßen und an ihren überkommenen Formen des politischen und sozialen Zusammenlebens nichts ändern mußten. Die Bürger einer solchen Stadt, die man *municipium* nannte, wurden als Römer zum Dienst in den Bürgerlegionen und zu allen anderen Lasten herangezogen. Politische Rechte (insbesondere das Stimmrecht) besaßen sie nicht; sie wurden von ihnen auch nicht vermißt, da sie ihre tradierten Lebens- und Organisationsformen höher einschätzten als die politische Mitsprache im fernen und fremden Rom. Erst als im Verlauf von Jahrzehnten vor allem der Dienst in den Legionen aus Fremden in Sprache und Denken Römer gemacht hatte, drängten die Munizipien auf die völlige politische Gleichstellung, die ihnen auch gewährt wurde.

Den letzten Teil des römischen Rechtsgebietes bildeten die Bürgerkolonien, die seit 338 zum Schutz der italischen Küsten gegründet wurden. Meist war es eine kleine Schar römischer Bürger (etwa 300), die mit ihren Familien in bereits vorhandene Städte mit einer nichtrömischen Bevölkerung auswanderten und deren Loyalität zu Rom sichern sollten. Die gemeinsamen Sorgen und Mühen des täglichen Miteinanders ließen die unterschiedlichen Bevölkerungsteile das sie Trennende bald vergessen, so daß nach kurzer Frist auch den Nichtrömern das Bürgerrecht verliehen wurde.

Außerhalb des römischen Gebietes standen die latinischen Kolonien, deren Bewohner zwar römischer Herkunft waren, ihr Bürgerrecht jedoch zugunsten des neuen latinischen aufgegeben hatten. Ihr Verhältnis zu Rom regelte wie bei den italischen Bundesgenossen ein Vertrag, der sie formalrechtlich zu souveränen Staaten machte. Der Grund für diese Konstruktion war ein rein praktischer: Ihre exponierte ferne Lage in den Kernlanden des Gegners verlangte von den Kolonisten schnelle Entscheidungen, für die sie eigene kompetente städtische Organe benötigten. Tatsächlich waren diese Kolonien vorgeschobene Festungen (*propugnacula*), die an strategisch wichtigen und von Rom weit entfernten Punkten Italiens den Herrschaftsanspruch Roms sicherten und ausbauten. Nach dem Abschluß der Kämpfe wuchsen sie zu Zentren römischer Kultur und Zivilisation heran, die auf die umliegenden, meist noch barbarischen Stämme eine magische Anziehungskraft ausübten und zur Romanisierung Italiens entscheidend beitrugen.

Insgesamt hatte die Hegemonie Roms über Italien eine Ordnung geschaffen, welche die Wege auch zur sozialen, wirtschaftlichen, rechtlichen und kulturellen Einheit der Halbinsel bahnte. Dafür waren neben der militärischen Klammer des Herrschaftssystems vor allem soziale Ursachen verantwortlich. Mit den römischen Herren kamen ihre Sprache, ihr Recht und ihre städtische Zivilisation, die die alten Werte zerbrachen. Sie spornten zu einer Gleichrichtung aller sozialen Lebensformen an: Die Eliten Italiens richteten ihren Lebensstil nach dem senatorischen Vorbild aus, die Organisation der Städte formierte sich nach dem römischen Ämterwesen, und römische Bewirtschaftungsformen reformierten die Landwirtschaft. Die römischen Aristokraten dehnten ihrerseits ihre Patronats- und Klientelbe-

### 3. Die Organisation der Herrschaft über Italien

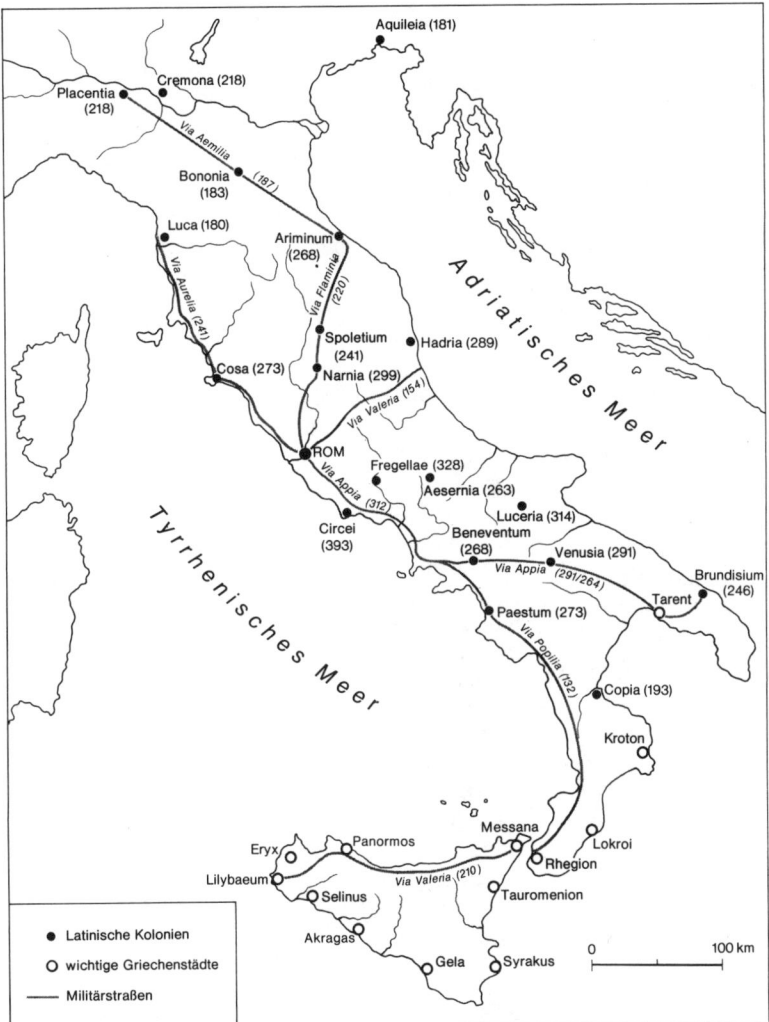

*Die Sicherung der Herrschaft über Italien*

ziehungen (s. S. 358 f.) auf die italischen Städte aus, die gemeinsam geführten Kriege brachten materielle Vorteile und vermittelten ein neues Gefühl der Zusammengehörigkeit. Und schließlich: Die Wunden des Krieges vernarbten, wie die Erinnerung an die alte Gegnerschaft und an bittere Niederlagen mit der Zeit schwand. Die Zukunft mit Rom erschien den meisten erstrebenswerter als die untergegangene Welt der Freiheit und Selbständigkeit.

## Die römische Ordnung Italiens

| **Römer** | **Latiner** | **Bundesgenossen** |
|---|---|---|
| *cives Romani* | *nomen Latinum* | *socii* |
| – in den römischen Staat vollständig integrierte Personen und Gemeinden; die frühere Rechtsstellung wird beseitigt. | – die nach dem Latinerkrieg 338 selbständig gebliebenen Städte des aufgelösten Latinischen Bundes (z. B. Tibur und Praeneste). | – besiegte oder zum Anschluß bereite Stämme und Städte; ihr Verhältnis zu Rom regelt ein auf ewig geschlossenes Militärbündnis *(foedus)*. |
| – in den römischen Staat integrierte Städte *(municipia)*; die Einwohner erhalten das römische Bürgerrecht und behalten ihre Selbstverwaltung. | – die von Rom gegründeten Kolonien latinischen Rechts *(coloniae civium Latinorum)*; sie werden als souveräne Gemeinwesen mit eigenem Bürgerrecht und eigenen staatlichen Organen eingerichtet. | |
| – vom römischen Staat gegründete Bürgerkolonien *(coloniae civium Romanorum)*; die Siedler bleiben römische Bürger und erhalten eine begrenzte Selbstverwaltung. | Die latinische Rechtsstellung *(ius Latii)* beinhaltet bestimmte Sonderrechte: 1) Handels- und Heiratsrecht in Rom, 2) Erwerb des römischen Bürgerrechts durch die Übersiedlung nach Rom, 3) Stimmrecht in den Komitien bei zeitweiligen Aufenthalten in Rom. | |

## 4. Die Vorherrschaft Karthagos im westlichen Mittelmeer und ihr Zusammenbruch im Ersten Krieg gegen Rom

Seit der Mitte des 7. Jahrhunderts war Karthago die führende Macht im westlichen Mittelmeer. 814 von Tyros als Handelskolonie gegründet, sah es sich früh gezwungen, gegen die aggressiven griechischen Kolonisten Front zu machen und die verstreut angelegten phönikischen Handelsfaktoreien zu schützen. Das Zentrum der Auseinandersetzungen blieb für viele Jahrhunderte Sizilien, dessen Westteil mit den Städten Panormos (das heutige Palermo), Motye und Soloeis als karthagisches Herrschaftsgebiet ausgebaut wurde. In Nordafrika erstreckte sich die karthagische Macht entlang der mittleren und westlichen Nordküste (heute: Libyen und die Maghreb-

## 4. Die Vorherrschaft Karthagos

Staaten); das Hinterland wurde nur wenig beachtet: Zu ausschließlich waren das Meer und der Handel der Mittelpunkt des Denkens und Handelns der karthagischen Reeder und Kapitäne.

Sie bildeten auch die führende Schicht in Karthago mit den typischen Institutionen einer Aristokratie: Adelsrat, kollegial amtierende und jährlich wechselnde Beamte mit zwei Sufeten an der Spitze und einem Rat der Hundertvier als Aufsichtsorgan über die Militärs. Von ihnen drohte dem Staat die meiste Gefahr: Gestützt auf Söldnerarmeen trieben sie häufig ihre eigene Politik und nährten den Krieg, den die herrschende Kaufmannsaristokratie, die vom friedlichen Handel lebte, immer zu vermeiden trachtete. Polybios, der in seiner griechischen Heimat aus eigener Anschauung um die Gefährlichkeit der Söldner wußte, hat diese besondere Struktur der karthagischen Wehrordnung auf seine eigene moralisierende Weise formuliert: „Die Karthager vernachlässigen das Heer vollständig ... Das liegt daran, daß sie fremde Söldner kämpfen lassen, während das römische Heer aus Landeskindern und Bürgern besteht. Denn hier hängt die Freiheit der Stadt an dem Mut von Söldnern, dort beruht sie auf der eigenen Tapferkeit und dem Beistand der Bundesgenossen." (6, 52).

Die Beziehungen zu Rom reichten bis in die Anfänge der Republik zurück: Auf karthagische Initiative hin abgeschlossene Verträge sollten das kartha-

*Die karthagische Machtstellung im 3. Jahrhundert v. Chr.*

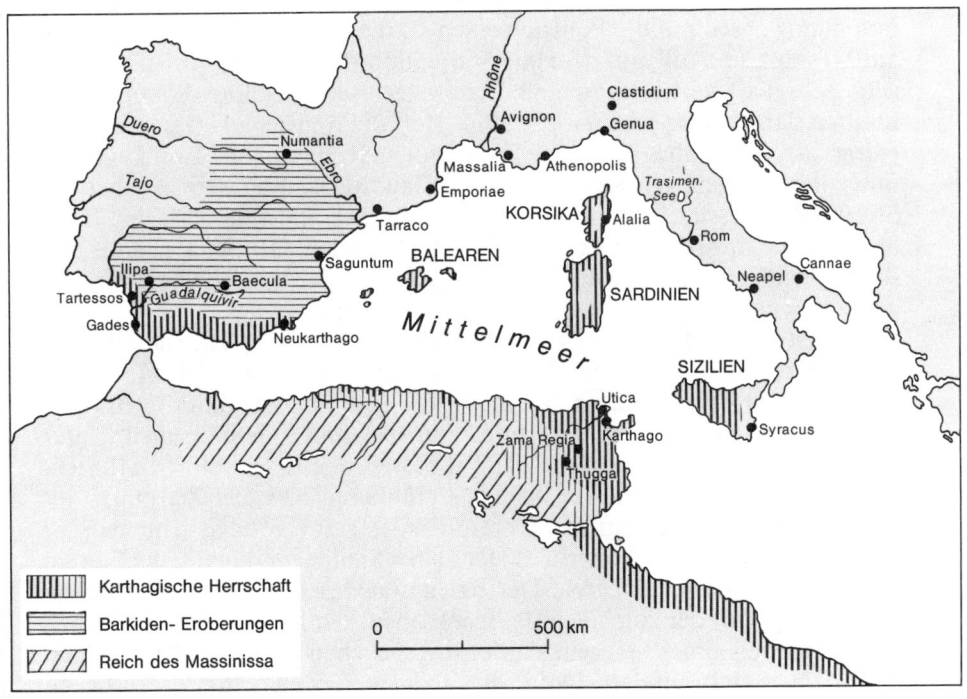

gische Handelsmonopol auch vor der aufsteigenden Stadt am Tiber schützen. Erst die beide Staaten gleichermaßen bedrohenden Versuche des Pyrrhos, sich in Unteritalien und Sizilien eine Königskrone mit dem Schwert zu erobern (s. S. 328), bewirkten 278 ein zeitlich eng befristetes Zusammengehen beider. Interessenkonflikte entstanden daraus nicht: Karthago machte sich nach dem Abzug des Pyrrhos daran, seine alten sizilischen Beziehungen wieder zu festigen; Rom seinerseits hatte mit der Aufnahme ganz Unteritaliens in seinen Machtbereich genug zu tun – über das Meer blickte niemand im Senat.

Trotzdem kam es zum Krieg, vor dessen letzter, alles entscheidender Seeschlacht die Streitenden „durch die Anstrengungen der ununterbrochenen Kämpfe, durch die fortdauernden Kriegssteuern und Kosten am Ende ihrer Kräfte angelangt, am Rande der Verzweiflung waren" (Polybios, 1,58). Anlaß dieses Krieges wurde der zunächst unbedeutend erscheinende lokale Konflikt zwischen König Hieron II. von Syrakus und Messana (Messina), wo sich oskische Mamertiner, ehemalige Söldner in syrakusanischen Diensten, festgesetzt hatten. Hieron gelang es 265, nördlich des Ätna die Mamertiner in offener Feldschlacht zu besiegen und auf die Stadt vorzurücken. Diese wandte sich in ihrer Not an Karthago und Rom.

Die Entscheidung konnte dem Senat in Rom nicht leichtfallen: Ein Krieg zugunsten marodierender Söldner war moralisch bedenklich und nach außen kaum zu vertreten. Andererseits lockte die Aussicht auf Ruhm und Beute gegen einen königlichen Gegner, der Syrakus als die mächtigste Stadt des griechischen Westens beherrschte, militärisch jedoch nicht ernst genommen werden mußte. Politisch erschien die Ausweitung der Herrschaft auf Messana sinnvoll, mit dem man – wie in Italien erprobt – einen Bundesgenossenschaftsvertrag abschloß: Die griechischen Städte Unteritaliens mußten dann um so leichter begreifen, daß die römische Hegemonie endgültig war. Nach kurzem Schwanken handelte Rom schnell: Zwei Legionen unter dem ehrgeizigen Konsul Appius Claudius Caudex setzten über die Straße von Messina, befreiten den neuen Bundesgenossen, besiegten Hieron binnen Jahresfrist und zwangen ihn zum Frieden. Der Senat glaubte den Krieg beendet, zumal Karthago, das in den Kämpfen wenig in Erscheinung getreten war, die neue Lage hinzunehmen schien.

Der Senat beurteilte die Situation jedoch falsch. Karthago hatte den Westen Siziliens seit Jahrhunderten zäh gegen die Griechen verteidigt und mußte in der Existenz einer dritten Macht auf der Insel, die in zukünftigen Konflikten nicht tatenlos bleiben konnte, eine neue große Gefahr sehen. Unter diesem Gesichtspunkt war es in der Tat besser, den Krieg sofort zu führen, bevor sich Rom vollends auf der Insel etablieren und den Zeitpunkt der Konfrontation selbst bestimmen konnte. Also gab Karthago seine passive Kriegführung auf, warf ein großes Heer nach Sizilien und ließ seine Flotten die Küsten Italiens verheeren. Der Krieg um Messana war zum Entscheidungskampf um den alleinigen Führungsanspruch in Sizilien geworden.

In diesen Ereignissen spiegeln sich die eigentlichen Ursachen des Krieges. Seit dem 5. Jahrhundert hatte die Existenz zweier im wesentlichen ebenbürtiger Mächte, Syrakus und Karthago, zu einer stabilen Abgrenzung der jeweiligen Einflußsphären geführt. Der Vorstoß Roms an die Straße von Messina veränderte die Voraussetzungen, unter denen in Sizilien künftig Politik gemacht wurde. Nunmehr durfte jede mit Karthago oder Syrakus unzufriedene Stadt darauf hoffen, mit römischer Hilfe eigene Ziele durchsetzen zu können. Der Hilferuf der Mamertiner an Rom ist somit bezeichnend für die gewandelte Lage: Die neue italische Großmacht wurde mit lokalen sizilischen Konflikten konfrontiert und hatte nur die Wahl, eine Politik des italischen Isolationismus zu betreiben oder Partei zu ergreifen.

Der Krieg konzentrierte sich auf zwei Schauplätze: das Meer und den Westen Siziliens. Wer gegen Karthago bestehen wollte, mußte eine Flotte bauen und versuchen, die eigene seetechnische Unterlegenheit zu kompensieren. Rom fand die Lösung: Die mit Hilfe der im Seekrieg geschulten griechischen Bundesgenossen Unteritaliens gebauten Schiffe wurden mit Enterbrücken ausgerüstet, über die die Legionäre das feindliche Schiff stürmen konnten; der gewohnte Landkrieg wurde damit auf das Wasser übertragen. Trotzdem reichten zwanzig Jahre an Scharmützeln und Gefechten zu Lande und zu Wasser nicht aus, um einer der beiden Seiten einen Vorteil zu verschaffen. Mit seiner Dauer wurde der Krieg zum Stellungs- und Durchhaltekrieg. Er konzentrierte sich in den vierziger Jahren auf den äußersten Westen Siziliens, wo die Seefesten Lilybäum, Drepanum und der Berg Eryx (Erice) unter dem Kommando des Hamilkar Barkas alle römischen Angriffe abwehrten. Obwohl am Ende seiner Kraft, baute Rom 242 in der richtigen Erkenntnis, daß die Entscheidung nur auf See fallen konnte, noch einmal eine große Flotte, schlug damit 241 bei den Ägatischen Inseln eine karthagische Entsatzflotte und zwang die sizilischen Festungen zur Kapitulation.

Karthago erhielt den erbetenen Frieden um den Preis einer großen Kriegskontribution und Siziliens, dessen Räumung der Friedensvertrag regelte. Die von Hamilkar zur Entlöhnung und Abmusterung nach Nordafrika zurückgeführten Söldner empörten sich gegen Karthago und stürzten die Stadt in einen dreijährigen Krieg um Sein oder Nichtsein, sobald auch Teile des afrikanischen Hinterlandes in den Aufstand hineingerissen wurden. Zwei Folgen dieses Aufstandes sollten den westlichen Mittelmeerraum in den kommenden Jahrzehnten prägen: Rom nutzte 237 die Schwäche Karthagos und besetzte Sardinien und Korsika, als sich die Söldnerunruhen auf den Inseln ausbreiteten. Im gleichen Jahr verließ der umjubelte Retter Karthagos im Söldnerkrieg, Hamilkar, mit einer kleinen Expeditionsarmee und mit allen Vollmachten ausgestattet seine Heimat, um in Spanien neue Handelsräume und Einflußzonen zu erschließen. Schürte das erste Ereignis in Karthago den Haß auf Rom, so schuf das zweite die Möglichkeit, ihn auszuleben und Rom noch einmal in die Schranken fordern zu können.

Das Ende des Ersten Punischen Krieges veränderte die Machtverhältnisse im westlichen Mittelmeerraum von Grund auf. Das bis dahin bestehende Gleichgewicht der Kräfte zwischen den Westgriechen (repräsentiert durch Syrakus) und Karthago wurde von der Vormachtstellung der neuen italischen Macht abgelöst. Von Etrurien bis Sizilien reichend, räumte sie Syrakus nur noch lokale Bedeutung ein und beließ Karthago lediglich den Spielraum, den man selbst nicht ausfüllen mochte. Die strategische Bedeutung des Meeres rückte in das Bewußtsein des Senates, und der Besitz Siziliens stellte die Frage grundlegend neu, wie mit den Besiegten außerhalb Italiens zu verfahren sei. Für Polybios war mit diesem Sieg bereits ausgemacht, daß die Stadt am Tiber den Weg zur Weltmacht beschritten hatte: „Die Römer, die nicht, wie manche Griechen glauben, durch das Glück oder durch blinden Zufall, sondern mit gutem Grund und durchaus folgerichtig, nachdem sie sich in solch gewaltigen Operationen geübt hatten, nicht nur kühn nach der Vormachtstellung und der Herrschaft über die Welt griffen, sondern dieses Ziel auch erreicht haben" (1,63).

## 5. Der Krieg Hannibals gegen Rom

*Gegenstände und Ziele der Politik nach 241*

Nach der karthagischen Räumung Siziliens und Sardiniens wandte sich die römische Politik wieder Italien zu, das unter der Hegemonie Roms seine erste große Bewährungsprobe bestanden hatte. Zunächst galt es, die Küsten der Halbinsel zu schützen, die jahrelang von den karthagischen Flotten gebrandschatzt worden waren.

Diesem Ziel dienten 227/225 der militärische Ausbau der Machtstellung auf Sizilien und Sardinien sowie die 230-228 und 219 erfolgreichen Vorstöße an die dalmatinische Küste, von wo illyrische Piraten den Adriahandel behinderten und die Griechenstädte Unteritaliens bedrohten. Ins Zentrum der italischen Politik rückte die Nordgrenze, wo man sich den Bergvölkern Liguriens und den Kelten der Po-Ebene gegenüber sah. Auf beiden Seiten war nach jahrelangen Kleinkriegen die Bereitschaft gewachsen, den alles entscheidenden Waffengang zu wagen. Aus ihm ging Rom nach fünf Jahren 221 schließlich siegreich hervor. Es unterwarf alle keltischen Stämme zwischen dem Apennin und dem Po; in bewährter Tradition gegründete latinische Kolonien (z. B. Cremona und Placentia) sowie neu gezogene Straßen (Bau der *via Flaminia* durch den Apennin nach Ariminum) sollten die Eroberungen dauerhaft sichern.

Weltpolitik wurde zu diesem Zeitpunkt in Spanien gemacht: Der dort 237 gelandete Hamilkar unterwarf in acht Jahren fast unbemerkt Südspanien, und sein Nachfolger Hasdrubal weitete seit 229 den barkidischen Einfluß mit den Mitteln der Diplomatie auf das mittlere Spanien aus und errichtete im Stile eines hellenistischen Königs ein Territorialreich der Barkiden. Erst die 227 erfolgte spektakuläre Gründung einer Hauptstadt, die den programmatischen Namen Neukarthago (heute: Cartagena) trug, weckte die Aufmerksamkeit Roms und führte 226 zum Abschluß eines Vertrages, in dem sich Hasdrubal dazu verpflichtete, den Ebro nicht mit Waffengewalt zu überschreiten. Es war jedoch zu spät: 221 übernahm der ehrgeizige Sohn

Hamilkars, Hannibal, in Spanien die Macht und überschritt im Frühjahr 218 mit einem großen Heer den Ebro, um Spanien bis zu den Pyrenäen zu unterwerfen und damit jede Möglichkeit einer künftigen Einmischung Roms in Spanien abzuschneiden.

*Der Angriff auf Italien und die Ausweitung des Krieges*

Auch wenn mit dieser Militäraktion die Römer nicht direkt angegriffen waren, reagierten sie auf diesen Vertragsbruch doch sofort. Eine römische Gesandtschaft verlangte in Karthago die Auslieferung Hannibals und erklärte in derselben Stunde den Krieg, als die Ratsherren dieses Ansinnen ablehnten. Die strategische Ausgangslage sprach für einen klaren römischen Sieg. Der Besitz Siziliens und Sardiniens riegelte Italien gegen jeden Angriff von See her ab, und Zahl und Kampfstärke der Legionen ließen keinen Gegner fürchten. Polybios berechnete für diese Zeit den Umfang des römischen Heeres einschließlich der Aufgebote seiner Bundesgenossen auf über 700 000 Mann und 70 000 Reiter; er wollte damit veranschaulichen, daß die neue Großmacht des Westens Karthago und den hellenistischen Monarchien des Ostens längst überlegen und die Verschiebung des politischen Schwerpunktes der antiken Welt in den Westen nur eine Frage der Zeit war.

Die ersten Kriegsjahre ließen davon nichts ahnen; eher schien das Gegenteil richtig. Hannibal antwortete auf die römische Kriegserklärung mit einem Gewaltmarsch nach Italien, verstärkte im Winter 218/217 sein Heer durch keltische Kontingente in Oberitalien, lockte 217 ein großes konsularisches Heer am Trasimenischen See in einen Hinterhalt und stand 216 bereits in den Gebieten Süditaliens, in denen das römische Bundesgenossensystem am wenigsten gefestigt schien. Rom, durch die Niederlagen völlig konsterniert, setzte alles auf eine Karte und versuchte bei Cannae, das Heer Hannibals durch einen massierten Angriff von 80 000 Mann zu vernichten. In einer klassischen Umfassungsschlacht, die bis in die heutige Zeit taktische Planspiele beeinflußt, vereitelte Hannibal diesen Versuch. Nur wenige Römer entkamen dem Gemetzel, und es mochte scheinen, als sei der Krieg damit entschieden.

Die Schauplätze der Feldzüge Hannibals zeigen, wie der Karthager zu siegen gedachte: Das italische Bundesgenossensystem sollte aufgebrochen und Rom auf dem Höhepunkt der erhofften Abfallbewegung zu einem Verzichtfrieden gezwungen werden. Gerade mit dieser Politik ist der größte Gegner Roms gescheitert, denn die meisten Bundesgenossen und insbesondere die latinischen Kolonien hielten die Treue und ermöglichten den römischen Feldherren langfristige Strategien. Zum einen vermieden sie auf italischem Gebiet künftig jede Herausforderung des in offener Schlacht Unbesiegbaren und gingen in die Defensive; zum anderen intensivierten sie den Krieg außerhalb Italiens und schnitten Hannibal von seinem Nachschub ab. In Spanien eroberte nach schweren Rückschlägen Publius Cornelius Scipio 211-206 die karthagischen Stützpunkte, 212 stürmte M. Claudius

Marcellus Syrakus, und in Griechenland gelang es, gemeinsam mit den griechischen Feinden Makedoniens dessen König Philipp V. an einer Landung in Italien zu hindern. 204 setzte der Mann der Stunde, Scipio, nach Nordafrika über und besiegte 202 in der Schlacht von Zama den aus Italien zurückgerufenen Hannibal. Anders als Rom im Jahre 216 stand Karthago ohne Reserven da; es mußte Frieden um jeden Preis schließen.

Der Friedensvertrag beendete Karthagos Machtstellung und unterwarf die Stadt auf Gedeih und Verderb dem Wohlwollen des Siegers. Alle Besitzungen außerhalb Afrikas mußten geräumt werden, die Flotte wurde auf zehn Schiffe reduziert, und eine gewaltige Kriegskontribution band die Stadt auch finanziell für Jahrzehnte an Rom. Jede Kriegführung außerhalb Afrikas wurde verboten; die innerhalb Afrikas bedurfte der römischen Zustimmung. Damit war die Souveränität der Stadt auch rechtlich eingeschränkt, nachdem die militärische Entmachtung ohnehin kaum noch die Verteidigung der eigenen Stadtmauern ermöglichte. Unmittelbar bedroht wurde die Stadt durch die Existenz eines von Roms Gnaden geeinten numidischen Reiches, das unter seinem König Massinissa als römischer Wachhund vor den karthagischen Grenzen lag. Rom hatte mit unerbittlicher Konsequenz die Lebensgrundlagen Karthagos zerstört und ihm nur noch das mißtrauisch verfolgte Dasein einer unbedeutenden Küstenstadt in Nordafrika belassen.

Die wenige Jahre später im griechischen Osten erzielten römischen Siege bestätigten, daß der Tag von Zama mehr als eine Entscheidung des Kriegsglücks war. Es bedeutete auch nichts mehr, daß sich Hannibal, der Mann, der neunzehn Jahre lang Krieg gegen Rom geführt hatte, mit der neuen Ordnung nicht abfinden wollte und sich noch einmal neunzehn lange Jahre mühte, Rom auf seinem Weg zur Weltmacht aufzuhalten. Bereits sein Versuch, in Karthago die politische Führung für sich und seine Partei zu gewinnen, scheiterte am römischen Einspruch: Im Sommer 195 verließ der große General seine Heimatstadt und begann eine Odyssee durch die Reiche des Ostens, deren Könige den besserwisserischen Prediger des Krieges mehr und mehr als Belastung ihres Verhältnisses zu Rom enpfanden. Als römische Gesandte 183 in Bithynien die Auslieferung Hannibals forderten, leistete der dortige König Prusias keinen Widerstand. Für den grau gewordenen Karthager stürzte auch keine Welt mehr ein: Der Halt seines Lebens, der Krieg, war längst verloren, und das Glück, dem nachgeholfen sein wollte, hatte sich längst abgewandt – politisch und persönlich. Zu erwarten gab es nichts mehr: Das Alter und der Zustand der Welt, die sich im drohenden Schatten Roms neu formierte, boten keine Hoffnung und keinen Trost. So fanden die Boten Roms, als sie die letzte Zuflucht betraten, nur noch einen Toten.

## 6. Die römische Herrschaft im Westen

Die Kriege gegen Karthago waren bis ins 3. Jahrhundert n. Chr. die letzten, in denen es für die Tiberstadt um Sein oder Nichtsein ging. Beide forderten physische und moralische Kraftanstrengungen, die in der an Belastungen gewiß reichen Geschichte Roms weder vor- noch nachher anzutreffen sind. 216 von Hannibal an den Abgrund gedrängt, entfalteten die Römer in besonderer Weise die ihnen eigenen Wesenszüge: Beharrlichkeit, Nüchternheit, Kompromißlosigkeit und Härte bis an den Rand des Erträglichen. Wenn die unmittelbar folgenden Kriege gegen die hellenistischen Könige ihnen häufig wie Kinderspiele erscheinen sollten, so lag das an dem Fegefeuer, durch das Hannibal sie getrieben hatte.

An dem weltpolitischen Ergebnis der Kriege gab es keinen Zweifel, obwohl man im griechischen Osten den Vorgängen im Westen wenig Aufmerksamkeit geschenkt hatte: Rom war die Herrin aller Länder des westlichen Mittelmeeres geworden und bereit, seine Herrschaft auch auszuüben. Dies traf in Italien mit besonderer Härte die Stämme Oberitaliens, die im Bunde mit Hannibal die römische Herrschaft noch einmal abgeschüttelt hatten. In einem zehnjährigen, mit ungeheurer Grausamkeit geführten Krieg wurden die keltischen Völker südlich des Po nahezu ausgerottet. Ihre fruchtbaren Landstriche füllten sich mit römischen Kolonisten, die als Kriegsveteranen mit Land abgefunden wurden oder als durch den Krieg ins Elend gestürzte Bauern eine neue Existenz suchten. Es war dies zugleich die letzte große Phase römischer Kolonisationspolitik.

Weiter richtete sich der römische Herrschaftswille auf die spanischen Völker, die bei Kriegsende noch hoffen mochten, daß sich die Zustände vor der Barkidenherrschaft wiederherstellen ließen. Statt dessen machte sich Rom entschlossen daran, die ganze Ostküste Spaniens zu sichern und von dort aus ins Landesinnere vorzustoßen. 197 wurden die Gebiete von den Pyrenäen bis nach Neukarthago als Provinz *Hispania citerior* und die Länder um das heutige Granada und Andalusien als Provinz *Hispania ulterior* eingerichtet und je einem Prätor unterstellt. Bis 133 sollten die verlustreichen Kämpfe dauern, die weite Teile Spaniens dem römischen Spruchrecht unterwarfen. Es endete damit zugleich die viele Jahrhunderte dauernde Isolation Spaniens: Als Teil des römischen Weltreiches wurde es politisch und kulturell in die Mittelmeerwelt eingebunden.

Für die künftige Gestalt der römischen Welt im Mittelmeer wurde entscheidend, daß sich der Senat 227/225 in Sizilien und 197 in Spanien entschloß, die in Italien erprobten Formen der Herrschaftsausübung nicht anzuwenden, sondern die Besiegten zu tributpflichtigen Untertanen des römischen Volkes zu machen und sie dem Regiment von Statthaltern (Prätoren oder Promagistrate) zu unterstellen, welche die Provinzen im jährlichen Wechsel regierten. Die Aufgaben der Statthalter waren denkbar einfach geregelt: Sie verkörperten die Militärhoheit Roms, stellten die oberste Gerichtsinstanz dar und sorgten allgemein für Ruhe und Ordnung. Ihre Machtvollkommenheit war durch keine staatliche Kontrollinstanz oder ein Dienstreglement eingeschränkt, so daß für die Provinzialen Jahre brutalster Willkür und schamloser Ausbeutung mit solchen kluger und schonender Behandlung wechseln konnten.

Rom hat niemals versucht, seine Provinzen nach bestimmten Gesichtspunkten einheitlich zu gestalten. Es belohnte besondere Beweise von Treue und Loyalität und strafte Rebellen; aber es änderte an den vorgefundenen politischen und sozialen Verhältnissen nur dann etwas, wenn militärische Interessen dies zwingend forderten. In Sizilien und den anderen Provinzen wurden die unterworfenen Städte je nach ihren Verdiensten um Rom oder nach praktischen Gesichtspunkten in verbündete, freie und tributpflichtige Gemeinden *(civitates foederatae, liberae* und *stipendiariae)* eingeteilt. Aber es blieben dieselben Städte mit ihrer alten Ordnung und einer weiter bestehenden lokalen Selbstverwaltung. Eine radikale Umwälzung der Verhältnisse fand nicht statt oder trat langsam und von selbst dort ein, wo die barbarischen Lebensumstände der Unterworfenen danach drängten. In diesem Fall wurde die mit der römischen Herrschaft ins Land gekommene zivilisatorische Überlegenheit städtischer Lebensformen anerkannt, und man paßte sich ihnen an.

Auch dafür ist die Geschichte der spanischen Provinzen typisch und richtungsweisend gewesen. Nach anfänglich überaus hartnäckigem Widerstand assimilierten sich die spanischen Stämme und öffneten sich der Zivilisation der römischen Herren. Die griechischen Stadtstaaten Siziliens hingegen hielten an ihrer eigenen Kultur und Organisation fest, von deren Überlegenheit sie überzeugt waren. Für sie hatte der römische Sieger das Ende der ständigen Kriege gegeneinander und gegen Karthago gebracht. Die als Preis dafür zu opfernde Freiheit und außenpolitische Selbständigkeit wogen nur für diejenigen unter ihnen schwer, die sie wie Syrakus tatsächlich einmal besessen hatten.

Nun war die Ausbildung der Provinzialherrschaft weder die zwangsläufige Folge der Eroberung, noch resultierte sie aus einem sorgsam durchdachten Herrschaftsmodell. Sizilien, Sardinien und Spanien waren Rom als Folge der Punischen Kriege zugefallen, in denen als Kriegsziel allein der Rückzug der Karthager aus diesen Gebieten formuliert worden war. Erst die Notwendigkeit, die Frage beantworten zu müssen, wie das durch den Krieg und nach dem karthagischen Abzug entstandene Chaos zu bändigen sei, wies unerbittlich auf die Perpetuierung der militärischen Besetzung und damit auf die institutionalisierte Untertänigkeit in der Form der Provinzialordnung.

Wo dies vermeidbar war oder schien, waren die völkerrechtliche Anbindung in der Form von Verträgen *(foedera)* oder Freundschaftsverhältnissen *(amicitiae)* und die diplomatische Intervention die Mittel einer Herrschaftspolitik, deren Ziele noch vorrangig von dem Wunsch nach Sicherheit und dem festen Willen diktiert waren, einmal erreichte Positionen nicht aufzugeben. Als die römische Intervention in Illyrien im Jahre 229 mit der freiwilligen Dedition (vgl. dazu S. 381 ff.) der griechischen Küstenstädte begann und mit der Eroberung des größten Teiles des illyrischen Königreiches der Piratenkönigin Teuta erfolgreich zu Ende geführt wurde, schloß der Senat Frieden mit den Besiegten und gab ihnen ihre völkerrechtliche Eigenständigkeit zurück. Es entsprach seinen Interessen nicht, Rom neue Herrschaftsaufgaben aufzubürden. Es genügte, wenn die Besiegten *amici populi Romani* wurden und in diesem Status im Kriegsfall wohlwollende Neutralität wahrten und ansonsten freundschaftliche Beziehungen pflegten. Allerdings: Anders als in Italien wurde auf die vertragliche Begründung einer dauerhaften Wehrgemeinschaft mit Rom verzichtet. Man wußte im Senat durchaus zwischen den Völkern Italiens, mit denen die militärische Zusammenarbeit unverzichtbar war, und denen außerhalb der italischen Grenzen, die im Krieg nur ab und an nützlich sein konnten, zu unterscheiden.

Die Beschränkung des Bündnissystems auf Italien bei gleichzeitiger Provinzialisierung der großen Inseln Sizilien und Sardinien sowie schließlich Spaniens mußte dem öffentlichen Bewußtsein in ganz Italien nachhaltig klarmachen, wie tiefgreifend der Unterschied zwischen Italien und den Provinzen nach dem Willen des römischen Siegers tatsächlich war. Italien unter Einschluß der keltischen Gebiete beiderseits des Po erschien nunmehr geographisch und politisch eingebettet in eine Welt, die Römer und Italiker gemeinsam erobert hatten. In dieser Welt herrschte der Wille des Senats und der römischen Magistrate, und sie war daher bereit, sich schnell der privaten Initiative römischer und italischer Kaufleute und Auswanderer zu öffnen. Umgekehrt wurde Rom von den Provinzialen sehr bald mit Italien identifiziert, dessen Bevölkerung ihnen mit weitgehend identischen Interessen gegenübertrat. In den Provinzen machte es in der täglichen Praxis keinen Unterschied, ob man es mit einem italischen oder römischen Bürger zu tun bekam: Beide traten als Sieger auf, und beide genossen den besonderen Schutz des Statthalters. Der rechtliche Unterschied zwischen dem freien italischen Bürger und dem untertänigen Provinzialen setzte sich in der sozialen Wirklichkeit in den Unterschied zwischen Herrschenden und Beherrschten um.

# III. Die rechtliche und gesellschaftliche Verfassung der Republik

| | |
|---|---|
| 269 | Der römische Staat läßt erstmals Silbergeld prägen. |
| 242/241 | Gründung der letzten beiden Tribus; künftig werden neu in das Bürgergebiet integrierte Territorien den bestehenden 35 Tribus zugeordnet. Einrichtung des *praetor peregrinus* für die Rechtssprechung zwischen Römern und Fremden. |
| 241/218 | Reform der Zenturiatskomitien. |
| 225 | Zur Vorbereitung des Keltenkrieges wird die wehrfähige Bevölkerung Roms und Italiens erfaßt. |
| 218 | Die *lex Claudia* schließt die Senatoren vom Seehandel und von der Staatspacht aus. Mit diesem Gesetz beginnt der Aufstieg des Ritterstandes. |
| seit 212 | Große Landstriche der im Krieg gegen Hannibal abgefallenen Städte und Stämme werden konfisziert und als *ager publicus* zur Okkupation frei gegeben. |

## 1. Die Institutionen der staatlichen Ordnung

*Senat und Magistrat*

Rom hat nie eine schriftliche Verfassung gekannt. Die auf dem Herkommen ruhende Gestalt und Funktion der staatlichen Macht verfestigten sich nach dem Sturz der Könige erst allmählich und nahmen im 4. Jahrhundert verbindliche Formen an. Als Organe des Staates bildeten sich Magistratur, Volksversammlung und Senat heraus, wobei der Schwerpunkt der politischen Macht innerhalb dieser Organe durch die tatsächlichen sozialen Machtverhältnisse bestimmt wurde. In einem unter Ciceros Namen überlieferten Lehrbuch der Rhetorik werden dementsprechend die Aufgaben von Senat, Magistrat und Volk so abgegrenzt: „Aufgabe des Senats ist es, mit seinem Rat den Staat zu fördern; Amtspflicht (*officium*) des Magistrats ist es, dem Willen des Senats engagiert und gewissenhaft nachzukommen; Aufgabe des Volkes ist es, die besten Maßnahmen und die geeignetsten Männer durch seine Abstimmung auszuwählen und zu bestätigen" (An Herennius 4,35,47). Der Senat also ist das Zentrum der politischen Macht: „Ihn haben die Vorfahren zum Wächter, Schützer und Verteidiger des Staates bestimmt; sie verlangten, daß sich die Magistrate nach dem Willen des Senates richteten und gewissermaßen die Diener dieser ehrfurchtgebietenden Behörde seien" (Cicero, pro Sestio 137).
Dem Buchstaben des Gesetzes nach war der Senat nur die Versammlung ehemaliger Amtsträger, die den amtierenden Magistraten Ratschläge erteil-

*Halbfigurengruppe vom Grabmal des Marcus Gratidius Libanus und seiner Frau; augusteische Zeit*

(Rom, Vatikanisches Museum)

Die von der Gruppe angerührten Humanisten nannten sie Cato und Porcia, sahen in dem jungen Mädchen neben dem alten Mann die Tochter des Cato Uticensis, der sein Leben endete, als der Sieg Caesars nicht mehr aufzuhalten war (s. S. 429). Tatsächlich hieß die junge Frau Gratidia Chrite und war die einstige Sklavin und spätere Ehefrau des Mannes neben ihr. Er hatte ihr, die nach Name und Physiognomie wohl Griechin war, auf dem gemeinsamen Grab den Ehrenplatz zu seiner Rechten gegeben und gewünscht, daß sie ihre Linke im Gestus der *mancipatio* auf seine Schultern legte: Die herrschende und schützende Hand, welche ansonsten die Gewalt verkörperte, die der *pater familias* über Personen und Sachen beanspruchte, war diesmal die einer geliebten Frau.

Chrite, vielleicht schon als Kind von ihren Eltern verkauft, die sich ihres Elends anders nicht zu erwehren wußten (vgl. S. 385), hatte als junge Sklavin getan, was damals jedermann vernünftig schien: Sie hatte ihrem Herrn loyal gedient und sich ihm hingegeben. Am Ende standen Freilassung und Heirat, und ihr Mann schämte sich ganz offenkundig seiner Wahl nicht. Ein sozialer Aufstieg wie dieser verwunderte auch niemanden: In einer Gesellschaft, in der Abhängigkeit und Klientel das tägliche Leben bestimmten, bedeutete das Zusammenleben zwischen Herr und Sklave in der städtischen Familie nicht Kampf und Unterdrückung, sondern blinde Ergebenheit und menschliche Nähe. Wer sich als Patron einen Schützling suchte, hielt sich bei seiner Wahl nicht mit der Frage nach der Herkunft auf. Anders: Knechtschaft war ein juristischer Status, kein sozialer Zustand.

Die Aufstiegschancen männlicher Freigelassener und ihrer Familien hingen davon ab, wie hoch die Position des ehemaligen Herrn gewesen war, und wie großzügig er den Akt der Freilassung gestaltet hatte. Ansonsten wiesen besondere Tugenden den Weg nach oben: Fleiß, Geschäftstüchtigkeit, berufliche Qualifikation und – natürlich – Glück, das etwa die Gestalt einer Erbschaft annehmen konnte. In den Reihen der Freigelassenen finden sich demnach arme Schlucker ebenso wie Männer mit riesigen Vermögen, Gescheiterte ebenso wie erfolgreiche Händler und Handwerksmeister, die ihr Geld nutzten, um sich vom Makel ihrer unehrenhaften Herkunft zu befreien. Wo dies nicht gelang, so sorgte man wenigstens für eine gesicherte und ehrenhafte Zukunft der Kinder.

Horaz war eines von ihnen. Der Sohn eines Freigelassenen aus Venusia schrieb zu Recht sein ganzes Glück dem Mut und der Fürsorge seines Vaters zu, der aus der kleinstädtischen Enge ausgebrochen und nach Rom gezogen war, um dem Sohn die Ausbildung zuteil werden zu lassen, die ansonsten nur einem Sproß aus ritterlichem oder senatorischem Hause zukam. Die tiefe Zuneigung, die aus den Versen des reich und berühmt gewordenen Dichters spricht, kann auch verdeutlichen, was es bedeutete, die Last einer sozial verachteten Existenz abzuschütteln:

„Nein, so lang ich meine Sinne habe, soll
ein solcher Vater niemals mich gereuen;
noch werd' ich, wie die meisten, die sich nicht
mit hochgebornen Ahnherrn brüsten können,
versichern, daß es meine Schuld nicht sei. . . .
Und wollte die Natur, daß jeder mit
gewissen Jahren sein vergangnes Leben
von vorn beginnen und sich Eltern nach Gefallen
zum Prunke wählen dürfte: möchten andere
sich wählen wen sie wollten, ich, zufrieden mit
den meinen, würde keine nehmen wollen
die Glanz von hohen Würden borgten."
(Satire 1,6,89 ff.; Übers.: Wieland).

ten, selbst jedoch nicht die Fähigkeit zum Handeln besaßen. In der politischen Wirklichkeit jedoch bedeutete ein Senatsbeschluß (*senatus consultum*) mehr als einen Rat. Kein Magistrat konnte es wagen, dem Willen des Senats nicht Folge zu leisten. Denn hier hatte sich die politische Erfahrung von Generationen angesammelt, hier waren die Aristokratie und ihre ungeheure soziale Macht gegenwärtig. Widerspruch gegen den Senat hieß Widerstand gegen die führende Klasse, die neben ihrer sozialen Macht noch die rechtlichen Hebel der Behinderung magistratischer Machtausübung in Bewegung setzen konnte: das Vetorecht des Amtskollegen und das Interzessionsrecht der Volkstribune, die selbst gegen die Konsuln Verbote aussprechen durften. Schließlich verpflichtete auch das ureigenste Interesse jeden Magistrat, dem Willen des Senats zu folgen: Der Widerspenstige war nach dem Ablauf seiner einjährigen Amtszeit politisch in der Regel ein toter Mann, da er für jede weitere Karriere die Unterstützung seines Standes verloren hatte. So nimmt es nicht wunder, daß der Magistrat als der exekutive Arm des Senats fungierte, der die Entscheidung der versammelten Väter herbeiführte und kraft seiner Amtsvollmacht in die Tat umsetzte.

## Die Beteiligung des Volkes an der Macht

Neben Senat und Magistrat standen die Volksversammlungen, deren de iure weitreichende Kompetenzen Polybios dazu verleiteten, in ihnen das demokratische Element der römischen Staatsordnung zu sehen. Tatsächlich entschieden die Komitien über Krieg und Frieden, über Gesetze und Verträge; sie wählten sämtliche Magistrate, die wichtigsten Priesterkollegien und führten alle in die staatliche Zuständigkeit fallenden Strafprozesse durch. Trotzdem hat dies alles nichts mit demokratischen Entscheidungsprozessen zu tun. Vom Beginn der Geschichte der Komitien an ging es bei ihrer Einrichtung und bei dem Ausbau ihrer Kompetenzen immer nur darum, ein vernünftiges Verhältnis zwischen den jeweiligen sozialen Zuständen und der Verwirklichung politischer Rechte herzustellen. Wie weit die Rechte der Komitien auch reichen mochten, sie haben an der Abhängigkeit des Volkes von den führenden Adelsfamilien nie etwas geändert.
Nicht minder unverrückbar blieb die grundsätzliche Passivität der Massen, wenn es an die Formulierung der zur Entscheidung anstehenden Fragen ging: Gesetzesanträge, Wahlvorschläge oder Anklagen wurden ausschließlich von den aristokratischen Amtsträgern vorbereitet. Dies ist an dem formalen Ablauf der Volksversammlungen deutlich abzulesen. Den Antrag legte stets der die Versammlung leitende Magistrat vor, und das Volk konnte dazu nur „ja" oder „nein" bzw. „ich verurteile" oder „spreche frei" sagen; bei Wahlen wählte die Versammlung aus den Kandidaten aus, die der wahlleitende Magistrat als solche angenommen hatte. In keinem Fall war es möglich, aus der Mitte des Volkes heraus einen Antrag zu verändern.
Die Abhängigkeit aller Entscheidungen von den Reichen und Vornehmen spiegelte sich auch in den Abstimmungsmodalitäten in den nach dem Vermögen gegliederten *comitia centuriata*. Die ersten und vornehmsten Klas-

sen stimmten zuerst und entschieden damit häufig bereits, da die 18 Reitercenturien zusammen mit den 80 Centurien der ersten Klasse innerhalb der 193 Centurien die absolute Mehrheit bildeten; in jedem Fall gaben sie den folgenden Centurien den unüberhörbaren Hinweis, wie abzustimmen sei. Ferner war die Stimmabgabe bis an das Ende des 2. Jahrhunderts öffentlich, so daß die zahlreich anwesenden Aristokraten auf die Stimmabgabe der Bürger, die zu ihrer sozialen Klientel zählten, Einfluß nehmen konnten. Gegen diese passive Rolle des Volkes ist niemals opponiert worden. Es hätte dies auch eines Wandels der sozialen Verhältnisse bedurft, den es bis in die späte Republik hinein nicht gegeben hat.

*Die Stärken und Schwächen des Systems*

Im 3. und 2. Jahrhundert v. Chr. gestaltete sich das römische Verfassungsleben so, daß die Konsuln, Prätoren und Volkstribune in allen Angelegenheiten von Bedeutung den Senat befragten, um dessen Beschlüsse dann als Weisungen und keineswegs als unverbindliche Ratschläge zu behandeln. Die Volksversammlungen dienten dazu, die Übereinstimmung aller sozialen Schichten mit dem Willen der im Senat repräsentierten Aristokratie zu bekunden. Ohne juristisch fixierte Gewalten zu besitzen, hatte der Senat die wirkliche Leitung des Staates fest in der Hand. Innerhalb des Gremiums gaben wiederum die gewesenen Konsuln (*consulares*), die Nobilität im strengen Sinne des Wortes, den Ton an. Da sich in ihnen der politische Wille und die politische Erfahrung der römischen Elite am augenfälligsten verkörperte, wurden sie in allen Sitzungen als erste um ihre Meinung (*sententia*) gebeten. Ihre Autorität entschied in der Regel über die Stellungnahmen der nachfolgenden Senatoren.
Die umfassende militärische (Führung des Heeres, Regierung der Provinzen) und zivile Gewalt (Gesetzgebungsinitiative, Rechtsprechung, Verwaltung), die sich in den Händen der Konsuln, der Promagistrate und der Volkstribune ballte, wurde durch die Prinzipien der Annuität und der Kollegialität im Zaum gehalten. Der stärkste Zusammenhalt der Institutionen ergab sich jedoch aus der sozialen Bindung der Amtsträger an ihren Stand. Dies war den Verhältnissen eines Stadtstaates gemäß, in dem die sozialen Pflichten immer wichtiger als verfassungsrechtliche Normen gewesen waren. Die Harmonie der Gewalten konnte somit nur gefährdet werden, wenn sich die Gebundenheit der Amtsträger an ihre Klasse lockerte und eigene Interessen, die denen des Staates zuwiderliefen, in den Vordergrund traten. Geschah dies, wurde der Magistrat zur tödlichen Gefahr für die Republik, da er allein zum Handeln legitimiert war, während die Autorität des Senats kein rechtlicher, sondern ein sozialer Faktor im römischen Verfassungsleben war.
Diesen Sündenfall der Politik datierten bereits die Zeitgenossen in das Jahr 133, als Tiberius Gracchus Volkstribun wurde und seine politischen Ziele in der Form von Gesetzen gegen den Willen der Senatsmehrheit vor dem Volk durchsetzte (s. S. 394 f.). Damit kam jene Spielart der Politik in Mode, die im 1. Jahrhundert v. Chr. den Generälen der Republik, die das

## Die ordentlichen Magistraturen

**(1) Allen Ämtern gemeinsame Eigenschaften:** Sie sind unbesoldet und ehrenamtlich; die Amtsinhaber gelangen nach ihrer Amtszeit in den Senat oder gehören ihm bereits an; die Magistrate haben Zutritt zu den Senatssitzungen.

**(2) Die rechtlich geregelten Kontrollen der Machtausübung:** Die Jährlichkeit (Annuität) und die Kollegialität (Vetorecht des oder der jeweiligen Amtskollegen) des Amtes; das Verbot der Häufung (Kumulation) von Ämtern; die Einschränkung der Wiederholung (Iteration) desselben Amtes; das Verbot der Bekleidung mehrerer Ämter in Folge (Kontinuation).

Hinzu kam die gewohnheitsrechtlich begründete Verpflichtung, vor jeder wichtigen Handlung den Rat *(consilium)* von Sachkundigen einzuholen.

**(3) Die Funktionen:**

| | |
|---|---|
| **Consules:** | Heerführung; Berufung und Leitung des Senats und der Komitien; Ausführung der Gesetze; in Notzeiten Ernennung eines *dictators* für sechs Monate. |
| **Praetores:** | Vertretung der Konsuln in deren Abwesenheit, Berufung und Leitung des Senats und der Komitien, Rechtsprechung (Jurisdiktion) in Rom. |
| | 227 und 197 v. Chr. werden vier Prätorenstellen für die Verwaltung der Provinzen Sizilien, Sardinien und der beiden spanischen Provinzen geschaffen. |
| **Quaestores:** | Verwaltung der Staatskasse *(aerarium);* im Krieg und in den Provinzen Verwaltung der Kriegskasse. |
| **Aediles curules:** | Berufung und Leitung der Tributkomitien; ordnungspolitische Aufgaben; Sicherung der Getreideversorgung. |
| **Aediles plebis:** | Berufung und Leitung des *concilium plebis;* Aufsicht über die plebejischen Tempel; ordnungspolitische Aufgaben. |
| **Tribuni plebis:** | Berufung und Leitung des *concilium plebis* (insbesondere Gesetzesvorlagen, Kapitalprozesse); Interzessionsrecht gegen magistratische Amtshandlungen und gegen Senatsbeschlüsse *(ius intercedendi);* Recht auf Hilfeleistung für bedrängte Plebejer *(ius auxilii).* |
| **Censores:** | Amtszeit achtzehn Monate. Alle 4–5 Jahre Durchführung der Vermögenseinschätzung und Musterung der Bürger *(census);* Auswahl der Senatsmitglieder *(lectio senatus)* und der Ritter *(census equitum);* allgemeine Sittenaufsicht *(cura morum).* |
| **Promagistrate:** | Seit 326 werden in steigendem Maße die militärischen Amtsvollmachten *(imperium)* der Konsuln und Prätoren verlängert *(prorogatio).* Sie führen als Prokonsuln und Proprätoren begonnene Feldzüge zu Ende oder verwalten die Provinzen. Sulla institutionalisiert diese Praxis: Seit 81 v. Chr. folgt auf jedes Konsulat und jede Prätur eine Promagistratur in den Provinzen. |

## Der Senat

| | |
|---|---|
| **(1) Die Zusammensetzung:** | 300 (ab Sulla 600) Senatoren aus patrizischen und plebejischen Familien; Eintritt nach der Wahrnehmung eines Amtes und der Entscheidung des Censors. Die Mitgliedschaft ist lebenslänglich. |

(2) Die Aufgaben: Umfassende Beratung der Magistrate (insbes. bei Gesetzesvorlagen) durch Beschlüsse *(senatus consulta)*; Lenkung der Außenpolitik; Bestellung eines Interrex bei Vakanz beider Konsulate zur Durchführung der Neuwahl.

### Gliederung und Aufgaben der Volksversammlungen

| Gliederungs-prinzip: | comitia centuriata | comitia tributa | comitia curiata | concilium plebis |
|---|---|---|---|---|
| | nach dem Vermögen gegliedert in 193 Abstimmungsabteilungen (Centurien): 18 Reitercenturien, 170 Centurien der Schwer- und Leichtbewaffneten, 5 Centurien der unteren Schichten. | regional gegliedert (= nach dem Wohnbezirk) in 31 ländliche und 4 städtische Tribus. | gentilizisch (d. h. nach Personalverbänden) in 30 Kurien gegliedert. | regional gegliedert wie die comitia tributa. Zugelassen waren nur Plebejer. |
| entscheiden über: | Krieg und Frieden; Gesetze nach magistratischer Vorlage (nach 218 nur noch selten), Kapitalklagen gegen römische Bürger. | Gesetze nach magistratischer Vorlage, soweit nicht den comitia centuriata vorbehalten. | Testamente, Adoptionen; bestätigen das imperium der Oberbeamten *(lex de imperio)*. | Gesetze nach Vorlage der Volkstribunen (Gesetzeskraft der Plebiszite seit 287; nach 218 werden hier die meisten Gesetze verabschiedet). |
| wählen: | Konsuln, Prätoren, Zensoren. | Quästoren, kurulische Ädilen. | | Volkstribune, plebejische Ädile. |
| Versammlungsort: | außerhalb der Stadtgrenze *(pomerium)*, meist auf dem Marsfeld. | Forum, später bei Wahlen auch das Marsfeld. | Kapitol. | Forum, später auch das Marsfeld. |

Weltreich gezimmert hatten, den Weg zeigte, auf dem ihre persönliche Macht über die des Senates gestellt werden konnte. Der Untergang der Republik ist denn auch durch den Aufstieg großer aristokratischer Feldherren wie Sulla, Pompeius und Caesar gekennzeichnet. Die ihren Händen anvertrauten Konsulate und Statthalterposten gaben die Mittel an die Hand, die eigenen Ziele zu verfolgen und sich über den Staat zu erheben. Die Rechtsformen ihres Tuns – Gesetze und militärische Kommandos – verliehen ihnen aufgrund der rechtlich umfassend geregelten Macht der Magistratur den Schein der Legalität.

## 2. Die Gliederung der Gesellschaft

*Bevölkerung und Wirtschaft*

Die Unterwerfung Italiens im 4. und 3. Jahrhundert hatte zur Folge, daß die Bevölkerung Roms wuchs und weite Teile der Halbinsel für sich beanspruchte. Die bis 241 kontinuierlich fortschreitende Ausdehnung der römischen Tribus, die Gründung von Kolonien, die Annexion von Land auf Kosten der Besiegten und die Aufnahme besiegter Städte in den römischen Staatsverband ließen die Bevölkerungszahl Ende des 3. Jahrhunderts auf etwa eine Million freier Bürger ansteigen. Die Gesamtzahl der in Italien lebenden Menschen betrug zu dieser Zeit etwa 5-6 Millionen, von denen etwa 10-15% Sklaven gewesen sein mögen.
Solche Zahlenangaben sind nicht viel mehr als Annäherungen an ein Problem, das die Forschung nicht wirklich lösen konnte. Dabei hat sie es an Mühen nicht fehlen lassen. Alle Untersuchungen zur Bevölkerungsgeschichte der antiken Staatenwelt sind geprägt von K. J. Belochs 1886 erschienenem Buch über „Die Bevölkerung der griechisch-römischen Welt." Beloch hatte sich früh gegen die ihm verhaßte allgemeine Neigung der deutschen Historiker gewandt, die Wirkung der Einzelpersönlichkeit in der Geschichte zu stark in den Vordergrund zu rücken: „Man könnte eine Geschichte der Kaiserzeit schreiben, die von der Persönlichkeit der einzelnen vollständig absehe, und es würde kein einziger Zug in diesem Bilde fehlen" [Griechische Geschichte I 1$^2$, S. 1 f.]. Als pädagogisches Heilmittel gegen die Versuchung, die Rolle der großen Einzelnen überzubewerten, empfahl er, mit dem Studium der Wirtschaftsgeschichte zu beginnen, um auf diesem Wege den „historischen Werdeprozeß richtig zu verstehen."
Am Anfang jeder Wirtschaftsgeschichte steht die Bevölkerungszahl. Ohne die ziffernmäßige Erfassung der Bürgerzahlen sind Erkenntnisse über die wirtschaftlichen Verhältnisse einer vergangenen Epoche ebensowenig erreichbar wie Aussagen über die militärische Leistungsfähigkeit eines Staates. Von der richtigen Festlegung der Bevölkerungszahlen hingen denn auch für Beloch alle Antworten auf die Fragen nach der Begründung wie dem Untergang des Imperium Romanum, der Veränderungen von Besitzverhältnissen, dem Stand und den Möglichkeiten der Ernährung, der Entwicklung des Lebensstandards sowie der sozialen Bedeutung der Armen und der an die Randzonen der Gesellschaft Gedrängten ab.
Die methodischen Schwierigkeiten sind enorm, obwohl Rom wie alle antiken Stadtstaaten Listen seiner wehrfähigen und steuerpflichtigen Bürger

führte. Der Wahrheitsgehalt der in den antiken Quellen überlieferten Zahlen ist jedoch in den seltensten Fällen feststellbar – häufig genug erweisen sie sich schon beim ersten Zusehen als reine Phantasieprodukte. Auch dort, wo dies einmal anders ist, läßt kein allgemein anwendbares Kriterium nachvollziehen, ob die vom jeweiligen Autor genannte Zahl eine Vermutung ist oder nicht, oder ob sie gar nur deshalb genannt wird, weil sie Außergewöhnliches unmittelbar verständlich machen kann. Wenn Augustus z. B. in seinem Tatenbericht seine Leser über die gewaltigen Summen unterrichtet, die er für den Ankauf von Land, die Veteranen, die Staatskassen, die Bevölkerung der Stadt Rom und seine Soldaten ausgegeben hatte (res gestae 15-18;21), so diente dies dazu, die jedes Maß übersteigende Größe des Reichtums des Augustus und seine patriarchalische Noblesse herauszustellen. Diese Angaben haben also ungeachtet ihrer vorgetäuschten Präzision nichts mit einem nüchternen Rechenschaftsbericht über Einnahmen und Ausgaben des ersten Prinzeps zu tun. Sie machten vielmehr anschaulich, was omnipotente Macht und Generosität des Herrn der Welt vermochte.

Feste Anhaltspunkte geben nur das von Polybios (2,24) überlieferte Verzeichnis der Wehrkräfte Italiens im Jahre 225 sowie die Zensuszahlen der Republik und der frühen Kaiserzeit an die Hand: Demnach musterte Rom vor Beginn des Keltenkrieges 300 000 Römer und 575 000 Mann aus den Stämmen und Städten der italischen Bundesgenossen. Und: Die letzte, 69 v. Chr. durchgeführte Zählung (*lustrum*) der Republik ergab die Zahl von 910 000 erwachsenen männlichen Bürgern. Vierzig Jahre später, im Jahre 28 v. Chr., veranstaltete Octavian einen Zensus, dessen Ergebnis die stolze Zahl von 4 063 000 Bürgern aufwies (res gestae 8). Die Diskrepanz dieser Zahl mit dem Ergebnis der Steuererhebungen von 69 ist nur damit zu erklären, daß Augustus – bewußt vom republikanischen Brauch abweichend – auch Frauen und Kinder (mit Ausnahme der Kinder unter einem Jahr) hatte zählen lassen. Wie immer man dies im einzelnen bewerten mag, entscheidend ist, daß diese Erhebung – ebenso wie die ihr folgenden der Jahre 8 v. und 14 n. Chr. – mit ihren eindrucksvollen Zahlen nicht in erster Linie eine korrekte Erfassung der tatsächlichen Bevölkerungszahlen anstrebte, sondern hauptsächlich dazu dienen sollte, die Leistungsfähigkeit und die Fürsorge des neuen Herrschaftssystems zu beweisen und dieses damit auch zu legitimieren.

Unüberwindbar sind bis heute die Hindernisse, die sich der Erfassung der Gesamtbevölkerung des Mittelmeerraumes und des römischen Imperiums in den Weg stellen. Theoretisch wäre dieses Unterfangen für einen Historiker der Kaiserzeit durchaus möglich gewesen, da die Durchführung des Provinzialzensus als Grundlage aller Abgaben der Provinzen unverzichtbar war und bei der Einrichtung oder Neuordnung einer Provinz in jedem Fall vorgenommen wurde. Trotzdem kam niemand auf diese Idee, da alle derartigen Erhebungen immer nur ihrem jeweiligen praktischen Nutzen unterworfen blieben und ein darüber hinausführendes Interesse, das die vorhandenen Zahlen für andere Erkenntnisse hätte nutzbar machen können, nicht existierte. So ergeben die bisher in der Forschung errechneten Bevölkerungszahlen ein desolates Bild: Brunt („Italian Manpower") errechnete für Italien – Beloch um 2 Millionen nach oben korrigierend – 7,5 Millionen Menschen; andere veranschlagten 13-14 Millionen.

Nur für die Hauptstadt Rom scheint die Zahl der fehlenden Unbekannten auf den ersten Blick genauer eingrenzbar. Für die Schätzung der Bevölkerungszahl, über die der Zensus des Augustus keine Angaben macht, da er sich auf die gesamte römische Bürgerschaft bezieht, bieten die Zahlen der Empfänger der regelmäßigen Getreidespenden einen wesentlichen Anhaltspunkt. Vor Caesar war die Schar der regelmäßig Versorgten auf 320 000 angeschwollen, die der Diktator durch ein Bündel sozialpolitischer Maßnahmen auf 150 000 senken konnte. Augustus nennt in seinem Tatenbericht für das Jahr 5 v. Chr. 320 000 und für das Jahr 2 v. Chr. 200 000 Getreideempfänger. Die Differenz ergab sich dadurch, daß Augustus durch *recensus* die besser Bemittelten aus den Listen der *frumentatio* streichen ließ. Als sichere Zahl für die römische Plebs ergibt sich damit 320 000, zu der die Zahl der Frauen und Kinder, die Zahl der Senatoren und Ritter, die Zahl des Mittelstandes und die Zahl der Peregrinen – für beide Kategorien existieren keine Nachrichten – hinzugerechnet werden müssen. Die sich dabei ergebenden Unsicherheitsfaktoren sind jedoch so groß, daß die in der Forschung nach Beloch errechneten Zahlen für das augusteische Rom von 700 000 bis 1 600 000 schwanken.

Es besteht keine Hoffnung, daran etwas ändern zu können; denn bis heute ist es nicht gelungen, die Lücke in der Bevölkerungsstatistik zu schließen, die für jede statistische Untersuchung eine im Prinzip lösbare Herausforderung sein muß: die Feststellung des Lebensalters der antiken Menschen. Aussagen dazu machen allein die Grabinschriften, jedoch täuschen ihre Angaben über das Alter der Verstorbenen eine Kenntnis des Lebensalters vor, die der antike Mensch nicht besaß.

Wirtschaftlich war das Rom des 4. Jahrhunderts noch ein rückständiger Agrarstaat, in dem Landbesitz die wichtigste Quelle des Reichtums und des sozialen Ansehens darstellte. Gegenüber Ackerbau und Viehzucht spielten Handel und Handwerk nur eine begrenzte Rolle. Erst ab 269 v. Chr. wurden in Rom regelmäßig Münzen geprägt und damit die Voraussetzungen für einen expandierenden Handel geschaffen, den die archaischen Tauschmittel wie Rohkupferplatten, Stangen, Vieh und Agrarprodukte in einer im griechischen Unteritalien bereits weit fortgeschrittenen Welt nicht salonfähig hatten machen können. Erst die großen militärischen Anstrengungen Roms im Ersten Punischen Krieg – vor allem der Aufbau eigener Flotten – und die Eroberung Siziliens und Sardiniens 241/238 (s. S. 335 f.) leiteten eine Entwicklung ein, die auch Handwerk und Handel goldenen Boden verschaffte und die Hauptstadt in den hellenistischen Weltverkehr einbezog. Die Reichtümer schließlich, die die Siege und die Ausbeutung der Provinzen gewährten, verschafften Rom Ende des 3. Jahrhunderts die Position des beherrschenden Kapitalmarktes im westlichen Mittelmeer.

## Die Bauern

Die Bauern waren die ersten Nutznießer der römischen Eroberungen, die immer wieder umfangreiche und fruchtbare Landstriche zur Verteilung bereitstellten und den Landhunger auch der Ärmsten stillten. Das wirtschaftliche Leitbild war der autarke Familienbetrieb, auf dem außer den landwirtschaftlichen Erzeugnissen auch die Produktionsmittel weitgehend selbst hergestellt wurden. Angebaut wurde vornehmlich für den Eigenbedarf, und nur ein kleiner Überschuß war für den Verkauf auf den benachbarten Wochenmärkten bestimmt. Dementsprechend war der Durchschnittshof nicht sehr groß; er umfaßte 10 bis höchstens 30 Morgen (2 1/2 – 7 1/2 ha). Selbst die späteren Großgüter, die sich im ersten Jahrhundert v. Chr. in Italien ausbreiteten und Wein- und Ölbaumpflanzungen neben dem Ackerbau bevorzugten, umfaßten in der Regel nicht mehr als 100-250 Morgen, auf denen rund 15 Sklaven als Stammpersonal und in den Wochen der Ernte zusätzlich angeworbene Arbeitskräfte beschäftigt wurden.

Gefährlich wurde dem Hof des Kleinbauern nicht die Konkurrenz billig anbietender Großbetriebe, da er auf den Markt nicht angewiesen war. Auch die seit der Eroberung Siziliens steigenden Importe billigen überseeischen Getreides, die zumeist in Ostia ausgeladen wurden, brauchten den kleinen Bauern in Italien nicht zu berühren, da Massengüter über weite Landwege nicht transportiert werden konnten. Es waren Mißernten, Schuldzinsen und vor allem der Expansionsdrang benachbarter Großgüter, die immer wieder drückende Sorgen heraufbeschworen; vor dem Schritt ins offene Elend schützte den Bauern und seine Söhne jedoch die großzügige Kolonisationspolitik.

Im Vergleich zu anderen Erwerbsarten erfreute sich der Ackerbau trotz seiner Härte und wirtschaftlichen Unsicherheit der höchsten Wertschätzung. Dabei spielte die Überlegung keine Rolle, daß ein Händler oder Handwerksmeister häufig sehr viel erfolgreicher arbeiten und wirtschaften konnte. Im gesellschaftlichen Bewußtsein galten diese Beschäftigungen schlechthin als unziemlich und für die politisch Führenden obendrein als unehrenhaft, während die Landarbeit als die schönste und würdigste Daseins- und Lebensform von allen römischen Schriftstellern und Dichtern gepriesen wurde. Dieses Ideal spiegelt einen wesentlichen Zug der konservativen Weltsicht der Römer, die in der kleinbäuerlichen Lebensform die Wiege aller Tugenden sahen, die sie zu Herren der Welt gemacht haben. Ihre Geschichtsbücher sind daher voll von Heldengestalten wie der des Cincinnatus, der seinen Pflug verließ, um das bedrohte Vaterland zu retten, und danach wieder zu seiner Landarbeit zurückkehrte.

## Die Aristokratie

Die Sozialordnung Roms blieb auch nach den Ständekämpfen aristokratisch bestimmt. Der Sieg der Plebs hatte keine neue Gesellschaftsordnung, sondern die Gleichberechtigung der plebejischen Führer mit dem patrizischen Adel gebracht. Diese neue Elite festigte ihren Führungsanspruch durch die kriegerischen Erfolge, die sie an die Fahnen ihrer Legionen heftete, und mit der behutsamen Art und Weise, in der sie dem kleinen Mann Anteil an der Politik und dem Gewinn des Krieges gab. Neben die alten patrizischen Familien der Claudier, Cornelier, Fabier, Aemilier, Valerier u.a. traten die plebejischen Familien der Liciner, Plautier, Marcier, Popilier und andere mehr, die auf Tradition und Leistung pochend unwidersprochen Staat und Gesellschaft beherrschten. Exklusivität wurde nicht beansprucht, auch wenn sie sich fast von selbst einstellte. Aufstrebende Nachkommen nichtsenatorischer Familien, die sich vor allem im Krieg ausgezeichnet hatten, erhielten die Chance, bis zum Konsulat und damit in die Führungselite aufzusteigen. Diese „Neuen Männer" (*homines novi*) wurden rasch integriert, dachten und handelten wie ihr ganzer Stand und strebten mit besonderem Eifer danach, den Makel ihrer nichtadligen Herkunft vergessen zu machen; der Sohn eines Ritters aus Arpinum, Cicero, bietet das beste Beispiel dafür.

Die wirtschaftliche Basis der aristokratischen Macht blieb immer der Grundbesitz, der ständig gemehrt wurde. Ein großer Teil des mit dem Schwert gewonnenen und als Staatsland *(ager publicus)* eingerichteten Bodens wurde von den senatorischen Familien ersteigert oder von ihnen unter stillschweigender Duldung des Staates kultiviert und bebaut. Auf diesen Ländereien entstanden zuerst die Güter, auf denen Wein und Öl in großem Stile angebaut und extensive Weidewirtschaft betrieben wurde (vgl. S. 391).

*Die Ritter*

Die Expansion ins westliche Mittelmeer während der Punischen Kriege eröffnete neue verlockende Möglichkeiten, als Händler, Unternehmer und Bankier unermeßlich reich zu werden. Als die Senatoren dieses Terrain zu erkunden begannen, verbot im Jahre 218 ein Gesetz (*lex Claudia*) ihnen und ihren Nachkommen die Betreibung von Handelsgeschäften; es blieb ihnen nur gestattet, die Früchte der eigenen Güter auf den Markt zu bringen. Offenkundig waren die tonangebenden Kreise der Nobilität überzeugt, daß die Kontinuität ihres Herrschaftsanspruches am besten zu sichern war, wenn die ökonomische Basis ihrer Häuser der Grundbesitz blieb und die erhöhten Risiken des Handeltreibens Entscheidungen im Raum der Politik nicht berühren konnten.

Die Wirkung der *lex Claudia* war einschneidend. Auch wenn viele Senatoren das Gesetz umgingen und über Strohmänner in Handelsgeschäfte einstiegen, so setzte sich doch für viele Jahrhunderte der Grundsatz durch, daß Geldgeschäfte eines Senators unwürdig seien. Der märchenhafte Gewinn aus den Kriegen des 2. und 1. Jahrhunderts, den die Führungselite nach Italien brachte, wurde in den Erwerb von Grund und Boden gesteckt und förderte die Bildung großer Ländereien (*latifundia*). Die verschmähten Handelsgeschäfte übernahmen andere: Aus Stadtrömern und einflußreichen Bürgern der italischen Landstädte bildete sich eine zweite Aristokratie der Neureichen, die unter der überkommenen Bezeichnung „Ritter" *(equites)* geführt wurde. Der Begriff entstammte der frühen Heeresordnung Roms und benannte dort präzise die Reiter, die mit einem oder mehreren Pferden in den Krieg zogen und aufgrund dieses großen materiellen Aufwandes auch die weitreichendsten politischen Rechte beanspruchen konnten. Seit dem Ende des 3. Jahrhunderts bezeichnete der Begriff die Gruppe von Reichen, die anders als die Senatoren ihr Geld mit Handels- und Bankgeschäften machten.

Als Kaufleute, Heereslieferanten, Finanziers, Wucherer und Steuerpächter wurden sie nicht weniger reich als der grundbesitzende Adel. In den Jahrzehnten der Niederwerfung des Ostens nutzten sie die römische Herrschaftsstellung entschlossen aus und zogen häufig mit Gewalt alle einträglichen Geschäfte im gesamten Mittelmeerraum an sich. Die Unterstützung der Senatsaristokratie war ihnen dabei sicher. Die wirtschaftlichen Interessen beider Stände standen einander nicht im Wege, sondern ergänzten sich häufig. Verbindungen der Ritter zu den senatorischen Familien lohnten sich vor allem dann, wenn es um die großen Staatsaufträge ging: Die Beschaffung und Produktion von Waffen und Proviant für die Heere z. B. konnten jeden findigen Geschäftsmann über Nacht zum Millionär machen. Der Preis für diese Zusammenarbeit wog dabei zunächst leicht: Die Ritter verzichteten auf jeden politischen Ehrgeiz und hielten sich ausschließlich an die handfesten Gewinne des Weltreiches.

## 3. Familie, Ehe und Haushalt

*Die väterliche Gewalt (patria potestas)*

Die Sozialgeschichte hat die Erforschung der Familie lange den Rechtshistorikern überlassen, so daß die heutige Vorstellung von der römischen Familie weitgehend auf den dort wirksamen Rechtsverhältnissen beruht. Der Grund dafür ergibt sich aus der Quellenlage: Es sind vor allem die umfangreichen Aussagen des römischen Privatrechts, die zur Auswertung bereitliegen. Demgegenüber bieten die literarischen Quellen, ohnehin ausschließlich von männlichen Angehörigen der Oberschicht verfaßt, nur kurze Einblicke in die Familie, obwohl sie durchaus als wichtigste soziale Einheit verstanden wurde, innerhalb derer Status (frei oder unfrei, Bürger oder Fremder), Reichtum sowie die sozialen und politischen Denkmuster übertragen wurden. Trotzdem liefert diese Quellenmasse zusammen mit Zehntausenden von Grabinschriften, die insbesondere die Welt der kleinen Leute erschließen lassen, das notwendige Korrektiv zu den Aussagen der Rechtsquellen.

Gesetzliche Regelungen spiegeln die soziale Wirklichkeit nur unvollkommen, auch wenn ihre geistigen Urheber wie in Rom keine weltfremden Gelehrten, sondern Männer des praktischen Rechtslebens waren (man spricht daher vom „Juristenrecht"). Die begrenzte Aussage der Rechtsquellen wird sehr deutlich an dem zentralen Punkt der *patria potestas*, der absoluten rechtlichen Gewalt des Familienvaters. Diese unterwarf – ebenso wie die *manus* über die Ehefrau (s. unten) – die Söhne und Töchter der unbeschränkten Gewalt des Vaters, dem sie die alleinige Macht über das Vermögen der Familie und über Leben und Tod seiner Kinder gab. Trotzdem waltete im Alltag der römischen Familie nicht der Terror eines tyrannischen Patriarchen. Mißbräuche dieser allumfassenden Gewalt wurden durch Gesetze, sakralrechtliche Verbote und die Sittenaufsicht des Censors unterdrückt. Zudem führte auch die wachsende Verfeinerung der Lebensformen zu faktischen Veränderungen der *patria potestas*: Die väterliche Gewalt über die Kinder bildete sich zurück, das Tötungsrecht wurde als barbarisch und überholt verstanden, und Teile des Familienvermögens konnten als Sondergut *(peculium)* abgezweigt und den Söhnen oder Sklaven zur freien Bewirtschaftung auf Widerruf überlassen werden.

Generell milderte bereits das späte Heiratsalter der Männer (Ende zwanzig) die Auswirkungen der väterlichen Gewalt: Nur wenig Väter lebten lange genug, um die Eheschließung ihrer Söhne mitzuerleben. Für die Töchter, die früh heirateten und ihr Elternhaus kurz nach dem Erreichen des Erwachsenenalters verließen, arrangierte zwar der Vater die Ehe, vererbte aber in der Regel sein Vermögen zu gleichen Teilen an seine Söhne und Töchter. Denn das Testament enthüllte in besonders eindringlicher Weise, inwieweit der Hausvater seinen sozialen und familiären Pflichten nachkam: Alle Familienangehörigen, wie nah oder fern sie dem *pater familias* gestanden haben mochten, und die Mitglieder der Hausgemeinschaft, also verdiente Sklaven, treu gebliebene Freigelassene und auch die Klienten, mußten beachtet und in der richtigen Reihenfolge bedacht werden.

## *Familie und Ehe*

Die zentrale Institution der römischen Gesellschaft war die Kleinfamilie. Sie bestand aus dem Familienoberhaupt *(pater familias)*, seiner Frau *(uxor)*, den Kindern *(liberi)*, den Freigelassenen und den Sklaven. In den ersten drei Jahrhunderten der Republik lebte sie von den Erträgen eines Einzelhofes, dessen Bewirtschaftung ihr Grundlage und Inhalt des Daseins gab. Durch den Kult der Hausgötter, den Laren und Penaten, bildete die Familie auch eine sakrale Einheit. Gerade hier, in den religiösen Bräuchen, die den Göttern des Hauses gewidmet waren und die tiefer im Leben des Durchschnittsrömers wurzelten als die Feierlichkeiten des offiziellen Staatskultes, spiegelte sich die Bindung der Römer an ihre Götter.

Ein Leben außerhalb der Familie war kaum denkbar. Wer keinem Haushalt angehörte, war ausgeschlossen und lebte unglücklich und meist kurz. Derlei Existenzen gab es natürlich, aber sie bestätigten der Allgemeinheit nur die Regel, daß ohne Bindung an Haus und Familie das Leben keinen vernünftigen Sinn haben könne: „Der Ehe entspringen Väter, Mütter, Kinder und Familien. Städte, Dörfer und Landwirtschaft sind durch sie in Erscheinung getreten. Ackerbau und Seefahrt und alle Fertigkeiten dieses Staates –

Gerichte, das Heer, das Oberkommando, Philosophie – beruhen auf ihr. Mehr noch: Aus der Ehe gehen die Tempel und Heiligtümer unseres Landes hervor", betonte noch in der Spätantike der Autor einer Heiligenlegende (Vita Theclae 16). Eine andere Einstellung zur Ehe war in einer Welt auch gar nicht denkbar, in welcher der Mensch mit einer durchschnittlichen Lebenserwartung von weniger als 25 Jahren geboren wurde und es zu den selbstverständlichen staatsbürgerlichen Pflichten gehören mußte, eheliche Kinder zu zeugen und aufzuziehen, um die Reihen zu füllen, die der Tod so rasch lichtete.

Anders als in den Regelungen der späteren europäischen und atlantischen Staaten war die Ehe in Rom kein Rechtsverhältnis, sondern eine soziale Einrichtung. Keine öffentliche Gewalt sanktionierte die Eheschließung, und kein Priester flehte den Segen des Himmels auf das Brautpaar herab. Wenn ein Vertrag geschlossen wurde, so regelte er nicht die Ehe, sondern die Mitgift und den Umgang mit ihr. Die Ehe wurde begründet durch das tatsächliche Zusammenleben, dessen erklärte Absicht es war, legitime, d. h. erbberechtigte und mit dem römischen Bürgerrecht ausgestattete Kinder zu haben, monogam zu sein und in häuslicher Gemeinschaft verwirklicht zu werden. Die Scheidung stand rechtlich jedem Partner jederzeit frei und war nicht an bestimmte Gründe oder Formalitäten gebunden. Es genügte, wenn der Mann oder die Frau aus der gemeinsamen Wohnung auszog und niemand daran zweifeln konnte, daß damit die dauernde Trennung der Ehegatten intendiert war: „Denn was in der Hitze des Zorns geschieht oder gesagt wird, ist nicht eher gültig, als bis sich auf dem Beharren darauf gezeigt hat, daß es die wirkliche Absicht gewesen ist" (so der Jurist Paulus, Digesten 24,2). Auch ihre Auflösung ließ keine Zweifel: Der Stand der Ehe ruhte allein auf den Bindungen des sittlichen und sozialen Verhältnisses. Der Ehemann besaß in der römischen Frühzeit auch über seine Ehefrau die Hausgewalt *(manus,* als Symbol der herrschenden und zugleich schützenden Hand). Eine der wichtigsten Wirkungen bestand darin, daß das Vermögen der Frau rechtlich dem Manne zustand. Da dies nicht nur die Frau, sondern bei ihrem Tode auch ihre bisherige Familie materiell benachteiligte, die vom Erbgang ausgeschlossen war, setzte sich seit dem Ende des dritten Jahrhunderts mehr und mehr die Form der manusfreien Ehe durch. Dabei blieb die Frau auf der Grundlage eines Ehevertrages im Besitz ihres Vermögens.

Die Quellen zeigen, daß die Ehen in der Regel unter dem Gesichtspunkt der Familienehre und des gesellschaftlichen Fortkommens geschlossen wurden; Liebe, Zuneigung oder die Vereinbarkeit der Charaktere der Ehegatten spielten dabei nur eine untergeordnete Rolle. Die Quellen belegen weiterhin, daß die Familie und die Zusammengehörigkeit der Ehegatten trotzdem als Mittelpunkt des Lebens verstanden wurden. Der Dichter Lukrez gab in der späten Republik auf die Frage, was er als Mann nach dem Tode am meisten vermissen werde, zur Antwort: Seine Familie, seine Frau und seine Kinder, die ihm zu seiner Begrüßung entgegenliefen. Und der Glasbläser Iulius Alexander aus Karthago, der als Fünfundsiebzigjähriger in Lugdunum (Lyon) starb, verkündete auf seinem Grabstein seiner zahlreichen

Nachkommenschaft: „Mit meiner Gattin Virginia lebte ich ohne irgend eine Verletzung der Seele 48 Jahre und zeugte mit ihr drei Söhne und eine Tochter" (Walser, Röm. Inschrift-Kunst, S. 158). Das faktische familiäre Zusammenleben wog hier wie anderswo offenkundig mehr als die bei der Eheschließung getroffenen Arrangements.

Insgesamt war die Stellung der Frau in Rom ungleich freier als z. B. in den meisten griechischen Städten. Sie lebte im Hauptraum des Hauses, hatte dort die respektierte Stellung der Herrin inne, zeigte sich ganz selbstverständlich in der Öffentlichkeit und ging ins Theater, in den Zirkus, zu Gastmählern und in die öffentlichen Bäder. Obwohl sie keine politischen Rechte besaß, gehörte sie zum Bürgerverband und lebte unter römischem Recht. Die Frauen der politischen Eliten nahmen insbesondere in den Jahrzehnten der untergehenden Republik und des frühen Prinzipats Einfluß auf die Politik, und sie hatten durchaus gelernt, mit ihrem Vermögen erfolgreich zu wirtschaften. Trotzdem waren auch sie den Männern weder rechtlich noch faktisch gleichgestellt. Diese waren in der festen Überzeugung aufgewachsen, daß Frauen, Sklaven und Barbaren anders waren als sie und unter ihnen standen. Die Ärzte sollten ihnen im 2. Jahrhundert n. Chr. erklären, daß die Natur selbst dies so gewollt habe, indem sie nur einen Teil der Föten in der Gebärmutter mit einem bestimmten Überschuß an Hitze und damit an Lebensgeist ausstattete; Männer könnten daher in dem Bewußtsein leben, daß „der Schöpfer absichtlich die eine Hälfte des ganzen Geschlechts unvollkommen und sozusagen verstümmelt gemacht habe" (Galen, de usu partium 14,6). Für diese Wesen galt ein Tugendkatalog, der die unbescholtene Ehefrau und Mutter als Idealbild weiblicher Existenz vorstellte.

## 4. Die Spielregeln des sozialen Miteinander

*Patronat und Klientel*

Das gesellschaftliche Leben wurde von Patronats- und Klientelverhältnissen geprägt, die in der privaten Sphäre früh entwickelt wurden und das Leben des einzelnen Römers stärker bestimmten als die staatliche Ordnung. Diese Verhältnisse sind dadurch gekennzeichnet, daß eine Person mit Macht und Ansehen (*patronus*) sozial und politisch Schwächere (*clientes*) unter ihren Schutz nahm. Darunter konnten kleine Bauern sein, deren Höfe an den Grundbesitz adliger Herren angrenzten, Handwerker und Händler, aber auch ganze Dörfer und Städte, die sich als Kolonien oder als in den römischen Bürgerverband Aufgenommene in besonderem Maße den verantwortlichen Aristokraten verpflichtet sahen.

Diese Pflichten sind nie in einem verbindlichen Katalog zusammengefaßt worden, da sie dem sozialen Bereich des Lebens angehörten und einer rechtlichen Normierung nicht bedurften. Bestimmte Hauptinhalte hat die römische Überlieferung jedoch häufig gerühmt: die Pflicht der Patrone, ihre Klienten in allen Lagen zu beschützen und zu beraten und ihnen insbesondere vor Gericht Beistand zu leisten; umgekehrt war der Klient gehalten, seinem Patron in jeder Weise Gefolgschaft zu leisten und ihn auch finanziell zu unterstützen, wenn er in Not geriet. Dahinter stand eine allgemeine Regel des sozialen Verhaltens: Der Patron hatte Sorge zu tragen, daß seine Klienten ihr Auskommen hatten und gegen alle Bedrohungen ihrer Existenz geschützt wurden. Der Klient seinerseits mußte für seinen Patron einstehen, wann immer dieser nach ihm rief. Dies war vor allem im Reich der Politik der Fall: Als freier, in den Volksversammlungen abstimmender Bürger unterstützte der Klient seinen Patron bei den Wahlen zu Magistraturen und bei Anträgen, die dieser zur Abstimmung stellte. Die politische Entscheidung des Bürgers war also abhängig von seiner sozialen Bindung an den Patron.

*Soziale und moralische Bindungen*

Die außerordentliche Bedeutung, die den sozialen Pflichten zukam, spricht bereits aus den Zwölf Tafeln (s. S. 314 f.), in denen es heißt, „wenn der Patron seinen Schutzbefohlenen betrügt, soll er verflucht *(sacer)* sein." Ein späterer Kommentator erklärte, „man müsse einen Klienten, den man in seinen Schutz aufgenommen habe, mit größerer Wertschätzung behandeln als Verwandte und sogar gegen Blutsverwandte schützen", und ein Jurist der frühen Kaiserzeit fügte hinzu, daß der Schutz von Frauen Vorrang haben sollte vor dem von Männern und der von Unmündigen wiederum vor dem von Frauen (Stellen bei Gellius 5, 13; 20; 20, 1). Der Leitgedanke der Klientel ist also ein moralischer: Es geht um den Schutz des Schwachen oder jeweils Schwächeren, wofür dieser sich durch bedingungslose Gefolgschaft erkenntlich zeigt. Wer gegen diese Moral verstieß (römisch: die *fides* verletzte), zerstörte sein Ansehen in der Gesellschaft, in der er leben und Anerkennung finden wollte.

Die Klientel war in der Regel erblich. Inschriften der Kaiserzeit sprechen von Patronatsverträgen, in denen ein Klient sich nicht nur einen Patron erwählt, sondern dazu noch dessen Nachfahren zu Patronen der eigenen Nachkommen. Dies schuf nicht zuletzt in der Politik stabile Kraftfelder: Bevölkerungsteile oder Orte, die z. B. im 3. Jahrhundert zur Klientel der Claudier zählten, hielten diesen auch noch im 1. Jahrhundert die Treue. Gerade die gleichmäßige und für einen langen Zeitraum stabile Verteilung der Bevölkerung auf die Klientelen der führenden Geschlechter garantierte diesen den sicheren Besitz der Herrschaft: Die übermäßige Steigerung der Machtansprüche einzelner war damit ebenso erschwert wie der schnelle Aufstieg neuer Familien.

Am engsten war der ehemalige Sklave an seinen Patron gebunden. Ihm schuldete er mit der Freilassung seine Existenz als freier römischer Bürger, so daß er sich in der Regel schriftlich seinem Patron gegenüber zu besonderen Leistungen verpflichtete. Als Sulla zehntausend Sklaven seiner politischen Gegner die Freiheit und das Bürgerrecht verschaffte, hatte er bereits dadurch eine mächtige Unterstützung für seine politischen Ziele gewonnen.

## Die Leitbilder des politischen und sozialen Lebens

Die Grundstruktur der antiken Ökonomie ist durch knappe Güter und eine privilegierte Verfügung darüber gekennzeichnet. Dem entsprach ein ethischer Normenkatalog, der von den Prinzipien des Herrschens und Dienens bestimmt ist. In den kleinen und überschaubaren Wirtschaftsformen, in denen die meisten Menschen lebten, beschied man sich also mit dem wenigen, das zum Leben ausreichte, und verzichtete – ohne sich dessen bewußt zu sein – auf die ohnehin unerreichbaren Güter. Dieser Verzicht stabilisierte zusammen mit den dazu gehörigen ethischen Leitbildern die bestehende soziale Rangordnung, in der die politische Macht immer an den Besitz gebunden und das Ausmaß des Zugangs zu den knappen Gütern auch zum sozialen Statussymbol geworden war.

Die aristokratische Sozialordnung Roms schloß ein, daß der senatorische Adel und seine Tradition das Selbstverständnis jedes Römers prägten. Der soziale Orientierungspunkt ist in jedem Fall und in jedem Detail der große Herr; der kleine Mann hat kein eigenes Profil und keine eigene Wertvorstellung. Steigt er sozial auf, so bemüht er sich, seinen Lebensstil dem Ranghöheren anzupassen; nichts sollte mehr an das individuelle Schicksal eines Emporkömmlings erinnern.

Der persönliche Lebensstil der Aristokratie verlor mit der wachsenden Distanz zur Arbeit des Bauern seine Nähe zum Dasein eines Landadligen und gipfelte am Ende der Republik in einer quasi-monarchischen Hofhaltung. Trotzdem blieben die Ideale des vorbildlichen Lebens an bäuerliche Tugenden gebunden. Das Einfache und Schlichte, die Sparsamkeit und vor allem das Festhalten an Überkommenem bis hin zum Starrsinn blieben die Leitbilder und prägten die Vorstellungen von Sitte und Anstand. Dabei tritt der entscheidende Grundzug des römischen Denkens deutlich hervor: Alle Wertvorstellungen sind rückwärts, nicht vorwärts orientiert. Man weiß zwar vom Fortschritt und genießt seine Vorzüge, begegnet ihm aber mit Mißtrauen oder hält ihn gar für ein sittliches Übel. Die ständig praktizierte Erfahrung z. B., daß in der Landwirtschaft der Großbetrieb effektiv und gewinnbringend ist, hinderte niemanden daran, am Ideal des landwirtschaftlichen Kleinbetriebes festzuhalten.

Im Zentrum des Denkens der römischen Aristokratie stand das unaufhörliche Bemühen um Ruhm und Ehre (*gloria et dignitas*). In den schweren Kämpfen der Unterwerfung Italiens war dieses Streben in die Disziplin des Staates so gründlich eingebunden worden, daß jeder Anspruch auf Ehre und herausragende gesellschaftliche Stellung nur als Feldherr, Staatsmann, Diplomat oder Priester begründet werden konnte. Für alle wurde der Rückgriff auf die ruhmreiche Geschichte der Vorfahren selbstverständlich, deren Leben und Taten die Beispiele (*exempla*) für das richtige Verhalten an die Hand gaben. „Auf Sitten und Männern alter Art ruht der Bestand des römischen Staates" schrieb um 200 der Dichter Ennius; damit war für jeden Römer auch der Grund genannt, warum die Verhaltensweisen der Vorfahren (*mos maiorum*) über die Richtigkeit des in der Gegenwart einzu-

schlagenden Weges oder über die Güte vorhandener staatlicher und gesellschaftlicher Zustände entschieden. Die Bilder und Losungen der verklärten Vergangenheit bestimmten so nicht minder das tägliche Verhalten und die politischen Entscheidungen wie das rationale Kalkül über das, was nützlich und was falsch sein mußte (vgl. S. 308 f.).
Die gemeinsame Erinnerung an die Großen der Vergangenheit wurde so zur gesellschaftlichen Pflicht der Aristokratie. Sie kam ihr vor allem bei dem prunkvollen Begräbnis eines der ihren nach: Dem Toten voraus wurden die Masken der Vorfahren in langer Reihe getragen, und wenn der Leichenzug sein Ziel an der Rednertribüne erreichte, von der aus der älteste Sohn den Ruhm seines Vaters und seines Geschlechtes verkündete, so setzten sich die personifizierten Ahnen auf elfenbeinerne Stühle und nahmen den Toten in den Kreis der zu Vorbildern gewordenen *maiores* auf. Der von diesem Schauspiel tief beeindruckte Polybios nannte präzise den Sinn, der dem Ganzen innewohnte: „Das ehrende Gedächtnis der Wohltäter des Vaterlandes bleibt im Volke wach und wird weitergegeben an Kinder und Enkel. Vor allem aber wird die Jugend angespornt, für das Vaterland alles zu ertragen, um ebenfalls des Ruhms, der dem verdienten Manne folgt, teilhaftig zu werden." (6,53).

## 5. Die Sklaven

Rechtlich sanktionierte Unfreiheit trat im Verlauf der Menschheitsgeschichte in verschiedenen Abstufungen auf. Die härteste ist die Sklaverei gewesen, da sie allein den Personencharakter des unterworfenen Menschen vollkommen aufhebt. Ein Sklave besitzt keine Rechtsfähigkeit, er kann keine rechtlich anerkannten Familienbeziehungen gründen, seine Kinder gehören seinem Herrn ebenso wie alles, was er auf irgendeine Weise erworben hat. Zu allen Zeiten und bei allen Völkern waren Krieg und Menschenraub die Hauptursache der Sklaverei. Sie ist als Institution keinem Volk in seiner Geschichte fremd geblieben.
Seit dem Ende des Zweiten Weltkrieges ist das Interesse an der Erforschung der Sklaverei aus sozialkritischen, humanitären und emanzipatorischen Motiven ständig gewachsen. Die soziale und wirtschaftliche Bedeutung der Sklaven – nach vorsichtigen Schätzungen waren von der siebeneinhalb Millionen zählenden Bevölkerung Italiens am Ende der Republik drei Millionen Sklaven – ist nicht zuletzt unter dem Eindruck marxistischer Theorien erörtert worden.
Die Sklaven standen außerhalb des römischen Bürgerverbandes. Ihre Rechtsstellung und ihre Behandlung veränderten sich mit ihrer ökonomischen Bedeutung. Bis zum Beginn des dritten Jahrhunderts war der Sklave in der Regel ein Schuldknecht oder ein sprachgleicher oder sprachverwandter italischer Kriegsgefangener, der in den Haushalt oder den bäuerlichen Familienbetrieb eingegliedert wurde und zusammen mit der Familie lebte.

Zum Zeitpunkt der Zwölftafel-Gesetzgebung war denn auch die rechtliche Gleichsetzung des Sklaven mit einer Sache (*res*) noch nicht vollzogen.
Dies geschah, als in den Jahren der großen Eroberungen Massen von Kriegsgefangenen und Handelssklaven aus fremden, den Römern zum Teil kulturell unterlegenen Völkerschaften nach Italien gebracht wurden. Diese Menschen, juristisch zur Sache geworden, waren sozial und moralisch jedweder Willkür preisgegeben, obwohl weder das Sakralrecht (Religionsausübung, Recht auf Begräbnis) noch die philosophische Reflexion noch die allgemeine soziale Anschauung leugnete, daß es sich bei den Sklaven um Menschen, nicht um Gegenstände handle. Die Freilassung (*manumissio*) eines Sklaven war aufgrund des unbeschränkten Herrenrechtes des *pater familias* ein rein privatrechtliches Geschäft. Es bewirkte die Rechtsfähigkeit des Freigelassenen und machte ihn zu einem römischen Bürger, der in der ersten Generation jedoch von den politischen Rechten weitgehend ausgeschlossen blieb, während er privatrechtlich Klient seines Freilassers wurde.
In der bäuerlichen Gesellschaft der Frühzeit spielten die Sklaven eine geringe Rolle, da die Familienmitglieder auf dem kleinen sich selbst versorgenden Bauernhof als Arbeitskräfte genügten. Die Sklaven rekrutierten sich ursprünglich aus zahlungsunfähigen Schuldnern, die mit ihrer Person für ihre Schulden hafteten und zumeist ihr altes Gut im Dienste des Schuldherrn weiter bearbeiteten.
Mit der Ausweitung des Krieges seit der Mitte des 4. Jahrhunderts waren es vor allem Kriegsgefangene, die auf die Sklavenmärkte getrieben wurden. Aber erst seit dem Zweiten Punischen Krieg wurde die Massenversklavung besiegter Heere und Städte üblich. Jetzt entdeckten auch die Seeräuber, daß ihr anrüchiges Treiben den Herren Roms Nutzen bringen konnte: Als Sklavenhändler und -jäger segelten sie in die rückständigen Gebiete des Mittelmeeres und ergriffen dort ihre ahnungslose Beute: „Besonders aber reizte zu solchen üblen Unternehmungen, daß die Ausfuhr von Sklaven so gewinnbringend geworden war; denn sie waren leicht zu fangen, und ein großer und geldreicher Markt war gar nicht fern, nämlich Delos, das Zehntausende von Sklaven an einem Tage aufnehmen und absetzen konnte" (Strabon 14,668). Die Preise auf den Märkten fielen mit dem Überangebot. So konnte sich die Vorstellung ausbilden, überhaupt keine Sklaven zu haben, sei gleichbedeutend mit äußerster Armut; anders: die Sklavenzahl eines Haushaltes wurde zum Statussymbol.
Entscheidend für das Ausmaß der Sklaverei war in Rom wie andernorts auch die Rentabilität dieser Institution. In der Landwirtschaft ist Sklavenarbeit nur im Großbetrieb rentabel; dasselbe gilt für Gewerbe und Handel. Erst als mit der *lex Claudia* (s. S. 354) die Kriegsgewinne der Senatoren auf Kosten des freien Bauerntums gezielt in Grundbesitz investiert und die Produktion auf Wein-, Öl-, Gemüseanbau und auf Weidewirtschaft umgestellt wurde, bedrängte die Sklavenarbeit den freien Bauern. Das gewaltige Anwachsen der Sklaverei im 2. Jahrhundert ging also auf dieselben Antriebskräfte zurück, die dem Ackerbau und der Viehzucht die Gestalt von

## 5. Die Sklaven

kapitalistischen Großbetrieben gaben: Der Zustrom großer Kapitalmengen und versklavter Kriegsgefangener, die als Landarbeiter auf den Großgütern oder als Hüter der großen wandernden Viehherden eingesetzt wurden, machte die Sklavenarbeit zum billigen Produktionsmittel.

Für diese Zeit der römischen Geschichte bis hinein in das erste Jahrhundert n. Chr. ist die marxistische Formel von der antiken Sklavenhaltergesellschaft ernsthaft diskutierbar. Die Sklavenarbeit hatte in der agrarischen und gewerblichen Produktion ein Ausmaß erreicht, das die Frage zuläßt, ob diese Gesellschaft ohne Sklaven noch hätte existieren können. So war es auch kein Zufall, daß die Sklaven auf die Willkür, mit der sie behandelt und ausgebeutet wurden, in der Zeit von 136-70 v. Chr. mit erbitterten Aufständen antworteten (s. S. 415 f.).

Die Härte und die geographische Ausdehnung der römischen Kriege hatten Menschen verschiedenster Herkunft und Bildung in die Sklaverei geführt: Ihren Herren kulturell häufig überlegene Griechen, Syrer und Kleinasiaten, zivilisatorisch unterentwickelte Spanier, Gallier, Germanen und Nordafrikaner, qualifizierte Handwerker, Techniker, Kaufleute, Lehrer und Gelehrte ebenso wie armselige Schlucker und unwissende Barbaren. Ihre Lebensbedingungen hingen von den Arbeiten ab, mit denen sie betraut wurden. Überall dort, wo spezialisierte Arbeitskräfte nur schwer beschafft werden konnten (z. B. im Handwerk oder Haushalt), wo in kleinen Gruppen gearbeitet wurde und der Bauer oder Unternehmer selbst Hand anlegte, waren die Arbeitsbedingungen erträglich. Auf den landwirtschaftlichen Großbetrieben, in den Gewerbezentren oder in den Bergwerken oblag es der Verantwortung des Verwalters, unter welchen Bedingungen die in Kolonnen arbeitenden Sklaven leben mußten. Von Ausnahmen abgesehen war jedoch die Sklavenarbeit in Rom niemals so billig, daß die Unternehmer mit ihren Sklaven ganz und gar schonungslos umgehen konnten: Er mußte nicht nur gekauft, sondern auch so unterhalten werden, daß seine Arbeitskraft nicht litt oder er gar der Fürsorge seines Besitzers anheim fiel.

# IV. Der Weg zur Weltmacht

| | |
|---|---|
| 200-194 | Zweiter Makedonischer Krieg gegen Philipp V.; Neuordnung Griechenlands nach dem römischen Sieg durch T. Quinctius Flamininus. |
| 191-188 | Krieg gegen den Seleukiden Antiochos III.; Neuordnung der kleinasiatischen Staatenwelt zugunsten der Mittelmächte Pergamon und Rhodos. |
| 171-168 | Dritter Makedonischer Krieg gegen König Perseus; Teilung Makedoniens in vier Republiken; Beginn einer Politik der Drangsalierung der griechischen Staatenwelt. |
| 167-142 | In Palästina führt der Aufstand der Makkabäer zur Gründung eines selbständigen jüdischen Staates, der von Rom unterstützt wird. |
| 154-133 | In Spanien verschärft sich der Widerstand gegen Rom. Unter Viriathus kommt es zu einer breiten Koalition der Stämme am Ebro. Das letzte Zentrum des Aufstandes, Numantia, wird 133 von Scipio Aemilianus zerstört. |
| 151-145 | Aufstände gegen Rom in Makedonien und Griechenland. Korinth wird zerstört, Makedonien als Provinz eingerichtet, Griechenland dem Statthalter Makedoniens unterstellt. |
| 149-146 | Dritter Punischer Krieg: Karthago wird nach dreijähriger Belagerung zerstört. Rom gründet die Provinz Africa mit der Hauptstadt Utica. |
| 133-129 | Attalos III. von Pergamon vererbt sein Reich an Rom. Die daraufhin ausbrechenden Aufstände führen zur Einrichtung der Provinz Asia. |

## 1. Der Krieg gegen die Könige des Ostens (200-188)

*Die griechische Welt am Vorabend des Krieges*

Ende des 3. Jahrhunderts wurde die Welt des griechischen Ostens von vielfältigen politischen Kraftfeldern mit unterschiedlicher Stärke beherrscht. Die äußere und zugleich stärkste Zone dieser Welt bildeten die monarchisch regierten Nachfolgereiche Alexanders des Großen: Das Makedonenreich im Norden, das Reich der Seleukiden im Osten und das Ptolemäerreich im Süden. Dazwischen lagen das griechische Mutterland, politisch gespalten in Bünde und freie Städte, wirtschaftlich starke und unabhängige Griechenstädte an der Küste Kleinasiens, die Inselrepublik Rhodos und das Königreich von Pergamon. Die Dynamik der historischen Entwicklung in diesem Raum war geprägt durch die Versuche der Großrei-

*Die Via Egnatia bei Philippi*

Die von Polybios und seinen Zeitgenossen bestaunte Leichtigkeit, mit der es Rom nach dem Sieg über Hannibal in wenigen Jahrzehnten gelang, auch den Osten des Mittelmeers zu unterwerfen, hat vielschichtige Gründe.

Im Raum der Politik – und dort allein wurde über die Dauer des Imperiums entschieden – waren es

- die Bündnisse, die Kolonien und die Bürgerrechtsvergabe, die Italien unter der Vormacht Roms zu einem militärischen Block zusammenschweißten, der in der damaligen Welt nichts Vergleichbares kannte (vgl. S. 329 ff.),
- sowie die Ausbildung eines neuen Herrschaftssystems, das weit entfernte, große und von Völkern ganz unterschiedlicher Kulturstufe bewohnte Gebiete auf Dauer dem römischem Machtspruch unterwerfen konnte (s. S. 450 ff.).

Im Reich des Krieges waren es

- der Eifer, mit dem Rom von seinen Gegnern lernte (vgl. S. 327) und seine Rekrutierungspraxis den Bedingungen des Weltreiches anpaßte (s. S. 437 ff.),
- sowie die Fähigkeit, den Raum, den die Politik abgesteckt hatte, militärisch zu durchdringen. Das wichtigste Mittel dazu waren die Straßen, die alles, was man einmal gewonnen hatte, miteinander verbanden und es den römischen Truppen ermöglichten, in kürzester Zeit jeden Ort des Widerstandes zu erreichen. Damit wurde zugleich auch ausgeglichen, was Rom – von wenigen Jahrzehnten abgesehen – niemals konzentriert angestrebt hatte: Die Herrschaft über das Meer mit eigens dazu gebauten Flotten (s. S. 452 ff.).

Augenfällig wird dies seit der Mitte des zweiten Jahrhunderts. Im Jahre 148 wurde Makedonien als Provinz eingerichtet, und seine Bewohner, deren letzter bedeutender König Philipp V. noch fünfzig Jahre vorher von der Wiederherstellung des Reiches Alexanders geträumt hatte, wurden römische Untertanen. Wenige Jahre später trieben römische Pioniere die *Via Egnatia* durch das Land. Von den illyrischen Häfen Epidamnos und Apollonia ausgehend, durchquerte sie die Balkanhalbinsel und erreichte Thessalonike; ihre Verlängerung führte durch Thrakien nach Byzanz. Damit war eine direkte (und einzige) Landverbindung zwischen dem adriatischen und dem ägäischen Meer geschaffen und das Tor zum asiatischen Kontinent aufgestoßen. Auf dieser Straße marschierten denn auch im Oktober 42 dreiundvierzig Legionen aufeinander zu: Die einen, geführt von den Caesarmördern Brutus und Cassius, hatten bei Sestos den Hellespont überschritten und drangen in Thrakien ein, die anderen, kommandiert von Antonius und Octavian, waren in Illyrien gelandet, hatten Makedonien durchquert und stießen bei Philippi auf ihren Gegner (Appian, Bürgerkriege, Buch 4; s. S. 433). Die von beiden Seiten eingesetzten Flotten hatten mit der Entscheidung nichts zu tun.

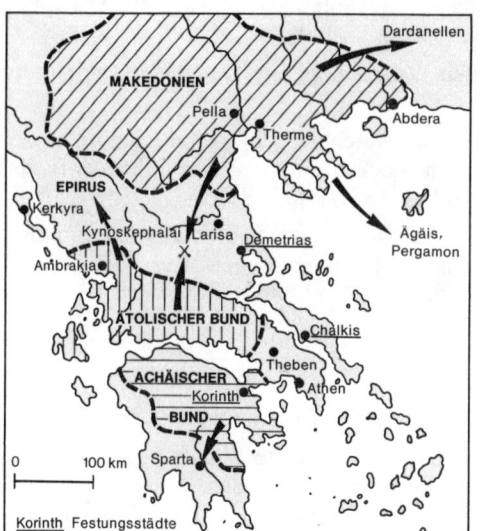

*Griechenland 200–190 v. Chr.*

che, das zwischen ihnen faktisch bestehende Gleichgewicht der Kräfte dadurch aufzuheben, daß man sich der in der Mittelzone liegenden freien Städte und Kleinstaaten bemächtigte. Alle drei hatten nie die Hoffnung aufgegeben, das Weltreich Alexanders doch noch restaurieren zu können. Beginnend mit dem Jahre 205/204 traten Ereignisse ein, die in diese labile, aber an diesen Zustand gewöhnte Welt Bewegung brachten. Als Ägypten 204 nach dem Tode Ptolemaios' IV. in inneren Wirren zu versinken drohte, fanden sich der Makedonenkönig Philipp V. und der Seleukide Antiochos III. zu gemeinsamem Vorgehen mit dem Ziel zusammen, die zahlreichen Außenbesitzungen des Ptolemäerreiches an den Dardanellen, in der Ägais und in Kleinasien zu erobern und aufzuteilen. Unter den Leidtragenden dieses Bündnisses, das schnell in die Tat umgesetzt wurde, befanden sich neben den Ptolemäern vor allem die Mittelmächte Rhodos und Pergamon: Sie waren zwangsläufig die nächsten Kriegsziele, wenn der Coup der königlichen Räuber gelingen sollte.

Beide Staaten wurden im Sommer 201 in Rom vorstellig, als die kriegerischen Aktionen des makedonischen Königs die Dardanellen und damit den lebenswichtigen Zugang ins Schwarze Meer zu blockieren drohten. Der Senat verstand von der komplizierten Welt des griechischen Ostens noch wenig. Er hatte jedoch aus dem Eingreifen Philipps V. in den Krieg mit Hannibal (s. S. 338) lernen müssen, daß Italien auch von Osten her zu bedrohen war. Jetzt schilderten ihm die erregten rhodischen und pergamenischen Gesandten politische Veränderungen im Osten, die einen Umsturz der Verhältnisse und eine mächtige Koalition zweier hellenistischer Großreiche in den Bereich des Möglichen rückten.

## Philipp V. von Makedonien

Rom erschien im Jahre 200 von den gewalttätigen Veränderungen im Osten nicht ernsthaft bedroht; unmittelbare römische Interessen waren auch gar nicht verletzt worden. Viele rückblickende Beobachter haben daraus den Schluß gezogen, der Senat habe rein imperialistischen Gelüsten die Zügel schießen lassen, als er den Komitien im Sommer 200 den Krieg empfahl. Dagegen haben die Römer selbst eingewandt, daß kurz nach dem Ende des Hannibalischen Krieges die Beschlüsse des Senats von der Furcht geleitet wurden, eine Koalition der Nachfolger Alexanders werde sich früher oder später auch gegen Italien kehren. Da schien es besser, beizeiten und mit griechischen Bundesgenossen einen Präventivkrieg zu führen, als Jahre später erneut in einen Kampf auf Leben und Tod verwickelt zu werden. Philipp V. hatte durch sein Bündnis mit Hannibal ohnehin gezeigt, daß ihm die Macht Roms ein Dorn im Auge war. Hinzu kam die Reaktion der griechischen Öffentlichkeit, aus der die einhellige moralische Empörung über das räuberische Vorgehen der Könige sprach.
Auch dies verfehlte in Rom seine Wirkung nicht: Der Wunsch nach Anerkennung durch die Griechen war so stark, daß der erste römische Historiker, Fabius Pictor, um eben diese Zeit zur Feder griff, um der griechischen Welt die römische Politik in den Punischen Kriegen näherzubringen. Und schließlich: Es widersprach dem Selbstbewußtsein der römischen Aristokratie, befreundete Staaten in einem Krieg mit eben dem König im Stich zu lassen, dessen feindliche Haltung in der Stunde der eigenen Not nicht vergessen war. Die sich im Sommer häufenden diplomatischen Aktivitäten verfestigten die nach der Anhörung von Pergamon und Rhodos gewonnene Einsicht des Senates noch, daß nur der sofortige Kriegseintritt eine radikale Veränderung der politischen Landschaft im östlichen Mittelmeer verhindern könne.
Die historische Bewertung des römischen Kriegsbeschlusses wird in der Forschung zumeist unter dem Stichwort des „römischen Imperialismus" diskutiert. Strittig sind insbesondere die Antriebskräfte der römischen Expansion, von der die Zeitgenossen ab der Mitte des zweiten Jahrhunderts überzeugt waren, daß sie den größten Teil der bekannten Erde (*Oikumene*) erfaßt habe. Das Spektrum der Erklärungen ist breit gefächert: Die einen sehen mit Theodor Mommsen das Weltreich als Ergebnis einer defensiven Außenpolitik, deren ausgeprägtes Sicherheitsdenken immer wieder zur Erweiterung des jeweils gewonnenen Gebietes geführt habe; andere betonen demgegenüber ökonomische Interessen, die auf Beutemachen und Ausplünderung der Besiegten ausgerichtet gewesen wären; schließlich wird auf das nach der Eroberung Italiens und der Begründung des Bundesgenossensystems vorhandene militärische Potential verwiesen, das eine latente Kriegsbereitschaft Roms bewirkt habe, da ein einmal geschmiedetes Schwert in der Scheide nicht zu rosten pflege.
Die Einschätzung der Römer selbst kann nur annähernd bestimmt werden: Die Quellen, die ohnehin nur spärlich fließen, hatten kein ausgeprägtes

Interesse an völkerrechtlichen Betrachtungen. Die späteren, also vor allem Sallust, Livius und ihre Zeitgenossen blickten auf die Expansionskriege des zweiten Jahrhunderts mit Augen, die das Weltreich des Pompeius und Caesar gesehen hatten. Ihr imperiales Bewußtsein war gewiß nicht geeignet, die einzelnen Stationen der längst Geschichte gewordenen außenpolitischen Verwicklungen vor dem Hintergrund der Bedingungen der jeweiligen Situation zu beurteilen. Und wer wie Cicero die römische Herrschaft über die Oikumene als verdiente Folge der römischen Gerechtigkeit verstand (vgl. S. 464 f.), mochte gewiß nicht über alle Beispiele belehrt werden, die den historischen Abläufen ein janusköpfiges Aussehen verliehen.
Formalrechtlich jedenfalls war an der Korrektheit des römischen Verfahrens im Sommer 200 nicht zu zweifeln. Als die römischen Kriegsziele festlagen, überbrachten Gesandte zwei Ultimaten an Philipp V.: Der König solle den Krieg gegen die Griechen beenden, die ptolemäischen Besitzungen nicht antasten und Wiedergutmachung für das Rhodos und Pergamon angetane Unrecht leisten (Polybios 16,34,3-7). Als der König dieses Ansinnen empört von sich wies, war der Krieg unvermeidlich geworden; im Herbst landeten zwei Legionen in den illyrischen Häfen und nahmen den Kampf auf. Die Entscheidung bahnte sich an, als 198 Titus Quinctius Flamininus, ein begeisterter Verehrer Griechenlands, das Kommando übernahm und die Sympathien der griechischen Öffentlichkeit für seine Person und die römische Sache gewann. 197 stieß seine Armee, durch erhebliche Kontingente griechischer Truppen verstärkt, nach Thessalien vor, schlug im Frühsommer bei Kynoskephalai den König entscheidend und zwang ihn zum Frieden.
Der Sieg stellte den Senat und seinen Feldherrn vor die Aufgabe, Griechenland eine Ordnung zu geben, die ein stabiles Fundament für ein ausgewogenes Kräfteverhältnis bilden mußte. Eine Vormacht sollte es in Griechenland ebensowenig geben wie einen auserwählten Kreis begünstigter Römerfreunde. Im Visier lag eine machtpolitisch neutrale Zone, in der weder die hellenistischen Königreiche noch eine der griechischen Mittelmächte (wie z. B. der Ätolische Bund) das Übergewicht erhalten sollten. Diesen Zielen entsprach zunächst der Friedensvertrag mit Philipp: Die makedonische Krone behielt ihre Souveränität, mußte jedoch alle Besitzungen in Kleinasien und Griechenland außerhalb Makedoniens räumen. Alle auf diese Weise von der makedonischen Herrschaft befreiten Städte wurden 196 auf den Isthmischen Spielen in Korinth für frei und autonom von jeder (auch der römischen) Herrschaft erklärt. Die begeisterte Zustimmung der meisten Griechen, die in Flamininus ihren Heiland und Retter feierten, erreichte ihren Höhepunkt, als 194 der Abzug auch der letzten Legion spektakulär die römische Entschlossenheit unter Beweis stellte, tatsächlich nichts anderes zu wollen als die Wiederherstellung der griechischen Freiheit.

*Antiochos III.*

Die Zukunft der griechischen Freiheit hing von zwei Faktoren ab: Zum einen mußten die Griechen selbst bereit sein, in der von Rom geschaffenen Friedensordnung die beste aller denkbaren Lösungen zu sehen; zum anderen kam es auf die Respektierung durch die hellenistischen Großmächte an, unter denen das Seleukidenreich mächtig genug zu sein glaubte, den Traum von der Wiedergeburt des Alexanderreiches doch noch realisieren zu können. Sein König Antiochos III. dachte denn auch nicht daran, eine von Rom gegebene Ordnung zu akzeptieren, und schon gar nicht kam ihm in den Sinn, die römische Maxime zu teilen, wonach es entweder ein freies oder allenfalls ein römisch beherrschtes Hellas, niemals jedoch ein seleukidisches geben könne.

Bald nach dem Abzug der römischen Truppen erschienen seine Werber in den griechischen Städten. Seine Bündnisangebote fanden vor allem beim Ätolischen Bund aufmerksame Ohren. Der führte die Schar derjenigen an, die sich vom römischen Sieg mehr Lohn und Anerkennung oder gar die Führungsrolle in Griechenland versprochen hatten. 193 kam es zum Pakt der Unzufriedenen mit dem Seleukiden, der in Griechenland das durch die Niederlage Makedoniens geschaffene Vakuum füllen wollte und den Griechen dafür das Blaue vom Himmel versprach. Als er 192 mit einem Heer auf der Balkanhalbinsel erschien, zögerte Rom keinen Augenblick, seine Ordnung zu verteidigen, die nüchternes Kalkül ebenso wie philhellenische Begeisterung geschaffen hatte. 191 vertrieben zwei Legionen den König aus Griechenland, setzten ihm nach Kleinasien nach und schlugen ihn unter dem Kommando des Hannibalbezwingers Scipio und dessen Bruders Ende 190 bei Magnesia vernichtend.

Der gründlich vorbereitete Friedensvertrag und die Neuordnung Kleinasiens wurden im Frühjahr 188 in Apameia verkündet. Antiochos mußte auf alle Gebiete westlich des Tauros verzichten und sich verpflichten, dort keine außenpolitischen Initiativen mehr zu ergreifen; seine Flotte wurde auf zehn Schiffe reduziert, und eine große Kriegskontribution lähmte seine finanziellen Möglichkeiten auf Jahre hinaus. Die geräumten Territorien in Westkleinasien wurden für die Belohnung der Bundesgenossen genutzt, von denen wiederum Pergamon den Löwenanteil erhielt. Das Reich seines Königs Eumenes II. erstreckte sich nunmehr vom Hellespont bis an das seleukidisch gewordene Kilikien und sollte zusammen mit dem seetüchtigen Rhodos stabile Verhältnisse in Kleinasien und der Ägäis sichern.

Mit diesen Entscheidungen hat Rom die Ordnung der hellenistischen Welt zerstört, die durch das Gleichgewicht seiner Großmächte bestimmt worden war. An seine Stelle trat ein neues, von Rom garantiertes Gleichgewicht der Mittelmächte: Pergamon, Rhodos und die Kleinkönige von Bithynien, Pontos und Kappadokien hielten in Kleinasien, der Achäische Bund im zentralen und südlichen Griechenland die Balance; Rom selbst zeigte kein Interesse an territorialen Gewinnen und zog seine Legionen folgerichtig erneut nach Italien zurück.

*Der griechische Osten
nach dem Frieden
von Apameia (188 v. Chr.)*

## 2. Der Traum des Siegers von der Freiheit der Griechen

*Wachsender Widerstand gegen Rom*

Die von Rom geschaffene Ordnung war eine künstliche und nur praktikabel, wenn es von allen Beteiligten akzeptierte Spielregeln gab. Da diese in der zersplitterten Welt der Griechen nicht zu finden waren, wuchs Rom als der stärksten Macht von selbst die Aufgabe des Schiedsrichters in allen nur denkbaren Querelen zu. Die Versuchung, mit Hilfe des Senates innenpolitische Fehden, alte Rechnungen oder nachbarlichen Streit zu entscheiden, war zu groß. Da man die Welt vor dem Senat nur in Feinde und Freunde der Römer aufzuteilen brauchte, war der jeweilige Erfolg zudem berechenbar. So zog in den Jahrzehnten bis 168 eine nicht abreißende Kette von Gesandtschaften nach Rom, die den Senat immer tiefer auch in die banalsten Probleme der griechischen Staaten verstrickten.
Aus der Sicht Roms gab es daraus keinen Ausweg. Da man in Griechenland auch keine eigenen Stützpunkte besaß, war man selbst gezwungen, durch ständige Gesandtschaften nach dem Rechten zu sehen. Im übrigen mußte man sich auf diejenigen in den griechischen Städten verlassen, die sich als Romfreunde ausgewiesen hatten; dies wiederum verpflichtete und führte häufig zu schiefen Entscheidungen. Ferner war die instabile Ordnung in den Städten zu bedenken. Sie lud zu politischen Kurswechseln geradezu ein, was nur zu verhindern war, wenn Rom den Einfluß der eigenen Partei-

gänger tatkräftig mehrte. Auch die soziale Situation war besorgniserregend: Die in Griechenland ohnehin seit langem bestehende Kluft zwischen Armen und Reichen war durch die Kriege noch tiefer geworden, und viele machten dafür den römischen Sieg verantwortlich.
Alles dies schärfte die Kritik und nährte die Einsicht, daß die von Rom gebrachte Freiheit letztlich doch auf die Abhängigkeit von einer fernen und dazu noch fremden Macht hinauslief. Was immer Rom tat, es stieß im Laufe der Jahre auf wachsendes Mißtrauen und schließlich sogar Haß. Nationale Ressentiments gegen die Barbaren aus dem Westen, die sich als die Herren im Lande aufspielten, häuften weiteren Zündstoff. Und das Wichtigste: Die Hoffnungen all derer, die in dem Glauben lebten, noch sei nicht aller Tage Abend, hatten einen Bezugspunkt. Sie richteten sich auf Makedonien, wo 179 Perseus die Nachfolge seines verhaßten Vaters Philipp angetreten hatte. Von Natur aus nicht der Mann, einen hohen Einsatz zu wagen, ließ er sich doch von den Wellen der Sympathie, die ihm bei seinem Regierungsantritt aus allen Teilen Griechenlands entgegenschlugen, zu einer Politik der erneuten Hinwendung in den griechischen Raum bewegen. Eine glanzvolle Hochzeit mit der Tochter des Seleukidenkönigs Seleukos (178) gaukelte sogar die Möglichkeit großer Politik vor.
In den mißtrauischen Augen Roms, dem der Sinneswandel in der griechischen Welt nicht verborgen geblieben war und das darauf nur mit verstärkter Kontrolle zu reagieren wußte, zielte das alles auf einen neuen Versuch, die römische Ordnung der griechischen Welt zum Einsturz zu bringen. Wiederum sollte der Krieg, diesmal kaum noch begründet, stabilisieren, was mit den Mitteln der Politik nicht zu halten gewesen war.

*Die Kapitulation Makedoniens und die Neuorientierung der Ostpolitik*

Erneut rechtfertigten die Legionen das Vertrauen, das der Senat in sie setzte, und errangen 168 unter Aemilius Paullus bei Pydna einen glänzenden Sieg über die makedonische Phalanx. Die erste Konsequenz war die Vernichtung des makedonischen Königtums, in dem der Senat die eigentliche Ursache für die Störung der 196 begründeten Freiheitsordnung sah. Perseus wurde im Triumphzug durch Rom geschleppt und verschwand für den Rest seines Lebens im Kerker des mittelitalischen Städtchens Alba Fucens. Den makedonischen Staat zerschlug man in vier Republiken, denen jede Kommunikation untereinander verboten wurde. Eine Teilentwaffnung sorgte dafür, daß sie zu schwach waren, um Rom gefährlich werden zu können, aber doch noch stark genug, um den Schutz der gefährdeten Nordgrenze allein zu bewerkstelligen. Jeder dieser Staaten bekam eine eigene Verfassung und wurde zu jährlichen Tributleistungen verpflichtet. Daß auch dieser Ordnung eine Freiheitserklärung vorangestellt wurde, besagte nur noch so viel, daß Rom auf die Provinzialisierung verzichtete.
Nicht viel besser erging es den griechischen Städten: Wer sich dort antirömischer Gesinnung auch nur verdächtig gemacht hatte, verlor Vermögen, politische Stellung und häufig auch das Leben; viele, darunter der spätere

Historiker Polybios, wurden als Geiseln nach Italien deportiert. Selbst treue Verbündete wie Rhodos und Pergamon waren vor dem römischen Zorn nicht sicher: Rhodos wurde wegen seiner Vermittlungsbemühungen während des Krieges aus der Liste der römischen Freunde gestrichen, verlor seine Besitzungen auf dem kleinasiatischen Festland und mußte hinnehmen, daß die Errichtung eines Freihafens auf Delos seine Existenz als Handelsmacht weitgehend zerstörte. Eumenes II. von Pergamon fiel in Ungnade und konnte nur machtlos zusehen, als 164/163 römische Gesandte in den Städten seines Reiches Beschwerden seiner Untertanen gegen ihn auf dem offenen Markt verhandelten.

Der Krieg gegen Perseus markierte auch in den Augen der Zeitgenossen einen Wendepunkt der römischen Außenpolitik. Ihre Grundkonzeption hatte auf der Überzeugung beruht, vom fernen Rom aus eine Reihe von Mittelmächten, die einander die Waage halten sollten, kontrollieren zu können. Der sporadisch auftauchende römische Gesandte sollte dafür genügen. Der Krieg gegen Perseus brachte mit dem militärischen Sieg den politischen Wandel. Nunmehr war der Senat überzeugt, eine Ordnung begründen zu müssen, die notfalls auch ohne die Zustimmung der Betroffenen funktionierte. Der senatorische Gesandte kam jetzt als Kommissar und hatte die Drohung der militärischen Intervention im Gepäck. Der Achäer Kallikrates hat daraus schon 179 den Schluß gezogen, daß die Aufgabe jeder eigenständigen Politik als Preis für das römische Wohlwollen nicht zu hoch und der Wille der Römer mehr zu achten sei als alle Gesetze und Verträge (Polybios 24,10,6). Je mehr man sich an diese Maxime und die Hoffnung hielt, auf diesem Wege politisch überleben zu können, um so deutlicher wurde, daß diese Art von Freiheit wohl schlechter zu ertragen war als die direkte Herrschaft der allmächtig gewordenen Barbaren aus dem Westen.

## 3. Die Zerstörung der eigenständigen Welt des Ostens

Nach Pydna gab es im Mittelmeerraum keinen Gegner mehr, der Rom hätte ernsthaft gefährlich werden können. Der Senat war seinerseits entschlossen, seinen mit der Waffe errungenen Herrschaftsanspruch auch auszuüben. Trotzdem konnte er sich nicht dazu entschließen, im griechischen Osten Provinzen einzurichten, um die Herrschaftsaufgaben durch eigene Beamte direkt zu übernehmen. Die Provinzialisierungen im Westen besaßen für die Politik im Osten keinen Modellcharakter. Hier erschien die ständige Kontrolle entmachteter Staaten als einfachste Lösung. So gingen senatorische Gesandtschaften selbst an den Höfen der Seleukiden und Ptolemäer ein und aus und taten alles, um die bestehenden Machtverhältnisse zu destabilisieren. Mitte der sechziger Jahre z. B. überwachten Senatoren an Ort und Stelle die Zerstörung von Schiffen und die Verstümmelung von Kriegselefanten, die Antiochos IV. entgegen den Bestimmungen des Vertrages von Apameia behalten hatte. Sie waren mit der bezeichnenden Anordnung des Senats versehen, die königliche Macht nach Kräften zu schädigen. Hinter dieser zerstörerischen Diplomatie der Drangsalierung und der ständigen Intervention stand die Furcht vor der Größe der beherrschten Welt, in der man latente Aufsässigkeit argwöhnte. Die Politik Roms ist daher geprägt von dem fast verzweifelten Versuch, diesmal jeden potentiellen Gegner der 168/167 gesetzten Ordnung rechtzeitig aufzuspüren und ihm das Handwerk beizeiten zu legen. Zum erstenmal sah sich Rom einer Situation gegenüber, in welcher der gewaltige Umfang seiner Eroberungen die drängende Frage aufwarf, ob diese mit den bescheidenen verwaltungstechnischen Mitteln eines Stadtstaates langfristig zu beherrschen seien.

Auf die betroffene hellenistische Staatenwelt hat diese römische Politik eine verheerende Wirkung gehabt: Sie nahm ihr die Kraft zu überleben. Die einen rüsteten erneut zum militärischen Widerstand, der angesichts der Überlegenheit der Legionen nur ein Akt der Verzweiflung sein konnte. Die anderen resignierten und erhofften sich von überschwenglichen Bekundungen der Loyalität die Gnade des Siegers. Ihr Vorbild wurde der bithynische König Prusias, der den römischen Gesandten mit geschorenem Kopf und dem *pileus*, der Kappe der Freigelassenen, entgegeneilte, und ausrief: „Ihr seht in mir einen Freigelassenen, der euch ganz zu Diensten sein will" (Polybios 30,18): Ein schreckliches, aber die Situation des griechischen Ostens treffendes Bild, in dem sich die ganze Ohnmacht und Verzweiflung einer einst auf ihre Freiheit so stolzen Welt spiegelt.

Die Bewohner Makedoniens hatten sich nie mit der 167 vollzogenen Teilung ihres Landes in vier Republiken abgefunden. Bei den meisten lebte der Wunsch nach dem monarchisch regierten Einheitsstaat fort, der die jahrhundertealte Geschichte des Landes geprägt hatte. Als daher ein Abenteurer namens Andriskos auf seine Ähnlichkeit mit Perseus pochte und sich als Sohn und Erbe dieses Königs ausgab, kam es zum Aufstand, der nach seiner Niederschlagung zur Provinzialisierung des Landes führte. Tatsächlich blieb Rom jetzt keine andere Möglichkeit mehr als die der direkten Kontrolle durch ständig im Land stationierte Truppen unter dem Kommando eines mit allen Kompetenzen ausgestatteten Statthalters. Alleiniges Ziel dieser Regelung war die endgültige militärische Sicherung (s. S. 367).

Der Funke des Aufstands sprang nach Griechenland über, wo zu den Demütigungen des Nationalstolzes handfeste soziale Probleme kamen, die in den Städten Mittelgriechenlands die romfeindliche Stimmung mit sozialen Forderungen aufluden. Insbesondere die Führer des Achäischen Bundes hatten die verarmten und hungernden Massen nicht mehr fest in der Hand und entschieden sich für den Krieg, als Rom mit immer neuen Eingriffen in die Bundesverhältnisse ihre Autorität untergrub. Rom reagierte mit unerbittlicher Härte: Die Führer des Aufstandes wurden hingerichtet und den Städten Verfassungen gegeben, die künftig jede politische Einflußnahme der unteren Schichten unterbanden. Alle besiegten Staaten Mittelgriechenlands wurden tributpflichtige Untertanen, die dem Statthalter Makedoniens unterstellt waren. Das Land wurde ausgeplündert, und der kommandierende General Mummius, der es als einziger Angehöriger seines plebejischen Geschlechts zum Konsulat gebracht hatte, spezialisierte sich auf den Raub von Kunstschätzen, die er nach Italien schaffen ließ. Aber auch die Götter kamen nicht zu kurz: Aus dem Zehnten der Beute weihte der triumphierende Konsul auf dem Mons Caelius dem Hercules Victor einen Tempel, und eine Weihinschrift verkündete seinen Ruhm: „Lucius Mummius, Sohn des Lucius, Konsul, unter dessen persönlicher Führung, Auspizien und Oberbefehl (*ductu auspicio imperioque*) wurde Achaia genommen, Korinth zerstört. Dann kehrte er nach Rom zurück als Triumphator" (CIL I² 626).

Korinth wurde auf Anordnung des Senates dem Erdboden gleichgemacht. Hier, wo der Krieg seinen Ausgangspunkt genommen hatte und eine römische Gesandtschaft fast gelyncht worden wäre, statuierte man ein Exempel. Die brennende Stadt, neben Athen die reichste und geschichtsträchtigste ganz Griechenlands, sollte den Griechen unauslöschbar vor Augen führen, was es hieß, gegen Rom die Waffen zu erheben. Fünfzig Jahre nach der Freiheitsproklamation des Flaminius in Korinth, die der Auftakt einer neuen glanzvollen Ära der griechischen Geschichte hätte sein sollen, waren alle Hoffnungen der Verzweiflung gewichen. Rom hatte der griechischen Welt für die folgenden hundert Jahre nur Steuern, Hunger und die Willkür seiner Beamten zu bieten.

Auch die hellenistischen Monarchien wurde von Rom gezielt weiter geschwächt. Die angewandten Mittel waren sehr einfach: Der Senat förderte die bei jedem Thronwechsel unvermeidlichen Rivalitäten mehrerer Prätendenten und spielte sie gegeneinander aus. Aufstände, die insbesondere in dem aus vielen Nationalitäten zusammengesetzten Reich der Seleukiden an der Tagesordnung waren, wurden unterstützt und führten zur Herausbildung neuer Kleinstaaten.

Der auf seine Wirkung hin besehen auffallendste Vorgang war der Aufstieg eines selbständigen jüdischen Staates. Der gewaltsame Versuch des Antiochos IV., die Juden zu hellenisieren und damit seinen Herrschaftsanspruch über Jerusalem zu festigen, hatte 167 die religiöse Erhebung des Hasmonäers Mattathias und seiner Söhne ausgelöst (Makkabäeraufstand). Diese erkämpften nach der Religionsfreiheit (163) auch die nationale Unabhängigkeit (142). Geführt von der hohepriesterlichen Dynastie der Hasmonäer gelang den Juden schließlich die Eroberung ganz Palästinas, das sich als jüdisches Königreich weitgehend von seiner hellenistischen Umwelt abschloß. Rom hat die Hasmonäer von Beginn des Aufstandes an unterstützt und mit ihnen einen formellen Vertrag geschlossen (161). Der praktische Wert dieses Bündnisses bestand in der Festigung der internationalen Position des aufstrebenden Judenstaates: Die Weltmacht bekundete mit dem Vertragsabschluß ihr politisches Einverständnis mit der jüdischen Unabhängigkeit und legitimierte den Freiheitskampf der Makkabäer. So erhielt der König Demetrios nach Vertragsabschluß ein Schreiben aus Rom, in dem ihm unverhüllt mit der römischen Intervention gedroht wird: „Werden sie [die Juden] noch weiter über dich Klage führen, so werden wir ihnen

zu ihrem Recht verhelfen und dich zu Wasser und zu Lande bekriegen" (1 Makk. 8,32).
In Kleinasien resignierte 133 Attalos III. von Pergamon. Angesichts der mißtrauischen Vormundschaft des Senates und wachsender sozialer Schwierigkeiten warf er sein Reich testamentarisch Rom vor die Füße. Er war offenbar zu der Überzeugung gelangt, daß die direkte Herrschaft Roms seinen Untertanen eine bessere Zukunft bescheren werde als die Fortsetzung des königliche Regiments unter den argwöhnischen Augen des Senats. Seine Untertanen wollten dies nicht wahrhaben, vertrauten dem mit sozialrevolutionärem Pathos agitierenden Prätendenten Aristonikos und erlitten 129 dasselbe Schicksal wie Makedonien, Griechenland und Karthago: Sie wurden tributpflichtige Untertanen Roms und ihr Land Provinz.

## 4. Die Aufstände in Spanien und Nordafrika

Die Probleme, die sich den römischen Herren in Spanien stellten, waren ganz anderer Art. Hier bekam man es jenseits der städtisch besiedelten Ostküste mit barbarischen Stämmen zu tun, die nicht wie die hellenistischen Könige in großen Schlachten besiegt und unterworfen werden konnten. Jahrzehntelange Kämpfe waren nötig, um der Herrschaft einigermaßen sicher zu sein. 154 stellte ein Aufstand der Lusitaner zwischen Duero und Tajo, dem sich im Norden des Landes die keltiberischen Stämme anschlossen, alles bisher Gewonnene in Frage. Seine Ursachen lagen nicht allein in der römischen Mißwirtschaft begründet. Die kümmerlichen Lebensverhältnisse der Lusitaner trieben die Stämme immer wieder zu Kriegszügen, die Beute und neues Siedlungsland für die Hungernden bringen sollten.
Die römische Reaktion war von der Überzeugung geprägt, die spanischen Provinzen nur durch die physische Vernichtung des Gegners endgültig befrieden zu können. Der Krieg weitete sich zu einem zwanzigjährigen blutigen Ringen aus, in dem die römischen Feldherren kein Pardon mehr gaben, den Gegner durch Abmachungen und falsche Versprechungen hintergingen und durch Akte unvorstellbarer Grausamkeit versuchten, die Stämme in die Knie zu zwingen. Die Kämpfe nahmen dadurch an Heftigkeit zu, zumal die Spanier in Viriathus (147-139) einen Führer fanden, der die Taktik des Guerillakrieges meisterhaft handhabte. Die nicht ausbleibenden römischen Niederlagen brachten den Krieg in Verruf: Schon 151 weigerten sich in Rom die Rekruten, die Marschbefehle nach Spanien entgegenzunehmen, und der Senat hatte Mühe, geeignete Kommandeure für die Truppen zu finden.
Erst im Jahre 133 gelang es Scipio Aemilianus, dem Bezwinger Karthagos (s. u.), mit einem neu aufgestellten und durch Hilfskontingente aus aller Herren Länder verstärkten Heer, den verhaßten Gegner in Numantia durch Hunger und Blockade zur bedingungslosen Kapitulation zu zwingen.

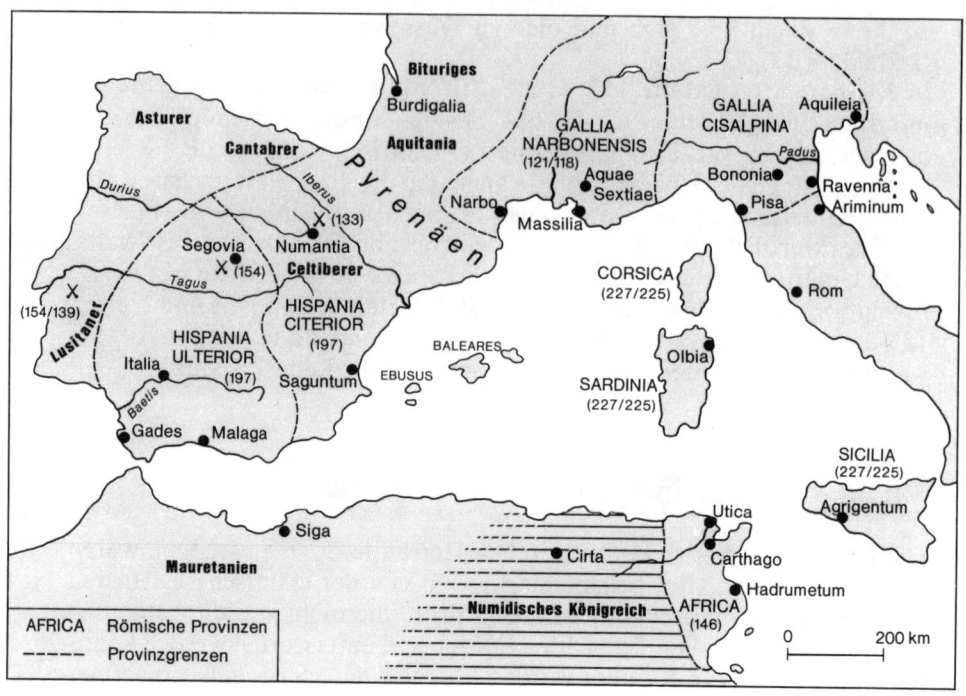

*Das westliche Mittelmeer im 2. Jahrhundert v. Chr.*

Die Verteidiger wurden in die Sklaverei verkauft, ihre Stadt zerstört und ihr Land an die Rom treu gebliebenen Stämme verteilt. Nach zwanzig Jahren Krieg richteten sich die apathischen und erschöpften Völker Spaniens darauf ein, als Untertanen Roms leben zu müssen.

Den Karthagern war diese Möglichkeit nicht offengelassen worden. Ende der fünfziger Jahre hatte sich die Stadt gegen die ewigen Drangsalierungen des Numiders Massinissa (s. S. 338) militärisch gewehrt und damit die Kriegserklärung des durch die spanischen Ereignisse erbitterten Senats provoziert. In blinder Angst und Wut beschloß der Senat die Auslöschung Karthagos, in dem man das Sinnbild einer gegen Rom stehenden Welt sah. Von den hilflosen Gesandten der unglücklichen Stadt, die sich 149 vor Eröffnung der Feindseligkeiten ergeben hatte, verlangte man die Auslieferung der Waffen, die Stellung von Geiseln und schließlich die Zerstörung der Stadt und die Umsiedlung der Einwohner in unbefestigte Dörfer im afrikanischen Hinterland (Diodor 32,6). Da dies langfristig den sicheren Tod Tausender karthagischer Bürger bedingt und die politischen Eliten entehrt hätte, nahm die verzweifelte Stadt die noch vorhandenen Waffen auf und rüstete zum Kampf.

Fast drei Jahre dauerte die Schlacht um die Stadt, die sich unter heroischen Opfern vergeblich gegen ihr Schicksal stemmte. Der Sieger wußte die

Staatsräson auf seiner Seite, als er mit pedantischer Gründlichkeit die letzten Funken des antirömischen Widerstandes austrat. Er brannte die Stadt nieder und führte den Pflug über sie: Nie wieder sollten dort künftig Menschen wohnen. Das karthagische Territorium wurde als Provinz Africa eingerichtet und bald zum begehrten Ziel von Siedlern aus Italien, die die Zukunft des Landes bestimmen sollten. Der siegreiche Feldherr Scipio zog an der Spitze seiner Truppen triumphierend in Rom ein, das ihn mit Ehrungen und Ämtern überhäufte und sein Andenken nach seinem Tod in Ehren hielt. Die zeitgenössischen Kritiker, von denen vornehmlich Polybios berichtet (36,9), haben Rom keinen Rechtsbruch vorgeworfen – offenbar, weil die Grundnorm der Dedition, die Schonung des Lebens, nicht verletzt worden war (s. S. 381 f.). Sie beklagten vielmehr das Mißverhältnis zwischen der karthagischen Schuld – Bruch des Vertrages von 201 – und der römischen Brutalität, die angesichts der unbestrittenen Dominanz der Republik im westlichen Mittelmeer keinen politischen Sinn machte.

## 5. Der Charakter der römischen Herrschaft

### Der Krieg als Rechtsexekution

Rom verstand und praktizierte den Krieg als Rechtsexekution, die die Gültigkeit von Rechtsprinzipien auch im Kriege forderte. Die Norm, die dies bedingte, war nach Livius allen Völkern gemeinsam: „Wir haben mit den Faliskern [sc. mit denen Rom im Krieg lag] keine Gemeinschaft, die auf von Menschen geschlossenen Vereinbarungen beruht (*pacto fit humano societas*); diese hat jedoch die Natur für beide geschaffen und sie wird bestehen bleiben. Auch der Krieg hat wie der Friede seine Rechtsgrundsätze; und wir haben gelernt, ihn nicht weniger rechtlich als tapfer zu führen." Die Folge eines solchen Tuns kann nach römischem Verständnis nur der Sieg sein: Am Ende der Geschichte des Krieges um Falerii erklären die kapitulierenden Bürger der Stadt, durch den Ausgang des Krieges habe die Menschheit zwei heilsame Lehren von den Römern empfangen: „Ihr habt die Rechtlichkeit im Kriege (*fidem in bello*) einem augenblicklichen Vorteil vorgezogen, und wir, durch eure Rechtlichkeit aufgerufen, haben euch aus freien Stücken den Sieg überlassen. Wir sind eure Untertanen; schickt Bevollmächtigte, die die Waffen, die Geiseln und die Stadt bei geöffneten Toren übernehmen" (Livius 5,27,6 ff.; Übers.: M. von Albrecht). Der Weg zur Weltherrschaft war nach diesem Selbstverständnis der Weg einer imperialen Macht, die dem Recht der Natur und der Götter gehorchte und von den Besiegten gepriesen wurde, „da wir unter eurer Herrschaft besser leben werden, als wenn wir selbständig blieben" (aaO.).

Wer den Krieg wollte, mußte ihn nicht nur materiell, d. h. mit einem ausreichender Grund, sondern auch formell korrekt begründen. Die Wahrung der anzuwendenden Rechtsformen oblag ursprünglich dem Priesterkollegium der Fetialen, die in Person Genugtuung für das erlittene Unrecht

forderten (*res repetere*) und den Krieg ankündigten (*indicere*), wenn Senat und Volk ihn befohlen hatten. Der Kriegsgrund war damit juristisch als Rechtsverletzung in einem festen Ritual statuiert. Nur ein in dieser Form erklärter Krieg galt als gerecht und konnte in der sicheren Gewißheit geführt werden, daß die Götter auf der Seite Roms standen. Ihre Zustimmung wurde denn auch in jeder Phase des Krieges eingeholt, und die Auspizien verbanden jede wesentliche Kriegshandlung mit Jupiter optimus. Den Göttern müsse man danken, riefen die Gegner des Manlius Vulso, der 187 nach eigenem Gutdünken einen Krieg gegen die Galater geführt hatte, den Göttern müsse man danken, daß sie das Heer in einem ungerechten Krieg nicht für das Verhalten des Feldherrn bestraft hätten; denn Manlius habe nicht nur ohne Zustimmung von Senat und Volk Krieg geführt, sondern auch keine Gesandte zum Zwecke des *res repetere* zu den Galatern geschickt und auch keine formelle Kriegserklärung überreicht. Würde man ein solches Verhalten billigen, so wären das *ius fetiale* und die römische Religion schlechthin außer Kraft gesetzt (Livius 38,44 ff.).
Die Grenze zwischen Krieg und Frieden wurde dementsprechend zeitlich und räumlich durch sakrale Handlungen gezogen: Der Krieg begann mit der kultischen Reinigung des Heeres (*lustratio exercitus*) und endete mit der feierlichen Reinigung der Waffen (*armilustrium*). Seine Symbole hatten in der Stadt, im Bereich *domi*, in dem jeder kriegerische Akt untersagt war, nichts zu suchen: Die Liktoren der Magistrate mit *imperium* trugen dort keine Beile in den Rutenbündeln, die Bürger durften in der Stadt nicht in militärischer Gliederung, in Centurien, aufgerufen werden, und die Kriegsgötter hatten im Stadtbereich keine Verehrungsstätte.
Die Ausweitung der Kriegsschauplätze hat die Fetialen, denen das Verlassen italischen Bodens nicht möglich war, kaum noch praktisch, wohl aber gutachterlich tätig werden lassen; an den juristischen Formalien hat dies nichts geändert: Jetzt führten senatorische Gesandte (*legati*) die Sühneverhandlungen mit dem Gegner und erklärten im Falle ihres Scheiterns den Krieg, wenn sie dazu ein Senats- und Volksbeschluß autorisiert hatte. So waren es fünf Senatoren, die im Juni 218 v. Chr. wegen der Überschreitung des Ebro durch Hannibal vorstellig wurden und Genugtuung forderten; als der karthagische Rat zögerte, faltete Q. Fabius, der Führer der römischen Gesandtschaft, seine Toga zu einem Bausch und rief: „Hier bringen wir euch Krieg und Frieden. Nehmt, was ihr wollt!" (Livius 21,18,13). Als die so herausgeforderten Karthager schrien, er möge nur geben, was immer er wolle, schüttete Fabius den Bausch seiner Toga aus und erklärte den Krieg. Es lag also im Ermessen der Gesandten, die vorab in Rom getroffene Entscheidung für den Krieg nach Anhörung des Gegners an Ort und Stelle gültig werden zu lassen oder nicht.
Dieses Festhalten an einem strengen juristischen Ritual, an das sich noch Caesar in Gallien gebunden fühlte (s. S. 462), heißt nicht, daß die Römer die ethische Überzeugung besessen hätten, die Gerechtigkeit sei die höchste Form des Völkerrechts. Die angestrebte Rechtmäßigkeit des Krieges beinhaltete keinen klar umrissenen moralischen Verhaltenskodex. Die Bindung

an das *ius fetiale* ist vielmehr eine kultische und juristische, die jedes moralische Moment unbeachtet läßt. Anders: die Überzeugung des Römers von der Gerechtigkeit seiner Sache resultierte anfangs nur aus der Einhaltung der formalen Vorschrift, und diese allein garantierte die Hilfe der Götter. Ihre Einbindung in ein völkerrechtliches Rechtsgeschäft war durch nichts rückgängig zu machen: So half es etwa dem Konsul Postumius gar nichts, als er dem Senat vorschlug, den schmachvollen Caudinischen Unterwerfungsvertrag (s. S. 327) zu annulieren, da man beim Abschluß vom Gegner getäuscht worden sei. Der Senat blieb weiterhin ratlos, da die eidliche Verpflichtung gegenüber den Göttern mit diesem Argument nicht aus der Welt geschafft werden konnte (Zonaras 7,26,12).

Als Krieg und Eroberung in die Jahre kamen, wußten auch die Römer, daß die Rechtmäßigkeit eines Krieges nicht nur an der Elle der eingehaltenen Formalien zu messen war. Cicero unterschied sehr genau zwischen Kriegen, die um Hegemonie und Ruhm (*de imperio, de gloria*) oder um die nackte Existenz (*uter esset*) geführt wurden, und er konnte vergangene Kriege nach diesen Kriterien genau klassifizieren (de officiis 1,38): Demnach focht Rom gegen Karthago und Pyrrhos um die Herrschaft, mit den Kelten und Kimbern dagegen um Sein oder Nichtsein. Kataloge dieser Art zeigen, daß sich die materielle Begründung eines Krieges in den Vordergrund schob, ohne allerdings das Gewicht der Formalien beschädigen zu können, da Form und Inhalt des Rechts in den Augen eines Römers nur zwei verschiedene Seiten einer Medaille waren. Die von Cicero geprägte Formel, Rom habe Kriege entweder für die Bundesgenossen oder um die Herrschaft (*aut pro sociis aut de imperio*) geführt und so den Erdkreis gewonnen, versucht denn auch beide Elemente zu verbinden (de officiis 2,26).

*Der Sieg und seine Folgen*

Der Krieg endete entweder mit dem Abschluß eines Friedensvertrages, der zu einem Bundesgenossenschaftsvertrag erweitert werden konnte, in jedem Fall jedoch zwischen Rom und dem ehemaligen Gegner freundschaftliche Beziehungen (*amicita*) herstellte, oder aber mit der Eroberung oder Kapitulation des Kontrahenten.

So kannten die Kriege, die der Republik das Weltreich zu Füßen legten, ein häufiges und immer gleiches Ritual, die *deditio* (Übergabe): Aus halb zerstörten und von allem Lebensnotwendigen abgeschnittenen Städten bewegte sich ein Zug von Gesandten, die vor aller Augen und in einem streng gegliederten dreifachen Frage- und Antwort-Verfahren vor dem römischen Truppenführer die Kapitulation vollzogen. Sie wurden befragt, ob ihr Staat *in sua potestate*, also souverän, und sie selbst mit allen Vollmachten versehene Gesandte seien; dann übergaben sie ihre Stadt und die Verfügungsgewalt über alles Land, die Gewässer, Grenzsteine, Heiligtümer und ihre bewegliche Habe, kurz über alles, was ihnen und ihren Göttern gehörte; schließlich bestätigte der siegreiche Kommandeur ausdrücklich die Annahme der Kapitulation: *at ego recipio* (das Formular bei Livius 1,38,1-3).

Den Vorgang umgaben vielfältige Gesten der Unterwerfung: Bittend vorgestreckte Hände und hochgehaltene Lanzen der Kämpfer sprachen von den bangen Hoffnungen der ganzen Bevölkerung, mit der Kapitulation, die nach den Spielregeln des Siegers vollzogen worden war, wenigstens das Leben zu retten und vom Los der Sklaverei verschont zu bleiben. Viele Städte versuchten, die Übergabe an die Zusicherung von Leib und Leben zu knüpfen. Die Übergabe geschah – für einen Rechtsakt auch gar nicht anders denkbar – friedlich und formal geregelt; nur selten sprengten Haß, Wut und die Gier nach Beute die Befehle der Offiziere, und die römischen Soldaten plünderten und zerstörten die kapitulierende Stadt, die für die Leiden der Belagerung zu zahlen hatte.

Dem römischen Feldherrn stand es frei, ob er die Kapitulation des Gegners annehmen oder den Kampf bis zum bitteren Ende fortsetzen wollte. Nahm er an, so regierten von dem Moment seiner Zustimmung bis zur endgültigen Entscheidung über das künftige Schicksal des Dedierten Befehl und Gehorsam: Was immer der Römer forderte, von der Verpflegung und Unterbringung seiner Truppen bis zur Schleifung der Stadtmauern und der Abgabe aller Waffen, hatte der Dedierte pünktlich und ohne Widerspruch zu leisten. Aber es blieb ihm die Hoffnung, durch die Kapitulation das Schlimmste vermieden zu haben. Gute Gründe sprachen dafür, daß diese Zuversicht nicht trog: Hatte doch der Sieger häufig schon von sich aus zur Übergabe aufgefordert, um sich die Blutopfer einer langen Belagerung zu ersparen. So war es im Jahre 190 vor Phokäa gewesen: Nach dem vergeblichen Versuch, die Stadt im Sturm zu nehmen, verlegte sich der Prätor Regillus aufs Verhandeln, woraufhin die Stadt ihre Tore unter der Bedingung öffnete, daß sie der Sieger verschone; wenig später erhielt sie ihren Status als selbständige Gemeinde zurück (Livius 37,32,1-13).

Der Zweck der Dedition ist einfach zu verstehen, wie die Kapitulation überhaupt als eine universale Erscheinung verstanden werden muß, so daß sich alle Kapitulationsarten zumindest funktional ähneln: Im Angesicht der drohenden Niederlage ergibt sich der Unterlegene, um den Folgen der Eroberung nach Möglichkeit zu entgehen, und der Stärkere nimmt an, um das Blut seiner Soldaten zu schonen, ohne damit auf Sieg und Triumph verzichten zu müssen. Über die Rechtsfolgen belehrte bereits Polybios seine griechischen Landsleute, als sie in den Jahrzehnten ihrer Unterwerfung erfahren mußten, daß der römische Sieger eigene Vorstellungen von den Folgen einer Kapitulation hatte und diese auch durchsetzte: „Wer sich in die freie Verfügung der Römer gibt, übergibt ihnen erstens das Land, das er besitzt, mit allen Städten darin, dazu alle Männer und Frauen, die in dem Land und den Städten wohnen, ebenso Flüsse, Häfen, Tempel, Gräber, und dies bedeutet in aller Kürze, daß die Römer über all dies Herr sind, die Kapitulierenden über schlechthin nichts mehr" (36,4). Mit einem Wort: Der bisherige Status des sich Ergebenden wurde umgestürzt, und seine Zukunft lag nunmehr ganz in den Händen des Siegers.

Der mit der Annahme der Dedition hergestellte neue Status versetzte den Besiegten in einen Schwebezustand, der früher oder später durch eine endgültige Regelung der zuständigen römischen Organe – meist im Zusammenwirken von Feldherr und Senat – abgelöst werden mußte. Die Entscheidung des Siegers konnte die Rückgabe der völkerrechtlichen Souveränität, die Eingliederung in den römischen Staat bzw. eine Provinz oder auch die Vernichtung der dedierten Gemeinde verfügen; das letztere war nur in besonderen Einzelfällen möglich und geschah selten mit allgemeiner Billigung, da der Grundsatz, nur eroberte, nicht aber dedierte Städte dürften zerstört werden (*captas, non deditas diripi urbes*: Livius 37,32,12 f.), zwar nicht rechtlich festgeschrieben, wohl aber durch allgemeinen Konsens sanktioniert war. Wer dagegen verstieß, mußte den Abscheu der öffentlichen Meinung fürchten: So nannte Sallust die Entscheidung des Marius, im Krieg gegen Jugurtha (s. S. 401) die dedierte Stadt Capsa zu zerstören und ihre Bewohner töten oder versklaven zu lassen, ein Verbrechen gegen das Kriegsrecht (*facinus contra ius belli*), obwohl auch Sallust anerkannte, daß für diese Entscheidung gewichtige strategische Gründe gesprochen hatten (Jug. 91,6 f.).

Im griechischen Osten blieb die Wiederherstellung der Souveränität der Besiegten bei gleichzeitiger Begründung eines formlosen Freundschaftsverhältnisses (*amicitia*) bis 146 die Regel. Die anhaltenden Kämpfe und die wachsende Überlegenheit Roms luden den neuen Freunden jedoch bald drückende Pflichten auf: Zunächst wurde die Waffenhilfe zum selbstverständlichen Bestandteil der Freundschaft, dann wurden neutrale Positionen als feindselige Akte definiert, und schließlich verwandelte sich der ehemalige Freund in einen Klienten, dessen Verhalten argwöhnisch überwacht wurde (s. S. 374). Die Formlosigkeit der *amicitia*, bei gleichen Interessen und gleicher Machtverteilung für jeden Kontrahenten die beste Gewähr weitgehendster Freiheit und Unabhängigkeit, bewirkte jetzt das genaue Gegenteil, als der Marschtritt des römischen Legionärs hinter jeder diplomatischen Demarche Roms zu hören war. Da formal eine rechtswirksame Verpflichtung, die Souveränität der *amici* zu achten, nicht existierte, regierte in diesen völkerrechtlichen Bindungen das Diktat des Senats.

Die Folge dieser faktischen Umwandlung der freundschaftlichen Beziehungen in Quasi-Untertanenverhältnisse mußte die Ausdehnung des Anwendungsbereiches der Dedition sein. Sie wurde mehr und mehr als Voraussetzung für jede friedliche Zusammenarbeit mit Rom erwartet und gerann damit zum sinnfälligen Zeremoniell der Unterwerfung unter die Entscheidungen der Weltmacht, wie immer diese auch ausfallen mochten. In den Kriegen Caesars in Gallien war die *deditio* schließlich die einzige Form geworden, die die Aufnahme von Beziehungen zu Rom überhaupt erst möglich machte.

*Die Formen der Herrschaftsausübung*

Krieg und Politik im 2. Jahrhundert lassen von Anfang an den festen Willen Roms erkennen, die mit dem Schwert eroberte Macht auf Dauer zu erhalten. Mit der Familie der Scipionen betrat innerhalb der Senatsaristokratie zudem eine Schar von Politikern die Bühne, die erkannte, daß Rom zur Weltmacht aufgestiegen war, und entschlossen daran ging, die gewonnene Herrschaft auch auszuüben. Direkte Herrschaft in der Form von Provinzialisierungen allrdings blieb bis 146 auf Sizilien, Sardinien und Spanien beschränkt. Die Griechen und die Nachfolgestaaten Alexanders wurden indirekt beherrscht: Die völkerrechtliche Angliederung an Rom in der Form von Verträgen und Freundschaften und die diplomatische Intervention waren die Mittel einer Herrschaftspolitik, deren Ziele vorrangig von dem Wunsch nach Sicherheit und dem festen Willen bestimmt waren, einmal erreichte Positionen nicht aufzugeben. Es entsprach dies auch den Möglichkeiten der Republik, die als Stadtstaat keine flächendeckende eigene Verwaltung zur Beherrschung von Millionen von Untertanen aufbauen konnte.

Erst als nach 168 die Aufstandsbewegungen um sich griffen, entschied sich der Senat für weitere Provinzialisierungen in Makedonien, Griechenland, Kleinasien und Nordafrika. Eingerichtet war damit zunächst nur das militärische Regiment auf Dauer, für dessen Kosten die Untertanen Steuern (Tribute) zu leisten hatten. Die Aufgabe des Statthalters war dementsprechend auf wenige Funktionen beschränkt: Er sorgte mit militärischer Macht und durch eine rege Tätigkeit als Gerichtsherr für die Ruhe der Provinzen, in deren tradierte soziale und politische Ordnung er in der Regel nicht eingriff. Höhe und Art der Steuer legte das Einrichtungsgesetz der Provinz (*lex provinciae*) fest, das Abstufungen der Unterordnung unter Rom enthalten konnte (s. S. 340).

Das römische Bedürfnis nach Sicherheit und der Wille zur Machterhaltung schlossen die Pflicht der Fürsorge für die Untertanen nicht ein; der jährliche Wechsel der Statthalter ließ zudem ein dauerhaftes Regiment erst gar nicht aufkommen. Mißwirtschaft und skrupellose Habgier kennzeichnen denn auch die Tätigkeit vieler Statthalter, die während ihrer kurzen Amtszeit reich wurden und sich die Mittel für eine weitere Karriere in der römischen Ämterhierarchie verschaffen wollten. Das mindeste war, daß man sich von den Provinzialen alle Aufwendungen für sich und das Gefolge bezahlen ließ; was allein dies bedeuten konnte, brachte bereits Cato in Rage, der 198 als Prätor in Sardinien feststellen mußte, daß seine Amtsvorgänger „sich Zelte, Ruhebetten und Decken auf Staatskosten stellen ließen und durch ihre zahlreiche Dienerschaft, die Menge ihrer Freunde und die Kosten ihrer verschwenderischen Tafel einen schweren Druck ausübten" (Plutarch, Cato 6,2). Nur wenige widerstanden der Versuchung wie Gaius Gracchus, der vor der Volksversammlung Rechenschaft über seine Amtszeit als Quästor in Sardinien ablegte und erklären konnte, „ich habe, als ich wieder nach Rom abreiste, die Geldbeutel, die ich voll Geld mitnahm, leer aus der Provinz zurückgebracht; andere haben die Weinamphoren, die sie voll mitnahmen, mit Geld wiederaufgefüllt nach Hause zurückgebracht" (Plutarch, Gaius Graechus 2; Übers.: Till).

Beschwerden der Geplagten an den Senat fruchteten selten. Aus seinen Reihen kamen die Provinzialgouverneure, welche die Solidarität ihres

Standes forderten. Nur einen Hoffnungsschimmer brachte der im Jahre 149 durch Gesetz eingerichtete stehende Gerichtshof (*quaestio de repetundis*), vor dem Klagen gegen Erpressung von Provinzialen anhängig gemacht werden konnten. Auf den Richterbänken saßen die eigenen senatorischen Standesgenossen und (seit Gaius Gracchus) Angehörige des Ritterstandes, die alle von der Ausbeutung der Provinzen profitierten und sich so kaum je zu Fürsprechern der Ausgepreßten machten.

Die schlimmsten Plagen drohten von den Steuereintreibern. Die an sich erträglichen Steuern wurden durch private Unternehmen erhoben, an die der Staat das Steueraufkommen der Provinz verpachtete. Die Pächter *(publicani)* kamen aus dem Ritterstand, der auch die übrigen öffentlichen Leistungen und Lieferungen des Staates pachtete und erledigte; vielfach taten sich einzelne Ritter zu Pachtgesellschaften zusammen, um das Risiko gering zu halten. Die Pachtsumme wurde sofort bei Ersteigerung der Pacht fällig, woraufhin die Kunst nun darin bestand, aus der Provinz weit mehr als die gezahlte Summe herauszuholen.

Die Stimmen des Widerstandes klagten denn auch gerade die Grausamkeit des Steuersystems an, das vor allem in Asien viele ehemals blühende Städte in den finanziellen Ruin gestürzt hatte: „Die Provinz war von unsäglichen und unglaublichen Leiden heimgesucht, indem sie von den Steuerpächtern und Wucherern ausgeräubert und geknechtet wurde. Die einzelnen Bürger wurden gezwungen, wohlerzogene Söhne und jungfräuliche Töchter, die Gemeinden, Weihgeschenke, Gemälde und Götterstatuen zu verkaufen. Ihr eigenes Ende war, daß sie ihren Gläubigern zugesprochen und deren Sklaven wurden, und was vorausging, war noch schlimmer: Fesselung, Einkerkerung, Folterung, Stehenmüssen unter freiem Himmel, im Sommer in der heißen Sonne, im Winter in Schlamm und Eis, so daß ihnen der Sklavenstand wie eine Befreiung von schwerer Last und eine Zeit des Friedens schien" (Plutarch, Lucullus 20 über Asien 70 v. Chr.).

Die Griechen, die unter der Primitivität dieses Herrschaftssystems am meisten gelitten haben, beurteilten den Charakter der römischen Herrschaft seit der Mitte des 2. Jahrhunderts zweifellos richtig: „Als die Römer nahezu die ganze bewohnte Erde beherrschten, da begannen sie, ihre Herrschaft durch Terror und die Vernichtung der ansehnlichsten Städte zu sichern" (Diodor 32,4,4). Militärischer Widerstand, das hatten die Jahre 154-129 jeden gelehrt, war sinnlos. So gaben in den Jahrzehnten danach vor allem die Apathie und die Resignation der Provinzen den Nährboden für eine Anpassung an eine römisch strukturierte Welt ab.

## 6. Die Rückwirkung der Weltherrschaft auf die politische Moral

Die Zeit Ciceros hat in der Vernichtung Karthagos einen Scheitelpunkt auch der inneren Geschichte Roms gesehen. Der Moralist Sallust verdichtete diese Ansicht zu einer Anklage gegen die Nobilität: „Nach dem Willen einer Minderheit wurde daheim und draußen Politik gemacht. In ihren

Händen lagen auch Staatsschatz, Provinzen, Ämter, Ruhmestitel und Triumphe ... So drang mit der Macht Habsucht ohne Maß und Bescheidenheit ein, besudelte und verwüstete alles, kannte nichts Wertvolles und Heiliges, bis sie sich selbst stürzte" (Jugurtha 41). Der Vorwurf der Korruption durch Macht und Geld trifft den Kern der Sache. Seit dem Beginn des 2. Jahrhunderts hatten die überwältigenden Erfolge der Republik einen neuen Typ des Politikers geschaffen. Die Fülle der in die Hände der Magistrate gelegten Macht löste sie aus den Bindungen ihres Standes und gab ihnen Züge von Selbstherrlichkeit, die die Unterwerfung ihrer persönlichen Interessen unter die des Staates mehr und mehr erschwerten.
Der Ausruf des sittenstrengen Staatsmannes und Schriftstellers Cato nach einem militärischen Husarenstück in Griechenland, das römische Volk verdanke ihm mehr als er dem römischen Volk, beschreibt das Ausmaß, welches das Selbstbewußtsein der Führungsschicht angenommen hatte. Die Folge waren selbstherrliche Entscheidungen in den Provinzen und wachsende Ansprüche auf einen bevorzugten Platz im Staat. So brach bereits 189 der Konsul Manlius Vulso in Kleinasien ohne Kriegserklärung zu einem Vernichtungsfeldzug gegen die Galater auf und wehrte die Vorwürfe des Senates mit dem Hinweis ab, er habe die Interessen Roms in einer bedrohlichen Situation wahren müssen (vgl. S. 380). Er und viele andere stürzten als Feldherren aus eigener Entscheidung Königreiche, regierten Provinzen ohne jede Aufsicht und forderten Gehorsam wie Könige. Im griechischen Osten genossen sie dazu noch eine fast göttliche Verehrung als Heilande und Retter, denen man Altäre baute und Standbilder errichtete. Nach ihrer Rückkehr waren sie in Rom nicht mehr in die Gleichheit und Solidarität ihres Standes einzubinden; zu lange hatten sie sich im monarchischen Glanz gesonnt, als daß sie anschließend wieder als einer von vielen die Bänke des Senates drücken mochten.
Die Republik hat sich gegen diese Männer zur Wehr gesetzt und die Herausstellung des einzelnen aus dem Kreise der anderen nicht dulden wollen. Sie wandte sich auch gegen ihren größten Sohn, Scipio Africanus, den Sieger über Hannibal. Sie verzieh ihm nicht, daß er sich öffentlich rühmte, Spanien, Afrika und Asien gewonnen zu haben, und sie verstand, daß er sich über sie erhob, als er den Dichter Ennius animierte, ihn mit den Heroen der Vorzeit zu vergleichen. In einer Reihe von Prozessen wurde in den Jahren 186-184 seine Stellung untergraben, worauf der Held von Zama Rom resignierend den Rücken kehrte und sich auf seine kampanischen Güter zurückzog. Der gegen ihn erhobene Vorwurf kennzeichnet die Angst der Aristokratie vor dem Überborden der politischen Leidenschaft und des politischen Ehrgeizes einzelner ihrer Standesgenossen: Scipio, so rief der anklagende Tribun vor dem Volk, habe der Welt zeigen wollen, „daß ein einziger Mensch Haupt und Stütze des römischen Reiches sei, daß die Bürgerschaft, die die Welt beherrsche, im Schatten Scipios stehe und daß sein Wille an die Stelle der Beschlüsse des Senates und des Volkes trete" (Livius, 38,51,4f.). Von da führt ein gerader Weg zu Caesar, der genau das tun sollte, was man Scipio vorwarf (s. S. 429 ff.).

# V. Das Ende des inneren Friedens

| | |
|---|---|
| 136-132 | Erster Sizilischer Sklavenkrieg, verursacht durch die Ausweitung der Sklavenwirtschaft seit den großen Eroberungskriegen im griechischen Osten. |
| 133 | Volkstribunat des Tiberius Sempronius Gracchus; Vorlage eines Ackergesetzes gegen den Einspruch des Senats. |
| 123-122 | Volkstribunat des Gaius Gracchus; umfängliche Sozialgesetzgebung; Versuch, die politische Macht des Senats zu begrenzen. |
| 113-101 | Einfälle der Kimbern und Teutonen; römische Niederlagen bei Noreia (113) und Arausio (105). |
| 104-100 | Konsulate des Marius. Reform des Heerwesens; Siege über die Teutonen bei Aquae Sextiae (102) und die Kimbern bei Vercellae (101). |
| 91-88 | Aufstand der italischen Bundesgenossen. 90 gewährt die *lex Iulia de civitate* den treu gebliebenen Italikern das römische Bürgerrecht. |

## 1. Die Bauern Italiens

Die soziale Krise, die Tiberius Gracchus als erster zu lösen versuchte, war eine Agrarkrise. Ihre Anfänge führen in das letzte Jahrzehnt des Hannibalischen Krieges, und ihr Ende fällt mit der Begründung der Monarchie durch Augustus zusammen. Sie wurde ausgelöst durch die militärischen Anforderungen und die Beute des imperialen Siegeszuges, und sie wurde behoben durch den Umsturz der alten Wehrordnung und durch die Wiederaufnahme der Kolonisation, die seit Caesar auch die Provinzen des westlichen Mittelmeeres erfaßte.
Der Hannibalische Krieg hatte weite Teile Süditaliens verheert: Etwa 400 Orte waren zerstört, zahllose Menschen getötet, versklavt oder vertrieben worden. Zudem hatte die Rache des römischen Siegers die abgefallenen Bundesgenossen schwer getroffen: Sie mußten weite fruchtbare Landstriche an Rom abtreten (ca. 10 000 qkm nach einer Schätzung Belochs), das dort acht römische und zwei latinische Kolonien gründete und die Veteranen des Krieges auch einzeln ansiedelte; insgesamt mögen es 40 000 Veteranen gewesen sein, die auf diesem Wege versorgt wurden. Das noch verbleibende Staatsland wurde zur Okkupation freigegeben – angesichts der hohen Kosten nur für reiche Gutsbesitzer oder kapitalkräftige Investoren ein lockendes Angebot. Insgesamt war den Versuchen einer Neubesiedlung wenig Erfolg beschieden. Das einmal verödete Land bot den Ansiedlern

*Laurent de la Hyre, Cornelia, die Mutter der Gracchen, verweigert die Krone des Ptolemäus, 1646*

(Budapest, Museum der Bildenden Künste)

Cornelia, die Tochter des Scipio Africanus, des Siegers über Hannibal, ist die erste Römerin, die wir genauer kennen. Sie heiratete als junges Mädchen Tiberius Sempronius Gracchus, den Konsul der Jahre 177 und 163, als dieser die Fünfzig bereits überschritten hatte. Die glückliche Ehe war mit zahlreichen Kindern gesegnet, von denen aber nur drei das Erwachsenenalter erreichten: die beiden Söhne Tiberius und Gaius sowie Sempronia, die spätere Gattin des Scipio Aemilianus. Als ihr Mann um 150 starb, widmete sich Cornelia ganz der Erziehung ihrer Söhne – jedenfalls sagt dies neben der literarischen Überlieferung auch die ihr später vom Volk gestiftete Statue und die Inschrift auf der Basis: „Cornelia, Tochter des Africanus, Mutter der Gracchen" (Cornelia Africani filia Gracchorum; Dessau, nr. 68). So konnte auch die schöne Geschichte kolportiert werden, die Mutter habe, als eine feine Dame der Gesellschaft nach dem Schmuck der Gastgeberin fragte, auf ihre Söhne gezeigt: „Das sind meine Juwelen" (Valerius Maximus 4,4).

Cornelia hat nach dem Tod ihres Mannes nicht mehr geheiratet. So war über die Jahrhunderte hinweg die Nachwelt tief beeindruckt, als sie bei Plutarch las, die Witwe habe ein Heiratsangebot des ägyptischen Königs Ptolemaios VIII. ausgeschlagen. Vor allem die Maler des Barock waren entzückt von soviel Treue zu dem toten Gatten und den unmündigen Kindern – kein Wunder, denn monarchisch regierten Jahrhunderten mußte die Hand eines Königs als das höchste Glück erscheinen. So war es in den Jahren der römischen Welteroberung gewiß nicht: Für die Tochter des Africanus, einflußreich und gebildet, konnte das Werben eines Zaunkönigs von Roms Gnaden nur Zumutung, nicht Auszeichnung sein. Weit mehr mußten die Aussichten der Söhne auf eine glanzvolle Karriere reizen; dazu beizutragen durch Erziehung und Rat, wog mehr als jede Krone, die in der Mittelmeerwelt noch zu haben war.

Wieweit Cornelia auf die Politik ihrer Söhne Einfluß nahm, ist schwer zu bestimmen. Plutarch berichtet Widersprüchliches; in den Nepos-Handschriften hingegen findet sich ein Brief, den Cornelia im Sommer 124 an ihren Sohn Gaius gerichtet haben soll. Darin beschwört sie ihn, dem toten Bruder und seiner Politik nicht nachzueifern – auch dann nicht, wenn die Familienehre es gebietet, Rache an den Mördern zu nehmen:

„Du wirst sagen, es sei trefflich, an seinen persönlichen Feinden Rache zu nehmen. Niemandem erscheint das wichtiger und trefflicher als mir – jedoch nur dann, wenn es ohne Schaden für das Gemeinwesen vollbracht werden kann. Doch weil das nicht möglich ist, sollen unsere Feinde noch lange und in überwiegender Mehrheit lieber nicht zugrunde gehen und so weiterleben wie jetzt, als daß das Gemeinwesen zerschlagen werde und untergehe" (Nepos frg. 58; Übers.: R. Till).

Ob dieser Brief nun von Cornelia geschrieben oder ihr in späterer Zeit untergeschoben wurde, er enthüllt so oder so einen wesentlichen Motor der römischen Innenpolitik des 2. und 1. Jahrhunderts v. Chr.: die Pflicht zur Rache an seinen Gegnern (vgl. S. 415).

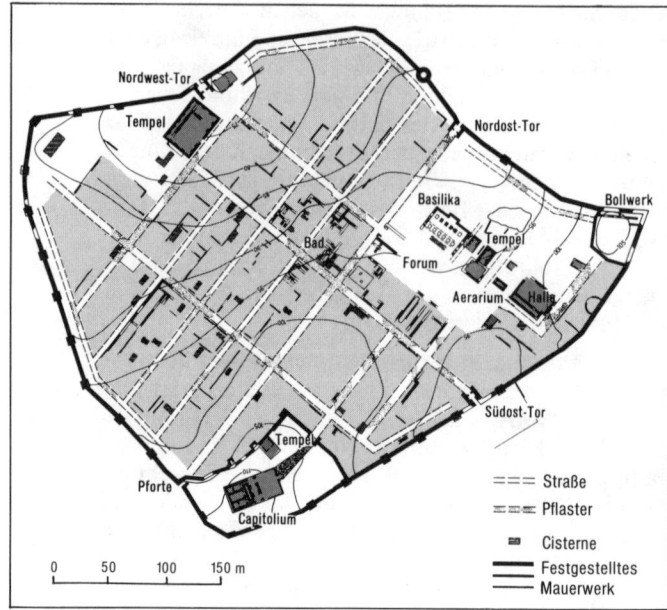

*Stadtplan der 273 v. Chr. gegründeten latinischen Kolonie Cosa* (s. Karte S. 331). Trotz des hügeligen Bergplateaus folgt die Stadtanlage ebenso wie die Aufteilung des städtischen Landterritoriums der regelmäßigen Planstruktur aller von Rom gegründeten Städte: Parallel geführte Straßen (decuma) zerteilten das Gebiet, das in gleichmäßige rechteckige (später auch quadratische) Siedlungsplätze gegliedert wurde. Die Kolonie war entsprechend ihrer militärischen Aufgabe stark befestigt. 197 v. Chr. wurde sie auf eigenen Wunsch mit weiteren 1 000 Siedlern verstärkt. Diese Möglichkeit, verarmten Bauern in bereits bestehenden Städten neues Land zuzuweisen, wurde nach 170 v. Chr. kaum noch genutzt.

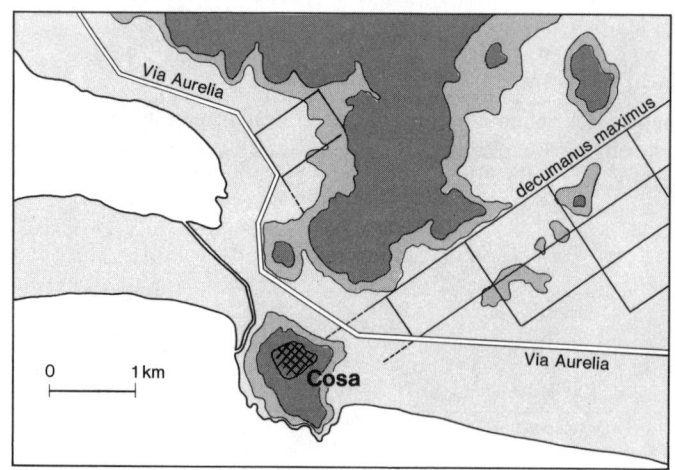

*Die Aufteilung des flachen Landes von Cosa.* Der Planstruktur der Stadt entsprechend wurde das der Stadt gehörende Siedlungsland in Zenturien (50 ha) eingeteilt, auf denen je 100 Bauern angesiedelt werden konnten. Die heutige Flureinteilung im Mittelmeerraum folgt häufig noch dem antiken Vorbild und kann – vor allem durch Luftaufnahmen – rekonstruiert werden.

wenig Anreize; die bis 177 im großen Stile betriebene Kolonisation Oberitaliens stillte den Landhunger bedürftiger Römer besser. So löste die Weidewirtschaft im Süden bald den Getreideanbau und der Hirt den Bauern ab.
Die anderen Gebiete Italiens, mit Ausnahme der gerade kolonisatorisch erschlossenen Po-Ebene, traf der Geldstrom aus Kriegsbeute, Kontributionen, Provinzialsteuern und Handelsgewinnen. Die Senatoren, denen die *lex Claudia* von 218 ohnehin nur das Land als standesgemäße Einkommensquelle gelassen hatte (s. S. 354), aber auch die Ritter und die Honoratioren der italischen Landstädte legten ihr schnell gewonnenes Geld in Landbesitz an, der als die sicherste und angenehmste Quelle des Wohlstands galt.
Da nur wenig zum Verkauf anstand, konzentrierten sich viele Investoren auf das Staatsland (*ager publicus*) in Mittel- und Unteritalien. Es konnte unter stillschweigender Duldung des Staates von jedem genutzt werden, der kapitalkräftig genug war, um es urbar zu machen. Gewirtschaftet wurde auf den entstehenden Großgütern (*latifundia*) kapitalistisch: Die einen intensivierten die Landwirtschaft und bauten Wein und Oliven an; die anderen extensivierten und betrieben eine großzügige Vieh- und Weidewirtschaft. Die Arbeitskräfte bestanden hier wie dort vornehmlich aus Sklaven, die die Kriege und der wachsende Sklavenhandel billig und in Fülle bereitstellten. Der Anbau von Getreide verfiel. Es war ohnehin immer schwerer an den Mann zu bringen, da das Getreide aus Sizilien und – nach der Zerstörung Karthagos – aus Nordafrika als Teil der Rom geschuldeten Tributleistung weit billiger geliefert werden konnte.
Die kleinen und mittleren Bauern Italiens hatten keine Möglichkeit, an dieser Agrarrevolution ohne staatliche Hilfe teilzunehmen und selbst die neuen Betriebsformen einzuführen. Bares Geld für die nötigen Investitionen besaßen sie nicht (sie hätten auch keine Erfahrung im Umgang damit gehabt), und ihre Höfe brachten nur das ein, was die Familie ernährte. Statt dessen setzte die Entwicklung sie vielfältig unter Druck. Die Expansion der mit hohen Gewinnen arbeitenden Latifundien nahm häufig aggressive Formen an: Das Bauernlegen mit versteckter und offener Gewalt kam in Mode und sprengte Generationen alte Klientelverbindungen. Nicht minder ruinös wirkte sich der Militärdienst aus: Die weit entfernten Kriegsschauplätze und die langen Kriege (z. B. in Spanien) hielten den Bauern und seine erwachsenen Söhne oft jahrelang von Haus und Hof fern, auf dem die fehlende Arbeitskraft nicht ersetzt werden konnte.
Am folgenschwersten jedoch war, daß seit Ende der siebziger Jahre die Anlage von Kolonien ins Stocken geriet, in denen bis dahin noch jeder verarmte Bauer die Chance eines Neuanfangs erhalten hatte. In den Jahren zwischen 190 und 170 hatte Rom in Oberitalien noch einmal eine große Kolonisationstätigkeit entfaltet: Städte wie Bononia (Bologna), Parma, Mutina (Modena) und Aquileia nahmen Zehntausende von Siedlern auf. Danach war das Land in Oberitalien, das allein noch geschlossene Siedlungsräume geboten hatte, verteilt, und sicherheitspolitische Aufgaben, die

die Kolonisation immer wieder angetrieben hatten, gab es nicht mehr zu lösen. Das Ventil, das seit Mitte des 4. Jahrhunderts die sozialen Konflikte gesteuert hatte, schloß sich. Den Bauern, die nur einen kleinen Hof geerbt und viele Kinder gezeugt hatten, war die Möglichkeit genommen, wenigstens ihre Söhne in fremde, vom Staat erschlossene Kolonisationsgebiete zu schicken.

Die Folge war eine schleichende Verelendung des italischen Bauern, am deutlichsten ablesbar am Rückgang der Geburtenrate (Appian 1,28 f.). Gewiß trat die Entwicklung nicht in allen Gebieten Italiens in gleichem Maße auf, aber aufs Ganze besehen waren die Folgen überall spürbar. Viele sanken zu ländlichen Lohnarbeitern ab oder suchten in den Städten eine kümmerliche Existenz als Tagelöhner zu fristen. Beides bedeutete die Proletarisierung. Tiberius Gracchus traf zweifellos die Gemütslage dieser Menschen, als er 133 vor dem Volk ausrief: „Die Tiere, die in Italien leben, haben eine Behausung, jedes besitzt seine eigene Lagerstätte und seinen Schlupfwinkel; die Männer aber, die für Italien kämpfen und sterben, haben nur Anteil an Luft und Licht, aber an sonst nichts...Für anderer Leute Wohlleben und Reichtum kämpfen und sterben sie. Sie heißen Herren der Welt, aber haben keine einzige Scholle zu eigen" (Plutarch, Tib. Gracchus 9,4 ff.).

Andererseits: Die von den italischen Bauern in der Rüstung des Legionärs besiegten Völker im Osten und Westen des Mittelmeeres hatten größere Sorgen. Für sie waren die Folgen der römischen Eroberungen ungleich verheerender, und für sie fand sich noch Jahrzehnte lang kein Fürsprecher in Rom. Sie konnten nur auf eine gerechte Welt hoffen, in der die Römer „wieder zu ihren Hütten zurückkehren und in Armut und Elend ihr Dasein" fristeten, also nicht auf Kosten der Besiegten lebten – so jedenfalls der athenische Philosoph Karneades, der im Jahre 155 in Rom der staunenden jeunesse dorée der Hauptstadt Vorträge über die Gerechtigkeit hielt und dafür vom Senat aus der Stadt gejagt wurde (Plutarch, Cato 22 f.).

## 2. Reformer und Revolutionäre: Die Gracchen

*Tiberius Gracchus*

Ins Blickfeld der Nobilität geriet die Agrarkrise, als ihre Folgen für die militärische Verfassung der Stadt unübersehbar geworden waren. In der Legion dienten von alters her die besitzenden Bauern und ihre Söhne, so daß ihre Proletarisierung die Stärke des militärischen Aufgebotes unmittelbar schwächen mußte. Vor allem die langwierigen und verlustreichen Kriege in Spanien deckten schonungslos auf, daß Freiwillige, die bereits gedient hatten, für diesen schmutzigen Krieg nicht mehr zu finden waren, so daß in steigendem Umfang Rekrutenverbände die Hauptlast der Kämpfe tragen mußten – die Folgen waren voraussehbar. Der Senat

## 2. Reformer und Revolutionäre: Die Gracchen

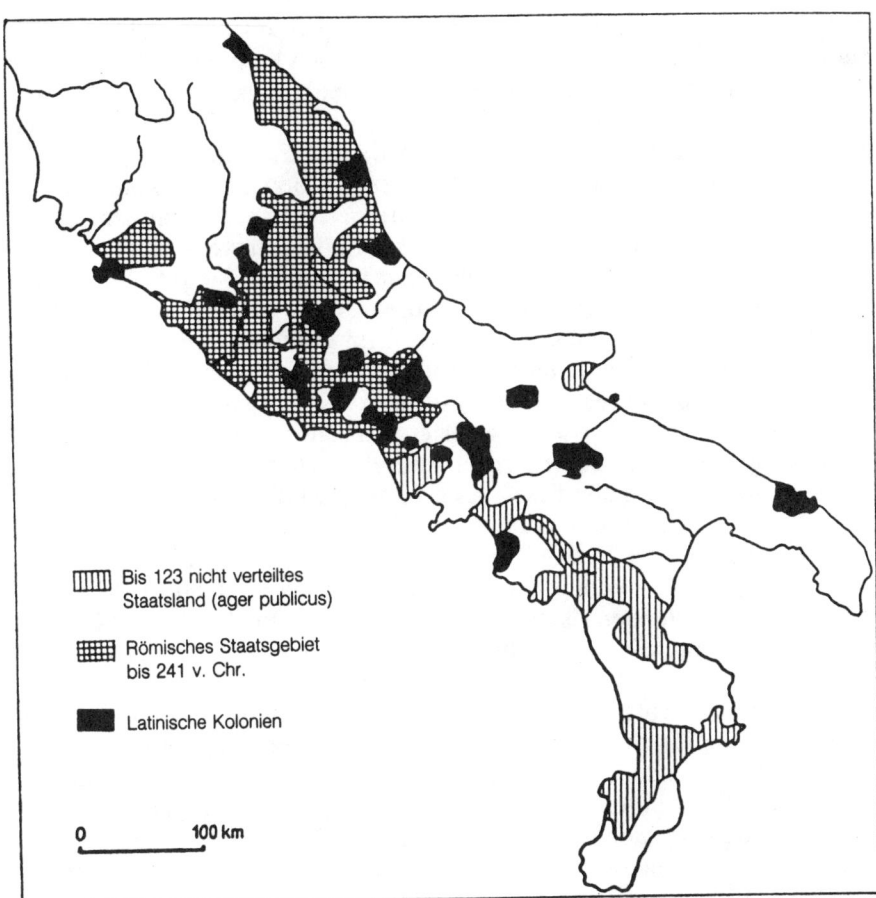

*Die Ausdehnung des ager publicus vor den Gracchen*

half sich mit Sofortmaßnahmen: Die Vermögensgrenzen für Waffenfähige wurden herabgesetzt, die Dienstzeiten auf mindestens sechs Jahre verlängert und Freistellungen wurden nicht mehr zugelassen. Weitsichtige, die die Vision einer vollends proletarisierten Armee fürchteten, dachten auch an eine Bodenreform: 140 legte ein Freund des Scipionenhauses, Laelius, als Konsul den Antrag vor, Staatsland an Kleinbauern zu verteilen; er zog ihn jedoch zurück, als keine sichere Mehrheit im Senat zu erkennen war.
Trotzdem: Das Problem forderte eine Lösung, und als Alternative zu einer weiteren Absenkung der Vermögensgrenze für den Wehrdienst gab es jetzt die Idee von der Bodenreform. Um sie durchzusetzen, wählte eine Gruppe einflußreicher Senatoren Tiberius Gracchus aus, der als Volkstribun die

nötigen Gesetzesvorlagen erarbeiten und vorlegen sollte. Als Schwager des Scipio Aemilianus und Angehöriger der mächtigen Familie der Sempronier ein Mann mit Anhang, dazu seiner Aufgabe leidenschaftlich verschrieben und ein großer pathetischer Redner, schickte er sich nach eigener Aussage an, die ruhmreiche Klasse der Soldaten-Bauern zu erneuern. Dazu aber benötigte er Land, mit dem die Besitzlosen versorgt werden konnten.

Das Vorhaben war, gemessen an der Alternative einer Berufsarmee von Besitzlosen, denkbar konservativ. Ebenso die Reformvorschläge, die der neu gewählte Volkstribun alsbald dem Senat vorlegte: Sie rüttelten weder an den bestehenden Eigentumsverhältnissen, noch stellten sie die Latifundien als mögliche und effektive Betriebsform grundsätzlich in Frage. Das Höchstmaß an Staatsland (*ager publicus*), das ein einzelner okkupieren und urbar machen durfte, wurde auf 500 *iugera* (= 125 ha) festgesetzt, dazu kamen noch je 250 *iugera* für zwei erwachsene Söhne. Der Rest sollte eingezogen und zu je 30 *iugera* an mittellose römische Bürger verteilt werden; alles innerhalb dieses festgesetzten Maßes bereits okkupierte Staatsland wurde zum Eigentum des derzeitigen Besitzers erklärt. Ein Zusatzgesetz wollte eine dreiköpfige, mit besonderen gerichtlichen Vollmachten ausgestattete Ansiedlungskommission (*tresviri agris dandis adsignandis iudicandis*), entscheiden lassen, „wo Staats- und wo Privatland ist" (Livius, Periochae 58), um die Ansiedlung bedürftiger Kleinbauern zügig voranzutreiben.

Der Gesetzesvorschlag verfiel im Senat der Ablehnung. Er mutete einem großen Teil der Reichen – trotz seines konservativen Anliegens – sehr viel zu und schaffte zudem absehbare Probleme mit den italischen Bundesgenossen. Der Staat hatte zwar jeden, der *ager publicus* okkupiert hatte, von seinem grundsätzlichen Rückforderungsanspruch in Kenntnis gesetzt, aber niemals erkennen lassen, daß er davon auch Gebrauch machen wolle. Im Gegenteil: Das okkupierte Land war urbar gemacht, vererbt, verkauft, getauscht oder als Mitgift gegeben bzw. empfangen worden, ohne daß daran je Anstoß genommen worden wäre. Zudem sah das Gesetz den Einzug auch von Ländereien vor, welche die Eliten der verbündeten Italiker ur- und fruchtbar gemacht hatten, ohne daß ihre Bauern in den Genuß der Verteilung kommen sollten. Derlei wäre dem eifersüchtig auf seine privilegierte Herrenstellung pochenden kleinen Mann in Rom so ohne weiteres auch gar nicht vorzuschlagen gewesen, und der mußte schließlich in den Komitien zustimmen. Die Gegner des Gracchus wußten, wovon sie sprachen, als sie die mit der Gesetzesvorlage verbundenen Schwierigkeiten für zu groß hielten: Die Optimaten waren dagegen, referierte Cicero, „weil sie sahen, daß Uneinigkeit daraus entstehen würde, und weil sie meinten, daß der Staat, wenn begüterte Männer aus ihren alten Besitzungen vertrieben würden, seiner Vorkämpfer beraubt werde" (pro Sestio 103).

Angesichts derart gravierender Einwände und der ablehnenden Haltung der Senatsmehrheit wäre der Gesetzesantrag damit in den ruhigen Jahren der Republik erledigt gewesen. Doch die Erregung und die Leidenschaften, die die Auseinandersetzung entfesselt hatte, ließen ein Zurück des Grac-

chus nicht mehr zu: Er brachte das Gesetz gegen den Willen des Senates vor das Volk. Als der Volkstribun M. Octavius im Angesicht von vielen Tausend Bürgern Bedenken vortrug und schließlich von seinem Vetorecht Gebrauch machte, ließ ihn Tiberius Gracchus durch die Komitien seines Amtes entheben, da er nicht länger Vertreter des Volkes sein dürfe, dessen Interessen er so offen verrate; das Ackergesetz passierte anschließend unter großem Jubel die Volksversammlung.
Durch diese Vorgehensweise war Tiberius zum Revolutionär geworden, für den es bei seinen Standesgenossen keine Gnade geben konnte. Seine erklärten Gegner rüsteten sich, ihn nach Ablauf seines Amtsjahres vor Gericht zu bringen. Als er daraufhin versuchte, gegen die Verfassung erneut für das Tribunat zu kandidieren, sprachen seine Gegner von Umsturz und geplanter Tyrannei. Im Senat kam es zu Tumulten und schließlich in den Straßen Roms zur Lynchjustiz: Als Tiberius am Tag der Entscheidung mit seinen Anhängern den Abstimmungsplatz vor dem Jupiter-Tempel auf dem Kapitol besetzte, um seine Gegner fernzuhalten, rief der *pontifex maximus* Scipio Nasica das Volk zu den Waffen, und aufgebrachte Senatoren stürmten mit ihren Klienten in die Volksversammlung; dort schlugen sie den Tribunen, der am Vorabend seine Familie unter den Schutz des Volkes gestellt hatte, und dreihundert seiner Anhänger wie tolle Hunde mit Stuhlbeinen tot. Die Partei der Reformer hatte ihren Märtyrer und Stoff für Legenden. Diese sollten weit gefährlicher werden, als es der lebende Tribun je war.
Die Tragik dieses jungen Mannes, der zum innersten Kreis der Nobilität gehörte, lag wohl darin, daß er nicht warten konnte und nicht noch einmal verlieren wollte. Er war im Jahre 137 als Quästor einer der Offiziere gewesen, die in Spanien mit ihrem glücklosen Kommandeur und Konsul Hostilius Mancinus in ausweglozer Lage einen Vertrag mit den Numantinern beschworen hatten, um ihre eingekesselten Truppen vor der Vernichtung zu bewahren (Plutarch, Tiberius 5-8). Als der Senat, der in Spanien die endgültige Entscheidung anstrebte, dem Vertrag seine Zustimmung verweigerte, sollte Mancinus nackt und in Ketten mit anderen Offizieren an die Spanier ausgeliefert werden; Tiberius war nicht dabei – vermutlich ersparte ihm die Fürsprache seines Schwagers, des mächtigen Scipio Aemilianus, diese neuerliche Demütigung. Trotzdem saß der Stachel tief und trieb den stolzen Hocharistokraten in seinem Tribunatsjahr zu Taten, die seine Standesgenossen als ungebührliche Herausforderung empfinden mußten. Hinzu kam seine Leidenschaft, die ihn erst zum Anwalt der Armen machte und dann zum Verfassungsbrecher, als er seinen Amtskollegen wider Recht und Herkommen abwählen ließ. Die Folgen seines Vorgehens erwiesen sich als gravierend: Seine Mißachtung der Autorität des Senats und die Amtsenthebung des Octavius nahmen dem Senat die Entscheidungsgewalt in der Politik und übertrugen sie auf die Volksversammlung und den sie leitenden Beamten. Dies war die Revolution, und sie zeigte den Nachfahren den Weg, wie man den politischen Willen des Senates mit Hilfe des Volkstribunats (später des Konsulats) und der Komitien durchkreuzen konnte. *Popularis*

*ratio,* populare Politik sollte künftig diese neue Spielart politischer Entscheidungsfindung heißen.

## Gaius Gracchus

Der Senat hat in den Jahren 132-129 erhebliche Anstrengungen unternommen, die Agrarreform in die Tat umzusetzen: Nicht vornehmlich sie, sondern die Art ihres Zustandekommens war der Stein des Anstoßes gewesen. Der Konsul des Jahres 132, Popilius Laenas, rühmte sich denn auch öffentlich, „daß er als erster bewirkt habe, daß die Hirten den Bauern auf dem Staatsland weichen mußten" (Dessau, nr. 23). Es konnte jedoch nur eine Frage der Zeit sein, bis die italischen Großgrundbesitzer ihre senatorischen Freunde in Rom zum Handeln zwingen würden. 129 sprach kein geringerer als Scipio Aemilianus für ihre Interessen und brachte den Senat dazu, der Dreimännerkommission das Recht zu nehmen, über die Grenzziehung zwischen Staats- und Privatland zu entscheiden; diese Kompetenz übernahmen nunmehr die Konsuln, die die damit verbundenen Lasten durch Nichtstun klein hielten.

Alle diese Querelen um die praktische Umsetzung der *lex agraria* wurden gegenstandslos, als 123 und 122 Gaius Gracchus zum Volkstribun gewählt wurde und, getrieben von dem Vorsatz, den Tod seines Bruders zu rächen, den Senat erneut in die Schranken forderte.

Seine umfängliche Gesetzgebungstätigkeit teilt sich ihren Zielen entsprechend in drei Bereiche ein. Die zuerst vorgelegten Anträge dienten dazu, die Taten des Bruders nachträglich zu legitimieren und Vorsorge zu treffen, daß sich dessen Schicksal nicht wiederhole. Die zweite Gesetzesmaterie griff erneut das soziale Problem auf: Agrargesetze schlossen diesmal auch wieder die Gründung von Kolonien ein; besonders spektakulär und herausfordernd wurde der Versuch, auf dem Gebiet des zerstörten Karthago die Kolonie *Junonia* anzulegen. Ein Getreidegesetz (*lex frumentaria*) sicherte die regelmäßige Getreideversorgung der Plebs zu einem festen Preis. Die dritte Gesetzesgruppe zielte auf die Reorganisation des Staates: Der Ritterstand löste die Senatoren auf den Geschworenenbänken jener Gerichte ab, die in den Provinzen begangene Erpressungen aburteilten (*quaestiones de repetundis*); die Erweiterung der Steuerpacht auf die Provinz Asia sah wiederum die Ritter als Nutznießer. Das politische Ziel wird damit deutlich: Der Ritterstand, nun auch mit politischen Aufgaben betraut und finanziell weiter gestärkt, sollte dem Senat entgegengestellt werden.

Der am weitesten führende Gesetzesantrag allerdings scheiterte; er sollte den Latinern das Bürgerrecht und den italischen Bundesgenossen das latinische Recht verschaffen, welches das Stimmrecht in den Komitien einschloß. Gaius suchte damit den Widerstand der bundesgenössischen Eliten, der die Umsetzung der *lex agraria* seines Bruders blockiert hatte, aus der Welt zu schaffen. Es gelang nicht: Allzu leicht ließ sich die stadtrömische Plebs von dem demagogischen Argument der Gegenseite überzeugen, daß sie damit das zur Verteilung anstehende Land, die jährlichen Wahlbeste-

## 2. Reformer und Revolutionäre: Die Gracchen

chungen und die Trinkgelder bei den öffentlichen Aufführungen mit den Neubürgern teilen müßte. Und teilen war nicht nach dem Geschmack des kleinen Mannes, der sich ohnehin gehörig nach der Decke strecken mußte. Dies hatten die Gegner des Gaius bereits begriffen, als sie den Tribunen Livius Drusus erfolgreich anstifteten, die Siedlungspolitik des Herausforderers durch eigene Gesetzesinitiativen lächerlich zu machen: Hatte Gracchus auf italischem Boden zwei Kolonien für seine Klientel vorgesehen, beantragte Drusus jetzt zwölf, und hatte Gracchus 6 000 Siedlern in Nordafrika Ackerlose zugewiesen, so versprach Drusus jetzt 36 000 Bauern bestes Land in Italien. Dagegen halfen alle Beschwörungen und Hinweise auf das tatsächlich Machbare nichts. Hinter den Initiativen des Drusus stand der Senat und damit die ganze Autorität der Patrone, und ihnen zu glauben, hatte der kleine Mann seit Menschengedenken gelernt.

Im Jahre 121 trieben die Agitationen beider Seiten auf den Bürgerkrieg zu, als der Senat daran ging, die bereits vollzogene Gründung der Kolonie *Junonia* per Gesetz annullieren zu lassen. In den ausbrechenden Straßenkämpfen rief der Senat durch ein *Senatusconsultum ultimum* (SCU) den Staatsnotstand aus, der den Konsuln unbegrenzte Vollmachten einräumte. Mit in die Stadt gezogenen Truppen wurden Gaius und Tausende seiner Anhänger auf dem Aventin eingeschlossen und getötet.

### *Die Not des Staates und sein Anspruch auf Verteidigung*

Die Geschichte dieses blutigen Ringens und der Anspruch des Staates, gegebenenfalls mit Waffen gegen seine Bürger vorgehen zu dürfen, beginnt rund 200 Jahre früher und führt in die Spätphase der Ständekämpfe zurück. Damals hatten die patrizischen Herren die Amtsgewalt der Oberbeamten (*imperium*) mit allumfassenden Kompetenzen ausgestattet und diese gegen die widerspenstigen Plebejer eingesetzt. Das schließliche Ergebnis dieser Machtausweitung der Konsuln und Prätoren sowie des Widerstandes dagegen war im Jahr 300 die Durchsetzung eines Gesetzes, wonach es keinem Magistraten mehr gestattet war, im Bereich der Stadt Rom Kapitalurteile gegen römische Bürger ohne Zustimmung des Volkes zu fällen und zu vollstrecken. Dieses zunächst nur zur Abwehr von Willkürmaßnahmen der übermächtig gewordenen Magistrate geschaffene sogenannte Provokationsgesetz wurde in den folgenden Jahrzehnten zu einem Grundgesetz der Republik und galt ihr als das wesentliche Fundament der Freiheit des römischen Bürgers.

Dieses Grundrecht war bereits durch den gewaltsamen Tod des Tiberius Gracchus schwer erschüttert worden. In den Diskussionen um die Rechtfertigung dieser Tat, die führende Senatoren als Befreiung von einem potentiellen Tyrannen priesen, war der Hinweis auf das alte Provokationsgesetz, das nur der Abwehr magistratischer Willkür gedient hatte, offenkundig zu schwach. Im Angesicht des erschlagenen Semproniers galt es Antworten auf Fragen zu finden, die das Verhältnis zwischen Bürger und Staat grundsätzlich neu bestimmen mußten:

- Was ist eigentlich ein politisches Verbrechen – im Unterschied etwa zu einem kriminellen Delikt –, und wie und von wem müssen die erfüllbaren Straftatbestände definiert werden?
- Wer kann überhaupt ein solches Verbrechen begehen, wie bedeutsam muß der Status eines Täters überhaupt sein?
- Wie ist die staatliche Verfolgung im einzelnen zu regeln, und welche Institution entscheidet darüber?
- Und schließlich: Was ist das Wohl des Staates (*salus rei publicae*), das auf dem Spiel steht, und wer definiert die Verletzung dieses Staatswohles?

Um auf diese Fragen antworten zu können, war letztlich mehr gefordert als die Argumente des Scipio Nasica in der denkwürdigen Senatssitzung, die der Tötung des Tiberius vorausging. Damals hatte es der amtierende Konsul P. Mucius Scaevola, zugleich der bedeutendste Rechtsgelehrte seiner Zeit, abgelehnt, gewaltsam gegen einen nicht verurteilten Bürger (*civis indemnatus*) vorzugehen, woraufhin der aufgebrachte Nasica erklärte, der Konsul bringe durch seine Weigerung, im vorliegenden Fall das Recht des römischen Bürgers auf einen ordentlichen Prozeß außer Kraft zu setzen, die Rechtsordnung als Ganzes zugunsten eines Einzelfalles in Gefahr. Und da der Konsul seiner Pflicht zur Verteidigung des Staates nicht nachkommen wolle, müsse der private Bürger dies an seiner Stelle tun. Zudem würden die ersten hundert Jahre der Republik alle Zweifler darüber belehren, daß jeder Bürger das Recht habe, einen potentiellen Tyrannen sofort zu töten: Männer wie Spurius Maelius (439) oder Manlius Capitolinus (384) etwa hätten sich zu Alleinherrschern gemacht, wenn ihnen nicht entschlossene Bürger in den Arm gefallen wären. Jedoch: in einer Situation, in der eine präzise Vorstellung von einem Tyrannen, einem potentiellen noch dazu, nicht oder nur aus den Geschichtsbüchern zu gewinnen war, konnte diese fromme Erinnerung kaum jemanden überzeugen. Der große Scipio Aemilianus, 131 durch den Volkstribunen Papirius Carbo zum Tode des Tiberius befragt, formulierte denn auch vorsichtig, als er antwortete, Tiberius sei rechtmäßig getötet worden, wenn er nach der Herrschaft gestrebt habe (*si occupandae rei publicae animum habuisset*; Velleius 2,4,4).

Dies war auch nicht anders zu erwarten in einem Staat, der über die Rechte seiner Bürger sehr früh und sehr intensiv hatte nachdenken müssen. Das offenkundige Problem aller Verteidigungen eines gewaltsamen Vorgehens gegen einen römischen Bürger lag zunächst darin, daß die Initiative dazu auch von amtslosen Bürgern ergriffen werden konnte und sollte. Um ihre Position zu verbessern, drängte es die Gegner des Tiberius und seines Bruders dazu, eine Institution zu finden, die ein solches gewalttätiges Vorgehen gegen einen aufrührerischen Bürger beschließen konnte. Diese Institution mußte angesichts der sozialen Übermacht der Patrone zwangsläufig der Senat sein. Ihm sollte nunmehr das Recht zustehen, durch ein *Senatusconsultum ultimum*, d. h. also durch die Ausrufung des Staatsnotstandes, die Magistrate zu einem gewaltsamen Vorgehen gegen einen Rechtsbrecher zu legitimieren.

Gegenüber diesem Versuch der Durchbrechung des Provokationsrechts blieb der Gegenpartei nur die Berufung auf die unbedingte Integrität des nicht ordnungsgemäß verurteilten Bürgers. Ein Gesetz des Gaius Gracchus aus dem Jahre 123 schärfte dieses Grundrecht erneut ein (*lex Sempronia ne de capite civium Romanorum iniussu populi Romani iudicaretur*). Damit war präzisiert, auf welche Weise allein ein römischer Bürger kapital zu belangen war: Die Todesstrafe konnte nur das Volk selbst verhängen, das seine Kompetenz in der Regel an einen von ihm eingesetzten Gerichtshof delegierte. Der Senat hatte damit auch keine juristische Möglichkeit mehr, von sich aus etwa außerordentliche Kapitalgerichte (*quaestiones extraordinariae*) einzusetzen, wie dies noch bei der Verfolgung der Anhänger des Tiberius geschehen war.

Im Grunde standen sich damit in einer zentralen Frage des Verhältnisses von Bürger und Staat seit dem Ende des 2. Jahrhunderts zwei Rechtspositionen gegenüber: Die eine beharrte darauf, daß das Recht auf einen ordnungsgemäßen Prozeß auch dem schlimmsten politischen Verbrecher zugestanden werden müsse. Die andere erklärte, dies könne nicht für jemanden gelten, der die staatliche Ordnung vernichten wolle; unerläßliche Voraussetzung dafür, daß ein solcher Zerstörer der staatlichen Ordnung verfolgt werden könne, sei jedoch ein *Senatusconsultum ultimum*, das dem Konsul das Recht gebe, vorbereitende Maßnahmen zur Niederschlagung eines Aufstandes zu treffen. Vollmacht für ein kapitales Vorgehen gegen römische Bürger sollte aber auch damit nicht pauschal gegeben werden: Nötig war in jedem Fall die Feststellung des offenen Aufruhrs gegen den Staat. Wie diese formal zu treffen sei, fand sich in den Bürgerkriegswirren der sullanischen Zeit: Durch Senatsbeschluß – und gegebenenfalls im ihm folgenden Volksbeschluß – mußte förmlich erklärt werden, daß es sich bei einem namentlich genau bezeichneten Bürger um einen Staatsfeind, einen *hostis* handelte. Rechtlich floß aus einer solchen Erklärung, daß jedermann straflos zur Tötung des benannten Staatsfeindes berechtigt war. Vergebung gewährte auch der Tod nicht: Die Leichname von Aufrührern warf man in den Tiber, ihre Häuser zerstörte man bis auf die Grundmauern, ihr Vermögen wurde konfisziert und den Angehörigen verboten, Trauer zu zeigen – nichts mehr sollte die Nachwelt an ihre Tat erinnern.

## 3. Die politischen Gegensätze in den Jahrzehnten der Restauration

Der Sieg des Senates war 121 so gründlich, daß für zwei Jahrzehnte alle mit dem Namen der Gracchen verbundenen Probleme ausgestanden schienen. Mit dem Tod ihrer Führer schwanden sofort die Energien der Volksmassen, die das soziale Programm und noch mehr die politische Leidenschaft der Gracchen mobilisiert hatten. Erneut zeigte sich, daß der kleine Mann in Rom nicht dauerhaft politisiert werden konnte: Zu eindeutig war die aristokratische Überlegenheit in einem Gesellschaftssystem festgeschrieben, das Politik allein den Reichen und Mächtigen gestattete und von allen übrigen Schichten Gehorsam verlangte.

Keinen Einfluß auf die politische Entwicklung hatten die seit 136 wiederholten Aufstände der Sklaven (136-132 und 104-101 in Sizilien; 132-129 in Kleinasien; 73-71 unter Spartacus in Italien, s. S. 415 f.). Diese kämpften um ihre verlorene Freiheit und nicht für eine neue Gesellschaft, und sie verloren, da die freien römischen Proletarier mit ihnen nichts zu schaffen haben wollten.

Der Kernpunkt der gracchischen Revolte gegen den Senat war die Agrarreform gewesen. Sie wurde bis 111 durch eine Reihe von Gesetzen beendet, die das noch vorhandene Staatsland weitgehend in Privateigentum überführten und damit jeden weiteren Versuch, erneut Land zur Verteilung vorzuschlagen, unmöglich machten. Die antike Überlieferung, soweit sie für die Gracchen Position bezogen hatte, hat das Scheitern der Agrarreform als Verhängnis für die weitere Entwicklung dramatisiert: „Durch diese Winkelzüge [gemeint sind die o.g. Gesetze] wurde das Ackergesetz des Gracchus endgültig zu Fall gebracht, das sich als das beste und nützlichste erwiesen hätte, wenn es hätte durchgesetzt werden können. ... Dies aber hatte zur Folge, daß die Zahl sowohl der Bürger wie der Soldaten noch weiter abnahm" (Appian, Bürgerkrieg 1,123 f.). Mommsen sah es noch schärfer: Das Ackergesetz „war das einzige Mittel, um einem noch viel größeren, ja den Staat geradezu vernichtenden Übel, dem Untergang des italischen Bauernstandes, wenigstens auf lange hinaus zu steuern" (Röm. Gesch. Bd. 2, Kap. II). So war es nicht. Der Grundgedanke der Politik des Tiberius Gracchus, durch eine Landverteilung an verarmte Bauern könne die Wehrkraft des Staates wiederhergestellt werden, widersprach längst der Realität eines Weltreiches, das die Professionalisierung des Kriegshandwerks forderte und diese seit Marius auch bekam (s. S. 443 f.). Das Grundelement der sozialen Politik des Gaius, ablesbar an seiner *lex frumentaria* und der geplanten Koloniegründung *Junonia*, wog schwerer: Die Versorgung besitzloser Massen mit Land oder staatlicher Unterstützung sollte soziale Konflikte steuern. Die Landversorgung war im nötigen Umfang allerdings nur sicherzustellen, wenn das Land der Provinzen Teil des Besiedlungsprogrammes wurde. Dafür war die Zeit noch nicht reif (s. S. 430). So war es kein Zufall, daß allein die Gesetze zugunsten der Ritter und die Getreideversorgung der hauptstädtischen Plebs Bestand hatten. Die Fronten allerdings, die die Konflikte innerhalb der Senatsaristokratie aufgerissen hatten, wuchsen sich zu dauerhaften Gegensätzen aus: Auf der einen Seite standen aristokratische Familien, die das Senatsregiment und seinen alleinigen Führungsanspruch in der Politik stützten (die Optimaten), auf der anderen Seite formierten sich Gruppierungen wie die der Gracchen, die ihre politischen Ziele gegen den Senat als Beamte (Volkstribun; Konsul) mit Hilfe des Volksgesetzes (*lex*) zu erreichen suchten (die Popularen).

Jenseits der unterschiedlichen politischen Methode gab es keine festumrissenen Programme, auch wenn die Popularen das Thema der sozialen Fürsorge (Landversorgung, Getreideversorgung, Entschuldung) als Mittel zum Zweck nie aus den Augen verloren. Mit den Auseinandersetzungen moderner Massenparteien haben die politischen Kämpfe jener Zeit wenig gemein,

## 3. Die Restauration

und Klassenkämpfe waren sie schon gar nicht. Vielmehr sind sie als Machtkämpfe innerhalb der Aristokratie zu verstehen, wie denn auch ihre Führer (z. B. die Gracchen oder Caesar) zu den führenden Familien gehörten. Ihre Ziele wurden mehr und mehr die großen militärischen Kommandos und die Statthalterschaften über die reichsten und wichtigsten Provinzen. Nur in ihrem Besitz konnte der einzelne Aristokrat eine Ausnahmestellung im Staat beanspruchen und durchsetzen.

Hatte der Senat innenpolitisch das Heft zunächst wieder fest in der Hand, so versagten seit 113 seine Feldherren an zwei außenpolitischen Fronten derart kläglich, daß die innenpolitischen Folgen das Werk der Restauration zerstörten. In Afrika gelang es nicht, den 111 ausbrechenden Krieg gegen den Numiderkönig Jugurtha schnell zu beenden: Bestechlichkeit und Unfähigkeit der aristokratischen Kommandeure waren so groß, daß 107 die Wahl des *homo novus* Marius, eines vorzüglichen Truppenoffizieres, zum Konsul nicht mehr zu verhindern war. Als er 105 mit Glück und Geschick Jugurtha hatte schlagen und gefangennehmen können, fielen die seit 113 an den Reichsgrenzen auftauchenden Germanenstämme der Kimbern, Teutonen und Ambronen in Gallien ein und vernichteten bei Arausio (Orange) zwei römische Heere. Panik brach in Rom aus: Die Tage der Gallierkatastrophe von 387 schienen sich wiederholen zu wollen.

Der Retter in der Not konnte nach Lage der Dinge nur der siegreich heimkehrende Feldherr Marius sein. Er wurde 104 bis 100 immer wieder zum Konsul gewählt: Ein in der ganzen römischen Geschichte unerhörter Vorgang, der aber zeigt, wie groß die Angst war und wie wenig man den aristokratischen Familien zutraute, mit den Germanen fertig zu werden. Als diese zu ausgedehnten Raubzügen nach Spanien aufbrachen, bekam Marius Zeit, das römische Heerwesen zu reformieren (s. S. 443 ff.). Neue Soldaten nahmen jetzt begeistert die Chance an, in der Armee zu Geld und sozialem Ansehen zu kommen. Ihnen waren ganz andere Dinge abzuverlangen als dem Milizionär: Sie wurden trainiert wie Gladiatoren und schleppten während der Feldzüge zur Entlastung des Trains Waffen und Schanzzeug in solcher Fülle mit, daß sie den Spitznamen „Marianische Maulesel" erhielten. Diese Kriegsmaschine schlug 102 die Teutonen bei Aquae Sextiae (Aix-en-Provence) und 101 die Kimbern bei Vercellae in Oberitalien so vernichtend, daß ihre Spur aus der Geschichte verschwand.

Der Erfolg der neuen Krieger schmiedete eine zunächst nicht wahrnehmbare, gefährliche Solidarität zwischen Feldherrn und Soldaten: Jener bekam nur dann zuverlässige Truppen, wenn er für ihre Beute und nach der Entlassung für ihre zivile Versorgung eintrat, diese konnten ihre materiellen Wünsche nur dann befriedigen, wenn ihr Feldherr dafür einstand; der Preis war die bedingungslose Gefolgschaft. Was dies für die Republik und ihre Stabilität bedeuten mußte, zeigte sich bereits im Jahre 88, als mit Sulla der erste römische Beamte seine Truppen gegen Rom führte (s. S. 411).

## 4. Der Aufstand der italischen Bundesgenossen

*Der Krieg und seine Fronten*

Die Anlage der latinischen und römischen Bürgerkolonien (s. S. 327 f.) sowie die jahrhundertealte Kampfgemeinschaft Roms mit seinen italischen Bundesgenossen hatten die zersplitterten Völker Italiens allmählich zur Anpassung an Rom geführt. Die Provinzialen außerhalb Italiens sahen dies eher und schärfer als die Betroffenen selbst: Die Griechen nannten alle aus Italien in den Osten kommenden Personen „Römer" und nahmen damit vorweg, was erst in der Zeit nach Sulla Wirklichkeit werden sollte.
Seit den Gracchen und den Auseinandersetzungen in der Agrarfrage war das künftige Verhältnis Roms zu den Italikern in den Sog der inneren Machtkämpfe gerissen worden: Die gracchischen Gesetze hatten das von den italischen Honoratioren okkupierte Staatsland ebenso wie das der römischen Eliten zurückgefordert, dabei aber die italischen Bauern von der Landverteilung ausgeschlossen. Erst dadurch gewann der Prozeß der Anpassung Italiens an Rom eine neue, nunmehr politische Dynamik, die in der Forderung nach dem römischen Bürgerrecht für die Latiner und die italischen Bundesgenossen (*socii*) ihr programmatisches Ziel erhielt. Gehäuft und gezündet wurde der italische Sprengstoff in Rom, dessen populare Politiker die Bürgerrechtsfrage immer wieder in der Hoffnung anheizten, durch die Verleihung des Bürgerrechts an möglichst viele Bundesgenossen eine starke Anhängerschaft zu gewinnen, die große Karrieren versprach. Zusätzlich verschärften Übergriffe machthungriger römischer Magistrate in den italischen Städten den Konflikt. Aber es waren nicht sie, die den Bundesgenossen den Weg in den Aufstand wiesen.
Im Jahre 91 scheiterte der Versuch des Volkstribunen Livius Drusus, den schwelenden Konflikt durch eine umfassende Italikergesetzgebung zu lösen. Dies wurde das Signal zum Aufstand. Er wurde vornehmlich von den oskisch-sabellischen Stämmen getragen, also von den Marsern im Norden bis zu den Samniten und Lukanern im Süden; nach den ersten Anfangserfolgen erfaßte der Krieg auch das südliche Kampanien von Nola bis Salernum. Treu zu Rom standen die Mehrzahl der latinischen Kolonien, die Griechen Süditaliens und weite Teile Etruriens und Umbriens. Die Aufständischen schufen sich eine unabhängige Organisation mit Bundesversammlung, Exekutivorganen und einer eigenen Hauptstadt Italia (Corfinium in Mittelitalien); ihre Soldaten kämpften mit derselben Erfahrung und derselben Kriegstechnik wie der römische Gegner und konnten dank der römischen Wehrordnung Italiens schnell mobilisiert werden.
Pardon wurde in diesem Krieg nicht mehr gegeben. Die römische Kriegführung in den wenig urbanisierten Gebieten des Gegners im Umland des Apennin sowie gegen Pompeji und Nola läßt keinen Zweifel daran, daß die endgültige Sicherung der römischen Herrschaft über Italien das erklärte Ziel des Senats war. So kämpften unbeeindruckt von den Niederlagen des ersten Kriegsjahres die Feldherrn Pompeius Strabo an der Nord- und Sulla

## 4. Der Aufstand der italischen Bundesgenossen

an der Südfront bis zur bedingungslosen Kapitulation ihrer Gegner. Beide ließen sich auf keine Verhandlungen ein, beide übten grausame Rache an allen, denen sie die Schuld am Ausbruch des Aufstandes zumaßen: In Asculum übergab Pompeius die gefangenen Offiziere und Notabeln dem Henker, versteigerte die Sklaven und die Habe der Einwohner und jagte den Rest der Bevölkerung ins Elend. Sulla gewährte in den Kämpfen um Nola keine Gnade und ließ Tausende wehrloser Männer unter den Mauern der widerspenstigen Stadt niederhauen. Im Frühjahr des Jahres 88 war der Krieg, der die Stammlande der Aufständischen erreicht hatte, zum Vernichtungskrieg geworden. Weite Teile Mittel- und Süditaliens standen unter Kriegsrecht, und nach der Unerbittlichkeit, mit der der Krieg auf beiden Seiten ausgetragen wurde, konnte niemand auf eine gütliche Verständigung hoffen. Aus der Sicht der Provinzialen mußten diese Vorgänge wie ein Wunder erscheinen: Rom, die übermächtige Herrin der Welt, schickte sich zum Selbstmord an.

Daß es dazu nicht kam, war der Einsicht der Senatoren zu danken, denen ihr politischer Instinkt und ihre militärische Erfahrung sagten, daß der Aufstand nur niederzuschlagen war, wenn die oskisch-sabellischen Stämme isoliert blieben. Noch im Jahre 90 gewährte daher ein Gesetz des Konsuls L. Julius Caesar (*lex Iulia*) den treu gebliebenen Städten und Stämmen korporativ das volle Bürgerrecht, wenn sie bereit waren, dies durch Beschluß ihrer zuständigen Rechtsorgane anzunehmen. Der Konsul reagierte damit auf alarmierende Meldungen, die von Aufständen nun auch in den etruskisch-umbrischen Landstrichen sprachen. Also setzte er alle Gemeinden, die noch nicht eindeutig Partei ergriffen hatten, unter Zugzwang: Entweder sie erklärten sich für die Annahme des römischen Angebots – womit sie und ihre militärischen Aufgebote den Entscheidungen der römischen Organe unterstellt wurden –, oder sie lehnten ab – was einer Kriegserklärung an Rom gleichkam. Das Versprechen der *lex Iulia* enthielt also zugleich ein brutales Ultimatum, das die Schwankenden zum Offenbarungseid und an die Seite der bedrängten Republik zwingen sollte. Dies war für Rom in der Tat lebenswichtig, da es nach den Niederlagen der ersten Kriegsmonate seinen Legionen eine dritte Front in Etrurien und Umbrien nicht mehr zumuten konnte. Das Ziel der *lex Iulia* bestand also nicht darin, erwiesene Treue zu lohnen, und sie entsprang auch nicht dem Wunsch, angesichts der bedrohlichen Kriegslage Versäumtes nun schnell nachzuholen. Das Gesetz schmiedeten die römischen Politiker vielmehr als Waffe, die den Säumigen in Italien die Entscheidung für oder gegen Rom aufzwang: Wer das Bürgerrecht ablehnte, befand sich im Krieg gegen Rom. Der unmittelbare Nutzen dieses Schachzuges war immens: In Etrurien, Umbrien und anderswo klärten sich die Positionen, die Bürgerzahl Roms verdoppelte sich, und die bitter benötigten militärischen Verstärkungen standen ab sofort zur Verfügung. Leicht dürfte vielen italischen Gemeinden die Entscheidung nicht gefallen sein. Sie hatten als souveräne Gemeinden über den Beitritt zum römischen Bürgerverband selbst zu beschließen, und die Aussicht auf eine künftige Existenz als römisches Munizipium kann nicht überall Jubel ausgelöst haben. In Neapel und Herakleia jedenfalls fanden sich bei der Abstimmung in den Volksversammlungen nur dünne Mehrheiten für die Annahme des römischen Angebots.

## Das neue Gesicht Italiens

Der Krieg verebbte nach den Niederlagen der Aufständischen vor Asculum und Nola, auch wenn Teile der Samniten noch bis Ende der achtziger Jahre kämpften und vom Traum der Unabhängigkeit von Rom nicht lassen wollten. Sie warf Sulla nieder, als er in Rom zum Diktator gewählt worden war und damit freie Hand für eine endgültige Lösung des Italikerproblems erhielt. Sichtbarster Ausdruck seiner Politik sind die in Mittelitalien angerichteten Verwüstungen. Der Geograph Strabon, der drei Generationen später durch die Landschaften Samniums wanderte, hielt fest, was der sullanische Kreuzzug gegen die Reste der Aufständischen diesem Land angetan hatte: „Sulla ruhte nicht eher, bis er alle, die den Namen Samniten führten, ermordet oder aus Italien vertrieben hatte; denen aber, die einen so weit getriebenen Zorn tadelten, sagte er, er habe sich durch die Erfahrung überzeugt, daß auch nicht ein Römer jemals Frieden haben werde, solange die Samniten als ein selbständiges Volk weiterbestünden" (5, 11,249). Für Strabon war dieses Ziel so konsequent erreicht worden, daß er keiner einzigen der noch verbliebenen erbärmlichen Ortschaften Samniums den Namen „Stadt" zubilligen wollte. Nicht minder erschreckte das Schicksal Etruriens die Zeitgenossen: Das Heer etruskischer Flüchtlinge, das in Nordafrika und im Spanien des Sertorius Zuflucht suchte, und die Hunderte von jungen und alten Mitgliedern des etruskischen Adels, die in Chiusi, Volterra und anderswo gejagt und erschlagen wurden, zeugen von dem unerbittlichen Vernichtungswillen des Diktators, der entschlossen war, in Italien keine Eigenständigkeit mehr zu dulden.

Die *lex Iulia* verwandelte alle Gemeinden, die das römische Angebot angenommen hatten, in *municipia*. Der Vorgang der Munizipalisierung warf keine Probleme auf: Eine jahrhundertealte und erfolgreiche Politik hatte alles Nötige bereitgestellt. Bei jeder Aufnahme älterer Stadtstaaten in das römische Halb- oder Vollbürgerrecht verloren diese ihre staatsrechtliche Autonomie, und es verblieb ihnen ihre Selbstverwaltung, also gewisse legislative und richterliche Befugnisse, die Finanzverwaltung sowie entsprechende Organe (Magistrate, Senat, Volksversammlung). Das *municipium* stellte weiterhin eine rechtliche Einheit dar, so daß die *municipes* eine besondere Rechtsstellung besaßen, die man als Ortsbürgerrecht bezeichnen kann. Es lag bei Erlaß der *lex Iulia* nahe, diese bewährte Politik fortzusetzen; eine Generation später ist denn auch klar erkennbar, daß jeder römische Bürger zugleich Angehöriger eines Munizipiums war. Die Theorie der zwei Vaterländer, die Cicero entwarf und die von der *patria naturae* und der *patria civitatis* spricht (de leg. 2,2,5), hat in dieser praktischen Erfahrung eine ihrer wesentlichen Wurzeln.

Tiefgreifende Probleme hingegen mußte die Frage aufwerfen, wie weit die

notwendigen Ausführungsgesetze zur *lex Iulia* die überkommenen lokalen Traditionen der einzelnen Gemeinden berücksichtigen konnten und wollten. Rein rechtlich war die Verordnung von Verfassungen möglich, die einheitlich gestaltet waren und in erster Linie den Erfordernissen der römischen Verwaltung nutzten. Denn jetzt bestimmten nicht mehr die Städte selbst über ihre Ordnungen, sondern die römischen Staatsorgane setzten ihre Aufgaben und die damit verbundenen Befugnisse fest.
Die wichtigste Station auf dem Wege Italiens zu einem römischen Italien war die Diktatur Sullas (s. S. 414 f.). Wir wissen über die neue Ordnung, die er Italien gab, sehr wenig; Teile davon wurden sofort nach seinem Tode wieder aufgehoben (Cicero, de domo 79). Die literarischen Quellen konzentrieren sich wie gewohnt auf Rom und berichten ausführlich über die dort verfügten Verfassungsänderungen, richten aber nur zufällige Blicke auf Italien. Die dortige Ordnung läßt sich daher nur in Umrissen erkennen. Demnach zerschlug Sulla die tradierten Verfassungen der italischen Städte, sobald sie nicht in das Bild eines römisch beherrschten Italien passen wollten. So berichtet Cicero über die Zustände im – ehemals aufständischen – apulischen Larinum, dort sei ein Bevollmächtigter Sullas „im Schutz der Gewaltherrschaft und des Sieges von L. Sulla" mit Bewaffneten erschienen und habe die *Quattuorviri* abgesetzt, die von den Bürgern gewählt worden waren; er wies sich durch den Hinweis aus, „Sulla habe ihn und außerdem drei andere ernannt" (pro Cluentio 25). Nachrichten wie diese sprechen davon, daß die Verfassungen der Munizipien nunmehr in konsequenter Ausnutzung der sich aus der *lex Iulia* ergebenden Rechtsfolgen nach den Erfordernissen der römischen Verwaltung ausgerichtet wurden. Fest steht, daß die ältesten *tribus rusticae* (s. S. 349) als territoriale Körperschaften aufgelöst wurden. Ihre Ordnungsfunktionen übernahmen neu gegründete Munizipien, die Verfassungen mit *Quattuorviri* an der Spitze erhielten. Damit wurde die ganze Campania städtisch gegliedert.
Die militärische und soziale Absicherung der Neuordnung Italiens wurde Veteranenansiedlungen überantwortet, mit deren Gründung Sulla sofort nach dem Sieg begann und deren Umfang außerordentlich war: Nach Appian hat Sulla die Soldaten von 23 Legionen mit Land versorgt (1,470). Der erste erkennbare Zweck dieser Politik ist offenkundig, aber zweitrangig: Die Soldaten Sullas erhielten ihren versprochenen Lohn, und er wurde so bemessen, daß er die abgemusterten Krieger auch künftig an ihren alten Feldherrn und die von ihm gesetzte Ordnung binden mußte. Der zweite – entscheidende – Zweck ergibt sich aus der Lokalität und der Modalität der Koloniegründungen: Sulla verzichtete weitgehend auf die Gründung selbständiger Kolonien und führte seine Veteranen in jene italischen Städte, die sich ihm auf seinem Eroberungszug durch Italien in den Weg gestellt hatten (Appian 1,440; 448). Mit deren Land und Häusern versorgt, die als Gegner Sullas enteignet, vertrieben oder getötet worden waren, hatten die entlassenen Soldaten keineswegs nur die Pfründe ihrer Siege zu verzehren: Wie die Kolonisten der Jahrhunderte zuvor hatten auch sie den Anspruch Roms auf die Herrschaft über Italien zu sichern; denn für Sulla hatte der Aufstand des

Jahres 91 bewiesen, daß die Loyalität seiner Gemeinden von der römischen Gewaltandrohung abhängig war.

Mit allen diesen Maßnahmen hatte Sulla also mehr die Verfassungen der Munizipien als die angekündigte Rache an den Gegnern des Bürgerkrieges im Visier. Das seit der *lex Iulia* und den Folgegesetzen veränderte Italien sollte ungeachtet des ihm verliehenen Bürgerrechts von Rom nicht nur verwaltet, sondern beherrscht werden. Politische Willensbildungen jenseits der römischen Staatsorgane und jenseits der römischen Stadtmauern durfte es in der Welt des Sulla nicht geben, wenn der seiner Staatsordnung zugrundegelegte Kernsatz Bestand haben sollte, daß die Herrschaft seiner aristokratischen Familien auch künftig die Geschicke Roms und seines eroberten Weltreiches bestimmen sollte (s. S. 414). Dies verlangte ein Italien, dem jeder Wille zur eigenständigen politischen Äußerung genommen worden war und das seine Zukunft nur als römische zu verstehen lernte. Das Menetekel des Aufstandes, und nicht die Hoffnung auf die Wirksamkeit der seit den Punischen Kriegen gegründeten Schicksalsgemeinschaft, bestimmte die Zukunft Italiens.

Das „Stadtgebiet" von Rom umfaßte jetzt ganz Italien. Die dem Stadtstaat angemessene Zentralisierung des politischen Lebens in Rom war damit sinnlos geworden. Insbesondere die Volksversammlungen hatten ihre Funktion als politische Organisation des Gesamtvolkes verloren, da in ihnen nur die hauptstädtische Menge den Ton angab. Der italische Landadel hatte von sich aus keinen Ehrgeiz, an den Irrungen und Wirrungen der römischen Innenpolitik teilzuhaben; ihm ging es weiterhin um den Bestand seiner Herrschaft in den Heimatstädten und um die soziale Umsetzung der erreichten Gleichstellung mit den Bürgern Roms in einer Welt der unbegrenzten Möglichkeiten. Für den kleinen Mann in den italischen Städten machte es ohnehin keinen Sinn, einen tage- oder wochenlangen Marsch nach Rom zu den Abstimmungen der Komitien auf sich zu nehmen. Hierfür hatte er weder Zeit noch Geld noch Interesse. Um dies zu wecken, bedurfte es der Initiative römischer Politiker, eines großen propagandistischen Aufwands, einer bestimmten, auf italische Interessen ausgerichteten politischen Programmatik, Hoffnungen auf materiellen Gewinn und schließlich sorgsam gepflegter Klientelbeziehungen wie derjenigen, die etwa der aus Arpinum stammende Cicero und später vor allem Octavian aufbauen sollten (s. S. 417; 480 f.).

# VI. Bürgerkrieg und Revolution (88-42)

| | |
|---|---|
| 88 | Staatsstreich Sullas; seine Truppen erobern Rom. |
| 82-79 | Sulla amtiert als *dictator rei publicae constituendae*. |
| 73-71 | Sklavenaufstand in Italien unter Führung des Spartacus. |
| 60-59 | Pompeius, Caesar und Licinius Crassus schließen ein politisches Bündnis zur Durchsetzung ihrer Interessen. Caesar wird 59 Konsul. |
| 49-45 | Bürgerkrieg. Caesar besiegt Pompeius bei Pharsalos in Griechenland (48) und die Senatsanhänger bei Thapsos in Nordafrika (46) und Munda in Spanien (45). |
| 46-44 | Caesar als *dictator* Herr Roms; er wird am 15.3.44 von opponierenden Senatoren unter Führung des Brutus getötet. |
| 43 | Durch Gesetz begründetes Triumvirat zwischen Antonius, Octavian und Lepidus. |
| 42 | Die Heere der Caesarmörder Brutus und Cassius werden im Oktober bei Philippi entscheidend geschlagen. |

## 1. Sulla im Jahre 88: Der Bürgerkrieg als Mittel der Politik

*Der Staatsstreich*

Mit Sulla brach der Krieg in den Raum der Innenpolitik ein. Zum erstenmal in der Geschichte Roms brannten im Sommer des Jahres 88 die Wachfeuer der eigenen Truppen auf dem Forum wie in Feindesland, und zum erstenmal trieben Legionäre Senatoren und Ritter aus ihren Häusern und umzingelten den Sitzungssaal des Senats, in dem ein General seine Befehle verlas.
Die Voraussetzung dafür hatten drei Ereignisse geschaffen:
- Außenpolitisch die Eroberung der Provinz Asia durch den pontischen König Mithridates VI.,
- innenpolitisch eine neue schwere Konfrontation zwischen Senat und Volkstribunat,
- militärpolitisch die Massierung von Truppen in Italien, die nach den Regeln des Marius vorwiegend aus römischen Proletariern rekrutiert worden waren.

Dieses explosive Gemisch zündete, als der Volkstribun Sulpicius Rufus die Entscheidung des zuständigen Senates, den amtierenden Konsul Sulla mit dem Krieg gegen Mithridates zu beauftragen, durch Volksbeschluß aufheben und Marius zum Kommandeur ernennen ließ.
Der Mann, der in diesem ersten Kampf um Rom die Fäden zog, war Lucius

*Pierre-Narcisse Guérin, Die Rückkehr des Marcus Sextus, 1799*
(Paris, Musée du Louvre)

Jede Revolution kennt ihre Verfolgten und Verbannten, und wenn alles vorbei ist, müssen die Nachgeborenen den Weg zur Versöhnung finden. Häufig genug blieb nur die Verzweiflung, wenn die Zurückgekehrten vor den Scherben ihres ehemaligen Glücks standen. Ihr Los spiegelte sich für die Zeitgenossen der Jahre nach 1795 im fiktiven Schicksal eines gewissen Marcus Sextus, der bei seiner Rückkehr aus der Verbannung, in die ihn Sulla gejagt hatte, in Rom seine Frau tot und seine Tochter im Wahnsinn wiederfindet. Niemand feierte jetzt mehr den Helden, der für den Staat alles geopfert hatte; gemeinsam war allen die Trauer um die im Namen des öffentlichen Wohles geopferte private Existenz.

Es war in der Tat Sulla gewesen, der nach seinem zweiten Marsch auf Rom die blutige Verfolgung seiner Gegner inszenierte, den Terror als Mittel des innenpolitischen Kampfes einführte und in der Form der Proskriptionen legalisierte: Wer in Rom oder den italischen Städten verdächtig war, während des Bürgerkrieges dem Gegner nützlich oder ihm auch nur freundschaftlich verbunden gewesen zu sein, wurde verfolgt, enteignet und exekutiert (s. S. 414). Tatsächlich waren die Gegner unversöhnlich, war der zerrüttete Staat nur dann in eine neue Ordnung zu überführen, wenn die Kräfte des Widerstandes vernichtet wurden. Aber der gesetzliche Mord, verfügt in einem Akt gewalttätiger Anmaßung, fand Nachfolger. Er entfesselte alle Laster der Grausamkeit und des Verrats, der Begehrlichkeit und der privaten Rache unter dem Deckmantel von Recht und Ordnung. Er zerstörte letztlich die moralischen Grundsätze, auf denen die Wirksamkeit jedes Gesetzes ruht.

Es hat in den Jahren 82–80 und 43–33, in denen keine Familie der politischen Eliten ihres Lebens sicher sein konnte, Taten voll Mut, List und trotzigem Widerstand gegeben, und unsere Überlieferung hat sie getreulich festgehalten. Dazu zählt die Geschichte von dem Sohn, der wie einst Aeneas seinen Vater auf den Schultern in Sicherheit brachte und von diesem auf seinem Grabstein geehrt wurde: „Den hier ruhenden Mann, der proskribiert war, hat sein Sohn, der nicht proskribiert war, verborgen gehalten, auf der Flucht begleitet und schließlich gerettet" (Appian, Bürgerkriege 4,172-174).

Die, die überlebten, taten sich schwer, zu vergessen. Die Grabinschrift, die am Ende des Jahrhunderts ein Unbekannter in zwei Marmorplatten schlagen ließ, die das Grab seiner Frau hüteten, spricht von dem Schicksal eines Mannes, der 43 v.Chr. proskribiert wurde und sein Leben nur dank der Hilfe seiner Frau rettete (Laudatio Turiae; D. Flach, Darmstadt 1991). Sie hatte seine Flucht organisiert, ihn in der Verbannung mit dem Nötigsten versehen und selbst in Rom nichts unversucht gelassen, um seine Rehabilitierung zu erreichen:

„Damals wandtest du dich", bekundet der dankbare Gatte, „wegen der Wiederherstellung meiner Rechte an [den Triumvirn] M. Lepidus. Als du dich ihm zu Füßen warfst, hat man dich nicht nur nicht aufgehoben, sondern geschleift, wie eine Sklavin weggezerrt und über und über mit blauen Flecken bedeckt; doch unerschütterlichen Mutes erinnertest du ihn an Caesars Edikt mit dem Glückwunsch zu meiner Rehabilitierung, und als du noch dazu schmähende Worte hören und grausame Verwundungen erdulden mußtest, zeigtest du sie öffentlich, damit der Urheber meiner Prüfungen bekannt werde" (13-18; Übers.: M. v. Albrecht).

Cornelius Sulla. Hocharistokrat, Sproß einer Familie, die ihre besten Zeiten längst hinter sich glaubte, ein leidenschaftlicher Verehrer der Frauen, des Weins und der schönen Künste, im Salon wie im Soldatenzelt gleichermaßen zu Hause und gern gesehen, schien er unter den Tüchtigen der Zeit wenig prädestiniert für eine führende Rolle im Staat. Aber er besaß alle Eigenschaften, die den Hunger nach Macht und Ruhm sättigen konnten, wenn die rechte Stunde kam. Und er hatte Glück, was bereits die antiken Historiker bestaunten, von denen ihn Sallust wie folgt beschrieb: „Er war von unermeßlicher Geisteskraft, begierig nach Genüssen, aber noch begieriger nach Ruhm; ... er war beredt, raffiniert und doch in der Freundschaft zugänglich; um über seine Pläne zu täuschen, besaß er eine unglaubliche Unergründlichkeit des Geistes; er war ein Spender von vielen Dingen und besonders von Geld. Und ihm, dem Glücklichsten von allen, ging vor dem Sieg im Bürgerkrieg niemals das Glück über seine Tatkraft."

Aufgestiegen war dieser Mann als Krieger und – nach seinem eigenen Verständnis – als Günstling der Göttin Aphrodite und des Glücks. So ließ er, auf dem Gipfel seiner Laufbahn angekommen, das Volk im Frühjahr 81 seinem Namen den Beinamen *felix* hinzufügen, den er fortan in allen amtlichen Schriftstücken zu führen pflegte. Auch die Zeitgenossen sahen ihn auf eine besondere Weise ausgezeichnet: „Der Sieg Sullas ist, wie ich sehe, durch den Willen der Götter, den Eifer des römischen Volkes und durch die Klugheit, Heerführung und das Glück (*consilio et imperio et felicitate*) des Sulla errungen worden" (Cicero).

Angefangen hatte alles unter Marius. Unter dessen Kommando hatte Sulla in einem halsbrecherischen Kommandounternehmen den numidischen König Jugurtha mit Hilfe des Maurenfürsten Bocchus in einen Hinterhalt gelockt und gefangengenommen. Er feierte diesen ersten großen Erfolg auf Münzbildern und Monumenten, die ihn auf erhöhtem Thron sitzend zeigen, wie er die Unterwerfung des vor ihm mit einem Ölzweig in der Hand knieenden Bocchus entgegennimmt, hinter dem der gefesselte und ausgelieferte Jugurtha kniet. In den Kämpfen gegen die Kimbern hatte er das schwierige Geschäft der Logistik gelernt, und als die Italiker gegen Rom aufstanden, waren es seine Truppen gewesen, die den Feind an der Südfront vor Pompeji und Nola niederwarfen. Diese Erfolge verschafften dem schon fast Fünfzigjährigen das Konsulat. Als Anfang des Jahres 88 die Nachrichten vom Überfall des Mithridates auf Asien und Griechenland eintrafen, war sich die öffentliche Meinung mit dem Senat einig, daß der Konsul Sulla der geeignete Mann sei, um den übermütigen Zaunkönig aus Pontos das Fürchten zu lehren. So erging ein Senatsbeschluß, der Sulla das Kommando übertrug und ihn beauftragte, seine vor Nola einsatzbereit stationierte Armee nach Asien zu führen.

Den dramatischen Knoten in diesem bis dahin normalen Gang der Ereignisse schürzte der Volkstribun Sulpicius Rufus, als er durch ein Plebiszit Sulla das Kommando nehmen und dem Marius geben ließ. Damit sollte der fähigste General der Popularen ausgezeichnet werden, mit dem Sulla in Fehde lag und den die Hoffnung auf einen großen asiatischen Krieg umtrieb, seit er im Jahre 98 mit Mithridates zusammengetroffen war und dem Senat über die Umtriebe des Königs Bericht erstattet hatte; noch in den Fieberphantasien seines Sterbelagers sollte der alte Haudegen Schlachten gegen Mithridates kommandieren. Die Wahl gerade dieses Mannes, der damit verbundene Verlust der politischen Reputation und schließlich die Mißachtung seiner in der Vergangenheit für Rom erbrachten Leistungen schienen Sulla unerträglich. Zudem war er ohne Zweifel der bessere Heerführer: Er hatte im Bundesgenossenkrieg den entscheidenden Vorstoß in die Kernlande des samnitischen Gegners geschafft, und ihm war es bereits 96/95 gelungen, Teile Asiens neu zu ordnen und Mithridates dabei in die Schranken zu weisen. Nichts davon sollte nach dem Willen des Volkes Anerkennung finden, das sich – nicht zum erstenmal – tatenlos den Machenschaften eines Vokstribunen ergab. Das Maß des Zumutbaren war voll.

Die Nachricht von der Entscheidung der Komitien überraschte den Konsul im Feldlager vor Nola. Er gab daraufhin unter extremem Zeitdruck den Marschbefehl nach Rom, das nach kurzem Kampf genommen wurde. Der ganze Vorgang ist unschwer als Staatsstreich zu identifizieren: Eine starke Führerpersönlichkeit, eine homogene, zu allem entschlossene Gefolgschaft, die geographische Beschränkung der Aktion auf die Hauptstadt, das überraschende Vorgehen, das jeden Widerstand unmöglich machte, und schließlich als propagiertes Ziel die Beseitigung der amtierenden Machthaber, denen Machtmißbrauch vorgeworfen wurde. Die Soldaten waren ihrem Feldherrn ohne Zögern gefolgt, nachdem er ihnen erklärt hatte, daß der vom Volk eingesetzte neue General auf dem Marsch nach Asien viele von ihnen zurücklassen und andere, ihm genehmere Truppen in das Land führen werde, wo Beute und Ruhm in kaum erträumbarer Größenordnung warteten. Denn Marius, so viel wußte man, hatte seinerseits Verpflichtungen. Viele seiner alten Offiziere und Krieger drängten auf ihre Einhaltung. Truppen gab es zudem genug: Der zu Ende gehende Krieg in Italien hielt immer noch Zehntausende unter Waffen, die alle bereit waren, mit Marius oder wem auch immer nach Asien zu marschieren. Sullas Legionen hatten viel zu verlieren, und sie meinten es durchaus ernst, als sie von ihrem Kommandeur Taten verlangten, die ihre Ansprüche auf den Krieg im Osten sicherten. Sullas Zorn über die Kränkung, die ihm als Aristokrat und Politiker widerfahren war, verband sich mit der Sorge des großen Soldatenführers, für seine Truppen nicht einstehen zu können. Auch dies war ein Teil der Ehre, die es zu wahren galt – und sei es um den Preis des Hochverrates.

Diesen zu legitimieren war eine andere Sache. „Es gelte, die Stadt von ihrem Tyrannen zu befreien" (Appian 1,253) und: „Die Gesetze des Sulpicius seien mit Gewalt durchgebracht worden" (Cicero, Philippische Rede 8,2,7), so lauteten die griffigen Formeln, die seit dem Tod des Tiberius Gracchus immer wieder gegen vermeintlich oder tatsächlich aufrührerische Volkstribunen verwandt wurden. Die Verfolgung des politischen Gegners nach dem Sieg unterstrich diese Argumentation noch: Sulpicius, Marius, seinen Sohn und neun ihrer Anhänger erklärte der Senat, umringt von sullanischen Truppen, zu Staatsfeinden (*hostes*), die sofort zur Fahndung und Hinrichtung ausgeschrieben wurden. Als Begründung warf man allen die Entfachung eines Aufstandes, Widerstand gegen die rechtmäßige Staatsgewalt in Gestalt der Konsuln und die Aufwiegelung der Sklaven vor (Appian, Bürgerkriege 1,271), also im wesentlichen die gleichen Beschuldigungen, die dem Vorgehen gegen Gaius Gracchus zugrunde lagen. Auch diesmal sollte niemand daran zweifeln dürfen, daß die rechtlich gebotene Verteidigung des Staatswohls dem Konsul Sulla bei seinen Entscheidungen die Hand geführt hatte.

*Der Widerstand*

In Zeiten der Not sind viele Rechtskonstruktionen möglich. Auch die Einführung des *Senatusconsultum ultimum* als letztem Mittel zur Wiederherstellung der Ordnung war ein Akt der Usurpation gewesen (s. S. 397). Sein Bestand hing davon ab, ob die Zeitgenossen bereit waren, sich der ihm innewohnenden sachlichen Argumentation zu beugen. Sie taten es mehrheitlich im Falle des SCU.
Sie taten es nicht, als Sulla seinen Staatsstreich als rechtlich gebotene Rettungstat ausgab. Bereits vor Nola hatten bis auf einen, den treuesten der Treuen, alle Offiziere den Konsul verlassen, als seine Pläne ruchbar wurden. Vom Senat waren Sulla mehrere Gesandtschaften entgegengeschickt worden, die versuchten, den heranrückenden General zum Nachgeben, wenigstens zum Halten zu bewegen. Als dessen Truppen trotzdem in die Stadt eindrangen, wehrten sich Teile der Plebs mit Steinen und Ziegeln von den Dächern der Subura. Gegen die Ächtung des Marius, dessen Ruhm im Augenblick seiner Not neuen Glanz erhielt, verwahrte sich im Senat offen der Augur Mucius Scaevola, obwohl die Kurie mit Truppen umstellt war. Der Statthalter Afrikas, der Prätor Sextilius, weigerte sich, gegen den flüchtenden Marius vorzugehen: Er gewährte ihm zwar kein Asyl, verfolgte ihn aber auch nicht, wie es laut Senatsbeschluß seine Pflicht gewesen wäre. Überhaupt zeigt das Überleben aller Geächteten bis auf Sulpicius, daß ihnen vielfältige Hilfe gewährt worden sein muß.
Schließlich wurden die Wahlen für 87 zur offenen Demonstration gegen Sulla: Als Konsul wurden nicht die von ihm vorgeschlagenen Kandidaten, sondern Cn. Octavius und L. Cornelius Cinna gewählt; der letztere, ein erklärter Gegner Sullas, gewann zudem die meisten Stimmen. Daß Sulla diesen Affront hinnahm, zeugt nicht von seiner Einsicht und schon gar nicht von seiner Unterwerfung unter die Spielregeln der Republik; es beweist vielmehr seine Schwäche: Er hatte die Komitien nicht in der Hand und keine Autorität, um die Massen von seinen Vorschlägen zu überzeugen.
Die öffentliche Meinung über Sullas Staatsstreich sollte wenige Jahre später der *pontifex maximus* Scaevola als seine persönliche Wahrheit formulieren: Er habe die Greueltaten des Marius und des Cinna kommen sehen, „ziehe

das aber einem Waffengang gegen die Mauern der eigenen Vaterstadt vor" (Cicero, Att. 8,3,6). Dies trifft den Kern: Das von Sulla gegen den politischen Gegner eingesetzte Mittel – die Armee – war so drastisch, daß es die Verheißung, den Staat von einer *factio* machtbesessener Rechtsbrecher zu befreien, unter sich begrub. Knüppel und Dolch organisierter Banden waren etwas anderes als das Schwert des Soldaten. Wer dies im innenpolitischen Kampf einsetzte, vernichtete mit dem Gegner seine eigene Legitimation – so verständlich sie sein mochte.
Wer Ende des Jahres 88 Bilanz zog, Gewinner und Verlierer zu bestimmen suchte, der konnte nicht im Zweifel sein: In den Augen der Mehrzahl seiner Standesgenossen und der anderen Stände war der Konsul ein Rechtsbrecher, der sein Amt zur Unterdrückung der *res publica* mißbraucht hatte. Es gab auch keine Bedingungen, unter denen Frieden geschlossen werden konnte. Als Sulla um die Jahreswende Rom verließ, blieben ihm allein der große Krieg in Asien und die Hoffnung auf den Sieg. Nur dieser konnte vielleicht die abgebrochenen Brücken zu seiner Heimatstadt wieder begehbar machen – wahrscheinlich war auch das nicht.
Nur dem rückblickenden Historiker ist einsichtig, daß der in den asiatischen Krieg ziehende General mit seinem Staatsstreich die Axt an die Wurzel der Senatsherrschaft gelegt hatte, die er wenige Jahre später mit diktatorischer Machtvollkommenheit auf Dauer sichern wollte. Seine Entscheidung im Sommer 88 jedoch hatte der künftigen Geschichte Roms bereits eine andere Richtung gewiesen: Als die Stadt des Romulus vor ihren eigenen Truppen kapitulieren mußte, wurde die Effektivität des Bündnisses zwischen Legionär und Feldherr für alle sichtbar. Jeder, der mehr als das herkömmliche Maß an Macht, Ehre und Ruhm begehrte, kannte nun das Rezept, und – wie sich nur allzu schnell zeigen sollte – es wuchs die Zahl der Zauberlehrlinge, die es zu gebrauchen gedachten.
Sulla hat die unheilvolle Allianz zwischen Soldat und General nicht geschaffen (vgl. dazu S. 448 f.); früher oder später hätte ein anderer ebenso wie er gehandelt. Die vielfältigen Wege, die dorthin führten, nahmen alle ihren Ausgang von der größten Leistung der Senatsaristokratie: dem Weltreich. Und dies war für Rom wie das Schicksal: erhaben, unwiderruflich und unbedingten Gehorsam fordernd.
Im Osten hatte Mithridates, als politischer und sozialer Befreier der Griechen auftretend, inzwischen in einem blutigen Massaker Tausende in Asien lebende Römer und Italiker ermorden lassen (die sog. Vesper von Ephesos) und war in Griechenland eingefallen. Sulla mußte handeln, wollte er nicht den ganzen Osten verloren geben. Die innenpolitischen Folgen seines Abmarsches in den Osten waren nicht zu verhindern: Diesmal fielen seine Gegner unter Marius und Cinna über Rom her, rissen die Macht an sich und erklärten den im Osten kämpfenden General zum Staatsfeind (*hostis publicus*). Die Weichen für einen weiteren Bürgerkrieg waren damit gestellt.
Der geächtete Sulla begnügte sich damit, nach den ersten durchschlagenden militärischen Erfolgen seinen königlichen Gegner zum Frieden zu zwingen und den alten Zustand der Provinzen wiederherzustellen. 83 setzte er mit

40 000 Mann nach Brundisium über, verstärkte sein Heer durch Truppen befreundeter senatorischer Familien und eroberte am 1.November 82 zum zweiten Mal Rom. Er war damit zum mächtigsten Mann geworden, den die römische Geschichte bis dahin gekannt hatte. Viele hegten die Überzeugung, daß am Ende der notwendigen Neuordnung des Staates die Monarchie Sullas stehen müsse. Es kam jedoch anders.

## 2. Der konservative Revolutionär: Die Diktatur und Staatsordnung Sullas

Der Sieger übte mit geradezu pathologischer Rachsucht Vergeltung. Nach einer ersten Welle spontaner Mordtaten wurde die weitere Verfolgung des politischen Gegners rechtlich durch ein Proskriptionsgesetz geregelt. Öffentliche Listen machten alle bekannt (*proscribere*), die nach dem Mai 83 im Lager der Sulla-Gegner gestanden hatten. Sie wurden für vogelfrei erklärt, ihr Vermögen öffentlich versteigert, und jeder römische Bürger war unter Strafe verpflichtet, flüchtige Proskribierte anzuzeigen. Das Ziel dieses legalisierten Massenmordes war die Liquidierung der gesamten Schicht derer, die seit den neunziger Jahren offen oder versteckt gegen den Senat opponiert hatten. So verfielen mindestens 40 Senatoren und 1600 Ritter dem Beil des Henkers oder selbsternannten Kopfjägern. Dieser Aderlaß hat die Funktionsfähigkeit des Senats spürbar gemindert, da die Qualität seiner Entscheidungen von den langfristig geschulten Fähigkeiten seiner großen Persönlichkeiten abhing. Nicht minder verheerend mußten der Terror und die kaltblütigen Morde auf die Moral der gesamten Bürgerschaft wirken.

Um den Staat zu reformieren, wurde Sulla zum „Diktator für die Abfassung von Gesetzen und die Neuordnung des Staates" (*dictator legibus scribundis et rei publicae constituendae*) gewählt; die Kompetenzen dieses neu geschaffenen Amtes waren unbegrenzt und zeitlich nicht befristet. Die Neugründung der Republik sollte auf drei Feldern erreicht werden: Zum einen galt es, die Macht des Senates wieder zu sichern, zum anderen mußten Provinzialverwaltung und Heerwesen neu geordnet werden, und schließlich sollte eine Reform des Gerichtswesens den Anforderungen eines modernen Strafrechts Genüge tun.

Dem ersten Ziel diente die Entmachtung der Volkstribunen, deren Gesetzesanträge künftig vom Senat genehmigt werden mußten. Der Senat selbst wurde durch 300 Ritter ergänzt und bestand nunmehr aus 600 Mitgliedern, aus denen sich die Geschworenen der Gerichtshöfe rekrutierten. Anzahl, Aufgaben und Laufbahnen der Magistrate wurden mit dem Ziel reformiert, der zunehmenden staatlichen Aufgaben besser Herr werden zu können. Das zweite Ziel wurde durch die Regelung erreicht, daß die acht Prätoren und zwei Konsuln nach ihrer Amtszeit in Rom jeweils ein Jahr als Promagistrate (Proprätoren und Prokonsuln) eine Provinz verwalteten; sie durften ohne Erlaubnis des Senates weder Krieg führen noch ihre Provinzen verlassen. Die Konzentration der militärischen Macht auf die Provinzen und die

damit verbundene Entmilitarisierung Italiens sollten die Republik vor einer Wiederholung der Ereignisse des Jahres 88 schützen. Das dritte Ziel führte zur Einrichtung von sieben Geschworenengerichtshöfen, die verschiedene Gegenstände des Strafrechts zu behandeln hatten und die Volksgerichte ablösten.
Insgesamt hatte Sulla die Kernprobleme der weltbeherrschenden Republik richtig analysiert und entsprechend gehandelt: Die Exekutive wurde durch die Vermehrung der Funktionsträger, die Spezialisierung der Ämter und die geographische Abgrenzung der Aufgabenbereiche den tatsächlich vorhandenen Staatsaufgaben angepaßt. Gleichzeitig unterwarf man sie massiven Kontrollen selbst dort, wo diese nur auf Kosten der Effektivität zu haben waren: Die Stärkung der Grundprinzipien jeder Regierungstätigkeit, Annuität und Kollegialität, das Intercessionsrecht der Volkstribune und schließlich die Tätigkeit ständiger Gerichtshöfe sollten den Übermut der Beamten zügeln. Fraglos hat dieses systematische Gesetzgebungswerk Sullas der Republik eine bessere Chance als bisher eingeräumt, mit den Problemen des Weltreiches fertig zu werden. Trotzdem lag hier nach wie vor der neuralgische Punkt: Die Dezentralisierung der militärischen Macht setzte im Grunde ein saturiertes Weltreich voraus, das seine Truppen nur zum Erhalt des Erreichten einsetzte. War dem nicht so oder fand sich einer, der zu neuen Eroberungszügen aufbrach, so mußten unvermeidlich wieder viele Legionen unter ein Kommando gestellt werden. So und nicht anders hatte es im Jahre 88 schließlich angefangen: Der ehrgeizige General und die ihm ergebenen Truppen konnten durch kein Gesetz und keinen Senatsbeschluß daran gehindert werden, das Schwert auch als Mittel zur Durchsetzung politischer Ziele zu ziehen.
Sulla legte seine Diktatur 79 nieder und starb ein Jahr später auf seinen Landgütern. Seine Zeitgenossen, allen voran der Adel Italiens, der auf der Seite des Marius gestanden hatte, weigerten sich, ihm seine Bluttaten zu vergeben. Er wollte es gewiß nicht anders: In der eigenhändig verfaßten Grabinschrift rühmte er sich, wie kein zweiter seinen Freunden ein Freund und seinen Feinden ein Feind gewesen zu sein.

## 3. Die Erprobung der neuen Ordnung: Politik in den 70er und 60er Jahren

*Der Aufstand des Spartacus*

Die 70er Jahre endeten mit dem Sklavenaufstand des Spartacus, in dem die Not der auf den Großgütern fronenden Sklaven ihren sichtbarsten Ausdruck fand. 73 brach in Capua unter Führung des Thrakers Spartacus eine Gruppe Gladiatoren aus der Fechterkaserne aus. Nach ersten Siegen über ihre Verfolger erhielten sie großen Zulauf vor allem von den in „Arbeitshäusern" (*ergastula*) unter elenden Bedingungen zusammengepferchten Landarbeitersklaven. Es gelang den Sklaven, unter denen Kelten und Ger-

manen überwogen, in mehreren Feldschlachten zwei konsularische Heere zu schlagen. Auf dem Höhepunkt des Aufstandes standen 60-70 000 Mann unter Waffen.
Ihre Ziele blieben diffus: Während ein Teil in die Heimat zurückgeführt werden wollte, träumten die anderen von einem eigenen Reich in Unteritalien und Sizilien. Die Veränderung der Gesellschaft oder die Abschaffung der Sklaverei forderte niemand. Das Ende kam zwangsläufig, als der Senat seine zögernde Behandlung des Problems aufgab. Der mit besonderen prokonsularischen Vollmachten ausgestattete Licinius Crassus schlug Spartacus in Lukanien, und die nach Norden flüchtenden letzten Hundertschaften fielen dem aus Spanien heimkehrenden Pompeius in die Hände. Tausende wurden zur Abschreckung entlang der *via Appia* ans Kreuz geschlagen (71). Für die weitere Entwicklung der Dinge blieb der Aufstand Episode. Die antiken Historiker haben von ihm auch kaum Notiz genommen und dort, wo sie es taten, die ungewöhnliche Tapferkeit des Spartacus in das Zentrum ihrer Berichte gestellt.

*Die Restauration der Adelsherrschaft*

„Alle seine [Sullas] Einrichtungen erhalten wir nicht nur, sondern verteidigen wir mit staatlicher Autorität aus Furcht vor größeren Nachteilen und Katastrophen", schrieb Cicero im Jahre 70 (Gegen Verres 2,3,81). Er zog damit das Fazit aus der Geschichte der 70er Jahre, in denen der Senat nur mit Hilfe des übermächtigen Pompeius die Aufstände des Konsuls Lepidus in Etrurien und des Proprätors Sertorius in Spanien niederwerfen konnte. Die Schwäche der Senatsaristokratie kam nicht von ungefähr: Sie hatte unter Sulla biologisch und moralisch schwer gelitten und brauchte Zeit zur Regeneration. Der wachsende Widerstand gegen die Ansprüche des Pompeius und die Niederwerfung des Catilina in den 60er Jahren zeigten, daß diese noch einmal gelang und die alten führenden Familien die Initiative wieder in die Hand bekamen.
Der Vorgang ist weniger erstaunlich, als er auf den ersten Blick erscheint. Die Angehörigen der Elite erzog man von Kind an zur Politik, und ihr Leben wurde geplant als eine durch die geltenden Gesetze genau geregelte Abfolge von Bewerbungen um die Staatsämter (*cursus honorum*). Das höchste Ziel war erreicht, wenn man es bis zum Konsulat gebracht hatte. Dieses Amt verschaffte seinem Inhaber Macht und Ehre auf Lebenszeit und adelte seinen Träger und sein ganzes Haus für immer. Nunmehr gehörte man zur Nobilität, die sich aus den Familien der gewesenen Konsuln zusammensetzte. Ihnen fielen die Statthalterschaften der reichsten Provinzen zu, sie führten die Eroberungskriege der Republik, sie besaßen im Senat eine lebenslange Ehrenstellung, und sie lenkten mit ihresgleichen die Geschicke des Staates. Innerhalb des Senatsadels bildeten sie den engeren Herrenstand, und sie setzten alles daran, diesen Rang zu behaupten. Außenseiter hatten keine Chance, es sei denn, einer wie Sulla stürzte die Grundmauern der Politik ein. In den Jahren 78 bis 49 v. Chr. kamen aus

den führenden Familien 54 von 61 Konsuln, und nur einem Angehörigen des Ritterstandes gestatteten sie den Zugang zu ihrem illustren Kreis: M. Tullius Cicero, der am willigsten und am lautesten ihre Ansprüche verkündete. Nimmt man das vergangene Jahrhundert hinzu, so regierten seit dem Hannibalischen Krieg weniger als zwanzig Familien als Herren über das Konsulat und die Militärkommandos den römischen Staat und sein Imperium. Die Geschichte des Untergangs dieser Nobilität ist daher zugleich die Geschichte vom Sterben der *res publica*.

Pompeius, Caesar, Crassus, Catilina oder Cato gehörten zu dieser Elite. Ihrem ungeschriebenen Ehrenkodex gehorchend suchten sie mit allen Mitteln und mit aller Leidenschaft den Aufstieg in der Ämterhierarchie. Sie wurden hineingeboren in das Gesetz dieses Lebens: Politik und Krieg. Der Weg nach oben verlangte ihre exakte Ausbildung als Redner, Rechtskundiger und Soldat. Den Gipfel erreichte jedoch nur, wer die Fähigkeit erwarb und immer neu schulte, den Zusammenhalt der Familie zu wahren, Freundschaft (*amicitia*) zu schließen, politische Verbindungen (*factiones*) zu knüpfen und alles auf das sorgfältigste zu pflegen. Familie und Freunde, Krieg und Politik: verwobene Fäden, die die Aristokraten enger miteinander verbanden, als dies Geld oder Geschäft je vermocht hätten. Für diese Männer war es wichtiger, mit ihresgleichen Politik und Streit zu teilen, als sich einer Sache oder einem Programm oder gar einem lukrativen Handel mit Haut und Haaren zu verschreiben – vorausgesetzt, daß sie zusammen mit anderen handelten, die so waren wie sie. Ihr Denken und Handeln kreiste unablässig um Macht, Ehre und Ruhm. Den Kampf darum focht man unter sich aus, und das Turnierfeld dazu boten die Wahlen, der Streit vor Gericht, die großen Kriege.

Dazu freilich brauchte man viel Geld: Das dem Stand gemäße Auftreten, die Bestechungssummen für Wähler und Richter, die Hilfe für die Freunde und Klienten, der Wettkampf um die prächtigsten Spiele und Gastmähler verschlangen Unsummen, die nur dann wieder hereinkamen – und das Weitermachen ermöglichten –, wenn der Zugriff auf die Statthalterposten gelang. Einer von ihnen, Licinius Crassus, sagte einmal, nur der dürfe als reich gelten, der aus seinem Vermögen ein Heer unterhalten könne. Er übertrieb nicht und machte zugleich deutlich, wer die Maßstäbe setzte: der Krieg.

Die persönlichen Lebensumstände oder vererbte Feindschaften drängten die einen in das Lager der Popularen und die anderen in das der Optimaten. Allzuviel war damit nicht ausgesagt: Die einen gebrauchten das Initiativ- und Antragsrecht des Magistrats als Waffe gegen den Entscheid des Senats, die anderen beharrten darauf, daß der Wille des Senats höher zu achten sei als das Initiativrecht des Beamten. Im übrigen benutzten alle nach Belieben das gesamte politische Instrumentarium, wenn es galt, den Gegner niederzuhalten (vgl. S. 400 f.).

*Cicero gegen Catilina: Der letzte Sieg des Senats*

Eine Lehre haben die Zeitgenossen der blutigen Bürgerkriegswirren der achtziger und siebziger Jahre besonders hochgehalten: Nach oben und zum Konsulat kam nur der, der sich strikt an den *cursus honorum* und die legalen Formen der langsamen Machthäufung hielt und ertrug, sich dabei drehen, wenden und auch bücken zu müssen. Die Nobilität ächtete jeden, der den Weg der Gewalt beschritt und die Tage Sullas heraufzubeschwören drohte. Daß dem so war, bewies die Reaktion auf die Verschwörung des Catilina in der zweiten Hälfte des Jahres 63.
Sergius Catilina stammte aus einem alten patrizischen Geschlecht. Er war als besonders berüchtigter Scherge Sullas reich geworden, 67/66 Statthalter in Afrika gewesen und fest entschlossen, auch noch den Sprung zum Konsulat zu schaffen. Viermal hatte er es auf legalem Weg versucht, viermal war er am Widerstand der Optimaten gescheitert, die seiner nicht sicher waren. Im Sommer 63 im Wahlkampf erneut unterlegen, entschloß er sich zum Aufstand und machte sich zum Fürsprecher verschuldeter Adliger, verarmter Veteranen und von Teilen der hauptstädtischen Plebs. Auf die Nachricht von Truppenanwerbungen rief der Senat im Oktober den Staatsnotstand aus. Der damit handlungsfähige Konsul Cicero provozierte Catilina zum Verlassen der Stadt und setzte nach erregter Debatte im Senat am 5. Dezember die Hinrichtung der adligen Anhänger Catilinas durch, die in Rom geblieben waren. „Sie haben gelebt", verkündete er noch am selben Abend der vor dem Kerker wartenden Menge, die ihn als Retter des Vaterlandes feierlich nach Hause geleitete (Plutarch, Cicero 22). Catilina selbst fiel im Januar 62 im aussichtslosen Kampf gegen die Truppen der Republik.
In der Sitzung des Senats am 5. Dezember waren neben dem Konsul Cicero zwei Männer besonders aufgefallen, die aus der Geschichte der folgenden Jahrzehnte nicht wegzudenken sind: Caesar und Cato. Beide konnten dem Senat klarmachen, daß die Frage der Hinrichtung der Catilinarier erneut das Grundproblem des Verhältnisses zwischen Staat und Bürger aufwarf. Caesar hatte gegen die von seinen Vorrednern geforderte Todesstrafe eingewandt, daß die Beschuldigten bereits verhaftet und unschädlich gemacht worden seien, so daß nach geltendem Recht ihre Hinrichtung ohne ordentliches Gerichtsverfahren nicht möglich sei. Er schlug seinerseits vor, das Vermögen der Verschwörer zu konfiszieren und die Täter für immer hinter Gefängnismauern verschwinden zu lassen. Caesar folgte mit diesem Antrag dem einzigen unbestrittenen Grundsatz popularer Politik: Das Gesetz des Gaius Gracchus, das die Verhängung der Todesstrafe gegen einen römischen Bürger allein dem Volk und einem von ihm eingesetzten Gerichtshof gestattete, hatte als Grundrecht der Freiheit eines römischen Bürgers zu gelten (s. S. 397 ff.). Nur wer offen mit der Waffe in der Hand gegen den Staat kämpfte, konnte dieses Grundrechtes verlustig gehen.
Dagegen Cato: Er berief sich auf den uralten Rechtsgrundsatz, daß sich ein Prozeß dann erübrige, wenn man es mit geständigen und manifesten Ver-

brechern zu tun habe. In der Tat war man in Rom immer so verfahren, daß der auf frischer Tat ergriffene bzw. geständige Kapitalverbrecher ohne weiteres hingerichtet wurde. Dieser Rechtsgrundsatz hatte nicht nur im Bereich des zivilen Vollstreckungsrechts, sondern auch für die Strafverfolgung Geltung besessen. Im Falle der Catilinarier konnte sich Cato auf deren Aussagen vor dem Senat am 3. Dezember berufen. Dort hatten sie zumindest Teilgeständnisse abgelegt, so daß man mit einem Anflug von Recht von einer rechtswirksamen Anerkenntnis der Schuld sprechen konnte.
Trotzdem war die Entscheidung des Senats, wägt man sie nach Recht und Gesetz, der Entschluß zum Justizmord. Verständlich ist dies nur vor dem Hintergrund der Erfahrungen, die sich in den Satz bündeln ließen, daß der Senat der einzige Hort der republikanischen Ordnung und Freiheit war und handeln mußte, um die Not des Staates zu meistern. Gegen die Catilinarier sollte exemplarisch demonstriert werden, daß die Republik noch verteidigungsfähig war und niemand sie ungestraft in die Schranken fordern konnte. Dieser Beweis von Entschlußkraft erschien um so dringlicher, als sich im Osten Pompeius rüstete, mit seinen Truppen nach Italien zurückzukehren. Nicht zuletzt diesem Manne, dessen Karriere (s. S. 456 ff.) aus einer Kette von Rechtsbrüchen bestand, galt es zu zeigen, daß der Senat entschlossen und fähig war, die alte Rechtsordnung gegen jeden Aufrührer zu wahren. Auf der Strecke blieb dabei das Recht jedes Römers, nur vor einem ordentlichen Gericht kapital belangt werden zu können. Anders: Der Senat selbst griff in seiner Not mit der rechtswidrigen Hinrichtung der Anhänger Catilinas die Ordnung an, die er als die beste aller staatlichen Welten gerade zu verteidigen gedachte.

## 4. Der Weg in den Untergang

*Das erste Triumvirat*

Die von vielen gefürchtete Konfrontation der Republik mit Pompeius blieb zunächst aus. Als der General im Dezember 62 mit seinem Heer in Brundisium italienischen Boden betrat, entließ er seine Truppen und kehrte, nur umgeben von seinen Freunden, als Privatmann nach Rom zurück. Offenbar überzeugt, daß niemand ihm seine überragende Stellung im Staat nehmen könne, schien ihm dies die geeignete Gelegenheit, um der römischen Öffentlichkeit zu zeigen, daß er kein zweiter Sulla sein wolle. Er konzentrierte sich auf die Organisation seines Triumphzuges, der die Hauptstadt im September 61 zwei Tage lang in Atem hielt: Der wiedererschienene Alexander feierte seinen Sieg über die Länder vom Asowschen bis zum Roten Meer und unterstrich seinen Anspruch, Prinzeps in Rom zu sein. Es war der dritte Triumph, den er feierte, und es war der dritte Erdteil, den er für Rom bezwungen hatte. Pompeius hatte guten Grund für seine Überzeugung, daß der Staat ihm zu Dank verpflichtet sei.
Er mußte auf demütigende Weise erfahren, daß der Senat in seiner Mehr-

heit anderer Meinung war. Was immer Pompeius jetzt anpackte, endete mit einer Niederlage. Die Optimaten hatten ihm nie die tiefe Spur der Gewalt verziehen, die er in die Geschichte der vergangenen zwei Jahrzehnte gezogen hatte. Nun wies man dem vermeintlich Wehrlosen die Tür. Es begann damit, daß ihm Cato brüsk die Hand seiner Nichte verweigerte. Dann ließ der vornehme Metellus Celer, Konsul des Jahres 60, die freundschaftliche Maske fallen, da es Pompeius bei seiner Rückkehr gewagt hatte, seiner Frau Mucia, einer Halbschwester des Celer, den Scheidebrief zu schicken. Gegen seine wütenden Attacken half auch nicht, daß sein treuer Legat L. Afranius zum zweiten Konsul gewählt worden war: Dieser tappte holzköpfig und hilflos in jede Falle, die ihm seine listigen Gegner stellten. Schließlich verweigerte der Senat die Entlohnung der Veteranen mit Siedlungsland, und als die Debatte um die Ratifizierung seiner Verfügungen im Osten begann, erhob sich Lucullus: Rachsüchtig forderte er, die von Pompeius erwartete pauschale Billigung seiner Maßnahmen abzulehnen und sie statt dessen Punkt für Punkt durchzugehen und zu prüfen; er setzte sich durch. Pompeius wurde unsicher und verlor an Überzeugungskraft. „Unbefriedigend für die kleinen Leute, nichtssagend für Lumpen, für die Geldleute wenig ermunternd, für die Optimaten ungefährlich", kommentierte händereibend Cicero das öffentliche Auftreten des großen und nun auch einsam gewordenen Generals (An Atticus 1,14,1).
Seine Gegner triumphierten und wähnten sich am Ziel. Sie erfuhren jedoch bald, daß ihre Hoffnung eitel und ihre Politik kurzsichtig war. Von allen Seiten bedrängt, begehrte Pompeius auf und entschloß sich zum coup d'état. Seine Ehre wäre dahin, wenn er seine ergebenen Veteranen ohne Lohn ins Elend ziehen ließe. Kassierte der Senat gar seine Organisation des Ostens, so stürzten sie dort die Standbilder und Altäre, die ihm im frommen Glauben an seine Macht errichtet worden waren. Pompeius sah sich nach Bundesgenossen um.
Er fand den ersten in Julius Caesar, der zwar seine Wahl zum Konsul für das Jahr 59 erfolgreich betrieben hatte, aber nicht verhindern konnte, daß mit Marcus Calpurnius Bibulus einer seiner Todfeinde zum zweiten Konsul gewählt wurde. Zudem hatten seine optimatischen Gegner im Senat den Beschluß durchgebracht, für das Jahr 58 die Pflege der „Wälder und Triften" in Italien als prokonsularischen Geschäftsbereich einzurichten: Der ehrgeizige Caesar sollte nicht Herr einer großen Provinz, sondern Anführer einer Schar von Feldmessern werden, die eifrig die Saumpfade Italiens kartierten. Dies war der rechte Mann für Pompeius: Er selbst brauchte ein Gesetz über die Ansiedlung seiner Veteranen und die Bestätigung seiner Maßnahmen im Osten, Caesar suchte Hilfe bei der Durchsetzung eines Volksbeschlusses, der ihm das Schicksal ersparte, tatsächlich die Saumpfade Italiens abgehen zu müssen. Die Machtmittel beider waren schnell gewogen: Der eine bot das ungebrochene Ansehen eines zweiten Alexander und seine ergebenen Veteranen, der andere besaß das Amt, mit dem ein entschlossener Politiker alles erreichen konnte.
Der dritte im Bunde wurde Licinius Crassus. Ihm war in den letzten zehn

Jahren nicht mehr viel geglückt; auch seine unverhohlene Feindschaft zu Pompeius hatte die Häupter der Optimaten nicht für ihn gewinnen können. Zeitlebens nagte an ihm der Fehler, den er sich nie verzieh: Als der bereits geschlagene Spartacus im Winter 72/71 noch einmal den Sperriegel der Legionen durchbrechen konnte, hatte der kommandierende Crassus in einem Anfall von Panik gebeten, Pompeius zu seiner Unterstützung aus Spanien abzuberufen. Als es diesem – ohnehin auf dem Weg nach Italien – gelang, in Etrurien einige Tausend Sklaven niederzumachen, konnte er dem Staat berichten, Crassus habe zwar die Sklaven besiegt, er jedoch habe den Krieg bis zur Wurzel ausgerottet. Crassus vergaß diese Schmach nie, war aber unter dem Druck Caesars bereit, das Bündnis mit Pompeius einzugehen. Denn er hatte zeit seines Lebens von einem großen Kommando geträumt und war noch immer bereit, sein riesiges Vermögen für die Erfüllung dieses Traums aufs Spiel zu setzen.

Noch einer sollte das Bündnis verstärken: Cicero. Dieser *homo novus* hatte als Handlanger der optimatischen Familien das Konsulat erreicht und ihre Erwartungen nicht enttäuscht, als er Catilina niederwarf. Er war der beste Redner Roms, und die Macht seiner Worte wog schwer in einer Welt, die politische Entscheidungen in öffentlichen Redeschlachten zu fällen gewohnt war. Aber Cicero lehnte ab. Er hatte sich dem Kreis der ehrwürdigen Häupter des Senats zugesellt und glaubte fest, daß die hohen Herrn ihn als ihresgleichen anerkannten. Dies war der Traum seines Lebens gewesen, den ihm harte Arbeit nun erfüllt hatte. Er wollte nichts mehr aufs Spiel setzen und traf seine für beide Seiten verhängnisvolle Entscheidung. Gewiß hätte sein Auftreten für die neuen Machthaber den Konflikt mildern und ihn selbst vor dem politischen Absturz bewahren können.

Die drei Männer, die sich schließlich zusammentaten, hatten eines gemeinsam: Ihnen lag mehr im Sinn, als künftig mit ihresgleichen im Senat den Ton anzugeben und dessen Machtanspruch zu stützen. Sie sannen nicht direkt auf Umsturz, aber sie wollten mehr Macht und Ansehen besitzen als andere. Sie hatten gelernt, daß dieses Ziel nur zu ereichen war, wenn man in langen Zeiträumen dachte. Alle drei sollten die Macht, zu der sie jetzt den Grundstein legten, bis zu ihrem Tode nicht mehr aus der Hand geben.

Das zwischen ihnen geschmiedete Bündnis, das sogenannte Erste Triumvirat, war formell kein Novum in einer Politik, die politische Verbindungen der führenden Familien immer gekannt hatte. Die Macht jedoch, die sich für Jahre in den Händen dieser drei Männer ballte, machte ihr Bündnis zum Staatsstreich. Die Einigungsformel, „es solle nichts im Staate geschehen, was einem von den dreien mißfiel" (Sueton, Caesar 19,2), setzte den Willen dieses „dreiköpfigen Ungeheuers", so der erbitterte Cicero, an die Stelle der Entscheidungsbefugnis des Senats.

*Das Konsulat Caesars und der Herrschaftsanspruch des Pompeius*

Die gesteckten Ziele wurden mit legalen Mitteln, aber unter dem Druck von Terror und Gewalt erreicht. Der für 59 zum Konsul gewählte Caesar brachte die notwendigen Gesetze vor das Volk. Dort sorgten die Veteranen des Pompeius im Bunde mit den popularen Wählermassen und angefeuert durch das Geld des Crassus dafür, daß richtig abgestimmt wurde. Unermüdlich kämpften die Gegner mit den Rechtsmitteln der Interzession und der Himmelsbeobachtung, und am Tag der Abstimmung ließen sie sich vom Pöbel verhöhnen und von Schlägerkommandos niederknüppeln. Dies ehrte ihren Mut, nicht ihre Klugheit. Diese hätte die Kassation der rechtswidrig zustande gekommenen Gesetze im Senat spätestens an dem Tag gefordert, an dem Caesar aus dem Amt schied. Da dies unterblieb, erlangten die Gesetze Rechtskraft und wurden durchgeführt. So ist die Hartnäckigkeit des senatorischen Widerstandes nur zu erklären, wenn sein Ziel die Auflösung des Dreibundes war. Dafür gab es eine erkennbare Chance: Pompeius, den die ständige Vergewaltigung des Rechts und der offene Haß seiner Standesgenossen tief betroffen machten, wurde zusehends unruhiger; verließ er das Bündnis, war der Senat wieder Herr der Lage. Dagegen half nur das tausendfach erprobte Mittel der Familienpolitik. So gab Caesar Pompeius die Hand seiner einzigen Tochter Julia, deren Zauber der dreißig Jahre ältere General erlag. Aus der politischen Heirat wurde ein inniges Liebesverhältnis. Die Zuneigung des Pompeius zu Julia wie deren Liebe zu ihrem Mann und zu ihrem Vater verbanden beide Politiker enger miteinander, als es ihre verschiedenen Charaktere an sich gestatten konnten. Der frühe Tod der jungen Frau im Jahre 54 beendete denn auch das herzliche Einvernehmen beider und kündigte das Ende des Bündnisses an.

Doch lag dies noch im Schoß einer ungewissen Zukunft. Zunächst verlangte die Sicherung der Macht zufriedengestellte Klienten und Veteranen, neue Armeen, Provinzen und willfährige Politiker in Rom. Als erstes wurden die alten Forderungen des Pompeius durchgesetzt. Dann war die Reihe an Caesar. Ein erster Volksbeschluß gab ihm für fünf Jahre das Kommando über die *Gallia Cisalpina*, das Gebiet von den Alpen bis zum Rubikon (*lex Vatinia*); einige Wochen später, nach dem Tode des dortigen Statthalters, kam die *Gallia Narbonensis* hinzu. Damit hatte sich Caesar die Basis für eine eigenständige Außenpolitik im Stile eines Lucullus oder Pompeius geschaffen. Dann ging es an die Sicherung der Macht für die kommenden Jahre: Als Konsuln für 58 wurden Gabinius, ein alter Gefolgsmann des Pompeius, und Calpurnius Piso gewählt, dessen Tochter Caesar heiratete. Auch für ihre Provinzen wurde gesorgt: Gabinius erhielt Syrien, Piso Makedonien; beide sollten ihre Provinzen mehrere Jahre regieren. Schließlich wurden die profiliertesten innenpolitischen Gegner kaltgestellt: Cicero wurde seinem Todfeind, dem Volkstribunen Clodius, ausgeliefert, der ihn für zwei Jahre in die Verbannung trieb; Cato erhielt den Auftrag, die Insel Cypern für den römischen Staat einzuziehen und den dortigen ptolemäischen König zu vertreiben. Endlich Pompeius selbst: Ihm übertrug das Volk nach einer Hungersnot in Rom im Herbst 57 ein mit weitreichenden Vollmachten ausgestattetes Kommando, das für fünf Jahre die Getreideversorgung der Hauptstadt in seine Hände legte.

Die Macht war verteilt und gesichert. Die Triumvirn verfügten über Provinzen, Legionen und folgsame Magistrate. Die Gegner waren ausgeschaltet und entmutigt. Nun kam die Reihe an Caesar, Krieg zu führen wie vor ihm die großen Heerführer der Vergangenheit und wie in seiner Zeit Pompeius und Lucullus. Als er auf der *via Flaminia* nach Norden in seine Provinzen zog, war er fest entschlossen, die Landkarte des Imperiums in den kommenden Jahren neu zu zeichnen und heimzukehren als großer Krieger und General, dem niemand die Anerkennung seiner Größe verweigern konnte, und für den die Geschichte einen besonderen Ehrenplatz bereithalten mußte.

In Rom schürte Pompeius das Feuer der Unruhe und hoffte dabei, der Senat werde ihn eines Tages bitten, Ordnung zu schaffen. Er wäre gerne wie Sulla Diktator geworden, aber er wußte, daß dies weder der Senat noch seine beiden Bundesgenossen zugelassen hätten. Sein Verhältnis zu Crassus war nach wie vor schlecht. Er hielt ihn für einen Intriganten und Pfeffersack, der ihm im Senat Knüppel zwischen die Beine warf und seinen Ruf untergrub. Im Frühjahr 56 drohte das Zerwürfnis der beiden Männer den Dreibund zu sprengen. Caesar eilte nach Oberitalien und verhandelte in Ravenna mit Crassus, dann in Lucca mit Pompeius. Erneut wurde die Macht verteilt, diesmal jedoch paritätisch. Caesars Kommando wurde um weitere fünf Jahre verlängert, Crassus und Pompeius übernahmen 55 das Konsulat und ließen sich als ihre Provinzen jeweils für fünf Jahre die beiden spanischen und Syrien geben. Die Triumvirn festigten damit noch einmal ihre Herrschaft und hielten die wichtigsten Provinzen mit etwa zwanzig Legionen in Händen. Pompeius hatte allem zugestimmt, weil er einsah, daß er nur als Konsul und im Besitz eines großen Kommandos verlorenes Terrain gutmachen konnte. Aber er blieb in Rom, beobachtete, schürte weiter den Niedergang der staatlichen Ordnung und wartete auf seine Stunde.

Der nunmehr sechzigjährige Crassus hingegen sah seine kühnsten Erwartungen endlich erfüllt. Im Frühjahr brach er mit einem großen Heer nach Mesopotamien auf, um in einem gewaltigen Kriegszug die Adler seiner Legionen auf den Mauern der parthischen Königsfeste aufzupflanzen und damit größeren Ruhm als Pompeius zu erringen. In den Sandwüsten bei Carrhae, jenseits des Euphrat, zerstoben alle Träume: Von seinem Gegner in die Falle gelockt, ging er mit seinen Legionen in verzweifeltem Kampf unter.

Crassus gehört zu denen, die das Schicksal straft, indem es ihre Wünsche erfüllt. Seinen Weg in den Untergang zu verfolgen, war für die Zeitgenossen wie die Lektüre eines Dramas von einem Mann, der als zweiter geboren wurde, aber zeit seines Lebens der erste sein wollte. Zu wissen, daß der über seinen Träumen alt Gewordene am Euphrat um Alles oder Nichts kämpfte, zu fürchten, daß er mit dieser Aufgabe überfordert war und dies in hellsichtigen Stunden auch wußte, zu sehen, daß er auf jede militärische Sicherung eines möglichen Rückzugs verzichtete, zu beobachten, daß er in der entscheidenden Schlacht nichts außer dem eigenen Mut und der Tapferkeit seiner Soldaten zu geben hatte, während sein Gegner planvoll an sein

Vernichtungswerk ging, zu hören, wie er schließlich Leben und Ruhm verspielte – das alles kontrastierte so erbarmungslos mit den glanzvollen Erfolgen seiner Teilhaber an der Macht, daß viele nicht die Niederlage Roms am Euphrat, sondern die Bestrafung des individuellen Übermutes sahen.

Die Folgen für die weitere Existenz des Machtkartells wurden schnell spürbar. Pompeius, dessen Bindung an Caesar mit dem Tod seiner jungen Frau Julia im Kindbett gelöst war, übernahm jetzt entschlossen die Initiative. Als das Jahr 52 ohne Konsuln begann und die offene Anarchie ausbrach, rief der Senat den Notstand aus. Pompeius forderte daraufhin gebieterisch, Konsul ohne Amtskollege zu werden, und räumte unter dem Beifall seiner Standesgenossen in Rom auf. Neue Vorschläge Caesars, in dessen Provinz immer wieder Aufstände aufflammten, schlug er aus und nahm statt dessen das Angebot der Meteller an, sich mit dem erlauchten Haus des Metellus Scipio zu verschwägern. Nun tauchte auch die Symbolfigur des senatorischen Widerstandes, Porcius Cato, wieder auf; er hatte die Erinnerung an die Gewalttaten des Jahres 59 stets wachgehalten und öffentlich geschworen, er werde Caesar bei der ersten sich bietenden Gelegenheit politisch vernichten. Jetzt betrieb er das Bündnis zwischen dem Senat und Pompeius, in dem er zu Recht den natürlichen Rivalen Caesars sah, dem nichts daran gelegen sein konnte, dem Prokonsul Galliens die Rückkehr nach Rom zu erleichtern. Pompeius selbst machte sich nichts vor: Die frischen Siegeslorbeeren des Herrn über Gallien und Britannien warfen tiefe Schatten auf die eigenen und gefährdeten den seit den Siegen im Osten unbestrittenen Anspruch auf die Rolle des ersten Mannes im Staate. Ein zweites Konsulat des jüngeren und dynamischen Caesar mußte zu tiefgreifenden Machtverschiebungen führen, an deren Ende sein eigener Stern gesunken wäre.

## 5. Die Alleinherrschaft Caesars

*Der Bürgerkrieg*

Caesars Aussichten waren klar: Entweder wurde er 49 als noch amtierender Prokonsul *in absentia* für das Jahr 48 zum Konsul gewählt, was für die Jahre danach neue militärische Aufgaben versprach, oder es drohte ihm als durch keine Amtsgewalt geschützten Privatmann eine Kette von Prozessen, die ihm seine rachsüchtigen Gegner seit seinem Konsulat 59 immer wieder angekündigt hatten. Alle Versuche, dieses Schicksal auf dem Verhandlungswege vorher auszuschließen, scheiterten an der Entschlossenheit der Senatsmehrheit, unter die Karriere das Gehaßten endgültig den Schlußstrich zu ziehen.

Am 1. Januar 49 forderte der Senat Caesar auf, sein Heer zu entlassen und nach Rom zurückzukehren; im Falle der Weigerung werde er als Staatsfeind behandelt. Als caesarfreundliche Volkstribune gegen diesen Beschluß interzedierten und neue Verhandlungen ergebnislos blieben, rief der Senat

## 5. Die Alleinherrschaft Caesars

am 7. Januar den Staatsnotstand aus. Er gab damit den Organen des Staates alle Befugnisse, den widerspenstigen Prokonsul der gallischen Provinzen mit Gewalt zum Gehorsam zu zwingen. Dieser hatte nun die Wahl: Eine ungewisse Zukunft, die nach Lage der Dinge wohl nur den Absturz ins politische Nichts bereithielt, oder der Bürgerkrieg.

Der Schatten Sullas fiel dunkel und für jedermann sichtbar auf Caesar, dessen Legionen sich auf den nach Süden führenden Straßen Galliens und Oberitaliens massierten. Er, der große Eroberer, der unter dem Beifall der römischen Öffentlichkeit fast zehn Jahre lang Kriegstat auf Kriegstat gehäuft und das Reich gemehrt hatte (s. S. 460 ff.), sollte ehrlos und verachtet seinen Gegnern ausgeliefert und schließlich ins Exil gejagt werden. Der Staat, der ihm dies androhte, war in seinen Augen von einer verblendeten Minderheit verführt, die der Haß auf ihn einte und die dem Senat vorgaukelte, ein Konsul Caesar bedeute das Ende der Republik. Sollte es zum Äußersten kommen, war dieser Staat nicht legitimiert, sich ihm in den Weg zu stellen. Sein Rang, sein Ansehen und seine Ehre, gegründet auf seine Taten für Rom, konnten dann nur noch von seinen Soldaten geschützt werden. „Sie haben es so gewollt!", schrie der erschütterte Mann angesichts der Toten von Pharsalos und fügte hinzu: „Nach all meinen großen Taten wäre ich, Gaius Caesar, verurteilt worden, wenn ich nicht beim Heer Hilfe gesucht hätte" (Sueton, Caesar 30).

Die Hilfe kam prompt und ohne Ausflüchte. Nun gelte es, „den guten Ruf und das öffentliche Ansehen (*existimationem dignitatemque*) ihres Feldherrn zu verteidigen, unter dessen Führung sie in neun Jahren dem Wohl des Staates mit dem größten Erfolg gedient, eine Unzahl von Siegen erfochten und ganz Gallien und Germanien befriedet" hätten, rief Caesar am Rubikon den Legionären der XIII. Legion zu, deren Vorausabteilungen dabei waren, den Fluß zu überschreiten (Caesar, Bürgerkrieg 1,7,7). Die Soldaten stimmten begeistert zu, wußten sie doch, daß ihr Feldherr ihnen diesen Kriegszug vergolden würde wie keinen anderen zuvor. An einem schnellen Sieg zweifelte ohnehin niemand in einer Armee, die im Aufstand des Vercingetorix ganz Gallien in Schach gehalten hatte (s. S. 463).

Es kam jedoch anders. Es gelang Caesar nicht, Pompeius daran zu hindern, mit weitgehend intakten Einheiten die Adria zu überqueren und von Griechenland aus den Widerstand gegen den neuen Herrn Italiens zu organisieren, der nun erst die spanischen Legionen des Pompeius ausschalten mußte, bevor er daran gehen konnte, seinerseits Truppen an der illyrischen Küste zu landen. Der Krieg begann, seinen eigenen Gesetzen zu gehorchen, und sollte sich über vier bittere Jahre hinziehen.

49 in Italien und Spanien siegreich, landete Caesar 48 in Griechenland und stellte Pompeius im August bei Pharsalos zur Schlacht, als der Feldzug fast verloren schien. Denn Pompeius war zu diesem Zeitpunkt Herr der Situation. Sein Gegner war von der Adriaküste abgedrängt worden und damit nicht mehr in der Lage, seine Truppen über den Seeweg ausreichend mit Lebensmitteln zu versorgen. Wenn es jetzt gelang, den in die fruchtbaren Ebenen Thessaliens ziehenden Caesar nicht zur Ruhe kommen zu lassen,

bis der Winter einbrach, mußte alle Welt von dem Feind der Republik abgefallen und seine Armee dem Hunger preisgegeben sein.

Daß es anders kam, war nicht Caesars Werk, sondern das seiner senatorischen Todfeinde um Cato, Scipio und Domitius Ahenobarbus. Sie drängten auf die große Schlacht, in der auch ihr Stern wieder leuchten sollte. Die weitsichtigsten unter ihnen hatten seit dem Ausbruch des Krieges immer in der Furcht gelebt, daß sich die beiden Großen, die vor zwölf Jahren das Triumvirat geschlossen hatten, letztlich doch noch auf ihre Kosten verständigten. Nur die schnelle Entscheidung auf dem Schlachtfeld bot ihnen die Gewähr, daß es nicht doch noch zum Umsturz der Bündnisse kommen würde. Der zögernde Pompeius machte sich verdächtig – besonders bei denen, die vom Krieg nichts verstanden. Sie nannten ihn in Anspielung auf seine Siege im Osten spöttisch „König der Könige" oder „Agamemnon". Dieser unglückliche Führer der Griechen vor Troja war längst zur Symbolfigur eines herrschsüchtigen und wenig verantwortungsbewußten Königs geworden. Dagegen begehrte der uralte Ehrgeiz des römischen Adels auf. Alle Senatoren, die im Lager des Pompeius versammelt waren, gierten nach Beute, Rache, Ämtern und Ruhm. Sie waren nicht gewillt, noch länger darauf zu warten, nur weil ihr Feldherr, gebeugt über Landkarten und komplizierte Berechnungen von Nachschubmengen, seine Führungsrolle möglichst lange genießen wollte.

So gab Pompeius ihrem Drängen nach. Am Morgen des 9. August meldeten die Kundschafter dem erleichterten Caesar, daß sich der Gegner in der Ebene von Pharsalos zum Kampf bereit mache. Ihm, der seinerseits zum wiederholten Male die Schlacht angeboten hatte, gewährte der blinde Eifer der anderen Seite die kaum mehr erwartete Chance, der tödlichen Falle in Griechenland mit einem einzigen großen Sieg doch noch entrinnen zu können. Auf seine Offiziere und Soldaten war Verlaß: Sie alle wußten, daß es um Sieg oder Tod ging. Keiner von ihnen konnte auf Gnade hoffen – dies hatte ihnen der rachsüchtige Gegner durch öffentliche Hinrichtungen gefangener Soldaten drastisch vor Augen geführt.

Die Tapferkeit und Erfahrung dieser Männer brachten den Sieg. Am Mittag war alles entschieden und Pompeius auf der Flucht. Die Verfolgung des Geschlagenen führte Caesar bis nach Alexandrien. Als er dort am 2. Oktober eintraf, war sein großer Rivale tot. Dieser hatte gehofft, in Ägypten Hilfe zu finden. Das Land war reich, leicht zu verteidigen und der Vater des amtierenden unmündigen Pharao war einst mit seiner Hilfe auf den Thron gekommen; der Sohn schuldete also Dank. Dessen Ratgeber sahen es anders, ihnen schien es besser, sich beizeiten auf die richtige Seite zu schlagen und Pompeius zu opfern. Als dessen Geschwader vor Pelusium ankam, schickte ihm der königliche Knabe ein Schiff, um ihn an Land zu bringen. Dort starb Pompeius, die Toga über das Gesicht gezogen, von der Hand eines gedungenen römischen Mörders, der unter ihm als Zenturio im Seeräuberkrieg gedient hatte. Caesar wandte sich mit Tränen in den Augen ab, als ihm einige Tage später eine liebedienernde Hofkamarilla das Haupt des Erschlagenen vorwies. Er befahl, es feierlich zu verbrennen und in aller

## 5. Die Alleinherrschaft Caesars

Ehre zu bestatten. Anlaß zu Jubel über den Tod des großen Eroberers hatte nur das Volk in Jerusalem, dessen Tempel er einst geschändet hatte: „Und nicht brauchte ich zu warten, bis Gott mir den Übermut des Mannes bezeugte, erstochen auf den Bergen Ägyptens, zu nichts zergangen zu Land und See, sein Leib auf den Wellen entführt mit vielem Schimpf, und es war niemand, der ihn begrub, weil Gott ihn in Schande vernichtete" (Die Psalmen Salomons 2,26 ff.; Übersetzung nach Kautzsch).

Mit dem Tod dieses Mannes war der Bürgerkrieg nicht zu Ende, aber entschieden. Der Name Pompeius steht seitdem für den Glanz und das Elend der weltbeherrschenden Republik. Zwanzig Jahre lang hatte er ihre Politik beherrscht und ihr in dieser Zeit Eroberungen in noch nie gekanntem Ausmaß zu Füßen gelegt (s. S. 457 f.). In diesen zwei Jahrzehnten wurde die Herrschaft Roms über die Länder des Mittelmeeres in einem Maße gefestigt, daß zum erstenmal das Imperium als einheitliches Ganzes ins römische Blickfeld trat und die Unterworfenen Hoffnung auf ein Ende ihres Elends schöpften. Die Menschen des Orients haben Pompeius dafür als Heiland und Retter gepriesen und ihn gefeiert wie einen zweiten Alexander, in dessen Sternenmantel er sich denn auch gehüllt hatte, als er im Jahre 61 triumphierend in Rom einzog. Sein Verhältnis zur politischen Elite der Republik konnte daher nur gespannt sein. Selbst als ihre Häupter mit ihm den Pakt zur Abwehr der Machtansprüche Caesars schlossen und er Cornelia, die Tochter des vornehmsten Mannes in Rom, Quintus Metellus Scipio, heiratete, wurde er damit nicht zu einem der ihren. Sie brauchten ihn als Werkzeug, und sie waren sicher, ihn nach dem Sieg zur Unterordnung zwingen oder vernichten zu können. Pompeius seinerseits erwartete das genaue Gegenteil von einem Sieg über Caesar, den – da war er sicher – nur er erringen konnte: die endgültige und dauerhafte Bestätigung seines Anspruches auf die Rolle des Ersten im Staate. Nur dafür war er bereit gewesen, seinen langjährigen Bundesgenossen unter der Fahne der Republik zu bekriegen.

Für Caesar war der Tod seines Rivalen Glück und Unglück zugleich. Für beide war seit Kriegsausbruch auf dieser Erde kein Platz mehr. Solange Pompeius lebte, kämpfte er und wies jede Geste der Versöhnung schroff von sich. Sein Blut klebte nun an den Händen ägyptischer Höflinge, und niemand in Rom konnte Caesar für ihr elendes Komplott verantwortlich machen. Erst jetzt war er für Italien und die Hauptstadt der Sieger. Dort stürzten seine alten und neuen Anhänger die Statuen des Sulla und des Pompeius von ihren Podesten, und Senat und Volk überboten sich in ehrenden Beschlüssen. Aber: Die Toten von Pharsalos und der kopflose Leichnam am Strand von Pelusium versperrten Caesar endgültig den Weg zum höchsten Ruhm eines römischen Aristokraten, unter seinesgleichen der erste an Macht und Ansehen zu sein. Um dies zu erreichen, hatte er in Gallien viele Jahre lang Krieg geführt und nicht, um mit der dort gewonnenen Macht die Republik und seine Standesgenossen bekriegen zu können. Über den Rubikon hatte er seine Legionen geführt, um seine verletzte aristokratische Ehre wiederherzustellen, und nicht, um Militärdiktator über Rom zu werden. Jetzt aber, nach Pharsalos, sprachen die Toten gegen ihn. Jetzt wurde die am Rubikon noch mühsam unterdrückte Ahnung, daß ihm die Republik nicht mehr vergeben würde, zur Gewißheit. Jeder Schritt, der künftig getan werden mußte, um den Staat wiederaufzubauen und die Wunden des Bürgerkrieges zu heilen, wurde ohne die entschlossene Hilfe der alten Eliten unendlich mühselig.

In Alexandrien trat die 21jährige Kleopatra, die mit ihrem Bruder um den Thron der makedonischen Ptolemäer und der Pharaonen kämpfte, vor Caesar. Sie verzauberte den alternden General, der für seine Leidenschaften berühmt und berüchtigt war und keine Skrupel gekannt hatte, auch in die Häuser und Ehebetten seiner Freunde einzudringen. Die Königin Ägyptens war mehr als ein erotisches Abenteuer. Die Liebe zu ihr warf Caesar fast aus der Bahn, so daß er zeitweilig Rom, das Reich und den Krieg vergaß. Dabei führte er Krieg, eingeschlossen im Palast und belagert von einer weit überlegenen Armee und verfolgt vom Haß der riesigen Stadt Alexandria. Erst Ende April 47 erhielten seine Gefolgsleute in Rom die erlösende Nachricht, daß ihr Feldherr Verstärkungen erhalten und nach einer blutigen Schlacht die ägyptische Hauptstadt eingenommen hatte. Aber auch danach blieb Caesar weitere zwei Monate in Ägypten – allen drängenden Aufgaben zum Trotz und taub gegenüber seinen Freunden, von denen einige aus Italien herbeigeeilt waren und schlimme Nachrichten über das dort herrschende Chaos im Gepäck hatten. Auf der königlichen Barke fuhr er mit der schwangeren Kleopatra nilaufwärts bis an die Südgrenze Ägyptens: Feste, Bankette und die Liebe der Königin füllten die Tage und Nächte.

Anfang Juni war es vorbei, verlangte der Krieg gebieterisch nach seinem besten Diener. Dieser brach auf nach Syrien und Kleinasien; dort hatte ein gewisser Pharnakes, ein Sohn des Mithridates, zu lange von einem neuen pontischen Großreich träumen können; schließlich nutzte er die Gunst der Stunde und rief zum Aufruhr. Caesars Legionen packten am 2. August sein Heer im eigenen Land bei Zela (Zile) und zerschlugen es binnen vier Stunden. Ihr triumphierender Feldherr – stolz auf seinen Sieg und seinen Wortwitz – meldete nach Rom: *Veni, vidi, vici*, ich kam, sah und siegte. Im September endlich eilte er nach Rom. Dort hatten seine Paladine wie die Zauberlehrlinge herumgepfuscht und fleißig in die eigenen Taschen gewirtschaftet, so daß nicht viel fehlte, und Italien warf sich den in Afrika rührig tätigen Republikanern in die Arme. Also hetzte Caesar im Dezember 47 nach Afrika, schlug 46 das letzte Heer der Republik und und trieb seinen großen Gegner Cato in den Tod. 45 wandte er sich nach Spanien, wo die Söhne des Pompeius erneut Truppen unter ihren Fahnen gesammelt hatten.

In diesen Jahren der Märsche und Siege war keine Zeit geblieben, den Staat zu reformieren. Im Gegenteil: Es herrschte Kriegsrecht, und dies bedeutete immer neue Verletzungen der überkommenen Rechtsordnung. Wenig ist so symptomatisch wie die Szene, die sich im Sommer 49 vor dem Tempel des Saturn abspielte, in dem der Staatsschatz verwahrt wurde. Caesar, der mit einigen Legionären die Auslieferung der Gelder verlangte, sah sich mit dem Volkstribun Lucius Metellus konfrontiert, der die Tür des Tempels mit seinem Körper schützte und gegen jede Amtshandlung sein Veto einlegte. Außer sich vor Zorn ließ Caesar jede Rücksicht fallen und drohte dem Tribun den Tod an: „Waffen und Gesetze vertragen sich nicht miteinander. Wenn du dich über mein Vorgehen ärgerst, gehe lieber deiner Wege. Der Krieg duldet keinen Widerspruch. Ist einmal der Friede geschlossen und habe ich die Waffen niedergelegt, dann magst du kommen und deine Reden halten" (Plutarch, Caesar 35). So blieb auch keine Zeit, die gewonnene Macht rechtlich abzusichern. Es reichte gerade, sie durch Konsulate (48, 46 bis 44) und zeitlich beschränkte Diktaturen notdürftig mit dem Mantel der Legalität zu behängen. Der Gegner sollte vor allem durch ostentative Akte der Vergebung (*clementia Caesaris*) zum Nachdenken und zur Versöhnung gebracht werden, doch viele sahen darin bereits die Gnade des Monarchen und lehnten sie ab. Pompeius stand für sie alle, als er bekannte: „Was sollen mir mein Leben und meine Stellung im Staat, wenn ich sie der Gnade Caesars verdanken muß." Nach diesem Gesetz gaben sich die meisten namhaften Gegner Caesars den Tod, soweit sie nicht im Kampf fielen. Cato machte daraus in seinen letzten Stunden ein politisches Programm: „Wenn ich durch Caesars Gnade mein Leben erhalten wollte, brauchte ich nur zu ihm hinzugehen. Aber ich mag nicht dem Tyrannen noch Dank abstatten für sein rechtswidriges Tun. Denn er handelt wider das Recht, wenn er als Herr die begnadigt, über die zu herrschen ihm nicht zukommt" (Plutarch, Cato 66). So sah sich der allmächtige Sieger, als er im Sommer 45 endgültig nach Rom zurückkehrte, der schier unlösbaren Aufgabe gegenüber, die politische Zukunft Roms neu zu bestimmen und die Menschen zu finden, die eine von Caesar gegebene Ordnung trotz der Wunden des Bürgerkrieges zu tragen bereit waren.

*Die Diktatur Caesars*

Caesar war mit nackter Gewalt zur Macht gekommen und sah sich zuerst mit der Frage konfrontiert, wie diese Macht in den Staat, den es zudem noch zu restaurieren galt, einzubauen war. Gemäß den Erwartungen der Zeitgenossen konnte dies nur in der Form der Restitution der Republik geschehen, und das schloß ein, daß Caesar wie Sulla nach getaner Arbeit ins Privatleben zurückkehren mußte. Eben dies war für Caesar, der Sulla wegen seines Rückzuges aus der Politik einen politischen Analphabeten genannt hatte, unannehmbar. Während des Bürgerkrieges reichten Konsulat und zeitlich befristete Diktatur noch aus, da es ohnehin nur auf das Schwert ankam. Nach dem Sieg in Spanien war dies anders, und seine Kritiker setzten bald das Gerücht in die Welt, der Diktator würde sich nur mit dem Königsdiadem zufrieden geben. Diese Torheit, die Caesar mit der gesamten Geschichte Roms in Konflikt gebracht hätte, beging er nicht. Wohl aber trat er die ihm Ende 45 verliehene Diktatur auf Lebenszeit (*dictator perpetuus*) am 15.2.44 an. Diese hatte damit endgültig ihren Charakter als Notstandsmaßnahme verloren und ging in die souveräne Gewalt über. Jede noch bestehende Hoffnung, Caesar könnte doch noch seinen Frieden mit der Republik machen, mußte damit aufgegeben werden. Seinen Standesgenossen galt er nunmehr als Tyrann. Es war dies die treffende Bezeichnung für den Mann, der die politische Allgewalt des Senatsadels in Frage stellte und mit diesem Schritt der Republik den wichtigsten Bestandteil ihrer Freiheit nahm.

War auf diese Weise die Frage beantwortet, wie sich Caesar in den Staat einordnen wollte, so blieb die zweite nach der politischen Zukunft Roms offen. Viel Zeit blieb dem in 13 Kriegsjahren stark Gealterten ohnehin nicht, zumal epileptische Anfälle seine Gesundheit untergruben. Ungeduld und wohl auch Verachtung des in die Anschauung der Vergangenheit versunkenen Senates trieben ihn zur Mißachtung aller staatlichen Institutionen: Er ernannte die Beamten praktisch selbst, schuf nach Belieben neue Beamtenstellen und vermehrte den Senat auf 900 Mitglieder, unter denen sich viele seiner treuen Haudegen und Gefolgsleute (Cicero sprach vom „Spülwasser") befanden. Eine Fülle von Gesetzen, in der eigenen Kanzlei ausgearbeitet, behoben hier und dort Mißstände, schufen aber keinen neuen Staat. In die Zukunft wiesen die Kalenderreform (die Einführung des Sonnenjahres von 365 1/4 Tagen), die Neuordnung des Städtewesens und der städtischen Selbstverwaltung in Italien (*lex Iulia municipalis*), die Neuregelung der Getreideversorgung für die hauptstädtische Bevölkerung und vor allem die Gründung zahlreicher Kolonien in den Westprovinzen des Reiches (Afrika, Spanien, Südfrankreich). Das seit den siebziger Jahren des 2. Jahrhunderts geschlossene Ventil der sozialen Krise war damit wieder geöffnet und schuf in den Provinzen zugleich die Voraussetzung für ihre Romanisierung. Für zwei weitere Jahrhunderte strömten verarmte Bauern und entlassene Soldaten in ehemals barbarische Provinzen und brachten städtische Kultur und italische Lebensart mit.

Diese Maßnahmen waren wohlüberlegt; sie sagten jedoch nichts zur politischen Zukunft Roms. An eine Reform der politischen Organisation des Staates dachte Caesar nicht. Statt dessen nahm erneut der Krieg sein ganzes Denken und Tun gefangen. Im Orient war die Macht des Partherreiches ungebrochen, dem man seit der Niederlage des Crassus bei Carrhae die Revanche schuldig geblieben war. Dort winkte auch der Ruhm Alexanders, der nur von einem Herrscher über Ost und West noch übertroffen werden konnte. Die Rückkehr von dem auf drei Jahre geplanten Feldzug sollte über das heutige Südrußland und die Donau aufwärts erfolgen, ein Projekt, das Caesar in der Tat zum Herrn der Welt gemacht hätte. Offenkundig war der Soldat in Caesar stärker als der Staatsmann: Die Ordnung und Strenge des Feldzuges und der Ruhm des Kriegsherrn boten das eigentliche Feld der Bewährung und nicht die Debatten des Senates und die Sorge um den politischen Alltag einer Republik, die, aus den Fugen geraten, nach Caesars eigenen Worten nur noch eine Worthülle ohne Körper und Gestalt war.

Die Zeitgenossen taten sich schwer, zu einem Urteil über Caesar zu kommen. Der Waffenlärm der Bürgerkriege, der Jubel der Sieger und der Haß der Besiegten gaben keinen Nährboden für abwägende historische Urteile ab. So ließ die Elite Roms – und nur ihre Stimme hören wir – den erfolgreichen Eroberer, den genialen Strategen und den im Sieg bedenkenlos Barmherzigen gelten; der Politiker und Staatsmann hingegen erntete Haß und Verachtung. Der Satz eines angesehenen Senators, „entrissen sind uns Vaterland, Ehre und Würde", spiegelt die Wut, mit der viele Senatoren darauf reagierten, daß Caesar nichts für sie Erkennbares unternahm, um die ehrwürdige, tödlich bedrohte Republik zu retten. Eben dies jedoch, die Sorge um die Wiedergeburt des Staates, war das alles beherrschende Thema der Jahre nach der Überschreitung des Rubikon. „Ungern", hatte Cicero in einer Sternstunde des Senats im April 46 dem Diktator zugerufen, „habe ich dein höchst erhabenes und weises Urteil gehört: Du hättest zur Befriedigung der Natur, und auch für den Ruhm genug gelebt. Genug, wenn du willst, vielleicht für die Natur; ich will auch, wenn du meinst, hinzusetzen, für den Ruhm; aber, was das wichtigste ist, für das Vaterland, gewiß noch viel zu wenig. . . . Du sagst, du bedürfest des Lebens nicht weiter. Ich würde es zugeben, wenn du nur für dich lebtest, oder nur für dich geboren wärest. Jetzt aber, da deine Taten das Heil aller Bürger, und den ganzen Staat umfaßt haben, bist du soweit von der Vollendung der größten Werke entfernt, daß du noch nicht einmal mit der Grundlage deiner Entwürfe fertig bist" (Für Marcellus 25; Übers.: Friedrich Schlegel).

*Die Iden des März und der Tod der Republik*

In der letzten Senatssitzung vor dem Aufbruch in den Osten an den Iden des März (15.3.) fiel Caesar unter den Dolchen seiner Feinde und starb zu Füßen der Statue des Pompeius. Die etwa sechzig Verschwörer, durchweg Senatoren oder Ritter, unter ihnen auch namhafte Günstlinge Caesars, wurden geführt von M. Junius Brutus und Cassius Longinus und hatten sich ganz kurzfristig zu ihrer Tat entschlossen. Leicht fiel sie nur den Männern, die sich von Caesar gekränkt oder um Geld und Ämter betrogen sahen oder eine private Rechnung zu begleichen hatten. Brutus hingegen hatte lange gezögert. Dieser Sohn der Servilia, der einflußreichen Geliebten Caesars, war nach Pharsalos zum Sieger übergelaufen und in den folgenden Jahren eines der herausragenden Mitglieder der aristokratischen Anhängerschaft Caesars. 46 amtierte er als Statthalter im diesseitigen Gallien, 44 saß er auf dem Stuhl des Prätors, und im Jahre 41 sollte er Konsul werden. Was sollte ihn bewegen, diese glanzvolle Karriere für den zweifelhaften Ruf auszuschlagen, der Mörder seines Freundes und Wohltäters zu sein? Dieser Mann brauchte handfestere Gründe als die allgemeine Verzweiflung am Zustand der Republik. Er fand sie im sozialen Zentrum der staatlichen Ordnung, der Senatsaristokratie:
Da waren ihr ungebrochener Wille zur Macht, die mit niemandem geteilt werden sollte, und die dazugehörigen Spielregeln, die den adligen Wettstreit um Provinzen und Ämter erträglich machten. Das eine setzten die lebenslängliche Diktatur, das andere die Kabinettsregierung der caesari-

schen Kanzleichefs außer Kraft. Da waren weiter die Ämter, Provinzen und Kriege, die Reichtum, Ansehen und Ruhm verschafften. Sie raubte das Machtmonopol des Alleinherrschers. Und da war schließlich das Bewußtsein von Würde und Ehre eines Standes, der in drei Jahrhunderten eine Stadt in Mittelitalien zur Herrin der Welt gemacht hatte und dessen Häupter nicht Diener werden, sondern Herren bleiben wollten. Dies bedrohte der künftige Monarch, der Gehorsam forderte, nicht Rat (*consilium*) oder Autorität (*auctoritas*) wünschte. Eben dies war es, was auch bewährte Generäle Caesars an die Seite der Verschwörer treten ließ und ihnen Mut machte, die Dolche gegen ihren einstigen Abgott zu erheben. Ihr Platz an der Seite Caesars war gewiß herausragend und ihre Zukunft glänzend. Sie tauschten sie trotzdem gegen ein ungewisses Schicksal ein, weil ihre Welt nicht die von Lohn und Gehorsam, sondern von Herrschaft und Befehlen war. Sie waren keine Subalterne; sie wollten selbst sein wie Caesar.

Die Mehrzahl der Verschwörer glaubte daran, die Republik wiederherstellen zu können, und ließ sich von der naiven Hoffnung leiten, mit dem Tode des Tyrannen sei bereits die Herrschaft des Senates neu gegründet. Cicero, der abseits stand, traf das Richtige mit dem Ausruf, die Tat sei mit männlichem Herzen, aber kindischem Verstand begangen worden. Dies zeigte sich wenige Tage nach der Tat, als der amtierende Konsul M. Antonius, fähigster General Caesars, das Gesetz des Handelns an sich riß und Caesars Vermögen und Kanzlei mit Beschlag belegte. Fünf Tage nach seiner Ermordung, am 20. März, wurde der tote Diktator feierlich verbrannt, während sich die rasende Volksmenge, unter ihnen viele Veteranen Caesars, von der Leichenrede des Antonius geschickt verführt, auf die Häuser der Verschwörer stürzte und sie aus der Stadt trieb.

Die Republik hat seit diesem Tag das Gesetz des Handelns nicht wieder zurückerobern können, auch wenn Brutus und Cassius im Osten den Widerstand organisierten und sich in Rom der von Cicero geführte Senat gegen Antonius stellte. Im Mai war, zunächst kaum bemerkt, ein Ereignis eingetreten, das langfristig alle Hoffnungen der Republikaner zunichte machte: Octavian, der neunzehnjährige Großneffe Caesars, traf in Rom ein, nannte sich aufgrund der testamentarisch verfügten Adoption Caesars C. Julius Caesar und beanspruchte dessen Erbe für sich. Auf ihn richteten sich die Erwartungen der hauptstädtischen Massen und vor allem der Veteranen Caesars, die in dem jungen Mann den legitimen Erben ihres großen Patrons sahen und deshalb in Scharen zu seinen Fahnen eilten.

Bereits das Jahr 43 sah die Republik in Italien verloren: Nach militärischen Siegen über Antonius beanspruchte der neue Caesar das Konsulat und erhielt es, nachdem der Sprecher einer Abordnung seines Heeres den Widerstrebenden im Senat sein Schwert zeigte: „Dieses wird das schaffen, was ihr nicht wollt." Der so zum Konsulat gekommene Jüngling ließ die Mörder seines Adoptivvaters durch ein Gesetz ächten (*lex Pedia*) und beendete den Widerstand des Senates.

Im November 43 kam es zum Zweiten Triumvirat: Octavian, Antonius und der Herr Galliens, M. Aemilius Lepidus, gründeten eine gesetzlich abgesicherte Militärdiktatur auf 5 Jahre (*lex Titia*) und teilten ihr Herrschaftsgebiet in drei Einflußzonen auf: Lepidus erhielt die Gallia Narbonensis und Spanien, Antonius die Gallia Cisalpina und die Gallia Comata (also das von Caesar eroberte Gallien), Octavian Afrika, Sizilien und Sardinien; Italien blieb gemeinsamer Besitz. Wie zu Sullas Zeiten rechnete man mit dem politischen Gegner durch Proskriptionen ab: 300 Senatoren (darunter Cicero) und 2 000 Ritter gingen in den Tod, ein Aderlaß, von dem sich die politische Elite Roms nie wieder erholen sollte. Im Jahre 42 stürzte sich die Koalition auf Brutus und Cassius im Osten und schlug sie bei Philippi in Nordgriechenland vernichtend. Der Schatten Caesars begann zu leben: Kurze Zeit nach der Schlacht bei Philippi wurde der Ermordete zum Gott (*Divus Iulius*) erklärt, und die ihm zu Ehren veranstalteten Feiern waren zugleich die Leichenfeiern für die Republik.

## 6. Vergangenheit und Zukunft: Das Erbe der Republik

Caesar hat seinen historischen Platz am Scheideweg der römischen Geschichte. Unauflöslich an diesen Ort gebunden, wurde er im Rückblick für die einen zum besten aller Römer, der das historisch Notwendige tat, als er der Monarchie in vier Jahren Bürgerkrieg den Weg bahnte. Für andere ist er der Begründer einer Zwingherrschaft, die abzuschütteln die späteren Generationen nicht mehr die Kraft hatten. Die neuere Forschung sieht zunächst von der Person ab und betont die Auswegslosigkeit einer Zeit, die keinen Spielraum für durchgreifende Reformen mehr hatte, und spricht mit Christian Meier von der „Krise ohne Alternative". Unter dieser Prämisse verwandelt sich die diktatorische Allmacht Caesars in politische Ohnmacht. Anders: Dem auf seine Ehre bedachten Caesar, der eine persönliche Gefolgschaft aus allen sozialen Schichten führte, kam aus der römischen Gesellschaft keine nennenswerte Kraft entgegen, die eine grundlegend neue Ordnung des Weltreiches, seiner politischen Führung und der Gesellschaft angestrebt hätte.

Auf eine besondere Weise ist Caesar tatsächlich so etwas wie die Erfüllung der Geschichte der Republik. Er war das fast idealtypische Geschöpf einer über Jahrhunderte aristokratisch geprägten Gesellschaft, die in Krieg und Eroberung ihre Identität und ihre Erfüllung gefunden hatte. Die Triebkräfte, denen Rom seine Weltgeltung verdankte, hatten den Tugendkatalog seiner Aristokratie seit den ersten Tagen der Republik bestimmt. Als diese sich anschickte, ihre Existenz in Mittelitalien gegen die umwohnenden Bergvölker und die Etrusker zu verteidigen und schließlich auszudehnen, waren die aristokratischen Tugenden in das Ethos und die Disziplin des Staates eingeschmolzen worden. Nur in seinem Dienst und unter seinen Fahnen konnten künftig Ehre und Ruhm gewonnen werden. Die Nöte der Expansionskriege in Italien und der Kampf auf Leben und Tod mit dem seemächtigen Karthago schienen das Bündnis von Staat und aristokratischer Ehrsucht unauflöslich gemacht zu haben.

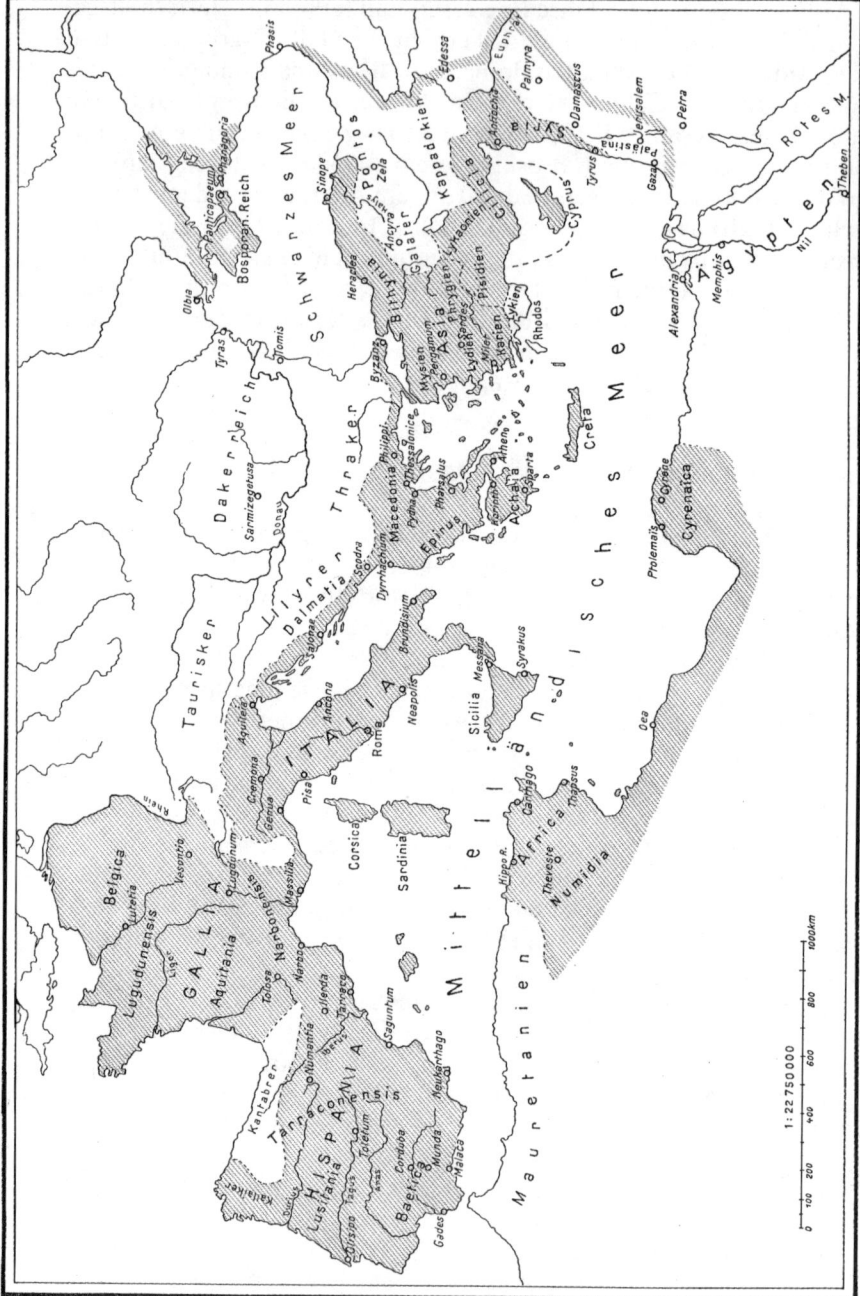

*Das Imperium zur Zeit des Dictators Caesar.*
(Mit Schraffur umrandete Gebiete im Osten sowie an der Nordküste des Schwarzen Meeres: römische Klientelstaaten)

## 6. Das Erbe der Republik

Der größte Erfolg dieses Bündnisses war das Weltreich. Aufgebaut und gehalten wurde es mit den Mitteln des Stadtstaates, also mit Bürgersoldaten, einer kleinen Schar städtischer Beamter und einem Adelsrat, der alle wesentlichen Entscheidungen traf und diese vom Volk in Gesetze verwandeln ließ. Die Organisation der Herrschaftsausübung in Italien entsprach den damit gegebenen Möglichkeiten: Inkorporation eines Teils der Besiegten in den eigenen Staatsverband, Gründung wehrhafter Kolonien und im übrigen Hegemonie über abhängige, aber autonome Bündner. Dieses System versagte vor der Aufgabe, die großen Flächenstaaten des griechischen Ostens und die städtearmen Landgebiete des Westens dauerhaft zu beherrschen. Hier mußte Herrschaft in der Form eines ständigen Besatzungsregimes (Provinz) organisiert werden, für das der römische Stadtstaat nur seine wenigen, jährlich wechselnden Magistrate zur Verfügung stellen konnte. Letztlich ist die Republik an dem sich daraus ergebenden Mißverhältnis der Mittel und der Aufgaben gescheitert.
Denn: die Statthalter, die ihre Provinzen wie Monarchen regierten, und die Feldherren, die ihre Legionen bis an die Grenzen der bekannten Erde führten, sprengten die Geschlossenheit und Solidarität ihres Standes, der Senatsaristokratie. Der jedem römischen Aristokraten selbstverständliche Wille, durch besondere Leistungen für den Staat einen besonderen Anspruch auf Macht und Ansehen zu begründen, wuchs mit dem Weltreich ins Unermeßliche. Bereits Tacitus hat dies gewußt: „Die alte, den Menschen längst eingewurzelte Herrschbegierde mußte gleichzeitig mit der Vergrößerung des Reiches anwachsen, mit ihr eigentlich erst zum Ausbruch kommen. Unter bescheidenen Verhältnissen war nämlich Gleichheit untereinander leicht zu bewahren" (Historien 2,38,1). Jetzt wurde der individuelle Führungsanspruch stärker als die Einsicht, im Kollektiv des Senates Herrschaft am besten ausgeübt zu haben. Das Weltreich gab zudem einer Schar Auserwählter Machtmittel (Armeen und Provinzen) an die Hand, die bedeutender als alles sonst im Staat noch Verfügbare waren. Und die Größe der errungenen Erfolge suggerierte den Generälen selbst und der römischen Öffentlichkeit das Bewußtsein, daß der Staat ihnen lebenslänglich Anerkennung und politischen Einfluß schulde. Kam die Republik dieser Forderung nicht nach, ja verletzte sie den Stolz und die Ehre ihrer adligen Krieger, so wandten sich diese gegen sie – mit denselben Waffen, mit denen sie im Namen der Republik gesiegt und ihren Anspruch auf Anerkennung begründet hatten.
Sulla war der erste gewesen, der seinen Truppen den Angriffsbefehl auf Rom gab. Ihm, dem Sieger über Jugurtha, dem erfolgreichen Feldherrn im Krieg gegen die aufständischen italischen Bundesgenossen, dem verdienten Konsul, war Unrecht und schwere Kränkung widerfahren, als das Volk, nach seiner Auffassung verführt durch die Clique eines machthungrigen Volkstribunen, ihm das Kommando im Krieg gegen Mithridates nahm und seinem großmäuligen Feind Marius übertrug. Sulla wehrte sich mit jenen Tod und Verderben bringenden Mitteln, die ihm die Existenz des Weltreiches an die Hand gaben. Die Wachfeuer, die seine Soldaten nach dem Sieg

auf dem Forum in Rom anzündeten, kündeten vom Ende der alten Welt der *res publica*. Denn sie zeigten, daß der eiserne Ring der staatlichen Disziplin zerbrochen war, den die Republik in ihren ersten Jahrhunderten um die adlige Gier nach Ruhm und Ehre gelegt hatte. Sulla hat als Diktator alles versucht, um eine Wiederholung seines Sturmlaufs gegen die Republik zu verhindern. Aber er konnte das Weltreich nicht aufgeben; dieses forderte kategorisch eine geregelte Form der Machtausübung und lockte jeden Ehrgeizigen weiterhin mit Macht und Ruhm – nach den Kriegen des Lucullus nunmehr in der Dimension eines Alexander. So war auf Dauer die Drohung der Militärdiktatur nicht mehr zu bannen. Bedrängt durch die Bündnisse und Fehden ihrer Generäle ging die Republik im offenen Kampf unter.

Caesar trug dafür die größte Verantwortung. Oder vielleicht besser: Die lange Dauer und die Größe des Krieges, den er um seine aristokratische Ehre in allen wichtigen Provinzen des Reiches führen mußte, nahmen ihm die Möglichkeit, in den Kreis seiner Standesgenossen zurückzukehren. Das Ausmaß der angerichteten Zerstörung war zu groß, um ein zweitesmal den Weg Sullas zu gehen. Ein langes Leben und die Geduld, die geschlagenen Wunden vernarben zu lassen, waren Caesar nicht mehr gegeben. So schob er nach kurzem Zögern die überkommene Ordnung beiseite, um Raum für das letzte große Ziel zu schaffen, das auf dieser Erde noch lohnenswert schien: Der Krieg im Stile des Welteroberers Alexander. Denn dies war den Taten der Götter noch am ähnlichsten. Als nicht der Senat und die großen Ritterfamilien im feierlichen Zeremoniell Caesar zu Grabe trugen, sondern tobende Volksmassen und weinende Veteranen und Soldaten seinen Scheiterhaufen umringten und ihre Waffen, die sie so oft für den Toten geschwungen hatten, ins Feuer warfen, war die entscheidende Frage für die kommenden Jahre gestellt: Wo war das neue Zentrum der Macht zu finden, nachdem das alte den Einbruch von Gewalt und Krieg in das Herz des Staates nicht hatte verhindern können?

Trost und Hoffnung gewährte den Zeitgenossen zunächst nur der Blick in die ruhmreiche Vergangenheit der Republik: „Wie die Lebensweise, wie die sittlichen Grundsätze gewesen sind, durch welche Männer und welche Eigenschaften das Reich in Krieg und Frieden geschaffen und vergrößert worden ist", definierte Livius um 25 v. Chr. die Ziele seines Werkes und prägte damit die historische Rückschau. Zugleich war damit aber auch ausgedrückt, daß eine Erneuerung des Staates – in welcher Verfassungsform auch immer – nur unter Rückbesinnung auf die Tradition vorstellbar war und blieb. Die bange Frage an die Zukunft konnte also präzisiert werden: Wer von den allmächtigen Generälen, die um das Erbe des toten Caesar kämpften, begriff dies als erster und wer hatte die Fähigkeit, seine mit dem letzten Sieg gegebene monarchische Machtfülle mit der Tradition der Republik zu versöhnen?

# VII. Der Umgang mit der Weltherrschaft im Schatten der Bürgerkriege

| | |
|---|---|
| 88-85 | Der pontische König Mithridates VI. überwältigt die Provinzen Asia und Griechenland. Er wird von Sulla besiegt und zum Frieden von Dardanos gezwungen. |
| 74-63 | Erneuter Krieg gegen Mithridates VI., der durch den mit außerordentlichen Vollmachten ausgestatteten Pompeius (*lex Manilia*) besiegt wird. Der griechische Osten erhält eine neue Ordnung. |
| 67 | Pompeius beansprucht gegen den Widerstand des Senates durch Gesetz ein Sonderkommando gegen die Seeräuber (*lex Gabinia*). |
| 58-50 | Caesar erobert Gallien und erhebt Anspruch auf Britannien. |
| 45-44 | Caesar bereitet den Angriff auf das Partherreich vor. |

## 1. Das neue Gesicht des Krieges

*Die Aufgaben des Soldaten*

Die Geschichte des Krieges in Rom kennt drei große Zäsuren: Die erste wird durch die Verstaatlichung des Krieges im Zuge der Expansion des 5. und 4. Jahrhunderts v. Chr. markiert, die zweite durch die Professionalisierung des Krieges, beginnend mit den Kämpfen gegen Karthago, die dritte durch die Verlagerung des Krieges in die Länder jenseits der Küsten des Mittelmeeres. Auf allen drei Entwicklungsstufen änderte sich sein Charakter und mußten die Aufgaben der Armee neu definiert werden. Durchgehend war nur eine Entwicklungslinie: Der Krieg forderte vom Beginn der Republik an immer mehr Männer, was dazu führte, daß die Heere aus immer breiteren Schichten der Gesellschaft rekrutiert werden mußten, bis mit Marius die unterste Stufe der Gesellschaft, die der Besitzlosen, erreicht war (s. S. 443 ff.). Parallel zu dieser Entwicklung, die sich im 2. Jahrhundert überstürzte, löste sich der Legionär von den Bindungen des Staatsbürgers und kehrte sich dem großen Patron, dem Feldherrn und schließlich dem Monarchen zu. „Wie die zwölf Adler um den palatinischen Hügel kreisten, da riefen sie dem Königtum; der neue Adler, den Gaius Marius den Legionen verlieh, verkündete das Reich der Kaiser" (Mommsen).

Diese Entwicklung ist in ihrer ganzen Tragweite nur zu verstehen, wenn man sich die Aufgaben vergegenwärtigt, welche die Republik seit Beginn des ersten Jahrhunderts nur mit Hilfe ihrer Soldaten lösen konnte:

– In den Jahrzehnten nach der Einrichtung der Provinz *Asia* schien Rom bereit, sich mit der Herrschaft über das Mittelmeer zufriedenzugeben. Der Schein trog. Mit Sulla begann eine neue Phase der Eroberung, die Länder in großer Entfernung erfaßte, bewohnt von zivilisatorisch unter-

*Andrea Andreani (1560-1623): Triumphzug Caesars; Farbholzschnitt nach dem gleichnamigen Zyklus von Andrea Mantegna (1431-1506)*

(Staatliche Museen Preußischer Kulturbesitz, Kupferstichkabinett)

Der Kriegsruhm der Republik entfaltete sich in den großen Triumphzügen der Männer, die in immer ferneren Ländern siegten, um in den engen Gassen Roms für einen Tag geehrt zu werden wie Jupiter selbst. So feierte Caesar im Jahre 46 gleich vier Triumphe, die der Unterwerfung Galliens, Ägyptens und der Könige Pharnakes und Juba galten und zugleich die gewonnene Macht anschaulich machen sollten. Ende September zog er in nie gesehener Pracht, aber in der ehrwürdigen Tradition der Republik viermal in die Stadt ein: Voran zogen lange Kolonnen mit Beutestükken, Schätzen und Schautafeln, die die Größe der eroberten Länder, die Zahl der getöteten Feinde und die Härte der geschlagenen Schlachten zeigten; es folgten die Scharen prominenter Gefangener, unter ihnen der unglückliche Held Galliens, Vercingetorix. Endlich kam Caesar selbst, in der Gestalt des triumphierenden Jupiter, das Gesicht mit Henna rot gefärbt, auf einem von Schimmeln gezogenen Wagen stehend und begleitet von einem Sklaven, der den Goldkranz Jupiters über ihn hielt und ihn in den Stunden des höchsten Glücks an die Erde gemahnte: „Bedenke, daß du ein Mensch bist." Den Abschluß des Zuges bildeten die Marschsäulen der Legionäre, die ihr Privileg, an diesem Tag Spottlieder auf ihren Feldherrn singen zu dürfen, weidlich auskosteten: „Städter, hütet eure Weiber! Den kahlen Buhler führen wir her", gröhlten sie unermüdlich und hofften inständig, daß ihre Warnung nicht zu wörtlich genommen wurde. Als der Zug das Kapitol erreicht hatte, opferte Caesar vor dem Tempel des höchsten Gottes weiße Stiere und gab der einsam thronenden Statue ihren Lorbeerkranz zurück: Der Sieg gebührte dem Gott, ihm verdankte der Mensch alles.

Der Ritus dieses und aller anderen Triumphzüge gab dem Vorgang die Weihe eines Gottesdienstes. Allein durch Krieg und Sieg, so lautete seine jahrhundertealte Lehre, näherte sich der Mensch der Herrlichkeit der Götter und dem Glanz des Jupiter, in dessen Rolle der Feldherr für Stunden hineinwuchs. Als Caesar triumphierte, schien der römischen Öffentlichkeit die Fiktion der Wirklichkeit so nahe wie niemals zuvor. Der da durch die Straßen Roms zog, war im Besitz der absoluten Macht und konnte sich mit Fug und Recht als der Herrscher der Welt vorstellen. Von ihm erwarteten die aus ganz Italien herbeigeeilten Massen ihr künftiges Heil. Die schier grenzenlose Noblesse, mit der sie in diesen Tagen überschüttet wurden, nährte solche Gedanken noch: In ganz Rom aßen, tranken und amüsierten sich die Menschen viele Tage auf Kosten des Imperators. Tausende von Kriegsgefangenen, Gladiatoren und Freiwilligen stellten in blutigen Spektakeln die errungenen Siege nach. Nach Hause zog man schließlich reich beschenkt: Die gemeinen Soldaten mit 500 Denaren, die Offiziere mit dem Doppelten oder Vierfachen und der einfache Bürger mit hundert Denaren, fast hundert Litern Getreide und mehr als dreißig Kilo Öl.

Der Feldherr hielt in seinem Tatenbericht fest, daß alles, was er tat, groß war und im Einvernehmen mit dem Willen der Götter und zur Ehre des römischen Volkes (*decus imperii Romani*) geschah. So schrieb Pompeius im Heiligtum der Minerva, das er aus der Kriegsbeute weihte, auf, was es bedeutete, gesiegt zu haben: „Der Feldherr Cn. Pompeius der Große, der einen dreißigjährigen Krieg beendet, 12 183 000 Menschen zersprengt, in die Flucht geschlagen, getötet, unterworfen, 846 Schiffe versenkt oder genommen, 1538 Städte und Kastelle zur Übergabe gezwungen und die Länder vom Mäotischen See bis zum Roten Meer unterworfen hat, bringt der Minerva seinen schuldigen Dank dar" (Plinius, Naturkunde 7,97).

schiedlich entwickelten Völkern mit unterschiedlicher Wehrtechnik. Geführt von Spanien bis Syrien und darüber hinaus, forderte der Krieg gebieterisch nicht nur eine ständig wachsende Zahl von Männern, sondern auch solche mit besonderen Fertigkeiten. Dies wiederum verlangte eine Reform der überkommenen Rekrutierungspraxis, die Verlängerung der Dienstzeiten um viele Jahre und ein völlig neues Ausbildungssystem.

- In den weiten Räumen der asiatischen und später mitteleuropäischen Kriegsschauplätze mußten Tausende von Kilometern zurückgelegt werden, um in komplizierten Manövern den Gegner entweder zu stellen oder zum Rückzug in menschenleere Gebiete zu nötigen, wo er seine Truppen nicht mehr versorgen konnte. Dies war überhaupt nur mit Feldherrn und Offizieren zu machen, die alle Strategien eines großräumig geplanten Angriffs- und Zermürbungskrieges beherrschten und gelernt hatten, alle logistischen Probleme zu bewältigen, welche die Versorgung eines großen Heeres mit Nahrung, Waffen und Belagerungsmaschinen aufwarf. Der Krieg fiel damit in die Hände von Männern, die sich professionell auf ihn vorbereiteten und ihm lange dienten. Nur so und gestützt auf ihre militärischen Erfolge konnten die führenden Männer des Krieges ihrerseits darauf hoffen, weit ab von Rom den Grundstein zu einer großen Karriere legen zu können. Einer von ihnen mag für alle stehen: Ventidius Bassus aus Asculum (heute: Ascoli Piceno). 89 war er als Kind noch vor dem Wagen des über die Picenter triumphierenden Pompeius Strabo durch die Straßen Roms geschleppt worden; nach entbehrungsreichen Jahren in Rom hatte er es zu einem Unternehmen gebracht, das Maultiere und Wagen an die Provinzbeamten und Heere lieferte. Er folgte Caesar früh als Versorgungsoffizier nach Gallien, stieg zum Legaten auf und begann 46 mit dem Volkstribunat eine Ämterlaufbahn, die ihn zum Konsulat und zum Triumph führen sollte.
- In besonders gefährdeten oder unruhigen Provinzen wurde der Aufbau von Stationierungstruppen erforderlich. Dies mußte über kurz oder lang die Frage provozieren, ob dafür nicht die Wehrkraft der Besiegten genutzt werden müsse, um die römischen Bürger Italiens zu entlasten.
- Rom ist seinen Weg zur Weltherrschaft als Landmacht gegangen und hat, sieht man von einer kurzen Phase während des Ersten Punischen Krieges ab, über keine nennenswerte Kriegsflotte verfügt. Dementsprechend teilten die römischen Literaten und Dichter einhellig die Auffassung des Cicero, daß die Nähe zum Meer die Menschen zu einem sittenlosen Leben verführe und daher Romulus zu preisen sei, der Rom nicht als Seestadt gegründet habe (de re publica 2,5 ff.; vgl. S. 270 f.). Noch in den ersten Kriegen gegen Mithridates bildeten die Schiffe der griechischen und kleinasiatischen Bundesgenossen die Hauptmacht der unter römischer Flagge segelnden Geschwader. Dies änderte sich – wenn auch nur für knapp vier Jahrzehnte – gründlich, als die *lex Gabinia* 67 v. Chr. in Kraft trat und Pompeius seine Kriegszüge gegen die Seeräuber aufnahm. Derselbe Mann war sich im Frühjahr 49 sicher, „daß der, welcher die See beherrscht, notwendigerweise den Krieg [gegen Caesar] gewinne" (Cice-

ro, Att. 10,8,4). Daß es noch einmal anders kam, war ein Geschenk des Kriegsglücks, das im Januar 48 Caesars Landung in den illyrischen Häfen vor seinem Gegner Bibulus verbarg, dessen Flotten die Adria beherrschten. Derlei wiederholt sich bekanntlich nicht. So kämpften wenige Jahre später in den Schlachten von Naulochos und Aktium über tausend Kampfschiffe, und die Kunst der Admiräle machte den Adoptivsohn Caesars zum neuen Herrn Roms. Danach allerdings verschwanden die großen Flotten wieder, und es traten an ihre Stelle die Flottillen der Kaiserzeit, die ausreichten, die Sicherheit des Meeres zu garantieren.

– Mit Sulla fiel der Schatten der Bürgerkriege über die Republik, die daran zugrunde ging. Diese Kriege konzentrierten sich in ihren entscheidenden Phasen auf Italien und Rom, den einzig legitimen Sitz der Regierung des Weltreiches. Sie verlangten von den Soldaten immer wieder neue Antworten auf die Frage, wem sie ihre Loyalität schuldeten.

Alle diese Aufgaben und Konflikte erzwangen auf jeweils besondere Weise Anpassungen der gesamten Wehrstruktur. Darüber hinaus bestimmten sie den Platz neu, den der Soldat in der Gesellschaft künftig einnehmen sollte. Die Veränderungen betrafen das Heer als Ganzes, das staatliche Kriegsmonopol und die soziale und ideelle Existenz des Soldaten.

*Das Kriegsmonopol des Staates*

Die zunächst in ihrer Konsequenz gar nicht durchschaute Folge der Ausdehnung des Krieges war, daß die absolute Geltung des staatlichen Kriegsmonopols, verankert im Verfügungsrecht von Senat und Volk, ins Wanken geriet. Im Raum der Expansion war dies bereits seit ihrer Ausweitung auf den griechischen Osten und auf Spanien vom Senat beobachtet, aber nicht wirkungsvoll unterbunden worden, da der Erfolg kritische Fragen nach seinem Zustandekommen auch in Rom nicht zu provozieren pflegte. Die annalistische Überlieferung berichtet, der Konsul Manlius Vulso sei 187 v. Chr. nach seinem selbstherrlichen Kriegszug gegen die kleinasiatischen Galater in Rom beschuldigt worden, „den Schrecken des Krieges zu Völkern getragen zu haben, denen man nicht den Krieg erklärt habe." Livius (38,42,11; 45,7) bringt den Vorwurf der Ankläger auch begrifflich auf die Formel, die seine Leser das Problem im Lichte ihrer eigenen Erfahrung verstehen ließ: „Welche Formalien sind denn eingehalten worden, daß wir sagen können, es sei ein im Namen des Staates geführter Krieg des römischen Volkes (*publicum populi Romani bellum*) und nicht dein privater Raubzug (*privatum latrocinium*)?"

Die Vorwürfe gegen Vulso waren durch Haß und Mißgunst beeinflußt, und sie haben ihm den Weg zum Triumph nicht versperren können. In der Sache trafen sie ein virulentes Problem, das den Anspruch des Senats, die Außenpolitik als seine ureigenste Domäne zu betrachten, nachhaltig erschütterte. Als der Diktator Sulla schließlich das Verlassen der Provinz und die Führung eines Krieges ohne die Zustimmung des Senats unter Strafe stellte (Cicero, Gegen Piso 50), war es bereits zu spät.

Unter denen, die es bewiesen, waren seine eigenen Schüler, allen voran der Treueste der Treuen: Lucullus. Dieser war ein Mann des Senats und von dem politischen Glauben beseelt, dessen gerade restaurierte Herrschaft unter allen Umständen wahren zu müssen. Der Sieg und die Hoffnung auf unsterblichen Ruhm wischten schließlich auch bei ihm alle Bedenken beiseite. Es zählte nur noch die neue Wahrheit, die seine in Tigranokerta und Nisibis einrückenden Legionen verkündeten: Die Götter hatten die Römer zu Herren der Welt berufen und segneten die, die diesen Auftrag erfüllten. Die Euphorie, in die diese Gewißheit die öffentliche Meinung versetzte, verdeckte die Warnzeichen, die von dem drohenden Diktat der Generäle über die Ziele der Außenpolitik sprachen.

Nun ist dies nur ein Teil der Wahrheit. Der andere ergibt sich aus den Zwängen eines Weltreiches und den unzulänglichen Versuchen, diesen gerecht zu werden. Sulla hatte geglaubt, er könne durch die Aufsplitterung und Isolierung der militärischen Gewalt diese dem Senat wieder gefügig machen. Also hatte er die Konsuln und Prätoren für den Regelfall auf ihre zivilen Kompetenzen in Rom und Italien verwiesen und sie nach ihrem Amtsjahr als Statthalter für die Provinzen vorgesehen, wo es ihnen verboten war, Krieg nach Gutdünken zu führen (*bellum sua sponte gerere*). Aus der Sicht Italiens, das nach dem Bundesgenossenkrieg den Bürgerkrieg erlebt und die Furcht vor seinen eigenen Soldaten gelernt hatte, mochte das richtig sein. Nicht so für die Provinzen und die Fortsetzung der Expansion: Der in seiner Amtszeit auf ein Jahr beschränkte und an die Grenzen seiner Provinz gebundene Statthalter hatte jede Möglichkeit verloren, im Ernstfall seinen Amtssprengel wirkungsvoll schützen oder auf Befehl des Senats über die Grenzen vorstoßen zu können, um das Reich zu mehren. Also fielen die großen Kriege an andere, die als Inhaber außerordentlicher Kommandos (*imperia extraordinaria*) den Krieg über Jahre hin zu ihrem eigentlichen Beruf machten und Siege über Völker feierten, deren Namen noch niemand gehört hatte. Dort, fern von Italien und wie Vizekönige Herren über Legionen und Grenzen, entschieden sie selbstherrlich über Krieg und Frieden, ein Recht, das die Großen unter ihnen bereits in den Beratungen über das Bestallungsgesetz forderten. Bis zum Ende der Republik erhielten das *ius belli et pacis* Pompeius im Krieg gegen Mithridates VI. durch die *lex Gabinia*, Pompeius und Crassus für ihre Provinzen Spanien und Syrien durch die *lex Trebonia*, Caesar als *dictator*, die Triumvirn des Jahres 43 durch die *lex Titia* und – natürlich – Augustus.

Die Bürgerkriege mußten diese Entwicklung beschleunigen, an deren Ende dem Senat faktisch die Verfügung über die Außenpolitik und damit über den Krieg aus der Hand gewunden wurde. Die ersten Anzeichen zeigten sich in den achtziger Jahren; damals zog der aus der Verbannung zurückkehrende Marius in Etrurien 6000 Bauern, Hirten und Sklaven zu militärischen Einheiten zusammen (Appian, Bürgerkrieg 1,67,306); wenig später folgten ihm jene Aristokraten, die – wie der junge Pompeius – ihre Klienten aufboten und die daraus gebildeten Privatarmeen Sulla zuführten (Livius, Periochae 85). Ihr bedeutendster Nachfolger Octavian schließlich fand derlei so rühmenswert, daß er den Tatenbericht, der vor seinem Grab aufgestellt werden sollte, mit dem Satz begann: „Mit neunzehn Jahren habe ich aus privater Initiative (*privato consilio*) und mit eigenen Mitteln ein Heer aufgestellt" (Res gestae 1). Andere nahmen den Gedanken auf und übertrugen ihn auch auf den jungen Pompeius: dieser habe seine picentische Klientel mobilisiert, „um die Ehre des Vaterlandes zu rächen und seine Würde wiederherzustellen", schreibt Velleius (2,29,1: *ad vindicandam restituendamque dignitatem patriae*).

## 2. Der neue Soldat

*Der Einzug der Besitzlosen in die Armee und die Folgen*

Die römische Wehrordnung folgte für Jahrhunderte einer sehr einfachen Spielregel: „Kein Staatswesen der alten Welt hat den großen Grundsatz, daß die Verteidigung des Staats Recht und Pflicht eines jeden Bürgers und nur des Bürgers ist, so energisch, man möchte sagen ein für allemal prototypisch durchgeführt wie das römische", schrieb Mommsen, und mit Blick auf die Konsequenzen fügte er hinzu: „Das Maß der Dienstpflicht ist immer zugleich das Maß der politischen Rechte; die politisch zurückgesetzten Kategorien der Bürger sind vom regelmäßigen Kriegsdienst ausgeschlossen" (Ges. Schriften IV, S. 156).

Bei diesen Regeln blieb es nicht, konnte es nicht bleiben, wenn das Weltreich Bestand haben wollte. Die Republik hat die alte Form der Aushebung nach Vermögensklassen (*dilectus ex classibus*) niemals offiziell abgeschafft. Seit dem Ende des 2. Jahrhunderts jedoch, vorangetrieben vor allem durch die verlustreichen Kimbernkriege, trat an die Stelle der Dienstpflicht des besitzenden Bürgers die inländische Werbung und die willkürliche Aushebung. Die Quellen, allen voran Sallust (Jug. 86,2-4), gehen davon aus, Marius habe im Krieg gegen Jugurtha als erster die Besitzlosen (*capite censi*) ausgehoben und damit das römische Militärwesen zum Schaden aller revolutioniert; früher sei es ganz anders gewesen, schrieb anklagend Valerius Maximus (2,3,1), da es der Anstand (*verecundia*) des römischen Volkes verboten habe, die Habenichtse, denen auf Grund ihrer Armut immer zu mißtrauen sei, zu den Fahnen zu rufen.

Wie immer man die Rolle des Marius bei dieser Heeresreform sehen will, sie entsprang rein militärischen Motiven und war weniger das Werk eines einzelnen als ein Nachgeben gegenüber den Notwendigkeiten einer neuen Kriegführung. Jetzt folgten auch Männer ohne Beruf und Familie dem Ruf in die Armee und nahmen die vom Staat bezahlten Waffen auf, da das Weltreich anders nicht gehalten werden konnte. Es waren allerdings nicht die Lazzaroni der *plebs frumentaria*, sondern die Bauernsöhne Italiens und der Kolonien, an die sich die Werber der Republik oder der Bürgerkriegsgeneräle vornehmlich wandten. Sie wurden ausgerüstet, ausgebildet und entlassen, sobald der jeweilige Kampfauftrag erfüllt war. Die Dienstzeit, bis dahin regelmäßig unterbrochen, wurde – wenn auch ohne feste Regel – eine fortlaufende. Der Bedarf an Soldaten in den großen Eroberungskriegen und das Bedürfnis nach ständiger Präsenz in entfernten und wenig befriedeten Provinzen führte faktisch zur dauerhaften Aushebung von Truppen.

Die neuen Soldaten, die in diesen Armeen und Flotten kämpften, erinnerten nur noch entfernt an den bewaffneten, auf seinen Besitz stolzen Bürger, der bis 168 die Kriege um die Herrschaft über das Mittelmeer bestanden hatte. Seit Sulla fochten andere für ihn, und diese hatte ein gnadenloser Drill für ihre Aufgabe präpariert. Sie marschierten in entlegene Gebiete, deren Namen sie kaum buchstabieren konnten, und sie schlugen mit gnadenloser Härte Schlachten, deren Sinnfälligkeit ihnen in den einfachen Formeln von der Ehre der Generäle, von der Rettung des Staates und von der Sicherung ihres Anspruches auf Beute und Versorgung nahe gebracht wurde. Variationen gab es natürlich, aber sie wogen nicht viel. So konnte Cassius Dio in seinem Bericht über die Schlacht von Philippi notieren, daß sich selbst jetzt die Ansprachen der gegnerischen Truppenkommandeure an ihre Soldaten weitgehend glichen; es habe nur der eine, Brutus, mehr von Freiheit, der andere, Antonius, hingegen mehr von der Rache an den Mördern Caesars gesprochen (47,42,1 ff.).

Was wirklich zählte, ließ sich schwer in wohltönende Worte kleiden. Es war neben der Hoffnung auf Beute und Lohn der Kampf selbst und die Art und Weise, wie man ihn bestand. Davon wußten beispielsweise die Veteranen Caesars zu berichten, die im Frühjahr 48 bei der Einschließung von Dyrrachium vom Nachschub abgeschnitten wurden und nur noch Baumwurzeln zu kauen hatten; von ihnen sagte der entsetzte Pompeius, er kämpfe nicht gegen Legionäre, sondern gegen Tiere. Vielleicht waren diese Männer tatsächlich dazu geworden, als sie im April 46 bei Thapsus ohne Befehl die feindlichen Stellungen überrannten und in einem wahren Blutrausch ihre Gegner und sogar die eigenen Offiziere abschlachteten, die sich ihnen in den Weg stellten (Der Afrikanische Krieg 85).

Es war der Krieg, der alles bestimmte. Geführt in immer entlegeneren Gebieten und über Jahrzehnte hin immer wieder in Bürgerkriege umschlagend, hatte er längst mehr gefordert als den bewaffneten Bürger, der Haus und Hof oder wenigstens die Illusion davon verteidigte. Seine Größe, seine Dauer und seine Härte gaben sich allerdings auch nicht mit dem um Beute und Lohn fechtenden Abenteurer zufrieden, den die Aussichtslosigkeit seiner zivilen Existenz in die Legion trieb. Der Krieg nahm den Soldaten ganz in seinen Besitz, was bedeutete, daß er ihm neue und umfassende Werte bot. Dazu zählte zunächst und vorrangig die Gewißheit einer neuen, gefühlsmäßig tief verankerten Zusammengehörigkeit, die in der extremen Situation des Kampfes und in der Ferne des Einsatzortes geschmiedet wurde.

Geschichten, die dies und zugleich die Bindung an den großen Truppenführer bezeugen, gibt es reichlich. Die Centurionen hatten Caesar ihr Geld geborgt, als er den Rubikon überschritt, und dieser selbst rühmte den Centurio Crastinus, der in Gallien das erste Manipel der zehnten Legion geführt hatte und zu Beginn des Bürgerkrieges wieder zu den Fahnen geeilt war: Er hatte sich bei Pharsalos mit 120 seiner Kameraden als erster und mit dem Ruf in die Schlacht gestürzt, „Feldherr, heute sollst Du mir entweder als Lebendem oder Totem Deinen Dank abstatten!" (Caesar, Bürgerkrieg 3,91). Dieser alte Haudegen hatte weit mehr für sich und die ihm vertraute Welt des Feldlagers und der Kameradschaft gekämpft, als ihm wohl selbst bewußt war. Nichts anderes bewies die zehnte Legion, die im August 47 südlich von Rom lag und meuterte, während die Invasionstruppen für den Krieg in Afrika zusammengezogen wurden. Caesar selbst war damals vor seine randalierenden Soldaten getreten, um sie zur Vernunft zu bringen. Nachdem er sie mit „Bürger" (*quirites*) statt mit „Kameraden" begrüßt hatte, ließen die angetretenen Kohorten alle Forderungen nach ziviler Versorgung in einem Gefühlssturm von Reue und Selbstmitleid fallen, um doch noch mit Caesar in den afrikanischen Krieg ziehen zu können – gemeinsam und den Spielregeln unterworfen, die sie als Kameraden, *commilitones*, erfahren hatten (Appian, Bürgerkriege 2,388-396).

„Die Soldaten liebten das ihnen durch die lange Dienstzeit bekannte und vertraute Lager wie Haus und Herd", schrieb Tacitus in der Zeit der seßhaft werdenden Grenztruppen (Historien 2,80,3). Er wurde von einem ägyptischen Soldaten bestätigt, der seiner wegen der Verlegung der Truppe besorgten Ehefrau mitteilte, „auch wenn ich in fremden Ländern bin: ich bin tatsächlich in der Heimat und nicht in der Fremde" (P.Oxy. 8, 1154). Hundert Jahre früher waren die äußeren Umstände anders, nicht jedoch der Tatbestand an sich. So wollten die Veteranen des Sulla und des Augustus nur geschlossen angesiedelt werden, da sie in der Welt der italischen Landstädte, in der mit soldatischen Fertigkeiten und Tugenden wenig anzufangen war, allein auf sich gestellt weder Hoffnung noch Wärme finden konnten.

Die Lehren dieser und anderer Berichte über die Versorgung von Veteranen sind leicht zu verstehen: Der Soldat, der seine Truppe verließ, hatte weder Beruf noch Arbeit, häufig noch nicht einmal eine Adresse. Von der bürgerlichen Warte der zivilen Welt aus gesehen war er ein Niemand, vor dem man sich angesichts seiner mitgebrachten Ansprüche und Privilegien auch noch zu ducken und zu fürchten hatte. Alles, was er neben seinem Lohn und seiner Beute besaß, waren die Gewißheit, die Kunst des Krieges zu beherrschen, und sein Kriegserlebnis. Alles dies reichte nicht aus, um sich in den gängigen gesellschaftlichen Kategorien der zivilen Welt ohne weiteres zurechtzufinden. Also blieb er bei seinesgleichen, solange es eben ging.

Und da war natürlich noch die Gier nach Lohn und Beute. Auch sie hielt Hunderttausende besitzloser Bürger zusammen, die als junge Männer angemustert hatten, und band sie an ihre Feldherrn. Von diesen wollten sie während und nach ihrer Dienstzeit bereichert und versorgt werden, und dafür boten sie als Gegenleistung ihre Treue. Von Beute ist in den römischen Kriegen immer die Rede gewesen. Nach Aussage der Quellen war es jedoch vor allem Scipio, der im dritten Krieg gegen Karthago alles getan haben soll, um seine Soldaten zu bereichern (Plutarch, Apopht. Scipionis min. 1). Er war gewiß nicht der einzige und schon gar nicht der erste, der so handelte. Aber mit seinem Namen verband die römische Öffentlichkeit die bedrohliche Erkenntnis, daß bereits der bürgerliche Soldat gelernt hatte, von Staat und Feldherr ein *beneficium* zu verlangen, auch wenn er nach herkömmlicher Vorstellung nur seine Pflicht (*officium*) getan hatte.

Jetzt, im Schatten der Professionalisierung des Krieges, beherrschte der Gedanke an Lohn und Beute alle Soldaten – vom Feldherrn über den Offizier bis zum Gemeinen. Sie alle wollten tätige Teilhaber am Geschäft des Krieges sein, dessen Gewinn der Feldherr errang, gewährte und verteilte. Hatte dieser andere Vorstellungen, dachte gar an Schonung der Besiegten, so ließ man ihn im Stich: So etwa im Krieg gegen Mithridates die Legionen des Lucullus, die auf einen Agitator des Pompeius hörten, der ihnen zurief: „Warum, wenn wir schon niemals aufhören sollen, im Felde zu liegen, bewahren wir nicht, was uns noch übrig ist von Leib und Leben, für einen solchen Feldherrn auf, der seinen höchsten Ruhm darin sieht, daß seine Soldaten reich werden?" (Plutarch, Lucullus 34).

Auf solche ebenso einfachen wie suggestiven Fragen hörten erst recht die Legionen der Bürgerkriege. Seit Sulla hatten sie gelernt, Treue oder Verrat nach dem Maß versprochener Beute oder Entlassungsprämien zuzumessen. Selbst als seit dem Herbst 43 die Bürgerkriegsarmeen zeitweilig das Heft des Handelns in die Hand nahmen und eine friedliche Verständigung der unter Octavian und Antonius gespaltenen Caesarianer erzwangen (s. S. 469), ging es zunächst um die Sicherung der versprochenen Prämien und Ackerlose.

Rücksichten auf die Zivilbevölkerung Italiens waren dabei nur hinderlich. Schon die großzügigen Spiele und Spenden, mit denen Caesar nach seinem Sieg im Bürgerkrieg die Plebs der Hauptstadt verwöhnte, erregten den Unwillen der Soldaten (Cassius Dio 43,24,3). Im Krieg dachte niemand an Schonung, obwohl die Feldherrn von Sulla bis Caesar diese für Italien und seine Städte immer wieder verlangten. Schon gar nicht war daran zu denken, wenn der entlassene Soldat seinen abschließenden Lohn begehrte, der ihm für den Rest seiner Tage eine gesicherte Existenz – möglichst als Rentner – verschaffen sollte. Seit Marius forderte der Soldat unerbittlich seinen Teil des Kuchens in Form von Geldgeschenken und der Versorgung mit Land. Bereits Sulla hatte seinen Veteranen Kerngebiete Italiens in Etrurien und Samnium ausgeliefert und sie dort in geschlossenen Verbänden angesiedelt, wo sie seinem Regiment in Rom den entscheidenden Rückhalt geben sollten. Später kam die Reihe an Caesar, der im August 47 jedem Veteran, der in Italien bleiben wollte, seinen eigenen Bauernhof versprach. Und schließlich ging der Erbe, Octavian, nach der Schlacht von Philippi daran, 28 entlassene Legionen auf Kosten von 18 blühenden italischen Städten mit Land zu versorgen. In diesen Jahren schien es tatsächlich so, als ob das militarisierte raubgierige Proletariat alles an sich reißen würde, was es als gerechten Lohn für die Qual und das Elend der Bürgerkriege von ihren hilflosen Generälen zu fordern begehrte. Ihre Opfer wurden blühende

Landstriche des wohlhabenden und zivilisierten Italien, dessen Widerstand, wo er sich regte, blutig niedergeworfen wurde.
Das Offizierkorps war nicht weniger raubgierig, obwohl es den alten Eliten angehörte. So malte Cicero in der 8. Philippischen Rede zwar voreilig den Teufel an die Wand, als er dem Senat schilderte, wie sich nach einem Sieg des Antonius dessen Offiziere die Villen und Parks in Tusculum, Alba, Puteoli und anderswo aufteilten; in der Sache hatte er die Träume vieler Offiziere richtig analysiert, die – wie er seinem Schreckensbild hinzufügte – seit langem begriffen hatten, „auf welchem Wege selbst Bettler reich werden können" (8,9).

*Der neue Offizier*

Der Krieg forderte seinen Tribut auch von den Feldherrn und den Offizieren. Sie mußten mehr beherrschen als die Kunst der Kriegführung. Diese Tugend allerdings stand zuoberst, und wer sie und Fortune dazu nicht besaß, tat sich schwer. Bereits die achtziger Jahre kannten eine Reihe glückloser Generäle, die die erste Niederlage mit dem eigenen Leben sühnten. Denn der Krieg machte allen Schein zunichte und beendete auch die hartnäckigsten Illusionen über die eigene Tüchtigkeit. Oder – mit Cato gesprochen – : „Anderswo kann man einen Irrtum nachträglich beheben; Fehler in der Schlacht lassen sich nicht wiedergutmachen, da die Strafe unmittelbar dem Irrtum folgt" (de re militari frg. 3). Niemand wußte dies besser als der einfache Soldat. Also hatte jeder Offizier dem ersten Lehrsatz seines Handwerks zu folgen, den Curio, selbst allzu junger und glückloser General Caesars, seinen Offizieren vorhielt: „Es ist doch so, daß Erfolge im Krieg den Feldherrn die Zuneigung ihrer Heere einbringen, die Niederlagen hingegen ihren Haß erwecken" (Caesar, Bürgerkrieg 2,31).
Nicht minder wichtig wurde seit Marius die Fähigkeit, Soldaten, die in ihrem Beruf weit mehr als ein Handwerk sahen, alles zu geben, was ihnen Heimat und Familie, gegenwärtiges und zukünftiges Glück ersetzen konnte. Dies verlangte nicht nur die erlernbare Kunst, die Namen seiner Soldaten zu kennen oder mit ihnen alle Strapazen des Krieges zu ertragen, obwohl auch dies fraglos dazugehörte. Es forderte darüber hinaus Feldherrn und Offiziere, die ihrerseits in Feldlagern, Märschen und Schlachten eine Selbsterfüllung fanden, der sonst nichts gleichkam.
Und es forderte ein neues Verständnis von militärischer Disziplin, deren eiserner Zugriff nur dort noch verständlich zu machen war, wo es um alles oder nichts ging. Wo dies nicht der Fall war, regierten andere Regeln: „Meine Soldaten können auch gesalbt gut fechten!" rief nicht ohne selbstgefälligen Stolz Caesar, als die Rede auf die Ausschweifungen seiner Legionäre kam (Sueton, Caesar 68,1). Unsere an der *disciplina* der Altvorderen orientierten Quellen notierten derlei mit Abscheu, und sie hatten durchaus recht, Sulla als den ersten von vielen Generälen zu identifizieren, die ein Auge zudrückten, wenn ihre Soldaten über die Stränge schlugen: „... dazu kam, daß Sulla das Heer, dessen Führung er in Asien gehabt hatte, um seine

Ergebenheit zu gewinnen, gegen Altvätersitte üppig und allzu locker gehalten hatte. Reizende, verführerische Gegenden hatten während der Ruhe den rauhen Sinn der Soldaten schnell verweichlicht. Da zuerst gewöhnte sich das Heer des römischen Volkes ans Huren und Saufen, lernte Bildwerke, Gemälde und Gefäße von getriebener Arbeit bewundern, sie aus privatem und öffentlichem Besitz rauben, Tempel ausplündern, Heiliges und Weltliches schänden. Daher ließ denn auch solches Kriegsvolk, wenn es einen Sieg errungen hatte, den Besiegten nichts übrig." Sallust, der so analysierte (Catilina 11), wußte: Wer seine Truppen derart freizügig schalten und walten ließ, schmiedete das Bündnis mit ihnen.

Die Folge waren Haß und Abscheu und schließlich Vorstellungen, welche die militärische Disziplin als die höchste aller Tugenden feierten und in ihr, nicht in der wilden Tapferkeit sullanischer oder caesarischer Krieger, den Grund der erfolgreichen Welteroberung sehen wollten: „Die unerbittlich gewahrte *disciplina militaris* brachte dem römischen Imperium den Oberbefehl über Italien, ihr verdankte es die Herrschaft über viele Städte, große Könige und mächtige Völker; sie öffnete den Zugang zum Schwarzen Meer, sprengte die Riegel der Alpen und des Tauros, und sie erhob, was aus der Hütte des Romulus kam, zum Gipfel des Erdkreises" (Valerius Maximus 2,8; vgl. Cicero, Tusculanische Gespräche 1,1,2).

Mit solchen Gedanken kamen Lobgesänge auf alle Truppenführer in Mode, die ihre Soldaten mit gnadenlosem Drill und drakonischen Strafen wieder kampffähig gemacht hatten. Zum großen Vorbild wurde Scipio Aemilianus, der vor dem spanischen Numantia (133 v. Chr.) die Marketender und Schankwirte aus dem Lager geworfen und seine demoralisierte Truppe durch Gewaltmärsche und tägliche Übungen wieder zur Räson gebracht hatte (Frontin, Kriegslisten 4,1,1).

Große Generäle lebten in Rom wie anderswo in der Gewißheit, im Krieg einzigartig zu sein; in einer Welt, welche die Gnade der Götter vor allem im Krieg wirken sah, nährte dies das Bewußtsein, zu den Auserwählten zu gehören. Dies trieb bereits den großen Scipio, von dem Appian nach der Einnahme des spanischen *Carthago nova* (Cartagena) berichtet: „Er fühlte sich sehr erhoben, und mehr denn je herrschte der Eindruck, daß er bei allen seinen Unternehmungen von einem Gott geleitet sei. Diese Auffassung teilte er auch selbst, er sprach es von diesem Zeitpunkt an öffentlich aus, nicht nur damals, sondern auch sein ganzes restliches Leben hindurch. Jedenfalls betrat er wiederholt das Kapitol, ganz allein, und schloß dann die Türe ab, wie wenn er von der Gottheit eine Offenbarung erhalte" (Appian, Iberike 23,88 f.).

Zu den Auserwählten rechnete sich auch Sulla. Vor allem er repräsentierte den neuen Typ des Soldatenführers, der neben Gehorsam und Tapferkeit Vertrauen und Zuneigung von seinen Soldaten begehrte und sie dazu brachte, seinem Glück blind zu vertrauen. Dafür gab er ihnen, was sie erhofften und was ihr Leben ausfüllte: Beute und soziale Anerkennung, Selbstachtung und Zusammengehörigkeit sowie emotionale Bindungen an Menschen und Götter, welche die entgangenen Freuden einer bürgerlichen Existenz kompensierten. Gelang dies, so konnte man mit seinen Legionen tatsächlich den Himmel niederreißen, wie Caesar seinen spanischen Gegnern triumphierend zurief.

Dies war die eine Seite. Die andere bestimmte die Gemeinsamkeit des Krieges: Soldatenführer von Sullas Zuschnitt fühlten sich ihrerseits ihren Truppen auf durchaus ungewöhnliche Weise verbunden; deren Zustimmung und Beifall machten viele andere Leidenschaften entbehrlich. So lernte man auch schnell, die Fürsorge für die Soldaten als Teil der eigenen Ehre zu verstehen und als die wichtigste aller moralischen und politischen Pflichten aufzunehmen. „Hätte ich die Hilfe von Banditen und Mördern zur Verteidigung meiner Ehre in Anspruch genommen, so würde ich auch ihnen gegenüber in gleicher Weise dankbar sein", ließ Caesar seine Gegner wissen, die seine Ehrungen und Beförderungen übertrieben fanden (Sueton, Caesar 72). Und seinem glücklosen Gefolgsmann Curio, der in Afrika unterlegen und gefallen war, setzte er in seiner Darstellung des Bürgerkrieges ein Denkmal, das ebenso für die Treue des Gefolgsmannes wie von der Zuneigung und Bindung des Generals zeugt (Bürgerkrieg 2,32-42).

### Die Militarisierung des Denkens

Alles dies weist auf eine tiefgehende Militarisierung des Denkens und Handelns, die von den Idealen des Adels ihren Ausgang genommen hatte. Der aristokratische Ehrenkodex, der Wunsch, im Krieg zu glänzen, eine große Rolle zu spielen und von sich reden zu machen, waren in den Jahrhunderten der Expansion in die Disziplin der *res publica* eingeschmolzen worden. Dabei erwies sich der politisch-militärische Erfolg mehr und mehr als Prüfstand für jeden, der Ehre und Ansehen, *dignitas* und *gloria*, anstrebte. Der Kaiser schließlich, sorgsam darauf bedacht, anerkannter Führer der Aristokratie zu bleiben, unterwarf sich diesen kriegerischen Idealen, Sehnsüchten und Phrasen nicht minder konsequent und vorbehaltlos als die adligen Herren.

Entscheidend für diese Entwicklung waren die Jahrzehnte der schrankenlosen Expansion und der Bürgerkriege. Sie hatten über die Senatsaristokratie hinaus die gesamten Führungsschichten – Ritter und italische Munizipalaristokratie – und weite Teile der italischen Bevölkerung militarisiert. Alle Tugenden und Überzeugungen, für die man sein Leben aufs Spiel zu setzen bereit war, wurden von den militärischen Wertvorstellungen umfaßt oder absorbierten Teile davon. Die Bewährung im Krieg bildete nicht nur für den jungen Aristokraten, sondern für viele seiner Altersgenossen das herausragende Ereignis des ersten Lebensabschnitts, und die Idole, die ihnen allen vorgestellt wurden, waren und blieben die großen Krieger, die Hannibal geschlagen, den Osten unterworfen oder in verklärter Vorzeit die Heimat gegen Gallier und Samniten verteidigt hatten. Und wer vom Reichtum sprach, hielt sich an Crassus, der die finanzielle Potenz eines Politikers an der Fähigkeit gemessen sehen wollte, eine Armee auf die Beine stellen zu können (Plutarch, Crassus 2).

Der Anspruch auf Macht und Prestige legitimierte sich bis in die Tage des Augustus insbesondere durch die militärische Leistung. Die hingebungsvolle Konzentration, mit der sich die aufsteigenden militärischen Führer der späten Republik auf ihre tatsächlichen oder vorgegaukelten Aufgaben als Schützer und Mehrer des Imperiums warfen, setzte dabei die Maßstäbe. So wurden in einem Volk, das während seiner Geschichte schon immer militärische Tugenden achten mußte, am Ende seines Weges zur Weltherrschaft die großen und kleinen Militärführer der Kritik entzogen.

Dies bedeutete auch, daß die in den Feldlagern und Schlachten vollzogene Gleichsetzung von „tapfer" und „gut" dazu taugte, an der ganz anderen Grundsätzen gehorchenden politischen und sozialen Hierarchie zu rütteln. Sallust machte den Anfang. Er ließ seinen Marius vor dem Volk mit seinen aristokratischen Gegnern abrechnen und seine Anklage mit folgender Pointe schließen: „Sie verachten meine bürgerliche Herkunft, ich ihre Feigheit; mir werfen sie meinen Stand vor; ich ihnen Handlungen, die die Ehre schänden. Freilich: Von Natur aus sind alle Menschen völlig gleich; nur der Tapfere ist der wahre Adlige" (Jugurthin. Krieg 85).

## 3. Die Ausdehnung des Weltreiches

**Provinzgründungen in der Zeit von 121 v. bis 6 n. Chr.**

| | |
|---|---|
| *Gallia Narbonensis*: | 121/120 |
| Phrygien (*Phrygia*): | 103 |
| Kilikien (*Cilicia*): | 103/2 |
| Italien nördlich des Rubikon (*Gallia Cisalpina*): | 81 (?) |
| Kyrene (*Cyrenaica*): | 75/74 |
| Bithynien (*Bithynia*): | 74 |
| Kreta (*Creta*): | 67/66 |
| Pontos (mit Bithynien): | 65/63 |
| Syrien (*Syria*): | 64 |
| Zypern (*Cyprus*): | 58 |
| Afrika (*Africa nova*): | 46 |
| Gallien (*Gallia transalpina* oder *Gallia comata*): | 50/43 |
| Ägypten (*Aegyptus*): | 30 |
| Galatien (*Galatia*): | 25 |
| Illyrien (*Illyricum*): | 27 |
| *Noricum*: | 15 |
| Raetien (*Raetia*): | 15/12 |
| Gebiet der Seealpen (*Alpes Maritimae*): | 14 |
| *Judaea*: | 6 n. Chr. |

*Die Gründung neuer Provinzen*

Die zwischen 148 und 129 erfolgte Provinzialisierung Makedoniens, Afrikas, weiter Teile Griechenlands und Asiens mutet auf den ersten Blick als der Sieg eines politischen Willens an, der nunmehr entschlossen schien, die bisher bevorzugte Form der indirekten Herrschaft durch gezielte Annexionen zu ersetzen. Tatsächlich lagen die Dinge anders: Das Eigengewicht der römischen Herrschaft, verstärkt durch eine Politik ständiger Drangsalierung der wehrlosen hellenistischen Staatenwelt (s. S. 373 ff.), brachte diese zum Einsturz und zwang die römischen Legionen und ihre Befehlshaber, dort stehen zu bleiben, wo sie die Trümmer der einstürzenden Staatsgebäude beseitigt hatten.

Die senatorischen Führer der Republik haben diese Logik, die ihrer Politik innewohnte, lange nicht wahrhaben wollen. Bis zu ihrem Sturz in den Wirren der Bürgerkriege reagierten sie auf den fortschreitenden Auflösungsprozeß ihrer äußeren Umwelt immer erst dann, wenn alles in heilloses Durcheinander geraten und das direkte militärische Engagement unvermeidlich geworden war. Das erste bis auf Pompeius für alle Provinzgründungen durchgängig konstitutive Element der römischen Außenpolitik ist so verhältnismäßig leicht einzugrenzen: Entweder das militärische Sicherheitsbedürfnis oder das anders nicht mehr zu beseitigende Chaos konnten den Senat dazu bewegen, direkte Herrschaft durch die kontinuierliche Entsendung eines jährlich neu bestimmten Imperiumträgers auszuüben. Die Verzweiflungstat des letzten Attaliden, sein Reich den Römern testamentarisch anzutragen, als er ihm keine gesicherte Zukunft mehr zutraute (s. S. 377), wurde zum Menetekel für viele andere: Rom fand darauf erst eine Antwort, nachdem der Griff des Aristonikos nach der Krone der Attaliden die Republik unmißverständlich herausgefordert hatte und es zweifelhaft schien, daß die durch das Testament frei gewordenen pergamenischen Städte dem Prätendenten auf Dauer Widerstand leisten konnten. Also griff man ein, zunächst mit einer Gesandtschaft, die es an Drohungen nicht fehlen ließ, dann mit Hilfe der befreundeten kleinasiatischen Könige, und schließlich, da alles nichts fruchtete, mit den eigenen Legionen. Ihr Sieg mündete in die Provinzialisierung der Kerngebiete des alten Attalidenreiches, als keine Aussicht mehr bestand, das pergamenische Reich als solches wiederherzustellen.

Nicht anders sahen die Gründe aus, die zur Einverleibung der Königreiche Kyrene und Bithynien führten. Hier wie dort hatten die letzten Herrscher Rom testamentarisch als Erben eingesetzt, hier wie dort sah der inzwischen an solche Schenkungen gewöhnte Senat zunächst tatenlos zu, wie die heimatlos gewordene Macht von anderen eingefordert und umkämpft wurde. In Bithynien war im Jahre 74 die Zeit des Zuwartens vorbei, als der Herrscher des benachbarten Pontos, Mithridates, seine begehrlichen Hände nach der vermeintlich leichten Beute auszustrecken begann und ein Sohn des verstorbenen Königs vor dem Senat Anspruch auf den Thron erhob, ohne bei den Fürsten seines Landes irgendeinen Rückhalt zu finden. Diese Konstellation bedeutete Bürgerkrieg mit pontischer Beteiligung und drohte, die ganze Region in Brand zu setzen. So erhielt der Statthalter Asiens Order, in Bithynien einzumarschieren und das Land als Provinz einzurichten. In Kyrene war im Jahre 96 der Erbfall eingetreten, ohne daß Prätendenten nach der verlorenen Krone griffen. So begnügte sich der Senat mit der Verpachtung der geerbten königlichen Domänen und nahm zwanzig Jahre lang hin, daß das herrscherlose Land am Rande der Anarchie dahintrieb. Erst als die Auflösung der noch vorhandenen Rudimente staatlicher Ordnung die Seeräuber in Scharen anzog und die Ausbeutung der Domänen gefährdete, legte ein nun eilends entsandter Quästor, eigens ausgestattet mit einem prätorischen imperium, als ultima ratio den Provinzialstatus fest.

Im südlichen Gallien war es das römische Sicherheitsbedürfnis, das Ende der zwanziger Jahre des 2. Jahrhunderts zur Intervention und zur Einrichtung der *Gallia Narbonensis* führte. Römische Truppen stiegen über die Seealpen, als Machtverschiebungen in Gallien gemeldet wurden, die Massilia, einen bewährten Freund und Bundesgenossen, gefährdeten und das Gleichgewicht der Kräfte in Mittel- und Südgallien zu beseitigen drohten. Beides ließ um die Sicherheit der Landverbindung nach Spanien fürchten, so daß eine dauernde Stationierung römischer Truppen und der Bau einer großen Militärstraße (*via Domitia*), die von Italien nach Spanien führte, unvermeidlich schienen. Verwaltungszentrum der neuen Provinz wurde die wenig später gegründete Kolonie Narbo Martius (Narbonne; 118/115), deren Bürger, der ureigenen Funktion römischer Kolonisten entsprechend, die militärische Sicherung verstärken sollten.

Dort, wo die Verhältnisse nach Krieg und Eroberung auch anders als durch die Provinzialisierung stabilisiert werden konnten, setzte der Senat seine herkömmliche Politik fort. So endete der lange Krieg in Afrika gegen den numidischen König Jugurtha (111-105) nicht mit dem direkten Zugriff auf sein Erbe, sondern mit der Verteilung der Beute an die Bundesgenossen, den Mauretanier Bocchus und den Numider Gauda. Die Treue beider war bewährt und ihre Macht groß genug, um den afrikanischen Raum westlich der Provinz Afrika zu sichern. In Asien ließ man den kleinasiatischen Königen ihre Herrschaftssprengel, auch wenn dies so recht keinen Sinn mehr machte, wie in Kappadokien und Paphlagonien, deren Räumung durch Mithridates im Jahre 95 eine senatorische Gesandtschaft erzwungen hatte. Beide Länder wurden zunächst für frei erklärt, offenbar in der – wie sich herausstellen sollte, naiven – Annahme, daß Kappadokier und Paphlagonier wie die Bewohner griechischer Städte in der Befreiung von monarchischer Gewalt eine Wohltat entdecken würden. Als die Betroffenen selbst nachdrücklich davon nichts wissen wollten, übertrug der Senat den einheimischen Fürsten die Wahl eines neuen Königs und gab sich damit zufrieden, daß dieser ein Freund der Römer war.

*Die Herrschaft über das Meer*

Rom war spät mit dem Meer in Berührung gekommen. Es wurde groß in den Landkriegen gegen die Städte und Stämme Italiens und hatte dabei niemals Interventionen von außerhalb Italiens fürchten müssen; die Landung des Pyrrhos in Italien zum Schutze Tarents war Episode geblieben.

Erst die um Sizilien ausbrechenden Konflikte mit Karthago zwangen zum Aufbau eigener Flotten, die Rom schließlich 241 den Sieg bescherten. Von nun an kontrollierte man das westliche Mittelmeer, verließ sich dabei aber sehr bald auf die Kriegsschiffe der unteritalischen Bundesgenossen, deren Städte den Krieg auf dem Meer seit Jahrhunderten geübt hatten. An dieser Politik änderte auch die Expansion in das östliche Mittelmeer nichts: Dort ruderten jetzt die wechselnden Verbündeten in Griechenland, auf den ägäischen Inseln und an der kleinasiatischen Küste die Schiffe, welche die römischen Truppentransporter, sobald sie in Brundisium in See stachen, schützten und die gegnerischen Flotten niederrangen. Der Senat lernte dabei alles über die Bedeutung des Seekrieges und nahm zugleich erleichtert zur Kenntnis, daß die Bündner stark genug waren, den Legionen den Weg auf die Schlachtfelder freizuhalten, auf denen dann die Entscheidung gesucht werden konnte. Um ganz sicher zu gehen, bauten römische Techniker überall dort Straßen, wo lange Seewege zu fürchten waren. So inkorporierte der Senat 147 die westlich an Makedonien angrenzenden illyrischen Stämme sowie Epirus der neu eingerichteten Provinz *Macedonia*, wodurch diese in breiter Front an die adriatische Küste stieß. Kurze Zeit später bauten Pioniere in wenigen Jahren die *via Egnatia*, die den Balkan von den illyrischen Häfen Apollonia und Dyrrhachium (Durazzo) bis nach Thessalonike durchquerte und eine direkte Landverbindung zwischen dem adriatischen und dem ägäischen Meer schuf, die den Legionen den Weg nach Kleinasien öffnete. Im südlichen Gallien war es wenig später die *via Domitia*, die den Seeweg nach Spanien ersetzte (s. S. 452).
Es war dies eine Politk, die einer politischen Elite angemessen war, deren Vertreter ihren Reichtum als Grundbesitzer begründet hatten und die im Jahre 218 per Gesetz den Aufstieg von *homines novi* aus dem Kreis der Seehandel treibenden Schichten ausgeschlossen hatten (*lex Claudia*, s. S. 354). Daran änderte auch die Entwicklung im 2. Jahrhundert nichts, in dem parallel zur Weltmachtgeltung Roms italische Kaufleute und Bankiers den siegreichen Generälen auf dem Fuße folgten und Reichtümer und Güter aus aller Welt nach Rom flossen. Die Hauptstadt des neuen Weltreiches wurde zum Zentrum des Welthandels, ohne daß seine führenden Politiker daran dachten, die Seestraßen in eigener Verantwortung zu kontrollieren.
Der Zusammenbruch der hellenistischen Staaten seit dem Ende des Dritten Makedonischen Krieges schuf eine neue Situation. Es begannen lange und fette Jahre für Seeräuber. Es gab niemanden mehr, der ihnen im Osten des Mittelmeeres gefährlich werden konnte. Rhodos vor allem war es seit dem Beginn des 3. Jahrhunderts, das mit eigens konstruierten Schnellseglern „allein für ganz Hellas den Kampf gegen die Piraten aufgenommen und das Meer von den Missetätern gesäubert hat", wie noch Diodor zur Zeit des Augustus rühmte (22, 81). Seit 167 hatte die Insel ihre Aufgabe, für den Schutz der Handelswege in der Ägäis und nach Ägypten zu sorgen, unter dem Druck römischer Pressionen aufgeben müssen: Nachdem Rom die dem Apoll heilige Insel Delos zum internationalen Zollfreihafen erklärt

hatte, war der rhodische Staatshaushalt in kurzer Zeit ruiniert. Das Seleukidenreich, mehr und mehr in innere Machtkämpfe verstrickt, konnte selbst die anatolischen und syrischen Küsten nicht mehr schützen.
Zu Beginn des ersten Jahrhunderts gerieten die Dinge außer Kontrolle; Plutarch schildert die Lage richtig, wenn er die Piratenflotten schließlich das ganze Mittelmeer beherrschen sah: „Die Macht der Seeräuber hatte ihren Ursprung in Kilikien ... Dann gewannen sie Mut und Kühnheit im Mithridateskriege, in dem sie sich in den Dienst des Königs stellten. Als dann die Römer in den Bürgerkriegen vor den Toren Roms aneinandergeraten waren [84-82], lockte sie die unbewacht gebliebene See mehr und mehr und machte sie groß, so daß sie nicht mehr nur die Seefahrer angriffen, sondern auch Inseln und Küstenstädte ausplünderten. Bereits bestiegen auch Männer von Vermögen und vornehmer Abkunft, die als klug und einsichtsvoll angesehen wurden, die Piratenschiffe und beteiligten sich an dem Handwerk, das eine besondere Art Ruhm und Ehre einbrachte. ... Kränkender noch als ihre Gefährlichkeit war ihr dreister Übermut, wenn sie mit vergoldeten Flaggenstangen, purpurnen Vorhängen und silberbeschlagenen Rudern prunkten und sich so gleichsam mit ihren Verbrechen brüsteten" (Pompeius 24 f.).
Rom, das noch in den Jahren 229-218 entschlossen die ausgedehnten Plünderungsfahrten illyrischer Piratenkapitäne nach Italien und Griechenland unterbunden hatte, sah jetzt dem wilden Treiben auf den Meeren lange Jahrzehnte tatenlos zu. Der unverminderte Bedarf an Sklaven in Italien wurde nicht mehr ausschließlich durch die eigenen Kriege gedeckt, sondern auch durch den Sklavenhandel, in dem die Seeräuber führend wurden. Ohne politische Rücksichten nehmen zu müssen, ohne Angst vor den spärlichen Resten der in den Häfen der einst mächtigen hellenistischen Seereiche verfaulenden Kriegsschiffe und häufig im stillen Einvernehmen mit den römischen Behörden gingen sie an allen Küsten des östlichen Mittelmeeres auf Menschenjagd (Strabon 14, 268). Als Marius 104 den bithynischen König Nikomedes aufforderte, Hilfstruppen für den Kimbernkrieg bereitzustellen, zeigte sich dieser unbeeindruckt: Die römischen Steuerpächter hätten bereits die meisten seiner Untertanen in die Sklaverei verschleppt, erklärte er den überraschten Gesandten, die sich keine Illusionen über die stille Beteiligung des Königs am Verschachern seiner eigenen Untertanen machten. Nicht nur durch die Ohnmacht der unter dem römischen Druck zusammengebrochenen Staatenwelt, sondern auch von den Ansprüchen des römischen Wirtschaftssystems und der Geldgier der Könige wurde also die Piraterie genährt.
Die abgewiesenen Werber des Marius zeigen, daß nunmehr die römischen Interessen selbst auf dem Spiel standen. Als private Kaufleute, *publicani* und Agenten des Verwaltungs- und Militärapparates waren Römer und Italiker auf eine gewisse Sicherheit der Meere angewiesen. Davon konnte allerdings keine Rede mehr sein: Ganze Flottenverbände der Piraten, verteilt auf verschiedene Operationsgebiete, kontrollierten die Seestraßen und griffen die Städte auch der italischen Westküste an: In Ostia kaperten sie

eine ganze römische Flotte, in Gaëta plünderten sie den Hafen; in der Adria verließen die römischen Truppentransporter Brundisium nur noch im Winter, um nach Griechenland zu segeln. Hinzu kam, daß die dreisten Züge der Kaperfahrer den Herrschaftsanspruch der Weltmacht der Lächerlichkeit preisgaben und den Stolz der führenden Familien herausforderten. Als M. Antonius, Konsul des Jahres 99, im Augenblick seines Triumphes über die kilikischen Seeräuber das Lösegeld für seine gerade geraubte Tochter bereitstellen mußte, war der römischen Öffentlichkeit auf besonders drastische Weise vor Augen geführt worden, daß die Piraten die Rolle der römischen Ordnungsmacht und das königliche Selbstverständnis der Senatsaristokratie ungestraft verhöhnen konnten (Cicero, de imperio Cn. Pomp. 32 f.).

Die ersten römischen Abwehrreaktionen konzentrierten sich auf Kilikien und führten zur Einrichtung eines eigenen Kommandos als Provinz *Cilicia* (102/1). Dort, in den gebirgigen und zerklüfteten Küstengegenden, die der seleukidischen Kontrolle längst entglitten waren, und auf Kreta hatten die Piraten ihre wichtigsten Zufluchtsnester angelegt. Erreicht war mit diesem ersten Erfolg allerdings nicht mehr als die Gründung eines gesicherten militärischen Vorpostens. Allzuviele Möglichkeiten des Ausweichens blieben den Piraten, so daß sich das römische Zupacken fast von selbst von isolierten Einzelunternehmungen zu koordinierten Säuberungsaktionen entwickelte. Ihre Ausweitung schließlich auf alle gefährdeten Küstenstriche erschien immer unausweichlicher, und die Frage konnte nur noch sein, in welcher Form und von wem dies durchgeführt werden konnte.

Im östlichen Mittelmeer fiel die Entscheidung. Dort konzentrierten sich die Kämpfe zunächst auf Kreta, wo das Ausmaß des militärischen Engagements die schließliche Provinzialisierung unvermeidbar machte. Seit 68 führte der Konsul des Jahres 69, Q. Caecilius Metellus, Krieg auf der Insel und unterwarf sie in schweren Kämpfen bis 65. Damit war erreicht, was M. Antonius Creticus, offenbar mit einem zeitlich nicht befristeten Kommando betraut, bereits in den Jahren 73-71 erfolglos versucht hatte.

Die fast zehnjährige Dauer und die Schwere des Krieges, die Ausweitung der Kompetenzbereiche beider Feldherrn auf andere Provinzen und ihre unvermeidlich langen Dienstjahre machten den einflußreichen Familien im Senat deutlich, daß die Herrschaft über das Meer nur unter zwei Bedingungen zu haben war:

- Zum einen mußte ein umfassendes militärisches Kommando (*imperium extraordinarium*) eingerichtet werden, das – entgegen der sullanischen Ordnung – mehr als eine Provinz umfaßte, mit außerordentlichen Vollmachten ausgestattet und zeitlich nicht an die übliche Jahresfrist gebunden war. Dies ließ die Verfassung nur durch Volksgesetz zu, über das nach der Wiederherstellung der tribunizischen Gesetzesinitiative im Jahre 70 vor allem die von den Volkstribunen geleitete Volksversammlung zu entscheiden hatte.
- Zum anderen konnte eine Konsolidierung des beherrschten Raumes auf

Dauer nur um den Preis einer zügig vorangetriebenen Provinzialisierung erreicht werden.

## 4. Pompeius und die Vision einer neuen Welt

*Der Aufstieg des Pompeius im Schatten von Krieg und Eroberung*

Die Republik litt unter ihren Generälen, aber sie liebte sie auch. Denn sie verteidigten und mehrten die Herrschaft über die Provinzen, in denen sich für alle sozialen Schichten Roms die Größe der Stadt spiegelte. In den siebziger Jahren tönten Kriegsgeschrei und Siegesmeldungen aus fast allen Teilen der Welt. In Spanien rangen Metellus Pius und Pompeius in langen Jahren den Widerstand des aufsässigen Sertorius nieder, ein weiterer Meteller eroberte Kreta (s.o.), Publius Servilius kämpfte erfolgreich in Kilikien, der jüngere Lucullus führte die Legionsadler von Makedonien bis an die Küsten des Schwarzen Meeres und die Donaumündung, und sein älterer Bruder Lucius kommandierte eine große Armee, welche die Macht des pontischen Königs Mithridates VI. vernichtete. In Italien war Licinius Crassus Herr über acht Legionen, mit denen er den Sklavenaufstand des Spartacus niederwarf. 71 verschwor er sich mit dem siegreich aus Spanien heimkehrenden Pompeius und forderte mit diesem das Konsulat für das kommende Jahr.

Der Glanz des ganz großen Ruhms fiel in diesen Jahren jedoch auf Lucullus. Seine Legionen waren 73 zum Angriff auf Mithridates angetreten, hatten diesen aus seinem Reich verjagt und schickten sich an, Armenien zu erobern. Als der damals noch unbekannte Caesar Quästor in Rom wurde, überschritt Lucullus den Euphrat, stieß über den Tigris vor, marschierte auf Tigranokerta, die Hauptstadt, zu und vernichtete ein großes feindliches Heer; das Bulletin des stolzen Siegers an den Senat sprach von hunderttausend gefallenen Feinden und einem kopflos flüchtenden Großkönig. Ein neues großes Reich war erobert, und Mesopotamien lag nahezu schutzlos vor dem römischen Feldherrn, der im Jahre 68 Nisibis in seine Gewalt brachte.

Alle diese großen Kriegszüge waren begonnen worden, ohne das Einverständnis des Senats einzuholen. Das Beispiel machte Schule: Von jetzt an sollte im Sog der militärischen Erfolge das Verfügungsrecht des Senats über die Außenpolitik Stück für Stück auseinanderbrechen.

Der mächtigste unter den großen Generälen der Zeit war Gnaeus Pompeius, der Sohn des Pompeius Strabo, der im Krieg gegen die aufständischen Bundesgenossen die Legionen der Nordfront kommandiert hatte und im Jahr 89 Konsul geworden war (s. S. 402 f.). Geboren im September 106, im selben Jahr wie Cicero, lernte Pompeius das Kriegshandwerk bei seinem Vater, dessen reiche Besitzungen in Picenum er nach dessen Tod erbte. Der Aufstieg dieses Mannes, der sich in den siebziger Jahren anschickte, der erste Mann im Staate zu werden, war der eines militärischen Usurpators gewesen. Brutal und fordernd hatte er sich als Soldat den Weg nach oben gebahnt und keinen Rechtsbruch und keine Gewalttat gescheut. Als Sulla im Frühjahr 83 mit seinem in Brundisium gelandeten Heer nach Norden aufbrach, um Rom ein zweitesmal zu erobern, führte ihm der damals 23jährige Gnaeus drei Legionen zu, die er eigenmächtig in seiner picenischen Heimat ausgehoben hatte. Wenig später kommandierte er die Armee, die den Marianern in Afrika den Garaus machte. Ohne je ein ordentliches Amt bekleidet zu haben oder Senator zu sein, triumphierte er in Rom und trug stolz den Beinamen „der Große" (*Magnus*), den ihm seine Anhänger in Anlehnung an Alexander angedient hatten. In den siebziger Jahren kämpfte er gegen Sertorius in Spanien und erhielt als Siegespreis das Konsulat im Jahre 70.

Sein Ehrgeiz kannte nur ein Ziel: Wo immer es Krieg gab, wollte er dabei sein und den Sieg für Rom erringen. Seine Eitelkeit und seine Ruhmsucht waren grenzenlos. Von den zahlreichen Anekdoten, die über ihn im Umlauf waren, zeigt ihn die treffendste als Konsul auf dem Weg zur Abmusterung vom ritterlichen Kriegsdienst: „Da sah man Pompeius auf den Markt herunterkommen, mit allen Abzeichen seiner Würde angetan, aber sein Pferd mit eigener Hand am Zügel führend. Als er nahe und allen sichtbar geworden war, befahl er seinen Liktoren, beiseite zu treten, und führte sein Pferd vor das Tribunal. Das Volk staunte und war ganz still, und die Censoren erfüllte ein gewisses Schamgefühl und Freude zugleich bei dem Anblick. Darauf stellte der Ältere der beiden die Frage: ‚Ich frage dich Pompeius Magnus, ob du alle vom Gesetz vorgeschriebenen Feldzüge mitgemacht hast', und Pompeius antwortete mit lauter Stimme: ‚Ich habe sie alle mitgemacht, und alle unter meinem Kommando'" (Plutarch, Pompeius 22). Für Augenblicke wie diese, in denen ihm die ungetrübte Zustimmung von Adel und Volk entgegenschlug, lebte Pompeius. Denn auch für ihn galt der Wahlspruch des Achill, an den ihn bei seinem Besuch in Rhodos der große Philosoph Poseidonios erinnerte: „Immer der erste zu sein und emporragen über die anderen!" (Strabon 11,492).

Er war denn auch nach seinem Konsulat, das ihm kein lukratives militärisches Kommando für die kommenden Jahre verschaffte, der geeignete Mann, nunmehr ein für allemal die Herrschaft Roms über das Meer herzustellen. Im Januar 67 formulierte der Volkstribun A. Gabinius, einer seiner Gefolgsleute, den entscheidenden Gesetzesvorschlag „über die Einsetzung eines Feldherrn gegen die Seeräuber" (Cicero, de imperio Gn. Pomp. 52). Pompeius war nicht genannt, aber jedermann wußte, daß nur er für diese Aufgabe in Frage kam, die umfassende Kompetenzen forderte. Sie wurden ihm schließlich nach langem Streit gegeben: Ein prokonsularisches *imperium* umfaßte das gesamte Mittelmeergebiet und unterstellte seinem Inhaber 20 Legionen, 500 Schiffe und eine prall gefüllte Kriegskasse; das gewährte Kommando galt bis zu 50 km landeinwärts in allen Provinzen und war dort der Gewalt der Statthalter übergeordnet, soweit es sich um Maßnahmen zur Bekämpfung der Seeräuber handelte. Der Erfolg war überwältigend: Binnen drei Monaten kapitulierten alle Piratengeschwader, 846 ihrer

Schiffe sanken der triumphierenden Botschaft des Siegers an die Götter zufolge auf den Grund des Meeres, und ihre Stützpunkte brannten an allen Küsten. Überzeugender war Rom noch nie vor Augen geführt worden, welche Erfolge ein tüchtiger General zu erringen vermochte, wenn ihm eine Befehlsgewalt ohne die üblichen zeitlichen und räumlichen Beschränkungen zufiel: Erst jetzt beherrsche Rom tatsächlich das Mittelmeer vom Ozean bis zum Schwarzen Meer „wie einen sicheren und geschlossenen Hafen", jubelte Cicero, und er hatte Recht (Über die konsularischen Provinzen 31).

Der Senat hatte sich mit allen Mitteln gegen die gesetzliche Zuweisung des *imperium extraordinarium* zur Wehr gesetzt. Der Redner Hortensius (cos. 69) hatte in der heftigen Debatte den Standpunkt der Mehrheit unmißverständlich formuliert: „Wenn einem alles zuzuerkennen wäre, so ist Pompeius der Würdigste; aber es darf nicht alles einem übertragen werden" (Cicero, de imperio 52). Damit war alles gesagt, was das Dilemma des Senatsadels kennzeichnete: Die wachsende Anarchie auf den Meeren, das wußten die Herren der Welt besser als jeder andere, konnte nur durch die Zusammenfassung aller militärischen Kräfte und Kommandobereiche unter einen Willen beseitigt werden; ebendies aber untergrub zugleich die Basis der Macht des Senats, der seine Autorität und alleinige Entscheidungskompetenz durch die Selbstherrlichkeit der Militärs bedroht sah. Als der Konsul Piso dem Pompeius im Senat zurief, wer dem Romulus nachstrebe, werde auch wie dieser enden (Plutarch, Pompeius 25), war das die Kampfansage der auf die Tradition pochenden Senatsmehrheit an die großen Einzelnen unter ihnen, die – gestützt auf ihre militärischen Erfolge – nicht mehr den Nacken unter den Herrschaftsanspruch des Senats beugen wollten und damit – wie Romulus – zu Tyrannen entarteten und der Republik ihre Freiheit raubten.

## *Das Ende der Mithridatischen Kriege und die Neuordnung des Ostens*

Als Pompeius gegen die Piraten auslief, hatten sich das Schicksal und eine unheilige Allianz seiner Gegner gegen Lucullus erfolgreich verschworen. Trotz seiner großen Erfolge entzog ihm der Senat schon im Jahre 68 das Kommando über die Provinzen *Asia* und *Cilicia,* angetrieben von zahlreichen Neidern unter den eigenen Standesgenossen und den Gesellschaften der Staatspächter, die dem großen General seine in der Provinz Asia verfügte Schuldenregulierung übelnahmen. Gabinius ließ ihm zu Beginn seiner Amtszeit durch Plebiszit auch die Provinzen Bithynien und Pontos wegnehmen, so daß Lucullus, bei seinen Soldaten ohnehin wenig beliebt, den Kampf gegen Mithridates nicht fortführen und insbesondere seinem Legaten Triarius nicht zu Hilfe eilen konnte, der bei Zela von dem wiedererstarkten pontischen König vernichtend geschlagen wurde. Die Folgen waren verheerend: So gut wie alles, was in sieben harten Kriegsjahren gewonnen worden war, ging verloren, und die Gerüchte wollten nicht verstummen, daß selbst die Provinz *Asia* unmittelbar bedroht sei.

Als die Schreckensnachricht in Rom eintraf, sprachen die Boten des Pompeius von weitgehend getaner Arbeit im Seeräuberkrieg. So kam es, wie es kommen mußte: Jeder rief nach Pompeius als dem sicheren Retter aus der Not. Am lautesten schrien die Staatspächter, die um ihre Pfründe in der asiatischen Provinz fürchteten. Wer wollte es nun noch wagen, dem neuen Herrn der Meere den Befehl über die asiatischen Legionen zu verweigern, zumal diese gegen Lucullus meuterten und im Osten alles Erreichte in Frage gestellt schien? Als der Nachfolger des Gabinius, C. Manilius, im Dezember 67 sein Amt antrat, war seine wichtigste Aufgabe bereits formuliert: Die Einbringung eines Gesetzes, das Pompeius mit einem neuen außerordentlichen Kommando und weitreichenden Kompetenzen ausstatten sollte. Und diesmal beugten sich auch viele erfahrene Nobiles den Notwendigkeiten der Kriegspolitik und sprachen für den Gesetzesantrag. Unter ihnen war auch der neugewählte Prätor Cicero, der zum erstenmal in einer politisch hoch brisanten Angelegenheit das Wort ergriff und zu Recht darauf hoffen konnte, daß ihm der mächtigste Mann im Staate seinen Einsatz früher oder später lohnen würde.

Pompeius erhielt, was immer er forderte – das Kommando über alle Truppen jenseits der Adria und selbst das Recht, Kriege zu erklären und im Namen des römischen Volkes Bündnisse zu schließen. Die Übergabe des Kommandos durch Lucullus war kurz und haßerfüllt: Pompeius handle, wie er es seit jeher getan habe; wie ein Geier sei er herbeigeeilt, um sich wieder einmal über den Kadaver eines Krieges herzumachen, entfuhr es dem in seiner Ehre schwer gekränkten Mann, der sieben Jahre lang über weite Gebiete Asiens wie ein Monarch geherrscht hatte und sich nun um den Sieg betrogen sah (Plutarch, Pompeius 31).

Dieses Urteil, das bis in die heutige Forschung nachhallt, war ungerecht. Die Legionen des Pompeius drangen bis an das Kaspische Meer vor, verwüsteten Armenien, marschierten auf den alten Hauptstraßen Asiens und zerschlugen, südwärts vordringend, den alten Seleukidenstaat in Syrien; ihre Vorhuten überschritten die Grenze nach Arabien. In Rom wurden Siege über Völker verkündet, von deren Namen noch niemand gehört hatte, und die Phantasie entzündete sich an der Vorstellung, zwölf Könige hätten Pompeius Geschenke gebracht und sich dem *populus Romanus* unterworfen. Pompeius war auf dem Höhepunkt seiner Macht. Die Menschen des griechischen Ostens feierten ihn wie einen zweiten Alexander: „Retter und Wohltäter, Hüter der Erde und des Meeres" stand auf den Ehreninschriften, die ihm in den Städten Asiens gesetzt wurden. Er selbst sah es nicht anders. In einer Weihinschrift, die er an dem im Jahre 55 geweihten Tempel der Venus Victrix anbringen ließ, rühmte er sich als Eroberer der Welt: „Cn. Pompeius, Sohn des Cn., der Imperator, hat die Küsten der Welt und alle Inseln innerhalb des Ozeans vom Seeräuberkrieg befreit, hat das vom Feind bedrängte Königreich des Ariobarzanes, Galatien, ferner die benachbarten Länder und die Provinzen Asia und Bithynien geschützt, ... hat die Stämme der Küste von Kolchis bis ans Asowsche Meer, und ihre Könige, neun an der Zahl, und alle Völker, die zwischen dem Schwarzen und Roten Meer wohnen, unterworfen; er hat die Grenzen des Reiches bis an die Enden der Erde vorgeschoben, hat die Einkünfte der Römer teils gerettet, teils vermehrt" (Diodor 40,4). Wer wollte jetzt noch an der Weltherrschaft zweifeln, von der Cicero bereits im Jahre 63 gesagt hatte, daß „die Grenzen dieser Herrschaft nicht auf der Erde zu finden, sondern durch die Himmelsräume bestimmt" seien (3. Rede gegen Catilina 26).

## 5. Der Angriff auf Mitteleuropa: Caesars Krieg gegen Gallien

Julius Caesar, Konsul des Jahres 59 und Verbündeter von Pompeius und Crassus, war der nächste, der auf Krieg und Expansion setzte, um seine Macht in Rom zu festigen und Ruhm zu erlangen (s. S. 421 ff.).
Der Krieg, zu dem er im Frühjahr 58 auf der *via Flaminia* aufbrach, führte in ein Land, das bis dahin jenseits des außenpolitischen Horizontes gelegen hatte. Die Größe der Aufgabe entfaltete jedoch in kurzer Zeit eine Eigendynamik, in deren Konsequenz nach Jahren erbitterter Kriege die Eroberung Galliens stand. Von allen Leistungen Caesars ist dies die bedeutendste und folgenreichste gewesen: Sie führte Rom zur Eroberung der großen Binnenräume Mitteleuropas und machte den Rhein und später die Donau für viele Jahrhunderte zur Nordgrenze des Imperiums und der Romania.
Gallien, in das die Legionen einfielen, schien auf den ersten Blick in überkommenen Strukturen erstarrt. Die politische Landkarte zeigte eine zersplitterte Welt, die von großen rivalisierenden Völkern mit einer jeweiligen Klientel von kleinen Stämmen bevölkert war. Zu den großen zählten seit langem die Häduer, Sequaner, Arverner, Carnuten, Remer und Treverer. Sie wurden von mächtigen Adelsfamilien geführt, die das mancherorts noch bestehende Königtum zur politischen Bedeutungslosigkeit verurteilt hatten. Heftige Fehden untereinander ließen die adligen Kontrahenten politische Verbindungen und dynastische Verflechtungen zu den Führern der Nachbarstämme suchen, um die eigene Position zu festigen. Das Ergebnis waren immer neu aufflammende Auseinandersetzungen, in die auch germanische Stämme hineingezogen wurden, die rechts des Rheins nach neuen Siedlungsplätzen für ihre Krieger und Bauern Ausschau hielten und denen jeder Anlaß zum Eingreifen in gallische Angelegenheiten recht war. Ein Bewußtsein der nationalen Zusammengehörigkeit kannten die gallischen Rivalen nicht. Sie sollten es entwickeln, als sie unter der Führung des Arvernerfürsten Vercingetorix gemeinsam und am Ende vergeblich versuchten, das drohende Schicksal der römischen Herrschaft in letzter Minute doch noch abzuwenden.
In diese Welt der lauernden Feindschaften und der ständigen, aber bedeutungslosen Kleinkriege war in den sechziger Jahren Bewegung gekommen, deren Echos in Rom aufhorchen ließen. Die Sequaner, die östlichen Nachbarn und Rivalen der Häduer, strebten energisch nach der Führungsrolle, und sie fanden jenseits des Rheins und bei den Häduern selbst Bundesgenossen. Dort hoffte eine ehrgeizige Adelskoalition um den Fürsten Dumno-

rix, mit sequanischer Unterstützung die regierenden Geschlechter von der Macht verdrängen und das Erbe antreten zu können. Am Rhein hielt sich der Suebenfürst Ariovist bereit, um in den sich anbahnenden Konflikten nur ja nicht zu spät zu kommen. Viele seiner Krieger waren bereits als Hilfstruppen der Sequaner über den Rhein gezogen und hatten als Lohn für ihre Söldnerdienste Land im Unterelsaß bekommen. Dadurch gerieten die in der Schweiz ansässigen keltischen Helvetier unter Druck. Sie entschlossen sich zur radikalen, aber nicht ungewohnten Lösung der Auswanderung, die sie aus der rauhen Heimat des Schweizer Jura in die milden Gegenden im Südwesten Galliens nach Tolosa (Toulouse) bringen sollte. Der einfachste Weg dorthin führte durch das Gebiet der Allobroger und damit durch die römische Provinz Gallia Narbonensis.
Dort hatte der neue Mann Roms, Caesar, gerade seine Amtstätigkeit aufgenommen. Als die Gesandten der Helvetier vor ihn traten und die Erlaubnis zum friedlichen Durchzug durch die Provinz forderten, lehnte er barsch ab und sperrte die Zugangsstraßen und Rhôneübergänge. Daraufhin wandten sich die Helvetier, die sich bereits mit Sack und Pack in Marsch gesetzt hatten, nach Norden und suchten einen anderen Weg durch das freie Gallien. Dort stießen sie auf die zerstrittenen Häduer, deren Regierung gerade noch imstande war, ein Hilfeersuchen an Caesar zu richten. Dieser hatte sich jedoch schon längst zum Krieg entschieden: Bei Bibracte (Mont Beuvray) zerschlugen seine Legionen den helvetischen Heerbann und trieben die Ausgewanderten in ihre alten ungeliebten Siedlungsplätze zurück. Der

*Gallien im 1. Jahrhundert v. Chr.*

nächste Gegner stand bereits unter Waffen und drängte selbstbewußt auf den Kampf: Ariovist. Dieser von Caesar als anmaßender Barbar beschriebene landhungrige Fürst der Sueben hatte sich als Verbündeter der Sequaner links des Rheins festsetzen können und war entschlossen, seine Position weiter auszubauen. Caesars Armee stellte ihn im Elsaß zum Kampf und warf ihn über den Rhein zurück. Mit diesem Erfolg hatte der Prokonsul Roms das Gleichgewicht der Kräfte in Gallien wiederhergestellt und damit den traditionellen Grundsätzen der römischen Politik in diesem Raum Genüge getan.

Begründet hat Caesar diese Kriege mit der in Rom schon fast sakrosankt gewordenen Defensivideologie, derzufolge Rom die Waffen nur für seine Bundesgenossen oder zur eigenen Verteidigung erhob (*aut pro sociis aut de imperio*: Cicero, de officiis 2,26): Der zuerst geführte Krieg gegen die Helvetier war zugleich die Verteidigung der Provinz und der mit Rom befreundeten Stämme der Häduer und Allobroger. Ariovist, den die römische Kriegsmaschine als nächsten niederwarf, war der rechtsbrüchige Aggressor, gegen den ganz Gallien um Hilfe gebeten hatte, und die anschließend unterworfenen belgischen Stämme hatten sich der Verschwörung (*coniuratio*) gegen das römische Volk schuldig gemacht. Mit diesen gewohnten Vorstellungen war die römische Öffentlichkeit schnell von der Rechtmäßigkeit auch der folgenden Kriege zu überzeugen, deren Siegesmeldungen ohnehin Hochstimmung verbreiteten: „In Gallien ist erst wirklich Krieg geführt worden, seit Caesar das Kommando hat; vorher haben wir uns auf die Abwehr beschränkt ... Caesar hat mit den stärksten und wildesten Stämmen der Germanen und Helvetier glücklich gekämpft; alle anderen hat er in Schrecken versetzt, zusammengetrieben, unterworfen und an Gehorsam gegen das römische Volk gewöhnt. Landstriche und Völker, von denen uns bislang kein Buch, keine Erzählung, kein Gerücht Kunde gebracht hatte, haben unser Feldherr, unser Heer, haben die Waffen des römischen Volkes durchzogen. Jetzt haben wir es endlich erreicht, daß das äußerste Ende unseres Reiches mit dem jener Länder zusammenfällt."

Cicero, der so jubelte (Über die konsularischen Provinzen 32 f.), verrät, worum es in dem geschundenen Gallien tatsächlich ging: Seine Eroberung war die Konsequenz eines imperialen Denkens, das der römischen Herrschaft keine Grenzen mehr gesetzt sehen wollte und Rom von den Göttern zur Herrin der Welt berufen sah. Nach diesem Gesetz zerstörten die Legionen Caesars in den Jahren 58-51 systematisch die politische Ordnung der etwa 60 Stammesgebiete Galliens, die im Jahre 52 verzweifelt kämpften, um sich dem römischen Zugriff zu entwinden. Der Mann, der im Winter 53/52 die Koalition der gallischen Stämme schmiedete und führte, war Vercingetorix, ein Fürst der einst mächtigen Arverner, die in der Vergangenheit immer wieder um die Vorherrschaft in Gallien gekämpft hatten. Darum ging es erneut – aber jetzt vor dem Hintergrund des alles umfassenden Kampfes um Sein oder Nichtsein.

Der Aufstand forderte von Caesar alles. Er schlug ihn schließlich – vor Alesia selbst am Rande des Abgrunds – nieder, weil er in den Jahren davor

nicht nur die Fäuste seiner Legionäre geschult, sondern auch ihre Herzen gewonnen hatte. Sie marschierten und kämpften im blinden Vertrauen auf die göttliche Kraft ihres Feldherrn auch dann noch, als Übermenschliches von ihnen verlangt wurde und alle Hoffnung geschwunden schien.
Der Krieg war in seiner ersten Phase ein mörderischer Kampf um Nachschub- und Verbindungslinien. Gestützt auf die Bergfestungen der zentralgallischen Stämme blockierte Vercingetorix, der jedem großen Treffen aus dem Weg ging, den römischen Nachschub und jagte unermüdlich die römischen Fouragiertrupps: In einem durch Feuer und Schwert verwüsteten Land sollte der Eindringling an Hunger und Verzweiflung zugrunde gehen. In seiner zweiten Phase konzentrierte sich der Krieg auf die Stadt Alesia (Alise Ste. Reine), in die sich Vercingetorix geworfen hatte, um dem nach Süden abziehenden Caesar, der sich bei Sens mit seinen im Norden kämpfenden Tuppen vereinigt hatte, den Rückweg abzuschneiden. Nun lag die Entscheidung bei der römischen Belagerungskunst und der eisernen Disziplin der Legionäre: Sie schanzten Tag und Nacht, bis ein 17 Kilometer langer Gürtel tief gestaffelter Belagerungswerke die unglückliche Stadt einschloß. Inmitten eines feindlichen Landes, ohne gesicherte Verproviantierung und in der mühsam gezügelten Furcht, sich in Kürze auch noch eines großen gallischen Entsatzheeres erwehren zu müssen, setzte Caesar alles auf eine Karte, als er den fast gleich starken Vercingetorix auf dem 418 Meter hohen Plateau von Alesia festnagelte.
Als die Entsatzarmee heran war, berannte sie vier Tage lang den römischen Befestigungsgürtel, während sich die Verteidiger Alesias die Hänge des Mont Auxois herabstürzten und den sie umklammernden Befestigungswall zu durchbrechen versuchten. Am fünften Tag siegten die Kunst und die Leidensfähigkeit des römischen Legionärs und die Strategie und der Mut eines großen Generals: Die gallischen Heerhaufen zogen ab, und der kapitulierende Vercingetorix bat mit gefalteten Händen um Gnade. Sie wurde ihm ebensowenig wie dem besiegten Land zuteil, das sich nun, nach dem Zusammenbruch des gemeinsamen Widerstandes, in sein Schicksal ergab. Eine Million Gallier soll in den sieben Kriegsjahren umgekommen, eine weitere in die Sklaverei gegangen sein. Die Reichtümer des Landes füllten die Kassen Caesars und seiner Gefolgschaft. Die Legionen bezogen ihre Winterquartiere tief in Gallien.
Der Krieg endete im Frühjahr 50 mit einer Demonstration der römischen Macht im Lande der Treverer; eine große Heerschau mahnte die Unterworfenen und die Germanen rechts des Rheins an die Stärke des Siegers. Die römische Eroberungspolitik hatte damit eine neue Grenze erreicht, und die Zukunft mußte die Frage beantworten, ob damit bereits die Entscheidung über das künftige Schicksal West- und Mitteleuropas gefallen war. Für Jahrzehnte blieb alles in der Schwebe. Der Sieger Caesar konnte noch nicht einmal das eroberte Land ordnen und als Provinz einrichten, da sich seine Gegner in Italien entschlossen rüsteten, ihm den Weg zum Konsulat, das er selbstbewußt für das Jahr 49 forderte, zu verstellen (s. S. 424 ff.). Erst im Jahre 15 löste sein Adoptivsohn das Problem, und er tat es so, wie es das

imperiale Denken der Zeit forderte: Seine Stiefsöhne Tiberius und Drusus eroberten die Zentralalpen und das nördliche Alpenvorland bis zur Donau. Drei Jahre später begannen der Angriff gegen das freie Germanien und die Eroberung des Balkans, dessen Länder bis zum Mittellauf der Donau unterworfen wurden. Obwohl weder die Offensive an die Elbe noch der Vorstoß in den böhmischen Kessel ihre Ziele erreichten, umfaßten die in Mitteleuropa beherrschten Territorien einen Raum, dessen Ausdehnung die asiatischen Eroberungen übertraf (vgl. S. 486 ff.).

In diesen Jahrzehnten des Krieges lernte man in Rom begreifen, daß der Senat die Initiative in der Außenpolitik für immer verloren hatte. Die Stelle des Senatsbeschlusses hatte nun endgültig das Volksgesetz eingenommen, das die provinzialen Aufgabenbereiche und die Person, die diese übernehmen sollte, auf Jahre hinaus bestimmte (s. S. 457). Vor allem der Krieg, in dem Crassus Heer und Leben verlor (s. S. 423), enthüllte, was seit 60 die römische Politik bestimmte: Waren es früher die Probleme des Reiches – z. B. der Mithridatische Krieg oder die Seeräuberplage – gewesen, die zu militärischen Ausnahmekommandos geführt und in den Raum der Innenpolitik zurückgewirkt hatten, so formulierte jetzt der innenpolitische Machtkampf die imperialen Ziele der Außenpolitik, da nur diese Aufgaben den Ehrgeiz der großen Einzelnen und ihren Willen zur Macht noch befriedigen konnten.

## 6. Imperium sine fine

### Die Herren der Welt

„Weder in Raum noch Zeit setze ich diesen [Römern] eine Grenze. Ein Reich ohne Ende habe ich verliehen." Der so entschied, war Iuppiter, und der fromme Sinn eines jeden Römers war überzeugt, daß es so war (Vergil, Aeneis 1,278 f.). Denn ein einfacher Grundgedanke stand hinter jeder Verehrung der Götter: Diese hatten das Imperium dem Volk verliehen, von dem sie in besonderem Maße verehrt wurden, und daran würde sich nichts ändern, solange Rom mit seinen Göttern in Frieden lebte. So konnte der Prätor Valerius Messalla der Inselstadt Teos und ihrem berühmten Dionysostempel im Jahre 193 das Asylrecht und die Steuerfreiheit gewähren und dabei ausdrücklich erklären: „Daß wir durchweg der Frömmigkeit gegen die Götter immer die höchste Achtung erwiesen, das mag man vor allem aus der Gnade ersehen, die uns von seiten der Gottheit eben deshalb begegnet" (Sylloge$^3$, 601, Z. 12 ff.). Wer so dachte, konnte auch nicht im Zweifel sein, daß seine Herrschaft über andere Völker zugleich die Herrschaft der Besten war, der zu gehorchen nicht schwer fiel: So hielten für Livius die italischen Bundesgenossen dem Schrecken Hannibals stand, weil „sie einer gerechten und maßvollen Herrschaft (*iusto et moderato imperio*) unterstanden und es nicht ablehnten, Besseren zu gehorchen (*melioribus parere*); das ist schließlich das einzige Band der Treue" (22,12,11).

## 6. Imperium sine fine

Die Philosophen standen bei dieser Rechtfertigungslehre Pate. Die Natur, die den Stoikern Poseidonios und Panaitios gemäß den legitimen Herrschaftsanspruch des Besseren mit dem Nutzen des Schwachen verbunden hatte, habe auch Rom auf den Weg der Expansion geführt. Dort verknüpfte sich die römische Machtentfaltung ethisch mit dem Auftrag, die barbarische Welt zu zivilisieren. Als Cicero im „Staat" diese Gedankengänge übernahm, stand ihrer allgemeinen Verbreitung nichts mehr im Wege. Die Folge war, daß der für alle Zeitgenossen unübersehbare gewaltige Umfang des Reiches und seine Dauer immer seltener der Frage unterworfen wurden, wie es zu dieser jedes bisherige Maß sprengenden historischen Erscheinung überhaupt hatte kommen können. Dieses Problem hatte noch Polybios in der Mitte des zweiten Jahrhunderts v. Chr. umgetrieben, der genau wissen wollte, „wie und durch welche Art von Verfassung" Rom seine Weltherrschaft binnen 53 Jahren begründen konnte (1,1,5). Jetzt, am Ende des ersten, reichte es den meisten aus, das Faktum zu konstatieren und es mit den Leistungen der orientalischen Großreiche und der griechischen Stadtstaaten zu vergleichen; was darüber hinausging, waren Aufzählungen römischer Tugenden, wie sie etwa der Grieche Appian seinen Lesern vorstellte.
Von Weltherrschaft hatten bereits die Griechen des zweiten Jahrhunderts gesprochen, die als Objekte der römischen Expansion die Bedeutung der Unterwerfung der hellenistischen Großreiche, die ihrerseits die Nachfolge des Perserreiches angetreten hatten, klar erkannten. Polybios verglich sie alle mit Rom und kam zu dem Schluß, daß die Römer „nicht nur einzelne Teile, sondern beinahe die ganze Erde unterworfen haben" (1,2). Er und andere Griechen vermittelten diese Vorstellung den Römern, und sie stellten in der Person Alexanders zugleich auch den Mann, dessen Vorbild am sinnfälligsten den imperialen Anspruch der Republik auf die Weltherrschaft mit dem Griff der großen Einzelnen nach der Alleinherrschaft verknüpfen konnte. Pompeius, der nach seinen Siegen im Osten in den Mantel Alexanders gehüllt triumphierend in Rom eingezogen war, sprach in seinem Tatenbericht davon, er habe „die Grenzen des Reiches bis an die Enden der Erde vorgeschoben" (Diodor 40,4) und durch seine drei Triumphe über Afrika, Europa und Asien den gesamten Erdkreis der römischen Herrschaft unterworfen.
Pompeius war der erste, der unverhüllt ein imperiales Denken verkörperte, das den eigenen individuellen Führungsanspruch mit den Taten auf dem Felde der Außenpolitik legitimierte. Andere folgten ihm. So der unglückliche Crassus, der 54 zu seinem großen Krieg gegen die Parther ausgezogen war und gehofft hatte, er könne im Spiegel der in Ktesiphon aufgestellten Legionsadler größer als Pompeius erscheinen; die syrische Wüste und die parthischen Reiter rissen ihn bei Carrhae abrupt aus solch hochfliegenden Träumen. So der Herr Galliens, Caesar, der dem Anspruch Roms auf Herrschaft keine Grenzen mehr gesetzt sehen wollte. In Gallien durfte es nur noch das *iustissimum imperium populi Romani* geben, das über alle gallischen Stämme aufzurichten die selbstverständliche Aufgabe des Prokonsuls sein mußte. Auch jenseits davon gab es niemanden, der nicht jederzeit

zum Kniefall aufgefordert werden konnte: Die Kriegszüge nach Britannien, dem die – faktisch gar nicht durchsetzbare – Tributpflicht auferlegt wurde, demonstrierten der römischen Öffentlichkeit und dem eigenen Selbstverständnis, daß jetzt auch die *ultimae terrae* dem römischen Zugriff offenlagen. Spätere sprachen voll Bewunderung davon, Caesar habe in Britannien eine zweite Welt (*alterum orbem terrarum*) entdeckt (Velleius 2,46,1).
Natürlich konnten solche Vorstellungen auf Dauer nicht ohne Folgen bleiben. Sie nährten die Frage, ob tatsächlich die gesamte bekannte Welt Rom gehorchte und inwieweit es nötig sei, Anspruch und Realität zur Deckung zu bringen. Caesar hatte zwar den Rhein erreicht, aber ansonsten waren im Norden und auf dem Balkan die Grenzen der Mittelmeerwelt von keinem Legionär überschritten worden. Im Osten lag das Reich der Parther, die, seit sie über die Legionen des Crassus triumphiert hatten, Syrien, Palästina und Kleinasien bedrohten. Die verlorenen Legionsadler des Crassus mußten so fast zwangsläufig zum Symbol für den immer lauter werdenden Ruf nach der Rache für Carrhae werden. Caesar war, als ihn die Dolche seiner Mörder trafen, bereit, die Herausforderung anzunehmen und weit mehr als dies zu tun: Alle Länder östlich des Euphrat waren seit langem von der Mittelmeerwelt losgerissen, an die sie der Siegeszug Alexanders herangeführt hatte. Dort Krieg zu führen, hieß der Botschaft Alexanders am konsequentesten zu folgen. Ein Sieg im fernen Asien sollte den neuen Universalherrscher gebären, und nur der Sieg konnte vielleicht auch vergessen machen, daß Caesar in vier Jahren Bürgerkrieg die Republik zerstört hatte.
Augustus, der schließliche Sieger in den auf Caesars Tod folgenden Bürgerkriegen, mußte sich an den gefeierten Großtaten der republikanischen Generäle und an Caesar messen lassen. Der Einsatz, um den es dabei ging, war von Anfang an die Rolle des Weltherrschers. Kriege in alle Himmelsrichtungen sollten beweisen, daß der neue Herr Roms auch der Herr der Welt sein konnte, der im Einvernehmen mit den Göttern die Segnungen des römischen Friedens und der römischen Gerechtigkeit über alle ausgoß. „Hüter des römischen Reiches und Lenker des gesamten Erdkreises" nannten die Bürger von Pisa Augustus, und dessen Gebete baten die Götter, „daß ihr die Herrschaft und die Hoheit des römischen Volkes in Krieg und Frieden mehrt" (CIL XI, 1421; VI, 32323). Für viele Jahrhunderte sollte niemand daran zweifeln, daß es so für immer bleiben werde.

*Die Welt der Unterworfenen*

Die römische Eroberung des *orbis terrarum* ist das Ergebnis von Kriegen, in denen die Römer und die mit ihnen verbündeten italischen Völker ihren Gegnern technologisch nichts voraus hatten; ihre noch im 2. Jahrhundert v. Chr. auf dem Milizheer ruhende altertümliche Wehrverfassung mutet gegenüber der auf Söldnerarmeen abgestellten Heeresstruktur der hellenistischen Reiche eher rückständig an. Weder ihre Waffen noch ihre Schiffe waren besser als die der Griechen, Karthager, Kelten oder Germanen. So

gründete sich die römische Macht vor allem auf einer längerfristigen politischen Überlegenheit, die ihre deutlichsten Ausprägungen in der politisch-militärischen Zusammenfassung der italischen Völker (bis 272) und in der Entwicklung des provinzialen Herrschaftssystems (ab 227/5) fand.
Auf den Effekt der Aufrichtung der Weltherrschaft hin besehen, öffneten die territoriale Ausdehnung in Italien und die dabei gefundene Organisation die Tore zur Mittelmeerwelt: Beides sicherte die Stabilität der Herrschaft über Italien, schuf ein militärisches Potential in einer bis dahin unbekannten Größenordnung und bewirkte schließlich die Vereinheitlichung der sozialen Struktur ganz Italiens, welche die Italiker gleich den Römern als Herrschaftsträger auswies. Die Unterworfenen jenseits der Grenzen Italiens hatten dies als erste klar verstanden. Für sie traten Römer und Italiker unterschiedslos in Erscheinung: Sie alle waren „Toga-Männer."
Die in Italien entwickelten Herrschaftsmittel konnten nicht die eines Weltreiches sein. Dieses bedurfte der institutionalisierten Untertänigkeit, und die gewährte allein die Provinzialordnung (s. S. 339 ff.). Lange Jahrzehnte bedeutete dies Terror und Ausbeutung, die in den Jahren der Bürgerkriege immer schlimmere Formen in dem Maße annahmen, wie eine wachsende Schar von nach Lohn und Land gierigen Soldaten, habsüchtige, vom Senat kaum noch gezügelte Steuereintreiber, Geldverleiher, überschuldete Statthalter, Beamte, Senatoren und machthungrige Feldherrn die Provinzen zu willenlosen Opfern ihrer Erpressungen machten. Als im Jahre 88 der pontische König Mithridates von Ephesos aus den Befehl gab, alle Römer und Italiker in der Provinz Asien zu töten, sollen an einem Tag 80 000 von ihnen erschlagen worden sein – jenseits allen politischen Kalküls ein grausamer Ausbruch des Hasses gegen die Bürger einer Weltmacht, die gegenüber den Leiden der Provinzialen gleichgültig geblieben war. Zwanzig Jahre später zwang Cicero Verres, den Proprätor Siziliens (73-71), vor Gericht und setzte seine Verurteilung durch: Was damals vor römischem Publikum an Praktiken der Bereicherung zutage kam, zeigt, wie weit ein Statthalter gehen und trotzdem hoffen durfte, seine Beute in Sicherheit zu bringen. In *Asia* schließlich, der reichsten Provinz Roms, sah sich Licinius Lucullus einem Elend gegenüber, das auch er nicht auf Dauer beheben konnte (s. S. 385).
Nichts an diesem Herrschaftssystem sprach für seine Dauer, auch wenn die außergewöhnlichen Umstände des Mittelmeerraumes politische Machtkonstellationen verhinderten, die Rom jenseits seiner Grenzen hätten Paroli bieten können. Auch die Widerstandsenergien des beherrschten Raumes blieben ungebündelt und unkoordiniert, und nur einmal hatten die in Ohnmacht und Apathie verharrenden Provinzialen in Mithridates VI. einen vermeintlich waffengewaltigen Anwalt ihrer Interessen gefunden. Trotzdem: Auf lange Sicht mußte sich die Beziehung zwischen Rom und seinen Provinzen entweder zur Integration in eine einzige Gemeinschaft oder zur Trennung in zwei verschiedene, wie auch immer voneinander abhängige Kollektive entwickeln. Anders: Nur die Zustimmung der führen-

den Schichten der Besiegten zu einer römischen Zukunft konnte die militärische Ungleichheit zwischen Eroberer und Eroberten auf Dauer neutralisieren. Das zahlenmäßige Mißverhältnis von Römern und besiegten Fremdvölkern, die Weite des beherrschten Raums, die Heterogenität der Beherrschten und die Unzulänglichkeit des römischen Verwaltungsapparates ließen im Grunde nur einen Ausweg: Die Integration und Assimilation der Eliten der Provinzialen.

Die Wege dorthin wiesen bis zu einem gewissen Grade die in Italien gemachten Erfahrungen: Zum ersten die Ausdehnung des Bürgerrechts, durch die vor allem die lokalen Eliten der Städte und Stämme Teil des *populus Romanus* geworden waren, zum zweiten die Kolonisation, die – im Unterschied zur griechischen – als militärisches Machtmittel zur Beherrschung der großen Binnenräume eingesetzt worden war, und schließlich die Ausbildung der Munizipalität, die Städte römischer Bürger mit eigener Verwaltung und eigener Zivilrechtspflege geschaffen hatte. Es galt nun noch, die Institution zu finden, die aus Provinzen, in denen sich der Sieger gewalttätig bereicherte, Teile eines Reiches machen wollte, in dem im Prinzip jeder an der Macht und dem Wohlstand teilhaben konnte. Dazu bedurfte es keines neuen Herrschaftssystems: Die Ordnung der besiegten Welt in Provinzen hatte sich selbst in den Jahrzehnten bewährt, in denen die innere Ordnung Roms aus den Fugen geraten war. Es galt vielmehr, alle Entscheidungen über die Außen- und Reichspolitik aus ihrer Verstrickung in die adligen Fehden um Macht und Ehre zu lösen.

# VIII. Die Begründung der Monarchie und das erste Jahrhundert des Prinzipats (42 v. Chr. – 96 n. Chr.)

| | |
|---|---|
| 27 | Vier Jahre nach seinem Sieg bei Aktium über Antonius (31) legt Octavian alle im Bürgerkrieg usurpierten Gewalten nieder. Die Verwaltung des Reiches wird geteilt: Die befriedeten Provinzen regiert weiterhin der Senat, die Grenzprovinzen übernimmt Octavian, der den Beinamen Augustus erhält. |
| 23 | Augustus verzichtet auf die jährliche Bekleidung des Konsulats. Er erhält die Amtsvollmacht der Volkstribune (*tribunicia potestas*). |
| 16 v.-9 n. Chr. | Die Alpenländer Raetia, Vindelica, Noricum sowie Pannonien und Dalmatien werden unterworfen. |
| 12 v.-16 n. Chr. | Der Versuch, Germanien bis zur Elbe zu unterwerfen, scheitert. |
| 14-68 | Augustus stirbt am 19. August 14. Es folgen die Kaiser der *Julisch-Claudischen Dynastie*: Tiberius (14-37); Gaius [Caligula] (37-41); Claudius (41-54); Nero (54-68). Die kaiserliche Zentralverwaltung wird ausgebaut. |
| 68-69 | Nachfolgekrise und Vierkaiserjahr: Die mächtigen Grenzarmeen beanspruchen in blutigen Bürgerkriegen das Recht der Kaiserkürung. |
| 69-96 | Die *Flavische Dynastie*: Vespasian (69-79); Titus (79-81); Domitian (81-96). |
| 79 | Im August zerstört ein Ausbruch des Vesuv die Städte Pompeji und Herculaneum. |

## 1. Das Ende der Bürgerkriege

Nach der Niederwerfung des letzten militärischen Widerstandes der Republik drohte, entsprechend der Logik der Bürgerkriege, der letzte Waffengang der siegreichen Generäle Antonius und Octavian. Ihn verhinderten zunächst die des Kampfes müden Legionen, die ihre Feldherren an den Verhandlungstisch zwangen. Der 40 geschlossene Vertrag von Brundisium rettete noch einmal den Frieden: Octavian erhielt den Westen des Reiches, Antonius den Osten, Italien blieb gemeinsamer Besitz, während der weitgehend entmachtete Lepidus mit den afrikanischen Provinzen zufrieden sein mußte. 37 wurde das Triumvirat um weitere fünf Jahre verlängert.

Für beide Machthaber war damit der entscheidende Waffengang nur verschoben. Antonius versuchte vergeblich, durch einen großen Partherkrieg neue militärische Lorbeeren zu ernten, die ihn der römischen Öffentlichkeit als wahren Nachfolger Caesars empfohlen hätten. Seine Hochzeit mit der ägyptischen Königin Kleopatra, der letzten Ptolemäerin (36 v. Chr.),

*Tellus-Relief von der Ostseite der Ara Pacis 13-9 v. Chr. (Ausschnitt)*
Rom, Marsfeld

„Als ich", berichtet Augustus in seinem Tatenbericht, „aus Spanien und Gallien nach der glücklichen Ordnung dieser Provinzen nach Rom zurückkehrte – unter dem Konsulat des Tiberius Nero und des Publius Quintilius [13 v.Chr.] –, beschloß der Senat wegen meiner Rückkehr die Weihung der Ara Pacis Augustae am Marsfeld, an welcher die Magistrate, die Priester und die Vestalinnen ein jährliches Opfer darbringen sollten" (Kap. 12). An der Ostseite der 9 v.Chr. fertiggestellten Opferstätte sitzen sich Roma und Pax Augusta – symbolisiert durch die Erdgöttin Tellus oder Ceres – gegenüber: Die eine, thronend auf einem Waffenhügel, spricht von den Siegen, die den Frieden begründeten, die andere, umgeben von Sinnbildern der Fruchtbarkeit, kündet von den Segnungen des Friedens, von Fruchtbarkeit und allgemeinem Glück, kurz: von der Wiederkehr des Goldenen Zeitalters. Beides sind Andachtsbilder der Macht und verherrlichen den neuen Universalherrscher, der als Heiland der Welt den Frieden brachte, nachdem er den Krater der Bürgerkriege geschlossen und die Weltherrschaft für immer begründet hatte.

Es ist die Erfüllung eines Menschheitstraums, die Rückkehr ins Paradies, wovon die Verzierungen, jede Girlande und alle Bilder des Altars reden. Es waren vor allem die Dichter, die dieses Evangelium aufnahmen, hymnisch feierten und seine Kerngedanken verbreiteten: das Ende des Sittenverfalls, der Zwietracht und Bürgerkrieg heraufbeschworen hatte, die imperiale Ausdehnung bis an die Grenzen der Erde und die sakrale Erhöhung des Fürsten, dem alles zu danken war. Das Gedicht des Horaz, das im Jahre 13 den heimkehrenden Augustus besang, liest sich denn auch wie das Kultlied eines Priesters:

„Sag, wo weilst du so lang, gütiger Götter Sproß,
Du, des Romulusvolks einziger Hort und Schirm?
Du verhießest dem Rat würdiger Väter doch
Frühe Heimkehr – so kehr denn heim!

Leuchte gnädig aufs neu, Herrscher, dem Heimatland!
Hat erst wieder dein Blick, milde, dem Lenze gleich,
Deinem Volk gelacht: froher vergeht der Tag,
Schöner strahlet der Sonne Glanz. . . .

Nunmehr zieht seines Wegs sicher der Stier dahin,
Ceres segnet die Flur wieder mit reicher Saat,
Friedlich schaukelt das Schiff durch die versöhnte Flut,
Treu und Glauben sind neu erwacht.

Buhlerwesen befleckt nirgend das keusche Haus,
Sitte hält und Gesetz schmutzige Gier im Zaum,
Müttern dienen als Zier Kinder, dem Vater gleich,
Strafe folgt auf dem Fuß der Schuld.

Wen erfüllt noch mit Angst Parther und Skythe jetzt?
Wen Germaniens Brut, Söhne der rauhen Luft?
Wen, da Caesar uns lebt, kümmert des Krieges Dräun
Fern im wilden Hiberien? . . .

[Jeder] betet brünstig für dich, gießt aus dem Opferkelch
Reichlich Spende dir aus, stellt dein vergöttertes Bild
Zu den Laren; so ehrt sein Dioskurenpaar
Und den Hercules Griechenland.

‚Schenke gütiger Fürst, dauernden Frieden nun
Der hesperischen Flur!' Siehe, so flehen wir
Nüchtern frühe am Tag, flehen wir trunken dir
Spät, wenn Phöbus zum Meere taucht."
(Carmina 4,5; Übers. nach Kayser, Nordenflycht und Burger, hg. H. Färber).

und die Übertragung von Königtümern an die gemeinsamen Kinder (34 v. Chr.) entfremdeten ihn Rom und Italien zusehends und stärkten dort die Position Octavians. Diesem war es gelungen, 36 bei Naulochos den Herrn Siziliens, Sextus Pompeius, vernichtend zu schlagen und Lepidus die afrikanischen Provinzen abzujagen. Als das Triumvirat Ende 33 auslief, ließ sich Octavian einen persönlichen Gefolgschaftseid Italiens und der Westprovinzen schwören und bereitete den Krieg propagandistisch als Verteidigung der nationalrömischen Interessen gegen die „Hure" Kleopatra vor, die bereits Antonius verhext habe; der Krieg wurde dementsprechend als Krieg gegen Ägypten erklärt und geführt.

Die Position des Antonius war damit von Anfang an schlecht. In der großen Seeschlacht bei Aktium an der Westküste Griechenlands (2.9.31) siegte der General Octavians, M. Vipsanius Agrippa, und Antonius und Kleopatra, die nach Alexandria geflohen waren, gaben sich den Tod. Ägypten wurde persönliche Provinz des Siegers und in dessen Auftrag von einem Präfekten aus dem Ritterstand verwaltet.

Hundert Jahre Bürgerkrieg waren zu Ende: Im August 29 schlossen sich auf Beschluß des Senats die Tore des Ianus-Tempels in Rom zum Zeichen des inneren und äußeren Friedens. Eine erschöpfte Welt richtete sich darauf ein, künftig von Octavian regiert zu werden, dessen Macht umfassend und schrankenlos geworden war. Die auf dem Schlachtfeld gegründete Monarchie sollte den kommenden Jahrhunderten ihren Stempel aufdrücken. Fraglich konnte nach Aktium nur die Form sein, die ihr der 29 triumphierend aus dem Osten heimkehrende Sieger geben wollte.

## 2. Monarchie und Tradition

*Res publica restituta*

Nach der Rückkehr aus dem Osten beruhte die Machtstellung Octavians zunächst auf dem Konsulat, das er von 31-23 ununterbrochen bekleidete, und auf der usurpierten militärischen Bürgerkriegsgewalt, für die der Gefolgschaftseid des Jahres 32 die notdürftige Legitimationshülse geliefert hatte. Nach Kriegsende konnte dies kein gangbarer Weg sein, Rom und Italien von der Notwendigkeit einer dauernden Alleinherrschaft zu überzeugen. Octavian stand also vor demselben Problem, an dessen Lösung Caesar 44 gescheitert war. Die Iden des März hatten dem Sieger von Aktium aber eine wichtige Lehre mit auf den Weg gegeben: In jedem Fall mußte ein Ausgleich mit der Tradition der Republik und dem Senat gefunden werden, aus dessen Reihen allein die fähigen Verwaltungsbeamten und Militärs rekrutiert werden konnten, welche die Herrschaft über das Weltreich kategorisch forderte. Der revolutionären Tradition der Bürgerkriege entsprechend war Octavian Führer der caesarischen Gefolgschaft, deren Loyalität ein stabiles Element der Alleinherrschaft blieb. Im Raum der

Politik jedoch war die Abkehr von Caesars politischen Leitideen das Gebot der Stunde.

Die Republik hatte zwei Machtzentren gekannt, die das staatliche Leben beherrschten: den Senat und die Magistratur. Auf sie mußte sich eine Politik konzentrieren, die nach eigenem Bekunden die Wiederherstellung der Republik (*res publica restituta*) bewirken wollte, ohne dabei auf den alleinigen Führungsanspruch des Prinzeps zu verzichten.

Nach gründlichen Vorbereitungen legte Octavian dar, wie er die Neuordnung der Regierungsgewalt geregelt sehen wollte. Am 13. Januar 27 gab er vor dem Senat die usurpierte Militärgewalt des Bürgerkrieges feierlich an Senat und Volk zurück. In Rom und Italien beanspruchte der erste Mann im Staate bis 23 nur noch das Konsulat; ab 23 wurde dies durch die Amtsvollmacht der Volkstribune (*tribunicia potestas*) ersetzt, die das Interzessionsrecht gegen alle staatlichen Initiativen, die Gesetzesinitiative und das Recht, den Senat einzuberufen, beinhaltete. Diese ohne zeitliche Befristung verliehenen Vollmachten, nach denen die Regierungsjahre des Augustus (später aller Kaiser) gezählt wurden, entbehrten zwar der aristokratischen Würde des Konsulats; ihr funktioneller Wert reichte jedoch aus, jede gegen den Prinzeps gerichtete Aktion zu unterbinden und in allen Bereichen der staatlichen Ordnung selbst handeln zu können. Zudem bekundete die Gewalt der Volkstribunen die Verbundenheit mit dem Volk, als dessen Schutzpatron der Prinzeps Gehorsam und Loyalität verlangen konnte.

Über die Möglichkeit, den persönlichen Machtanspruch auf Dauer behaupten zu können, entschied die Herrschaft über Heer und Provinzen. Hier konnte es nur in engen Grenzen einen Kompromiß mit dem Senat geben. Die Verwaltung des Imperiums wurde geteilt: Nur die befriedeten Provinzen (darunter *Asia*, *Africa* und *Sicilia*) regierten wie bisher vom Senat bestellte Statthalter (Prokonsuln und Propraetoren), während der Prinzeps die nicht befriedeten Provinzen (darunter Gallien, Spanien und Syrien) selbst übernahm und durch von ihm ernannte und ihm verantwortliche *legati* verwalten ließ. Als Rechtsgrundlage beanspruchte und erhielt Octavian in Analogie zu den militärischen Ausnahmekommandos der späten Republik ein auf zehn Jahre befristetes militärisches Kommando (*imperium proconsulare*), das mehrfach verlängert wurde. Die militärische Befehlsgewalt über die Legionen, die als stehendes Heer organisiert und an den Grenzen der noch nicht befriedeten Provinzen stationiert wurden, gelangte damit auf legalem Wege in die Hand des Prinzeps. Ihm blieben auch jede außenpolitische Initiative und die Kriegführung vorbehalten, so daß sich künftig kein konkurrierender Feldherr mit militärischen Lorbeeren schmücken konnte, die die Taten des Kaisers verdunkelt hätten.

Allen diesen Regelungen stimmten der Senat und die Komitien mit emphatischer Begeisterung zu. Aus gutem Grund: Mit der Niederlegung der Bürgerkriegsgewalten, der Teilung der Aufgaben im Reich mit dem Senat und durch die Weiterführung des Konsulats (bzw. ab 23 durch die Übernahme der *tribunicia potestas*) war aus den Trümmern der alten Ordnung, die die Bürgerkriege verschont hatten, mehr Republikanisches zusammengezimmert worden, als auch der Kühnste nach Aktium hätte hoffen können. Vor allem war Friede geschlossen mit der Tradition der Republik und ihrem Hüter, dem Senat. Die gehäufte Fülle der Macht ließ an der Führungsrolle des siegreichen Generals keinen Zweifel aufkommen, ihre Form jedoch gab der propagierten Leitidee von der *res publica restituta* die notwendige Glaubwürdigkeit. Rom richtete sich auf den Monarchen ein, dessen faktische Gewalt alle Bereiche des staatlichen Lebens durchdrang.

*Die ideologische Legitimation*

Drei Tage nach der denkwürdigen Senatssitzung des 13. Januar 27 verlieh der Senat dem Sohn Caesars das Cognomen *Augustus* (etwa: „der Erhabene"). Mit diesem Namen wurde mit mehr als mit sterblichem Maß gemessen: Er erinnerte an das dem ersten Stadtgründer Romulus gesandte Himmelszeichen (*augurium augustum*) und rückte seinen Träger in die Nähe der Götter; Kritik und Widerstand wurden damit zum Sakrileg. Trotzdem waren in Rom der Vergöttlichung des Monarchen enge Grenzen gesetzt. Augustus selbst hat denn auch in seinem Tatenbericht (*res gestae*) die republikanische Einkleidung seiner Macht allein in den Vordergrund gerückt. Rückblickend betrachtete er die staatsrechtliche Einordnung seiner Stellung im Jahre 27 als vorbildlich und endgültig: „Später habe ich alle Bürger durch meine persönliche Autorität (*auctoritas*) überragt, an Rechtsmacht (*potestas*) jedoch nicht mehr besessen als meine jeweiligen magistratischen Kollegen" (Kap.34).
In dieser Sicht verschwindet die monarchische Gewalt gänzlich hinter der Vorstellung von der wiederhergestellten Republik. Diese lebte in ihren Institutionen (Senat, Volk, Magistrat) fort, und die Beschränkung der Macht des Prinzeps auf die Amtsvollmachten der Magistrate (*tribunicia potestas, imperium proconsulare*) unterwarf den Herrscher den Normen des Rechts. Den Anspruch auf Alleinherrschaft umschrieb der Begriff *auctoritas*, der ebenfalls ein ehrwürdiges Stück republikanischer Tradition war. Autorität (Ansehen und Respekt) bedeutete etwas, das verfassungsrechtlich nicht normiert werden konnte. Sie setzte sich aus der Summe aller Taten zusammen, die Augustus für den Staat, die Erweiterung des Imperiums und die eigene Gefolgschaft geleistet hatte. Jeder Römer verstand diesen Gedanken, der immer Teil des aristokratischen Selbstverständnisses gewesen war. Die Rettung des Staates, militärische Erfolge, der Gewinn großer Klientelen aus allen sozialen Schichten – all dies verlieh dem politischen Willen des Prinzeps ein nahezu unbegrenztes Maß an Durchsetzungskraft und bewirkte, daß Augustus allgemeine Zustimmung zuteil wurde. Der am Ende des Lebens eigenhändig verfaßte Tatenbericht sollte der römischen Welt über den Tod hinaus vor Augen führen, welche Leistungen Autorität begründen und Macht legitimieren konnten.
Im Jahre 2 v. Chr. verliehen Senat und Volk Augustus den Ehrentitel *pater patriae* („Vater des Vaterlandes"). Die sakrale Autorität, die bereits dem Augustus-Namen innewohnte, wurde damit auch in Italien weiter betont.

Zugleich unterstrich der Titel *pater patriae* die monarchische Pflicht, allen sozialen Schichten und allen Untertanen jenseits aller rechtlich geregelten Aufgaben mit väterlicher Fürsorge zu begegnen. Augustus hat die Verleihung dieses Titels als den Höhepunkt seines Lebens verstanden und vor den feierlich versammelten Senatoren das Einvernehmen von Prinzeps und Senat als das höchste Geschenk der Götter beschworen. Weit darüber hinausgehend erfaßte dieser Titel auch den Dank für die Rettung des Staates, die soziale Schutzherrschaft des Patrons und die Summe aller religiösen Verehrungen, die in unzähligen öffentlichen und privaten Bekundungen die Herrschaft des Kaisers guthießen. Die öffentliche Meinung neigte sich gegen die Republik, und deren Verteidigern sank der Arm. Die Sakramentshäuschen, die nach Aktium an den Straßenkreuzungen Italiens zu Ehren des Siegers aufgestellt wurden, sprachen mit der Stimme des kleinen Mannes: Dieser erwartete den inneren Frieden nur noch aus der Hand des Übermächtigen, des mit den Göttern Verbündeten.

*Die sozialen Grundlagen*

Augustus war zur Macht gelangt als Erbe Caesars und als General, der die caesarische Gefolgschaft auf dem Schlachtfeld zum Sieg geführt hatte. Die soziale Grundlage des augusteischen Prinzipats bildete daher zunächst die gesellschaftliche Macht dieser Gefolgschaft. Zu den Nutznießern des Sieges gehörten die Heere, die Veteranen, die in Krieg und Not Aufgestiegenen, die Aasgeier und die politischen Parteigänger, die sich in den innenpolitischen Auseinandersetzungen der caesarischen Sache verschrieben hatten. Nach dem Sieg von Aktium erhielten sie ihren Lohn in der Form von Land, Geld, Ämtern, Senatssitzen und politischem Einfluß. Die riesige Kriegsbeute und der Reichtum Ägyptens ließen schier unerschöpfliche Möglichkeiten der Auszeichnung zu. Als der Lärm der Waffen nach Aktium verstummt war, hörte man für lange Zeit das Schmatzen der Sieger, die die riesige Beute verzehrten. Denn auch das gehörte zu den Grundgesetzen der Macht, wie sie Augustus verstand: Hände, die man zum Regieren braucht, aber zugleich fürchten muß, beschwert man mit Gold und schmückt sie mit allen äußeren Attributen der Macht. Nicht, daß dies die Furcht vor der Machtgier der Edlen ganz hätte nehmen können: Wer einmal in das Medusengesicht der Macht geblickt hatte, kam nicht mehr von ihr los, schon gar nicht, wenn man wie der römische Adel seit Jahrhunderten gewohnt war, über die Geschicke eines Weltreiches zu entscheiden.

Die soziale Macht war in den Bürgerkriegen angehäuft worden und erschien an sie gebunden. Sie mußte sich wandeln und ausweiten, als der siegreiche Parteiführer zum Monarchen aufstieg und die Zustimmung aller Schichten der Gesellschaft zu seiner Herrschaft forderte. Die wichtigste Stütze blieb das Heer, mit dem die Macht erobert worden war und dessen Treue mit allen Mitteln gesichert werden mußte. Hinzu kam die Senatsaristokratie, die sich – in zwanzig Jahren Krieg und Proskription erschöpft und ausgeblutet – nun bereit zeigte, vor Augustus das Knie zu beugen. Ihr vor allem galt die republikanische Verkleidung der Macht. Augustus erkannte damit den überkommenen Führungsanspruch der Nobilität an und fand gleichzeitig den Weg, die Macht zu teilen. Alle staatlichen Entscheidungen passierten den Senat, die befriedeten Provinzen unterstanden seinem Kommando, und sämtliche wichtigen Staatsämter blieben allein den Senatoren vorbehalten.

Besondere Aufmerksamkeit verlangten die Hauptstadt Rom und die Bürger Italiens. In Rom, das zur Millionenstadt angewachsen war, hatte die Bevölkerung seit den Gracchen gelernt, an die Großzügigkeit der hohen Herren besonders hohe Ansprüche zu stellen. Generöse Getreidespenden gehörten ebenso dazu wie großartige Spiele und Festlichkeiten. Augustus hat in seinem Tatenbericht eindrucksvoll unter Beweis stellen müssen, welche ungeheuren Aufwendungen für Brot und Spiele (*panem et circenses*) notwendig waren, um die latent unruhige Weltmetropole bei Laune zu halten.

Vergleichbares forderten die Bürger der italischen Landstädte nicht. Sie waren in der Regel unpolitisch und an den Vorgängen in der Hauptstadt nur mäßig interessiert. Trotzdem gab ihre Macht zusammen mit der des Heeres für die Stabilität des monarchischen Regiments den Ausschlag. Ihre Zahl überstieg die der hauptstädtischen Bevölkerung um das Vierfache, und von ihrem sozialen und wirtschaftlichen Wohlergehen hing die Aufrechterhaltung des Weltherrschaftsanspruches ab. Ihre Offiziere und Mannschaften stellten den Kern der Legionen, und ihre städtische Lebensordnung wurde Vorbild und Maßstab für das Leben in den Provinzen. Es ist für diese soziale Basis des augusteischen Prinzipats von besonderer Aussagekraft, daß Octavian den letzten Kampf um die alleinige Herrschaft im Sommer 32 mit einem Schwurakt ganz Italiens einleitete. „Mir hat aus freiem Entschluß ganz Italien den Gefolgschaftseid geleistet und mich als Führer für den Krieg gewählt", schrieb Augustus rückblickend (res gestae 25). Die damit begründete Klientel aller Bürger Italiens ist niemals zerrissen und wurde von Augustus und seinen Nachfolgern durch eine Fülle sozialer Leistungen bekräftigt.

In den Provinzen waren es in erster Linie die Kolonien, die dem Prinzeps besonders verpflichtet waren. Augustus, der in den Westprovinzen und Italien für entlassene Soldaten und verarmte italische Bauern nicht weniger als 28 Kolonien angelegt hatte, wurde Schutzherr und Patron von Städten, deren Macht ausreichte, die Treue ganzer Provinzen zu garantieren. Hinzu kamen die Städte, die mit dem römischen Bürgerrecht belehnt und als Munizipien aus dem Kreis der Untertanen herausgehoben wurden. Aber auch diese schloß die monarchische Fürsorge ein: Der Kaiser schlichtete ihre Streitigkeiten, finanzierte große Bauvorhaben (Theater, Tempel, Wasserleitungen), sanierte ruinierte städtische Haushalte und war allgemein um die Konservierung des bestehenden sozialen Gefüges bemüht.

Die Bevölkerung Italiens und der Provinzen reagierte mit dankbaren Bezeugungen der Ergebenheit, die sehr bald in die Form des Kaisereides gefaßt wurden. „Wir schwören bei Zeus, dem Retter, dem göttlichen Caesar

Augustus und bei der heiligen Jungfrau unserer Heimat [Athene], dem Caesar Augustus und seinem ganzen Hause wohlgesinnt zu sein, diejenigen für unsere Freunde zu halten, denen er selbst den Vorzug gibt, die aber für seine Feinde, die er selbst dafür hält." Die Bürger des kleinasiatischen Assos, die diesen Schwur leisteten, bekundeten damit wie alle Reichsbewohner, daß sie sich zur Klientel des Monarchen rechneten. Die soziale Machtbasis umfaßte nunmehr (mit unterschiedlicher Intensität) alle Reichsbewohner und ließ eine Alternative zur Monarchie nicht mehr zu.

*Die Sicht der Zeitgenossen im Spiegel der Quellen*

Die zeitgenössischen Quellen über Octavian/Augustus sind weitgehend verloren; dies trifft insbesondere für die Literatur zu, deren Autoren gegen den Triumvirn und späteren Prinzeps Front gemacht hatten. Ihr Bild von dem langen Weg des Octavian zur Macht und von dem Monarchen, der die Republik wiederhergestellt haben wollte, ist nur mühevoll aus der späteren Historiographie zu erschließen. Augustus selbst hatte wie viele große Aristokraten der späten Republik zur Feder gegriffen und sein Leben erzählt bzw. seinen Machtanspruch verteidigt. Seine Autobiographie ist ebenso verloren wie andere persönliche Aufzeichnungen. Erhalten blieb sein persönlicher Tatenbericht, der vor seinem Mausoleum in Rom seine Leistungen für den Staat bezeugen sollte. Die ihn preisende Biographie des vielseitigen Griechen Nikolaos von Damaskus liegt nur in einigen kümmerlichen Fragmenten vor. Die Werke der zeitgenössischen Historiker Asinius Pollio und Cremutius Cordus, die vor allem über die Bürgerkriege bis Aktium hätten befragt werden können, sind ebenso verloren wie die einschlägigen Bücher des Livius, dessen Werk bis in das Jahr 9 v. Chr. reichte.

So bleiben als historiographische Quellen vor allem die römische Geschichte des Cassius Dio und die Biographen, also die Augustus-Biographie des Sueton und die Biographien Plutarchs über Brutus und Antonius. Die Taten des ersten Prinzeps spiegeln sich jedoch vornehmlich in den nichtliterarischen Quellen: den Monumenten, den archäologischen Funden und in den Spuren, die seine Legionen an Rhein und Donau, in den Wüsten Arabiens und Nordafrikas, in Spanien und am Euphrat hinterlassen haben.

Eine besondere Bedeutung kommt den Dichtern der augusteischen Zeit zu. Mit Ausnahme Ovids lebten sie alle in der Frühzeit des augusteischen Prinzipats: Vergil und Tibull starben schon im Jahre 19 v. Chr., und als Horaz im Jahre 17 sein *carmen saeculare* verfaßte, hatte er bereits die Sammlung seiner Epoden, seine beiden Satirenbücher, das erste Buch seiner Episteln und die ersten drei Odenbücher herausgegeben. Er und Vergil waren zu Beginn der dreißiger Jahre in den Kreis des Maecenas gelangt; beide hatten das Schicksal gemeinsam, durch die Landenteignungen der Triumvirn von vermögenden Gönnern abhängig geworden zu sein. Der wichtigste von ihnen wurde Augustus, und seine Gönnerschaft hatte ihren Preis.

Auffallend sind die von den Dichtern in den Jahren von 40 bis 13 v. Chr. behandelten Themen: Der verfassungsrechtliche Vorgang der Wiederherstellung der Republik und der Gedanke der *res publica* spielen bei ihnen keine Rolle. Dies ist um so ungewöhnlicher, als gerade die Beziehung zwischen Staat und Alleinherrscher die zentrale Thematik der augusteischen Propaganda war, der Prinzeps selbst sie in seinem Tatenbericht als wesentliche Leistung seines Lebens herausgestellt hatte und auch die senatorischen Bürgen einschließlich des Tacitus darin das Hauptproblem der Zeit entdeckt zu haben glaubten. Für die Dichter lag das Wesentliche der neuen monarchischen Ordnung anderswo. Ihre zentrale Thematik läßt sich in drei Stichworten zusammenfassen: Es geht um die sittlich-moralische Erneuerung des Staates und der Gesellschaft, um die imperiale Ausdehnung des Reiches bis an die Grenzen der Erde und um die Vergöttlichung des Augustus im Stile eines vorweggenommenen Herrscherkultes. Damit erfaßten die Dichter ein ganz elementares Bedürfnis der Zeit, das die sozialen Schichten jenseits der politischen Eliten weit stärker beschäftigte als die Frage nach dem Zustand der Republik: In der Not der Zeit, in welche die Bürgerkriege die gesamte damalige Welt gestürzt hatten, war allerorten das Wunschbild eines Weltherrschers und Heilsbringers entstanden, der die gequälte Menschheit von ihren Leiden erlösen und ihr Frieden, Wohlstand und Glück bringen konnte. Die monarchische Herrschaft des Augustus – so formulierten die Dichter stellvertretend für viele – brachte die Erfüllung des Menschheitstraumes von einem omnipotenten Alleinherrscher und gab der römischen Geschichte zugleich ihren zentralen Sinn.

An diesem Punkt allein wird verständlich, daß der Name des Augustus für viele Zeitgenossen, für die Provinzen und für viele Nachgeborene als Symbol für ein friedliches und glückliches Zeitalter galt, das die Christen mit dem Erscheinen ihres Heilandes auf Erden schließlich in einen providentiellen Zusammenhang brachten. Viele der senatorischen Zeitgenossen jedoch, die ihren Frieden mit dem gewaltigen Triumvirn der Jahre 43-33 v. Chr. nicht machen wollten und in ihm dem Totengräber der Republik sahen, glaubten es besser zu wissen. Ihnen hat Tacitus sein Ohr, seine Feder und sein Herz geliehen, als er *ab excessu divi Augusti libri* schrieb und in einem eigens eingefügten Totengericht mit dem Sohn Caesars abrechnete (Annalen 1,9 f.).

*Die Monarchie als Rechtsordnung*

Die von Augustus geschaffene Staatsform ist in allen wesentlichen Teilen seine ureigene Leistung gewesen. Sie hat als Regierungsform und als Idee fast drei Jahrhunderte gedauert und jede spätere Ausprägung monarchischer Gewalt in Europa mitgeprägt. Augustus selbst hat seine Schöpfung als Wiederherstellung der Republik nach den Gewalttakten der Bürgerkriege beschrieben, und viele Zeitgenossen stimmten ihm zu. Andere sprachen nicht minder entschieden von der Aufrichtung der absoluten Monarchie und interpretierten die republikanischen Formen der Ordnung als bloße Fassade oder gar als Heuchelei.

Tatsächlich verdeckt die Herrschaft des Augustus und seiner Nachfolger eine sehr komplexe Wirklichkeit. Die Restauration der alten Ordnung erfolgte in den Jahren 27 und 23 durch gesetzgeberische Maßnahmen. Von Senat und Volk übertragene republikanische Amtsgewalten und Imperien ohne die dazu gehörenden Ämter, *imperium proconsulare* und *tribunicia potestas* also, blieben bis Diokletian die Machtbasis der Monarchie. Diese war damit wesentlich eine öffentlich-rechtlich geregelte Ordnung: Die auf dem Schlachtfeld eroberte absolute Macht entäußerte sich in den Formen der rechtlichen Bindung ihres despotischen und gewalttätigen Charakters.

Der Ablauf der Regierungswechsel verdeutlicht den Vorgang: In den letzten Dezembertagen des Jahres 69 n. Chr. z. B. beschloß der Senat, die dem Kaiser zuzugestehenden Rechtsgewalten Vespasian zu übertragen; im Januar 70 ratifizierten die Komitien diesen Beschluß und erhoben ihn damit zum Gesetz. Das in Bruchstücken erhaltene Gesetz (*lex de imperio Vespasiani*) schlüsselt die einzelnen übertragenen Vollmachten in gesonderte Klauseln auf. Form und Inhalt dieser Herrschaftsübertragung sind rechtlich klar definiert: Der Senat, dessen Beschluß von der Volksversammlung mit der Autorität des Gesetzes ausgestattet wird, ist Quelle und Legitimationsgrundlage der monarchischen Gewalt; die gesetzlich übertragene Macht besteht in der Häufung von republikanischen Amtsgewalten und sonstigen rechtlich klar definierten Kompetenzen.

Trotzdem waren Augustus und seine Nachfolger Monarchen im strengen Sinne des Wortes. Sie waren die Herren der römischen Armeen, der wichtigsten Provinzen und des Staatsvermögens. Ihre soziale Macht war umfassend, und ihre Gefolgschaften umspannten Italien und die Provinzen und setzten sich aus allen gesellschaftlichen Schichten zusammen. In den Provinzen des Ostens und Westens wurden sie als Sachwalter göttlicher Kräfte kultisch verehrt und als Retter und Heilande hymnisch gefeiert. Selbst in Italien dokumentierte sich in unzähligen Sakramentshäuschen an den Straßenkreuzungen Roms und der Landstädte das elementare Bedürfnis der einfachen Menschen nach religiöser Verehrung des glücklichen Staatenlenkers. Als Herren der Welt waren die Monarchen die Garanten der ewigen Dauer des Imperiums und der materiellen Segnungen, die aus der *pax Romana* flossen.

*Prinzipat und Thronfolge*

Dem Wesen der augusteischen Herrscherstellung entsprach, daß Augustus keinen Titel führte, der seine monarchische Gewalt in irgendeiner Form zum Ausdruck gebracht hätte. Sein Name und die offizielle Anrede *Imperator Caesar Divi filius Augustus* drückte zwar sein besonderes Nahverhältnis zum Heer (*Imperator*), die Bindung des Herrschaftsanspruches an die julische Dynastie des Caesar, dessen göttliche Ehren dem Sohn zugute kamen (*Divi filius*), und die sakrale Weihe eines zweiten Staatsgründers (*Augustus*) aus; eine offizielle Bezeichnung seiner Stellung ist damit jedoch nicht gegeben. Wenn inoffiziell die Macht des Kaisers bezeichnet wurde, so sprach man vom *princeps* („der Erste"), ein Name, der die republikanische Tradition für sich hatte: *princeps senatus* hieß etwa der erste Mann im Senat, und *principes civitatis* nannte man die führenden Häuser der aristokratischen Elite. Die bis heute übliche Bezeichnung der römischen Monarchie als „Prinzipat" folgt also der Selbstbescheidung des Augustus und weist auf den revolutionären Ursprung einer monarchischen Gewalt, die sich aus verschiedenen an die Person gebundenen Rechten zusammensetzte und den Zeitgenossen als die Wiederherstellung der Republik verständlich gemacht werden konnte und mußte.

Dem entsprach, daß es keine verbindliche Thronfolgeregelung geben konnte und die Nachfolge nach dem Tode des amtierenden Prinzeps staatsrechtlich und politisch immer eine offene Frage war. De iure fielen mit dem Tode des Monarchen alle seine Rechte und Vollmachten an Senat und Volk zurück. Tatsächlich gab es kein Vorbeikommen an der von der Geschichte erteilten Lehre, nach der die Monarchie für Rom zum unausweichlichen Schicksal geworden war. Die Frage lautete immer nur, wer der neue Kaiser werde, und nicht, ob Senat und Magistrate die Führung des Staatsschiffes wieder übernehmen sollten. Damit war der amtierende Prinzeps in der Pflicht, jenseits seiner juristisch festgelegten Zuständigkeit Vorsorge auch für die Nachfolge zu treffen und einen geeigneten Kandidaten zu designieren. Dies geschah auf staats- und privatrechtlichem Wege.

Staatsrechtlich wurde der vorgesehene Nachfolger schon zu Lebzeiten des Prinzeps Teilhaber an der kaiserlichen Macht, indem ihm von Senat und Volk die *tribunicia potestas* und gegebenenfalls auch das *imperium proconsulare* übertragen wurde. Er besaß damit bereits beim Regierungswechsel den Oberbefehl über das Heer und die rechtlich abgesicherte Initiative zum politischen Handeln in Rom. Privatrechtlich war der Sohn Erbe des kaiserlichen Vermögens, womit ihm zugleich die Zustimmung der Familie und der Klientel des Vaters sicher war. Augustus (selbst von Caesar adoptiert) besaß – wie merkwürdigerweise die meisten seiner Nachfolger – keinen Sohn, so daß die Adoption von Anfang an zu einem wesentlichen Bestandteil des Prinzipats werden mußte, da sie allein den Mangel der Natur beheben konnte.

Augustus hat dieses Verfahren eingeführt und durch seine Autorität für die nachfolgenden Kaisergenerationen verbindlich gemacht. 4 n. Chr. adoptierte er seinen Stiefsohn Tiberius und veranlaßte diesen, seinen eigenen Neffen Germanicus zu adoptieren; die Gefahr eines familiären Streits um die Thronfolge sollte bereits im Ansatz erstickt werden. Zugleich erhielt Tiberius vom Senat die *tribunicia potestas* und das prokonsularische Imperium. Damit war rechtlich ausreichend Vorsorge getroffen.

Jedoch erschöpfte sich der Prinzipat nicht in seinen privat- und staatsrechtlichen Kompetenzen. Es galt bei jedem Thronwechsel, der römischen Öffentlichkeit und vor allem dem Heer verständlich zu machen, daß der richtige Mann ausgezeichnet worden war; denn die persönliche Stellung eines Prinzeps gründete entsprechend dem aristokratischen Leistungsethos der Republik in seiner *auctoritas*, d. h. sie basierte auf Leistung, Erfahrung und persönlicher Ausstrahlung. Der Nachweis herausragender Leistungen für den Staat stellte also die wesentliche Voraussetzung für die Anerkennung der Designation des Prinzeps dar. Für Tiberius, nach dem Tode des Agrippa (12 v. Chr.) der bedeutendste Feldherr der Zeit, war dieser Nachweis leicht zu führen. Dort, wo ähnliche Leistungen fehlten – wie z. B. bei Gaius, Claudius und Nero –, mußten sie wenigstens vorgetäuscht werden, um dem Prinzip gerecht zu werden.

Letztlich wurde über die Nachfolge in den Lagern der stärksten Legionen an den Reichsgrenzen und in den Kasernen der Prätorianer entschieden. Die Soldaten äußerten ihren Willen in der Form der Akklamation: Das Heer begrüßte den Erben als *Imperator* und leistete den Treueid. Der damit faktisch bereits auf den Schild gehobene Patron und Feldherr seiner Truppen erwies sich denn auch jedesmal als stärker, wenn die Vorstellungen des Senates auf eine andere Person abzielten. Der amtierende Kaiser war also vor allem gehalten, den Legionen seinen Erben vorzustellen und ihr Einverständnis vorab zu erreichen. Es gelang dies im Regelfall ohne Schwierigkeit, da gerade der Soldat seinen Patron als Familienoberhaupt sah und in der Kontinuität der Familienherrschaft die beste Sicherung auch seiner eigenen Existenz vermutete. Zum Problem wurde dies alles erst, sobald die Familientradition abriß und ad hoc entschieden werden mußte, wer der Armee am nützlichsten sein konnte. Die nach dem Tode Neros ausbrechenden Kämpfe zeigten, welche Antwort die Legionen auf diese Frage fanden: Sie erhoben ihre Generäle und waren bereit, mit und für diese Krieg gegen jeden und so lange zu führen, bis der triumphale Einmarsch in Rom ihrem Feldherrn das Diadem und ihnen selbst reichen Lohn und eine sichere Zukunft bescherte.

*Die sakrale Weihe der Macht*

Unverhüllt zeigte sich der Prinzeps dort als Monarch, wo es die Untertanen forderten, und die äußere Form, in die er sich dann zu kleiden hatte, waren die Attribute eines Gottes. Vor allem den einfachen Bürger in den Städten des Ostens, aber auch den Italiker drängte es, den Mann, der Italien und das Reich nach zwei Menschenaltern der Bürgerkriege und des sozialen Niedergangs befriedet hatte, als Gott zu feiern, da es nur einem Gott gegeben sein konnte, die Dauer des neuen glücklichen Zustandes und die Gerechtigkeit des römischen Regiments zu versprechen. Dieser spontanen und gefühlsbetonten Aufwallung der breiten Volksmassen, die den Retter des Menschengeschlechts gefunden zu haben glaubten, hätten sich Augustus und seine Nachfolger, selbst wenn sie es gewollt hätten, gar nicht entgegenstellen können. So ließ Augustus in Italien die umlaufenden Wundergeschichten über geheimnisvolle Vorzeichen zu, die vor und nach seiner Geburt beobachtet worden sein sollen, und nach dem Sieg von Aktium gestattete er den Provinzialen in Asia und Bithynia die Errichtung eines Tempels, der dem

Kult der *Dea Roma* und des *Autokrator Kaisar* geweiht war (Cassius Dio 51,20,6 ff.). Aus der Sicht des Kaisers war damit die ungeordnete Begeisterung der Massen an Zentren und Rituale gebunden, deren kontinuierliche Aktualisierung in geordnete Loyalitätsbekundungen münden konnten und die auch den provinzialen Oberschichten die Möglichkeit gaben, in ihnen gemäßen Formen ihre Zustimmung zum kaiserlichen Regiment zu formulieren.

Augustus hat den römischen Bürgern in Kleinasien die Teilnahme an diesem Kult verboten. Nicht von ungefähr: In Rom widersprach die Vorstellung von der Vergöttlichung des Monarchen dem Grundgedanken der römischen Staatsreligion, die keine Aussagen über das Wesen der Götter zuließ. Das Beziehungsverhältnis zwischen Göttern und Menschen regelte sich im konkreten Kultvollzug, dessen Formen peinlich genau festgelegt waren. Nichts in dieser Vorstellung und ihrer praktischen Verwirklichung gestattete einen Brückenschlag zwischen dem göttlichen und dem menschlichen Bereich. Ebenso unmißverständlich widersprach die von Augustus vollzogene Eingliederung seiner Herrschaft in die republikanische Rechtsordnung jeder sakralen Überhöhung seiner Person. Also verbat sich der erste Prinzeps in Rom grundsätzlich alle Formen der Vergöttlichung seiner Person durch Tempel, Standbilder und Kulte und gestattete nur die Verehrung des *numen Augusti*. Jede andere Politik hätte den Ausgleich mit dem Senat und der Tradition unmöglich gemacht, die mit der Apotheose des Adoptivvaters und der sakralen Weihe des Augustus-Namens genügend strapaziert worden war.

Die Völker des Ostens kannten derlei Spitzfindigkeiten nicht. Sie hatten über viele Jahrhunderte hin die Götter und Heilande kommen und gehen sehen und wollten nur noch wissen, ob die längst gegenwärtigen Formen der kultischen Verehrung eines Monarchen auch auf die neuen Herren aus dem Westen anwendbar waren. Wie sollten sie sich den mit universalem Anspruch auftretenden Monarchen auch anders vorstellen denn als einen Sachwalter göttlicher Mächte? Zu diesem gehörte natürlich auch die öffentliche Demonstration göttlicher Wunderkräfte, wie selbst der alte Haudegen Vespasian in Alexandria erfahren mußte: Ein Blinder und ein Lahmer drängten sich zu ihm und baten um ein heilendes Wunder. Der zunächst schockierte Kaiser gab schließlich nach und heilte beide, wobei er Wange und Augenlider des Blinden mit Speichel bestrich (Tacitus, Historien 4,81; vgl. Markus 7,31-37). Unser Gewährsmann verschweigt nicht, daß Vespasian die politische Wirkung des Vorganges, der in den Basaren der Städte des Ostens die Phantasie der Erzähler beflügeln mußte, genau bedachte, bevor er Wunder zu wirken begann.

Worauf es ankam, lernte man in Rom schnell, da der Zusammenhang zwischen kultischer Verehrung und kontrollierbarer Loyalität offen zutage lag. So wurde zur weiteren Absicherung der Herrschaft im Jahre 12 v. Chr. in Gallien und später auch in den anderen Provinzen des Westens der Kaiserkult eingeführt. Träger dieses Kultes wurden die Kollegien der *Augustales*, die sich, meist aus Freigelassenen zusammengesetzt, aufgrund dieser

offiziellen Tätigkeit bald als eigener Stand zwischen die Dekurionen und die städtische Plebs schieben konnten. Der Nutzen der Herrscher, der Ehrgeiz ehemaliger Sklaven und die Sehnsucht der Menschen nach Unsterblichkeit haben die Vergöttlichung der Kaiser gefördert. Die Institutionalisierung des Kultes allerdings hat das Moment der Herrschaftssicherung in den Vordergrund treten lassen und die Loyalität, die er bekundete, höher gewichtet als das religiöse Gefühl, das dem Akt ursprünglich innewohnte.
Der Kaiserkult steht im Zentrum einer seit Augustus fortschreitenden Erhöhung der kaiserlichen Majestät, die den Prinzeps dem Zugriff der Menschen und der rationalen Kritik entziehen sollte. Dazu gehörten vor allem die Ausgestaltung des Hofzeremoniells und der Insignien der kaiserlichen Macht, die Idealisierung der kaiserlichen Porträts, die Ausweitung des kaiserlichen Wohnsitzes zum Palast und die Stilisierung des Monarchen zum *Kosmokrator* (Sueton, Nero 31). Die Erhebung zum Gott selbst gestattete das offizielle Rom allerdings nur dem toten Kaiser, und es band die Apotheose an sakralrechtliche Voraussetzungen, die das nötige Wunder der Entrückung in ein genau festgelegtes Ritual faßten.
Das von Prätendentenkämpfen zerrüttete dritte Jahrhundert hat diese Entwicklung forciert und vor allem durch den Gedanken der göttlichen Legitimation des Kaisers versucht, die Monarchie aus der Abhängigkeit der Armee und ihres Akklamationsanspruchs zu befreien. Der dabei vor allem in Anspruch genommene *Sol invictus*, dessen Kult unter Aurelian zum Staatskult wurde (s. S. 560), war dafür durchaus geeignet: Selbst ein Gott, der viele Gottheiten in sich aufgenommen hatte, gab er Raum für ein neues religiöses Weltbild, in das der universale Machtanspruch des Herren des *orbis terrarum* eingebettet werden konnte. Er war jedoch ebensowenig wie die von Diokletian erneut beschworenen Staatsgötter Roms in der Lage, die Gefühle einer verängstigten Welt zu binden, die sehnsüchtig nach einem Heiland und Erlöser Ausschau hielt, zu dem man mit inbrünstigem Herzen und voller Zuversicht um Rettung flehen konnte. Dieser Forderung genügte Konstantin, als er nach seinem unter dem Zeichen des Kreuzes errungenen Sieg an der Milvischen Brücke daran ging, die ohnehin nie gänzlich glaubwürdige Identität von Kaiser und Gott zu beseitigen, indem er die Monarchie Roms dem Schutz des väterlichen Christengottes unterstellte; die Person des Kaisers tauchte damit ein in die religiöse Gefühlswelt der auf Erlösung gerichteten Heilslehre der Christen (s. S. 607 ff.).

*Widerstand gegen die Monarchie*

Widerstand gegen den Monarchen war in der Regel Sache der Senatoren gewesen. Man scheut sich heute, den Begriff „Opposition" dafür zu verwenden, da der praktische Umgang mit diesem Begriff und dem von ihm erfaßten historischen Sachverhalt lange Zeit an den Erfahrungen des 19. Jahrhunderts ausgerichtet war: Dort standen liberal-bürgerliche und ständisch-konservative Bewegungen politisch und literarisch in Opposition zu Landesfürsten und Monarchen, die ihre Macht nicht den Regelungen

von Verfassungen unterwerfen lassen wollten. Die Übertragung dieser Konstellation auf das Rom der Kaiser wäre irrig: Es gab weder eine festgefügte Opposition genau zu identifizierender Gruppen gegen den Prinzipat noch eine oppositionelle öffentliche Meinung, die Züge eines geistigen Widerstandes getragen hätte.
Verwunderlich ist dies nicht. Die Art und Weise, in der Augustus sich auf die Tradition der Republik besann, entzog einer gedanklich durchgearbeiteten und gegen das Herrschaftssystem als solches gerichteten Kritik von vornherein den Boden. Das politische und soziale Bündnis zwischen dem siegreichen General von Aktium und den geschlagenen alten Eliten raubte jedem potentiellen Widerstand zudem die notwendige soziale Basis. Und letztlich und alles entscheidend: Der innere Friede, die *pax Augusta*, war ein Programm, gegen das sich schlechterdings keine politische Alternative formulieren ließ. Die Durchsetzung dieses Programms garantierte den Bestand der Herrschaft über das Imperium, und dies war für alle das Wichtigste. „Unter dem Titel Prinzeps", darüber bestand unter den Anhängern der Monarchie Einigkeit, „habe Augustus den Staat neu gegründet; durch den Ozean oder durch weit entlegene Ströme sei das Reich geschützt; Legionen, Provinzen, Flotten, alles sei untereinander straff verbunden; Recht gelte gegenüber den Bürgern, Rücksicht gegenüber den Bundesgenossen [sc. den Provinzialen]" (Tacitus, Annalen 1,9,5).
Die politische Fronde gegen die Kaiser seit Tiberius war denn auch wenig effektiv. Persönliche Feindschaften, zersplitterte kleine Gruppen und das Fehlen einer klaren Zielsetzung und eines gedanklichen Rückhalts an einem sachlichen Programm kennzeichnen einen Widerstand, welcher der kaiserlichen Macht niemals gefährlich werden konnte. Weder religiös motivierte Oppositionsbewegungen noch unzufriedene Massen der hauptstädtischen Bevölkerung konnten genügend Energien freisetzen, um von der etablierten Macht überhaupt als Widerstandsbewegung mit klaren Forderungen eingeordnet zu werden. Der literarische Widerstand zielte denn auch gar nicht auf den Umsturz der politischen Verhältnisse. Selbst der Untergang des julisch-claudischen Hauses hatte daran nichts ändern können: „Nach der großen Krise, die die Herrscher gestürzt, aber die Herrschaft befestigt hatte, konzentrierte sich politische Reflektion mehr denn je auf die Frage, ob und wie weit der Prinzipat die Freiheit der senatorischen Traditionsträger respektierte, sie als Partner des Regimes anerkannte oder nicht, und wie ein bekömmliches Verhältnis zwischen beiden zu sichern wäre" (D. Timpe, Entretiens 33, 1986, S. 78).
Nicht wesentlich anders ist der Widerstand in den Provinzen zu charakterisieren. Auch hier rebellierte niemand gegen Kaiser und Reich, um beide zu vernichten – ohnehin waren Rebellionen selten und die praktizierten Vorgehensweisen ganz uneinheitlich. Innerhalb der Reichsgrenzen stellte keine soziale, politische oder religiöse Gruppierung die Existenz der Herrschaft der römischen Kaiser in Frage; es ging immer nur um die Art und Weise des Regierens, nicht um die Herrschaft als solche.
Besonders auffallend ist dies bei den Christen. Autoren und Leser apoka-

lyptischer Visionen mochten wohl auf den Zusammenbruch des Reiches des römischen Antichristen hoffen und diese Hoffnung liebevoll ausmalen. Die griechisch gebildeten Schichten unter den Christen dachten anders: Sie identifizierten sich weitgehend mit der Zivilisation und der Organisation der von Rom befriedeten Welt. Literarisch werden sie insbesondere von den Apologeten des 2. Jahrhunderts repräsentiert, die ihre Schriften in der sicheren Hoffnung an den Kaiser richteten, bei ihm Gerechtigkeit und Schutz vor den Übergriffen der Statthalter und der städtischen Behörden zu finden (s. S. 586 ff.).

## 3. Die imperiale Außenpolitik

### Die Begrenzung der imperialen Ziele

Seit Sulla war es die römische Öffentlichkeit gewohnt, Rom als die Herrin der Welt zu verstehen. Jeder, der nach einer herausragenden Stellung im Staate strebte, war gezwungen, diesen Anspruch durch außergewöhnliche Kriegstaten im Dienst des weltumspannenden Imperiums zu rechtfertigen. Die Siege Pompeius' und Caesars im griechischen Osten und in Gallien setzten das Maß fest, nach dem Alleinherrschaft auf dem Schlachtfeld begründet werden konnte. Augustus war daher in besonderer Weise zu außenpolitischen Taten verpflichtet, wollte er seine *auctoritas* nicht aufs Spiel setzen. Hier liegt das Motiv, warum dieser persönlich so unkriegerische Mann die Grenzen des Imperiums ausweitete wie kein Römer vor oder nach ihm: Die universale Ausdehnung des beherrschten Raumes begründete die beanspruchte Rolle des Weltherrschers in für alle unangreifbarer Weise.

Trotz dieses keine Grenzen anerkennenden Machtanspruches ist die erste welthistorisch bedeutsame außenpolitische Entscheidung des Augustus ein Verzicht gewesen: Die Eroberung des Partherreiches, seit der Niederlage des Crassus bei Carrhae (s. S. 423) von der römischen Öffentlichkeit stürmisch gefordert und von Caesar als letzte militärische Großtat geplant und vorbereitet, blieb aus. Im Jahre 20, als drei römische Heere auf Mesopotamien zumarschierten und zum tödlichen Zangenangriff auf die parthischen Zentren bereit waren, begnügte sich Augustus trotz des greifbar nahen Erfolges mit einem Friedensschluß, der die römische Überlegenheit durch die Rückgabe der Feldzeichen des Crassus zum Ausdruck brachte. Die offizielle Propaganda verkündete dies als einen großen Sieg, durch den der Auftrag des göttlichen Caesar erfüllt worden sei. Das mit den Parthern begründete völkerrechtliche Verhältnis wurde folgerichtig als die Unterwerfung unter die römische Oberhoheit dargestellt. Der Senat feierte das Ereignis durch den Bau eines Triumphbogens auf dem Forum, und Augustus selbst ließ sich in einer Panzerstatue – eine davon wurde in Primaporta gefunden – verewigen, deren Relief auf dem Brustpanzer die Übergabe der Legionsadler durch die Parther in einen universalen Zusammenhang stellt:

Der beeindruckte Betrachter sieht den Sonnenwagen unter dem Himmelszelt fahren, während am Boden gelagert Tellus, die Verkörperung Italiens, in ihrem Füllhorn die Segnungen des Zeitalters trägt; links und rechts von der Übergabezeremonie verneigen sich die Provinzen des Ostens und des Westens vor der Macht des Prinzeps, die zugleich die des Universalherrschers ist.

Tatsächlich war eine für zwei Jahrhunderte gültige Abgrenzung der Interessensphären beider Völker erreicht, die den endgültigen Verzicht Roms auf die Nachfolge des Weltreiches Alexanders des Großen bedeutete. Augustus erhielt damit den nötigen Handlungsspielraum, um die Eroberung Mittel- und Nordeuropas gründlich vorzubereiten. Die Binnenräume des westlichen Mittelmeeres, die Alpen, der Balkan und der germanische Siedlungsraum wurden das Ziel zahlreicher Angriffskriege, an deren Ende die italische Nordgrenze bis an die Donau und den Rhein vorgeschoben wurde.

*Die Eroberung Mitteleuropas*

Im Jahre 16 reiste Augustus selbst nach Gallien, um die dortigen Verhältnisse zu ordnen: Das nördlich der Provinz *Gallia Narbonensis* gelegene Gebiet (*Gallia comata*) wurde bis 12 v. Chr. in die kaiserlichen Provinzen *Belgica*, *Lugdunensis* und *Aquitania* gegliedert und durch einen Census verwaltungs- und steuertechnisch erfaßt. Gleichzeitig begann die Eroberung der Alpen und des rätischen Alpenvorlandes. Drusus und Tiberius, die Stiefsöhne des Prinzeps, erreichten die Donau und unterwarfen Noricum und Pannonien. 12 v. Chr. überschritt Drusus den Rhein, um die gallischen Provinzen, gestützt auf die befestigten Legionslager entlang des Flusses, offensiv gegen die häufigen Raubzüge rechtsrheinischer Germanen zu verteidigen. Als diese Vorstöße schnelle Erfolge brachten, die in Rom hymnisch gefeiert wurden, weitete sich der Krieg bis zur Elbe aus und nahm den Charakter eines Unterwerfungskrieges an. 6 n. Chr. schließlich schien die Zeit reif, um in einer großen Zangenbewegung der rheinischen und der illyrischen Legionen auch dem Markomannenkönig Maroboduus in Böhmen den Garaus zu machen.

Weder dieser Plan noch die Kriege in Germanien führten zum Erfolg. Ein großer Aufstand in Dalmatien und Pannonien zwang zum Abbruch der Offensive in Böhmen und zum Frieden mit den Markomannen, der die Donaugrenze sichern konnte. In Germanien vernichteten meuternde germanische Auxiliarkohorten, die gemeinsame Sache mit den aufständischen Stämmen machten, 9 n. Chr. drei Legionen unter Quinctilius Varus. Ihr Kommandeur, der Cherusker Arminius, einst hochdekorierter Offizier im römischen Heer, übernahm die Führung des Krieges, an dem sich bald die Mehrzahl der germanischen Völker beteiligte. Er erzwang 16 n. Chr. den Rückzug Roms, als die Kämpfe in den unzugänglichen Gegenden Germaniens Opfer forderten, die für Rom das Maß des Ertragbaren überstiegen: Die Kräfte des germanischen Widerstandes, die Arminius freigesetzt hatte, hätte das Reich nur unter großen militärischen Anstrengungen niederrin-

## 3. Die imperiale Außenpolitik

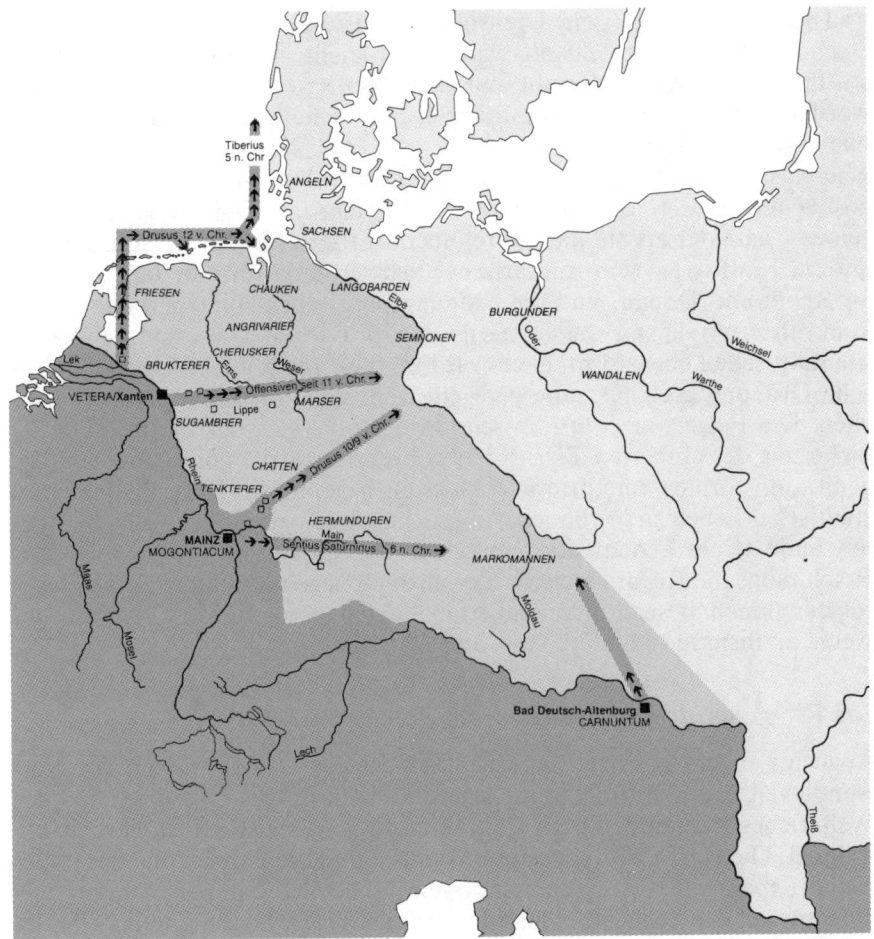

*Der römische Angriff auf Germanien (12 v.–9. n. Chr.)*

gen können. Dazu fehlte jedoch die öffentliche Unterstützung Italiens, und dazu wog der Sieg im Verhältnis zum Erreichbaren zu gering. Die Folgen des römischen Rückzuges waren für die europäische Geschichte allerdings von fundamentaler Bedeutung: Die barbarischen Stämme der Germanen blieben jenseits einer romanisierten Welt, in der insbesondere Gallien einen herausragenden Platz einnahm.

Aber auch für die Germanen war der Krieg unerträglich geworden. Die Krieger der zum Kampf entschlossenen Häuptlinge, gewöhnt nur an kurzfristige Stammesfehden, verzweifelten allmählich an dem jahrelang ohne absehbares Ende sich hinziehenden erbarmungslosen Kampf. Einige sagten sich los von den Führern des Widerstandes und machten ihren Frieden mit dem unerbittlichen Gegner, der mit verlockenden Angeboten nicht geizte und bereit war, kriegerische Dienste fürstlich zu entlohnen. Andere senkten erschöpft die Waffen: Zu oft waren ihre leicht gezimmerten Dörfer erstürmt, ihre Vorräte verbrannt und viele ihrer Krieger in die Wildnis gejagt worden, wo sie vor Nahrungsmangel, Schwäche und den Unbilden der Natur rasch verkamen.

Nach fast dreißig Kriegsjahren war Rom trotz aller Rückschläge im Besitz großer territorialer Binnenräume in Mitteleuropa. Das Imperium hatte seinen Charakter als auf das Mittelmeer zentriertes Weltreich spürbar verändert. Künftig lag sein militärischer Schwerpunkt für vier Jahrhunderte an Rhein und Donau, und die ordnungspolitischen Aufgaben der Kaiser konzentrierten sich auf die dortigen Grenzprovinzen. Diese kannten weder die städtische Lebensform, noch war ihre vorgefundene soziale und politische Ordnung geeignet, eine geregelte römische Verwaltung zu ermöglichen. Die Folge war eine römische Politik, die sich auf die militärische Sicherung der eroberten Territorien konzentrierte, die vorgefundenen Organisationsformen zerstörte und langsam begann, die Unterworfenen an städtisches Leben zu gewöhnen. Angesichts dieser gewaltigen Aufgabe ist es am Ende seines Lebens der Wunsch des greisen Augustus gewesen, das Reich möge künftig auf weitere Expansionskriege verzichten. Seine Nachfolger nahmen diesen Rat an und ermöglichten damit die Verstädterung der wenig zivilisierten Länder West- und Mitteleuropas.

*Die Reorganisation des Heeres*

Augustus machte aus den römischen Armeen ein stehendes Heer. Die Notwendigkeit dieser Entscheidung lag zum einen in den Erfordernissen des Weltreiches, zum anderen im Charakter der augusteischen Monarchie begründet. Die Herrschaft über die Provinzen und die Fortsetzung der imperialen Expansion verlangten ständig einsatzbereite Truppen. Die Monarchie war auf den Schlachtfeldern der Bürgerkriege geboren, und ihr Überleben hing von der Verfügbarkeit loyaler Heere ab, die jeden Versuch, die Republik in der Form der Alleinherrschaft des Senates wiederherzustellen, abwehren oder einen allzu ehrgeizigen General in die Schranken weisen konnten. Nach dem Ende der großen Expansionskriege 9 n. Chr. wurde es die vornehmliche Pflicht der Armee, die erreichten Grenzen zu schützen und auszubauen. Damit war zugleich die Frage ihrer Stationierung entschieden: Die Legionen bezogen stark befestigte Lager an den neuralgischen Punkten der Reichsgrenze. Diese lagen im wesentlichen entlang der Rhein- und Donaulinie sowie am Euphrat, wo man sich auch nach 20 v. Chr. der Haltung des Partherreiches nie sicher sein konnte. Die Folgen dieser Stationierungspolitik waren die Entmilitarisierung Italiens und der mediterranen Kernprovinzen sowie der Aufbau der Prätorianergarde, die dem Kaiser allein und unmittelbar unterstellt war und deren Kasernen in der Nähe der Hauptstadt gebaut wurden.

Der Gesichtspunkt der militärischen Effektivität stand nicht Pate bei diesen Entscheidungen. Die nach Aktium erfolgte drastische Verringerung der

Truppen und ihre Konzentration in den Grenzlagern schwächte die Offensivkraft des Reiches. Die Panik, die in Rom bei der Nachricht von der Niederlage im Teutoburger Wald 9 n. Chr. ausbrach, verdeutlicht die eingegangenen Risiken: Der drohende Zusammenbruch der Rheinlinie, zu erwartende Aufstände von Gallien bis Illyrien und ein Vorstoß der Markomannen wären nicht aufzuhalten gewesen, da in Italien keine einsatzbereiten Truppen mehr zur Verfügung standen. Es kam nicht dazu; jedoch war dies der Schwäche des Gegners und nicht der eigenen Stärke zu danken gewesen.

Das stehende Heer veränderte auch seine Zusammensetzung. Seit Augustus wurde nun auch die Wehrkraft der Provinzialen genutzt. Sie dienten in römisch organisierten Hilfsverbänden (Auxilien), die zusammen mit der Legion einen taktischen Verband bildeten und im Prinzip an allen Fronten eingesetzt werden konnten. Auf römischen Befehl und nach römischem Modus ausgehoben, kämpften die Auxilien unter römischen Offizieren oder eigenen Stammesfürsten, die von römischen Militärberatern (*rectores*) überwacht und angeleitet wurden. Die Dienstzeit der neuen Soldaten betrug 25 Jahre; wurden diese ohne schwere Verfehlungen abgeleistet, so belohnte seit Claudius nach der ehrenvollen Entlassung das römische Bürgerrecht die Rom bewiesene Treue. Den nach wie vor aus römischen Bürgern zusammengesetzten Legionen durch ihre Zahl (ca. 150 000 Mann), ihre Organisation und ihren Verwendungsbereich nahezu gleich, verdoppelten sie die militärische Kraft des Imperiums.

Diese – zunächst nicht risikolose – Mobilisierung der Provinzialen förderte langfristig die Stabilität des Imperiums: Vor allem in den barbarischen Provinzen bewirkten die Auxiliarsoldaten eine tiefgreifende Romanisierung. Die römische Heeresorganisation (Sprache, Disziplin, Führung, Lebensgewohnheiten) hatte diese Männer der römischen Welt nach jahrelanger Dienstzeit gründlich angepaßt. Als sie nach der Entlassung das Bürgerrecht erhielten, stiegen sie mit ihren Frauen und Kindern in den Kreis der Sieger auf.

Die Zeitgenossen haben nach Aktium nichts so bejubelt wie das Ende der Bürgerkriege. Sie waren dabei von der Hoffnung getragen, daß der siegreiche Kriegsherr zwar nicht auf seine Rolle als alleiniger Befehlshaber verzichten, aber die Bürgerkriegslegionen doch wieder den Interessen des Gemeinwesens unterwerfen werde. Augustus selbst schuldete dies der Stabilität seiner Herrschaft, der nichts gefährlicher werden konnte als ein putschender General.

Von diesen Sorgen getrieben gelang es, die Gefahr einzudämmen, die dem Staate von den Heeren drohte. Künftig war nur noch der Kaiser allein der Patron seiner Soldaten und für ihr materielles Wohlergehen und ihre Versorgung zuständig. Künftig schwor der Rekrut seinen Diensteid nur auf den Kaiser; sein Bild trugen die Legionsadler, seine Büste stand zwischen den Göttern, denen man opferte, und nur er zog noch im Triumphzug in Rom ein. Trotzdem war das Heer damit nicht völlig in die staatliche Verantwortung eingebunden. Die Loyalität, die der Person des Kaisers geschuldet wurde, forderte vor Ort der jeweils kommandierende General ein, von dessen Können, Beliebtheit, Erfolg und Machtgier die Treue der Truppen täglich neu auf die Probe gestellt werden konnte. Augustus hat daher wie seine Nachfolger die höchsten Kommandostellen nur an einen ausgewählten Kreis von Generälen vergeben, die entweder der Familie des Prinzeps angehörten oder über Jahre hinweg ihre bedingungslose Treue bewiesen hatten. Dennoch wurde insbesondere jeder Regierungswechsel zur Stunde der Wahrheit: Nur der konnte Kaiser werden, der die Zustimmung (Akklamation) der wichtigsten Truppenteile erringen konnte.

## 4. Die Julisch-Claudische Dynastie

*Tiberius*

Mit Tiberius übernahm 14 n. Chr. der Mann die Regierung, der wie kein zweiter durch herausragende Leistungen im Staatsdienst ausgewiesen war. Typisch für die Person und die Politik dieses Mannes, der erst mit 56 Jahren Alleinherrscher wurde, ist die strikte und skrupulöse Befolgung des von Augustus eingeschlagenen Weges. Wie dieser war er um die Mitarbeit des Senats bemüht, dem jede Entscheidung von Bedeutung zur Beschlußfassung vorgelegt und dem gegenüber jede Überhöhung der eigenen Stellung peinlich genau vermieden wurde. Dabei übertrieb Tiberius: Seine fordernde Erwartung, der Senat müsse wie in den Zeiten der Republik auch zum selbständigen Handeln fähig sein, erzeugte bei den Senatoren nur Unsicherheit und Mißtrauen. Sie erwarteten klare Direktiven für ihre Entscheidungen und verstanden deren Ausbleiben als besonders perfide Prüfung ihrer Loyalität. Im Ergebnis lief dies auf eine tiefe Entfremdung zwischen Prinzeps und Senat hinaus, die in den letzten Lebensjahren des Kaisers, die er ab 27 auf Capri verbrachte, in offenen Haß umschlug.
Viel dazu beigetragen hat die wenig verbindliche Wesensart des Prinzeps, der als römischer Aristokrat reinsten Wassers jede Leutseligkeit vermissen ließ und Popularität verachtete. Sein Leben im übermächtigen Schatten des Augustus, der dem schwerblütigen Manne keine Sympathien entgegengebracht hatte, war angefüllt gewesen mit persönlichen Tragödien, die ihn seiner Familie und seiner Freunde beraubten. Als alternder Mann auf den Thron gelangt, hatte er nicht mehr den Willen und die Kraft, einen eigenen Regierungsstil zu entwickeln.
In der Außenpolitik folgte Tiberius dem Rat des greisen Augustus, auf weitere Expansionskriege zu verzichten. In der Konsequenz dieses Verzichts lag die ungestörte Verstädterung der wenig zivilisierten Gebiete des Westens und Mitteleuropas. In den Provinzen ist denn auch die eigentlich segensreiche Tätigkeit des zweiten Prinzeps zu finden. Als ihm der ägyptische Präfekt eine größere Steuersumme als vorgesehen schickte, schrieb ihm Tiberius, es sei die Gewohnheit eines guten Hirten, seine Schafe zu scheren, nicht zu schinden. Dieser Satz wies den künftigen Weg: Der Schutz der Provinzialen vor Ausbeutung und Übergriffen der Statthalter wurde

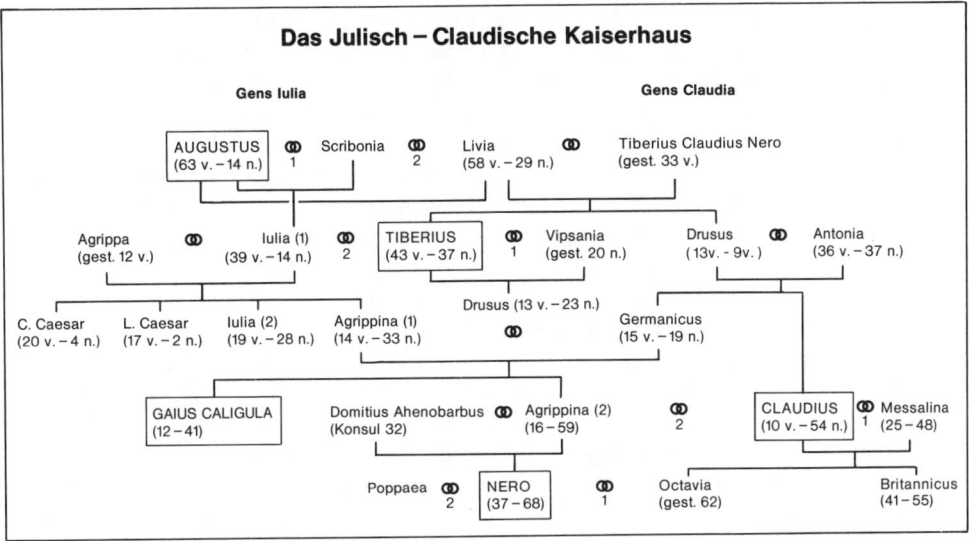

zur Regierungsmaxime. Klagen der Unterworfenen gegen die Mißwirtschaft der Statthalter wurden entschlossen aufgegriffen und führten zu einer Reihe spektakulärer Prozesse vor dem Senat, in denen der Kaiser für die Provinzialen Partei ergriff. Diese Politik der wachsenden Fürsorge jetzt auch für die Provinzialen entsprach der Ausbildung der monarchischen Gewalt ebenso wie dem generellen Strukturwandel des Reiches:

- Seit Pompeius und Caesar wußten die mächtigen Generäle, daß die Stützpunkte ihres Herrschaftsanspruches in den reichen Provinzen und nicht nur in Italien lagen; Antonius hatte sich bereits vorstellen können, die römische Herrschaftspraxis in den Ostprovinzen gründlich zu verändern und gestützt auf sie den Kampf um Rom aufzunehmen (s. S. 472).
- Die Dauer der römischen Herrschaft und die damit verbundene Annäherung von Sieger und Besiegten ebneten die Unterschiede zwischen Italien und den Provinzen zunehmend ein, und die politischen Eliten der Provinzialen stiegen immer häufiger in die höchsten Führungsspitzen des Staates auf. Die Heeresreform des Augustus verwies das Reich und den Prinzeps auf die Wehrkraft der Provinzialen, die dem Herrn der Welt loyal zu dienen hatten.

*Die Korruption der Macht: Die Zeit von Caligula bis Nero*

Die Herrschaft des Gaius, genannt Caligula (*„Soldatenstiefelchen"*), war ein unbedeutendes Zwischenspiel, das jedoch als ein besonderes Beispiel einer entarteten Monarchie im Gedächtnis der Nachwelt haften blieb. Ohne je ein Amt bekleidet zu haben, kam er 37 mit 25 Jahren auf den Thron, weil er der letzte war, der auf eine direkte Blutsverwandtschaft mit Augustus verweisen konnte. Für den Prätorianerpräfekten Marco war dies Grund genug, ihm die Garde und das Provinzheer zuzuführen; der Lohn für ihn sollte die Rolle des zweiten Mannes im Staate sein. Caligula wurde der erste Prinzeps, der dem Senat den Krieg erklärte und eine absolute, theokratische Monarchie einführen wollte. Im Zentrum seines politischen Wollens stand die Erreichung göttlicher Ehren von jedermann, was ihn schließlich zu der Annahme verleitete, er sei tatsächlich ein Gott. Auf diesen in der Sache wie in den betriebenen Formen unerhörten Affront reagierte der Senat mit entschlossener Härte. Eine der in seinen Reihen angezettelten Verschwörungen führte zum Erfolg: Mit Hilfe des vom Kaiser persönlich schwer gekränkten Prätorianerpräfekten Cassius Chaerea wurde der Tyrann beim Verlassen einer Theatervorstellung ermordet.

Nachfolger des Caligula wurde 41 sein Onkel Claudius. Körperlich behindert, linkisch im Umgang mit Menschen und von allen Staatsgeschäften ferngehalten, war er zum Gelehrten geworden, der zur Regierung des Weltreiches wenig geneigt und geeignet schien. Seine Inthronisation wurde ihm denn auch von den Prätorianern förmlich abgepreßt, als sie sich nach der Ermordung des Caligula im Palast seiner Person bemächtigen konnten. Von ihrem Standpunkt aus war ein Imperator unumgänglich. Er sollte von ihnen durch Akklamation und Gefolgschaftseid dazu gemacht werden, um ihn besonders eng an seine Truppen zu binden. Ferner sollte dieser Imperator in der Kontinuität der Caesaren stehen. Mit diesen war das Heer traditionell verbunden, so daß auch von einem Familienangehörigen zu erwarten war, daß er diese Tradition zur Zufriedenheit der Soldaten fortführte.

Claudius machte seine Sache dennoch nicht schlecht. Ihm kommt vor allem das Verdienst zu, die kaiserliche Zentralverwaltung, nun in klar gegliederte Ressorts (Finanzen, Petitionen, Korrespondenz usw.) aufgeteilt, zu einem effektiven Instrument der Reichsregierung ausgebaut zu haben. Umgeben von fähigen Freigelassenen als Ressortchefs leitete der scheue, zurückgezogen lebende Mann in allen Teilen der Verwaltung eine Reihe von dauerhaften Maßnahmen ein. Sie verschafften dem kaiserlichen Anspruch Glaubwürdigkeit, die Quelle des Schutzes und des Wohlergehens des ganzen Menschengeschlechts (*tutela et securitas generis humani*) zu sein.

Zum Verhängnis wurden ihm die Frauen. Zunächst von 40 bis 48 in zweiter Ehe mit der leichtfertigen und liebestollen Messalina verheiratet und ihr verfallen, geriet er nach ihrem gewaltsamen Tod an Iulia Agrippina, eine Tochter des Germanicus. Besessen von der Gier nach Macht vergiftete sie im Jahre 54 den Kaiser eigenhändig, nachdem er ihren Sohn Nero adoptiert und auf diese Weise zu seinem Nachfolger designiert hatte.

Die Regierung des mit 17 Jahren an die Macht gekommenen Nero begann dennoch unter einem guten Stern. Unter der Regie des Philosophen Seneca und des Prätorianerpräfekten Afranius Burrus entfaltete die kaiserliche Zentrale bis 62 eine Regierungstätigkeit, die den Leitsätzen der stoischen Staatsethik verpflichtet war und das Wohl aller Untertanen als höchste Pflicht des Kaisers ansah. Nach 62 übernahm Nero selbst das Regiment: Caligula nicht unähnlich, jagte auch er der göttlichen Überhöhung seiner

Person nach und gefiel sich in der Aura eines hellenistischen Monarchen. Für prachtvolle Festlichkeiten und Bauten plünderte er ungeniert die Staatskasse, und als das Geld knapp wurde, begann eine Welle von Hochverratsprozessen gegen reiche Senatoren, deren Vermögen auf diesem Wege konfisziert werden konnten. Der Senat selbst wurde aus der Mitverantwortung gedrängt und drangsaliert.

Die Begeisterung des Kaisers für alles Griechische war grenzenlos. Ihr entsprang die Sehnsucht, selbst ein großer Künstler zu sein; als Kitharaspieler, Dichter und Wagenlenker trat Nero öffentlich auf und maß sich mit den Besten der Zeit – weder zum Ruhme der Kunst noch zur Erbauung der gequälten Zuhörer. Sein Plan, aus Rom ein *Neropolis* im Stile einer hellenistischen Weltstadt zu machen, rundet das Bild seiner närrischen Griechenverehrung ab. Alles dies konnte nur von Dauer sein, weil das Leben in den Provinzen von diesem Treiben nicht tangiert wurde und die Generäle der Grenztruppen ihre Aufgaben ungestört und erfolgreich lösen konnten. Dies galt in erster Linie für den fähigsten der Ostkommandeure, Corbulo, der 65 Armenien überrannte und dessen König Tiridates I. zwang, in Rom persönlich die Krone aus den Händen Neros entgegenzunehmen.

Trotzdem war das Ende nur eine Frage der Zeit. Es kam diesmal nicht durch eine Verschwörung des Senats – eine solche scheiterte unter dem einflußreichen Senator Piso 65 (Tacitus, Annalen 15,48 ff.) –, sondern durch den Aufstand der Statthalter. 68 revoltierte C. Iulius Vindex in Gallien, dem sich in Spanien Ser. Sulpicius Galba anschloß. In den ausbrechenden Kämpfen unterstellte sich der schließliche Sieger, L. Verginius Rufus, Kommandeur in Obergermanien, dem Senat. Dieser ernannte am 8. Juni Galba zum Kaiser; Nero, zum Staatsfeind erklärt, gab sich selbst den Tod. Auch jetzt noch gab der nur 32 Jahre alt Gewordene seinen Zeitgenossen Rätsel auf, die nicht alle in den Chor der Verachtung einstimmen mochten, die den Mutter- und Gattenmörder ansonsten zu treffen pflegt: „Die Freude des Volkes über sein Ende war so groß, daß alles mit Freiheitsmützen auf dem Kopf in der ganzen Stadt herumlief. Trotzdem fehlte es auch nicht an Leuten, die noch lange Zeit sein Grab im Frühling und Sommer mit Blumen schmückten und mit dem Senatorengewand bekleidete Bilder von ihm aufstellten" (Sueton, Nero 57).

## 5. Der Krieg der Grenzarmeen und die Flavische Dynastie

Mit dem Prinzeps starb jedesmal auch der Prinzipat. Es gab keine logische Abfolge zwischen dem in Monarchien vertrauten „Der König ist tot, es lebe der König." Vielmehr bestand beim Tode des Prinzeps de iure die völlige Freiheit, auch über die Wiederherstellung der Republik zu entscheiden. In den Jahrzehnten nach Augustus hatte sich allerdings die Institution der Monarchie soweit gefestigt, daß sie selbst beim Aussterben der Julier nicht mehr ernsthaft in Frage gestellt wurde. Drei Dinge haben entscheidend dazu beigetragen: Die Vorsorge des Prinzeps für die Nachfolge (was nur für

Augustus zutraf), das Sicherheits- und Friedensbedürfnis der Senatsaristokratie und aller sozialen Schichten, welche die Schrecken der Bürgerkriege nie vergessen hatten, und das Interesse der Armeen am Bestand der Monarchie als Garanten ihrer eigenen privilegierten Stellung.
Der Senat hat im Juni 68 nicht gezögert, auch nach dem Aussterben des Geschlechts ihres ersten Trägers die historisch gewordene monarchische Herrschaftsform beizubehalten und auf Galba, angesehenes Mitglied der Nobilität, zu übertragen. Man hatte jedoch – wie sich schnell zeigte – den falschen Mann gewählt: Unfähig und ohne Gespür für populäre Maßnahmen, wurde er im Januar 69 erschlagen und durch den Prätorianerpräfekten Otho ersetzt. Zur gleichen Zeit riefen die Grenzarmeen am Rhein in Köln ihren Feldherrn Vitellius zum Kaiser aus, und im Juli folgten die Legionen des Ostens, die Vespasian zum Imperator erhoben.
Damit war der Krieg der Grenzarmeen unvermeidlich geworden. Die Truppen vom Rhein, von der Donau und schließlich aus Syrien marschierten auf Rom zu, brandschatzten die Städte auf ihrem Weg mit einer seit den Tagen der Mithridatischen Kriege nicht mehr gekannten Brutalität, schlugen erbitterte Schlachten, lösten Aufstände in den Provinzen aus und drangen in Italien ein. Die Grenzen des Reiches vergaß man: Sie blieben ohne Schutz. Das Menetekel war unübersehbar: Jedes Heer versuchte, seinen Befehlshaber in Rom zum Kaiser küren zu lassen, und versprach sich davon Reichtümer, Beförderungen, lukrative Feldzüge und eine gesicherte Versorgung. Dafür war man bereit, die Grenzen zu entblößen und alles, was diesem Ziel im Wege stand, in Schutt und Asche zu legen.
Der Sieger dieses Gemetzels, Vespasian, tat alles, um eine Wiederholung dieser Vorgänge unmöglich zu machen. Am Rhein wurde die Offensive wieder aufgenommen, um die Truppen zu beschäftigen, und die Kommandostellen übernahmen Männer, die an allen Fronten militärische und administrative Erfahrungen gesammelt hatten. Die unter Augustus gefundene Struktur der Armee und deren Stationierung an den Grenzen waren allerdings nicht veränderbar. Weder die mit dem Schwert des Legionärs gegründete Monarchie noch das gewaltsam geschaffene und nur gewaltsam zu haltende Weltreich hätten daran rütteln lassen.
Mit dem aus dem sabinischen Reate gebürtigen Vespasian kam eine Familie zur Herrschaft, die aus dem italischen Munizipaladel stammte und mit dem Regiment der großen stadtrömischen Nobilitätsfamilien wenig im Sinn hatte. Trotzdem haben Vespasian und sein ältester Sohn Titus keine Anstrengung gescheut, die Funktionsfähigkeit des unter Nero gedemütigten Senats wiederherzustellen. Nach einer gründlichen Säuberung des Gremiums von den Getreuen Neros rückten die Anhänger Vespasians aus dem Ritterstand in den Senat auf. Darunter befanden sich viele Angehörige des italischen Adels, aber auch verdiente Männer aus den romanisierten Provinzen Spaniens, Galliens, Nordafrikas und Asiens. Damit veränderte der Senat sein Gesicht: Die provinzialen Eliten gewannen zum erstenmal Macht und Einfluß auf die römische Politik.
Die außen- und reichspolitischen Aufgaben, die es zu bewältigen galt, wa-

ren von Unruhen an der Rheingrenze und Vorstößen der Daker, Roxolanen und Sarmaten über die untere Donau gekennzeichnet. Vor allem aber war der jüdische Aufstand zu beenden, der seit 66 Palästina beunruhigte. Die Führung des Krieges übernahm der Kaisersohn Titus, der erst Judäa unterwarf, dann nach langer Belagerung Jerusalem niederbrannte. Nur die drei Türme des Palastes des Herodes blieben stehen: Sie sollten die Größe des errungenen römischen Sieges bezeugen. Mit der Zerstörung des Tempels gingen alle auf ihn bezogenen Formen des jüdischen geistlichen Lebens, der Kultur und des Rechts unter. Die Reliefs des erhaltenen sogenannten Titusbogens in Rom erzählen von der großen Beute, die dem Sieger anheimfiel. Die Rheingrenze sicherte man nach der Niederwerfung des Bataveraufstandes durch den Ausbau von Kastellen den Strom entlang. Die großen Legionsfestungen in *Vetera* (Xanten), *Novaesium* (Neuß), *Bonna* (Bonn) und *Argentorate* (Straßburg) wurden wiederaufgebaut; gestützt auf sie wagte Domitian (81-96) erneut den Angriff auf das rechte Rheinufer. Unmittelbar nach seinem Regierungsantritt griff er die germanischen Chatten (im heutigen Hessen) an und schlug sie 83 entscheidend. Damit war die Voraussetzung geschaffen, das zwischen Rhein und Donau eroberte Gebiet durch die Anlage einer organisierten Grenzverteidigung (*Limes*) auf Dauer zu sichern. Nicht minder eindrucksvoll waren die Erfolge in Britannien. Unter

*Römische Grenzsicherung an Rhein und Donau (Limes, 1./2. Jahrhundert n. Chr.)*

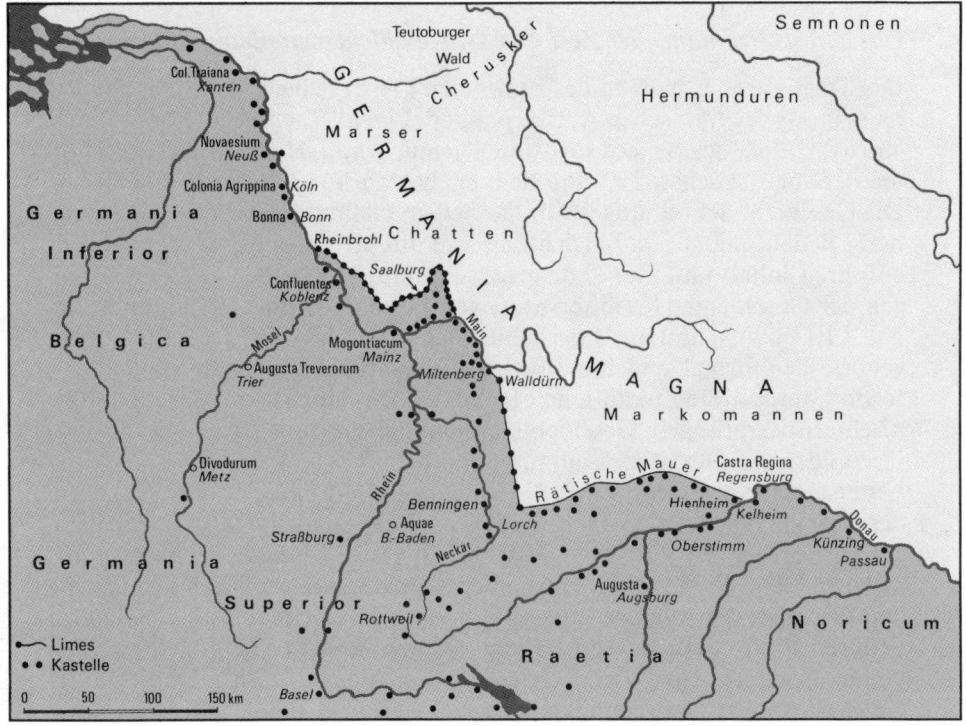

Agricola, dem Schwiegervater des Tacitus, drangen die römischen Legionen 82/83 bis nach Schottland vor und sicherten den römischen Herrschaftsanspruch. An der Donau schließlich behielt Rom in jahrzehntelangen Kämpfen die Oberhand; dabei zeichnete sich bereits ab, daß allein eine Unterwerfung der Daker die Flußgrenze dauerhaft sichern konnte.

Auch die Flavier scheiterten am Widerstand senatorischer Kreise, die nach dem Ende Neros, das sie sich zugute hielten, mit neuem Selbstbewußtsein allen autokratischen Neigungen der Kaiser entgegentraten. Die Konfrontation wurde von Domitian bewußt gesucht. Er wollte absoluter Monarch sein, was er in der von ihm geforderten Anrede *Dominus et Deus* auch ganz unverblümt zum Ausdruck brachte. Dieser Mann allerdings war kein Caligula: Er besaß Format, hatte außenpolitisch Fortune, auf ihn hörte eine wohlgeordnete Verwaltung, und die verlangte religiöse Verehrung sollte der beanspruchten absoluten Macht die ihr gemäße Form geben. Der Senat allerdings war unter keinen Umständen bereit, in dieser Frage nachzugeben. Zuletzt getrieben von der Furcht, anders nicht überleben zu können, konspirierten die Senatoren ein ums andere Mal und hatten im Jahre 96 Erfolg: Ein Hofbeamter tötete den sich vergeblich wehrenden Kaiser am 18. September in dessen Schlafzimmer.

## 6. Die Kultur der frühen Kaiserzeit

*Das Selbstverständnis der Zeit und die Geschichtsschreibung*

Die Träger großer Namen des römischen Geisteslebens, die auch alle Renaissancen der römischen Antike prägten, Livius, Tacitus, Sueton, Plinius, Vitruv, Quintilian, Seneca sowie die Dichter Vergil, Horaz und Ovid gehörten der augusteischen Zeit und dem ersten Jahrhundert des Prinzipats an. Die Geschichtsschreibung ist für das Selbstverständnis der Zeit von besonderer Bedeutung. Sie ist hinsichtlich ihrer literarischen Form und in bezug auf ihren Inhalt und ihre Tendenz zweigeteilt: Die beiden großen Gattungen der Geschichtsschreibung, die nach Jahren geordnet verfahrende Annalistik (Tacitus) und die Biographie (Sueton), stehen sich gegenüber. Zwar gehörte der formal und inhaltlich der Monarchie angepaßten biographischen Literatur die Zukunft, den Ruhm jedoch teilte sie mit der republikanisch-aristokratischen Geschichtsschreibung, die in Tacitus (ca. 55-117) ihren überragenden Repräsentanten fand.

Unter Domitian Prätor, unter Nerva Konsul und unter Trajan Prokonsul der Provinz Asia schrieb Tacitus zunächst Zeitgeschichte (*Historiae*), dann die Geschichte der julisch-claudischen Dynastie (*Annales ab excessu divi Augusti*). Sein Werk verkörpert die Weltsicht der senatorischen Fronde, die den Prinzipat des Augustus ablehnte, aber andererseits selbst den Glauben verloren hatte, daß die verherrlichte Republik wiederhergestellt werden könne. Nach Tacitus ist die Herrschaft des Augustus in die Tradition der Gewaltherrschaft der republikanischen Generäle vom Schlage eines Caesar

einzuordnen und von diesen Vorgängern nur durch die Dauer und den Erfolg der Herrschaft unterschieden.
In dieser Sicht erweist sich die republikanische Umhüllung des Prinzipats als Lug und Trug. Ihre historische Rechtfertigung ist jedoch zugleich der Grund für ihren Erfolg: Der Friede, die *pax Augusta*, sicherte die Kontinuität und den Ruhm der monarchischen Herrschaft. Geopfert wurde dabei die Freiheit (*libertas*), wie Tacitus nicht müde wird, zu betonen: „In Rom stürzte sich alles in die Knechtschaft" (*ruere in servitium*), klagte der erbitterte und verzweifelte Mann und diagnostizierte damit bereits für den Beginn der Herrschaft des Tiberius, daß die Gewaltherrschaft (*dominatio*) von Rom nicht mehr abzuwenden war.
Die biographische Geschichtsschreibung, allen voran Sueton (ca. 75-150), der unter Hadrian Biographien der römischen Kaiser von Caesar bis Domitian schrieb, kannte den Gegensatz zwischen *libertas* und *dominatio* nicht. Der Gegenstand des historischen Interesses, der Kaiser, wird moralisch gewertet, und Geschichten und Anekdoten ranken sich um seine Person. Charakter und Taten der Kaiser maß der Biograph an den Tugenden und Sitten der Vorfahren: Das Wertesystem der Altvorderen hatte auch nach der Revolution von Aktium Bestand. Diesem Grundkonsens gemäß konnten die Kaiser in gute und schlechte Herrscher eingeteilt werden; ihre Leistungen wurden nach denselben Kriterien beurteilt, die Livius auf Romulus angewandt hatte. Die Kaiser erwarteten nichts anderes, denn auch sie verewigten ihre Taten für Rom im Gewand der Tradition.

*Die imperiale Architektur und Kunst*

Die der Republik abgetrotzte Monarchie bedurfte in besonderer Weise der Begründung und Zurschaustellung ihrer Leistungen. Die offizielle Repräsentation der staatlichen Macht mußte auf die persönliche des Prinzeps zugeschnitten werden, der die Tradition der republikanischen Vergangenheit nach eigenem Bekunden in sich aufgenommen hatte. Die zentralen Plätze in Rom und den Städten des Reiches füllten sich daher mit politischen Monumenten, welche die Taten des republikanisch umhüllten Prinzeps vor allem der römischen Öffentlichkeit näher bringen sollten. Das darüber hinausgehende Ziel formulierte unmißverständlich Vitruv, der sein Buch *de architectura* seinem kaiserlichen Gönner widmete und in dessen Bautätigkeit er bisher Unerhörtes bewirkt sah: „Damit der Staat durch dich nicht nur durch Provinzen bereichert sein, sondern auch die Würde des Reiches (*maiestas imperii*) hervorragende, das Ansehen (*auctoritas*) erhöhende öffentliche Bauten besitzen sollte" (Vorrede 2).
Es begann dies mit dem Bau des Augustus-Mausoleums auf dem Marsfeld 30/29 v. Chr. Mit diesem riesigen Grabdenkmal sollte die Bindung des Herrschers an die Stadt Rom propagiert werden. Wenig später setzten die Umbauten des Forum Romanum ein: Insbesondere die dort neu gebaute Kurie, der Sitzungssaal des Senates, machte das geschlossene Bündnis zwischen Senat und Prinzeps deutlich. An der Stirnseite des Saales, jedem

*Blick über das Forum* (Rekonstruktion)

*Der Circus Maximus in Rom* (Rekonstruktion. Ausschnitt aus einem Modell Roms von Italo Gismondi). Ca. 620 m lang und 140 m breit, füllte der Circus das Tal zwischen Palatin und Aventin fast völlig aus. Zur Zeit Caesars soll er 150 000, in der Spätantike 385 000 Menschen Platz geboten haben. In der Längsachse war die Arena durch die mit Statuen und Obelisken geschmückte Spina („Rückgrat") geteilt, die siebenmal umfahren werden mußte, bevor der Sieger gefeiert werden konnte. Hinter dem Circus: die kaiserlichen Paläste.

*Die Thermen (thermae) des Caracalla in Rom* (rekonstruierte Innenansicht, Ausschnitt). Von England bis nach Nordafrika, von Frankreich bis nach Syrien ragen in den antiken Städten bis heute die riesigen Ruinen der öffentlichen römischen Badeanlagen aus dem Häusermeer und sprechen von längst vergangener Gesellschaft, von Macht und Reichtum. Luxuriöse Bäder hat es in den Villen der Mächtigen schon in der Republik gegeben, und der kleine Mann war es längst gewohnt, sich in privaten Badeanstalten (*balnea*) zu amüsieren. Seit Nero jedoch setzte nahezu jeder Kaiser seinen Ehrgeiz daran, seine Macht in der Pracht seiner Paläste und Thermen gespiegelt zu sehen. „Was ist schlimmer als Nero?" fragte der Volksmund, um gleich hinzuzufügen: „Was aber ist großartiger als Neros Thermen?" (Martial 7,34). Trajan ließ sie zuschütten und baute darüber binnen fünf Jahren neue Thermen – eine wohlüberlegte politische und von jedermann verstandene Geste, verkündete sie doch ein besseres, um die Untertanen fürsorglich bemühtes monarchisches Regiment. „Als Trajan zu seinen Thermen den Grundstein legte, befand sich das Reich in fast jeder Hinsicht auf dem Gipfel des Ruhms", schrieb Juvenal. Er verwies damit unüberhörbar auf den Zusammenhang, den der Kaiser zwischen seiner universalen Macht und seiner Bautätigkeit herstellen wollte – weithin sichtbar und für jeden Besucher der Bäder täglich neu erfahrbar.

Die meisten dieser Anlagen sind in Rom vielfach überbaut oder zerstört worden. Dem heutigen Besucher vermitteln am Stadtrand der antiken Stadt, seitwärts der via Appia, die mächtigen Ruinen der Caracalla-Thermen einen Eindruck von der imperialen Wucht, mit der die Kaiser Roms zwei Grundgedanken ihrer Herrschaft ihren Untertanen einprägten: Den Willen zur Fürsorge und den Anspruch auf universale Macht.

Senator ständig vor Augen, wurde die Göttin Victoria, über der Weltkugel schwebend, aufgestellt. Die damit verkündete Lehre war nicht mißzuverstehen: Die persönliche Siegesgöttin des bei Aktium erfolgreichen Feldherrn wird in den Rang der Siegesgöttin des römischen Staates erhoben; sie verkörpert jetzt die Weltherrschaft Roms und des Prinzeps.

Es folgten die Bauten des Forum Augustum, das neben dem republikanischen Forum Romanum als neues Zentrum der Hauptstadt dienen sollte. Damit begann die kaiserliche Macht für alle sichtbar eigene Konturen anzunehmen und aus der Tradition herauszuwachsen. Die Mitte dieses Platzes nahm denn auch die Statue des Augustus als *pater patriae* auf der Triumphalquadriga ein. Der Monarch erschien also in der Funktion, in der Römer und Provinziale die besondere kaiserliche Fürsorge für alle erkennen konnten. Nero ging einen entscheidenden Schritt weiter: Er baute sich als erster Herrscher einen eigenen Palast (*domus aurea*; Sueton, Nero 31), dessen riesige Dimensionen alle anderen Bauten der Hauptstadt in den Schatten stellten.

Eine besondere Bedeutung mußte dem Bild des Kaisers zukommen. In der Vorstellung des einfachen Volkes verkörperte die kaiserliche Statue keine geringere Macht als die Person selbst, so daß sie deren Allgegenwart gewährleisten konnte. Dementsprechend wurden bei Regierungsantritt sofort in allen Teilen des Reiches Bilder des Prinzeps aufgestellt, deren Aussehen verbindlich festgelegt wurde. Bereits dies hatte programmatische Bedeutung: So griffen Augustus und sein Haus auf die griechische Klassik zurück, um den Herrscher als vollkommene Verkörperung eines zeitlosen Ideals vorstellen zu können. Das Programm eines friedlichen und glücklichen Zeitalters von Dauer spiegelte sich verständlich in der alterslosen apollinischen Schönheit und Würde des Kaiserbildes.

Die überzeugendste Legitimation des Prinzipats fand sich im Gedanken des Friedens. Ihm baute Augustus 13-9 v. Chr. auf dem Marsfeld einen Altar (*ara pacis*), dessen Bildprogramm die augusteische Ordnung als die Erfüllung der römischen Geschichte verherrlichte; dort sollten „die Priester und die Vestalinnen jedes Jahr auf Geheiß des Senats ein Opfer darbringen" (res gestae 12). Zugleich brachte der Kaiser mit diesem Bau seine wichtigste Tugend zum Ausdruck: die Frömmigkeit (*pietas*). Das gute Einvernehmen mit den Göttern, die Rom das Imperium geschenkt hatten, mußte in erster Linie der Kaiser bewahren. Nur dann konnte es im römischen Verständnis möglich sein, das Reich und mit ihm Frieden und Wohlstand für immer zu erhalten.

# IX. Jahrzehnte des Glücks

| | |
|---|---|
| 96-98 | Nerva begründet das „Adoptivkaisertum." |
| 98-180 | Das Jahrhundert der „Adoptivkaiser" (Trajan: 98-117; Hadrian: 117-138; Antoninus Pius: 138-161; Mark Aurel: 161-180). Die römische Herrschaft über das Imperium verliert ihren Charakter als Fremdherrschaft. |
| 101-106 | Trajan unterwirft in mehreren Feldzügen die Daker und richtet die Provinz *Dacia* ein. |
| 114-117 | Mit der Eroberung Armeniens und Mesopotamiens erreicht das Imperium seine größte Ausdehnung. |
| 138 | Tod und Beisetzung Hadrians in einem monumentalen Mausoleum in Rom (die heutige Engelsburg); Fertigstellung des Pantheon. |
| 161-180 | Völkerwanderungen im germanischen Raum; sie lösen Einfälle der Markomannen, Quaden und Jazygen in die Donauprovinzen aus. 180 wird die römische Gegenoffensive abgebrochen. |
| 165 | Aus dem Partherkrieg heimkehrende Legionen schleppen die Pest ein. |

## 1. Visionen eines humanitären Kaisertums: Nerva und Trajan

Die Kaiser von Nerva bis Mark Aurel haben ihre Herrscherstellung so verstanden, wie dies der Senat immer gefordert hatte: Der durch seine Leistungen ausgewiesene Beste – und nicht der blutsmäßige Erbe – übt die Herrschaft im Einvernehmen und im Bündnis mit dem Senat aus. Trotz dieser ideologischen Übereinstimmung mit der augusteischen Zeit ist die reale Macht der Monarchie im 2. Jahrhundert weiter gewachsen. Die kaiserliche Bürokratie drang in alle Geschäftsbereiche vor, und die Verehrung der kaiserlichen Majestät nahm durch die Ausweitung des Herrscherkultes kontinuierlich zu. Sie erfaßte selbst in Italien alle Teile des öffentlichen und privaten Lebens. Im Tempel der Roma und Venus in Rom z. B. opferten alle Jungvermählten vor den goldenen Kultstatuen des Mark Aurel und seiner Frau Faustina.

Die beiden Pole der monarchischen Herrschaftsform, die in einem vernünftigen Gleichgewicht gehalten werden mußten, kristallisierten sich in den ersten Regierungsjahren des Trajan deutlich heraus. Nerva, Sproß einer angesehenen italischen Adelsfamilie und Konsul 71 und 90, der 96 nach dem gewaltsamen Ende des Domitian im 68. Lebensjahr auf den Thron kam, hatte seine historische Rolle unter dem Beifall der Zeitgenossen erfüllt, als er mit Marcus Ulpius Traianus den fähigen Oberkommandierenden der Rheinarmee adoptierte und zum Prinzeps designierte. Dieser in

*Noël Hallé, Die Gerechtigkeit des Trajan, 1765*
(Marseille, Musée des Beaux-Arts)

Die höchsten Tugenden des Monarchen sind Gerechtigkeit und Milde. Um sie ausüben zu können, muß er auf seine Untertanen hören. Plinius bezeugte es in seinem *Panegyricus* auf Trajan und verlieh dem Gedanken Anschauung (80; Übers.: W. Kühn): „So sorgt ein Princeps, ja ein Gott für die Seinen: er schafft Versöhnung zwischen zerstrittenen Städten, er bändigt aufgebrachte Völker ..., er schreitet ein bei Rechtsbrüchen der Behörden und hebt Maßnahmen auf, die nicht hätten getroffen werden dürfen; schließlich ... sieht er alles, hört er alles, und wo immer man ihn anruft, ist er alsbald, wie eine Gottheit, hilfreich zur Stelle" – Sätze, die eines Glücklichen Zeitalters würdig waren.

So wurde für viele Jahrhunderte der römische Kaiser Trajan zum Vorbild für alle Herrscher, die ihr Ohr den Nöten ihrer Untertanen liehen. Dante, einer alten Legende folgend, sah sein Bild, eingeschlagen in eine Felswand des Läuterungsberges:

„Cäsar Trajan, so kündet's die Geschichte -,
Und sah ein Weib ihm in die Zügel fallen,
Des heißen Schmerzes Naß im Angesichte,

Und rings zu Roß des Römerreiches Vasallen
In stolzer Schar und drüber hoch im Winde
Auf goldnem Grund den Kaiseradler wallen.

Das Weib indes, umdrängt vom Fahrtgesinde,
Rief, schien es mir: ‚O Kaiser, schaff mir Rache
Für den verruchten Mord an meinem Kinde!'

Und er zu ihr: ‚Ich will's – doch laß die Sache,
Bis ich zurückgekehrt.' Doch unbeschwichtet,
Wie wenn's des Weigerns Schmerz nur kühner mache,

Das Weib: ‚Und bleibst Du, Herr?' Und er: ‚Dann richtet
Ein andrer dir.' Doch sie: ‚Kann dir's gedeihen,
Wenn andre tun, was du zu tun verpflichtet?'

‚Der Pflichtversäumnis soll mich keiner zeihen',
Der Kaiser drauf: ‚Drum still, noch eh' wir reiten,
will ich nach Recht und Huld mein Ohr dir leihen.'"
(Fegefeuer, 10,77-94; Übers.: A. Vezin).

Diese Tat eines Heiden, der seinen Aufbruch in den Krieg hemmt, um einer Witwe Gerechtigkeit widerfahren zu lassen, habe Papst Gregor den Großen, so weiß es die mittelalterliche Legende (*Anaglypha Traiani*), zu Tränen gerührt, so daß er von Gott die Seele des Kaisers aus der Vorhölle losbat, damit der ins Leben Zurückgekehrte, bekehrt und getauft, das ewige Heil erlangen konnte.

Hallé hat die Episode gemalt, als der Siebenjährige Krieg gerade zu Ende war. „Kriegerische Taten", so wollte es der Auftraggeber, „die nur auf die Zerstörung der Menschheit hinauslaufen, hat man genügend gefeiert; ist es da nicht vernünftiger, einmal großzügige Taten voller Menschlichkeit darzustellen, mit denen gute Könige ihre Völker beglücken?" (Locquin, La Peinture d'Histoire en France, 1912, S. 23). Es waren nicht zufällig die großen Krieger wie Trajan, die solche Taten beanspruchten. Denn es war der Krieg, der der Milde und Großmut den wirkungsvollsten Hintergrund verschaffte. So sollte einige Jahrzehnte nach Hallés Bild das Thema von der legendären Milde des Trajan auch den Kaiser beflügeln, der Krieg wie ein Imperator führte und Anspruch auf ein gerechtes und mildes Regiment erhob: Napoleon (vgl. J. Traeger, in: Historienmalerei in Europa, hg. E. Mai, 1990, S. 135 ff.).

der südspanischen Provinz Baetica gebürtige Römer fand im Umgang mit dem Senat von Anfang an den richtigen Ton. Im Oktober 99, anläßlich seiner dritten Designation zum Konsul, schwor er auf dem Marsfeld stehend vor den sitzenden Konsuln den alten Eid der Republik: Er und sein Haus mögen dem Zorn der Götter anheimfallen, wenn er wissentlich fehlen sollte. Mit diesem demonstrativen Akt bekundete Trajan seinen festen Willen, sich der Tradition und der von Augustus gesetzten Ordnung unterwerfen zu wollen: „Der Prinzeps steht nicht über dem Gesetz, sondern die Gesetze über ihm" (*leges supra principem*), wie sein begeisterter Anhänger, der jüngere Plinius, ausrief, der in seiner Lobrede auf Trajan (Panegyrikus) im Jahre 100 noch einmal eine monarchische Ordnung beschwor, die auf dem Einvernehmen von Senat und Kaiser gründete.

Im politischen Alltag allerdings war ein der Wirklichkeit weit näheres Gesetz wirksam. Es spiegelte sich in den reichsweiten Gebeten der Untertanen, die den Kaiser als Garanten und Urheber des Wohlergehens aller Reichsbewohner feierten. Angesichts dieser umfassenden Gehorsam stiftenden Leistung war der Gedanke einer Machtteilung zwischen Monarch und Senat eine den Ursprüngen der monarchischen Gewalt geschuldete Verbeugung, die den Senatoren das Dienen erleichterte. Der Monarch wurde in diesen Jahrzehnten endgültig der Herr der Welt, dessen Macht keine Beschränkung und keine Teilung duldete.

Es war also mehr eine Frage des Stils und der Gesinnung als der Macht, wie Trajan und seine Nachfolger regierten. Sie wurden für spätere Zeiten zur Verkörperung des humanen Herrschertums schlechthin, da sie ihre monarchische Allgewalt als Pflicht verstanden und zum Wohle des Reiches ausübten. Ihre Fürsorge äußerte sich in vielfältiger Weise: Die Sicherung der Ernährung vor allem der hauptstädtischen Bevölkerung, die Durchführung von Spielen, der Aufbau der Wasserversorgung in allen großen Städten, der Ausbau des Straßennetzes, die Bautätigkeit insgesamt, die Versorgung der Veteranen durch die Einrichtung von Pensionskassen, die Unterstützung bedürftiger Kinder (*alimentatio*), Polizei und Feuerwehr – all dies konzentrierte sich auf den patronalen Herrscher, dessen soziale Fürsorge Teil seiner Herrschaftslegitimation war.

114 verlieh der Senat Trajan den Titel *Optimus Princeps*. Er drückte damit aus, was alle Kaiser bis Mark Aurel prägen sollte: ein Herrschaftsverständnis, das die dienende Funktion der Macht in den Vordergrund stellte und ein humanes und aufgeklärtes Zeitalter prägte. Die Nachwelt hatte genügend Anlässe, sich an diese glücklichen Jahrzehnte zu erinnern. Im 4. Jahrhundert betete der Senat beim Regierungsantritt des neuen Kaisers, er möge „glücklicher als Augustus und besser als Trajan" sein. „Denn welches Geschenk der Götter", so glaubte Plinius, „ist großartiger oder herrlicher als ein Princeps, der in seiner untadeligen Lauterkeit seinerseits den Göttern gleicht?" (Panegyrikus 3). Selbst Tacitus, der Mißtrauischste von allen, will das Glück festhalten: „Sie sind ja so selten, die glücklichen Zeiten (*felicitas temporum*), wo es möglich ist zu denken, was man will, und zu sagen, was man denkt" (Historien 1,4).

# 1. Nerva und Trajan

Unter Trajan erreichte das Imperium seine größte Ausdehnung. Seine Regierung ist durch eine Reihe großer Kriegszüge gekennzeichnet, die nur mit den Expansionskriegen des Augustus vergleichbar sind. Für Trajan gehörten der Krieg und die Erweiterung der Reichsgrenzen zu den ersten Herrscherpflichten; zugleich sah er darin wie alle römischen Großen vor ihm die beste Möglichkeit, im Ruhm seiner Taten unsterblich zu werden. Die von ihm errichtete Säule zur Erinnerung an seine Siege über die Daker, die die Urne mit der Asche des Kaisers aufnahm, zeugt bis heute von diesen Gedankengängen.

Entgegen den Erwartungen vieler, die eine Wiederaufnahme der Kriege gegen die rechtsrheinischen Germanen propagierten, griff Trajan 101 an der Donau an. Dort hatte Domitian die unablässigen Angriffe der Daker und anderer nur mit Mühe abwehren können. Jetzt gelang in zwei Feldzügen die Unterwerfung der dakischen Völker; ihr König Decebalus beging Selbstmord, sein Land wurde römische Provinz. Wie in allen frisch eroberten barbarischen Provinzen brannte der Sieger auch hier die Vororte und Stammesburgen der Besiegten nieder, um ihre geographische, ethnische und soziale Infrastruktur zu zerstören. Statt dessen übernahmen in den Fruchtebenen angesiedelte Kolonien alle zentralen administrativen und wirtschaftlichen Funktionen. Neuer Mittelpunkt der Provinz *Dacia* wurde die Kolonie *Ulpia Traiana Sarmizegetusa*, welche die in den Bergen gelegene Herrscherburg der einheimischen Könige ablöste. Die Ausbeutung der

*Das Imperium im Osten zur Zeit Trajans*

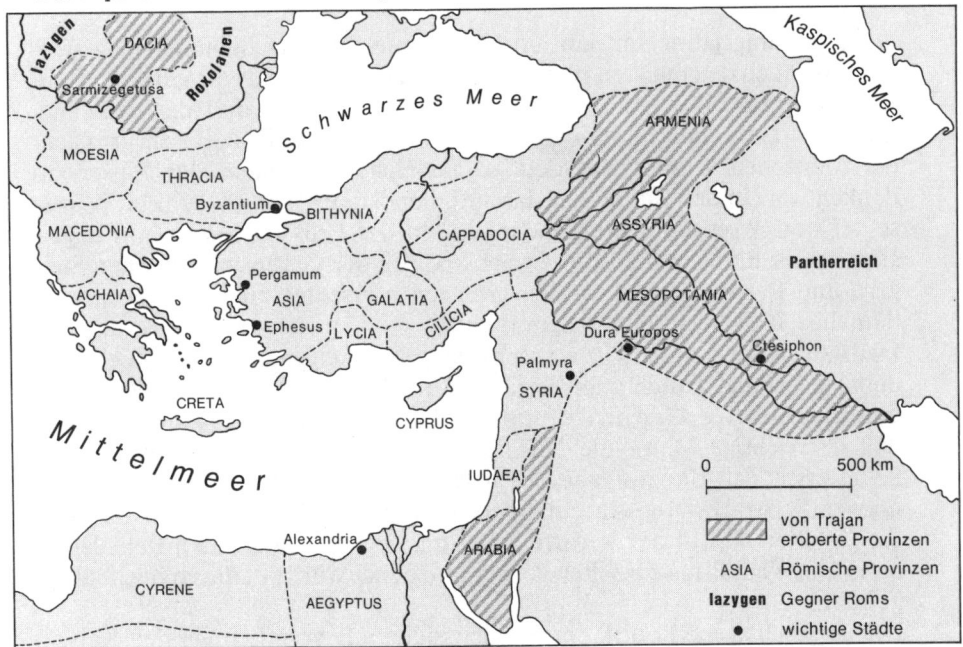

dakischen Goldminen lockte viele italische Siedler an, so daß die Romanisierung der Provinz zügig fortschritt.

Im Osten war das labile Gleichgewicht zwischen Rom und dem Partherreich immer wieder durch Streitigkeiten um die Besetzung des armenischen Throns gestört worden. Als es den Parthern 113 gelang, den von Rom in Armenien eingesetzten König Axidares zu verdrängen, fiel Trajan in das Land ein. Der Politik der jahrzehntelangen Kompromisse überdrüssig, provinzialisierte er Armenien und stieß bis zum Persischen Golf vor, nachdem sich der Partherkönig nicht bereit gezeigt hatte, diesen Schritt hinzunehmen. Zwei neue Provinzen, *Assyria* und *Mesopotamia*, waren das Ergebnis dieses militärischen Kraftaktes.

Es erwies sich jedoch schnell, daß die römischen Kräfte damit überdehnt waren. Ein großer Aufstand der Diasporajuden in den Großstädten des Ostens und auf Zypern sowie die Verhärtung des parthischen Widerstandes zwangen zum Abbruch der Offensive. Als der Kaiser am 8. August 117 auf der Rückkehr in Selinus am Schwarzen Meer starb, bestand die erste wichtige Amtshandlung seines Nachfolgers Hadrian darin, die gewonnenen Gebiete aufzugeben. Was Augustus wohl mehr geahnt als genau gewußt hatte, als er 20 v. Chr. auf die Eroberung Parthiens verzichtete, mußte Rom unter Trajan schmerzlich erfahren: Das von seinem Zentrum Italien nicht ablösbare Imperium hatte nicht die Kraft, im Osten das Reich Alexanders des Großen noch einmal aufzurichten.

## 2. Das „goldene Zeitalter": Hadrian und Antoninus Pius

Die Regierungsjahre Hadrians und Antoninus Pius' erschienen der eigenen Zeit und auch den meisten rückblickenden Historikern als die glücklichsten der Kaiserzeit. Die Münzen feierten das ewige Rom und das „goldene Zeitalter" (*saeculum aureum*), dessen friedliche Wirklichkeit den Erfolgen der römischen Waffen und dem segensreichen Regiment der Kaiser zu danken war. In der Tat ist dies das auffallendste Phänomen der Zeit: Wirtschaft und Wohlstand blühten, innerhalb der Provinzen schwand angesichts einer umfassenden Bürgerrechtspolitik der Gegensatz zwischen Siegern und Besiegten, und an den Grenzen herrschte Frieden, wie ihn die damalige Welt noch nicht gekannt hatte.

Hadrians Regierungsantritt war schwierig: Nach eigener Aussage noch von dem sterbenden Trajan adoptiert, mußte er Truppen, Senat und Volk erst durch großzügige Geschenke und prachtvolle Spiele davon überzeugen, daß der richtige Mann die Nachfolge des großen Trajan beansprucht. Seine erste Tat, die Aufgabe der neu gegründeten Ostprovinzen, führte notwendig zu schweren Auseinandersetzungen mit den Generälen Trajans. Sie gipfelten 118 in der Verurteilung von vier herausragenden Befehlshabern. Das Verhältnis zwischen Kaiser und Senat wurde dadurch nachhaltig getrübt.

Die eingeschlagene Politik der Friedenssicherung verpflichtete den Kaiser in besonderer Weise, sich den Provinzen und Grenzarmeen zu zeigen und vor Ort ihre Loyalität einzufordern. Hadrian wurde aus diesem Grunde zum Reisekaiser, der auf zwei ausgedehnten Rundreisen fast alle Reichsprovinzen inspizierte. Dort sind auch seine großen Leistungen zu finden: Die Städte verschönte er mit Nutz- und Prachtbauten, ihre Rechtsstellung und innere Verwaltung wurden der Entwicklung hin zur Reichseinheit angepaßt, neue Städte und Straßen entstanden, und die Soldaten und das Offizierskorps erfuhren aus eigener Anschauung, was der Kaiser unter militärischer Disziplin verstand.

Dabei kam der Ausbau des zentralen Herrschaftsapparates nicht zu kurz. Die einzelnen Ressorts wurden zu regelrechten Ministerien ausgebaut, die von Angehörigen des Ritterstandes geleitet wurden. Die von den Prätoren seit Jahrhunderten aufgestellten Grundsätze der Rechtspflege wurden kodifiziert (*edictum perpetuum*) und bildeten eine feste Grundlage, die eine kontinuierliche Weiterentwicklung des Rechts ermöglichte. Der Beraterstab des Kaisers (*consilium principis*) entwickelte sich zur dauerhaften Institution, in der die bedeutendsten Juristen der Zeit mehr und mehr Einfluß gewannen. Die das zweite Jahrhundert beherrschende Vorstellung, daß das Imperium eine innerlich gleichartige Zivilisationsgemeinschaft beherberge und nach außen schütze, hat unter Hadrian ihre Legitimation erfahren.

Antoninus Pius setzte fort, was Hadrian begonnen hatte. Seine Regierung hat nichts verändert und keine neuen Impulse gebracht. Der erst im Februar 138 zum Nachfolger bestimmte reiche Großgrundbesitzer legte gesteigerten Wert auf ein gutes Verhältnis zum Senat, ermäßigte die Steuern und häufte trotzdem einen beachtlichen Staatsschatz, war unendlich freigiebig und baute die soziale Fürsorge des kaiserlichen Hofes weiter aus. Die Außenpolitik blieb auf Grenzverteidigung und Sicherung des Vorhandenen beschränkt. Die griechische Öffentlichkeit, repräsentiert etwa durch Plutarch und Aelius Aristides, pries „die unermeßliche Majestät des römischen Friedens" (Plinius) als das höchste Staatsziel und beurteilte die Monarchen danach, wie sie diesem gerecht wurden. Viele sahen den Frieden für immer gesichert. Es mochte tatsächlich scheinen, als habe die Welt ihre endgültige Ordnung unter einem Kaiser gefunden, den noch 150 Jahre später der Autor der *Historia Augusta* von solcher Friedensliebe beseelt sah, „daß er Scipios Ausspruch, ihm liege mehr am Leben eines einzigen Bürgers als am Tod von tausend Feinden, ständig im Munde führte" (vita Pii 9,10).

Mit dem Krieg schienen auch seine Diener unendlich fern, und Nichtsahnende wie Aristides konnten die Weisheit der Kaiser preisen, die wie die alten Ägypter die Armee von den Bürgern trennten und durch die Vergabe des Bürgerrechts auch das Mittel fanden, das dieser Trennung Dauer verlieh (Romrede, 73 f.). Mit dem Verschwinden des Krieges veränderte sich das Weltbild der Menschen in Italien und den Provinzen des Mittelmeerraumes. Kämpfe und Siege, Niederlagen und Tod rückten im inneren Kreis des weltumspannenden Reiches an den Rand des öffentlichen Bewußtseins, und wenn sie, zumeist eingehüllt in Siegesmeldungen, aus fernen Landen zurückkehrten, „so verschwanden sie rasch wieder ganz wie My-

then, und auch die Erzählungen über sie" (aaO. 70). Genaues über den Soldaten wußte man denn auch nicht; von den Großstädten kannten nur Rom und Alexandrien die ständige Präsenz starker militärischer Einheiten. Wo sie darüber hinaus stationiert waren, versahen sie, aufgeteilt in kleine Detachements, unauffällig ihren Dienst als Besatzungstruppen und übernahmen vielfältige zivile Aufgaben: Die friedlichen Zeitgenossen fanden sie als Polizisten, Handwerker in Ziegeleien und Rüstungsbetrieben, als Straßenbauer, Wachposten und als Beamte in den Kanzleien der Statthalter. Nur: diese Truppen ohne kriegerische Aufgabe und Bewährung hatten mit den eigentlichen Armeen, die an den Grenzen standen, nichts mehr gemein.
In deren Kasernen zogen sturer Kasernendienst und Langeweile ein. Die Grenztruppen lernten eine Seite ihres Handwerks kennen, die dieses zu pervertieren drohte: Der Schweiß exerzierender Männer, die für den (meist ausbleibenden) Ernstfall nach einem genau festgelegten Reglement übten, ersetzte das Blut des großen Krieges, den noch die Legionen der späten Republik bis an die Grenzen der Erde getragen hatten. Orden und Auszeichnungen gab es für Gehorsam und Pflichterfüllung statt für Tapferkeit und Todesbereitschaft. Symptomatisch hierfür ist der Umgang Hadrians mit der Armee: In einer in Manövern, Gewaltmärschen und mit stumpfem Drill wiederhergestellten Disziplin sah der Kaiser, *pacis magis quam belli cupidus*, den eigentlichen Sinn seiner Heeresreform. Sympathie konnten die derart geschundenen Männer nicht erwarten. Die öffentliche Meinung sah in ihnen zumeist Barbaren, Fresser und Säufer, Kerle von wilder Gesinnung. Kein Wunder: Ohne Drachen besteht kein Bedarf an Drachentötern, und friedliche Grenzen verwischen den Gedanken daran, daß der Tag kommen mag, an dem man sie verteidigen muß.

## 3. Scherben des Glücks:
## Mark Aurel und die Rückkehr des Krieges

Dieser Tag kam, als ihn niemand erwartete. Mark Aurel (*Marcus Aurelius Antoninus*), der als Adoptiv- und Schwiegersohn des Pius 161 unangefochten die Nachfolge antrat, war seinem der Philosophie zugeneigten Wesen nach dazu berufen, das friedliche Regiment seiner Vorgänger fortzusetzen. In seinen Betrachtungen „An sich selbst", die er in den letzten Lebensjahren niederschrieb, billigte er dem Herrscher gegenüber allen anderen Menschen nur das eine Privileg zu, mehr als jeder andere zur Verantwortung und zur Leistung verpflichtet zu sein. Die äußeren Umstände zwangen ihn, diese Weisheit stoischer Philosophie selbst asketisch vorleben zu müssen. Die plötzlich hereinbrechende außenpolitische Bedrohung machte aus dem geborenen Friedensfürsten einen mächtigen Kriegsherrn, der die meisten Jahre seiner Regierung im Feldlager zubringen sollte.
162 überrannten die Parther die römischen Verteidigungslinien in Syrien. Sie konnten nur unter Heranziehung der Reserven der anderen Grenzarmeen geschlagen werden; 166 erst wurde der Friede geschlossen, der die

römische Oberhoheit über Armenien und die umliegenden Kleinstaaten erneut festschrieb. Die nach Italien und in die Grenzlager an Rhein und Donau zurückkommandierten Truppen schleppten im Jahre 165 die Pest ein, die die Kampfkraft der zu großen Teilen kasernierten Armee lähmte und unter der Bevölkerung vor allem der Hauptstadt jahrelang wütete.
Die daraus resultierende Schwäche des Reiches blieb den germanischen und sarmatischen Völkern an der Donau nicht verborgen: Seit 166 drangen Markomannen, Quaden und Jazygen, selbst getrieben von nachdrängenden Völkern, in die Donauprovinzen ein und gelangten bis Oberitalien. 170 verwüstete der Stamm der Kostoboken große Teile Griechenlands, und die Bastarner stießen nach Kleinasien vor. Auf dramatische Weise wurde der römischen Generalität vor Augen geführt, daß die seit Augustus planvoll ausgebaute Grenzverteidigung an den Flußgrenzen das Zentrum des Reiches zwar vor Angriffen meuternder Legionen schützte, da der Weg nach Italien unendlich weit war; dem äußeren Feind gegenüber taugte das System allerdings nur, solange dieser mit wenigen Kräften angriff. 166 bis 171 jedoch überfluteten große Völkerschaften die Grenzen, plünderten ungehindert das schutzlose Hinterland und waren nur zu besiegen, wenn die Kaiser aus den militärisch nicht bedrohten Grenzlagern Eingreifreserven (*vexillationes*) mobilisieren konnten.
177 gelang es Mark Aurel, die militärische Lage an der Donau so zu stabilisieren, daß die Legionen massiert zum Angriff übergehen konnten. Zwei neue Provinzen im Gebiet der Markomannen und Quaden sollten der Verteidigung des Donauraumes ein völlig neues Gesicht geben. Doch es kam nicht mehr dazu: Am 17. März 180 starb Mark Aurel plötzlich im Heerlager von *Vindobona* (Wien). Sein Nachfolger Commodus brach den erfolgreich begonnenen Offensivkrieg ab und schloß mit allen Stämmen entlang der Donau Frieden. Nach zwanzig Jahren Krieg war damit nicht mehr als eine Festschreibung des Status quo erreicht (s. S. 542 f.).
Innenpolitisch war das herausragende Ereignis der Zeit die Nachfolgeregelung. Mark Aurel entschied sich für seinen eigenen 161 geborenen Sohn Commodus, der damit der erste in Purpur geborene römische Kronprinz wurde. Es zeigte sich, daß der vom Senat propagierte idealistische Gedanke von der Herrschaft des jeweils Besten die politische Realität nur so lange bestimmen konnte, bis im kaiserlichen Haus ein leiblicher Erbe geboren wurde. Mark Aurel, der als erster nach Nerva einen eigenen Sohn großgezogen, zum Herrscher ausgebildet und geliebt hatte, machte diesen zu seinem Nachfolger und demonstrierte, was die Adoption immer gewesen war: ein Ersatz. Auch für die römische wie für jede andere Monarchie erwies sich die dynastische Erbfolge als das wirksamste Grundprinzip.

## 4. Der Stolz des Jahrhunderts: Der Friede und das Recht

Alle Segnungen, die die Kaiser in den Augen der Zeitgenossen gebracht haben, gipfelten in der Vorstellung des Friedens, der *pax Romana*. Seit

Augustus ist *pax* eine Gottheit mit Anspruch auf kultische Verehrung: Der 13-9 v. Chr. gebaute Altar der *pax Augusta* (s. S. 500) stellte durch das Beiwort zugleich unmißverständlich die Beziehung zur Person und zur Herrschaft des Kaisers her. Die Formel vom Kaiser als Friedensbringer betonte zunächst die Wiederherstellung der Eintracht (*concordia*) der Bürger, die in der Tat die erste große Leistung des ersten Monarchen gewesen war. Gemeint war damit nicht nur das Ende der Bürgerkriege, sondern das gesamte Spektrum der inneren Befriedung: Die Einigung mit dem Senat, die Befriedung der Militärs, die Sicherheit vor Umsturz, Enteignung und politischem Terror. Nicht damit gemeint war der Friede nach außen; im Gegenteil: Die Erfolge der römischen Waffen bildeten die andere Seite des inneren Friedens, den sie sicherten und weiter ausbauten.

Im zweiten Jahrhundert war die römisch gewordene Welt überzeugt, mit dem gewonnenen Frieden den glücklichen Endpunkt aller Geschichte, das goldene Zeitalter erreicht zu haben. Die, welche außerhalb dieser Welt standen, Barbaren und Fremde, waren zum Gegenstand des Bedauerns geworden. Innerhalb dieser Welt bedeutete das Ende der Kriege der Völker die Gewißheit, allein die zivilisierte Welt zu verkörpern: Nur in ihr war die städtische Zivilisation vorherrschend, nur sie kannte die umfassende Sicherheit des Rechts, und nur innerhalb ihrer Grenzen war der freie Austausch von Gütern und Meinungen möglich. Dazu gehörte, daß die militärische Gewalt im Reichsinneren nicht in Erscheinung trat. Obwohl technisch und disziplinär eine perfekte Kriegsmaschine, verfügte das Heer nur über etwa 300 000 Mann, deren Unterhalt den Staatssäckel nicht über Gebühr belastete.

Als Garant dieser Friedensordnung gab der Monarch allen Untertanen die Gewißheit, als Objekt der römischen Fürsorge Gerechtigkeit vor den Richtern und Sicherheit in allen sozialen Belangen zu finden. Rom forderte dafür mehr als nur die Zustimmung zu der von ihm geschaffenen Welt, die das Chaos beseitigt und die inneren und äußeren Kämpfe um die Macht beendet hatte. Es forderte Liebe und Verehrung: „So schenkt denn dem Frieden und der Hauptstadt Rom, auf die wir, Sieger und Besiegte, das gleiche Anrecht haben, euer Herz und eure Verehrung", rief der römische Feldherr Cerialis nach Tacitus aufständischen Treverern zu (Historien 4,73 f.). Die Überzeugungskraft, die diesen Sätzen innewohnte, zeigte sich, als im dritten Jahrhundert gerade die Grenzprovinzen mit unbeugsamer Beharrlichkeit die römische Welt verteidigten. Dennoch: nicht alle anerkannten die Tröstungen des römischen Friedens als Ersatz für die verlorene Vielfalt ihres politischen Lebens. Ihnen lieh Tacitus seine Stimme, als er den britannischen Fürsten Calgacus sein Verdikt über den Frieden und seine römischen Diener sprechen ließ: „Raubende Welteroberer, deren Zerstörungstrieb kein Land mehr findet, durchsuchen sie nun den Ozean, habgierig, wo der Feind reich ist, ruhmgierig, wo er arm ist, weder im Osten noch im Westen zu sättigen. Als einziges von allen Völkern begehren sie mit gleicher Leidenschaft die Fülle wie die Leere. Rauben, Morden, Stehlen heißt bei ihnen mit falscher Bezeichnung Herrschaft (*imperium*), und wo sie eine Wüste schaffen, Friede (*pax*)" (Agricola 29; Übers.: Fuchs). Das Echo dieser Worte hallte lange durch die Jahrhunderte nach: „Ihr großen edlen Seelen, Scipionen und Caesar, was dachtet, was fühltet ihr, da ihr als abgeschiedene Geister von eurem Sternenhimmel auf Rom die Räuberhöhle, auf euer vollführtes Mörderhandwerk hinunter saht? Wie unrein mußte euch eure Ehre, wie blutig euer Lorbeer, wie niedrig und menschenfeindlich eure Würgekunst dünken", klagte Herder in seinen „Ideen zur Philosophie der Geschichte der Menschheit" (Buch 14, Abschn. III).

Auch in Rom waren Stimmen zu hören, die den Frieden und seine Folgen – für die Unterworfenen vor allem Wohlstand und Rechtssicherheit – ablehnten. Sie warnten vor den Verführungen des bequemen Lebens und verwiesen auf die geistige Erschlaffung, die ein Werk des Friedens sei. Der moralische Niedergang der Zeit folgte für Tacitus aus dem Übermut des gesicherten Friedens. In praktische Politik umgesetzt, mußte dies zu der Forderung führen, die Tugenden der Vorfahren, die sich im Krieg gebildet und bewährt hatten, durch neue Kriege wieder zu beleben. Der Gedankengang ist nur angesichts der jahrhundertealten städtischen Struktur der antiken Welt verständlich. In Griechenland und in Italien war das Gemeinschafts- und Zusammengehörigkeitsgefühl der Bürger wesentlich aus den Erfordernissen des Krieges gewachsen. Dieser hatte im Grunde erst die unüberbrückbar scheinenden sozialen Schranken innerhalb der städtischen Bevölkerung dort niedergelegt, wo es um die Existenz von jedermann ging – ob arm oder reich, Aristokrat oder Bauer.

Neben der griechischen *theoria*, d. h. der mit rationalen Gründen arbeitenden Erkenntnis, und dem Christentum bildet das römische Recht das wichtigste Stück antiker Tradition, soweit sie bis in die heutige Zeit wirksam geblieben ist. Dieses Recht hat ungeachtet des Untergangs Westroms zunächst kontinuierlich die früheuropäischen Vorstellungen von Staat und Sozialethik (vor allem in den burgundischen, gotischen und fränkischen Staatenbildungen) geprägt. Mit der geistigen Wiederentdeckung der römischen Juristenschriften in Bologna am Ausgang des 11. Jahrhunderts (in der Form des *Corpus iuris* des Justinian) entstand die römische Rechtswissenschaft, die den geistigen Rahmen der künftigen Staats- und Rechtsordnungen des modernen Europa bilden sollte (s. S. 672 ff.).

Die Römer haben zunächst den von den Griechen bereits entwickelten Rechtsgedanken vollendet: An die Stelle eines ursprünglichen Verständnisses von Recht als einer von den Göttern gegebenen Ordnung trat nun endgültig der Gedanke einer von Bürgern geschaffenen und menschlichen Zwecken dienenden gesetzlichen Ordnung. Die Rechtsfindung mittels irrationaler Entscheidungsverfahren (z. B. Gottesurteil durch Eid oder Zweikampf) wurde durch die Anwendung von Gesetzen oder von Rechtsregeln, die der zuständige Amtsträger aufstellte, ersetzt.

Jeder Rechtsfrage liegt ein sozialer Konflikt zugrunde. Die römischen Juristen fanden den Weg, diesen durch ein versachlichtes und von rituellen Formeln und politischen Ideologien freies (mithin autonomes) Entscheidungsverfahren zu lösen. In der Praxis verfuhren sie kasuistisch, d. h. sie orientierten sich jeweils am konkreten Rechtsfall und seinem Problem, das sie nicht im Banne überkommener Glaubenssätze oder bindender Traditionen, sondern frei erörterten. Das Rechtsverfahren war in Rom zweigeteilt: Der für die Rechtsprechung zuständige Prätor stellte die zu behandelnden Tatbestände fest und überließ die Tatsachenermittlung und das Urteil anschließend Richtern, die er ernannte und instruierte; die streitenden Parteien kannten die Rechtsregeln, informierten sich anhand einer sich immer weiter ausdehnenden Fachliteratur und wurden vor Gericht durch sachkundige Anwälte vertreten.

Formal sind dem römischen Verfahren die ebenfalls kasuistischen Vorgehensweisen der jüdischen (rabbinischen) oder islamischen Rechtsgelehrten verwandt; diese beiden blieben jedoch stets an religiöse Texte gebunden und konnten somit dem Recht keine eigenständige und autonome Stellung einräumen.

## 5. Die Eliten des Reiches

*Die Grundzüge der sozialen Ordnung*

Revolutionen oder ihre Träger – das kann man auch anderswo lernen – neigen dazu, nach dem Erreichen des Ziels konservativ zu werden. So auch die Römische Revolution und ihre Elite – allen voran Octavian und der engere Kreis seiner Anhänger. Nach Aktium wollte man das Errungene erhalten, wollte eine stabile Ordnung, die jene, die zur Macht gekommen waren, dauerhaft begünstigte und vor den Nachstellungen ihrer rachsüchtigen Feinde schützte. So versuchte die Ordnung des Jahres 27 kunstvoll die Interessen der Sieger mit der Tradition der Republik, deren Sache die senatorischen Gegner an ihre Fahnen geheftet hatten, auszubalancieren. Die soziale Ordnung wurde eingefroren, die Besitzenden umworben, die einst in der Politik mächtigen Familien zur Teilhabe an der Macht aufgefordert. Die Werte der Republik und die allgemeine Wohlfahrt der Gesellschaft, in der oben und unten nicht durcheinander geriet, wurden zu nationalen Heiligtümern. Es gab in der Antike kein anderes Volk, das so gläubig auf die großen Gestalten der Vorzeit blickte, wie das römische unter Augustus.

Dieser Kult, den die Dichter und Historiker, angetrieben vom kaiserlichen Wohlwollen, mit der Welt der Altvorderen trieben, half gewiß, den Wandel der staatlichen Ordnung hin zur Alleinherrschaft eines Mannes davor zu bewahren, ins Chaotische abzustürzen. Zumal sie verbunden wurde mit einer Beschwörung der pietas, der Frömmigkeit des Staatsvolkes gegenüber den Göttern, denen man das Imperium verdankte. Eines der berühmtesten Bilder der augusteischen Zeit zeigt den Kaiser, seine Familie und die Großen des Reiches, wie sie sich in feierlicher Prozession der pax, dem vergöttlichten Frieden, nähern. Ein zweites zeigt Augustus, gehüllt in die Toga, als Opfernden im traditionellen Frömmigkeitsgestus. Beides, die Erinnerung

## 5. Die Eliten des Reiches

an die Väter und die wiederaufgebauten Tempel der Götter wiesen endgültig den Weg zum Glauben an die Auserwähltheit eines glücklichen und reichen Volkes. Glücklich, weil es die neue Ordnung mit der Tradition der Republik versöhnt hatte, reich, weil die Götter seinen frommen Sinn mit dem Besitz des Imperiums lohnten.

Die Bewahrung des Erreichten wurde den auch zum Schlüsselbegriff der sozialen Ordnung Italiens und der Provinzen. Ihr haben die Begründung der Monarchie und die Festigung ihrer Macht nichts anhaben können. Die vorhandene Sozialstruktur blieb konstant und wurde in die neu eroberten Gebiete West- und Mitteleuropas insbesondere durch die Gründung von Städten übertragen. Sie war geprägt durch die soziale Vormachtstellung der Aristokraten und die Allgemeingültigkeit des timokratischen Prinzips: Vermögen und Besitz gliederten die Gesellschaft und ermöglichten den sozialen und politischen Aufstieg frei geborener Bürger. Erreichbar war dieser angesichts der statischen Wirtschaftsverhältnisse (s. S. 520 ff.) jedoch nur selten, so daß die etablierten Familien die soziale und politische Macht über viele Generationen hinweg in Händen hielten.

Die Spitze der sozialen Pyramide bildete der Reichsadel: Senatoren und Ritter, die im Staatsdienst tätig waren. Diese Gruppe stellte die Führungskader des Reiches: die Konsuln und Prätoren, die Statthalter in den Provinzen, die Legionskommandeure, die Prokuratoren und Präfekte, die Angehörigen des kaiserlichen Beraterstabes (*consilium principis*) und schließlich den Kaiser selbst. In den Provinzen beherrschten die lokalen Eliten der Städte (Dekurionen), von denen viele dem Ritterstand angehörten, das soziale Leben. Mit mehreren hunderttausend Personen machten sie zahlenmäßig den größten Teil der Aristokratie aus.

Der Zugang zu den Oberschichten war streng geregelt. Zu ihnen gehörte, wer Mitglied eines *Ordo*, d. h. des korporativ organisierten Standes der Senatoren (*ordo senatorius*), der Ritter (*ordo equester*) oder der städtischen Eliten (*ordo decurionum*) war. Die Aufnahme erfolgte durch einen formellen Akt, und die Zugehörigkeit drückte sich durch Standesabzeichen und Standestitel aus. Diese formalen Kriterien der Standeszugehörigkeit machen bereits deutlich, daß Geld und Besitz zwar unverzichtbar waren, aber nicht allein über den gesellschaftlichen Aufstieg entschieden. Ebenso wichtig war die personenrechtliche Stellung: Sklaven und Freigelassene, wie vermögend und einflußreich sie auch immer gewesen sein mögen, konnten den Makel ihrer rechtlichen Minderwertigkeit nicht abstreifen. Umgekehrt genoß auch der ärmste freie römische Bürger in Rom und den Provinzen beträchtliche juristische Privilegien. Seine Appellation an den Kaiser z. B. entzog ihn der provinzialen Rechtsprechung. Als der Apostel Paulus vor dem syrischen Statthalter als Angeklagter auf sein Bürgerrecht pochte („*civis Romanus sum!*") und an den Kaiser appellierte, wurde er nach Rom überstellt (Apostelgeschichte 25).

Die Trennung zwischen Ober- und Unterschichten trat am deutlichsten im Strafrecht zutage. Während die gewöhnlichen Sterblichen die ganze Härte dieses Rechts traf (Folter, Kreuzigung, Verurteilung zu Tier- und Gladiatorenkämpfen), wurden schon die Dekurionen und Veteranen von diesen Strafen befreit. Senatoren erwartete bei Kapitalverbrechen das Exil, und sie unterlagen der Gerichtsbarkeit des Senates. Dies war gezielt als Standesprivileg eingeführt worden: Angehörige des ersten Standes im Reich sollten nicht in der Öffentlichkeit und von Geschworenen abgeurteilt werden, die in ihrer Mehrzahl geringeren Standes waren. Auch darin äußerte sich ein ausgeprägtes hierarchisches Bewußtsein, das Achtung, Respekt und Anerkennung nur den Mitgliedern der Oberschichten geschuldet wissen wollte. Gegen diese durch ihre Dauer zusätzlich legitimierte Gesellschaftsordnung, die den sozialen Aufstieg nicht grundsätzlich unmöglich machte, hat es kein Aufbegehren gegeben. Die in der Gesellschaft tief verwurzelte Verpflichtung von Reichtum und Macht hat die bestehenden sozialen Gegensätze erträglich gemacht.

*Die Senatoren: Der Stand und seine sozialen und politischen Pflichten*

Der Senatorenstand (*ordo senatorius*) repräsentierte die ranghöchste Schicht in der sozialen Hierarchie. Zu ihm zählten die Mitglieder des Senats und ihre Familienangehörigen; die Zugehörigkeit zum *Ordo* war erblich. Anders als in der Republik, die den Zugang zum Senat über die Wahl zur Magistratur zuließ, war der Stand während der Kaiserzeit in sich geschlossen; notwendige Ergänzungen oblagen der politischen Verantwortung des Prinzeps und bedurften eines formellen Rechtsaktes. Die Senatoren waren äußerlich leicht erkennbar: Besondere Rangabzeichen (rote Schuhe, ein breiter Purpurstreifen an der *Tunica*), ein Mindestvermögen von einer Million Sesterzen, Ehrensitze im Theater und seit dem zweiten Jahrhundert auch eine besondere Titulatur (*vir clarissimus*) hoben sie aus den übrigen Schichten der Gesellschaft heraus.

Ökonomisch blieb der Grundbesitz auch unter den Kaisern die wesentliche wirtschaftliche Grundlage der Senatoren. Als die provinzialen Eliten zu Beginn des 2. Jahrhunderts verstärkt in den Senat Einzug hielten, wurden alle Anwärter auf einen Senatssitz verpflichtet, ein Drittel ihres Vermögens in italischem Grundbesitz anzulegen. Die rechtliche und – auf Grund seiner Aufgaben – faktische Gebundenheit des Standes an Rom wurde auf diese Weise mit seinen ökonomischen Interessen verknüpft. Auch der aus der Provinz kommende Senator war damit wirtschaftlich an das Kernland des Reiches gebunden. Das soziale Prestige, das Ansehen des einzelnen und des ganzen Standes hingen davon ab, daß von jedem Senator eine Fülle sozialer Verpflichtungen übernommen wurde.

Gesellschaftliches Leben war ohne die Aufwendungen der großen aristokratischen Familien für die Ausstattung der Städte (Bäder, Wasserleitungen, Theater, Tempel u.a.) und die Bedürfnisse der Bevölkerung (neben Brot und Unterhaltung vor allem die Vertretung ihrer Interessen vor Gericht und beim Kaiser) gar nicht denkbar. So stiftete Plinius rd. 1,8 Millionen Sesterzen für seine Freigelassenen, 500 000 für eine private Stiftung in Como, die 175 notleidende Kinder unterstützte, 200 000 für den Aufbau

einer Bibliothek in Como sowie beträchtliche Summen für Tempel, Spiele und private Schenkungen. Rechtlich gesehen waren diese Leistungen Geschenke, tatsächlich ließen sie sich gar nicht vermeiden: Die erwarteten Gegenleistungen, Untertänigkeit und Loyalität der kleinen Leute, festigten den absoluten Führungsanspruch der senatorischen Aristokratie.
Im Verlauf der Kaiserzeit veränderte sich durch die unaufhörliche Einflußnahme der Kaiser vor allem die regionale Zusammensetzung des Standes. Gehörten dem Senat unter Augustus fast ausschließlich stadtrömische und italische Geschlechter an, so gab es bereits Ende des 1. Jahrhunderts eine Anzahl senatorischer Familien aus der *Gallia Narbonensis* und anderen Provinzen des Westens. Im 2. Jahrhundert traten neben sie Familien aus den griechisch sprechenden Provinzen des Ostens. Unter Antoninus Pius stammten noch 57% der Senatoren aus Italien; von denen, die aus den Provinzen kamen, rekrutierten sich 23,9% aus den westlichen, 26,8% aus den afrikanischen und 46,5% aus den östlichen Provinzen. Diese Entwicklung entsprach der wachsenden politischen Bedeutung der Provinzen gegenüber Italien, das seinen Herrschaftsanspruch mit den romanisierten Eliten des Reiches teilen mußte.
Die Monarchie ist im Jahre 27 v. Chr. in einem Akt der Versöhnung des siegreichen Bürgerkriegsgenerals mit dem Senat geboren worden. Augustus folgte mit dieser Entscheidung der Einsicht in das Unumgängliche: Weder in Rom noch in Italien existierte neben dem Senatsadel eine andere gesellschaftliche Gruppe, die Regierungserfahrung genug besessen hätte, das Weltreich zu beherrschen, die Legionen zu führen und Recht zu sprechen. Der Senat verkörperte darüber hinaus die Erfolge und den Glanz der Republik und war in einer Ordnung, die wie die des Augustus auf den Einklang mit der Tradition abzielte, nicht zu übergehen. Ferner ballte sich in den Händen der Senatoren eine soziale (Besitz, Klientelen) und geistige Macht, deren Mißachtung das Säbelregiment eines Militärdiktators erfordert hätte. Und schließlich verfügte diese Aristokratie über eine erstaunliche Kraft der Assimilation: Seit Caesar waren viele Aufsteiger, meist Günstlinge der gerade mächtigen Generäle, in den Senat gelangt. Sie wuchsen rasch in die Vorstellungen ihres neuen Standes hinein und vertraten seine Ideale, als hätten sie ihm schon immer angehört.
Das Gremium des Senats verlor seit Augustus zentrale Kompetenzbereiche. Dazu gehörten die Verwaltung der nichtbefriedeten Provinzen des Reiches, die der Kaiser übernahm, die gesamte Außenpolitik und die Finanzverwaltung, für die eine eigene kaiserliche Bürokratie zuständig wurde. Neue Aufgaben traten hinzu: Unter Tiberius übernahm der Senat vom Volk die Wahl der Magistrate und wenig später auch die Gesetzgebungskompetenz. Ebenfalls unter Tiberius wurde die Strafgerichtsbarkeit des Senates eingeführt, die sich in der Hauptsache auf Angehörige des Senatorenstandes konzentrierte. Trotz dieser Ausweitung bestimmter Aufgaben schwanden die Kraft und der Wille zur eigenen politischen Meinungsäußerung sehr schnell; das Gremium wurde zum Sprachrohr des Monarchen. Seine eigentlichen Aufgaben fand der senatorische Adel in der Verwaltung

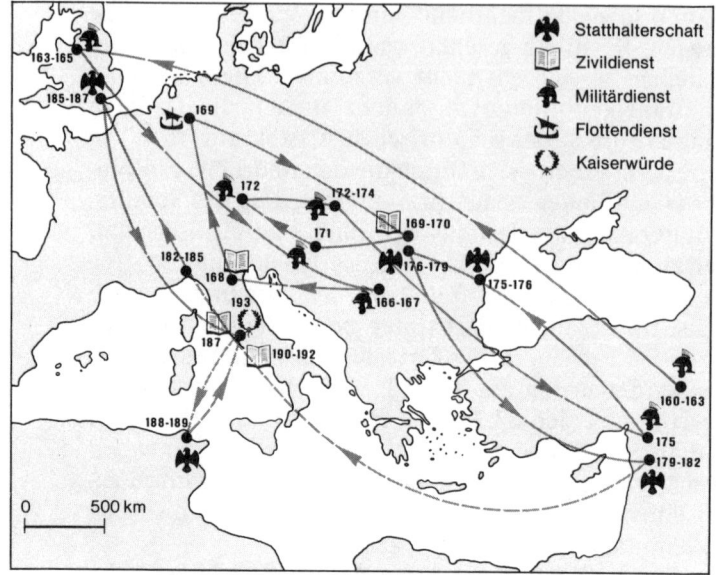

*Stationen in der Laufbahn des Publius Helvius Pertinax /126–193 n. Chr.)* Die Vielzahl ihrer Pflichten führte die Angehörigen des Reichsadels in zahlreiche Provinzen. Militärische Kommanden und zivile Aufgaben wechselten dabei kontinuierlich. Die geringe Zahl geeigneter Eliten zwang die wenigen Befähigten zu einem asketischen Dasein im Dienst von Kaiser und Reich. Pertinax stieg 193 zum Kaiser für drei Monate auf, bevor er von Prätorianern erschlagen wurde.

des Reiches. Die Statthalter der befriedeten Provinzen, die der Kompromiß des Jahres 27 der Befehlsgewalt des Senates gelassen hatte, wurden nach wie vor im Senat gewählt und als Prokonsuln bzw. als Proprätoren mit der vollen Amtsgewalt (*imperium*) ausgestattet. Die Statthalter der kaiserlichen Provinzen rekrutierten sich ebenfalls ausschließlich aus Senatoren, die jedoch als *legati Augusti* im Auftrag des Kaisers ihre Provinzen regierten. Ihre Amtsvollmachten unterschieden sich nicht von denen der Republik. Experimente waren hier auch nicht sinnvoll: Die fast monarchische Macht des Statthalters in seiner Provinz hatte sich bewährt, und die Sicherheit des Reiches verlangte die zusammengefaßte zivile und militärische Gewalt in den Händen von Männern, die den Umgang mit der Macht gewohnt waren.

Dementsprechend konnten auch nur Senatoren die hohen Kommandostellen des Heeres, vor allem das Amt des Legionskommandeurs (*legatus legionis*), beanspruchen. Im zivilen Bereich lagen die Dinge ähnlich: Ein Senator verwaltete das Amt des Stadtpräfekten von Rom (*praefectus urbi*), der in der Hauptstadt für Ruhe und Ordnung zu sorgen hatte, und Senatoren waren die Ressortchefs der Behörden für öffentliche Bauten, Wasserleitungen und Straßen. Natürlich blieben auch die hohen republikanischen Magistraturen (Konsulat, Prätur) in der Regel Senatoren vorbehalten. Wer das Amt des Konsuls erreicht hatte, war in die eigentliche Führungsspitze des Imperiums aufgerückt und hatte eine glanzvolle Karriere vor sich: Er übernahm die Verwaltung einer großen Provinz mit einem wichtigen Militärkommando, wechselte anschließend in eine Schlüsselstellung der zivilen Administration und zählte schließlich zum Beraterstab des Prinzeps.

## 5. Die Eliten des Reiches

*Die Ritter: Die Zusammensetzung des Standes und seine Aufgaben in der Reichsverwaltung*

Auch die Geschichte des Ritterstandes (*ordo equester*) reicht in die Republik zurück: Dort waren Ritter Männer, die vornehmlich die großen Geld- und Handelsgeschäfte tätigten oder in den Landstädten Italiens lebten und deren Honoratiorenschicht bildeten (s. S. 354 f.). In der Kaiserzeit veränderte sich die Zusammensetzung des Standes ebenso wie seine Funktion. Der Kaiser konstituierte den Stand durch die individuelle Ernennung geeigneter Personen. Die Verleihung der ritterlichen Standesabzeichen (das Staatspferd, der ritterliche Goldring) erforderte den Nachweis eines Vermögens von mindestens 400 000 Sesterzen, einen unbescholtenen Lebenswandel und freigeborene Eltern und Großeltern. Ritter wurde trotzdem nur der, auf dem das kaiserliche Wohlwollen ruhte. Zu erreichen war dies nur im Dienst für Kaiser und Reich. Der Dienst als Offizier stand zumeist am Anfang einer ritterlichen Karriere, in der Disziplin und Loyalität gegenüber dem Monarchen das Denken und Handeln bestimmten. Eine Vererbung des einmal erworbenen ritterlichen Status gab es nicht; jede Generation hatte die Befähigung zum staatlichen Dienst als Ritter neu zu erwerben. Dementsprechend war auch der Zusammenhalt dieses von der kaiserlichen Gnade geschaffenen Standes allein durch seine Aufgaben im Dienste des Prinzeps gegeben. Nur hier gewann der Ritter Selbstbewußtsein, Profil und Zugang zu neuen Aufgaben, deren loyale Erfüllung bis in die zentralen Leitstellen des Reiches führen konnte.

Rivalitäten zwischen dieser neuen Elite und den Senatoren hat es kaum gegeben. Für beide war das Betätigungsfeld nahezu unendlich groß. Zudem setzte das Maß des rechten Denkens und Handelns die Senatsaristokratie, deren Lebensformen und Ethik die Ritter nur nachahmen konnten. Das große Ziel, das sie und ihre Familie anstrebten, war nach entsagungsvollen Jahren im staatlichen Dienst die Aufnahme in den *ordo senatorius*. Es blieb dies immer die höchste Auszeichnung, die der Kaiser an seine treuesten ritterlichen Beamten vergeben konnte.

Der Ritterstand wurde für die Monarchie von Anfang an die Rekrutierungsbasis einer neuen Verwaltungsschicht. Ihr wichtigster Tätigkeitsbereich lag in der Finanzverwaltung. Alle Steuern und Zölle sowie die Einnahmen aus den kaiserlichen Besitzungen (Domänen und Bergwerke) verwalteten in Rom, in Italien und in den Provinzen Beamte aus dem Ritterstand (die Prokuratoren); allein in den Senatsprovinzen wurden die Steuern der Gemeinden (Boden- und Kopfsteuer) jetzt noch von der senatorischen Verwaltung (*quaestor provinciae*) eingetrieben. Diese grundlegende Reform des ganzen Finanzwesens brachte Ordnung in die Kassen. Zugleich wurden damit die den Rittern von jeher eigenen Erfahrungen im Finanz- und Geschäftswesen für den Staatsdienst nutzbar gemacht. Was sie in den Zeiten der Republik als Steuer- und Zollpächter (*publicani*) gelernt hatten, kam jetzt dem monarchischen Staate um den Preis einer angesehenen und hoch besoldeten Laufbahn zugute.

Auch einige der höchsten Staatsämter blieben Rittern vorbehalten. Dazu zählte in erster Linie die Verwaltung des dem privaten Besitz des Kaisers zugeschlagenen Ägypten, das einem Präfekten (*praefectus Aegypti*) anvertraut wurde. Ungefähr den gleichen Rang hatten gewisse Ämter in der Hauptstadt, die ebenfalls als Präfekturen bezeichnet wurden: so das in der Regel doppelt besetzte Amt des Kommandanten der Prätorianergarde (*praefectus praetorio*), die Stelle des Polizeipräsidenten (*praefectus vigilum*) und der Posten des für die Getreideversorgung zuständigen Präfekten (*praefectus annonae*). Die hohe politische Bedeutung dieser Aufgabenbereiche zeigt die Absicht, die bereits der erste Kaiser mit der Bestallung von Rittern verfolgte: Die Senatoren sollten von den Ämtern ferngehalten werden, die ihren Inhabern eine dem Monarchen gefährliche Machtfülle in die Hand gegeben hätten.

Hinter dem Aufbau des Ritterstandes und der Festlegung seiner Funktionen stand also ein klar umrissener politischer Wille: Seit Augustus gewann ein Verwaltungssystem Konturen, in dem allen hohen Beamten aus dem Senatorenstand ritterliche Helfer zugeordnet wurden. Sie steigerten die Effektivität der Verwaltung und taugten zugleich als unermüdliche Aufpasser, welche die strikte Einhaltung der kaiserlichen Interessen überwachten. Ihr Lohn waren kaiserliche Gunstbeweise, die Ämter, Karriere und Ehren sicherten.

*Die lokalen Eliten der Städte*

Das stabilste Element im Gesellschaftsgefüge der Provinzen bildete der Dekurionenstand (*ordo decurionum*), der das soziale und politische Leben in den Städten bestimmte. Die soziale Herkunft dieser Gruppe konnte entsprechend den jeweiligen Gegebenheiten in den Provinzen und entsprechend der wirtschaftlichen Bedeutung der einzelnen Regionen ganz verschieden sein. In den großen Städten ragten zunächst die Ritter heraus, die nach längerer Bewährung im Dienst des Kaisers in ihre Heimatstädte zurückkehrten und dort im kommunalen Bereich den größten Teil ihres Lebens zubrachten. Ansonsten regelte auch hier das Geld den Zugang zum Stand der Honoratioren. Allerdings war das nachzuweisende Minimalvermögen, das die Türen der städtischen Amtsstuben öffnete und den sozialen Lebensstil bestimmte, sehr unterschiedlich. In Como z. B. mußte der angehende *Decurio* ein Vermögen von 100 000 Sesterzen (= 1/4 eines ritterlichen Vermögens) nachweisen; in den nordafrikanischen Städten unweit der Küste taten es auch 20 000 Sesterzen, um in den Kreis der Honoratioren aufgenommen zu werden.

Nicht minder uneinheitlich war die Zusammensetzung. In Niedergermanien rekrutierten sich die lokalen Eliten vornehmlich aus entlassenen Militärs, deren Nachkommen oder aus römischen Kolonisten. In den gallischen Provinzen (*tres Galliae*) hingegen gab nach wie vor der alte Stammesadel in den von Rom neu gegründeten Verwaltungszentralen (*civitates*) den Ton an. In der romanisierten *Narbonensis* wiederum sorgten sich viele Ritter

und Senatoren, obwohl längst im Dienst der Reichszentrale, um ihre Heimatstädte und übernahmen häufig einen Sitz im Rat der Dekurionen.
Ihnen allen gemeinsam war nur der Status des Grundherrn. Sie lebten von ihren Gütern, die sie in der Nähe der Stadt besaßen, und hie und da vom lokalen Handel, der die Märkte der Umgebung bediente. Ansässig in den Städten, die sie verwalteten, ging diese soziale Schicht sparsam mit ihren Einkünften um. Das fürstliche Leben, das die Angehörigen des Reichsadels in Rom und den Großstädten des Reiches führten, war in den provinzialen Landstädten unbekannt. Hier hielt man zusammen, was man hatte. Hier war man auch zufrieden mit dem gesellschaftlichen Ansehen, das mit der Übernahme der Verwaltungsfunktionen traditionell verknüpft war. Das römische Bürgerrecht, mit dem im Laufe der frühen Kaiserzeit die meisten ausgezeichnet wurden, änderte nichts an ihrer Bindung an die eigene Kultur. Es wurde als Anerkennung der geleisteten Aufgaben in der städtischen Selbstverwaltung verstanden und nicht als Anregung, neue Ufer einer einheitlichen Reichsgesellschaft anzustreben.
Alle Städte des Reiches wurden von derart strukturierten lokalen Eliten geführt. Dort, wo sie nicht vorhanden waren, richtete Rom sie ein. Allein mit ihrer Hilfe war Herrschaft überhaupt auszuüben: Das flache Land war nur von den Zentralorten aus zu verwalten, und diese Aufgabe mußten die städtischen Behörden leisten, da römische Beamte dafür nicht zur Verfügung standen. Im sozialen Raum bedeutete dies den Aufstieg und die Stabilität einer grundbesitzenden Aristokratie, die alle entscheidenden politischen Funktionen übernahm: Sie verwaltete das Land und die Städte, beherrschte die unteren städtischen Schichten und sorgte sich um das soziale Wohl und das Prestige der Heimat.
Die politischen Organe, die zur Erledigung aller Aufgaben zur Verfügung standen, waren nur den Dekurionen zugänglich: Der Rat (*ordo, senatus*), zumeist 100 auf Lebenszeit bestellte Mitglieder (*decuriones*), und die Magistratur (zwischen vier bis sechs Beamte, geführt von zwei Bürgermeistern, den *duoviri*). Der Rat rekrutierte sich aus den gewesenen Beamten der Stadt und kooptierten Mitgliedern, fungierte als beratende Versammlung, vergleichbar dem Senat in Rom, und entschied insbesondere über die für die Stadt aufzubringenden Leistungen (*munera*). Die jährlich neu gewählten Magistrate sprachen Recht, verwalteten die Kassen, übten polizeiliche Funktionen aus und besorgten die ordnungsgemäße Durchführung der Kulte.
Die Existenz jeder Stadt hing von der Leistungsfähigkeit ihrer Dekurionen ab. Die öffentlichen Kassen der Städte der alten Welt hatten noch nie ausgereicht, den gesamten materiellen und personellen Bedarf der städtischen Haushalte zu decken. Ständig war man auf unentgeltliche Sach- und Dienstleistungen angewiesen. Dies hieß in der Regel, daß die einzig kapitalkräftige Oberschicht dazu herangezogen wurde. Von ihr erwarteten die übrigen sozialen Schichten die Sicherung der Lebensmittel- und Wasserversorgung, die Finanzierung aufwendiger Bauten und Spiele sowie die Repräsentation der Stadt nach außen. Die römischen Herren hatten dazu die

Pflicht auferlegt, die Steuern einzutreiben und für ihren pünktlichen Eingang mit dem eigenen Vermögen zu haften. Geschenke und Ehrengaben für den Kaiser und seine Familie oder andere mächtige Personen, deren Einfluß zugunsten der Städte gesichert werden mußte, kamen hinzu.

## 6. Bauern und Bürger

*Die Grundzüge des wirtschaftlichen Lebens*

Die Grundbedingungen des wirtschaftlichen Lebens waren von rechtlichen, ökonomischen und politischen Faktoren bestimmt, von denen einer alle anderen beherrschte: Der größte Teil des flachen Landes im gesamten Reich unterstand den Städten und ihren Behörden.

Die römischen Herren hatten diese Rechtsform der Stadt festgeschrieben und in den noch wenig zivilisierten Ländern verbreitet. Für ihre Herrschaftsinteressen war die Stadt unverzichtbar, da sie das umliegende ländliche Territorium verwaltete und die geforderten Steuern für Rom eintrieb. Ökonomisch und politisch bedingte dieses System, daß die Grundherren stadtsässig wurden (oder blieben), die politische Macht der Behörden in Händen hielten und ihr auf dem Land erwirtschaftetes Einkommen überwiegend in der Stadt für ihren standesgemäßen Lebensstil ausgaben.

Nichts anderes taten der Kaiser und die Angehörigen des Reichsadels. Auch sie setzten ihre auf den Domänen und Latifundien erwirtschafteten Gewinne in den Städten um: Bauten, Spiele, Spenden der verschiedensten Art wurden aus einem unerschöpflich scheinenden Füllhorn über die Städte ausgeschüttet. Den Profit hatten vom Baumeister bis zum Zuckerbäcker, der den Kuchen für die Festlichkeiten der hohen Herren lieferte, alle Bürger, die mehr taten, als nur ihr Land zu bestellen. Aber auch die sozial Schwachen in den Städten lebten davon: Arbeiten als Tagelöhner waren allemal zu haben, und im übrigen existierte man von den noblen Spenden der Mächtigen. Der Dank war die uneingeschränkte Bewunderung und Anerkennung der politischen und finanziellen Macht der Großen. Die auf einem Fußbodenmosaik einer afrikanischen Villa festgehaltenen Zurufe des von einer Tierhetze begeisterten Volkes zeigen, was dem Gebenden und dem Empfangenden wichtig war: „Magerius zahlt für alles – das bedeutet es, reich und mächtig zu sein."

Der Bauer auf dem Lande hatte von alledem die Last, und es blieb ihm nur die staunende Bewunderung der in den Städten entfalteten Pracht. Diese kostete mehr, als die Städte an Gegenwert produzierten. Ihr Reichtum wurde auf Kosten des Landes erworben und blieb davon abhängig, daß der Zustrom an Geld und Kapital von außen nicht abriß und Grundherr und Reichsadel ihr Vermögen weiterhin in den Städten ausgaben. Das Geld, das auf diesem Wege in die Taschen der Bürger floß, bewirkte trotz aller Großartigkeit, mit der die Städte architektonisch ausgeschmückt wurden, für das Wirtschaftsleben wenig Dauerhaftes. Die reich gewordenen Handwerker und Händler steckten ihr Kapital nicht in ihre Betriebe, sondern kauften Land. Das Leben eines kleinen Grundherrn war begehrenswerter als die Existenz etwa eines noch so gewaltigen Bauunternehmers. Denn nur der Eigentümer von Land galt etwas, und nur er konnte hoffen, eines Tages selbst zur Elite seiner Heimatstadt gezählt zu werden. Die soziale Geltung wurde nur nach einem Vermögen zugemessen, das Grund und Boden vorweisen konnte: „Von allen Erwerbsarten ist die Landwirtschaft die beste, die ergiebigste und angenehmste, die des freien Mannes würdigste", hatte schon Cicero doziert (de officiis 1,151).

Diese auch von der Sozialethik geforderte Anlage des Kapitals in Landbesitz ließ wirtschaftliche Veränderungen kaum zu. Eine Steigerung des Sozialprodukts der Städte war nie in einer Höhe zu erreichen, welche die Ausbeutung des Landes verzichtbar gemacht hätte. Die wirtschaftlichen Energien und der Erfindergeist konzentrierten sich nur sporadisch und eher zufällig auf die Güterproduktion. Damit war es das unausweichliche Schicksal der Städte geworden, ihre wirtschaftliche Prosperität in erster Linie der Leistungsfähigkeit der stadtsässigen Grundherrn danken zu müssen, die zugleich die politische Führung allein in Händen hielten. Die Finanz- und Wirtschaftskrise des 3. Jahrhunderts wurde so zwangsläufig zur Krise der gesamten Gesellschaftsordnung.

Die meisten antiken Städte waren Agrarstädte, deren Bürger vornehmlich aus Bauern bestanden, für die das Land die einzige Quelle ihres Reichtums darstellte und die alles, was sie an Metallen, Sklaven und Luxusgütern brauchten, mit den Erträgen ihrer Felder bezahlen mußten. Im ewig gleichen Wechsel der Jahreszeiten zogen sie täglich bei Morgengrauen aus der Stadt auf ihre Felder und bauten an, was schon ihre Eltern und Großeltern angebaut hatten: Korn für das Brot, Wein und Oliven; die Zucht von Schafen, Rindern und Schweinen ergänzte die Produktivität der landwirtschaftlichen Arbeit.

Zusätzliche Einkünfte sicherte das Recht, regelmäßige Markttage abzuhalten. Die bei diesen Anlässen aus der Umgebung zusammenströmenden Käufer und Verkäufer, die meist auch die Produzenten der angebotenen Waren waren, zahlten Marktgebühren und gaben ihr Geld in der Stadt aus. Dabei kamen die Wirte, die Schausteller, die Devotionalienhändler, die Viehdoktoren, die Huren und die Transportunternehmer nicht zu kurz, da an diesen Tagen religiöse Feiern und Spiele für festtägliche Stimmung sorgten. Insgesamt umschlossen diese Städte eine Welt, in der man von guter zu schlechter Ernte fast ganz als Selbstversorger lebte und froh war, wenn man über die eigenen Bedürfnisse hinaus die Steuern an Rom zahlen konnte.

Jenseits dieser Agrarstädte waren die wirtschaftlichen Möglichkeiten von Stadt zu Stadt verschieden. In den großen Produktionszentren (z. B. in den kaiserlichen Manufakturen) existierte eine breite und z.T. auch wohlhabende Schicht von Arbeitern und Gewerbetreibenden. Anders lagen die Dinge in den großen Handelsstädten, die Fluß- oder Seehäfen besaßen. *Lugdunum* (Lyon) z. B., Schnittpunkt im Straßensystem Galliens, gelegen am Zusammenfluß von Rhône und Saône, wurde die natürliche Handelszentrale Galliens und war zugleich das wichtigste Verwaltungszentrum aller gallischen Provinzen. In dieser Stadt tauchten Beamte, Händler, Kaufleute und Schiffer als sozial bunt gemischte Gruppe auf, in der orientalische Zuwanderer, viele Freigelassene, Italiker und Einheimische zusammengewürfelt waren. Ein ähnliches Bild bot *Arleate* (Arles), der wichtigste Hafen im gallischen Süden, in dem die Güter aus den Binnenhäfen in die Seeschiffe umgeladen wurden. Und schließlich die Metropolen des Mittelmeeres: Ostia, Importhafen zur Versorgung der Hauptstadt, Alexandria, Umschlagplatz für die Erzeugnisse Ägyptens (Getreide, Leinen, Papyrus), Rhodos und Chios, die den Ägäishandel lenkten, Palmyra, Oase inmitten weiter Wüstengebiete nordöstlich von Damaskus, über die der Karawanenhandel mit den Luxusgütern aus dem Osten führte: In ihnen pulsierte ein anderes Leben als in den Agrarstädten, wie z. B. im italischen Pompeji oder im böotischen Theben.

Gemeinsam waren allen Städten des Reiches in den ersten beiden Jahrhunderten ein bis dahin unbekannter Wohlstand und ein unbekümmertes wirtschaftliches Laissez-faire, über welches das Frieden stiftende Regiment der Kaiser wachte. Dieses garantierte die bestehenden Besitzverhältnisse und sorgte für Schutz im weitesten Sinne des Wortes. Der Ausbau der Verkehrswege (Fernstraßen, Häfen, Kanäle) und die Sicherheit der Meere rückten Länder und Städte näher zusammen, und der Warenaustausch brachte alle Güter in jeden Winkel der Welt. Neue Märkte entstanden im Gefolge der großen Armeelager an den Grenzen und trugen zur wirtschaftlichen Prosperität der Grenzprovinzen wesentlich bei.

Eine stabile Währung belebte den Zahlungsmittelumlauf, erleichterte den Güteraustausch und machte die Erschließung von Bodenschätzen und neuen Produktionsformen möglich. In diese Zeit paßten die Stadtmauern als Symbol der Furcht und des Sich-Abschließens nicht mehr; an ihre Stelle traten die großen Nutz- und Prachtbauten der Wasserleitungen, Straßen, Theater und Marktplätze, traten vor allem Amphitheater und Thermen, die den Städten vom syrischen Wüstenrand bis hin zu den Winzerstädten an der Mosel ihr ebenso beeindruckendes wie einförmiges Gesicht gaben. Dabei schuf der Wetteifer der Städte untereinander um die schönste und attraktivste Ausstattung häufig Arenen, deren Finanzierung die städtischen Eliten an den Rand des Ruins führte und nicht selten das Eingreifen des Kaisers erforderlich machte. Trost fand man immer in den öffentlichen Badeanlagen, die als Zentren des gesellschaftlichen Lebens in keiner Stadt fehlen durften und die ein staunender moderner Betrachter ganz zu Recht „Kathedralen des Fleisches" genannt hat.

## *Grundherr und Bauer*

In Italien war eine der auffallendsten Folgen der Weltreichspolitik die Ausdehnung des Großgrundbesitzes gewesen; in den Provinzen des westlichen Mittelmeeres und insbesondere in Nordafrika setzte sich diese Entwicklung fort. Landbesitz galt in der ganzen Antike als die einzig standesgemäße Form von Eigentum und war zugleich die sicherste Kapitalanlage: Unter den stabilen Verhältnissen des Prinzipats konnte mit einer jährlichen Rendite von 5-6% gerechnet werden. Der Senator, durch Gesetz ohnehin dazu verpflichtet, der reich gewordene Ritter, der fleißige Freigelassene mit Fortune oder der erfolgreiche Unternehmer – sie alle steckten ihr Geld in Grundbesitz.

Dasselbe tat der Kaiser, dem darüber hinaus der bei seinen senatorischen Gegnern konfiszierte Besitz und große Ländereien durch Testament zufielen. Die so kontinuierlich wachsenden Güter des Kaisers, die zusammengenommen den Umfang ganzer Provinzen einnahmen und sich insbesondere über weite Teile Italiens und Nordafrikas erstreckten, wurden seit den Flaviern zu einzelnen Einheiten zusammengefaßt und durch Prokuratoren verwaltet. Im Prinzip nicht anders gingen die senatorischen Besitzer von Großgütern vor, die ihre Ländereien in Italien und in den Provinzen besaßen. Es kam nicht auf die Arrondierung zusammenhängender Güter an, sondern auf die Kapitalinvestition, so daß ein senatorischer Besitz aus vielen kleinen und mittelgroßen Gütern in mehreren Provinzen zusammengesetzt war. Der schließliche Effekt blieb davon unberührt: Bereits im 3. Jahrhundert konzentrierte sich der Grundbesitz in den Händen weniger, unter denen wiederum der Kaiser eine besondere Rolle spielte.

Die Zeitgenossen haben diesen Prozeß der Latifundisierung auf Kosten der kleinen und mittelgroßen Güter immer wieder als Unglück beklagt und darin die Ursachen staatlicher Krisen gesehen. „Die Latifundien richten Italien zugrunde" (*latifundia Italiam perdidere*), schrieb unter Nero der ältere Plinius (Naturgeschichte 18,35). Dieser Ausruf gründete allerdings nicht auf einer ökonomischen Analyse der Verhältnisse, sondern war Ausdruck des jedem antiken Menschen selbstverständlichen Gefühls, daß die politische und moralische Kraft eines Staates von einem intakten Bauernstand abhing.

Großgrundbesitz war in den Jahrhunderten der Kaiserzeit nicht identisch mit einheitlicher, geschlossener Bewirtschaftung. Der plantagenartig wirtschaftende Großbetrieb der späten Republik, der für einen größeren Markt als den einheimischen produzierte, blieb in Italien und den Provinzen zumeist Episode. Seine Rentabilität, ohnehin nur bei bestimmten Anbauarten oder bei Viehwirtschaft gegeben, stand und fiel mit der billigen Arbeitskraft. Als der Friede des Reiches keine Kriegsgefangenen mehr als Sklaven auf den Markt brachte und die vom Kaiser verbürgte Sicherheit der Straßen und Meere keine organisierten Sklavenjagden mehr gestattete, war es damit vorbei. Die rentabelste Form des Wirtschaftens wurde wieder der Familienbetrieb, und das ökonomische Leitbild blieb der von einer bäuerlichen Familie (Bauer, Pächter oder Sklave als Quasi-Pächter) bestellte Hof.

In der Praxis verpachtete der um seine Rendite besorgte Grundherr sein Land nunmehr fast ausschließlich an Kleinbauern oder beließ es bei der Neuerwerbung eines Landgutes den dort ansässigen Bauern und schloß mit

ihnen einen Pachtvertrag für fünf Jahre (später auch für längere Zeiträume). Die kleine, aber sichere Rendite des Pachtzinses oder der Naturallieferungen schien allen besser als kostspielige Experimente mit teuren Sklaven, Saisonarbeitern oder neuen Anbauprodukten, mit denen der Markt möglicherweise bereits gesättigt war. Dementsprechend zerfielen die Großgüter in eine Vielzahl kleiner Wirtschaftseinheiten, auf denen der Bauer – in welcher Rechtsstellung auch immer – wie eh und je seinen Pflug führte.
Die Entwicklung in der Kaiserzeit führte dazu, daß der selbst wirtschaftende Kleinpächter (*colonus*) zum vorherrschenden Typ im Agrarbereich wurde. Vor allem arbeitete er auf den Besitzungen des Kaisers (Domänen), von denen die nordafrikanischen am besten bekannt sind. Die dortigen großen Latifundien, kontrolliert von einem Prokurator der kaiserlichen Zentralverwaltung, zerfielen in einzelne Güter (*saltus*), die an einen verantwortlichen Unternehmer (*conductor*) verpachtet wurden; dieser wiederum vergab die einzelnen Parzellen des Gutes an Kleinpächter. Die zu leistenden Abgaben betrugen ein Drittel der Getreide- oder sonstigen Ernte; die Pflicht zu dreimal je drei Tagen Fronarbeit im Bereich des Gutes kam hinzu.
Dieses Wirtschaftsgebaren war zweifellos vernünftig, zumal es den Nöten des Pächters gegenüber flexibel war und die bäuerliche Arbeit unverändert als die wertvollste anerkannte. Es scheiterte auch nicht an sich selbst, sondern an den Folgen der seit Mark Aurel einsetzenden außenpolitischen Krisen. Abnehmende Bevölkerungszahlen durch Krieg und Pest und vor allem der wachsende Steuerdruck, den die Verteidigungslasten des Reiches unvermeidlich machten, überforderten das System und seine Leistungsfähigkeit. Der Bauer (rechtlich jetzt zumeist Pächter) geriet unter Druck, da seine Erträge und seine Steuerfähigkeit für die Existenz des Reiches lebenswichtig geworden waren. Grundherr und Staat drängten ihn in die dauernde Abhängigkeit: Die Freizügigkeit (zeitlich wie materiell) verschwand aus den Pachtverträgen, die Abgaben wurden zur Regel, und das vorläufige Ende der Entwicklung sah den Bauern seit der Mitte des 4. Jahrhunderts schließlich per Gesetz an seine Scholle gebunden, mit der zusammen er am Ende auch verkauft werden konnte.

*Die städtische Gesellschaft*

Das gesellschaftliche Leben in den Städten der antiken Welt unterlag einem einfachen Grundprinzip: Der Bürger war in dem Maße selbstbewußt und gesellschaftlich anerkannt, wie er Leistungen für seine Heimat als Soldat, als Mitglied der Volksversammlung und als Teilhaber an der Kultgemeinschaft erbrachte. Diese Tätigkeiten entschieden neben seinem materiellen Besitz über seinen sozialen Rang. Das monarchisch regierte Großreich ließ dafür nur noch wenig Spielraum. Die Verteidigung des Reiches übernahmen Berufssoldaten, angeworbene Hilfsvölker und die Bewohner der Grenzprovinzen. Die innere Organisation und Verwaltung besorgten ausschließlich die lokalen Eliten, die – getragen vom Wohlwollen der römischen Administration – kaum noch auf die Zustimmung ihrer Bürger ange-

## 6. Bauern und Bürger

wiesen waren. Schließlich lag die kompromißlose Festschreibung der einmal bestehenden sozialen Ordnung im elementaren Interesse der römischen Herrschaftsmacht, die Ruhe und Ordnung in den Provinzen gewahrt und die Zahlung von Tributen, Steuern und Abgaben gesichert wissen wollte. Die Statthalter überwachten denn auch peinlich genau, daß die Unterschiede der Stände nie in Frage gestellt wurden: „Sind diese verwischt, durcheinander und in Unordnung geraten, dann ist nichts ungleicher als gerade diese Gleichheit", schrieb Plinius an den Statthalter der spanischen Provinz Baetica (Briefe 9,5).
Die langfristigen Folgen, die sich aus der Stabilität und der Dauer der römischen Herrschaft ergaben, veränderten das gesellschaftliche Leben und seine Leitbilder. Die politische Betätigung des Bürgers schwand mit der Entmachtung der Volksversammlungen nahezu gänzlich; militärische Pflichten waren (wenn überhaupt) weit jenseits der eigenen Stadtmauern zu erfüllen und boten kaum noch Möglichkeiten, im engeren städtischen Kreis Ansehen zu gewinnen.
Der Rückgang der politischen Tätigkeit der Bürger verlieh den privaten Formen des gesellschaftlichen Lebens eine neue Bedeutung: Das Vereinsleben gab dem einzelnen jetzt die Möglichkeit, jenseits seiner Arbeitswelt gesellig zu sein und Ansehen zu erringen. Die Motive der Bildung von Vereinen (*collegia*) waren vielschichtig. Mit offizieller staatlicher Förderung konnten alle Vereinigungen rechnen, die staatlichen Bedürfnissen entgegenkamen und Aufgaben erfüllten, die der kaiserliche Verwaltungsapparat nicht leisten konnte. Dazu zählten in erster Linie die Handels- und Transportkorporationen. Sie sicherten die Versorgung Roms und der übrigen Großstädte und hatten damit wesentlichen Anteil an der Befriedung der latent unruhigen Ballungszentren. Kein geringeres Ansehen genossen die für sakrale Veranstaltungen und für die Brandbekämpfung zuständigen Kollegien. Führenden Mitgliedern wurden besondere Ehrungen nicht versagt: So waren im Amphitheater von Nîmes 40 Ehrensitze für die Vereinigung der Rhône- und Saôneschiffer reserviert, die auch den Öl- und Weinhandel kontrollierten.
Über diese dem Staate offenkundig nützlichen Vereine hinaus existierte eine Unzahl von Vereinen der kleinen Leute (*collegia tenuiorum*). Ihre Gründung war aufgrund eines um 50 n. Chr. ergangenen Senatsbeschlusses möglich, der den ärmeren Schichten eine Vereinsgründung ohne staatliche Erlaubnis gestattete, wenn als Ziel der Vereinigung die Sicherung eines angemessenen Begräbnisses der Mitglieder eingetragen wurde. Dahinter konnte sich viel verbergen; letztlich ging es immer um die Schaffung eines gesellschaftlichen Mittelpunktes, dem bestimmte Aufgaben angelagert wurden.
Mitgliedsbeiträge, private Spenden reicher Bürger sowie Erbschaften ermöglichten den Vereinen die Unterstützung von in Not geratenen Bürgern und eine würdige Bestattung, zu der Opfer zu Ehren der Götter, Riten und Totenmahlzeiten gehörten. Die wichtigste Triebfeder der Zusammenschlüsse war jedoch die Hoffnung, durch aktive Teilnahme am Vereinsle-

ben das Sozialprestige der einzelnen Mitglieder zu heben. In den Vereinen bildete sich ein gewisses korporatives Selbstbewußtsein aus. Dem entsprach, daß sich hierarchische Strukturen entwickelten und das organisierte Vereinsleben sich in seinen äußeren Erscheinungsformen der Tätigkeit städtischer Würdenträger annäherte.
In derartigen auf die gesellschaftliche Anerkennung zielenden Formen tritt ihre Funktion als Ersatz für den verlorengegangenen politischen Handlungsspielraum sehr deutlich zutage. Wer unterhalb der Dekurionen durch Betriebsamkeit und Initiative sein Sozialprestige mehren wollte, war unter dem Dach der *pax Romana* auf den gesellschaftlichen Raum verwiesen. So nahmen in der Rangordnung der städtischen Bevölkerung nach den Dekurionen und den Priestern des Kaiserkultes die Vereine den dritten Platz ein. Damit wurde in der allgemeinen sozialen Wertschätzung anerkannt, daß derjenige sich aus der Masse der Plebs heraushob, welcher sich in einem Verein bewährte und hervortat. Die Sehnsucht nach neuen sozialen Bindungen, die in den politisch entmachteten Gemeinden und vor allem in den Großstädten zu schwinden begannen, fand in der rapiden Ausweitung des Vereinslebens eine gewisse Erfüllung.

## 7. Sklaven und Freigelassene

Der Anteil der Sklaven an der Bevölkerung Italiens und der Provinzen ist nicht exakt zu bestimmen. Sicher ist nur, daß die Sklavenzahl gegenüber der späten Republik stetig abnahm. In den Provinzen des Reiches war entsprechend der jeweiligen Wirtschaftsstruktur die Nutzung von Sklaven als Arbeitskräfte unterschiedlich groß. Aus den Briefen des jüngeren Plinius geht hervor, daß ein Großgrundbesitzer in Italien um die Wende vom 1. zum 2. Jahrhundert über einige hundert Sklaven verfügen konnte; in *Noricum* hingegen betrug die höchste in einer Hand nachgewiesene Sklavenzahl sechs. Die Institution als solche hat in der Antike niemand (auch nicht die Christen) in Frage gestellt: Die Verfügungsgewalt des Herrn über den Sklaven entsprach immer der über eine Sache, auch wenn die soziale Wirklichkeit andere Wege ging und das Sklavenrecht in der Kaiserzeit gemildert wurde. Im einzelnen konnte dem Sklaven ein eheähnliches Verhältnis mit einer Sklavin erlaubt werden; ferner besaß er die Möglichkeit, ein eigenes Vermögen (*peculium*) zu erwerben und für seinen Herrn Rechtsgeschäfte abzuschließen.
Sklaven kamen aus aller Herren Länder: Germanen und Kelten waren nicht minder zahlreich unter ihnen als Syrer, Griechen oder Thraker; selbst Schwarze lieferten findige Sklavenhändler nach Rom. Ebenso bunt wie die nationale war die soziale Zusammensetzung der Sklaven: Der thrakische Fürstensohn diente neben dem griechischen Geschäftsmann, der in den Wirren eines Krieges oder Aufstandes versklavt worden war. Und schließlich war auch das Spektrum des Arbeitseinsatzes schlechthin umfassend: Den Hausklaven (Diener, Lehrer, Köche, Ammen usw.) oder den in der

kaiserlichen Verwaltung tätigen ging es weit besser als den in den Bergwerken, auf den Galeeren und auf den Großgütern fronenden Sklaven. Außer dem Rechtsstatus verband diese Menschen nichts miteinander. Solidarisches Denken oder Handeln konnte daher gar nicht aufkommen; selbst im religiösen Bereich hing jeder Sklave an den Göttern der Heimat, denen Rom das Gastrecht nur selten verweigerte. Auch der Gott der Christen schuf keine Gemeinsamkeiten; er verlangte von seinen Anhängern Barmherzigkeit und Nächstenliebe, aber nicht minder unmißverständlich forderte er die demütige Anerkennung des Sklavenloses, von dem nur der Wille des Herrn in Übereinstimmung mit Roms Recht und Ordnung, nicht aber Flucht oder Rebellion befreien konnten.

Die beiden wesentlichen Ursachen des Rückganges der Sklaverei seit Tiberius waren das Ende der Kriege und die Freilassungen. Ein städtischer Sklave wurde in der Regel im Alter zwischen 30 und 40 Jahren freigelassen und erhielt das Bürgerrecht seines Herrn im römischen Rechtsbereich, während er im griechischen Kulturgebiet unter die in der Stadt ansässigen Fremden (*Metöken*) eingereiht wurde. Ein Freigelassener (*libertus*) war damit jedoch nicht dem Freigeborenen (*ingenuus*) gleichgestellt. Zahlreiche materielle Verpflichtungen, die auch einklagbar waren, banden ihn ebenso wie die herrschende Gesellschaftsmoral weiterhin an seinen ehemaligen Herrn. Positionen des öffentlichen Lebens waren ihm auch dann verschlossen, wenn sie mit Bürgern aller Stände besetzt werden konnten.

Den einzigen Weg nach oben wiesen Fleiß, Geschäftstüchtigkeit, berufliche Qualifikation oder eine Erbschaft. Die Freigelassenen wurden damit zur wirtschaftlichen und sozialen Aufsteigerschicht schlechthin. Zu ihnen zählten Männer mit riesigen Vermögen und erfolgreiche Händler und Handwerksmeister, die ihr Geld dazu nutzten, sich in ihren Heimatstädten vom Makel ihrer unehrenhaften Herkunft zu befreien. Sie engagierten sich insbesondere in der Korporation der Augustalen, die in den Städten für die Pflege des Kaiserkultes zuständig waren. Besser konnten sie ihre Loyalität gegenüber dem Kaiser und ihre Verbundenheit mit ihrer Heimatstadt gar nicht demonstrieren. Auch wenn man auf diese Weise das Stigma des ehemaligen Sklaven nicht abzuschütteln vermochte, so sorgte man doch für eine gesicherte und ehrenhafte Zukunft der Kinder.

# X. Die Herrschaft über das Imperium

## 1. Die Gliederung der beherrschten Welt

Die seit Augustus römisch gewordene Welt gliederte sich entsprechend den vorgefundenen Lebensformen in vier Teile:
- Den seit Jahrhunderten stadtstaatlich geformten griechischen Osten,
- die von Griechen und Phönikern nur an den Küstenzonen verstädterten Westprovinzen in Afrika, Spanien und Südfrankreich,
- die von Barbaren besiedelten Provinzen Mitteleuropas (Gallien, Belgien, Teile Britanniens, Mitteleuropa bis zum Donaubecken),
- Italien. Dies beharrte bis ins 3. Jahrhundert auf seiner Sonderstellung als Herrenland; hier galt nicht die Provinzialverfassung, die aus den Besiegten Untertanen gemacht hatte, und hier waren seit dem Ende des Bundesgenossenkrieges alle Einwohner römische Bürger (s. S. 403 f.). Das politische Zentrum allerdings war und blieb Rom. Italien bildete einen Teil davon, aber es besaß keine jenseits der Selbstverwaltung seiner Städte angesiedelte Eigenständigkeit.

Eine Reihe von Privilegien sicherte die Sonderstellung Italiens. Seine Bürger waren von jeder direkten Steuer befreit, es stand außerhalb der militärischen Befehlsgewalt des Kaisers und besaß keine Standlager größerer Truppenverbände, abgesehen von den Kohorten der kaiserlichen Leibwache, die seit Tiberius in Rom kaserniert wurden. Die Kriegshäfen von Misenum und Ravenna schützten die Küsten, waren ansonsten aber für das Leben in Italien bedeutungslos. Wirtschaftlich dominierte Italien lange durch seinen Wein- und Ölanbau und seine Keramikproduktion. Seit dem 2. Jahrhundert jedoch glich sich die Stellung Italiens parallel zur stetigen Romanisierung der westlichen Reichshälfte den Provinzen an. Als im 3. Jahrhundert reguläre Legionen auf italischem Boden stationiert wurden, war eine Entwicklung zu ihrem vorläufigen Abschluß gekommen, die Italien zu einem Reichsteil neben vielen anderen gemacht hatte.

Seit Augustus bahnte sich innerhalb des Provinzialreiches eine Zweiteilung in einen lateinischen Westen und einen griechischen Osten an. Der Romanisierung des Westens entsprach die Hellenisierung des Ostens: Griechenland, Makedonien und seine Nachbarländer sowie die hellenistischen Gebiete Kleinasiens, Syriens und Ägyptens trugen die griechische Kultur in die angrenzenden, von Rom abhängigen Staaten; gegen die Sprache und die Rechtskultur des römischen Siegers blieben sie immun.

In Kleinasien umfaßte die seit 129 v. Chr. bestehende Provinz *Asia* die bedeutendsten urbanisierten griechischen Landschaften, die unter den Kaisern eine nie gekannte wirtschaftliche Blüte erlebten. Ebenso waren die nördlich angrenzenden Küstenzonen der Provinz Bithynien und Pontus (65-63 v. Chr. von Pompeius eingerichtet) mit reichen Städten ausgezeich-

*François Gérard, Amor und Psyche, 1798*
(Paris, Musée du Louvre)

Die Menschen des zweiten nachchristlichen Jahrhunderts, die an den Kaiser wie an einen fürsorglichen Gott glaubten, der alle Gegenden der Welt kennt und die Ungerechtigkeit besiegt, trauten im privaten Kämmerlein der Zukunft nicht. Also flüchteten sie sich in Mysterien, hörten auf Schwarmgeister, befragten ängstlich die Orakel, lasen Romane, die sie in andere Welten führten, und staunten über die wachsende Zahl der Christen, die immer lauter ihre Stimme erhoben, um dem Kaiser und jedermann ihren absurden Glauben an einen gekreuzigten Gott zu erklären. In dieser Welt schrieb der Nordafrikaner Apuleius seine Metamorphosen, die Augustinus bewundernd als *Aureus asinus* (Der goldene Esel) zitiert. Es ist die Geschichte einer Verwandlung und einer Erlösung: Ein wohlhabender Jüngling, der im Zauberland Thessalien wilde Spukgeschichten hört, findet tatsächlich eine Zauberin, die ihn nicht in einen Vogel, wie er wünscht, sondern in einen Esel verwandelt. Nun irrt der Arme als Grautier umher, verfolgt von Räubern, gequält in der Stampfmühle, betrogen von geilen Priestern und getreten von römischen Besatzungssoldaten, bis er am Ende mit gnädiger Hilfe der Göttin Isis doch noch entzaubert wird und seine menschliche Gestalt zurückgewinnt.

In diesen Roman eines Pechvogels, der auf der Suche nach Erlösung durch eine ebenso phantastische wie reale Welt zieht, ist die Geschichte von Amor und Psyche eingebaut: Gefangen in einer Höhle hört sie der Esel als Erzählung einer alten Wirtschafterin, die ein weinendes Mädchen aus vornehmer Familie trösten will, das Räuber verschleppt hatten. „Es waren einmal in einer Stadt ein König und eine Königin...", beginnt die Fabel von einer Fürstentochter, die so schön ist, „daß die menschliche Sprache zu arm war, um sie genügend zu rühmen." Also verfällt sie dem Zorn der Venus, die diese Anmaßung einer Sterblichen zu rächen befiehlt. Aber ihr Sohn Amor, den sie damit beauftragt, verliebt sich, entführt das Mädchen in sein geheimnisvolles Reich, naht ihr, sobald die Nacht einbricht und gebietet ihr, niemals zu fragen, wer er sei. Psyche übertritt das Verbot, sieht beim Schein einer Lampe den Gott, und verliert ihn. Suchend irrt sie umher und beugt sich schließlich vor der zürnenden Venus, der eine geschwätzige Möwe die Liebschaft des Sohnes längst erzählt hat. Vier Prüfungen gilt es nun mit Hilfe von Ameisen, sprechendem Schilf und dem Adler des Jupiter zu bestehen, darunter den Gang in die Unterwelt, um von dort, versiegelt in einer Büchse, die Schönheit der Proserpina zu holen. Dies allerdings droht zu mißlingen, da Psyche die Büchse öffnet und daraufhin in einen tiefen Schlaf fällt. Nun aber naht sich Amor, rettet die Geliebte und feiert mit ihr im Kreise der Götter Hochzeit: „Vulkan kochte das Mahl. Die Horen bestreuten alles bunt mit Rosen und sonstigen Blüten, die Grazien streuten Balsam, auch die Musen ließen klangvolle Lieder erschallen. Nach dem Essen sang Apoll zur Zither, Venus tanzte voller Anmut..." (6,24; Übers.: R. Helm).

Diese Erzählung, die die Hoffnungen und Sorgen der eigenen Welt in das zeitlose Reich des Märchens überträgt, hat die Phantasie der Dichter und Maler immer wieder zur Nachdichtung angeregt. Am bekanntesten sind der Zyklus Raffaels in der Farnesina in Rom und die Deckengemälde des Giulio Romano im Palazzo Tè in Mantua. Als François Gérard 1798 das Paar und seinen ersten Kuß malte, erschien es den Franzosen wie die Vision eines neuen Lebens, und der Abschied, den sie damit von den düsteren Heroengestalten der Revolution nahmen, fiel ihnen leicht.

net. Im kleinasiatischen Binnenland verringerte sich die Zahl der Städte, während die großen Latifundien und die Tempelbezirke mit ihren hörigen Bauern zunahmen. Die unter den Kaisern Augustus und Tiberius provinzialisierten Länder Galatiens (25 v. Chr.) und Kappadokiens (17 n. Chr.) wurden hellenisiert und gaben der römischen Politik gegen Armenien und das Partherreich den nötigen Rückhalt. Im Süden umfaßten die Küstenprovinzen Lykien, Pamphylien und Kilikien wiederum weite urbanisierte Gebiete, die am wirtschaftlichen Aufschwung im östlichen Mittelmeer entscheidenden Anteil hatten.

Dem römischen Einfluß am wenigsten zugänglich zeigten sich Syrien und Ägypten, die Stammländer der hellenistischen Königreiche der Seleukiden und Ptolemäer. Syrien, das im Norden an Nordmesopotamien und im Süden an die Wüste grenzte, war gekennzeichnet durch griechisch geprägte Städte, die durch den Fernhandel mit dem Osten reich wurden und das aramäische Land kultivierten. Ägypten blieb immer persönliche Hausmacht des Kaisers und unterstand einem ritterlichen Präfekten. Es war das reichste und am besten organisierte Land des Imperiums, dessen Metropole Alexandrien, die zweitgrößte Stadt des Reiches, nicht nur ein Zentrum der hellenistischen Kultur darstellte, sondern auch einen Hauptumschlagplatz des Osthandels bildete.

Im lateinischen Westen beherrschte die Romanisierung das Bild. Der Sprache, Kultur und Zivilisation des römischen Siegers erschlossen sich die barbarischen Gebiete der Provinzen in Afrika, Spanien, Gallien, des Alpenlandes und der Donauländer. Von Grund auf anders als im Osten stellten sich die Aufgaben nach der Eroberung dieser großen Binnenräume: Die Beherrschbarkeit dieser Ländermassen ohne städtische Kultur, ohne Verkehrswege, ohne zusammenfassende Herrschaftsorganisationen und ohne stabile soziale Verhältnisse hing davon ab, ob es dem Sieger gelang, den Besiegten ein neues, stabiles Zentrum ihres politischen Lebens aufzuzwingen. Dies konnte aufgrund der in Italien und im Osten gemachten Erfahrungen nur bedeuten, daß man eine grundbesitzende Aristokratie an die Macht brachte und ihr in der Stadt einen institutionellen Mittelpunkt schuf. Von dort übte sie im Dienste Roms Herrschaftsfunktionen aus, und dort war sie zugleich der Kontrolle des Siegers jederzeit zugänglich.

Damit war der ersten Generation der Besiegten ein blutiger Weg gewiesen: Ihre soziale und politische Welt wurde weitgehend zerstört; Deportationen, Ausrottungen, gewaltsame Ansiedlungen und immer wieder die Ausbeutung der Wehrlosen bestimmten das Bild. „Ihr Römer", verfluchte Bato, der geschlagene Anführer des Pannonischen Aufstandes, den Sieger, „ihr Römer tragt selbst die Schuld an dem Blutvergießen, denn ihr habt zur Bewachung eurer Schafe nicht Schäfer und Hunde, sondern Wölfe geschickt" (Cassius Dio 56,16,3). So haben nur ständige militärische Kontrollen die Voraussetzungen für eine neue, römische Ordnung schaffen können. Ihre Stabilität hing davon ab, daß die zweite Generation, also die Kinder des Bato, die Überlegenheit der städtischen Zivilisation gegenüber allen anderen Lebensformen anerkannte und ihre Zukunft darauf ausrichtete.

Die römischen Statthalter haben dieses Ziel mit zäher Energie zu erreichen versucht. So berichtete Tacitus über die Tätigkeit seines Schwiegervaters Agricola in Britannien (77-83), er habe städtische Lebensformen nach Kräften gefördert, „um die verstreut und primitiv lebenden Menschen, die infolgedessen zum Krieg leicht geneigt waren, durch Annehmlichkeiten an Ruhe und friedliches Verhalten zu gewöhnen. Er ermunterte sie persönlich und unterstützte sie mit staatlichen Mitteln, Tempel, öffentliche Plätze und Häuser in der Stadt zu bauen; so trat Anerkennung und wetteiferndes Bemühen an die Stelle des Zwanges." Tacitus schloß seinen Bericht mit der Feststellung: „Und so etwas hieß bei den Ahnungslosen Lebenskultur (*humanitas*), während es doch nur ein Bestandteil der Knechtschaft (*pars servitutis*) war" (Agricola 21).

Selten hat ein Römer die Urbanisierung derart bestimmt als Mittel der politischen Befriedung und der Herrschaftssicherung bezeichnet. Nichtsdestoweniger traf er den Nagel auf den Kopf: Rom hat die unterworfene Welt so gründlich verändert, weil es sie anders nicht beherrschen konnte. Die besiegten Völker haben sich dem angesichts der militärischen Allmacht des Imperiums beugen müssen; erst nach der gründlichen Veränderung ihrer Welt fanden sie schließlich auch den Weg, ihre Zukunft auf Rom auszurichten.

## 2. Die Formen der Verstädterung des Herrschaftsraumes

Die römische Städtepolitik kannte drei Formen: die Kolonie, das Munizipium und die peregrine (d. h. nichtrömische) Stadt. Am wichtigsten war die *Kolonie*, die entweder als neue Stadt angelegt oder in bereits bestehende peregrine Orte eingepflanzt wurde, die Rom dann als Kolonialstädte neu gründete. Dabei erhielt jede Kolonie ein Territorium, das vor der Verteilung an die Siedler Gromatoren genau vermaßen: Auf Bronze- oder Marmortafeln wurden die Anzahl der Landlose, die Namen der Besitzer und das topographische Bild der Landschaft eingezeichnet. Dieser Kataster (*forma*) des städtischen Territoriums war die wichtigste Grundlage, um alle Besitzstreitigkeiten schnell zu beenden; erhalten ist ein solcher Kataster für die Kolonie *Arausio* (Orange), der zusammen mit der Autopsie des heutigen Landschaftsbildes die genaue Rekonstruktion des Landbesitzes einer Kolonie ermöglicht.

Über Ziel und Ausmaß der Koloniegründungen entschied vorrangig der Wille des Siegers zur militärischen Festigung seiner Position. Dementsprechend dienten sie vor allem in den Stammesgebieten des Westens als Festungen der römischen Herrschaft (*propugnacula imperii*), die entlang der wichtigsten Heerstraßen in den weiten Binnenräumen die militärische Macht Roms sicherstellten. Ihre erste Funktion unterschied sich damit in nichts von der Aufgabe, die sie in den Jahrhunderten der Eroberung Italiens immer gehabt hatten (s. S. 327 f.).

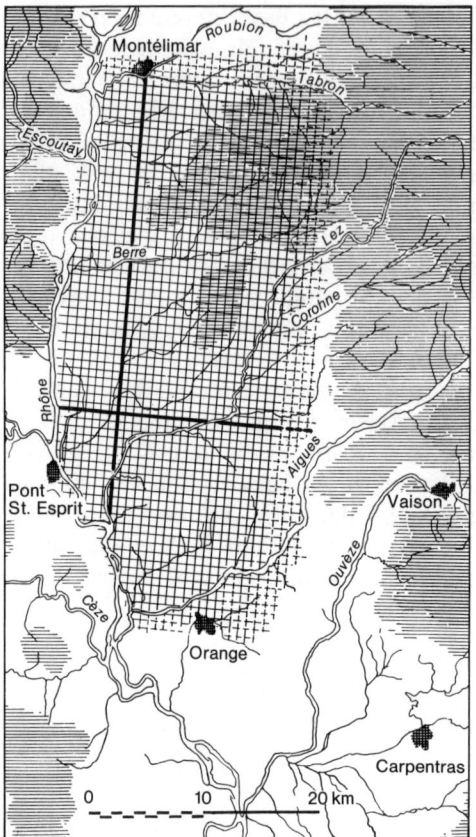

*Die Aufteilung des Landes in der von Augustus gegründeten Kolonie Arausio (Orange)*

Neben dieser militärischen Aufgabe befriedigten die Kolonien die Forderung der Veteranen des Heeres, die eine Versorgung mit Land erwarteten. Zu ihnen gesellten sich landlose Italiker, Proletarier und verdiente Freigelassene. Nicht nur wurde damit die Zahl der sozial Entwurzelten vermindert; es gelang auch, diese am Rande der Gesellschaft vagabundierenden Schichten erneut in die politische Pflicht zu nehmen. Und schließlich stärkten die Kolonisten, die ihre neue Zukunft als Siedler der Initiative des kaiserlichen Gründers verdankten, die Monarchie. Sie benötigte zu ihrer Stabilität gerade feste provinziale Stützpunkte, die notfalls gegen einen aufbegehrenden Statthalter zu mobilisieren waren. Die Kolonisationspolitik des ersten Prinzeps macht dies ganz deutlich: Neben den 28 allein in Italien gegründeten Kolonien (s. S. 476) waren es vor allem die Gründungen in der Gallia Narbonensis und in Afrika, die die Alleinherrschaft des Augustus sichern halfen. Die Unterworfenen haben die Aufpasserfunktion der Kolonien genau verstanden und hinter ihren Mauern den „Sitz der Knechtschaft" (Tacitus) lokalisiert. Ihren Haß zogen die Kolonisten nicht zuletzt deswegen auf sich, weil sie auf dem fruchtbarsten Ackerland der Provinzialen angesiedelt wurden und diese zu Pächtern oder Lohnarbeitern auf den Feldern herabdrückten, die sie früher selbst als Herren bestellt hatten. So berichtet Tacitus anläßlich der Gründung des britannischen Camulodunum: „Der erbitterte Haß galt den Veteranen; denn diese, die jüngst in der Kolonie Camulodunum angesiedelt worden waren, vertrieben die Einwohner aus ihren Häusern und verjagten sie von den Feldern, wobei sie sie Kriegsgefangene und Sklaven nannten" (Annalen 14,31,3).

Aber auch hier heilte die Zeit viele Wunden. Die Kolonien, die vor allem in den barbarischen Nordprovinzen alle zentralen administrativen und wirtschaftlichen Funktionen übernahmen, wurden auch zu Zentren der Integration. Nach anfänglicher Zurücksetzung, Verdrängung und Rechtsminderung fand die einheimische Bevölkerung (vor allem deren Führungsschicht) viele Möglichkeiten, die Vorteile der römischen Stadt für sich zu nutzen. Diejenigen von ihnen, die in den Auxiliareinheiten des römischen Heeres dienten und schließlich als römische Bürger entlassen wurden (s. S. 489), waren mit ihren Familien die ersten, die sich in diesen Kolonien ansiedelten. Der damit eingeleitete Prozeß der sozialen Integration erfaßte binnen weniger Generationen ganze Provinzen. Am stärksten waren davon Gallien und Spanien betroffen, wo sich die Provinz *Baetica* (Südspanien, Andalusien) schon im 1. Jahrhundert rechtlich und zivilisatorisch nicht mehr von Italien unterschied.

Die zweite Städtekategorie, die Rom aus Italien in die Provinzen brachte, war das *Munizipium*. Der formale Rechtsakt der Gründung bestand in der Verleihung des römischen Bürgerrechts an die Bevölkerung fremder Städte, die dadurch zu *municipia civium Romanorum* wurden; ihre Selbstverwaltung und städtische Verfassung regelte ein von Rom formuliertes Gesetz. Vorausgegangen waren in der Regel besondere Akte der Treue und der Loyalität gegenüber Rom oder der Zustrom italischer Siedler, die sich als Privatleute in der Provinz niedergelassen hatten. Sie bildeten in ihrer neuen Heimat zumeist private Vereinigungen (*conventus*), die zu Keimzellen städtischer Siedlungszentren wurden. Sie machten dabei gemeinsame Sache mit den alteingesessenen Eliten, die das Bündnis mit den Neuankömmlingen schon deshalb suchten, weil sie ihre soziale und politische Führungsrolle nicht verlieren wollten. Am Ende fügte sich so eine neue städtische Gesellschaft zusammen, die sich die lateinische Sprache, römische Institutionen und Teile der römischen Rechtsordnung angeeignet hatte.

Die Verleihung des Munizipalstatus an provinziale Gemeinden setzte also die Bereitschaft und die Fähigkeit voraus, römische Lebensart und Kultur zu übernehmen. Letztlich entschied über die Auszeichnung mit dem Bürgerrecht der Kaiser nach Verdienst: Der Akt der Munizipalisierung war immer ein Akt der Anerkennung für besondere Leistungen und erwiesene Loyalität. Er blieb Teil einer Herrschaftspraxis, die Privilegien nach dem Prinzip von Lohn und Strafe zumaß.

Die Gründung von Kolonien und die Verleihung des Munizipalstatus wa-

ren nicht überall gleichermaßen sinnvoll. Die Erfolge dieser Politik sind vor allem in Spanien, Nordafrika und der Gallia Narbonensis zu finden. In den gallischen, britannischen und germanischen Provinzen hingegen blieb die Zahl römischer Kolonien und Munizipien gering, während im griechischen Osten angesichts der längst bestehenden Städtekultur selten Kolonien angelegt, niemals aber Munizipien gegründet wurden.
In jedem Fall hat Rom jedoch die Entstehung neuer *peregriner Städte* begünstigt oder gar gewaltsam herbeigeführt, um lokale Mittelpunkte in bisherigen Stammesgebieten zu finden, die Verwaltungs- und Zivilisierungsfunktionen erfüllen konnten. Die zahlenmäßig größte Kategorie der über tausend Städte des Reiches formierte sich daher in den peregrinen Untertanenstädten, die als Ausdruck ihrer Untertänigkeit eine Grund- und Bodensteuer (*tributum*) zu entrichten hatten. Das zugrunde liegende Herrschaftsprinzip war immer dasselbe: Die in den Städten zusammengefaßten und z.T. gewaltsam umgesiedelten alten Führungsschichten sollten als jetzt stadtsässige Elite die Städte und das umliegende flache Land nach dem Willen Roms regieren.
Die unterschiedlichen Formen dieses Verstädterungsprozesses wurden von den jeweils vorgefundenen Gegebenheiten bestimmt. Dies zeigt vor allem die Ordnung Galliens, die Augustus selbst in den Jahren 16-13 v. Chr. überwachte. Nach der Zerstörung der keltischen Stammesburgen, die einer auf Rom hin ausgerichteten Ordnung nicht dienstbar gemacht werden konnten, wurden in den drei neu gegründeten Provinzen (*Aquitania, Lugdunensis, Belgica*) die dort ansässigen Stämme in 60 *civitates* organisiert. Diese erhielten neue Vororte, welche die alten keltischen Burgen ersetzten. In ihnen richtete man die Amtssitze der Dekurionen und Magistrate ein, die das gesamte Land einer *civitas* beherrschten.
Das auf diese Weise gegliederte Land, dessen Vororte sich binnen kurzem zu Städten entwickelten, hat die römische Zivilisation schnell angenommen. Dem heutigen Betrachter der in den alten Städten eingezäunten Ruinen bietet sich ein erstaunlich gleichförmiges Bild: Nach römisch-italischen Normen organisiert und mit den entsprechenden Bauten – Forum, Rathaus, Tempel, Basiliken, Amphitheater, Thermen – ausgestattet, künden sie von der neuen sozialen Wirklichkeit, die der Eroberer nach seinen Wünschen geformt hatte und die den Besiegten die Trauer um das verlorene Eigene vergessen ließ. Die Geschichte der Stadt Trier (*Augusta Treverorum*) bietet ein gutes Beispiel: Um 17 v. Chr. als Zentralort der Stammesgemeinde der Treverer an der Fernstraße gegründet, die von Lyon an den Rhein führte, wurde die Stadt unter den flavischen Kaisern ausgebaut und erweitert; um 160/180 n. Chr. wuchs die Stadtmauer, die ihr sichtbarstes Zeugnis in der *Porta nigra* bewahrt hat. Unter Konstantin dem Großen stieg Trier zur wichtigsten Kaiserresidenz nördlich der Alpen auf.
In weiten Teilen Galliens wurde die keltische Sprache rasch von der lateinischen verdrängt, und schon unter Claudius erreichten die gallischen Notabeln die Senatsfähigkeit (Dessau, ILS 212; Tacitus, Annalen 11,24). Wirtschaftlich hat die römische Ordnung die Dinge so belassen, wie sie sie

## 2. Die Formen der Verstädtung

*Das römische Trier (Augusta Treverorum).* Die Stadt wurde zunächst als militärischer Stützpunkt (wahrscheinlich zwischen 20-12 v.Chr.) am rechten Ufer der Mosel gegründet; ihre verkehrspolitisch und strategisch wichtige Lage machte die Stadt reich und zu Beginn des 4. Jahrhunderts zur kaiserlichen Residenz.

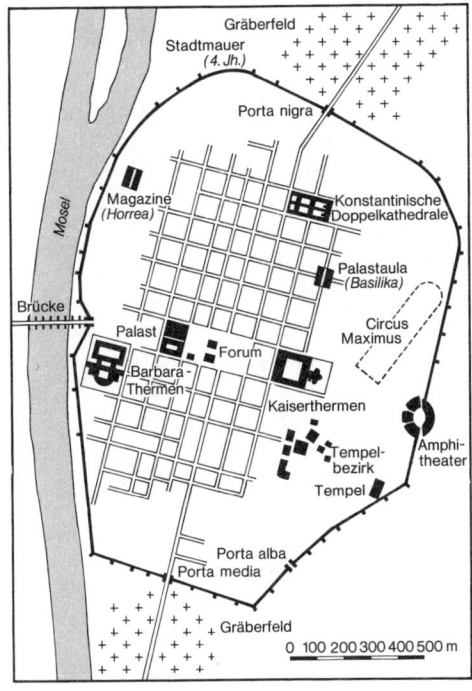

vorfand. Gallien blieb ein Land großer Güter, reicher Grundherren und abhängiger Bauern. Dies entsprach der Abhängigkeit Roms von der Mitarbeit des gallischen Stammesadels, dessen wirtschaftliche Stellung als mächtiger Grundherr im Interesse seiner politischen Aufgaben in den *civitates* gewahrt bleiben sollte.

Diese in Gallien entwickelten Formen der Urbanisierungspolitik zeigen, wie weit Rom der Eroberung großer binnenländischer Territorien Rechnung trug und seine Herrschaft den vorgefundenen Gegebenheiten anzupassen wußte. Die Erreichung der Rhein- und Donaulinie verlangte einen weiteren Beweis dieser Fähigkeit. Die Sicherung einer viele hundert Kilometer langen Grenze weit ab von Italien zwang zunächst die Legionen, an der Grenze stationiert zu bleiben und ihre Feldlager zu Festungen auszubauen. Diese dauernde Bindung großer Einheiten an einen Ort führte in der Nähe der Legionslager zu ebenfalls dauerhaften zivilen Ansiedlungen. In ihnen wurden die für die Versorgung der Truppen notwendigen Handwerks- und Rüstungsbetriebe, Kaufleute, Lieferanten, Marketendereien und vor allem die abgemusterten Soldaten mit ihren Familien seßhaft. Diesen Siedlungen (*canabae*) gewährte Rom im 2. Jahrhundert den Munizipal- oder Kolonialstatus. Sie wurden damit zu treuen Vorposten eines Römertums, das vornehmlich aus entlassenen Veteranen bestand, deren elementares Eigeninteresse darauf drängte, gemeinsam mit den Legionen die Grenzen zu verteidigen.

## 3. Die kaiserliche Reichsverwaltung und die Grundsätze der Herrschaftspraxis

Rom herrschte über sein Imperium durch Gewalt (militärische Besetzung), durch die provinziale Ordnung (Regiment des Statthalters) und durch die Patronate seiner Großen; der Kaiser kontrollierte alle drei Formen der Machtausübung entweder als ihre Quelle (oberster Kriegsherr, Inhaber des *imperium* über die kaiserlichen Provinzen) oder kraft seiner politischen und sozialen Übermacht (wirksam in den senatorischen Provinzen und gegenüber den Patronen). Über die latente Gewalttätigkeit des Eroberers, von der erbarmungslose Strafexpeditionen gegen Aufständische ebenso wie große Umsiedlungsaktionen in unruhigen Gebieten zeugen, machten sich selbst die Bewohner der längst befriedeten griechischen Provinzen keine Illusionen. Plutarch (Praecepta 813 E) mahnte einen auf seine neue Würde stolzen städtischen Beamten ganz unmißverständlich: „Du mußt dir sagen: ‚Als Regierter regierst du eine Stadt, die den Prokonsuln und Statthaltern des Kaisers unterstellt ist.' Gehabe dich also etwas weniger martialisch in deiner Amtstracht, vergiß auf der Rednertribüne nicht, daß über dir der Prätor thront, verlasse dich nicht zu stolz auf deinen Kranz: er schmückt denselben Kopf, über dem du die römischen Stiefel siehst."

Anders als unter dem Regiment der Republik waren die Pflichten der provinzialen Untertanen geworden. Gehorchen bedeutete unter Augustus und seinen Nachfolgern nicht mehr die Stellung von Geiseln, Hilfstruppen und Heeresfolge, die Leistung von Treueiden, Geschenke an die Mächtigen, Unterwerfung unter die Forderungen der Steuerpächter und den Richterspruch der Imperiumträger. Die neuen Herren verlangten unscheinbarere Dienste, Leistungen jedes Augenblicks und jeder Art: Steuern, deren Höhe klar geregelt war, Dienstleistungen, Requisitionslasten, Quartier und Unterhalt für die Truppen in den Grenzprovinzen, Gebietswechsel, Änderungen alter Gewohnheiten und – alles übergreifend – Gehorsam, der sich den Pflichten gegenüber einem wohlgeordneten Staat bedingungslos zu fügen hatte.

Die Einrichtung der Provinz erfolgte durch *leges provinciae*, die als provinziale Grundgesetze die Rechtsstellung der Städte und ihre Aufgaben regelten. Für die Wirksamkeit dieser *leges* in der Kaiserzeit spricht die *lex Pompeia* für Bithynien, von der Plinius Einzelheiten überliefert hat (Briefe, Buch 10,79 f.;112 f.). Ihre Fortschreibung übernahmen die Statthalter durch Edikt (*edictum provinciale*) und vor allem die kaiserliche Gesetzgebung, die sich an die ganze Provinz oder einzelne Städte richten konnte; die Edikte von Kyrene aus der augusteischen Zeit zeigen zudem, daß der Kaiser auch in den Provinzen des Senats eingriff. Der Statthalter (*proconsul* oder *legatus Augusti*) war im strengen juristischen Sinne des Wortes Herr der Provinz: Seine Zuständigkeit und seine Macht umfaßten alle Bereiche, so daß die Grenzen der Machtausübung allein durch die Interessen der Herrschaftsmacht und durch ihre Fähigkeiten, diese auch in Handlung umzusetzen, gezogen wurden.

## 3. Reichsverwaltung und Herrschaftspraxis

Die bestehenden sozialen Ordnungen hat Rom grundsätzlich anerkannt, wenn sie auf dem timokratischen Prinzip fußten – was die Regel war – und wenn sie keine politischen Unruhen provozierten – was höchst selten vorkam. Das Interesse der römischen Herren richtete sich dementsprechend auf die Wahrung von Ruhe, Ordnung und Rechtssicherheit in Italien und den Provinzen, auf die Zahlung von Tributen, bestimmten Steuern und Abgaben, die Rekrutierung von Soldaten, auf die Regelung von Konflikten zwischen den Gemeinwesen und die Ausübung der Kapital- und höheren Zivilgerichtsbarkeit. Aus der Sicht der Unterworfenen hieß dies, daß sie ihre politischen und sozialen Ordnungsfunktionen in diesem Rahmen selbst wahrnahmen und nur von Fall zu Fall für die zentralen Aufgaben des Staates herangezogen wurden, so z. B. für die Umlage und die Eintreibung der Tribute, Sachleistungen und die Versorgung der Truppen.
Der Statthalter seinerseits hatte sich ganz auf die Aufrechterhaltung von Ruhe und Ordnung zu konzentrieren, weil davon die Regierbarkeit seiner Provinz abhing: Ohne zählbare Truppenkader und ohne bürokratischen Apparat war er verloren, wenn die städtische Selbstverwaltung ins Stolpern geriet. Seine Rolle war denn auch weit mehr die eines Schiedsrichters als die eines ausbeutenden Potentaten: Er schlichtete den Streit der Städte und der Bürger und sorgte für die Autorität und Stabilität verantwortlicher Institutionen, da sie die Arbeit taten, zu denen ihm das Rüstzeug fehlte. Diese Herrschaftspraxis kam dem allgemeinen Verständnis von den Pflichten des Eroberers entgegen. Niemand erwartete im Grunde mehr von ihm. Die gesellschaftlichen Sorgen gehörten alle in den Bereich der kommunalen Selbstverwaltung, und nur dort, wo diese gefährdet schien, griff Rom ein. Es tat dies durchaus im eigennützigen Interesse des Siegers, der die Funktionalität seines wichtigsten Herrschaftsinstruments nicht außer Kraft gesetzt sehen wollte.
Umfassender als die Rolle des Statthalters, aber in der Sache nicht anders ist die des Kaisers zu definieren. Dessen sich häufende Interventionen in die städtische Selbstverwaltung dienten nicht der Disziplinierung seiner Untertanen oder ihrer Ausplünderung; sie suchten vielmehr die Stabilität des Systems zu erhalten. Seine besondere Aufmerksamkeit beanspruchten die städtischen Haushalte. In domitianisch-trajanischer Zeit wandten sich die ersten bankrotten italischen Städte an den Kaiser und baten um die Entsendung eines Kurators, der mit der kaiserlichen Autorität im Rücken ihre kommunalen Haushalte auf eine neue solide Grundlage stellen sollte. Die Institution weitete sich bald auf die Provinzen aus, so daß seit Diokletian für jede Stadt ein Kurator tätig war, der im Idealfall das Vertrauen der Stadt und des Kaisers besitzen sollte. Die Sorge um das städtische Finanzgebaren enthüllt sich damit als Teil einer Politik, die die Leistungsfähigkeit der städtischen Selbstverwaltung unter allen Umständen erhalten mußte. Dies in der Tat ist das Grundprinzip der imperialen Herrschaft, und von ihm aus sind sämtliche römischen Entscheidungen zu werten, die immer wieder durch die Finanznot der Städte herausgefordert wurden.
Die Unmöglichkeit, Herrschaft mit Hilfe einer flächendeckenden Bürokra-

tie auszuüben, hatte von Anfang an einerseits die Abhängigkeit des imperialen Regiments von der städtischen Selbstverwaltung und andererseits die Aufteilung der Herrschaftsausübung in einen amtlichen und einen privaten Bereich begründet. Bereits die in Italien besiegten Städte und Stämme gelangten in die Klientel großer aristokratischer Häuser, welche die ihnen damit zugewachsene Aufgabe der patronalen Fürsorge und Kontrolle als erbliche Verpflichtung auf sich nahmen. Ein anschauliches Bild vom Funktionieren dieser Patronagen und ihrem wichtigsten Ziel gewährt der Schiedsspruch der Minucier in Genua aus dem Ende des 2. Jahrhunderts v. Chr.: Die aus Rom angereisten Patrone regelten die lange schwelenden Grenzstreitigkeiten mit den Nachbarn und versöhnten die erhitzten Streithähne, die drauf und dran waren, wegen einiger Äcker an den Steilhängen der Stadt miteinander in Fehde zu geraten (Dessau, nr. 5946). Wenig konnte schlimmer sein als dies, da gefährdet war, was zu wahren viele Jahrzehnte später auch die Kuratoren von Amts wegen geschworen hatten: die Fähigkeit zum städtischen Selbstregiment und damit die entscheidende Voraussetzung der römischen Herrschaft.

Auch alle anderen Formen des Beistandes, die der Patron seinem Schützling zukommen ließ, finden hier ihren Sinn. Dabei ging es vor allem um die Gewährung von Rechtshilfe und um die Rechtsvertretung in Auseinandersetzungen und Prozessen gegen die Statthalter und die Finanzprokuratoren des Kaisers. Hinzu kam die Förderung und Begünstigung der Städte im weitesten Sinne: Geld- und Lebensmittelspenden, Bauten und Spiele. So kann Plutarch bei seiner Warnung vor der Übermacht des römischen Herren nicht stehenbleiben: „Und nicht genug damit, daß du dir und deiner Heimatstadt gegenüber der Führungsmacht nichts darfst zuschulden kommen lassen – du mußt auch ganz oben in der römischen Regierung immer einen zum Freund haben, gleichsam eine sichere Stütze für deinen Stadtstaat!"

Der Kaiser stand, da er auf die Tätigkeit der Patrone in den Provinzen nicht verzichten konnte, vor einer schwierigen Aufgabe: Einerseits mußte er aus schierem Eigennutz die umfangreichen, seiner Macht potentiell gefährlichen Klientelen der römischen Großen in den Provinzen beschneiden, andererseits durfte er dabei nicht über das Ziel hinausschießen und der Institution an sich beim großen Aufräumen den Garaus machen. Er selbst konnte als *pater patriae* und als Schutzherr des ganzen Reiches keine Patronate über einzelne Städte anstreben; dies war von Augustus seit 2 v. Chr. denn auch dadurch exemplarisch festgelegt worden, daß er auf die Übernahme neuer Patronate verzichtete. Das Problem erledigte sich im Grunde von selbst. Die Monarchie gestattete Koloniegründungen nur noch dem Kaiser und beendete die Zeit selbständiger und selbstherrlicher Heereskommanden. Praktisch führte dies zur politischen Bedeutungslosigkeit der Patronate, weil sie keine wesentlichen Quellen der Macht mehr erschließen konnten. Zugleich öffnete sich damit das Tor zu ihrer ungehemmten Wirksamkeit in der Verwaltung des Reiches. Denn die politische Entmachtung schenkte der Institution erst ihre volle soziale Effektivität.

## 3. Reichsverwaltung und Herrschaftspraxis 541

Mit der Dauer der Monarchie veränderte sich das provinziale Regiment, ohne daß der Kaiser das System grundlegend reformiert hätte. Denn der Monarch unterliegt einer Pflicht, ohne die er nicht Herrscher sein kann: der Pflicht des Anhörens. Gehör fanden naturgemäß zunächst die Anfragen der Statthalter zu bestimmten Einzelfällen, mit denen sie nicht fertig wurden oder in denen ihnen die Entscheidung zu heikel schien.
Gehör fanden in wachsendem Maße aber auch die Bitten und Klagen der Provinzialen, die gegen Gewalt, Ausbeutung und Erpressung protestierten. Die Konsequenz war eine zunehmende Kontrolle des Kaisers über die Statthalter und die Parteinahme des Kaisers für die Provinzialen. „Man muß die Provinzialen hören" (*audirent socios*), rief Tiberius erregt im Senat aus, als die Beweissicherung in einem Prozeß wegen Amtsmißbrauchs ins Stocken geraten war (Tacitus, Annalen 4,15,2). Er machte damit programmatisch zweierlei deutlich: Zum einen die Pflicht des Herrschaftsträgers, seine Untertanen zu hören, zum anderen – als Folge davon – die Entscheidung des Kaisers für eine Art und Weise des Regierens, die ihm die Festlegung der in den Provinzen anzuwendenden Regierungsprinzipien allein zuordnete. Die daraus resultierende Parteinahme für die Untertanen hatte als erster Augustus formuliert, als er die vor dem Senat zu führenden Prozeßverfahren gegen Statthalter neu regelte, die der räuberischen Erpressung (*de repetundis*) in ihren Provinzen beschuldigt wurden. Die Einleitung des kaiserlichen Ediktes nennt als Ziel: „Daraus wird allen Bewohnern der Provinzen offenbar sein, welche Fürsorge ich und der Senat darauf verwenden, daß keiner unserer Untertanen wider die Billigkeit etwas zu erleiden hat oder einer Beitreibung ausgesetzt ist" (inschriftlich aus Kyrene erhalten: FIRA I$^2$, S. 403 ff.). Gegen dieses „*audirent socios*", das eine neue politische Ordnung für die Provinzialen einleitete, hat es Widerstand in konservativen Senatskreisen gegeben, die die *nova provincialum superbia* beklagten und die alten Zeiten beschworen, in denen die Provinzen vor den Berichten heimkehrender römischer Gesandten zitterten (Tacitus, Annalen 15,20 f.). Geändert hat dies nichts, da die kaiserliche Hinwendung zu den Nöten der Provinzialen zu unmißverständlich Ausdruck des generellen Strukturwandels im Imperium geworden war.
Seinen deutlichsten Niederschlag hat diese monarchische Pflicht des Zuhörens in der Einführung des Appellationswesens gefunden. Es machte den Kaiser auf dem gesamten Gebiet der Rechtspraxis zur Berufungsinstanz und wies ihm in allen Prozessen die letzte Entscheidung zu. Ihren Ausgangspunkt hatte diese umfassende Tätigkeit in der Funktion des Prinzeps als oberstem Gerichtsherrn der kaiserlichen Provinzen. Dort regierten zwar in seinem Auftrag Legaten, jedoch hatten die Provinzialen und die dort lebenden römischen Bürger bald die Chance erkannt, gegen Entscheidungen der Statthalter den Kaiser als den eigentlichen Träger der für sie zuständigen Jurisdiktion anrufen zu können. Seit Claudius entwickelte sich daraus die Institution des Kaisergerichts. Tätig wurde es aufgrund von Appellationen gegen die Entscheidungen anderer Gerichte sowie kraft eigener Entscheidung – in zentralen Fragen bald die Regel – oder auf Bitte der

streitenden Parteien. Praktisch verband sich damit die Kontrolle über den Beamtenapparat, der Fehlentscheidungen nunmehr vor Gericht verantworten mußte. Nirgends sonst konnte der Wille des Prinzeps zu einer gerechten Regierung des Reiches so klar und unmittelbar wirksam formuliert werden. Für die Provinzialen wurde daher die Appellation zum wichtigsten Zeichen kaiserlicher Fürsorge.

## 4. Die Außenpolitik des Reiches

Nach den Eroberungen des Augustus in Mitteleuropa war das Imperium von einer Welt umgeben, in der es keinen Zusammenhalt gab und die sich nur wenig veränderte. Für zwei Jahrhunderte fand sich kein Gegner, der die Grenzprovinzen oder gar den Bestand des Reiches ernsthaft hätte gefährden können. Die afrikanischen Provinzen sahen sich Wüstennomaden gegenüber, deren klimatisch bedingte Wanderungen sporadisch von den Provinzgrenzen ferngehalten werden mußten. Im Westen und Norden grenzten die Provinzen an das Meer oder an wenig einladende Wald- und Steppengebiete. Diese waren dünn besiedelt und beherbergten Stammesgesellschaften, deren Fähigkeit, politisch stabile Organisationsformen zu finden, ganz unausgeprägt war. Im Osten dominierte eine zersplitterte Welt asiatischer Monarchien und Fürstentümer, die von sich aus nicht die Kraft hatten, sich zusammenzuschließen und gemeinsam Politik zu treiben. Eine derartige Konstellation der äußeren Welt gewährte die Geschichte erst wieder den neuzeitlichen Kolonisatoren auf dem amerikanischen und (zum Teil) auf dem afrikanischen Kontinent. Hier wie in der Antike schuf sie die Voraussetzung für die säkulare Dauer imperialer Herrschaft.

Mit Augustus wurde die Außenpolitik die ureigene Domäne des Kaisers und der gezielten Planung unterworfen. Im Unterschied zur Republik, wo sie Teil der inneren Machtkämpfe der Senatsaristokratie geworden war, konnten jetzt langfristige Ziele festgelegt und koordinierte Unternehmungen angesetzt oder vollendet werden. Die zwischen 12 v. und 9 n. Chr. geführten Operationen in Mitteleuropa und die Sicherung der Rhein- und Donaugrenze demonstrierten die Erfolge dieser Politik (s. S. 486 ff.; 495).

Im griechischen Osten wurde nach dem Ausgleich der Interessen mit dem Partherreich (s. S. 485 f.) die indirekte Herrschaft durch Diplomatie und Vertrag das wichtigste Instrument der Außenpolitik. Vor den Provinzgrenzen entstand eine Schutzzone von Klientelstaaten, die völkerrechtlich souverän blieben, faktisch jedoch ihre außenpolitische Eigenständigkeit zugunsten Roms aufgaben. Dementsprechend umfassend waren die Pflichten eines Klientelkönigs: Er hatte im Kriegsfall ohne Einschränkung militärische und materielle Hilfe zu leisten, und die inneren Verhältnisse seines Königreiches konnte er nur in Absprache mit Rom ändern. Einem solchen König blieb im Grunde nicht mehr als der Thron, und dieser stand nur fest, solange es dem römischen Herrn gefiel.

Die Institution des Klientelstaates dehnte sich schnell auf alle Reichsgrenzen aus und hatte ihren Höhepunkt im 1. Jahrhundert. Im Westen und Norden reichte der Bogen befreundeter Fürsten von Britannien über Germanien bis zum Bosporanischen Königreich auf der Krim. Im Orient versammelte sich vor den Provinzgrenzen eine miteinander verschwägerte Familie von befreundeten Königen (*reges amici*) vom Pontos über Kappadokien und Armenien bis an die Euphratgrenze; weiter südlich schlossen sich kleinere Dynastien in Syrien und Palästina bis hin zu den Nabatäern an. In Nordafrika umgab ein Gürtel abhängiger Wüstenstämme den Südrand der fruchtbaren Küstenländer von Tripolis bis Mauretanien. Zusammengenommen machte dieser Gürtel von Klientelstaaten die vorgeschobene, unsichtbare Grenze des Imperiums aus.

Besondere Probleme warf der Umgang mit den barbarischen Völkern jenseits von Rhein und Donau auf. Ihr Dasein war geprägt von nomadischer Ungebundenheit bis hin zur völligen Seßhaftigkeit. Der Kampf um die besten Weide- und Siedlungsplätze war ihnen längst zur zweiten Natur geworden. Rom hat diese Zwietracht zu schüren gewußt und alles getan, um den politischen Zusammenschluß dieser Stämme zu verhindern. Entweder nutzte man die Rivalitäten der Stämme untereinander zur Intervention zugunsten der einen oder anderen Seite, oder man machte sich die inneren Parteiungen in römerfreundliche und römerfeindliche Gruppen zunutze. Zur unmittelbaren Sicherung des Grenzlandes führte man Strafexpeditionen durch und siedelte besonders unruhige Völker um, die Überbevölkerung, Landmangel und äußerer Druck ständig gegen die römischen Grenzfestungen anrennen ließen. Zugleich sollte die Deportation der gefährlichsten Gegner ihren politischen Zusammenhalt zerstören.

Die auf die schweren Kriege der augusteischen Zeit folgenden friedlichen Zeiten lehrten auch friedliche Mittel der Beeinflussung. Das wichtigste war die Königseinsetzung durch Rom. Tacitus berichtet über einen solchen Vorgang bei den Cheruskern (47 n. Chr.): Der Stamm, dessen Adel sich in inneren Fehden aufgerieben hatte, erbat und erhielt als König eine cheruskische Geisel namens *Italicus*, der in Italien aufgewachsen und vorsorglich römisch und germanisch erzogen worden war. Der Kaiser mahnte den Scheidenden, „er gehe nicht als Geisel, sondern als römischer Bürger, um einen Thron im fremden Lande zu besteigen" (Annalen 11,16,2). Die Stärkung der Königsgewalt und die Loyalität eines römisch beeinflußten Häuptlings also sollten die Stämme befrieden und Rom zuführen.

## 5. Die Legitimation des Reiches

Dem Angebot des Bürgerrechts an die Besiegten war in den Westprovinzen in der Regel die Verstädterung vorausgegangen, welche die tradierten Lebensumstände völlig veränderte. Der damit notwendigen Umgestaltung der politischen und sozialen Ordnung und der Neuorientierung des Denkens wiesen die in der neu geschaffenen Gemeinde ansässigen italischen Einwanderer oder eine benachbarte römische Stadt (Kolonie oder Munizipium) den Weg. Am Ende stand die Angleichung an die römische Lebensart, die lateinische Sprache, das Recht und die Zivilisation, ein Vorgang, der unter dem Begriff der „Romanisierung" zusammengefaßt wird. Die Erforschung dieses singulären Phänomens ist heute nur bis zu der unbestrittenen Feststellung gediehen, daß diese sprachlich-kulturelle Assimilation nicht das Ergebnis einer darauf abgestellten Herrschaftspolitik war, sondern die Konsequenz der politisch und zivilisatorisch überlegenen Macht Roms, die sich ungehindert auf einem Feld ausbreiten konnte, auf das niemand Anspruch erhob und auf dem der Wille zur Behauptung der eigenen Lebensformen nur schwach ausgeprägt war.

Die Verlegenheit gegenüber diesem kardinalen Problem der Bewertung der römischen Herrschaft liegt zu wesentlichen Teilen in der modernen Geschichte selbst begründet. Die Eroberung der Welt durch Rom hat wie kaum ein anderes Thema der römischen Geschichte die leidenschaftliche Parteinahme der jeweiligen Forschergeneration herausgefordert und die moralische Bewertung des Vorgangs immer neu in das historische Erkenntnisinteresse verwoben. Die Pole der Interpretation hatte die römische Welt bereits selbst formuliert: Die heidnische wie die christliche Überlieferung sprachen entweder von den Segnungen des ewigen Friedens, oder sie klagten das Reich der Zerstörung der Tradition und der eigenen Geschichte der Völker an. Am Anfang der Moderne steht das apokalyptische Gemälde Herders („Ideen zur Philosophie der Geschichte der Menschheit"), der aus der „Räuberhöhle Rom" die Henker großer Völker ausziehen läßt, die der Welt nichts außer „verwüstender Nacht" hinterlassen hätten. Herder war auf der Suche nach dem Ursprung von Sprache und Dichtung zu der Gewißheit gelangt, daß die Völker der Erde nach Anlage und Umwelt immer verschieden waren und die Eigenart eines Volkes nicht gewaltsamen Veränderungen ausgesetzt werden darf, sondern organisch zur Entfaltung kommen muß. Vor einem so vorbereiteten Richter hatte Rom keine Chance: Die Zerstörung der vorgefundenen Kulturen in den Provinzen des Westens war durch keine zivilisatorische Leistung auszugleichen, da auch sie mit der römischen Lebensordnung nur etwas Unnatürliches an die Stelle des organischen Wachstums eines Volkes setzen konnte.

Die Ausdehnung der europäischen Kolonialreiche im 19. Jahrhundert mußte zu ganz anderen Schlüssen und Wertungen führen, da ihre Initiatoren an ihr Tun den Anspruch banden, die von ihnen beherrschte Welt auch zu einer besseren zu machen. Dies gilt zunächst für England, wo etwa Charles Dilke (*The Greater Britain*, 1868) auf eine unter der englischen Krone geeinte außereuropäische Welt hoffte, in der die Herrschaft englischer Gesetze und Regierungsformen einen wesentlichen Beitrag zur Freiheit der ganzen Menschheit leisten werde. Wenige Jahre später sah Robert Seeley (*The Expansion of England*, 1883), genauer Kenner der römischen Expansion, in der Durchdringung der gewonnenen Gebiete mit der englischen Kultur und den Vorzügen des englischen Wirtschaftssystems die eigentliche Aufgabe der Eroberungspolitik. In Frankreich hatte sich das imperiale Denken noch weit entschiedener moralisch-politische Konturen verschafft. Der französische Mythos der kulturellen Mission, die auf die Eroberung und Kolonialisierung folgen müsse, sah in der Verbreitung von Zivilisation und Recht in den barbarischen Ländern Nordafrikas die entscheidende Legitimation.

Hier wie dort ist der in allen diesen Überlegungen zutage tretende Grundgedanke den Vorstellungen Herders genau entgegengesetzt: Der dank ihrer militärischen und kulturellen Entwicklung überlegenen europäischen Zivilisation wird das Recht eingeräumt, von Barbaren bewohnte Territorien zu zivilisieren. Oder: die ökonomischen und politischen Interessen des Kolonisators verbinden sich unauflöslich mit der Pflicht, die Besiegten aus ihrer „Kulturlosigkeit" zu befreien.

Es konnte nicht fraglich sein, daß dieses Bewußtsein von der europäischen Leistung auf die Beurteilung des römischen Imperiums durchschlagen mußte. Jetzt beherrschte die Nachwelt der Gedanke, Rom habe den Barbaren des Westens und des Nordens Ordnung, Recht, Frieden, Sicherheit und städtische Zivilisation gebracht; gerade dies sei die historische Aufgabe der Kaiser gewesen, die sie so überzeugend gelöst hätten, daß jede bei der Bildung des Reiches angewandte Gewalt vor der Geschichte gerechtfertigt erschien. Kein Geringerer als Mommsen formulierte diesen Gedanken und rief die himmlischen Heerscharen selbst in den Zeugenstand, um zu beweisen, daß das Imperium vielen der ihm zugehörigen Länder eine seither nie wieder erreichte Höhe der Kultur, des Friedens und des Wohlstandes gebracht habe (Röm. Geschichte, Bd. 5, S. 4 f.).

Im und seit dem Ersten Weltkrieg wurden die Zweifel an der Fähigkeit Europas, die eigene oder gar die Geschichte fremder Völker richtig regeln zu können, zur Gewißheit. So zog die in der Nachfolge der Französischen Revolution ausgebildete Lehre von der Volkssouveränität nunmehr die moralische Kategorie vom Selbstbestimmungsrecht der Völker nach sich und gab ihr in den 14 Punkten Wilsons im Frühjahr 1918 ihre richtungsweisende Programmatik. In gewissem Sinne bedeutete diese Erhebung einer moralischen Kategorie zum politischen Prinzip eine Rückkehr zu Herders Vorstellung. So stellte man unter dem Eindruck dieses Vorgangs erneut die kulturelle Mission Roms – gewissermaßen stellvertretend für die europäischen Kolonialreiche – auf den Prüfstand, und erneut wurde der Akzent der Betrachtung auf die Unterwerfung und Zerstörung der vorgefundenen Kulturen gelegt. Mommsens himmlische Boten mußten nunmehr auch die tiefen Spuren der Verwüstung und der militärischen Vergewaltigung sehen, die Rom hinterlassen hatte.

Nach dem Zweiten Weltkrieg wurde der Begriff der „Entkolonialisierung" zum politischen Kampfruf, und die europäische Phase der Unterwerfung der außereuropäischen Welt erschien in immer trüberem Licht. Insbesondere der Gedanke der Ausbeutung rückte mit dem allgemein wachsenden Interesse an wirtschaftlichen Problemen in den Vordergrund. Jetzt wurde darüber auch mit Rom abgerechnet, dessen große zivilisatorische Leistung gerade in den nordafrikanischen Provinzen immer neu besungen worden war. Zweifel daran brachen auf, als im August 1955 der Aufstand in Algerien entbrannte. Im scharfen Licht des Krieges erschien er nicht nur als Freiheitskampf, sondern auch als Aufstand von Bauern und Hirten, die – wie etwa in der Kabylei – auf den dürren Hügeln ihr Leben fristeten, während in den Tälern der französische Colon den Pflug über ein blühendes und fruchtbares Land führte, das er erst dazu gemacht hatte. Diese Bauern schienen durchaus Nachfahren jener römischen Kolonisten zu sein, die in Nordafrika die Kornkammern des Reiches bebaut hatten. Beide – obwohl durch zwei Jahrtausende getrennt – wurden jetzt befragt, ob, schlimmer noch: warum sie in den paradiesischen Gärten, in die sie als Kolonisten Roms oder als Bauern Frankreichs die Sümpfe und das karge Weideland der Nomaden verwandelt hatten, die besiegten Einheimischen nur noch als Knechte oder Tagelöhner duldeten.

Weiter, der eigenen Zeit und ihren Problemen entlehnte Begriffe schienen endlich geeignet, die Verhältnisse im römischen Afrika im nunmehr rechten Licht erscheinen zu lassen: „Unterentwicklung" bzw. „Entwicklungsland." Diese heutigen Begriffe sollen bekanntlich die Polarisierung der modernen Welt in zwei Ländergruppen entsprechend den Wachstumsraten der Produktion und des Einkommens definieren; stracks angewandt auf die nordafrikanischen Provinzen Roms, die dank ihrer städtischen Prosperität zu den bevölkerungsreichsten und wirtschaftlich stärksten Ländern des römischen Westens zählten, kam dabei heraus, daß diese als „Entwicklungsländer" einzustufen seien. Zwei Beobachtungen dienten dazu, den Gedanken zu erhärten. Zum einen: die große Zahl der Munizipien und Kolonien (etwa 30 % des gesamten Bestandes der Westprovinzen) soll die gezielte Ausbeutung der großen Getreideanbaugebiete des Maghreb durch den Sieger bezeugen, womit diese zu Monumenten einer ökonomischen Unterentwicklung der einheimischen Bevölkerung des flachen Landes und des städtischen Proletariats wurden, die keinen Zugang zur römischen Kultur gehabt hätten. Zum anderen: viele afrikanische Notabeln, Nachkommen angesiedelter Italiker, seien in den Senatoren- und Ritterstand aufgestiegen (im 3. Jahrhundert waren ca. 17% der Senatoren und 27% der Ritter Afrikaner) und hätten ihr Vermögen nicht im Lande, sondern für ihren sozialen Aufstieg in Rom verbraucht. Ganz anders sei hingegen das Schicksal der *Gallia Comata* gewesen: Hier habe sich die römische Kultur angesichts nur weniger Munizipien und Kolonien und einer lediglich geringen Zahl von Aufsteigern in den Reichsdienst (etwa kontinuierlich 4% der Gesamtmenge) auf dem flachen Lande und quer durch alle sozialen Klassen ausbreiten können. Der Grundgedanke ist klar: Die Urbanisierung einer Provinz, der Zustrom italischer Siedler und der Aufstieg der lokalen Eliten in die Reichsaristokratie werden zu Indikatoren einer „unterentwickelten" Provinz.

Der Nutzen solcher Betrachtungen ist in erster Linie in der Aspektumkehr zu erkennen: Die Sicht der Dinge aus der Perspektive der Provinzialen läßt besser verstehen, daß das Imperium dem Glück der Waffen zu danken war und ohne sie keinen Bestand haben konnte. Die Urbanisierung zeigt hinsichtlich ihrer Funktion und ihrer unterschiedlichen Handhabung auch unterschiedliche Gesichter. So diente insbesondere die Kolonisation noch unter Vespasian und Trajan zuerst der militärischen Sicherung des Herrschaftsraumes und der Versorgung italischer Siedler. Es besteht kein Zweifel, daß diese Kolonien in den ertragreichsten Landstrichen angelegt und die darauf wohnenden Provinzialen vertrieben wurden; der inschriftlich erhaltene Kataster von Orange (s. S. 533 f.) macht die ganze Brutalität anschaulich, mit der dort im Jahre 36 die früheren Bewohner ins Ödland gejagt wurden oder als Saisonarbeiter und abhängige Kolonen auf den Domänen oder den Feldern der italischen Siedler eine dürftige Existenz fristen durften. Ebensowenig zweifelhaft ist, daß der anhaltende Widerstand der Nomadenstämme am Südrand der beiden mauretanischen Provinzen vor allem auf ihre Verdrängung von den alten Weidegründen und den Wasserquellen zurückzuführen ist. Und schließlich: Die Ausrichtung der afrikanischen Landwirtschaft auf den Weizenanbau, der später durch Ölbaumkulturen ergänzt wurde, hat gewiß etwas mit den vitalen Interessen der Kaiser zu tun, die Getreideversorgung der Hauptstadt, die zu zwei Dritteln aus Afrika kam, zu sichern.

Die Wegweiser ins Abseits der historischen Erkenntnis stehen nirgends so dicht wie dort, wo historische Fragestellungen unter die Schlagwörter der Zeitgeschichte gepreßt werden. Ihre Verwendung allein macht sie nicht zu Idealtypen im Sinne Max Webers; zudem unterliegen sie häufig Voraussetzungen (und Assoziationen davon), die der römischen Welt unbekannt waren. So enthält der Begriff der „unterentwickelten Völker" die unausgesprochene Vorstellung, daß die so Charakterisierten aus eigener Kraft die historische Chance gehabt hätten, einen Weg in eine bessere Zukunft zu finden. Dies kann, verfolgt man die Geschichte der nordafrikanischen Stämme und Städte vor ihrer Bezwingung durch Rom, jedoch nur für Karthago und die phönikischen Kolonien gelten – und eben dies waren die Städte, die unter den römischen Kaisern eine bis heute nicht wieder erreichte Blüte erlebten. Alle anderen Völkerschaften Afrikas befanden sich vor dem Auftritt Roms in dem latent labilen Zustand lose zusammengefügter Stammesverbände, die jeder Beeinflussung durch den nächst Stärkeren ausgeliefert waren. Das Leben, das sie führten, war keiner eigenen zukunftsträchtigen politischen Vorstellung unterworfen, und die Frage, die sich ihnen ständig stellte, ging niemals darum, ob Fremdherrschaft, sondern durch wen diese ausgeübt würde. Viele Völker des Westens und des Nordens besaßen ebensowenig feste Kristallisationspunkte politischer Macht, und sie lebten daher ohne Widerstand in einer Welt, in der für sie Bindung und Abhängigkeit immer konstitutiv gewesen waren. Und schließlich: Außerhalb der Reichsgrenzen gab es keinen Konkurrenten, der das, was den Völkern des Reiches an Ideen und Visionen für eine eigene Zukunft fehlte, von außen an sie hätte herantragen können.

Die späte Republik und das Zeitalter des Augustus haben das Imperium noch nicht als Reich, nicht als eine organische Einheit verstanden, in der die einzelnen Glieder nur aus dem Sinnzusammenhang einer größeren Ordnung leben. Erst der den ganzen Herrschaftsraum durchdringende Beamtenapparat der Kaiser, ihre reglementierende Gesetzgebung und ihre als Legitimationsformel ständig wiederholte Fürsorge haben das Reich geschaffen und der Vorstellung von einer Einheit der eroberten Provinzen zum Durchbruch verholfen. Der Gedanke eines weltumspannenden Imperiums, geführt und zusammengehalten durch den omnipotenten Weltherrscher und Heiland, ist Teil monarchischer Legitimation und zugleich Teil monarchischer Regierungspraxis.

Die römischen Eroberer zweifelten nicht daran, daß die Götter mit ihnen waren und ihnen das Imperium zum Lohn für das beständig gezeigte Wohlverhalten gegeben hatten. Längst hatte die Lichterkette der Erfolge alle Zweifel überstrahlt, Rom könne eines Tages seiner Sendung nicht mehr gerecht werden, der gesamten Erde die Segnungen des römischen Friedens und der römischen Gerechtigkeit zu bringen. Die Rückblickenden bestaunten ihrerseits die einzigartige Konstanz dieses weltumspannenden Reiches und fragten vornehmlich nach dem Beziehungsverhältnis zwischen Herrschern und Beherrschten und prüften – darin etwa dem Griechen Aelius Aristides nicht unähnlich –, ob die römische Herrschaftspraxis den Untertanen Frieden, Recht und Wohlstand gebracht und ob die Bürgerrechtspolitik die Einheit des Reiches bewirkt habe. Die moralische Dimension, in die bereits die Aufklärung das Problem gebettet hatte, blieb immer erhalten: „Es ist Sache eines Eroberers, einen Teil des Unrechts, das er begangen hat, wiedergutzumachen. Ich definiere das Eroberungsrecht folgendermaßen: Ein notwendiges, legitimes und unglückliches Recht, das immer nach der Bezahlung einer ungeheuren Schuld verlangt, um sich der menschlichen Natur gegenüber zu entlasten" (Montesquieu, Geist der Gesetze, IX, 4).

# XI. Ein Zeitalter von „Eisen und Rost": Zusammenbruch und Reform des Reiches (181-311)

| | |
|---|---|
| 180-192 | Kaiser Commodus: Ausbruch des offenen Konfliktes zwischen Kaiser und Senat. |
| 193-235 | Die Dynastie der Severer (Septimius Severus: 193-211; Caracalla: 211-217; Elagabal: 218-222; Severus Alexander: 222-235). Der militärisch erfahrene Ritterstand steigt auf Kosten der Senatoren in die höchsten Reichsämter auf. |
| 212/213 | Das römische Bürgerrecht wird an fast alle Reichsbewohner verliehen. |
| 224/225 | Unter Ardaschir beginnt der Aufstieg des Sassanidenreiches, das im Osten zum gefährlichsten Gegner Roms wird. |
| 235-284 | Das Zeitalter der Soldatenkaiser (Gallienus: 253-268; Aurelian: 270-275). Die Grenzarmeen rufen über 40 Kaiser aus. Das Imperium kann sich trotz schwerer Niederlagen gegen die andrängenden Germanen und Perser behaupten. Das Wirtschaftsleben stagniert, und die Lebensbedingungen der Reichsbevölkerung verschlechtern sich nachhaltig. Gleichzeitig nimmt die Konzentration des Großgrundbesitzes zu. |
| 260-268 | Unter Gallienus wird das Heerwesen reformiert: Im Hinterland stationierte Reiterarmeen dienen als taktische Reserve. Die Senatoren werden von den hohen militärischen Kommanden ausgeschlossen. |
| 284-305 | Kaiser Diokletian: Umfassende Reformen der Verwaltung, des Steuerwesens und des Heeres beenden die Reichskrise. Die außenpolitische Lage stabilisiert sich. Die soziale Struktur der Gesellschaft wird tiefgreifend verändert. |
| 293 | Einrichtung der Tetrarchie: Zwei Oberkaiser (*Augusti*) regieren unterstützt von zwei Unterkaisern (*Caesares*) den Westen und den Osten. |

## 1. Der Charakter der Epoche

Das 3. Jahrhundert gilt allgemein als das Zeitalter der Krise der römischen Welt. Mit diesem Begriff werden Wandlungen der sozialen, wirtschaftlichen, militärischen und kulturellen Gegebenheiten erfaßt, an deren Ende eine neue Epoche der römischen Geschichte, die sogenannte Spätantike oder das Zeitalter des Dominats steht. Dieser Begriff wiederum kennzeichnet die augenfälligste Veränderung der Epoche: Der humanitäre Prinzipat der Kaiser von Trajan bis Mark Aurel wird abgelöst vom Absolutismus Diokletians und Konstantins, in dem für eine gewisse Autonomie der Regierten fortan kein Raum mehr sein sollte.

*Triumph Schapurs I. über den römischen Kaiser Valerian*
(Relief, geschlagen in den Felsen von Bischapur, 2. Hälfte des dritten Jhdts. n.Chr.)

Seit dem Beginn des 3. Jahrhunderts hatte sich die Lage an der alten Rhein-, Donau- und Euphratgrenze gründlich verändert:

- Die germanischen Stämme, lange zersplittert und in endlosen Kleinkriegen gefangen, begannen sich zu großen Stammesverbänden zusammenzuschließen, während neue, volkreiche Stämme auf die römischen Grenzen zuwanderten,
- und am Euphrat enstand seit 225 ein neues persisches Großreich, dessen Könige von sich behaupteten, von den Göttern zur Weltherrschaft berufen zu sein.

Der mächtigste unter ihnen, Schapur I. (242-272), forderte den gesamten syrischen und kleinasiatischen Raum für sich und seinen Reichsgott Ahuramazda. 260 schlug er den Kaiser Valerian in einer großen Schlacht unter den Mauern von Edessa und nahm ihn mit seinem Gefolge gefangen:

„Während des dritten Feldzuges", so triumphierte der Sieger in seinem Tatenbericht, „als wir Karrhae und Edessa belagerten, zog Kaiser Valerian gegen uns... Und jenseits von Karrhae und Edessa schlugen wir eine große Schlacht ... Und Kaiser Valerian nahmen wir mit eigenen Händen gefangen, und auch den praefectus praetorio, Senatoren und Offiziere, die jene Armee befehligten, alle haben wir sie zu Gefangenen gemacht und sie in die Persis verschleppt. Und Syrien, Kilikien und Kappadokien haben wir gebrandschatzt, zerstört und geplündert" (Res gestae divi Saporis; Übers.: Maricq/Wassner; vgl. R. Göbl, Der Triumph des Sasaniden Sahpur, Wien 1974).

Auf Syrien und weite Teile Kleinasiens legte sich die schwere Hand des Siegers, während im Westen des Imperiums der Mitkaiser Gallienus lange Zeit vergeblich mit Usurpatoren in Pannonien, Gallien, Britannien und Spanien rang. Es schien so, als sei alles verloren. Das Relief des persischen Siegers wurde zum Menetekel für die ehemaligen Herren der Welt, deren Reich auf Italien, Illyricum, die Balkanhalbinsel und das vordere Kleinasien geschrumpft war. Schapur, der über einen gefallenen Feind – das Symbol für die geschlagenen kaiserlichen Legionen – reitet, den von ihm eingesetzten Gegenkaiser Kyriades an der Hand hält und inmitten seiner Truppen die Proskynese des Valerian als Zeichen der Unterwerfung und der Demut empfängt, glaubte sich am Ziel: „Ich, der Verehrer Mazdas, der Gott Schapur, König der Könige der Iraner und Nicht-Iraner, aus dem Geschlecht der Götter", durfte er sich künftig nennen und damit die Rolle des Universalherrschers beanspruchen, die sein Gegner für jedermann erkennbar verloren hatte. Der Bote, der ihm auf dem Relief in Gestalt eines bindentragenden Putto entgegenfliegt, mag ihm die Zustimmung Ahuramazdas überbracht haben.

Es sollte sich bald zeigen, daß die Götter Roms doch noch stärker waren. Unter ihrem Schutz stemmte sich das Imperium gegen den drohenden Untergang. Bereits seine Kaiser der Jahrhundertwende konnten sich von ihren glücklichen Untertanen als Retter und Heilande auf Weihinschriften feiern lassen: „Dem hochgesegneten Zeitalter unserer Herren (*felicissimo saeculo dominorum nostrorum*)", so lautete eine dieser frohen Botschaften, „des Gaius Aurelius Valerius Diocletianus, des Frommen, Glücklichen, Unbesiegbaren ... und der hochedlen Caesaren und Konsuln, durch deren Tugend und Voraussicht (*virtute ac providentia*) alles zum Besseren gewendet wird..." (Dessau, nr. 637).

Hand in Hand mit dieser Wandlung der monarchischen Herrschaftsform ging der Aufbau einer starken, militarisierten Bürokratie, die ihre Existenz einem rigorosen Steuersystem und konzentrierten Eingriffen des Staates in alle Bereiche der Wirtschaft und Gesellschaft verdankte. Nicht minder deutlich werden die Veränderungen des Heerwesens: Das Reichsheer wurde verdoppelt und in stehende Grenztruppen und z.T. berittene Eingreiftruppen aufgeteilt, die, im Hinterland stationiert, große Durchbrüche einfallender Gegner aufzufangen hatten. Das Heer trat nicht als geschlossener Verband auf, sondern die verschiedenen Grenzheere wahrten jetzt ihre Sonderinteressen und kürten ihre eigenen Kaiser.

Im sozialen Bereich kam es zu tiefgreifenden Umschichtungen. Die differenzierte Gesellschaft des Prinzipats wurde zugunsten einer sozialen, ökonomischen und juristischen Zweiteilung aufgegeben. Die Führungsschicht der Reichsaristokratie setzte sich aus Senatoren und Rittern sowie der im Niedergang begriffenen Schicht der lokalen Eliten und den Veteranen zusammen; begrifflich wurden sie als *honestiores* gefaßt. Die Unterschicht, die sogenannten *humiliores*, bildete die nicht im Heer oder im Staatsdienst tätige niedere Bevölkerung, innerhalb deren die Rechtsunterschiede zwischen Freien, Freigelassenen und Sklaven nivelliert wurden. Der einzelne wurde rechtlich immer enger an seinen Stand gebunden: Der Bauer und Pächter an seine Scholle, der Handwerker an seinen Beruf, der städtische Ratsherr an seine Pflichten zu finanziellen Aufwendungen für seine Stadt (*munera*) und die Haftung für das Steuereinkommen.

Im Bereich der Ökonomie überwog jetzt die Agrarwirtschaft; Handel und Gewerbe verloren an Boden. Das Geld wurde durch Inflationen wertlos und in steigendem Umfang von Naturalleistungen ersetzt. Auf dem Lande verstärkte sich die Entwicklung zu Großgütern, die mehr und mehr zu autarken Machtfaktoren wurden, in denen das staatliche Gesetz kaum noch zur Geltung gebracht werden konnte. Im gleichen Maße verlagerten sich die Gewichte zwischen Stadt und Land, da die Städte die Hauptlast der Kriege trugen und in ihrer wirtschaftlichen Substanz geschädigt wurden. Ihre einst für ihre Leistungsfähigkeit gepriesenen Selbstverwaltungsorgane denaturierten unter dem Druck der zentralen Behörde, die immer konsequenter regulierend eingriff, um ihren wachsenden Bedarf zu decken.

Alle diese Veränderungen sind erkennbar, und sie verwandelten Leben, Moral und Selbstwertgefühl der Menschen in Stadt und Land; selbst von neuen Formen des gemeinschaftlichen Lebens kündete der Aufstieg der christlichen Kirchen, deren Einfluß auf Staat und Gesellschaft trotz Tod und Verfolgung stetig wuchs. Die Einzelheiten dieser Entwicklung sind jedoch schwer erkennbar, da die Quellen immer spärlichere Auskünfte geben. Am Anfang des Jahrhunderts schrieb Cassius Dio, hoher Staatsbeamter und Senator, eine römische Geschichte von den Taten des Aeneas bis zur Regierung des Alexander Severus. Was er als Augenzeuge erlebte und aufschrieb, war die Geschichte einer Epoche von „Eisen und Rost", die seit der Regierung des Commodus das „goldene Zeitalter" des Imperiums abgelöst habe (72,36,4), eine Charakteristik, die die allgemeine Einschätzung seiner Zeitgenossen richtig wiedergab. Trotzdem glaubte Dio noch an eine Zukunft, in der Senat und Kaiser Hand in Hand die Probleme lösten. Dies war angesichts der absoluten Machtfülle des Kaisers ein unerfüllbares Wunschbild, aber es beweist, mit welcher Entschlossenheit sich die Senatoren gegen eine Zukunft stemmten, in der sie zum Rückzug aus den Schaltstellen der politischen Macht verurteilt werden sollten.

In den folgenden Jahrzehnten versiegte die heidnische Literatur fast völlig. Der lateinische Westen kennt nach 238, dem Jahr der Abfassung der Schrift des Censorinus, *de die natali*, keinen Autor von Namen und Rang. Man kann sich schwer des Eindrucks erwehren, daß das Nachdenken über den Lauf der Welt um so mehr verschwand, je schneller die alte Welt zusammenstürzte. Die römische Jurisprudenz erreichte unter den Severern noch einmal einen Höhepunkt ihrer Ausbildung; aber die im Dienste des Staates arbeitenden Rechtsgelehrten sahen in den Veränderungen der Monarchie kein diskussionswürdiges Problem. Der griechische Osten verfaßte zwar noch Fach- und Unterhaltungsprosa, jedoch beginnt erst mit dem Aufstieg des Neuplatonismus wieder neues Leben.

So muß der Historiker seine Kenntnisse vornehmlich aus der historiographischen Literatur der zweiten Hälfte des 4. Jahrhunderts beziehen, die mit Breviarien (Aurelius Victor, Eutrop, Rufius Festus) und den Kaiserbiographien der *Historia Augusta* noch einmal in die Zeit des Prinzipats zurückblickte. Sie sah diese durchaus in verklärtem Licht und machte sich ein besonderes Vergnügen daraus, den Leser durch ein Labyrinth von Legenden, unterhaltenden Erzählungen und historischen Informationen zu führen. Vor allem der Autor der *Historia Augusta*, der am Ende des 4. Jahrhunderts schrieb und sich seinen Lesern in der Verkleidung von sechs Autoren der diokletianischen Zeit vorstellte, hatte eine skurrile Neigung zur Irreführung und spaßigen Unterhaltung; dafür sorgten Anekdoten, Legenden, Wundergeschichten und das Auftreten von Kraftmeiern, Sexualprotzen, Säufern und sonstigen Gargantua-Gestalten, die auch in der zeitgenössischen Romanliteratur auftraten.

## 2. Die Bedrohung der Grenzen

Die tiefgreifenden Wandlungen der in den Augen der Zeitgenossen des 2. Jahrhunderts für immer gefestigt erscheinenden Welt vollzogen sich vor dem Hintergrund einer ständigen Bedrohung der Grenzen durch germanische und iranische Stämme im Norden und Nordwesten und durch das neupersische Sassanidenreich im Osten. Die Veränderungen der äußeren Welt zeigten sich zunächst an der Donau. Schon in den Markomannenkriegen Mark Aurels wurde Rom mit Völkerbewegungen konfrontiert, die im heutigen nord- und mitteldeutschen Raum ihren Ausgang nahmen. Sie drängten die den Donauprovinzen benachbarten Stämme auf die Reichsgebiete zu. Dabei gruppierten sich unter dem Druck immer neuer Wanderungen die kleinen Stammesverbände zu Großstämmen um, so etwa die Ale-

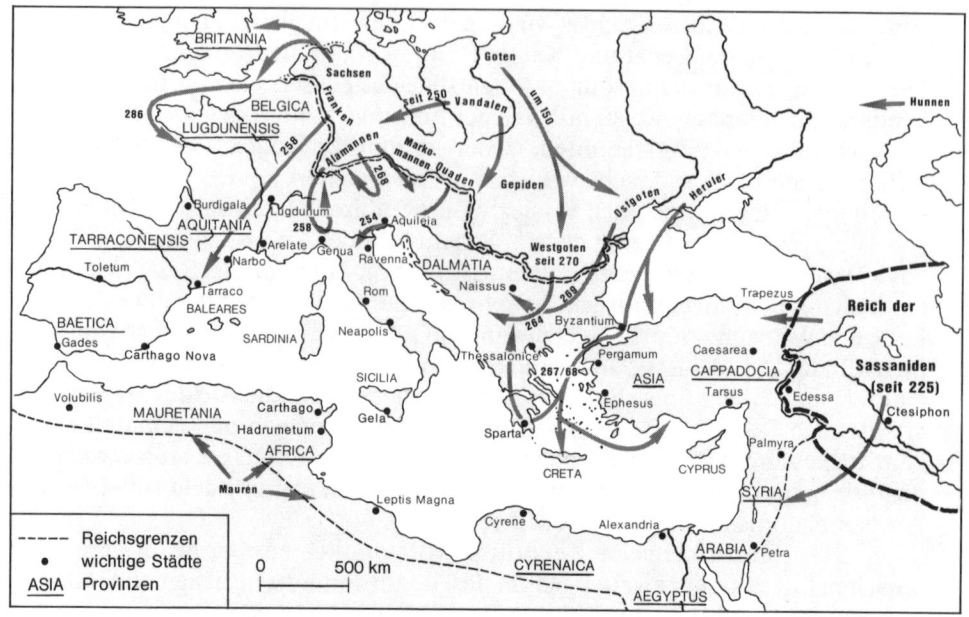

*Das Imperium Romanum im 3. Jahrhundert n. Chr.*

mannen, Franken, Markomannen und Quaden. Neue volkreiche Stämme wanderten auf die römischen Grenzen zu: Goten, Vandalen, Heruler und Burgunder, denen sich auf dem Balkan die iranischen Sarmaten zugesellten, die sich bis an die Theiß und die Donau vorschoben. Ihre soziale Not, Landhunger, Abenteuerlust und märchenhaft ausgeschmückte Geschichten vom reichen und fruchtbaren Süden trieben sie immer wieder dazu, den Kampf mit den Legionen Roms aufzunehmen.

Rom hat diese Entwicklung nicht steuern können, da der Ausgangspunkt der Völkerbewegungen weit jenseits seiner Macht lag. Große Siege, die man immer noch erfocht und die früher ausgereicht hätten, die Lage an der Grenze für Jahrzehnte zu stabilisieren, wurden jetzt angesichts neuer nachrückender Völker häufig binnen Monaten gegenstandslos. So gingen in den Kriegen zwischen 250 und 280 die vorgeschobene Provinz Dakien und der obergermanisch-rätische Limes verloren. Gallien, die Balkanhalbinsel und Kleinasien wurden durch germanische Heerzüge verwüstet, und mehr als einmal konnte die Flut erst in Italien zum Stehen gebracht werden.

Nicht besser erging es den Ostprovinzen. 224/5 entstand am Euphrat im Zeichen des triumphierenden Zarathustra ein neues persisches Großreich, das die Herrschaft der Parther beendete und weit über deren Grenzen hinaus den gesamten syrischen und kleinasiatischen Raum für sich beanspruchte. Der Titel des neuen Herrschergeschlechts der Sassaniden, „König der Könige", spiegelte das Ausmaß, in dem die Erinnerung an die verklärte Geschichte der persischen Großkönige vom Format eines Kyros oder

Dareios politisches Programm geworden war. Von nun an behauptete neben Rom eine zweite Macht, von den Göttern zur Weltherrschaft berufen zu sein. Sie setzte in einer umfassenden politischen, militärischen und religiösen Reform Kräfte frei, die Rom in Asien einen ebenbürtigen Gegner finden ließen. Die persischen Offensiven erschütterten die römische Herrschaft im gesamten Osten und führten zum Zusammenbruch des Schutzgürtels von Klientelstaaten. Im Juni 260 beugte der römische Kaiser Valerian als Gefangener vor dem persischen König Schapur I. das Knie und führte der erschütterten römischen Welt drastisch vor Augen, wie gründlich sich die bisherigen Voraussetzungen der römischen Weltgeltung verändert hatten.

Trotzdem erwies sich Rom noch einmal als stärker, und noch einmal bewies es, daß es nichts von seiner Fähigkeit verloren hatte, zu lernen und sich neuen Gegebenheiten anzupassen; der diesmal geforderte Preis aber war die weitgehende Militarisierung des Staates und der Bürokratie. Der Sieg konnte allerdings nur deshalb errungen werden, weil die germanischen Invasoren bislang keine dauernde Ansiedlung auf dem Territorium des Reiches anstrebten. Die Gefahr jedoch wuchs, so daß die offene Siedlungsweise innerhalb des Reiches in den gefährdeten Provinzen nicht mehr bewahrt werden konnte: Die Städte verschanzten sich wieder hinter mächtigen Festungsmauern. Die von Aurelian 271 um Rom gezogene Mauer mit ihrem Umfang von fast 19 km, ausgestattet mit 18 Toren und 381 Befestigungstürmen, ist das architektonische Symbol der veränderten Lage, aber auch des unbeugsamen Willens der Römer, ihre Weltherrschaft nicht aufzugeben.

## 3. Die Wandlungen der Monarchie

Mit Commodus (180-192), der den Markomannenkrieg seines Vaters Mark Aurel abrupt beendete, bestieg der erste Kaiser den Thron, der unverhüllt als religiös legitimierter Herrscher autokratisch regierte und dabei vor der offenen Konfrontation mit dem Senat nicht zurückschreckte. Der radikale Bruch mit dem Herrscherverständnis seiner Vorgänger wurde allerdings mit so haltlosen Versuchen der Vergöttlichung seiner Person drapiert, daß er von seinen eigenen Anhängern erschlagen wurde, als er als gemeiner Gladiator das Neujahrsfest des Jahres 193 eröffnen wollte. Sein Nachfolger Septimius Severus (193-211) kam erst nach einem blutigen Bürgerkrieg an die Macht, der die historisch versierten Zeitgenossen in seinem äußeren Verlauf an das Vierkaiserjahr von 68/69 erinnerte. Mit ihm und seiner Frau Julia Domna, der Tochter des Sonnenpriesters von Emesa, gelangte eine romanisierte afrikanisch-syrische Familie auf den Thron, die nur noch wenig an die Prinzipatsideologie der Vorgänger band.

Severus hat das Reich noch einmal in die Offensive vor allem gegen das Partherreich geführt, jedoch keine stabile Absicherung der Grenzräume erreichen können. Unter ihm wurde das Heer zum wichtigsten Machtfaktor. „Seid einig, bereichert die Soldaten und verachtet alles andere" (Cassius Dio 76,15), soll er seinen Söhnen als Rat hinterlassen haben. Tatsächlich wurden die Armeen mit Privilegien und Geld überschüttet, damit sie den gesteigerten Machtanspruch der Kaiser sicherten und loyal blieben. Genützt hat dies allenfalls noch den Nachfolgern des Severus (211 bis 235), deren schwächliches Regiment den Kredit des Dynastiegründers bald verspielte.

Danach hörte die Monarchie für fünfzig Jahre auf, das Imperium als konstanter Ordnungsfaktor zusammenzuhalten. Die auf den Thron erhobenen *Soldatenkaiser* eilten von einer bedrohten Front zur anderen und widerstanden den ständigen Usurpationen, die jede Niederlage auslöste, meist nur wenige Jahre. Allein das Jahr 238 sah das blutige Ende von sechs Herrschern; für sie wie für ihre Nachfolger, von denen 26 zwischen den Jahren 235 und 284 den Namen Kaiser wirklich verdienen, kam die Kaiserproklamation einem unbestimmt befristeten Todesurteil gleich. Die meisten von ihnen stiegen als Berufssoldaten auf und kamen aus dem Donauraum, aus Illyrien und selbst aus den Grenzzonen des Imperiums, wie der „Thraker" Maximinus (235-238) oder der „Araber" Philippus (244-249). Die Tapferkeit und Tüchtigkeit, mit der sie das an den Rand des Abgrunds gedrängte Reich verteidigten, hat ihnen die Achtung nicht nur ihrer eigenen Zeit gesichert. Aber sie konnten nicht verhindern, daß in dem inneren und äußeren Chaos allein das Heer zählte und ihm jedes Opfer gebracht werden mußte.

Ihr politisches Ziel war neben der Rettung des Reiches die Restauration und nicht die Revolution der bestehenden Verhältnisse. Sie dogmatisierten in häufig starrköpfiger Weise die Tradition und versuchten, einer zerbrechenden Welt durch die Rückbesinnung auf die alten Werte der Kultur und vor allem der Religion Halt zu geben. „Das größte Verbrechen ist es nämlich, anzufechten, was einmal von den Alten festgesetzt und bestimmt seinen Stand und Lauf hat und besitzt", schrieb Diokletian noch Ende des Jahrhunderts in seinem Edikt gegen die Religionsgemeinschaft der Manichäer (Arend, Gesch. in Quellen 1, S. 732). Deren Gründer Mani (216-276) hatte christliche, persische und buddhistische Elemente zu einer eigenen Religion verbunden, die wie die christliche von Erlösung in der jenseitigen Welt sprach. Dagegen reichte die Berufung auf das, was immer war, nicht mehr aus. Die Zeit und die verzweifelten Untertanen verlangten viel mehr als die Allmacht des durch die Tradition geheiligten Staates, die die Kriege mit all ihren drückenden Konsequenzen forderte. Für viele Menschen war in den außen- und innenpolitischen Katastrophen der Glaube an die unbesiegbare Kraft der altrömischen Tradition und ihrer Götter längst zusammengebrochen, und sie suchten nach einer neuen Autorität, die ihnen den Weg zu glücklicheren Zeiten weisen sollte. Die Monarchie stand diesen Erwartungen so lange hilflos gegenüber, bis sie den äußeren Gegner zu schlagen vermochte und selbst gelernt hatte, wie sie der Abhängigkeit von den Grenzarmeen entrinnen und zur kontinuierlichen Herrschaftsausübung zurückkehren konnte.

## 4. Die sozialen Veränderungen

Von der Anspannung aller militärischen Kräfte profitierten allein die Armee und der Ritterstand. Als Offiziere und Verwaltungsspezialisten wurden die Ritter zu unentbehrlichen Organisatoren der Verteidigung des Reiches. Die Heeresreform des Gallienus (s. S. 559 f.) brachte die Schicht der Berufsoffiziere in die Schlüsselpositionen der Armee. Nach 260 sind keine Militärtribunen und Legionskommandeure senatorischen Standes mehr nachweisbar, nachdem ein kaiserliches Edikt verfügt hatte, daß Senatoren keine militärischen Ränge mehr bekleiden durften. Im Bereich der Verwaltung hat Septimius Severus als erster versucht, den Senatorenstand zugunsten der Ritter zurückzudrängen. Die damit erkennbare kaiserliche Politik, auch die Verwaltungsfunktionäre aus den Rittern zu rekrutieren, fand jedoch erst im 4. Jahrhundert ihren Abschluß. Es lag in der logischen Konsequenz dieser Entwicklung, daß vielen sozialen Aufsteigern ein Sitz im Senat nicht mehr erstrebenswert erschien. Die Positionen der Ritter und eine militärische Karriere eröffneten die weit besseren Perspektiven.

Ungeschmälert blieb die wirtschaftliche Macht der Senatoren. Ihr Grundbesitz ließ sich weiterhin mehren und blieb darüber hinaus von den Zerstörungen und Plünderungen der einfallenden äußeren Feinde sowie der Bürgerkriegsarmeen weit mehr verschont als die mit den Städten verbundenen Höfe und Villen. Zudem waren ihre Besitzer als Angehörige der lokalen städtischen Eliten dem Druck der Steuereintreiber nahezu hilflos ausgeliefert und verarmten.

Mit dem Verlust der politischen Macht wuchs das Interesse der senatorischen Grundherren an der Ausdehnung und dem Schutz ihres privaten Besitzes und Einflußbereiches. Das Bauernlegen mit allen Mitteln bis hin zur nackten Gewalt nahm zu und beschleunigte den Prozeß der Ausdehnung der Großgüter. Der karthagische Bischof Cyprian führte in der Mitte des Jahrhunderts bittere Klage über einige seiner Amtskollegen, die im Dienste privater Grundherren „durch verschlagene Betrugshandlungen Landgüter räuberisch in ihren Besitz bringen" (*fundos insidiosis fraudibus rapere*; de lapsis 6). Was die Sünder in der Kirche der Heiligen trieben, charakterisiert die Situation auf dem Lande und enthüllt zugleich die Schwäche der politischen Macht, die diese Entwicklung nicht eindämmen konnte.

Das Problem selbst, obwohl erst jetzt offen zutage tretend, war so alt wie Rom. Das Gleichgewicht zwischen dem ökonomischen und politischen Eigennutz der Großen und der Macht des Staates, in dessen Diensten Ehre, Einfluß und Vermögen gewonnen wurden, besaß schon immer prekäre Züge, und bereits die Republik hat damit leben müssen. Zu allen Zeiten und in allen Provinzen hatten sich die Mittel der ökonomischen Erpressung, des gerichtlichen Drucks und der offenen Gewaltanwendung bewährt, um den Besitz der Mächtigen zu mehren. Als Seneca die drei Arten von Übeln aufzählte, die das soziale Leben belasten, nannte er die Furcht vor dem Mächtigen das schlimmste (*quae per vim potioris eveniunt;*

Briefe 2 (14),3,4). Dieses unbeugsamste aller Gesetze des sozialen Lebens konnte die kaiserliche Fürsorge, erkennbar etwa an der Fülle gesetzlich verankerter sozialer Schutzmaßnahmen (vgl. S. 476), lange Zeit entschärfen. Im 3. Jahrhundert ließ ihre Kraft nach: Zu groß war der Privatbesitz an Grund und Boden geworden, zu mächtig seine Eigentümer, zu schwach das auf das Wohl des Staates bezogene Ethos der politischen Eliten, so daß die staatliche Autorität des Kaisers und der Gesetze im Konfliktfall nicht mehr von vornherein als Sieger feststanden. Das Gleichgewicht zwischen dem ökonomischen und politischen Eigennutz der Großen und der Macht des Staates, in dessen Diensten die senatorischen Eliten lange Jahrhunderte Macht, Ansehen und Ehre gesucht hatten, geriet ins Wanken.

Damit deutet sich bereits die Entwicklung zu den weitgehend selbständigen Grundherrschaften der Spätantike an. Die Mächtigen des Reiches weiteten ihre ländliche Herrschaft jenseits der Städte so weit aus, daß die staatliche Autorität des Kaisers und der Gesetze im Konfliktfall nicht mehr bedingungslos durchgesetzt werden konnte. Der Grundherr übernahm mit der wachsenden Macht nun auch die Pflicht, die Pächter seiner Güter und die kleinen Bauern vor dem Schritt ins offene Elend zu bewahren und sie vor den Steuereintreibern aus den Städten, der Armee und den kaiserlichen Sondersteuern zu schützen. Der Bauer, immer auf den patronalen Schutz des großen Nachbarn angewiesen, fand sich mit der Aufgabe seiner Unabhängigkeit ab, da die fürsorgende Hand des Staates schwach geworden war und nur der Grundherr noch die Macht besaß, ihm gegenüber allzu drückenden Pressionen in seinem sozialen Umfeld Sicherheit zu gewähren. Das Klientelsystem der Republik erwachte zu neuem starken Leben: Bauer, Lohnarbeiter und schließlich auch Handwerkerkorporationen und ganze Dörfer begaben sich in den Schutz mächtiger Landbesitzer. Insgesamt ging die Entwicklung auf Kosten der Städte, deren untere Schichten sich ebensowenig wie ihre Eliten den Kriegsfolgen und dem wachsenden Steuerdruck entziehen konnten.

Die Schwächung des Dekurionenstandes in den Städten ist eines der wichtigsten Phänomene des sozialen Wandels, da sie für den Niedergang der Städte in den verschiedenen Reichsteilen unmittelbar verantwortlich war. Der Druck der Kriegskosten, d. h. die Ausgaben für Militär und Bürokratie, ruinierte die städtischen Oberschichten, deren Verpflichtungen seit Septimius Severus gesetzlich genau festgelegt wurden. Dazu gehörte neben der persönlichen Haftung für die Steuern die Versorgung der Stadt mit Lebensmitteln und Wasser, die Instandhaltung der Straßen und öffentlichen Bäder, die Veranstaltung öffentlicher Spiele und die Vertretung ihrer Kommunen vor Gericht. Alle diese Leistungen waren bis dahin freiwillig erbracht worden, da sie das soziale Ansehen der Eliten begründeten und gleichzeitig legitimierten, daß die Angehörigen unterer Schichten von den städtischen Ämtern ferngehalten wurden.

Damit war es nun angesichts des Übermaßes der Lasten vorbei. Die Not lehrte die traditionell regierenden Schichten, daß die Leistung des sozialen Aufsteigers dem aristokratischen Leistungsprinzip verwandt war und den

Zugang zu den Ämtern öffnen konnte; Voraussetzung war die Bereitschaft, Vermögen und Arbeit für die Ehre amtlicher Funktionen und Würden einzutauschen. Dies traf vor allem für die Schicht der reich gewordenen Händler und Handwerker zu, obwohl die Art, in der diese zu ihren Reichtümern gekommen waren, sie an sich moralisch diskreditierte. „Lediglich der Mangel an Männern zur Erfüllung der öffentlichen Funktionen zwingt dazu, auch diese Leute – vorausgesetzt sie haben Besitz – aufzufordern, munizipale Würden zu übernehmen" (Digesten 50,2,12), schrieb zu Beginn des Jahrhunderts resignierend der Jurist Callistratus. Jetzt machte allein das Geld den Mann: Der reich gewordene Gladiator, selbst der Bordellbesitzer und schließlich sogar der geschäftstüchtige Christ wurden ratsfähig, obwohl letzterer bis 311 noch als Verbrecher galt.
Die Zugehörigkeit zum *ordo* der Dekurionen regelte dementsprechend jetzt der Census: Wer das erforderliche Mindestvermögen besaß, mußte Dekurio werden und die entsprechenden Lasten mittragen. Die weitgehende Erblichkeit des Standes war die logische Folge, da die Erben des Familienvermögens zwangsweise in den *ordo* eintreten mußten. Versuchte ein Verzweifelter, die Reste seines ruinierten Vermögens durch die heimliche Auswanderung in andere Gegenden des Reiches zu retten, so jagten ihn die Büttel des Statthalters, denen häufig die verbliebenen Dekurionen, die die Last des Entflohenen mittragen mußten, die richtige Spur wiesen. Das Aufspüren flüchtiger Notabeln wurde früh gesetzlich geregelt: „Der Provinzialstatthalter soll dafür sorgen, daß die Dekurionen, die nachweislich den Sitz ihrer Stadt, der sie angehören, verlassen haben und in andere Gegenden übersiedelt sind, auf den Boden ihres Vaterlandes zurückgerufen werden und die ihnen zukommenden Verpflichtungen (*munera*) übernehmen", schrieb das einschlägige Gesetz vor (Digesten 50,2,1).
Mit diesen Reglementierungen und der erblichen Bindung an den Stand sollte die für die Existenz des Reiches lebenswichtige Funktion der lokalen Eliten aufrechterhalten werden. Das System der Zwangsmitgliedschaft traf schließlich auch die städtischen Massen. Vor allem die Handwerker und Händler wurden zu Kollegien zusammengeschlossen, deren Tätigkeit und Gewinne so besser zu kontrollieren waren. Die reicheren unter den Kollegiumsmitgliedern konnten gegebenenfalls auch zu den öffentlichen Leistungen herangezogen werden. Auf einen allgemeinen Nenner gebracht: Dieses System bewirkte den Verlust der freien Berufswahl, der freien Ortswahl sowie der freien Verfügung über das Vermögen. Erkauft wurde damit der Bestand des Reiches, das für alle nach wie vor die beste aller Welten umschloß.

## 5. Die Reform des Reiches

Die ersten weitreichenden Reformen leitete Gallienus (253-268) ein, obwohl unter seiner Regierung zeitweilig nur noch Italien und einige Provinzen des Mittelmeeres halbwegs sicher waren. Am Anfang stand eine Heeresreform: Die Truppen, die sich vornehmlich nur noch aus den Grenzprovinzen rekrutierten, erkannten die Autorität ihrer senatorischen Kommandeure immer weniger an, da diese keine Berufsoffiziere waren und sich den Anforderungen der schweren Abwehrkriege nur selten gewachsen zeigten. Gallienus übergab daher das Legionskommando an die Ritter, in deren Stand nun auch der Unteroffizier mit Fortune aufsteigen konnte.

Eine weitere, taktische Reform erzwangen die bitteren Kriegserfahrungen: Immer wieder hatten die germanischen Völker an Donau und Rhein die Grenzfestungen überrannt und die dahinter liegenden Provinzen ungestört plündern können, da Rom über keine mobilen Reserven im Hinterland verfügte. Diese wurden jetzt in der Form von Reiterheeren aufgestellt und in Feldlagern weit hinter den Grenzen stationiert.

Aurelian (270-275), der sich auf seinen Münzen dank seiner militärischen Erfolge zu Recht als „Wiederhersteller des Reiches" (*restitutor orbis*) feiern konnte, zeigte den Weg zu einer religiösen Absicherung der Monarchie, der sie vor dem ständigen Zugriff der Soldaten bewahren sollte. Er hielt sich an den schon von den Severern unter die Reichsgötter versetzten Sonnengott, der ursprünglich in den Städten dies- und jenseits der syrischen Grenze beheimatet war (z. B. in Emesa und in Palmyra). Ihm wurde ein offizieller Staatskult als *Deus Sol Invictus* (der unbesiegte Sonnengott) eingerichtet, dessen Hauptfest am Tag der Wintersonnenwende, dem 25. Dezember, gefeiert wurde. Seit der Mitte des 4. Jahrhunderts griffen die Christen Datum und Fest auf und begingen seitdem an diesem Tag ihr Weihnachtsfest.

Dieser Sonnengott, der viele Gottheiten in sich aufgenommen und hierarchisch geordnet hatte, ermöglichte den Entwurf eines neuen religiösen Weltbildes, in das der universelle Machtanspruch des Kaisers eingebettet werden konnte. Wie der Kaiser auf Erden beanspruchte auch dieser Gott innerhalb des Kosmos die alleinige Herrschaft und legitimierte die parallele Ordnung der irdischen Welt. Das gab den Kaisern eine gewichtige Waffe gegen die Heere in die Hand. Eine treffende Anekdote berichtet, Aurelian, bedroht von einem Aufstand eigener Truppen, habe den Soldaten zugerufen, es sei ein Irrtum zu glauben, das Schicksal der Götter liege in ihren Händen; der Gott, der den Purpur verliehen habe, bestimme auch ganz allein über die Dauer der Herrschaft. Der Vorgriff auf die Rolle des Christengottes seit Konstantin ist unüberhörbar: Auch er forderte die ausschließliche Zuwendung seiner Gläubigen und verdammte den Aufruhr gegen seine Kaiserwahl als Sünde.

Die Reformversuche des Gallienus und des Aurelian zeigen, worauf es in erster Linie ankam: die Wiederherstellung einer stabilen Zentralgewalt. Dies war nur möglich, wenn nachhaltig verhindert werden konnte, daß jeder Feldherr von seinen Truppen zum Kaiser ausgerufen wurde, nachdem er große Schlachten und damit das unbegrenzte Vertrauen seiner Soldaten gewonnen hatte. Diokletian löste das Problem, indem er die potentiellen Usurpatoren gleich von vornherein zu Mitkaisern machte und sie damit der Notwendigkeit enthob, gegen ihn zu Felde zu ziehen.

Eine Aufspaltung der kaiserlichen Gewalt hatte es seit Augustus immer wieder gegeben: Die Designation des Nachfolgers geschah zumeist in dieser

Weise (s. S. 479 ff.). Aus dieser Praxis machte Diokletian ein System. Er schuf eine viergliedrige, abgestufte kollektive Reichsspitze, gegen die Usurpationen aussichtslos erscheinen mußten, da die monarchische Gewalt in allen wichtigen Reichsteilen nunmehr präsent sein konnte. 286 erhob er seinen alten Kampfgefährten Maximianus zum *Augustus*, und 293 ernannte er zwei *Caesares*, die jeweils einem Augustus zugewiesen wurden; an die Seite Diokletians, der im Osten residierte und regierte, trat Galerius, an die Seite Maximians trat im Westen Constantius Chlorus. Diese Viererherrschaft (*Tetrarchie*) regelte zugleich die Nachfolge, da die Caesares bei einem Ausscheiden der Augusti aufrückten. Damit war das Reich nicht geteilt, sondern nur die Geschäftsbereiche waren definiert. Verordnungen und Gesetze wurden stets in aller Namen erlassen und im ganzen Reich anerkannt. Dies bedingte den Zwang zur Koordination der Politik und verhinderte separatistische Tendenzen. Die Vorherrschaft Diokletians in diesem System war unangefochten und wurde durch den Beinamen *Jovius*, der den Kaiser mit dem höchten Gott Jupiter zusammenbrachte, sinnfällig zum Ausdruck gebracht.

Die zweite große Aufgabe ergab sich aus der Notwendigkeit, der kaiserlichen Zentrale die finanziellen und militärischen Ressourcen des Reiches so effektiv wie möglich zu erschließen. Es lief dies faktisch auf die Intensivierung der Verwaltung mit Hilfe eines reorganisierten und stark erweiterten Beamtenapparates hinaus. Der erste Schritt dahin war die Verkleinerung und Vermehrung der bisherigen Großprovinzen auf über hundert kleinere, zu denen jetzt auch 17 in Italien eingerichtete zählten. Zwölf Mittelinstanzen, die sogenannten Diözesen unter dem Regiment von Statthaltern (*vicarii*), die als Stellvertreter der Prätorianerpräfekte amtierten, sorgten für den Zusammenhalt. Die in den Provinzen stationierten Truppen wurden durchgängig von ritterlichen Befehlshabern (*duces*) geführt; die Trennung der zivilen und militärischen Gewalt war damit endgültig vollzogen.

Das Fundament der gesamten Reform wurde eine umfassende Neuordnung des Steuersystems, um den Finanzbedarf des verdoppelten Heeres und der aufgeblähten Bürokratie langfristig zu sichern. Von den vielfältigen Steuerarten hatte sich nur die Naturalabgabe (*annona*) bewährt, die nach Bedarf gemäß der Größe des Grundbesitzes eingezogen worden war. Sie wurde jetzt mit einer Kopfsteuer (*capitatio*) kombiniert, die sich nach der Arbeitskraft bemaß. Ein allgemeiner Reichscensus (*indictio*), der seit 312 alle 15 Jahre durchgeführt wurde, setzte jeweils die Steuer fest, die der einzelne entsprechend seiner Arbeitsleistung und seinem Grundbesitz aufzubringen hatte.

Wirtschaftspolitik des Staates zeigte sich auch jetzt noch im wesentlichen als Steuer- und Finanzpolitik. So mußte die Währung durch die Ausgabe besserer Münzen wieder stabilisiert werden, nachdem der Geldwert in den Jahrzehnten der Krise durch eine überbordende Inflation verfallen war. Als diese Währungsreform nicht sofort griff und die Preise vor allem dort hoch blieben, wo Armeeverbände in nennenswertem Umfang stationiert waren, setzte der Kaiser durch ein umfassendes Preisedikt Höchstpreise für Waren und Dienstleistungen fest. Schärfste Strafandrohungen sollten für die Einhaltung des Ediktes sorgen, das insbesondere den Heeresetat spürbar entlasten und überschaubarer machen sollte.

Mit diesem großen Reformwerk wurde jede Initiative gänzlich auf den Staatsapparat beschränkt. Der Masse der Untertanen in Stadt und Land stand die monarchische Regierung mit ihren Beamten gegenüber. Der unbestrittene Mittelpunkt des Staates war der absolute Herrscher geworden, der sich mit seinem Hofstaat und dem Hofzeremoniell im Palast von der übrigen Welt abschloß. Der als Zeichen der Verehrung bei Audienzen geforderte Kniefall vor dem Herrscher war symbolisch der sachgerechte Ausdruck einer ungeheuren Distanz, die sich jetzt zwischen Monarch und Untertan auftat.

Diokletian hat sich bei allen seinen Maßnahmen auf die für ihn vorbildliche Vergangenheit berufen. Damit ist viel über die Spielarten seiner Legitimation, nichts jedoch zu der Frage ausgesagt, ob das von ihm und seinem Nachfolger Konstantin begründete Herrschaftssystem der Spätantike wesentlich anders aussah als der von Augustus begründete Prinzipat. Gemeinhin gliedert man die römische Kaiserzeit in eine Epoche des Prinzipats und eine des Dominats (nach der Bezeichnung des Kaisers als *dominus* auf den offiziellen Inschriften); häufig wird Diokletian auch als der Begründer des „spätantiken Zwangsstaates" bezeichnet. Entscheidend für diese Setzung einer Epochengrenze und die begriffliche Fassung der neuen Zeit ist die Antwort auf die Frage, ob und welche Wesenszüge des augusteischen Prinzipats im Kaisertum der Spätantike noch lebendig geblieben sind. Anders: Haben die in der Zeit Diokletians und Konstantins eingetretenen Veränderungen sowohl die politische Organisation als auch die Beziehungen der Menschen untereinander grundlegend verändert oder sind sie noch mit den Strukturen des 1. Jahrhunderts vergleichbar?

Die Frage ist ohne die Einordnung des Aufstiegs des Christentums in die römische Geschichte nicht zu beantworten. Der Triumph des Gekreuzigten und seiner Diener über ihre Verfolger hat dem Reich wieder Halt und Widerstandskraft gegeben. Andererseits: Die christlichen Gemeinden, die sich um ihre geistlichen Führer scharten, bildeten von Anfang an eine Gesellschaft mit eigenen Lebensformen, die mit der Gesellschaft des Imperiums konkurrierte und das ganze Leben, seine Gefühle, Gedanken und Taten, mit Beschlag belegte. Die Tolerierung ihrer Glaubenssätze war die zentrale Forderung, die sie unermüdlich erhoben, und mit dem Instinkt der Selbsterhaltung hatten sie in den Kernfragen jeden Kompromiß mit dem Römischen Staat abgelehnt: Kulthandlungen durften von Christen weder zu Ehren eines Menschen noch vor den heidnischen Göttern vollzogen werden.

Diokletian hatte seit 301 nichts unversucht gelassen, um die Nacken der Christen wieder unter den alten Glauben an die Götter zu beugen (s. S. 585 f.). Zehn Jahre später gab sein einstiger Gefährte und Nachfolger Galerius den Krieg der staatlichen Folterknechte gegen Wehrlose verloren, die immer wieder beteuerten, sie wollten bleiben, was sie seit langem waren: treue Diener ihres Gottes und des römischen Kaisers. Am 30. April 311 unterzeichnete der todkranke Monarch ein Edikt, das nicht nur die Verfolgungen beendete, sondern den christlichen Glauben als anerkannte Religion (*religio licata*) zuließ: „Da die meisten Christen auf ihrem Vorsatz beharrten und wir sahen, daß sie weder den Göttern den gebührenden Dienst und die schuldige Verehrung erwiesen noch auch den Gott der Christen verehrten [sc. auf Grund der Verfolgung], so haben wir unsere bereitwillige Nachsicht auch auf die Christen ausdehnen zu müssen geglaubt, so daß sie von neuem Christen sein dürfen: *ut denuo sint Christiani*" (nach der lateinischen Fassung bei Lactanz, de mortibus persecutorum 34; die griechische Übersetzung bei Eusebius, Kirchengeschichte 8,17,3-10; sie enthält auch das Präskript).

Da ist nichts von Sympathie zu spüren, im Gegenteil: Die Christen, so begründet Galerius die Verfolgungsedikte seines großen Vorgängers, seien von einer solchen Dummheit (*stultitia*) besessen gewesen, „daß sie nicht mehr jenen Einrichtungen der Alten (*veterum instituta*) folgten, die doch vielleicht ihre eigenen Vorfahren eingeführt hatten." Statt dessen „gaben sie sich nach eigenem Gutdünken Gesetze, die sie befolgten, und vereinigten in verschiedenen Gegenden verschiedene Leute zu einer Gemeinschaft (*per diversa varios populos congregarent*)" – abfälliger konnte sich auch ein erklärter Gegner der Christen nicht über deren Gemeinden äußern.

Trotz des hörbaren Zähneknirschens war dieses Edikt die Wende, warf mit ihm der römische Staat das Steuer in der Religionspolitik herum, die 250 Jahre gegolten und die Christen zu Verbrechern gemacht hatte (s. S. 584). Das Existenzrecht, das jetzt den Christen zugestanden wurde, verpflichtete den Kaiser zu nichts und beschnitt schon gar nicht sein Recht, auch künftig alles „im Einklang mit den alten Gesetzen und der staatlichen Verfassung der Römer (*leges veteres et publicam disciplinam Romanorum*)" nach Gutdünken zu regeln. Aber es gab nun innerhalb des Imperiums für die Christen eine Zukunft ohne den Makel des Rebellentums und ohne Angst vor der Rachsucht der alten Götter. Beide, der römische Kaiser und der Gott der Christen, rüsteten sich zu einem gemeinsamen Weg, von dem die Handelnden des Jahres 311 allerdings nichts ahnen konnten und der ihre Vorstellungskraft wohl auch überstiegen hätte.

„Les barbares et les disputes de religion" haben das Weltreich der Römer zerstört, notierte Voltaire in seinem *Essai sur les moeurs et l'esprit des nations* (1756). Wenig später schrieb Edward Gibbon seine *History of the Decline and Fall of the Roman Empire* (1766-88) als die Geschichte eines ständigen Niederganges seit dem Tod Mark Aurels: „Während dieser Zeit, da dieser große Staatskörper durch offenbare Gewalt angegriffen oder durch langsamen Verfall untergraben wurde, verschaffte sich eine reine und demütige Religion allmählich Eingang in die Gemüter der Menschen, sie wuchs in der Stille und Dunkelheit auf, bekam durch den Widerstand neue Kraft und richtete endlich die siegende Fahne des Kreuzes auf den Ruinen des Kapitols auf." War dies die überzeugende Antwort auf die Frage nach der Einordnung des Christentums in die Geschichte Roms?

TEIL C:

# GLAUBE UND ZWEIFEL:

# DIE VERWANDLUNG DER MITTELMEERWELT

# I. Der Aufstieg des Christentums

| | |
|---|---|
| um 30 | Tod Jesu unter Pontius Pilatus. |
| 48-58 | Paulus setzt die Heidenmission gegen den Widerstand judenchristlicher Gruppen durch. In drei großen Missionsreisen werden zahlreiche Gemeinden in den Ostprovinzen gegründet. |
| 64 | Nero läßt in Rom Christen als angebliche Brandstifter hinrichten. |
| 70-120 | Die Abschwächung der Parusie-Erwartung führt zur Aufzeichnung der Evangelien und der Apostelgeschichte. Der monarchische Herrschaftsanspruch des Bischofs bildet sich aus. |
| 112/113 | Trajan regelt die staatliche Behandlung der Christenfrage. |
| 150-200 | Auf die latente Konfrontation mit Staat und Gesellschaft antworten die Christen mit Verteidigungsschriften (Apologien). In Nordafrika wird das Neue Testament ins Lateinische übersetzt. |
| 249-259 | Unter Decius und Valerian kommt es zu reichsweiten Christenverfolgungen. Gallienus annulliert 260 die Verfolgungsedikte. |
| 303-311 | Konsequente und reichsweite Verfolgung der Christen durch Diokletian. |
| 311 | Das Toleranzedikt des Galerius beendet die Christenverfolgungen. Die Ausübung der christlichen Religion wird staatlich sanktioniert. |

## 1. Die alte und die neue Religion

*Heiden und Juden*

Die Lehre vom fleischgewordenen Gottessohn kam in eine tief religiöse Welt. Der Heide, dem sie gepredigt wurde, lebte seit langem in der Gewißheit des göttlichen Wirkens im Reich der Irdischen. Die Götter waren ihm öffentlich und privat stets gegenwärtig. Er verehrte sie in den Akten des Kultes (*cultus, ritus*), er erforschte ihren Willen durch die Beobachtung göttlicher Zeichen (*auspicia*), und er lebte in frommer Haltung (*pietas*). Alles dies sicherte nicht nur das eigene Wohl, sondern auch das des Staates, der in noch weit höherem Maße als der einzelne gehalten war, den Göttern Respekt und Opfer entgegenzubringen.

Die römische Religion war radikal diesseitig. Ein offenbartes, göttlich gestiftetes Recht, das den Menschen hätte vermittelt werden müssen, kannte sie nicht. Einen Gegensatz zwischen Staat und Religion hat sie nie gestattet. Dementsprechend entstammten die römischen Priester der gleichen aristokratischen Schicht, aus der sich die Staatsbeamten rekrutierten. Wie diese waren auch sie der höchst irdischen Aufgabe verpflichtet, das Gemeinwesen zu erhalten: Durch ihre genaue Kenntnis der göttlichen Forderungen an den Menschen stellten sie im täglichen Leben des Staates sicher, daß alles

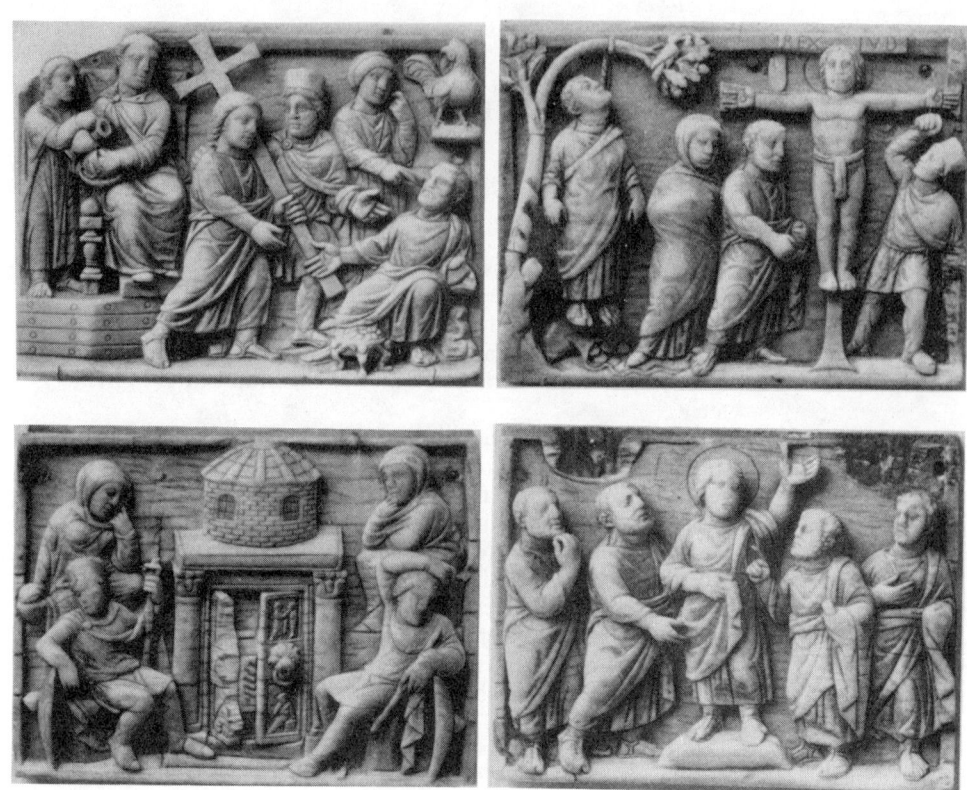

*Passionsdarstellungen des 5. Jahrhunderts (420-430)*
*Elfenbeinarbeiten*

(London, British Museum)

Die Lehre von dem gekreuzigten Gottessohn, „den Juden ein Ärgernis, den Heiden eine Torheit" (Paulus 1 Kor. 1,23), war auch für die Christen selbst nur schwer mit Anschauung zu füllen. Gewiß: im Zentrum der Evangelien standen die Passion und die Auferstehung, aber wenn sich der fromme Glaube ein Bild von Christus machte, so sah er den siegreichen Gott, der wie der Kaiser im Himmel thronte, oder den Wundertäter, der die Teufel austrieb und die Kranken heilte, oder den Lehrer, der von ewigen Wahrheiten sprach; nicht vorstellen konnte man sich jedoch den Gemarterten, der den schändlichen Tod eines Verbrechers starb. Als öffentliches Bildprogramm war dies vor dem Toleranzedikt des Galerius 311 ohnehin nicht denkbar, aber auch danach malten oder meißelten die Künstler „das Siegeszeichen des heilbringenden Leidens" (Eusebios) nicht als Marterinstrument, sondern allein als Zeichen des Triumphes und der Auferstehung: In der Laurentiuskapelle der Galla Placidia (390-450) in Ravenna leuchtet es bis heute als crux caelestis im Sternenhimmel, wird vom Heiligen Laurentius auf seinem Gang zum Feuertod wie ein römisches Feldzeichen geschultert und von Jesu Hand mit demselben Gestus umfaßt, mit dem der Kaiser die Reichsstandarte trug.

Seit dem 4. Jahrhundert fordern die christlichen Auftraggeber auf ihren Sarkophagen – allmählich und vorsichtig inszeniert – auch Darstellungen, welche die Passion ankündigen: der Einzug in Jerusalem und die Handwaschung des Pilatus. Die Demütigung am Kreuz jedoch bleibt ausgespart: Sie wird ersetzt durch ein Bild des leidenden Hiob oder die Krönung mit der Dornenkrone, die sich unter der Hand des Künstlers in einen Lorbeerkranz – das alte Zeichen des Sieges über die Feinde – verwandelt. Erst die Kleinkunst spricht eine deutlichere Sprache, obwohl auch sie den Sohn Gottes über seine Gegner und den Tod triumphieren läßt: Auf den vier Seiten eines kleinen Elfenbeinkastens gravierte der Künstler ein Bildprogramm, das die zentralen Lehren der Passion verkündet und mit den Personen und ihrer Geschichte verknüpft, die beispielhaft von Verrat und Treue, von Schuld und Sühne, von Einsicht und Verblendung, von Strafe und Erlösung sprachen:

– Pilatus, der seine Hände in Unschuld wäscht; ihm, dem Statthalter Roms, hatte die fromme Legende seit dem 2. Jahrhundert eine neue Rolle geschrieben: sie verwandelte den Richter Jesu in einen unverdächtigen Anwalt für die Unschuld des Beklagten und machte ihn zum Kronzeugen für die göttliche Natur des Gekreuzigten. Von ihm wendet sich Jesus, das Kreuz als Siegeszeichen auf der Schulter, und geht an Petrus vorbei, als dieser ihn verleugnet, während der Hahn kräht.

– Es folgt Judas, der das Urteil an sich selbst vollstreckt, während der gekreuzigte Jesus unter dem Titel „REX IUD [aeorum]" den Tod besiegt, als ihn die Lanze des Longinus trifft.

– Dann die beiden Marien, die am Grabmausoleum trauern, dessen Tür einstürzt, während die Wächter, gestützt auf ihre Schilde, schlafen.

– Schließlich der erhöhte Christus, umringt von vier Jüngern; unter ihnen der ungläubige Thomas, den die christliche Phantasie als Missionar und Märtyrer bis nach Indien führte (Hennecke/Schneemelcher II, S. 297 ff.; eine der wenigen mittelalterlichen Darstellungen zeigt der Tympanon der *Porte des Bleds* der Kathedrale des burgundischen Semur-en-Auxois).

getan wurde, was das ständige Einvernehmen mit den Göttern begründete und damit die Existenz des Staates vor göttlichen Zornesausbrüchen schützte. „Die beste und zugleich lauterste, heiligste unf frömmste Verehrung der Götter", schrieb Cicero, „besteht darin, daß wir sie immer mit reinen, unverdorbenen und unverfälschten Gedanken und Worten anbeten." Und er fügte hinzu, daß diejenigen, „die alles, was mit der Verehrung der Götter zu tun hatte, sorgfältig ausübten und gleichsam immer wieder erwogen (*relegere*), von diesem Wort *relegere* als *religiosi* bezeichnet werden" (de natura deorum 2,71-72).

Der gläubige Christ konnte die den Tag und das Jahr füllenden religiösen und kultischen Äußerungen seiner sozialen und politischen Umwelt nicht übersehen, in der alle rituellen Vorkehrungen, die von Familie und Staat täglich gefordert wurden, dazu dienten, das Gemeinwesen in seinem politischen und sozialen Zustand zu erhalten. Er wußte natürlich, daß die Priester keinen geistlichen Rat erteilten, sondern die für den jeweiligen Sachverhalt tauglichen Riten nannten, die das Benehmen mit den Göttern sicherten. Die Frage nach der Wahrheit der religiösen Aussagen und danach, was in den Köpfen der Menschen vor sich ging, spielte demgegenüber keine Rolle. Dieser vorgegebene, fundamentale Tatbestand machte die Auseinandersetzung zwischen christlicher Heilsbotschaft und römischem Götterglauben zur Auseinandersetzung zweier an sich unvereinbarer Welten.

Darauf verwiesen bereits die Wurzeln und Anfänge des Christentums. Das Judentum hatte sich im Mittelmeerraum in drei Hauptgebieten ausgebildet, die zwar verbunden blieben, doch jeweils andersartigen politischen und religiösen Einflüssen ausgesetzt waren. Da gab es zum einen die aus der babylonischen Gefangenschaft Zurückgekehrten, die sich um Tempel und Kult in Jerusalem scharten; da waren zum anderen die jüdischen Kolonisten in Ägypten, die in Alexandria ihre wichtigste Synagoge hatten und sich bis zur Cyrenaica und nach Zypern ausdehnten; da zählte man schließlich in den großen Handelshäfen des griechischen (seit 63 v. Chr. römischen) Mittelmeeres die Niederlassungen einer jüdischen Handelsdiaspora, die rasch anwuchs und sich auch in Rom festsetzte.

Gemeinsam war ihnen allen der Besitz der *Thora* (die fünf Bücher Moses) und weiterer alttestamentarischer Schriften, welche die Griechisch sprechenden Juden in Übersetzungen lasen, die unter der Bezeichnung *Septuaginta* (lat.: 70) zusammengefaßt worden waren. Gemeinsam waren ihnen auch die Synagoge und der Gottesdienst, der aus Predigten (in der Regel über eine Textstelle), Gebeten und einer abschließenden Segensformel bestand. Gemeinsam war ihnen schließlich die Pflicht zur Beschneidung, zur Einhaltung des Sabbats und zur Beachtung bestimmter Reinheits- und Speisegebote. Die Begegnung mit der Geisteswelt der Griechen hat das Judentum insbesondere in den Diasporagemeinden nicht unberührt gelassen. Trotz vielfältiger Einflüsse jedoch blieb es der einzige ebenbürtige und unbezwungene Gegner der griechischen Zivilisation.

Der Glaube der Juden konzentrierte sich auf den allmächtigen Schöpfergott, der keine weiteren Götter neben sich duldete, und dem Israel, das auserwählte Volk, unbedingten Gehorsam schuldete. Die großen Propheten der jüdischen Geschichte wie Elia, Jesaja oder Micha haben in kritischen Zeiten die unbedingte Gültigkeit des Gotteswillens verkündet und ihr Volk gelehrt, die geschichtlichen Katastrophen als Taten Jahwes zu verstehen und zu ertragen. Davon sprach selbst Flavius Josephus, der als Jude den Dienst der Römer gesucht hatte und als Augenzeuge die Geschichte des Aufstandes der Jahre 66-70 schrieb. Für ihn waren Vespasian und Titus, die Zerstörer Jerusalems und des Tempels, die Zuchtruten Jahwes gegenüber seinem Volk, das von einer kleinen Minderheit ruchloser Fanatiker in den sinnlosen Widerstand gegen die Weltmacht getrieben worden sei: „Darum glaube ich, die Gottheit ist aus ihrem Heiligtum geflohen und steht auf der Seite jener, gegen die ihr kämpft", rief er den Aufständischen zu (bellum Judaicum 5,412). Nach der Katastrophe des Jahres 70 blieben den Überlebenden nur die Hoffnung auf Gott und die Unterwerfung unter das Gesetz: „Zion ist von uns genommen worden, und wir haben nichts, das uns retten könnte, als den Allmächtigen und sein Gesetz" (2 Baruch 85,3).

*Jesus und seine Anhänger*

Die Anfänge des Christentums in Palästina fielen in eine Welt der politischen Instabilität und des sozialen Elends. Die Königsherrschaften der Seleukiden und der Hasmonäer (s. S. 376 f.) waren seit den Kriegszügen des Pompeius in den sechziger Jahren zusammengebrochen, und in den Jahrzehnten danach hatte das in Bürgerkriege verstrickte Rom keine Zeit gefunden, dem eroberten Raum eine neue Ordnung aufzuzwingen. Nach Caesars Tod durchzog sein Mörder Cassius das Land, sammelte Waffen, warb Soldaten an und erpreßte Tribute. In seinem Gefolge tat sich ein Mann hervor, der wie kein zweiter das erste Gebot eines hellenistischen Zaunkönigs, der überleben wollte, verstanden hatte: Nur die unbedingte Treue zu Rom konnte den Griff nach dem Königsdiadem legitimieren. Herodes, von dem wir sprechen, war als Idumäer kein vollgültiger Jude, aber als bewährter Condottiere entschlossen, seine Chance zu nutzen. Im Jahre 40 erkannte ihn der Senat als König an, 37 fiel Jerusalem in seine Hände und nach Aktium war er am Ziel seiner Wünsche: Octavian gewährte ihm seine Gunst und ließ ihn, nunmehr Herrscher von Roms Gnaden, noch einmal von einem jüdischen Großreich träumen. Als er 4 v. Chr. als mächtigster Klientelkönig des Ostens starb, hinterließ er ein Testament, das sein Reich unter seine drei Söhne aufteilte. Erreicht war damit zunächst nichts; denn nur Rom entschied, ob der letzte Wille des langjährigen Bundesgenossen Rechtskraft erhielt. Also eilten die drei Prinzen nach Rom, verneigten sich vor Augustus und bettelten um das Erbe.
Derweil führte der Statthalter Syriens, P. Quinctilius Varus, mit brutaler Härte Krieg in Palästina gegen Aufständische, die sich auf die verarmte Landbevölkerung stützten und deren Anführer ihrerseits von der Königswürde träumten: „So war Judäa eine wahre Räuberhöhle, und wo sich nur immer eine Schar von Aufrührern zusammentat, wählten sie gleich Könige,

die dem Staat sehr verderblich wurden. Denn während sie den Römern nur unbedeutenden Schaden zufügten, wüteten sie gegen ihre eigenen Landsleute weit und breit mit Mord und Totschlag" (Josephus, Antiquitates 17,285). Als Augustus endlich handelte, tat er das Falsche: Er gab Archelaos, dem schlimmsten der Söhne des Herodes, die Herrschaft über Judäa, Samaria und Idumäa, um ihn schließlich nach zehnjähriger Schreckensherrschaft wieder abzusetzen und ins ferne Gallien zu verbannen. Im Jahre 6 n. Chr. erhielt der Prokonsul Syriens, P. Sulpicius Quirinius, Befehl, Judäa als prokuratorische Provinz einzurichten und einen Census durchzuführen: „Es kam aber auch Quirinius nach Judäa, das Teil Syriens geworden war, um ihr Eigentum zu schätzen und die Güter des Archelaos zu verkaufen" (aaO. 18,1-6). Die Folge waren erneute Aufstände, in denen die Anführer sich auf die Gebote Jahwes beriefen: „Während seiner Amtszeit [gemeint ist Coponius, der erste Statthalter der neuen Provinz] verleitete ein Mann aus Galiläa mit dem Namen Judas die Einwohner der Provinz zum Abfall, indem er es für einen Frevel erklärte, wenn sie bei der Steuerzahlung an die Römer blieben und nach Gott irgendwelche sterblichen Gebieter anerkennen würden" (Josephus, bellum Judaicum 2,8,1).

In diesem Milieu des gesellschaftlichen und politischen Niedergangs keimten messianische Hoffnungen und Bewegungen besonders gut. Sie richteten sich zum einen auf die römischen Herrschaftsträger, denen vielerorts Altäre gebaut wurden, zum anderen auf nationale religiöse Führer, die den Widerstand predigten. Die Idee von einem König, der als Heiland dem politischen Chaos und der sozialen Ungerechtigkeit ein Ende bereiten könnte, spukte in den Köpfen der Armen wie der Reichen und erfaßte alle Nationalitäten der östlichen Provinzen. Dabei waren es nicht nur die Stillen im Lande, die auf wundersame Ereignisse warteten und bereit waren, geduldig die Tage bis zu ihrem Eintreffen zu zählen. Besonders im jüdischen Palästina verbanden sich die Hoffnungen der Armen, von ihrem harten Los befreit zu werden, mit der Gewißheit, daß der ersehnte Messias auch die römischen Soldaten verjagen würde – eine Tat, die nur noch ein mit dem Charisma des Himmels begabter König vollbringen konnte. Viele waren bereit, mit Feuer und Schwert für die Sache Gottes zu streiten und den Aufruhr gegen die römische Besatzungsmacht zu wagen, um so das Nahen des Gottesreiches zu beschleunigen. Prophetische Weissagungen gab es zuhauf, die von einem Messias sprachen, der als Davids Sohn und Israels König Jerusalem von den Heiden befreien und ein Reich der Gerechten und Heiligen aufrichten werde, und es sollten Tage voller Seligkeit werden:

„Sieh' darein, o Herr, und laß ihnen erstehen ihren König, den Sohn Davids,
zu der Zeit, die du erkoren, Gott, daß er über deinen Knecht Israel regiere.
Und gürte ihn mit Kraft, daß er ungerechte Herrscher zerschmettere,
Jerusalem reinige von den Heiden, die es kläglich zertreten!

## 1. Die alte und die neue Religion

Weise und gerecht treibe er die Sünder weg vom Erbe,
zerschlage des Sünders Übermut wie Töpfergefäße.
Mit eisernem Stab zerschmettere er all ihr Wesen,
vernichte die gottlosen Heiden mit dem Worte seines Mundes,
daß bei seinem Drohen die Heiden vor ihm fliehen,
und er die Sünder zurechtweise ob ihres Herzens Gedanken.
Dann wird er ein heiliges Volk zusammenbringen, das er mit Gerechtigkeit regiert,
und wird richten die Stämme des vom Herrn, seinem Gotte, geheiligten Volks" (Psalmen Salomons 17,21-26; E. Kautzsch, II, S. 146; Zeit: nach der Eroberung Jerusalems durch Pompeius).

Rom reagierte darauf mit der schweren Hand des Eroberers. Es verfolgte die Verkünder derartiger Sehnsüchte und trieb ihre Anhänger auseinander. So ließ der Prokurator Judäas, Pontius Pilatus, (wahrscheinlich) am 7. April 30 Jesus, der am Nordufer des Sees Genezareth aufgewachsen war und dort als Prediger und Wundertäter gelebt hatte, vor seinen Richterstuhl bringen, als dieser – wenige Tage vor seinem Tod – in Jerusalem auftauchte. Am Abend des 6. April war er von den jüdischen Behörden verhaftet und Mitgliedern des Synhedrions, des Hohen Rates, vorgeführt worden; Zeugen hatten ausgesagt, der vor kurzem in die Stadt gekommene Galiläer habe behauptet, er könne den Tempel eigenhändig niederreißen und in drei Tagen wiederaufbauen (Markus 14,58). Der Vorwurf wog schwer: Neben der Gotteslästerung unterstellte er eine Haltung, die die tempelstaatliche Ordnung Judäas, die Rom legitimiert hatte, in Frage stellte. Als die Untersuchungen die Beschuldigungen zu erhärten schienen, war die Überstellung des Angeklagten an den römischen Statthalter unumgänglich, da nur dieser allein die Kapitalgerichtsbarkeit besaß.
Pilatus tat, was die römische Prozeßordnung vorschrieb: Er fragte Jesus – so die übereinstimmende Aussage aller Evangelisten –: „Bist du der König der Juden?" und erhielt die Antwort: „Du sagst es" (Markus 15,2 f.). Pilatus fragte ein zweitesmal – rund achtzig Jahre später sollte der Statthalter Plinius den verhafteten Christen die Anklage sogar dreimal vortragen (vgl. S. 584) –, erhielt jedoch keine Antwort mehr. Zweifel schienen nun nicht mehr angebracht. Die Anmaßung, ein König zu sein, erfüllte den Tatbestand des Hochverrats (*crimen laesae maiestatis*), und das Geständnis machte die Fortführung des Prozesses überflüssig. Das Urteil lautete „Kreuzigung", und seine Begründung wurde an der Hinrichtungsstätte öffentlich angeschlagen: „Dies ist Jesus, der König der Juden" (INRI: *Jesus Nazarenus Rex Judaeorum;* Matthäus 27,37). Der Mann, den Maria nach dem frommen Glauben des Evangelisten Lukas in einem Stall bei Bethlehem geboren und eine Schar himmlischer Engel als Heiland jubelnd begrüßt hatte, war am Ende seines irdischen Weges angekommen. Er starb, von seinen Henkern und den Schaulustigen verhöhnt, qualvoll und einsam auf Golgotha.
Sein Tod löste in Jerusalem keine Unruhen aus. Die Anhänger, die mit ihm

nach Jerusalem gereist waren, versteckten sich, so gut sie konnten, während ein reicher Gönner den Leichnam bergen und bestatten ließ. Viele glaubten später, Wunderzeichen gesehen zu haben: Finsternis kam über die ganze Erde und der Vorhang im Tempel zerriß (Markus 15,33; 38). So allerdings war es immer gewesen, wenn ein neues Zeitalter begonnen oder ein altes zu Ende gegangen war: Als Caesar bei Pharsalos über Pompeius und die Republik gesiegt hatte, wandte sich im peloponnesischen Elis, im Tempel der Minerva, das Standbild der Victoria zur Tür, und in Pergamon dröhnten die Pauken im unzugänglichen Allerheiligsten.

Der Jesus zugeschriebene und von ihm selbst während des Prozesses nicht geleugnete messianische Auftrag, der ihm zum Verhängnis wurde, beinhaltete nach dem Verständnis der römischen Ordnungsmacht die Vertreibung der Legionen und der gottlosen Reiche. Eben dies traf auf seine Anhänger nicht zu, und sie können, was diesen Punkt angeht, nur dem Willen Jesu gefolgt sein. Sie haben nach seinem Tod weder den Aufruhr gegen Rom noch die soziale Erhebung gegen die Reichen gepredigt. Im Zentrum ihrer Hoffnungen stand ein Reich, das nicht von dieser Welt war, dessen Anbruch aber mit der Wiederkunft Christi (*Parusie*) unmittelbar bevorstand: „Denn er selbst, der Herr, wird, wenn der Befehl ertönt, wenn die Stimme des Erzengels und die Posaune Gottes erschallen, herabkommen vom Himmel, und zuerst werden die Toten, die in Christus gestorben sind, auferstehen. Danach werden wir, die wir leben und übrig bleiben, zugleich mit ihnen entrückt werden auf den Wolken in die Luft, dem Herrn entgegen" (1 Thess. 4,16-18). Und: Jesus wird „unseren nichtigen Leib verwandeln ..., daß er gleich werde seinem verherrlichten Leibe nach der Kraft, mit der er sich alle Dinge untertan machen kann" (Philipper 3,21). Dieser Glaube an die Wiederkehr Christi in naher Zukunft und die Hoffnung, an der Herrlichkeit der Auferstehung in einer jenseitigen Welt teilzuhaben, mußten alle Werte, die eine auf das Diesseits ausgerichtete antike Gesellschaft anerkannte, umgewichten. Das Leben erhielt in allen seinen Äußerungen reale Bedeutung nur noch im Bezug auf die jenseitige Heilserwartung. Wer in diesen ersten Jahrzehnten wie Paulus an eine Veränderung der Welt dachte, hatte ihre Bekehrung zum Glauben an den Auferstandenen vor Augen und nicht die Pflicht, neue Formen eines richtigen Lebens zu entwerfen.

Mit dieser Lehre wandten sich vor allem die Griechisch Sprechenden unter den frühen Christen nicht nur an Juden, sondern auch an Heiden. Die Folge waren schwere innere Kämpfe in der kleinen Schar der Gläubigen, aus denen Paulus, der sich direkt von Gott zur Heidenmission berufen sah, als Sieger hervorging. Damit war der Weg vorgezeichnet, auf dem man die Nabelschnur zur jüdischen Tradition schließlich durchtrennte: Die Pflicht zur Beschneidung – von den Griechen als widernatürlich abgelehnt – entfiel, und die Bindungen an das mosaische Gesetz wurden gelöst: „Denn in Christus Jesus gilt weder Beschneidung noch Unbeschnittensein etwas, sondern der Glaube, der durch die Liebe tätig ist" (Paulus, Galater, 5,6). Bereits die erste Generation fand so den Weg in die Welt der Griechen, und die Zukunft des Christentums koppelte sich vom Schicksal des jüdischen Volkes ab.

Dies bedeutete jedoch nicht die Trennung von der jüdischen Tradition. Paulus und alle Evangelisten beanspruchten ganz selbstverständlich die gesamte Prophetie des Alten Testaments und interpretierten sie als auf Jesus Christus gerichtet. So zitierte Paulus ein urchristliches Bekenntnis, das er bereits vorgefunden hatte und das den Sühnetod Jesu wie seine Auferstehung von den Toten als schriftgemäß erklärte: „Daß Christus starb für unsere Sünden nach den Schriften, und daß er begraben wurde, und daß er auferweckt wurde am dritten Tage nach den Schriften, und daß er dem Kephas (Petrus) erschien, danach den Zwölfen" (1. Korinther 15,3-5). Tatsächlich hatte die jüdische Geschichtsauffassung als Ziel der Geschichte des Volkes Israel die Erscheinung des Messias formuliert: Eine erlösende Tat Jahwes, die jetzt die Christen im Opfertod Jesu als vollzogen interpretierten. Im 2. Jahrhundert, als gnostische Vorstellungen den Gott der Juden von dem auf die Erde gesandten Gottessohn trennten (s. S. 617), wehrten sich Apologeten wie Irenäus von Lyon mit einer theologischen Interpretation, die unmißverständlich von nur *einem* Gott sprach, der aus *beiden* Testamenten spricht. Er ist der Schöpfer und der Herr der Geschichte, aber auch der Vater Jesu Christi: „Wir aber schlugen die Bücher der Propheten auf, die wir hatten, die teils in Gleichnissen, teils in Rätseln, teils zuverlässig und in klaren Worten den Christus Jesus nennen, und fanden auch sein Kommen, seinen Tod, sein Kreuz und alle übrigen Strafen, welche ihm die Juden angetan haben, seine Auferweckung und Aufnahme in den Himmel vor der Zerstörung Jerusalems, wie dies alles aufgeschrieben war, was er leiden mußte und was nach ihm sein werde" (Kerygma Petrou 6; Hennecke/Schneemelcher II, S. 63). Aber auch dieser Autor, den noch der erste große Theologe, Clemens von Alexandrien (um 150 – um 215), für Petrus selbst hielt, wußte natürlich, daß der Graben, der den christlichen von dem jüdischen Glauben trennte, der neue Bund war, den Gott mit den Seinen geschlossen hatte: „Denn das, was Griechen und Juden betrifft, ist alt; wir aber sind die Christen, die ihn als drittes Geschlecht auf neue Weise verehren" (aaO. 2a).
Der griechischen Vorstellung war die christliche Lehre vom gekreuzigten Gottessohn, der keine Götter neben sich dulden wollte und der seine Botschaft an alle Menschen richtete, allerdings nur schwer zugänglich. In ihr war kein Platz für einen jüdischen Messias, dessen Leben und Sterben als ungebildeter Handwerker, wundertätiger Lehrer und verurteilter Verbrecher so gar nichts von der behaupteten Göttlichkeit an sich hatte. Als die Christen griechischen Boden betraten, mußten sie daher zuallererst ihre Botschaft für die Griechen verständlich formulieren. Sie begannen mit der Begrifflichkeit, die den Griechen in der Form der jüdischen Messiastitulatur nichts sagen konnte. An ihre Stelle traten die Titel „Herr" (*Kyrios*) und „Gottessohn", die beide den Kerngedanken von einem göttlichen Wesen in Menschengestalt begrifflich faßbar machten.
Die Lehre konzentrierte sich auf einen den Griechen anschaulichen Vorgang: Sie hörten von einem göttlichen Wesen, das als Mensch aufgetreten und gestorben war und wieder in die göttliche Welt aufgestiegen sein soll.

### Die Entwicklung der frühchristlichen Literatur

| Zeit | Gattungen | Thematik/Ziele |
| --- | --- | --- |
| 80-150 | – Evangelien<br>– Apostelgeschichten<br>– Apokalypsen<br>– Lehrbriefe | Auf Jesus, die Apostel, den Glauben und das Leben in der Gemeinde bezogene Literatur; die heidnische Umwelt hat keine eigene Bedeutung. |
| 130-200 | – Apologien in der Form von Verteidigungsrede, Brief und Dialog (Tertullian; Minucius Felix)<br>– Schriften gegen die Häretiker (Irenäus)<br>– „Kanon Muratori" | Die vom Staat verfolgten und von der Gesellschaft Verachteten rechtfertigen ihren Glauben und ihren Lebensstil.<br><br>Gnostisch beeinflußte Lehren zwingen zur Präzisierung der Glaubensinhalte und zur Festlegung eines Kanons der neutestamentlichen Schriften. |
| 150-200 | – Märtyrerakten<br>– Erzählungen der Martyrien großer Bekenner (Polykarp)<br>– Märtyrerlegenden | Erbauung und Belehrung der Gemeinden, die nach Markus 13,11 das Glaubensbekenntnis vor dem Richter als Worte des Hl. Geistes hörten. |
| 200-260 | Theologische Literatur (exegetische Abhandlung, Predigt, Bibelkommentar) | Einverleibung der griechischen Philosophie und ihrer Methodik in die Diskussion zentraler Glaubensfragen (Clemens v. Alexandrien; Origenes). |
| um 320 | Christliche Weltchronik (Eusebios, Kirchengeschichte) | Theologisch fundierte Theorie der Weltgeschichte; providentielle Verbindung zwischen Kirche und Imperium. |
| 350-450 | Dichtung (Ambrosius, Paulinus von Nola, Prudenz) | Die literarische Tradition der Eliten des Reiches wird mit christlichem Inhalt gefüllt. |

Seine Nähe zu den Menschen lehrte der Gedanke von „der Auferstehung der Toten" und dem bevorstehenden Weltgericht, dem der in den Himmel Aufgefahrene als Richter vorstand. Die Sicherheit, vor diesem Richterstuhl bestehen zu können, gab allerdings nur der Gott. Dieser Kerngedanke des Glaubens beherrschte alle anderen Fragen. Ihm galten auch die ersten tastenden Versuche, zu formelhaften Glaubenssätzen zu kommen: „Denn so du mit deinem Munde bekennst Jesus, daß er der Herr (*Kyrios*) sei, und glaubst in deinem Herzen, daß ihn Gott von den Toten auferweckt hat, so wirst du gerettet" (Paulus, Römerbrief 10,9).

## 2. Die Ordnung der Gemeinden

*Die soziale Zusammensetzung*

Die Mehrzahl der frühen Christen stammte aus den unteren Schichten der Städte. Ihr sozialer Status war allerdings immer noch besser als der der ungebildeten und ausgebeuteten Bauern auf dem Lande, zu denen die christlichen Missionare erst am Ausgang der Antike den Weg fanden. Das städtische Proletariat, das Kleinbürgertum aus Handwerkern und Kleinhändlern, Sklaven und vor allem Frauen sahen in den christlichen Idealen und in der christlichen Lebenspraxis einen Ersatz für all das, was ihnen die Herrschenden vorenthielten. Am religiösen und täglichen Leben der Gemeinde nahmen sie alle gleichberechtigt teil, „denn ihr alle, die ihr auf Christus getauft seid, habt Christus angezogen. Hier ist nicht Jude noch Grieche, hier ist nicht Sklave noch Freier, hier ist nicht Mann noch Frau; denn ihr seid allesamt einer in Christus Jesus" (Paulus, Galaterbrief 3,27-28). Alle hatten bei den Zusammenkünften und der Feier der Eucharistie auch die Möglichkeit, ihre schlichte Gefühlswelt auszuleben. In den Versammlungen der Christen erfuhren viele von ihnen zum erstenmal, was es hieß, Gehör zu finden und für andere nützlich zu sein.

Der soziale Zusammenschluß äußerte sich vor allem in der Armenpflege. Die Sozialethik erwartete von den reichen Gemeindemitgliedern schon sehr früh die Übernahme der sozialen Fürsorge: „Strecke die Hand nicht zum Himmel aus, sondern den Armen entgegen", predigte Johannes Chrysostomos im 4. Jahrhundert seiner Gemeinde (Homilie 1 zum Titus-Brief) und erinnerte sie daran, daß der bittende Arme auch den Sünder symbolisiere, der vor Gott die Vergebung seiner Sünden erflehen muß. Nicht minder wichtig war, daß die Praxis des Almosenspendens viele bedürftige Gemeindemitglieder davor bewahrte, ins soziale Elend zu stürzen. Niemand sollte seinem heidnischen Gläubiger und Arbeitgeber oder der Sünde ausgeliefert werden, der die Ärmsten ebenso wie die Reichsten am leichtesten zum Opfer fielen. Das Almosen wurde schnell zum klarsten Beweis geübter christlicher Solidarität, die die Reichen gegenüber den Armen in die Pflicht nahm. Das war nun etwas völlig anderes als die spendablen Gesten großer Herren, von denen die Städte häufig profitierten (s. S. 514 f.). Dort dienten die Schenkungen dazu, die Autorität des Spenders und das Ansehen seiner Heimatstadt zu heben; hier, in der Enge der christlichen Gemeinden, knüpfte das kontinuierlich gegebene Almosen dauerhafte Bande zwischen den Vornehmen und den Habenichtsen und half beiden, ihre Seelen zu retten.

Diese neue soziale Moral wehrte zugleich alle hier und dort noch umlaufenden radikalen Forderungen ab, die vorhandenen Reichtümer unter die Gemeindemitglieder zu verteilen. Der Weg war frei, die Lehre der Nächstenliebe, die dem Christentum für viele Jahrhunderte seine besondere Ausstrahlungskraft verleihen sollte, in der besonderen Form der organisierten Armenpflege den städtischen Unterschichten nahezubringen. Den Predigern des sozialen Umsturzes war damit jeder Nährboden entzogen. Die Anerkennung der bestehenden Sozialordnung, ohnehin ein Akt politischer Klugheit, setzte sich bald auch in der Lehre durch, wobei auch diesmal die Autorität des Paulus angerufen werden konnte: „Jeder bleibe in dem Stand, in den er berufen worden ist", hatte er an die Korinther geschrieben (1. Kor. 7,20), als diese die radikale Gleichheit des Glaubens auf die sozialen Verhältnisse übertragen wollten. Er setzte damit den zweiten entscheidenden Akzent für die künftige Entwicklung. Die mit seiner Heidenmission durchgesetzte Universalität des Missionsgedankens wurde ergänzt durch die soziale Universalität: Den Weg zu den Armen hatte die praktische Nächstenliebe gewiesen; den zu den Reichen der Verzicht, die gegebenen sozialen Verhältnisse ändern zu wollen.

Leicht allerdings wurde den christlichen Missionaren der Weg in die Häuser der Reichen nicht gemacht. Die Autorität der Evangelien wog schwer, wenn sie versicherten, daß die materielle Not den Weg in das Himmelreich ebne und der Reichtum jeder Hoffnung auf die ewige Seligkeit entgegenstehe. Solche Gedanken waren niedergeschrieben worden, als der Tempel in Trümmern und Judäa verwüstet lag, und sie spiegelten nicht die Welt, in der Jesus lebte, sondern die Jahrzehnte danach. Dies war die Zeit der Wanderprediger, die sich als die wahren Jünger Jesu ausgaben und ihre Berufung als radikalen Bruch mit den gängigen Mustern eines bürgerlichen Lebens verstanden: „Siehe, wir haben, was wir hatten, verlassen und sind dir nachgefolgt", erklärte nach Lukas (18,28) Petrus sein Tun, und der Sohn, der seinen Vater begraben wollte, bevor er Jesus zu folgen bereit war, wurde im Angesicht des nahenden Himmelreiches zurückgewiesen. Prediger, die mit solchen Lehren durch die Lande zogen und die der Ruf ihres Gottes von Familie und Haus losgerissen hatte, fanden in den radikalen Sprüchen, die ihrem Meister in den Mund gelegt worden waren, Trost und Legitimation. Sie taugten jedoch nichts in der Welt bescheidener und wohlanständiger Hausväter, die in den Städten um das tägliche Brot zu kämpfen hatten. Für diese sprach Paulus, der den Heiden in den griechischen Städten die Botschaft von der Erlösung predigte und genau wußte, daß sich dort alles auf die Autorität der örtlichen Familienväter gründete, die Ehe und soziale Unterordnung hochhielten. So hat Paulus, der wie Jesus ehelos blieb und dies als Teil seiner Berufung verstand, die Gemeinde in Korinth nachdrücklich vor einer zölibatären Gemeinschaft gewarnt. Denn nur die Familien und ihre Väter konnten den eilends gegründeten Gemeinden den unverzichtbaren sozialen Rückhalt verschaffen, und nur sie wiederum konnten hoffen, durch geduldige Überzeugungsarbeit die Barrieren zwischen den Christen und der heidnischen Außenwelt niederzulegen.

Der Durchbruch kam, als die mit Krieg und Niederlagen angefüllten Jahrzehnte des 3. Jahrhunderts den Missionaren, die das Kreuz als Siegeszeichen trugen, die Türen weit öffneten. Es ist dies auch die Zeit, in der selbst in den Köpfen der Hartnäckigsten der Glaube an das unmittelbar bevorstehende Erscheinen des Erlösers über den Wolken verschwunden war, in der die Prediger der Apokalypse zu Außenseitern wurden und in der die Eiferer, die in der Wüste in Enthaltsamkeit und Askese auf das Ende gewartet hatten, in die Gemeinden zurückkehrten: „Die jungen Mädchen heirateten; die Männer gingen auf die Felder zurück", heißt es lapidar bei Hippolyt (Danielkommentar 4,18). In dieser Zeit wurde das Christentum mit seiner Hoffnung auf eine bessere, jenseitige Welt zur politischen und geistigen Autorität, der sich auch die Eliten beugen konnten. Dies geschah in erster Linie in den Provinzen des Ostens, während im lateinischen Westen der christliche Glaube lange Zeit auf die griechisch sprechenden Einwohner beschränkt blieb. Weitere Erfolge hingen davon ab, ob es gelang, die einfache Botschaft der Evangelien und die Regeln der Liturgie überzeugend ins Lateinische zu übersetzen. Erreicht wurde dies in Nordafrika: Ende des 2. Jahrhunderts zitierte der streitbare Theologe Tertullian bereits aus einer ihm vorliegenden lateinischen Bibel, und er selbst führte das christliche Latein auf jene sprachliche Höhe, die eine Auseinandersetzung mit der lateinisch sprechenden Intelligenz möglich machte. Die im Westen führenden Gemeinden wuchsen also nicht zufällig in Nordafrika (vor allem im heutigen Tunis) heran und bestimmten das Gesicht der lateinischen Kirche.

## Die Organisation der Kirche

Zu den bedeutendsten Leistungen der Christen gehört die Entwicklung tragfähiger Organisationsformen. In den ersten Jahrhunderten wurde aus kleinen Gruppen innerhalb der jüdischen Diaspora-Gemeinden eine kirchliche Ordnung geschaffen, die sich in ihrer endgültigen Gestalt parallel zur Gliederung des Staates aufbaute. In ihrer hierarchischen Struktur bestand sie von den Diakonen bis zum Bischof aus einer abgestuften Folge von Amtsträgern. Jeder war für bestimmte Gegenstände und Territorien zuständig, die sich an die räumlichen Organisationseinheiten des Imperiums anlehnten.

Bereits Ende des 1. Jahrhunderts übernahm die Leitung der Gemeinde und des Gottesdienstes ein auf Lebenszeit bestellter Vorsteher, der seine Amtsbefugnis aus dem Auftrag herleitete, den Jesus selbst den Aposteln und deren Nachfolgern übertragen hatte. Das 2. Jahrhundert fand für diesen Vorsteher einhellig die Bezeichnung „Bischof" (gr.: *epískopos*, Aufseher). Die einheitliche Durchbildung dieses Amtes, dessen monarchische Züge von Anfang an unverkennbar sind, war damit theologisch legitimiert. Die Institution Kirche hatte die geistige Autorität gefunden, die die Formulierung der christlichen Lehre überwachen und koordinieren konnte; angesichts der umlaufenden Glaubensspekulationen und Kontroversen erwies sich dies als die vordringlichste Aufgabe.

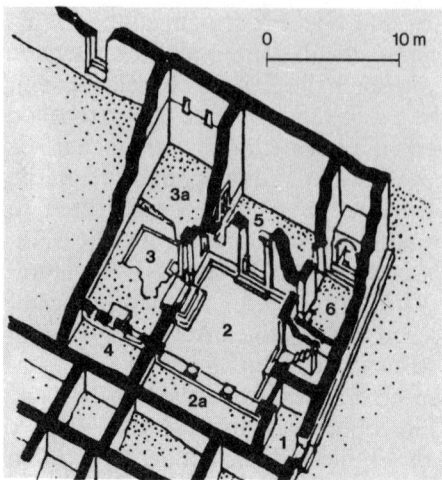

*Christliche Hauskirche von Dura-Europos* (kurz nach 200). Der Eingang führt in eine Diele (1), auf die ein Hof (2) mit Vorhalle (2a) folgt. Den eigentlichen Kultraum bildet ein großer Raum links neben dem Innenhof; er wurde durch das Einreißen der Zwischenwand vergrößert (3 und 3a); davor liegt die Sakristei (4). Raum 6 beherbergt ein Taufbecken; die Funktion des Raumes 5 ist ungeklärt. Bis in die Zeit Konstantins versammelten sich die christlichen Gemeinden in Häusern, die die reichen Mitglieder zur Verfügung stellten. Die Errichtung eigener Sakralbauten war als heidnischer Brauch zunächst verpönt; der einzelne Christ galt nach der herrschenden Lehre als der wahre Tempel Gottes.

Die Geschichte der Kirchenordnung blieb immer bestimmt von der Ausgestaltung des Bischofsamtes und der Begründung der kirchlichen Autorität. Einen ersten Abschluß der Entwicklung fand Cyprian, Bischof von Karthago, 258 gestorben als Märtyrer. Er verhalf der Überzeugung zum Sieg, daß das nur dem einzelnen zustehende Heil in der jenseitigen Welt trotzdem nur durch die Institution Kirche gewährleistet werden kann. Zwischen Gott und Mensch trat die Kirche als heilsnotwendige Instanz. Der Satz, „außerhalb der Kirche gibt es kein Heil" (*extra ecclesiam salus non est*), band die Festlegung der Glaubensinhalte, den Erlaß von Vorschriften des täglichen Lebens und die Ausgestaltung der Liturgie für immer an die Institution. Allein ihre höchste Autorität, der Bischof, verwahrte und gebrauchte denn auch als Mittler zwischen Gott und Mensch die heilbringenden Sakramente, und er wurde nicht müde zu betonen, daß nur er über die Macht der Lossprechung verfüge und jedes Mitglied der Gemeinde sündig sei. Die monarchische Gewalt des Amtes und seine sakralrechtliche Omnipotenz unterwarfen die Gläubigen damit endgültig ihrem Bischof.
Es gab dagegen keine ernsthafte Gegenwehr. Als gefestigte Institution konnte die Kirche das leisten, was die kleinen Leute und die Mühseligen und Beladenen von ihr erwarteten. Sie war willkommen als ein Ort des Rituals und nicht der Besinnung. Sie bot eine Liturgie, die Verstand und Gefühl bewegte, den Tag und das Jahr gliederte und unnachsichtig die Einhaltung ihrer Regeln forderte. Sie pflegte die Seelen ihrer Gläubigen nicht vorrangig durch den Beistand für den einzelnen, sondern durch den zuverlässig immer wiederkehrenden Rahmen für ein Leben, das für die meisten armselig und trostlos war. Ihre Strenge und Autorität schaffte Klarheit: Jedermann sah den Tag, das Jahr, ja das ganze Leben durch kirchliche Pflichten und Festlichkeiten geordnet. Von der Wiege bis zur Bahre gab dies festen Halt. Man freute sich auf die regelmäßig wiederkeh-

renden religiösen Feiern und ihre das Gemüt erhebende Atmosphäre. Man genoß Taufen und Hochzeiten, man trauerte gemeinsam, und rüstete alles dies so verschwenderisch wie möglich aus, als hätte man nie die Not gekannt, die doch ansonsten das tägliche Brot war.

Und was immer man tat: Die Kirche war in der Gestalt ihrer Geistlichen dabei. Sie hoben die Kinder zur Taufe, segneten die jungen Ehen, trösteten die Sterbenden und trugen die Toten zu Grabe. Immer versammelte sich bei diesen Anlässen die ganze Gemeinde, feierte die Eucharistie, nahm in ihre Gebete alle Toten auf und machte die Sorge um ihre Seelen zu einer öffentlichen Angelegenheit. Sie und nicht mehr die Stadt oder der Kaiser entschied, ob und wie die Verstorbenen in der Erinnerung der Menschen fortlebten. Von außen sehr schnell wahrnehmbar hatten sich die Institution Kirche und ihre Träger zwischen den einzelnen und den Staat geschoben. Die Gemeinde, ihre streng geregelten Zeremonien und der Bischof schufen einen eigenen öffentlichen Raum. Nunmehr trat dem römischen Kaiser eine Organisation gegenüber, deren Festigkeit und Geschlossenheit der Ordnung seines Reiches ebenbürtig geworden war.

## 3. Christ und römischer Staat

*Gegensätze und Frontlinien*

„Keine Angelegenheit ist uns fremder als eine öffentliche" (*nec ulla magis res aliena quam publica*) – auf diese präzise Formel brachte Tertullian um 200, was die Mehrheit der Christen bewegte, wenn sie ihr Verhältnis zum römischen Staat bestimmen sollten. Eine andere Haltung war auch schwerlich zu erwarten, solange die irdische Welt voller Fallstricke für den eiligen christlichen Pilger war, der seine ewige Seligkeit unterwegs nicht verlieren wollte: „Die jetzige und die zukünftige Welt sind zwei Feinde. Die jetzige predigt Ehebruch, Verderben, Geldgier und Trug, die andere widersagt diesem. Wir können also nicht beider Freund sein, wir müssen dieser Welt entsagen und uns der anderen anschließen" (2. Clemensbrief 6,3 ff.). Aus dieser Weltsicht ergab sich keine Frontstellung gegen den Staat. Die Haltung zum weltumspannenden Imperium konnte vielmehr anhand der nüchternen Frage geklärt werden, ob es der Ausbreitung des Glaubens hinderlich oder förderlich sei, und ob die römische Obrigkeit die Christen ihr Leben leben lasse oder nicht. Wiederum war es Paulus, der die Antwort verbindlich für Jahrhunderte formulierte: In seinem Brief an die Gemeinde in Rom kennzeichnete er den römischen Staat als von Gott gegeben; jedermann schulde ihm daher Gehorsam. Der römische Bürger aus Tarsos bescheinigte damit dem Staat der Kaiser, daß er die ihm von Gott verliehene Macht richtig gebrauche. Zugleich folgte daraus die öffentliche Abkehr von den Zielen des Widerstandes des orthodoxen Judentums, mit dem die Christen gerade im fernen Rom schnell identifiziert werden konnten. Bei Beginn des jüdischen Aufstandes im Jahre 66 hatte die christliche Gemeinde daher Jerusalem verlassen.

Die Bekundungen der Loyalität gegen Rom und seine Herrscher durchziehen die gesamte christliche Literatur. Der Kaiser war der Adressat aller Eingaben, die um Schutz vor Pogromen und statthalterlichen Übergriffen baten. In ihnen wurden die gesetzestreue Lebensführung der Christen ebenso wie ihre Gebete für Kaiser und Reich hervorgehoben: „Gib ihnen, Herr, Gesundheit, Frieden, Eintracht, Beständigkeit, damit sie die ihnen von dir gegebene Herrschaft untadelig ausüben", lautete die bereits Ende des 1. Jahrhunderts stereotype Gebetsformel (1. Clemensbrief 61). Nicht viel anders betete der Heide vor seinen Göttern, denen nach seiner Auffassung das Imperium und sein Bestand zu danken waren. Der Christ allerdings war gewiß, daß sein heidnischer Nachbar vor dem falschen Götterbild kniete und nur der Gekreuzigte als der einzig wahre Gott zugleich auch allein die Macht habe, das Imperium zu erhalten.

Schließlich erfuhren Paulus und alle christlichen Missionare am eigenen Leibe, was der römische Friede und die römische Ordnung für ihr Tun bedeuteten, das sie gemäß ihrem göttlichen Auftrag zu allen Völkern dieser Erde führen sollte. Die späteren Generationen haben offen ausgesprochen, daß Rom und sein Weltreich die Ausbreitung der christlichen Lehre erst möglich gemacht haben. Dazu gehörte die besondere Haltung Roms gegenüber fremden Religionen. Es hat zwar in der gesamten Antike den religiös indifferenten Staat nie gegeben; die Gemeinschaft der Bürger war immer auch zugleich politische und kultische Gemeinschaft und verpflichtete alle, am Kult der Götter, die den Staat schützten, teilzunehmen. Trotzdem waren die Konflikte gering. Die polytheistische Göttervorstellung ließ religiöse Exklusivität nie aufkommen, so daß auch niemand darüber nachdachte, wie Andersgläubige zu bekehren oder auszurotten seien. Die staatliche Obrigkeit sah sich nur dann herausgefordert, wenn fremde Religionen den Verdacht nährten, durch ihre Kultformen und durch die praktische Lebensführung ihrer Mitglieder den Staat und das allgemeine Verständnis von Moral zu gefährden.

Das bedeutet: Weder die dem gottgegebenen Staat unterwürfige Kirche noch das an dem religiösen Denken seiner Untertanen desinteressierte Rom suchten den Konflikt. Der Grund aller Konfrontationen lag im gesellschaftlichen Bereich. Die christliche Abkehr von dieser Welt überschritt das Maß, das einer ganz anders denkenden und handelnden Gesellschaft noch zuzumuten war. Die Lehre von dem gekreuzigten Gottessohn, „den Juden ein Ärgernis, den Heiden eine Torheit" (Paulus), mochte noch angehen, zumal sie sich nicht vorrangig an Gebildete wandte. Der radikale Bruch mit jeder Tradition jedoch, die Intoleranz des neuen monotheistischen Glaubens, der die heidnischen Kulte verurteilte, der in Privathäusern stattfindende Gottesdienst mit unbekannten Riten und vor allem die sich von der Umwelt bewußt abgrenzende Lebensführung schufen im sozialen Miteinander eine Atmosphäre latenter Spannung. In Zeiten sozialer und politischer Krisen mußte sie in offene Feindschaft umschlagen.

Besonderen Anstoß erregte der christliche Kult. Über ihn liefen sehr bald die merkwürdigsten Gerüchte um, die mit ihren meist scheußlichen Details willige Ohren fanden. Im Gegensatz zum heidnischen Kultvollzug, bei dem sich die Bürger zu gemeinsamen Opfern vor den Tempeln öffentlich versammelten, trafen die Christen in geschlossenen Räumen zusammen. Bereits dies mußte den Verdacht erregen, daß es hier nicht mit rechten Dingen zugehe. Was an Nachrichten über die christliche Eucharistie, die Forderung nach Nächstenliebe und die Stellung des Priesters nach außen drang, verdichtete sich zu dem Vorwurf von Menschenopfern, Ritualmorden, Magie und sexuellen Ausschweifungen.

Sehr früh formte sich aus den Gerüchten und der Weltabkehr der Christen das pauschale Urteil, diese machten sich in der Abgeschiedenheit ihres Lebens ritueller Verbrechen (*flagitia*) und der Zauberei schuldig. Nero konnte aus diesem Grund im Jahre 64 den Brand Roms den Christen anlasten, die den heidnischen Massen bereits tief verhaßt waren (Tacitus, Annalen 15,44,2-5). Eben dieser Haß führte in den folgenden zwei Jahrhunderten immer wieder zu Explosionen des Volkszorns und der Massenhysterie: „Wenn der Tiber die Mauern überflutet", schrieb Tertullian um 200 nicht ohne Verachtung für den Gegner, „wenn der Nil die Felder nicht überschwemmt, wenn der Himmel sich nicht rührt, wenn die Erde sich bewegt, wenn eine Hungersnot, wenn eine Seuche wütet, gleich schreit man: Die Christen vor den Löwen" (Apologie 40,2).

Die seit den Soldatenkaisern rapide Verschlechterung der außenpolitischen Lage und die erneut ausbrechenden Bürgerkriege verschärften den Haß der städtischen Unterschichten gegen die Christen. Ihre wachsende Zahl in den Großstädten des Ostens und Nordafrikas hatten das Problem des Zusammenlebens aus der Randzone der Gesellschaft in deren Mittelpunkt verlagert. Der Vorwurf der Ritualverbrechen trat gegenüber dem weit ernsteren – weil richtigen – Vorwurf zurück, die Christen bildeten eigene Gruppen, die eine eigene Soziallehre lebten und die zentralen staatlichen Aufgaben verweigerten: die Aufwendungen (*munera*) für die Gemeinden und den Dienst im Heer. „Wenn alle ebenso handelten wie ihr", schrieb um 170 der erboste Philosoph Kelsos in einer Streitschrift gegen die Christen, „dann könnte den Kaiser nichts vor völliger Vereinsamung und Verlassenheit bewahren, und die Herrschaft über das Reich fiele in die Hände der wildesten und gesetzlosesten Barbaren" (Origenes, contra Celsum 8,68 f.).

Dies traf den Kern des Problems: Die Christen wollten das Imperium erhalten sehen, von dessen Segnungen sie sich längst überzeugt hatten und von dem sie glaubten, daß es die letzte Barriere vor dem von den meisten eher gefürchteten als ersehnten Weltuntergang sei (s. S.592 f.). Zudem hatten sie wie jeder andere Bürger des Reiches gelernt, den über die Grenzen flutenden barbarischen Gegner zu verabscheuen. Dies alles mündete jedoch nicht in die Bereitschaft, für den Erhalt des Imperiums religiöse Grundüberzeugungen und die sich daraus ergebenden Lebensformen aufzugeben.

## Verfolgungen

Seit der Verfolgung des Nero, die rechtlich auf dem Anklagepunkt der Brandstiftung fußte, hatte der römische Staat die Überzeugung gewonnen, daß das Christsein mit kapitalen Straftatbeständen verknüpft sei und ebensowenig geduldet werden könne wie orgiastische Bacchuskulte oder Religionen des Widerstandes wie der keltische Druidenkult. Trajan hat nach der Vorlage eines Berichtes über Christenverhöre, die der Statthalter Plinius in Bithynien (112/13) durchgeführt hatte, das Rechtsproblem durch präzise Verfahrensnormen zu klären versucht. Er unterwarf in einem Reskript (kaiserlicher Rechtsbescheid) das Verhältnis des Staates zu den Christen klaren Bedingungen, die bis Decius (249-251) die praktische Politik der Statthalter weitgehend bestimmten. Im einzelnen wurde festgelegt (Plinius, Briefe 10,96-97):

- Jede staatliche Initiative, Christen aufzuspüren, wird unterbunden. Werden von Privatpersonen Christen angezeigt und vorgeführt, die sich zu ihrem Glauben bekennen, so sind sie mit dem Tode zu bestrafen.
- Behauptet ein Beklagter, kein Christ zu sein oder nicht mehr zu sein, so hat er das Opfer für die römischen Götter zu vollziehen und geht dann straffrei aus.
- Anonyme Anzeigen sind nicht zugelassen.

Damit sanktionierte Trajan die in den Provinzen bereits übliche Praxis, allein das Bekenntnis zum Christentum als ausreichenden Straftatbestand zu werten. Das Opfergebot als Testfall wurde konstitutiver Bestandteil aller Christenprozesse: Es wurde das prozessuale Beweismittel schlechthin. Der rechtlichen Logik widersprach die Regelung, Christen einerseits als überführte Verbrecher hinzurichten, andererseits jedoch den staatlichen Behörden zu verbieten, nach ihnen zu fanden – Tertullian und andere christliche Juristen haben diesen Bruch in der trajanischen Entscheidung natürlich gesehen (Apologie 2,6-9). Sie entsprach jedoch der richtigen Einsicht, daß die den Christen angelasteten Taten der gesellschaftlichen und nicht der politisch-rechtlichen Sphäre angehörten. Im Grunde waren es ja nicht die Taten der Christen, sondern die durch ihre weltabgekehrte Existenz in der heidnischen Bevölkerung ausgelösten Unruhen, welche sie als Feinde der öffentlichen Ordnung vor den römischen Richter brachten. Der Kaiser begnügte sich daher damit, eine auch in seinen Augen aggressive Minderheit nur dort als Verbrecher zu behandeln, wo dies die Befriedung hysterisch nach dem Löwen schreiender Massen unvermeidlich machte.

Im 3. Jahrhundert änderte sich unter dem Druck der Katastrophen die kaiserliche Politik. Sie drängte jetzt auf eine gewaltsame Erledigung des Problems. 249 erließ Decius ein Edikt, das alle Reichsbewohner, einschließlich der Frauen und Kinder, verpflichtete, den römischen Staatsgöttern zu opfern. Vorausgegangen waren Massenpogrome in Alexandrien und in anderen Großstädten, in denen die heidnische Bevölkerung versucht hatte, die Christen zur Teilnahme an den öffentlichen Opfern und Festen

### 3. Christ und römischer Staat

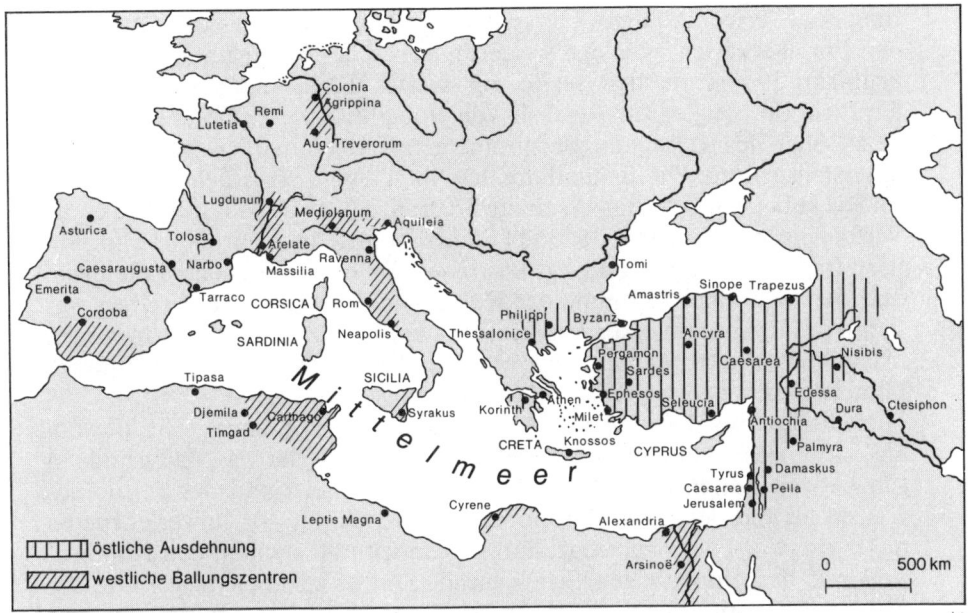

*Die Ausdehnung des Christentums am Ende des 3. Jahrhunderts.* Die Karte veranschaulicht den östlichen Schwerpunkt kurz vor der großen Verfolgung und die Ballungszentren im übrigen römischen Weltreich.

zu nötigen. Decius machte sich also die antichristlichen Affekte weiter Bevölkerungskreise zunutze, um durch reichsweite Opfer die Gunst der Götter dem schwer bedrohten Reich zu sichern; jeder einzelne sollte durch sein offizielles Opfer seine feste Verbundenheit mit dem Schicksal des Reiches bekunden.

Valerian setzte diese Politik fort (257/58). Er konzentrierte sich von Anfang an auf die Christen und versuchte, den Klerus sowie christliche Senatoren, Ritter und hohe Beamte zum Opfer und damit zur Rückkehr zu den Sitten der Väter zu zwingen. Gefordert wurde auch jetzt nicht der Abfall vom christlichen Glauben, sondern nur die Beteiligung am Staatskult, was der Bekundung der Loyalität gegenüber dem Kaiser gleichkam. Da half es den Christen nicht, daß sie wie der karthagische Bischof Cyprian erklärten, er verehre keinen anderen Gott außer den einen wahren; zu ihm jedoch wolle er für das Wohlergehen der kaiserlichen Majestät beten. Verlangt war eine bestimmte Form des Kultvollzuges; was sich der einzelne dabei dachte, blieb für den römischen Staat ohne Interesse.

Alle diese Verfolgungen dauerten nur kurz und waren daher nicht überall im Reich erfolgreich. Dies wurde anders, als Diokletian zu Beginn des 4. Jahrhunderts erneut die Kraftprobe mit der Kirche suchte. Im Februar 303 wurde das erste Edikt veröffentlicht, das die Zerstörung der Kultstätten, die Verbrennung der christlichen Schriften und die Aberkennung aller bürgerlichen Rechte verfügte. Ende April ordnete ein zweites die Internierung des Klerus an; kurze Zeit später verlangte ein drittes das Opfer von den Eingekerkerten; wer sich weigerte, wurde der Folter unterworfen. Im Frühjahr 304 schließlich setzte ein viertes Edikt die allgemeine Opferpflicht für die gesamte Reichsbevölkerung fest. Dieses Opfer sollte nach dem Willen des Kaisers die Bedeutung haben, die ihm die Christen immer unterstellt hatten: Die Bekundung des Abfalls vom christlichen Glauben. Im Rückblick hat Galerius in seinem Toleranzedikt von 311, mit dem er die Verfolgungen beendete (s. S. 562 f.), ihre politische Stoßrichtung formuliert: Im Vordergrund stand das Bestreben, „alles nach den alten Gesetzen und der staatlichen Ordnung der Römer einzurichten." Beschrieben war damit das Programm einer restaurativen, an den altrömischen Traditionen orientierten Politik, die mit der Pflege der altrömischen Kulte die Hilfe der Götter für den bedrängten Staat herbeizwingen wollte.

Die Christen wurden von diesen Verfolgungen völlig überrascht, obwohl angesichts des von ihnen gefürchteten Kaiserkultes klar war, daß gerade in schwierigen Zeiten das Opfer vor den Staatsgöttern und der Statue des Kaisers als Akt der Loyalität gefordert werden konnte. Viele verleugneten angesichts der Folterwerkzeuge ihren Glauben und suchten den Kompromiß mit der allmächtigen Staatsgewalt. Die offizielle Kirche, d. h. die Mehrheit der Bischöfe, hat sich jedoch durch diese Entwicklung, die ihre Gemeinden vernichtete oder spaltete, nicht beirren lassen. Jeder Kompromiß wurde abgelehnt: Kulthandlungen durften weder zu Ehren eines Menschen noch vor den heidnischen Göttern vollzogen werden. Tausende starben bis 311 für diesen Grundsatz. Trotzdem bewiesen nicht zuletzt sie, daß die politische und geistige Heimat der Christen nur das Imperium sein konnte: Selbst in den Jahren der härtesten Prüfung stiegen ihre Gebete für Kaiser und Reich unablässig zum Himmel, und kaum einer machte gemeinsame Sache mit den Feinden des Reiches.

## 4. Der Weg zur Einigung von Staat und Kirche

*Der öffentliche Dienst und der Krieg*

Tertullian berichtet, daß das Publikum des Zirkus nach den Christen mit dem Ruf schrie: „Wo bleibt denn das dritte Geschlecht?" (Scorpiace 10). Die Heiden nahmen also die Begrifflichkeit auf, in die das christliche Geschichts- und Selbstbewußtsein den Anspruch auf Selbständigkeit des neuen Glaubens gegenüber Juden und Heiden gegossen hatte (s. S. 575). Beide betonten bewußt den Graben, der sie trennte, beide taten es in der Gewißheit, der Stärkere zu sein. Daran war nur dann etwas zu ändern, wenn jenseits der Glaubensfragen der Staat und das tägliche Zusammenleben von Heiden und Christen das ihnen allen Gemeinsame mehr in den Vordergrund rückten; die im 3. Jahrhundert auch für den Christen bange Frage nach der Zukunft des Reiches spielte dabei eine wichtige Rolle.

In den Augen der Christen war der Staat – ungeachtet seiner sporadischen Aggressivität – der näherliegende Partner als die Gesellschaft. Sie hatten ihn früh und gegen die historische Wahrheit von aller Schuld am Tode Jesu freigesprochen und ihm seit Paulus vielstimmige Anerkennung und Achtung gezollt. Mit dem Anwachsen der christlichen Gemeinden und dem Vordringen der Lehre in die führenden Schichten stellte sich jenseits der Unterordnung die Frage schärfer, welche Funktion die Politik besaß und in welchem Maß die Christen auch hier gefordert waren. Die heidnische Intelligenz hatte mit unverhohlener Entrüstung die christliche Abkehr vom öffentlichen Leben angeprangert – ergebnislos, solange der so Gescholtene als Handwerker oder Proletarier ohnehin für den Staat allenfalls als Steuerzahler nützlich war. Verwundbar hingegen waren die christianisierten Eliten, die ihrerseits auf eine Modifizierung der kompromißlosen Abkehr vom Staate drängten.

Tertullians nach 210 erschienene Schrift über den Götzendienst (*de idolatria*) macht das Problem anschaulich. Der streitbare Rechtsanwalt griff in eine Diskussion um das rechte Leben eines Christen ein, die innerhalb der karthagischen Gemeinde ausgebrochen war und in der versucht wurde, das Verhältnis von christlichem Selbstverständnis und staatlichen Pflichten neu zu definieren. Seine eigentliche Brisanz muß dieses Problem angesichts einer wachsenden Zahl einflußreicher Gemeindemitglieder erhalten haben, die öffentliche Tätigkeiten (vor allem als Dekurionen) ausgeübt hatten, als sie zum christlichen Glauben übertraten. Derartige Lebensläufe häuften sich, und sie zeigten Karrieren, die aus der städtischen oder kaiserlichen Verwaltung in die Leitung christlicher Gemeinden führten. Mit dem Auftreten dieser Männer in den Gemeinden veränderte sich das christliche Bild von der Bedeutung des politischen Rahmens nahezu zwangsläufig: Eben dieser hatte dem Ehrgeiz der Eliten traditionell das gemäße Betätigungsfeld gewiesen, das die neuen Gemeindemitglieder nur um den Preis ihrer gesellschaftlichen Ächtung durch die heidnische Umwelt verlassen konnten. Eine positive Würdigung dieser politischen Tätigkeiten durch die Gemeinde ergab sich häufig schon daraus, daß die Bekehrten ihre ganze Erfahrung (und ihre Beziehungen) in den Dienst der Gemeinde stellten und dort häufig genug auf dem Stuhl des Bischofs die Regierungspraktiken entfalteten, die im öffentlichen Raum erfolgreich gewesen waren. Von hier aus war es nur noch ein kleiner Schritt von der grundsätzlichen Anerkennung des römischen Staates hin zur aktiven Mitwirkung an seinen Aufgaben.

Tertullian hat noch einmal die Beteiligung der Christen am staatlichen und öffentlichen Leben mit dem Argument abgewehrt, der Christ könne im Dienste des Staates die Opfer für die heidnischen Götter gar nicht vermeiden und müsse sich daher notwendig der Gotteslästerung schuldig machen. Auf Dauer war jedoch dieses Argument zu schwach, um den politischen Ehrgeiz der Neuankömmlinge in den christlichen Gemeinden aufhalten zu können, zumal die bedrohlicher werdende Lage des Reiches die Christen immer drängender auffordern mußte, nun endlich für den Staat, der sie schützte, auch zu sorgen. Zwei Dinge kamen also zusammen, um schon vor der Verfolgung des Decius die Grundsteine für das viele Jahrzehnte später besiegelte Bündnis der Kontrahenten zu legen: Die heidnische Umwelt hatte angesichts der grundsätzlichen Staatsbejahung der Christen als Forderung formuliert, was diese bereits aufgrund des Zustroms neuer sozialer Schichten zum heftig diskutierten Streitpunkt gemacht hatten. Und wiederum siegte das an den Staat gebundene aristokratische Ethos und unterwarf der Pragmatik, was Tertullian noch als unübersteigbare Schranken vor den Staatsdienst gesetzt wissen wollte: Es fanden sich Mittel und Wege, die Opferpflichten und Repräsentationsaufgaben im Zirkus oder bei den Festen zu umgehen; notfalls wurde der Friede mit dem eigenen Gewissen dadurch hergestellt, daß der Opfergang als indifferent und den Glauben nicht berührend interpretiert wurde. Solange die Herausforderung nicht total war – und dies wurde sie erst mit Decius und dann nur kurzfristig –, wuchs daraus kein Schaden für die Gemeinden.

Der Umfang dieses Zustroms aus den Reihen der Eliten kann nicht gering gewesen sein. Das Verfolgungsedikt Valerians nennt als Adressaten Senatoren, *egregii viri* und *equites Romani*. Es gab also innerhalb des Ritterstandes Christen in nennenswerter Zahl, und sie kamen auch der Forderung ihrer Umwelt nach, die Lasten des Staates mitzutragen; ihr traditionell auf staatliche Bewährung ausgerichtetes Standesethos hat ihnen diese Entscheidung leicht gemacht. Dabei blieb es jedoch nicht. Cyprian führte bewegte Klage über viele afrikanische Bischöfe, die das ihnen von Gott anvertraute Amt mißachteten und im Dienste reicher Latifundienbesitzer gewinnbringenden Geschäften nachgingen, weite Reisen durch die Provinzen unternahmen, über große Finanzmittel verfügten und ihr Geld zu hohen Zinssätzen arbeiten ließen (s. S. 557). Die Gründe für solche befremdlichen Tätigkeiten waren vielfältig: Neben der gesellschaftlichen Anerkennung, die ihre erfolgreiche Ausübung versprach, war es häufig die reine Finanznot der Gemeinden, die die Bischöfe nach zusätzlichen Verdienstmöglichkeiten Ausschau halten ließ. Aus der Sicht der Kirche – daran ließ Cyprian keinen Zweifel – war der gemeinsame Nenner solcher Aktivitäten jedoch die Gier nach Besitz, die dem Glaubensethos widersprach und die kirchliche Disziplin zu untergraben drohte. Bis ins sechste Jahrhundert reichen dementsprechend die Bemühungen von Konzilien und Kaisern, Handelsgeschäfte des Klerikerstandes als unvereinbar mit dem kirchlichen Amt zu unterbinden. Derartige Nachrichten künden von einer Entwicklung, die zwischen 200 und 250 führende Vertreter der Gemeinden an die ganze Breite staatlicher und gesellschaftlicher Aufgaben herangeführt und im wirtschaftlichen Bereich neue Gemeinsamkeiten geschaffen hatte.

Weitgehend ungebrochen und damit für die heidnische Gesellschaft um so auffälliger blieb der Widerstand der offiziellen Kirche gegen den Dienst im Heer. Er speiste sich in erster Linie aus dem fundamentalen Glaubenssatz, der das Töten verbot; erst in zweiter Linie war dafür der universelle Herrschaftsanspruch des Gekreuzigten verantwortlich, der die Beteiligung seiner Gläubigen an den kultischen Bräuchen des Heeres nicht dulden konnte: „Göttlicher und menschlicher Fahneneid (*sacramentum*), das Feldzeichen Christi und das des Satans, das Lager des Lichts und das der Finsternis sind

unverträglich; ein und dieselbe Seele kann nicht gleichzeitig zweien verpflichtet sein" (Tertullian, Über den Götzendienst 19,2).
Aber auch hier verhallte der Hilferuf des Imperiums nicht ungehört. Tertullian (aaO.) mußte bereits mit spürbarer Empörung die Argumente bekämpfen, mit denen Christen behutsam nach dem Schwert tasteten: Hatten nicht die Propheten und Könige Israels an der Spitze von Heerhaufen gestanden und für das auserwählte Volk gestritten, hatte nicht Jahwe selbst die Fluten des Roten Meeres erst zurück, und dann vorwärts getrieben, um das Heer der Ägypter zu vernichten, als diese Moses und seine in das gelobte Land abziehenden Scharen einzuholen drohten? Hatte Johannes der Täufer nicht auch Soldaten belehrt (Lukas 3,14), hatte nicht ein römischer Hauptmann in Kapernaum Zeugnis abgelegt von seinem starken Glauben, von dem Jesus sagte, „solchen Glauben habe ich in ganz Israel nicht gefunden" (Lukas 7,1 ff.)? Und schließlich: War nicht selbst der Offizier des Hinrichtungskommandos, das Jesus nach Golgotha geführt hatte, gläubig geworden und hatte unter dem Kreuz die Göttlichkeit Jesu bezeugt (Markus 15,39)?
Dagegen ließ sich einwenden, daß Jesus dem Petrus, als sich dieser gegen die Verhaftung seines Meisters gewaltsam zur Wehr setzte, das Schwert aus der Hand wand und damit für alle Zukunft jeden Christen entwaffnet hat. Viel wog das Argument nicht in einer Welt, die jede militärische Großtat bejubelte, und es kollidierte zudem mit der Forderung Gottes, dem römischen Staat Gehorsam zu schulden. Wer mit dem Bischof Clemens von Rom (um 100) betete, „Du, Herr, hast ihnen [den Kaisern] die Herrschergewalt gegeben durch deine erhabene und unbeschreibliche Kraft, damit wir die ihnen von dir gegebene Herrlichkeit und Ehre erkennen", der setzte den Gehorsam gegen Gott mit dem Gehorsam gegen Kaiser und Reich gleich (s. S. 582). Und wer – wiederum mit Clemens – die hierarchische Ordnung der Armee und den Gehorsam der Soldaten als vorbildlich pries, tat sich schwer, im nächsten Augenblick an das fünfte Gebot zu denken, auch wenn ihn dessen Übertretung denen zuordnete, die Gott hassen und seine Macht besonders fürchten müssen (37,2-4).
Der Friede der ersten beiden Jahrhunderte hat dem Streit über das Schwert in der christlichen Faust wenig öffentliche Aufmerksamkeit verschafft; von Krieg hörte nur, wer in seinen Geschichtsbüchern schmökerte oder die meist gleichlautenden Heeresberichte von der Rhein- oder Donaufront verfolgte. Seit Mark Aurel war es damit vorbei, der Krieg nahm wieder Fleisch und Blut an. Gekämpft wurde jetzt im Westen, Norden und Osten, Niederlagen folgten auf Siege, die Verlustlisten wurden länger und erregten das öffentliche Mitleid und schließlich den Zorn über die, welche sich abseits hielten.
Geführt wurde der Kampf gegen den auswärtigen Feind im Bewußtsein jedes Römers als Krieg gegen aggressive Barbaren, die das Imperium überfielen, um seinen Bewohnern alles zu rauben, was ihnen die römische Zivilisation gegeben hatte: Friede, Wohlstand und städtische Lebensordnung. Die Zeiten des griechischen Freiheitskampfes gegen die persischen

Barbaren schienen sich zu wiederholen. In den Glauben an die universale und ewige Dimension des Imperiums schlich sich der Gedanke ein, doch nur auf einer Insel in einem endlosen barbarischen Meer zu wohnen. Damit erhielt das Nachdenken über den Krieg eine neue Dimension. Niemand brauchte mehr im Zweifel zu sein, ob er gerecht oder ungerecht war. Wer jetzt nicht die Waffe aufnahm und Partei ergriff, tat Unrecht und wurde selbst zum Barbar. Nun, im Angesicht der blutigen Realität der Germanenkriege, nahm dieses alte Wort wieder Gestalt an, erfüllte die Phantasie mit Schrecken und teilte auf das scheinbar selbstverständlichste die Welt in gut und böse. Die Formel des Kolosserbriefes, „da ist nicht Grieche, Jude, Barbar, Skythe, Knecht oder Freier, sondern alles und in allen ist Christus", erschien jetzt selbst vielen Frommen als akademisches Palaver: Die Kirche, so belehrte schroff Mitte des 4. Jahrhunderts der Bischof Optatus die donatistischen Rebellen in Karthago, die Kirche existiere nur innerhalb des römischen Staates; „dort gibt es die heiligen Priester und die Schamhaftigkeit der geweihten Jungfrauen, welche die Barbaren nicht kennen oder die nicht in Sicherheit wären, gäbe es sie dort" (Über das donatistische Schisma 2,3; vgl. S. 621 ff.).

So fanden sich nicht zufällig in den Jahren des 3. Jahrhunderts die geistigen Wegbereiter für eine neue christliche Sicht des Krieges. Ihr Mentor wurde Origenes. Er ließ seine Glaubensbrüder mit ihren Gebeten für die streiten, „die einen gerechten Krieg führen, auch für den rechtmäßigen Kaiser, auf daß alles vernichtet werde, was sich der gerechten Sache widersetzt." So würden, fügt er hinzu, die Christen dem Kaiser zwar nicht mit Schwert und Rüstung, aber doch als ein Heer der frommen Beter dienen, was mehr Nutzen bringe als jede auf das Töten abgerichtete Kriegsmaschine (contra Celsum 8,73). Dem war natürlich nicht so. Trotzdem stand die Kirche mit dieser Aussage am Scheidewege: Betete sie mit ihren Gläubigen für die Vernichtung der Barbaren und erklärte den Krieg gegen sie für gerecht, so war der Dienst im Heer nicht grundsätzlich abzulehnen. So verpflichtete schließlich die Synode von Arles 314 den christlichen Soldaten, in Friedenszeiten seine Truppe nicht zu verlassen – widrigenfalls drohe ihm die Exkommunikation.

Der einfache Mann schließlich hatte in der Praxis längst vorweggenommen, was theologisch so unmöglich schien: Bereits in den Markomannenkriegen wurden von den Christen selbst Geschichten kolportiert, denen zufolge christliche Soldaten Heldentaten verrichtet hätten und eine größtenteils aus Christen bestehende Legion das römische Heer im Quadenkrieg gerettet habe (Tertullian, Apologie 5,6). So nimmt es nicht wunder, daß am Ende des dritten Jahrhunderts die Christen einen so großen Teil des Heeres ausmachten, daß die Verfolgung Diokletians mit einer Säuberung der Truppen begann. In der Praxis muß sich also eine deutlich positive Einstellung zum Kriegsdienst durchgesetzt haben, bevor dieses Problem theologisch bewältigt werden konnte. Die Gründe sind unschwer zu erkennen: Der christliche Missionar hatte vor dem Kasernentor nicht haltgemacht und damit einer Berufsgruppe das Evangelium verkündet, die ihren hoch angesehenen Beruf nicht so ohne weiteres an den Nagel hängen konnte. Das Offizierskorps, in besonderem Maße an das Ethos der Pflichterfüllung gebunden, hätte gerade in Kriegszeiten das Ansinnen, den Dienst nach der Taufe zu quittieren, als Verrat von sich gewiesen. Allen gemeinsam war ohnehin die Überzeugung, in dem Imperium die beste aller Welten zu verteidigen – und diese Auffassung teilte die offizielle Kirche, die ihre Gläubigen auch in den Tagen der Verfolgung für Kaiser und Reich beten ließ.

Im Grunde waren die Christen bereits vor dem Bündnisschluß mit dem Staat gerüstet, ihn auch zu verteidigen. Seit dem Jahre 416 oblag ihnen nach dem Willen des Kaisers diese Aufgabe schließlich allein: „Alle, die sich mit dem unheiligen Irrtum oder Verbrechen des heidnischen Kultus beflecken, d.h. die Heiden, sollen weder zum Kriegsdienst zugelassen noch durch die Ehrenstellung eines Beamten oder Richters ausgezeichnet werden" (Codex Theodosianus 16,10,21; Übers.: Ritter). Der Krieg beanspruchte von jetzt an seinen eigenen Platz in der Theologie und verlangte seine Definition als sittlich erlaubt – unter welchen einzelnen Bedingungen auch immer. Denn die Christen waren nun seine neuen Herren geworden, da sie selbst über Krieg oder Frieden entschieden, sei es angesichts der Gefahr, die von den Barbaren und seit dem 7. Jahrhundert von den Kriegern Muhammads drohte, sei es bei Streitigkeiten untereinander. So gab ihm Augustinus, was er forderte, einen Platz im Heilsplan Gottes: „Wir verehren den Gott, der auch bei den Kriegen, wenn das Menschengeschlecht durch dieses Mittel gebessert und gezüchtigt werden muß, Anfang, Fortgang und Ende leitet" (de civitate Dei 8,32). So ritten die Bischöfe und die Mönche selbst gegen den Feind, wenn er die Grenzen überflutet und die letzten Bastionen staatlicher Verteidigung gestürmt hatte, und sie vertrauten auf Gott, der diejenigen nicht verläßt, die einen gerechten und barmherzigen Krieg führen. So pries am Ende des 5. Jahrhunderts Eugippius, der Abt von Castellum Lucullanum bei Neapel, das Leben des Mönches Severinus, der in Noricum von Ort zu Ort geeilt war, als dort die Front gegen die eindringenden Germanen zusammenbrach. Durch Gebete, Fasten, prophetische Warnungen und Wunder stärkte er den Widerstand der letzten verbliebenen Grenzer und ließ, wann immer sich eine Gelegenheit bot, durch entlassene Gefangene den Gegnern eine einfache Botschaft zukommen: Sollten sie ihre Angriffe wiederholen, würden sie bestraft, weil Gott für seine Diener kämpfe (*deo pro suis famulis dimicante;* Vita S. Severini 4,4).

*Die Überzeugungskraft des Imperiums*

Eine weitere, für die Einheit der Kirche und das spätere Bündnis mit dem römischen Staat unverzichtbare Voraussetzung fand sich im Zentrum des innerkirchlichen Lebens selbst. Dort war eine kirchliche Ordnung geschaffen worden, die sich in ihrer endgültigen Gestalt parallel zur Gliederung des Staates aufbaute (s. S. 579 f.). Insbesondere der Bischof unterschied sich immer weniger von einem römischen Staatsbeamten: Wie dieser war er für bestimmte Gegenstände und Territorien zuständig, besaß also nach dem römischen Amtsverständnis ein *imperium*, wie dieser beanspruchte er gegenüber seiner Gemeinde das Recht auf Einspruch (*intercessio*) und die Strafgewalt (*coercitio*), und wie dieser forderte er die volle Integrität während seiner Amtszeit: „Sogar ein weltlicher Würdenträger", empörte sich noch Johannes Chrysostomos (gest. 407), „mögen auch noch so viele Klagen gegen ihn vorliegen, wird nicht vor Gericht gestellt, bevor er sein Amt niedergelegt hat, damit nicht auch dieses in ihm entehrt wird ... Solange wir [sc. ich, der Bischof] aber auf diesem Stuhle sitzen, solange wir die oberhirtliche Stelle einnehmen: so lange haben wir sowohl die Würde als auch die Gewalt, wenn wir dessen auch unwürdig sind" (Kommentar zum Kolosserbrief 3,5). Das war eine Sprache und ein Amtsverständnis, das jedem Römer geläufig war (vgl. S. 395).

Die erste, vorläufige Summe unter diese Entwicklung hatte der karthagische Bischof Cyprian in den Jahren der Verfolgung Mitte des 3. Jahrhunderts gezogen: Er lehrte in der Schrift *de ecclesiae unitate*, zwar könne das Heil in der jenseitigen Welt nur dem Individuum zuteil werden, trotzdem sei es allein die Kirche, die dieses Heil sichern könne; der Bischof, Mittler zwischen Gott und den Menschen und Verwalter der Sakramente, so bestimme es das göttliche Gesetz, stelle in seinem Amt zugleich die Einheit der Kirche her, die mit der Eintracht der Bischöfe identisch sei: „Unser Herr", ermahnte er brieflich die vom Glauben Abgefallenen, „dessen Vorschriften wir zu fürchten und zu beachten haben, ordnete die Würde des Bischofs und die Verhältnisse seiner Kirche, indem er im Evangelium zu Petrus sprach: ‚Ich sage dir: Du bist Petrus der Fels, und auf diesem Felsen will ich meine Kirche bauen [Matthäus 16,1] ...' Danach verläuft im Wechsel der Zeiten und der Nachfolge im Amt die Einsetzung der Bischöfe und die Ordnung der Kirche in der Weise, daß die Kirche auf die Bischöfe gegründet und jede kirchliche Handlung durch eben diese Vorgesetzten geleitet wird" (de lapsis 1).

Genau so war der römische Staat auf seine Magistrate und ihre Amtshandlungen unter dem Segen Jupiters gegründet worden. Und die Art und Weise, in der nun innerhalb der Kirche nach der Macht gegriffen und ihre Effektivität gesteigert wurde, wirkte werbend auf die heidnischen Eliten, die ihr Streben nach Ruhm und Anerkennung nun auch auf dem Stuhl des Bischofs verwirklichen konnten. Der Satz Cyprians, „der Bischof ist in der Kirche und die Kirche in dem Bischof; wer nicht mit dem Bischof ist, der ist auch nicht in der Kirche", wurde zum Leitstrahl für große Karrieren nun auch jenseits des Dienstes für Kaiser und Imperium.

Es verschlug wenig, daß manchen Kirchenfürsten ihre theologisch unangreifbar legitimierte Macht zu Kopf stieg. Von Paulus von Samosata (2. Hälfte des 3. Jahrhunderts), Bischof von Antiochien, berichtet Eusebios, er habe sein Amt wie ein weltlicher Herr geführt: „Wir brauchen nicht darüber zu urteilen, daß er nach Hohem trachtet und aufgeblasen ist, weltliche Ehrenstellen bekleidet und lieber *Ducenarius* [Titel eines hohen Beamten] sich nennen läßt als Bischof, stolz auf den Marktplätzen einherschreitet,

## 4. Der Weg zur Einigung von Staat und Kirche

öffentlich im Gehen Briefe liest und diktiert, von zahlreichem Gefolge umgeben ist ... So ließ er sich im Gegensatz zum Jünger Christi eine Tribüne und einen hohen Thron errichten. Auch hat er ein *Sekretum* [der innere Raum des Prätoriums, wo die Richter Recht sprachen] wie die weltlichen Fürsten und nennt es so" (Kirchengeschichte 7,30, 6 ff.). Der Zorn des Eusebios mag echt gewesen sein oder nicht – entscheidend ist, daß Männer vom Zuschnitt des gerügten Paulus die künftigen Verhandlungspartner der Großen des heidnischen Rom wurden, da sie, als es so weit war, deren Sprache und Denkweise längst zu der ihrigen gemacht hatten und Herren sein wollten wie sie. Bereits unter Diokletian waren sie in hohe Staatsämter aufgestiegen, hatten Provinzen übernommen und boten selbst bei Hofe erfolgreich ihre Dienste feil (Eusebios, Kirchengeschichte 8,1,2 f.). So trat die Kirche der ehedem Mühseligen und Beladenen gut gerüstet ihren Siegeszug im römischen Weltreich an. Vielerorts hatten sich ihre Amtsträger bereits in die Toga gehüllt und trugen die Tracht des Bischofs mit demselben Stolz wie der Senator die roten Schuhe und den breiten Purpurstreifen an der Tunica (s. S. 514). Daran hat auch die letzte Verfolgung durch Diokletian nichts mehr ändern können. Die Römer haben mit dem unter Konstantin geschmiedeten Bündnis von Staat und Kirche ihre letzte große Leistung vollbracht und zwei Weltsichten vereinigt, deren Verständnis von Politik grundverschieden war und jede Gemeinsamkeit zunächst ausschloß. Für das heidnische Rom schuf der politische Raum überhaupt erst die Möglichkeit, etwas zu tun, was nicht der Vergänglichkeit anheimfällt: Das Gründen und Erhalten von Staaten, das den Menschen in die Nähe der Götter rückte. Hingegen verkündete die christliche Heilsbotschaft, daß das Leben des einzelnen unsterblich und die Welt vergänglich sei, die der irdische Pilger in ständiger Angst um die Reinheit seiner unsterblichen Seele zu durchwandern habe. Politik – das ergab sich daraus zwingend – versprach dem Individuum nur die Lockungen der Macht und des Reichtums und damit nichts, was wirklich Bestand hatte. Aber das Reich und der von ihm gewahrte Friede hatten die Verkündigung der christlichen Botschaft an alle Völker erst möglich gemacht, und dies warf früh die Frage auf, ob nicht auch dies Gottes Wille war. Wer über die Antwort nachdachte, dem fiel die zeitliche Koinzidenz von Christi Geburt, dem Ende des nationaljüdischen Königtums und dem Entstehen des augusteischen Friedensreiches auf, und wer für den Kaiser betete, betete zugleich für die Dauer des Reiches, da die Frist, die dem Menschen bis zum Ende aller Tage noch gegeben war, mit der Herrschaft der Römer ablief: „Wir wissen, daß die gewaltige Katastrophe, die dem Erdkreis droht, ja daß das Ende der Welt, das entsetzliche Leiden heraufbeschwört, nur durch die dem römischen Reich gewährte Frist aufgehalten wird. Daher wollen wir dies nicht erleben, und indem wir um Aufschub bitten, tragen wir zum Fortbestand Roms bei" (Tertullian, Apologie 32,1).

Der Gedanke lag also nahe, theologisch zu verknüpfen, was zeitlich so offensichtlich war: „Unsere Religion reifte während der ruhmreichen Regierung eures Vorgängers Augustus unter euren Völkern zur Blüte und brachte vor allem eurer Regierung Glück und Segen. Von da ab erhob sich nämlich die römische Macht zu Größe und Glanz", schrieb der Bischof Melito von Sardes an seinen Kaiser Mark Aurel (Eusebios, Kirchengeschichte 4,26 f.). Diese innere Verknüpfung der christlichen Religion mit dem Glanz und der Macht des Imperiums floß Männern leicht aus der Feder, die die Gunst des Kaisers für ihre Kirche durch ihre Schriften erwirken wollten. Aber es wurde mehr daraus: Das vierte Jahrhundert war überzeugt, das Imperium müsse Teil des göttlichen Heilsplans sein, und mancher hoffte, das Bündnis der Christen mit dem Frieden stiftenden Weltreich könne die eschatologischen Hoffnungen aller Menschen erfüllen: „Nun ist dies aber ein Werk des über allen stehenden Gottes gewesen, daß er durch die noch größere Furcht vor der obersten Macht [sc. des römischen Kaisers] die Feinde seines Logos unterworfen hat" (Eusebios, Evangelische Beweisführung 3,7,35). Es bedurfte der Westgoten und ihres Königs Alarich, um diesen sich verfestigenden theologischen Unterbau des Imperiums ohne Grenzen zu zerstören: Als im August 410 gotische Krieger die Stadttore des ewigen Rom sprengten und nach Herzenslust plünderten und brandschatzten, entwarf wenige Jahre später der tief erschütterte Augustinus in *De civitate dei* seine die folgenden Jahrhunderte prägende Lehre, nach der es zwei Staaten gäbe, nämlich den Gottes und den dieser Welt, und nur einem öffneten sich die Tore der Ewigkeit.

## II. Ecclesia triumphans: Konstantin und die Kirche

| | |
|---|---|
| 305 | Diokletian und Maximian danken ab. Konstantius Chlorus wird Augustus des Westens, Severus dessen Caesar für Italien, Galerius wird Augustus des Ostens, Maximinus Daia dessen Caesar in Syrien und Ägypten. |
| 306 | Staatsstreich Konstantins nach dem Tod seines Vaters. |
| 312 | Konstantin besiegt am 28. Oktober vor den Toren Roms in der Schlacht an der Milvischen Brücke seinen Gegner Maxentius. Der Senat ernennt ihn zum Augustus. |
| 313 | Im Februar trifft sich Konstantin mit Licinius in Mailand. Beide kommen überein, in der Christenpolitik einvernehmlich zu verfahren. Kern der Übereinkunft ist die Verkündung einer allgemeinen Religionsfreiheit; in ihrem Rahmen werden die Christen als gleichrangig anerkannt. |
| 324 | Licinius, der Augustus der Ostprovinzen, wird an den Meerengen besiegt; Konstantin ist Alleinherrscher. Die christliche Kirche wird vom Staat begünstigt, das Heidentum zurückgedrängt. |
| 315-337 | Der Kaiser und seine Mutter Helena stiften Kirchen vor allem im Heiligen Land und in Rom. Die kaiserliche Gesetzgebung fördert die Christen in vielen Bereichen des staatlichen und gesellschaftlichen Lebens. |
| 337 | Am 22. Mai stirbt Konstantin, der sich auf dem Totenbett taufen läßt. Seine Nachfolgeregelung kehrt zum tetrarchischen System Diokletians zurück. |

### 1. Der Griff zur Macht im Schatten der Bürgerkriege

Wir wissen kaum etwas über die Anfänge des Mannes, der in die Geschichte Europas wie wenige vor ihm und nach ihm einging und die letzte große Leistung der Römer vollbrachte, als er den Christen das Tor zur Macht des weltumspannenden Imperiums öffnete. Als er starb, hatte sich die Welt für jedermann sichtbar verändert. Die, die ihn begruben, konnten die Wende einer tausendjährigen Geschichte sogar sehen: Sie trugen den Leichnam ihres Kaisers durch die Straßen der von ihm gegründeten Stadt, hinein in die von ihm gebaute Apostelkirche, und bestatteten ihn inmitten von zwölf heiligen Stelen, die der Verehrung und dem Gedächtnis der Apostel dienten. Auf seinem letzten Weg erhob der erste christlich getaufte Kaiser Roms den Anspruch, der 13. Apostel Jesu zu sein, Gefolgsmann des Mannes, der unter einem seiner Vorgänger als Verbrecher sterben mußte und dessen Anhänger über drei Jahrhunderte verachtet und als Staatsfeinde

*Giulio Romano, Visione della Croce (1524)*

(Vatikan, sala di Costantino)

Die antike Welt war voller Wunder, und niemand zweifelte, daß die Götter durch Zeichen ankündigten und für den Menschen sichtbar machten, welche Sache sie für die gerechte hielten. Den Sieg in einer großen Schlacht gewährten sie nur dem, der ihre Hilfe verdiente und sie auf die rechte Weise verehrte. „Daher wird bei unserem Volke", schrieb Cicero, „wie bei den anderen die Verehrung der Götter und die Heilighaltung der religiösen Gebräuche von Tag zu Tag umfangreicher", wofür es einen einfachen Grund gäbe: Die Götter ließen oftmals sogar persönlich ihre Macht erkennen und kämpften offen für Rom; so habe man bereis in der Schlacht am See Regillus im Latinerkriege (501 v.Chr) die Dioskuren Kastor und Pollux zu Pferde in den römischen Reihen streiten gesehen (Vom Wesen der Götter 2,6).

So war denn auch der Sieg Konstantins an der Milvischen Brücke (s. S. 601) für die Zeitgenossen von vielerlei Wunderzeichen umgeben, die den Kaiser im geheimen Einvernehmen mit den göttlichen Mächten handeln sahen:

„Denn welcher Gott", so fragte im Jahre 313 ein hochbezahlter Lobredner vor dem Thron des Kaisers emphatisch, „welche gegenwärtige Majestät hat Dich so aufgemuntert, daß Du gegen die Ratschläge der Menschen, gegen die Warnungen der Opferbeschauer... von Dir aus erkanntest, daß die Zeit für die Befreiung der Stadt [Rom] gekommen war? Du hast, Konstantin, in der Tat irgendeine geheime Verbindung mit dem göttlichen Geist (*mens divina*; später: *divinum numen*), der, nachdem er alle Sorge um uns den minderen Göttern überlassen hat, allein Dich gewürdigt hat, sich direkt zu zeigen. Andernfalls, tapferster Imperator, gib Rechenschaft darüber, womit Du gesiegt hast!" (Panégyriques Latins II 2,4 Galletier).

Eine rhetorisch schöne Frage, aber sie bewegte die Zeit. Der Kaiser selbst antwortete auf seinem 315 errichteten Triumphbogen in Rom: „Auf Eingeben der Gottheit und durch die Größe seines Geistes (*instinctu divinitatis, mentis magnitudine*)" habe er mit seinen Truppen das Gemeinwesen (*res publica*) an dem Tyrannen und dessen Anhang gerächt (Dessau, nr. 694).

Die Christen, die mit dem Sieg vor den Toren Roms eine neue Epoche beginnen ließen, zweifelten keinen Augenblick, daß diese sehr unbestimmt beschriebene Gottheit Christus selbst gewesen sein müsse. Denn für sie war dieser Kampf vor den Toren Roms nicht das Ringen zweier Rivalen um die Herrschaft, sondern die Entscheidung über die Wahrheit ihres Glaubens. Gleich mehrere Versionen über das göttliche Eingreifen waren im Umlauf: Im geöffneten Himmel, so wußte die populärste Legende zu berichten, sei ein Kreuz erschienen und eine Stimme habe gerufen: *in hoc signo vinces* – in diesem Zeichen wirst du siegen (s. S. 601). Das Mittelalter las dies in der Fassung der *Legenda aurea* des Jacobus de Voragine (1230-1298), und in der Hochrenaissance malte es nach den Plänen Raffaels sein Schüler Giulio Romano (1498-1546) im Vatikanspalast als große Vision des „Triumphes des Christentums über das Heidentum." Der Auftraggeber, Papst Julius II. (1443-1513), wird auch anderes im Sinn gehabt haben: 1506 brachte er Münzen mit der Umschrift IULIUS. CAESAR. PONTIFEX II. unter das Volk und beanspruchte das Erbe Caesars mit derselben Sicherheit für sich, mit der er den Stuhl Petri bestiegen hatte (vgl. S. 663).

gejagt worden waren. Dies war ein Testament, das die Abkehr der künftigen von der vergangenen Geschichte des heidnischen Rom wie mit Engelsposaunen verkündete.

Der Weg zu diesem monumentalen Bekenntnis war der Weg eines Bastards, der zeit seines Lebens bemüht blieb, vergessen zu machen, daß er aus einfachen Verhältnissen kam und seine Jugend keineswegs als auserwählter Prinz verbracht hatte. Alles, was seine Zeitgenossen über die Herkunft seiner Eltern und seine ersten Lebensjahre zu berichten wußten, ist daher letztlich Legende und allenfalls für die Beantwortung der Frage von Nutzen, wie der Erbe des Augustus seine eigene Erhabenheit gespiegelt sehen wollte. Geboren wurde er wahrscheinlich irgendwann zwischen 280 und 285 in Naissus, dem heutigen Nisch im südlichen Serbien. Sein Vater Konstantius war römischer Illyrer niedriger Herkunft, der sich als Soldat und Offizier in der kaiserlichen Leibwache nach oben gedient hatte. Seine Mutter Helena, bei der der Junge aufwuchs und die der spätere Monarch liebte und in hohen Ehren hielt, war nach der Auskunft des unverdächtigen Ambrosius Herbergswirtin (*stabularia*) und lebte mit dem Offizier der Leibwache, dem der Komment die Heirat mit einer Einheimischen verwehrte, im Konkubinat. Militärische Tüchtigkeit und Glück verschafften dem Vater eine glänzende Zukunft: Einige Jahre nach der Geburt seines Sohnes entsandte ihn Diokletian an den Hof des Maximian, des Herrschers über die Westprovinzen. Dort heiratete er die Stieftochter seines neuen Herrn, der 293 den in vielen Feldzügen erprobten und hoch dekorierten General und Schwiegersohn adoptierte und zum Caesar ernannte.

Der Vater vergaß seinen Ältesten im fernen Naissus nicht, obwohl seine rechtmäßige Frau zwei Söhne und eine Tochter geboren hatte. Um 300 verlobte sich der junge, als Soldat erzogene Konstantin mit Fausta, der dreijährigen Tochter Maximians und trat in den Dienst Diokletians, mit dessen Hofstaat er durch die Provinzen zog. Als dieser nach zwanzigjähriger Regierung am 1. Mai 305 im bithynischen Nikomedien abdankte, eilte Konstantin nach Gallien: Niemand konnte wissen, ob Galerius, der Nachfolger Diokletians, in dem Sohn des nun zum Augustus aufgestiegenen Konstantius nicht eine willkommene Geisel für das Wohlverhalten des Vaters sah. Denn die Zeichen der Zeit deuteten auf Bürgerkrieg, spätestens, als der Herr des Westreiches überraschend auf einem Feldzug in Britannien am 25.7. 306 in York starb. Seine Legionen und seine barbarischen Hilfsvölker zögerten keinen Augenblick: Sie riefen den Sohn ihres toten Feldherrn zum Augustus aus und gehorchten damit dem uralten Gesetz, nach dem die dynastische Erbfolge ihren Interessen am dienlichsten war. Der Erwählte war zudem ein erprobter Krieger, der zu siegen verstand und längst gelernt hatte, was seine Soldaten von ihm erwarteten. Das klug gesponnene Netz der diokletianischen Tetrarchie und Nachfolgeregelung bedeutete ihnen nichts; ihre Heimat waren die Provinzen zwischen den schottischen Hochmooren und dem Rhein, und Stimmen aus dem fernen Nikomedien wollte hier niemand hören.

Es dauerte nur drei Monate, bis das Beispiel von York Schule machte. Die

## 1. Der Griff zur Macht

Garderegimenter in Rom, eifrig unterstützt von der städtischen Plebs, riefen den Sohn des Maximian, Maxentius, Ende Oktober 306 zum Kaiser aus. Ihnen genügte das Gerücht, daß der gerade ernannte Augustus Severus den Auftrag hatte, die Garde in Rom aufzulösen und Italien wie jede andere Provinz zu besteuern. Als es zum Krieg kam, nahte aus Süditalien Maximian, um dem Sohn beizustehen und noch einmal die Hand nach dem Purpur auszustrecken, den er nur widerstrebend aufgegeben hatte. Die Truppen des Severus liefen über: Sie konnten in dem greisen General, der sie einst in den Kriegen gegen die Mauren angeführt hatte, keinen Feind sehen; die weit geöffneten Schatztruhen Roms taten das ihrige, um auch die letzten Zweifler umzustimmen. Severus war verloren, Maximian wieder Kaiser, bestätigt von Senat und Volk von Rom. Jedermann, zuallererst sein Sohn, wünschte den machtgierigen Alten zum Teufel. Seine Autorität wog jedoch schwer, und sein Einfall, sich an Konstantin zu wenden, erwies sich als glücklich. Denn dieser hoffte durch eine engere Verbindung mit dem Herculier, der ihn als Augustus begrüßte, seine Usurpatorenrolle abschütteln zu können.

Was jetzt drohte, war der Krieg aller gegen alle, war Bürgerkrieg wie in den schlimmsten Jahren des 3. Jahrhunderts. Galerius sah schließlich nur einen Ausweg: die Rückkehr Diokletians. Doch dieser winkte ab. „Ich wünschte, ihr könntet den Kohl sehen, den ich in Salona mit eigenen Händen pflanze. Dann würdet ihr für immer von solchen Versuchen absehen, mich zurückzuholen", erklärte er den im Herbst 308 in Carnutum Versammelten und empfahl die Wiederherstellung der Tetrarchie. So blieb denn Galerius erster Augustus, Maximinus Daia Caesar im Orient, Konstantin Caesar im Westen, und als neuer Augustus wurde Licinius bestellt, ein erfahrener Waffengefährte des Galerius. Maximian sollte schleunigst auf seine Güter in Sizilien zurückkehren und sein Sohn als Usurpator mit Waffengewalt niedergeworfen werden. Damit konnte in den Balkanprovinzen jeder zufrieden sein. Wie aber sollte es im Westen und im Osten weitergehen? Konstantin konnte seine Herabstufung zum Caesar weder seinen Untertanen noch dem eigenen Ehrgeiz erklären; Maximinus Daia, der dem System lange gedient hatte, wollte endlich den Lohn in der Form des Augustus-Titels; Maxentius saß fest im Sattel, auch wenn eine Revolte in Afrika vorübergehend die Kornlieferungen nach Rom und Italien lähmte; Maximian, der sich ohnehin am weitesten vorgewagt hatte, dachte nicht daran, sein Leben als Landedelmann zu beschließen. Und schließlich: Wer sollte der Nachfolger des Galerius werden, dessen Abdankungstermin nach zwanzigjähriger Regierungszeit, also im Jahre 312 drohte?

Konstantin konnte sich keine Hoffnungen machen. Er war der erste gewesen, der gegen Diokletians Ordnung aufbegehrte, und sein Beispiel hatte Schule gemacht. Da halfen keine Legenden, die von der Flucht des Prinzen zu berichten wußten, als ihm seine Soldaten den Purpurmantel umwerfen wollten. Er hatte ihn genommen, also war er schuldig. Seine Rechtsstellung war und blieb daher prekär, und es gab nur eine Möglichkeit, dem Schicksal zu entgehen, das allen Usurpatoren drohte: Die Niederwerfung auch des letzten Kontrahenten mit Feuer und Schwert. Der Staatsstreich von York wies seinen Helden auf die Straße des Bürgerkrieges. Die Gunst der Stunde gewährte ihm, den Zeitpunkt selbst zu wählen, zu dem er sie betrat.

## 2. Die Begegnung mit dem Christengott

*Nachrichten über Visionen und Bekehrungen nach dem Toleranzedikt des Galerius*

„Und doch hilft all eure noch so ausgeklügelte Grausamkeit nichts; ein Lockmittel ist sie eher für unsere Gemeinschaft. Zahlreicher werden wir, so oft wir von euch nieder gemäht werden: ein Same ist das Blut der Christen" (Tertullian, Apologie 50,13). Als diese herausfordernden Sätze an einen römischen Statthalter gerichtet wurden, schrieb man das Jahr 197. Im Jahre 311, als Galerius das Edikt unterzeichnete, mit dem das Christentum nach Jahren schwerer Verfolgung als *religio licita* anerkannt und die Christen aufgefordert wurden, das Heil des Staates und des Kaisers in ihre Gebete einzuschließen, hatte die Geschichte dem afrikanischen Kirchenvater recht gegeben. Was jedoch in dem Vierteljahrhundert danach geschah, überstieg alle christliche Vorstellungskraft (s. S. 562 f.). Wer darüber nachdachte, sah die Hand Gottes am Werk und das Rad der menschlichen Geschichte drehen. Denn das Edikt des sterbenden Kaisers hatte zwar den christlichen jedem heidnischen Kult gleichgestellt und nach fast 300 Jahren aus Verbrechern geduldete Staatsbürger gemacht. Aber es verkündete seine Entscheidung in der bekannten Sprache der Verachtung: „Aus irgend einem Grund hat diese Christen eine solcher Eigenwille erfaßt und eine solche Torheit (*stultitia*) ergriffen, daß sie nicht den Einrichtungen der Alten folgten, ... sondern sich nach eigenem Gutdünken (*pro arbitrio suo*) Gesetze schufen" (Laktanz, Von den Todesarten der Verfolger 34).

Der Glaube, daß göttliche Mächte jederzeit das Geschehen auf Erden nach ihrem Willen bestimmen können, war allen, ob Juden, Griechen, Römern oder Christen, seit Menschengedenken gemeinsam. Niemand wäre auf den Gedanken gekommen, eine rein jenseitige Existenz der Götter und ihre Unverfügbarkeit für die Menschen sei möglich. Jeder wußte wie der Jakob des Alten Testaments, daß mit Gott ein Bund zu schließen war: „Wenn Gott mit mir ist und mich behütet auf dem Wege, den ich reise, und wenn ich in Frieden wieder heimkehre zu meinem Vater, so soll der Herr mein Gott sein" (1. Mose 28,20). Die christliche Überlieferung, die über die Ereignisse nach dem Tod des Galerius nachdachte, erkannte den historischen Augenblick des göttlichen Eingreifens im Jahre 312, als Konstantin gegen Maxentius zu Felde zog, um ihm die Herrschaft über Italien zu rauben. Der Augustus des Westens, den 306 nach dem Tod seines Vaters Konstantius die gallischen Truppen zum Augustus ausgerufen hatten, fiel früh im Jahr in Italien ein, besiegte die Legionen seines Rivalen bei Susa, Turin, Mailand und Verona; in den Monaten September und Oktober

fielen Modena und Aquileia in seine Hand. Ende Oktober stand er vor den Toren des uneinnehmbaren Rom. Blieb der Rivale mit seinen Truppen hinter den Mauern verschanzt, waren alle Erfolge verspielt: Die fortgeschrittene Jahreszeit ließ die Fortsetzung des Feldzuges nicht mehr zu, da der einbrechende Winter mit Hunger und Seuchen die abgekämpfte Invasionsarmee bedrohte. Doch der Gegner stellte sich am 28. Oktober zur Schlacht: Vor den Toren der Stadt, an der Milvischen Brücke, wagte er alles und verlor. Der römische Tyrann, so schmähten die Panegyriker des heldischen Siegers den Unterlegenen, habe die Tempel Roms beraubt, und der alte Tiber habe ihn daher in seinen rächenden Wellen ertränkt.
Der Christ Laktanz, dessen Schrift um 315 erschien, konnte eine andere Geschichte erzählen: Am Vorabend der Entscheidung habe Konstantin im Traum die Weisung empfangen, auf den Schilden seiner Krieger das Zeichen Christi anbringen zu lassen. „Er tat wie befohlen, und indem er den Buchstaben X umlegte und die Spitze umbog, brachte er Christus auf den Schildern an" (aaO. 44,5 f.). Jahre später, bereits nach dem Tode des Kaisers, wußte auch Eusebios, was sich zugetragen hatte, und zwar aus erster Hand, da ihm Konstantin selbst unter Eid den wahren Hergang wie folgt erzählt habe: Er und seine Truppen hätten noch vor dem Marsch über die Alpen am hellen Mittagshimmel, hoch über der Sonne, „ein Kreuz aus Licht, und dazu die Worte: Darin siege!" gesehen; in der Nacht darauf sei ihm Christus im Traum erschienen, habe auf das Himmelszeichen des Vortages gedeutet und ihn aufgefordert, es nachzubilden, „um es bei den Begegnungen mit den Feinden als Schutzzeichen für seine Soldaten zu gebrauchen" (Eusebios, vita Constantini 1,28-29). Der Kaiser tat, wie ihm geheißen, und „die Hand Gottes waltete über dem Schlachtfeld" (Laktanz, aaO. 44,9).
Beide Versionen sind ebenso schöne wie fromme Legenden. Sie versuchen einer wundergläubigen Zeit, in der die Sterne den Menschen die Geschichte deuteten und Kaiser Visionen hatten (s.u.), als Akt der Bekehrung zu erklären, was so schwer als Ergebnis rationalen Kalküls einzuordnen war: die seit 313 spürbaren Sympathien des Herrschers für die christlichen Gemeinden. Knapp zweihundert Jahre später (496/7) war es nicht anders, als die Zeit verstehen wollte, warum der fränkische König Chlodwig den katholischen Glauben annahm. Wiederum war es die Frage nach dem stärkeren Gott, die alles entschied. Auf dem Höhepunkt der Schlacht gegen die Alemannen bei Zülpich, so berichtet Gregor von Tours in seiner *Historia Francorum* (2,30 f.), fiel der König vor Christus auf die Knie und flehte um seinen Beistand: „Gewährst du mir jetzt den Sieg über diese meine Feinde und erfahre ich so jene Macht, die das Volk, das deinem Namen sich weiht, an dir erprobt zu haben rühmt, so will ich an dich glauben und mich taufen lassen auf deinen Namen."
Niemand wird jemals genau wissen, welches Zeichen Konstantin in jenen hektischen Tagen und Stunden vor der Entscheidung an der Milvischen Brücke seinen Soldaten anzulegen befahl und welchen Gott er als Helfer anrief. Das Monogramm Christi war es bestimmt nicht, da sein in Gallien

und den Grenzgebieten rekrutiertes Heer aus Heiden bestand. Der Triumphbogen, den er am 25. Juli 315 in Rom einweihen ließ, preist denn auch den Imperator, „weil er auf Eingeben der Gottheit (*instinctu divinitatis*) und durch die Größe seines Geistes zusammen mit seinem Heer das Gemeinwesen durch gerechte Waffen zugleich an dem Tyrannen und seinem ganzen Anhang gerächt hat" (CIL VI 1139; Übers.: H. Dörries). Daraus ist nur das zu entnehmen, wessen sich jeder siegreich aus dem Krieg heimkehrende Römer gewiß war: Die Götter hatten auf seiner Seite und nicht auf der des Feindes gekämpft. War aber nicht die Gesamtheit der Götter gemeint, so war es der Sonnengott, *Sol invictus,* den bereits Aurelian im ganzen Reich verehren ließ (s. S. 483, 560), den die Inschrift als göttlichen Helfer ehrte; denn ihn allein zeigen die Reliefplatten des Bogens. Laktanz berichtet von einer zweiten Erscheinung himmlischer Mächte, und sie führt näher an die Motive des Bündnisses zwischen Staat und christlicher Kirche heran. Nach dem Sieg über Maxentius hatte Konstantin, nunmehr Herrscher über Italien, Afrika und die Westprovinzen, seinen Frieden mit Licinius, den um Italien geprellten Herrn des Balkans und der Meerengen, gemacht. Dies wiederum forderte Maximinus Daia, den Herrn des Ostens, heraus, der im Frühjahr 313 mit seiner Armee am Bosporus erschien. In Thrakien stießen die Heere aufeinander und Licinius siegte. In der Nacht vor der Schlacht, so erzählt Laktanz, erschien dem Licinius ein Engel des Herrn, befahl ihm, sich sofort zu seinen Truppen zu begeben, um mit ihnen den höchsten Gott anzurufen. „Licinius träumte weiter, daß er aufstand und der Engel ihm die Worte diktierte, die er für sein Gebet verwenden sollte" (aaO. 46,6). Darin wurde am Morgen der Schlacht mit zum Himmel gereckten Armen *summe deus, te rogamus* geschrien, aber auch diesmal war es nicht der Gott der Christen, dem die Rufe der Balkantruppen und ihres Anführers galten, sondern die Gesamtheit der Götter. Aber Laktanz weiß auch, daß im Heer des Daia Christen gekämpft haben müssen, die in den Ostprovinzen ihre stärksten Gemeinden hatten. An sie mußte sich eine Politik richten, die im Kampf der machtbesessenen Erben Diokletians den Ausschlag für die eine oder andere Seite geben konnte.

*Das Bündnis zweier geschiedener Welten*

Es gab gewichtige Gründe, die gegen ein Bündnis zwischen Staat und Christen sprachen. Beider Welten waren sehr verschieden, und sie gehorchten in vielen Bereichen anderen Gesetzen. Wer sich darauf einließ, konnte es nur mit Haut und Haaren:
– Der Gott der Christen duldete im Himmel keinen Rivalen neben sich. „Denn die Götter der Völker sind Götzen, der Herr aber hat den Himmel gemacht" (Psalm 96,5). Auf Erden bedeutete dies, daß bereits die gesetzliche Gleichstellung des christlichen mit allen anderen Kulten den Massen der Gläubigen und ihren Führern die Pflicht aufbürdete, alle anderen Religionen zu bekämpfen; dem eigenen Gott konnte nur so sein Recht zuteil werden. Also führten die Christen Krieg gegen die alten Götter und

stürzten ihre Bilder um, wo immer sie die Macht dazu hatten. Neutrale Parteien konnte es in diesem Kampf nicht geben. Hatte der Kaiser sich einmal für die Christen entschieden, mußte er sich einreihen in die Schar der Glaubenskrieger: „Diese heidnischen Praktiken müssen bis zur Wurzel gekappt, ausgemerzt und abgestellt werden, heiligste Kaiser, durch eure in der allerschroffsten Tonart gehaltenen gesetzlichen Verfügungen, damit der gräßliche Irrtum dieser heidnischen Vermessenheit die römische Welt nicht länger beflecke" – so die schrille Stimme eines Fanatikers aus der Mitte des Jahrhunderts (Firmius Maternus, Über den Irrtum der heidnischen Religionen 16,4; Übers.: Ritter).

– Der Glaube, sein kultischer Vollzug und die ihm geschuldete Moral schufen Abstand in der Gesellschaft, machten die Christen zum dritten Geschlecht (s. S. 586). Nach dem Ende der Verfolgungen verschärften sich die alten Gegensätze in den Städten mit starken christlichen Minderheiten. Fast vergessene Vorurteile brachen wieder auf, erfundene Pilatus-Akten mit lästerlichen Anklagen gegen Jesus kursierten, der Markt tratschte wieder über Greuel, die hinter den verschlossenen Türen der christlichen Versammlungsstätten stattfinden sollten. Der Grund dafür ist leicht einzusehen: Die Christen traten nun als gleichberechtigte Staatsbürger auf, missionierten vor aller Augen und machten aus ihrem Abscheu vor den heidnischen Bräuchen keinen Hehl. Die Dinge spitzten sich in den Ostprovinzen schnell zu. Im Frühjahr 312 richteten viele Städte die Bitte an ihren Augustus Maximinus Daia, den Bau christlicher Kultstätten verbieten und die Christen aus ihren Mauern verbannen zu dürfen (Eusebios, Kirchengeschichte 9,2 u.ö.). Manche hatten Grund dazu, zumindest, wenn sie das Ziel großer Wallfahrten waren: Ihre Feste und Schauspiele, ihre Kultstätten und Heilbäder verödeten und mit ihnen ganze Wirtschaftszweige, die über viele Jahrhunderte gut davon gelebt hatten. Häufig waren es natürlich auch nur törichte Übertreibungen und der Mangel an Phantasie, sich auf neue Kunden einzustellen. Denn Tertullian hatte natürlich recht, als er über den pauschalen Vorwurf, die Christen verdürben die Geschäfte, mit Kopfschütteln reagierte: „Wir fahren mit euch zusammen zur See, sind wie ihr Soldaten und Bauern, und ebenso treiben wir mit euch Handel; unser Können, unsere Erzeugnisse stellen wir euch allen zur Verfügung. Inwiefern wir unnütz sein sollen für euren Handel, da wir doch mit euch und von euch leben, verstehe ich nicht" (Apologie 42,3; Übers.: C. Becker).

– Als Diokletian den Christen den Krieg erklärt hatte, war es sein erstes Ziel gewesen, sie aus der Armee, der öffentlichen Verwaltung und dem Hofstaat zu vertreiben. Er wollte also dort klare Verhältnisse, wo Staat und Religion, öffentliches Handeln und heidnischer Kult am engsten miteinander verbunden und Konflikte zwischen Heiden und Christen gar nicht zu vermeiden waren. Als Konstantin die neuen Staatsbürger zu allen Ämtern zuließ, stellte er zunächst die Loyalität seiner christlichen Beamten, dann seine eigene gegenüber den heidnischen Kulten auf eine harte Probe. Christlichen Würdenträgern mußte der ihrem himmlischen

Herren geschuldete Gehorsam mehr bedeuten als die Friedenspflicht gegen Andersgläubige, die ihnen das Amt auferlegte. Den Kaiser band die Tradition an die genaue Beachtung der Kulte, die jeden Staatsakt begleiteten, solange man denken konnte.
- Die Christen hatten sich nicht gleichmäßig über die Provinzen ausgebreitet. Im lateinisch sprechenden Westen gab es Gemeinden, die auffielen, nur in Rom und in den Städten des prokonsularischen Afrika und Numidiens. Im griechisch sprechenden Osten, vor allem in den großen Städten Kleinasiens, Armeniens, der Levante und Ägyptens, lebten starke und selbstbewußte Minderheiten. Gegen sie richteten sich vornehmlich die großen Verfolgungen, und sie waren nach deren Scheitern ein Machtfaktor, den kein Kaiser künftig übersehen konnte. Wer aber ihre Hilfe im Konfliktfall begehrte, hatte einen hohen Preis zu zahlen, da diesen wiederum der Himmel selbst festlegte: Der Triumph der Religion der Sanftmütigen über alle ihre heidnischen Feinde.
- Und schließlich: der innere Zustand der christlichen Gemeinschaft war weit labiler, als der erste Blick erkennen ließ – die Jahre der Verfolgung und der Mut der Märtyrer täuschten eine Geschlossenheit vor, die in friedlichen Zeiten nie vorhanden war. Wie hätte es auch anders sein können: Der Glaube an die Erlösung von allem Übel jenseits der Schwelle des Todes warf so viele Fragen auf, daß mit übereinstimmenden Antworten nicht zu rechnen war. Also brach immer wieder Streit aus, kam es zu Abspaltungen, focht die Kirche der Heiligen gegen die der Sünder. Wer als Kaiser überzeugt war, dem Gott der Christen als Helfer in der Not Dank zu schulden, wer die Gläubigen als treue Untertanen auf die Einheit des Reiches verpflichten wollte, mußte unterscheiden lernen zwischen Rechtgläubigen (Orthodoxen) und Häretikern, mußte notfalls selbst regeln, was die streitenden Theologen nicht mehr selbst entwirren konnten. Als *pontifex maximus* war man an diese Aufgabe und an Gehorsam gewöhnt. Wie aber verhielten sich Menschen gegenüber kaiserlichen Entscheidungen, deren Glauben das Nachgeben und den Kompromiß nicht zuließ und kategorisch nur die Wahrheit und nichts anderes anerkennen wollte?

Konstantin war in heidnischer Umgebung groß geworden. Erzogen am Hofe, hatte er bei den Reitern des Galerius sein Offizierspatent gemacht und war 305, nach dem Rücktritt Diokletians, zu seinem Vater nach Britannien geeilt; die Jahre danach waren Jahre der Kriege und Siege an der Rheingrenze. Das Leben eines Kriegers also, und darin ist nichts zu entdecken, was auf eine genauere Beschäftigung mit den Christen hinweist, deren Hochburgen ohnehin im Osten lagen. Viele der dort längst offenkundigen Probleme werden dem Herrscher, der nach seinem Sieg über Maxentius mit seinem Rivalen Licinius in Mailand über eine ihnen beiden nützliche Christenpolitik nachdachte, also noch verborgen gewesen sein. Dies gilt vor allem für die Folgen, die sich aus der verbürgten Gleichrangigkeit der christlichen mit jeder anderen Religion ergeben mußten, und dies gilt für die wilde Entschlossenheit, mit der die Christen um die Wahrheit ihres Glaubens rangen (vgl. u. S. 611 ff.).

Da beides zentrale Probleme waren, verlangten sie kategorisch schnelle Antworten. Die erste gab Konstantin im Streit der Donatisten in Nordafrika (s. S. 621 ff.): Er mischte sich ein, forderte Gehorsam und setzte Militär ein, als alle anderen Mittel versagten. Mit anderen Worten: Der Staat beanspruchte die Rolle der letzten Instanz im christlichen Dogmenstreit. Die zweite Antwort fand der Kaiser unter dem Druck der drohenden Konfrontation mit Licinius, mit dem er 314 zum erstenmal und ergebnislos die Waffen gekreuzt hatte. Dieser war der letzte, der den Weg zur triumphalen Alleinherrschaft versperrte. Als Herr über die Provinzen mit den stärksten Christengemeinden hatte er die Konflikte geerbt, die bereits unter Maximinus Daia Heiden und Christen entzweit hatten, und wie dieser konnte er sich auf keine der beiden Seiten schlagen, ohne den inneren Frieden in seinen Städten zu gefährden. Im Westen lagen die Dinge einfacher: Wer hier die Christen unterstützte, forderte keinen heidnischen Widerstand heraus, wer ihnen hier Gutes tat, durfte damit rechnen, daß solche Nachrichten mit Windeseile in den Osten getragen wurden.

So begannen seit 314 kaiserliche Gesetze und Gnadenerweise die Christen öffentlich herauszustellen: 318 z.B. wird die bischöfliche Gerichtsbarkeit, die sich unter den Christen längst als Schlichtungsverfahren eingebürgert hatte, der zivilrechtlichen gleichgestellt; 321 wird die Freilassung von Sklaven in der Kirche in Gegenwart des Bischofs als rechtskräftig anerkannt; im selben Jahr wird der Sonntag als staatlicher Feiertag eingeführt. Und vor allem: die imperiale Bautätigkeit des Kaisers, der seit Augustus in großen öffentlichen Bauten den sinnfälligen Ausdruck seines Machtwillens gefunden hatte (s. S. 497 ff.), trat in den Dienst der Kirche. Nicht irgendwo, sondern zuerst und gezielt in Rom, der Hauptstadt des Imperiums: Auf dem Grundstück der Familie der Laterani, wo die Kasernen der ehemaligen Gardetruppe *Equites singulares* standen, wuchs seit um 315 die Basilika des römischen Bischofs. Wenig später begann vor den Toren der Stadt der Bau der Märtyrerbasilika *SS. Pietro e Marcellino:* Der Kaiser bekannte sich durch diese Stiftung öffentlich zu den Blutzeugen der so lange mißachteten Religion. 329 übergab er in einem dort angebauten Mausoleum den Leichnam seiner Mutter Helena der Obhut des nun endgültig siegreichen Gottes: ebenso ein Zeichen der Liebe zu seiner als Christin gestorbenen Mutter wie ein Akt des endgültigen Abschieds von der heidnischen Tradition.

## 3. Augustus omnipotens: Konstantins Weg zur Alleinherrschaft und der Triumph des Gekreuzigten

*Der Krieg gegen Licinius*

In den christlichen Gemeinden des Ostens nährten die Nachrichten aus dem Westen die Überzeugung, daß nicht ihr Kaiser, sondern Konstantin den richtigen Weg in die Zukunft eingeschlagen hatte. Als aus diesem Glauben Hoffnung wurde, geriet Licinius, der wie sein Kontrahent im

Westen von der Alleinherrschaft träumte und den Krieg betrieb, in Zugzwang: Folgte er den Spuren Konstantins und bevorzugte wie dieser die Christen, verlor er die Sympathien und die Hilfe der heidnischen Honoratioren; hörte er auf diese, so wiesen sie ihm den Weg zu einer neuen Verfolgung. Licinius entschied sich gegen die Christen. Der wilde Eifer, mit der diese in Alexandrien um die Trinität zu ringen begonnen hatten (s. S. 624 f.), mag bei seiner Entscheidung Pate gestanden haben; zeigten der Streit und alle gescheiterten Versuche, ihn gütlich beizulegen, doch deutlich, daß der Staat künftig nicht nur mit Konflikten zwischen Heiden und Christen, sondern auch mit Auseinandersetzungen zwischen christlichen Glaubensrichtungen rechnen mußte. Da schien es besser, auf bewährte Loyalitäten zu vertrauen, zumal der alt werdende Kondottiere die Welt der Opferpriester und Zeichendeuter ohnehin besser verstand als die geheimnisvollen Rituale christlicher Kleriker. Seit 320 wurde die neue politische Maxime offenkundig: Je mehr Konstantin sich den Christen geneigt zeigte, um so schroffer wandte sich Licinius von ihnen ab.

Wo der Angriff anzusetzen und welche Fehler zu meiden waren, hatten die vorangegangenen Verfolgungen natürlich gelehrt. Am wenigsten waren Christen am Hof, in der Beamtenschaft und im Heer zu dulden; jeder Verrat und jedes noch so verstohlene Gebet für den Gegner im Westen mußten unterbunden werden. Dann durchschnitt Licinius die Kommunikationslinien zwischen den Gemeinden: Alle Synoden und sonstige Versammlungen von Bischöfen wurden verboten, um die Leitzentralen auszuschalten, die die kirchliche Organisation immer effektiver gemacht hatten. Schließlich sollte der ordnungsgemäße Vollzug des Kultes gestört werden – für jeden Heiden die einzige Möglichkeit, das Wohlwollen der Götter zu sichern: Frauen durften nur noch unter der Leitung weiblicher Priester und ausgeschlossen von den Gemeindeversammlungen Andachten abhalten, Kirchen wurden niedergerissen, und Gottesdienste konnten nur noch unter freiem Himmel und außerhalb der Stadtmauern abgehalten werden. Auch die Werke der Barmherzigkeit gerieten ins Visier, da sie die heidnische Gesellschaft immer wieder beeindruckt hatten: Der Besuch und die Speisung der Gefangenen wurden unter harte Strafen gestellt. Am Ende tagten wieder die Gerichte, erneut floß das Blut der Märtyrer.

Die christliche Überlieferung hat aus dem Krieg, der 324 an den Meerengen entschieden wurde, die Europa von Asien trennen, einen Religionskrieg gemacht: Hier der Tyrann, Mörder, Ehebrecher und Christenverfolger, dort der Held, der vor der Schlacht mit seinem Gott fromme Zwiesprache hielt und noch einmal, wie an der Milvischen Brücke, im Zeichen des Kreuzes für eine bessere, christliche Welt ins Feld zog und gewann. So war es nicht. Tatsächlich folgte der Krieg der ehernen Logik, die einem weltumspannenden Imperium beschieden war, das seine Einheit forderte, jedoch auf die Allgegenwart der kaiserlichen Macht angewiesen war, um diese zu erhalten. In früheren, ruhigen Zeiten war dies gelungen – selbst dann, wenn die Würde des Kaisers einem Popanz um die Schultern gelegt worden war. In den Jahrzehnten ständig bedrohter Grenzen dagegen wurde die Teilung

der Herrschaft unvermeidlich, um äußere Feinde und Usurpatoren in einem Raum, der von Schottland bis Mesopotamien, von der Donau bis an die Sahara reichte, besiegen zu können. Die Tetrarchie Diokletians bedeutete das offizielle Eingeständnis, daß es anders nicht ging. Dagegen begehrten die Großen auf, die es in einem gnadenlosen Konkurrenzkampf geschafft hatten, zu den Ersten gezählt zu werden: Ihr Glaube an die Einheit des Reiches verschmolz mit der Gier nach der Macht des universalen, allein von den Göttern geliebten und ihnen zugehörigen Herrschers.
Dies war das einzige Motiv, das Licinius wie Konstantin auf das Schlachtfeld getrieben hatte: Nur einer konnte der Beste sein, nur einem sollte alles gehören. Aber sie kämpften nicht allein: Über den Wolken, so waren sich die Zeitgenossen sicher, war erneut der Christengott für seinen Schützling eingetreten und hatte im Hellespont durch Sturm und Wetter die Flotte des Feindes zerstreut und Byzanz in die Hand des Konstantin gegeben. „Ich selbst war das Werkzeug, dessen Dienst er wählte und für geeignet hielt zur Ausführung seines Willens", bekundete der Kaiser (Eusebios, Vita Constantini 2,28; Übers.: Straub). So feierte 324 auf den Schlachtfeldern von Adrianopel, Byzanz und Chrysopolis in welthistorischer Sicht der Gott der Christen den größten Triumph. Dorthin aber hatte nicht er die Kontrahenten geführt. Ihnen voran gingen vielmehr die alten Sehnsüchte, die bereits Octavian, den Erben Caesars, und Marcus Antonius auf dem Schlachtfeld von Aktium um die alleinige Macht, die Ehre und die Unsterblichkeit kämpfen ließen.

*Eine neue Welt*

Die moralische Wirkung des vollständigen Sieges über Licinius war ungeheuer: Der Herrscher, der den Verfolger der Christen unter den Feldzeichen ihres Gottes besiegt hatte, schuldete nun Dank. Am 16. Dezember 324 wurden die Gesetze des gefangenen Licinius für ungültig erklärt. Die Kirchen erhielten alle verlorenen Besitztümer zurück, und jeder verfolgte Christ konnte in seine alte Rechtsposition zurückkehren. Der Sieger schickte sich an, dem christlichen Glauben den Weg zum Triumph über alle anderen Religionen zu ebnen. In den Jubel über den großen Erfolg mischte sich die Einsicht, von jetzt an nur noch einem König des Himmels, nur noch einem Schützer des Reiches und der eigenen Macht dienen zu müssen: „Dich, allmächtiger Gott, rufe ich jetzt an, sei gnädig und milde deinen Kindern im Osten! Verleihe allen deinen Provinzialen, die von dem langwierigen Mißgeschick erdrückt sind, durch mich, deinen Knecht, Heilung! Darum bitte ich nicht ohne Ursache, Herr der Welt, heiliger Gott, denn unter deiner Leitung habe ich die erlösenden Taten begonnen und vollendet. Dein Zeichen vorantragend, habe ich das Heer zu glorreichen Siegen geführt. Und wenn es etwa noch einmal das Wohl des Staates erfordern sollte, so werde ich unter denselben Losungsworten deiner Macht gegen die Feinde ziehen" – so ein Brief des Kaisers an die Provinzialen des Ostens in der Fassung des Eusebios (aaO. 55,1).

Dies war eine neue, unerhörte Sprache. Sie korrespondierte mit dem Auftreten des Kaisers auf dem ersten ökumenischen Konzil. Er hatte selbst unmittelbar nach der Kapitulation des Licinius im Oktober 324 alle Bischöfe nach Nikaia (Nicaea) geladen, um die durch die alexandrinischen Streitigkeiten bedrohte Einheit des Glaubens zu retten. Als die Bischöfe versammelt waren, erschien der Kaiser „wie ein von Gott gesandter Bote des Himmels, leuchtend in seinem glänzenden Gewande, strahlend in der feurigen Glut des Purpurs und geschmückt mit dem hellen Schimmer von Gold und kostbarem Edelgestein." In einer kurzen Ansprache beteuerte er seine Hingabe an die Sache Gottes, der zu dienen er alle Bischöfe des Reiches versammelt habe, „denn mir gilt schlimmer als jeder Krieg der innere Zwist der Kirche Gottes" (Eusebios, aaO. 3,10-12). Wer so auftrat, hatte sich politisch gebunden und selbst wohl schon die persönliche Hinwendung zum Christentum vollzogen. Von jetzt an gab es kein Zurück mehr: Ein Imperium, ein Kaiser und ein Glaube, so lautete jetzt für die kommenden Jahrhunderte das politische Programm, das die Weltherrschaft Roms bewahren sollte.

Den Heiden blieb nur noch, was sie den Christen verweigert hatten: die Toleranz. Von ihr sprach der Kaiser in seinem Brief an die Christen des Ostens (Eusebios, aaO. 2,48-60), und er mag für eine kurze Zeit auch geglaubt haben, daß sich das Leben danach richten könne: „Keiner soll den anderen belästigen; wie sein Herz begehrt, so soll es ein jeder haben und halten." Wenige Jahre später hatte er gelernt, daß selbst der Kaiser seine kultische Verehrung durch heidnische Priester und in den alten Riten Roms nicht behalten durfte: Um 330 erlaubte er der umbrischen Kleinstadt Hispellum den Bau eines Tempels zu Ehren seines Geschlechts, der gens Flavia; aber er fügte seiner Entscheidung hinzu, „daß dieser Tempel nicht durch den Trug eines ansteckenden Aberglaubens [d.h. den Vollzug des heidnischen Kultes] befleckt werden dürfe" (Dessau, ILS 705).

Die alten Formen des Kultes waren also im Zusammenhang mit der kaiserlichen Familie verpönt; was blieb, war ein sinnlos gewordenes steinernes Denkmal, das den ersten vorüberziehenden christlichen Eiferern zum Opfer fallen mußte (vgl. auch S. 581). Die Heiden machten sich keine Illusionen. Auch für sie war die Niederlage des Licinius und die ihr folgende Sicherung der Alleinherrschaft der Wendepunkt. Zosimos erzählte um 450 seinen nur noch wenigen heidnischen Zuhörern, Konstantin, wegen der von ihm selbst befohlenen Morde an seinem Sohn Crispus und seiner Gattin Fausta von Gewissensbissen gepeinigt, habe Zuflucht beim Gott der Christen gesucht, da dieser ihm als einziger – anders als die alten Götter – die Erlösung von seinen Sünden versprochen habe (2,29 ff.). Auch der Heide kann also, wie die Erzähler der anderen Seite, die über das Wunder an der Milvischen Brücke berichteten, den Sieg des Christentums nur als einen persönlichen Akt der Bekehrung verstehen.

Für die Christen begann ein neues Leben, und wenig sollte künftig noch so sein, wie es früher war. Nach den ersten Zeichen des kaiserlichen Wohlwollens strömten hoch und niedrig zu ihren Taufbecken. Nun kamen alle, die längst von der christlichen Heilsbotschaft überzeugt waren, aber aus vielerlei Rücksichten nicht zu einer verachteten und verfolgten Minderheit zählen wollten. Nun kamen auch die Zögernden, die Unentschiedenen und natürlich alle die, die rechtzeitig an der Seite des Siegers stehen wollten. Denn nun war es von Vorteil, sich zur Religion des Galiläers zu bekennen. Fünfzehn Jahre nach dem Edikt des Galerius, der den Würgegriff staatlicher Verfolgung nur gelöst hatte, weil diese das Rechtsbewußtsein und die moralischen Grundlagen staatlichen Handels zu zerstören drohte, war aus der verfolgten Minderheit die Mehrheit, war aus dem verbohrten Aberglauben (Plinius: *inflexibilis obstinatio*) die vom Kaiser begünstigte Religion geworden.

Von den Rändern des Lebens drängten die Christen jetzt in seine Mitte. Gestützt auf die Fürsprache des Kaisers faßten sie dort schnell Fuß und trieben die Heiden dorthin, woher sie kamen. In der Mitte aber wartete die Verantwortung für Staat und Kommune, für Armee und Krieg. Nicht alle waren darauf vorbereitet. Das Ringen um den rechten Glauben, den verbindlich zu bestimmen über lange Zeit nicht möglich gewesen war, erschien vielen wichtiger als das Nachdenken über die Forderungen des Staates. Andere erinnerten sich zu genau an die Angriffe der staatlichen Behörden, die ihnen nur als die Büttel des aufgehetzten Mobs erscheinen mußten. Oder sie sprachen viel vom Blut der Märtyrer und lasen in der Johannes-Apokalypse, in der die große Hure Babylon niemand anders als das mächtige Rom war. Manche, die hellsichtig in die Zukunft sahen, wandten sich ab und zogen in die Wüste, um den Versuchungen der Macht und den Lockungen des römischen Lebensstils zu entgehen. Diesem erlagen selbst Männer, die sich davor gefeit glaubten. So etwa ein Gefährte des Augustinus, der in Rom dem Rausch der Gladiatorenkämpfe erlag, als ihn Freunde ins Amphitheater mitgeschleppt hatten und er nach langem Widerstreben doch einen Blick in die Arena warf: „Er schlürfte die Furien ein, wußte nicht, wie ihm geschah, ergötzte sich am Verbrechen des Kampfes und wurde trunken von blutiger Lust. Und er war nicht mehr jener, der gekommen war, sondern einer aus der Menge, zu der er gekommen war, und er war nun Kumpane jener, die ihn hierher geführt hatten. Er schaute, schrie, bebte glühend und nahm mit sich den Wahn, der ihn treiben würde wiederzukommen" (Augustinus, Bekenntnisse 6,8).

Die meisten jedoch blickten voll Vertrauen auf ihre Bischöfe; diese hatten von Generation zu Generation ihre Gemeinden immer effektiver organisiert, und ihre besten Köpfe hatten unbeirrbar in der römischen Tradition ihre geistige und in der Ordnung des Imperiums ihre politische und soziale Heimat gesehen. Nicht zuletzt dies hatte die Christen auch in der letzten großen Konfrontation mit dem heidnischen Staatsverständnis unbesiegbar gemacht, da sie auch in der härtesten Prüfung durch ihre Gebete für den sie verfolgenden Staat unwiderleglich bewiesen, daß Rom ihre Heimat war und bleiben sollte. Sie dachten nur noch selten an Tertullian (De pallio 5): „Ich habe keine Verpflichtung gegenüber Forum, Lager oder Senat ... ich umgehe Wahlurne und Schöffenbank ... ich diene weder als Magistrat noch als Soldat; wir Christen stehen jenseits der politischen Welt (*secessi de populo*)." Verwehte Spuren. Die Zukunft hielt ganz anderes bereit.

So hatte am Ende Jesus, der jüngere Zeitgenosse des Augustus, gestorben als Aufrührer gegen die Ordnung Roms, das Imperium erobert. Er tat es nicht durch die Predigt des Umsturzes. Auf seinem Weg in den Palast des Mächtigsten duldete er die Romanisierung seiner Missionare und Jünger, gestattete er seinen Priestern, die Gemeinde der Gläubigen nach römischen Vorbildern zu organisieren und Kult, Lehre und Glaube in den Mantel der römischen Sprache zu hüllen. Er ließ es zu, daß sein Reich, das nicht von dieser Welt sein konnte, theologisch verbunden wurde mit dem Reich des Augustus, der wie er gewiß war, ein *imperium sine fine* gegründet zu haben (s. S. 464 ff.). Und er vertraute schließlich die Bewahrung des rechten Glaubens dem Machtwort des Kaisers an (s.u. S. 626 ff.). „Denn der Herrschaftsverband der Heiligen ist jenseitig, obschon er hienieden Bürger hervorbringt, unter welchen er sich auf Pilgerschaft befindet, bis die Zeit seiner Herrschaft anbricht" (Augustinus, De civitate Dei 15,1).

Dies allerdings konnte nicht von Dauer sein.

# III. Der Sündenfall der Kirche und die Spaltung des Reiches: Die Glaubenskriege des 4. und 5. Jahrhunderts

| | |
|---|---|
| 311-321 | Über die Frage, wie mit den während der Verfolgung vom Glauben Abgefallenen umzugehen sei, kommt es in Nordafrika zum sogenannten *„donatistischen Schisma"*. Der Streit führt zur Intervention des Staates in innerkirchliche Konflikte. |
| 325 | Das erste ökumenische Konzil in Nikaia: Formulierung des christlichen Glaubensbekenntnisses, das die Gottgleichheit (*Homousie*) Christi zum verbindlichen Dogma erhebt. |
| 326 | Das erste Gesetz des Kaisers gegen christliche Häretiker. |
| 330 | Einweihung der Hauptstadt Konstantinopel als *„Neues Rom"* mit eigenem Senat und den Vergünstigungen Roms. Das Imperium beginnt sich langsam in zwei Reiche zu spalten; die Grenze verläuft seit dem 5. Jahrhundert durch die Präfektur Illyricum. |
| 380 | Das Orthodoxiedekret Theodosius' I. (379-395). Der Kaiser legt aus eigener Machtvollkommenheit per Edikt fest, was der rechte Glaube ist und stellt die Nichtbeachtung unter Strafe. |
| 431 | Das dritte ökumenische Konzil von Ephesos verleiht Maria, der Mutter Jesu, den Titel „Gottesgebärerin" (*Theotokos*). Mit der wachsenden Verehrung der Gottesmutter kehrt ein Stück heidnischer Religiosität, die Muttergottheiten immer gekannt hatte, in das christliche Denken zurück. |
| 440-461 | Der römische Bischof Leo I. (der Große) formuliert, den Normen des römischen Rechts folgend, den Primatsanspruch des Nachfolgers Petri. |
| 1054 | Der Anspruch der Päpste auf die Suprematie führt zum offenen Bruch mit der Kirche im byzantinischen Reich. |

## 1. Der Streit um den wahren Glauben

*Der Ursprung der Ketzerei*

Der Erzengel Michael selbst sei, so verkündete 317 triumphierend der Bischof Eusebios in der vorletzten Ausgabe seiner Kirchengeschichte, auf dem Höhepunkt der Verfolgung auf Erden erschienen und habe die Feinde und Widersacher der Christen so völlig vernichtet, „daß es schien, als wäre ihr Name nie genannt worden" (10,4,15). Wäre der Engel in den Jahrzehnten danach über die Städte des Imperiums geflogen und hätte die Bischofssitze der Christen besucht, so würde er dort keine Dankgebete auf die göttliche Fügung mehr vernommen haben, die den kaiserlichen Verfolger in den Schutzherrn aller Christen verwandelt hatte. Statt dessen war Streit zu

*Thronende Muttergottes mit Engeln und Heiligen; Mitte des 6. Jahrhunderts*
(Poreč, Apsismosaik in der Basilika des Euphrasius)

Die christliche Überlieferung des ersten Jahrhunderts wußte nicht sehr viel über Maria, die Mutter Jesu. Als junges Mädchen, so berichten die Evangelien, sei sie mit Joseph verlobt gewesen, als ihr der Engel Gabriel eine göttliche Botschaft überbringt: Sie wird einen Sohn haben, den sie Jesus nennen soll. Als Schwangere habe sie Elisabeth besucht, ihre Verwandte, die sie als die Mutter des Messias begrüßte. Diesen gebiert sie in Bethlehem, flieht mit ihm nach Ägypten und lebt nach der Rückkehr in Nazareth. Als ihr Sohn öffentlich auftritt, ist sie nur selten in seiner Nähe, aber sie steht unter dem Kreuz und gehört zur Gemeinde, die sich nach dem Tode Jesu zu sammeln beginnt.

Erst seit dem zweiten Jahrhundert ändert sich das Bild, fordern die Gestalten des Neuen Testaments, die nur im Lichte Jesu die Aufmerksamkeit der Gläubigen beanspruchen durften, ein eigenes Leben. Vor allem Maria tritt jetzt aus dem Schatten ihres Sohnes, und der fromme Glaube beginnt, ihr Leben von ihrer Geburt bis zu ihrem Tode liebevoll auszumalen. Das Evangelium aus der Zeit nach 150, dessen Autor vorgibt, Jakobus, der Bruder Jesu zu sein, macht den Anfang und beschreibt den von Engeln und guten Menschen behüteten Lebensweg einer schon vor ihrer Empfängnis von Gott auserwählten Frau: Geboren im Hause der bis dahin kinderlosen Eltern Joachim und Anna, wächst sie in fast klösterlicher Abgeschiedenheit auf und wird als Zwölfjährige in den Tempel gebracht; sie heiratet Joseph, einen alt gewordenen Witwer, den ein Gotteswunder als den geeigneten Ehemann auswählt, führt eine Ehe, die keine ist, und gebiert Jesus in Anwesenheit einer Amme, die den Hergang der jungfräulichen Geburt genau und glaubwürdig bezeugen kann. Kein Zweifel: Die Jungfrau war zum Kernthema einer Zeit geworden, in der die jüdischen und heidnischen Anwürfe nicht verstummen wollten, Jesus sei das uneheliche Kind eines Soldaten mit Namen Panthera gewesen (Hennecke/Schneemelcher I, S. 278 ff.).

Seit dem Erscheinen dieses Evangeliums machte sich die Volksfrömmigkeit zäh und entschlossen daran, die Jungfrau und Mutter Maria gegen alle theologischen Widerstände in den Himmel zu versetzen. Es hat lange gedauert, bis das Ziel erreicht war und sich in der offiziellen Liturgie niederschlug, was in den Herzen der Gläubigen längst Gewißheit geworden war. Die Theologen haben dazu auf ihre Weise beigetragen: Je eifriger sie sich in die Frage um die göttliche Natur Christi vertieften (s. S. 624 f.), um so ferner rückte der Gekreuzigte dem einfachen Gläubigen, der sich nun der Jungfrau und Mutter zuwandte. Ihr wies er jetzt im Himmel den Platz neben dem königlichen Thron des Sohnes zu und verehrte sie als Erlöserin von allen Übeln: „Du bist", jubilierte Johannes von Damaskus (675-749), „bis zum königlichen Thron deines Sohnes selbst vorgedrungen, wo du mit eigenen Augen voll Freude zusiehst und in großer, unbeschreiblicher Hoheit dastehst, für die Engel und alle die überweltlichen Mächte eine unsagbare Wonne, ... ein Segen für die Welt, eine Heiligung des Alls, Erquickung für die Matten, Tröstung für die Trauernden, Heilung für die Kranken, ein Hafen für die Gefährdeten, Verzeihung für die Sünder, linderndes Labsal für die Bedrückten, schnelle Hilfe für die Bittenden" (Predigt auf Mariä Heimgang 1,11; Übers.: Heilmann/Kraft).

Zu dieser Zeit thronte Maria seit fast dreihundert Jahren in der Apsiswölbung von Santa Maria Maggiore in Rom (430-440). In der Mitte des 6. Jahrhunderts hielt sie Einzug auch in die Euphrasius-Basilika, flankiert von zwei Engeln, von Heiligen, die zugleich die Schutzpatrone der Stadt waren, dem Erzdiakon Claudius mit seinem Sohn und dem Bauherrn, dem Bischof Euphrasius, der das Modell seiner Kirche im Arm trägt. Die Mutter, ohne die der Gottessohn nicht hätte Mensch werden können, beanspruchte jetzt unübersehbar nicht nur die Liebe, sondern auch die kultische Verehrung der Gläubigen.

hören, erbittert und voller Leidenschaft geführt um die Inhalte des Glaubens. „Keine Bestien sind den Menschen so gefährliche Feinde wie die Christen in ihrem gegenseitigen Haß", glaubte Kaiser Julian aus eigener Erfahrung gelernt zu haben, bevor er 361 den vergeblichen und letzten Versuch wagte, den Himmel wieder mit den heidnischen Göttern zu füllen und den dort eifersüchtig auf seine Einzigartigkeit pochenden Christengott zu entthronen (Ammianus Marcellinus 22,5,4).
Neu war der Streit um den rechten Glauben nicht. Bereits die erste Generation der Christen rang um verbindliche Lehrnormen, und ihre Vorkämpfer waren die ersten unter den Aposteln (vgl. S. 575). Bald waren auch innerhalb der Gemeinden verworrene Stimmen zu hören: „Denn es müssen auch Parteiungen unter euch sein", schrieb der ob diffuser Nachrichten mißtrauisch gewordene Paulus an seine Gemeinde in Korinth (1. Kor. 11,19), um wenig später in seinem Brief an die Galater alle die zu verfluchen, „die nicht so lehren, wie ich euch gelehrt habe" (1,6 ff.). Wie hätte es auch anders kommen sollen in einer Glaubensgemeinschaft, der ihr Lehrer keine Zeile hinterlassen hatte und in der jeder nach Erlösung und einer Unsterblichkeit dürstete, die ihm nur als Individuum und nicht als Teil der Gemeinschaft versprochen war. Der Weg dorthin zeigte sich gewiß dornig – dies aber war ein bekanntes und daher mutig zu ertragendes Übel. Er erwies sich darüber hinaus als nur spärlich markiert und voller Fallen für den, der sich verirrte – dies forderte unmißverständliche Wegweiser für den Pilger. Und weil der wahre Weg schmal war und es nur diesen einen gab, halfen ungefähre Hinweise dem suchenden Blick nicht. Also stritt man in ständiger, hartnäckiger Anspannung um den Bau eines Lehrgebäudes, das über der christlichen Grundoffenbarung errichtet werden mußte, um alle ihre Geheimnisse zu entschlüsseln. Diese Aufgabe, die zugleich eine harte Pflicht war, forderte die besten Köpfe. Sie sollten notfalls ihr Leben wagen, um eine winzige Feinheit der Lehre zu klären. Denn selbst das unscheinbarste Wort konnte einen unverzichtbaren Aspekt des Glaubens aufklären oder verdunkeln.
Zeiten der Ruhe gab es in diesem Kampf nicht. Kaum war der überwältigende Gedanke von der unmittelbar bevorstehenden Wiederkehr Christi (Parusie) der ernüchternden Erkenntnis gewichen, daß sich der Christ auf dieser Erde werde einrichten müssen, warf die Sünde tiefe Schatten über die Gläubigen. Sie forderte unverzüglich Antwort auf die Frage, ob und – wenn ja – wie oft und auf welchem Wege der einzelne von ihr erlöst werden könne. Am Anfang stand der Grundsatz, daß allein die Taufe alle Sünden tilgen könne: „Denn wer Vergebung der Sünden empfangen hatte, war verpflichtet, nicht mehr zu sündigen, sondern in Reinheit zu verharren", offenbarte der „Engel der Buße" zu Beginn des 2. Jahrhunderts einem Freigelassenen namens Hermas, der seine Visionen für seine Gemeinde in Rom aufschrieb (Der Hirt des Hermas 4,3). Nur eine Gemeinschaft von Heiligen konnte diesen Gedanken ertragen, nicht aber eine der Sünder. Diese waren in der Mehrzahl. Also setzten sie schließlich die Möglichkeit einer Sündenvergebung durch, die dem ehernen Gesetz, daß der Verfehlung

die Sühne folgen müsse, gerecht wurde. Das Mittel dazu war die öffentliche Buße: das vor aller Ohren gestammelte Bekenntnis der Verfehlungen und der vor aller Augen vollzogene Ausschluß von der Eucharistie, den allein der Bischof in einem wiederum öffentlichen Akt der Versöhnung beenden konnte. So konnten sich auch dem Sünder am Ende aller Tage die Tore zum Paradies öffnen, von dem allerdings weder die Evangelisten noch die Kirchenväter ein genaues Bild vermittelten: Es werde ein Reich sein, in dem die Seligen Gott schauen, hatte Matthäus gesagt (5,81), und Tertullian wußte von einem Ort voller göttlicher Anmut, „der zur Aufnahme der Geister der Heiligen bestimmt ... ist" (Apologie 47,12-13).
Der Sieg der Sünder wog auf Erden viel, im Himmel jedoch – ein furchtbarer Gedanke – vielleicht nichts: „Wehe über meine Sünden! Wenn du dich erhebst, die Erde zu erschüttern, in welcher Felsenkluft soll ich mich dann verbergen vor deiner Macht?" klagte der einfache Mann in seinen Gebeten (oratio pseudocypr. II,2,1). Und 150 Jahre später, am Ende des 4. Jahrhunderts, flehte auch Augustinus in bewegenden Worten zu seinem Gott, er möge seiner verstorbenen Mutter Monika barmherzig sein, denn selbst in ihrem frommen Leben war sich der Sohn nicht sicher, „daß seit ihrer Wiedergeburt durch die Taufe kein Wort wider Deine Gebote aus ihrem Munde gekommen sei" (Bekenntnisse 9,13,34).
Aber die Sünde hielt noch weitere, bohrende Fragen bereit: Wie und warum waren sie und das Böse in die Welt gekommen? Wenn Gott allmächtig und zugleich gut ist, wie konnte er die Sünde in seine eigene Schöpfung pflanzen? „Woher kam das Böse und worin besteht es (*unde malum et qua in re*)?" fragte in den Zeiten Tertullians jedermann und verfing sich, kaum daß er darüber nachzudenken begann, in einem zweiten Problem: „Woher kam der Mensch und wie, und woher kam Gott?" (Tertullian, De praescriptionibus 7).
Die Wunde schwärte wie die des Anfortas: Gott haßte die Sünde, aber wer anders als er, der Allmächtige, konnte sie in die Welt gebracht haben? Auf der Suche nach Antworten taten sich die Gnostiker besonders hervor. Ihr Name sagt zunächst nicht viel: *Gnosis* heißt Erkenntnis, und diejenigen, die im Reich der Gottesvorstellungen danach forschten, taten dies in allen Religionen auf vielfältige und manchmal sehr wunderliche Weise. Ihr Kernthema ist jedoch überall gleich, und es traf sich mit der christlichen Frage nach dem Ursprung des Bösen in dieser Welt und der Suche nach dem Weg, ihm zu entkommen. Ihre Spekulationen hüllten sie in immer neue Geschichten, die den Leser in immer fernere Äonen entführten, ohne dabei das eigentliche Ziel der Erkenntnis aus dem Auge zu verlieren. So nahmen sie in einem ersten und entscheidenden Schritt Gott die Verantwortung für die Erschaffung der Welt ab, um seine Allmacht zu retten. Die einen sprachen von einer zweiten Urmacht, von zwei widerstreitenden Mächten, dem Prinzip des Guten und des Lichts auf der einen, und dem Prinzip des Bösen und der Finsternis auf der anderen Seite, die sich vom Anfang aller Zeit an bekämpft hätten. Dieser Gedanke führt zurück nach Persien, wo er seit dem 7. Jahrhundert v. Chr. zuhause war und im Mythos

vom Zweikampf zwischen Ahriman, dem Gott des Bösen, und Ahuramazda, dem Gott des Lichts, Leben und Anschauung erhalten hatte. Und er führt in die Zukunft der mittelalterlichen Ketzerbewegungen: „Alles Sichtbare", so dachten die Katharer, „das den Blicken der leiblichen Augen der Menschen ausgesetzt ist, sei von dem bösen Gott, den sie den Fürsten der Finsternis nennen, geschaffen worden, wobei sie auch behaupteten, daß eben dieser seine bösen Engel geschaffen habe; Gott der Vater aber, sagen sie, habe alles Himmlische oder den oberen Himmel und die guten Engel geschaffen, und er selbst, vermuten sie, sei allmächtig in seinem Reich, wie der Teufel entsprechend in seinem Reich allmächtig sei" (aus einem Codex der Stadt Cesena, zitiert nach Sloterdijk/Macho, Weltrevolution der Seele II, 1991, S. 610 ff.).
Andere wiederum wußten von vielen Himmeln und vielen halbgöttlichen ewigen Wesen, den Äonen, zu erzählen. Diese füllten die Zeit zwischen Gottvater und der Schöpfung der sichtbaren Erde, und ihrer Neugier, ihrem Fehler oder ihrer Begierde, jedenfalls nicht dem Willen Gottvaters, verdankte die Welt ihren Anfang. In diesen Spekulationen gewann der Äon Gestalt und bekam eine Geschichte, in der er sich von Gott entfernte und schuldig wurde. Aber irgendwie – absichtlich oder zufällig – fiel in diese so geschaffene Welt und in ihre stolzeste Schöpfung, den Menschen, ein göttlicher Funke. Von da an trat Gott in die Welt: Er wollte und mußte das Verlorene zurückholen, und dafür mußte er dem Menschen erklären, wer er wirklich sei, und ihm den Weg der Erlösung zeigen, den er allein nicht finden konnte. Also sandte Gott Jesus in die Welt, als Teil seiner selbst, für diese Aufgabe der Erlösung ins Leben gerufen, Gott wie er selbst.
Seit der Mitte des 2. Jahrhunderts hatten sich diese gnostischen Spekulationen in unendlichen Variationen über alle Provinzen ausgebreitet. Ihr bedeutendster Führer wurde Markion, ein Reeder aus dem pontischen Sinope, der im Schwarzmeerhandel zu Reichtum gekommen war und sich anschließend in Rom niedergelassen hatte. Dort überließ er der Christengemeinde sein Vermögen für die Armenpflege, bevor er sich 144 mit dem dortigen Klerus überwarf und eine eigene Gemeinde gründete. Dieser Mann wollte mehr als eine eigene Schule; er beanspruchte, wie Paulus der wahre Verfechter der christlichen Botschaft zu sein und gründete daher eine eigene Kirche. Sie sollte Jahrhunderte Bestand haben und zum ersten, wirklich gefährlichen Gegner des orthodoxen Glaubens heranwachsen. Vor allem in Kleinasien und Syrien wetteiferte sie mit den anderen christlichen Gemeinden. Jenseits der römischen Grenzen, im Zweistromland und in den Vorbergen des Iran, behauptete sie sich bis an das Ende des 6. Jahrhunderts.
Markion hatte die uferlosen gnostischen Mythen zu einem klaren Bild des Universums gebündelt: Die sichtbare Welt, in welcher der Mensch lebte, war grausam und vom alttestamentarischen Prinzip der Vergeltung beherrscht. Über ihr wölbte sich der Himmel des Schöpfergotts, des finsteren Jehova, durch einen Abgrund getrennt vom Himmel, in dem der wahre Gott der Güte und Barmherzigkeit regierte und aus dem Christus kam, um

## 1. Der Streit um den wahren Glauben

die Menschen zu erlösen: „Zwei Götter bringt der Mann aus Pontos bei", erboste sich der aufgebrachte Tertullian, „gleichsam als die beiden Symplegaden [die zusammenklappenden Felsen aus der Argonautensage], an denen er Schiffbruch erlitten: der eine, den er nicht wegleugnen konnte, ist der Schöpfer, also unser Gott; der andere, den er schwerlich hat beweisen können, ist sein eigener" (Tertullian, Wider Markion 1,2,1).
Dieses Hirngespinst – so Tertullian –, dieser fremde Gott der Güte – so Markion –, offenbare sich den Menschen erst, als er Jesus, seinen Geist, mit dem Befehl zur Erde sandte, das Evangelium der Liebe zu predigen und durch seinen Tod am Kreuz Jehova zu entmachten und damit den Weg zur Erlösung des Menschen frei zu machen – statt Gut und Böse, statt Geist und Materie jetzt ein sozialer Gegensatz: Liebe gegen Grausamkeit, der im Alten Testament prophezeite Messias der gewalttätigen Befreiung gegen den Verkünder der Liebe, der den Weg in die gütigen Arme eines anderen Gottes als den wies, von dem das Alte Testament gesprochen hatte. Dieses war damit verworfen: Der falsche Gott hatte es inspiriert. Es durften daher jetzt nur noch zehn Briefe des Paulus, allen voran der an die Galater, und das Evangelium des Lukas gelten, Quellen, die zudem gründlich gereinigt werden mußten, da Fälscher an vielen Stellen den Schöpfergott zum Vater Christi erklärt hatten (vgl. Epiphanius, Arzneikasten 42,9).
Mit der diesseitigen Schöpfung Jehovas konnte und durfte der Fromme nichts mehr zu tun haben. Er mußte sich aus dieser materiellen Welt befreien, um an der Erlösung teilzuhaben. „Wie könnt ihr wohl daran denken", rief ihnen Tertullian zu, „daß ihr vom Herrscher dieses Zeitalters befreit seid, wenn selbst seine Fliegen noch auf euch herumkriechen?" (aaO. 1,24,6). Sie konnten, und Lukas wies ihnen den Weg. Er hatte die Seligpreisungen der Bergpredigt auf die Armen, die Heimatlosen, die Unterdrückten bezogen. Darauf gestützt waren schon früh Wanderprediger ohne feste Bindungen in Palästina, Syrien und Kleinasien herumgezogen und hatten die Ankunft des neuen Reiches verkündet. Jetzt stürzten die Anhänger Markions die Grundfesten der sozialen Ordnung: Sie predigten die Auflösung aller irdischen Loyalitäten und der Familienbande, und sie versprachen allen, die nicht heirateten, bestehende Verbindungen lösten und sich nicht mehr fortpflanzen wollten, ein engelgleiches Leben und nach dem Tod die sichere Auferstehung. Die Freiheit des Christen war damit auf neue Pfeiler gestellt: radikaler Abschied von der jüdischen Tradition, Verwerfung der Sexualität und Zerstörung der Familie. Der Gedanke der völligen Askese feierte seinen ersten Triumph in der christlichen Kirche. Noch einmal warnte Tertullian: Die Lehre Markions entreißt die Söhne ihren Vätern, die Schüler ihren Lehrern, die Sklaven ihren Herren (aaO. 1,23,8).
Vor allem für die städtischen Gemeinden hatte diese Botschaft selbstmörderische Züge. Sie drohte die Heilserwartung ebenso wie die sozialen Grundlagen der überkommenen Gemeinden zu zerstören. Der radikale Bruch mit der jüdischen Tradition, der den Missionaren ihre Aufgabe in den heidnischen Haushalten deutlich erleichterte, zerfraß die Wurzeln des

Glaubens, da die christliche Heilsgewißheit fest in die Lehren des Alten Testaments eingebunden war (s. S. 572 f.). Die Preisgabe der Ehe bedeutete die Auflösung der Haushalte und der Macht ihrer Vorstände. Sie aber waren es bisher gewesen, die mit ihren Familien die Organisation der Gemeinden getragen hatten. Wenn an ihre Stelle eine Vereinigung von Zölibatären trat, die zudem als Missionare mit besonderer Aggressivität agierten, so mußten ganz andere Formen der Führung gefunden werden. Die Familie wehrte sich. Als ihre Fürsprecher wählte sie sich vor allem die Bischöfe. Diese sahen sich als Bewahrer des Glaubens der Apostel ebenso wie als Vorsteher ihrer Gemeinden herausgefordert. Also griffen sie zur Feder und schrieben wie Tertullian Polemiken gegen die gefährliche Ketzerei. Sie festigten dabei ihre Autorität und erkannten die Notwendigkeit, nun ihrerseits eine verläßliche Grundlage der schriftlichen Quellen zu schaffen. Auch sie wußten, daß vieles von dem, was in den Gottesdiensten verlesen wurde, den Künsten frommer Fabulierer und nicht den Eingebungen des Heiligen Geistes zu danken war. Nicht zuletzt mußte das Alte Testament überzeugend in die eigene Schrifttradition eingeordnet werden. Der *Erste Clemensbrief,* ein Schreiben der römischen Gemeinde an die Brüder und Schwestern in Korinth aus der Zeit des Nerva, hatte dazu wichtige Hinweise gegeben: Das Alte Testament war göttliches Wort, Propheten übergeben und bestimmt für eine Schar Auserwählter, deren Zahl durch die zur Kirche Gehörigen wuchs. Es enthielt die Selbstoffenbarung Gottes und seine Forderungen an den Menschen, niedergelegt in Rechtssatzungen; es ist, mit einem Wort, das erste Fundament der Kirche Gottes. Das jüdische Volk und seine Geschichte waren in dieser Definition trefflich ausgeblendet worden, so daß die Übernahme seiner Schriften nicht zugleich die Bindung der Christen an das Schicksal des jüdischen Volkes bedeuten mußte. Schließlich lernten die Bischöfe auch, daß in den Kernfragen des Glaubens dogmatische Eindeutigkeit unerläßlich und diese nur durch die ständige Kommunikation der Gemeindevorsteher zu bewahren war.

Aber es gab auch viele, die derart verschlungenen Pfaden zur Erkenntnis mißtrauten. Sie waren überzeugt, daß es die Einfalt des Herzens (*simplicitas*) war, die durch den Glauben an Christus geadelt wurde. Von ihr hatte so mancher Gemeindevorsteher gesagt, daß gerade sie ein untrüglicher Beweis für die Richtigkeit des Glaubens sei (Tertullian, Apologie 23,7). Und sie hatten häufig und lange Zeit unwidersprochen hinzugefügt, daß diejenigen in der Gemeinde, die zuviel und gar mit Hilfe philosophischer Traktate über die Wahrheiten des Glaubens nachdachten, im Grunde bereits dem Irrtum verfallen waren und das persönliche Heil der Erlösung zu verspielen drohten. Manche waren ihrer Sache so sicher, daß sie jede intellektuelle Beschäftigung mit dem Glauben verwarfen und sich nur noch auf ihre Inspiration verlassen wollten. Einer ihrer Lehrer war ein gewisser Montanus, ein Mann aus dem fernen phrygischen Dorf Ardabau, nach späterer christlicher Polemik ein Beschnittener der Kybele. Er hatte im Evangelium des Johannes die Botschaft Christi von einem *Paraklet,* einem, der beisteht, gehört, „den der Vater in meinem Namen senden wird, der wird euch alles

lehren und euch an alles erinnern, was ich euch gesagt habe" (14,26). Montanus zweifelte nicht: Er war dieser Paraklet. So schrie er seit 156/57 in ekstatischer Verzückung landauf, landab, daß die Ankunft Jesu, auf die man solange gewartet habe, nun nahe sei. Ihm zur Seite predigten zwei Prophetinnen, wie ihr Meister von Visionen heimgesucht: „Christus kam zu mir ... in Gestalt einer Frau und in leuchtendem Gewand und legte in mich seine Weisheit und offenbarte mir, daß dieser Ort [das phrygische Pepuza] heilig sei und hierhin das himmlische Jerusalem herabkommen werde" (Epiphanius, Arzneikasten 49,1).
Kein Zweifel: Die nie ganz aufgegebene Hoffnung, das Himmelreich sei nahe, flammte neu auf und verzauberte mit ihren apokalyptischen Bildern die Frommen, die schon lange auf ein Zeichen des Himmels gewartet hatten und an den erstarrten Formen der Frömmigkeit in ihren Gemeinden litten. Willig unterwarfen sie sich allen asketischen Forderungen, fasteten und priesen die Jungfräulichen und drängten sich zum Martyrium, um für das Kommen Christi über den Wolken gerüstet zu sein. Zu ihnen gesellte sich schließlich auch der große Tertullian. Müde des Kampfes um eine Wahrheit, die sich immer weiter entfernte, je mutiger man um sie stritt, hoffte er am Ende seines Lebens nur noch auf die Führung des heiligen Geistes hin zum Neuen Jerusalem, das in Phrygien erscheinen würde, dem Zentrum des kommenden tausendjährigen Friedensreiches, und das Ende aller Sehnsüchte und Zweifel bedeuten mußte.

*Die Bedeutung der konstantinischen Wende*

Über drei Jahrhunderte hin waren dies innerkirchliche Querelen gewesen, und sie blieben beschränkt auf einzelne Gemeinden oder Provinzen. Natürlich hegte dort jedermann die Überzeugung, daß man den allgemein anerkannten und von den Aposteln überkommenen Glauben bewahre. Aber: jede Lehrformel verdankte ihre Geltung und ihre präzise Formulierung nur der Autorität der örtlichen Vorsteher und der Liturgie, in der sie lebendig wurde. Eine übergeordnete Instanz zur Klärung strittiger Glaubensfragen hat es nie gegeben. Sie zu bilden war auch nicht vordringlich in einer Welt, in der man eine verfolgte Minderheit war. Im Gegenteil: In vielen strittigen Fragen wurde eine endgültige Entscheidung bewußt vermieden, um Abspaltungen nicht zu provozieren. Einzig die Waffen des Geistes waren es, mit denen um die Wahrheit gerungen wurde. Gegen eigensinnige Häretiker vermochten sie natürlich nichts. Zudem: Der Streit um die Wahrheit des Glaubens ist niemals nur Sache der Theologen gewesen, auch wenn diese allein in der Lage waren, das anstehende Problem exakt zu erfassen und auf den richtigen Begriff zu bringen. Dafür war die Angelegenheit für jeden Gläubigen zu wichtig, der um seine Erlösung bangte und nichts hören wollte, was seine Hoffnungen bedrohte. Auch dies hat lange Zeit die Streitlust gedämpft, zumal es Jahre der Pogrome und der Verfolgung genug gab, in denen sich die Schafe Christi angstvoll um ihre Hirten scharten und sich nur an die Kernsätze ihres Glaubens klammern konnten.

Damit war es vorbei, als der Nachfolger des Augustus vom Verfolger zum Beschützer der Kirche aufstieg. Der Gekreuzigte war damit in die Pflicht genommen: Nun hatte auch er wie Jupiter für das Wohl des Staates (*pro salute rei publicae*) zu sorgen, und das konnte angesichts der Not der Zeit nur bedeuten, die Einheit des Imperiums zu retten.

Was dies für den einzelnen Christen und die künftigen Aufgaben der kirchlichen Institutionen bedeuten mußte, konnte die Generation, die noch unter dem Schock langer Verfolgungsjahre stand, nicht wissen, ja nicht einmal ahnen. Paulus und die Evangelien sprachen von der Pflicht des Gehorsams gegenüber Kaiser und Staat, solange nicht eine Situation eintrete, in der man „Gott mehr gehorchen müsse als den Menschen" (Römer 13,1-5). Darüber, was zu tun sei, wenn der Herr der Welt zum Jünger Christi würde, hatten die Apostel nichts gesagt: Es überstieg ihre Vorstellungskraft ebenso wie die des Origenes, der um 250 diese Möglichkeit aussprach, um sie sofort zu verwerfen: „Was geschähe wohl, wenn alle Römer christlich wären? Solche Gemeinschaft ist doch wohl unmöglich unter Menschen, die noch mit dem Erdenleib umkleidet sind" (Gegen Kelsos 8,69-72). Eins allerdings wußte jeder in seiner Eigenschaft als Untertan des Kaisers: Wer jetzt um den wahren Glauben stritt, tat dies unter dessen wachsamen Augen, wer jetzt Unfrieden in seiner Gemeinde säte, forderte den Staat heraus, der die Wahrung des inneren und äußeren Friedens zu seiner wichtigsten Aufgabe erklärt hatte.

Es kam, wie es kommen mußte in einer Gemeinschaft, die sich längst nicht mehr als „Versammlung der Heiligen", sondern als Besserungsanstalt für Sünder eingerichtet hatte. Das Ende der Bedrohung von Leib und Leben, das gänzlich ungewohnte Gefühl, die wärmenden Strahlen des kaiserlichen Wohlwollens zu spüren, und die überwältigende Gewißheit, den Staat wie jeder andere auch um Hilfe bitten zu können, lösten nicht nur ein weltweites Hosianna über die Gnade Gottes aus, die so sichtbar die Geschicke der bedrohten Kirche zum Guten gelenkt hatte. Es kam nun auch die Zeit, alte Rechnungen zu begleichen, die Spreu der Abgefallenen vom Weizen der standhaft Gebliebenen zu trennen, die reine Lehre abschließend zu formulieren, die nun für alle gelten sollte. Und es kam die Zeit, Macht neu zu verteilen; Macht in der Zusammenarbeit mit Kaiser und Reich, Macht innerhalb der kirchlichen Hierarchie. Die nüchternen Augen des heidnischen Historikers Ammianus Marcellinus sahen im ausgehenden 4. Jahrhundert in der Hauptstadt des Reiches Bilder, die sich in anderen Großstädten wiederholten: „Damasus und Ursinus brannten beide über Menschen Maß darauf, den Bischofsstuhl an sich zu reißen, und bei ihren gegeneinander gerichteten Intrigen kämpften sie mit derartiger Erbitterung, daß es bei den Auseinandersetzungen ihrer Anhänger Tote und Verwundete gab." Ammianus nannte auch den Grund: Macht, Reichtum und öffentliches Ansehen des römischen Bischofsstuhls rechtfertigten jede Anstrengung. „Denn wer es glücklich erreicht hat, der hat für alle Zukunft ausgesorgt: Er gedeiht durch die Schenkungen der Matronen, fährt nur noch in Kutschen umher, ist prunkvoll gekleidet und läßt sich so reichliche

Schmäuse herrichten, daß seine Tafel selbst ein Königsmahl in den Schatten stellt" (27,3,11-14; Übers.: W. Seyfahrt).
Wer jetzt in der Kirche stritt, rief nach dem Kaiser und seinen Bütteln, wenn er zu unterliegen drohte. Und er fand offene, wenn auch mehr und mehr mißtrauische und enttäuschte Ohren. Denn was der Kaiser erhofft hatte – die Hilfe des Christengottes und seiner irdischen Streiter bei der Bewahrung der Einheit des Reiches – erwies sich allzubald als großes Mißverständnis. „Ich war überzeugt", schrieb Konstantin 324 an den Bischof von Alexandrien und dessen Gegner Arius, als er von dem Ausbruch der dogmatischen Kämpfe um die richtige Bestimmung der Gottheit Christi hörte, „ich war überzeugt: würde es mir gelingen, die Diener Gottes auf meinen Wunsch und mein Gebet hin zur Einheit zu bringen, würden sich auch die politischen im Einklang mit den religiösen Angelegenheiten zum Besseren wenden" (Eusebios, vita Constantini 2,65,2; Übers.: V. Keil). Nichts davon trat ein. Den Rat des Kaisers an die Streithähne in Alexandrien, sie sollten ihre Meinungsverschiedenheiten als internen Schulstreit, also ohne öffentliche Beteiligung, austragen, wurde in Alexandrien kopfschüttelnd in den Wind geschlagen: Daß es hier um den Kern der Trinitätslehre und damit um alles oder nichts ging, hatte der kaiserliche Hof offenbar nicht verstanden. Dem war wohl auch so, und es war nicht weiter verwunderlich. Denn dem Kaiser ging es nicht um den Inhalt des Glaubens, sondern um den inneren Frieden in seinem Reich.

## 2. Der Staat greift nach dem Dogma

*Die Donatisten in Nordafrika*

Angefangen hatte alles, kaum daß die Kaiser Konstantin und Licinius im Februar 313 in Mailand übereingekommen waren, eine allgemeine Religionsfreiheit zu verkünden und der *religio* der Christen den gleichen Rang wie allen anderen Religionen einzuräumen. Damals hatten die Kaiser in Mailand ihre Religionspolitik dem Grundsatz unterworfen, daß niemand mit Gewalt zu irgendeiner Form der Gottesverehrung (*divinitatis reverentia*) gezwungen werden dürfe: „Wir sollten allen, den Christen wie allen übrigen, die Freiheit und Möglichkeit geben, derjenigen Religion zu folgen, die ein jeder wünscht, auf daß, was an Göttlichem auf himmlischem Sitze thront, uns und allen Reichsangehörigen gnädig und gewogen sein möge", schrieb der Kaiser Licinius an seinen Statthalter in Bithynien (Laktanz, Über die Todesarten der Verfolger, 48,2). Teil dieser programmatischen Übereinkunft war der Entschluß, die Kirchengüter zurückzugeben, die in den Jahren der Verfolgung enteignet worden waren. Als Konstantin daran ging, dies auch in der afrikanischen Provinz zu tun, stieß er in Karthago auf zwei Bischöfe, die beide den Anspruch erhoben, die rechtmäßigen Empfänger der kaiserlichen Zuwendung zu sein.
Die damit notwendig gewordenen Recherchen ergaben folgendes Bild: Im

Jahre 312 war in Karthago ein gewisser Caecilianus zum Bischof geweiht worden. Gegen ihn hatten fromme Männer den Vorwurf erhoben, er sei von einem Bischof ordiniert worden, der während der Verfolgung ein *traditor* gewesen sei. Dieser habe die Heiligen Schriften an die Behörden ausgeliefert und stünde damit außerhalb der Kirche; die von ihm vollzogene Bischofsweihe sei daher ungültig. Der Streit eskalierte, als nach gescheiterten Verhandlungen ein Gegenbischof gekürt wurde, sich der Konflikt in vielen Gemeinden Nordafrikas ausbreitete und diese spaltete; dabei tat sich der Bischof des numidischen Casae Nigrae, Donatus, besonders hervor und übernahm schnell die Rolle des unumstrittenen Führers. Die Gläubigen standen in tiefer Verwirrung vor dem angerichteten Scherbenhaufen. Wenn die Wahl des Caecilianus nämlich tatsächlich ungültig war, so mußte das auch für die von ihm gespendeten Sakramente gelten: Die Kinder hatten die falsche Taufe empfangen, den Erwachsenen war die Vergebung ihrer Sünden nicht zuteil geworden, die Toten starben ohne den Trost der rechtmäßigen Kirche.

Der Kaiser tat, was ihm sein Amt als *pontifex maximus* gebot. Er entschied sich für eine Seite – die des Caecilianus – und gab, als dies den Widerstand der Gegenseite nicht brach, ihrem Begehren statt, die Angelegenheit durch eine Synode der gallischen Bischöfe entscheiden zu lassen. Diese verwarfen in Arles 314 die Vorstellungen der Donatisten, was niemanden in den Gemeinden jenseits des Meeres überzeugte. Also fiel der Konflikt wieder in die Hände des Kaisers. Dieser beanspruchte jetzt das Recht, die richtige Religion festlegen und die Gegner seiner Entscheidung bestrafen zu können: „Dann werde ich dem Caecilian und seinen Gegnern durch ein ganz deutliches Urteil zeigen, welche und was für eine Verehrung der höchsten Gottheit zukommt und welche Art Gottesdienst ihr Freude macht. ... Die Leute aber, die bewirken, daß dem höchsten Gott nicht mit der ihm gebührenden Verehrung gedient wird, werde ich vernichten und zerschmettern" (Optatus, Wider den Donatisten Parmian, Anhang 7; Übers.: H. Kraft). Sätze von fundamentaler Bedeutung: denn knapp fünfzehn Jahre nach dem ersten Verfolgungsedikt Diokletians war nun auch sein Nachfolger überzeugt, daß einzig die Machtmittel des Staates gegen Christen halfen, die sich der *obstinatio,* frecher Halsstarrigkeit also, schuldig gemacht hatten. Die Kirchen der Donatisten wurden geschlossen, ihre Bischöfe verbannt, ihre Gläubigen durch Militäreinheiten auseinandergetrieben. Aber auch diesmal triumphierten die Märtyrer über ihre Verfolger, mochten diese noch so sehr auf die Zustimmung des Christengottes pochen. 321 gab Konstantin auf: Die verbannten Donatisten kehrten zurück, und die katholischen Bischöfe mußten sich mit einem Brief trösten, der sie an die strafende Hand Gottes erinnerte: „Toren nehmen die Rache, die wir für Gott aufheben müssen, mit ihren eigenen Händen" (Optatus, aaO., Anhang 9).

Dieser Sieg setzte neue Kräfte frei und schien zu bestätigen, was Donatus behauptet hatte: Nur eine Kirche, frei von Todsünden, könne und dürfe das Erbe Christi bewahren. Der erfolgreiche religiöse Widerstand gegen das kaiserliche Verdikt trieb schließlich auch jene Schichten in die Arme der Donatisten, die sich schon immer versteckt gegen die Vorherrschaft Roms gewehrt und geduldig auf ihre große Stunde gewartet hatten: die punisch-berberische Bevölkerung außerhalb der Städte und die sozial Unterdrückten. Unter ihnen waren es besonders die Kolonen auf dem Großgütern und den kaiserlichen Domänen, die in den verfolgten Ketzergemeinden neue Hoffnungen nährten, ihrem Elend doch noch entfliehen zu können. So rüsteten sich die Donatisten in Nordafrika für die kommenden Jahrhunderte und wehrten alle Angriffe der Kaiser und schließlich auch der Vandalen ab; erst als arabische Krieger im Zeichen Allahs die römische Zivilisation in Nordafrika ausbrannten, endete auch ihre Geschichte.

In diesem Streit nahmen die rechtgläubigen Christen Abschied von dem Gedanken, in öffentlicher Auseinandersetzung müsse sich feststellen lassen, auf wessen Seite Wahrheit und Recht seien. „Ursprünglich war meine Absicht", versicherte Augustinus, „es solle niemand zur Einheit Christi gezwungen werden, man müsse das Wort wirken lassen, den Irrtum durch Diskussion bekämpfen und durch Gründe besiegen, damit wir nicht in denen, die wir als aufrichtige Häretiker kennen, gezwungene Katholiken bekommen" (Briefe 93,17 CSEL 34,2,461; Übers.: B. Kötting). Getreu diesem Grundsatz kam es zwischen 403 und 411 zu mehreren Religionsgesprächen, auf denen Hunderte von Bischöfen und mit ihnen Augustinus um die Wahrheit des Glaubens stritten. Am Ende stand erneut ein Edikt, stand die Verfolgung durch die staatlichen Behörden, stand die Zustimmung auch des Augustinus zur Gewalt, um die Abtrünnigen wieder in den Kreis der Gerechten zurückzuführen. Die Donatisten fanden Zuspruch in der Haltung Christi und der Apostel: „Haben die Apostel jemand verfolgt, oder hat Christus jemand ausgeliefert?" Augustinus, der auf dem Höhepunkt des Streites die Seinen immer wieder an „die christliche und katholische Sanftmut" erinnern mußte, suchte Trost in dem Gedanken, die Häresie sei eine Krankheit, von der man die Befallenen notfalls gegen ihren Willen heilen müsse. Der Römer in ihm konnte auch gar nicht anders, als im Staat den gewalttätigen und zugleich heilenden Arzt zu sehen. Denn ihm hatten seine Bürger immer das Recht zugesprochen, um des inneren Friedens willen verbohrten Starrsinn zu brechen.

In den ersten Jahren dieses Konfliktes hatte der Herrscher der Welt eine völlig neue Erfahrung machen müssen. Der neue Gott, den er *summus* bzw. *omnipotens deus* nannte und von dem er gehofft hatte, er werde ihn und seine Herrschaft schützen und seinem Reich den inneren Frieden bringen, war ganz anders als alle alten Götter. Man hatte schnell begriffen, daß er als Schöpfer des Himmels und der Erde verehrt werden wollte, und daß er eifersüchtig war und keine Rivalen neben sich duldete. Aber – und das war schwer zu verstehen – er hatte den Menschen das ewige Heil jenseits der Schwelle des Todes versprochen und ihnen erklärt, daß dies nur jeder für sich erreichen könne und es nur einen richtigen Weg dorthin gäbe. Die Suche nach der Wahrheit des Glaubens war damit zum Kampf um das persönliche Schicksal jedes einzelnen in der jenseitigen Welt geworden. Der

Staat, der in diesen Kampf eingriff, um mit der Einheit der Religion die irdische Gemeinschaft des Staates zu retten, mußte sein Ziel verfehlen. Denn der Gott, dem er zu dienen vorgab, forderte die Wahrheit, und über diese verfügte der Kaiser nicht. So hatten die Donatisten die Entscheidungen der vom Kaiser berufenen Bischöfe, der kaiserlichen Beamten und auch des Kaisers abgelehnt: Sie alle sprachen von Dingen, die allein Gott und das Heil des einzelnen Menschen angingen.

### Die Göttlichkeit des Sohnes: Arius und das Konzil von Nikaia

Darüber, auf welche Weise Gott den Menschen zum Heil führe, machte sich denn auch jeder einzelne seine eigene Vorstellung. Gott kann auf verschiedene Weise wirken und die Gestalt annehmen, die er will: einmal als Vater, dann als Sohn, manchmal als Heiliger Geist. So einfach etwa wird der schlichte Glaube der meisten Christen ausgesehen haben, wenn sie mit dem Phänomen der göttlichen Dreifaltigkeit konfrontiert wurden. Das Ohr eines Theologen mußten derartige Simplifizierungen beleidigen, da sie die ungeheuerliche Vorstellung transportierten, Gott habe auf Erden wie ein sterbliches Geschöpf gefühlt und gelitten. Also galt es, neu und schärfer über Gott nachzudenken und vor allem die Natur Christi und das Verhältnis zu seinem Vater zu klären. Viele machten sich auf die Suche, einer schrieb Geschichte: Arius, Presbyter an der Baukaliskirche in Alexandria, Schüler des Märtyrers Lukian von Antiochien und Günstling des Bischofs Alexander von Nikomedien. Im Jahre 318 legte er eine Trinitätslehre von präzise gefügter Logik vor: „Wir bekennen einen Gott, der allein ungezeugt, allein ewig, allein ohne Anfang, allein wahr, allein unsterblich, allein weise, allein gut, allein Herrscher, allein Richter über alles ist" (Opitz, Urkunden 6,2). Dies bedeutete unausweichlich die Unterordnung des Sohnes, d.h. des Logos. Dieser war ein Geschöpf, das der Vater, allein Gott von Ewigkeit zu Ewigkeit, aus dem Nichts geschaffen hatte. Er hatte also einen Anfang: „Es gab eine Zeit, da er noch nicht war." Und er hatte kein wirkliches Wissen von seinem Vater: Dieser „bleibt für den Sohn unaussprechbar, und der Logos kann seinen Vater vollkommen und genau weder sehen noch kennen." Die Trinität erhielt damit eine eigene Hierarchie. Sie bestand aus drei Personen, aber die drei waren völlig verschiedene Wesen, und nur der Vater war wahrer Gott, der seine Substanz keinem anderen Wesen mitteilen konnte; täte er es, wäre er teilbar und der Veränderung unterworfen und damit nicht jenseits der Zeit.

Die Folgen wogen schwer. Wer an der Göttlichkeit des Sohnes zweifelte, mußte auch das Werk der Erlösung anders sehen und die Rolle der Priester als Vertreter Christi neu definieren. Kein Wunder also, daß der Einspruch schnell und heftig erfolgte. Der alexandrinische Bischof Alexander sprach vom Abfall vom Glauben (*apostasía*) und beschwor das Nahen des Antichristen (Opitz, Urkunde 4b). Eine von ihm einberufene Synode exkommunizierte 319 Arius als Häretiker, woraufhin dieser nach Asien floh und in Bithynien und Palästina weitere einflußreiche Gönner fand. Binnen kur-

zem beherrschte das Ringen um die Trinität die theologische Diskussion, in die sich die Bischöfe des Ostens mit wilder Leidenschaft stürzten. Zum zweitenmal drohte die Einheit der Lehre und mit ihr die Kirche zu zerbrechen.
Erneut fiel die Sache an den Kaiser. Der Gott der Christen mußte ihm die bisher gnädig gewährte Hilfe versagen, wenn er seine reichsweite Verehrung nicht sichern konnte. Also handelte er entschlossen, wie es ihm als *pontifex maximus* seit Jahrhunderten zukam: 325 lud er alle Bischöfe in das bithynische Nikaia (Nicäa) zum Konzil, zu dem aus dem Westen allerdings nur eine Handvoll Bischöfe anreisten. Dort bat, drohte und schmeichelte der Kaiser solange, bis eine Einigungsformel gefunden war. In ihr wurde das Dogma von der Wesenseinheit des Sohnes mit dem Vater in einem Glaubensbekenntnis (*symbolum*) neu gefaßt:
„Wir glauben an einen Gott, den Vater, den Allmächtigen, Schöpfer all dessen, das sichtbar und unsichtbar ist. Und an *einen* Herrn Jesus Christus, den Sohn Gottes, der als Einziggeborener (*monogenés*) aus dem Vater gezeugt ward, d.h. aus dem Wesen des Vaters, Gott von Gott, Licht von Licht, wahrhaftiger Gott aus wahrhaftigem Gott, geboren, nicht geschaffen, eines Wesens mit dem Vater (*homooúsion to patri*), durch welchen alles geschaffen worden ist, was im Himmel und auf Erden ist, der um uns Menschen und um unseres Heiles willen herabgestiegen und Fleisch geworden ist, Mensch wurde, litt und am dritten Tage auferstand, aufgefahren ist gen Himmel und kommen wird, zu richten die Lebendigen und die Toten. Und wir glauben an den Heiligen Geist."
Das neue Glaubensbekenntnis endete mit der Verfluchung aller, die künftig behaupten sollten, daß es eine Zeit gegeben habe, in der der Sohn Gottes nicht gewesen sei (Opitz, Urkunde 23). Ein kaiserliches Gesetz verlieh dem neuen Dogma reichsweite Geltung, und die wenigen Standhaften, die ihre Unterschrift unter das Einigungsdokument verweigerten, traf nicht nur der kirchliche Ausschluß, sondern auch der Zorn des Staates: Sie wurden nach Gallien, fernab von ihrer alten Heimat, verbannt.
Der Kaiser hat in diesem Konflikt, der ihn in der Sache kalt ließ, pragmatisch gehandelt und mit seinen christlichen Ratgebern nach einem Kompromiß gesucht. Er sollte für möglichst viele theologische Schulen annehmbar sein, so laut das Gewissen des einzelnen dabei auch pochen mochte. Was dabei herauskam, wog allerdings schwer: *homooúsios* (wesenseins) lautete die gefundene Zauberformel, die vieldeutig genug schien, den ersehnten Konsens herzustellen. Zum erstenmal stand damit im Zentrum des christlichen Bekenntnisses nicht mehr ein Satz der Bibel, sondern eine Formel, die der Sprache und der Begrifflichkeit griechischer Philosophen entlehnt war. Das mußte selbst die schärfsten Gegner des Arius bestürzen, da sie plötzlich mit einem unbiblischen Begriff leben mußten. Er erinnerte zudem fatal an eine Theologie, die schon immer mehr in den Schriften Platons und anderer Philosophen und nicht in den Texten, die die Heilsbotschaft verkündeten, die Wahrheit des Glaubens gesucht hatte. Daß Arius selbst nach zweijähriger Verbannung schließlich das in Nikaia verfaßte

Bekenntnis unterschrieb, mehrte die Zweifel noch, die man nur unterdrückt hatte, weil der Kaiser selbst die Formel politisch und nicht theologisch begründet hatte.

Zufrieden war im Grunde niemand, ausgenommen einige Kirchenführer aus dem Westen, die den Streit ohnehin nicht verstanden hatten und nach der Heimreise ihren Gläubigen verkünden konnten, daß sich auch fürderhin niemand um seine Erlösung Sorgen zu machen brauche, wenn er nur sorgsam auf seinen Bischof höre. Wahrscheinlich lagen überhaupt erst im Jahre 355 die ersten lateinischen Übersetzungen der wichtigsten Dokumente des Streits vor. So nimmt es nicht wunder, daß Hilarius, Bischof im fernen Poitiers und Ende der fünfziger Jahre im Streit mit den Arianern verbannt, in seiner Schrift *De synodis* freimütig bekannte: „Obwohl ich schon längst getauft und auch schon Bischof war, hörte ich vom Nizänischen Bekenntnis (*fidem Nicaenam*) erst, als ich im Begriff stand, mich ins Exil zu begeben" (91; Übers.: Kelly).

*Die Fortsetzung des Glaubenskrieges und das Ende der religiösen Toleranz*

Beide, Kaiser und Kirche, hatten in diesem Streit eine neue Seite ihres Verhältnisses zueinander aufgeschlagen. Die Kirche, die bisher alle Probleme aus eigener Kraft gelöst hatte und dem heidnischen Staat nicht zuletzt dadurch überlegen schien, sollte nun mit einer Definition ihres Glaubens an Gott leben, die der Autorität des Kaisers, nicht der eigenen Einsicht, entsprungen und deren begriffliche Formulierung zudem einer fremden Tradition zu danken war. Damit nicht genug: Sie mußte ertragen lernen, daß die Polizeigewalt des Staates künftig auch dazu dienen sollte, den kirchlichen Frieden wiederherzustellen. Beide Erfahrungen waren tief beunruhigend und wenig geeignet, den in Alexandria ausgebrochenen Streit um die Natur Christi schnell beizulegen oder andere, drohende Glaubenskonflikte zu hemmen.

Aber auch der Kaiser wurde seines so offenkundigen Erfolges nicht froh. Gewiß: er hatte schnell die Instrumente gefunden, mit denen die immer neu aufflammenden Fehden der Bischöfe um den rechten Glauben zu bekämpfen waren:

- Auf lokal begrenzten Versammlungen (Synoden) oder reichsweiten Konzilien, zu der alle Bischöfe vom Kaiser berufen und die von ihm geleitet wurden, gelang immer wieder eine Einigung, wie kurzfristig sie auch sein mochte.
- Wer mißliebig wurde oder gar den Gehorsam verweigerte, den traf das kaiserliche Mißfallen. Das mußte zunächst nicht mehr heißen, als daß die einen mit Privilegien überhäuft, die anderen davon ausgeschlossen wurden: „Wir wollen", so verfügte der Kaiser 326, „wir wollen, daß Häretikern und Schismatikern nicht nur die Privilegien (des katholischen Klerus) fremd bleiben; sie sollen vielmehr durch verschiedene Lasten eingeschränkt und unterworfen werden" (Codex Theodosianus 16,5,1).

– Schließlich blieb das Verbot, verfügt per Gesetz, als letzte und schärfste Maßnahme. Bereits 326 erging das erste, erlassen gegen alle Gruppierungen, in denen der Kaiser „Feinde der Wahrheit" und „Gegner des Lebens" erkannte: „Wir schreiben durch dieses Gesetz (*nómos*) vor, daß keiner von euch hinfort wage, Zusammenkünfte zu veranstalten. Darum haben wir auch Befehl gegeben, alle eure Häuser, in denen ihr diese Zusammenkünfte veranstaltet, zu beschlagnahmen; ja unsere Sorge geht so weit, daß nicht nur nicht öffentlich, sondern auch nicht einmal in einem Privathaus oder an Privatorten Versammlungen eures abergläubischen Wahns abgehalten werden dürfen" (Eusebios, vita Constantini, 3,65,1; Übers.: Ritter).

Von nun an gab es kein Halten mehr. Der *Codex Theodosianus*, eine Sammlung der kaiserlichen Gesetze, die seit 439 für beide Reichsteile galt, führte bereits 73 Gesetze gegen Häretiker auf. Eines davon traf schließlich auch die Arianer und wurde seiner zentralen Bedeutung wegen an die Spitze des Codex Iustiniani gestellt. Ein am 27. Februar 380 erlassenes kaiserliches Edikt „über die höchste Trinität und den katholischen Glauben (*de fide catholica*), und daß niemand es wage, öffentlich über sie zu streiten," erhob den Glauben der Bischöfe von Rom und Alexandria zur Staatsreligion: „Alle Völker sollen . . ., so ist unser Wille, in der Religion sich befinden, die diese Religion selbst als vom heiligen Apostel Petrus den Römern überliefert erklärt. . . . d.h. daß wir gemäß der apostolischen Disziplin und der evangelischen Lehre, die eine Gottheit des Vaters und des Sohnes und des heiligen Geistes unter gleicher Majestät und unter frommer Trinität glauben. Die dieses Gesetz befolgen, sollen, so befehlen wir, den Namen ‚Katholische Christen' annehmen; die übrigen aber, die wir als wahnsinnig und geisteskrank beurteilen, sollen der Schande eines häretischen Dogmas unterliegen und ihre Vereine sollen nicht den Namen ‚Kirchen' annehmen dürfen; sie sollen zuerst durch göttliche Strafe, danach aber auch durch die Rache unseres Zorns, den wir aus dem himmlischen Urteil nehmen, geschlagen werden" (Cod. Theodosianus 16,1,2; Übers.: Cancik).

Dramatisches war geschehen:

– Der Kaiser entschied per Gesetz und ohne Befragung einer Synode, daß das Ergebnis der richtigen Auslegung der apostolischen Unterweisung und der Lehre des Evangeliums die Wesensgleichheit von Vater, Sohn und Heiligem Geist sein muß. Er unterstrich diesen Anspruch im Januar 381 in einem Erlaß gegen die Häretiker, in dem er erneut den wahren katholischen Glauben definierte; erst im Mai 381 durfte eine Reichssynode in Konstantinopel die kaiserliche Auslegung bestätigen und in einem neuen Glaubensbekenntnis, gestützt auf das nizänische, abschließend formulieren. Es hatte eine glänzende Zukunft vor sich: Bis heute wiederholt es der Christ im Gottesdienst, gleichgültig, welcher Kirche er angehört.
– Der Kaiser definierte, wer Katholik und wer Häretiker sei.

- Der Kaiser hatte erneut bewiesen, daß die Kirche ihre inneren Konflikte ohne ihn nicht lösen konnte.
- Gleichzeitig war damit der Aufbruch des Jahres 313 zu einer neuen Religionspolitik endgültig gescheitert. Der Staat erzwang den rechten Glauben und verfolgte blutig jeden, ob Heide oder Christ, der sich dem rechten Glauben nicht beugen wollte. Es begannen lange Jahrhunderte, in denen Heiden, Abtrünnige und Ketzer gejagt wurden und nur wenige geneigt waren, ihren Vorstellungen geduldig zuzuhören. Die Hoffnung auf die ewige Seligkeit im künftigen Jenseits bewaffnete sich mit Feuer und Schwert, um auf Erden nicht verloren zu gehen.

Angefangen hatte alles ganz anders. „Man muß mit Worten mehr als mit Schlägen vorgehen, wenn die Entscheidung mit freiem Willen erfolgen soll", hatte der fromme Sinn noch eines Laktanz geglaubt (divinae institutiones 5,19,11) und damit der Mehrzahl der Christen aus dem Herzen gesprochen. Sie alle hatten im Jahre 313 begeistert der Verkündung der Religionsfreiheit (s. S. 621) zugestimmt. Denn sie waren es doch, die in erster Linie Nutzen aus dieser Wende in der Religionspolitik zogen, und sie hatten immer nach der Freiheit in der Religionsausübung gerufen: „Es ist ein Menschenrecht, ein Naturrecht, daß jeder anbeten solle, wie er es für richtig hält", beschwor schon Tertullian die gewalttätigen Feinde seines Glaubens, und hundert Jahre später war sich Laktanz nicht minder sicher: „Im Glauben allein hat die Freiheit ihren Wohnsitz aufgeschlagen. Denn mehr als alles andere ist er eine Frage des freien Willens" (aaO., Nachwort). Große und schöne Worte. Sie schmolzen schnell im Feuer des verstaatlichten Glaubenskrieges und des ungezügelten Drangs der Rechtgläubigen, Abtrünnige auf den Pfad der Tugend zurückzuführen – koste es, was es wolle. „Nötige sie, hereinzukommen, damit mein Haus voll werde", hatte der Mächtige im Gleichnis vom großen Abendmahl gesagt (Lukas 14,23); Augustinus las daraus die Rechtfertigung der Gewalt gegenüber allen, die dem Ruf Gottes nicht folgen wollten und ihr ewiges Heil leichtfertig verspielten (Briefe 173,10).

Die Geschichte der Glaubenskriege des 4. Jahrhunderts zeigt aber noch eine andere Wahrheit: Die Instrumente der staatlichen Konfliktsteuerung wurden schnell stumpf. Kompromisse, auf den Konzilien mit der Mehrheit der Bischöfe formuliert und der Minderheit abgetrotzt, taugten nicht, um den reinen Glauben zu finden und zu bewahren; dieser forderte die Wahrheit, nicht das Arrangement. Vom Gesetz verfolgte oder vom kaiserlichen Wohlwollen ausgeschlossene Christen sahen in ihrem Schicksal nur die Bestätigung ihres Weges: Denn schon immer hatte der Staat die Rechtgläubigen verfolgt, und schon immer hatte Gott die Mühseligen und Beladenen mehr geliebt als die Mächtigen und die Erfolgreichen.

So hatten am Ende des Jahrhunderts, an dessen Anfang Konstantin das Kreuz am mittäglichen Himmel sah, die Christen zusammen mit dem Kaiser zwar die Heiden besiegt und deren Priestern die Opfer für die alten Götter unter Androhung von Schwert und Feuer verboten. Aber immer noch kämpften die Kirchenväter gegen Manichäer, Donatisten, Arianer,

Pelagianer und andere Häresien. Von diesen zählte Augustinus 88, als er sich 428 in einer eigenen Schrift *De haeresibus* daran machte, sie in einem regelrechten Ketzerkatalog zu erfassen. Die besorgten Zeitgenossen, die Umschau hielten, konnten nur einen Schluß ziehen: Von Versöhnung und Frieden war man in der streitenden Kirche weiter entfernt denn je. Die heidnische Elite, soweit sie sich noch Gehör verschaffen konnte, notierte mit hörbarer Ironie, wie die Glaubenskriege selbst das öffentliche Transportsystem erschütterten: „Die einfache und reine christliche Religion wurde durch Aberglauben verdunkelt; subtile und komplizierte Debatten über das Dogma, die im Grunde kein Versuch zu einer wirklichen Einigung waren, führten zu ständigen Kontroversen ... Scharen von Bischöfen hasteten dahin und dorthin zu ihren verschiedenen Synoden und desorganisierten so den öffentlichen Postdienst" (Ammianus Marcellinus 21,16,18). Und noch einen anderen Grund gab es, warum der Kaiser der Kirche den inneren Frieden, um den sie selbst so verzweifelt rang, nicht geben konnte. Der Glaube, der eine Wahrheit verlangte, die jedes Christen Herz und Verstand durchdrang, war nicht allein Sache der theologisch Gebildeten. Um ihn rang jeder, ob hoch oder niedrig, ob Dummkopf oder Genie. So stürzte sich auch der kleine Mann in die Schlachten der Theologen, weil es dabei nicht zuletzt um seine eigene Seligkeit ging. Die Stadt, so dozierte im Juni 383 der indignierte Bischof Gregor von Nyssa auf einem Religionsgespräch in Konstantinopel, die Stadt sei voll von Banausen, Händlern, Kleinkrämern, Hausdienern und entlaufenen Sklaven, die mit dem Anspruch, die letzte Wahrheit zu kennen, an jeder Hausecke theologische Lehren vortrügen: „Gehe ich in einen Laden und frage, wieviel ich zu zahlen habe, dann bekomme ich zur Antwort einen philosophischen Vortrag über den gezeugten oder nicht gezeugten Sohn des Vaters. Erkundige ich mich in einer Bäckerei nach dem Brotpreis, so antwortet mir der Bäcker: der Vater ist ohne Zweifel größer als der Sohn. Und frage ich in den Thermen, ob ich ein Bad bekommen kann, dann versucht mir der Bademeister zu beweisen, daß der Sohn ohne Zweifel aus dem Nichts hervorgegangen sei" (Gregor, Über die Gottheit des Sohnes und des Hl. Geistes, MPG 46,557).
Der Bäcker und der Bademeister hatten gute Gründe, besorgt zu sein. Denn der in die Welt herabgestiegene Erlöser und spätere Weltenrichter war der einzige Garant der Erlösung, war die letzte entscheidende Instanz der Sündenvergebung. Er allein hielt am Ende aller Tage den Schlüssel zur ewigen Seligkeit in Händen. Also war die Frage, ob er tatsächlich die Kraft eines Gottes hatte, sein ungeheures, aber einmal gegebenes Versprechen zu halten, von tiefer Lebensangst getragen: „Wäre er, Christus, nämlich ein Geschöpf und als solcher Mensch geworden, dann wäre der Mensch dessen ungeachtet so geblieben, wie er war: ohne Verbindung mit Gott. Denn wie hätte er, ein Geschöpf, durch ein Geschöpf mit dem Schöpfer verbunden werden können?" (Athanasius, Reden wider die Arianer 2,67; Übers.: H.G. Opitz). Im Angesicht dieser Frage mußte der Kompromiß verstummen. In immer neuen Formeln zusammengeflickt und fortgeschrieben, überzeugte

er nur im Raum der Politik. Wer deren Spielregeln nutzte, um die Ordnung des Himmels und den Weg des einzelnen dorthin zu beschreiben, schürte letztlich nur das Feuer und verlor seine Autorität:
„Diese hohen Herren Bischöfe", eiferten sich fromme Gläubige in einem Brief an Theodosius 383, „die einst unter Konstantin den makellosen Glauben erst verteidigten, dann mit häretischer Unterschrift verdammten, haben sich jetzt wieder zum Bekenntnis des katholischen Glaubens bekehrt, kaum daß sie sahen, daß auch der Kaiser wieder auf seiten der katholischen Bischöfe stand! Wo bleibt da der Glaube und die Ehrfurcht vor Christus, wenn Bischöfe, je nach dem Belieben des irdischen Kaisers, heute aus Katholiken Häretiker und morgen aus Häretikern wieder Katholiken werden."
Viele der Angeklagten ertrugen den Vorwurf nicht. Sie warfen ihre Ämter von sich wie der Kirchenvater Gregor von Nazianz, der 381 sein Bischofsamt aufgab und seine Gemeinde um Verzeihung bat: „Ich bin müde der ständigen Kämpfe nach außen und innen. Ich ertrage euren Zirkus und euer Theater nicht mehr länger, diese gegenseitige Eifersucht. Heute sitzen wir zusammen im Altarraum der Kirche und konzelebrieren, einig im Glauben, wenn es der Stand der Auseinandersetzung gerade so fügt. Morgen aber setzen wir uns getrennt, wenn der Wind aus anderer Richtung weht, uneins im Glauben. Andere mögen daran ihr Vergnügen haben, ich nicht! ... So lebt wohl, ihr Kaiser und Paläste, ihr Diener des Kaisers und seine Kammerherren. Ob ihr dem Kaiser die Treue haltet, weiß ich nicht. Gott gegenüber kennt ihr jedenfalls so gut wie keine Treue" (Beck, aaO. S. 221).

## 3. Orient und Okzident

*Die Bruchstelle zweier Welten*

Seit dem Ende des 4. Jahrhunderts zeichnete sich auf der Landkarte des Reiches immer tiefer eine Grenze ab, die das Mittelmeer in eine östliche – griechische – und eine westliche – lateinische – Hälfte spaltete: Sie verlief von der mittleren Donau und der unteren Save an entlang dem Flusse Drina südlich durch die Adria und die Straße von Otranto und stieß, ungefähr dem 20. Längengrad folgend, in Nordafrika auf die Grenze der Provinzen *Libya superior* und *Tripolitana.* Auf dem Balkan schied sie das lateinische Dalmatien und Pannonien vom griechischen Makedonien (das heutige Griechenland) und den lateinischen Donauprovinzen Moesien und Dakien (das südliche Serbien).
Diese Trennungslinie ist über viele Jahrhunderte hinweg stabil geblieben – weitgehend unberührt von den slawischen Wanderungen, den Eroberungszügen des Osmanischen Reiches und den neuzeitlichen Versuchen staatlicher Neugründungen. Heute markiert sie, die katholische Kirche betreffend, die Grenze zwischen den vorwiegend katholischen Ländern Bosnien und Herzegowina im Westen und dem griechisch-orthodoxen Serbien im

## 3. Orient und Okzident

Osten. Niemand von denen, die zwischen 392 und 450 darum kämpften, konnte wissen, was sie einmal bedeuten sollte. Denn erst der Abstand von Jahrhunderten kann die Einsicht vermitteln, daß es allein die römische Eroberungspolitik im Adriaraum bis hinauf zur Donau war, welche die Trennung von Ost und West an der Schnittstelle zwischen der griechischen Stadtkultur und dem mehr oder minder barbarischen Westen für Jahrhunderte aufgehoben hatte. Als die Kraft des römischen Imperators erlahmte und sein universaler Herrschaftsanspruch zerbrach, riß der Zusammenhang der Welt dort, wo er am Ende der Bürgerkriege der Republik, im Jahre 32 v. Chr., schon einmal zur Disposition stand: in der Adria, bei Aktium.

Um diese Grenze ist nach dem Tode des Theodosius (395) lange und heftig gekämpft worden, da weder Rom noch Konstantinopel auf die Herrschaft über die Balkanhalbinsel verzichten wollten. Am Ende blieb es dabei: Orient und Okzident schieden sich und der Bischof von Thessalonike, der stellvertretend für den Bischof von Rom in Illyricum die Oberaufsicht über die dortigen Kirchen führen sollte, wandte sein Gesicht für immer nach Osten.

Ausbildung und Bestand einer solchen Grenze haben Gründe, die tief in die Geschichte der antiken Welt hineinreichen. Der erste Blick fällt natürlich auf die Griechen: Sie haben die Adria und ihre abweisenden illyrischen Küsten gemieden und dort keine zusammenhängenden Siedlungen gegründet; an die Überschreitung der endlosen Mauer der Dinarischen Alpen hat ohnehin niemand gedacht (s. S. 71). Der zweite Blick richtet sich auf die Römer und die Form ihrer Herrschaftsbildung: Sie haben im 2. und 1. Jahrhundert v. Chr. Griechenland, Kleinasien und Syrien erobert (s. S. 365 ff.), aber nicht romanisiert. Die Sprache der Unterworfenen blieb griechisch, ebenso die städtischen Lebensformen, das Denken und das tief wurzelnde Bewußtsein der eigenen Überlegenheit. Die Sprachgrenze folgte etwa dem 20. Längengrad: in Kyrene sprach man griechisch, in Tripolis lateinisch, in der Adria war Lissus, das heutige albanische Lesh an der Drina-Mündung, die südlichste lateinische, Dyrrhachium, das heutige Durazzo, die nördlichste griechische Küstenstadt. Romanisiert hat Rom jedoch den barbarischen Donauraum. Dort hoben seine Kolonisten, seine Straßen, sein Bürgerrecht und seine im Glauben an Rom erzogenen Legionäre die Trennung zwischen Ost und West auf. So war es der illyrisch-dalmatische Raum, der das Reich zusammenhielt, gleichgültig ob die Grenze dem Rhein oder der Elbe folgte. Daran änderten weder die Krisen des 3. Jahrhunderts noch das seit Diokletian praktizierte Mehrkaisersystem etwas. Die Einheit des Reiches hing nicht davon ab, wo welcher Kaiser seine Herrschaftssprengel einrichtete und gegenüber seinen Mitkaisern abgrenzte.

### *Die Grenzziehung und ihre Väter*

Es müssen also die Menschen des 4. Jahrhunderts gewesen sein, die alte, längst zugeschüttet geglaubte Gräben erneut aushoben. Ihre Entscheidungen, ihre Konflikte waren es, welche die Einheit des Imperiums erschütterten und in den zu Beginn des 5. Jahrhunderts auseinanderdriftenden Reichsteilen den Willen aushöhlten, das universale Weltreich zu retten. „Die Kaiser regieren in zwei Körpern ein einziges Reich, wie ein ehernes Bollwerk", versicherten die unermüdlichen Propagandisten in der ihnen eigenen pathetischen Sprache (Eunap, frg. 85). Sie verdeckten nur noch mühsam, daß längst jeder kaiserliche Hof seine Interessen auch auf Kosten des anderen verfolgte (vgl. S. 649).

Am Anfang stand die Entscheidung Konstantins, eine neue Hauptstadt zu bauen. Seit dem Sieg über Licinius (324) wuchs sie am Bosporus als „Zweites Rom" an der Stelle des alten Byzanz, also genau an der Nahtstelle zwischen Europa und Asien und gleich nahe den am meisten bedrohten Fronten des Reiches in den Balkanprovinzen, in Armenien und in Syrien. Der militärischen Logik der Ortsbestimmung entsprach die ökonomische und kirchenpolitische: Die Provinzen des Ostens mit ihren großen Handelsmetropolen waren dem Westen wirtschaftlich weit überlegen, und sie beherbergten in Asien und Syrien die bedeutendsten christlichen Gemeinden. Zahlreiche Kirchen schmückten das neue Rom, das in seinen Mauern die Ausübung der heidnischen Kulte bestrafte. Als steinerne Dokumente bezeugten sie den festen politischen Willen, aus der Stadt Konstantins das zu machen, wozu das alte Rom noch nicht bereit war: die christliche Hauptstadt eines christlichen Imperiums. „Seit der Gründung Roms ist keine wichtigere Stadt auf Erden geschaffen worden", kommentierte im 19. Jahrhundert Gregorovius (Athen und Athenais, S. 27).

Dieser Aufbruch der Ostprovinzen in eine eigene Zukunft hat dem jahrhundertealten Glanz Roms nichts anhaben können. In der Vorstellung aller Menschen, von den Höfen der indischen und sassanidischen Könige bis zu den armseligen Hütten auf den Hebriden, blieb Rom die Hauptstadt des weltumspannenden Imperiums und der Mittelpunkt der zivilisierten Welt. „Als er zum Trajansforum kam", so schrieb Ammianus über den Rombesuch des Constantius II., „da war er sprachlos vor Erschütterung, als er seinen Geist rings an den riesenhaften Gefügen hingehen ließ, die man nicht mit Worten zu schildern vermag und die Menschen so nicht ein zweitesmal zu bauen versuchen können" (16,10). Dies aber war die Vergangenheit. Seit 330 war Rom nicht mehr allein und das Überleben des Imperiums nicht mehr nur seine Sache. Seine Zukunft hing davon ab, ob es in den Stürmen der Völkerwanderung standhielt und ob es das Bündnis mit dem Bischof von Rom schmieden konnte; denn diesem und seinen Gläubigen hatte der Gott der Christen eine große Zukunft versprochen.

Dieser hatte es aber auch zugelassen, daß unter seinen Getreuen, kaum daß sie den Sieg in Händen hielten, um den rechten Glauben Hader ausbrach, der die Einheit des Reiches nicht minder gefährdete als die Bürgerkriege zu Zeiten Caesars. Dabei zeigte der Streit um die arianische Auslegung der Trinitätslehre einen Frontverlauf, der in etwa den Himmelsrichtungen Ost und West, in etwa der uralten Grenze zwischen den Herrschaftsräumen des Octavian und des Marcus Antonius folgte (s. S. 469). Die Streitenden erhielten Namen, die schon immer zur Bezeichnung zweier unterschiedlicher Welten gedient hatten: hie *orientales,* dort *occidentales.* Beide Begriffe sind geographisch nie genau fixiert worden, aber sie waren aufgeladen mit Ressentiments, die sich aus dem Eroberungskriegen Roms speisten: Die einen phantasierten von dem Sturz des barbarischen Herren aus dem Westen und von der Rückkehr der Macht in die eigene Welt, die anderen fabulierten von entarteten Lebensformen: „Das griechische Rom, ihr Quiriten, ist unerträglich", hatte schon Juvenal gejammert und dabei vor allem an die syrischen Zuwanderer gedacht (Satiren 3,58). Jetzt, im Glaubensstreit des 4. Jahrhunderts, waren es die Streithähne des Ostens, die als *orientales* die Ordnung störten.

Tatsächlich waren im Streit um die Natur Christi seit langem bestehende Unterschiede zwischen West und Ost aufgebrochen. Im Grunde, so begriff man jetzt im Westen, waren es nur die Theologen des Ostens, die immer neue Anlässe fanden, um die Fundamente des Glaubens zu überprüfen. Sie dachten und schrieben natürlich griechisch und damit unverständlich für den kleinen Mann in den lateinisch sprechenden Gemeinden. Warum also dort die Gläubigen mit Problemen verunsichern, die dank der kaiserlichen Entschlossenheit in Nikaia einvernehmlich gelöst waren? Ohnehin erschienen den Bischöfen des Westens die Grundlagen des Glaubens durch die Tradition ausreichend gesichert: Das Zeugnis der Heiligen Schrift, der Propheten, Apostel und Väter war gewiß, und daher gab es nicht viel, worüber angestrengt nachgedacht werden mußte. Ambrosius formulierte, was die Mehrzahl seiner Amtskollegen dachte: „Gottes Herrschaft liegt in der Schlichtheit und Einfachheit des Glaubens, nicht im Wettstreit mit Worten" (de fide 1,42). Wer anders dachte, wandelte am Abgrund der Häresie: Bei den *Graeci* gäbe es Häresien im Überfluß, wie eine Wasserflut, erboste sich der römische Bischof Gelasius (492-496), nachdem hundert Jahre früher der streitbare Hieronymus (gest. 419/20), der seine Gegner als „zweibeinige, distelfressende Esel" schätzte, den Osten schon in den Händen des Teufels gesehen hatte: „Im Westen leuchtet jetzt die Sonne der Gerechtigkeit, im Osten hat Lucifer seinen Thron aufgerichtet."

Kurzum: In der Sache hatten die Bischöfe und Kirchenlehrer des Westens die Verwerfung der arianischen Lehre hingenommen, ohne viel zu fragen, und daran auch festgehalten, als der Streit um die Göttlichkeit Christi in die Jahre kam. Allein diese kaum reflektierte Verbeugung vor dem Bekenntnis von Nikaia über Jahrzehnte hin, in denen sich andere auf der Suche nach der Wahrheit die Köpfe zermarterten, schuf eigenes Profil und grenzte ab. Daß daraus eine Frontlinie wurde, ist nicht zuletzt das zweifelhafte Verdienst eines Mannes, der 335 als Bischof von Alexandria abgesetzt worden war und den noch Konstantin als unbelehrbaren Unruhestifter nach Trier in die Verbannung gejagt hatte: Athanasius (um 295-373). Dies war ein Mann eher nach dem Herzen Caesars als dem des Gekreuzigten: Der in seiner Ehre verletzte und um seine Macht gebrachte Kirchenfürst verbannte jeden Gedanken an Demut und Nachgeben aus seinem Tugendkatalog, sammelte Anhänger, fand Zuflucht in Rom und betrieb von dort seine Rückkehr auf seinen angestammten Bischofsstuhl. In den letzten Jahren seines Lebens war er am Ziel. Als die Totengräber seinen Leichnam aus dem Palast des Bischofs von Alexandrien trugen, feierte die christliche Nachwelt ihn als den größten Vorkämpfer des rechten Glaubens. Auf dem Grab dieses Mannes, der den Kampf um die Macht in das Ringen um den rechten Glauben eingeschmolzen hatte, könnte der Satz stehen, mit dem Machiavelli das Zeitalter nach Konstantin beschrieben hatte: „Männer, die man früher Caesar oder Pompeius genannt hatte, hießen nun Johannes oder Petrus oder Matthäus."

In den Jahrzehnten vor seiner endgültigen Rückkehr nach Alexandria hatten sich mehrere Synoden und Kaiser mit ihm herumgeschlagen, und fünfmal war er in die Verbannung gegangen. Dabei war es ihm gelungen, seinen Anspruch auf Rückführung nach Alexandria zur Sache der Bischöfe des Westens zu machen, denen sich der wortgewaltige Mann als Vorkämpfer ihrer dogmatischen Position präsentierte. Beides schürte den Konflikt und zog den Graben zwischen Ost und West tiefer. 343 waren beide Kaiser überzeugt, daß eine Synode aller Bischöfe einberufen werden müsse, um ein für allemal die Frage der Absetzung des Athanasius und die Glaubensfrage zu klären, widrigenfalls das Reich Schaden nähme. Das nach Serdica (dem heutigen Sofia) einberufene Konzil endete in einem Fiasko: Die Bischöfe des Ostens – es waren ohnehin nicht alle angereist – lehnten es kategorisch ab, Athanasius und andere von ihnen abgesetzte Bischöfe zu rehabilitieren; schließlich verließen sie geschlossen Serdica. In einer eigenen Enzyklika, gerichtet an alle Kleriker und Laien, bekannten sie ihren Glauben, verurteilten alle andere Bekenntnisse als häretisch, rechtfertigten die Absetzung des Athanasius und tadelten die Bischöfe des Westens, die den Exkommunizierten Sitz und Stimme auf dem Konzil eingeräumt hatten. Zum erstenmal standen sich die Bischöfe des Westens und des Ostens geschlossen gegenüber, riefen die einen nach dem Kaiser in Trier, die anderen nach dem Kaiser in Konstantinopel.

Die göttliche Existenz Christi fand schließlich viele Glaubensbekenntnisse, die nur noch entfernt an den alten arianischen Streit erinnerten; inzwischen war auch die Göttlichkeit des Heiligen Geistes auf den Prüfstand geraten, und mancher dachte bereits über das Verhältnis der göttlichen zur menschlichen Natur in der Person Christi nach; andere waren dabei, in diesem Zusammenhang die Rolle der Mutter Maria neu zu durchdenken oder der Frage nachzusinnen, ob der Abstieg Christi in die Hölle in das Glaubensbekenntnis aufgenommen werden müsse. Im Schatten dieser theologischen Gewitter übernahm Ulfilas, der Bischof einer an den Ufern der Donau gegründeten Kolonie von Goten, die 360 auf der Synode von Konstantinopel beschlossene Glaubensformel, die den Sohn Gottes „ähnlich dem Vater" nannte, und die wenig später als „arianisch" gebrandmarkt wurde. Zur Umkehr war es zu spät: Gestützt auf Ulfilas' Bibelübersetzung ins Gotische bekehrten seine und andere Missionare die Ostgoten, Vandalen, Burgunder und Heruler zu einem Christentum, das seit dem kaiserlichen Gesetz von 381 (s. S. 627) innerhalb der Reichsgrenzen häretisch genannt wurde.

## 3. Orient und Okzident

In den Augen des Westens, den in den folgenden Jahrzehnten die Germanen berannten, waren diese barbarischen Ketzer Geschöpfe des Ostens, dessen theologischen Verirrungen die Schuld für die falsche Bekehrung der Reichsfeinde aufgeladen wurde. Hatte doch der zweite Kanon der Versammlung von 381 erklärt: „Die Kirchen Gottes unter den barbarischen Völkern aber sollen nach der Weise regiert werden, die schon unter den Vätern herrschte" (Codex Theod. 16,1,4). Was immer diese germanischen Stämme künftig taten, wie erfolgreich und tolerant sie immer sein mochten, in den Augen der Katholiken waren und blieben sie Ketzer und waren für diese wie für jene Welt nicht mehr zu retten. Sie mußten zur Hölle fahren, so wie ihr Meister Arius vom Teufel geholt worden war, als er seine Notdurft verrichtete.

Am Ende des 4. Jahrhunderts zeichnete sich immer klarer die Auflösung der Reichseinheit auf der politischen Landkarte ab. Der Kampf der Theologen war 381 durch die Formel von „einem Gott in drei Personen" beigelegt worden. Aber er hatte schonungslos die Gegensätze eines lateinisch-westlichen und eines griechisch-östlichen Verständnisses von Religion offenbart und vertieft. Im Grunde konnten die theologischen Streitpunkte wechseln. Dort, wo sie sich in Ost und West berührten, kamen jeweils andere Antworten heraus. Der Glaube an den friedfertigen Nazarener, so lehrte den Zeitgenossen des Theodosius die Geschichte, trieb Menschen gegen- und auseinander, wie es früher nur Kriege vermocht hatten.

Das 5. Jahrhundert bestätigte diese Lehre. Diesmal konzentrierte sich die Energie der Theologen auf die Person Christi und auf die Frage, wie sich seine menschliche zu seiner göttlichen Natur verhielt. Aber auch diesmal hüllte ihre Disputationen der Kampf um die Macht ein, und wieder waren es vornehmlich die Bischöfe von Alexandrien, Antiochien, Konstantinopel und Rom, die nach der Vorherrschaft griffen und dabei ihre Gläubigen mobilisierten. Denn deren Hoffnungen auf Erlösung am Ende aller Tage und nach Trost in ihrer Lebenszeit verlangten nach der Göttlichkeit des Erlösers: Hätte nur der Körper eines Menschen auf Golgatha gelitten, hätte Maria nur einen Sohn geboren, in dem das Göttliche lediglich als Gast zuhause war, so konnte das Leiden am Kreuz das Heil nicht sichern, konnte die Mutter nicht mehr als das verehrt werden, wozu sie der fromme Glaube der kleinen Leute längst erhoben hatte: als Gottesmutter, thronend im Himmel an der Seite ihres göttlichen Sohnes.

Wer in den Schriften des Neuen Testamentes las, dem begegnete als Hauptperson ein Mensch. Ein Unglücklicher dazu, der unter seinem Schicksal litt und der sich am Ende seines Lebens von Gott verlassen wähnte. Also müssen, so schloß die Theologenschule in Antiochien aus ihren Bibelstudien, in diesem historischen Christus die göttliche und menschliche Natur ihre Eigenständigkeit behauptet haben (Dyophysitismus: *dyo physeis,* zwei Naturen). In Alexandrien bestand man hingegen auf der alten Formel von der „*einen Natur* des fleischgewordenen Logos", also der Göttlichkeit auch des Körpers Christi (Monophysitismus: *mia physis,* eine Natur); nur so konnte die Erlösung des Menschen analog zum Tode Jesu als Prozeß der

Vergottung verstanden werden, nur so konnte das im Abendmahl genossene Fleisch Christi göttliches Leben bewirken.
428 ernannte der Kaiser den antiochenischen Prediger Nestorius zum Patriarchen von Konstantinopel. Sein erst staunendes, dann murrendes Kirchenvolk hörte nun Predigten, in denen Maria nicht mehr als „Gottesgebärerin" (*Theotokos*) verehrt, sondern als „Christusgebärerin" (*Christotokos*) verächtlich gemacht wurde. Damit schlug die Stunde des Patriarchen von Alexandria, Kyrillos (412-444). Wie bei Athanasius verband sich in diesem Kirchenfürsten, der auf den Straßen Alexandriens den Mob gegen Juden, Heiden und die häretischen Novatianer gehetzt hatte, die Gier nach Macht unauflöslich mit der Leidenschaft, den rechten Glauben überall durchzusetzen. „Wer nicht bekennt, daß der Immanuel [vgl. Jesaja 7,14] in Wahrheit Gott und die heilige Jungfrau deshalb Gottesgebärerin ist, weil sie den aus Gott stammenden, Fleisch gewordenen Logos geboren hat, der sei verdammt" (Ritter, S. 219) – mit diesem Schlachtruf trieb er Nestorius aus seinem Amt und zeigte dem ohnmächtigen Kaiser, daß die Autorität eines Patriarchen die kaiserliche Macht nicht zu fürchten brauchte.
Der Sieg entfesselte einen Glaubenskrieg, der die Kirche auf Dauer spaltete. 451 riß der neue Kaiser Markianos noch einmal die Initiative an sich, verbündete sich mit dem römischen Bischof Leo und erzwang auf dem 4. ökumenischen Konzil von Chalkedon noch einmal die Einheit der Lehre: „Wir bekennen Christus, zugleich wahrhaft Gott und wahrhaft Mensch aus Vernunftseele und Leib, mit dem Vater wesenseins der Gottheit nach und zugleich mit uns wesenseins der Menschheit nach, in jeder Hinsicht uns ähnlich, ausgenommen die Sünde" (Ritter, S. 221). Aber es war zu spät: In Alexandrien löste die Botschaft blutige Tumulte aus, in deren Verlauf die kaiserliche Besatzung erschlagen und der neue Patriarch ermordet wurde. In Armenien und in weiten Teilen Syriens und Palästinas dachten die Gläubigen nicht anders; jenseits der Reichsgrenzen, im sassanidischen Mesopotamien, richteten sich die Anhänger des Nestorius ein, die ihren Glauben in den kommenden zwei Jahrhunderten bis nach Indien trugen. Wer am Ende des 5. Jahrhunderts Umschau hielt, sah in Armenien, Syrien, Ägypten und Äthiopien eigene Kirchen wachsen, die ihr Gesicht von Konstantinopel abwandten. Als seit 635 die Krieger Muhammads ihren Siegeszug antraten, fielen sie in Länder ein, die den Streit der griechischen Theologen als Verrat an ihrem Glauben hassen gelernt hatten: „Der verfluchte Streit aber, diese Motte, die im Verborgenen frißt, stammt von den Griechen" (Ephraëm von Nisibis, zitiert nach Maier, Verwandlung, S. 161). Also schlug sich niemand für den fernen Kaiser. Die meisten ergaben sich kampflos einem Gegner, dessen Herrschaft ein Ende der Verfolgungen und dessen Religion die Toleranz versprach. In diesem Streit hatte der Bischof von Rom an der Seite des Patriarchen von Konstantinopel gestanden. Aber auch dies verdeckte nur, daß der Kampf zwischen beiden um die erste Stimme in der Kirche längst entbrannt war. Der Bischof von Rom hatte sich lange gerüstet, um die Macht (oder wenigstens Teile davon) des im Westen sterbenden Kaisertums in seine Hände zu nehmen und der Herr

aller christlichen Gemeinden zu werden. Was es an Widerstand zu überwinden galt, waren zwei konkurrierende Ansprüche: Zum einen die stolze Gewißheit der Bischöfe, als Nachfolger der Apostel in ihrer Summe die Kirche und ihre Einheit zu bilden; zum anderen der Anspruch des Patriarchen von Konstantinopel, der, gestützt auf die starke Hand des byzantinischen Kaisers, nicht gewillt war, auf Befehle aus Rom zu hören. Am Ende war es wohl die Not einer im Sturm der Völkerwanderung zusammenbrechenden Welt, die das Papsttum als letzten Hort römischer Tradition und Ordnung schuf. Die Christen der romanischen Westprovinzen scharten sich um den Bischof von Rom, der sie gegen die arianischen Stammeskirchen der germanischen Eroberer verteidigen sollte. Denn er war der Erbe des Petrus, den Christus beauftragt hatte, die „Schlüssel des Himmels" zu handhaben (Matthäus 16,18 f.) und seine Herde zu weiden (Johannes 21,15-19). Petrus, der in Rom als Märtyrer gestorben war, wachte über der Stadt und allen Gläubigen, besser als einst Romulus oder die Dioskuren. Leo der Große (440-461) faßte am 29. September 444, dem Jahrestag seiner Ordination, zusammen, was die Zeit bewegte und seinen Führungsanspruch begründete:

„Aus der ganzen Welt wird einzig Petrus erkoren, der auch das Haupt aller berufenen Völker, aller Apostel und sämtlicher Väter der Kirche sein soll; obwohl es im Volke Gottes viele Priester und Hirten gibt, ist doch im eigentlichen Sinne Petrus der Leiter aller derer, über die letztendlich auch Christus herrscht. Einen bedeutenden und bewundernswerten Anteil an ihrer Macht gab also ... die göttliche Gnade diesem Mann. Und wenn nach ihrem Willen auch den übrigen Häuptern [*principes*, gemeint sind die Bischöfe] einiges mit ihm gemeinsam sein sollte, so hat sie doch, was immer sie anderen gewährte, stets nur durch ihn verliehen" (Sermon 4; Übers.: Ritter, S. 226).

## 4. Die Macht des Kaisers und die Autorität der Kirche

*„Was hat der Kaiser mit der Kirche zu tun?"*

Am Ende des 4. Jahrhunderts zeigten sich häßliche Risse im scheinbar für die Ewigkeit geschmiedeten Bündnis zwischen Staat und Kirche. Der Kaiser, der den Glauben an den Gekreuzigten angenommen und seine schützende Hand über die Kirche gehalten hatte, forderte von ihr Gehorsam. Als Vertreter Gottes, so legte er dar, habe er seine Einsicht und seinen Auftrag unmittelbar von Gott empfangen; Teil dieses Auftrages sei es, den himmlischen Heilsplan zu verwirklichen; daher sei er der Herr der Kirche, des Dogmas und des Glaubens; Widerstand gegen ihn bestrafe Gott als Sünde. Nichts daran erschien den Zeitgenossen anstößig, im Gegenteil. Die kaiserliche Gewalt hatte sich in den Wirren des 3. Jahrhunderts in den Schatten göttlicher Macht geflüchtet und wurde mit dieser schließlich eins: „Wo ihr auch seid, selbst wenn ihr euch in einen Palast zurückgezogen habt, befindet sich eure Göttlichkeit überall, sind alle Lande und Meere voll von euch", jubilierte ein Panegyriker bereits 291 vor Maximian (Paneg. lat., ed. Mynors, 3,14,3). Dieser Allgegenwärtigkeit entsprach die umfassende Verantwortung, die der Monarch für alle Menschen zu tragen hatte: „Es liegt uns am Herzen, für den Nutzen des Menschengeschlechts Vorsorge zu treffen; denn bei Tag und Nacht sorgen wir dafür, daß alle, die unter unserer Herrschaft leben, sowohl durch militärischen Schutz vor feindlichen Angriffen gesichert werden als auch im Frieden sich eines ruhigen Lebens in Freiheit und Sicherheit erfreuen können" (Brief Kaiser Marcians vom 2.11.450; Martin, S. 98).

Teil dieser Pflicht war es, den Schlüssel zur Wahrheit des Glaubens in Händen zu halten. Die Kirchen der Arianer und die katholischen Bischöfe der Ostprovinzen beugten sich: „Gleich am Anfang dieses Briefes an Eure fromme Majestät setzen wir den Ausdruck unseres Dankes gegen Gott, der die Kaisermacht Eurer Majestät eingesetzt hat zum gemeinsamen Frieden aller Kirchen und zur Festigung der gesunden Glaubenslehre", beteuerten 381 die Teilnehmer des Konzils, das Theodosius nach Konstantinopel befohlen hatte. Die Bischöfe des Westens sahen es anders, allen voran ihr streitbarer Vorsprecher in Mailand: Ambrosius. Er rief am Palmsonntag 386 sein Kirchenvolk zum Widerstand gegen den Kaiser auf, der ihn zum Verlassen der Stadt aufgefordert hatte, als er die Herausgabe einer Basilika zugunsten der Arianer verweigerte:

„Wir geben dem Kaiser, was dem Kaiser gebührt, und Gott, was Gott gebührt. Die Steuer gehört dem Kaiser – sie wird ihm nicht verweigert. Die Kirche gehört Gott – sie wird darum dem Kaiser nicht ausgeliefert. Denn der Kaiser hat kein Recht über den Tempel Gottes (*quia ius Caesaris esse non potest Dei templum*). ... Kann man dem Kaiser eine größere Ehre antun, als wenn man ihn einen ‚Sohn der Kirche' nennt? Der Kaiser steht in der Kirche und nicht über der Kirche (*imperator intra ecclesiam non supra ecclesiam*)" (MPL 16, 1018; Übers.: Rahner).

Damit war ein neuer Grundton angeschlagen, den man schon von den donatistischen Ketzern in Nordafrika gehört hatte. Diese wehrten sich lange gegen alle kaiserlichen Versuche, sie wieder zur Raison zu bringen, mit einer einfachen Frage: „Was hat der Kaiser mit der Kirche zu tun?" (Optatus, CSEL 26, S.73, Z. 20). Je öfter sie wiederholt wurde, um so lauter hallte ihr Echo in den Ohren der Bischöfe des Westens. In der Tat: Was hat der Kaiser mit der Kirche Gottes zu tun? Letztlich war es diese schlichte Frage, die das Verhältnis zwischen Staat und Kirche im Westen revolutionieren mußte. Es hat lange gedauert – und ist auch niemals vollkommen gelungen –, bis die Freiheit der Kirche erkämpft war. Juristisch begründet und verständlich gemacht wurde der Anspruch auf sie schließlich in der Terminologie des römischen Staatsrechts: „Es sind nämlich zwei Mächte, durch welche diese Welt regiert wird: die geheiligte Autorität der Bischöfe (*auctoritas sacra pontificum*) und die Rechtsmacht des Kaisers (*regalis potestas*)", schrieb 494 Papst Gelasius I. an den Kaiser, den er als „Sohn" anredete, um an seiner Sicht der vom Himmel verfügten Rangordnung keinen Zweifel aufkommen zu lassen (Decretum Gelasianum 10). Bereits Augustus hatte in seinem Tatenbericht mit dem Wortpaar *auctoritas/ potestas* seine Überlegenheit über die Amtsträger des Staates formuliert (s. S. 474). Jetzt folgte ihm der Bischof von Rom, um den höheren Rang der Kirche und seines Amtes zu begründen: „Daraus ziehe nun eure fromme Majestät die Folgerung, daß niemand je und unter keinerlei Vorwand stolz sich erheben darf über das einzigartige Amt jenes Mannes, den Christi Befehl allen als Haupt gegeben und den die heilige Kirche immer geglaubt und bekannt hat" (aaO.; Übers.: H. Hattenhauer).

*Der byzantinische Weg*

Die Kirche Roms hatte damit eine Grenze gezogen zwischen sich, der einen, an ihren universalen Missionsauftrag gebundenen Institution Gottes, und der weltlichen Macht, deren Schicksal von vielen, sich ablösenden Staaten geprägt sein konnte. Diese Grenze wurde immer wieder zur Frontlinie und hat – wie im Investiturstreit – die Gläubigen gespalten. Durchbrochen wurde sie nie. Im griechischen Osten hingegen fanden die Gottkaiser willfährige Ohren, wenn sie ihre Macht über die Kirche verkündeten. Dort blieb immer unbestritten, was der Bischof von Milive, Optatus, Mitte des 4. Jahrhunderts im Kampfgetümmel mit den aufgeregten Bischöfen des Westens leichtfertig geschrieben hatte: „Denn nicht ist der Staat in der Kirche, sondern die Kirche ist im Staat, das heißt, sie ist innerhalb des römischen Imperiums, in dem ein heiliges Priestertum, in dem Keuschheit und Jungfräulichkeit wohnen, die in den Ländern der Barbaren nicht wohnen" (CSEL 26, S.74, Z. 3 ff.). In diesen Sätzen schwingt die Begründung mit, welche die Unterwerfung rechtfertigte: Die Angst vor dem Chaos, das an die Stelle eines gefestigten Imperiums treten müsse, wenn dieses von den Barbaren überrannt würde.

Tausend Jahre später klang es nicht anders, und es liest sich wie ein stolzer Rückblick auf einen Anspruch, den Gott gegeben und für dessen Bewährung in den Stürmen der Zeit er selbst gesorgt hat. 1393, schon am Rand des Abgrunds, rief der Patriarch Antonios den Großfürsten Vasilij I. von Moskau zur Ordnung, weil dieser eigene Wege in die Zukunft besorgte und das liturgische Gedenken an den Kaiser in seinem Reich verboten hatte:

„Der heilige Kaiser nimmt eine bedeutende Stellung in der Kirche ein. Es ist bei ihm nicht wie sonst bei Fürsten und Herrschern. Denn die Kaiser waren es, die von Anfang an auf der ganzen Welt die Frömmigkeit gestützt und gehalten haben. Sie waren es, welche die allgemeinen Synoden einberufen und, was in deren Kanones über das richtige Dogma und den richtigen Wandel der Christen enthalten ist, bestätigt und mit Gesetzeskraft ausgestattet haben. Sie haben viel gegen die Häresien gekämpft. Kaiserliche Verfügungen haben die bischöflichen Ranglisten, die Abgrenzung der Patriarchate und der Bistümer zusammen mit den Synoden festgelegt. Deshalb kommt ihnen in der Kirche hoher Rang und hohe Ehren zu. Mögen auch die Heiden durch Gottes Zulassung den kaiserlichen Machtbereich mitsamt der Kaiserstadt in der Zange haben, so bleibt dem Kaiser trotzdem und bis auf den heutigen Tag dieselbe kirchliche Weihe und derselbe Vorrang; ihm gelten dieselben Gebete, und er wird immer noch mit dem großen Myron [dem Öl für die Kaisersalbung] gesalbt und zum Kaiser und Autokrator der Römer, und das heißt aller Christen, geweiht, und überall, von allen Patriarchen, Metropoliten und Bischöfen, wird der Name des Kaisers in der Liturgie kommemoriert. Und daher beziehen sie das Recht, sich Christen zu nennen!" (H.-G. Beck, Byzantin. Lesebuch, S. 229).

Daß mit diesen Sätzen auch der Gegensatz zum Herrscherbild des lateinischen Westens und der mittelalterlichen Papstkirche präzise umschrieben war, wußten beide Seiten. Als sich 1438 Patriarch und Papst in Ferrara umarmten (s. u.), bestürmten nach der Begegnung die Begleiter den Patriarchen, wie denn das Gespräch verlaufen sei. „Gut", lautete die Antwort, „der Papst tadelte nur die Knechtschaft unserer Kirche der Staatsgewalt gegenüber" (Beck, aaO. S. 167).

Siebenhundert Jahre nach der Entscheidung Konstantins, am Bosporus dem Weltreich eine zweite Hauptstadt zu bauen, wurde der endgültige Trennungsstrich zwischen Ost und West gezogen: 1054 verfluchten die griechisch-orthodoxe und die römisch-katholische Christenheit einander und lösten eine Verbindung, die seit den Tagen Theodosius des Großen immer brüchiger geworden war. Weitere vierhundert Jahre später, 1453, starb Byzanz eines gewaltsamen Todes von der Hand des türkischen Sultans Mehmed II. Wenige Jahre vorher, 1438/39, hatten Kaiser und Patriarch in ihrer Not allen Widerständen zum Trotz noch einmal das Bündnis mit dem Westen gesucht und waren, voll Hoffnung auf Hilfe, nach Italien gereist. In Ferrara und in Florenz verpfändeten beide ihre Autorität für die dort zustande gekommene Kirchenunion. Es war zu spät. 1444 führte der päpstliche Legat und Kardinal Cesarini vergeblich seine Truppen, die das Kreuz genommen hatten, in die Schlacht von Varna am westlichen Gestade des Schwarzen Meeres: Das Heer der Ungläubigen war auch diesmal stärker. Während der Kämpfe war Byzanz neutral geblieben. Seine Bevölkerung hatte die Union von Florenz abgelehnt: „Lieber der Turban als die Tiara in unserer Stadt!" lautete die Parole, mit der man dem Westen endgültig den Rücken kehrte.

Dort sah der christliche Bruder nun zu, wie sich der Vorhang zum letzten Akt der Tragödie hob. Am 29. Mai 1453 fiel die Stadt Konstantins nach sieben Wochen Belagerung in die Hände der Türken. Ihr letzter Kaiser, Konstantin XI., starb im Kampf und gesellte sich im Himmel zu den Märtyrern, die eher ihr Leben als ihren Glauben geopfert hatten. In der Hagia Sophia, dem ehrwürdigen Zentrum der orthodoxen Christen, wo die Verteidiger der Stadt, Griechen und Lateiner, gemeinsam ihren letzten Gottesdienst gefeiert hatten, wurde fortan nicht das Evangelium, sondern der Glaube an Allah verkündet, und der osmanische Herrscher leitete seinen theokratischen Herrschaftsanspruch nicht von Konstantin, sondern von den Kalifen des Islam ab. Künftig sollte nur noch über den Schlössern der russischen Zaren der Doppeladler der Palaiologen, des letzten Kaisergeschlechts von Byzanz, wehen. Der Patriarch, der einst dem Papst den ersten Rang in der Christenheit streitig gemacht hatte, tauchte unter und führte in den kommenden Jahrhunderten ein schattenhaftes Regiment über die Reste seiner Gläubigen. Die antike Welt war endgültig nur noch Erinnerung, ihr Erbe aufgeteilt.

# IV. Die Zerstörung der alten Welt

| | |
|---|---|
| 375-552 | Wanderungen der Hunnen und ostgermanischer Stämme. Germanische Reichsgründungen auf dem Boden des Imperiums: 418-507 Reich der Westgoten auf dem Gebiet der Provinz Aquitania; 429-534 Reich der Vandalen in Afrika; 493-552 Reich der Ostgoten in Italien. |
| 451-453 | In der Schlacht auf den Katalaunischen Feldern bei Troyes in der Champagne scheitert der Versuch des Hunnenkönigs Attila, seinen Herrschaftsbereich auf Gallien und Italien auszudehnen; nach seinem Tod 453 zerfällt sein Reich. |
| 632 | Tod des Propheten Muhammad. Unter seinen Nachfolgern, den Kalifen (632-661), brechen die arabischen Stämme im Namen Allahs aus der Wüste aus und erobern Palästina, Syrien, Mesopotamien, die ostiranischen Gebiete bis an den Oxus, Ägypten und die Cyrenaica; 718 scheitert ihr letzter Versuch, Konstantinopel zu nehmen. |

## 1. Warten auf die Barbaren: Der Untergang des Imperiums im Westen

„Ihr habt die Erde vermessen, die Ströme überbrückt, Straßen durch die Berge geschlagen, die Wüsten bewohnbar gemacht und alles durch Ordnung und Zucht veredelt. Ihr habt durch die gegenseitige Verbindung der Völker die Welt gleichsam zu einer Familie gemacht", pries unter Mark Aurel der Grieche Aristides die Römer (Romrede 101). Wer hätte ihm damals widersprechen wollen, nachdem selbst der Christ Tertullian jubelte: „An die Stelle berüchtigter Einöden sind lachende Kulturen getreten, Kornfelder haben die Wälder, Herden die wilden Tiere verdrängt. Sandwüsten werden bepflanzt, Felsen durchbrochen, Sümpfe getrocknet. Schon gibt es so viele Städte, wie einst nicht einmal Hütten ... Überall Anbau, Bevölkerung, staatliche Ordnung, Leben" (de anima 20). Dreihundert Jahre später war alle äußere Herrlichkeit vorbei: 476 wurde der letzte Nachfolger auf dem Thron des Augustus, Romulus, der unmündige Sohn eines ehemaligen Sekretärs des Hunnen Attila, von dem Kommandeur eines germanischen Söldnerhaufens aller Würden entsetzt und als Pensionär auf ein kampanisches Landgut verwiesen. Es war dies die Zeit, in der Germanenkönige in Ravenna, Toulouse, Paris und Karthago regierten und selbst überzeugte Anhänger des Reiches zu zweifeln begannen und nach einem neuen Sinn in den verworrenen Zeitläuften suchten. So auch Orosius, Schüler Augustins, der sich in seiner antiken Weltgeschichte aus christlicher Sicht mühte, das Chaos der Völkerwanderung zu verstehen: „Wenn allein deswegen die Bar-

*Der Felsendom in Jerusalem (691/92)*

Auf der höchsten Erhebung des Berges Moriah in Jerusalem ragt die Felsplatte empor, auf der Abraham, der Stammvater auch der Muslime, seinen Sohn Isaak gebunden auf den Holzstoß gelegt haben soll, um ihn zu opfern, wie Gott es befohlen hatte. Dorthin versetzte der Engel Gabriel Muhammad auf Befehl Allahs – Traumvision einer nächtlichen Reise (*isra*), über die später viel phantasiert worden ist: „Lob und Preis sei ihm", so heißt es im Koran (Sure 17,1), „der seinen Diener zur Nachtreise vom heiligen Tempel zu Mekka zum fernen Tempel von Jerusalem geführt hat. Diese Reise [gemeint ist die Anbetungsstätte] haben wir gesegnet, damit wir ihm unsere Zeichen zeigen; Allah hört und sieht alles." An diesem Ort hatte Salomon seinen Tempel errichtet, dort stand der Tempelbau Herodes' des Großen, den Jesus betreten hat und den der Römer Titus im Jahre 70 mit der ganzen Stadt zerstörte.

Ein heiliger Ort für Juden, Christen und Muslime, die in den ersten Jahren beim Gebet ihr Gesicht nach Jerusalem wandten; erst später setzte Muhammad dafür Mekka ein (Sure 2,142-150). Dort, in Jerusalem, stand seit Konstantin auch die Auferstehungs- und Grabeskirche, über der eine von den Pfeilern eines gedeckten Umgangs getragene Kuppel schwebte. Der Kalif, der an diesem Ort eine Moschee errichten wollte, konnte sich angesichts eines solchen Bauwerks nicht mit der Wiederholung der schlichten Gebetsstätte in Medina begnügen; ein derart einfacher Bau hätte niemals die Herzen der Gläubigen davon überzeugen können, daß sie der richtigen Religion angehörten: „Der Kalif al-Malik", berichtet denn auch rückblickend Al-Muqaddasi im Jahre 985, „bemerkte die Größe der Kirche zum Heiligen Grab und ihre Pracht, und er war besorgt, sie könne den Geist der Gläubigen beirren. Darum errichtete er die Kuppel über dem Felsen, die man heute noch sehen kann." (vgl. A. Renz, Geschichte und Stätten des Islam, 1977, S. 60).

Die arabischen Herren Syriens hatten noch einen anderen Grund, einen Bau von bis dahin nicht gekannter Großartigkeit zu planen. Ihre Gegner in Medina versuchten seit langem, die politische Überlegenheit der in Damaskus residierenden mächtigen Omayyaden zu untergraben und hatten unter Ibn Zubair Syrern den Zugang zum Heiligtum in Mekka erschwert. Also schien es nur vernünftig, dem muslimischen Kult ein neues Heiligtum zu schaffen, zu dem die frommen Muslime pilgern konnten. Für den heiligen Felsen von Jerusalem sprach zudem die Tradition der Herrscherdynastie: In die Stadt war der Kalif Omar 636 eingezogen und mit seinen Kriegern vor den Resten des zerstörten Tempels auf die Knie gefallen (Tabari I 2408 f.), und Muawija, der Sieger über Ali (s. S. 654 f.), hatte in Golgotha, in Gethsemane und am Grabe der Maria gebetet, bevor er sich als Kalif huldigen ließ.

Der Bau, den Abd al-Malik in kurzer Zeit errichten ließ, orientiert sich an der byzantinischen Tradition und ist fast eine Kopie christlicher Bauten. Auch sein Kernstück bildet die Kuppel, getragen von vier Pfeilern, zwischen die jeweils drei Säulen eingestellt sind. Die wesentlichen funktionellen Elemente der Moschee hatte der Prophet für alle Zeiten verbindlich festgelegt, als er in Medina einen Platz für das gemeinsame Gebet seiner Gemeinde bestimmt hatte: Einen eingehegten Platz, die Festlegung der Gebetsrichtung nach Mekka und eine Kanzel zur Belehrung der Gläubigen. Mehr bedurfte es im Grunde nicht, so daß es einfach war, eroberte christliche Gotteshäuser in eine Moschee, wörtlich: einen Platz des Niederwerfens zum Gebet, zu verwandeln oder christliche Bautraditionen zu übernehmen.

baren in das römische Gebiet eindringen konnten, damit im Osten und Westen die Kirchen sich füllen mit Hunnen, Sueben, Vandalen, Burgundern und zahllosen Gläubigen anderer Nationalitäten, dann wäre die Barmherzigkeit Gottes zu loben. Denn nur auf diesem Wege, wenn auch mit Erschütterungen für uns, empfingen so viele Völkerschaften die Erkenntnis der Wahrheit. Worin besteht denn der Schaden für einen Christen, der nach dem ewigen Leben trachtet, wenn er dieser Welt zu jeder Zeit und auf jede nur mögliche Art entrissen wird?" (Orosius, adversus paganos 7,41, 8-9).

Fraglos ist die Invasion barbarischer Stämme aus dem Norden und Nordosten das auffallendste Ereignis, das es für die letzten Jahrzehnte der römischen Welt im Westen des alten Imperiums zu notieren gilt. Dabei schien es lange Zeit so, als hätte Rom die Verteidigung seiner Grenzen wieder im Griff. Vor allem die Reform des Heeres unter Diokletian und Konstantin

*Die germanische Völkerwanderung*

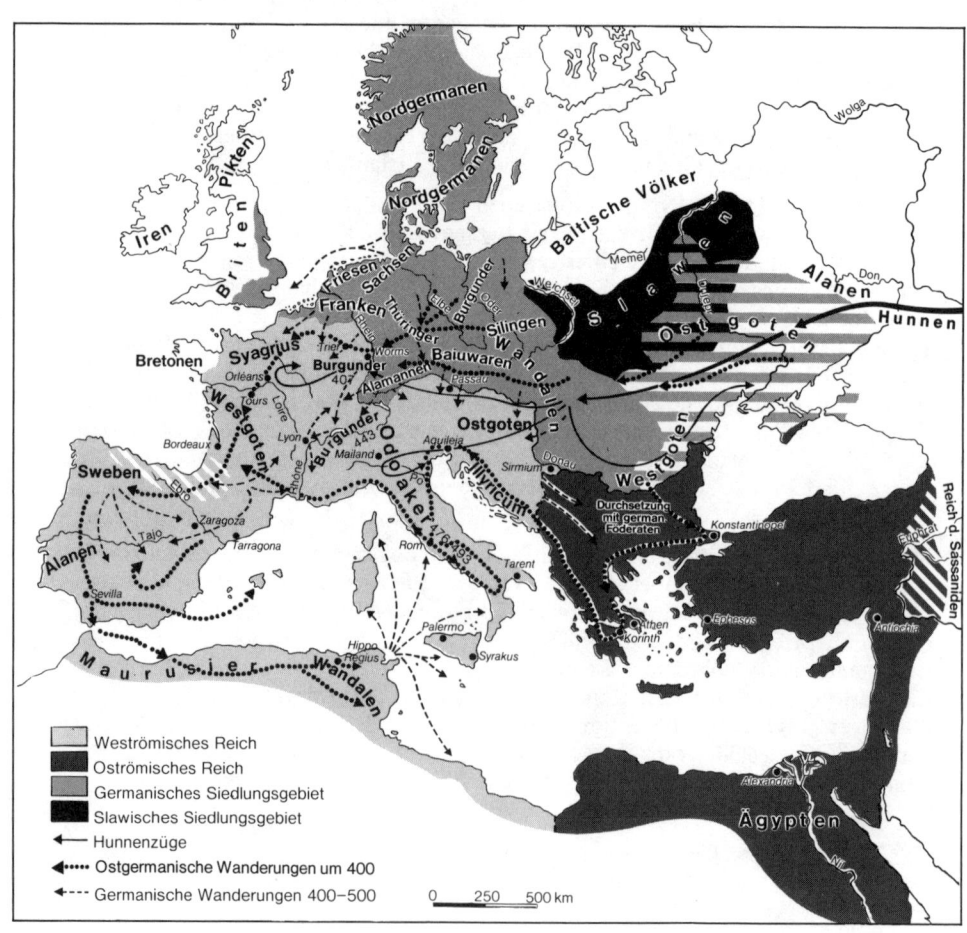

## 1. Der Untergang des Imperiums im Westen

hatte den bedrohten Grenzen neue Stabilität verliehen: Die militärische Führung war neu organisiert und von der zivilen Gewalt getrennt und die Armee in Grenz- und Feldtruppen (*comitatenses*) geteilt worden. Jetzt konnten im Hinterland stationierte bewegliche Einheiten Gegner, die die Grenzsicherungen überwunden hatten, abfangen und selbst mit überraschenden Vorstößen über die Reichsgrenzen hinweg den Krieg in Feindesland tragen. 355-357 stießen solche Verbände unter ihrem Caesar Julian mehrfach über den Rhein und schlugen bei Straßburg die Alemannen.

Es sollte für lange Zeit der letzte große Sieg sein. Seit den siebziger Jahren des 4. Jahrhunderts veränderte sich die Situation an den germanischen Fronten sehr schnell. Der Druck germanischer Völker vor allem auf die Balkangrenze nahm immer bedrohlichere Formen an. Auslösende Kraft war dabei das zentralasiatische Reitervolk der Hunnen, deren Ansturm gegen die chinesische Grenze im ersten Jahrhundert endgültig abgewehrt worden war. Um 375 überschritten sie mit ihren alanischen Verbündeten den Don und überrannten an der unteren Donau das Reich der Goten, von denen ein Teil unter ihrem Fürsten Fritigern zu Beginn der siebziger Jahre dem Gott der Christen huldigte und ihm unter dem Vorzeichen des arianischen Bekenntnisses folgte. Vor allem diese Goten flüchteten in großen Scharen über die Donau und setzten sich in Mösien und Thrakien fest, wo sie nach dem Willen des Kaisers als *foederati*, d. h. als zur Heeresfolge verpflichtete Siedler, seßhaft gemacht werden sollten. Es zeigte sich schnell, daß die römischen Behörden dieser ungeheuren Aufgabe nicht gewachsen waren. Zehntausende über die Donau drängender Menschen riefen nach Schiffen und bettelten um Brot, beharrten auf dem Zusammenhalt ihrer Familien, wollten vor Plünderungen geschützt werden und weigerten sich angesichts ihrer wachsenden Not, die Waffen abzuliefern. Neue, ungebetene Scharen nutzten das allseits herrschende Chaos, um den rettenden Fluß zu überqueren. Mißtrauen, Unverständnis gegenüber dem, was sie erwartete, und vor allem die Angst um die nackte Existenz entluden sich schließlich in offenem Aufruhr und Krieg: Im August 378 zerschlugen die Goten, verstärkt durch alanisch-hunnische Horden, bei Adrianopel die kaiserliche Armee.

Der christliche Zeitgenosse Rufinus schrieb über die Schlacht, sie sei der Anfang des Übels für alle kommenden Zeiten gewesen. Es spricht vieles für die Treffsicherheit dieses Urteils: Die Donaugrenze konnte seit diesem Tag nicht mehr unter Kontrolle gebracht werden, so daß immer neue barbarische Stämme den Fluß überschritten. Um Italien zu schützen, wurden mehr und mehr Truppen aus Britannien und vom Rhein abgezogen – mit verheerenden Folgen: Als Ende Dezember 406 die Vandalen und mit ihnen Alanen und Sueben den gefrorenen Rhein überschritten, brach dort und in ganz Gallien der letzte Widerstand zusammen. 407 mußte der Sitz der Prätorianerpräfektur von Trier nach Arles verlegt werden, während die Eindringlinge die Pyrenäen überwanden und in Spanien einfielen. Faktisch war der Westen des Imperiums verloren. Jetzt war auch die innere Unterwanderung des Heeres und der höchsten Reichsämter durch germanische

Krieger nicht mehr aufzuhalten, und wenn diese Männer auch ihre ganze Tatkraft der Verteidigung des Reiches widmeten, so verunsicherten ihre Machtkämpfe untereinander und die Wogen antigermanischen Hasses, die ihr Griff zur Macht auslöste, die ohnehin geplagte Reichsbevölkerung. Die Reihe der großen germanischen *magistri militum* reicht von Stilicho (395-408) bis Odoaker, der schließlich den lästig gewordenen Kaiser 476 ohne viel Aufhebens in die Verbannung schickte.

Auch die Mittel der Diplomatie, mit denen sich Rom seiner Gegner zu erwehren suchte, brachten keine dauerhafte Entlastung: 382 schloß der 379 zum Augustus ernannte Theodosius mit den Goten Fritigerns einen Vertrag, der ihnen innerhalb der Reichsgrenzen ein geschlossenes Siedlungsareal, Steuerfreiheit und das Recht, nach eigenen Gesetzen und unter eigenen Königen zu leben, als Gegenleistung für die Pflicht gewährte, die Donau zu verteidigen und Waffenhilfe zu leisten. Land und Autonomie innerhalb des Imperiums als Preis für Männer und Waffen – ein diplomatisches Meisterstück, das allerdings seine Bewährungsprobe nur hätte bestehen können, wenn das Imperium und die Kaiser einig gewesen wären. Sie waren es nicht.

Nach dem Tode des großen Theodosius (395) lähmten die Rivalitäten zwischen Stilicho, dem mächtigen vandalischen Heermeister des Westens, und dem Kaiserhof in Konstantinopel die Verteidigungsfähigkeit nach außen und rissen die angesiedelten Goten in den inneren Konflikt hinein. Am Ende siegte der übermächtig gewordene Helfer: 409 fallen die Goten unter ihrem König Alarich in Italien ein und fordern ultimativ Tribute, Getreide und weiteres Land in Noricum, Venetien und Dalmatien. Als Rom zögert und taktiert, stürmen die Krieger Alarichs im August 410 die Stadt, über die inzwischen statt der Dioskuren die Apostel Petrus und Paulus und unzählige christliche Märtyrer vergeblich wachten: Der Sieger plünderte die Stadt und verließ sie mit langen Wagenkolonnen, die mit der Beute auch die Schwester des Kaisers, Galla Placidia, fortführten.

Zum erstenmal, seitdem der keltische Fürst Brennus 387 v. Chr. Rom überrumpelt hatte, war die Stadt in den Händen ihrer Feinde. Selbst für die frommen Christen schien das Ende der Welt nahe, von dem sie seit Tertullian glaubten, es käme mit dem Fall des ewigen Rom (s. S. 593 f.). „Was gibt es noch Sicheres, wenn Rom untergeht?", fragte in banger Sorge der Kirchenvater Hieronymus, um dann, als es soweit war, lapidar zu notieren: „*Orbis terrarum ruit*" (Der Erdkreis stürzt ein). Aber noch immer war Rom seinen Feinden überlegen: Die Goten, die in Süditalien ihren König Alarich begraben mußten, zogen schließlich nach Norden ab und konnten zwischen Loire und Garonne in Gallien angesiedelt werden. Von ihrem neuen König Athaulf erzählte man sich, er habe eingesehen, daß es ein gotisches Großreich nicht geben könne und es daher besser sei, seine Truppen dem Imperium zu unterstellen und selbst als „Urheber der Erneuerung Roms" (*Romanae restitutionis auctor*) in die Geschichte einzugehen (Orosius, aaO. 7,43,6). So waren es die Krieger seines Volkes, die 451 in der Schlacht auf den Katalaunischen Feldern die Entscheidung zugunsten Roms erzwangen

und den hunnischen Vielvölkerstaat an den Rand des Abgrunds drängten. Das Reich im Westen schien noch einmal gerettet.
Der Eindruck trog jedoch. „Was Gott aber einerseits über uns, andererseits über Goten und Vandalen beschlossen hat, das zeigt die Lage. Jene wachsen täglich, wir aber schrumpfen. Jene blühen, wir aber welken", schrieb wenige Jahre später resignierend der fromme Presbyter Salvian in Massilia (De gubernatione Dei 7,49). Was Gott entschieden hatte, setzte der Kaiser in Konstantinopel um: 488 lenkte er die an seinen Grenzen aufmarschierten Ostgoten nach Westen ab, und im März 493 riefen die in Italien siegreichen Truppen ihren Herrscher Theoderich erneut zum König aus – diesmal zum König über Goten und Römer. Der Todeskampf des Westreiches war zu Ende. Ein selbständiges Gotenreich erbte neben den letzten noch lebensfähigen Resten die politische Idee eines Imperiums, das den Menschen Frieden und Recht für immer geben könne.
Das oströmische Reich überstand die Katastrophe, da die germanischen Völker vor allem die lange Rhein- und Donaugrenze angriffen und dann, wenn sie über die untere Donau in die Balkanprovinzen vorstießen, zumeist nach Westen abgelenkt werden konnten. Symptomatisch ist der Erfolg der byzantinischen Diplomaten, die 401, nachdem die Goten Alarichs Griechenland jahrelang verheert hatten, den ehrgeizigen König zum *magister militum* machten und ihn – mit dem kaiserlichen Segen ausgestattet – nach Dalmatien und Italien schickten. Jahrzehnte später waren es die in Niedermösien angesiedelten Ostgoten, denen der Kaiser 488 unter dem zum *magister militum per Italiam* ernannten Theoderich den Weg nach Ravenna wies, wo dieser dem vom gleichen Kaiser zum *patricius* erhobenen Odoaker Herrschaft und Leben nahm.
Der Hof in Konstantinopel hat diese Politik betrieben, um das eigene Überleben zu sichern. Die Idee von der Einheit des Imperiums blieb davon unberührt. Noch immer wollten die Erben Roms nicht glauben, daß sie nicht mehr allein auf der Welt waren. So war es nur folgerichtig, daß Iustinian (527-565) die ersten Jahrzehnte beruhigter Fronten und wirtschaftlicher Erholung nutzte, um die Germanenreiche im Westen niederzuwerfen und den Machtbereich des Imperiums erneut bis nach Spanien auszudehnen. Die Vision von der *renovatio Imperii*, von der Wiederaufrichtung der universalen Herrschaft eines von Gott eingesetzten Kaisers, der allein die Quelle aller legitimen Macht sei, wurde noch einmal zur mächtigsten Triebfeder des politischen Handelns. Stolz verkündete der Kaiser nach den ersten Siegen bereits in seiner Titulatur, daß die bewohnte Erde wiederum nur noch einem Herrn zu gehorchen hatte. *Imperator Caesar Flavius Iustinianus Alamannicus Gothicus Francicus Germanicus Anticus Alanicus Vandalicus Africanus Pius Felix Inclutus Victor ac Triumphator semper Augustus*, pries sich der Herrscher, der sich im Jahre 533 auf die „Vorsorge der göttlichen Güte (*divinae humanitatis*)" berief, als in seinem Auftrag nach der Sammlung der Kaisergesetze (Codex) auch das gesamte Juristenrecht neu gesichtet und in 50 Büchern zusammengestellt werden konnte:

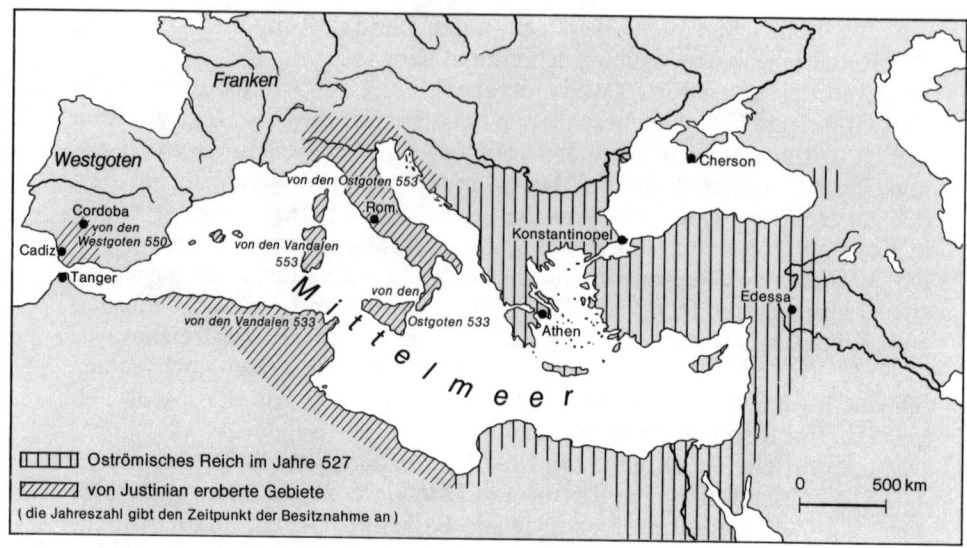

*Die Erneuerung des Römischen Reiches durch Justinian (527–565 n. Chr.)*

„Nachdem nämlich die Perserkriege durch ewigen Frieden zur Ruhe gebracht worden sind, das Volk der Vandalen vernichtet und Karthago, nein, vielmehr ganz Libyen dem Römischen Reiche wieder angegliedert ist, ließ sie die göttliche Vorsorge uns zuteil werden, daß auch die alten Gesetze, die schon entkräftet daniederlagen, durch Unsere unermüdliche Sorge in einer besonnenen Zusammenfassung zu neuer Schönheit erstanden: Was vor Unserer Regierung nie einer zu hoffen gewagt und ganz und gar für übermenschlich gehalten hätte" (Constitutio Tanta; codex 1,17,2; Übers.: Arend).

Angesichts solcher Gewißheiten und eines überschäumenden Kraftgefühls, auch das Unmögliche noch schaffen zu können, mußten alle warnenden Stimmen ungehört verhallen. Sie sprachen von der Übermacht des Sassanidenreiches an der Euphratgrenze, von den ungeheuren Kosten des Schutzes der Balkanfront und neuen germanischen Stämmen an den Grenzen Italiens. Und sie erinnerten an den wilden Ehrgeiz erfolgreicher Generäle, die der Heimat nicht weniger gefährlich werden konnten als der äußere Feind. Einer von ihnen, ein gewisser Vitalianus, hatte noch 514/5 mit einer Flotte von zweitausend Schiffen den Bosporus besetzt und die Hauptstadt mit Truppen berannt, in denen sich alles versammelt hatte, was in unruhigen Zeiten in die Truppenlager geschwemmt wurde und seine Waffen für jeden führte, der Erfolg und Reichtümer versprach.

Es waren diese Realitäten, die alle glanzvollen Erfolge im Westen schließlich auslöschen sollten: 568, nur drei Jahre nach Iustinians Tod, fielen die Langobarden in Italien ein und bildeten am Ende des Jahrhunderts in

Nord- und Mittelitalien neue Staaten aus. Auf dem Balkan mündeten die jahrzehntelangen Raubzüge hunnischer, bulgarischer und slawischer Stämme in der dauernden Niederlassung der Slawen bis hinein in die Peloponnes. Am Euphrat hielt zwar die Front, aber der Krieg wollte dort nicht enden und zehrte die Staatskasse aus.

Um 600 war das geeinte Reich Iustinians nur noch Erinnerung, und Byzanz machte sich endlich auf den Weg, seine eigentliche Gestalt, weitgehend gelöst von römischen Traditionen, zu finden. So stieg es wieder zur wirtschaftlich und militärisch ersten Macht im östlichen Mittelmeer auf. In Italien und Frankreich wuchsen neue feudale Ordnungen, die Machtstellung des Papstes festigte sich, und die christlichen Missionare unterwarfen nun auch England dem Glauben an den Gekreuzigten – auch Europa war auf dem Weg zu einer eigenen Gestaltung seiner Zukunft.

## 2. Die arabisch-islamischen Eroberungskriege und die Spaltung der Mittelmeerwelt

Vieles, allen voran die politische Macht, war in den Jahrhunderten der Völkerwanderung zerstört worden. Geblieben war die Einheit des Mittelmeerraumes, getragen durch gemeinsame historische Erinnerungen, gehalten vom christlichen Glauben. Um 700 gab es auch sie nicht mehr: Unter der grünen Fahne ihres Propheten Muhammad hatten die arabischen Muslime im Osten Palästina, Syrien, Mesopotamien und den Iran überrannt und waren erst nach jahrzehntelangen Kämpfen bereit, den Traum von der Eroberung Konstantinopels aufzugeben. Im Süden des Mittelmeeres fielen Ägypten und die wichtigsten Häfen der Cyrenaika in ihre Hände, und bis zum Ende des Jahrhunderts brach jeder Widerstand im Maghreb zusammen; 711 setzte der Berbergeneral Tariq nach Spanien über und öffnete dem Islam das Tor nach Europa.

Angefangen hatte alles in Arabien, einem Raum, über dessen Schicksal in den früheren Jahrhunderten die angrenzenden Großmächte zu entscheiden pflegten. Herren über die dortigen Wüsten und Steppen waren Nomaden. Ihr Reittier war das Kamel, und nur dieses Tier, das bis zu 160 km an einem Tag zurücklegen und bei einer Temperatur von maximal 57 Grad bis zu acht Tagen ohne Wasser auskommen kann, hat die Wüste passierbar und den Ausbruch der Stämme aus ihrer engeren Heimat möglich gemacht. Im Hedschas, der Landschaft Zentralarabiens, die Wege zur Küste kennt und wo Längstäler im Inneren den Verlauf der großen Karawanenstraßen von Süden nach Norden bestimmen, lagen bedeutende Oasen wie die von Medina und Mekka. Die Anfänge des Islam vollzogen sich also in einem klar begrenzten sozialen Rahmen: Hier Nomaden, dort Seßhafte, die – wie in Mekka – vornehmlich als Kaufleute oder – wie in Medina – als Bauern lebten. Die von der Geschichte aufgegebene Frage war, wie der Kontakt zwischen diesen grundverschiedenen Welten zustande kommen und wie das politische Gebilde, das beide zum gemeinsamen Handeln brachte, aussehen konnte.

Die Antwort beginnt mit Muhammad, denn die politische Gemeinschaft des Islam erwuchs aus der religiösen. Geboren um 570 in Mekka, verheiratet mit der reichen Kaufmannswitwe Chadidscha (gestorben um 619) und damit in der Lage, zu reisen und in der Einsamkeit der Wüste zu meditieren, erfuhr er als Vierzigjähriger seine Berufung durch Gott. Dieser befahl ihm, so zu sprechen: „Siehe, mein Gebet, meine Verehrung und mein Leben und mein Tod gehören Allah, dem Herrn der Welten. Er hat keine Gefährten, und solches ist mir geheißen, und ich bin der erste der Muslime" (Koran, 6 Sure, 163; Muslime = „die sich Gott völlig Ergebenden"). Der Glaube an den einzigen, unsichtbaren Gott, den Schöpfer der Welt und den Richter der Seele, dessen Wille allen Erscheinungen ihren Sinn gibt, prägte alles. Wie in der christlichen Botschaft verband sich der Gedanke an den Schöpfer mit der Gewißheit, ihm nach dem Tode persönliche Verantwortung zu schulden. Vor seinem Richterstuhl konnte nur bestehen, wer ihm und keinem anderen gedient und wer nach Recht und Barmherzigkeit statt nach irdischen Gütern gestrebt hatte.

Muhammad als der von Gott berufene Prophet, den bis an sein Lebensende Visionen und Offenbarungen erfüllten, hat zunächst nur einzelne, Verwandte und Freunde, für sich gewonnen. Als er sich an alle Mekkaner wandte, wiesen sie ihn ab: Die leidenschaftliche Predigt vom nahe bevorstehenden Gericht und die offene Abkehr von den mekkanischen Lokalgottheiten, die beständig Scharen gläubiger und zahlungswilliger Pilger anlockten, ließ die nüchtern denkenden Kaufleute ungerührt. Als sich die Konflikte mit ihnen mehrten, entschloß sich Muhammad 622 zur Auswanderung (*Hedschra*) nach Medina. Dort, wo seit vielen Jahren rivalisierende Stämme Mord und Totschlag in die Stadt getragen hatten, setzte er sich durch. Er einigte als politischer Führer die Zerstrittenen und gründete die *umma*, die „Gemeinde" oder „Gemeinschaft", zusammengehalten durch den Glauben und offen gegenüber allen, die Allah und seinem Propheten gehorchen wollten. 630 kehrte er triumphierend nach Mekka zurück und gewann nun die Führungsschichten der Stadt für sich, ohne deren politische und kriegerische Erfahrungen die Ausbreitung der *umma* weit über die arabische Halbinsel hinaus nicht möglich gewesen wäre. Jetzt baten auch die Fürsten der nomadischen Stämme darum, in die neue Gemeinschaft eintreten zu können. Sie beugten sich der Pflicht, ihren ewigen Blutfehden abzuschwören und keine Kriege gegen Muslime zu führen, und sie nahmen das Gebet mit dem Gebetsruf und die Pflicht zur Armensteuer als die wichtigsten Herrschaftszeichen des Islam an; erst dann ließen sie die Missionare in ihre Zelte und hörten vom Glauben und dem Recht der neuen Lehre und verneigten sich beim gemeinsamen Gottesdienst gegen Mekka.

Als Muhammad im Juni 632 nach kurzem Fieber starb, hatte er seine geistliche und prophetische Sendung vollendet. Niemand hat später je beansprucht, wie er zu sein. Er hatte jedoch nichts über die künftige Lenkung der Gemeinde und die Bestellung eines Nachfolgers hinterlassen, so daß

## 2. Die arabischen Eroberungskriege

nur klar war, daß die Herrschaft auf einen Mann übergehen mußte, zu dem Gott nicht mehr sprach. Die engsten Anhänger des Propheten improvisierten – was blieb ihnen anderes übrig: Sie wählten einen aus ihrer Mitte, Abu Bakr, zum Oberhaupt und erklärten ihn zum Kalifen (ein arabisches Wort mit der doppelten Bedeutung „Nachfolger" und „Stellvertreter").
Muhammad war nicht Dschingis-Khan, sondern Stadtbürger aus Mekka, und sein Glaube war nicht der eines Beduinen, sondern der eines Städters. Sein großes politisches Verdienst bestand darin, als Schiedsrichter und Gesetzgeber die Blutfehden der Beduinenstämme und den Zwist zwischen Nomaden und Städtern geschlichtet zu haben. Die von ihm geschaffene Gemeinschaft machte die Zusammenarbeit der Handelsstädte und der Beduinenstämme in Zentralarabien möglich. Alles dies drohte in sich zusammenzustürzen, als viele Beduinenstämme im festen Glauben, nur dem Propheten gehuldigt zu haben, nach dem Tode Muhammads von der *umma* abfielen. Der neu gewählte Kalif schlug mit Hilfe der Treugebliebenen den Aufstand (*ridda*) blutig nieder, aber er lernte auch, daß es nur ein Mittel geben konnte, um den Riß auf Dauer zu heilen: die Expansion nach außen. So verband sich der Glaube an Allah mit der Ideologie von Eroberern, und der Heilige Krieg (*Djihad*) band die meuternden Stämme der arabischen Wüste an den Islam.
So brachen sie denn aus der Wüste aus, geführt von den Eliten der Städte Mekka und Medina und in der Gewißheit des Prophetenwortes: „Auf dem Weg Gottes ist der, der für den Sieg von Gottes Wort kämpft!" (Hadit des Abu Musa). Aus den vorislamischen Raubzügen der Stämme war damit der gezielte Angriff der islamischen *umma* auf die gesamte nichtmuslimische

*Die Ausbreitung des Islam*

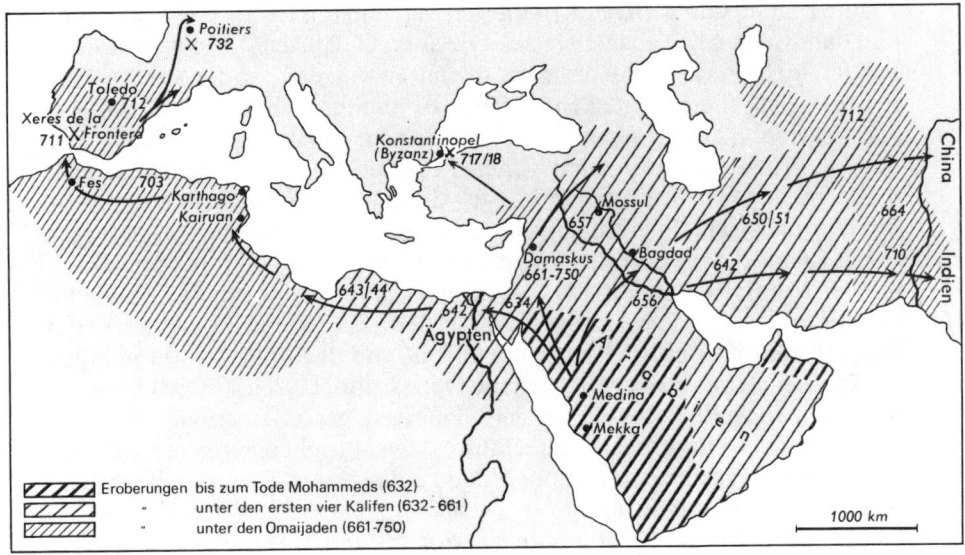

Welt geworden. Mit dieser wußte man sich im Krieg, solange es Ungläubige gab, die sich widersetzten. Die erste entscheidende Station war erreicht, als neues Land jenseits von Arabien erobert wurde und die Frage beantwortet werden mußte, was damit zu geschehen habe. Der Raubzug hatte darauf immer eine einfache Antwort bereitgehalten: Man teilte das Land auf und genoß die Privilegien eines Grundbesitzers oder man plünderte alles bewegliche Gut und kehrte triumphierend in die Wüste zurück. Die Kalifen, alle in den großen Kaufmannshäusern der Städte geboren, verwarfen die Tradition der Beduinenkrieger und entschieden anders: Das Land blieb ungeteilt und wurde als gemeinschaftliches Eigentum aller Muslime verwaltet; der Gewinn wurde in Form jährlicher Pensionen an die Krieger ausgezahlt. Diese Entscheidung verwandelte die räuberischen Krieger in ein stehendes Heer und wies ihnen den Weg zu einer Existenz als Kriegeradel, der über die nichtarabischen Untertanen herrschte. Diese hatten nicht zwischen dem Islam oder dem Schwert zu wählen, sondern zwischen der Rolle von tributpflichtigen Schutzbefohlenen (*dhimmis*), denen ihr alter Glaube belassen wurde, oder dem Kampf bis zum Tod. So dehnten die Eroberungskriege den islamischen Staat immer weiter aus, aber es wuchs nicht die Zahl der Muslime, sondern die der Schutzbefohlenen. Allein in Arabien durfte es nur Muslime geben; wer sich dort nicht vor Allah beugte, starb.

Die ersten beiden Jahrzehnte der Expansion und die Lichterkette ihrer Erfolge ließen keinen Rechtgläubigen zweifeln, daß sich der Islam bald die ganze Erde unterwerfen würde. Da trat im Jahre 656 ein Ereignis ein, das Epoche wie kein zweites in der Geschichte des Islam machte und die Tore des Bürgerkrieges weit öffnete: Den dritten Kalifen Uthman (644-656) trafen in Medina, gebeugt über den Koran, am 17. Juni die Dolche seiner Mörder, die aus Ägypten in den Hedschas geritten waren. Sie beriefen sich auf die Pflicht zum heiligen Krieg gegen den inneren Feind, der vom Koran und damit von Allah abgefallen sei. Die alten Gefährten waren dem greisen Kalifen nicht zu Hilfe gekommen; sie hatten vor der Tat die Stadt verlassen, um sich alle Möglichkeiten offen zu halten. Geblieben war Ali, der Schwiegersohn des Propheten und Vater der Enkel Hasan und Husain. Ihm fiel die Frucht der verhängnisvollen Mordtat zu: Noch am selben Tage nahm er als neuer Kalif die Huldigung der Gläubigen in der Moschee von Medina entgegen. Die Anhänger des Ermordeten und die Angehörigen seines Clans, des mekkanischen Geschlechts der Umajjaden aus dem Stamme der Koraisch, flohen nach Syrien; dort, in der Hauptstadt Damaskus, residierte als mächtiger Statthalter einer der ihren, Muawija, der als Vetter des getöteten Kalifen als Bluträcher auftrat und die Wahl Alis für ungültig erklärte. Auch in Mekka regte sich die Opposition: Dort hatte sich Muhammads Witwe Aischa, die Mutter der Gläubigen, gegen Ali erklärt. Gemeinsam mit zwei einflußreichen Gefährten des Propheten rüstete sie zum Krieg und versuchte, die Truppen der Feldlager am Euphrat, Basra und Kufa, gegen Ali aufzuwiegeln.

Der Bürgerkrieg war unvermeidlich geworden und lud sich fast zwangsläufig mit den alten Stammesfehden der beduinischen Krieger auf. 660 ließ sich Muawija in Jerusalem als neuer Kalif huldigen, Ali, der den Krieg gegen Aischa gewonnen und gegen Muawija offen gehalten hatte, fiel Ende Januar 661 am Tor der Moschee von Kufa einem Mordanschlag zum Opfer. Sein Mörder gehörte zu den Charidschiten (wörtlich: „die hinausgingen"), Dissidenten von Alis Partei. Sie hatten in Scharen die Lager von Basra und Kufa verlassen, als Ali einem Schiedsgericht zugestimmt hatte, das darüber entscheiden sollte, ob die Regierungsmaßnahmen des ermordeten Uthman im Einklang mit der göttlichen Offenbarung gestanden hätten oder reine Willkürakte waren. In den Augen vieler seiner Anhänger hatte Ali mit diesem Zugeständnis eine Sünde und einen Akt des Unglaubens gegen Gott begangen, da er damit letztlich sein eigenes Kalifat zur Disposition stellte.

Die Welt des Islam wurde in diesen Kriegen für immer gespalten: Da waren die Schiiten, die als rechtmäßigen Kalifen nur einen Nachfolger aus der Familie Alis anerkennen wollten; von ihnen spalteten sich die Charidschiten ab, die bei der Wahl des Kalifen den Konsens der Frommen forderten; schließlich die Mehrheit, die Sunniten: Sie betonten die freie Wahl des Kalifen, der allerdings nur aus der Familie des Propheten – wie entfernt verwandt auch immer – stammen durfte. Dieser Dissens in der Frage des rechtmäßigen Kalifats vertiefte sich durch theologische Auseinandersetzungen, die die Gräben immer unüberbrückbarer machten. Die politische Macht schließlich verließ Medina und Mekka und siedelte sich in den Hauptstädten der großen Provinzen (Syrien, Ägypten, Iraq u.a.) an. Dort stützten sich die Gouverneure auf ihnen ergebene arabische Kriegerstämme und schürten beim Konkurrenten die alten Stammesrivalitäten. Der Traum von der Herrschaft des Islam über die Welt war damit ausgeträumt. Als es Muawija und seinen Nachfolgern trotz übermenschlicher Anstrengungen nicht gelang, Konstantinopel zu nehmen, begann man einzusehen, daß die Welteroberung dauern würde. Legenden verschoben sie bereits in eine ferne, messianische Zukunft.

Das Erreichte genügte jedoch, die Welt des Mittelmeeres und des Orients, die die Kriegszüge Alexanders, das Imperium der Römer und schließlich der Gekreuzigte geeint hatten, in zwei sich über viele Jahrhunderte feindliche Welten zu teilen. Die neue Religion, gewachsen auf dem Boden städtischer Tradition, zog aus dem Bündnis mit den Nomaden der arabischen Wüste die Kraft zur Expansion. Der Preis war hoch: Der Ausbruch der Nomaden aus der Wüste brachte das Elend gerade in die Gebiete, in denen die Völkerwanderung die geringsten Verheerungen angerichtet hatte. Da die arabischen Stämme ihre Rolle, Speerspitzen der Expansion zu sein, für lange Zeit nicht verloren, bildete sich dort, wo sie triumphierten, die Seßhaftigkeit zurück, und die Städte verkümmerten.

Dies zeigte sich am Ende der wechselvollen Geschichte Nordafrikas besonders deutlich. Die Natur hat die dortigen Länder nach allen Seiten hin isoliert: im Westen durch den Atlantik, im Norden durch das Mittelmeer, im Osten durch den Strand der großen Syrte, der Ackerbau nicht zuließ, im

Süden durch die Sahara. Aber auch innerhalb dieses Gebietes zog die Natur schwer überschreitbare Grenzen: Das Gebiet der römischen Provinz *Africa proconsularis* (später das arabische *Ifriqiya*) ist nach Westen hin durch eine Reihe abweisender Gebirgsreliefs vom römischen Mauretanien (später der arabische *Maghrib*) getrennt, und die Bewohner ihrer sonnenbeschienenen Städte und Landschaften haben durch alle Zeiten ihr Gesicht zum westlichen Mittelmeer und zum Orient gewandt. In Mauretanien hingegen, wo es keine großen Flüsse und reichen Deltaebenen gab, waren zusammenhängende Siedlungsgebiete selten; dort drangen auch immer wieder Nomaden ein, unter Nutzung von bis zur Küste reichenden Gebieten, in denen die Sahara das Klima und die Lebensbedingungen diktierte. Allein die Bergmassive und die dort wohnenden Berberstämme boten ein gewisses Maß an Stabilität und waren stark genug, den römischen Eroberern ebenso wie den aus dem Süden vorrückenden Nomadenstämmen zu widerstehen.

In dieser zerrissenen Welt kamen alle Veränderungen von außen: Phoiniker, Römer, Vandalen und Araber lösten einander in der Herrschaft ab. Die römischen Kolonisatoren bauten Getreide an, förderten seit Hadrian auch die Olivenkultur und breiteten ihre städtische Kultur über das ganze östliche Tunesien und alle Länder der Dorsale, über die Ebenen des Sellif (Chélif) und des Sebu (in Marokko) aus; in den Berg- und Waldgebieten hingegen begnügten sie sich mit der Sicherung ihres Herrschaftsanspruches und sperrten die Nomaden des Südens durch Limesanlagen aus. 429 n.Chr. fielen die Vandalen ein und wurden unter ihrem König Geiserich in den Gebieten seßhaft, die schon Caesar gekannt hatte und aus denen sich die römischen Großgrundbesitzer am leichtesten vertreiben ließen; ihre eigene Herren- und Kriegerschicht drängte sich eng um die Hauptstadt Karthago. Ihre Blicke richteten sich immer wieder sehnsüchtig über das Meer: In Sizilien, auf Sardinien und an den Küsten Italiens wußten sie die Schätze dieser Welt, nach denen ihre Flotten ein ums anderemal griffen. Im neu gewonnenen Haus dagegen lag man in gemachten Betten und verzehrte, was andere erwirtschaften mußten, während an den Grenzen im Süden die Berberstämme immer übermütiger wurden und im Landesinneren die katholischen Untertanen die Faust in der Tasche gegen die arianischen Barbaren ballten, von denen ihre Bischöfe gejagt und deportiert wurden. Bevor jedoch eine der reichsten Provinzen des Imperiums vollends verkam, machte der byzantinische Kaiser 533 dem Spuk ein Ende: Sein General Belisar landete in der Nähe des heutigen Sousse, verbündete sich mit aufständischen Berberstämmen und zwang die vandalischen Herren zur Kapitulation, die nach hundert Jahren Apartheidpolitik kaum noch die Kraft zum Widerstand besaßen.

Weitere hundert Jahre später begann der Kampf mit den Arabern. Man wußte in Byzanz, worum es ging: Mit Nordafrika fiel der Schlüssel zum westlichen Mittelmeer in die Hände des islamischen Gegners. 643/44 mußte die byzantinische Flotte den befestigten Hafen von Tripolis aufgeben und machte damit den Weg nach Byzacium, dem südlichen Tunesien, frei. Als dort 665 die ersten arabischen Scharen erschienen, griffen die

Berberstämme auf Seiten Konstantinopels in die Kämpfe ein. So vergingen dreißig Jahre eines zähen und langen Ringens, bevor das byzantinische Karthago kapitulierte (698) und sich auch die Berberfürsten beugten. Das muslimische Ifriqiya mit seiner neuen Steppenhauptstadt, dem Handelsknotenpunkt Kairouan, war Wirklichkeit geworden. Nach dem syrischen Antiochia und dem ägyptischen Alexandria, seit langem die größten Rivalinnen Konstantinopels, war im Westen jetzt auch Karthago gefallen.
Die Lehren, die die Jahre des Krieges dem Sieger an die Hand gaben, wogen schwer und sollten für viele Jahrhunderte die Geschichte Nordafrikas und des westlichen Mittelmeerbeckens bestimmen:

– Der Sieg über Byzanz wäre ohne Kriegsschiffe nicht möglich gewesen. Also bauten die arabischen Herren eine neue Hauptstadt, Tunis, in der sie Hafen und Arsenale für eine dort auf Dauer stationierte Flotte einrichteten. Sie begann seit den ersten Jahrzehnten des 8. Jahrhunderts Sizilien, die anderen Inseln des Mittelmeeres und Italien anzugreifen und zu brandschatzen.

– Im allgemeinen haben die Kalifen die besiegten Völker, da sie weder dem Islam angehörten noch mit der arabischen Kriegstechnik vertraut waren, nicht zu den Waffen gerufen, wenn sie ihre Expansion fortsetzten; andere Regeln galten nur an den nordsyrischen und zentralasiatischen Grenzen und im Seekrieg, der ohne erfahrene Rudermannschaften nicht zu führen war. Ganz anders verfuhr man mit den Berbern. Denn sie, das hatte der harte Krieg mit ihren Häuptlingen bald klar gemacht, konnte man nur gewinnen, wenn man sie an den weiteren Eroberungen beteiligte. Im Grunde wiederholte sich die Erfahrung, die nach Muhammads Tod seine Erben mit den Beduinenstämmen machen mußten: Nur der Krieg und der Glaube an Allah machte aus ihnen eine verschworene Gemeinschaft, die jeden Gegner in die Schranken fordern konnte (s.S. 653). Als die arabischen Scharen nach dem Fall Karthagos weiter nach Westen vorstießen und schließlich die marokkanische Atlantikküste erreichten, zogen mit ihnen die ersten Berberfürsten. Einer von ihnen, Tariq, überquerte im Jahre 711 unter der Fahne des Propheten die Straße von Gibraltar und leitete die Eroberung von etwa vier Fünfteln der iberischen Halbinsel ein.

– Die Verbindung von Arabern und Berbern bedeutete nach den Jahrhunderten karthagischer, römischer und byzantinischer Herrschaft etwas völlig Neues. Ihr Erbe – und dazu zählte der christliche Glaube – war an die Existenz ihrer Städte an der Küste und in den Fruchtebenen gebunden. Als diese einstürzten, verwehten ihre Spuren schnell. Der Bischof von Karthago, seit dem 3. Jahrhundert einer der wichtigsten Kirchenfürsten des Imperiums und entschlossener Gegner des Machtanspruches seines römischen Amtsbruders, verschwand wie sein Glaube und die römische Zivilisation, die ihn getragen hatte, nahezu geräuschlos von der afrikanischen Bühne.

Trotzdem hatte sich das Gesicht der alten römischen Provinzen zunächst nicht völlig verändert. Bis in die Mitte des 11. Jahrhunderts blieb die

Arabisierung auf die östlichen Regionen beschränkt und hielt sich an die alten antiken Städte. Die Katastrophe kam unerwartet. Um 1050 schickte der fatimidische Sultan von Kairo einige zehntausend arabische Nomaden, die ursprünglich im Hedschas beheimateten Beduinen-Stämme der Banu-Hilal, nach Westen, um dort seine abtrünnigen Vasallen, die Ziridendynastie in Kairouan, zur Raison zu bringen. Diese Stämme, denen bald andere folgten, „fielen", so schrieb Ibn Chaldun um 1377, „über Ifriqiya her wie eine Wolke von Heuschrecken, alles, was sich auf ihrem Wege fand, verwüstend und zerstörend."

Wir wissen nicht, ob Ibn Chaldun übertrieb und die Raubzüge und Plünderungen dieser Stämme tatsächlich die starken Regierungen, die immer die Hüter des seßhaften Lebens waren, auf Dauer stürzten und das Agrarland in Weiden verwandelten. Sicher ist, daß bis in die Mitte des 13. Jahrhunderts das bis dahin noch reiche und dicht bevölkerte Marokko in nomadischer Anarchie versank. Längst vorher war das große, 670 als Lagerstadt gegründete Kairouan, einst die glänzende Hauptstadt der Aghlabiden-Dynastie, zum armseligen Marktflecken für Nomaden verkommen; nur seine religiöse Bedeutung und seine Moschee hatten verhindern können, daß es ganz verfiel. Am Ende hatte sich im tiefen Schatten einer allgemeinen Unsicherheit das Gleichgewicht auf dem Lande zugunsten der Nomaden verschoben, erlosch in den großen Fruchtebenen das städtische Leben. Zuflucht fand es an der Küste, und hier vor allem in Tunesien: In diesem seit vielen Jahrhunderten urbanisierten Land besaß das städtische Leben eine ungewöhnliche Kraft, wurde es zur letzten, zäh verteidigten Bastion seßhaften Lebens, das im Schutz der befestigten Stadtburgen überdauerte.

TEIL D

# DIE RÜCKKEHR DER ALTEN:

# ERINNERUNGEN EUROPAS AN DIE WELT DER GRIECHEN UND RÖMER

# I. Mittelalter und Renaissance

| | |
|---|---|
| 800-1300 | Anhaltende Versuche, universale Herrschaftsansprüche durch den Gedanken von der Wiederherstellung des römischen Imperiums zu legitimieren. |
| um 1100 | Entstehung einer am *Corpus iuris civilis* orientierten Rechtswissenschaft. |
| seit 1150 | Ausgehend von der Übersetzerschule in Toledo wird der ganze Aristoteles zusammen mit den Kommentaren der arabischen Gelehrten des 11. und 12. Jahrhunderts wiederentdeckt. |
| 14.-16. Jhdt. | Zeitalter der Renaissance und des Humanismus: Die antiken Texte werden rekonstruiert und die Klassiker als Wegweiser in eine neue, von der mittelalterlichen Vergangenheit abgehobene Zukunft interpretiert. |
| 16.-17. Jhdt. | Aufarbeitung des gesamten antiken Bildungsgutes. Die Übersetzung der klassischen Texte macht sie zu integrierten Bestandteilen der heimischen Literatur. |

## 1. Die Erben der Alten Welt

Der bisherige Gegenstand dieses Buches war die Welt der Griechen und Römer von ihren Anfängen bis zum Aufstieg des Islam. Ihre Geschichte, die tausend Jahre dauerte, hatte die Ränder dreier Kontinente miteinander verbunden: Südeuropa, Asien und Nordafrika. Im Zentrum lag das Mittelmeer, lagen alle Weltstädte der damals bekannten Erde. Niemand in dieser Welt, die durch das Rom des Jupiter ebenso sicher beherrscht wurde wie durch das Rom der Apostelfürsten, hatte Zweifel: Die Einheit des Mittelmeerraumes schien für die Ewigkeit geschaffen und damit der Grundstein zu einer künftigen Geschichte gelegt, in der Europa im Schatten des Kreuzes und dominiert von Alexandria, Rom und Konstantinopel wuchs.
Es kam alles ganz anders. Beide, das Mittelmeer und Europa, gingen ihre eigenen Wege. Sie wurden auseinandergerissen durch den Streit der Theologen, durch die nach Westen und Süden vordringenden germanischen Stämme und durch den Ansturm arabischer Krieger. Diese hatten zwar Byzanz aus dem südlichen und westlichen Mittelmeer verdrängt, aber nicht verhindern können, daß die Stadt am Bosporus ihre Herrschaft über die Ägäis, Kleinasien und die Provinzen des Balkans festigte. So zeichnete das siebte Jahrhundert drei Machtzentren auf die politische Landkarte: Byzanz, das Reich der Franken und die Herrschaft der Kalifen. Alle Versuche der nachfolgenden Jahrhunderte, daran etwas zu ändern, scheiterten. Die Kreuzzüge konnten Palästina und Syrien nur für kurze Zeit einem christlichen Europa zurückgewinnen, und den Versuchen Italiens, Spaniens und vor allem Frankreichs im 19. Jahrhundert, die gegenüberliegenden Küsten

*Galeazzo Mondella, genannt Moderno, Geißelung Christi (2. Viertel 16. Jhdt.)*
(Wien, Kunsthistorisches Museum)

*Che tenga piu al antico sia posibile* – So nah an der Antike wie möglich", befahl in seinem Testament der Kardinal Giovanni Battista Zen, der 1501 in Padua starb und in einem freistehenden Sarkophag aus Bronze bestattet werden wollte. Der Satz kann als Leitmotiv über die Kunst der Renaissance gestellt werden – selbst dort, wo ihre Thematik rein religiös und der privaten Sphäre vorbehalten war. So signierte der Veroneser Goldschmied Moderno ein Andachtsdiptychon, das eine seit dem 13. Jahrhundert beliebte Thematik aufnahm: Geburt und Opfertod Jesu. Dieser, seit dem 5. Jahrhundert im Bild des Gekreuzigten festgehalten (s. S. 569), erscheint hier in der Szene der Geißelung.

Die Suche nach den Gründen dieses Motivwechsels führt in das Jahr 1506 und in das Rom des Pontifex Julius II., der mehr als jeder andere Papst vor ihm von der Antike lernen wollte und von der Wiedergeburt Roms und eines neuen Goldenen Zeitalters träumte. Im März erwarb er die im Januar gefundene Laokoongruppe und stellte sie, so berichtet ein Zeitgenosse, in der Viletta di Belvedere wie in einer Kapelle auf. Von nun an bestaunte ganz Italien das in Stein gehauene Schicksal des trojanischen Priesters, der seine Landsleute vor der List des Odysseus und dem hölzernen Pferd gewarnt hatte und daraufhin mit seinen beiden Söhnen auf Befehl der erzürnten Athena von zwei mächtigen Schlangen angefallen wurde:

„... um die Leiber, die jungen,
beider Söhne schlingen nun beide Schlangen die grause
Windung, weiden den Biß an den armen, elenden Gliedern.
Dann ergreifen sie den Vater auch, der mit Waffen zu Hilfe
herstürmt, schnüren ihn ein in Riesenwindungen, und schon
zweimal die Mitte umschlungen und zweimal die schuppigen Rücken
um seinen Hals, überragen sie hoch mit Haupt ihn und Nacken.
Jener bemüht mit den Händen sich hart, zu zerreißen die Knoten,
schwarz übergossen von Geifer und Gift an den heiligen Binden,
furchtbar zugleich tönt klagend sein Schrei hinauf zu den Sternen."
(Vergil, Aeneis 2,215-223; Übers.: J. Götte).

Der Christus Modernos, in verrenkter Haltung an die Säule gebunden und von Folterknechten geschunden, ist die exakte Kopie des Laokoon, dessen Tod einst rhodische Bildhauer nach den Versen Vergils versteinert hatten. Auch die übrigen Figuren sind ohne Ausnahme Zitate aus antiken Werken: Die Henker in römischen Rüstungen und Helmen, unter ihnen ein verirrter Reiter, entstammen den Reliefs antiker Schlachtensarkophage, und der laufende Nackte im Vordergrund ist einem der beiden antiken Tyrannenmörder nachgebildet, die in Rom im Hof des Palazzo Madama standen.

Aber da ist noch mehr: Der grausame Tod des trojanischen Priesters, von Vergil mit dem Tod eines Opferstieres verglichen, wird mit der Passion Christi gleichgesetzt. Beide sterben auf göttlichen Befehl, beide leiten ein neues Zeitalter ein: Auf den Tod Laokoons folgt die Flucht des Aeneas und die Gründung Roms, der Tod Christi am Kreuz erlöst die Menschheit und Rom, über das für alle Zeiten die Apostel Petrus und Paulus wachen (Vgl. D. Blume, Antike und Christentum, in: Natur und Antike in der Renaissance, 1985, S. 84 ff.).

Diese und andere Versuche, die heidnische Antike in die christliche Tradition einzuschmelzen, sind in den Jahrzehnten der Gegenreformation konsequent unterdrückt worden – sie hätten die Position des protestantischen Gegners nur verstärkt. Aber sie bleiben als Zeugnisse eines Denkens, das der Antike auch den letzten Tribut schuldig zu sein glaubte: die Versöhnung mit der siegreichen Welt des Gekreuzigten.

Nordafrikas dem eigenen Machtbereich einzugliedern, gehörte nicht die Zukunft. Allein in Spanien feierten die christlichen Krieger und ihr Schutzpatron, der Apostel Jakobus, einen dauerhaften Sieg: 1492 verließ der letzte Herrscher der Nasriden-Dynastie, Boabdil, von seiner Mutter und seinen Kriegern als Feigling verflucht, Granada; mit ihm flohen tausende Muslime und Juden nach Nordafrika, da sie von den nachrückenden Christen nichts Gutes zu erwarten hatten.

Nördlich des Mittelmeeres begann das Frankenreich unter Karl dem Großen nach Osten und nach Süden zu expandieren. Sachsen, Bayern, Kärnten und Oberitalien wurden erobert, das Langobardenreich brach zusammen. 812 erkannte der Kaiser in Byzanz an, daß er nun einen gleichberechtigten Souverän neben sich dulden müsse und Mitteleuropa Karl, dem neuen Imperator des Westens, allein gehorchte. Später gründeten die nachfolgenden europäischen Staaten neue politische und kulturelle Zentren und bildeten nationale Monarchien aus, die einander eifersüchtig den Vorrang streitig machten. Namen wie Paris, London, Aachen oder Magdeburg kündeten von neuen machtpolitischen Ordnungen, die jede für sich stark genug waren, eigene, dauerhafte Staaten zu gebären. Sie alle lagen in Ländern, die in römischen Augen Barbaren beherbergt hatten und deren rauhes Klima jede Hoffnung auf eine eigenständige kulturelle Entwicklung auszuschließen schien. Trotzdem hatten sie alle gelernt, die schweren Böden ihrer Heimat zu kultivieren und durch ihre grundherrschaftliche Betriebsweise die Produktion von Nahrungsmitteln zu steigern – die entscheidende Voraussetzung, um die Zahl ihrer Menschen zu erhöhen (vgl. S. 62 f.).

Von dort brachen schließlich auch die Eroberer auf, die jenseits des Atlantik eine ganz neue Welt entdeckten und kolonisierten. In ihnen wuchsen auch die Forscher und Unternehmer heran, die seit der Mitte des 18. Jahrhunderts die Produktionstechniken revolutionierten und damit das Leben auf der ganzen Erde so gründlich veränderten, wie dies vor ihnen nur die Menschen getan hatten, die als erste seßhaft wurden, Tiere zähmten, den Boden bebauten und damit in die Wachstums- und Vermehrungsrhythmen der Natur eingriffen.

Es sind bereits diese einfach zu verstehenden Tatsachen, die von vornherein jeden Versuch unterbinden, die Geschichte der antiken Völker als Vorspann zur eigenen, modernen Geschichte begreifen zu wollen. Und niemand wird heute noch der Illusion verfallen, die Antike hielte Lehren für eine zukünftige Welt in Händen. Sie ist untergegangen in der strengen Bedeutung des Wortes, und wer ihre Toten beschwört, befragt sie nicht mehr nach verbindlichen Lebensregeln.

Trotzdem macht es einen Unterschied, ob man sich mit dem Ägypten der Pharaonen oder der Geschichte der griechischen und römischen Städte beschäftigt. Ihre Spuren sind überall im Mittelmeerraum und in Mitteleuropa zu finden, und auf ihre Geschichte haben die späteren Generationen geblickt, wenn sie ihr Wissen erweitern wollten. Von diesen Verbindungen zwischen dem Einst und dem Jetzt erzählen monumentale Bauten in vielen Städten Europas, sprechen Fundstücke, liebevoll in den Museen der Alten und der Neuen Welt eingesargt, predigt die Liturgie der christlichen Kirchen, künden die Gesetzbücher vieler Staaten und die Lehrpläne ihrer Schulen. Im Grunde haben die europäischen Staaten nie Abschied nehmen wollen von der Erinnerung an eine Zeit, deren Fährten ihre Gelehrten nur mühsam zurückverfolgen konnten.

Wie mühsam, wußten bereits die Gelehrten der Renaissance. Sie hatten die Reste der weit verstreuten römischen Literatur in den Klöstern des Mittelalters gesucht und in sorgsamer Kleinarbeit neu zusammengesetzt. Ihre Tat feierten sie als einen Akt der Selbstfindung in einer Welt, mit deren gegenwärtiger Gestalt sie sich nicht abfinden wollten. Seitdem haben sich immer wieder Menschen auf die Römer berufen, wenn sie gegen ihre eigene Tradition aufbegehrten und nach Vorbildern für eine neue, bessere suchten. So hielten noch die Revolutionäre von 1789 Cicero und die anderen antiken Schriftsteller in ihren ewig zornigen Händen und verwiesen beschwörend auf die Tugenden der freien römischen Republik, als sie sich aufmachten, ihre auf Freiheit und Gleichheit gegründete Verfassung zu formulieren und anderen verständlich zu machen. Ihnen gleich taten es jenseits des Atlantik, tausende Meilen von Rom entfernt, die Väter der amerikanischen Verfassung. Unter ihrer strengen Aufsicht bauten die Architekten Washington, das Hauptstadt einer neuen Weltmacht wurde, als das Rom der Neuen Welt, und sie waren sich sicher, mit Hilfe der römischen Architekturbilder ihre Mitbürger republikanische Tugenden lehren zu können.

## 2. Kontinuität und Erinnerung: Das Mittelalter

*Zerstörung und Bewahrung*

Das römische Imperium hat seinen europäischen Erben nur wenig direkt übergeben können; das meiste mußten sich diese mühsam in der Trümmerlandschaft zusammensuchen, die die germanischen Reiter hinterlassen hatten. Am leichtesten fiel die Suche den Völkern, die – wie die Ost- und Westgoten – in Italien oder den Westprovinzen seßhaft wurden und deren Heerkönige zugleich als römische Magistrate regierten. Am schwersten taten sich die Stämme, die – wie die Sachsen und Nordgermanen – entweder niemals direkten Kontakt zu Rom hatten oder – wie die Alemannen, Bayern und Angeln – in die römischen Grenzprovinzen mit Feuer und Schwert eingefallen waren und dort die römische Zivilisation gewalttätig beseitigt hatten; vielen brachte erst der christliche Missionar Kunde von einem untergegangenen Weltreich jenseits des Horizonts. Die Schlüsselrolle in dieser so unterschiedlichen Erbengemeinschaft fiel den Franken und ihren Königen zu. Sie herrschten über weite Gebiete der alten gallischen Provinzen ebenso wie über einen geschlossenen fränkischen Siedlungsraum, den sie in langen Eroberungskriegen ständig vergrößerten. Als sie ihr Gesicht der römischen Tradition zuwandten, bekamen die Toten der Antike ihre Chance, in der Geschichte Europas weiterzuleben.

Zunächst jedoch hatte das frühe Mittelalter nur verschwommene Kenntnisse von den Welten der Antike. Was davon noch Fleisch und Blut besaß, verkörperte in den Augen der Nordvölker die christlich-katholische Kirche: Allein das Regiment ihrer Würdenträger vermittelte römisches Recht und römische Verwaltungspraxis, allein die Autorität des Papstes erinnerte an den universalen Machtanspruch des Kaisers, allein die Bibel und die Texte der lateinischen Kirchenväter sprachen von Bildung. Aber all dies waren eben doch nur Bruchstücke einer Welt, die noch Ungeheures und Revolutionäres verborgen hielt. Ihre Geheimnisse ganz zu entschlüsseln verbot in den Jahrhunderten vor Petrarca die Allmacht der Kirche. Aber noch andere Hindernisse türmten sich vor dem Blick des Neugierigen, der sich über den Abgrund der Vergangenheit beugte:

- Die germanischen Eroberer hatten die politische Ordnung des universalen römischen Weltreiches nicht aus schierer Mordlust zerstört. Sie konnten mit ihr auch gar nichts anfangen und haben daher ihr Glück zunächst mit ihren eigenen Gesetzen und Traditionen versucht. So zerbrach die Kontinuität von allem, was territoriale Herrschaft hieß, und wer als König regierte, war immer noch Heerkönig, d. h. persönlicher und an die Zustimmung seines Volkes gebundener Führer im Kampf um Beute und Land.
- Städte gab es nur auf dem Boden des untergegangenen Imperiums, nicht aber in Mittel-, Nord- und Osteuropa. Denn die Germanen waren Bauern und blieben es auch, als sie sich nach langen Wanderungen neues Land verschafft hatten. Die Städte, die sie auf ihrem Vormarsch berannten, blieben ihnen fremd, und deren Funktion als Selbstverwaltungskörperschaft bot nichts, was ihre Probleme hätte lösen können. So sanken vor allem in England, am Rhein und an der Donau, aber auch im Hinterland der alten Reichsgrenzen die Städte in Schutt und Asche. Dort, wo sie auf Grund ihrer hervorragenden Lage als Festungen oder als Bischofssitze die Völkerwanderung überlebten, übernahmen sie unter dem Szepter germanischer Könige neue Funktionen, die nur entfernt an ihre lange Geschichte als römische *civitates* erinnerten. Die großen steinernen Bauten der Amphitheater, Thermen, Wasserleitungen, Tempel und Straßen in den alten Römerstädten harrten allerdings aus: Als Kirchen oder öffentliche Bauten übernahmen sie neue Aufgaben oder wehrten sich zäh gegen die Spitzhacken, die meist zu schwach waren, um ihnen ganz den Garaus zu machen.
- Die lateinische Sprache war den Eroberern fremd. Sie mußte neu gelernt und gesprochen werden vor den Ohren von Romanen, die jeden falschen Zungenschlag als Ausdruck barbarischer Gesinnung belächelten. Gefühle der Minderwertigkeit plagten die Eroberer und mit ihnen neue Aggressivität.
- Die große Rechtskodifikation Justinians, das *Corpus iuris civilis* (s. S. 649 f.), war eine Totgeburt gewesen. Nirgendwo im Westen hatte die Rechtspraxis darauf Bezug genommen. Dort gab es das praktisch bewährte Vulgarrecht, auf das sich auch die neuen germanischen Herren

beriefen, wenn sie sich als Gesetzgeber hervortaten und dabei den Fleiß römischer Juristen nutzen konnten; so z. B. die Westgoten, deren *Lex Visigothorum* vom 5. bis zum 8. Jahrhundert aufgezeichnet wurde.

– Als Byzanz seiner Wege ging, verschwanden aus dem Blickfeld die alten Griechen, deren Sprache niemand mehr verstand. Als im Jahre 524 Boëthius, römischer Senator und Gelehrter, auf Befehl des Gotenkönigs Theoderich den Weg zum Schafott antrat, starb der letzte Große des alten Westreiches, der noch selbst die griechischen Klassiker zu lesen vermochte und gerade dabei war, das Gesamtwerk von Platon und Aristoteles ins Lateinische zu übersetzen. So wußte man im Westen bis zum 12. Jahrhundert von beiden so gut wie nichts. Sie und mit ihnen Homer, von dem man nur den Namen kannte, die griechischen Tragiker Aischylos, Sophokles, Euripides, die Historiker Herodot, Thukydides, Xenophon und viele andere gingen ins Exil. Sie warteten auf ihre Stunde in Byzanz, das sie sorgsam abschrieb und studierte, und sie dienten in den Schulen arabischer Gelehrter, die zwischen Bagdad und Toledo darangingen, die meisten von ihnen in ihre Sprache zu übertragen und an ihre Schüler weiterzugeben. Von dort her und auf seltsamen Umwegen kam denn auch die erste Kunde von ihnen in das Abendland.

Was in der neuen Welt des Mittelalters von Anfang an bleiben durfte, war also grundsätzlich lateinisch geschrieben, in der Universalsprache des Mittelalters, das sich mit Leidenschaft für römisch und nicht für barbarisch hielt. Der Grund ist leicht zu verstehen: Gott sprach ausschließlich Lateinisch. Denn seine Worte waren nur in der Sprache Ciceros zu lesen, seit Hieronymus am Ende des vierten Jahrhunderts die Bibel ins Lateinische übertragen (*Vulgata*) und die Kirche Übersetzungen in die Volkssprache verboten hatte. Das gleiche traf für den Kult zu: Während Byzanz die Sprache der slawischen Völker, die seine Prediger bekehrten, in die Liturgie seiner Kirche aufnahm, beharrte Rom auf dem Lateinischen. Der kleine Mann in England, Skandinavien oder Deutschland, der diese ihm ganz fremde Sprache nicht verstand, nahm es, wie es kam: Er konnte ohnehin weder lesen noch schreiben. Dies war eine Kunst, die noch lange Zeit den Klerikern und einem kleinen Teil der Herrschenden vorbehalten blieb; für sie spiegelte sich der universale Herrschaftsanspruch Christi in der Universalität der lateinischen Sprache.

Anders als in Byzanz, wo es stets auch eine weltliche Beschäftigung mit der antiken Tradition gab, nahm im Abendland die Kirche allein das antike Erbe an. Über vieles brach sie den Stab, weil es heidnisch war. Manches zerstörten Eiferer, was als sichtbarster Beweis der heidnischen und nun durch Gottes Willen entmachteten Verderbtheit die Augen der Frommen beleidigte. Sie trieb die uralte Gewißheit, das dritte Geschlecht zu sein (s. S. 575) und nichts mit der heidnischen Welt gemein zu haben; derlei hielt sich zäh in den Sätzen Tertullians und machte alles Antike zu teuflischem Blendwerk: „Was also haben gemeinsam der Philosoph und der Christ, der Schüler Griechenlands und der des Himmels, der Beförderer seines Ruhms und der seines Heils, ... der Verfälscher der Wahrheit und ihr Erneurer und Dolmetsch, ihr Dieb und ihr Wächter?" (Apologie 46,18; Übers.: Becker).

Wer trotzdem die Bücher der Alten aufschlug, dem mochte es häufig gehen wie dem Heiligen Hieronymus, dem träumte, er sei angeklagt, ein „Anhänger Ciceros (*Ciceronianus*), nicht ein Anhänger Christi (*Christianus*)" zu sein (Briefe 22,30). Weniger berühmte Liebhaber alter Autoren hatten ernstere Sorgen, wenn sie der heidnischen Sprachgewalt zu hingerissen lauschten: „Es sei euch genug mit den heiligen Dichtern, ihr habt es nicht nötig, euch anzustecken mit der üppigen Sprachkunst des vergilischen Stils", ermahnte barsch Alkuin, Abt von St. Martin in Tours, einen seiner Mönche, der seine Leidenschaft zu Vergil nicht hatte zügeln können (MGH SS 15,193). Die Warnung war unüberhörbar: Die Alten durften nicht um ihrer selbst willen studiert werden; nur dort, wo sie für die Verkündigung der christlichen Botschaft nützlich sein konnten, war ihr Rat gefragt. Noch der Vergil Dantes mußte beweisen, daß er seinen Platz in der Heilsgeschichte eingenommen hatte: Im Fegefeuer zeugte der Dichter Statius (um 40-95) für ihn, indem er auf die vergilische Frage, wer ihm den Weg zum christlichen Glauben gezeigt habe, antwortete: Du.

„Du schrittest wie der Wanderer durch die Nacht
mit seinem Licht im Rücken, das nicht *ihm*,
doch hinter ihm den Menschen Klarheit spendet.
Von dir der Spruch: ‚die Welt wird neugeboren,
Astraea kehrt, es kehrt die Urzeit wieder,
vom hohen Himmel steigt ein neu Geschlecht.' [4. Ekloge, 6 ff.]
Durch dich ward ich Poet, durch dich ein Christ."
(Dante, Fegefeuer 22, 67-73; Übers.: Vossler).

Einige ließen sich allerdings in ihrer Neugier nicht schrecken und stöberten auf eigene Faust. So fanden viele antike Autoren Unterschlupf hinter Klostermauern und in bischöflichen Bibliotheken, wo sie gesammelt und von den vergänglichen Papyrusrollen auf Pergamentcodices umgeschrieben wurden. Nicht wenige verdankten ihr Überleben dem Zufall oder der persönlichen Leidenschaft einzelner Gelehrter. Die Germania des Tacitus wanderte aus einem irischen Kloster in das fränkische Fulda, und dem Catull gewährte der Bischof von Verona Asyl, weil dieser dort einst Stadtbürger war. Zufall und bewußte Überlieferung wechselten sich ab und stießen den einen in die Vergessenheit, den anderen in die Unsterblichkeit. Was schließlich blieb, ist – gemessen an dem, was einst da war – erschütternd wenig, aber – gewogen an seiner Bedeutung – weit mehr als in den zwei Jahrhunderten des Untergangs zu hoffen war.

Dies wird erst so recht deutlich, wenn ein Blick auf die Herkunft der Handschriften lehrt, daß es vor allem die Randstaaten des untergegangenen Imperiums waren, die die Reste seiner Kultur bewahrten. Das verarmte Italien hatte nichts mehr, woran sich irgendjemand orientieren wollte. Auch seine Städte waren in den wilden, kriegerischen Jahrzehnten des 4.–6. Jahrhunderts zerfallen und entvölkert. Das Schicksal der größten Stadt mag

für alle stehen: Rom. Nach den Wirren des 3. Jahrhunderts dürften hinter den gewaltigen Mauern des Aurelian noch 800 000 Menschen gelebt haben; die Not des 5. Jahrhunderts machte daraus etwa 100 000, und die von den Gotenkriegen der fünfziger und sechziger Jahre des 6. Jahrhunderts geschlagene Stadt mochte noch etwa 30 000 Menschen beherbergen. Prokop, der griechische Historiker dieser Kriege, sah zu Skeletten abgemagerte Menschen, die in den Schutthaufen nach Brennesseln suchten, um sich davon zu nähren.
In späteren, friedlichen Zeiten kehrten viele Flüchtlinge zurück, und neue Siedler zogen von außen zu, aber sie konnten die alte Herrlichkeit niemals wiederherstellen. Denn diese war abhängig gewesen von der Anwesenheit des kaiserlichen Hofes, seiner Würdenträger und der politischen Eliten des ganzen Reiches, die in die Hauptstadt des weltumspannenden Imperiums drängten. Sie alle hatten ihre Ämter verloren und waren nach Konstantinopel oder aufs Land gezogen, wo sie sich auf ihren Gütern ein neues Leben einrichteten. Ihren an der Vergangenheit orientierten Visionen von der wahren Macht konnte der Bischof von Rom mit seinen Priesterscharen keinen Ersatz bieten, so sehr er sich auch mühte, die Stadt des Petrus und Paulus mit Kirchen zu schmücken. Der bedeutendste, Gregor der Große, Sproß eines alten, römischen Adelsgeschlechts, blickte denn auch voller Verzweiflung auf ein Bild des Jammers, als er 593 in der Basilika des Heiligen Petrus vor seinen stummen Zuhörern von den Prophezeiungen des Ezechiel sprach: „Von unermeßlichem Schmerz, von Entvölkerung der Bürger, vom Sturm der Feinde, vom Schutt der Ruinen ist sie daniedergebeugt, die einstige Herrin der Welt. Wo ist der Senat, wo ist das Volk? Die Knochen sind aufgelöst, das Fleisch zerstört, aller Glanz weltlicher Würde ist in ihr ausgelöscht. ... Alle ihre Helden, durch die sie einst fremdes Eigentum raubte, sind tot" (nach Gregorovius I, S. 315 f.).
In der Tat: Das heidnische Rom starb, und mit ihm viele ehemals blühende Städte. In ihnen betete eine dezimierte und verängstigte Bevölkerung zu einem neuen Gott und dessen himmlischen Paladinen um das tägliche Brot und sah im übrigen teilnahmslos zu, wenn die Bauern die Steine aus den sinnlos gewordenen Prachtbauten einer verlorenen Zeit rissen, um damit Unterstände für ihre Schafe und Schweine zu bauen.

*Funktionen der Rückerinnerung*

Im Jahre 415 hörten in Bethlehem Hieronymus, Übersetzer und Kommentator einer lateinischen Bibel, und Orosius, Verfasser einer Geschichte der Menschheit, eine nach der Brandschatzung Roms im Jahre 410 schier wunderbare Geschichte. Ein weitgereister Gast, der sich als römischer Offizier und Bürger der Stadt Narbonne vorgestellt hatte, erzählte, er sei ein Freund des Gotenkönigs Athaulf gewesen, und dieser habe ihm enthüllt, wozu er, der Herrscher eines germanischen Volkes, auf der Welt sei: 410 wäre er mit seinem Schwager Alarich, dem damaligen König, nach Rom gezogen, um den Namen der Römer auszulöschen und aus den Trümmern ihres Reiches ein eigenes, ein Imperium Gothorum, zu schmieden. Die ersten Jahre seiner Regentschaft hätten ihn jedoch belehrt, daß sein Volk, zügellos und wild, unfähig sei, den Gesetzen zu gehorchen, ohne die ein Staat kein Staat sein könne. So habe er sein Ziel neu bestimmt und trachte nun, mit seinen Kriegern und geleitet vom Rat seiner frommen Gattin Galla Placidia, der Tochter des großen Kaisers Theodosius, Ruhm zu gewinnen, indem er das Imperium der Römer wiederherstelle und stärke. „Er wolle" – so habe der König sein Bekenntnis geschlossen – „bei der Nachwelt wenigstens als Urheber der Erneuerung Roms gelten, da er die Welt nicht verändern könne" (Orosius, Historiae adversus paganos, 7,43).

Niemand weiß, ob der Erzähler von Bethlehem die Wahrheit sprach. Orosius, der die Geschichte tief beeindruckt in sein Werk aufnahm, verkündete damit, was prophetisch in die Zukunft wies: Die Germanen, die Goten in Spanien und Italien, die Vandalen in Nordafrika, die Franken und Angelsachsen in Frankreich und England hätten zwar das Imperium überrannt, aber sie könnten als Barbaren der alten Welt keine neue Ordnung geben; ihre Aufgabe müsse daher sein, das christlich gewordene Reich der Römer zu schützen und auf Dauer zu bewahren.

Dieser Gedanke legitimierte Herrschaft auf eine besondere Weise und bot ihr die Chance, gleich auf mehreren Wegen die Autorität des Monarchen an den Himmel und die Geschichte des ersten christlichen Universalherrschers Konstantin zu binden. Dazu allerdings brauchte man den Nachfolger Petri, brauchte man die einzige universale Institution, die den Glorienschein des alten Rom trug und dem Kaiser in Byzanz das Recht streitig machte, allein Herrscher von Gottes Gnaden, allein Nachfolger des römischen Kaisers, allein Stellvertreter Christi auf Erden zu sein. Die fränkischen Könige Pippin und Karl der Große erkannten ihre Chance und nutzten sie. Das Bündnis, das sie mit dem Papst schlossen und Karl am Weihnachtstag des Jahres 800 in Rom mit der Kaiserkrönung besiegelte, verband die römische mit der Geschichte der fränkischen und später der deutschen Kaiser. Sie alle nannten sich in christlicher Demut Könige „von Gottes Gnaden" und erhoben sich über alle Ansprüche ihres Volkes auf Teilhabe an der Herrschaft.

Das Reich Karls zerfiel. Es blieb der Glaube an die Erneuerung des römischen Imperiums (*renovatio imperii Romanorum*). „Unser, unser ist das römische Reich!" jubelte der Erzbischof Gerbert seinem Kaiser Otto III. (996-1002) zu und fuhr fort: „Seine Kraft geben ihm das fruchtbringende Italien, das an Kriegern reiche Gallien und Germanien, und auch die mächtigen Gebiete der Skythen [gemeint sind die Slawen] fehlen uns nicht" (zit. nach Haller, Papstum II, S. 223). Der Adressat sah es wie sein hochgebildeter geistlicher Ratgeber: Der Palatin in Rom, dort, wo Gras über die Trümmer der kaiserlichen Paläste des Augustus und seiner Nachfolger wuchs, sollte wieder Sitz des Kaisers werden. Dieser war – so sein Titel – „nach dem Willen Gottes, des Erlösers, Imperator Augustus der Römer" und wollte – so das byzantinische Vorbild – der „Vater" einer „Familie" von

## 2. Das Mittelalter 671

unabhängigen Königen und abhängigen Fürsten sein. Es wurde nichts daraus. Der junge Kaiser starb 1002 bei Viterbo, fern von Rom und vertrieben von den Römern, die – wie die sächsischen Stämme im Norden – ihre eigenen Sorgen nicht mit hochfliegenden imperialen Ideen bekämpfen konnten und wollten.
Dieses Debakel hat dem Glauben, nach Gottes Willen setze sich das Imperium fort bis an das Ende der Welt, nichts anhaben können. Schon die fränkischen Theologen hatten den Gedanken Tertullians (s. S 593 f.) wiederaufgenommen, daß das christliche Imperium nicht untergehen dürfe, weil sonst das Reich des Antichristen anbräche. Erst wenn der letzte große Herrscher nach Jerusalem pilgere und demütig am Ölberg Zepter und Krone niederlege, so erzählten sich die späteren Generationen, sei die Geschichte des Imperiums zu Ende geschrieben und die Zeit des Antichrist und des ihm folgenden Weltendes gekommen. Die Fortsetzung der universalen Monarchie des Konstantin wurde so für den Bestand der Welt unentbehrlich und gottgewollt. In dieser Gewißheit zogen die fränkischen und deutschen Könige, zogen die Ottonen, Salier und Staufer nach Rom und begehrten die kaiserliche Würde, die sonst nur noch der Herr von Byzanz beanspruchte. Sie alle wurden als römische Kaiser gezählt: Friedrich Barbarossa war für die Chronisten der Zeit der einundneunzigste Kaiser seit Augustus. Als seit 1250 das Stauferreich zerfiel und es keinen gekrönten Kaiser mehr gab, blieb wenigstens die Hoffnung auf die Rückkehr des Kaiser Friedrich, der im Kyffhäuser auf seine Stunde wartete.
Dies konnte nicht ohne Auswirkung auf das historische Bewußtsein bleiben. Die Chronisten griffen immer häufiger weit zurück in eine Zeit, die ihrerseits die germanischen Völker gar nicht oder nur als armselige und ganz und gar bedeutungslose Barbaren gekannt hatte. Trotzdem bestimmten nicht die eigene Vergangenheit, nicht die alten Recken der Frühzeit, sondern die Tradition der Römer und die der biblischen Geschichte das politische und religiöse Denken. So hat der Dichter des um 1080/85 entstandenen Annoliedes seinen Lesern nicht nur das Leben des frommen Bischofs Anno, durch den Gott viele Wunder wirkte, erzählen können. Er mußte auch die lange Geschichte der in der Prophezeiung Daniels genannten vier Weltreiche abschreiben, um dem eigenen Volk seinen Gründungsheros zu zeigen. Dieser kam aus dem letzten, dem Imperium Roms: Von dort sei Caesar zum Krieg gegen die deutschen Lande aufgebrochen und habe nach zehn Jahren die Völker der Schwaben, der Bayern, der Sachsen und der Franken besiegen und schließlich zu Verbündeten machen können. Der Senat habe ihm diese Taten nicht gedankt, so daß Caesar an den Rhein zurückkehren und in Gallien und Germanien die Scharen seiner Getreuen sammeln mußte. Mit ihnen habe er seine Gegner, Pompeius, Cato und den Senat, in einer gewaltigen Schlacht besiegt und alle Macht für sich genommen. Sein Nachfolger Augustus habe das Erbe angetreten und wie der Vater die deutschen Mannen in Ehren gehalten und Städte gebaut.
Caesar also hat nach diesem Verständnis die vier großen germanischen Stämme geeint; diese dankten es fürstlich und schenkten ihm den Sieg

über seine Gegner in Rom. Dieses Bündnis festigten die Städtegründungen Caesars am Rhein, von denen bereits zwanzig Jahre vor dem Annolied Magister Gozwin aus Mainz viele Einzelheiten zu berichten wußte; die Jahrzehnte danach sahen Caesar immer neue Städte gründen: Um die Mitte des 12. Jahrhunderts hörte der eilig durch Ungarn reitende französische Kleriker Odo de St.-Deuil, selbst dort sei Caesar aufgetaucht und habe ein Nachschublager angelegt.

*Recht und Philosophie*

Bis weit in das 13. Jahrhundert hinein mühten sich die deutschen Kaiser, die Legitimation ihres universalen Machtanspruches immer enger an Rom zu binden. Sie waren damit in der rauhen Welt der in Europa rivalisierenden Mächte nicht sehr erfolgreich: Die Könige Spaniens, Frankreichs und Englands blickten gelassen auf die antike Idee von der Weltherrschaft eines Monarchen, und keiner war bereit, die schwer erkämpften Herrschaftsrechte über seine Länder mit irgendjemandem zu teilen – wie antik gewandet er immer daherkommen mochte. „Das Heilige Römische Reich Deutscher Nation" – so der spät aufkommende Name des wiederhergestellten Imperiums – blieb faktisch immer beschränkt auf Deutschland, Italien und Burgund, und selbst dort schwächten selbstherrliche Landesfürsten die Macht des Kaisers mehr als in anderen Ländern.
Auch der Papst hatte seine eigenen Vorstellungen von der Macht des Kaisers und ihrer Legitimation: Die Krone, die er über das Haupt des deutschen Königs hob, gehörte nach seiner Interpretation Gott, und ihre Verleihung war eine von Gott stammende Gunst (*beneficium*), die er, der Nachfolger Petri, allein vermitteln konnte. Der damit formulierte Machtanspruch war universal, und sein Ton sollte im Lauf der Zeit immer herrischer werden: Nicht nur als Nachfolger Petri, so verkündete Innozenz III., Papst von 1198 bis 1216, sondern auch als Statthalter (*vicarius*) Christi habe der Papst sein Amt wahrzunehmen, das zugleich ein Richteramt über alle Völker und jeglichen Regenten begründe. Hundert Jahre später wurde daraus der hochmütige Anspruch auf die Weltherrschaft: „Beide Schwerter hat die Kirche in ihrer Gewalt, das geistliche und das weltliche. Dieses aber ist für die Kirche zu führen, jenes von ihr. Ein Schwert aber muß dem anderen untergeordnet sein, die weltliche Macht muß sich der geistlichen fügen.... So erklären wir denn, daß alle menschliche Kreatur dem Papst in Rom untertan sein muß, wenn sie nicht die Seligkeit ihrer Seele verlieren will." Damit freilich war der Bogen überspannt: Bonifatius VIII., der in seiner Bulle *Unam sanctam* diese hochfahrenden Sätze an die Mächtigen Europas gerichtet hatte, starb vertrieben aus Rom, als der französische König sein weltliches Schwert zog und das geistliche zerschlug.
Aber schon vorher hatte es über den päpstlichen Machtanspruch Streit gegeben – vor allem mit den Staufern, die die kaiserliche Macht wie die alte römische als unmittelbar gottgewollte verteidigten. Beide, Kaiser und Kurie, gefesselt an die Beschwörung derselben universalen Romidee, intensi-

vierten das Nachdenken und suchten nach neuen Argumenten und Bundesgenossen. Sie kamen ihnen entgegen in der Gestalt des römischen Rechts, genauer: des *Corpus Iuris* Justinians. Der Ort seiner Wiederentdeckung war Bologna, und die Meister, die es handhaben lernten, Juristen. Sie machten das Recht zum Gegenstand rationaler Betrachtung und Begründung und gehorchten damit einer elementaren Grundströmung ihrer Zeit, die auf allen Gebieten des Wissens und Denkens zu neuen Ufern aufbrach.

Die Autorität, die die alten Rechtstexte nach einem sechshundert Jahre währenden Exil nun wie selbstverständlich beanspruchen durften, verlieh ihnen zunächst der nie geschwundene Glaube, daß das römische Recht zu den höchsten Errungenschaften der Alten zähle, dann die Bindung der weltlichen und geistlichen Macht an Rom. Nutzen davon hatten zunächst und nicht zufällig die Kaiser. Bereits um 1080 schrieb der Jurist Petrus Crassus aus Ravenna eine Verteidigungsschrift für Heinrich IV., in der die Grundsätze des römischen Rechts genutzt wurden, um alle Vorwürfe des Papstes gegen den deutschen Kaiser zurückzuweisen. Rund siebzig Jahre später, auf dem Reichstag von Roncaglia 1158, erfolgte der Generalangriff. Friedrich Barbarossa, „von Gottes Gnaden Kaiser der Römer und immer Augustus", formulierte, unterstützt von den vier bedeutendsten Juristen Bolognas, die Quelle seiner Herrschergewalt als neuer Justinian. „Dein Wille ist Recht", rief daraufhin der Erzbischof von Mailand dem Kaiser zu und zitierte das römische Recht „wie es (bei Justinian) heißt [Digesten 1,4,1]: ‚Was dem Fürsten gefällt, hat Gesetzeskraft, weil ihm das Volk seine ganze Befehlsgewalt und alle Macht übertragen hat. Was der Fürst durch ein Schreiben bestimmt oder erkennt und beschließt oder durch ein Edikt befiehlt, ist Gesetz" (Rahewin, gesta Friderici 4,6 ff.; Übers.: Bühler). Mit anderen Worten: die kaiserliche Befugnis zur Rechtssetzung wurde aus dem byzantinischen Absolutismus des 6. Jahrhunderts abgeleitet und in den Mantel des römischen Rechts gehüllt. Und noch ein zweites fiel den Juristen im Dienste des Kaisers auf. Sie fanden in den ersten Sätzen der Digesten die klassische Definition von öffentlichem Recht, das sich auf das Religionswesen, die Priester und die Beamten erstreckte: *publicum ius in sacris, in sacerdotibus, in magistratibus consistit* (1,1,1,2). Der Kaiser als der Herr des öffentlichen Rechts, so war daraus zu schließen, verfügte also auch über den Klerus.

Alles zusammengenommen ließ die kaiserliche Würde im antiken Glanze neu erstrahlen. Wie ein zweiter Konstantin berief denn auch Barbarossa 1160 die Bischöfe zum Konzil nach Pavia und führte dort den Vorsitz. Wie dieser erließ er Gesetze, die er als „heilig" bezeichnete. Und wie der Kaiser in Byzanz erklärte er die Kaiserkrönung in Rom zur reinen Formalität, da die Krone ein *divinum beneficium* und kein Gnadenerweis des Papstes sei.

Diese neue Formulierung der alten Romidee erwies sich schnell als ein Funke, der in ein Pulverfaß von Interessen noch ganz anderer Art fiel. Einmal zurück in der Welt, begann das römische Recht, ganz Westeuropa zu erobern und das Rechtsbewußtsein der Zeit mit der Gewalt einer

Rechtsoffenbarung zu beherrschen. Die Lehrer in Bologna hatten ihre Schüler nicht daran hindern können, das Erlernte stolz in alle Welt zu tragen und überall dort zu verkünden, wo ihre Dienste gesucht wurden. Bald blühten in anderen Orten Italiens und des südlichen und mittleren Frankreich, später in ganz West- und Mitteleuropa, schließlich auch in Nord- und Osteuropa neue juristische Schulen auf. Von Lissabon bis Uppsala und von Krakau bis Cambridge drängten sich jetzt die künftigen Eliten in die Hörsäle, um ihr *studium civile* aufzunehmen.

Denn schon längst nicht mehr war es der Kaiser allein, der sich mit seinen Ratgebern über die alten Rechtstexte beugte. Mit ihm tat es auch die Kirche, deren Rechtsordnung die mächtigste des Mittelalters war. Die inneren Widersprüche ihrer mit den Jahrhunderten gewachsenen Normen wurden jetzt mit Hilfe der in Bologna erlernten Methode beseitigt: Um 1140 legte der Mönch Gratian für den geistlichen Unterricht eine systematische Quellensammlung vor, die als *Decretum Gratiani* die Grundlage einer kanonistischen Rechtswissenschaft wurde. Als Ende des 12. Jahrhunderts darin geschulte Männer den Stuhl Petri bestiegen, verwandelten sie die Kirche in einen modernen Staat, in dem eine gelehrte Rechtsprechung auf ein kodifiziertes und auf dem Wege zentraler Gesetzgebung fortgeschriebenes Recht blicken konnte. Auch die Landesherren mochten nun nicht länger zögern und beeilten sich, dem Wunder von Bologna ihre Huldigung zu erweisen. Überall dort, wo sie sich anschickten, ihre Territorialherrschaften neu zu ordnen, schulten sie ihr Personal an den Grundsätzen des römischen Rechts und lehrten es, sein Tun dem dort niedergelegten Prinzip der Verantwortung zu unterwerfen. Und schließlich die aufblühenden Städte: Für sie reichte das herkömmliche örtliche Recht längst nicht mehr aus. Sie fanden jetzt in den wiederentdeckten Rechtstexten der Alten die Formeln, nach denen ein modernes Handels- und Vermögensrecht zu gestalten war, und sie lernten, ihre wiederauflebende Selbstverwaltung zu organisieren und auch ihre öffentlichen Funktionäre an die Einhaltung des Rechts zu binden.

Sie alle lasen das Gesetzbuch Justinians, unbeeindruckt von seinem hohen Alter, als gegenwärtigen Text. Er enthielt für sie das Recht der menschlichen Gemeinschaft, die Schrift gewordene reine Vernunft (*ratio scripta*) schlechthin. So wie die Texte der Heiligen Schrift und der Kirchenväter über die Theologie herrschten, so regierte das Corpus Iuris das Recht. Aber – auch wenn man das nicht eingestand: An den Höfen der mittelalterlichen Könige und in den Kontoren und Amtsstuben der Städte herrschten andere Sorgen als im Kaiserpalast des 6. Jahrhunderts. Worauf es also ankam, war nicht die gläubige Lektüre des alten Rechts, sondern seine richtige Auslegung; was die Welt veränderte, war nicht der Gehorsam gegenüber dem Buchstaben, sondern die Fähigkeit, das dem Corpus innewohnende Rechtsverständnis aufzunehmen und damit den Problemen der Zeit zu Leibe zu rücken. So studierten die ehrgeizigen Juristen, die ihre Chancen suchten, vor allem die Digesten, die Hauptmasse der justinianischen Kodifikation, die bisher unbeachtet geblieben war und von der sich nur eine vollständige Abschrift in das 11. Jahrhundert gerettet hatte. Dort lernten sie anhand der Begründungen der römischen Rechtsgelehrten, was kasuistisches Denken leisten konnte. Daran mußte sich jetzt schulen, wer etwa als Rechtslehrer den Mächtigen mit teuren Gutachten zur Hand gehen oder vor den Schranken des Gerichts im schonungslosen Austausch der Argumente Sieger bleiben wollte. Der Lohn aller Mühen war nicht gering: „Die Jurisprudenz ist wie eine milde Herrin. Sie adelt ihre Jünger, verschafft Ämter, verdoppelt Rang und Vermögen. Sie hat ... die Rechtsprofessoren in der ganzen Welt zu Herren gemacht und ihnen den Zugang zum Hofe des Kaisers verschafft" – so der selbst von unten aufgestiegene Jurist Azo, gestorben vor 1235 (zitiert nach Hattenhauer, S. 257).

Die Wiederentdeckung des Corpus Iuris hat der Bibel ein zweites heiliges Buch an die Seite gestellt. Beide Texte enthielten dem Wandel der Zeit entrückte Wahrheiten, beide verlangten klare Methoden der Auslegung. Aber die Diener des einen waren und blieben Laien, so wie das Recht, das sie studierten, von Laien geschrieben und auf die Bedürfnisse von Laien angewandt worden war. Von jetzt an behauptete sich neben der Kirche ein weltliches System, das Dienste anbot, die für jedermann, also auch für den Klerus, unverzichtbar wurden. So saßen in Bologna auch Mönche und Kanoniker zu Füßen selbstbewußter Professoren, die keine Kleriker waren und nicht ewige Wahrheiten, sondern vornehmlich Methoden der Rechtsfindung predigten. Das ging nicht ohne zeitweilige Verbote und Exkommunikationen ab: 1130 untersagte das Konzil von Clermont Klerikern das juristische Studium, und 1229 schloß auf Betreiben des Papstes die juristische Fakultät in Paris ihre Tore. Am Ende jedoch strebten die geistlichen Schüler der *canones* neben den weltlichen der justinianischen *leges* gemeinsam nach dem *Doctor utriusque iuris*, dem Doktor beider Rechte, des kanonischen und des römischen. Und beide paukten die alten Texte nicht als tote Materie. Sie waren vielmehr begierig, wie ihre römischen Vorbilder ein juristisches Problem als solches zu verstehen und in freier Erörterung eine Lösung dafür zu finden – jenseits der Bindung an überkommene Überlieferungen oder Machtgebote. Sie legten damit den Grundstein zur Verrechtlichung des öffentlichen und gesellschaftlichen Lebens.

Dies war nichts weniger als eine Revolution: Zum erstenmal veränderte die Erinnerung an die Alten die Geschichte Europas.

Dieser Befund lädt zu dem Schluß geradezu ein, im 12. Jahrhundert das erste zu sehen, das entschlossen war, sich über die eigene Tradition hinweg auf Werte der Antike zu besinnen. Darüber haben bereits die Gelehrten des 19. Jahrhunderts nachgedacht und die Frage an die nachfolgenden Generationen weitergereicht, ob man tatsächlich von einer „Renaissance des 12. Jahrhunderts" sprechen könne. Man muß sich an eine Fülle von Einzelbeobachtungen gewöhnen, die, auch wenn man sie zusammen sieht, nur ein diffuses Bild ergeben: Antike Statuen, an denen viele Generationen achtlos vorbeigegangen waren, sprechen jetzt von Schönheit; die Säulen des Trajan und des Mark Aurel in Rom werden auf einmal restauriert und von Touristen umlagert; in den Schulen von Orléans und Chartres tauchen lateinische Texte auf, die begierig gelesen werden; Otto von Freising (gest. 1158) erinnert sich an Hippokrates, wenn er über Aufstieg und Niedergang in der Geschichte nachdenkt; Johannes von Salisbury (um 1120-1180) spricht in seinem *Policraticus* unter Berufung auf Cicero und Plutarch vom Widerstandsrecht gegen Tyrannen und macht seiner Zeit wieder bewußt, daß Rom einst nicht nur das Zentrum eines universalen Reiches, sondern auch Hort der Freiheit war. Das Entscheidende geschieht jedoch im Reich der Theologie: Aristoteles und mit ihm die griechische Philosophie standen von den Toten auf.

Es begann 1085 mit der christlichen Rückeroberung von Toledo. Dort stießen die neugierigen Gelehrten auf arabische und griechische Texte über Philosophie und Wissenschaft, die sie ins Lateinische übersetzten und an die französischen Schulen weiterreichten. Es war dies die Zeit, in der sich die Scholastik in Europa durchsetzte und sich in der Universität das ihr gemäße Forum schuf. Dort beanspruchte ein Heide fortan die oberste Autorität und die Rolle des Lehrmeisters: Aristoteles. Gewiß: die großen Theologen, allen voran Albertus Magnus (um 1200-1280) und sein Schüler Thomas von Aquin (1225-1274), studierten seine Schriften mit dem Ziel, auf diese Weise die Texte des Alten und des Neuen Testaments besser zu verstehen. Aber indem sie die aristotelische mit der christlichen Lehre in Einklang brachten, den heidnischen Philosophen und seine Weisheiten gewissermaßen christianisierten, machten sie ihn und – der erste Schritt forderte den zweiten – bald auch seinen Lehrer Platon hoffähig und bereiteten beiden den Weg zu ihrem späteren Triumphzug durch die europäische Geistesgeschichte. Dante hat sie dort, wo die Makellosen, aber Ungetauften „hoffnungslos in Sehnsucht leben müssen", alle gesehen, die das Abendland inzwischen zu Helden der Wissenschaft erklärt hatte – unter ihnen auch die arabischen Wegbereiter des Aristoteles, Avicenna und Averroes:

„Als ich den Blick ein wenig höher warf,
sah ich den Meister aller Wissenden [Aristoteles]
im Kreise der Philosophenschüler sitzen.
Ihn ehren alle, ihn bewundern alle.
Da sah ich Sokrates und Platon auch,
die ihm am nächsten vor den andern stehen.
Und Demokrit, der Zufall sieht in allem,
Diogenes und Thales, Anaxagoras,
Empedokles, Zenon und Heraklit, ...
Euklid, den Geometer, Ptolemäus,
Hippokrates, Galen und Avicenna,
Averroes, den großen Kommentator."
(Hölle 4,131 ff.).

Zweihundert Jahre später reihte sich auch die römische Kirche, die 1210 der jungen Universität in Paris noch die Lektüre aller vor- und unchristlichen Philosophen verboten hatte, in die Schar der Bewunderer ein: In den vatikanischen *Stanza della Segnatura*, die Raffael 1509-11 malte, versammeln sich in der *Schule von Athen*, einer gewaltigen Philosophenhalle, alle antiken Gelehrten um Platon und Aristoteles, deren Erkenntnisse nach der Auffassung der Zeit Gott wohlgefällig waren und den Menschen den Weg zum richtigen Verständnis der Natur und ihrer selbst wiesen. Niemand zweifelte jetzt mehr, daß Siger von Brabant, 1282 in einem päpstlichen Gefängnis in Orvieto gestorben, aus dem eigenen Wissensdurst und der Lektüre der alten Philosophen den richtigen Schluß gezogen hatte: „Wache, studiere und lies, und wenn dir dabei ein Zweifel bleibt, sporne er dich zu weiterem Studieren und Lesen, denn leben ohne Wissenschaft ist der Tod, ein Begräbnis für den elenden Menschen" (zitiert nach Grundmann, S. 433).

## 3. Die Wiedergeburt der Antike, rinascitá

*Die Geburtshelfer einer neuen Zeit*

Die Erinnerung an die Antike war im Mittelalter niemals Selbstzweck gewesen. Jedermann sah sich dort in eine Ordnung eingebunden, die bestimmt wurde von den Nachfolgern des Petrus und des Augustus, dessen heilsgeschichtliche Bedeutung die Weihnachtsgeschichte des Lukas auch dem kleinen Mann in anrührenden Sätzen erzählte. Wer nach Zäsuren in der Geschichte suchte, fand sie daher erst in der heidnischen Welt vor den Kaisern Roms.
Alles dies stürzte in einer Zeit, die wir gewöhnlich zunächst die italienische, dann die gemeineuropäische Renaissance nennen. Wer damals, in den Jahrzehnten des 14. bis 16. Jahrhunderts, den Rücken über die armseligen Reste der alten Texte krümmte und sich mühte, sie möglichst so wiederherzustellen, wie sie einmal waren, den trieb nicht die Leidenschaft des Forschers. Er nutzte zwar dessen Handwerk und handhabte das methodische Rüstzeug der Philologie, aber nur, weil diese allein die Trümmer der weit verstreuten antiken Literatur aus den Klöstern vor allem des Nordens zusammentragen und in unendlich mühseliger Kleinarbeit wieder zusammensetzen konnte. Vornehmlich war er Späher, der in das ferne Land der Griechen und Römer nicht mit den abgeklärten Augen eines Gelehrten, sondern als Kundschafter von Generationen eindrang, die sich anschickten, zum Sturm auf die Tradition der Mönche, Päpste und Kaiser aufzurufen. Für sie, die die elende Gegenwart so schnell als möglich hinter sich lassen wollten, suchte er nach Orientierung jenseits des eigenen, verdammten Horizonts. Jede den antiken Resten abgerungene Erkenntnis wurde der eigenen Zeit unerbittlich vorgehalten, um aus der kritischen Auseinandersetzung mit beiden der eigenen Existenz Sinn zu geben und von neuen Schutzengeln behütet den Weg in die Zukunft zu finden. Die Zeitgenossen feierten alle in diesem Geiste vollbrachten Totenbeschwörungen hymnisch als einen Akt der Selbstfindung in einer Welt, deren gegenwärtige Gestalt man verachten gelernt hatte.

Damit war zugleich der Wille verbunden, den eigenen historischen Standpunkt neu zu bestimmen. Dazu wiederum mußte abgerechnet werden – mit allem, woran die Welt, an der man litt, behaftet war. Als erster machte sich Francesco Petrarca (1304–1374) auf den Weg, Sohn der Toskana und eines Notars, der als Anhänger der Guelfen durch denselben Erlaß aus Florenz vertrieben wurde, der auch Dante auf seine lange Irrfahrt gesandt hatte. Die Zeiten waren nicht danach, sich in einer Stadt zeitlebens sicher fühlen zu können. So pendelte der junge wie der alte Petrarca zwischen Avignon und den Städten Oberitaliens unermüdlich hin und her, diente vielen Herren und ließ sich schließlich wenige Jahre vor seinem Tod in Arquà nieder, einem kleinen Ort in den anmutigen Euganeen, beschützt von der Macht Venedigs um den Preis seiner Bibliothek, die das Testament der Seerepublik zusprach.

Diesen Mann pries Boccaccio (1313-1375), weil er „Apollo wieder in sein altes Heiligtum einsetzte" und den Römern das tausend Jahre nicht verehrte Kapitol „von neuem weihte". Der so Gefeierte hatte im März 1337 die antiken Trümmer Roms durchwandert und vom Kapitol aus seinem Freund und Gönner, dem Kardinal Giovanni Colonna geschrieben, dort, zwischen jenen verwitterten Steinen, habe er das Geheimnis einer unvergleichlichen Macht gesehen. Ihr diente er fortan, indem er ihre verlorenen oder vergessenen literarischen Werke rekonstruierte und die Taten ihrer Großen rühmte. Mit ihr hielt er Zwiesprache, schrieb Briefe an Cicero, der sein Abgott wurde, und an andere, wie Seneca, Vergil und Horaz. Ihr wollte er schließlich gar Leben einhauchen, als in Rom 1347 und 1354 der Notar Cola di Rienzo als *Liberator Urbis* und *Tribunus Augustus* verkündete, „daß alle Völker und alle Bürger der Städte Italiens Bürger Roms seien und die Vorrechte der römischen Freiheit genießen".

Schnell verwehte Träume – gewiß. Aber der Wille, der sie gebar, war überall vorhanden und hatte immer das gleiche Ziel: Erneuerung, geistige Wiedergeburt im Lichte der Antike, und schließlich die tatsächliche Wiederauferstehung der Freiheit und des Friedens, wie ihn Rom gekannt hatte. Aber nicht nur die Römer gaben Auskunft über eine bessere Welt. Jetzt forderten auch die Griechen Gehör. 1342 versuchte Petrarca bei einem herumziehenden Kalabresen Griechisch zu lernen, um dann 1354 beim Anblick einer Homerhandschrift, die ihm ein Freund aus Konstantinopel geschickt hatte, doch unter Tränen bekennen zu müssen, daß er nicht eine Zeile dieses großen Lehrmeisters des Vergil lesen könne. Wenige Jahrzehnte später sollte das anders aussehen: Florenz war die erste Stadt, die 1400 einem Griechen einen Lehrstuhl einrichtete; andere wollten nicht zurückstehen und ahmten das Beispiel nach. Das Ergebnis war eine schnelle Aufbereitung nun auch der griechischen Texte, und die Jungen, denen dies noch nicht schnell genug ging, eilten nach Byzanz, um dort die Sprache zu studieren und sich an den Schriften der alten Griechen zu berauschen.

Wer so die eigene Tradition mißachtete und ihren Lehren den Rücken kehrte, wertete die bisherige Geschichte und ihre Einteilung um. Hatte das Mittelalter an das Imperium Roms als das letzte der von Daniel (7,23-27,2) prophezeiten Reiche geglaubt und damit an die Kontinuität der eigenen Geschichte zu der römischen Antike (s. S. 671), so setzten Petrarca und andere die Zäsur in die Zeit der Barbareneinfälle, an denen das Reich zugrunde gegangen sei. Die Jahrhunderte danach, die doch die des herrschenden Christentums waren, wurden zu „dunklen" erklärt, zu einer barbarischen Zwischenzeit, die es zu überwinden gelte durch die „Wiedergeburt" der antiken Klassiker. Sie müsse man jetzt „aus dem Grab ans Licht zurückbringen", „aus dem Schlaf aufwecken" und aus dem Exil heimführen" – so die geläufigsten Metaphern der Zeit –, damit die Finsternis der vergangenen Jahrhunderte dem neuen Licht weiche. Am Ende der Renaissance, um 1550, bekräftigte Giorgio Vasari (1511-1574) noch einmal, daß zwischen der alten und der gegenwärtigen Welt eine Zwischenzeit läge, der man nun glücklich entkommen sei. In seinem Werk *Leben und Werke der berühmtesten italienischen Architekten, Bildhauer und Maler* gliederte er die Geschichte der Künste seit der Antike in drei Phasen: „Vollendung, Zerstörung und Wiederherstellung oder besser gesagt Wiedergeburt (*rinascità*)."

*Die wiederauferstandene Antike und das neue Menschenbild*

Der Rückgriff der Renaissance auf die Antike als ein Akt der Selbstfindung hauchte ihr am Ende ein neues Leben ein. Ihre Rolle in der künftigen Geschichte Europas wurde neu definiert, und sie selbst erzwang im Gegenzug neue Einsichten, die sie immer unentbehrlicher machten.
Da ist zunächst der Blick in die Vergangenheit. Die an der christlichen Heilsgeschichte orientierte Einteilung der Geschichte in eine vorrömische und römische zerbrach in der Konfrontation mit der wiedergeborenen Antike. Das Altertum fiel dabei tief in die Vergangenheit und wurde durch eine Zwischenzeit von der Gegenwart getrennt. Diese Epocheneinteilung, die auf die Antike das Mittelalter folgen läßt, ist bis heute gültig geblieben. Das veranschaulicht die Überzeugungskraft einer Gliederung der Geschichte, die als Zäsur nicht mehr die Geburt Christi unter Augustus anerkennen wollte, sondern dem profanen Ereignis der Völkerwanderung die größere Bedeutung zumaß. So bekam die Geschichte des Abendlandes ihr „finsteres Mittelalter", setzte sie ein besonderes Zeichen ihrer Singularität. Denn keine andere Zivilisation der Erde, weder China noch Byzanz oder die muslimische Welt, kennt in ihrer Geschichtseinteilung eine Hochkultur wie die Griechenlands oder Roms, die für Jahrhunderte abbricht, um dann wie Phönix aus der Asche wiederaufzutauchen und mit ihrem Erbe einer neuen Weltsicht den Weg zu bahnen. Wer allerdings zurück wollte in die Welt der Griechen und Römer, konnte dies nur noch an der Hand vornehmlich der Philologen tun. Denn deren Künste allein waren imstande, die Toten wieder zum Leben zu erwecken.
Dann der Blick auf die Gegenwart. Ob sie es nun wollten oder nicht: Die Lehrer der Renaissance forderten das Christentum heraus. Wer zu lange in den antiken Texten gelesen und ihren Lehren gelauscht hatte, der mußte zu

der Überzeugung kommen, daß der Glaube, der die Pforten des Himmels öffnete, für das richtige Leben nicht vonnöten sei. Petrarca, der über die Schriften des Augustinus gebeugt starb, hatte es noch nicht wahrhaben wollen und sein Gewissen mit immer neuer Raffinesse beruhigt. So verteidigte er Cicero mit dem Argument, dieser sei nur Heide gewesen, weil ihn ein unglückliches Schicksal zu einem Leben vor der Geburt des Erlösers verurteilt habe. Andere hielten mit Robert Bacon (1220-1292) dagegen, daß die Morallehren Ciceros und Senecas besser seien als jede von Christen verfaßte Ethik, obwohl beide keine theologischen Tugenden kannten. Der Künstler schließlich, der voller Verehrung auf die Reste der antiken Kunst blickte, konnte gar nicht übersehen, daß es die Christen waren, die die Tempel zerstört und die Götterbilder umgestürzt hatten. „Gestorben war, was Kunst war, und die Tempel standen beinahe sechshundert Jahre bloß", jammerte Lorenzo Ghiberti, als er sich aufmachte, zur „Form der edlen antiken Bildhauer" zurückzukehren und dabei erkennen mußte, was alles für immer verloren war. Und wer wie die Verehrer von Platon und Aristoteles das hohe Lied vom neuen Menschen anstimmte, dem ging es wie dem jungen Grafen Pico della Mirandola, der 1486 seine bewegenden Worte von der Würde des Menschen (*oratio de hominis dignitate*) zwar Gott in den Mund legte, der zu Adam spricht, aber niemanden täuschen konnte; Satz für Satz steigerte er sich in den anmaßenden Ruf der Schlange im Paradies, „Ihr werdet sein wie Gott":

„Du [Adam], durch keine Beschränkung eingeengt, sollst dein Wesen bilden nach deinem freien Ermessen; denn in diese Hand habe ich dich gegeben. Ich habe dich in die Mitte der Welt gestellt, damit du Ausschau hältst nach dem, was dir in der Welt besonders entspricht. Wir haben dich nicht himmlisch und nicht irdisch, nicht sterblich und nicht unsterblich gemacht, damit du dir diejenige Gestalt schaffst, die du möchtest, gewisssermaßen als freier und edler Bildner und Schöpfer deiner selbst. . . . Ihm, dem Menschen, ist gegeben zu haben, was er wünscht, und zu sein, was er will!"

Schließlich der Blick in die Zukunft. Wer die neue Welt suchte und sich ein neues Bild vom Menschen machen wollte, der fand seinen Weg dorthin nicht mit Hilfe eines theoretischen Entwurfes einer besseren Zukunft. Er studierte wie Petrarca die Werke und Texte der Antike und sprach von der Wiedergeburt, oder er las wie Martin Luther in der Bibel und kämpfte darum, in den Anfängen des Christentums den wahren Glauben wiederzufinden. Der Grundgedanke, der dies möglich machte, war die Überzeugung von der prinzipiellen Gleichartigkeit aller vergangenen und zukünftigen Geschichte. Wie der Himmel, die Sonne und die übrigen Elemente, so formulierte es Machiavelli, bleibe sich auch der Mensch immer gleich. Erst die Aufklärung sollte davon Abschied nehmen: Ihre Führer, allen voran Voltaire, sprachen von der absoluten Neuheit der Geschichte ihrer Zeit und unterschieden sich auch selbst qualitativ von allen voraufgegangenen Jahrhunderten.

Die elementare Gewalt, mit der sich die wiedererweckten Toten der Antike gegen die eigene Gegenwart ins Feld hatten führen lassen, verschaffte der künftigen Erinnerung an Vergangenes ein neues Gewicht. Von jetzt an bis an die Schwelle des 19. Jahrhunderts sollte jede neue Standortbestimmung in der europäischen Geschichte die vorausgegangene Tradition mehr oder minder heftig ablehnen und gleichzeitig die antike Welt als Zeugin vor die Schranken der eigenen Zeit laden, um die Richtigkeit des selbst eingeschlagenen Weges in eine neue Zukunft zu begründen.

*Politik, Wissenschaft, Erziehung*

Die von keinem Zweifel getrübte Gewißheit, in den Texten und schließlich auch in den archäologischen Resten der Alten eine bessere Welt vorgezeichnet zu finden, machte die Rekonstruktion der Antike zu einer Hauptaufgabe der europäischen Wissenschaft. Philologen, Philosophen, Historiker und Künstler rangen auf der Suche nach der Wahrheit mit jedem Textfragment, fanden jenseits des mittelalterlichen Latein, das sie als Barbaren-Gestammel abtaten, die echte Sprache der Römer und schließlich auch die der Griechen. Was die Begeisterung der Renaissance, ihr Wille zur Nachahmung der Alten und ihre Sammelwut zutage gefördert hatten, setzten das 16. und 17. Jahrhundert schließlich in Gelehrsamkeit um. Ihre Philologen, Historiker und Antiquare knüpften ein immer dichter werdendes Netz von Informationen und historischen Einsichten. Unter ihrer Feder nahmen die antiken Kulturen wieder Gestalt an, lebten wieder auf als eigenständige Welten.

Dies allerdings stand erst am Ende einer langen Entwicklung. Die Nachfolger Petrarcas waren als gebildete Literaten in die Vergangenheit gezogen und hatten als Textkritiker und Textexegeten die literarischen Quellen studiert und sich an ihren humanen und ästhetischen Idealen berauscht. Die antiken Autoren entriß man der Vergessenheit, weil man sie als Meister der Lebenskunst brauchte und sie allein den würdigsten Weg zum rechten Menschentum, zur wahren *humanitas* wiesen. Allgemeinhistorische Fragen, etwa nach Politik oder Wirtschaft, trugen zu diesem Ziel nichts bei und fielen auch niemandem ein.

Gründlich anders wurde dies erst mit Nicolò Machiavelli. Geboren 1468 in Florenz, auch er Sohn eines Juristen, sammelte er Erfahrung und Anerkennung im diplomatischen Dienst seiner Heimatstadt. 1513 verdächtigt, an einer Verschwörung gegen die herrschenden Medici beteiligt gewesen zu sein, hatte er sich in die Einsamkeit seines Landgutes zurückgezogen. Dort schrieb er, geprägt von dem Umsturz der politischen Verhältnisse, die der Einfall der Franzosen 1494 unter Karl VIII. in Italien herbeigeführt hatte, über Politik und Geschichte. Dort fand er heraus, daß nicht nur Literatur und Kunst, sondern auch die herrschenden gesellschaftlichen und staatlichen Zustände an den antiken Vorbildern gemessen werden können. Und von dort verkündete er die Vollkommenheit der römischen Republik, an der gemessen die eigene Zeit nur eine Periode des Verfalls sei.

Erneut trat die Geschichte Roms als Lehrmeisterin der Freiheit vor ihre Bewunderer. Ihren Spuren folgte Machiavelli weit zurück bis an ihre Anfänge: Geleitet von den ersten Büchern des Livius fand er sie in seinen *Discorsi sopra la prima deca di Tito Livio* inmitten des Machtkampfes der Patrizier und Plebejer, aber behütet durch die guten Sitten, die heidnische Religion und die allgemeine Wehrpflicht, die jeden Bürger zur Verteidigung des Vaterlandes aufrief. Ganz anders die Verhältnisse seiner eigenen Zeit: Jeder Parteienstreit mündete in den Bürgerkrieg, die Verteidigung des Staates oblag Söldnern, die christliche Religion predigte Demut und Unterordnung. Wie aber, so lautete die zweite Frage, konnte die Freiheit verspielt werden? Der Florentiner sah sie in Rom schwinden mit Caesar, dem ersten Tyrannen, und endgültig verloren, als das Weltreich den Freiheitswillen der antiken Völker zerbrach. Sie in der Gegenwart wiederherzustellen, verhindere die christliche Religion, „die mehr die demütigen und beschaulichen Menschen als die tätigen selig gesprochen" habe, die christliche Erziehung und die Fernwirkung der imperialen Herrschaft Roms: „Unsere Erziehung also und die falsche Auslegung der Religion sind schuld daran, daß es nicht mehr soviel Republiken gibt wie in alter Zeit und daß man mithin bei den Völkern auch nicht mehr soviel Freiheitsliebe findet wie damals. Ich möchte freilich noch eine nähere Ursache dafür in der Herrschaft der Römer finden, die durch ihre Waffen und ihre Größe alle Republiken und alle bürgerliche Freiheit zerstört haben. Obwohl sich dieses Reich später auflöste, haben sich doch die Städte und Völker mit geringen Ausnahmen nicht wieder zusammentun noch sich freie Verfassungen geben können" (Discorsi II 2; Übers.: F. von Oppeln-Bronikowski).

Damit hatte man die Alten auf das Schlachtfeld geholt, wo sie in den folgenden Jahrhunderten eine zentrale Rolle spielen sollten: In jeder Auseinandersetzung um den besten Staat erhielten sie ihren Auftritt als Kronzeugen. Wer künftig über Politik nachdachte und die Freiheit als höchstes Ziel staatlicher Ordnung bestimmen wollte, verglich vor seinem geistigen Auge alles mit den Verfassungen antiker Städte, hörte auf ihre Gesetzgeber, pries ihre auf den Staat ausgerichteten Tugendkataloge und verzweifelte an ihren Tyrannen und den römischen Kaisern, deren Weltreich Rechenschaft über den Tod der Freiheit ablegen mußte.

In den Gelehrtenstuben besetzten die antiken Autoren nun auch die letzten Winkel. Hier wurde die philologische Rekonstruktion der Texte unverdrossen weitergetrieben, dort schrieb man pragmatische Darstellungen vor allem der römischen Geschichte (*Historiae*) und paraphrasierte die antiken Historiker wie Livius, Sueton und Tacitus, andernorts verfaßte man systematisch geordnete Aufrisse der Staats-, Privat- und Kriegsaltertümer (*Antiquitates*) und nutzte dazu alle auffindbaren archäologischen Zeugnisse, Inschriften, Denkmäler und Urkunden. Alles dies sollte – wie z. B. die in den Niederlanden der Freiheitskriege 1594 geschriebenen *de militia Romana* von J. Lipsius – die Probleme der eigenen Zeit lösbar machen. Die immer neue politische Aktualität, die ihnen jetzt von selbst zuwuchs, verschaffte den antiken Zeugen weitere Autorität und beflügelte die Produktion einer riesigen Literatur zu allen Erscheinungsformen des staatlich-politischen Lebens und seinen Institutionen. Mit dem gleichen Ehrgeiz, mit dem die Seefahrer der europäischen Staaten auf den Meeren um den Weg nach Indien und der Neuen Welt rangen, kämpften die Gelehrten miteinander um den Besitz der Antike, die Italiener mit den Franzosen, die Engländer mit beiden.

Es konnte nur eine Frage der Zeit sein, bis der antike Mensch als der große und bewunderte Vorfahre aus den Gelehrtenstuben aus- und in die bürgerlichen Häuser aller Gebildeten einzog. Die Voraussetzung dazu schufen die Übersetzer des 16. und 17. Jahrhunderts. Sie wollten nun auch in der eigenen Sprache jedermann verständlich machen, warum die Gestalten der antiken Literatur und ihre formale Kunst nachzuahmen seien, und warum sie die Einbildungskraft der eigenen Dichter beflügeln und das Herz aller rühren konnten. Jetzt begann die eigentliche Glanzzeit der Griechen. Hinter Vergil gewann Homer klare Konturen, die griechischen Tragödien verdunkelten Seneca, Platons Sokrates wanderte über die Marktplätze der europäischen Städte, die Historiker Thukydides und Polybios wetteiferten mit Livius. Die Schüler paukten sie alle, angefeuert von der Leidenschaft ihrer Erzieher, vorwärts getrieben von dem Glauben, bei den Alten alles Entscheidende zu finden: „lessons of honour, courage, disinterestedness, love of truth, command of temper, gentleness of behaviour, humanity, and in one word, virtue in its true signification" – so William Pitt (der Ältere) an seinen vierzehnjährigen Neffen Thomas (zit. nach Sühnel, S. 19). So wurden sie schließlich, reichlich genährt mit antiker Bildung, in die Welt entlassen und trugen seitdem ihre Klassiker wie Ikonen vor sich her. Als William Pitt (der Ältere) einmal vor dem Unterhaus ins Stocken geriet, während er Vergil zitierte, fielen die Mitglieder des hohen Hauses donnernd ein und führten die Stelle zu Ende: Sie alle verstanden sich als die wahren Erben Roms.

## II. „Ainsi faisaient les Romains": Der letzte Triumph der Alten

| | |
|---|---|
| 1734 | Montesquieu veröffentlicht seine „Considérations sur les causes de la grandeur des Romains et de leur décadence". |
| 1775-1789 | Während des amerikanischen Unabhängigkeitskrieges und in den anschließenden Verfassungsdebatten wird das politische Gedankengut der Antike wiederbelebt. |
| 1789-1794 | Die Französische Revolution beschwört die Helden der römischen Republik. |
| 1800-1815 | Napoleon legitimiert die Herrschaft über das „Grand Empire" durch den Rückgriff auf das Imperium Romanum. |
| 1811-1860 | Beginnend mit Niebuhrs Untersuchungen zur römischen Frühgeschichte wird die Beschäftigung mit der Antike den Gesetzen der Wissenschaft unterworfen; die Alten „steigen herab von ihrem Kothurn" (Mommsen). |

### 1. Das 18. Jahrhundert

*Die Nähe der Vergangenheit*

Erinnern wir uns: Der Glaube, allein die Alten seien die Vorbilder für alle Zeiten und Menschen, ruht auf der Gewißheit, die vergangene und jede zukünftige Geschichte sei grundsätzlich gleichartig (vgl. S. 308 ff.). Wer zurückblickte, tat dies immer noch wie einst der römische Kaiser Mark Aurel: „Betrachte einmal die Zeiten unter Vespasian, und du wirst alles finden wie heute: Menschen auf Freiersfüßen, Menschen, die Kinder erziehen, Kranke und Sterbende, Krieger und festlich Gerüstete, Händler, Bauern, Schmeichler, Anmaßende, Mißtrauische, Gottlose, solche, die diesem oder jenem den Tod wünschen, andere, die über die Gegenwart murren, verliebt sind, Schätze sammeln, Konsulate oder Königskronen begehren" (Selbstbetrachtungen, 4,32).
Solche Gewißheiten haben das 19. und 20. Jahrhundert nicht mehr geprägt. Sie wankten bereits in den Jahrzehnten der Aufklärung, deren Bannerträger sehr wohl um ihre Einzigartigkeit im bisherigen Gang der Weltgeschichte wußten. „Wenn man die Mitte unseres Jahrhunderts genauer betrachtet", schrieb 1759 d'Alembert, „die Ereignisse, welche uns beschäftigen, unsere Gewohnheiten, unsere Leistungen und selbst die Gegenstände unserer Konversation, so kann man einen sehr tiefen Wandel unserer Ideen schwerlich übersehen, und er spielt sich in so großer Geschwindigkeit ab, daß er in Zukunft einen noch größeren Wandel verspricht" (zit. nach Stürmer, Scherben des Glücks, 1987, S. 14). Da war sie, die Hoffnung der Aufklärung, daß die Vernunft den Aberglauben, die Dummheit und die Ungerechtigkeit

*Jacques-Louis David, Die Liktoren bringen Brutus die Leichen seiner Söhne, 1789 (Ausschnitt)*

(Paris, Musée du Louvre)

L. Brutus", so rühmt Valerius Maximus in seiner dem Kaiser Tiberius gewidmeten *Exempla*-Sammlung, „der dem Romulus an Ruhm gleichkommt, weil dieser die Stadt, jener die römische Freiheit begründete, ließ, als er die Regierungsgewalt innehatte, seine Söhne festnehmen, vor dem Tribunal auspeitschen, an den Pfahl binden und mit dem Beil hinrichten: Sie hatten nämlich die Alleinherrschaft des Tarquinius, die er abgeschafft hatte, wieder einführen wollen. Er legte seine Rolle als Vater ab, um als Konsul handeln zu können, und wollte lieber kinderlos leben, als sich seiner Aufgabe als staatlicher Strafrichter zu entziehen" (5,8,1; Übers.: Blank-Sangmeister).

Daß diese Tat und ihre näheren Umstände ernst genommen werden müssen, so imaginär sie auch sind, bewiesen die französischen Revolutionäre. Sie stießen auf ihrer Suche nach vorbildlichen Helden, die das Herz selbst eines kleinmütigen citoyen begeistern konnten, auf Männer der römischen Frühzeit und hauchten ihnen ein neues, gespenstisches Leben ein. Gelesen hatte man von ihrem meist furchtbaren Schicksal schon immer, und es gab keinen, der das nicht erbaulich gefunden hätte. Jetzt aber wuchs ihnen mit ihrem neuen Leben Macht zu. Macht, die unter den Toten bis dahin nur die Heiligen beansprucht und über die Seelen der Frommen auch ausgeübt hatten.

Als David den letzten Akt der Tragödie des Brutus und seiner Kinder malte und im Salon ausstellte, zeigte er den vom Schmerz ergriffenen Vater, der, abgesondert von seiner trauernden Familie, mit der linken Hand den Brief mit den Namen der Verschwörer, das Dokument des Hochverrats seiner Söhne, umkrampft und regungslos im Schatten und zu Füßen einer Statue sitzt, die das vergöttlichte Vaterland darstellt: *Dea Roma*. Paris war begeistert, und als ein Jahr später die Nationalversammlung den ersten Staatsauftrag an einen Maler vergab, konnte ihn nur einer erhalten: „der Schöpfer des Brutus und der Horatier, dieser französische Patriot, dessen Genie der Revolution vorangeschritten ist." Dies war fraglos richtig, auch wenn David im frühen Licht der Revolution nicht sehen konnte, daß er ihr einen Heiligen von besonderer Art schenkte, den sie als Patron bald bitter nötig haben würde. Denn Brutus hatte bereits in der Erinnerung Roms, die jetzt auch die Frankreichs geworden war, die pathetische Metapher vom Opfer für das Vaterland mit Leben gefüllt und die äußerste Grenze patriotischer Hingabe markiert, an die auch die Franzosen stoßen mußten, als sie die Brücken zur eigenen Geschichte abbrachen und Krieg nach außen gegen Europa und nach innen gegen den König und die aufständischen Provinzen führten (s. S. 693 f.).

Edmund Burke, einer der Führer der Whigs im englischen Unterhaus, hat in seinen *Reflections on the Revolution in France*, die am 1. November 1790 in London erschienen, vor den dunklen Zonen gewarnt, in die Helden vom Zuschnitt des Römers Brutus Menschen führen können:

„Das Schlimmste bei dieser Revolutionspolitik ist immer: daß sie die Gemüter abhärtet, um sie zu den verzweifelten Entschlüssen vorzubereiten, zu denen man in der äußersten Not bisweilen seine Zuflucht nehmen muß. Da diese äußerste Not aber vielleicht nie vorhanden sein wird, so empfängt die Seele den verderblichen Eindruck umsonst und das moralische Gefühl wird zerstört, ohne daß ein politischer Zweck durch das Einimpfen der Bösartigkeit befördert würde. Diese Leute sind so voll von ihren Theorien über die *Rechte* des Menschen, daß sie seine *Natur* gänzlich vergessen haben. Ohne dem Verstand eine einzige neue Bahn zu eröffnen, haben sie alle die Zugänge verstopft, welche zum Herzen führten. Sie haben in sich selbst und in denen, welche ihren Lehren folgen, alle wohlgeordneten sympathetischen Neigungen des Gemüts umgekehrt und ausgerottet" (Teil I; Übers.: Friedrich Gentz).

besiegen und die Welt schließlich in eine bessere Zukunft führen würde. Diese Hoffnung trieb auch die Revolution, so pathetisch sie auf ihre antiken Vorbilder pochen mochte. Ihre Lehren zerbrachen endgültig im Angesicht der industriellen Revolution, die keine Vergleiche mit wirtschaftlichen Veränderungen vergangener Zeiten mehr zuließ und wie das Haupt der Medusa das Leben in den Schriften der Alten versteinerte. Selbst den leidenschaftlichen Anbetern der Antike dämmerte, daß es doch nur Trümmer einer untergegangenen Welt waren, an die sie sich klammerten: „Und so wird es einem doch wunderbar zumute, daß, indem wir bemüht sind, einen Begriff des Altertums zu erwerben, nur Ruinen entgegenstehen, aus denen man sich nun wieder das kümmerlich aufzuerbauen hätte, wovon man noch keinen Begriff hat" – so Goethe, als er bei Spoleto an der Kapelle San Crocefisso Halt machte, die ihre Erbauer auf die wunderlichste Weise aus antiken Trümmern zusammengeflickt hatten (Italienische Reise, 27.10.1786).

Bevor es soweit war, genossen die Alten ihren letzten großen Triumph. Jenseits des Atlantik und im Frankreich des Robespierre traten sie als Vorkämpfer der Freiheit auf, während man sie in den deutschen Landen als die besten Menschen schlechthin feierte, die es nur nachzuahmen gelte, um das vollkommene Glück zu finden: „Der einzige Weg für uns, groß, ja, wenn es möglich ist, unnachahmlich zu werden, ist die Nachahmung der Alten", schrieb Winckelmann. Er und eine wachsende Schar von Verehrern, die mit ihm zu den Resten der griechischen Kultur pilgerte, waren trunken von der Hoffnung, dort alles über sich selbst zu erfahren: „Wenn wir uns dem Altertum gegenüberstellen, und es ernstlich in der Absicht anschauen, uns daran zu bilden, so gewinnen wir die Empfindung, als ob wir erst eigentlich zu Menschen würden" (Goethe, Maximen und Reflexionen).

*Frankreich bemächtigt sich der Geschichte Roms*

Es waren vor allem die Bildhauer und ihre Kunst, welche die Deutschen inspirierten. Revolutionärer Elan ließ sich daraus nicht gewinnen: „Ach, du warest es nicht, mein Vaterland, das der Freiheit Gipfel erstieg. Beispiel strahlte den Völkern umher, Frankreich war's", schrieb Klopstock 1790 (Werke IV, 1854, S. 320 f.). Dort hatte in der Tat das Nachdenken über die Alten längst andere Wege gefunden. Die auffallendsten Pioniere waren die Historiker und Staatslehrer, die sich der römischen Geschichte in der Überzeugung zuwandten, dort den Grundgesetzen der historisch-politischen Existenz der Staaten auf die Spur kommen zu können. 1734 war es Montesquieu, ehemaliger Parlamentspräsident, weitgereister Baron und Schloßherr des unweit von Bordeaux gelegenen Adelssitzes La Brède, der sich in dieser Gewißheit über die Römer und ihre lange Geschichte beugte: In seinen *Considérations sur les causes de la grandeur des Romains et de leur décadence* suchte er nach den Ursachen der römischen Größe und nach den Gründen des Unterganges der Republik und des Imperiums.

Und er fand, was er suchte. Es sei, so schrieb er, die Eroberung des Weltrei-

ches gewesen, die das republikanische Rom gezwungen habe, seine Institutionen, seine Gesetze und seine politische Moral zu ändern; für eine Reform aus eigener Einsicht habe ihm angesichts der Schnelligkeit, mit der es seine Macht ausdehnte, die Zeit gefehlt. „Die Gesetze des Großwerdens sind nicht die Gesetze des Regierens eines großen Staates" – der ehernen Gültigkeit dieses Satzes sei die Republik erlegen und habe die Bahn freigemacht für die Monarchie: „Die Geschichte der Römer war, in einem Satz gesagt, diese: Durch ihre Maximen überwanden sie alle Völker, aber als sie das Ziel erreicht hatten, konnte ihre Republik nicht weiterbestehen; es mußte eine Änderung in der Regierungsform eintreten, und die Maximen, die in der neuen Regierungsform verfolgt wurden und den früheren völlig entgegengesetzt waren, brachten Roms Größe zu Fall" (Kap. XVIII).
Damit war das humanistische Lob des beispielhaften Rom durch die historische Erklärung seines Aufstiegs und seines Untergangs abgelöst worden. Und den Römern waren Lehren entlockt worden, die Gott die Verantwortung für den Gang der menschliche Geschichte nahmen: „Unabhängig von den geheimen Wegen, die Gott erwählt hat und die er alleine kennt, trug dies erheblich zur Festigung der christlichen Religion bei", notierte mit feiner Ironie der Schloßherr in der Abgeschiedenheit von La Brède, als er die Religionspolitik des Kaisers Heliogabal würdigte (Kap. XVI). Aber auch die großen Einzelnen sahen sich in ein neues Licht gestellt. Nicht ihre Entscheidungen, sondern die jeweiligen Verfassungszustände und die politische Moral – strukturelle Zwänge also – bestimmten nach dem Willen des neuen Lehrmeisters Europas das Schicksal einer vergangenen und der gegenwärtigen Zeit.
Wenig später nahm Voltaire diesen Faden erneut auf; er konzentrierte seine Überlegungen auf die „Causes de la chute de l'empire", die er in zwei Erscheinungen fand: „les barbares, et les disputes de religion" (*Essai sur les moeurs et l'esprit des nations*, 1756). Den grandiosen Schlußpunkt unter dieses Thema sollte aber ein Engländer setzten: Am Vorabend der Großen Revolution schrieb Edward Gibbon von 1766-1788 seine *History of the Decline and Fall of the Roman Empire* und lehrte seine Zeitgenossen, die Jahrhunderte von 180 bis 1453 n. Chr. seien – richtig verstanden – nur ein ständiger Prozeß des Niedergangs gewesen, in dem der Aufstieg des Christentums seinen zentralen Platz habe müsse: „Während der Zeit, da dieser große Staatskörper durch offenbare Gewalt angegriffen oder durch langsamen Verfall untergraben wurde, verschaffte sich eine reine und demütige Religion allmählich Eingang in die Gemüter der Menschen, sie wuchs in der Stille und Dunkelheit auf, bekam durch den Widerstand neue Kraft, und richtete endlich die siegende Fahne des Kreuzes auf den Ruinen des Kapitols auf."
Gibbon und seine Vorgänger haben nicht laut hinausposaunt, worauf ihre Interpretation des Ganges der römischen Geschichte hinauslief. Trotzdem blieb es natürlich niemandem verborgen: Die christlich legitimierte Herrschaft des absoluten Königs, der seine Rechte allein von Gott herleitete und Vater seiner Untertanen sein wollte, erschien jetzt als das Ergebnis eines

welthistorischen Abstiegs, wurde zum Symbol einer Krisenzeit. Die Beschwörung der Tugenden des republikanischen Rom, dem alle drei Autoren huldigten, machten dieses Gemälde des Niedergangs noch düsterer, als es ohnehin schon war.
Soweit die Sicht der Historiker auf die Alten. Diese verfügten aber noch über andere Leben, und auch die hielten neue Lehren bereit. Seit dem Anfang des 18. Jahrhunderts waren die Römer in Frankreich allgegenwärtig: in der Philosophie und der Literatur, in Kunst und Schule, bei Hofe und im Salon. Cicero, Seneca, Mark Aurel gastierten in Trianon und Versailles, während die Helden von Plutarch und Livius die Zensur verhöhnten und selbst im kirchlich autorisierten Lehrplan einen zentralen Platz einnahmen. Von ihm geleitet, bei den Jesuiten und Oratorianern, und in den Collèges Frankreichs studierten die späteren Führer der Revolution von Horaz bis Tacitus alles, was der klassische Bildungskanon nur hergab. Es war für sie auch der einzige Weg, zu Geld und Ansehen zu kommen: Fast alle stammten aus der Schicht des Bürgertums, in dem Vermögen wenig, Bildung und Begabung hingegen sehr viel verdankt wurde. Männer wie diese ließen es an Eifer nicht fehlen; sie lasen vieles über ihr Lehrpensum hinaus und schwärmten von Plutarch, dessen Römerviten den Tugenden und Idealen der heroischen Vergangenheit Leben eingehaucht hatten. Dieses Rom war nicht mehr das des Mark Aurel und das monumentaler Repräsentation, und es hatte auch nichts mit Schäferlyrik und den Träumen von Arkadien zu tun, wie sie in Trianon geschätzt wurden: Dieses Rom war das der harten und fordernden Heroen, die ihr Leben der Republik und der Freiheit verschrieben hatten.
Ihre Botschaft verbreiteten auch die Historienmaler – allen voran Jacques-Louis David –, die nach Italien und Rom geeilt waren und von dort aufregende Themen mitbrachten. Ein tief bewegtes Publikum sah einen Mucius Scaevola, der seine Faust ins Feuer hielt, um den Gegner Roms von der Unbeugsamkeit seiner Staatstreue zu überzeugen, es stand bewundernd vor den großen Feldherrn wie Fabricius und Scipio, die ihre Unbestechlichkeit mit großen Gesten bewiesen, es verneigte sich vor Horatius Cocles, der allein die Brücke über den Tiber gegen den Landesfeind verteidigte, es erstarrte beim Anblick des Iunius Brutus, des ersten Konsuls von Rom, der seine eigenen Söhne wegen Landesverrats zur Hinrichtung führen ließ, es weinte vor großen Sterbeszenen, in denen Sokrates, Cato und Seneca lieber selbst Hand an sich legten, bevor sie sich der Willkür anderer beugten.
1785, wenig Jahre vor Ausbruch der Revolution, vernahmen in Paris Tausende jene Botschaft in ihrer reinsten Form, die alle Helden Roms – jeder auf seine Weise zwar, in der Sache aber gleich – verkündeten: David hatte sein Gemälde *Schwur der Horatier* ausgestellt und zeigte darauf drei todesbereite Söhne, die in einem von dorischen Säulen umstellten, schachtartigen Innenhof ihre Schwurhand vor dem Vater hochrießen, der ihnen drei Schwerter, die Werkzeuge ihres Dienstes für das Vaterland, entgegenstreckt, während sich die Frauen und Kinder der Familie, das kommende Unheil ahnend, im Hintergrund stumm aneinanderdrängen. Das Ereignis,

das in düstere Farben getaucht wird, steht nicht bei Livius, wohl aber die Fabel, die ihr zugrunde liegt (1,24-26): Im Krieg Albas gegen Rom forderten die Söhne des Horatius die Curatier im feindlichen Lager zum Kampf auf Leben und Tod, um beiden Städten weitere Opfer zu ersparen; einer überlebte, der Sieg gehörte Rom. Als der letzte Horatier triumphierend heimkehrte, fand er seine einzige Schwester, die mit einem der gefallenen Curatier verlobt war, aufgelöst in Trauer; er tötete sie in rasendem Zorn: „So soll jede Römerin dahingehen, die um einen Feind trauert!" Daraufhin wurde er des Mordes angeklagt (*perduellio*), verurteilt, aber vom Volk freigesprochen, als der Vater vor den Komitien von der übergroßen Liebe des Sohnes zum Vaterland sprach.

Diese Erzählung und das Bild Davids, das ihre Lehre wie in einem Brennglas auffing, enthielt im Grunde bereits alles, was wenig später die Revolutionäre auf der Suche nach dem neuen Bürger in der Antike fanden: Das hohe Lied vom patriotischen, brüderlichen und zum Märtyrertum bereiten *citoyen*, der entschlossen war, der Zukunft eines republikanischen Frankreich alles zu opfern. So klang bereits der am 20. Juni 1789 geleistete Schwur der Nationalversammlung, sich nicht zu trennen, bis die Verfassung des Königreiches festgelegt sei, wie ein Echo des Schwurs der Horatier. Denn das in diesen Wochen des Umbruchs immer stärker werdende Verlangen nach einer patriotischen Vereinigung der Nation fand in der Tat der Horatier die Grundidee, die ihr Dauer verleihen sollte: die gemeinsame Unterwerfung der Revolutionäre unter den neuen Staat und seine Ideale.

Niemand war gezwungen, solche Konsequenzen aus der Erinnerung an ferne Zeiten zu ziehen. So hatten die Römer jahrzehntelang auf der Bühne des monarchischen Staates paradiert, ohne daß jemand Rousseaus *revenons à la nature* in der Politik zu einem *revenons à la république* verdichtet hätte. Letztlich schien jedem, wie angestrengt auch immer er auf die Antike zurückblicken mochte, der Abstand dazu doch zu groß, und niemand glaubte, daß das zentral und monarchisch regierte Frankreich eine Republik werden könne. Selbst Rousseau blieb hart: Demokratie, so schrieb er im *Contrat social* (3,4), sei eine Staatsform für Götter. Montesquieu hatte dies zudem durch die These erhärtet, daß Republiken nur in Staaten von geringer Größe und mit einer kleinen Bevölkerung Bestand haben könnten; große Flächenstaaten, so folgerte er aus der Geschichte, bedürften der Monarchie. Zudem, so erläuterte er im *Geist der Gesetze* 1748, hätten die Alten die Repräsentativverfassung nicht gekannt und dem Volk eine gefährliche unmittelbare Gewalt gegeben: „Es lag ein schwerer Mangel in der Mehrzahl der alten Republiken, nämlich daß das Volk dort das Recht hatte, aktive, d. h. eine Vollstreckung fordernde Beschlüsse zu fassen. Dazu aber ist es gänzlich unfähig. Es darf in die Regierung nur eingreifen, um seine Vertreter zu wählen; dies entspricht genau seiner Fähigkeit" (XI 6).

Das waren klare und den Zeitgenossen einsichtige Worte. Trotzdem bestimmten nicht sie die Zukunft. Die Leidenschaft und die Konsequenz, mit der sich das revolutionäre Frankreich dann doch der römischen Republik

verschrieb, entsprang drei historischen Erfahrungen mit allerdings unterschiedlichem Gewicht.
Zunächst: die jahrzehntelange Mühe, mit der man die antiken Zustände studierte, verdichtete sich angesichts der allgemeinen Unzufriedenheit mit dem königlichen Regiment schließlich doch zu einer Vision von einer neuen Zukunft Frankreichs jenseits der Monarchie. Wenn Diderot in seinem *Essay sur la peinture* den Künstler aufgerufen sah, „große und edle Taten zu feiern und zu verewigen, die edle Tugend zu ehren, ... das Laster anzuprangern, Tyrannen in Schrecken zu versetzen und Erzieher der Menschheit" zu sein, so blieb das nicht ohne Wirkung. Sätze wie diese hatte jedenfalls Mirabeau im Ohr, als er am 10. September 1791 vor der Nationalversammlung ausrief, die Revolution sei „das Werk der Literatur und der Philosophie ... Hüten wir uns davor zu glauben, daß die Künste ein politischen Überlegungen fremder Schmuck seien."
Weiter: die ersten tastenden Versuche, die politischen Begriffe, die man von Rom gelernt hatte, als Instrumente im Kampf gegen das Überkommene einzusetzen – also die Begriffe von Recht und Gerechtigkeit, von Volksherrschaft und staatlichem Wohl, von Autorität, Tradition und Religion, von Krieg und Frieden –, fielen in die Jahre der Revolution in Amerika. Dort hatten Politiker wie Jefferson mit Cicero in der Faust den Widerstand gegen die Engländer gepredigt und bei der Ausarbeitung der Verfassung fleißig „die Archive antiker Weltweisheit durchstöbert" – treu dem schon vor hundert Jahren gegebenen Rat von James Harrington folgend (*The Commenwealth of Oceana*, 1656). Mit John Adams (*A Defense of Constitutions*) stimmten die einen überein, „daß die römische Verfassung das edelste Volk geprägt und die größte Macht erzeugt hat, die je existierte", andere hofften mit Thomas Paine, „Amerika werde in vergrößertem Maßstab sein, was Athen in Miniatur war" (*Rigths of Man*). So oder so: Vor den staunenden Augen Europas war der Beweis geführt, daß in einem großen Land die bestehende Ordnung umgestürzt werden konnte und an ihrer Stelle eine gefestigte Republik zu leben begann.
Dies reizte natürlich zur scharfen Beobachtung der weiteren Entwicklung jenseits des Atlantik. Dabei bemerkte man in der Verfassung der Vereinigten Staaten Elemente eines Staatsrechts, das unverkennbar römische Züge trug. Dazu gehörte der periodische Wechsel von Amtsträgern aufgrund des Volkswillens und die Unabhängigkeit der Richter, dazu gehörte das in der neuen Ordnung verankerte Zusammenspiel von Kontrolle und Gleichgewicht, in dem das Prinzip der römischen Intercession (vor allem der Volkstribune) wiederauflebte (vgl. S. 314), und dazu gehörte auch der Gedanke der Freiheit, von dem die Leichenrede des Perikles bei Thukydides das lebendigste Zeugnis ablegte. Frankreich, das mit siebentausend Kriegern auf der Seite der aufständischen Kolonisten gestanden hatte und die Berichte der Heimkehrer verschlang, sah das vermeintlich Unmögliche Wirklichkeit werden. Montesquieu war widerlegt: Republiken hatten nicht nur in Staaten von geringer Größe Bestand, und als Paten umstanden ihre Wiege die Griechen und Römer.

Aber auch dieses Vorbild war nicht absolut bindend, auch wenn man bedenkt, daß noch immer jeder, der über Republik oder Demokratie nachdachte, seinen Blick früher oder später auf Athen oder Rom gerichtet hatte. Letztlich jedoch machten die Bedürfnisse der Revolution selbst in Frankreich aus der Zwiesprache der Gebildeten mit Rom eine öffentliche Angelegenheit und ein staatlich inszeniertes Fest. Denn die Revolutionäre kamen früh an der Wegkreuzung an, an der sie bewußt und unverhohlen den Bruch mit der Tradition forderten. Damit waren sie gezwungen, die Geschichte aus ihren früheren Grenzen herauszuheben. Alles mußte neu geschaffen werden, angefangen mit der Verfassung, die nach den ersten Anläufen schließlich eine Ordnung ohne König etablierte, bis hin zu den Metaphern der politischen Verständigung, die um Zustimmung warben für all das Unerhörte, was man in Gang setzen wollte.

Und vor allem: Die Revolution brauchte einen neuen Staatsbürger. Die Suche nach ihm wurde zum zentralen Anliegen. Denn der Staat, dessen Gesetze allein keine Autorität auf Dauer schaffen konnten, war auf Gedeih und Verderb auf einen Bürger angewiesen, dessen fanatischer Glaube an die Richtigkeit des eingeschlagenen Weges durch nichts erschüttert werden konnte. Der Satz Ciceros vom dem Wohl des Staates, dem alles unterzuordnen sei (*salus publica lex suprema esto*), sollte zur alles bestimmenden Norm einer staatsbürgerlichen Existenz werden, die sämtliche Brücken zur eigenen Geschichte abgebrochen hatte. Dies ging nicht ohne Hilfe. Und sie kam von den Hügeln des ewigen Rom in der Gestalt der Helden der Republik.

## 2. Die Französische Revolution und ihre Helden

### Der neue Bürger

„Heben wir unsere Herzen empor zu den republikanischen Tugenden und zu den Vorbildern der Antike!" beschwor am 25. Oktober 1793 Robespierre den Nationalkonvent. Der hatte es längst getan. Seine Abgeordneten tagten in einem Saal, in dem von der einen Seite die Statuen von Solon, Lykurg, Platon und Demosthenes, und von der anderen die von Camillus, Publicola, Brutus und Cincinnatus auf das Treiben zu ihren Füßen blickten. Auf der Tribüne hörte ein leidenschaftlich mitgehendes Publikum beifällig dem römischen Wortschwall zu, der es von allen Seiten und von allen Parteien überfiel. Und vor der Tür spielten die Müßiggänger mit Karten, auf denen die ehemaligen Könige die Plätze mit den Großen der Antike getauscht hatten: So stach jetzt Publius Decius Mus, als Retter des Vaterlandes mit der Aufschrift *Pour la Patrie* ausgezeichnet, den Mucius Scaevola, der seine Rechte im Feuer schmoren läßt, und Hannibal, der eine Legionsstandarte zertritt, kämpfte mit dem älteren Cato, der auf einer Buchrolle die Zerstörung Karthagos pries.

Und immer wieder Iunius Brutus, der erste Konsul Roms – er war längst zur Symbolfigur, ja zum Heiligen der Revolution geworden. In seinem Schicksal sollte sich die große Eintracht spiegeln, die unter dem Schlagwort *Patriotismus* die fanatische Zustimmung zu dem befreiten und Freiheit bringenden Frankreich forderte. Denn dieser Römer hatte die äußerste Grenze patriotischer Hingabe markiert, als er seine beiden Söhne, die des Paktierens mit dem etruskischen Landesfeind überführt worden waren, dem Henker überantwortete (Livius 2,5,5-8). Schon Rousseau hatte über diese Tat lange nachgedacht und sie schließlich gutgeheißen: „Entweder war Brutus ein Verräter oder die Köpfe [seiner Söhne] mußten auf seinen Befehl unter dem Beil der Liktoren fallen" (Letzte Antwort an Bordes, 1792). Wieder war es David, der dieser Geschichte 1789, wenige Wochen nach dem Sturm auf die Bastille, blutige Anschauung verlieh. Er zeigte den Schlußakt der Tragödie im Hause des Konsuls: Dort sitzt der vom Schmerz ergriffene Vater zu Füßen einer Statue der vergöttlichten Roma und hält in der verkrampften Hand den Hinrichtungsbefehl, während die Liktoren die verstümmelten Körper seiner Söhne hereintragen (s. S. 687).

Es dauerte nicht lange, und der in den Provinzen aufflackernde Widerstand gegen das revolutionäre Paris zwang, mit Brutus nicht nur zu fühlen, sondern es ihm nachzutun. Nach dem Tod des Königs auf dem Schafott im Januar 1793 hatte sich der Krieg gegen den äußeren Feind verschärft und neue Aushebungen gefordert, die in der Vendée das Faß zum Überlaufen brachten. In diesem Departement südlich der Loire lebten vornehmlich Bauern, denen die Revolution bisher nur schlechte Nachrichten über Teuerungen und neue Lasten gebracht hatte. Der Monarchie, dem einheimischen Adel und der katholischen Kirche treu ergeben, wagten sie jetzt den Aufstand gegen das ungläubige, des Königsmordes schuldige Paris. Beide Seiten kämpften mit äußerster Grausamkeit, beide beriefen sich auf mächtige Patrone: Die einen auf Gott, die anderen auf Brutus. So las Anfang 1794 der Konvent die Post seines Beobachters Perrière, der über das Vorgehen republikanischer Truppen berichtete, die auf Befehl des Wohlfahrtsausschusses auch Kinder ab dem zwölften Lebensjahr vor die Erschießungskommandos geführt hatten: „Ich kenne und fühle vielleicht besser als irgend jemand all die Ehrfurcht, die der Menschlichkeit gezollt werden muß ... Aber man weiß auch, daß das oberste Gebot das Heil des Volkes ist, und daß man es verzeihen kann, Kinder von zwölf Jahren zu opfern, um damit die Auflösung des ganzen Staates und den Mord an den Kindern in der Wiege zu verhindern ... Ich merke, wie ich vor meinen Überlegungen zurückschaudere; aber das, was der Konvent dekretiert, das, was Brutus getan hat, wiegt schwer in den Augen desjenigen, der sich vom Beispiel leiten lassen will" (Markov-Soboul, Die Sansculotten, S. 300 f.). In der Tat: Nur die Helden Roms kannten den Engel nicht, der Abraham in den Arm gefallen war, als er seinen Sohn opfern wollte, und der christliche Kalender nannte keinen Heiligen, der sich den Weg ins Paradies über die Leichen seiner Kinder gebahnt hätte (vgl. Augustinus, Gottesstaat 5,18).

So blieb nur der Ruf Saint-Justs, „que les hommes révolutionnaires soient des Romains!" Bald drängten sich auf der Bühne der Politik mehr und mehr Römer, die ihre längst Geschichte gewordenen Fehden noch einmal austrugen, um der Revolution den rechten Weg zu zeigen. Unter ihnen waren z. B. Catilina, den Cicero zu Fall gebracht hatte, als er den Aufruhr predigte, und der zweite Brutus, eben der, der den Dolch gegen den Tyrannen Caesar geschwungen hatte. Sie traten in den Zeugenstand, als der König, der Gesalbte Gottes selbst, als Tyrann Capet und Verschwörer gegen die Freiheit vor seine Richter geführt wurde. „Beeilt euch den König zu richten", rief Saint-Just, „denn es gibt nicht wenige Bürger, die für sich dasselbe Recht in Anspruch nehmen, das Brutus für sich gegenüber Caesar in Anspruch nahm." Als es ernster wurde und die von der Verfassung garantierte Unverletzlichkeit des Königs zur Sprache kam, trat Cicero auf, der ohne Urteilsspruch die Komplizen des Catilina dem Henker zugeführt hatte (s. S. 418): „Ludwig ist ein anderer Catilina; der Mörder richtet, wie der Konsul von Rom [Cicero], weil er sein Vaterland retten muß." So hatte schon Robespierre argumentiert, als im September 1792 Hunderte von Inhaftierten in den Pariser Gefängnissen gelyncht worden waren: „Der Staat hat sie getötet, um nicht von ihren Händen zu sterben" – ein Zitat aus Ciceros Rede *pro Sulla*, mit dem dieser sein Vorgehen gegen die Catilinarier gerechtfertigt hatte.

Dagegen mußte sich Widerstand auch und gerade im Namen Roms regen. Er tat es, als der Terror überhandnahm und die Herrschaft Robespierres die Leser Suetons und Tacitus' an die Folgen erinnerte, die das Schreckensregiment der ersten römischen Diktatoren und Kaiser über die Republikaner gebracht hatte: „Was Tacitus vor zwölf Jahrhunderten Despotismus und die schlechteste der Regierungsformen genannt hat, das kann man heute nicht Freiheit und die beste aller möglichen Welten nennen", erklärte mutig Camille Desmoulins. Im Dezember 1793 schrieb er für den *Vieux Cordelier* über die römische Diktatur – ein Pamphlet, das er nicht zu veröffentlichen wagte, zu eindeutig war die Herausforderung an den allmächtigen Robespierre: „Die Macht eines Diktators in Rom war auf sechs Monate beschränkt. Wer auch immer, nachdem er seine Aufgabe erfüllt hatte, diese oberste Herrschaft auch nur einen Tag länger ausgeübt hätte, wäre von allen guten Jakobinern Roms angeklagt worden." Statt dessen erschien am 15. desselben Monats ein Artikel, der unverhüllt die Schreckensherrschaft des Wohlfahrtsausschusses mit den Exzessen der entarteten römischen Kaiser verglich: „Bevor ich den Leser auf den Revolutionsplatz führe und ihm dort das Blut zeige, das in diesen sechs Monaten zur immerwährenden Befreiung eines Volkes von 25 Millionen Menschen geflossen und noch nicht von der Flut der Freiheit und des allgemeinen Glücks hinweggespült worden ist, will ich den Blick meiner Mitbürger auf die Regierungen der römischen Cäsaren zurücklenken und auf jene Ströme von Blut, jene Kloaken von Korruption und Unrat, die unter der Monarchie nie austrocknen."

Der Ruf nach den Helden der Republik klang nun gedämpfter. Die vor ihnen wie vor Heiligen gekniet hatten, trugen nun allzu deutlich die Züge von Tyrannen. So schrieb Manon Roland, die gebildetste der Girondisten und seit Juni 1793 im Gefängnis, am 14. Oktober an Robespierre und zwang ihn, in den Spiegel der römischen Revolution zu blicken: „Marius und Sulla proskribierten Tausende von Rittern, eine große Zahl Senatoren, eine Menge Unglücklicher – haben sie die Geschichte ersticken können, die ihr Andenken der Verdammnis weiht, und wußten sie, was glücklich sein heißt?" (Markov, Revolution im Zeugenstand II, 1987, S. 533). Schließlich nahm sie Abschied von der Revolution, die nicht mehr die ihrige war. Sie umarmte Brutus, den Mörder Caesars, als Gescheiterten: „O Brutus! dessen kühne Hand vergeblich die korrumpierten Römer befreite, wir haben uns geirrt wie du. Diese lauteren Männer, deren glühendes Streben der Freiheit galt, die ihr dienten, indem sie sich in strenger Zurückgezogenheit philosophischen Studien widmeten, diese Männer haben sich wie du vorgegaukelt, der Sturz der Tyrannei werde die Herrschaft der Gerechtigkeit und des Friedens einleiten; doch er war nichts als das Signal für den Ausbruch haßerfüllter Leidenschaften" (Memoiren aus dem Kerker, 1987, S. 91 f.).

*Spiel und Ernst*

Weitere Beispiele ließen sich in fast beliebiger Zahl finden. Sie würden immer nur zu einem Schluß führen: Die Totenbeschwörung der Revolution gab ihren Dienern die leuchtenden Vorbilder, ohne die sie es nicht gewagt hätten, das zu tun, was dann am Ende beispiellos sein sollte. Daran ändert nichts, daß vieles, was im römischen Gewand daherkam, nur Mummenschanz und sentimentale Schwärmerei war – so z. B. wenn die Führer der Gironde die Namen Brutus, Cato oder Cicero annahmen, oder im Jahre II der neuen Zeitrechnung der stattliche Haufe von 64 kleinen Römern allein in das Geburtsregister der Stadt Montpellier eingetragen wurde, oder jedermann die rote Kappe des römischen Freigelassenen, den *pileus*, trug, oder die Eidesformel „Ich schwöre beim Haupt des Brutus" Mode wurde oder das Volk bei offiziellen Festen als Herkules auftrat, der seine Feinde zerschmetterte, oder ein Gesetzesantrag die Hosen mit der Begründung abschaffen wollte, daß die Griechen auch keine getragen hätten. Aber selbst derlei Hokuspokus zeigt, daß das öffentliche und private Leben von der Erinnerung an die Antike durchtränkt war. Ihre Bilder, die den dornigen Weg der Revolution in eine ungewisse Zukunft wie Tabernakel eines Kreuzweges begrenzten, illuminierten nicht nur die politische Wirklichkeit, sondern schufen sie erst.
Als schließlich die unmittelbare Demokratie durch die Herrschaft der Jakobiner Wirklichkeit zu werden schien, war auch die formale Angleichung an die Republik Ciceros erreicht: Hier wie dort sah der Beobachter eine Ordnung, in der das öffentliche Wort unmittelbare Voraussetzung der Macht geworden war, und die Fähigkeit, mit Worten kämpfen zu können, über jedes politische Programm und schließlich auch über das physische Überleben entschied. Denn auch der Stuhl des Richters stand nach der Reform des Strafrechts wieder dort, wo er in der römischen Republik immer gestanden hatte: auf dem offenen Markt; auch dort behauptete sich nur, wer seine Sache beredt führen konnte.

Man kann nicht zweifeln: Je weiter die Revolution ins unbekannte, von keiner Tradition mehr beherrschte Neuland vorstieß, um so klarer sprachen die antiken Vorbilder zu ihr und boten ihre Hilfe bei der Verständigung über die angestrebten Ziele an. Als der kleine Mann am 10. August 1792 aus den Faubourgs von Paris ausbrach, die Tuilerien stürmte und die Nationalversammlung zwang, die vorläufige Amtsenthebung des Königs zu beschließen, tönten die Rufe nach der Antike immer lauter: Sie sollte jetzt nicht mehr bloß Vorbilder für den zu jedem Opfer bereiten Staatsbürger liefern, sondern auch Modelle für republikanische Institutionen; sie sollte und mußte helfen in einer politischen Situation, in der alles, was es zu bewältigen galt, neu war. So begannen die verschiedenen Gruppierungen im Konvent, jetzt auch ihre Gegensätze in griechische oder römische Positionen zu übersetzen. Während Desmoulins etwa eine Demokratie nach athenischem Muster forderte, wehrte Robespierre mit Verweis auf Sparta ab: Dies sei das eigentliche Muster eines Gemeinwesens, in dem neben der Gleichheit der Bürger auch die Tugend herrschte. Hier schrie man nach Solon, dort nach Lykurg, hier nach den Gracchen, dort nach Numa, dem weisen König Roms. „Die Bürger", rieb sich am 6. Januar 1793 Rabaut Saint-Étienne vergnügt die Hände, „die Bürger haben Freude daran, sich an die Gesetze zu erinnern, die halfen, die antiken Republiken zu regieren. Sie hoffen, daß unsere Gesetzgeber die Mittel finden werden, um uns nach diesem glücklichen Modell zu reformieren."

Nicht immer war die Freude ungeteilt. So, als die umlaufenden Forderungen nach sozialer Gerechtigkeit bei der künftigen Gestaltung des Eigentums an Grund und Boden in dem Ruf nach einer *loi agraire* (wörtliche Übersetzung des lateinischen Begriffs *lex agraria*) mündeten und einer der Agitatoren, ein gewisser Babeuf, sich den Beinamen Gracchus zulegte, um jedermann klar zu machen, daß es hier um nichts weniger als um die Neuverteilung des Bodens ging. Dies hatte bereits im Sommer 1789 der Abbé Maury kommen sehen, als die große Debatte über die Verstaatlichung des Kirchengutes anhob: „Wenn die Nation das Recht hat, zurückzugehen bis zum Ursprung der Gesellschaft, um uns aus unserem Eigentum zu vertreiben, das die Gesetze über mehr als vierzehn Jahrhunderte anerkannt und geschützt haben, dann wird dieses neue metaphysische Prinzip sie direkt zu all den Aufständen des Ackergesetzes führen." Just so kam es, und zwar so schlimm, daß der Konvent am 18. März 1793 mit den Stimmen der Jakobiner alle Anhänger eines Ackergesetzes mit der Todesstrafe bedrohte. Am 24. April lieferte Robespierre selbst die entscheidende Begründung, als er das Problem in die allgemeinen Ziele revolutionärer Politik einbettete: „Es handelt sich eher darum, die Armut achtbarer zu machen, als den Reichtum zu ächten. Die Hütte des Fabricius hat es nicht nötig, den Palast des Gracchus zu beneiden." Erneut war ein zentraler Konflikt auf seinen antiken Nenner gebracht worden: Der Gegensatz zwischen der sozialen Gleichheit und dem Schutz des Eigentums, den die Erklärung der Menschenrechte von 1791 nicht hatte lösen können. Grundsätzlicher formuliert: Die neue Erfahrung, welche die Frage nach der sozialen Gleichheit geöffnet hatte, erschien begrifflich und als historisch faßbares Problem unter antikem Vorzeichen, um allgemein verständlich zu sein.

Jeder Ruf der Revolution nach der Antike kam also aus der Not der Zeit. Sie allein gab die Themen vor, sie allein prägte, was man hören wollte. Auf historische Genauigkeit im Umgang mit der fernen Vergangenheit kam es dabei zuallerletzt an. Hier ging es nicht um Philologenwerk, sondern um praktische Politik, für die man nach Maßstäben suchte. Die wichtigste Hilfe, so sahen wir, kam aus der römischen Republik. Wir müssen jedoch genauer formulieren: Sie kam aus der Interpretation des Bildes, das sich Livius und seine Zeitgenossen von der glorreichen Vergangenheit der auch für sie bereits untergegangenen Republik liebevoll zusammengesetzt hatten, um sie der eigenen Zeit als leuchtendes Beispiel verlorener Größe vorzuhalten. Denn was die Führer der Revolution ungeprüft übernahmen, war nicht die historische Wirklichkeit, sondern eine antike Legende. Die Botschafter etwa, die wie Brutus so überzeugend und furchtbar zugleich von der Unterwerfung des einzelnen unter den Staat gesprochen hatten, waren selbst nur geisterhafte Gestalten der römischen Frühzeit, die erst die verklärte Rückschau der augusteischen Zeit zu Idealen einer besseren Welt gemacht hatte. Vielleicht füllten sie gerade deshalb mit Leben, was das von der eigenen Geschichte befreite Frankreich am nötigsten brauchte: Die Verwandlung des passiven Untertanen in einen aktiven Bürger, der bereit war, dem jenseits von König und Kirche neu gegründeten Staat alles zu geben – selbst sein eigen Fleisch und Blut.

## 3. Metaphern imperialer Herrschaft

„Ein Volk", belehrte im Dezember 1791 Brissot die Jakobiner, „ein Volk, das seine Freiheit nach zehn Jahrhunderten Sklaverei errungen hat, braucht den Krieg." „Nein", antwortete wenig später Robespierre und wies auf die Caesaren, die immer im Schatten der Kriege geboren werden: „In Zeiten der Unruhen und des Parteienhaders werden die Heerführer zu Richtern über das Schicksal ihres Landes und lassen die Waage zugunsten derer sich neigen, deren Partei sie ergriffen haben. Wenn es Caesaren oder Cromwells sind, bemächtigen sie sich selbst der Herrschaft." Überzeugt haben diese beschwörenden Worte bekanntlich nicht. Der Verlauf des Krieges jedoch, der am 20. April 1792 ausbrach und Generäle nach oben brachte, die immer selbstherrlicher schalteten und walteten, machten die Revolution mißtrauisch. „Denken Sie daran", schrieb im Dezember 1793 der Wohlfahrtsausschuß an alle kommandierenden Generäle, „daß die Helden der antiken Republiken, die Scipionen, Paullus Aemilius und andere ihre Befehle vom Senat empfingen und daß Rom die seiner Kinder zum Tode verurteilte, die – auch wenn sie siegreich waren – nicht Roms Befehle abgewartet hatten, um über seine Feinde zu triumphieren" (Texte nach Markov, aaO. II). Die Drohung war – gerade in ihrem römischen Dekor – unüberhörbar und zeigt, daß die Bewunderer Roms immer schärfer auf ihre

Helden zu blicken gelernt hatten. Nun trat im Angesicht eines ausufernden Krieges nicht mehr der über Caesar triumphierende Brutus, sondern der Sohn des Caesar, der spätere Augustus, vor ihr geistiges Auge. Und dieser warf drohende Schatten auch in die Zukunft der eigenen Revolution.
Elf Jahre später gehorchte Frankreich wieder einem Monarchen: Napoleon. Auch er hatte seinen Plutarch gelesen, auch er hatte Tugend und Größe in römischen Metaphern auszudrücken gelernt. Die historische Parallele, die sich zwischen seinem Staatsstreich vom 18. Brumaire (9. November 1799) und Caesars Marsch über den Rubikon aufdrängt, war weder ihm noch seinen Feinden verborgen geblieben: Hier wie dort hatten die Soldaten Partei ergriffen und über Erfolg und Mißerfolg eines Staatsstreiches entschieden. Sie waren es denn auch, die als erste in den Mantel römischen Ruhms gehüllt wurden: Der Schwur der Horatier, in den Jahren der Revolution als Bekenntnis zur Republik und als Akt reinster Loyalität gegenüber dem Staat immer wieder nachgespielt, fand jetzt seine imperiale Fortsetzung im Eid der Truppen, den sie auf ihren Führer und Kaiser leisteten. Pate stand jetzt aber ein anderes Rom: das der Kaiser und das des Weltreiches. Was lag näher, als die usurpierte Macht des neuen Caesar und das von ihm geschaffene Grand Empire mit römischen Vorzeichen zu versehen und beiden damit eine Legitimität von großartiger historischer Dimension zu verleihen?
Es waren die Modemacher, die am schnellsten begriffen, worauf es jetzt ankam: Die rote Sansculottenmütze verschwand und die Kostüme der römischen Republik, obwohl seit Jahren im Schwange und phantasievoll weiterentwickelt, wurden gegen jene des römischen Prinzipats ausgetauscht. Am Tage der Kaiserkrönung am 2. Dezember 1804 paradierte, wer auf sich hielt, wie zu Zeiten des Augustus. So hat auch Dominique Ingres den Empereur nach seiner Weihe in Notre-Dame für die gesetzgebende Körperschaft, also im offiziellen Auftrag, gemalt: Sitzend auf einem Thron von neoklassischer Form, in entrückter Größe, den Adler zu Füßen, ein neuer Augustus, dem olympischen Zeus des Phidias ebenso wie den frühmittelalterlichen Herrscher- und Gottesbildern nachempfunden.
So stellte sich denn auch der neu geschaffene zentralistische Kaiserstaat gleich mehrfach als römischer vor: Die Verwaltung der Präfekten, der Senat, der den Kaiser beriet, und vor allem das Recht, das der „neue Justinian" im *Code civil* von 1804 schuf und das „die große europäische Familie, deren Bestimmung es ist, das Schicksal der Welt zu bestimmen, durch feste und dauerhafte Bande" vereinigen sollte – so der Aufruf an alle Franzosen bei der Vorlage des ersten Entwurfs. Diese *grande famille européenne* mußte allerdings erst gefügig gemacht werden. Dies taten der Krieg und die imperiale Herrschaft, auch sie eingehüllt in Erinnerungen an das Mittelmeer als *mare nostrum* der Römer, verteidigt gegen das unbeugsame England in einem neuen Punischen Krieg, den das römische Frankreich gegen die „Krämer" jenseits des Meeres führen mußte. Alle diese dem imperialen Rom entlehnten Metaphern sollten die Vorstellungskraft der Völker beeindrucken, ihre Phantasie in eine bestimmte Richtung lenken und Assoziatio-

nen an das Reich wecken, das nach Plinius einst für Jahrhunderte die Welt unter die „unermeßliche Majestät des römischen Friedens" gebeugt hatte. Und sie sollten den Glauben an einen Kaiser stärken, der wie Augustus seine Herrschaft der Armee verdankte und wie dieser seinem Reich Gerechtigkeit, Ordnung und Dauer geben wollte.

Als sinnfälligstes Zeichen dieses Bündnisses mit dem Rom der Kaiser reckte sich auf dem Vendôme-Platz wie ein riesiges Kanonenrohr die Säule der Großen Armee weit über das Häusermeer des damaligen Paris. Sie schrieb wie die Säule Trajans in Rom Geschichte auf die Schraubenwindungen eines Frieses von 280 Meter Länge, und während diese laut Inschrift dem Sieger über Germanien und Dakien geweiht war, so jene der Armee, die weit nach Osten ihre siegreichen Legionsadler getragen hatte. Sie wurde gekrönt von der Statue des Kaisers, dessen Haupt mit dem Lorbeer des Sieges geschmückt war und dessen Hand den Globus mit der Victoria, der Göttin des Sieges, hielt. So war er herausgehoben über die anderen Sterblichen und forderte wie Trajan Verehrung. An derselben Stelle hatte lange die Reiterstatue Ludwigs XIV. ihren Platz behauptet, bis sie 1792 den Bilderstürmern der Revolution zu Opfer fiel, und eben dort hatte wenig später die Bahre des toten Le Peletier gestanden, der als erster „Märtyrer der Freiheit" ein halbes Jahr vor Marat einem Attentat zum Opfer gefallen war.

## 4. Die Alten kehren in ihre Welt zurück

Die Revolution, die Kriegszüge Napoleons und die von beiden ausgelösten gesellschaftlichen Umbrüche haben den Bruch mit der Vergangenheit unheilbar gemacht. Jedermann wußte nun aus eigener Anschauung, was die Aufklärer geahnt hatten und was von d'Alembert hellsichtig zu Papier gebracht worden war: Alles befand sich in Bewegung und niemand konnte mehr die Wege der Geschichte voraussehen (s. S. 685). Jedermann verlangte jetzt Erklärungen, alle wollten wissen, wie und warum alles so und nicht anders gekommen war. Der hilfesuchende Blick zu den antiken Vorbildern wirkte plötzlich trüb. Nicht ihre Tugenden, nicht ihre „Humanität" und schon gar nicht ihre Staatsordnungen waren am Ende die Sieger. Und die Revolution, die am lautesten nach den Helden Roms gerufen hatte, saß längst auf der Anklagebank: „Freiheit, Gleichheit, nichts Unsinnigeres kann erdacht werden; dieser Geist ist wohl der mächtigste und schädlichste, den Satan auf die Erde schicken kann, um die Menschen zu verderben", verbreitete Jung-Stilling (gest. 1817) frommen Sinnes, und er wußte sich mit dem Zeitgeist einig.

Die Historiker waren die ersten, die dem neuen Denken Tribut zollten. „Die alte Geschichte", schrieb Barthold Georg Niebuhr am 4.7.1811 an den preußischen König, „ist in den verflossenen Jahren mehr denn einmal als Roman mißbraucht worden, um Anspielungen auf die gegenwärtigen Schicksale Europas vorzubringen: Eure königliche Majestät werden mir, wie ich hoffe, die Gerechtigeit widerfahren lassen, überzeugt zu sein, daß ich mich nicht einmal versucht finden könnte, zu einem unsinnigen Betragen, welches ich verachte." Der Briefschreiber, der sich als historischer Autodidakt mit der Agrarverfassung und den Bauern Holsteins beschäftigt hatte, war kurz vor dem Zusammenbruch von 1806 in preußische Dienste getreten. Dort avancierte er 1810 zum Professor an der neugegründeten Berliner Universität, wo er seine Lehrtätigkeit unter großer öffentlicher Anteilnahme ein Jahr später mit Vorlesungen zur Römischen Frühgeschichte begann.

Die überraschende Wahl dieses Gegenstandes erklärt der Held, zu dem die Darstellung der „Römischen Geschichte" (1811-1832) gar nicht mehr kommt: Tiberius Gracchus. Er war in den Jahren der Revolution zum Kronzeugen für die Notwendigkeit einer radikalen Bodenreform geworden (s. S. 393 ff.), und seine *lex agraria* hatte als *loi agraire* immer wieder durch die Reihen des Konvents gespukt. Dieses Gespenst galt es zu jagen und zur Strecke zu bringen. Aus der Welt mußte eine Interpretation, „die eine verbrecherische Rotte dem Wort Ackergesetz gab, als sie über die Teilung des sämtlichen Französischen Bodens und über die Verminderung der Volksmenge durch Mord, damit das Land hinreiche, Rat pflog" (zit. nach Rytkönen, Niebuhr, S. 81).

Zu erreichen war dies nur, wenn die Quellen, allen voran Livius, kritisch auf ihren Wahrheitsgehalt hin überprüft wurden. Denn nur dann konnte ein für allemal bewiesen werden, daß die Ackergesetze der römischen Republik niemals Privateigentum annulliert hatten, sondern ausschließlich auf die Verteilung von Staatsland (*ager publicus*) zielten (s. S. 394). Zugleich war damit die Aufgabe des Historikers völlig neu definiert: Er hatte zu verhindern, „daß ein betörtes Gefühl aus ganz anderen Zeiten übertrage, was jetzt völlig unanwendbar ist" (Vorrede zur Römischen Geschichte).

Niebuhr hatte Erfolg. Und mit ihm setzte sich durch, was bis heute als kategorischer Imperativ die historische Forschung bestimmt: Über kein Ereignis der Vergangenheit kann eine vernünftige Aussage gemacht werden, wenn nicht vorher die Überlieferung kritisch nach den Grenzen ihres eigenen Wissens und nach ihren Absichten befragt wird. So entwarf Niebuhr am Objekt der römischen Frühgeschichte das Rüstzeug für eine kritisch-philologische Analyse der Quellen, aufgrund deren überlieferte Fakten nur dort als historisch anerkannt werden dürfen, wo diese auf eine zweifelsfreie Quelle zurückzuführen sind. Dies ergibt zunächst nur eine Vielzahl von Einzeltatsachen, die anschließend zu einem gegenüber den Quellen neuen Gesamtbild des behandelten geschichtlichen Zeitraums zusammengefügt werden müssen. Just dieser zweite Schritt macht aus dem Kritiker der Quellen den Historiker: „Ich bin ein Historiker", sagte stolz Niebuhr, „denn ich kann aus dem einzeln Erhaltenen ein vollständiges Gemälde bilden."

Die methodischen Pflichten, die dem Historiker damit aufgeladen wurden und aus seinem Geschäft eine Wissenschaft machten, stürzten die bisherige Sicht auf Vergangenes geradezu um:

- Als erstes wurden die Literaten aus dem Reich der Geschichtswissenschaft verbannt. Niebuhrs Verdikt über Schillers Geschichte des Dreißigjährigen Krieges („eine Schmiererei") steht als Menetekel über dem ganzen 19. Jahrhundert. Das bleibt wahr, selbst wenn Historiker wie Macaulay (1800-1859) die Künste von Walter Scott priesen und seine Romane als „kaum weniger wertvoll" anerkannten – das „kaum" sagt im Grunde alles.
- Dann teilte man das unendlich große Feld der Geschichte, über das die Aufklärer noch souverän regiert hatten, in immer schmaler werdende Parzellen. Jetzt ersetzte der immer tiefer grabende Meister des Details den Universalhistoriker des 18. Jahrhunderts. „In den Wissenschaften dagegen kann man nur noch in einem begrenzten Zweige Meister sein, nämlich als Spezialist", konstatierte rückblickend Jacob Burckhardt. Geschichte mauserte sich dabei zu einer akademischen Disziplin, organisiert in Gesellschaften und Akademien, allgegenwärtig an den Universitäten, wohl gerüstet mit eigenen Zeitschriften.
- Schließlich forderte die Pflicht zur Quellenkritik die Aufarbeitung aller Quellen in philologisch mustergültigen Editionen. „Es ist die Grundlegung der historischen Wissenschaften, daß die Archive der Vergangenheit geordnet werden", schärfte Mommsen 1858 der Preußischen Akademie in seiner Antrittsrede ein. Damit war die Sammlung und Ordnung der Quellen als zentrale Aufgabe für seine und die kommende Generation formuliert. Noch einmal beugten sich wie in der Renaissance unzählige Gelehrte über die antiken Texte – nunmehr allerdings in der Gewißheit, daß die Rekonstruktion der Überreste der Vergangenheit ihrer Vergegenwärtigung jenseits der von Generation zu Generation wechselnden Fragestellungen am besten dient.

In den neuen Fabriken der Gelehrsamkeit herrschte über allem die Leidenschaft für die Wahrheit: „Unser Lebensnerv", verkündete Mommsen, „ist die voraussetzungslose Forschung, die nicht das findet, was sie nach Zweckerwägungen und Rücksichtnahmen finden soll und finden möchte, was anderen außerhalb der Wissenschaft liegenden praktischen Zielen dient, sondern was logisch und historisch dem gewissenhaften Forscher als das Richtige erscheint, in ein Wort zusammengefaßt: Wahrhaftigkeit" (Reden und Aufsätze, 1912, S. 432). In den mit diesem Gebet geweihten Tempeln konnte es nicht einmal heimliche Nischen zur Verehrung der Alten geben. Statt dessen feierte man dort Niebuhr, der auf eine stetig wachsende Schar von Nachahmern blicken konnte. Sie waren wie er davon überzeugt, daß „die Athener von Gerste und Weizen lebten, nicht etwa von Poesie und Philosophie", und daß die historische Kritik das beste Heilmittel gegen antike Ikonen und ihre Anbeter sei. Im Grunde hatte bereits die Kritik der livianischen Tradition das Kultbild der Antike zerstört. „Es ist", so beschrieb Niebuhr 1811 seine Tätigkeit, „die Reinigung eines zerstörten, uns eher schlecht restaurierten Gemäldes, so daß es jetzt hervorkommt, wie es war, ehe es verpfuscht ward" (Briefe, Bd. II, S. 210). Die empirische Forschung trat an gegen den Mythos, gegen alles Erhabene und Idealisierte.

Darüber hinaus war sie willens, das Gemälde, wenn es anders nicht ging, aus winzigen Mosaiksteinchen völlig neu zusammenzusetzen. Ihr letztes Ziel war ebenso einfach wie verständlich: Es galt – nach Rankes berühmtem Diktum – das Vergangene zu rekonstruieren, „wie es eigentlich gewesen ist." Oder anders: die geschichtliche Wirklichkeit, die Fülle des realen Lebens untergegangener Welten sollten aus den Quellen wieder zum Leben erweckt werden.

Der größte unter Niebuhrs Nachfolgern, Theodor Mommsen, hat diese Aufgabe zu Ende gebracht und Rom seinen originären Platz in der Weltgeschichte zurückgegeben – weit entrückt dem aufdringlichen Zugriff von Ratsuchenden und Pilgern.

Dabei ging er allerdings ganz anders zu Werke als Niebuhr. Dessen hölzerner und unbeholfener Stil peinigte den Leser, und nach dem klugen Urteil Goethes hatte er auch keine Römische Geschichte, sondern eine „Kritik der Schriftsteller, welche uns die römische Geschichte überlieferten", vorgelegt. Mommsen hingegen schrieb in einer prall mit Bildern gefüllten Sprache, voller Leidenschaft und Parteinahme. So brach mit seiner „Römischen Geschichte" (1854-56) binnen weniger Jahre und unter dem Jubel eines hingerissenen Publikums die deutsche Geschichtsschreibung aus den Gelehrtenstuben aus und in alle Bürgerhäuser ein. So wie dieser unbekannte junge Gelehrte hatte noch kein Historiker mit seinen Lesern gesprochen, und wer nach Vergleichen suchte, fand nur ein Werk des 18. Jahrhunderts: Edward Gibbons' *History of the Decline and Fall of the Roman Empire* (s. S. 563). Jetzt wandte sich erneut ein Historiker den Römern zu, schob die knöcherne Gelehrsamkeit Niebuhrs ebenso wie die Verehrungslyrik der deutschen Klassik beiseite und hob vor den staunenden Augen seines Publikums den Vorhang zu einem römischen Drama ganz neuer Art: „Es gilt doch", erklärte er nicht ohne Stolz, „vor allem die Alten herabsteigen zu machen von dem phantastischen Kothurn, auf dem sie der Masse des Publikums erscheinen, sie in die reale Welt, wo gehaßt und geliebt, gesägt und gehämmert, phantasiert und geschwindelt wird, zu versetzen." Als die Römer dort ankamen, Fleisch und Blut angenommen hatten, war ihr Nimbus als zeitlose Vorbilder und Helden dahin.

Mommsen war es allerdings nicht allein, der in den fünfziger Jahren politische und soziale Geschichte in der Sprache eines großen Prosaikers und mit der kritischen Genauigkeit eines Philologen schrieb, um den Forderungen der Zeit nach Aufklärung über den Gang der Geschichte zu genügen. Überall in Europa hatten die Besten unter den Historikern ebenso wie Mommsen angesichts der gescheiterten Revolutionen von 1848/49 gelernt, historische Darstellung mit der Anschauung und der sprachlichen Meisterschaft großer Dramatiker zu verbinden. Dies gilt für Macaulays *History of England from the Accession of James II.* (1849-1861), für Burckhardts *Die Zeit Constantins des Großen* (1852), für Rankes Vorträge vor König Maximilian II. von Bayern im Herbst 1854 und für Alexis de Tocquevilles *L'Ancien régime et la révolution* (1856). Dies waren bislang unerhörte Vorhaben. Aber sie alle lagen in der Luft und entsprachen dem Geist der Zeit. So hatte sich im Reich der Literatur Honoré de Balzac aufgemacht, die *Comédie humaine* in mehr als zweihundert Bänden zu schreiben, und im Reich der Musik strebte Richard Wagner nach dem „Gesamtkunstwerk", das die Oper revolutionieren sollte.

Die Historiker waren die ersten, die von den großen Entwürfen wieder Abschied nahmen. Drei Jahrzehnte nach den Erfolgen der fünfziger Jahre war der Rausch verflogen, war alles anders geworden. 1856 lag der dritte und letzte Band vom Mommsens großem Römerdrama vor; er endete mit dem Untergang der letzten intakten Armee der Republik im Bürgerkrieg (46 v. Chr.) und der Apotheose des Siegers Caesar, den Mommsen in einer Sprache von diesmal biblischer Monumentalität als den größten aller Römer besang. Alle Welt wartete nun auf die Fortsetzung, hoffte in Kürze zu lesen, was dem Imperium der Caesaren Dauer verlieh und warum der Galiläer sein Kreuz nach drei Jahrhunderten Verfolgung auf dem Kapitol aufpflanzen konnte. Doch es kam anders. Denn kaum hatte Mommsen Caesar auf dem Schlachtfeld von Pharsalos verlassen, wandte er sich entschlossen den Dingen zu, die ihm fortan wichtiger als jede erzählende Geschichtsschreibung erschienen: der Kritik der literarischen Überlieferung, der Sammlung der lateinischen Inschriften und dem Römischen Staatsrecht. Ihm nach taten es fast alle europäischen Zunftgenossen und stürzten sich auf die schriftlichen Quellen oder die archäologische Hinterlassenschaft.

Es hob sich der Vorhang für den letzten Akt, in dem die antike Geschichte für immer unter die strenge Hand der Historiker fiel. Diese schufteten in ihren selbstgebauten Gelehrtenzellen wie Mönche und suchten, nunmehr getrennt von einem großen Publikum, unter sich nach der objektiven Wahrheit. „Ich führe ein Leben, schlimmer als ein Tagelöhner", bekannte 1873 Mommsen seufzend seiner Frau. Wer immer aus der Historikerzunft denselben Gedanken hatte – widersprochen hätte ihm gewiß niemand. So publizierten sie mit beispiellosem Aufwand Inschriftencorpora, Akteneditionen, Regestensammlungen, Urkundenbücher und Realenzyklopädien. Am Ende hatten sie für nahezu jede Quellengattung eigene Spezialdisziplinen geschaffen, die nach dem Prinzip rationaler Arbeitsteilung vorgingen und in der Berliner Akademie ihre Leitzentrale erhielten. „Wie der Groß-Staat", ließ sich Mommsen vernehmen, „so ist die Groß-Wissenschaft, die nicht von einem geleistet wird, ein notwendiges Element unserer Kulturentwicklung." Wer am Ende des Jahrhunderts auf ihre Leistung zurückblickte, stand staunend vor einem Berg von Gelehrsamkeit, den unermüdlicher Fleiß und wissenschaftliche Betriebsamkeit immer höher türmten.

Darunter liegt nun begraben, was für viele Jahrhunderte lebendige Wirklichkeit und eine Schatzkammer von Vorbildern und Tugenden gewesen war. „Das ist das eigentlich Entscheidende", schrieb 1904 der Neuhistoriker Karl Lamprecht (Zur jüngsten deutschen Vergangenheit, 2,2, S. 417), „daß uns die Antike im allgemeinen keine Ideale mehr zu bieten vermag, die über uns und unsere Entwicklungsstufe hinaus liegen. Das ist der

### 4. Die Alten kehren in ihre Welt zurück

Grund, warum auch so gewaltige Entdeckungen und neue Aufklärungen über die Antike, wie sie das letzte Menschenalter gebracht hat, keine neue Renaissance haben heraufführen können. Die normative Geltung der Antike war dahin; und die Frage trat auf, was an ihre Stelle treten könne."

Die Antwort des 20. Jahrhunderts zeichnet sich ab: Nichts.

# TEIL E:

# LITERATURVERZEICHNIS

Dies ist natürlich kein erschöpfendes Literaturverzeichnis. Es kann auch nicht alle Publikationen nennen, die der Autor zu Rate gezogen hat. Seine Ziele sind andere: Der Leser soll in die Lage versetzt werden, Literatur gegliedert nach Sachgruppen, die der Ordnung dieses Buches gehorchen, kennenzulernen. Dies bedeutet, daß Publikationen, die bezogen auf ein bestimmtes Thema genannt werden, auch für andere relevant sein können. Kurze Hinweise auf den Inhalt des aufgeführten Buches oder Aufsatzes sollen dies verdeutlichen.

# I. Gesamtdarstellungen zur griechisch-römischen Antike

*Die natürlichen Grundbedingungen des Lebens*

Braudel, F.: Das Mittelmeer und die mediterrane Welt in der Epoche Philipps II., Bd.1, Frankfurt a.M. 1990 (Franz. Originalausgabe: 4. Aufl. 1979)
*(Grundlegende Erörterung der geographischen Lebensbedingungen im Mittelmeerraum unter Einbeziehung der Randgebiete)*
Kirsten, E., Die griechische Polis als historisch-geographisches Problem des Mittelmeerraumes, Bonn 1956
*(Grundlegend im Rahmen der althistorischen Forschung)*
Müller, D.: Topographischer Bildkommentar zu den Historien Herodots. Griechenland im Umfang des heutigen griechischen Staatsgebietes, Tübingen 1987
*(Bildlexikon, das – obwohl es dem Werk Herodots folgen will – „ nur den Raum des heutigen Griechenlands berücksichtigt. Die einschlägige landeskundliche und topographische Literatur wird einbezogen; jeder Ort wird von den Quellen wie von den geographischen Bedingungen her eingehend vorgestellt)*
Müller, K.E.: Geschichte der antiken Ethnographie und ethnologischen Theoriebildung. Von den Anfängen bis auf die byzantinischen Historiographen, Bd.1, Wiesbaden 1972; Bd.2, 1980
*(Umfassende, nach den einschlägigen griechischen und römischen Autoren geordnete Behandlung der antiken Ethnographie)*
Nissen, H.: Italische Landeskunde, 2 Bde., Berlin 1893/1902 (ND 1967)
Philippson, A./Kirsten, E.: Die griechischen Landschaften, 4 Bde., Frankfurt a.M. seit 1950
Sauerwein, F.: Spannungsfeld Ägäis, Frankfurt a.M. 1980

*Politik und Zivilisation*

Civilisation of the Ancient Mediterranean, hg. M. Grant/R. Kitzinger, 3 Bde., New York 1988
*(Nach Sachthemen geordnete, von mehreren Autoren bearbeitete Darstellung der griechisch-römischen Zivilisation)*
Heuß, A.: Herrschaft und Freiheit im griechisch-römischen Altertum, in: Propyläen-Weltgeschichte, Summa Historica, Berlin 1965, S. 67-128
*(Grundlegende Einordnung der Geschichte der Griechen und Römer in die europäische und die Weltgeschichte)*
Kloft, H.: Die Wirtschaft der griechisch-römischen Welt. Eine Einführung, Darmstadt 1992

Kornemann, E.: Weltgeschichte des Mittelmeerraums. Von Philipp II. von Makedonien bis Muhammed, hg. H. Bengtson, München 1967
Propyläen Technikgeschichte, hg. W. König, Bd. 1: Hägermann, D./Schneider, H.: Landbau und Handwerk 750 v. Chr. bis 1000 n. Chr., Berlin 1991
Rostovtzeff, M.: Geschichte der Alten Welt, 2 Bde., Bremen, o.J.

## II. Allgemeine Hilfsmittel, Handbücher

Der Große Ploetz. Auszug aus der Geschichte, 29. Aufl. Freiburg 1980
*(Ausführliches, von Fachgelehrten verfaßtes Nachschlagewerk mit Daten und Kurzbeschreibungen aus allen Bereichen der Geschichte)*
Der Kleine Pauly, hg. K. Ziegler und W. Sontheimer, 5 Bde., Stuttgart 1964-1975 (Nachdruck dtv München 1979)
dtv-Atlas zur Baukunst Bd. 1, hg. W. Müller und G. Vogel, München 1974 (seitdem mehrere Auflagen)
dtv-Lexikon der Antike, 2. Aufl. München 1978
Griechenland. Lexikon der historischen Stätten von den Anfängen bis zur Gegenwart, hg. S. Lauffer, München 1989
*(Topographisches Lexikon Griechenlands unter Einschluß der Inseln; die Geschichte der behandelten Orte wird von ihren Anfängen bis in die heutige Zeit vorgestellt)*
Handbuch religionswissenschaftlicher Grundbegriffe (hg. H.Cancik/B.Gladigow/ M.Laubscher), Bd.1 Stuttgart 1988
Kleines Wörterbuch des Hellenismus, hg. H.H. Schmitt/E. Vogt, Wiesbaden 1988
*(Behandelt den Zeitraum vom 4.-1. Jhdt. v. Chr. unter Einschluß von Kultur, Philosophie, Recht und Literatur)*
Lexikon der Alten Welt, hg. C. Andresen u.a., Zürich 1965; Nachdruck (mit neuer Gliederung des Stoffs) als
Lexikon Iconographicum Mythologiae Classicae (LIMC), hg. J. Boardmann u.a., Zürich/München, 1981
*(Vielbändiges Werk über die Darstellung mythologischer Themen. Aufbau der Artikel: Einleitung, Bibliographie, Katalog, ikonographischer Kommentar)*
Paulys Real-Encyclopädie der classischen Altertumswissenschaft, hg. W. Kroll u.a., Stuttgart 1898-1976
*(Ausführlichstes Lexikon zu allen Bereichen der antiken Geschichte)*

## III. Quellensammlungen zur Griechischen Geschichte

*Deutschsprachige Quellensammlungen*

Arend, W.: Altertum. in: Geschichte in Quellen (Hg. W. Lautermann/M. Schlenke) Bd.1, 2. Aufl. München 1975
*(Umfassende Quellensammlung zur Antike. Literatur, Philosophie und Naturwissenschaften werden berücksichtigt)*
Austin, M./Vidal-Naquet, P.: Gesellschaft und Wirtschaft im alten Griechenland, München 1984

*(Entstanden als Studienbuch für Studenten der französischen Universitäten. Auf eine kurze, chronologisch geordnete Darstellung der Zeit von Homer bis Alexander, die die gesellschaftlichen und wirtschaftlichen Bedingungen des Lebens in den Vordergrund stellt, folgen nach demselben Ordnungsprinzip angelegte „Texte und Dokumente")*

Brodersen, K./Schmitt, H.H.: Historische griechische Inschriften in Übersetzung. Bd.1: Die archaische und klassische Zeit, Darmstadt 1992

Flashar, H.: Griechisches Lesebuch, Frankfurt a.M. 1987
*(Längere Auszüge aus literarischen Texten von Homer bis zu den griechischen Autoren der römischen Kaiserzeit. Ziel der Sammlung ist es, den Leser mit der Vielfalt der griechischen Literatur vertraut zu machen)*

Fuhrmann, M. (Hg.): Bibliothek der Antike, 5 Kassetten mit mehreren Bänden, Stuttgart 1990 (dtv)
*(Unter den literarischen Gattungsbegriffen „Epos", „Erzählkunst", „Drama", „Geschichtsschreibung" und „Philosophie" zusammengestellte umfängliche Quellensammlung, die den Grundbestand der wichtigsten Werke der jeweiligen Gattung enthält. Kurze Erläuterungen und Einführungen informieren über den aktuellen Wissensstand)*

Görgemanns, H. (Hg.): Die griechische Literatur in Text und Darstellung, 5 Bde., Stuttgart 1986 (Reclam)
*(Zweisprachige Texte der griechischen Literatur von Homer bis zum Ende der Antike. Gliederung nach Epochen und Gattungen; z. B. Bd. 2: Klassische Periode, gegliedert nach Dichtung [Tragödie, Komödie] und Prosa [Geschichtsschreibung, philosophische und politische Schriften]. Historische Gliederungsprinzipien werden nicht zugrunde gelegt)*

Griechische und lateinische Quellen zur Frühgeschichte Mitteleuropas bis zur Mitte des 1. Jahrtausends n. Chr., hg. J. Herrmann, 4 Bde., Berlin 1988/1991
*(Quellentexte mit Übersetzung und Kommentar. Der Bogen der herangezogenen Texte reicht von Homer bis Ausonius)*

Hengstl, J. u.a.: Griechische Papyri aus Ägypten als Zeugnisse des öffentlichen und privaten Lebens, München 1978
*(Auswahl griechischer Papyri aus Ägypten im Orginal mit deutscher Übersetzung und Kommentar; sachlich gegliedert mit Schwerpunkt auf dem sozialen und wirtschaftlichen Bereich)*

Rilinger, R.: Leben im antiken Griechenland, in: Lust an der Geschichte, München 1990
*(Quellen zum Tagesablauf von Frauen und Kindern, Herren und Sklaven, Bürgern und Fremden und zu den Stationen eines antiken Lebens: Geburt, Kindheit, Heirat, Alter und Tod. Eine Kommentierung fehlt)*

Schuller, W./Popp, H.: Die attische Demokratie, München 1990 (in: Arbeitsmaterialien für den Geschichtsunterricht in der Oberstufe, hg. A. Atzerodt u.a.)
*(Eingehend eingeleitete und kommentierte Quellen. Die gesellschaftliche Gliederung Athens wird ebenso berücksichtigt wie die geographische und wirtschaftliche Situation Athens. Die Institutionen und die Praxis der Demokratie werden gesondert erfaßt)*

Stahl, M.: Die griechische Polis. Quellen zur griechischen Geschichte von 800-400 v. Chr., in: Zeiten und Menschen Ausgabe Q, hg. W. Grütter u.a., Paderborn 1989
*(Enthält Quellen und Texte moderner Autoren zur Struktur von Gesellschaft und Wirtschaft. Der Schwerpunkt liegt auf der Entwicklung von Staatlichkeit und*

*Demokratie; Sparta und Athen werden in gesonderten Kapiteln behandelt. Die Quellen werden kurz kommentiert)*

Wagner-Hasel, B.: Das antike Griechenland, in: Weltgeschichte im Aufriß. Ausgabe in Themenheften, hg. W. Ripper, Frankfurt a.M. 1988
*(Chronologisch aufgebaute Quellenübersicht mit ergänzenden Texten moderner Autoren. Erfaßt wird die Geschichte der Griechen von der minoisch-mykenischen Zeit bis zur römischen Eroberung. Die hellenistische Kultur wird ebenso gewürdigt wie das Fortleben der Antike)*

*Englischsprachige Quellensammlungen*

Fornara, C.W.: Translated Documents of Greece and Rome, Bd.1: Archaic Times to the End of the Peloponnesian War, Baltimore/ London 1977
*(Quellen zur griechischen Antike von 800 bis 404. Die Quellen sind chronologisch geordnet und mit kommentierenden Anmerkungen versehen. Wichtige Inschriften werden in Übersetzungen zugänglich)*

Meritt, B.D./Wade-Gery, H.T./Mc.Gregor, M.F.: The Athenian Tribute-Lists, Bd. 1 Cambridge (Mass.) 1939; Bd. 2-4 Princeton 1949-53 (abgekürzt: ATL)
*(Ausgabe und historische Analyse von Quellen zum Seebund der Athener, insbesondere der von 454/3 bis 406/5 überlieferten „Tributlisten", d. h. der Zahlungen athenischer Verbündeter an die Göttin Athena. Darauf aufbauend vermittelt das Werk einen detaillierten und grundlegenden Einblick in die Zeit des 5. Jhdts.)*

*Inschriften- und Quellensammlungen ohne Übersetzungen, jedoch teilweise kommentiert*

Bengtson, H. (unter Mitarbeit von R. Werner): Die Verträge der griechisch-römischen Welt von 700 bis 338 v. Chr. (Die Staatsverträge des Altertums Bd.2), 2. Aufl. München 1975 und:

Dittenberger, W.: Sylloge Inscriptionum Graecarum, 3. Aufl. Leipzig 1915-24 (ND Hildesheim 1960), 4 Bde. (abgekürzt: Syll.)
*(Chronologisch [Bd.I-II] und sachlich [Bd.III] gegliederte Inschriftensammlung zur griechischen Antike mit ausführlichem Indexband [IV]. Die Originaltexte sind mit einem ausführlichen lateinischen Kommentar versehen)*

Jacoby, F.: Die Fragmente der griechischen Geschichtsschreiber, Berlin, später Leiden 1923 ff. (abgekürzt: FGrHist)
*(Thematische Gliederung der einzelnen Bände. Zusammengestellt werden die Fragmente der überlieferten Historiker [F] und die Zeugnisse zu ihrem Leben und Werk [T = Testimonia]; philologische und historische Kommentare erschließen die Texte. Das Werk ist nicht vollendet worden, so daß die ältere Sammlung von C. und Th. Müller, Fragmenta Historicorum Graecorum, 5 Bde., Paris 1841-7 [abgekürzt: FHG] weiterhin zu beachten ist)*

Meiggs, R./Lewis, D.: A Selection of Greek Historical Inscriptions to the End of the Fifth Century B.C., Oxford 1969 (abgekürzt: Meiggs/Lewis)
*(Enthält wichtige Inschriften aus der Zeit vom 8. Jhdt. bis 405 v. Chr. im griechischen Orginal in chronologischer Reihenfolge mit ausführlichen epigraphischen und historischen Kommentaren)*

Schmitt, H.H.: Die Verträge der griechisch-römischen Welt von 338 bis 200 v. Chr. (Die Staatsvertäge des Altertums Bd.3), München 1974 (abgekürzt: StV)
*(Beide Bände sind Teil einer geplanten Sammlung aller inschriftlich oder litera-*

*risch bekannten völkerrechtlichen Verträge des Altertums; davon sind bisher die Verträge der griechisch-römischen Welt von 700 bis 200 v. Chr. erschienen. Die Quellentexte sind im Original (ohne Übersetzung) abgedruckt; der Zugang zu ihnen wird durch sachliche Kommentare und ausführliche Literaturangaben erleichtert)*
Tod, M.N.: A Selection of Greek Historical Inscriptions, Bd.1, Oxford 1946 (2. Aufl.), Bd.2, Oxford 1948
*(Chronologisch geordnete Sammlung wichtiger Inschriften zur griechischen Geschichte des 6. Jhdts. bis 323 v. Chr. mit ausführlichem Kommentar)*

## IV. Forschungsberichte zur Griechischen Geschichte

Bleicken, J.: Die athenische Demokratie, Paderborn 1985, S. 317-396; 2. Aufl. 1994, S. 435-584
*(Darlegung der Forschung von der Entwicklung der Demokratie bis zu ihrem Niedergang in der 2. Hälfte des 4. Jhdts.; die Grundlagen des demokratischen Gedankens wie die demokratische Praxis stehen im Vordergrund)*
Gehrke, H.-J.: Geschichte des Hellenismus, München 1990, S. 129-213 (Oldenbourg Grundriß der Geschichte Bd.1 A)
*(In beiden Bänden eingehende Darstellung der heutigen Forschungsdiskussion zu allen Problemen der politischen, sozialen und kulturellen Geschichte bis zu den Eroberungskriegen Roms im 2. Jhdt. v. Chr.)*
Schuller, W.: Griechische Geschichte, 3. Aufl. München 1991, S. 59-146 (Oldenbourg Grundriß der Geschichte Bd.1) und:
Timpe, D.: Literaturberichte zur Geschichte des Altertums, in: Geschichte in Wissenschaft und Unterricht (37)1986, S. 184-196 [Allgemeine und vorhellenistische Geschichte]; (37)1986, S. 247-262 [Alexander und Hellenismus]; (41)1990, S. 439-456 [Griechische Geschichte]
Weiler, I.: Griechische Geschichte. Einführung, Quellenkunde, Bibliographie, 2. Aufl. Darmstadt 1988
*(Den einzelnen Kapiteln vorangestellte Diskussion der Forschung)*

## V. Kapitelübergreifende Literatur

*Die Literatur der Griechen (vgl. auch X)*

Assmann, J.: Das kulturelle Gedächtnis. Schrift, Erinnerung und politische Identität in frühen Hochkulturen, München 1992
*(Ägypten, Israel und Griechenland in vergleichender Betrachtung mit dem Ziel, die Wechselbeziehung von Schrift, Erinnerung und politischer Identität zu klären)*
Lendle, O.: Einführung in die griechische Geschichtsschreibung, Darmstadt 1992
*(Umfaßt tausend Jahre griechische Geschichtsschreibung von 500 v.-500 n. Chr.; Forschungsstand)*
Pipers Handbuch der politischen Ideen Bd. 1: Frühe Hochkulturen und europäische Antike, hg. I. Fetscher und H. Münkler, München 1988
*(Umfassende Darstellung des politischen Denkens der Antike von verschiedenen Fachgelehrten. Einbezogen sind die Herrschaftsvorstellungen im alten China, in Indien, den Reichen des Alten Orients, Israel sowie das politische Denken des*

*frühen Christentums. Für das politische Denken der Griechen sind die Beiträge von K. Raaflaub hervorragend)*
Propyläen Geschichte der Literatur Bd.1: Die Welt der Antike 1200 v. Chr. bis 600 n. Chr., Berlin 1981 (Nachdruck 1988)
*(Umfassende Darstellung aller Literaturgattungen durch verschiedene Fachgelehrte; Beschränkung auf die griechische und lateinische Literatur)*
The Cambridge History of Classical Literature: The Greek Literature, ed. P.E. Easterling/B.M.W. Knox, Cambridge 1985
*(Chronologisch und systematisch geordnete Literaturgeschichte unter Einschluß der griechischen Autoren der römischen Kaiserzeit)*

*Kultur und Geschichte der Griechen*

Beloch, K.J.: Griechische Geschichte, 4 Bde., 2. Aufl. Strasbourg/Berlin 1912-1927 (ND Berlin 1967)
*(Streitbare und originelle Darstellung, die bis heute Grundlage jeder Diskussion geblieben ist)*
Bengtson, H.: Griechische Geschichte von den Anfängen bis in die römische Kaiserzeit, 6. Aufl. München 1982 (Handbuch der Altertumswissenschaft III. Abt., 4. Teil)
*(Vorwiegend politische Geschichte; vor jedem Kapitel ausführliche und kommentierende Auflistung der Quellen und der neueren Forschung)*
Bowra, C.M.: The Greek Experience; deutsch: Griechenland. Von Homer bis zum Fall Athens, München 1974
*(Eine Geistes- und Kulturgeschichte Griechenlands mit Schwerpunkt auf der archaischen und klassischen Zeit)*
Burckhardt, J.: Griechische Kulturgeschichte, 4 Bde., München 1977 (dtv)
*(1898 erschienene, damals weitgehend als unwissenschaftlich abgelehnte Kulturgeschichte, die der schöpferischen Potenz des Mythos, der Religion, der Musik, der Philosophie und Rhetorik nachspürt; der Schlußband gibt einen zusammenfassenden Längsschnitt)*
Ehrenberg, V.: Der Staat der Griechen, 2. Aufl. Stuttgart 1965
*(Verfassungsgeschichte der griechischen Polis und der hellenistischen Monarchie; übersichtliche Einführung in die Thematik)*
Fine, J.V.A.: The Ancient Greeks. A Critical History, Cambridge 1983
*(Handelt von den Anfängen bis zur Schlacht von Chaironeia. Im Vordergrund stehen politische und wirtschafts- und sozialgeschichtliche Fragestellungen. Kontinuierliche Verweise auf die Probleme der Interpretation, die sich aus der jeweiligen Quellenlage ergeben)*
Finley, M.I.: Das politische Leben in der antiken Welt, München 1986 (englisch 1983)
*(Unsystematische Betrachtungen zur Eigenart der Politik in den antiken „city-states", konzentriert auf die griechische Polis und die römische Republik des 2. Jhdts. v. Chr. Im Zentrum steht die Frage, wie in diesen Staaten die Herrschaft der aristokratischen Eliten gesichert und akzeptiert wurde, obwohl Bauern, Handwerker, z.T. auch Tagelöhner vollberechtigte Bürger mit starken eigenen Interessen waren)*
Finley, M.I.: Die antike Wirtschaft, München 1977
*(Keine Wirtschaftsgeschichte im engeren Sinne, sondern Untersuchungen zur antiken Gesellschaftsstruktur)*

Finley, M.I.: Die Sklaverei in der Antike, München 1981
*(Aufsätze zur Forschung und ihrer Geschichte, zur Entstehung und zum Niedergang der Sklaverei)*
Forrest, W.G.: Wege zur hellenischen Demokratie. Staatsdenken und politische Wirklichkeit von 800-400 v. Chr., München 1966
*(Im Zentrum der Untersuchungen steht der lange Weg der griechischen Stadtstaaten zu demokratischen Ordnungen; Athen und Sparta werden – der Themenstellung entsprechend – besonders gewürdigt. Die Veränderungen der Gesellschaft seit der Zeit Homers werden anschaulich vorgestellt)*
Gehrke, H.J.: Die Griechen und die Rache. Ein Versuch in historischer Psychologie, in: Saeculum 38 (1987), S. 121-149
*(Ein wichtiges und in der Forschung zu wenig beachtetes Motiv politischen und sozialen Handelns; die psychologischen Betrachtungen können vernachlässigt werden)*
Gehrke, H.J.: Jenseits von Athen und Sparta. Das Dritte Griechenland und seine Staatenwelt, München 1986
*(Behandelt im ersten Teil die naturräumlichen, wirtschaftlichen, politischen und geistigen Bedingungen des Lebens. Der zweite Teil stellt die griechischen Staaten geordnet nach dem Ausmaß ihrer maritimen Möglichkeiten vor; abschließend werden die Poleis mit ausgeprägten Spezialisierungen [Bodenschätze, religiöse Zentren, Händlerstaaten] beschrieben)*
Heuß, A.: Hellas, in: Propyläen-Weltgeschichte Bd.3, 1962, S. 69-400
*(Beste zusammenfassende Darstellung der griechischen Geschichte von den Anfängen bis Alexander)*
Kolb, F.: Die Stadt im Altertum, München 1984
*(Versuch einer begrifflichen und historischen Definition von „Stadt" und „Stadtstaat" in der griechischen und römischen Welt)*
Landels, J.G.: Die Technik in der antiken Welt, München 1980
*(Breit angelegte Schilderung der technischen Fertigkeiten; Beschreibung der theoretischen Kenntnisse und Vorstellung der antiken Autoren technischer Werke)*
Schuller, W.: Griechische Geschichte, 3. Aufl. München 1991 (Oldenbourg Grundriß der Geschichte Bd.1)
*(Knappe Darstellung der griechischen Geschichte von der minoisch-mykenischen Zeit bis Philipp II. von Makedonien; ausführliche Einführung in den Forschungsstand und gegliederte Bibliographie)*
The Cambridge Ancient History, Bde. 1, 2, 3 I, 3 III, IV, 7 I in 3. Aufl. Cambridge 1970-1988; sonst 2. Aufl. Cambridge 1925-39
*(Umfassende Darstellung der griechischen Geschichte von verschiedenen Autoren)*
Weiler, I.: Griechische Geschichte. Einführung, Quellenkunde, Bibliographie, 2. Aufl. Darmstadt 1988
*(Neben der politischen Geschichte werden Wirtschaft und Gesellschaft, Religion, Kunst und Literatur behandelt. Besonders wichtig die zur jeweiligen Thematik verfaßte Quellenkunde)*

# VI. Der Krieg und seine Diener

*Waffen und Kriege*

Burkert, W.: Krieg, Sieg und die Olympischen Götter der Griechen, in: F. Stolz (Hg.), Religion zu Krieg und Frieden, Zürich 1986, S. 69-87

Cobet, J.: Herodotus and Thucydides on war, in: S. Moxon u.a. (Hg.), Studies in Greek and Roman Historical Writing, Cambridge 1986, S. 1-18
*(Gemeinsamkeiten und Unterschiede in den Kriegskonzeptionen beider Autoren; Schlußfolgerungen auf die Motive beider, Krieg zum Gegenstand ihrer Geschichtswerke zu machen)*
Finley, M.I.: Soziale Modelle zur antiken Geschichte II: Krieg und Herrschaft, in: Historische Zeitschrift (239) 1984, S. 286-308
Jordan,B.: The Athenian Navy in the Classical Period. A Study of Athenian Naval Administration and Military Organization in the Fifth and Fourth Centuries B.C., Berkeley 1975
Meier, Chr.: Die Rolle des Krieges im klassischen Athen, in: Historische Zeitschrift 251 (1990), S. 555-605
Momigliano, A.: Sea-power in Greek Thought, in: Secondo contributo alla storia degli studi classici, Rom 1960, S. 57-67
Pritchett, W.K.: The Greek State at War, 4 Bde., Berkeley 1974-85
*(Erschöpfende Darstellung aller Aspekte des Krieges und des Soldatentums)*
Snodgrass, A.M.: Arms and Armours of the Greeks, 1967; dt.: Mainz 1984
*(Darstellung der Bewaffnung von der mykenischen bis zur hellenistischen Zeit; Schwerpunkt: die Frühzeit und die Auswertung des archäologischen Quellenmaterials; keine Behandlung des Seekrieges)*
Vernant, J.-P. (Hg.): Problèmes de la Guerre en Grèce ancienne, Paris 1968

*Die völkerrechtlichen Grundlagen von Krieg und Frieden*

Baltrusch, E.: Symmachie und Spondai: Untersuchungen zum griechischen Völkerrecht der archaischen und klassischen Zeit (8.-5. Jhdt.), Berlin 1993
*(Erste grundlegende Behandlung des Themas)*
Jehne M.: Die allgemeinen Friedensschlüsse in Griechenland im 4. Jahrhundert v. Chr., Historische Zeitschrift 255 (1992) S. 99-116
*(Forschungsbericht)*
Tausend, K.: Amphiktyonie und Symmachie. Formen zwischenstaatlicher Beziehungen im archaischen Griechenland, Stuttgart 1992

## VII. Das archaische Griechenland

*Mythen, Epen und lyrische Dichtung*

Bowra, C. M.: Heroic Poetry, London 1952; deutsch: Heldendichtung. Eine vergleichende Phänomenologie der heroischen Poesie aller Völker und Zeiten, Stuttgart 1964
*(Grundlegende, vergleichende Darstellung der Heldendichtung unter Einschluß der Erzählmuster, Kompositionstechniken und der jeweils zugrunde liegenden Geisteshaltung der Kulturen, die – wie die Griechen – Helden kannten und verewigten)*
Burkert, W.: Mythos und Mythologie, in: Propyläen Geschichte der Literatur Bd.1, Berlin 1981, S. 11-35
*(Beste zusammenfassende Behandlung der Funktion und der thematischen Schwerpunkte des Mythos)*
Diehl, E.: Anthologia Lyrica Graeca, Fasc.1, 3. Aufl. Leipzig 1954
Fränkel. H.: Dichtung und Philosophie des frühen Griechentums, 3. Aufl. München 1969

Franyó, Z./Gan, P.: Frühgriechische Lyriker, 4 Bde., 2. Aufl. Berlin (O) 1981
*(Zweisprachige Ausgabe der frühen Elegiker, der Jambographen, der Chorlyriker sowie von Sappho, Alkaios und Anakreon)*
Hölscher, U.: Die Odyssee. Epos zwischen Märchen und Roman, 3. Aufl. München 1990
*(Erfolgreicher Versuch eines hochrenommierten klassischen Philologen, einem allgemein interessierten Leserkreis das Epos Homers verständlich zu machen. Systematische Gliederung des Stoffes)*
Latacz, J.: Homer. Der erste Dichter des Abendlandes, 2. Aufl. München/Zürich 1989
*(Knappe Vorstellung der Epen Homers und ihrer Umwelt)*
Parry, M.: The Making of Homeric Verse. The Collected Papers of M.P., Hg. A. Parry, Oxford 1971
*(Die Untersuchungen Parrys über die Eigenheiten von Sprache und Metrik der homerischen Epen bewiesen, daß von der Existenz einer generationenlangen Tradition mündlicher Überlieferung ausgegangen werden muß)*
Patzek, B.; Homer und Mykene. Mündliche Dichtung und Geschichtsschreibung, München 1992
*(Kritische Auseinandersetzung mit der These, das homerische Epos spiegele Ereignisse der mykenischen Zeit; Überblick über die Homer-Forschung seit dem 17. Jhdt.)*
Rösler, W.: Dichter und Gruppe, München 1980
*(Behandelt die soziale Bindung der Dichter und ihre politischen Zielsetzungen)*

*Die Geschichte des archaischen Griechenland*

Burkert, W.: Griechische Religion der archaischen und klassischen Epoche, Stuttgart 1977
*(Historische und systematische Erfassung der Götterwelt und der religiösen Vorstellungen der griechischen Polis von der minoisch-mykenischen bis zur philosophischen Religion des 4. Jhdts. v. Chr.; eingehende Behandlung der Mysterien)*
Gschnitzer, F. (Hg.): Zur griechischen Staatskunde, Darmstadt 1969 (Wege der Forschung Bd.96)
*(Aufsätze verschiedener Autoren zu den Grundlagen und der Entwicklung des griechischen Staates, dem Stammesstaat und den zwischenstaatlichen Beziehungen)*
Heuß, A.: Die archaische Zeit Griechenlands als geschichtliche Epoche, 1946, in: Gschnitzer aaO., S. 36-96
*(Grundlegende Diskussion der Elemente, die die Zeit von Homer bis zum persischen Angriff auf Griechenland als „archaische Epoche" charakterisieren)*
Murray, O.: Das frühe Griechenland, München 1982 (dtv-Geschichte der Antike Bd.1)
*(Die bis zu den Perserkriegen reichende Darstellung erfaßt auch die wirtschaftlichen und kulturgeschichtlichen Aspekte)*
Sakellariou, M.B.: The Polis-State. Definition and Origin, Paris 1989
*(Breite, auf Quellen und Forschung gestützte Definition von „Polis". Im zweiten Teil folgt eine Entwicklungsgeschichte von den Anfängen in Attika und Euboia [nach S. um 1000 v. Chr.] bis in die Zeit Homers. These von der Kontinuität staatlicher Organisation seit der mykenischen Zeit)*

Welwei, K.-W.: Die griechische Polis. Verfassung und Gesellschaft in archaischer und klassischer Zeit, Stuttgart 1983
*(Die Zusammenhänge zwischen Verfassungs- und Gesellschaftsordnung werden systematisch und historisch am Beispiel Sparta und Athen vorgestellt)*

## Adel, Staat und Gesellschaft

S. Link, Landverteilung und sozialer Frieden im archaischen Griechenland, Wiesbaden 1991
*(Landverteilung und Bodenrecht in den Städten Athen, Chalkis, Korinth, Theben, Sparta, Megara, Elis sowie in Kreta und Thessalien. These: Die soziale Not in den Städten ging von der Besitzgier der Adligen aus, die das freie Land okkupierten und damit dem Kleinbauern in Zeiten der Not die Möglichkeit nahmen, selbst auf noch nicht verteiltes Land zurückzugreifen)*

Ulf, C.: Die homerische Gesellschaft. Materialien zur analytischen Beschreibung und historischen Lokalisierung, München 1990 (Vestigia Bd. 43)
*(Bestimmung der Faktoren, die jedermann seinen Platz in der sozialen Hierarchie zuwiesen; Beschreibung der bäuerlichen Lebensformen)*

Stein-Hölkeskamp, E.: Adelskultur und Polisgesellschaft. Studien zum griechischen Adel in archaischer und klassischer Zeit, Stuttgart 1989
*(Die Sozialordnung und die Rolle des Adels in der Polis bis zum Ende des 6. Jhdts.; erst seit Kleisthenes kann der seinem Eigeninteresse dienende Adlige den Ansprüchen des Staates unterworfen werden)*

Stahl, M.: Aristokraten und Tyrannen im archaischen Athen. Untersuchungen zur Überlieferung, zur Sozialstruktur und zur Entstehung des Staates, Stuttgart 1987
*(Eingehende Behandlung insbesondere der mündlichen Tradition – festgehalten bei Herodot – und der Methodik ihrer Rekonstruktion. Zentral die Entstehung der staatlichen Ordnung in der Zeit Solons und der Tyrannen. Besonders gelungen die Studien zu den Formen des aristokratischen Lebens anhand ausgewählter Beispiele)*

Finley, M.I.: Die Welt des Odysseus, München 1979
*(Beste sozialgeschichtliche Auswertung der homerischen Epen. Behandelt werden zentrale Themen wie der Oikos, Geschenk und Handel, Familie und Klasse, die auf Tapferkeit und Ehre gegründete Kriegergesellschaft und die Historizität der von Homer geschilderten Ereignisse)*

## Die Kolonisation

Boardman, J.: Kolonien und Handel der Griechen, München 1981
*(Nach Landschaften geordnete Behandlung der Kolonisation unter starker Berücksichtigung der archäologischen Zeugnisse)*

Dunbabin, T.J.: The Western Greeks, Oxford 1948

Faure, P.: La vie quotidienne des colons grecs de la mer Noire à l'Atlantique au siècle de Pythagore, sixième siècle avant J.-C., deutsch: Die Griechische Welt, Stuttgart 1981
*(Nach den von der Kolonisation erfaßten Großräumen gegliederte und mit hohem literarischen Anspruch geschriebene Geschichte der Lebensbedingungen der griechischen Kolonisten)*

Forrest, W.G.: Colonization and the Rise of Delphi, in: Historia 6 (1957), S. 160-175
Graham, A.J.: Colony and Mother City in Ancient Greece, Manchester 1964
Kirsten, E.: Raumordnung und Kolonisation in der griechischen Geschichte, in: Landschaft und Geschichte in der antiken Welt, Bonn 1984, S. 215-236
*(Griechische Urbanisierungspolitik von den Anfängen bis zu den Städtegründungen Alexanders des Großen und seiner Nachfolger)*
Kirsten, E.: Raumordnung und Kolonisation in der griechischen Geschichte, in: Landschaft und Geschichte in der antiken Welt, Bonn 1984, S. 215-236
*(Vergleichende Betrachtung der Kolonisationsphasen von den Anfängen bis in die hellenistische Zeit)*
Prinz, F.: Gründungsmythen und Sagenchronologie, München 1979 (Zetemata 72)
*(Methodisch konzentriert auf eine Überprüfung der inneren Logik und der verfolgten Absichten der mythischen Berichte. Dreigliederung des behandelten Stoffs: Einzelne Gründungssagen, die Sage von der Rückkehr der Herakliden, die Kolonisation Ioniens)*
Timpe, D.: Entdeckungsgeschichte, in: Reallexikon der Germanischen Altertumskunde, Bd. 7, 2. Aufl. Berlin 1989, S. 307-337
*(Die faktische, mythische und wissenschaftliche Erschließung Nord-, Mittel- und Westeuropas; die Fahrten der großen Entdecker)*
Werner, R.: Probleme der Rechtsbeziehungen zwischen Metropolis und Apoikie, in: Chiron 1 (1971), S. 19-73
Werner, R.: Zur Geschichte der vorderorientalisch-phönikischen und mykenisch-griechischen Handels- und Kolonisationsfahrten im Spiegel der Epos- und Periplus-Literatur, in: Orientalisch-Ägäische Einflüsse in der europäischen Bronzezeit, Monographien RGZM 15 (1990), S. 47-79

*Zur Geschichte Spartas und des Peloponnesischen Bundes*

Christ, K. (Hg.): Sparta, Darmstadt 1986 (Wege der Forschung Bd. 266)
*(Aufsätze vor allem englischer und deutscher Autoren zur Geschichte der sozialen und politischen Ordnung Spartas; die Außenpolitik und der Peloponnesische Bund bleiben unberücksichtigt. Besonders wichtig die Einleitung von K. Christ zur Spartaforschung und zum Spartabild [S. 1-72] und die Aufsätze von K. Bringmann)*
Clauss, M.: Sparta. Eine Einführung in seine Geschichte und Zivilisation, München 1983
Gschnitzer, F.: Ein neuer spartanischer Staatsvertrag und die Verfassung des Peloponnesischen Bundes, Meisenheim 1978
Kiechle, F.: Lakonien und Sparta, München 1963
*(Methodisch und sachlich vorbildliche Diskussion der Quellenlage zur Staatswerdung Spartas)*
Talbert, R.A.: The Role of the Helots in the Class Struggle at Sparta, in: Historia 38 (1989), S. 22-40
Tigerstedt, E.N.: The Legend of Sparta in Classical Antiquity, 2 Bde., Stockholm 1965
Wickert, K.: Der peloponnesische Bund von seiner Entstehung bis zum Ende des archidamischen Krieges, Erlangen 1961
*(Knappe und methodisch richtungsweisende Arbeit zur Entstehung und zur Funktionsweise des Pelop. Bundes)*

*Tyrannen und Gesetzgeber*

Berve, H.: Die Tyrannis bei den Griechen, 2 Bde. München 1967
*(Chronologisch und regional gegliederte, auf die Einzelpersonen konzentrierte Gesamtdarstellung der Tyrannis)*
Cobet, J.: König, Anführer, Herr; Monarch, Tyrann, in: E.Ch. Welskopf (Hg.), Soziale Typenbegriffe im alten Griechenland Bd.3, Berlin 1981, S. 11-66
Kinzl, K.H. (Hg.): Die ältere Tyrannis bis zu den Perserkriegen. Beiträge zur griechischen Tyrannis, Darmstadt 1979 (Wege der Forschung Bd.510)
*(Aufsatzsammlung; gegliederte Bibliographie)*
Kolb, F.: Die Bau-, Religions- und Kulturpolitik der Peisistratiden, in: Jahrbuch d. Deutschen Archäologischen Instituts 92 (1977), S. 99-138
*(Die Baupolitik als Ausdruck rein persönlichen Machtstrebens, das sich keiner bestimmten sozialen Gruppe zuwendet)*
Ruschenbusch, E.: Solons Nomoi. Die Fragmente des solonischen Gesetzeswerkes mit einer Text- und Überlieferungsgeschichte, Wiesbaden 1966
*(Grundlegende Rekonstruktion der solonischen Gesetze)*
Siewert, P.: Die Trittyen Attikas und die Heeresreform des Kleisthenes, München 1982

# VIII. Die Ordnung von Handel, Wirtschaft und Gesellschaft

*Allgemeine Darstellungen*

Austin, M./Vidal-Naquet, P.: Gesellschaft und Wirtschaft im alten Griechenland, München 1984
*(Angelehnt an die Auffassungen Finleys werden in chronologischer Ordnung die Grundbedingungen der Wirtschaftsgeschichte von Homer bis zum Beginn der makedonischen Herrschaft dargestellt. Besondere Betonung der Entwicklung von Handel und Handwerk: „Den Handwerker kann man den Helden der griechischen Geschichte nennen, aber er ist es nur im Verborgenen"; S. 11)*
Davies, J.K.: Athenian Propertied Families, 600-300 B.C., Oxford 1971
*(Das maßgebliche prosopographische Handbuch zu den führenden Familien, deren Querverbindungen aufgezeigt werden)*
Fine, J.V.A.: Horoi. Studies in Mortgage, Real Security, and Land Tenure in Ancient Athens, 1951 (Hesperia Suppl.9)
Gehrke, H.-J.: Stasis. Untersuchungen zu den inneren Kriegen in den griechischen Staaten des 5. und 4. Jahrhunderts v. Chr., München 1985 (Vestigia Bd.35)
*(Erfassung der inneren Bürgerkriege in zwei Schritten: Alphabetisch geordnete Übersicht der Städte, in denen Bürgerkriege nachweisbar sind, gefolgt von einer systematischen Analyse der Staseis)*
Gschnitzer, F.: Griechische Sozialgeschichte von der mykenischen bis zum Ausgang der klassischen Zeit, Wiesbaden 1981
*(Sozialgeschichtliche Analyse. Gegliedert in vier Zeitabschnitte werden die gesellschaftlichen Gegebenheiten mit dem Ablauf der politischen Geschichte und der Entwicklung der staatlichen Institutionen verbunden. Die fortschreitende soziale Differenzierung der Gesellschaft [z. B. die Verbreiterung der Mittelschicht] wird im Kontext der ungewöhnlichen Dynamik der frühgriechischen Entwicklung geschildert)*

Heuß, A.: Das Revolutionsproblem im Spiegel der antiken Geschichte, in: Historische Zeitschrift 216 (1973), S. 1-46
*(Grundlegende zusammenfassende Behandlung der sozialen Konflikte und Bürgerkriege in den griechischen Städten)*
Hopper, R.J.: Handel und Industrie im klassischen Griechenland, München 1982
*(Schwerpunkte: das klassische Athen und der Handel. Neben dem Handel werden erörtert: die handwerkliche Produktion, Landwirtschaft, Bergbau, Finanz- und Bankwesen, Stellung des Staates zur Wirtschaft; durchgehend umsichtige Beurteilung der jeweiligen Quellenlage)*
Kiechle, F.: Korkyra und der Handelsweg durch das Adriatische Meer, in: Historia 28 (1979), S. 173-191
*(Wesentlich zur Bestimmung der Rolle der Adria in der griechischen Geschichte)*
Nippel, W.: Griechen, Barbaren und „Wilde". Alte Geschichte und Sozialanthropologie, Frankfurt a.M. 1990
*(Essays, die die Tragfähigkeit sozialanthropologischer Fragen an antiken Gegenständen prüfen. Wichtig vor allem: Ethnographie und Anthropologie bei Herodot; ökonomische Anthropologie und griechische Wirtschaftsgeschichte)*
Strasburger, H.: Zum antiken Gesellschaftsideal, Heidelberg 1976
*(Breite Erörterung der Grundmuster und Leitbilder der antiken Lebensformen)*
Timpe, D.: Griechischer Handel nach dem nördlichen Barbaricum (nach historischen Quellen), in: Untersuchungen zu Handel und Verkehr der vor- und frühgeschichtlichen Zeit in Mittel- und Nordeuropa, Teil 1, Göttingen 1985, S. 181-213
*(Einzelanalyse der Wirtschaftsräume Pontos, Thrakien, der Adriaraum, Massalia und der gallische Westen. Zusammenfassende Behandlung der allgemeinen Bedingungen des Nordhandels)*

*Mann und Frau; die Familie*

Just, R.: Woman in Athenian Law and Life, London 1989
Laqueur, Th.: „Auf den Leib geschrieben." Die Inszenierung der Geschlechter von der Antike bis Freud, Frankfurt a.M. 1992
*(Eine Geschichte der Geschlechtsorgane; das Nachdenken darüber war immer eingebunden in die wechselnden Vorstellungen von der kulturellen und sozialen Rolle von Mann und Frau. Von der griechischen Antike bis ins 18. Jhdt. galt die Vorstellung von der grundsätzlichen Gleichheit der im menschlichen Körper nur jeweils verschieden gelagerten Geschlechtsorgane. Besonders ausgewertet werden die Ausführungen des Arztes Galen [130-200 n. Chr.])*
Lefkowitz, M.R.: „Die Töchter des Zeus." Frauen im alten Griechenland, München 1992
*(Auswertung der griechischen Mythen hinsichtlich der Stellung der Frau in den griechischen Städten)*
Pomeroy, S.B.: Frauenleben im klassischen Altertum, Stuttgart 1985
*(Chronologisch geordnete Darstellung der Frauengeschichte in der griechischen und römischen Welt. Erfaßt werden alle Lebensbereiche: Familie, Recht, Religion, Kunst)*
Wagner-Hasel, B. (Hg.): Matriarchatstheorien der Altertumswissenschaft, Darmstadt 1992
*(Aufsatzsammlung mit fundierter Einleitung zum Thema)*

## IX. Die Demokratie der Athener

*Die Kriege gegen die Perser*

Balcer, J.M.: The Persian Wars against Greece: A Reassessment, in: Historia 38 (1989), S. 127-143
Burn, A.R.: Persia and the Greeks. The Defense of the West, 546-478 B.C., London 1962
Cook, J.M.: The Persian Empire, London 1983
Hignett, C.: Xerxes' Invasion of Greece, Oxford 1963
Walser, G.: Hellas und Iran. Studien zu den griechisch-persischen Beziehungen vor Alexander, Darmstadt 1984 (Erträge der Forschung Bd.209)


*Die politische Ordnung*

Bleicken, J.: Die athenische Demokratie, 2. Auflage Paderborn 1994 (gekürzte Studienausgabe der 1. Aufl. 1985: 3. Auflage Paderborn 1991 = UTB 1330)
*(Umfassende systematische und historische Darstellung der politischen, sozialen, institutionellen und ideologischen Strukturen des klassischen Athen. Die Grundlagen des demokratischen Gedankens, der demokratische Alltag und das Verhältnis der antiken zur modernen Demokratie werden erörtert)*
Bleicken, J.: Zur Entstehung der Verfassungstypologie im 5. Jahrhundert v. Chr. (Monarchie, Aristokratie, Demokratie), in: Historia 28 (1979), S. 148-172
Davies, J.K.: Das klassische Griechenland und die Demokratie, München 1983 (dtv-Geschichte der Antike Bd.2)
*(Zusammenfassende Darstellung unter besonderer Berücksichtigung der englischen Forschung zur Geschichte des 6., 5. und 4. Jhdts.)*
Hansen, M.H.: Was Athens a Democracy? Popular Rule, Liberty and Equality in Ancient and Modern Political Thought, Kopenhagen 1989
*(Diskussion der Parallelen zur modernen Demokratie)*
Martin, J.: Von Kleisthenes zu Ephialtes. Zur Entstehung der athenischen Demokratie, in: Chiron 4 (1974) S. 5-42
*(Der Sturz des Areopag als Folge der außenpolitischen Frontstellung gegen Sparta)*
Ostwald, M.: From Popular Sovereignty to the Sovereignty of Law: Law, Society and Politics in fifth-century Athens, Berkeley 1986
*("The purpose of this book is to trace the growth of popular power in ancient Athens to the point at which it became popular sovereignty, to investigate the challenges popular sovereignty had to face, and to show how a principle of the sovereignty of law emerged from these challenges")*
Ruschenbusch, E.: Athenische Innenpolitik im 5. Jahrhundert, Bamberg 1979
*(Konsequent durchgehaltene These vom Primat der Außenpolitik, die alle entscheidenden Phasen des Demokratisierungsprozesses bestimmt habe)*
Schäfer, H.: Besonderheit und Begriff der attischen Demokratie im 5. Jahrhundert, in: Probleme der Alten Geschichte, Heidelberg 1963, S. 136-152
*(Die kleisthenische Reform als Ausdruck des Machtwillens der Alkmeoniden; die Neuordnung der Politik als demokratische erscheint als ein unbeabsichtigtes Nebenprodukt)*
Sealey, R.: The Athenian Republic. Democracy or the Rule of Law?, London 1987

*Die Eliten*

Carter, L.B.: The Quiet Athenian, Oxford 1986
*(Vorstellung der Personen und Gruppen, die sich nicht aktiv am politischen Leben beteiligten: Junge Adlige, die Gegner der agressiven Seebundspolitik, die Bauern, reiche Privatiers und Platon)*
Finley, M.I.: Athenian Demagogues, in: Studies in Ancient Society (Hg. Finley), London 1974, S. 1-25
*(Abwehr der antiken Kritik an den Demagogen; sachgerechte Bestimmung ihrer Tätigkeit und Leistungen)*
Kagan, D.: Perikles. Die Geburt der Demokratie, Stuttgart 1992
*(Umfängliche Biographie, geordnet nach systematischen Stichworten wie „Aristokrat", „Politiker", „Soldat", „Imperialist" u.a.; Vergleiche mit Politikern der Neuzeit. Pädagogischer Ratschlag vor allem an die osteuropäischen Staaten, sich „Anregung und Rat bei Perikles und seiner Stadt Athen" zu holen)*
Ober, J.: Mass and Elite in Democratic Athens: Rhetoric, Ideology, and the Power of the People, Princeton 1989
*(Die Formen des Umgangs der Eliten mit den einfachen Bürgern in der Öffentlichkeit, im Raum der Politik und vor Gericht. Im Zentrum der Betrachtung stehen die Redner, die ihre elitären Fähigkeiten je nach Situation verbergen oder zur Schau stellen mußten, um den Erwartungen der Massen zu genügen)*
Wirth, G. (Hg.): Perikles und seine Zeit, Darmstadt 1979 (Wege der Forschung Bd.412)
*(Sammlung beliebiger Aufsätze zum Thema)*

*Die Ideale der Demokratie*

Meier, Chr.: Die Entstehung des Politischen bei den Griechen, Frankfurt a.M. 1980
*(Aufsätze des Autors zur Vorgeschichte und Entstehung der griechischen Demokratie, zum Wandel der politisch-sozialen Begriffswelt, zur Entstehung der griechischen Historiographie und zur Ausbildung der Vorstellung von „Fortschritt")*
Raaflaub, K.: Die Entstehung der Freiheit. Zur historischen Semantik und Gesellschaftsgeschichte eines politischen Grundbegriffes der Griechen, München 1985
*(Der Gedanke der Freiheit und seine Entwicklung von den Epen Homers bis zum Ende des Peloponnesischen Krieges. Thesen vom Schlüsselerlebnis des Perserkrieges, der ab 470 den Rückblickenden als Krieg um die Freiheit der Griechen erschien. Die in der Innenpolitik wichtige Gleichsetzung von Freiheit und Demokratie erfolgte seit den dreißiger Jahren des 5. Jahrhunderts)*

*Die Opposition gegen die Demokratie*

Flach, D.: Der oligarchische Staatsstreich in Athen vom Jahre 411, in: Chiron 7 (1977), S. 9-33
Lehmann, G.A.: Die revolutionäre Machtergreifung der „Dreißig" und die staatliche Teilung Attikas (404-401/0 v. Chr.), in: Festschrift H.E. Stier, Münster 1972, S. 201-233
Lintott, A.: Violence, Civil Strife and Revolution in the Classical City, Oxford 1982, S. 125-184

Raaflaub, K.A.: Politisches Denken und Krise der Polis. Athen im Verfassungskonflikt des späten 5. Jahrhunderts v. Chr., Historische Zeitschrift 255 (1992) S. 1-60

Wolff, H.: Die Opposition gegen die radikale Demokratie in Athen bis zum Jahre 411 v. Chr., in: Zeitschrift für Papyrologie und Epigraphik 36 (1979), S. 279-302
*(Methodisch überzeugende Diskussion der einschlägigen Quellenzeugnisse)*

*Der Seebund der Athener*

Finley, M.I.: The Fifth-Century Athenian Empire: A Balance-Sheet, in: P.D.A. Garnsey (Hg.), Imperialism in the Ancient World, Cambridge 1978, S. 103-126; 306-310
*(Die Armen als die Profiteure einer aggressiven Seebundspolitik; These von der Abhängigkeit der radikalen Demokratie von den Einnahmen des Seebundes)*

Kiechle, F.: Athens Politik nach der Abwehr der Perser, in: Historische Zeitschrift 204 (1967), S. 265-304
*(Eindringliche Untersuchung unter Betonung des athenischen Machtwillens)*

McGregor, M.F.: The Athenians and their Empire, Vancouver 1987

Meiggs, R.: The Athenian Empire, Oxford 1972
*(Zusammenfassung aller Aspekte der Seebundspolitik; Betonung der wirtschaftlichen Interessen Athens und der Bündner)*

Schuller, W.: Die Herrschaft der Athener im Ersten Attischen Seebund, Berlin 1974
*(Historische und systematische Analyse des Seebundes; Betonung der besonderen Bedeutung, die die ständige Kriegführung für die Ausgestaltung des Bundes hatte)*

*Der Peloponnesische Krieg*

De Ste. Croix, G.E.M.: The Origins of the Peloponnesian War, London 1972
*(Betonung der Furcht Spartas vor der wachsenden Macht Athens, das die Herrschaft Spartas über die Heloten und damit die Grundlage der spartanischen Existenz bedroht hätte)*

Kagan, D.: The Fall of the Athenian Empire, Ithaca, N. Y., und London 1987

Kagan, D.: The Peace of Nicias and the Sicilian Expedition, Ithaca, N. Y., und London 1981

Kiechle, F.: Ursprung und Wirkung der machtpolitischen Theorien im Geschichtswerk des Thukydides, in: Gymnasium 70 (1963), S. 289-312
*(Grundlegende Erörterung des Machtwillens der athenischen Eliten zu Beginn des Krieges)*

Lotze, D.: Lysander und der Peloponnesische Krieg, Berlin 1964

Nesselhauf, H.: Die diplomatischen Verhandlungen vor dem Peloponnesischen Krieg (Thukydides 1, 139 ff.), in: Hermes 69 (1934), S. 286-299
*(Rekonstruktion der Verhandlungen und ihrer Gegenstände)*

# X. Philosophen, Dichter und Historiker

Blumenberg, H.: Höhlenausgänge, Frankfurt a.M. 1989
*(Ausgangspunkt: Platons Höhlengleichnis in Politeia 7,514a-517a)*

Capelle, W. (Übers.): Die Vorsokratiker. Die Fragmente und Quellenberichte, 6. Aufl. Stuttgart 1968
Diels, H.: Die Fragmente der Vorsokratiker, Hg. W. Kranz, 10. Aufl. Berlin 1960
Dihle, A.: Griechische Literaturgeschichte. Von Homer bis zum Hellenismus, 2. Aufl. München 1991
*(Konventionelle Literaturgeschichte, die versucht, den Zusammenhang zwischen Literatur und den historischen Bedingungen, unter denen sie entstand, herzustellen. Sie reicht bis in die Zeit des Augustus)*
Dreher, M.: Sophistik und Polisentwicklung. Die sophistischen Staatstheorien des fünften Jahrhunderts v. Chr. und ihr Bezug auf Entstehung und Wesen des griechischen, vorrangig athenischen Staates, Frankfurt a.M. 1983
Fritz, K. von: Die griechische Geschichtsschreibung, Bd.1, Berlin 1967 (weitere Bände nicht erschienen)
*(Betonung der Einflüsse der ionischen Naturphilosophie)*
Guthrie, W.K.C.: A History of Greek Philosophy III: The Fifth-Century Enlightenment. The World of the Sophists, Cambridge 1969
Herter, H. (Hg.): Thukydides, Darmstadt 1968 (Wege der Forschung Bd.98)
*(Aufsatzsammlung; besonders wichtig die Beiträge von H. Strasburger)*
Marg, W.: Herodot. Eine Auswahl aus der Neueren Forschung, 3. Aufl. Darmstadt 1982 (Wege der Forschung Bd.26)
Martin, J.: Zur Entstehung der Sophistik, in: Saeculum 27 (1976), S. 143-164
*(Die Sophisten als Lehrer des Adels, der sich auf die neuen Formen des Politiktreibens einstellen mußte und dazu ein besonderes geistiges Rüstzeug brauchte)*
Meier, Chr.: Die politische Kunst der griechischen Tragödie, München 1988
*(Einordnung der griechischen Tragödie in den historischen Kontext der Geschichte des demokratischen Athen. Leitmotiv des Buches: „. . .fragen, wozu die attischen Bürger die Tragödie brauchten." Zentrale Gegenstände: Die Hiketiden, der Prometheus und die Orestie des Aischylos und der Aias und die Antigone des Sophokles)*
Meister, K.: Die griechische Geschichtsschreibung. Von den Anfängen bis zum Ende des Hellenismus, Stuttgart 1990
*(Chronologisch geordnete, auf die einzelnen Historiker konzentrierte Geschichte des historischen Denkens der Griechen; umfassende Literaturhinweise)*
Seeck, G.A. (Hg.): Das griechische Drama, Darmstadt 1979
*(Aufsatzsammlung)*
Strasburger, H.: Die Wesensbestimmung der Geschichte durch die antike Geschichtsschreibung, Frankfurt a.M. 1966
Strasburger, H.: Umblick im Trümmerfeld der griechischen Geschichtsschreibung, in: Historiographia antiqua, Festschrift W. Peremans, Löwen 1977, S. 3-52

# XI. Jahrzehnte des Umbruchs: Das vierte Jahrhundert

*Der Aufstieg Makedoniens*

Errington, M.: Geschichte Makedoniens, München 1986
*(Geschichte des makedonischen Königstaates, gegliedert nach sachlichen Gesichtspunkten)*

Hammond, N.G.L./Griffith, G.T.: A History of Macedonia, Bd.2: 550-336 B.C., Oxford 1979
*(Erschöpfende Behandlung aller Aspekte der makedonischen Geschichte bis Alexander)*
Kienast, D.: Philipp II. von Makedonien und das Reich der Achämeniden, Wiesbaden 1973
*(Die Bedeutung des persischen Vorbildes bei der Modernisierung des makedonischen Staates)*

*Die politische und soziale Ordnung Griechenlands*

Bringmann, K.: Studien zu den politischen Ideen des Isokrates, Göttingen 1965
Hamilton, C.D.: Sparta's Bitter Victories: Politics and Diplomacy in the Corinthian War, Ithaca 1979
McKechnie, P.: Outsiders in the Greek Cities in the Fourth Century B.C., London 1990
*(Verbannte, Söldner, Piraten, Räuber, wandernde Handwerker und Händler und ihre Interessen im Gegensatz zur städtischen Bürgerschaft)*
Mossé, C.: La fin de la démocratie athénienne. Aspects sociaux et politiques de déclin de la cité grecque au IV$^e$ siècle avant J.-C., Paris 1962
Murray, G.: Reactions to the Peloponnesian War in Greek Thought and Practice, in: Journal of Hellenic Studies 64 (1944), S. 1 ff.
Ryder, T.T.B.: Koine Eirene, Oxford 1965
Seibert, J.: Die politischen Flüchtlinge und griechischen Verbannten in der griechischen Geschichte, 2 Bde., Darmstadt 1979
*(Eine Geschichte der griechischen Flüchtlinge auf prosopographischer Grundlage)*

*Sizilien und Unteritalien*

Berger, S.: Democracy in the Greek West and the Athenian Example, in: Hermes 117 (1989), S. 303-314
Finley, M.I.: Das antike Sizilien, München 1979
Hans, L.-M.: Karthago und Sizilien. Die Entstehung und Gestaltung der Epikratie auf dem Hintergrund der Beziehungen der Karthager zu den Griechen und den nichtgriechischen Völkern Siziliens (VI.-III. Jahrhundert), Hildesheim 1983
Stroheker, K.F.: Dionysios I. Gestalt und Geschichte des Tyrannen von Syrakus, Wiesbaden 1958
Talbert, R.J.A.: Timoleon and the Revival of Greek Sicily 344-317 B.C., Cambridge 1974

*Das neue Gesicht des Krieges*

Anderson, J.K.: Military Theory and Practice in the Age of Xenophon, Berkeley 1970
Parke, H.W.: Greek Mercenary Soldiers, Oxford 1933
Seibt, G.F.: Griechische Söldner im Achaimenidenreich, Bonn 1977

## XII. Das hellenistische Zeitalter

*Alexander der Große*

Alexandre le Grand. Image et réalité. Entretiens sur l'antiquité classique XXII, Vandoeuvres-Genève 1975
*(Sieben Aufsätze; Schwerpunkt: Nachwirken und Persönlichkeitsbild)*
Fox, R. Lane: Alexander the Great, London 1973 (dt.: 1974)
Hampl, F.: Alexander der Große, 2. Aufl. Göttingen 1965
Heuß, A.: Alexander der Große und das Problem der historischen Urteilsbildung, in: Historische Zeitschrift 225 (1977), S. 29 ff.
Lauffer, S.: Alexander der Große, 2. Aufl. Frankfurt a.M. 1981
*(Gediegene und gründliche Schilderung ohne literarischen Anspruch)*
Pfister, F.(Übers.): Der Alexanderroman mit einer Auswahl aus den verwandten Texten, Meisenheim 1978

*Die hellenistischen Großreiche*

Burstein, S.M.: The Hellenistic Age from the Battle of Ipsos to the Death of Kleopatra VII, Cambridge 1985 (Translated Documents of Greece and Rome 3)
Gehrke, H.-J., Geschichte des Hellenismus, München 1990 (Oldenbourg Grundriß der Geschichte Bd.1 A)
*(Darstellung der Zeit von Alexander bis 168 v. Chr. unter Einbeziehung der Kultur; ausführliche Einführung in den Forschungsstand und gegliederte Bibliographie)*
Gehrke, H.-J.: Der siegreiche König. Überlegungen zur hellenistischen Monarchie, in: Archiv für Kulturgeschichte 64 (1982), S. 247 ff.
Préaux, C.: Le monde hellénistique. La Grèce et l'Orient de la mort d'Alexandre à la conquête romaine de la Grèce (323-146 av. J.-C.), 2 Bde., Paris 1978
Rostovtzeff, M.: Gesellschafts- und Wirtschaftsgeschichte der hellenistischen Welt, 3 Bde., Stuttgart 1955/56 (Nachdruck Darmstadt 1984)
*(Umfassende Gesamtdarstellung bis in die Zeit der römischen Herrschaft; das Quellenmaterial wird eingehend vorgestellt und erörtert)*
Schneider, C.: Kulturgeschichte des Hellenismus, 2 Bde., München 1967; 1969
*(Gesamtbild der hellenistischen Epoche, das das Alltagsleben ebenso wie die Literatur, die Wissenschaften, Kunst und Religion erfaßt)*
Tarn, W./Griffith, G.T.: Die Kultur der hellenistischen Welt, Darmstadt 1966
Walbank, F.W.: Die hellenistische Welt, München 1983 (dtv-Geschichte der Antike Bd.3)
Will, E.: Histoire politique du monde hellénistique (323-30 av.J.-C.), 2. Aufl. Nancy 1982

*Städtische Freiheit und monarchische Gewalt*

Bikerman, E.: La cité grecque dans les monarchies hellénistiques, Revue de Philologie 13 (1939), S. 335 ff.
*(Gegen Heuß betont B. die Abhängigkeit der Städte vom Willen des Herrschers)*
Bringmann, K.: Der König als Wohltäter, in: Frankfurter Althistorische Studien 13 (1992), S. 83 ff.

Cartledge, P./Spawforth, A.: Hellenistic and Roman Sparta: a tale of two cities, London 1989
Gauthier, Ph.: Les cités grecques et leurs bienfaiteurs (IV$^e$-I$^{er}$ siècle av. J.-C.). Contribution à l'histoire des institutions, Paris 1985
*(Leistungen und Stellung der Notabeln der griechischen Städte; Bedeutung der ihnen erwiesenen Ehren; Politik gegenüber den hellenistischen Herrschern)*
Habicht, Chr.: Gottmenschentum und griechische Städte, 2. Aufl. München 1970
*(Grundlegend zu den kultischen und profanen Ehren der Könige und der Notabeln, die für ihre Städte oder anderswo Herausragendes geleistet hatten)*
Heuß, A.: Stadt und Herrscher des Hellenismus in ihren staats- und völkerrechtlichen Beziehungen, Leipzig 1937 (ND Aalen 1963 mit eingehenden Nachwort)
*(Grundlegend zum Verhältnis der hellenistischen Könige zu den griechischen Städten in ihrem Herrschaftsbereich. Kernthese: Die griechischen Städte gingen nicht in einem einheitlichen Untertanenverband auf; sie unterhielten nicht nur staatsrechtliche, sondern auch völkerrechtliche Beziehungen zu den Territorialherren)*
Quaß, F.: Zur Verfassung der griechischen Städte im Hellenismus, Chiron 9 (1979), S. 37 ff.
*(Historische Einordnung der demokratischen Verfassungen der Städte; andere Bewertung der Bedeutung der „Honoratiorenherrschaft" [Begriff nach Max Weber] als Gauthier)*
Quaß, F.: Die Honoratiorenschicht in den Städten des griechischen Ostens. Untersuchungen zur politischen und sozialen Entwicklung in hellenistischer und römischer Zeit, Wiesbaden 1992

## XIII. Quellensammlungen zur Römischen Geschichte

*Allgemeine Sammlungen*

Albrecht, M. v.: Die römische Literatur in Text und Darstellung, 5 Bde., Stuttgart 1987/9 (Reclam)
Corpus Inscriptionum Latinarum, Berlin seit 1869
*(Auf Vollständigkeit angelegte Sammlung aller lateinischen Inschriften; Bd. 1 enthält die Inschriften der Republik, alle anderen gehören zur Kaiserzeit; geographisches Gliederungsprinzip)*
Dessau, H.: Inscriptiones Latinae selectae, 3 Bde., Berlin 1892-1916 (ND 1974)
*(Auswahlsammlung von ca. 10 000 Inschriften, vornehmlich aus der Kaiserzeit. Die mit kurzem lateinischen Kommentar versehenen Inschriften sind über ein umfangreiches Register im 3. Bd. aufgeschlüsselt)*
Jones, A. H. M.: A History of Rome through the fifth century, Bd. 1: The Republic, New York 1968, Bd. 2: The Empire, New York 1970
*(Chronologisch geordnete Sammlung übersetzter literarischer und inschriftlicher Quellen mit kurzen einführenden Kommentaren)*
Kagan, D.: Problems in Ancient History, Bd. 2: The Roman World, New York 1966
*(Zusammenstellung wichtiger Quellenzeugnisse in Übersetzung und Forschungsmeinungen zu den Phasen und Problemen der römischen Geschichte von der Gründung Roms bis auf Konstantin)*
Lewis, N./Reinhold M.: Roman Civilization, Bd. 1: The Republic, Bd. 2: The Empire, 3. Aufl. New York 1966

*(Chronologisch gegliederte Sammlung von zumeist literarischen Quellen in englischer Übersetzung mit jeweils kurzen Einführungen sowie hilfreichen Registern. Umfaßt die Zeit von der Gründung Roms bis Konstantin)*
Malcovati, H.: Oratorum Romanorum Fragmenta, 3 Bde., Turin 1930
*(Sammlung von Fragmenten sonst verlorengegangener römischer Redner mit [lateinisch verfaßten] vorangestellten Kurzbiographien)*
Rilinger, R.: Lust an der Geschichte: Leben im alten Rom, München/Zürich 1989
*(Zusammenstellung von Quellen zum Alltagsleben in Rom in Übersetzung; keine Erläuterungen)*
Schumacher, L.: Römische Inschriften, Stuttgart 1988 (Reclam)
*(Sammlung und Übersetzung lateinischer Inschriften aus den verschiedenen Bereichen: Gesetze, Bauinschriften, Grabinschriften, Ehreninschriften, Protokolle etc.; mit einer Einführung in die lateinische Epigraphik)*
Walser, G.: Römische Inschriften-Kunst. Römische Inschriften für den akademischen Unterricht und als Einführung in die lateinische Epigraphik, Stuttgart 1988
Wiedemann, T.: Greek and Roman Slavery, London 1981
*(Thematisch, nicht chronologisch gegliederte Sammlung wichtiger Quellen zu allen die Sklaverei betreffenden Fragen; kurze Einführungen stehen den jeweiligen Quellentexten voran; angehängt kurze Information zu den Autoren)*

*Quellen zur Römischen Republik*

Degrassi, A.: Inscriptiones Latinae liberae rei publicae, Bd. 1: 2. Aufl. Florenz 1965; Bd. 2: Florenz 1963
*(Umfangreiche Sammlung von Inschriften der republikanischen Zeit; geordnet nach Sachgebieten; ausführliche lateinische Kommentare sowie Register)*
Die Staatsverträge des Altertums; bisher erschienen: H. Bengtson, Die Verträge der griechisch-römischen Welt von 700-338 v. Chr., 2. Aufl. München 1975; H. H. Schmitt, Die Verträge der griechisch-römischen Welt von 338-200 v. Chr., München 1969
*(Chronologisch angelegte Sammlung wichtiger Staatsverträge, die im lateinischen bzw. griechischen Original abgedruckt sind. Der Zugang wird durch Kommentierung und Paraphrasierung sowie ausführliche Literaturangaben erleichtert)*
Drexler,H.: Die Catilinarische Verschwörung. Ein Quellenheft, Darmstadt 1976 (ND 1989)
*(Zweisprachige, erschöpfende Zusammenstellung aller Quellen zur Verschwörung des Catilina)*
Greenidge, A.H.J./Clay, A.M.: Sources for Roman History 133-70 B.C., 2. Aufl. Oxford 1960
*(Nach Jahren geordnete Zusammenstellung vor allem der literarischen Quellen im Original)*
Sherk, R. K.: Roman Documents from the Greek East. Senatus Consulta and epistulae to the age of Augustus, Baltimore 1969; Übersetzungsband Baltimore 1978
*(Zusammenstellung von rund 80 Dokumenten, mit textkritischen und inhaltlichen Kommentaren)*
Sherk, R. K.: The Municipial Decrees of the Roman West, Arethusa Monographs II 1970

Till, R.: Res publica. Texte zur Krise der frührömischen Tradition, Zürich/München 1976
*(Zweisprachige Quellensammlung aus der römischen Frühzeit bis zum 2.Jh. v. Chr. mit Erläuterungen und Literaturhinweisen)*

*Quellen zur Römischen Kaiserzeit*

Barker, E.: From Alexander to Constantine. Passages and Documents illustrating the History of Social and Political Ideas 336 B.C. to 337 A.D., Oxford 1956 (ND 1966)
*(Zusammenstellung geistesgeschichtlich bedeutender Quellen in Übersetzung; kurze erklärende Anmerkungen)*

Braund, D. C.: Augustus to Nero: A Sourcebook on Roman History 31 BC-AD 68, London/Sydney 1985
*(Thematisch gegliederte Zusammenstellung übersetzter Quellen, v.a. auf Ehrenberg/Jones und Smallwood basierend)*

Capelle, W.: Das alte Germanien, Jena 1929
*(Sammlung aller geschichtlichen Nachrichten über die Germanen von den Anfängen bis zum Beginn der Völkerwanderung in deutscher Übersetzung)*

Dodgeon, M. H./ Lieu, S. N. C.: The Roman Eastern Frontier and the Persian Wars (AD 226-363). A documentary history, London/New York 1991
*(Sammlung und Übersetzung von Texten zu den römisch-persischen Beziehungen von 226-363 n. Chr. mit kommentierenden Anmerkungen; angehängt sind Übersetzungen arabischer und armenischer Quellen, ferner ein Glossar militärischer Begriffe und eine ausführliche Bibliographie)*

Ehrenberg, V./ Jones A. H. M.: Documents illustrating the Reigns of Augustus and Tiberius, 2. Aufl. Oxford 1955
*(Nach sachlichen Gesichtspunkten gegliederte Sammlung bedeutender historischer Dokumente im Original; deckt alle Aspekte des frühen Prinzipats ab)*

Freis, H.: Historische Inschriften zur römischen Kaiserzeit von Augustus bis Konstantin, Darmstadt 1984
*(Übersetzung wichtiger Inschriften; historisch und sachlich geordnet; keine Kommentierung)*

McCrum M./Woodhead A.G.: Selected Documents of the Principates of the Flavian Emperors, 2.Aufl. Cambridge 1966
*(Aufgebaut wie Ehrenberg/Jones)*

Mommsen, Th. – Krüger. P. (ed.): Corpus Iuris Civilis, Bd.1: Institutiones et Digesta; Bd.2: Codex; Bd.3: Novellae, Berlin 1928/29 (ND 1954)

Otto, C. E. – Schilling, B. – Sintenis, F. (Hg.): Das Corpus Iuris Civilis, ins Deutsche übersetzt von einem Verein Rechtsgelehrter, Leipzig 1823 ff.; ND Aalen 1984/85
*(Nur teilweise brauchbar)*

Picard, G./Rougé J.: Textes et documents relatifs à la vie économique et sociale dans l'empire romain (31 av.J.-C.- 225 apr.J.-C.), Paris 1969
*(Zusammenstellung literarischer, inschriftlicher und monumentaler Quellen in französischer Übersetzung zur Sozial- und Wirtschaftsgeschichte des Prinzipats mit kurzen Kommentierungen)*

Roxan, M. (Hg.): Roman Military Diplomas (RMD), 1954-1977, London 1978; 1977-1983, London 1985
*(Sammlung der nach dem Erscheinen von CIL XVI [1936 und 1955, ed. H. Nesselhauf] gefundenen Militärdiplome)*

Sherk, R. K.: The Roman Empire: Augustus to Hadrian, Cambridge 1988
*(Sammlung von über 200 Dokumenten, meist Inschriften, aber auch literarischen Nachrichten und Münzbeschreibungen aus dem frühen Prinzipat in Übersetzung, gegliedert in 2 Teile, wobei Teil I die kaiserliche Regierung in Krieg und Frieden, Teil II die Gesellschaft der Römischen Welt behandelt; jedes Dokument mit bibliographischen Hinweisen)*
Smallwood, E. M.: Documents illustrating the Principates of Gaius, Claudius and Nero, Cambridge 1967
*(Aufgebaut wie Ehrenberg/Jones)*
Smallwood, E. M.: Documents illustrating the Principates of Nerva, Trajan and Hadrian, Cambridge 1967

*Die Christen und ihre Umwelt*

Coleman-Norton, P. R.: Roman State and Christian Church: a Collection of legal Documents to AD 535, 3 Bde. London 1966
*(Englische Übersetzung und Kommentare)*
Guyot, P./Klein, R.: Das frühe Christentum bis zum Ende der Verfolgungen. Eine Dokumentation; Bd 1: Die Christen im heidnischen Staat, Darmstadt 1992
Heilmann, A./Kraft, H.: Texte der Kirchenväter, 5 Bde. mit Kirchenväterlexikon, München 1963-65
*(Den Vorstellungen Augustins folgende, thematisch geordnete Textauswahl: Texte über Gott, die Schöpfung, den Menschen, die Kirche und das Ende der Zeiten)*
Hennecke, E./Schneemelcher, W.: Neutestamentliche Apokryphen in deutscher Übersetzung, 4. Aufl., Tübingen 1968 (2 Bde.)
*(Grundlegende Sammlung der Apokryphen mit eingehender Kommentierung und literarischer Einordnung)*
Kautzsch, E.: Die Apokryphen und Pseudepigraphen des Alten Testaments, 2 Bde., Tübingen 1921 (ND Darmstadt 1975)
Musurillo, H.: The Acts of the Christian Martyrs, Oxford 1972
(Deutschsprachige Sammlung in: Bibliothek der Kirchenväter [BKV], Bd. 14, S. 297-366)
Rahner, H.: Kirche und Staat im frühen Christentum, 2. Aufl. München 1961
*(Zweisprachige Sammlung von christlichen Dokumenten aus der Zeit von 96-865 n. Chr., in deren Mittelpunkt das Verhältnis von Kirche und Staat steht)*
Ritter, A.M.: Alte Kirche, in: Kirche und Theologiegeschichte in Quellen (hg. H.A. Oberman u.a.), Bd. I, Neukirchen/Vluyn 1977
*(Quellen vor allem zur innerkirchlichen Entwicklung; kurze Kommentierung)*

# XIV. Allgemeine Darstellungen zur Römischen Geschichte

Alföldy, G.: Römische Sozialgeschichte, 3. Aufl. Wiesbaden 1984
*(Einführung in die wichtigsten Probleme der römischen Sozialgeschichte von der Frühzeit bis zur Spätantike; vorrangig eine Strukturanalyse der römischen Gesellschaft)*
Christ, K.: Die Römer. Eine Einführung in ihre Geschichte und Zivilisation, München 1979
Giardina, A. (Hg.): Der Mensch der römischen Antike, Frankfurt 1991
*(Elf Essays über Menschen als Bürger, Priester, Soldaten u.a.)*

Heuß, A.: Die Römer: eine Bilanz, in: Latein und Europa (hg. K. Büchner), Stuttgart 1978, S. 313-339
Heuß, A.: Römische Geschichte, 5. Aufl. Braunschweig 1983
*(Grundlegende Geschichte Roms von den – knapp gehaltenen – Anfängen bis zum Ende des weströmischen Reiches; kurze Kapitel zur Kultur- und Geistesgeschichte. Übersicht über die Quellen und die wichtigsten Forschungspositionen)*
Kunkel, W.: Römische Rechtsgeschichte. Eine Einführung, 10. Aufl. Köln 1983
*(Einführung in Recht, Verfassung und Reichsverwaltung von der Republik bis zur Spätantike)*
Latte, K.: Römische Religionsgeschichte, München 1960 (Nachdruck 1976)
*(Gesamtdarstellung bis in die Spätantike)*
The Cambridge Ancient History, Bd. VII-XII, Cambridge 1928-39
*(Von zahlreichen Autoren bearbeitete umfassende Darstellung)*

## XV. Die geistige Ordnung Roms

*Die Literatur*

Dihle, A.: Die griechische und lateinische Literatur der Kaiserzeit. Von Augustus bis Justinian, München 1989
*(Erste Literaturgeschichte, die den literarischen Nachlaß der zweisprachigen Kultur des römischen Kaiserreiches bis in die Zeit Justinians als Einheit zu erfassen sucht; knappe Berücksichtigung der philosophischen und theologischen Literatur)*
Fuhrmann, M.: Römische Literatur, in: Neues Handbuch der Literaturwissenschaft 3, Frankfurt a.M. 1974
Gruen, E.S.: Culture and National Idendity in Republican Rome, Ithaca 1992
Von Albrecht, M.: Geschichte der römischen Literatur. Von Andronicus bis Boëthius, 2 Bde., Bern 1992

*Die Geschichtsschreibung*

Chantraine, H.: Münzbild und Familiengeschichte in der römischen Republik, Gymnasium 90 (1983), S. 530-545
Flach, D.: Einführung in die römische Geschichtsschreibung, Darmstadt 1985
Timpe, D.: Fabius Pictor und die Anfänge der römischen Historiographie, in: ANRW I, 2, 1972, S. 928-969

*Das Recht*

Baumann, R. A.: Lawyers in Roman Republican Politics, München 1883; Lawyers in Roman Transitional Politics, München 1985; Lawyers and Politics in the Early Roman Empire, München 1989
*(Trilogie, die sich mit der politischen Rolle der römischen Juristen von 316 v. Chr. bis Hadrian beschäftigt. Zu den Juristen werden alle gezählt, die Sextus Pomponius in seiner Geschichte der römischen Rechtsquellen [Enchiridion] nennt oder die in anderen Quellen als „iuris periti" vorgestellt werden)*
Hattenhauer, H.: Europäische Rechtsgeschichte, Berlin 1992
*(Geschichte der europäischen Rechtsentwicklung von den archaischen Rechtskulturen der Kelten, Germanen, Slawen über das Römische Recht bis in die heutige*

Zeit. *Ständiger Rekurs auf die Bedeutung des römischen bei der Ausbildung des europäischen Rechts)*
Kunkel, W.: Herkunft und soziale Stellung der römischen Juristen, 2. Aufl. Wien 1967
*(Grundlegende Definition und Einordnung der „Adelsjurisprudenz" in Rom)*
Mommsen, Th.: Römisches Strafrecht, Leipzig 1899
Schulz, F.: Prinzipien des römischen Rechts, München/Leipzig 1934 (ND 1934)
*(Bestimmung des Wesens des klassischen Rechts anhand der Methodik der römischen Juristen und der tragenden Ideen. Grundlegende Leistung: Die Herauslösung des Rechtlichen aus seiner sozialen Einbettung und die Abgrenzung der Rechtsnorm von Gewohnheit, Sitte und Moral)*
Wieacker, F.: Römische Rechtsgeschichte. Quellenkunde, Rechtsbildung, Jurisprudenz und Rechtsliteratur. Erster Abschnitt: Einleitung, Quellenkunde, Frühzeit und Republik, München 1989 (HdAW X 3,1,1,1)
Zimmermann, R.: The Law of Obligations. Roman Foundations of the Civilian Tradition, Johannesburg 1990
*(Umfängliche Geschichte des römischen Privatrechts mit dem Ziel, die Bedeutung des römischen Rechts für die europäische „civilian tradition" herauszustellen; sehr gelungene Vergleiche zum englischen Recht)*

*Die Kunst*

Andreae, B.: Odysseus. Archäologie des europäischen Menschenbildes, 2. Aufl. Frankfurt 1984
Bianchi Bandinelli, R.: Die römische Kunst. Von den Anfängen bis zum Ende der Antike, München 1975
*(Glänzend geschriebene Kunstgeschichte, die alle Erscheinungsformen der Kunst erfaßt und eingehend ihre historischen und sozialen Bezüge schildert)*
Guiliani, L.: Bildnis und Botschaft. Hermeneutische Untersuchungen zur Bildniskunst der römischen Republik, Frankfurt 1986
Hölscher, T.: Die Geschichtsauffassung in der römischen Repräsentationskunst, JDAI 95 (1980), S. 265-321
Simon, E.: Augustus. Kunst und Leben in Rom um die Zeitenwende, München 1986
Zanker, P.: Augustus und die Macht der Bilder, München 1987

# XVI. Die Geschichte der römischen Republik (500-121)

*Gesamtdarstellungen zur Republik*

Mommsen, Th.: Römische Geschichte, Bd. 1-3, Leipzig 1854-1856 (zahlreiche Auflagen; dtv-tb 1976)
Bleicken, J.: Geschichte der römischen Republik, 4. Aufl. München 1992 (Oldenbourg Grundriß der Geschichte Bd. 2)
*(Darstellung mit ausführlicher Vorstellung der Grundprobleme und Tendenzen der Forschung; gegliederte Bibliographie)*

*Zur Bevölkerungsgeschichte*

Beloch, K.J.: Die Bevölkerung der griechisch-römischen Welt, Leipzig 1886
Hopkins, K.: Death and Renewal (Sociological studies in Roman history Bd. 2), Cambridge 1983
Parkin, T. G.: Demography and Roman Society, Baltimore 1992

*Von den Ständekämpfen bis ins 2. Jahrhundert*

Bleicken, J.: Das Volkstribunat der klassischen Republik. Studien zu seiner Entwicklung zwischen 287 und 133 v. Chr., 2. Aufl. München 1968
Heuß, A.: Zur Entwicklung des Imperiums der römischen Oberbeamten, Z.Sav.-Stift. R.A. 64 (1944), S. 57-133
Hölkeskamp, K.-J.: Die Entstehung der Nobilität. Studien zur sozialen und politischen Geschichte der Römischen Republik im 4. Jahrhundert v. Chr., Stuttgart 1987
Kienast, D.: Die politische Emanzipation der Plebs und die Entwicklung des Heerwesens im frühen Rom, BJbb 175 (1975), S. 83-112
Ogilvie, R.M.: Das frühe Rom und die Etrusker, München 1985 (dtv-Geschichte der Antike Bd. 4)
Werner, R.: Der Beginn der römischen Republik. Historisch-chronologische Untersuchungen über die Anfangszeit der libera res publica, München 1963

*Die politischen Eliten*

Baltrusch, E.: Regimen morum. Die Reglementierung des Privatlebens der Senatoren und Ritter in der römischen Republik und der frühen Kaiserzeit, München 1988
Bleicken, J.: Die Nobilität der römischen Republik, Gymnasium 88 (1981), S. 236-253
Gelzer, M.: Die Nobilität der römischen Republik, Leipzig 1912 (= Kl. Schriften I, 1962, S. 17-135)
Münzer, F.: Römische Adelsparteien und Adelsfamilien, Stuttgart 1920
Nicolet, Cl.: L'ordre équestre à l'époque républicaine (312-43 av. J.-C.), 2 Bde., Paris 1966-1974

*Die Verfassung der Republik*

Bleicken, J.: Die Verfassung der römischen Republik, 6. Aufl. Paderborn 1993 (UTB 460)
*(Gliederung des Stoffes nach systematischen Gesichtspunkten; die Abhängigkeiten der inneren von der äußeren Entwicklung werden berücksichtigt)*
Bleicken, J.: Lex publica. Gesetz und Recht in der römischen Republik, Berlin 1975
*(Rechtshistorische und soziologische Untersuchung über den Begriff, die Entwicklung, die Materie und die Funktion des römischen Gesetzes. Entwicklung der Fragestellung aus der staatsrechtlichen Literatur seit dem beginnenden 19. Jahrhundert)*
Klein, R. (Hg.): Das Staatsdenken der Römer, Darmstadt 1966
*(Aufsatzsammlung)*

Kunkel, W.: Magistratische Gewalt und Senatsherrschaft, in: ANRW I, 2, Berlin 1972, S. 3-22
Meyer, E.: Römischer Staat und Staatsgedanke, 4. Aufl. Darmstadt 1975
*(Geschichte der römischen Verfassungsentwicklung und ihrer sozialen und geistigen Grundlagen)*
Taylor, L.R.: Roman voting assemblies from the Hannibalic war to the dictatorship of Caesar, Ann Arbor 1966

*Die Gracchen und das Ende des inneren Friedens*

Bleicken, J.: Überlegungen zum Volkstribunat des Tiberius Sempronius Gracchus, Historische Zeitschrift 247 (1988), S. 265-293
*(Das Agrarproblem als nützlicher Gegenstand für einen Politiker, der seine Karriere, die 137 im spanischen Krieg einen Knick erhalten hatte, fördern will. Nicht das Mitleid mit der Not der Bauern, sondern der Kampf der Nobiles um Macht und Einfluß trieb die Revolution voran)*
Bringmann, K.: Die Agrarreform des Tiberius Gracchus. Legende und Wirklichkeit, Stuttgart 1985 (FAS 10)
*(Eingehende Würdigung des Standpunkts der Reformgegner; Bestimmung der Größe des gemäß Agrargesetz verteilbaren Landes; Analyse der gracchanischen Propaganda und ihr Niederschlag in den Quellen)*
De Neeve, P.W.: Peasents in Peril. Location and Economy in Italy in the Second Century B.C., Amsterdam 1984
*(Die ökonomischen Ursachen des angenommenen Niedergangs des Bauerntums; Anwendung der v. Thünenschen Standortlehre)*
Hackl, U.: Senat und Magistratur in Rom von der Mitte des 2. Jahrhunderts bis zur Diktatur Sullas, Kallmünz 1982

# XVII. Der Untergang der Republik

*Allgemeine Darstellungen*

Bleicken, J.: Zwischen Republik und Prinzipat. Zum Charakter des Zweiten Triumvirats, Göttingen 1990
Christ, K.: Krise und Untergang der römischen Republik, Darmstadt 1979
*(Ausführliche Darstellung der Geschichte Roms vom Ende des 2. Punischen Krieges bis zum Beginn der Monarchie des Augustus; eigenes Kapitel zur Kultur- und Geistesgeschichte des 1. Jhdts.)*
Dettenhofer, M.H.: „Perdita Iuventus". Zwischen den Generationen von Caesar und Augustus, München 1992 (Vestigia 45)
*(Die Lebensläufe von sieben Römern, sämtlich geboren zwischen 90 und 80 v. Chr.; darunter: Curio [trib.pleb. 49], die Caesar-Verschwörer Brutus, Cassius und Decimus Brutus, und M. Antonius)*
Gruen, E.S.: The Last Generation of the Roman Republic, Berkeley 1974
Meier, Chr.: Res publica amissa. Eine Studie zu Verfassung und Geschichte der späten römischen Republik, Wiesbaden 1966
*(Analyse der Krise der Republik von 91-60 v. Chr.; untersucht werden die Bedingungen des Niederganges ebenso wie die erstaunliche Konstanz der politischen Ordnung der Republik. Wichtigste strukturelle Analyse des Themas mit neuen methodischen Ansätzen)*

Nippel, W.: Aufruhr und „Polizei" in der Römischen Republik, Stuttgart 1988
*(Untersuchung der Prinzipien und Probleme republikanischer Ordnungssicherung und der Stunde ihrer Bewährung bei der Bewältigung der Krisen seit dem Ende des 2. Jhdts. v. Chr.)*
Syme, R.: The Roman Revolution, London 1939; vollständige dt. Übersetzung (hg. W. Dahlheim), München 1992
*(Darstellerisch glänzende Geschichte der römischen Bürgerkriege und der Regierungszeit des Augustus, die mit Tacitus negativ beurteilt wird)*
Ungern-Sternberg, J. von: Untersuchungen zum spätrepublikanischen Notstandsrecht. Senatusconsultum ultimum und hostis-Erklärung, München 1970

*Die großen Einzelnen*

Buchheim, H.: Die Orientpolitik des Triumvirn M. Antonius, Abh. Heidelb. Ak. Wiss. 1960, Nr. 3
Dahlheim, W.: Julius Cäsar. Die Ehre des Kriegers und der Untergang der römischen Republik, München 1987
*(Kurzgefaßte Biographie mit Schwerpunkt auf den Jahren 63-44; Einbindung Caesars in die politischen und gesellschaftlichen Gegebenheiten der Zeit)*
Fuhrmann, M.: Cicero und die römische Republik, München 1989
Gelzer, M.: Caesar. Der Politiker und Staatsmann, Wiesbaden 1960
*(Caesar wies dem römischen Gemeindestaat den Weg zur Erfüllung seiner imperialen Aufgabe und sicherte damit den Erhalt des Imperiums)*
Gelzer, M.: Pompeius, 2. Aufl. München 1959 (ND 1984 mit Nachträgen)
Habicht, Chr.: Cicero der Politiker, München 1990
Keaveney, A.: Lucullus. A life, London 1992
Keaveney, A.: Sulla, the last republican, London 1982
Meier, Chr.: Caesar, Berlin 1982
*(Gedanke von der Ohnmacht des allmächtigen Diktators, dem aus der römischen Gesellschaft keine nennenswerte Kraft entgegenkam, die eine grundlegend neue Ordnung angestrebt hätte; Caesars Streben nach Macht endete damit notwendig in der Militärdiktatur)*
Oothegem, J. van: Pompée le Grand, bâtisseur d'Empire, Brüssel 1954
Strasburger, H.: Caesars Eintritt in die Geschichte, München 1938

# XVIII. Weltreich und Krieg

*Der Krieg*

Adcock, F.E.: The Roman Art of War under the Republic, Harvard 1940
Botermann, H.: Die Soldaten und die römische Politik in der Zeit von Caesars Tod bis zur Begründung des Zweiten Triumvirats, München 1968
Brunt, P.A.: The Army and the Land in the Roman Revolution, JRS 52 (1962), S. 69-86; dt. in: Zur Sozial- und Wirtschaftsgeschichte der späten Republik (hg. H. Schneider), Darmstadt 1976, S. 124-174
Gabba, E.: Esercito e società nella tarda repubblica romana, Firenze 1973 (engl.: Republican Rome, the army and the allies, Oxford 1976)
Harmand, J.: L'armée et le soldat à Rome de 107 à 50 avant notre ère, Paris 1967

Keppie, L.: The Making of the Roman Army. From Republic to Empire, London 1984
Meyer, Ed.: Das römische Manipularheer, seine Entwicklung und seine Vorstufen, in: Kleine Schriften II, 2. Aufl. Halle 1924, S. 193-329
Schmitthenner, W.: Politik und Armee in der späten römischen Republik, HZ 190 (1960), S. 1-17
Smith, R.E.: Service in the Post-Marian Roman Army, Manchester 1958

*Eroberung und Organisation Italiens*

Brunt, P.A.: Italian aims at the time of the social war, JRS 55 (1965), S. 90-109
Brunt, P.A.: Italian Manpower 225 B.C. – 14 A.D., Oxford 1971
Galsterer, H.: Herrschaft und Verwaltung im republikanischen Italien, München 1976
Hantos, Th.: Das römische Bundesgenossensystem in Italien, München 1983
Rudolph, H.: Stadt und Staat im römischen Italien. Untersuchungen über die Entwicklung des römischen Munizipalwesens in der republikanischen Zeit, Leipzig 1935
Salmon, E.T.: Samnium and the Samnites, Cambridge 1967

*Die Eroberung des Weltreiches*

Bleicken, J.: In provinciali solo dominium populi Romani est vel Caesaris. Zur Kolonisationspolitik der ausgehenden Republik und frühen Kaiserzeit, Chiron 4 (1974), S. 359-414
Christ, K. (Hg.): Hannibal, Darmstadt 1974
*(Aufsatzsammlung mit Bibliographie)*
Deininger, J.: Der politische Widerstand gegen Rom in Griechenland 217- 86 v. Chr., Berlin 1971
*(Bisher einzige gründliche Untersuchung des Widerstandes gegen die römische Okkupation Griechenlands)*
Errington, R.M.: The dawn of empire. Rome's rise to world power, Ithaca 1972
Gruen, E.S.: The Hellenistic world and the coming of Rome, 2 Bde., Berkeley 1984
Heuß, A.: Der Erste Punische Krieg und das Problem des römischen Imperialismus, HZ 169 (1949), S. 457-513; als eigene Publikation: Darmstadt 1964
Hoffmann, W.: Die römische Politik des 2. Jahrhunderts und das Ende Karthagos, Historia 9 (1960), S. 309-344
Holleaux, M.: Rome, la Grèce et les monarchies hellénistiques au IIIe siècle av. J.-C., Paris 1921
Magie, D.: Roman Rule in Asia Minor, 2 Bde., Princeton 1950
Seibert, J.: Hannibal, Darmstadt 1993
Sherwin-White, A.N.: Roman foreign policy in the East 168 B.C. to A.D. 1, London 1984
Timpe, D.: Caesars Gallischer Krieg und das Problem des römischen Imperialismus, Historia 14 (1965), S. 189-214
Vollmer, D.: Symploke. Das Übergreifen der römischen Expansion auf den griechischen Osten. Untersuchungen zur römischen Außenpolitik am Ende des 3. Jahrhunderts v. Chr., Stuttgart 1990
*(Konzentriert auf die Illyrischen Kriege, den Ersten Makedonischen Krieg und den römisch-karthagischen Konflikt in Spanien)*

*Das Völkerrecht*

Dahlheim, W.: Struktur und Entwicklung des römischen Völkerrechts im dritten und zweiten Jahrhundert v. Chr., München 1968

Heuß, A.: Die völkerrechtlichen Grundlagen der römischen Außenpolitik in republikanischer Zeit, Leipzig 1933

Nörr, D.: Aspekte des römischen Völkerrechts. Die Bronzetafel von Alcántara, SB Bayer. Ak. Wiss., Heft 101, München 1989

Ziegler, K.-H.: Das Völkerrecht der römischen Republik, in: ANRW I, 2, Berlin 1972, S. 68-114

*Die römische Herrschaft*

Badian, E.: Foreign Clientelae (264-70 B.C.), Oxford 1958
*(Die Patronatsverhältnisse Roms zu auswärtigen Staaten sowie römischer Adelsfamilien zu den Provinzialen)*

Badian, E.: Römischer Imperialismus in der Späten Republik, Stuttgart 1980 (engl.: 1968)

Dahlheim, W.: Gewalt und Herrschaft. Das provinziale Herrschaftssystem der römischen Republik, Berlin 1977
*(Systematische und historische Erfassung aller Erscheinungsformen der römischen Herrschaft und ihrer Organisation über Italien und die Provinzen bis Caesar)*

Harris, W.V.: War and Imperialism in Republican Rome 327-70 B.C., Oxford 1979

Salmon, E.T.: Roman Colonization under the Republic, London 1969

Sherwin-White, A.N.: The Roman Citizenship, 2. Aufl. Oxford 1973

Stahl, M.: Herrschaftssicherung und patronale Fürsorge, Historia 35 (1986), S. 280-307

Wilson, A.J.N.: Emigration from Italy in the Republican Age of Rome, New York 1966

# XIX. Die soziale Ordnung

*Gesellschaft, Wirtschaft, Handel und Verkehr*

Bradley, K.R.: Slavery and Rebellion in the Roman World, 140 B.C.-70 B.C., London 1989

De Martino, F.: Wirtschaftsgeschichte des alten Rom, München 1985
*(Umfassende Darstellung der Wirtschaft in der römischen Antike; marxistischer Denkansatz)*

Kloft, H.: Einführung in die Wirtschaftsgeschichte der griechisch-römischen Welt, Darmstadt 1992

Zur Sozial- und Wirtschaftsgeschichte der späten römischen Republik, hg. H. Schneider, Darmstadt 1976
*(Aufsätze vor allem englischer Fachgelehrter zum Thema)*

*Die Bauern*

Behrends, O./Capogrossi, L.: „Die römische Feldmeßkunst." Interdisziplinäre Beiträge zu ihrer Bedeutung für die Zivilisationsgeschichte Roms, Göttingen 1992

*(Aufsätze zur römischen Feldvermessung; darunter: O. Behrends zu den Wechselbeziehungen zwischen Bodenhoheit und privatem Bodeneigentum; E. Gabba zu den Zusammenhängen zwischen Politik, Kolonisation und Feldmeßkunst)*
Flach, D.: Römische Agrargeschichte, München 1990 (HdAW III 9)
*(Historische Entwicklungsgeschichte der Agrarverhältnisse in Italien; Aufgaben und Techniken der römischen Feldvermessung; italische Gutswirtschaft und Gutshöfe)*
Hinrichs, F.T.: Die Geschichte der gromatischen Institutionen. Untersuchungen zu Landverteilung, Landvermessung, Bodenverwaltung und Bodenrecht im römischen Reich, Wiesbaden 1974
White, K.D.: Roman Farming, London 1970

*Familie, Mann und Frau*

Evans, J.K.: War, Woman and Children in Ancient Rome, 1991
Rawson, B.M.: The Family in Ancient Rome; New Perspectives, Ithaca, N. Y., 1986
Schuller, W.: Frauen in der römischen Geschichte, Konstanz 1987
Von Hesberg-Tonn, B.: Coniunx carissima. Untersuchungen zum Normcharakter im Erscheinungsbild der römischen Frau, Stuttgart 1983

## XX. Gesamtdarstellungen der Kaiserzeit

Bleicken, J.: Verfassungs- und Sozialgeschichte des römischen Kaiserreiches, 2 Bde., 3. Aufl. Paderborn 1989/1994 (UTB 838/839)
*(Systematisch geordnete Verfassungs- und Sozialgeschichte, die den Charakter der monarchischen Herrschaft, die Reichsverwaltung, die soziale Gliederung im Reich, die Urbanisierung, die Wirtschaft und den Wandel der Religiosität verfolgt)*
Christ, K.: Geschichte der römischen Kaiserzeit, München 1988
*(Breit angelegte Geschichte der Kaiserzeit, die neben der politischen Geschichte die kaiserzeitliche Gesellschaft, ihre Kultur und das romanisierte Imperium eingehend würdigt)*
Dahlheim, W.: Geschichte der römischen Kaiserzeit, 2. Aufl. München 1989 (Oldenbourg Grundriß der Geschichte Bd. 3)
*(Systematische Darstellung der Kaiserzeit bis zum Ausgang des 3. Jhdts. unter Berücksichtigung der Geschichte des frühen Christentums; Vorstellung der Grundprobleme und Tendenzen der Forschung; gegliedertes Literaturverzeichnis)*
Dessau, H.: Geschichte der römischen Kaiserzeit, 2 Bde., Berlin 1924-1930
*(Von Augustus bis zum Jahre 69 n. Chr.)*
Garnsey, P./Saller, R.: Das römische Kaiserreich. Wirtschaft, Gesellschaft, Monarchie, Hamburg 1989
*(Thematisch gegliederte Studie der kaiserzeitlichen Gesellschaft, die die Themenkomplexe Familie und Haushalt, die materiellen Folgen der römischen Herrschaft für die Unterworfenen, die gesellschaftliche Hierarchie sowie Religion und Kultur in bewußter Abkehr von traditionellen Zugriffen auf den Gegenstand beschreiben will)*
Geschichte des privaten Lebens, Bd. 1: Vom römischen Imperium zum byzantinischen Reich, hg. P. Veyne, Frankfurt 1989

*(Von verschiedenen Autoren bearbeitete Geschichte des privaten Lebens bis zum „abendländischen Frühmittelalter"; herausragend die Darstellung der Spätantike von P. Brown)*
Kienast, D.: Römische Kaisertabelle. Grundzüge einer römischen Kaiserchronologie, Darmstadt 1990
Millar, F.: The Emperor in the Roman World (31 B.C.-A.D. 337), London 1977
*(Erste eingehende Untersuchung der Regierungspraxis der römischen Kaiser; analysiert werden der dem Kaiser zur Verfügung stehende Apparat sowie seine Beziehungen zu den Provinzialen)*
Wells, C.: Das Römische Reich, München 1985 (dtv-Geschichte der Antike Bd. 6)
*(Chronologisch aufgebaute Geschichte der Kaiserzeit; der Alltag in Rom, Italien und den Provinzen wird berücksichtigt)*

## XXI. Die Geschichte der Kaiser

*Augustus und die Begründung der Alleinherrschaft*

Binder, G. (Hg.): Saeculum Augustum, 3 Bde., Darmstadt 1987-1991
*(Aufsatzsammlungen zu Herrschaft und Gesellschaft, Religion und Literatur, Kunst und Bildersprache)*
Heuß, A.: Zeitgeschichte als Ideologie. Bemerkungen zu Komposition und Gedankenführung der Res Gestae Divi Augusti, in: Monumentum Chiloniense (Festschrift E. Burck) Amsterdam 1975, S. 55-95
Kienast, D.: Augustus. Prinzeps und Monarch, Darmstadt 1982
*(Erste umfassende Biographie des Augustus mit ausführlicher Erörterung der Forschung)*
Kienast, D.: Der augusteische Prinzipat als Rechtsordnung, Z.Sav.Stift. R.A. 101 (1984), S. 115-141
Schmitthenner, W. (Hg.): Augustus, WdF 128, Darmstadt 1969
*(Sammlung wichtiger Aufsätze)*
Stroux, J. – Wenger, L.: Die Augustus-Inschrift auf dem Marktplatz von Kyrene, Abh. Bayer. Ak. Wiss., phil.-hist. Kl. 34, 2, München 1928
von Premerstein, A.: Vom Werden und Wesen des Prinzipats, Abh. Bayer. Ak. Wiss., N.F. 15, München 1937
Weber, E. (Hg): Augustus, Meine Taten, 2. Aufl. München 1974
*(Mit der Parallelüberlieferung)*

*Die monarchische Herrschaftsform*

Bleicken, J.: Prinzipat und Dominat. Gedanken zur Periodisierung der römischen Kaiserzeit, Frankf. Hist. Vorträge 6, Wiesbaden 1978
Bleicken, J.: Senatsgericht und Kaisergericht. Eine Studie zur Entwicklung des Prozeßrechts im frühen Prinzipat., Abh. Gött. Ak. Wiss., phil.-hist. Kl. 53, Göttingen 1962
Brunt, P. A.: Lex de Imperio Vespasiani, JRS 67 (1977), S. 95-116 (Dessau, Nr. 244)
Flaig, E.: Den Kaiser herausfordern. Die Usurpation im Römischen Reich, Berlin 1992

*(Geschichte der Usurpationen von Nero bis Domitian; Strukturanalyse der römischen Monarchie unter Anwendung der Methoden der politischen Semiotik)*
Hirschfeld, O.: Die kaiserlichen Verwaltungsbeamten bis auf Diokletian, 2. Aufl. Berlin 1905; ND 1963
Nörr, D.: Zur Reskriptenpraxis in der hohen Prinzipatszeit, Z. Sav. Stift. R.A. 98 (1981), S. 1-46
Opposition et résistance à l'empire d'Auguste à Trajan, Entretiens sur l'antiquité classique XXXIII, Genf 1986
*(Aufsatzsammlung)*
Timpe, D.: Untersuchungen zur Kontinuität des frühen Prinzipats, Wiesbaden 1962 (Historia Einzelschr. 5)
Turcan, R.: Vivre à la cour des Césars d'Auguste à Dioclétien, Paris 1987
*(Schilderung des Lebens am Kaiserhof: Palastpersonal, Feste, Lebens- und Eßgewohnheiten, Religiosität und die dienstlichen Pflichten des Kaisers)*
Weaver, P. R. C.: Familia Caesaris. A Social Study of the Emperor's Freedmen and Slaves, Cambridge 1972

*Die Herrscherideologie*

Charlesworth, M. P.: The Virtues of a Roman Emperor, Propaganda and the Creation of Belief, Proceed. of the Brit. Acad. 23 (1937), S. 105-133; dt. in: WdF 528, 1979, S. 361-387
Deininger, J.: Von der Republik zur Monarchie: Die Ursprünge der Herrschertitulatur des Prinzipats, in: ANRW I, 1, 1972, S. 982-997
Den Boer, W. (Hg.): Le culte des souverains dans l'Empire Romain, Entretiens sur l'antiquité classique XIX, Genf 1973
*(Aufsatzsammlung)*
Fears, Rufus J.: Princeps a diis electus: The Divine Election of the Emperor as a Political Concept at Rome, Papers and Monographs of the Am. Acad. Rome 26, Rom 1977
Fishwick, D.: The Development of Provincial Ruler Worship in the Western Roman Empire, in: ANRW II, 16, 2, Berlin 1978, S. 1201-1253
Fishwick, D.: The Imperial Cult in the Latin West. Studies in the Ruler Cults of the Western Provinces of the Roman Empire, Leiden 1992
Heuß, A.: Alexander der Große und die politische Ideologie des Altertums, Antike u. Abendland 4 (1954), S. 65-104
Klein, R. (Hg.): Prinzipat und Freiheit, WdF 135, Darmstadt 1969
*(Aufsatzsammlung)*
Wlosok, A. (Hg.): Römischer Kaiserkult, WdF 372, Darmstadt 1978
*(Aufsatzsammlung)*

# XXII. Die soziale Ordnung

*Allgemeine Darstellungen*

Alföldy, G.: Die römische Gesellschaft. Ausgewählte Beiträge, Stuttgart 1986 (Habes 1)
*(Aufsätze des Autors zum Thema)*
Alföldy, G.: Die Stellung der Ritter in der Führungsschicht des Imperium Romanum, Chiron 11 (1981), S. 169-215

Brunt, P. A.: Princeps and Equites, JRS 73 (1983), S. 42-75
Garnsey, P.: Aspects of the Decline of the Urban Aristocracy in the Empire, in: ANRW II, 1, Berlin 1974, S. 229-252
McMullen, R.: Roman Social Relations 50 B.C. to A.D. 284, 2. Aufl. New Haven/ London 1976
Rilinger, R.: Humiliores – Honestiores. Zu einer sozialen Dichotomie im Strafrecht der römischen Kaiserzeit, München 1988
Rostovtzeff, M.: Gesellschaft und Wirtschaft im römischen Kaiserreich, 2 Bde., Leipzig 1931 (engl. Originalausgabe 1926; diese in 2. Aufl. 1957 rev. von P. M. Fraser; ND der deutschen Ausgabe Aalen 1985)
*(Nach wie vor grundlegendes Werk zur Wirtschafts- und Sozialgeschichte bis Diokletian)*
Schneider, H. (Hg.): Sozial- und Wirtschaftsgeschichte der Römischen Kaiserzeit, WdF 552, Darmstadt 1981
*(Aufsatzsammlung)*
Stein, A.: Der römische Ritterstand, Münchner Beiträge z. Papyrusforschung u. antik. Rechtsgeschichte 10, München 1927
Syme, R.: The Augustan Aristocracy, Oxford 1987
Talbert, R. J. A.: The Senate of Imperial Rome, Princeton 1984
*(Erschöpfende Behandlung der Institution [Funktionen, Geschäftsordnung, Kompetenzen, Verhältnis zum Kaiser] und ihrer Mitglieder [Laufbahn])*
Vittinghoff, F. (Hg.): Europäische Wirtschafts- und Sozialgeschichte in der römischen Kaiserzeit. Handbuch der europäischen Wirtschafts- und Sozialgeschichte Bd. 1, Stuttgart 1990
Vittinghoff, F.: Soziale Struktur und politisches System der hohen römischen Kaiserzeit, HZ 230 (1980), S. 31-55

*Bauern und Bürger*

Deininger, J.: Brot und Spiele. Tacitus und die Entpolitisierung der plebs urbana, Gymnasium 86 (1979), S. 278-303
Frier, B.W.: Landlords and Tenants in Imperial Rome, Princeton 1980
Jones, A. H. M.: The Roman Colonate, in: Studies in Ancient Society (hg. M. I. Finley), London 1974, S. 288-303; dt. in: WdF 552, Darmstadt 1981, S. 81-99
Veyne, P.: Le pain et le cirque. Sociologie historique d'un pluralisme politique, Paris 1976 (dt. Übers. Berlin 1988)

*Sklaven und Freigelassene*

Bellen, H.: Antike Staatsräson. Die Hinrichtung der 400 Sklaven des römischen Stadtpräfekten L. Pedanius Secundus im Jahre 61 n. Chr., Gymnasium 89 (1982), S. 449-467
Boack, A. E. R.: Manpower Shortage and the Fall of the Roman Empire in the West, Ann Arbor 1955/dazu M. I. Finley, JRS 48 (1958), S. 156-164 (dt. in: Der Untergang des Römischen Reiches, hg. K. Christ, Darmstadt 1970, S. 368-395)
Duff, A. M.: Freedmen in the Early Roman Empire, 2. Aufl. Cambridge 1958
Waldstein, W.: Operae libertorum. Untersuchungen zur Dienstpflicht freigelassener Sklaven, Stuttgart 1986

*Die Wirtschaft*

Behrends, O.: Die Rechtsformen des römischen Handwerks, in: Das Handwerk in vor- und frühgeschichtlicher Zeit I, Abh. Gött. Ak. Wiss., 1981, S. 141-203
Garnsey, P./Whittaker, C. R. (Hg.): Trade and Famine in Classical Antiquity, Cambridge 1983 *(Aufsatzsammlung)*
Herz, P.: Studien zur römischen Wirtschaftsgesetzgebung. Die Lebensmittelversorgung, Stuttgart 1988
Kahrstedt, U.: Das wirtschaftliche Gesicht Griechenlands in der Kaiserzeit. Kleinstadt, Villa und Domäne, Bern 1954
Rickman, G.: The Corn Supply of Ancient Rome, Oxford 1980
Weber, M.: Agrarverhältnisse im Altertum, in: Hdb. d. Staatswiss. I, 1909 = Ges. Aufsätze zur Sozial- und Wirtschaftsgeschichte, Tübingen 1924, S. 1-228

# XXIII. Das Imperium

*Krieg und Eroberung*

Alföldy, G.: Römische Heeresgeschichte. Beiträge 1962-1985, 1987 *(Aufsatzsammlung)*
Campbell, J.B.: The Emperor and the Roman Army 31 B.C.-A.D. 235, Oxford 1984
Davies, B.W.: The Daily Life of the Roman Soldier under the Principate, in: ANRW II 1, Berlin 1974, S. 299-338
Eck, W./Wolff, H. (Hg.): Heer und Integrationspolitik, Köln 1986 *(Aufsatzsammlung)*
Holder, P.A.: The Auxilia from Augustus to Trajan, Oxford 1980
le Roux, P.: L'Armée romaine et l'organisation des provinces ibériques. D'Auguste à l'invasion de 409, Paris 1982
Mac-Mullen, R.: The Legion as a Society, Historia 33 (1984), S. 440-456
Mann, J.C.: Legionary Recruitment and Veteran Settlement during the Principate, hg. M.M. Roxan, London 1983
Mommsen, Th.: Die Conscriptionsordnung der römischen Kaiserzeit, in: Ges. Schriften VI, Berlin 1910, S. 20-117
Nesselhauf, H.: Umriß einer Geschichte des obergermanischen Heeres, Jb RGZM 7 (1960), S. 151-179
Raaflaub, K.: Die Militärreform des Augustus, in: Saeculum Augustum I (hg. G. Binder), Darmstadt 1987, S. 264-307
Wiegels, R./Woesler, W. (Hg.): Arminius und die Varusschlacht. Geschichte, Mythos, Literatur, Paderborn 1994

*Die Außenpolitik*

Gruen, E. S.: Augustus and the Ideology of War and Peace, in: The Age of Augustus, (hg. R. Winkes), Louvain-la-Neuve 1985, S. 51-72
Stahl, M.: Zwischen Abgrenzung und Integration: Die Verträge der Kaiser Mark Aurel und Commodus mit den Völkern jenseits der Donau, Chiron 19 (1989), S. 289-317
Strobel, K.: Untersuchungen zu den Dakerkriegen Trajans. Studien zur Geschichte des mittleren und unteren Donauraums in der Hohen Kaiserzeit, Bonn 1984 (Antiquitas 33)

Timpe, D.: Arminius-Studien, Heidelberg 1970
Wells, C. M.: The German Policy of Augustus. An Examination of the Archaeological Evidence, Oxford 1972

*Die Ordnung des Reiches*

Brunt, P. A.: The Romanization of the Local Ruling Classes in the Roman Empire, in: Assimilation et résistance à la culture gréco-romaine dans le monde ancien (hg. D. M. Pippidi), Paris 1976, S. 161-173
Brunt, P.A.: Roman Imperial Themes, Oxford 1990
*(Aufsätze des Autors zum Thema)*
Deininger, J.: Die Provinziallandtage der römischen Kaiserzeit von Augustus bis zum Ende des dritten Jahrhunderts n. Chr., München 1965
Eck, W.: Die staatliche Organisation Italiens in der hohen Kaiserzeit, München 1979
Galsterer, H.: Untersuchungen zum römischen Städtewesen auf der iberischen Halbinsel, Berlin 1971 (Madrider Forschungen 8)
Nörr, D.: Imperium und Polis in der hohen Prinzipatszeit, 2. Aufl. München 1969 (Münchner Beiträge z. Papyrusforsch. u. antik. Rechtsgesch. 50)
Saller, R. P.: Personal Patronage under the Early Empire, Cambridge 1982
Simshäuser, W.: Untersuchungen zur Entstehung der Provinzialverfassung Italiens, in: ANRW II, 13, Berlin 1980, S. 401-452
Stahl, M.: Imperiale Herrschaft und provinziale Stadt. Strukturprobleme der römischen Reichsorganisation im 1.-3.Jh. der Kaiserzeit, Göttingen 1978
Stevenson, G. H.: Roman Provincial Administration till the Age of the Antonines, 2. Aufl. Oxford 1949
Thomasson, Bengt E.: Legatus. Beiträge zur römischen Verwaltungsgeschichte, Stockholm 1991
Timpe, D.: Die politische Wirklichkeit und ihre Folgen, in: Latein und Europa (hg. K. Büchner), Stuttgart 1978, S. 47-83
Vittinghoff, F. (Hg.): Stadt und Herrschaft. Römische Kaiserzeit und Hohes Mittelalter, HZ Beiheft 7, München 1982: W. Dahlheim, Die Funktion der Stadt im römischen Herrschaftsverband, S. 13-74; H. Galsterer, Stadt und Territorium, S. 75-106; F. Vittinghoff, Zur Entwicklung der städtischen Selbstverwaltung, S. 107-146
Vittinghoff, F.: „Stadt" und Urbanisierung in der griechisch-römischen Antike, HZ 226 (1978), S. 547-563
Vittinghoff, F.: Die politische Organisation der römischen Rheingebiete in der Kaiserzeit, in: Convegno internaz. Renania Romana (Atti dei convegni Lincei 23), Rom 1976, S. 73-94
Vittinghoff, F.: Römische Kolonisation und Bürgerrechtspolitik unter Caesar und Augustus, Abh. Ak. Wiss. Mainz, geistes- u. sozialwiss. Kl., Mainz 1951, Nr. 14
Wolff, H.: Kriterien für latinische und römische Städte in Gallien und Germanien und die „Verfassung" der gallischen Stammesgemeinden, BJbb 176 (1976), S. 45-121

*Legitimationsformeln*

Bowersock, G. W.: Augustus and the Greek World, Oxford 1965
Fuchs, H.: Augustin und der antike Friedensgedanke, Berlin 1926

Kienast, D.: Corpus Imperii. Überlegungen zum Reichsgedanken der Römer, in: Romanitas – Christianitas (Festschrift J. Straub), hg. G. Wirth, Berlin 1982, S. 1-17

*Der Widerstand*

Dyson, St. L.: Native Revolt Patterns in the Roman Empire, in: ANRW II, 3, Berlin 1975, S. 138-175
Fuchs, H.: Der geistige Widerstand gegen Rom in der antiken Welt, Berlin 1938
McMullen, R.: Enemies of the Roman Order. Treason, Unrest and Alienation in the Empire, Cambridge (Mass.) 1966

## XXIV. Die Krise des Reiches im 3. Jahrhundert

Dietz, K.: Senatus contra principem. Untersuchungen zur senatorischen Opposition gegen Kaiser Maximinus Thrax, München 1980
Gibbon, E.: History of the Decline and Fall of the Roman Empire, 6 Bde., London 1776-1788
Hartmann, F.: Herrscherwechsel und Reichskrise. Untersuchungen zu den Ursachen und Konsequenzen der Herrscherwechsel im Imperium Romanum (3. Jahrhundert nach Christus), Frankfurt/M. 1982
Herrmann, P.: Hilferufe aus römischen Provinzen. Ein Aspekt der Krise des römischen Reiches im 3. Jahrhundert n. Chr., Hamburg 1990
Kolb, F.: Diocletian und die Erste Tetrarchie. Improvisation oder Experiment in der Organisation monarchischer Herrschaft?, Berlin 1987
Kolb, F.: Wirtschaftliche und soziale Konflikte im Römischen Reich des 3. Jhdts. n. Chr., in: Bonner Festgabe Johannes Straub, Bonn 1977, S. 277-295
Loriot, X.: Les premières années de la grande crise du IIIe siècle, in: ANRW II, 2, Berlin 1975, S. 657-787
Seeck, O.: Geschichte des Untergangs der antiken Welt I, 4. Aufl. Stuttgart 1921

## XXV. Die Christen

*Der Glaube*

Bauer, W.: Rechtgläubigkeit und Ketzerei im ältesten Christentum, 2. Aufl. Tübingen 1964
Berger, K.: Historische Psychologie des Neuen Testaments, Stuttgart 1991
  *(Betonung des andersartigen Erfahrungshorizonts, in dem die Christen ihren Glauben aufnahmen)*
Grillmeier, A.: Christ in Christian Tradition, 2. Aufl. Oxford 1975
  *(S. 122-154: das vulgär-christliche Bild von Jesus und seiner Gottessohnschaft)*
Harnack, A. von: Lehrbuch der Dogmengeschichte, 3 Bde., 4. Aufl. Tübingen 1909 (ND 1990)
  *(Entwicklungsgeschichte des christlichen Dogmas, das nach H. nicht bereits mit dem Evangelium vorhanden war. Vielmehr wurde die Botschaft Christi erst nach und nach in eine Lehre verwandelt, die den Bedürfnissen der sich entwickelnden Organisation der Kirche entsprach. Kernthese von der Hellenisierung der christli-*

*chen Botschaft, die „das Werk des griechischen Geistes auf dem Boden des Evangeliums" [S. 20] war, da die Heilsbotschaft von Anfang an mit dem geistigen Instrumentarium der Griechen gedeutet wurde)*
Kelly, J.N.D.: Altchristliche Glaubensbekenntnisse. Geschichte und Theologie, Göttingen 1972

*Die jüdische Umwelt*

Hoffmann, Ch.: Juden und Judentum im Werk deutscher Althistoriker des 19. und 20. Jahrhunderts, Leiden 1988
Price, J.J.: Jerusalem under Siege. The Collaps of the Jewish State, 66-70 C.E., Leiden 1992
Schäfer, P.: Geschichte der Juden in der Antike. Die Juden Palästinas von Alexander dem Großen bis zur arabischen Eroberung, Stuttgart 1983
Segal, Alan F.: Rebecca's Children. Judaism and Christianity in the Roman World, Cambridge 1986
*(Kernthese: Das Christentum und das heutige Judentum sind gleichzeitig, zwischen 200 v. und 200 n. Chr. entstanden, sie sind Zwillingsreligionen. Grund der Entstehung: Die Herausforderung durch die römische Weltreichsbildung, die dem griechischen Osten und Palästina eine neue Bestimmung ihrer Existenz abverlangte. Jesus wird als Führer einer apokalyptischen Bewegung innerhalb des Judentums gedeutet)*
Smallwood, E.M.: The Jews under Roman Rule from Pompey to Diocletian. A Study in Political Relations, 2. Aufl. Leiden 1981

*Der Staat gegen die Christen*

Aland, K.: Das Verhältnis von Kirche und Staat in der Frühzeit, in: ANRW II, 23,1, Berlin 1979, S. 60-246
Bringmann, K.: Christentum und römischer Staat im ersten und zweiten Jahrhundert n. Chr., GWU 29 (1978), S. 1-19
Keresztes, P.: The Imperial Roman Government and the Christian Church, in: ANRW II, 23, 1, Berlin 1979, S. 247-315; 375-386
Klein, R. (Hg.): Das frühe Christentum im römischen Staat, WdF 267, Darmstadt 1971
*(Aufsatzsammlung)*
Molthagen, J.: Der römische Staat und die Christen im zweiten und dritten Jahrhundert, 2. Aufl. Göttingen 1975
Molthagen, J.: Die ersten Konflikte der Christen in der griechisch-römischen Welt, Historia 40 (1991), S. 42-76
Mommsen, Th.: Der Religionsfrevel nach römischem Recht, in: Ges. Schriften III, Berlin 1907, S. 389-422
Stade, K.: Der Politiker Diokletian und die letzte große Christenverfolgung, Diss. Frankfurt 1927
Vittinghoff, F.: „Christianus sum". Das „Verbrechen" von Außenseitern der Römischen Gesellschaft, Historia 33 (1984), S. 331-357
Wlosok, A.: Rom und die Christen. Zur Auseinandersetzung zwischen Christentum und römischem Staat, Stuttgart 1970

*Die Gesellschaft und die Christen*

Andresen, C.: Logos und Nomos. Die Polemik des Kelsos wider das Christentum, Berlin 1955

Brown, P.: Die Keuschheit der Engel. Sexuelle Entsagung, Askese und Körperlichkeit am Anfang des Christentums, München 1991

Eck, W.: Christen im höheren Reichsdienst im zweiten und dritten Jahrhundert?, Chiron 9 (1979), S. 449-464

Frohnes, H./Knorr, U.W. (Hg.): Kirchengeschichte als Missionsgeschichte, Bd. 1: Die alte Kirche, München 1974

Harnack, A. von: Die Mission und Ausbreitung des Christentums in den ersten drei Jahrhunderten, 4. Aufl. Leipzig 1924
*(Grundlegende und alle Erscheinungsformen berücksichtigende Vorstellung der Ausbreitung des Christentums bis Konstantin)*

Martin, J./Quint, B. (Hg.): Christentum und antike Gesellschaft, Darmstadt 1990
*(Aufsatzsammlung)*

Nestle, W.: Die Haupteinwände des antiken Denkens gegen das Christentum, Archiv für Religionswissenschaft 37 (1941/42), S. 51-100

Schäfke, W.: Frühchristlicher Widerstand, in: ANRW II, 23, 1, Berlin 1979, S. 460-723

*Der Staat und das Bündnis mit den Christen*

Cancik, H.: Christus Imperator, in: Der Name Gottes (hg. H. von Stietencron), Düsseldorf 1975, S. 112-130

Frank, K.S.: Römertum und Christentum, in: Latein und Europa (hg. K. Büchner), Stuttgart 1978, S. 100-124

MacMullen, R.: Christianizing the Roman Empire (A.D. 100-400), New Haven 1984

Kötting, B.: Religionsfreiheit und Toleranz im Altertum, in: Rheinisch-Westfälische Ak. Wiss., Vorträge G 223, Opladen 1977, S. 15-46

# XXVI. Konstantin und der Sieg des Christentums

*Die urkundliche Überlieferung (vgl. auch I: Die Quellen)*

Alföldi, Maria R.: Die constantinische Goldprägung, Mainz 1963
*(Einordnung der Goldprägung in die Geschichte der kaiserlichen Münzprägung. Wandlungen des Kaiserbildes seit 326/27 als „der entscheidende Schritt zur byzantinischen Auffassung über die kaiserliche Macht aus Gottes Gnaden")*

Dörries, H.: Das Selbstzeugnis Kaiser Konstantins, Göttingen 1954
*(Zusammenstellung der Briefe, Erlasse, Gesetze, Inschriften und Religionsedikte)*

Galletier, E. (Hg.): Panégyriques latins II, Paris 1952
*(Die panegyrischen Reden für und auf Konstantin)*

Keil, V.: Quellensammlung zur Religionspolitik Konstantins des Großen, Darmstadt 1989

L'Orange, H.P.: Der spätantike Bildschmuck des Konstantinsbogens. Studien zur spätantiken Kunstgeschichte 10, Berlin 1939
*(Der Sieger über Maxentius als Schützling und Abbild des Sol invictus)*
Opitz, H.G.: Urkunden zur Geschichte des arianischen Streits, Athanasius, Werke III/1, Berlin 1934
Voelkl, L.: Die Kirchenstiftungen des Kaisers Konstantin im Lichte des römischen Sakralrechts, Köln 1964
*(Vergleich der Angaben des Liber Pontificalis, des Papstbuches aus dem 6. Jhdt., über die Kirchenbauten Konstantins in Italien mit den Vorschriften für den römischen Tempelbau)*

*Biographien*

Barnes, T.D.: Constantine and Eusebius, Cambridge 1981
*(Gestützt auf Eusebios wird "den Rationalisten des 19. Jahrhunderts" Konstantin als Kind eines tief religiösen Zeitalters vorgestellt, dessen Hinwendung zum christlichen Glauben ernst genommen werden müsse)*
Burckhardt, J.: Die Zeit Constantins des Großen, Basel 1853; 2. Aufl. 1880 (ND München 1982; Nachwort von K. Christ)
*(These von dem machtversessenen und "ganz wesentlich unreligiösen" Kaiser, dem sein Biograph keine Sympathien entgegenbringen kann: "Wenden wir uns ab von dem Egoisten im Purpurgewand, der alles, was er tut und geschehen läßt, auf die Erhöhung seiner eigenen Macht bezieht und berechnet")*
Vogt, J.: Constantin der Große und sein Jahrhundert, München 1949; 2. Aufl. 1960

*Die Religionspolitik*

Bleicken, J.: Constantin der Große und die Christen. Überlegungen zur konstantinischen Wende, München 1992 (HZ: Beiheft 15)
*(Einordnung der konstantinischen Christenpolitik in den allgemeinen politischen Rahmen: Ausgangspunkt jeder Erklärung müssen die Provinzen des Ostens sein, in denen die Christen politisch relevant waren. Zum Machtfaktor wurden sie erst im Spannungsfeld der rivalisierenden Kaiser. Das Schildzeichen, das Konstantin vor der Schlacht an der Milvischen Brücke anbringen ließ, wurde erst später zu einem Christogramm umgedeutet)*
Ehrhardt, A.: Constantin der Große. Religionspolitik und Gesetzgebung, ZSavStift. R.A. 72 (1955), S. 127-190
*(Herkunft, Form und christlicher Einfluß auf die Gesetzgebung)*
Kraft, H. (Hg.): Konstantin der Große, WdF 171, Darmstadt 1974
*(Aufsatzsammlung; darunter: H. Grégoire, Die "Bekehrung" Konstantins des Großen)*
Nesselhauf, H.: Das Toleranzedikt des Licinius, Historisches Jahrbuch 74 (1955), S. 44-61
Stockmeier, P.: Die sogenannte Konstantinische Wende im Licht antiker Religiosität, Historisches Jahrbuch 95 (1975), S. 1-17

## XXVII. Staat und Kirche im 4. und 5. Jahrhundert

*Der Streit um den rechten Glauben*

Andresen, C.: Die Kirchen der alten Christenheit, Stuttgart 1971
  (Die Religionen der Menschheit Bd. 29,1/2)
  *(Geschichte des Christentums bis 800 n. Chr. unter der Leitidee, die typischen Merkmale der frühkatholischen, reichskatholischen, römisch-katholischen und byzantinisch-orthodoxen Kirche vergleichend darzustellen)*
Barker, D. (Hg.): Schism, Heresy and Religious Protest, Cambridge 1972 (Studies in Church History 9)
  *(Sammelband zu allen wesentlichen religiösen Bewegungen)*
Frend, W.H.C.: The Donatist Church, Oxford 1952
  *(Einbeziehung des Widerstandes der einheimischen Landbevölkerung gegen die romanisierten Städte in den Glaubensstreit)*
Leisegang, H.: Die Gnosis, 5. Aufl. Stuttgart 1985
Peterson, E.: Der Monotheismus als politisches Problem, in: Theologische Traktate, München 1951, S. 45-147
Ruhbach, G. (Hg.): Die Kirche angesichts der konstantinischen Wende, WdF 306, Darmstadt 1976
  *(Aufsatzsammlung)*

*Orient und Okzident*

Beck, H.-G.: Das Byzantinische Jahrtausend, München 1978
Gottlieb, G.: Ost und West in der christlichen Kirche des 4. und 5. Jahrhunderts, München 1978
Lippold, A.: Theodosius der Große und seine Zeit, München 1980
Pabst, A.: Divisio Regni. Der Zerfall des Imperium Romanum in der Sicht der Zeitgenossen, Bonn 1986
Schneemelcher, W.: Kirche und Staat im 4. Jahrhundert, 1970
Schreiner, P.: Byzanz (Oldenbourg Grundriß der Geschichte Bd. 22), München 1986
  *(Chronologische und systematische Darstellung der byzantinischen Geschichte; Vorstellung der Grundprobleme und Tendenzen der Forschung; gegliedertes Literaturverzeichnis)*

## XXVIII. Der Untergang des Imperiums und die islamischen Eroberungskriege

*Rom und Konstantinopel im Zeitalter der Völkerwanderung*

Brown, P.: Die letzten Heiden. Eine kleine Geschichte der Spätantike, Berlin 1986 (engl. 1978)
  *(Essays zu Grundproblemen der spätantiken Zivilisation)*
Demandt, A.: Die Spätantike. Römische Geschichte von Diocletian bis Justinian. 284-565 n. Chr., München 1989 (HdAW III 6)
  *(Umfassende Darstellung im Handbuch der Altertumswissenschaften mit genauer Vorstellung der Quellen und der Literatur)*

Gizewski, Chr.: Zur Normativität und Struktur der Verfassungsverhältnisse in der späteren römischen Kaiserzeit, München 1988
*(Studien zum spätantiken Verfassungsdenken, zum politischen Patrimonialismus und zur kaiserlichen Herrschaftsgewalt, deren Bewährung während des Nika-Aufstandes 532 vorgestellt wird.; der Aufstand selbst wird als Fallstudie für eine Verlaufstypologie politischer Gewaltaktionen in der Spätantike genutzt)*
Hübinger, P.E.: Zur Frage der Periodengrenze zwischen Altertum und Mittelalter, WdF 51, Darmstadt 1969
*(Aufsatzsammlung)*
Jones, A.H.M.: The Later Roman Empire 284-602. A Social, Economic and Administrative Survey, 3 Bde., Oxford 1964
*(Chronologisch aufgebautes, grundlegendes Werk, in dem eingehend die Quellen vorgestellt und diskutiert werden; thematischer Schwerpunkt: Wirtschaft, Gesellschaft und Verwaltung).*
Maier, F.G.: Die Verwandlung der Mittelmeerwelt, Frankfurt a.M. 1968 (Fischer Weltgeschichte Bd. 9)
*(Die Einheit eines mittelmeerischen Geschichtsprozesses betonende grundlegende Gesamtdarstellung vom 3. bis zum 8. Jhdt.)*
Martin, J.: Spätantike und Völkerwanderung (Oldenbourg Grundriß der Geschichte Bd. 4), München 1987
*(Chronologische und systematische Darstellung der Spätantike bis Justinian; Vorstellung der Grundprobleme und Tendenzen der Forschung; gegliedertes Literaturverzeichnis)*
Pitz, E.: Europäisches Städtewesen und Bürgertum. Von der Spätantike bis zum hohen Mittelalter, Darmstadt 1991
*(Die Entwicklung des europäischen Städtewesens von der Spätantike bis in die sächsisch-salische Kaiserzeit. Im Zentrum des Buches, das in der Nachfolge Max Webers den Vergleich zur methodischen Grundprämisse erhebt, steht der Aufstieg eines Bürgertums seit dem 11. Jhdt., das sich persönliche Freiheit und Teilnahme an der zunächst nur vom Stadtadel getragenen Selbstverwaltung der Städte erkämpfte)*
Schulz, R.: Die Entwicklung des römischen Völkerrechts im 4. und 5. Jahrhundert n. Chr., Wiesbaden 1993
Wolfram, H.: Die Goten. Von den Anfängen bis zur Mitte des sechsten Jahrhunderts, 3. Aufl. München 1990

*Die arabische Expansion*

Claude, C.: Der Islam I, Frankfurt 1968 (Fischer Weltgeschichte Bd. 14)
*(Umfassende Darstellung der politischen, wirtschaftlichen und kulturellen Bedeutung des arabisch-islamischen Weltreiches bis ins 13. Jhdt.)*
Enzyklopädie des Islam. Geographisches, ethnographisches und biographisches Wörterbuch der muhammedanischen Völker, Bd. 1-4 und Ergänzungsband, Leiden und Leipzig 1913-1934
Hourani, A.: Die Geschichte der arabischen Völker, Frankfurt a.M. 1992 (engl.: 1991)
*(Breit angelegte Geschichte der arabischen Völker. Die ersten Kapitel führen von den Taten Muhammads bis zu dem Zerfall der großen Dynastien zugunsten lokaler Fürsten und dem Einbruch der Mongolen und der Eroberung Vorder-*

*asiens durch die Osmanen. Beschreibung der geistigen Entwicklungen: Sprache, Theologie, Philosophie, Literatur, Architektur)*
Lewis, B.: Der Islam von den Anfängen bis zur Eroberung von Konstantinopel, 2 Bde., Zürich 1981 (Die Bibliothek des Morgenlandes)
*(Quellensammlung)*
The Encyclopaedia of Islam. New Edition, seit 1960
Wellhausen, J.: Das Arabische Reich und sein Sturz, Göttingen 1902 (ND Berlin 1960)
*(Grundlegende Geschichte der inneren Konflikte im islamischen Reich bis zum Untergang der Umajjaden)*

## XXIX. Die Rückkehr der Alten

*Die gesamte Antike*

Bolgar, R.R. (Hg.): Classical Influences on Western Thought A.D. 1650-1870, Cambridge 1978
Garin, E.: Die Kultur der Renaissance, in: Propyläen-Weltgeschichte VI, Berlin 1964, S. 431-534 (als tb 1976)
Kristeller, P.O.: Humanismus und Renaissance I-II, München 1974-76
*(Aufsätze des Autors zum Thema; Schwerpunkt: Die Quellen)*
Meuthen, E.: Das 15. Jahrhundert (Oldenbourg Grundriß der Geschichte Bd. 9), 2. Aufl. 1984
*(S. 160-174: Forschungsüberblick zur Renaissance-Thematik)*
Seznec, J.: Das Fortleben der antiken Götter. Die mythologische Tradition im Humanismus und in der Kunst der Renaissance, München 1990
Vidal-Naquet, P.: La Démocratie grecque vue d'ailleurs. Essais d'historiographie ancienne et moderne, Paris 1990
*(Aufsatzsammlung zum Thema; besonders hervorzuheben ist Kapitel VIII: La place de la Grèce dans l'imaginaire des hommes de la Révolution)*
Weiss, R.: The Renaissance Discovery of Classical Antiquity, Oxford 1969, S. 132 ff.
*(Zur Wiederentdeckung der Griechen in der Renaissance)*

*Die Griechen*

Rawson, E.: The Spartan Tradition in European Thought, Oxford 1966; 2. Aufl. 1992
Sühnel, R.: Homer und die englische Humanität, Tübingen 1958
*(Grundlegend zur Homer-Rezeption in England bis ins 20. Jhdt.; Schwerpunkt: Chapmans und Popes Übersetzungen)*

*Die Römer: Politik, Literatur und Kunst*

Albrecht, M. von: Rom: Spiegel Europas. Texte und Themen, Heidelberg 1988
Burckhardt, J.: Weltgeschichtliche Betrachtungen, 1905, Kap. V
Demandt, A.: Der Fall Roms. Die Auflösung des römischen Reiches im Urteil der Nachwelt, München 1984
*(Vorstellung aller Hypothesen über die Gründe des Unterganges des Imperium Romanum)*

Gregorovius, F.: Geschichte der Stadt Rom im Mittelalter, 1859-1872 (verschiedene Nachdrucke)
Kugler, H.: Die Vorstellung der Stadt in der Literatur des deutschen Mittelalters, München 1986
Pitz, E.: Der Untergang des Mittelalters. Die Erfassung der geschichtlichen Grundlagen Europas in der politisch-historischen Literatur des 16. bis 18. Jahrhunderts, Berlin 1987
Schramm, P.E.: Kaiser, Rom und Renovatio. Studien zur Geschichte des römischen Erneuerungsgedankens vom Ende des karolingischen Reiches bis zum Investiturstreit, 2 Bde., Leipzig 1929 (ND Bd. 1, Darmstadt, 4. Aufl. 1984)

*Die Antike in der Amerikanischen und der Französischen Revolution*

Bouineau, J.: Les toges du pouvoir (1789-1799) ou la révolution du droit antique, Toulouse 1986
Breil, W.: Republik ohne Demagogie. Ein Vergleich der soziopolitischen Anschauungen von Polybios, Cicero und Alexander Hamilton, Bochum 1983
Meyer, R.: Classica Americana. The Greek and Roman Heritage in the United States, Detroit 1984
Mossé, C.: L'Antiquité dans la Révolution française, Paris 1989
Parker, H.T.: The Cult of Antiquity and the French Revolutionaries, Chicago 1937
*(Die grundlegende Behandlung des Themas schließt das 18. Jhdt. als Vorgeschichte mit ein)*
Rahe, P.: Republics Ancient and Modern. Classical Republicanism and the American Revolution, Chapel Hill 1992
Rosenblum, R.: Transformations in Late Eighteenth Century Art, 3. Aufl. Princeton 1974
Vance, W.L.: America's Rome I: Classical Rome, Yale 1989


*Das römische Recht*

Koschaker, P.: Europa und das römische Recht, 1947, 4. Aufl. München 1966
*(Definition des Begriffes „Juristenrecht" als ein Recht, dessen Fortbildung „in den Besitz einer Gruppe von Personen gelangt, die sich berufsmäßig mit dem Recht beschäftigen" [S. 165]. Die Vorzüge und Nachteile dieses Rechts werden rechtsvergleichend herausgearbeitet)*
Peter, H.: Römisches Recht und Englisches Recht, SB Wiss. Ges. Univ. Frankfurt a.M. VII,3, Wiesbaden 1969
*(Kurzgefaßter Vergleich von Struktur und Entwicklung beider Rechte. Sie stimmen in drei Punkten überein: Das Recht ist hier wie dort „Juristenrecht", die Rechtsordnung ist gespalten in eine ältere, strengere und „eine jüngere, nach Billigkeit strebende", und im Mittelpunkt der juristischen Tätigkeit stehen Klagen und Klageformeln, also „die Mittel der prozessualen Verwirklichung des Rechts.")*
Wieacker, F.: Fortwirkungen der antiken Rechtskulturen in der modernen Welt, in: Storia del diritto nel quadro delle scienze storiche, Firenze 1967, S. 371 ff.
Wieacker, F.: Privatrechtsgeschichte der Neuzeit, 2. Aufl. Göttingen 1967

*Die Verwissenschaftlichung des Rückblicks in die Antike*

Christ, K.: Römische Geschichte und deutsche Geschichtswissenschaft, München 1982

Heuß, A.: Theodor Mommsen und das 19. Jahrhundert, Kiel 1956
*(Die wissenschaftliche Aufbereitung der römischen Geschichte durch Mommsen wird in die Geschichte des 19. Jahrhunderts eingeordnet; grundlegende Behandlung des „Staatsrechts")*

Heuß, A.: Barthold Georg Niebuhrs wissenschaftliche Anfänge, Göttingen 1981

Momigliano, A.: Wege in die Alte Welt, Berlin 1991

Schnabel, F.: Deutsche Geschichte im neunzehnten Jahrhundert, 4. Aufl. 1948, Bd. 1 und Bd. 3, S. 36-162

Schulin, E.: Zeitgeschichtsschreibung im 19. Jahrhundert, in: Festschrift H. Heimpel, Göttingen 1971, S. 102-139

# Glossar

*ager publicus:* Im Krieg erworbenes Land, das formal römisches Staatseigentum blieb, aber der privaten Nutzung überlassen war (gegen Steuern). Die unbeschränkte Inbesitznahme dieses Landes durch die Adligen führte zu den folgenreichen Ackergesetzen am Ende des 2. Jh. v. Chr.

*Akropolis:* Hochgelegenes, durch Ummauerung geschütztes Zentrum einer griechischen Polis, das als Herrschaftssitz, Tempelbezirk, Zufluchtsort und Festung genutzt werden konnte. Nach der Konsolidierung der Städte herrschte meist eine Funktion vor: in Athen die des Tempelbezirkes, in Korinth die der Festung, im hellenistischen Pergamon die der Residenz.

*amicitia:* „Freundschaft", in Rom ein Begriff sowohl des innen- wie außenpolitischen Bereiches. Einmal war die „amicitia" die Grundlage einer politischen Karriere und bezeichnet gute Beziehungen zu einflußreichen Personen. Zum anderen war „amicitia" ein völkerrechtlicher Terminus, der ein weitgefaßtes, juristisch nicht exakt definiertes Freundschaftsverhältnis Roms mit anderen Staaten oder Völkern beschreibt.

*Apella:* Versammlung der Bürger in Sparta. Nach der Großen Rhetra (s.u.) standen der königlichen Gewalt der Vorsitz und das Initiativrecht zu. Als Ergebnis der inneren Konflikte des 6. Jahrhunderts verdrängte das Ephorat (s.u.) die Könige aus der Leitungsfunktion. Unter den fünf Ephoren wird die Apella zum Zentrum staatlicher Entscheidungen in Sparta.

*appellatio:* Das Ersuchen eines Bürgers an einen Beamten, gegen die Amtshandlung eines Magistrats zu intercedieren. Im Strafverfahren der Kaiserzeit die Anfechtung eines bereits ergangenen Urteils; in diesem Fall wurde der Prozeß in der nächsten Instanz neu geführt.

*Archon, Archonten:* Bezeichnung für die höchsten Staatsbeamten in Athen. Den neun jährlich durch die Volksversammlung gewählten Archonten oblag bis zum Beginn des 5. Jahrhunderts die Leitung der Staatsgeschäfte, die Kriegführung, die Aufsicht über das Sakralwesen und die Rechtsprechung. Sie setzten sich zusammen aus dem leitenden Archon, der dem Jahr auch den Namen gab (*árchon epónymos*), dem obersten Feldherrn (*polémarchos*), dem Verwalter der wichtigsten religiösen Angelegenheiten (*basileús*) und sechs Richtern (*thesmothétai*). In der Demokratie blieben den Archonten nur Zuständigkeiten meist repräsentativer Natur: ihre einst umfassenden Kompetenzen wurden auf zahlreiche Beamte verteilt.

*Areopag:* Der alte Adelsrat Athens, genannt nach seinem Tagungsort auf dem Ares-Hügel (*Areios págos*). Seit Solon die Versammlung der ehemaligen Archonten, die die Regierung der Stadt kontrollierte. 462/1 wurde ihr die Kontrolle der Exekutive entzogen, die künftig vor allem von den Geschworenengerichten (siehe *Heliáia*) wahrgenommen wurde. Der Areopag behielt die Blutgerichtsbarkeit und einige andere wichtige Kompetenzen.

*auspicium:* Unter der Aufsicht der Priesterschaft der Auguren durchgeführte Beobachtung des Vogelfluges, um den Willen der Götter zu erfahren.

*Autarkie* (gr.: *autárkeia:* „Selbstgenügsamkeit"): Wirtschaftliche und politische Unabhängigkeit.

*Autonomie (autonomía):* Das Recht eines Staatswesens, seine inneren Angelegenheiten selbst zu bestimmen.

*Boulé (Ratsversammlung):* In Athen soll Solon einen Rat von 400 Personen (je 100 aus den alten vier Geschlechterphylen) geschaffen haben, dessen Aufgaben unklar bleiben. Kleisthenes richtete den Rat der 500 ein, der jährlich neu bestellt wurde und sich aus je 50 Vertretern der 10 Phylen zusammensetzte. Dieser Rat bereitete die Beschlüsse der Volksversammlung vor (siehe *Probouleuma*) und führte sie zusammen mit den Behörden aus; eigene Entscheidungskompetenzen besaß er nicht.

*Choregie:* Ausstattung und Unterhaltssicherung des Chors bei einer Theateraufführung durch einen wohlhabenden Bürger, den sog. Choreten, als Form der Leiturgie (s.u.).
*comitia:* Auf Initiative des Magistrats einberufene Versammlung der römischen Bürger, um Wahlen durchzuführen, über Gesetzesanträge zu entscheiden oder über Krieg und Frieden zu beschließen.
*contio:* Von einem Magistrat einberufene Volksversammlung, die keine Beschlüsse fassen, aber über zu erwartende Entscheidungen diskutieren konnte.
*cursus honorum:* Die gesetzlich geregelte Reihenfolge, in der ein römischer Bürger die öffentlichen Ämter bekleiden durfte.

*Demagoge (demagogós):* Politiker in Athen, der die politische Initiative übernahm, für die in modernen Demokratien vornehmlich die Regierung und die Parteien zuständig sind. Die Demagogen stellen Anträge in der Volksversammlung und reden dort. Sie stammen aus dem Adel oder aufsteigenden reichen Familien.
*Demen:* Lokale Selbstverwaltungseinheiten, in Athen durch Kleisthenes eingerichtet. Sie verfügten über einen eigenen Vorsteher (*Démarchos*), eine eigene Versammlung der Mitglieder (*Demoten*) und eigene Kulte. Sie führten die Bürgerlisten.
*Demos:* Bezeichnung für das Volk im Sinne einer politischen Einheit (im Gegensatz zu *Ethnos*, das die blutsmäßige und kulturelle Einheit benennt), d. h. die durch die Volksversammlung repräsentierte Bürgerschaft; auch gemeint als Unterabteilung des Staates (Dorfgemeinde, Stadtbezirk), die in Athen durch Kleisthenes Grundlage der Staatsordnung wurde.
*Diadochen:* Die Nachfolger Alexanders des Großen, die an seinen Feldzügen teilgenommen hatten. Die ihnen folgende Generation sind die *epígonoi*, die Epigonen.
*Digesten:* „Geordnete Entscheidungen" (von *digere*, auseinanderlegen, ordnen). Teil des von Iustinian herausgegebenen Corpus Iuris; Gegenstand ist das sog. klassische Juristenrecht, das gesammelt und ausgewählt wurde.
*Dikasterien:* In Athen die einzelnen, nach den Prozeßgegenständen aufgeteilten Geschworenengerichte, an denen insgesamt 6000 Bürger richteten. Die benötigten Geschworenen wurden jährlich aus den Bürgern ausgelost, die älter als 30 Jahre waren und sich freiwillig gemeldet hatten. Sie waren Laien, die per Mehrheitsbeschluß über die vorgetragenen Rechtsfälle urteilten und dabei an den Buchstaben der geltenden Gesetze gebunden waren. Gegen die Urteile der Gerichte gab es keine Berufung.
*Diktatur:* Ausnahmeamt, das in Zeiten staatlicher Not von einem der beiden Konsuln 6 Monate bekleidet werden konnte. Davon zu unterscheiden sind die Diktaturen Sullas und Caesars.

*Edikte:* Bekanntmachungen der Magistrate, die sich auf den Einzelfall bezogen oder Regelungen für die ganze Amtszeit des Magistrats trafen (*edicta perpetua*).

*Ekklesía:* Volksversammlung. Zentrales politisches Organ in den Poleis, das sich aus der Heeresversammlung entwickelt hatte und aus den wehrfähigen, stimmberechtigten und männlichen Bürgern der Polis bestand. Ihre Befugnis bezog sich auf alle Bereiche der Innen- und Außenpolitik, wie Entscheidungen über Krieg und Frieden, Vertragsabschlüsse mit anderen Poleis, Verwendung von Einnahmen, Ostrakismos. Ihren Beschlüssen ging ein Gutachten (*Probouleuma*) des Rates voraus. Als Versammlungsorte dienten die Agora und die Theater in den Städten. In Athen ermöglichten im 4. Jahrhundert Tagegelder jedermann die Teilnahme an den Versammlungen. (s. auch: *Apella*)

*Ephorat, Ephoren („Aufseher"):* Magistrate der spartanischen Bürgergemeinde, die das Volk für ein Jahr wählte und die rechenschaftspflichtig waren. Ihre Kompetenzen, die sie seit dem 6. Jahrhundert besaßen, bestanden in der Beratung und Kontrolle der Könige, der obersten Gerichtsbarkeit sowie der Leitung von Rat und Volksversammlung; damit war das Ephorat die wichtigste politische Institution Spartas.

*Eschatologie:* Die theologische Lehre von Weltende und Jüngstem Gericht.

*Eunomía („Wohlgesetzlichkeit"):* Die auf der Übereinkunft aller Bürger beruhende gerechte staatliche Ordnung; bei Solon die „feste Gesetzlichkeit" im Gegensatz zur *Dysnomía*, der Gesetzesmißachtung.

*forma:* Amtlich verzeichneter Grundriß über Ackerverteilungen; auch der vorhandene *ager publicus* wurde so festgehalten.

*Génos:* Familien- bzw. Sippenverband, der zugleich eine Kultgemeinschaft war.

*Gerusie („Ältestenrat"):* In Sparta der Rat der Dreißig, der durch den legendären Staatsgründer Lykurg gemäß göttlicher Bestimmung eingerichtet worden sein soll. Er ersetzte einen bereits vorhandenen Adelsrat und bestand aus 28 über sechzig Jahre alten Mitgliedern (*Geronten*) und den beiden Königen; die Bedeutung der spartanischen Gerusie wurde seit dem 6. Jahrhundert durch die Ephoren und die von ihnen geleitete Apella stark eingeschränkt.

*Hegemonie:* Die Vorherrschaft eines Staates, die sowohl vertraglich abgesichert sein als auch auf der bloßen militärisch-strategischen, ökonomischen oder kulturellen Übermacht des Hegemon beruhen konnte.

*Heliáia:* Volksgericht in Athen, untergliedert in mehrere Abteilungen (*Dikasterien*, s. oben), deren Größe sich nach der Bedeutung des anstehenden Rechtsfalles richtete.

*Heloten:* Die Bevölkerung der von Sparta unterworfenen nicht-dorischen Gemeinden, später vor allem die Messenier, die rechtlich an den Grundbesitz eines Spartiaten gebunden waren und als versklavte (helotisierte) Zwangsarbeiter die Felder ihrer Herren bearbeiteten. Die aufgrund ihrer kriegerischen Leistungen freigelassenen Heloten wurden *Neodamódeis* („die dem Damos neu Angeglichenen") genannt.

*homo novus („neuer Mann"):* Bezeichnung für einen Mann, der – wie z. B. Cicero – als erster seines Geschlechts das Konsulat bekleidete.

*Hopliten:* Schwerbewaffnete; mit Harnisch, Beinschienen, Helm, Lanze, Schwert und Rundschild ausgerüstete Fußkämpfer, die seit dem 7. Jahrhundert den Kern des griechischen Heeres bildeten und in geschlossenem Verband (*Phalanx*) kämpften.

*Imperator:* Ehrentitel für einen Feldherrn, der nach siegreicher Schlacht von seinen Soldaten so bezeichnet wurde. Seit Augustus wurde der Titel zum Vornamen der römischen Kaiser (*praenomen imperatoris*).

*imperium:* Die Amtsgewalt der Konsuln, Prätoren und Diktatoren. Sie umfaßte die Befehlsgewalt im Krieg (*imperium militiae*) und die Rechtssprechung in Rom (*imperium domi*). Das *imperium militiae* konnte auch einem Privatmann durch Gesetz übertragen oder einem Amtsträger, der Krieg führte oder eine Provinz verwaltete, über seine Amtszeit hinaus verlängert werden.

*intercessio (intercedere = dazwischentreten):* Die Behinderung der Amtsgewalt eines Magistrats durch den Einspruch eines anderen Beamten. Die Volkstribunen usurpierten dieses Recht während des Ständekampfes und gebrauchten es zunächst für den Schutz eines Plebejers, der von der Amtsgewalt eines Magistrats bedroht wurde.

*Isonomie (gr.: ísos = gleich, némein = verteilen):* Den Reformen des Kleisthenes zugrunde liegendes Prinzip der Gleichheit aller Staatsbürger in der Volksversammlung.

*Isopolitie:* Eine besondere Form von Bürgerrechtsverleihung von Staaten untereinander. Dabei wandte sich die Verleihung des Bürgerrechts nicht nur an Einzelpersonen, sondern auch und vor allem an ganze Bürgergemeinden; die Folge war nicht der Zusammenschluß der Partner zu einem neuen Gemeinwesen (*Synoikismos*); vielmehr kam es allen Beteiligten darauf an, auf diese Weise kriegerische Konflikte auf Dauer zu beenden und neue Freunde zu gewinnen, ohne die eigene Autonomie aufzugeben.

*Katholisch* (von *katholikós = alle betreffend, allgemein*): Seit dem 2. Jahrhundert die Bezeichnung der Christen in ihrer Gesamtheit im Unterschied zu den einzelnen Gemeinden.

*Klaroten:* Hörige auf Kreta, die aus der Zeit der Eroberung der Insel durch dorische Stämme stammten. Sie arbeiteten auf eigenem Grund und Boden, den sie im Familienbetrieb entweder für ihre privaten Herren oder als Staatssklaven (*Mnoiten*) beackerten.

*Kleros („das Los"):* Der Landanteil, den eine Familie oder ein einzelner nach der Eroberung siedlungsfähigen Landes erhalten hatte und der als Privateigentum an die Söhne vererbt wurde.

*Koiné eiréne („gemeinsamer Friede"):* Bezeichnung für die alle Griechen betreffenden Friedensschlüsse im 4. Jahrhundert v. Chr. Sie wurden nicht zwischen zwei Kontrahenten abgeschlossen, sondern umfaßten alle Teilnehmer in gleicher Weise. Als Ziele wurden die Autonomie, die Freiheit aller Vertragsteilnehmer und der Friede für die Zukunft festgelegt.

*Kolonat (von „colonus" = Bebauer):* zunächst ein Pächter fremden Landes. Im Gefolge der Krise des Reiches seit der Mitte des 2. Jh. wurde der Bauer allmählich in eine dauernde Abhängigkeit gedrängt, um ganz den Interessen der Grundherren und des Staates verfügbar zu sein. Schließlich war er an seine Scholle gebunden und konnte sogar verkauft werden.

*Leiturgie (leiturgía):* Die vom Staat geforderten öffentlichen Leistungen wohlhabender Bürger; als reguläre Leiturgie galt z. B. der Einsatz als Chorege, eine außerordentliche Leiturgie bestand etwa in der zwangsweisen Finanzierung von Kriegsschiffen.

*Logos:* Das „Wort Gottes", Christus.

*magister militum (Heermeister):* Von Konstantin geschaffene oberste Militärbehörde. Es gab einen *magister militum* und einen *magister peditum*.

*Magna Graecia („Großgriechenland"):* Bezeichnung für die im Zuge der Kolonisation griechisch besiedelten Gebiete Unteritaliens und Siziliens.

*maiestas* (von *„maius"* = *größer*): „Erhabenheit", ursprünglich in bezug auf eine Gottheit, eine hochgestellte Persönlichkeit, dann auch den Staat und seine Repräsentanten, nämlich das Volk in der Republik und den Kaiser im Prinzipat. Die Folge von *maiestas* war Ungreifbarkeit; dies führte in der Kaiserzeit, als der Prinzeps mit dem Staat identifiziert wurde, zu zahlreichen Maiestätsprozessen gegen angebliche oder tatsächliche Gegner des Kaisers.

*Metoiken („Mitbewohner"):* Die besonders in Handelsstädten dauernd ansässigen Fremden, die als persönlich Freie Rechtsschutz genossen und ihren Geschäften ohne Beschränkungen nachgehen konnten. Sie waren vom Bürgerrecht jedoch ausgeschlossen, hatten eine Kopfsteuer (*Metoikion*) zu entrichten und durften keinen Landbesitz erwerben.

*Metropolis („Mutterstadt"):* Bezeichnung derjenigen griechischen Städte, von denen im Zuge der Kolonisation die Gründung einer oder mehrerer Kolonien ausgegangen war.

*mos maiorum („Sitte der Vorfahren"):* Dieser Begriff wurde als Folge der mit der Herrschaftsausdehnung seit dem 2. Jh. verbundenen Krisenerscheinungen innerhalb der römischen Gesellschaft zum ideologischen Leitmotiv der konservativen Adligen, für die die Sitten der Vorfahren das Repertoire für die Lösung all ihrer Probleme darstellten.

*munera:* Leistungen jedweder Art (z. B. Errichtung von öffentlichen Bauten oder Versorgung der städtischen Bevölkerung), die die politischen Eliten für ihre Gemeinden zunächst freiwillig, seit dem 3. Jahrhundert n. Chr. auch zwangsweise erbrachten.

*Mythos, Mythen:* Erzählungen vom Ursprung der Welt und ihren Einrichtungen und von Göttern, Heroen und Helden. Die Funktion dieser Erzählungen ist vielfältig, und sie sind allein aus ihrer Anwendung in Religion, Philosophie und Politik nicht restlos zu erklären. Den frühen Griechen gliederten die Mythen die Zeit und halfen in Worte zu fassen, was die Welt an Wirklichkeiten bereithielt.

*Nomos:* Die gegebene Lebensordnung, die jedem das Richtige zukommen läßt; wurde diese ursprünglich als göttlich gestiftet angesehen, bezeichnete der Ausdruck später auch das Gesetz als vom Menschen geschaffene Ordnung.

*nobilitas:* Seit der Zulassung der Plebejer zu den höchsten Ämtern die Bezeichnung für die höchste Stufe des Adels, nämlich die Konsuln und ihre männlichen Nachkommen.

*Oikist:* Der adlige Gründer einer Kolonie, der meist aus eigener Initiative, aber mit dem Segen der Mutterstadt das Kolonisationsunternehmen leitete, in der neuen Heimat eine Stadt nach dem heimischen Vorbild gründete und das Land an die

Siedler verteilte. Er wurde nach seinem Tode meist als Heros in der von ihm gegründeten Kolonie verehrt.

*Oikos (Haus, Haushalt, Familie):* Der Begriff umfaßt das Haus, die zu ihm gehörenden Personen einschließlich der Sklaven, den Grundbesitz sowie den Besitz an Vieh, Waffen und aller weiteren beweglichen Habe einer Familie. Der *Oikos* ist für Aristoteles (Politik 1252b12) „die für das tägliche Zusammenleben bestehende natürliche Gemeinschaft" und damit der erste Baustein staatlicher Organisation. Die rechte Führung des Oikos bestand in der Kunst der Ökonomie (*oikonomía*), die seit Aristoteles neben Ethik und Politik den dritten Teil der praktischen Philosophie ausmachte. Die Wirtschaft des Oikos war auf Autarkie ausgerichtet.

*Oligarchie:* Die Herrschaft der Wenigen (*olígoi*) im Gegensatz zur Demokratie, der Herrschaft des Démos. Sie konnte von alteingesessenen Adelsfamilien wie von Emporkömmlingen ausgeübt werden.

*Orthodoxie* (von gr. *orthós* = *richtig, dóxa* = *Glaube, Meinung*): Rechtgläubigkeit.

*Ostrakismos:* Für das Jahr 488/87 erstmals belegtes Scherbengericht, das den Peisistratiden Hipparchos aus Athen verbannte; 417 traf der letzte Ostrakismos den Politiker Hyperbolos. Die Einführung dieser Möglichkeit, die vor der Volksversammlung ausgetragenen Kämpfe der führenden adligen Familien durch die Verbannung der Hauptunruhestifter zu begrenzen, schreiben die antiken Autoren dem Kleisthenes zu.

*Verfahren:* die Volksversammlung stimmte mittels Scherben (*óstraka*) über eine zehnjährige Verbannung von Bürgern ab, die nach Annahme der Mehrheit der Versammlung die politische Ordnung gefährdeten; dabei wurden weder Vermögen noch Ehrenrechte des Verbannten angetastet.

*Panathenäen (Panathénaia):* Das zu Ehren der Stadtgöttin Athene gefeierte Hauptfest in Athen, das mit einer Prozession aller Bürger und Gäste sowie verschiedenen Wettspielen begangen wurde. Der Festakt gipfelte in der Übergabe eines neuen Gewandes, das die Frauen Athens gemeinsam hergestellt hatten, an das Standbild der Athena Polias. Seit etwa 570 wurden alle vier Jahre die „Großen Panathenäen" gefeiert.

*Panhellenismus:* Seit den Perserkriegen aufgekommene gemeingriechische Bewegung, die die politische Einigung aller griechischen Poleis zum Rachefeldzug gegen den Perserkönig, die Befreiung der kleinasiatischen Griechenstädte sowie die Eroberung und Besiedlung dortiger Gebiete anstrebte; mit der Zunahme des persischen Einflusses seit dem Ende des 5. Jahrhunderts suchte Isokrates als berühmtester Wortführer des Panhellenismus erst Athen (mit der Rede Panegyrikos), dann Philipp II. von Makedonien für diesen Plan zu gewinnen.

*Patriarchat:* Kirchlicher Großbezirk, der etwa einer politischen Diözese entsprach. Im 5. Jahrhundert waren Alexandria, Antiocheia, Konstantinopel, Jerusalem und – im östlichen Verständnis – Rom Patriarchate.

*Peltasten:* Die ursprünglich hauptsächlich aus Thrakien stammenden, mit Wurfspieß und leichtem Schild ausgerüsteten Leichtbewaffneten.

*Perioiken („Umwohnende"):* Auf spartanischem Gebiet lebende Dorer und Nichtdorer, denen das Bürgerrecht vorenthalten wurde, die jedoch in ihren Städten weitgehend autonom waren. Sie trieben vorwiegend Handel und Gewerbe und unterstützten Sparta im Krieg durch ihre militärischen Kontingente.

*Periplus ("Umsegelung"):* Ein Begriff für eine Literaturgattung. Die Griechen schrieben auf ihren Küstenschiffahrten die Daten oder Erkundungen der Landschaften, Siedlungen oder Städte aus praktischen Gründen nieder. Dieses Informationsmaterial bildete dann den Grundstock für die Periplus-Literatur, die den Zeitgenossen fremde Länder näherbrachte und damit eine Vorform der Geschichtsschreibung darstellte.

*Phalanx:* Nahkampfformation, die aus einer Schlachtreihe bestand, die in einer Tiefe von acht Mann gestaffelt war und aus Schwerbewaffneten (*Hopliten*) gebildet wurde. Ihre Anfänge reichen bis in das 7. Jahrhundert zurück. Als die Bürger und nicht mehr einzelne Adlige die Masse der Kämpfer stellten, konnten sie – dem Grundgesetz des politischen Lebens in den antiken Städten entsprechend – auch im politischen Leben weitreichende Rechte fordern.

*Phratrie ("Bruderschaft"):* Zwischen Genos und Phyle stehende Gemeinschaft mit sakralen und sozialen Aufgaben unter der Kontrolle eines adligen Geschlechtes. Im Athen des 6. Jahrhunderts kontrollierten sie das Bürgerrecht.

*Phyle:* Die in Griechenland seßhaft werdenden Stämme waren nach Phylen (Stämme) und Phratrien (Bruderschaften) geordnet. Diese waren durch gemeinsame Kulte verbunden und stellten die Aufgebote der Krieger. Sie bildeten die Organisationsform, innerhalb deren sich die Überlegenheit des Adels entfalten konnte. In Athen fand unter Kleisthenes eine grundlegende Reform der Phylenordnung statt: Die Phyle bildete jetzt eine aus jeweils drei Trittyen – davon je eine aus der Stadt, eine der Küstenzone und eine des Inlandes – zusammengesetzte Verwaltungseinheit (insgesamt zehn), deren jede je 50 Vertreter in die Boule entsandte und eine eigene Hopliteneinheit aufstellte.

*Plebiszite:* Die von den *concilia plebis* gefaßten Beschlüsse, die seit der *lex Hortensia* (287 v. Chr.) das Gesamtvolk wie Gesetze banden.

*Plebs:* Im Ständekampf die Bezeichnung für alle Bürger, die keine Patrizier waren. Später die Bezeichnung für alle sozialen Schichten unterhalb des Senatoren- und Ritterstandes.

*Polis:* Ursprünglich die Burg und die dazugehörige Siedlung; dann die Stadt als (meist ummauertes) Siedlungszentrum oder als Gemeinwesen, das aus einem städtischen Zentrum und dem rechtlich dazugehörigen Umland bestand. Nicht das Territorium, sondern die Bürger, die zugleich die Soldaten der Stadt waren, sind das konstitutive Element des Gemeinwesens. Seine Ordnung beruht auf Recht und Gesetz und steht unter dem Schutz der Götter, die von allen Bürgern gemeinsam kultisch verehrt werden wollen. Die äußeren Merkmale der Polis sind ihre Tempel, die Agora, das Prytaneion, wo das Herdfeuer der Stadt gehütet wird, das Bouleuterion und Gymnasien.

*Politeia:* Seit der 2. Hälfte des 5. Jahrhunderts die Bezeichnung für die Bürgerschaft einer Polis und für die staatliche Ordnung im Sinne von Verfassung. Die Entstehung des Begriffes ist die Folge der historischen Entwicklung, die die Polis mit ihrer Bürgerschaft identifizierte, so daß staatliche Ordnung nur unter dem Stichwort von Bürgerschaft und Bürgerrecht diskutiert werden konnte.

*Probouleuma ("Vorbeschluß"):* Bezeichnung für den Beschluß, den die Boule über alle Anträge faßte, die der Volksversammlung anschließend zur Entscheidung vorgelegt werden sollten. Die Volksversammlung konnte ein Probouleuma abändern und dem Rat neue Vorschläge an die Hand geben.

*Prokurator:* Seit Augustus Bezeichnung für einen Beamten, der für die Finanzverwaltung zuständig war oder kleinere kaiserliche Provinzen verwaltete.

*provincia:* Ursprünglich der Geschäftsbereich eines römischen Beamten, dann die

Bezeichnung für unterworfene und unter direkte römische Verwaltung gestellte Gebiete außerhalb Italiens. Als erste römische Provinz wurde Sizilien eingerichtet.

*provocatio ad populum („die Hilfe des Volkes anrufen"):* Die *lex Valeria de provocatione* (300 v. Chr.) räumte jedem Bürger das Recht ein, das Volksgericht anzurufen, wenn er von einem Magistrat mit Leib- oder Lebensstrafe bedroht wurde.

*Prytanie:* In Athen seit Kleisthenes ein aus 50 Mitgliedern bestehender Ausschuß, der die Amtsgeschäfte des insgesamt fünfhundertköpfigen Rates leitete; ihr täglich wechselnder Vorsitzender (*Epistates*) stand auch der Volksversammlung vor, die damit täglich einen anderen Präsidenten erhielt.

*publicani:* Dem Ritterstand angehörende Pächter, die vornehmlich die von den Provinzen zu erbringenden Abgaben (*vectigalia*) vom Staat pachteten.

*quaestiones:* Geschworenengerichtshöfe, die seit der Mitte des 2. Jahrhunderts v. Chr. über Erpressungen urteilten (*de repetundis*). Seit Sulla ständige Gerichtshöfe (*quaestiones perpetuae*), die unter dem Vorsitz eines Prätors nun auch Fälle von Wahlbestechung (*ambitus*), Unterschlagung öffentlicher Gelder (*peculatus*), politischer Gewalt (*vis*), Mord (*inter sicarios*) und Hochverrat (*crimen maiestatis*) verhandelten.

*Reskripte:* Briefliche Entscheidungen des Kaisers, der damit auf Anfragen reagierte. Ihnen kam gesetzesgleiche Geltung zu.

*Rentier:* Eine Person, die ihren Lebensunterhalt aus Einkommen bestreitet, die nicht als Gegenleistung für in derselben Zeit geleistete Arbeit bezogen werden; so lebten die Spartiaten vom Ertrag ihres durch die Heloten bearbeiteten Landes.

*Rhetra, Große Rhetra:* Wahrscheinlich nach vorangegangenen inneren Konflikten im 7. Jahrhundert eingerichtete Verfassung Spartas, die die religiösen, politischen und sozialen Institutionen auf eine neue Grundlage stellte. Die Überlieferung erzählt, das Orakel des delphischen Apoll habe die neue Ordnung dem Gesetzgeber Lykurgos verkündet.

*sacrosanctitas:* Die im Ständekampf geschaffene Unverletzbarkeit des Volkstribunen gegenüber Zugriffen der patrizischen Beamten; erforderlich auf Grund der gegen die offizielle Staatsgewalt gerichteten tribunizischen Aktivitäten, fand sie ihre sakralrechtliche Absicherung in einem heiligen Eid, der jeden Plebejer verpflichtete, eine Verletzung des Volkstribunen zu rächen.

*secessio plebis:* Der Auszug der Plebejer aus der Stadt als Akt des politischen Streiks. Diese Kampfform schloß die Einstellung aller Tätigkeiten, die Verweigerung des Wehrdienstes und nächtliche Zusammenrottungen (*coetus nocturni*) ein.

*Spartiaten:* Vollbürger Spartas, die sich als „Gleiche" (*Hómoioi*) verstanden. Die Versammlung der Spartiaten (*Apella*) entschied über alle wesentlichen Staatsangelegenheiten: Gesetze, Krieg und Frieden, Bündnisse. Sie führten ein asketisches Kriegerdasein und lebten von dem Ertrag, den auf ihrem Grund und Boden die Heloten erwirtschafteten. Bedingung für eine Aufnahme unter die Spartiaten war neben Landbesitz und der spartiatischen Abstammung auch die Teilnahme an der staatlich geregelten Erziehung und den Syssitien.

*Spondai („Trankspende"):* Gewöhnlich ein völkerrechtlicher Vertrag, mit dem schon in der homerischen Zeit die Kriegführenden eine Waffenruhe herstellen konnten. In der klassischen Zeit werden die Spondai darüber hinaus zum wichtigsten Instrument der Konfliktbeilegung. Sie sind daher die am weitesten verbreitete Vertragsform in der griechischen Welt. Der Begriff im engeren Sinne bezeichnet die Zeremonie des Vertragsabschlusses, die den Schutz der Götter erwirken sollte; nur diese konnten als übergeordnete Instanz auf die Einhaltung der eingegangenen Verpflichtungen pochen und Vertragsverletzer strafen.

*Strategen:* Jährlich gewählte (nicht geloste) Beamte, die das militärische Kommando führten und wiedergewählt werden konnten; wie für alle Ämter galt die Rechenschaftspflicht und die Weisungsgebundenheit. Die Bewerbung um das Strategenamt erforderte den Nachweis von Grundbesitz in Attika.

*Symmachie („Kampfgemeinschaft"):* Seit dem 7. Jahrhundert die militärische Bündnisform zwischen den griechischen Staaten. Sie umfaßte zwei Haupttypen: Der ältere Typus war durch das eidliche Versprechen eines Bundesgenossen gekennzeichnet, der dem kriegführenden Partner schwor, „dieselben Freunde und Feinde zu haben". Alle großen Bündnissysteme (Seebund der Athener, Peloponnesischer Bund) gründeten auf dieser Formel. Seit der Mitte des 5. Jahrhunderts wurden Symmachien geschlossen, deren Grundlage eine Schutzklausel für das Territorium des jeweiligen Partners bildete. Dies bedeutete, daß der Bündnisfall erst bei einem Angriff auf das Gebiet eines der beiden Vertragspartner gegeben war.

*Synoikismos („Zusammensiedlung"):* Eine aus politischen oder militärischen Gründen vorgenommene Zusammenfassung mehrerer Siedlungen in räumlichem oder juristischem Sinne, um eine neue Siedlung zu schaffen oder eine schon bestehende zu stärken.

*Syssitien:* Die Speisegemeinschaften, bei denen die Spartiaten in der Fortführung archaischer Sitten als die Gleichen (*Hómoioi*) gemeinsam ihre Mahlzeiten einnahmen.

*Tetrarchie („Viererherrschaft");* von Diokletian eingeführtes neues monarchisches Regierungssystem: zwei Hauptkaiser (*Augusti*), denen zwei Unterkaiser (*Caesares*) zugeordnet sind. Aufstieg der Caesares zu Augusti nach Tod oder Abdankung der amtierenden Hauptkaiser.

*Theorika („Schaugelder"):* Staatliche Zahlungen, die 354 von Eubulos in Athen eingeführt wurden, um auch den Armen den Besuch der großen Theateraufführungen zu ermöglichen.

*Thesmophorien:* Ausschließlich von Frauen begangenes archaisches Fruchtbarkeitsfest zu Ehren Demeters.

*Theten:* Bezeichnung für die seit Solon als unterste Steuerklasse geführten athenischen Bürger ohne Grundbesitz. Infolge der athenischen Seemachtpolitik gewannen sie wegen ihres Einsatzes als Ruderer auf den siegreichen Trieren an Bedeutung und konnten in der Volksversammlung schließlich auch innenpolitisch Einfluß nehmen.

*Timokratie:* Die Abstufung der staatsbürgerlichen Rechte nach dem Vermögen oder Einkommen, wie sie beispielsweise Solon in Athen durch die Einteilung der Bevölkerung in vier Steuerklassen eingeführt hat.

*Triere:* ca. 35 m langes und 4,5 m breites Kampfschiff mit Rammsporn, das durch rd. 170 Ruderer angetrieben wurde. Die Anordnung der drei Ruderdecks ist nicht überliefert; sicherlich waren sie sowohl seitlich als auch in der Höhe gestaffelt (vgl. Rekonstruktionszeichnungen S. 95). Die Triere revolutionierte den Kampf zur See: Bekämpften sich früher Krieger auf Schiffen, so war jetzt das Schiff selbst die Waffe, die das feindliche Schiff rammte oder manövrierunfähig machte.

*Trittyen („Drittel"):* Von Kleisthenes geschaffene, aus den Bürgern mehrerer Demen bestehende Verwaltungseinheiten (insgesamt dreißig), von denen je drei wiederum eine Phyle bildeten.

*Tyrannis:* Die unumschränkte Herrschaft eines Adligen ohne Ermächtigung durch die bestehenden staatlichen Institutionen. Vom Königtum unterschied sich die Tyrannis dadurch, daß ihr eine Legitimation auf der Basis von Tradition, Erbfolge oder göttlichem Willen fehlte.

*Zeugiten:* Bevölkerungsschichten mit mittelgroßem Besitz; politische Rechte bereits seit Solon.

ically 
# Personenregister

Abu Bakr (Kalif) 653
Achill (Held vor Troia) 82 f.; 87; 112; 113; 114-117; 124; 125; 133; 323
– als Vorbild 457
Aemilius Lepidus, M. (cos.78) 416
Aemilius Lepidus, M. (triumvir 43) 407; 409; 433; 469; 472
Aemilius Paullus, L. (cos.168) 373; 698
Aemilius Regillus, L. (pr.190) 382
Aeneas (trojanischer Held) 110; 304
Agamemnon (mythischer König von Mykene) 85; 92; 107; 114; 133; 152; 323
Agathokles (Tyrann in Syrakus) 244
Agesilaos (spartanischer König) 144; 236
Agricola (Iulius A., Statthalter Britanniens) 496; 533
Agrippa (M.Vipsanius) 472; 481
Agrippina (Iulia) 492
Ahuramazda (persischer Reichsgott) 170; 551
Aischylos 61; 123; 124; 176-177; 207; 249; 258
Alarich (König der Westgoten) 594; 648; 649; 669 f.
Albertus Magnus 676
Albinovanus Pedo (Seefahrer) 71
Alexander der Große 123; 238; 275; 277; 279; 287; 289-295
– als Vorbild 279; 294; 299; 368; 419 f.; 427; 430; 436; 457; 459; 465 f.
Alexander der Molosser 325
Ali (Kalif) 645; 654-655
Alkaios (Lyriker) 103
Alkibiades 81; 124; 203; 204; 205; 230; 231; 232; 244
Alkman (Lyriker) 146
Amasis (König von Ägypten) 74
Ambrosius (Bischof von Mailand) 633; 638
Ammianus Marcellinus (Geschichtsschreiber) 620; 629; 632
Amor und Psyche 279, 530 f.
Amphiaraos (Held) 108
Anaxagoras (Philosoph) 249; 254
Anaxilaos (Tyrann in Rhegion) 143
Andriskos 375
Antigone 259 f.
Antiochos III. (seleukidischer König) 365; 368; 371

Antiochos IV. (seleukidischer König) 374
Antoninus Pius (Kaiser) 501; 506 f; 515
Antonius, M. (cos.99) 455
Antonius, M. (triumvir 43-33) 367; 407; 432 f.; 444; 446 f.; 469; 472; 491; 607
Antonius Creticus, M. (pr.74) 455
Aphrodite (Göttin) 60; 131; 132
Apollon (Gott) 131; 132; 140; 245
Archelaos (König von Judäa) 572
Archidamos (spartanischer König) 227; 237
Archilochos (Lyriker) 73 f.; 91; 92; 103
Ariadne (kretische Prinzessin) 106
Ariobarzanes (Fürst der Galater) 459
Ariovist (Fürst der Sueben) 461 f.
Aristagoras (Tyrann von Milet) 170
Aristides (Aelius A., Redner) 507; 548; 643
Aristides (athenischer Politiker) 195; 198
Aristonikos 377; 451
Aristophanes (Komödiendichter) 147; 202; 203; 215; 216; 249; 254; 260-262
Aristoteles
– Philosoph 51; 55; 57; 60; 61; 117; 128; 140; 141; 150; 161-162; 163-164; 191; 192; 194; 200; 203; 214; 238; 249; 265; 289
– Rezeption 661; 667; 676-677
Arius (Theologe) 621; 624-626; 635
Arminius 486
Artemis (Göttin) 135
Asinius Pollio, Cn. (cos.40) 477
Äsop (Fabeldichter) 209
Athanasius (Bischof von Alexandria) 629; 633-634; 636
Athaulf (König der Westgoten) 648; 669 f.
Athena (Göttin) 98; 120; 257
Attalos III. (König von Pergamon) 365; 377
Attila (König der Hunnen) 643
Augustinus 594; 615; 623; 628; 629
Augustus (Imperator Caesar Augustus)/ Octavian 80; 305; 351 f.; 387; 442; 450; 466 469-479; 481-490; 496; 500; 512; 515 f.; 518; 532; 541; 572; 610; 671; 699
– als Triumvir 477; 478
– Nachleben 699
– Vergöttlichung 476; 478
Aurelian (Kaiser) 483; 549; 555; 560
Aurelius Victor (Geschichtsschreiber) 553

Axidares (armenischer König) 506

Babrius (Fabeldichter) 105
Barbarossa (Kaiser Friedrich I.) 671; 673
Belisar 656
Bocchus v. Mauretanien 410; 452
Boëthius 667
Bonifatius VIII. (Papst) 672
Brasidas (spartanischer Feldherr) 229
Brennus (keltischer Fürst) 324
Brutus, Lucius Iunius (cos.509) 310; 687; 690; 693-695; 698
Brutus, M. Iunius (pr.44) 367; 407; 431-433; 444; 695 f.
Burckhardt, Jacob Christoph 702; 703
Burke, Edmund 687
Burrus (Afranius) 492

Caecilius Metellus Pius, Q. (cos.80) 456
Caecilius Metellus, Q. (cos.69) 455
Caesar (C. Iulius) 293; 349; 383; 386; 407; 417 f.; 420-434; 436; 437-439; 440-442; 444 f.; 446; 447; 449; 456; 460-464; 465 f. 469; 485; 491; 515; 571; 574; 671 f.; 682; 695; 699; 704
– Nachleben 671 f.; 682; 698; 699
Calgacus (britannischer Fürst) 510
Caligula s. Gaius
Calpurnius Bibulus, M. (cos.59) 420; 441
Calpurnius Piso Caesoninus, L. (cos.58) 422
Calpurnius Piso, C. (cos.67) 458
Caracalla (Kaiser) 499; 549
Cassius Dio (Geschichtsschreiber) 477; 552 f.
Cassius Longinus, C. (pr.44) 367; 407; 431-433; 571
Catilina, L. Sergius (pr. 68) 417; 418 f.; 695
– Nachleben 695
Cato (M. Porcius Cato, cos.195) 307; 384; 447; 693
Cato (M. Porcius Cato, pr.54) 417 ff.; 420; 422; 424; 426; 428 f.; 690
Cerialis (röm. Feldherr) 510
Chlodwig (König der Franken) 601
Cicero (M. Tullius C., cos.63) 122; 307; 343; 354; 370; 381; 404-406; 416 f.; 418; 420 f.; 431 ff.; 440 f.; 447; 459; 462; 665; 667; 668; 676; 680; 690; 693; 695; 696
– Nachleben 665; 668; 676; 678; 680; 690; 692; 693; 695; 696
Claudius (Kaiser) 469; 492; 536; 541
Claudius Caudex (Appius C., cos.264) 334
Claudius Marcellus, M. (cos.214) 337 f.
Clemens (Bischof von Rom) 589; 618

Clemens von Alexandrien (Theologe) 575
Clodius Pulcher, P. (tr.pleb.58) 422
Commodus (Kaiser) 509; 549; 552; 555
Cornelia (Mutter der Gracchen) 389
Cornelius Cinna, L. (cos.87-84) 412 f.
Cornelius Scipio Aemilianus (cos.147) 377 ff.; 396; 398; 445
Cornelius Scipio Africanus (cos.205) 323; 337 f.; 372; 386; 448
Cornelius Scipio Nasica (cos.155) 395; 398
Cornelius Sulla s. Sulla
Crassus, M. Licinius (cos.70) 407; 416 f.; 420 f.; 422; 430; 442; 449; 456; 460; 464 ff.; 485
Cremutius Cordus (Geschichtsschreiber) 477
Curio, Offizier Caesars 447; 449
Cyprian (Bischof von Karthago) 557; 580; 585; 588; 592

D'Alembert (Philosoph) 685; 700
Dante Alighieri 122; 503; 668; 676
Dareios I. (persischer König) 170; 173; 177
Dareios III. (persischer König) 290
David (Jacques-Louis D., Maler) 169 f.; 250 f.; 686 f.; 690; 694
Decebalus (dakischer König) 505
Decius (Kaiser) 567; 584 f.; 587; 588
Demaratos (spartanischer König) 56; 124
Demeter (Göttin) 109; 131; 132; 257
Demetrios Poliorkétes 297
Demosthenes (athenischer Redner) 198; 257; 282-283
Demosthenes (athenischer Stratege) 55
Desmoulins, Camille 695; 697
Diderot, Denis 692
Diodor (Geschichtsschreiber) 243
Diokletian (Kaiser) 539; 549; 556; 560-562; 567; 585 f.; 590; 593; 595; 598; 599; 603; 607
Dionysios (Tyrann in Syrakus) 244
Dionysios von Halikarnaß (Geschichtsschreiber) 309
Dionysos (Gott) 34; 88; 106: 108; 131; 257; 258; 260
Domitian (Kaiser) 469; 495; 496; 505
Domitius Ahenobarbus, Cn. 426
Dorieus (spartanischer Prinz) 111
Drakon (Gesetzgeber) 155
Droysen, Johann Gustav (Historiker) 280
Drusus (Feldherr in Germanien) 464
Dumnorix (gallischer Fürst) 460 f.

Ennius (Dichter) 386
Epaminondas (thebanischer Feldherr) 143; 237; 241

Ephialtes (athenischer Politiker) 189; 195-197; 198
Erathosthenes (Geograph) 49
Eumenes II. (König von Pergamon) 125; 371; 374
Euripides 49; 83; 121; 216; 249; 258
Europa (Geliebte des Zeus) 30 f.
Eusebios (Bischof und Geschichtsschreiber) 592 f.; 601; 611
Eutrop (Breviarien-Schreiber) 553

Fabius Maximus (Cunctator, cos.209) 380
Fabius Pictor (Annalist) 306 f.; 308; 369
Faustina (Kaiserin) 501
Flaminius, T. Quinctius (cos.198) 365; 370; 376
Flavius Josephus (Geschichtsschreiber) 571
Friedrich Barbarossa (Kaiser) s. Barbarossa
Fritigern (gotischer Heerführer) 647; 648

Gabinius, A. (cos.58) 422; 457 f.
Gaia (Göttin) 108
Gaius, C. Caesar Augustus Germanicus (Kaiser) 469; 491 f.
Galba, Ser. Sulpicius Galba (Kaiser) 493 f.
Galerius (Kaiser) 561 ff.; 567; 569; 586; 595; 598; 599; 600; 609
Galla Placidia (Kaiserin) 569; 648; 670
Gallienus (Kaiser) 549; 551; 557; 559 f.; 567
Gaumata (persischer Magier) 170
Gelasius I. (Papst) 638 f.
Germanicus (Feldherr in Germanien) 480; 492
Gibbon, Edward 563; 689; 703
Goethe, Johann Wolfgang 21; 306; 688; 703
Gorgias (Sophist) 252; 254
Gracchus s. Sempronius
Gratian 674
Gregor I. (Papst) 669
Gregor von Nazianz (Bischof) 630
Gylippos (spartanischer Feldherr) 232

Hadrian (Kaiser) 135; 501; 506 f.; 508; 656
Hamilkar Barkas (karthag. Feldherr) 335 f.
Hannibal 306; 337 f.; 339; 368; 380; 386; 464; 693
Hasdrubal (karthag. Feldherr) 336
Hegel, G.W.F. 150; 256; 259
Hekataios (Geograph und Historiker) 130; 172; 263
Hektor (trojanischer Held) 82 f.; 99; 113; 114-117; 123; 124; 125; 135
Helena (Gattin des Menelaos) 99; 110; 114
Helena (Kaiserin) 595; 598; 605
Herakles/Herakliden 43; 107; 111; 125; 152
Heraklit (Philosoph) 129; 130

Herder, Johann Gottfried 544 f.
Herodes (jüdischer König) 495; 571
Herodot (Geschichtsschreiber) 97; 123; 130; 131; 165; 178 f.; 249; 262-266; 268
Hesiod (Epiker) 58; 61; 62; 72; 103; 105; 112; 126-128; 131; 157; 199
Hieron II. (König in Syrakus) 334
Hieronymus (Kirchenlehrer) 633; 648; 667; 668; 669
Hipparchos (athenischer Politiker) 194
Hippias (Tyrann in Athen) 124; 153; 163; 172; 198
Hippias von Elis (Philosoph) 249; 252
Hippolytos (mythischer Jäger) 135
Homer 34; 50; 77; 112-123; 131; 245; 263
- Rezeption 678; 683
Horaz (römischer Dichter) 31; 345; 471; 477
- Rezeption 690
Hortensius (Redner) 458
Hostilius Mancinus, C. (cos.137) 395
Hyperbolos (athenischer Politiker) 203

Innozenz III. (Papst) 672
Iphikrates (Söldnerführer) 284
Isokrates (Philosoph und Redner) 237; 238; 241; 270; 286; 288
Iugurtha (numidischer König) 383; 401; 410; 443; 452
Iulius Caesar, L. (cos. 90) 403
Iustinian (Kaiser) 511; 649 ff.; 666; 673 ff.

Jahwe 98; 178; 262; 575; 589; 617
Jason (Held) 107
Jesus von Nazareth 567 ff.; 573 ff.; 579; 589; 593; 603; 610; 613; 625; 635
Johannes (Evangelist) 618-619
Johannes Chrysostomos (Kirchenvater) 577; 592
Josephus s. Flavius Josephus
Julian (Kaiser) 614; 647
Julius II. (Papst) 663

Kallikrates (achäischer Politiker) 374
Kallinos von Ephesos (Lyriker) 93
Kalypso (Nymphe) 119
Kambyses (persischer König) 170
Karl der Große 664; 670
Karneades (Philosoph) 392
Kelsos (Gegner der Christen) 583
Kimon (athenischer Politiker) 89; 182; 196; 198; 203; 205; 207; 270
Kirke (Zauberin) 119; 121
Kleisthenes (athenischer Politiker) 137; 153; 163-166; 189; 192; 194; 198; 200; 203
Kleisthenes von Sikyon 112

Kleomenes (spartanischer König) 149; 153
Kleon (athenischer Politiker) 198; 203; 204; 205; 209; 229; 230
Kleopatra (ägyptische Königin) 297; 428; 469; 472
Konstantin (Kaiser) 483; 549; 560; 562; 580; 593; 595; 596-607; 608; 620-622; 628; 632; 671
Konstantius („Chlorus") (Kaiser) 598
Kritias (athenischer Philosoph und Tyrann) 198; 235; 252; 255
Kroisos (lydischer König) 101; 167; 263
Kronos (Gott) 108
Kylon (Tyrann in Athen) 155
Kyrillos (Patriarch) 636
Kyros (persischer König) 167; 170
Kyros (persischer Thronprätendent) 277; 284

Laelius, C. (cos. 140) 393
Laktanz (Theologe und Geschichtsschreiber) 601; 628
Leo I (Papst) 611; 636; 637
Leonidas (spartanischer König) 169; 176
Leotychidas (spartanischer König) 149
Lepidus s. Aemilius
Licinius (Kaiser) 595; 599; 602; 605-607; 621; 632
Licinius Lucullus, L. (cos.74) 420; 436; 442; 446; 456; 458 f.; 467
Licinius Lucullus, M. (cos.73) 456
Livius (Titus L.) 303; 307 f.; 323; 370; 379; 436; 441; 477; 682; 683; 691; 698; 701
Livius Drusus, M. (tr.pleb.91) 397; 402
Lukrez 357
Lykurg (spartanischer Gesetzgeber) 137; 139; 140; 147; 148
Lysander (spartanischer Feldherr) 89

Macaulay, Thomas Babington 703
Machiavelli, Niccolò 269; 680; 681 f.
Maecenas 477
Malthus, Robert (Ökonom) 62 f.
Mani (pers. Religionsstifter) 556
Manlius Capitolinus 398
Manlius Vulso, Cn. (cos.189) 380; 386; 441
Mark Aurel (Kaiser) 501; 508 f.; 524; 553; 594; 643; 685; 690
Maria (Mutter Jesu) 611; 613; 634; 635 f.
Marius, C. (cos.107) 382; 387; 400 f.; 407; 410 ff.; 435; 437; 442 f.; 446; 454; 696
Markion (Häretiker) 616-617
Maroboduus (König der Markomannen) 486
Massinissa (numidischer König) 338; 378
Maxentius (Kaiser) 595; 599; 600; 602; 604

Maximian (Kaiser) 595; 598; 599; 638
Maximinus Daia (Kaiser) 595; 599; 602; 603; 605
Maximinus Thrax (Kaiser) 556
Medea (Gattin Jasons) 107
Melito von Sardes (Bischof) 594
Menelaos (mythischer König von Sparta) 88; 99; 110; 114; 134
Messalina 492
Metellus Celer (cos.60) 420
Miltiades der Ältere 69
Miltiades der Jüngere 172-173; 203; 204; 205
Mimnermos (Dichter) 73
Mithridates VI. (König von Pontos) 407; 410 f.; 413; 437; 440; 442; 446; 451 f.; 456; 467
Mommsen, Theodor 21; 306; 369; 400; 437; 443; 545; 685; 702 ff.
Montanus (Häretiker) 618-619
Montesquieu, Charles de Secondat 548; 685; 688 f.; 691; 692
Moses 108; 140
Muawija (Kalif) 645; 654 f.
Mucius Scaevola, C. (röm. Held) 690, 693
Mucius Scaevola, P. (cos.133) 398
Mucius Scaevola, Q. Augur (cos.117) 412
Mucius Scaevola, Q. pont. max. (cos.95) 412
Muhammad (Prophet und Begründer des Islam) 72; 293; 591; 643; 645; 651-653; 654
Mummius L. (cos.146) 376

Napoleon I. 169; 223; 685; 699-700
Nausikaa (phäakische Prinzessin) 60; 118
Nero (Kaiser) 469; 492 ff.; 499; 500; 567; 583; 584
Nestor (mythischer König von Pylos) 39; 87
Nestorius (Kirchenvater) 636
Niebuhr, Barthold Georg 306; 685; 700 f.; 702
Nikias (athenischer Feldherr) 198; 230
Nikolaos v. Damaskus (Geschichtsschreiber) 477
Nikomedes (König von Bithynien) 454
Octavian (s. auch Augustus) 351; 367; 406 f.; 432 f.; 442; 446; 469; 571; 607; 632
Octavius, Cn. (cos.87) 412
Octavius, M. (tr.pleb.133) 395
Odoaker 648; 649
Odysseus (Held) 34; 49; 57; 60; 85; 113; 114; 115; 117-122; 130; 133; 208; 245; 263
Oidipus (mythischer König von Theben) 107; 191; 258; 259
Omar (Kalif) 645
Optatus (Bischof von Milive) 590; 639
Orest (Sohn des Agamemnon) 152

Origines (Theologe) 590; 620
Orosius (christlicher Geschichtsschreiber) 643; 646; 669 f.
Otto III. (Kaiser) 670 f.
Otto von Freising 676
Ovid 477

Panaitios (Stoiker) 465
Pandora 105
Papirius Carbo, C. (tr.pleb.130) 398
Paris (trojanischer Held) 99; 110; 114
Parmenides (Philosoph) 129
Paulus (Apostel) 513; 567; 569; 574 f.; 578; 581; 582; 614; 616; 617; 620; 648
Paulus von Samosata (Bischof) 592
Pausanias (spartanischer Feldherr) 149 f.
Peisistratos (Tyrann in Athen) 153; 158; 160; 162; 179; 194; 257
Perikles (athenischer Politiker) 56; 124; 134; 139; 180; 182; 183; 185; 191; 196; 198; 203; 205; 208; 216; 225; 227; 228; 268
Persephone (Herrin der Unterwelt) 109; 132; 257
Perseus (Held) 107
Perseus (makedonischer König) 281; 296; 365; 373; 374
Petrarca, Francesco 666; 678 f.; 680; 681
Petrus (Apostel) 637; 648
Pharnakes (bithynischer König) 428
Philipp II. (makedonischer König) 221; 277; 280-282; 286; 288-289
Philipp V. (makedonischer König) 298; 338; 365; 367; 368; 369 f.; 373
Philippus Arabs (Kaiser) 556
Philopoimen (achäischer Feldherr) 86
Pilatus, Pontius (Statthalter) 567; 569; 573; 603
Pindar (Lyriker) 98; 103; 106; 112; 146; 242; 247
Platon 29; 121; 129; 214; 238; 249; 252; 253-256; 270-276; 667; 676; 683
Plinius d. Ältere 523
Plinius d. Jüngere
– als Senator und Patron 514 f.; 525; 526
– Bericht über die Christen 573; 584
Plutarch (Geschichtsschreiber) 107; 477; 676; 690; 699
Polybios 63; 276; 300; 308; 333; 336; 346; 351; 361; 374; 379; 382; 465
Polykrates von Samos 90; 97; 131; 264
Pompeius Magnus, Cn. (cos.70) 349 f.; 407; 416 f.; 419-427; 429; 437; 439; 442 f.; 444; 446; 451; 456-460; 465; 485; 491; 529
Pompeius Strabo, Cn. (cos.89) 402 f.; 440; 456

Popilius Laenas, C. (cos. 132) 396
Popper, Karl 273
Poseidonios (Stoiker) 457; 465
Priamos (mythischer König Troias) 116 f.
Prometheus 105
Protagoras (Sophist) 57; 249; 252; 253
Prusias II. (König von Bithynien) 375
Psammetich (König von Ägypten) 74
Ptolemaios (General Alexanders) 296; 297
Ptolomaios IV. (König von Ägypten) 368
Pyrrhos (König von Epirus) 325; 328; 334; 381; 452

Quirinius, P. Sulpicius (Statthalter in Syrien) 572

Raffael 676 f.
Ranke, Leopold von 703
Robespierre 693; 695; 697; 698
Roland, Manon 695 f.
Romulus (illegit. Kaiser) 643
Romulus 310; 413; 440; 448; 458
Rousseau, Jean-Jacques 691; 694
Roxane (Gattin Alexanders) 292; 295

Saint-Just 694 f.
Sallust (C.Sallustius Crispus) 370; 443; 448; 450
Sappho (Lyrikerin) 60; 74; 103
Schapur I. (sassanidischer König) 550 f.; 555
Scipio s. Cornelius
Semonides von Samos (Lyriker) 103
Sempronius Gracchus, C. (tr.pleb.123) 384 f.; 387; 396-399; 400; 418
Sempronius Gracchus, Tib. (cos.177) 389
Sempronius Gracchus, Tib. (tr.pleb.133) 347; 387; 392-396; 400; 411; 701
Seneca 492; 557; 680; 683; 690
Septimius Severus (Kaiser) 549; 555 f.; 557; 558
Sertorius, Q. (pr.83) 404; 416; 456 f.
Servilius Vatia Isauricus (cos.79) 456
Severinus (Heiliger) 591
Simonides von Keos (Lyriker) 169
Sokrates 249; 251; 253-256; 272; 683; 690
Solon (Gesetzgeber) 59; 65; 66; 92; 112; 137; 139; 155-161; 189; 192; 194; 195
Sophokles 121; 216; 249; 258; 259; 260
Spartacus 400; 407; 415 f.; 421; 456
Stesichoros (Lyriker) 110
Stilicho (Heermeister) 648
Strabon (Geograph) 362; 404
Sueton 477; 496; 497; 682; 695
Sulla (L. Cornelius S., dict.82-79) 348; 349 f.; 359; 401; 402 f.; 404 f.: 406; 407-415;

429; 435 f.; 437; 441 f.; 444; 446; 447 f.;
457; 485; 696
Sulpicius Rufus (tr.pleb.88) 407; 410 f.

Tacitus (P. Cornelius T.) 435; 445; 478;
496 f.; 510; 511; 533; 668; 682; 690; 695
Tariq (Berbergeneral) 651; 657
Tarquinius Superbus 310; 687
Teresias (Seher) 119
Tertullian (Kirchenlehrer) 576; 579; 581;
583; 586; 587; 588; 589; 600; 603; 609;
617; 619; 628; 643; 667 f.; 671
Thales (Philosoph) 256
Theagenes (Tyrann in Megara) 65
Themistokles 85; 124; 174; 178; 198; 203;
204 f.
Theoderich (König der Ostgoten) 649; 667
Theodosius I. (Kaiser) 611; 630; 631; 638;
640; 648
Theodosius II. (Codex Theodosianus) 627
Theognis aus Megara (Dichter) 66
Theopomp (Komödiendichter) 236
Thersites (Krieger vor Troja) 113 f.
Theseus (Held) 35; 106; 107; 110; 112; 125;
189
Thomas v. Aquin 676
Thukydides 34; 81; 87; 89; 96-97; 146; 179-
180; 198; 199; 204; 229; 230 f.; 234; 249;
262; 264; 265; 266-269
Tiberius (Kaiser) 464; 469; 480 f.; 484;
490 f.; 515; 527; 532; 541
Tibull (Dichter) 477
Timoleon (Söldnerführer und Gesetzgeber)
223; 244; 287
Timophan (Bruder des Timoleon) 223
Tiridates I. (armenischer König) 493

Titus (Kaiser) 469; 494; 495; 571
Tocqueville, Alexis de 703
Trajan (Kaiser) 499; 501-505; 506; 547; 567;
584; 700
Tyrtaios (Lyriker) 93; 103; 145; 148

Ulfilas (Missionar der Goten) 634
Uthman (Kalif) 654; 655

Valerian (Kaiser) 550 f.; 555; 567; 585; 588
Varus (P. Quinctilius) 486; 571
Vasari, Giorgio 679
Ventidius Bassus, P. (cos. suff.43) 440
Vercingetorix (Fürst der Averner) 425; 439;
460; 462 f.
Vergil 309; 477; 663; 668; 678; 683
Verres (pr.74; Statthalter Siziliens) 467
Vespasian (Kaiser) 469; 479; 482; 494; 547;
571; 685
Vindex (C.Iulius) 493
Viriathus 365; 377
Vitellius (Kaiser) 494
Vitruv 497
Voltaire 251; 563; 689

Winckelmann, Johann Joachim 688

Xenophanes (Philosoph) 103; 122; 130
Xenophon (Söldnerführer und Geschichts-
schreiber) 240; 251; 252; 266; 284; 285
Xerxes (persischer König) 56; 173; 176; 265

Zeus 31; 57; 98; 105; 108; 109; 115; 132
Zosimos (heidnischer Geschichtsschreiber)
608

# Sach- und Ortsregister

Abhängigkeit (als Konstante des antiken Lebens) 358 ff.; 512 ff.
Achaier/Achaia (Peloponnes) 240; Karte S. 226
Achaimeniden (persisches Königsgeschlecht) 167; 170; 292
Achäischer Bund 371; 375
Ackergesetze 387; 395; 396; 400
Ackerlose 446
Adel, römischer s. Eliten, Nobiles, Ritter, Senat
Adel/Adelsherrschaft (Griechenland)
- Entstehung 44; 137
- Fehden 80; 86; 155; 160; 161; 163
- in der Demokratie 202-208
- Lebensideal 60 f.; 113; 115-116; 124; 162; 206
- Machtgrundlagen 56 f.; 65 f.; 74; 80; 86; 113; 164-165; 166
Adoption 432; 441
Adria 67; 69 f.; 97; 179; 225; 425; 441; 453; 455; 459; 631
Adrianopel (Schlacht) 647
Afrika
- arabisch 657 f.
- geopolitisch 404; 445; 449; 465; 522 f.; 529; 547; 655 ff.
- in der Spätantike 638; 643; 655 ff.
- Nordafrikanische Provinzen 365; 379; 384; 430; 433; 451 f.; 518; 523; 532; 534; 536; 542; 543; 546; 579; 602; 621; 655 ff.; 661
Ägäis
- Geographie 29; 32-35; s. Karte S. 53 und S. 84
- in der Geschichte 38; 47; 50; 53; 67; 79; 84; 97; 101; 119 f.; 181; 182; 185; 221; 224; 240; 299; 368; 371; 453
ager publicus 343; 354; 391; 394
Agrarkrise
- in Griechenland 47; 61-66; 72 f.
- frühe Republik 312-314
- 2.Jhdt. v.Chr. 387; 392 ff.
Agrarreform 393; 396; 400
Agrarwirtschaft 61-65
Agrostädte 520-522
Ägypten
- hellenistisches Großreich 296; 365; 368; 428; 439; 453

- römische Provinz 297; 450; 472; 518; 522; 529; 532
- in der Spätantike 643; 651; 655
Aigina (im Saronischen Golf) 43; 67; 94; 97; 174; 175; 182; 184; 187; 221
Aisymnet 156
Akklamation 490; 492; 598
Akragas/Agrigent 52; 79; 242; 244; Karte S. 243
Akropolis (Athen) 55; 193; 216-219
Aktium (Schlacht) 441; 469; 472; 475; 571; 607; 631
Al Mina (nordsyrische Küstenstadt) 73
Alalia (Korsika) 72
Alba Longa 305
Alemannen 553 f.
Alesia (Alise Ste. Reine) 462 f.
Alexanderroman 279; 294-295
Alexandria (Ägypten) 296; 298; 300; 472; 482; 508; 522; 532; 570; 621; 626; 627; 634; 635; 636; 657; 661
alimentatio/Alimentationen 504
Alkmeoniden (athenisches Adelsgeschlecht) 155; 163
Allobroger 461 f.
Alter Orient (Staatenwelt) 36; 38; 39; 47; 69
Altes Testament 617; 618
Amerika/Rezeption der Antike 665; 692
amicitia
- innenpolitisch 417
- völkerrechtl. Verhältnis 381 ff.; 542 f.
Amphipolis (Thrakien) 229; 230; 266
Amt/Ämter 343; 346-349; 384; 415; 416; 431 f.
Ämterlaufbahn s. cursus honorum
Amtsgewalt/Amtsvollmachten 346 ff.; 473 f.; 479
Amtsverständnis (römisch) 395; 592
Amyklai (Lakonien) 142; Karte S. 152
Annalen 307 f.; 441
Annolied 671
Annuität 347; 348; 415
Antiochia (Antiochien) 300; 635; 657
Antragsrecht 199; 346
Apameia (Friede von A.) 371; 374 f.
Apella 148; 149; 153
Apoikie 78
Apokalypse 619
Apologetische Literatur 485; 575; 576

Apologie Platons 251
Appellation 513; 541
Aquae Sextiae (Aix-en-Provence) 387; 401
Aquileia 391
Ara pacis 500; 510
Araber/Arabien 70; 459; 643; 651-652; 654
Arausio (Orange) 387; 401; 533 f.; 547
Arbeit/Wert der Arbeit 126; 127; 353 f.
Archon/Archontat 156; 164; 194
Arelate (Arles) 522; 622; 647
Areopag (Adelsrat in Athen) 164; 179; 196-197; 201; 259
Argos/Argolis 32; 38; 40; 41; 43; 52; 62; 81; 111; 149; 150; 151; 154; 196; 230; 236; 237; 241; Karte S. 152
Arianerstreit 624-626; 628; 633; 634
Aristokratie (s. auch Eliten, Nobiles, Ritter, Senat) 474; 490; 494; 512 f.; 514 f.; 519
Arkader/Arkadien 151; 237; 240; Karte S. 152
Armee s. Heer, Soldat, Krieg
Armenien 456; 459; 501; 506; 509; 532; 636
Armenpflege 577
Asculum (Ascoli Piceno) 403 f.; 440
Asien/Kleinasien 368; 371; 400; 452; 465 f.; 661
– hellenistisch 290; 297; 300
– römische Provinz 365; 377; 384; 407; 413; 437; 447; 450; 452; 458; 459; 467; 481 f.; 509; 529; 532; 551; 555; 606; 616; 617; 624
Askese 579; 619
Assimilierung 535
Assyrer/assyrisches Reich 39; 52; 167; 177
Athen 67 f.; 94; 100; 153
Athen/Athener
– Herrschaft über den Seebund 183-187; 221; 224; 232
– Selbstverständnis 179-180; 181; 191; 228; 231; 232
– Sozialordnung 199; 201-202; 203-204; 206-207; 210-216; 231
Ätoler/Ätolien (nordwestgriechischer Stamm) 55; 90; 240; 370 f.; Karte S. 53
Attaliden 277; 297; 365; 377
Attika 153; 164; 165; 174; 193; 201; 210-211; 212; 228; 229; 232; 239; Karte S. 193
auctoritas 474; 481; 485; 497
auctoritas des Senats 395; 432; 458
Aufklärung (Zeitalter der) 251; 680 f.; 685; 688-693
Augustales 482 f.; 527
Augusteische Dichtung 477 f.
Ausbeutung der Provinzen 384 f.
Auspizien 313; 376
Außenpolitik (römische)
– als Domäne des Senats 441 f.; 456; 464
– im 1. Jahrhundert v.Chr. 455; 464
– im 2. Jahrhundert v.Chr. 365-377; 450-455
– imperiale 485-488; 508 f.; 515
– Ziele der Außenpolitik 369; 373; 442; 464
außerordentliche Kommandos s. imperia extraordinaria
Autarkie 44; 56
Autonomie (als politisches Programm) 101; 186-187; 221; 235-237; 240; 241; 286; 288; 296
Auxiliartruppen 486; 489

Baetica (Provinz) 535
Baktrien 290; 292; 297
Balkan/Balkanprovinzen 50; 281; 371; 464; 486; 488; 554; 630-631; 650; 651
Barbaren (Vorstellung von den B.) 51; 80; 123; 214; 238; 281; 288-289; 299; 373; 374; 377; 430; 462; 670
Bauer
– im frühen Griechenland 34; 57 f.; 61-66; 126-128; 155-156; 160; 162
– in Attika 211; 213; 239
– in der römischen Kaiserzeit 511; 520 ff.; 522 ff.
– in Italien 312; 317 f.; 324; 353; 387-392; 400; 430; 442; 443; 446
Bauten/Bautätigkeit
– in Griechenland 103; 125; 162; 216-217
– kaiserliche 497-500; 504; 507
– Kreta/Mykene 36-40
– städtische 310; 519; 520; 522 s. auch Moschee
Beamte/Beamtenschaft 56; 200-201; s. auch Magistratur
Beduinen 653; 654; 657 f.
Bekehrungen 601
Berber 657 f.
Besitzlose 195; 232; 437; 443 f.; 445
Beute 87-88; 231; 291; 369; 411; 444 ff.; 654
Bevölkerung/Bevölkerungszahl 39; 52; 72; 210-211; 300; 350-352; 430
Biographien 477
Bischof/Bischofsamt 567; 580 f.; 591-592; 605; 609; 615; 637; 638
Bithynien
– Königreich 297; 338; 371; 451
– römische Provinz 450; 458 f.; 481 f.; 529; 621; 624
Bodenrecht 391 f.
Bodenreform 156
Bologna (Rechtsschule von) 511; 673-675
Böotien 64; 72; 126 f.; 221; 286

Breviarien 553
Britannien 70; 424; 437; 466; 495; 529; 551; 647
Brundisium 453; 455; 457
Bund/Bünde (Folgen ihrer Existenz) 224-225; 228; 230; 233-234; 241
Bundesgenossen (socii) 325; 329; 332; 337; 369; 381; 394; 402-404; 435; 452 f.; 462; 464; 466
Bundesgenossenkrieg (in Italien) 387; 402-404; 411; 442
Bundesversammlung (als Institution) 153 f.; 174; 227
Bürger (Aufgaben des B.) 398; 418; 431; 443 ff.
Bürgerkrieg
 – in den griechischen Städten 65-67; 155-157; 223; 233-234; 244-245; 246
 – in Rom 397; 407-436; 469; 472
Bürgerrecht/Bürgerrechtspolitik
 – in Griechenland 65; 76; 78; 141; 238
 – in Rom 387; 402 ff.; 476; 489; 506; 507; 513; 519; 527; 535
Buße 615
Byzanz (griechische Stadt) 32; s. auch Konstantinopel
Byzanz/Byzantinisches Reich 639-641; 661; 664; 667; 670

Camulodunum (Kolonie in Britannien) 535
canabae 537
Cannae (Schlacht) 337
Carrhae (Schlacht) 423; 430; 465 f.
Centurien/Zenturien 390
Chalkidike (Halbinsel) 78; 226; 240; 241; 281; Karte S. 226
Chalkis (auf Euboia) 50; 64; 67; 81; 90; 175
Charidschiten 655
Chersones (Gallipoli) 69; 172; 185
Cherusker 543
Chios (ägäische Insel) 240
Choregie 207; 212; 256-257
Christen/Christentum
 – Ausbreitung 577; 578; 579; 583; 590; 604; 651; Karte S. 585
 – Eliten 587; 588; 591 f.; 620 f. s. auch Bischof
 – Ethik 578; 579; 580; 583;
 – Glaube/Streit um den Glauben 275; 575; 576 f.; 604; 611-630
 – Kirchenbau 580; 595; 605; 632
 – Kult 570; 582 f.
 – Literatur 576
 – Organisation 579-581
 – Romanisierung 592; 610
 – soziale Zusammensetzung 577; 578

 – Verhältnis zum Staat 581 f.; 583; 586-594; 610; 620
 – Verhältnis zur Gesellschaft 603; 606
Christenverfolgung 567; 581-586; 603
Christusdarstellungen 569; 597; 613
civitas/civitates 536
civitates stipendiariae/foederatae/liberae 340
Clemensbrief, Erster 582; 589; 618
clementia Caesaris 429
Codex Iustinianus 649-650
collegia 525 f.
colonus 524
comitatenses 647
comitia centuriata 315; 348; 349
concilium plebis 313 f.; 348; 349
concordia 510
consilium (des Kaisers) 507; 513
consulares 347
conventus civium Romanorum 535
Corfinium 402
Corpus iuris 511; 661; 666 f.; 673-675; 699
Cosa (latinische Kolonie) 390 (Karten; vgl. auch S. 331)
cura morum 348
curator/Kurator 540
cursus honorum 319; 346; 384; 416; 418; 440

Dacia (Provinz) 501; 505
Daker/Dakerkriege 496; 501; 505
Dalmatien 336; 469; 486; 649
Dardanellen s. Hellespont
Dardanos, Friede von 437
Dedition 379; 381 ff.
Deinomeniden (Adelsgeschlecht in Syrakus) 242
Dekeleia (Attika) 232; 233
Dekurionen (ordo decurionum) 483; 513; 518 ff.; 526; 558 f.
Delos 362; 374; 453 f.
Delphi (Orakel) 34; 41; 69; 75; 132; 174; 235; 241
Demagoge 199; 203-204; 209
Demen 164-165; 197
Demokratie
 – Anfänge/Ausdehnung 189; 192
 – Begriff/Theorie 150; 163 f.; 189; 192; 208; 209; 276
 – Eliten 202-208
 – Ideale 208-209
 – Institutionen 179; 197-202
 – Widerstand und Kritik 94; 209-210; 213; 234; 261-262; 269; 270; 272
Denkformen (Mentalität) 103 ff.; 353 f.; 356 ff.; 360 f. s. auch Weltverständnis

Diäten 201; 272
Digesten 559; 674 f.
Diktatur/dictator 348; 404 f.; 407; 414-415; 423; 429 ff.; 433; 436; 441
- dictator perpetuus 429; 431
Diözesen 561
Diplomatie 98 ff.
disciplina/Disziplin 433; 436; 448; 463; 507
Djihad 653
Domänen des Kaisers 524
Dominat 549; 562
Donatisten/Donatistenstreit 605; 611; 621-624; 638
Donau/Donaugrenze 80; 430; 456; 460; 464; 488; 496; 509; 542 f.; 551; 553; 560; 631; 647 ff.; 666
Dorer 39 f.; 42-43; 50
Dyrrachium (Durazzo) 444; 453

Ebro 336; 380
Edessa (Schlacht) 551
edictum provinciale 538
Edikt von Kyrene 541
Ehe 60 f.; 146; 356 ff.; 618
Ehre 115-116; 124 f. s. auch Ruhm, dignitas
Elbe 464
Eleusis (Attika) 109 f.
Elis (Peloponnes) 64; 100
Elite/Eliten (Roms) 402; 416 f.; 431; 432 f.; 453; 558
- Aufgaben 540; 552; 558 f.
- des Reiches 482; 491; 494; 512 ff.
- Legitimation 353 ff.; 360 f.; 558
- lokale; Eliten der Unterworfenen 394; 402; 406; 467; 522; 524 f.; 535 f.; 546; 557; 559 s. auch Adel/Adelsherrschaft
- Tugendkatalog/Ehrenkodex 417; 433; 449
Entdecker 70
Ephoren 149; 150
Epidamnos (illyrische Küste) 69; 225; Karte S. 53
Epidauros (Argolis) 43; 97 Karte S. 152
Epidemiurgen 78
Epirus (Nordwestgriechenland) 280; 281; Karte S. 53
Epochengliederung 47; 50; 277; 280; 679
Epos 73; 98; 112-125
equites Romani s. Ritterstand
Erbrecht 63 f.; 215
Eretria (Euboia) 81; 90; 171; 172; 175; Karte S. 175
Erlösung (Hoffnung auf) 478; 556; 572-573; 575; 629-630; 635

Eroberungskriege Roms 365; 368; 375; 425; 431; 433 ff.; 437; 441 ff.; 453; 460
- Welteroberung 436; 448; 464 f. s. auch Expansion, Islam, Alexander der Große
Eryx (Sizilien) 110
Ethik der Fürsorge 541 f.
Etrurien/Etrusker 72; 97; 310; 324 f.; 402 f.; 421; 442; 446
Euboia 41; 67; 81; 176; 240
Eucharistie 583
Eunomie 157; 158
Eupatriden 58
Euphrat/Euphratgrenze 423 f.; 456; 466; 485 f.; 488; 506; 551; 554 f.; 650; 651; 655
Evangelien 576; 578; 617; 635
Expansion; römische (in Italien) 309; 314; 317 f.; 321-331; 339 s. auch Eroberung

factio 417
Fahneneid 588
Familie/Familienbetrieb 41; 43 f.; 59-61; 77; 78; 107; 132; 146; 353; 355-358; 362; 523; 578; 617; 618
Feste (griechische) 58; 78; 256-257
Festungsbau 196; 219; 283
Fetialen 379 f.
Finanzverwaltung 207; 492; 517 f.
flagitia (Vorwurf gegen die Christen) 583
Flotte/Flottenbau; s. auch Seekrieg
- athenische 141; 179; 183 f.; 195; 228
- römische 352; 371; 440 f.; 444; 453 ff.
foedus/foederati 329; 340; 647
Forum Romanum 349; 497; 500
Franken/Frankenreich 664; 665; 670
Frau (Stellung der F.) 60-61; 77; 109; 146-147; 214-217; 257; 356 ff.; 606
Freigelassene/Freilassung 214; 359; 362; 482; 492; 513; 514; 522; 526-527; 605 s. auch Augustales
Freiheit (als politisches Programm) 23; 56; 85; 128; 161; 163; 173-174; 178-179; 186-187; 236-238; 370; 452; 458
Freiheitsgedanke der Neuzeit 682; 688; 700
Fremdvölker s. Barbaren
Friede von Apameia 371
Friede/Herstellung des F. 97-102; 224; 236-238; 240; 261; 289; 379 ff.; 387; 466; s. auch pax Romana, pax Augusta
Friedensvertrag/Friedensverträge
- des Nikias 230
- von 446/5 v.Chr. 221; 224
- zwischen Rom und den Goten (382 n.Chr.) 648
- zwischen Rom und Karthago 335 f.; 338

- zwischen Sparta und Athen (404 v.Chr.) 235; 239
- zwischen Sparta und den Persern (387 v.Chr.) 236 f.

Fürsorge (monarchische) 476; 490 f.; 500; 504; 507; 510

Gades (Spanien) 70
Galatien (römische Provinz) 379; 385; 441; 450; 459; Karte S. 505
Gallien
- Gallia Narbonensis 422; 433; 450; 452; 461; 486; 515; 518 f.; 534; 536
- geopolitisch 380; 383; 401; 437; 439; 444 f.; 460-464; 465; Karte S. 461
- in der Spätantike 643; 647; 648
- Provinzen 422; 424 f.; 431; 433; 450; 453; 482; 486 f.; 489; 518; 522; 529; 532; 535; 536 f.; 671

Gamoren 78
Gebet 593; 602
Gefolgschaft 44; 164 f.
Gefolgschaftseid 472; 476 f.; 492
Gemeinschaft der Bürger 127; 156; 159 f.; 165; 256-257
Generäle 91; 283; 285; 432; 435-441; 443 ff.; 446 ff.; 456; 466; 493
Genua 540
Geographie
- als Wissenschaft 130
- des Mittelmeerraums 29-35; 42; 71; 81; 84; 300; 651; 656
- Griechenlands 29; 32-35; 42; 81; 175 f.; 289
Gerechtigkeit (als Ideal) 127; 129; 160; 271; 272-273
Germanen/Germanien 401; 415 f.; 425; 460; 462; 466; 469; 486; 493; 495; 501; 505; 509; 518; 526; 647; 671; Karte S. 487
Gerusie 148 f.
Geschichtsbewußtsein (römisches) 308-310
Geschichtsschreibung
- griechische 262-269
- moderne 700-704
- römische 303-310
Geschworenengerichte 197; 201-202; 251; 255; 415 s. auch quaestio
Gesellschaftsdenken/Gesellschaftsideal 116; 127; 512 ff.
Gesetz (als Grundlage staatlicher Ordnung) 55-56; 137; 157-161; 197; 265; 272 s. auch lex
Gesetzgeber/Gesetzgebung 137-141; 147; 155-166; 346 f.; 349; 605
Getreidemarkt/Getreideversorgung 34; 74; 212; 233; 351 f.; 396; 400; 422; 430

Gladiatoren 609
Glaubensbekenntnisse 625; 627; 634; 636
Gleichheit (als politisches Programm) 208-209
Gnosis 615-619
Goldenes Zeitalter 309; 471; 478
Gortyn (Kreta) 246
Goten 32; 634-635; 647; 669 f.
Götter/Göttervorstellung
- Aufgaben/Funktion 85; 125; 130-132
- der Römer 376; 379 f.; 410; 436; 442; 462; 464; 466
- Geburt 108; 131
- Götter und Tod 109; 131; 133; 135; 273
- Kritik an den G. 252; 253; 267
- Mythen 31; 88; 106; 108-109; 110; 131
- Strafe der Götter 176 f,; 255; 563
Gottesurteil 140
Grabinschriften 355
Grenzarmeen 493 f.; 508 f.; 522
Grenzen/Grenzpolitik 537; 542 f.; 553 ff.; 560 s. auch Provinzen
Griechen (Rezeption) 177; 189; 676-677; 688
Griechenland/griechischer Osten
- geopolitisch 365; 370; 371 f.; 374 ff.; 383 f.; 402; 433; 437; 441; 454
- römische Provinz 377; 384; 437; 450 f.
Großgrundbesitz (latifundia) 353 ff.; 362 f.; 391; 394; 396; 453; 520; 522 ff.; 526
Grundherrschaft 519; 520-524; 558
Gründungsmythen 110 f.

Häduer 460 ff.
Halieis (Böotien) 100
Halys (Fluß in Anatolien) 167; Karte S. 233
Handel/Handwerk
- griechisch 58; 67; 73; 78 f.; 88 f.; 113; 185 f.; 211-213
- in hellenistischer Zeit 299-300
- römisch 352; 354 f.; 391; 453; 520 ff.
Häresien 604; 611-619; 627; 633; 635; 636
Häretikergesetze 627
Hasmonäer 376 f.
Heer (s. auch Soldat, Offizier)
- Rekrutierung und Stationierung 351; 552; 560; 561
- römisch 432; 435; 437; 441 f.; 443-449; 463; 473; 475; 485; 486; 491; 506; 507 f.; 516
- Versorgung 440
Heeresreform
- der Spätantike 561; 647
- des Augustus 488 ff.; 491; 510
- des Hadrian 507 f.
- des Marius 387; 443 f.
Heerkönig 42; 142; 281-282; 666

Hegemonie/Hegemon 154; 174 f.
Heidenmission 578
Heiland 293; 298; 572
Heiliger Geist 634
Heilsplan Gottes 592-593; 637
Hektemoroi 155
Helden 34; 49; 83; 107; 112 ff.; 134; 306; 310; 693 f.
Hellenisierung 293; 529
Hellenismus (Begriff) 280
Hellenistische Staaten 295-300; 365; 368-370; 373 f.; 451; 453 f.; 465
Hellespont (Dardanellen) 89; 179; 233; 239; 286; 288; 368
Heloten 137; 141; 142; 143; 144; 180
Helvetier 461
Herakliden (Rückkehr der H.) 111; 149; 152 f.
Herrschaft (persische) 177-178
Herrschaft (römische)
- Ausübung 383 f.; 435; 451; 529; 532 f.; 538-542
- Bewertung 543-548
- direkte/indirekte H. 383-384; 542
- Herrschaft über das Mittelmeer 437; 444; 452 ff.
- Herrschaftsformen 324 f.; 329-332; 340 f.; 529; 535; 539 f.; 542; s. auch Provinzen
- Organisation 435; 540
Herrschaftslegitimation 110-112; 464-465
Herrscherkult 298
- im Prinzipat 479; 481 ff.; 526; 527; 608
Hierarchie der Gesellschaft 512 ff.
Hilal-Beduinen 658
Hirten 34; 325 f.
Historia Augusta 507; 553
homines novi 401; 421; 453
homoousios 625
Hoplit/Hopliten 90-93; 137; 173; 195; 313
Horoi 64; 155; 158
hostis/hostis publicus 399; 412; 413
Humanisten 682 f.
humiliores/honestiores 552
Hunnen 643
Hypothekenzins 64

Ilias s. Homer
Illyrien
- geopolitisch 340; 441
- römische Provinz 450; 489; 551
- Präfektur 611; 631
imperia extraordinaria 442; 455; 457 f.; 459
imperium 313; 315 f.; 348; 380; 397; 451; 452; 510; 516
imperium proconsulare 457; 473; 474; 479; 480

Imperium Romanum 351; 473; 479; 500; 524
Indien 70; 277; 290; 294; 295
Indogermanen 29; 325
intercessio 314; 315; 348
Ioner/Ionien 41; 170-172; 180; 181; 265; Karte S. 53
Islam
- Bürgerkriege 653; 654-655
- Eroberungen 32; 72; 636; 651-658
- Glaube/Glaubensspaltungen 645; 652; 655
- Herrschaftsorganisation 654
Isonomie 165-166; 206
Isopolitie 101
Italien
- in der Spätantike 561; 602; 643; 647-651; 656; 661; 668 f.
- Kaiserzeit 469; 491; 509; 511; 522 f.; 529
- Republik 391 ff.; 404 ff; 432; 433; 435; 446 ff.; 448; 454; 467
Iunonia (Kolonie) 396 f.
ius auxilii 347
ius belli ac pacis 86 f.; 382; 428; 442; 459
ius fetiale 379 f.

Jenseitsvorstellung 133-135; 615
Jerusalem 178; 375; 495; 570; 571; 574 f.; 581; 645
Judäa
- Klientelstaat 571 f.
- römische Provinz 450; 787; Karte S. 505
Juden/Judentum
- Geschichte 98; 178; 297; 365; 376 f.; 495; 570 ff.
- Glaube 570; 571; 575

Kairouan (Tunesien) 657; 658
Kaiser s. Monarch, Prinzeps
Kaisergericht 541 f.
Kaiserkult s. Herrscherkult
Kalif 653
Kalliasfriede 182
Kamel 651
Kampfbund von 480 v.Chr. 174-175; 180
Kanzlei (Caesars) 430; 432
Kapitalprozeß 573; 584 s. auch Geschworenengerichte
Kapitol 349; 395; 448
Kapitulation s. Dedition
Kappadokien (Kleinasien) 297; 371; 452; Karte S. 505
Karthago
- Großmacht 332-341
- Kaiserzeit/Spätantike 547; 621 f.; 643; 650; 656; 657

- Konflikt mit den Westgriechen 41; 69; 162; 221; 242; 244
- Konflikt mit Rom 365; 377 ff.; 385; 433; 437; 466

Kaspisches Meer 459
Katalaunische Felder (Schlacht) 643; 648
Kataster von Orange 533 f.; Karte S. 534
Katharer (Ketzer) 616
Katholisch 627
Kelten 381; 415; 466
- in Italien 315; 317; 324; 336; 339

Kilikien
- geopolitisch 371; 454; 455; 456; Karte S. 505
- römische Provinz 450; 455; 458

Kimbern 381; 387; 401; 410; 443; 454
Kirchenstiftungen 595; 605; 632
Klaroten 59; 246
Klasseneinteilung 149; 159; 346 f.
Kleinasien s. Asien
Kleros 43; 76
Klientel 346 f.; 383; 391; 395; 397; 406; 417; 442; 474; 475; 476; 480; 540; 558
Klientelkönige (reges amici et socii) 542 f.; 555
Knossos (Kreta) 29; 36; 246
Koiné eiréne 101; 236-237; 277; 288
Kollegialität 311; 347; 348; 415
Kolonat/colonatus 523 f.
Kolonien/Kolonisation 47; 67-80; 324 ff.; 328 ff.; 339; 387; 391; 396; 402; 443; 452; 468; 476; 505; 533 ff.; 544 ff.
- Funktion 160; 327; 533 f.; 547
- Gründung 67-80; 405; 430; 435
- latinische Kolonien 327; 402

Komitien (s. auch Volksversammlung) 346; 369; 395; 411; 412
Komödie 215; 254; 260-262
Konstantinopel 595; 611; 629; 632; 634; 635; 638-641; 643; 650; 655; 664; 667
Konsul/Konsulat 316; 346 ff.; 349; 399; 416 f.; 421 ff.; 429; 431 f.; 440 f.; 442; 469; 472; 516

Konzil
- von Chalkedon (451) 636
- von Ephesos (431) 611
- von Konstantinopel (381) 627; 638
- von Nikaia (325) 608; 611; 625-626
- von Serdica (343) 634

Korinth/Korinther
- griechisch 67; 69; 71; 78; 94; 97; 110; 179; 223 ff.; 230; 236
- römisch 365; 370; 376; 578; 614; 618

Korinthischer Bund 288 f.; 290
Korkyra (Insel im Ionischen Meer) 67; 69; 71; 94; 225-227; 230; 234; Karte S. 53

Korsika 335
Kreta
- dorisch 59; 60; 230; 245-247
- Geographie 29; 32; 35; 455 f.; Karte S. 37
- minoisch 29; 32; 35-38; 41; 51
- römische Provinz 450

Kreuzesdarstellungen 569; 597; 601; 663
Krieg (s. auch Seekrieg)
- allgemein 61; 81-102; 237-238; 430; 432; 433; 436; 440; 441 ff.; 444; 447
- als Rechtsexekution 379 ff.
- christliches Verständnis 588-591
- Professionalisierung des Krieges 91; 145; 282-286; 400; 437; 442; 446 f.

Kriege gegen Mithridates 440; 442; 446; 454; 458; 464
Kriegerideal 122-125
Kriegslieder 92 f.
Kriegsmonopol des Staates 65; 85; 89; 441 ff.
Kriegspropaganda 227; 241-242; 288-289; 291
Kriegsrecht s. ius belli
Krisa (Phokis) 235
Krise (Begriff) 277; 280; 433; 549; 552 f.
Kult (heidnischer) 56; 132; 215-216; 256-257; 356; 361; 482 f.; 519; 525; 567; 583; 586
Kulturmission 544 f.
Kyme/Cuma (Golf von Neapel) 72; 73; 245; Karte S. 311
Kynoskephalai (Schlacht) 370
Kyrene (Libyen) 67; 75; 450 f.

Landbesitz (Wertschätzung) 523
Landnahme 75-77
Landverteilung 59; 76 f.; 81
Landwirtschaft 32 f.; 34; 352 f.; 521; 523
Langobarden 650 f.; 664
Lateinische Sprache 666; 667; 681
Lateransbasilika 605
Latifundien 523
Latinischer Bund 321; 324 f.
Laureion (Bergwerke von) 174; 210; 212
Lavinium 305
Lebensstil/Lebensformen 355 ff.; 360 f.; s. auch Tradition
lectio senatus 347
Legat (Gesandter) 380
Legat (Offizier) 440
Legati Augusti 473; 516; 538
leges Liciniae Sextiae 316
leges provinciae 384; 538
Legion s. Heer

Leitbilder/Vorbilder 122-125; 360 f.; 512 f.; 693 ff.
Leiturgie 207; 212 s. auch munera
Leontinoi (Sizilien) 67; 230; Karte S. 243
Lesbos (Ägäis) 184; Karte S.53
lex
- Canuleia de conubio 315
- Claudia de nave senatorum 354; 362; 391; 453
- de imperio Vespasiani 479
- Gabinia 440; 442; 457
- Hortensia de plebiscitis 316
- Iulia de civitate 387; 403 ff.
- Manilia de imperio Gn.Pompei 459
- Pedia 432
- Poetelia Papiria 318
- Pompeia (Provinzialstatut von Bithynien) 538
- Sempronia agraria 394 ff.; 396 f.; 400
- Sempronia de capite 399; 418
- Sempronia frumentaria 396; 400
- Titia 433; 442
- Trebonia 442
- Valeria de provocatione 316
- Vatinia de provincia Caesaris 422
libertas 497
Liktoren 380; 457
Limesanlagen 495
Linear B 35 f.; 39
loi agraire 697; 701
Lokrer (Mittelgriechenland) 76 f.; 81
Loyalität 358 f.
Lugdunum (Lyon) 521 f.
Lukaner (oskischer Volksstamm) 245; 402; 416
Lukas (Evangelist) 617
Lusitaner 377 f.
Lyder/Lydien 101 s. auch Kroisos
Lyrik (Entstehung) 103

Maghreb 651; 656
Magistrat/Magistratur 343; 346 ff.; 349 f.; 359; 375; 397; 400; 402; 414; 417; 430; 435; 472 f.; 474; 480; 514; 516; 519
Magna Graecia 78; 242-245
Mailänder Abkommen (313 n.Chr.) 621
Makedonen/Makedonien
- Aufstieg 5./4. Jhdt. 221; 240; 280-282; 286 f.
- hellenistische Großmacht 289 ff.; 296; 365; 370; 373; 376
- Landschaft und Geschichte 32; 42; 50; 280-281
- römische Provinz 281; 375; 384; 422; 450; 453

Makkabäer 297; 376 f.
Malerei 125
Mamertiner 334
Mantineia (Arkadien) 230
Markomannen 486; 489; 501; 509; 553 f.
Märkte/Markt s. Handel
Märtyrer 251; 576; 605; 619 s. auch Christenverfolgung
Massilia (Marseille) 69; 77
Mausoleen (römischer Kaiser) 497; 501
Medina 645; 651; 652; 653; 654; 655
Meer (Angst vor dem M.) 71 f.
Megalopolis (Arkadien) 241
Megara (Attika) 67; 221; 226 f.; Karte S. 193
Mehrheitsbeschluß 206; 208; 209
Mekka 645; 651; 652; 653; 655
Mesopotamien 423; 456; 485; 501; 506; 532; 643; 651
Messenien (Peloponnes; Karte S. 152) 38; 40; 59; 59; 60; 93; 110; 137; 141-147; 237
Messias 572; 575
Metapont (Süditalien; Karte S. 243) 76; 143
Metoiken 211; 212; 213
Milet 52; 53; 67; 70; 94; 97; 171; 187; Karte S. 53
Milvische Brücke (Schlacht) 595; 597; 601; 606; 608
Mission s. Christen/Ausbreitung
Mittelmeer (als Einheit) 79; 119 f.; 458; 630 ff.; 651 ff.; 661 f.
Monarch/Monarchie
- hellenistische M. 297-298; 375; 387
- in der griechischen Frühzeit 39; 40; 42; 57
- in Sparta 141 f.; 148; 149
- Kriegsherr 297 f.
- Legitimation 161; 474 f.; 547 f.; 555; 560; 562
- makedonische 281-282; 292
- Monarch und Gesetz 474; 478 f.; 504
- Monarch und Kirche 621-630; 637-639
- Opposition 483 ff.
- Patron 298; 299; 540 f.; 547 f.; 558
- persische 167-172; 177 f.
- Regierung der Provinzen 535 ff.; 538; 540
- Retter und Heiland 287; 298; 475; 478
- römische 310; 312; 414; 429; 432; 433; 435; 437; 452; 469; 472 ff.
- universale M. 177 f.; 182; 279; 291-292
- von Gottes Gnaden 170; 282; 637-641; 670; 671; 672-673; 689 f.; 695; 699
Monophysitismus 635
mos maiorum 360 f.; 497
Moschee 645
Munda (Schlacht) 407
munera 519

Munizipalgesetzgebung 404 f.
Munizipium 52; 325; 330; 403 f.; 468; 476; 494; 535 f.
Musen 34
Mutterstadt (Metropolis) 75; 77 f.
Mykene/mykenische Kultur 29; 37; 38-40; 113
Mysterienreligionen 109 f.; 273-274
Mythos/Mythen 34; 57; 88; 103-112; 152 f.
Mytilene (auf Lesbos) 204; 209

Nachfolgeregelung 479 ff.; 493 f.; 509
Narbo Martius (Narbonne) 452
Natur Christi 624-626
Naturkatastrophen 37; 38; 40; 196; 469
Naturphilosophie 128-129
Naturverständnis 252-253; 271; 677
Naukratis (Nilmündung) 74
Naulochos (Schlacht) 441; 472
Naxos (Ägäis) 184; 187; Karte S. 53
Neodamodeis 144
Neukarthago 323; 336
Nikaia (Nicäa) 608; 611; 625 f.; 633
Nisibis 442; 456
Nobilität/nobiles 316; 318; 353 f.; 385; 392; 395; 416 f.; 418; 459; 494
Nomaden 293; 651; 652-653
Nomos 56
Nordwestgriechen 41 f.; 86
Noricum (Provinz) 450; 469; 526
Numantia/Numantiner 365; 377; 395; 448

Odyssee s. Homer
Öffentlichkeit/öffentliche Meinung 99; 101; 116; 206; 288; 410; 425; 435; 442; 446; 462; 466; 586 f.
officium 343; 446
Offizier 206-207; 283; 382; 440; 444; 446; 447 ff.; 557; 560; 591
Oikist 75
Oikos 43
Olympia (in Elis) 41; 58
Opfer/Opferpflicht 584-586
Optimaten 394; 400; 417 f.; 420 f.
Optimus princeps 504
ordo s. Senat; Ritter; Dekurionen
orientales 633
Osker 325; 402 f.
Ostia 522
Ostrakismos 194-195
Oströmisches Reich 630 ff.; 647 ff.

Pacht/Pächter s. Steuerpächter
Paestum/Poseidonia 245; 328; Karte S. 53
Palästina 376; 466; 495; 571; 572; 617; 624; 636; 643; 651; 661

Palmyra 522
Panathenäen 257
Pannonien (Provinz) 469; 486
Papst/Papsttum 611; 636 f.; 639; 663; 666; 670; 672 s. auch Bischof
Paradiesvorstellungen 134 f.; 615
Paros (Ägäis) 74; 204; Karte S. 175
Parther/Partherreich 297; 430; 437; 465 f.; 469; 485; 488; 501; 506; 508 f.; 542
Parusie 567; 574; 619
pater familias 356
pater patriae 474 f.; 500; 540
Patriarch von Konstantinopel 636 f.; 641
Patrizier 312-319
Patron/Patronat (s. auch Klientel) 358 ff.; 397; 398; 432; 433; 437; 473; 475 f.; 481; 489 f.; 504
pax Augusta 484; 497; 500; 506; 507; 510; 522
pax Romana 479; 506; 509 ff.; 523; 526
Peloponnesischer Bund 151-152; 153-154; 180; 227; 236
Penesten 59
perduellio 691
Pergamon/Pergamenisches Reich 277; 297; 365; 368 ff.; 371; 374; 451
Perioiken 141; 143; 147
Persepolis 290
Perserkriege 154; 172-179; 182; 186; 262-263
Perserreich
– Aufstieg 47; 74; 167-172
– Konflikt mit den Griechen 172-179; 232; 236
– Untergang im 4. Jhdt. 285; 289-293
Phäaken 60; 69; 77; 118
Phalanx 65; 85; 90-93
Pharsalos (Schlacht) 407; 425 f.; 431; 445
Philippi (Schlacht) 407; 433; 444; 446
Phoiniker 41; 47 f.; 50; 69; 70; 75; 97; 245; 656; Karte S. 68
Phokäa/Phokäer (kleinasiatische Küste) 67; 70; 72; 73; 77; 97; Karte S. 68
Phratrie 44; 164
Phrygien/Phrygia 450; Karte S. 233
Phyle 44; 66; 148; 164-165
Picenter/Picenum 440; 443; 456
pietas 500
Piraten/Piraterie 34; 71; 73; 87-90; 185; 241; 437; 440; 452; 453 ff.; 457; 464
Piräus (Hafenstadt) 196; 211; 219; 228
Plataiai (Böotien) 173; 175
Plebejer/Plebs 312-318; 352; 396 f.; 400; 412; 418; 446
Plebiszit 316; 410
Pogrome 583; 584
Politische Theologie 593; 610; 677

Pompeji 402; 410; 469; 522
pontifex maximus 604; 622
Pontifikaltafeln 307
Pontos
- Königreich 371; 410; 451
- römische Provinz 450; 458
Popularen 400; 402; 410; 417; 422
Popularklage 159 f.
populus Romanus 399; 435 f.; 441; 443; 462; 466; 468
Poteideia (Chalkidike) 78; 226; 230; Karte S. 226
praetor maximus 310 f.
Praetor peregrinus 343
Prätor 316; 339; 347; 348; 349; 397; 414; 431; 442; s. auch Provinzen, Statthalter
Prätorianer 481; 488; 491 f.; 494; 518
Priene (kleinasiatische Küste) 52; 53
Priester (heidnische) 132; 567; 570
Primaporta (Augustusstatue) 485 f.
Prinzeps 419; 473; 475 ff.; 481 f.; 483 f.; 485 f.; 490 ff.; 493 f.; 497; 500; 504; 514; 516; 517
Prinzipat 469 ff.
- als Rechtsordnung 478 f.; 480; 482
Prokuratoren 517; 523; 524
Proletariat 392; 400; 446
Promagistrate 339; 347; 348; 349; 414
Proskriptionen 414; 433; 475
Provinz/Provinzen
- allgemein 339-341; 347; 349; 352; 384 f.; 400; 431; 435; 436; 440 ff.; 444; 455 f.; 467 f.; 478; 484; 488; 490 f.; 492 f.; 497; 500; 505 ff.; 513; 514; 516 ff.; 519; 522 f.; 526
- Grenzprovinzen 469; 488; 493; 510; 522; 524; 542
- Gründung 374 f.; 377; 383; 450 ff.; 538
- Ostprovinzen 479; 486; 506; 515; 554
- Rechtsstellung 538 f.
- Statthalter 374; 384; 401; 414; 417; 431; 435; 442; 457; 467; 485; 490 f.; 493; 508; 513; 516; 525
- Westprovinzen 373; 387; 430; 476; 479; 482; 486; 506; 515; 522 f.
- Widerstand 375; 376 ff.; 385; 484
- Wirtschaftsleben 529; 532; 546
Provokationsrecht 397; 398 f.
Ptolemäerreich 365 f.; 374
publicani (s. Steuerpächter)
Punischer Krieg
- Dritter 377 f.
- Erster 334-336
- Zweiter 336-338
Pydna (Schlacht) 373
Pylos (Messenien) 37; 229; 230

quaestio de repetundis 385; 396; 541
quaestiones extraordinariae 399
Quästoren 348; 349
Quellen/Quellenkritik 303-309

Rache (als Handlungsmotiv) 108; 120 f.; 205; 288; 389; 396; 414
Raetia/Rätien (Provinz) 450
Rat (boulé) 66 f.; 200-201
Räuber/Raubzüge 73 f.; 87-90
Recht 56 f.; 379 ff.; 398; 418 f.; 429; 474; 507; 511 f.; 513 ff.
- des Stärkeren 253; 254; 267; 270
- Kodifizierung 140; 155; 314 f.
- Rezeption des römischen 673-675
Rechtsdenken 129; 355 ff.; 361
Rechtsprechung (römisch) 347; 348
rectores 489
Rede (Macht der R.) 199-200; 209; 253; 268-269; 418 f.; 421; 432; 623; 697
Reformation 680
Reichsteilung 529; 611; 630-637; 661
Religion (römische) 356; 567; 570; 582 f.
Religion s. Götter, Kult, Priester
renovatio imperii 649; 670
res publica restituta 474 f.; 477; 478 ff.; 488; 493; 496 f.
Rhegion (Straße von Messina) 143; 242; Karte S. 331
Rhein/Rheingrenze 460 f.; 462; 466; 488; 489; 495; 537; 542; 551; 560; 647; 649; 666
Rhetra (Große R.) 147 f.
Rhodos (Stadt)
- Gründung 240; 241
- römisch 365; 368; 372; 374; 453 f.; 457
Ritter 343; 354 f.; 385; 396; 400; 407; 414; 417; 431; 433; 436; 472; 494; 507; 513; 517 f.; 523; 557; 560
Rom (Stadt) 305; 310; 411; 432; 440; 445; 497 ff.; 529; 555; 567; 583; 593; 597; 602; 604; 605; 616; 620; 627; 631 ff.; 635; 648; 661; 668 ff.; 673
Romanisierung 430; 489; 506; 515; 518; 529; 543 f.; 631
Rubikon 425; 431; 444
Ruhm/Ruhmsucht 87 f.; 115 ff.; 123-124; 134; 177; 229; 291; 361; 381; 417; 430 ff.; 433; 436; 442; 457; 460

Sabiner 327
sacrosanctitas 314
Sakramente 580
Samnium/Samniten 317; 325; 327; 329; 402; 404; 446

Samos (Ägäis) 94; 97; 184; 187; 207
Sardinien 67; 79; 335; 336; 337; 340; 341
Sardinien und Sizilien (Provinz) 348; 352; 384; 433
Sassaniden 551; 554 f.
Scheria (Stadt der Phäaken) 77
Schiedsgericht (internationales) 224; 227
Schisma (von 1054) 640
Schlacht bei
– Aigospotamoi 89; 233
– Chaironeia 286 f.
– Issos 284
– Leuktra 237; 239
– Marathon 167; 172-173
– Plataiai 176; 180
– Salamis 85; 167; 176; 181
Scholastik 275
Schöpfergott 570; 616
Schöpfungsgeschichte 105-107; 126; 615-619
Schrift 35 f.; 39; 40; 47; 50
Schuldentilgung 137
Schuldknechtschaft 47; 59; 64; 155 f.; 312 f.
Schwarzmeergebiet 47; 67; 79; 97; 182; 187; 224; 233; 368; 448; 456; 458 f.
Seebund der Athener 179; 181-182; 184-187; 221; 228-234; 240; Karte S. 183
Seefahrer/Seefahrt 71 f.; 119-122
Seeherrschaft (Kritik an der S.) 270-271
Seekrieg 72; 84; 94-97; 174; 181; 182; 195; 206; 228; 233; 452 ff.
Seele 133 f.; 273-275
Seeräuber siehe Piraterie
Seestädte 94; 96 f.; 521-522
Seevölker 40
Segesta (Sizilien) 230; Karte S. 243
Seleukiden/Seleukidenreich 365; 368; 371; 373; 374; 376; 454; 459
Selinunt (Sizilien) 244; Karte S. 243
Senat/Senatoren 343; 346 f.; 348; 368; 372; 373; 400 f.; 407; 413; 418 f.; 421; 431; 432; 433; 436; 441; 442; 447; 451; 452; 455; 456; 458; 464; 467; 469; 472-476; 479; 480; 482; 483; 484 f.; 488; 490-496; 497; 501; 504; 509; 510; 513-516; 517; 518; 523; 557
– als Grundherren 557
– unter Sulla 414 f.; 416 f.
Senatsbeschluß 348; 368; 377; 379; 382; 386; 399; 410; 442; 464; 525
Senatusconsultum ultimum (SCU) 397 ff.; 412
Sieben gegen Theben 108
Sigeion (am Hellespont) 69; 179; Karte S. 233
Sikeler 59
simplicitas 618

Sizilien (Karte S. 243)
– griechisch 67; 69; 79; 81; 140; 221; 230-233; 242-245
– Kampf um S. 332; 334; 335; 336
– römische Provinz 337; 339; 340; 341; 400
Sklaven/Sklaverei 51; 58-60; 87; 211; 212; 213-214; 246; 353; 361-363; 378; 387; 391; 412; 415 f.; 421; 442; 454; 463; 483; 513; 521; 523; 526 f.
Sklavenkriege 387; 400; 407; 415 f.
Smyrna (Kleinasien) 54; 73; Karte S. 226
socii s. Bundesgenossen
Sol invictus 483; 560; 602
Soldat/Soldaten (Griechenland)
– Bürger und Soldat 206-207; 286
– Selbstverständnis 282-285
– Berufssoldat s. Söldner
Soldat/Soldaten (Rom)
– allgemein 430; 436; 437; 440-441; 443-447; 447 f.
– Aushebung 443 f.
– Beziehung zum Feldherren 411; 413; 441; 447 ff.
– Dienstzeiten 392; 440; 443 ff.
– Stellung in der Gesellschaft 441; 444 f.; 598
Söldner 74; 207; 239; 241; 244-245; 277; 282-286; 333; 335
Sophisten 56; 249-256
Soziale Krisen
– in den griechischen Städten 141; 155 ff.; 234; 238-239; 243-245; 247; 283 f.; 287
– in Italien 387; 391 ff.
Soziale Mobilität 354
Soziale Schichtung 57 f.; 312 f.; 317; 318
Sozialethik (christliche) 577; 578
Sozialprestige 514; 521; 524; 525 f.
Spanien
– christlich 672
– geopolitisch 335; 336 f.; 440; 441; 452
– maurisch 651; 664
– römische Provinz 339 f.; 365; 377 f.; 384; 395; 429; 433; 442; 456 f.; 529; 532; 535; 536
– in der Spätantike 551; 647; 649
Sparta
– Anfänge 141 ff.
– Lebensführung 142; 144; 145 ff.
– Rezeption 697
– Verfassung 52; 81; 137; 147-150; 210
Spenden 476; 520; 525
Spiele 58; 78; 417; 446; 476; 504; 506; 515; 519 f.; 521
Spondai 98
Staat und Kirche 293; 621-630; 637-639
Staatenbünde (koiná) 240

Staatsbürger 141
Staatsfeind s. hostis
Staatskult 585
Staatsnotstand 397-399; 425; 429 f.
Staatsstreich 411 f.; 598
Staatstheorie 247; 270; 271-273; 275-276
Stadt/Stadtstaat
- Definition 55-57
- Entstehung 43-45; 51-55
- Gründung 75-78
- im Hellenismus 293; 300
- Institutionen 55 f.
- politische Ordnung 234; 375; 406; 435; 465
- Theorie 56 f.
- Zugriff auf seine Bürger 85-87
Städte/Städtewesen (im Imperium Romanum) 381; 430; 448
- Agrarstädte 521 f.
- Finanzen 539; 552; 558
- Herrschaftsaufgaben 539 f.; 558
- italische Landstädte 391; 404 f.; 445; 446
- Selbstverwaltung 430; 539
- städtisches Leben 488; 510; 518 ff.; 524 ff.
- Niedergang in der Spätantike 657 f.; 669;
Stadtpatronat 540
Stamm/stammesstaatliche Ordnung 41 f.; 54 f.; 80; 240 f.; 325-326; 553-554; 665
Stand/Standesgenossen 384 f.; 395; 413; 417; 422; 430; 432; 435 f.; 458
Ständekämpfe 312-318
Stasis s. Bürgerkrieg
Statthalter 374; 384; 401; 414; 417; 431; 435; 442; 457; 467; 485; 490 f.; 493; 508; 513; 516; 525; 533; 538 f.; 561
Statussymbole 360; 562
Steuern 350; 384 f.; 507; 517; 520; 521; 524; 525; 561
Steuerpächter 385; 454; 458; 517
Sünde 614-616; 622
Sybaris (Süditalien) 67; 79; Karte S. 243
Symmachie 99 f.; 151; 154
Synagoge 570
Synhedrion 573
Synode 622; 626
- von Arles 590; 622
Synoikismos 241
Syrakus 52; 67; 94; 221; 232; 242-245; 284; 287
Syrien
- römische Provinz 422; 440; 442; 450; 459; 466; 508; 529; 532
- in der Spätantike 551; 616; 617; 632; 636; 643; 645; 651; 654; 655; 661
Syssitien 141; 144; 239

Tarent (Süditalien) 67; 142 f.; 257; Karte S. 243
Tartaros 134
Tartessos (Spanien) 69; 70
Tatenbericht
- des Pompeius 459 f.
- des Augustus 351 f.; 443; 476 f.
Tauros (Gebirge) 371; 448
Tegea s. Arkader
Tempelbau 41; 125-126, 132 s. auch Akropolis
Testamente (zugunsten Roms) 377; 451
Tetrarchie 561; 607
Teutoburger Wald (Schlacht) 489
Teutonen 387; 401
Thapsus (Schlacht) 407; 444
Thasos (Ägäis) 73 f.; 184; 187; Karte S. 175
Thaumakoi (Thessalien) 32
Theben (Böotien) 241; 287; 289
Theologie (Entstehung) 576; 592; 614; 618; 619; 625 f.; 629
Thera (Santorin) 38; 67; 72; 245
Thermophylen 175-176; Karte S. 175
Thessalien 39; 59; 62; 171; 176; 282
Thessalonike 453
Theten 58; 195; 232
Thora 570
Thrakien 281-282; 284
Tigranokerta 442; 456
Timokratische Ordnung 66; 137; 159
Tod (Einstellung zum T.) 85; 92 f.
Toledo 661; 667; 676
Toleranz (Grundsatz der T.) 562; 608; 626-630
Toleranzedikt des Galerius 563; 567; 586; 600
Tolosa (Toulouse) 461
Tradition (Macht d.) 309 f.; 360 f.; 436; 458; 472; 482; 484; 497; 500; 504; 511; 512 f.; 556; 562
Tragödie 128; 215; 216; 257-260
Transhumanz 34; 325 f.
Treverer 460; 463
tribunicia potestas 469; 473 f.; 479; 480
tribus 313; 329; 343; 349; 350
Trier (Augusta Treverorum) 536; 537; 647
Triere 95-96; 174; 195
Trinitätslehre 606; 621; 624-626; 635
Trittyen 164 f.
Triumph 373; 376; 379; 382; 386; 419; 439; 441
Triumphbogen 602
Triumvirat
- Erstes 419-421
- Zweites 407; 432 f.; 442; 472
Troia (Krieg um T.) 83; 93; 110; 112-123; 305

Tyrannen/Tyrannis 142; 158; 160; 161-163; 223; 242-245
- Vorwurf der T. in Rom 395; 397 f.; 411; 429 f.; 432; 458

Umajjaden (islamische Dynastie in Damaskus) 654 f.; umma (islamische Gemeinde/Gemeinschaft) 652; 653
Umbrien 402 f.
Unsterblichkeit/Suche nach U. 123-124; 273-275; 574; 576 f.; 629
Untertänigkeit der Besiegten (s. auch Deditíon) 339 ff.; 535 f.
Unterwelt 133 ff.
Unterwerfung (im Krieg) 172; 177 f.; s. auch Dedition
Urbanisierung 533 f.; 546

Vandalen/Vandalenreich 643; 647; 656
Vercellae (Schlacht) 387; 401
Vereine 525 f.
Verschuldung 155 f.; 158; 312 f.; 392
Verträge (allgemein) 89; 98-102; s. auch Völkerrecht
Vesuv 469
Veteranen/Veteranenversorgung 387; 405; 420; 422; 430; 432; 436; 444; 445 f.; 475; 504
Vetorecht 346 f.
vexillationes 509
Via
- Appia 318; 329; 416; Karte S. 331
- Domitia 452; 453; Karte S. 461
- Egnatia 367; 453
- Flaminia 336; 423; 460; Karte S. 331
vicarii 561
Viehraub 87 f.
Vindelica 469
Völkerrecht 89; 99 ff.; 151 ff.; 370; 378-382; 648
Völkerwanderungen 38; 40; 41-43; 643-651; 665
Volkstribunat/Volkstribunen 313-317; 318; 346; 347; 386; 394; 396; 407; 414; 424; 435; 440; 455; 473

Volksversammlung (s. auch Komitien) 148; 159; 165; 197; 199-201; 343; 346-347; 349; 359; 380; 384; 395; 406
Volsker 321; 324
Volterra 404
Vulgata 667

Wahlen 164; 346; 349; 359
Währung 185
Wanderprediger 578; 617
Wanderung s. auch Völkerwanderungen
- allgemein 59; 142
- dorische 41-43
- ionische 41 f.
Wehrpflicht 90; 443
Weltherrschaft/Weltherrschaftsanspruch 379; 385 f.; 440; 455; 460; 464 ff.; 467; 476; 496; 500
Weltreich 22 ff.; 293; 406; 413; 433; 435 f.; 441; 442; 464 f.
- Abfolge der Weltreiche 294; 671; 678 f.
Weltverständnis 103; 124; 128-130; 133
Wert des Lebens 112 ff.; 133 f.; 212; 254; 271; 360-361; 574
Westgotenreich 643
Widerstand des Senats 432; 437; 458; 483 f.
Widerstand gegen Rom 374-378; 532; 571; 572 f.
Wirtschaftsformen
- auf dem Lande 352 ff.; 356; 362; 520-524
- in den Städten 354 f.; 520 ff.; 524 ff.
Wirtschaftsgeschichte 350 ff.
Wirtschaftspolitik 354; 561 f.
Wirtschaftsstruktur der Antike 22; 78 f.; 212; 269-270; 299; 513; 520 ff.

Zama (Schlacht) 338; 386
Zensus 348; 351; 561
Zentralverwaltung (des Kaisers) 492; 541 f.; 561 f.
Zug der Zehntausend 277; 284-285; 286
Zweikampf 90; 99
Zwölftafelgesetz 314 f.; 359; 362
Zypern 182; 237
- römische Provinz 422; 450; 506; 570

*Bildquellenverzeichnis:* Annual of the British School at Athens 53/54 (1958/59): 54; Verlag C.H. Beck, München: 434 (aus: Ernst Kornemann, Weltgeschichte des Mittelmeerraums, Nachdr. 1967); Marcello Bertinetti: 646 (aus Marcello Bertinetti/Carlo de Fabianis, Jerusalem, Stuttgart, Parkland, 1986); Bridgeman Art Library, London: 30; British Museum, London: 82, 568; Deutscher Taschenbuch Verlag, München: 183 (Zeichnung: Karl-Friedrich Schäfer; aus: dtv-Geschichte der Antike: John K. Davies, Das klassische Griechenland und die Demokratie, $^3$1986); Deutsches Archäologisches Institut, Athen, Agora Grabung 84–498: 218 (aus: John Travlos, Bildlexikon zur Topographie des antiken Athen, Tübingen, Ernst Wasmuth, 1971); Deutsches Archäologisches Institut, Rom: 470 (aus: Erika Simon, Augustus, München, Hirmer, 1986); Deutsches Spielkarten-Museum, Bielefeld: 138; Ecole des Beaux-Arts, Paris: 104; Edizioni Brogi, Rom: 344 (aus: Erika Simon, Augustus, München, Hirmer, 1986); Electa, Mailand: 596 (aus: Ernst H. Gombrich u. a., Giulio Romano, 1989); Fischer Taschenbuch Verlag, Frankfurt/M.: 51 (Zeichnung: Harald und Ruth Bukor; aus: Fischer Weltgeschichte, Bd. 4: Elena Cassin u. a. (Hrsg.), Die Altorientalischen Reiche III, 1967 u. ö.); Fototeca di Architettura e Topografia dell'Italia Antica, Rom: 499 (aus: Ernest Nash, Bildlexikon zur Topographie des antiken Rom, 2. Bd., Tübingen, Ernst Wasmuth, 1962); Giraudon, Vanves: 499; Dr. Rudolf Habelt-Verlag, Bonn: 33, 393 (aus: Ernst Kirsten, Landschaft und Geschichte in der antiken Welt, 1984); A. Held, Ecublens: 612 (aus: Beat Brenk, Spätantike und frühes Christentum, Propyläen Kunstgeschichte, Suppl.bd. I, Berlin, Propyläen, 1977); Herzfeld Archives, Freer Gallery of Art, Washington, D.C.: 550 (aus: Theodor Kraus, Das Römische Weltreich, Propyläen Kunstgeschichte, Bd. 2, Berlin, Propyläen, 1967); Harvard University Press, Cambridge, Mass., Hesperia 5 (1936): 218 (aus: John Travlos, Bildlexikon zur Topographie des antiken Athen, Tübingen, Ernst Wasmuth, 1971); Kunsthistorisches Museum, Wien: 646; Paul List Verlag, München: 76 (aus: M. J. Finley (Hrsg.), Atlas der Klassischen Archäologie, 1979); Musée des Beaux-Arts, Marseille: 502; Musée des Beaux-Arts, Rouen: 304; Musée du Louvre, Paris: 168, 222, 250, 408, 530, 686; Museo della Civiltà Romana, Rom: 498 (unten); Ploetz-Verlag, Freiburg: 84 (Karte: W. Kircheiss, aus: Ernst Kirsten u. a., Raum und Bevölkerung in der Weltgeschichte, Bevölkerungs-Ploetz, Bd. 1, Freiburg $^3$1965); E. Richter, Rom: 498 (oben) (aus: Leo Bruhns, Die Kunst der Stadt Rom, Wien, Anton Schroll & Co., 1951); Staatliche Museen Preußischer Kulturbesitz, Berlin: 438, 487 (Karte aus: Kaiser Augustus und die verlorene Republik, Ausstellungskatalog, Berlin 1988); Szépmüveszeti Museum, Budapest: 388; Trireme Trust, England: 95 (Zeichnungen: John F. Coates, aus: J. S. Morrison/J. F. Coates, The Athenian Trireme. The history and reconstruction of an ancient Greek warship, Cambridge, Cambridge University Press, 1986); U.D.F.-Photothek: 48 (aus: Jean Charbonneaux u. a., Das hellenistische Griechenland, Die griechische Kunst, Bd. IV, München, C. H. Beck, 1971); Wallraf-Richartz-Museum, Köln: 322; The Walters Art Gallery, Baltimore: 190. Weitere: Verlagsarchiv F. Schöningh, Paderborn.